Methoden des Software Engineering

Joachim Goll

Methoden des Software Engineering

Funktions-, daten-, objekt-
und aspektorientiert entwickeln

Prof. Dr. Joachim Goll
Hochschule Esslingen
Deutschland

Prof. Dr. Joachim Goll,
Jahrgang 1947, unterrichtet seit 1991 im Fachbereich Informationstechnik der Hochschule Esslingen Programmiersprachen, Betriebssysteme, Software Engineering, Objektorientierte Modellierung und Sichere Systeme. Während seiner beruflichen Tätigkeit in der Industrie befasste er sich vor allem mit dem Entwurf von Verteilten Informationssystemen. Prof. Goll ist Leiter des Steinbeis-Transferzentrums Softwaretechnik Esslingen.

Wir weisen ausdrücklich darauf hin, dass wir nicht für die Lauffähigkeit einzelner Programme bzw. deren Kompatibilität auf dem Computer des Nutzers haften. Der Haftungsausschluss schließt auch alle sonstigen eventuell auftretenden negativen Effekte auf dem Computer des Nutzers durch die Installation und Verwendung der Programme mit ein. Der Nutzer verwendet die Programme auf eigene Gefahr.

ISBN 978-3-8348-2433-2   ISBN 978-3-8348-2434-9 (eBook)
DOI 10.1007/978-3-8348-2434-9

Die Deutsche Nationalbibliothek verzeichnet diese Publikation in der Deutschen Nationalbibliografie; detaillierte bibliografische Daten sind im Internet über http://dnb.d-nb.de abrufbar.

Springer Vieweg
© Vieweg+Teubner Verlag | Springer Fachmedien Wiesbaden 2012
Das Werk einschließlich aller seiner Teile ist urheberrechtlich geschützt. Jede Verwertung, die nicht ausdrücklich vom Urheberrechtsgesetz zugelassen ist, bedarf der vorherigen Zustimmung des Verlags. Das gilt insbesondere für Vervielfältigungen, Bearbeitungen, Übersetzungen, Mikroverfilmungen und die Einspeicherung und Verarbeitung in elektronischen Systemen.

Die Wiedergabe von Gebrauchsnamen, Handelsnamen, Warenbezeichnungen usw. in diesem Werk berechtigt auch ohne besondere Kennzeichnung nicht zu der Annahme, dass solche Namen im Sinne der Warenzeichen- und Markenschutz-Gesetzgebung als frei zu betrachten wären und daher von jedermann benutzt werden dürften.

Gedruckt auf säurefreiem und chlorfrei gebleichtem Papier

Springer Vieweg ist eine Marke von Springer DE.Springer DE ist Teil der Fachverlagsgruppe Springer Science+Business Media.
www.springer-vieweg.de

Vorwort

Das Erstellen von Software ist erheblich mehr als bloßes individuelles Programmieren. Es beinhaltet im Idealfall einen standardisierten, methodischen Entwicklungsprozess, der für alle am Projekt Beteiligten verständlich ist und dessen Methoden quasi die Sprache des Projekts darstellen. Die eingesetzten Vorgehensmodelle und Methoden sollen standardisiert sein, damit die einzelnen Dokumente personenunabhängig gestaltet sind, von allen Projektbeteiligten leicht verstanden und in weiteren Projekten wieder eingesetzt werden können.

Das Hauptziel dieses Buchs ist die methodische und standardisierte Modellierung von Software-Systemen. Bei der Analyse und Konstruktion von Systemen sollen die verwendeten Methoden praktikabel sein. Nach wie vor steht die Komplexität des eigentlichen Projektes im Vordergrund. Daher wird von den Methoden erwartet, dass sie zwar ausgefeilt sind und zum Problem und den Programmiersprachen passen, aber die Komplexität nicht unnötigerweise erhöhen. Das vorliegende Buch bietet ein sinnvolles Grundgerüst für die Modellierung von Softwaresystemen in Systemanalyse und Systementwurf an, das allerdings bei Bedarf problemlos erweitert und an das eigene Projekt angepasst werden kann. Dabei wendet sich dieses Buch an Studierende und an Entwickler in der Praxis, die sich einen Überblick über die gängigen aktuellen Entwicklungsmethodiken verschaffen wollen.

Schwerpunkt des Buchs ist es, funktionsorientierte, datenorientierte und objektorientierte Konzepte für die Systemanalyse und den Systementwurf übersichtlich darzustellen. Damit verbinden sich Namen wie SA, SA/RT, ERM, OOA, OOD und UML. Aspektorientierte Ansätze runden das Spektrum der Systemanalyse und des Systementwurfs ab. Es werden aber alle Schritte der Entwicklung bis auf das Programmieren betrachtet. Auch das Erstellen von Requirements, der Datenbank-Entwurf sowie das Testen von Systemen kommen nicht zu kurz.

Jedes Kapitel des Buchs enthält einfache Übungsaufgaben, die zum Überprüfen des Gelernten dienen. Die jeweilige Lösung kann auf der Internetseite des Verlags unter www.springer-vieweg.de bezogen werden.

Bedanken möchte ich mich bei Herrn Prof. Dr. Manfred Dausmann von der Hochschule Esslingen, bei Herrn Kevin Erath und Herrn Steffen Wahl für ihr sorgfältiges Korrekturlesen. Herr Markus Schuler war ein wertvoller Diskussionspartner im Kapitel "Qualität von Softwaresystemen". Bei UML hat mich Herr Tobias Lauffer unterstützt und Herr Dirk Randhahn speziell beim Thema Zustandsdiagramme. Bei den datenorientierten Methoden haben Herr Prof. Dr. Ulrich Bröckl von der Hochschule Karlsruhe, Herr Prof. Dr. Dominik Schoop von der Hochschule Esslingen und Herr Tobias Güth wesentliche Beiträge geliefert. Bei der Aspektorientierung unterstützte mich Herr Micha Koller. Für das Kapitel "Testen" stand mir Herr Dr. Oliver Bühler zur Seite. Dafür mein herzlichster Dank

Esslingen, im Juni 2012   J. Goll

Ihre Verbesserungsvorschläge

Ihre Verbesserungsvorschläge und kritischen Hinweise, die ich gerne annehme, erreichen mich via E-mail: jgoll@t-online.de

Gestalten Sie Ihre Zukunft.

Starten Sie heute Ihren Weg in die Zukunft beim STZ Softwaretechnik. Wir sind ein etabliertes IT-Dienstleistungsunternehmen im Verbund der Steinbeis-Stiftung mit einem Team von hochqualifizierten und engagierten Mitarbeitern. Zu unserem Kundenkreis zählen u.a. namhafte Automobilhersteller und -zulieferer aus dem Großraum Stuttgart.

STZ Softwaretechnik

Wir suchen Sie!

© nyul – Fotolia.com

Zur Verstärkung unserer Projektteams suchen wir ständig

INGENIEUR-NACHWUCHS (w/m)
Fachrichtung Softwaretechnik

Ihr Profil
Sie passen am besten zu uns, wenn Sie einen ausgezeichneten Abschluss haben, gerne selbstständig und verantwortungsvoll im Team arbeiten und sehr zuverlässig sind. Kundenorientierung, Kommunikationsstärke, Flexibilität und Einsatzfreude runden Ihr Profil ab.

Unser Angebot
Es erwartet Sie eine verantwortungsvolle Tätigkeit in einem netten, dynamischen Team mit leistungsgerechter Vergütung und sehr guten Weiterbildungsmöglichkeiten. Die Teilnahme an einem Teilzeit-Masterstudium ist ebenfalls möglich.

Interessiert?
Bitte senden Sie Ihre aussagefähigen, schriftlichen Bewerbungsunterlagen mit Angaben zum möglichen Eintrittstermin und zu Ihren Gehaltsvorstellungen an unsere Personalabteilung.

Wir freuen uns darauf, Sie kennen zu lernen.

**STZ Softwaretechnik • Personalabteilung
Entennest 2 • 73730 Esslingen • www.stz-softwaretechnik.de**

Inhaltsverzeichnis

Wegweiser durch das Buch 1
1 Problembereich und Lösungsbereich 10
1.1 Unterschiede zwischen Problembereich und Lösungsbereich..............10
1.2 Paradigmen der Softwareentwicklung 12
1.3 Methoden für die verschiedenen Paradigmen 13
1.4 Rekursive Zerlegung komplexer Systeme 14
1.5 Inhalt der einzelnen Entwicklungsschritte 15
1.6 Anwendungsfunktionen und Entwurfseinheiten 19
1.7 Zusammenhang zwischen Requirements und Entwurfseinheiten 26
1.8 Zusammenfassung 27
1.9 Aufgaben 29
2 Die vier Ebenen des Software Engineering 32
2.1 Vorgehensmodelle 32
2.2 Methoden und Modelle 35
2.3 Werkzeuge 39
2.4 Architekturen 41
2.5 Zusammenfassung 43
2.6 Aufgaben 45
3 Ausprägungen von Vorgehensmodellen 48
3.1 Spezifikationsorientierte Entwicklung 49
3.2 Prototyporientierte Entwicklung 78
3.3 Agile Softwareentwicklung 82
3.4 Spiralmodell zum Einsatz verschiedener Vorgehensmodelle 94
3.5 Wahl eines Vorgehensmodells 96
3.6 Zusammenfassung 96
3.7 Aufgaben 99
4 Qualität von Softwaresystemen 102
4.1 Fehler in Programmen 105
4.2 Qualitätsmerkmale 112
4.3 Metriken 117
4.4 Standards zur Qualitätssicherung..124
4.5 Qualitätssicherungsmaßnahmen in der Entwicklung 129
4.6 Zusammenfassung 130
4.7 Aufgaben 131
5 Requirements 134
5.1 Nutzen von Requirements 137
5.2 Techniken für das Aufstellen der Requirements 138
5.3 Requirements für das System und seine Zerlegung 142
5.4 Arten von Requirements 155
5.5 Struktur der Requirements für eine Requirement-Zusammenstellung........157
5.6 Werkzeuggestützte Verwaltung von Requirements 159
5.7 Zusammenfassung 161
5.8 Aufgaben 163

6	Funktionsorientierte Systemanalyse mit der Strukturierten Analyse	166
6.1	Grafische Elemente der Strukturierten Analyse	169
6.2	Hierarchische Zerlegung der Prozesse in Datenflussdiagramme	171
6.3	Das Kontextdiagramm	173
6.4	Regeln für das Modellieren mit Datenflussdiagrammen	174
6.5	Die Prozessspezifikation	177
6.6	Datenbeschreibung im Data Dictionary	178
6.7	Besonderheiten bei Datenflüssen	180
6.8	Starten von Prozessen	183
6.9	Abgrenzung zwischen Essenz und physischen Aspekten	185
6.10	Ereignisorientierte Zerlegung nach McMenamin und Palmer	187
6.11	Zusammenfassung	188
6.12	Aufgaben	190
7	Funktionsorientierte Systemanalyse mit der Strukturierten Analyse/Echtzeit	192
7.1	Eigenschaften von Realzeitsystemen	192
7.2	Fähigkeiten von SA/RT	193
7.3	Aktivierung und Deaktivierung von Prozessen	194
7.4	Unterscheidung von Datenfluss und Steuerfluss	196
7.5	Kombinatorische und sequenzielle Maschinen	199
7.6	Einheitliches Modell für die Daten- und die Steuersicht	204
7.7	Beispiele für die Modellierung mit SA/RT	216
7.8	Antwortzeitspezifikationen	221
7.9	Zustandsautomaten nach Harel	223
7.10	Zusammenfassung	228
7.11	Aufgaben	230
8	Datenorientierte Systemanalyse mit dem Entity-Relationship-Modell	232
8.1	Beziehungen zwischen Entitäten und deren Multiplizität	233
8.2	Modellerstellung	244
8.3	Zusammenfassung	246
8.4	Aufgaben	248
9	Objektorientierte Grundlagen	250
9.1	Besonderheiten des objektorientierten Ansatzes	251
9.2	Grundlegende Eigenschaften von Objekten und Klassen	260
9.3	Das Konzept der Vererbung	265
9.4	Komposition und Aggregation	270
9.5	Mehrfachvererbung im Vergleich zu Komposition oder Aggregation	272
9.6	Polymorphie	273
9.7	Verträge von Klassen	280
9.8	Zusammenfassung	285
9.9	Aufgaben	289
10	Objektorientierte Notation mit UML – eine Einführung	292
10.1	Geschichte von UML	295
10.2	Knoten und Kanten in UML	297
10.3	Einführung in Klassen in UML	298
10.4	DataType, Aufzählungstyp und primitive Typen	309
10.5	Statische Beziehungen	311
10.6	Zusätze in UML	328

10.7	Dokumentation der Klassen und Beziehungen	330
10.8	Das Konzept einer Schnittstelle	332
10.9	Meta-Metaebene, Metaebene, Modellebene und Datenebene in UML	338
10.10	Das Konzept eines Classifiers	344
10.11	Das Konzept einer Kollaboration	347
10.12	Interaktionen und Nachrichtentypen	349
10.13	Erweiterungsmöglichkeiten der UML	353
10.14	Zusammenfassung	358
10.15	Aufgaben	362
11	Einführung in standardisierte Diagrammtypen nach UML	366
11.1	Klassendiagramm	371
11.2	Objektdiagramm	379
11.3	Anwendungsfalldiagramm	384
11.4	Kommunikationsdiagramm	394
11.5	Sequenzdiagramm	401
11.6	Aktivitätsdiagramm	408
11.7	Zustandsdiagramm	424
11.8	Komponentendiagramm	444
11.9	Verteilungsdiagramm	458
11.10	Paketdiagramm	466
11.11	Interaktionsübersichtsdiagramm	474
11.12	Kompositionsstrukturdiagramm	475
11.13	Zeitdiagramm	478
11.14	Zusammenfassung	479
11.15	Aufgaben	482
12	Objektorientierte Systemanalyse	484
12.1	Überprüfung der Requirements	488
12.2	Spezifikation der Geschäftsprozesse und Anwendungsfälle	488
12.3	Priorisierung der Anwendungsfälle	490
12.4	Erstellung des Kontextdiagramms	490
12.5	Neudefinition der Requirements	491
12.6	Erstellung des Anwendungsfalldiagramms	491
12.7	Kurzbeschreibung der Anwendungsfälle	492
12.8	Erstellen des Klassendiagramms der konzeptionellen Sicht	492
12.9	Langbeschreibung der Anwendungsfälle	498
12.10	Konzeption der Kommunikationsdiagramme	498
12.11	Aufstellen der zustandsbasierten Kommunikationsdiagramme	498
12.12	Erstellen des Client/Server-Objektdiagramms	499
12.13	Erstellen des Klassendiagramms der finalen Sicht	500
12.14	Beispiele	500
12.15	Zusammenfassung	539
12.16	Aufgaben	540
13	Allgemeine Entwurfsprinzipien	542
13.1	Planbarkeit des Projektverlaufs	542
13.2	Handhabbarkeit des Systems	543
13.3	Realisierung der modularen Struktur eines Systems	545
13.4	Zusammenfassung	547

13.5	Aufgaben	549
14	Funktionsorientierter Systementwurf	552
14.1	Die Methode Structured Design	552
14.2	Grob- und Feinentwurf	562
14.3	Zusammenfassung	568
14.4	Aufgaben	570
15	Datenorientierter Systementwurf	574
15.1	Vergleich von Dateien und Datenbanken	575
15.2	Zugriffsschnittstellen zu Datenbanken	579
15.3	Relationales Datenmodell	583
15.4	Abbildung auf Datenbanktabellen	588
15.5	Normalisierung	594
15.6	Einführung in die Structured Query Language	600
15.7	Constraints	619
15.8	Objekt-relationale Abbildung	622
15.9	Zusammenfassung	629
15.10	Aufgaben	632
16	Objektorientierter Systementwurf	634
16.1	Funktionsklassen beim Systementwurf gegenüber der Systemanalyse	634
16.2	Objekte der Systemanalyse und Schichten des Systementwurfs	636
16.3	Schritte für den Entwurf	637
16.4	Kommunikationsdiagramme im Schichtenmodell	639
16.5	Erweiterung der Schichten des Schichtenmodells	642
16.6	Parallele Einheiten und ihre Kommunikation	644
16.7	Start-up/Shut-down und Schichtenmodell mit Fabriken und Registry	646
16.8	Fehlererkennung, Fehlerbehandlung und Fehlerausgabe	648
16.9	Funktionale Sicherheit und Informationssicherheit	649
16.10	Verarbeitung	656
16.11	Datenzugriffsschicht mit Datenbank	656
16.12	MMI und das Schichtenmodell mit Dialogmanager	656
16.13	Kommunikation	656
16.14	Zusammenfassung	656
16.15	Aufgaben	660
17	Systementwurf bei aspektorientierter Programmierung	662
17.1	Aspektorientierung als neues Paradigma	663
17.2	Begriffe der aspektorientierten Programmierung	667
17.3	Aspekte und Klassen	673
17.4	Weaving	674
17.5	Werkzeugunterstützung	675
17.6	Zusammenfassung	675
17.7	Aufgaben	677
18	Test und Integration	680
18.1	Organisation des Testens	683
18.2	Validierung und Verifikation	695
18.3	Testen von Dokumenten	697
18.4	Testen von Programmen	702
18.5	Integration	726

18.6	Zusammenfassung	730
18.7	Aufgaben	732

Literaturverzeichnis 733
Anhang A: Kurzbeschreibung einiger elementarer Methoden....................................743
Anhang B: Requirements für das Flughafen-Informationssystem..............................749
Anhang C: Machbarkeitsanalyse 759
Anhang D: Theorie der Protokollzustandsautomaten 765
Anhang E: Beispiel für einen einfachen bottom-up Test- und Integrationsplan..........771
Index..777

Begriffsverzeichnis

- **Abgeleitete Klasse**
  Eine abgeleitete Klasse wird von einer anderen Klasse, der sogenannten Basisklasse, abgeleitet. Eine abgeleitete Klasse erbt die Struktur (Attribute mit Namen und Typ) und das Verhalten (Methoden) ihrer Basisklasse in einer eigenständigen Kopie.

- **Abhängigkeit**
  Eine Abhängigkeit ist eine spezielle Beziehung zwischen zwei Modellelementen, die zum Ausdruck bringt, dass sich eine Änderung des unabhängigen Elementes auf das abhängige Element auswirken kann.

- **Abstrakte Klasse**
  Von einer abstrakten Klasse können keine Instanzen gebildet werden.

  Das liegt technisch gesehen meist daran, dass eine abstrakte Klasse eine oder mehrere Methoden ohne Methodenrumpf, d. h. nur die entsprechenden Methodenköpfe, hat. Die abstrakte Klasse gibt dadurch die Struktur vor. Eine Methode ohne Methodenrumpf (eine Methodendeklaration) kann in einer abgeleiteten Klasse implementiert werden.

  Eine abstrakte Klasse kann aber auch vollständig sein und keine abstrakte Methode(n) besitzen. Da sie nur eine Abstraktion darstellt, gibt es von ihr keine Instanz. Ein "Gerät" oder ein "Getränk" beispielsweise kann nicht instanziiert werden.

- **Abstrakter Datentyp**
  Ein abstrakter Datentyp spezifiziert mathematisch-axiomatisch eine Menge von Daten und die Menge der Operationen, die auf diese Daten zugreifen.

- **Abstraktion**
  Eine Abstraktion ist das Weglassen des jeweils Unwesentlichen und die Konzentration auf das Wesentliche.

- **Aggregation**
  Eine Aggregation ist eine spezielle Assoziation, die eine Referenzierung ausdrückt. Bei einer Aggregation ist – im Gegensatz zu einer Komposition – die Lebensdauer eines Teils von der Lebensdauer des besitzenden Objekts entkoppelt.

- **Akteur**
  Ein Akteur ist eine Rolle, ein Peripheriegerät oder ein Fremdsystem in der Umgebung eines Systems. Ein Akteur steht mit einem System in Wechselwirkung.

- **Aktion**
  Den Begriff der Aktion gibt es bei Zustandsübergangsdiagrammen bzw. Zustandsdiagrammen und bei Aktivitätsdiagrammen:

1. Bei den Aktivitätsdiagrammen (siehe Aktivitätsdiagramm) ist eine Aktion eine ausführbare, atomare Berechnung. Aktionen können innerhalb des betrachteten Aktivitätsdiagramms nicht weiter zerlegt werden. Sie können entweder vollständig oder gar nicht ausgeführt werden.
2. Bei den Zustandsübergangsdiagrammen ist eine Aktion die mit einem Ereignis ausgelöste Reaktion des Systems.

- **Aktive Klasse**
  Eine aktive Klasse ist eine Klasse, die einen oder mehrere Handlungsfäden hat. Ein Objekt einer aktiven Klasse ist ein aktives Objekt. Ein Handlungsfaden kann als Betriebssystem-Prozess oder als Thread realisiert werden. So kann beispielsweise ein aktives Objekt einen Betriebssystemprozess darstellen, in dem die weiteren Handlungsabläufe durch Threads dargestellt werden. Ein aktives Objekt hat einen handelnden Charakter im Gegensatz zu einem passiven Objekt wie etwa einem Entity-Objekt. Während früher eine aktive Klasse als Klasse mit einem dicken Rahmen dargestellt wurde, wird seit UML 2.0 der Rahmen in gleicher Stärke wie bei einer normalen Klasse gezeichnet. Dafür hat eine aktive Klasse nun aber eine doppelte Linie an der linken und rechten Seite.

- **Aktivität**
  Den Begriff der Aktivität gibt es bei Zustandsautomaten, im Aktivitätsdiagramm und bei Vorgehensmodellen:

  1. Bei Zustandsautomaten ist eine Aktivität eine fortlaufende, nicht atomare Ausführung einer Funktionalität innerhalb eines Zustands.
  2. Bei Aktivitätsdiagrammen (siehe Aktivitätsdiagramm) stellt eine Aktivität eine ausführbare, aus Aktionen zusammengesetzte Verarbeitung dar.
  3. Bei Vorgehensmodellen bezeichnet eine Aktivität ein Arbeitspaket.

- **Aktivitätsdiagramm**
  Ein Aktivitätsdiagramm in UML ist eine Art Flussdiagramm, das den Ablauf einer Handlung darstellt. Ein Aktivitätsdiagramm kann organisatorische Abläufe oder die Abläufe von Software modellieren.

  Ein Aktivitätsdiagramm beschreibt die Abläufe von Verarbeitungsschritten:

  1. die Reihenfolge der auszuführenden Schritte und
  2. was in einem einzelnen Schritt eines Ablaufs ausgeführt wird.

  In einem Aktivitätsdiagramm ist eine Aktion ein ausführbarer, atomarer Arbeitsschritt, der im Rahmen des betrachteten Aktivitätsdiagramm nicht weiter zerlegt wird.

- **Aktor**
  Siehe Akteur

- **Anschluss** (engl. **port**)
  Ein Anschluss ist eine benannte Zusammenstellung von Schnittstellen.

Begriffsverzeichnis

- **Anwendungsfall** (engl. **use case**)
  Ein Anwendungsfall ist eine Beschreibung einer Leistung, die ein System als Anwendungsfunktion zur Verfügung stellt, einschließlich verschiedener Ausprägungen. Die Leistung eines Anwendungsfalls wird oft durch eine Kollaboration, d. h. wechselwirkende Objekte, bereitgestellt.

- **Anwendungsfalldiagramm** (engl. **use case-diagram**)
  Ein Anwendungsfalldiagramm stellt die Anwendungsfallsicht eines Systems dar. Es zeigt die Anwendungsfälle eines Systems und die an einem Anwendungsfall beteiligten Akteure, ggf. mit gerichteten Beziehungen. Das Anwendungsfalldiagramm zählt nach UML zu den Verhaltensdiagrammen.

- **Architektur**
  Unter der Architektur eines Systems versteht man:

    - eine Zerlegung des Systems in seine physischen Komponenten,
    - eine Beschreibung, wie durch das Zusammenwirken der Komponenten die verlangten Funktionen erbracht werden, sowie
    - eine Beschreibung der Strategie für die Architektur

  mit dem Ziel, die verlangte Funktionalität an den Systemgrenzen zur Verfügung zu stellen.

- **Artefakt**
  Ein Artefakt im Sinne von UML ist ein physischer Bestandteil eines Systems, der auf einer Implementierungsplattform existiert. Ein Artefakt ist eine physische Implementierung eines Satzes von logischen Elementen wie Klassen, Komponenten und Kollaborationen in Form von Bits.

  Spezielle Artefakte sind beispielsweise: Anwendungen, Dokumente, Dateien, Bibliotheken und Tabellen.

- **Assoziation**
  Eine Beschreibung eines Satzes von Verknüpfungen (Links). Dabei verbindet eine Verknüpfung bzw. ein Link zwei oder mehr Objekte. Eine Assoziation ist somit prinzipiell eine symmetrische Strukturbeziehung. Man kann aber die Navigation auf eine Richtung einschränken.

- **Assoziationsattribut**
  Ein Assoziationsattribut ist ein Attribut, beschreibt eine Assoziation genauer und ist gleichzeitig von ihr existenzabhängig. Das Assoziationsattribut kann als degenerierte Assoziationsklasse betrachtet werden.

- **Assoziationsklasse**
  Eine Assoziationsklasse ist eine Assoziation, die über Merkmale einer Klasse verfügt. Man kann sie aber auch als Klasse sehen, die über Merkmale einer Assoziation verfügt.

- **Attribut**
  Den Begriff des Attributs gibt es bei Klassen/Objekten und bei Datenbanken. Die Objektorientierung hat diesen Begriff von dem datenorientierten Paradigma übernommen. Er bedeutet:
  1. Ein Attribut ist eine Struktureigenschaft einer Klasse oder eines Objekts[1].
  2. Eine Spalte innerhalb einer Tabelle einer Datenbank wird auch als Attribut bezeichnet. Hierbei handelt es sich jedoch nicht um den Inhalt der Spalte selber, sondern um die Spaltenüberschrift. Ein Attributwert ist der konkrete Inhalt eines Spaltenelements in einer Zeile.

- **Ausdehnungsgrad**
  Die Anzahl der Attribute bzw. Spalten einer Tabelle wird als deren Ausdehnungsgrad (engl. degree) bezeichnet.

- **Basisklasse**
  Eine Basisklasse (Superklasse, Oberklasse, übergeordnete Klasse) steht in einer Vererbungshierarchie über einer aktuell betrachteten Klasse.

- **Beziehung**
  Eine Beziehung zwischen zwei oder mehr Elementen beschreibt, dass diese Elemente zueinander einen Bezug haben.

- **Bindung**
  Unter Bindung versteht man die Zuordnung eines Methodenrumpfes zu einem Methodenkopf. Eine Bindung kann während der Übersetzungs- oder Ausführungszeit erfolgen. Bei einer Bindung zur Übersetzungszeit spricht man auch von "statischer" oder "früher" Bindung, bei einer Bindung zur Laufzeit von "später" oder "dynamischer" Bindung.

- **Captive Account**
  Mit einem sogenannten Captive Account kann sich der Nutzer nur in "seinen" Computer einloggen. Die vorgesehene Dialogführung kann nicht verlassen werden. Damit sind automatisch andere Programme gesperrt.

- **Classifier**
  Classifier ist ein Begriff aus dem Metamodell von UML. Ganz allgemein ist jedes Modellelement von UML, von dem eine Instanz gebildet werden kann, ein Classifier. Ein Classifier hat in der Regel eine Struktur und ein Verhalten. Ein Classifier ist beispielsweise die Abstraktion einer Klasse. Schnittstellen – die auch Classifier sind – haben in der Regel als einzige Ausnahme keine Attribute, d. h. keine Struktur.

- **Concept of Operations**
  Mit Concept of Operations oder kurz ConOps wird ein Dokument bezeichnet, welches den Vorgang eines Geschäftsvorfalls in schriftlicher Form festhält.

---

[1] Bei Objekten spricht man in UML allerdings von Slots. Siehe Slot

Begriffsverzeichnis

- **Constraint**
  Ein Constraint beschreibt eine Randbedingung oder Einschränkung. Constraints können innerhalb der nicht funktionalen Requirements, in der UML sowie im datenorientierten Systementwurf auftreten.

- **CRC-Karten**
  CRC steht für Class, Responsibility, Collaboration. CRC-Karten sind Karteikarten, auf welche der Namen der Klasse, ihre Responsibilities (Verantwortlichkeiten) und ihre Collaborations (Beziehungen) geschrieben werden.

- **DataType**[2]
  Ein Typ, dessen Werte festliegen[3]. Hierzu gehören beispielsweise primitive, in UML eingebaute Typen wie Zahlen und Strings oder Aufzählungstypen wie z. B. `Boolean`.

- **Datensatz**
  Ein Datensatz (Tupel) ist eine Zeile innerhalb einer Tabelle. Ein Datensatz entspricht einer konkreten Entität des Entity-Relationship-Modells.

- **Datensichtgerät**
  Ein Datensichtgerät ist ein Gerät für alphanumerische und grafische Darstellungen wie z. B. ein Bildschirm.

- **Deadlock**
  Ein Deadlock ist eine Verklemmung von parallelen Prozessen. Ein beteiligter Prozess wartet auf die Rückgabe eines Betriebsmittels, das gerade ein anderer Prozess im Besitz hat.

- **Degree**
  Siehe Ausdehnungsgrad

- **Delegation**
  Mechanismus, bei dem ein Objekt eine Nachricht nicht komplett selbst interpretiert, sondern diese zur Bearbeitung an ein anderes Objekt weiterleitet.

- **Deployment Diagram**
  Siehe Verteilungsdiagramm

- **Design**
  Wird hier im Sinne von Entwurf verwendet.

- **Design Pattern**
  Siehe Entwurfsmuster

---

[2] Um einen allgemeinen Datentyp von einem Datentyp im Sinne eines DataType verbal zu unterscheiden, wird der Begriff "DataType" (engl.) nicht übersetzt.
[3] Im Gegensatz zu dynamischen Typen

- **Diagramm**
  Ein Diagramm stellt die Projektion eines Systems aus einer bestimmten Perspektive dar. In UML enthält ein Diagramm meist eine Menge von Knoten, die über Kanten in Beziehungen stehen. Ein Beispiel einer anderen grafischen Darstellung ist das Zeitdiagramm, welches analog zu einem Pulsdiagramm in der Elektrotechnik ist.

- **Domain**
  Eine Domain beschreibt den Wertebereich eines Attributs. Der Wertebereich muss festgelegt werden, um Konsistenzprüfungen bei Änderungen der Attributwerte durchführen zu können.

- **Eigenschaftswert**
  In UML 2.0 gibt es Eigenschaftswerte (engl. tagged values) nur noch für Stereotypen. In UML 1.x konnten Eigenschaftswerte noch für vorhandene UML-Elemente und für Stereotypen eingesetzt werden.

  Ein Eigenschaftswert erweitert die Eigenschaften eines Stereotyps und bringt neue Eigenschaften in die Definition dieses Subtyps. Diese neuen Eigenschaften sind aber keine Eigenschaften, welche die Instanz betreffen. Vielmehr erweitert diese neue Eigenschaft den Stereotyp.

- **Einsatzdiagramm**
  Siehe Verteilungsdiagramm

- **Einschränkung**
  Siehe Randbedingung

- **Entität**
  Eine Entität hat im Rahmen des betrachteten Problems eine definierte Bedeutung. Sie kann einen Gegenstand, ein Wesen oder ein Konzept darstellen.

- **Entitätstyp**
  Ein Entitätstyp ist eine Abstraktion von gleichartigen Entitäten der realen Welt.

- **Entity-Objekt**
  Ein Entity-Objekt ist eine Instanz einer Abstraktion von gleichartigen Entitäten der realen Welt, d. h. eines Entitätstyps.

- **Entwurfseinheit**
  Eine Einheit (Modul) des Entwurfs, z. B. eine Systemfunktion beim funktionsorientierten Entwurf oder eine Klasse beim objektorientierten Entwurf. Eine Entwurfseinheit kommuniziert mit anderen Entwurfseinheiten.

- **Entwurfsmuster** (engl. **design pattern**)
  Klassen bzw. Objekte in Rollen, die in einem bewährten Lösungsansatz zusammenarbeiten, um gemeinsam die Lösung eines wiederkehrenden Problems zu erbringen.

- **Ereignis**
  Ein Ereignis ist ein Steuerfluss oder eine Kombination von Steuerflüssen, auf die ein System reagiert.

- **Erweiterungsbeziehung**
  Sie drückt die optionale Erweiterung eines Anwendungsfalls durch einen anderen Anwendungsfall aus. Hierfür wird in UML das Schlüsselwort «extend» verwendet.

- **Essenz des Systems**
  Der Problembereich zeichnet sich dadurch aus, dass man die sogenannte Essenz des Systems modelliert. Die Essenz des Systems sind seine Eigenschaften und sein Verhalten in einer idealen Welt. Es sind die Geschäftsprozesse des Systems in technologieunabhängiger Beschreibung. Das betrachtete System ist auch unabhängig von den physischen Randbedingungen der technischen Lösung wie der Verwendung eines Betriebssystems, eines Datenbankmanagementsystems oder nebenläufiger Betriebssystem-Prozesse. Ein technisches System mit einem Rechner gibt es bei dieser Betrachtungsweise nicht. Man ist in der Welt der Logik, d. h. in einer idealen Gedankenwelt, in der alles unendlich schnell geht. Technische Fehler kann es nicht geben, da keine Technik existiert, die ausfallen kann.

- **Externe Ebene**
  Die externe Ebene enthält verschiedene Sichten der Nutzer bzw. der Anwendungsprogramme auf die Datenbank.

- **Externes Schema**
  Ein externes Schema beschreibt eine einzelne Sicht der externen Ebene. Ein externes Schema wird auch als Benutzersicht bezeichnet. Es stellt einem Benutzer bzw. einem Anwendungsprogramm nur die relevanten Daten zur Verfügung.

- **Fremdschlüssel**
  Mit Hilfe eines Fremdschlüssels können Tabellen (Relationen) verknüpft werden. Ein Fremdschlüssel einer Tabelle ist immer ein Primärschlüssel einer verknüpften Tabelle (Relation).

- **Geheimnisprinzip**
  Das Geheimnisprinzip sorgt dafür, dass die internen, privaten Strukturen eines Objekts einer Klasse nach außen unzugänglich sind. Nur der Implementierer einer Klasse kennt normalerweise die internen Strukturen eines Objekts. Implementierung und Schnittstellen werden getrennt. Die Daten eines Objekts sind nur über die Methoden der Schnittstelle erreichbar.

- **Generalisierung**
  Eine Generalisierung ist die Umkehrung der Spezialisierung. Wenn man generalisieren möchte, ordnet man nach oben in der Vererbungshierarchie die allgemeineren Eigenschaften ein und nach unten die spezielleren, da man durch die Vererbung die generalisierten Eigenschaften wieder erbt. In der Vererbungshierarchie geht also die Generalisierung nach oben und die Spezialisierung nach unten.

- **Geschäftsprozess**
  Prozess der Arbeitswelt mit fachlichem Bezug. Zusammenfassung verwandter Einzelaktivitäten, um ein geschäftliches Ziel zu erreichen.

- **Gruppierung**
  Eine Gruppierung ist eine Zusammenfassung von Elementen. Hierzu existiert in der UML das Modellelement des Pakets. Ein Paket ist kein Systembestandteil, sondern nur ein konzeptionelles Ordnungsschema, um Elemente in Gruppen zusammenzufassen.

- **Hauptschlüssel**
  Siehe Primärschlüssel

- **Höhere Programmiersprache**
  Eine höhere Programmiersprache erlaubt es, ein Programm in einer abstrakten Sprache zu formulieren. Mit ihr können Algorithmen und Daten in einer an das Englische angelehnten Sprache definiert werden. Höhere Programmiersprachen sind deshalb für den Menschen gut verständlich. Bekannte Beispiele der ersten höheren Programmiersprachen sind ALGOL (Algorithmic Language) oder FORTRAN (Formula Translation).

- **Identität**
  Jedes Objekt unterscheidet sich von einem anderen und hat damit eine eigene Identität, selbst wenn die Werte der Attribute gleich sind.

- **Idiom**
  Ein Idiom ist ein Muster in einer bestimmten Programmiersprache und damit auf einem tieferen Abstraktionsniveau. Dieser Begriff kann für die Implementierung eines Entwurfsmusters in einer Programmiersprache angewandt werden, für die Lösung bestimmter technischer Probleme, die nicht den Charakter eines Entwurfsmusters haben, aber auch im Sinne einer Programmierrichtlinie.

- **Information Hiding**
  Siehe Geheimnisprinzip

- **Inklusionsbeziehung**
  Eine Inklusionsbeziehung drückt die Benutzung eines Anwendungsfalls durch einen anderen Anwendungsfall aus. Für die Inklusionsbeziehung wird in UML das Schlüsselwort «`include`» verwendet. Der inkludierende Anwendungsfall ist alleine nicht selbstständig ablauffähig.

- **Instanz**
  Eine Instanz ist eine konkrete Ausprägung des Typs eines Modellelements in UML.

- **Instanziierung**
  Das Erzeugen einer Instanz eines Typs.

- **Interaktion**
  Eine Interaktion ist ein Verhalten, welches durch den Versand einer einzelnen Nachricht zwischen zwei Objekten oder durch die Wechselwirkung eines Satzes von Objekten charakterisiert ist.

- **Interaktionsdiagramm**
  Interaktionsdiagramme sind nach UML Sequenzdiagramme, Kommunikationsdiagramme, Interaktionsübersichtsdiagramme und Zeitdiagramme. Sie beschreiben die Abläufe der Wechselwirkungen von Objekten.

- **Interaktionsübersichtsdiagramm**
  Das Interaktionsübersichtsdiagramm fügt verschiedene Interaktionen wie Sequenzdiagramme, Kommunikationsdiagramme, Zeitdiagramme oder andere Interaktionsübersichtsdiagramme mit der Notation des Aktivitätsdiagramms auf Top Level-Ebene in einem Diagramm zusammen. Zentraler Aspekt ist, die Interaktionen nach logischen Zusammenhängen darzustellen.

- **Interface Control Specification**
  Siehe Schnittstellen-Kontrollspezifikation

- **Interne Ebene**
  Die interne Ebene beschreibt die physische Struktur der Daten.

- **Internes Schema**
  Das interne Schema beschreibt die einzelnen Teile der internen Ebene. Dazu gehören z. B. die interne Darstellung der Daten, die Organisation auf einem Datenträger sowie der Zugriff auf die Daten.

- **Interprozesskommunikation**
  Interprozesskommunikation (IPC) ist die Kommunikation zwischen Prozessen als parallelen Einheiten. Damit umfasst der Begriff der Interprozesskommunikation die Betriebssystem-Prozess-zu-Betriebssystem-Prozess-Kommunikation und auch die Thread-to-Thread-Kommunikation. Kommunizieren Prozesse innerhalb eines Rechners, kann der Austausch von Informationen mit Hilfe des lokalen Betriebssystems erfolgen. Liegen die parallelen Prozesse auf verschiedenen Rechnern, muss auf eine Rechner-zu-Rechner-Kommunikation zugegriffen werden.

- **Invariante einer Klasse**
  Eine Zusicherung, die vor und nach jedem Methodenaufruf für jede extern zugängliche Methode einer Klasse erfüllt sein muss.

- **Kanal**
  Ein Kanal bezeichnet eine Punkt-zu-Punkt-Verbindung. Er wird in der Regel in einem Flussdiagramm durch eine Linie symbolisiert. Er arbeitet nach dem First-In-First-Out-Prinzip. Was als Erstes an den Kanal übergeben wurde, verlässt ihn auch als Erstes.

- **Kandidatenschlüssel**
  Ein Kandidatenschlüssel (Schlüsselkandidat) identifiziert einen Datensatz (Tupel) einer Tabelle (Relation) eindeutig.

- **Kante**
  Eine Kante beschreibt die Verknüpfung zwischen den Knoten eines Graphen. Die möglichen Formen der Kanten hängen vom Typ des Graphen ab.

- **Kapselung**
  Eines der wichtigsten Konzepte der objektorientierten Programmierung. Darunter versteht man die sinnvolle Zusammenfassung von Daten und zugehörigen Funktionen bzw. Methoden in einer gemeinsamen Kapsel (der Klasse). Daten und zugehörige Methoden werden nicht getrennt.

- **Kardinalität**
  Den Begriff der Kardinalität gibt es bei Datenbanken und bei UML:
  1. Auf dem Gebiet der Datenbanken legt die Kardinalität fest, wie viele Entitäten in der Systemanalyse mit wie vielen anderen Entitäten in einer Beziehung stehen bzw. wie viele Datensätze einer Tabelle beim Systementwurf mit wie vielen Datensätzen einer anderen Tabelle in Beziehung stehen. Die Kardinalität kann durch das Verhältnis zweier Kardinalzahlen wie 1:1, 1:n oder n:m beschrieben werden.
  2. Eine Kardinalität bezeichnet in UML eine Kardinalzahl (Anzahl der betrachteten UML-Elemente). Mit Hilfe von Kardinalitätszahlen kann eine Multiplizität gebildet werden, wie beispielsweise 1..m.

- **Klasse**
  Eine Klasse stellt im Paradigma der Objektorientierung einen Datentyp dar, von dem Objekte erzeugt werden können. Eine Klasse der Systemanalyse ist eine Abstraktion des Problembereichs. Im Lösungsbereich kommen dann noch technische Klassen z. B. zur Speicherung hinzu. Eine Klasse hat eine Struktur und ein Verhalten. Die Struktur umfasst die Attribute. Die Methoden und ggf. der Zustandsautomat der Klasse bestimmen das Verhalten der Objekte. Jedes Objekt einer Klasse hat seine eigene Identität.

- **Klassendiagramm**
  Ein Klassendiagramm zeigt insbesondere Klassen und ihre wechselseitigen statischen Beziehungen.

- **Knoten**
  In der Graphentheorie ist ein Graph aus Knoten (engl. node, vertex) und Kanten (engl. edge) aufgebaut. Viele Diagramme basieren auf diesem Prinzip. Je nach Diagramm werden Knoten und Kanten mit speziellen Bedeutungen belegt. So gilt beispielsweise bei Zustandsautomaten und Verteilungsdiagrammen:

1. Ein Zustandsautomat hat Knoten und Zustandsübergänge (engl. transitions) zwischen einem Quell- und einem Zielknoten. Ein Knoten kann ein Zustand oder Pseudozustand sein. Die Zustandsübergänge werden als Kanten dargestellt.

2. In einem Verteilungsdiagramm kann ein Knoten der Typ eines physischen Elements sein, das zur Laufzeit existiert und das eine Rechner-Ressource in einem Netzwerk darstellt. Instanzen eines Knotens stellen konkrete Rechner mit beispielsweise einem konkreten Prozessor und einem konkreten Arbeitsspeicher-Ausbau dar. Knoten erhalten in UML ein eigenes grafisches Symbol.

- **Kollaboration**
  Eine Kollaboration besteht aus einer Reihe von Elementen, die zusammenarbeiten, um gemeinsam eine Funktionalität, beispielsweise die Leistung eines Anwendungsfalls, zu erbringen. Eine Kollaboration wird beschrieben durch ein Klassendiagramm und durch ein Interaktionsdiagramm wie beispielsweise ein Sequenzdiagramm. Ein Klassendiagramm beschreibt die an der Kollaboration beteiligten Klassen und ihre statischen Beziehungen (Strukturmodellierung). Interaktionsdiagramme wie ein Sequenzdiagramm erfassen das Verhalten (Verhaltensmodellierung). Eine Klasse kann dabei an verschiedenen Kollaborationen teilnehmen. Eine Kollaboration wird in UML grafisch durch eine Ellipse mit einem gestrichelten Rand dargestellt.

- **Kollaborationsdiagramm**
  Die aus UML 1.x bekannten Kollaborationsdiagramme wurden in UML 2.0 in Kommunikationsdiagramme umbenannt.

- **Kommunikationsdiagramm**
  Ein Kommunikationsdiagramm zeigt in einer zweidimensionalen Anordnung die betrachteten Objekte sowie ihre Verknüpfungen und die Nachrichten, die entlang der Verknüpfungen zwischen den Objekten ausgetauscht werden. Durch die Gruppierung von Objekten, die zusammenarbeiten, und durch das Zeichnen der Verknüpfungen zwischen den Objekten ist trotz der dynamischen Sicht auch die strukturelle Organisation der Objekte ersichtlich.

- **Komponente**
  Den Begriff Komponente gibt es bei der Zerlegung von Systemen und in der Komponententechnologie:

  1. Eine Komponente ist ein Systembestandteil, d. h. ein Zerlegungsprodukt.
  2. Eine Komponente im Sinne der Komponententechnologie ist ein modularer Teil eines Systems, der die Implementierung seiner Funktionalität hinter einem Satz externer Schnittstellen verbirgt. Im Gegensatz zu einer Klasse müssen alle Methodenaufrufe über Schnittstellen erfolgen. Komponenten können auf Knoten, die Rechner darstellen, dauerhaft installiert sein. Es gibt aber auch Komponenten, die als Agenten von Knoten zu Knoten wandern können. Eine Komponente beinhaltet in der Regel eine oder mehrere Klassen, Schnittstellen oder kleinere Komponenten.

- **Komponentendiagramm**
  Ein Komponentendiagramm beschreibt die Struktur eines Systems. Was tatsächlich das dargestellte System ist, hängt von der Absicht des "Erfinders" des betreffenden Diagramms ab. Das Diagramm kann beispielsweise die lauffähigen Komponenten eines Gesamtsystems zeigen, in einem anderen Fall aber nur die interne Realisierung einer einzigen Komponente. Zeigt das Diagramm die lauffähigen Komponenten eines Systems an, so spricht man von einer externen Sicht, stellt das Diagramm die Implementierung des Aufbaus einer Komponente dar, so spricht man von einer internen Sicht.

- **Komponentenmodell für EJBs**
  Ein Komponentenmodell für EJBs definiert einen EJB-Container, welcher eine Laufzeitumgebung für die EJBs als Komponenten darstellt, als auch die Schnittstellen der EJB-Komponenten zum Container und zu anderen EJB-Komponenten. Der EJB-Container ist wiederum Teil des sogenannten EJB-Servers. Von einem EJB-Container/Server werden zahlreiche Dienste zur Verfügung gestellt wie etwa ein Sicherheitsdienst, ein Transaktionsdienst oder ein Namensdienst.

- **Komposition**
  Die Komposition ist ein Spezialfall der Aggregation und beschreibt eine Beziehung zwischen einem Ganzen und seinen Teilen, bei der die Existenz eines Teils mit der Existenz des Ganzen verknüpft ist. Ein Teil kann dabei nur einem einzigen Ganzen zugeordnet sein.

- **Kompositionsstrukturdiagramm**
  Das Kompositionsstrukturdiagramm bietet die Möglichkeit, die Zerlegung eines Systems in die einzelnen Architekturkomponenten, d. h. die Struktur (Statik), und das Zusammenspiel der Komponenten, d. h. ihr Verhalten (Dynamik), zu veranschaulichen.

- **Konfigurationsmanagement**
  Das Konfigurationsmanagement umfasst die Verwaltung der verschiedenen Stände (Versionen) eines Systems und inbesondere der Releases (freigegebenen Versionen der Software). Große Projekte mit vielen Entwicklern erfordern ein werkzeuggestütztes Konfigurationsmanagement. Bei langfristigen Projekten muss sogar der Compiler, der Linker, das Betriebssystem, kurzum alles, was zur Erzeugung eines Release eines Systems benötigt wird, gespeichert werden, damit später nochmals eine Rekonstruktion möglich ist.

- **Konkrete Klasse**
  Eine konkrete Klasse kann im Gegensatz zu einer abstrakten Klasse instanziiert werden, d. h., es können Objekte von dieser Klasse gebildet werden.

- **Konstruktor**
  Ein Konstruktor ist eine spezielle Methode. Ein Konstruktor trägt den Namen der Klasse, wird beim Erzeugen eines Objekts aufgerufen und dient zu dessen Initialisierung.

Begriffsverzeichnis   XXV

- **Kontrollobjekt**
  Ein Kontrollobjekt entspricht keiner Entität der realen Welt. Ein Kontrollobjekt entspricht einer Ablaufsteuerung.

- **Lebenslinie**
  Lebenslinien gibt es beispielsweise in Sequenz- und Kommunikationsdiagrammen. In UML wird ein Objekt als Interaktionspartner in einem Kommunikationsdiagramm auch als Lebenslinie bezeichnet. Damit kann man sowohl in Sequenz- als auch in Kommunikationsdiagrammen formulieren, dass Nachrichten zwischen Lebenslinien ausgetauscht werden.

- **Link**
  Siehe Verknüpfung

- **Lösungsbereich**
  Im Lösungsbereich befasst man sich mit der Programmkonstruktion. Dabei stellt man Programme auf, welche die Daten der Anwendung bearbeiten. Im Lösungsbereich geht es um die reale Welt mit allen ihren physischen Randbedingungen und Einschränkungen. Siehe auch Problembereich.

- **Logische Ebene**
  Die logische Ebene bei Datenbanken wird auch als konzeptionelle Ebene bezeichnet. Sie beschreibt die Struktur der Daten. Dazu gehört beispielsweise, wie die Daten in verschiedenen Tabellen (Relationen) organisiert sind.

- **Logisches Schema**
  Das logische Schema ist eine Beschreibung der Datenbankstruktur, die vom Datenbankmanagementsystem verwendet wird. Es beinhaltet in relationalen Datenbanksystemen im Wesentlichen die verwendeten Tabellenstrukturen zusammen mit ihren logischen Verknüpfungen (Relationenmodell). Ein so entstandenes logisches Schema wird in der Sprache des Datenbankmanagementsystems implementiert und auf diese Weise in ein internes Schema überführt.

- **Makroskopischer Zustand**
  Als makroskopischer Zustand wird ein Zustand eines Objekts bezeichnet, der für die Steuerung (im Sinne von SA/RT) relevant ist. Ein makroskopischer Zustand ist diskret.

- **Metaklasse**
  Eine Metaklasse in UML abstrahiert beispielsweise eine Menge von Klassen. Es gibt aber noch andere Metaklassen wie z. B. eine Assoziation. Die Instanz einer Metaklasse sind z. B. konkrete Klassen und konkrete Assoziationen.

- **Metasprache**
  Eine Metasprache ist eine formale Sprache, mit deren Hilfe bestimmte Aspekte einer anderen formalen Sprache beschrieben werden können. In einer Metasprache können die Regeln (beispielsweise die lexikalischen und syntaktischen) einer Spra-

che formuliert werden. Ein ganz bekanntes Beispiel für eine Metasprache ist die Backus-Naur-Form (BNF). Sie enthält Regeln, wie man eine Grammatik beschreiben muss. Mit Hilfe der BNF kann dann die Grammatik einer konkreten Sprache, wie beispielsweise die Syntaxregeln von C oder Java, formuliert werden.

- **Methode der Objektorientierung**
  Eine Methode der Objektorientierung implementiert eine Operation.

- **Middleware**
  Eine Middleware ist eine Programmschicht, welche sich über mehrere Rechner erstreckt und vor allem eine Interprozesskommunikation für verteilte Anwendungen zur Verfügung stellt. Weitere Funktionen einer Middleware sind beispielsweise Persistenzdienste, Funktionalitäten der Informationssicherheit oder die Verwaltung von Namen.

- **Mikroskopischer Zustand**
  Als mikroskopischer Zustand wird jede Kombination der Attributwerte eines Objekts bezeichnet: Ein mikroskopischer Zustand kann quasi-kontinuierlich oder diskret sein.

- **Modellelement**
  Ein Modellelement ist ein eigenständiges Bestandteil eines Modells. Alle Modellelemente oder Sprachkonzepte von UML sind Subklassen der Metaklasse `Element`. Ein Modellelement kann untergeordneten Modellelemente enthalten. Modellelemente oder Sprachkonzepte sind beispielsweise Klassen, Attribute, Operationen oder Beziehungen.

- **Multiplizität**
  Eine Multiplizität bezeichnet in UML einen Bereich zulässiger Kardinalitäten.

- **Nachbedingung**
  Eine Nachbedingung ist eine Zusicherung, die den Zustand von Objekten nach Durchführung einer Operation beschreibt.

- **Nachricht**
  Objekte können über Nachrichten (Botschaften) kommunizieren. Die Interpretation einer Nachricht obliegt dem Empfänger.

- **Namensraum**
  Ein Namensraum stellt einen Bereich dar, in dem Namen (Bezeichner) wie z. B. die Namen von Objekten gültig sind.

- **Navigation**
  Bei der Navigation werden die Zugriffsmöglichkeiten auf Objekte, deren Klassen untereinander Beziehungen oder Verknüpfungen haben, betrachtet. Die Navigation ist eine Angabe, ob man von einem Objekt an einem Ende einer Verknüpfung zu

- **Nebenläufigkeit**
  Zwei Vorgänge A und B heißen nebenläufig, wenn sie voneinander unabhängig bearbeitet werden können, wenn es also gleichgültig ist, ob zuerst A und dann B kommt oder zuerst B und dann A.

- **Node**
  Siehe Knoten

- **Nominalphrase**
  Eine Nominalphrase ist in der Linguistik eine Gruppe zusammengehöriger Wörter, die zu einem Substantiv (Nomen) gehört. Eine Nominalphrase kann in der Linguistik ein Substantiv beispielsweise um einen Artikel bzw. ein Adjektiv erweitern.

- **Notiz**
  Eine Notiz ist in UML ein Kommentar oder eine Annotation zu einem oder mehreren Modellelementen.

- **Objekt**
  Siehe Klasse

- **Objektdiagramm**
  Ein Objektdiagramm ist eine Momentaufnahme der Objekte mit ihren Verknüpfungen zu einem bestimmten Zeitpunkt.

- **Objektorientierte Programmiersprache**
  Eine objektorientierte Programmiersprache beruht auf
  - dem Konzept der Klassen als "Bauplan" gleichartiger Objekte,
  - der Identität von Objekten und
  - der Vererbung von Klassen, die eine Polymorphie von Objekten erlaubt.

- **Operation**
  Eine Operation stellt in UML die Abstraktion einer Methode dar. Sie umfasst den Namen, die Übergabeparameter, den Rückgabewert, die Vor- und Nachbedingungen und die Spezifikation der Operation. Eine Operation wird in einer Klasse durch eine Methode implementiert. Der Kopf einer Operation mit Name der Operation, Übergabeparametern und Rückgabewert entspricht dem Kopf der zugehörigen Methode.

  Die Spezifikation einer Operation kann so allgemein sein, dass dieselbe Operation in verschiedenen Klassen implementiert werden kann. Eine Operation erhält durch die Spezifikation eine bestimmte Bedeutung (Semantik), die für alle Klassen, die diese Operation in Form einer Methode implementieren, dieselbe ist. So kann eine Operation `drucke()` spezifiziert werden durch "Gib den Namen und Wert aller Attribute auf dem Drucker aus". Eine solche Operation `drucke()` kann mit derselben Spezifikation in Klassen mit einer verschiedenen Anzahl von Attributen implementiert werden.

- **Orthogonale Region**
  Eine orthogonale Region eines Zustands beschreibt einen Zustand einer nebenläufigen Systemkomponente.

- **Paket**
  Ein Paket in UML dient zur Übersicht bzw. zur Gruppierung von Modellelementen wie Klassen, Schnittstellen, Anwendungsfällen, etc. und von Unterpaketen. Ein Paket stellt einen Namensraum dar und ist eine Einheit für den Zugriffsschutz.

- **Paketdiagramm**
  Das Paketdiagramm von UML gehört zu den Strukturdiagrammen und zeigt eine Gruppierungssicht des modellierten Systems. Es beinhaltet beispielsweise Pakete, Abhängigkeitsbeziehungen, den Import von Paketen und Paketverschmelzungen.

- **Paradigma**
  Ein Paradigma ist ein grundlegendes Denkkonzept.

- **Persistenz**
  Persistenz von Objekten bedeutet, dass ihre Lebensdauer über eine Sitzung hinausgeht, da sie auf nicht flüchtigen Speichermedien wie z. B. Festplatten abgespeichert werden.

- **Polymorphie**
  Polymorphie bedeutet Vielgestaltigkeit. So kann beispielsweise ein Objekt eines Subtyps auch in Gestalt der Basisklasse auftreten.

- **Port**
  Siehe Anschluss

- **Primärschlüssel** (**Hauptschlüssel**)
  Der Primärschlüssel ist ein spezieller Kandidatenschlüssel. Er wurde vom Datenbankentwickler als Primärschlüssel definiert und identifiziert einen Datensatz immer eindeutig. Ein Auswahlkriterium für einen Primärschlüssel könnte z. B. sein, dass er in einer anderen Tabelle als Fremdschlüssel verwendet werden kann.

- **Problembereich**
  Der sogenannte Problembereich oder Problem Domain ist der Anwendungsbereich. Er ist derjenige Teil der realen Welt, der später durch die zu realisierende Software des Lösungsbereichs abgedeckt werden soll. In der Systemanalyse analysiert man den Problembereich, d. h. die Aufgabenstellung des Kunden, für die er eine Unterstützung durch Datenverarbeitung sucht. Der Problembereich zeichnet sich dadurch aus, dass man in einer idealen Welt die sogenannte Essenz des Systems modelliert, in anderen Worten das Wesentliche der Geschäftsprozesse. Ein technisches System mit einem Rechner gibt es nicht. In der Welt der Logik geht

alles unendlich schnell. Technische Fehler kann es nicht geben, da keine Technik existiert, die ausfallen kann.

- **Profil im Sinne eines UML-Profils**
  UML-Modell für einen bestimmten Anwendungsbereich mit einem Subset von UML-Elementtypen und vordefinierten Stereotypen, Eigenschaftswerten bzw. Tagged Values, Randbedingungen und Basisklassen. Ein UML-Profil stellt keine neue Sprache dar, da es herkömmliche UML-Elemente verwendet. Beispielsweise gibt es Profile für das Testen oder für die Modellierung von Datenbanken. In der Praxis verwenden die meisten Modellierer keine eigenen Profile.

- **Protokoll**
  Ein Satz von Regeln für die Kommunikation zwischen zwei Kommunikationspartnern.

- **Protokollzustandsautomat**
  Ein Protokollzustandsautomat ist eine Sonderform des Zustandsautomaten, der die zulässige Aufrufreihenfolge von Operationen modelliert.

- **Pseudozustand**
  Pseudozustände dienen der Verbindung von Transitionen und ermöglichen beispielsweise die Modellierung von Kreuzungen oder Vereinigungen in komplexen Beziehungen zwischen Zuständen in einem Zustandsdiagramm.

- **Qualifikation**
  Eine Qualifikation ist ein sogenanntes Assoziationsattribut. In einer Assoziation kann über eine Qualifikation auf die gegenüberliegende Klasse zugegriffen werden.

- **Randbedingung**
  Randbedingungen – oft auch Einschränkungen genannt – sind Bedingungen, die gelten müssen. Sie können formal oder informell beschrieben sein. Sie können z. B. von benachbarten Systemen vorgegeben werden.

- **Reaktives System**
  Ein reaktives System reagiert auf die Ereignisse seiner Umgebung, wobei die Reaktion vom jeweiligen Systemzustand abhängen kann.

- **Realisierung**
  Eine Realisierung ist eine statische Beziehung zwischen zwei Elementen (Classifiern), in der das eine Element einen Vertrag spezifiziert und das andere Element sich verpflichtet, diesen Vertrag einzuhalten. Realisierungsbeziehungen gibt es beispielsweise bei Classifiern wie Klassen, die Schnittstellen implementieren, und bei Kollaborationen, die Anwendungsfälle implementieren.

- **Referenzielle Integrität**
  Die sogenannte referenzielle Integrität hat zur Konsequenz, dass, wenn ein bestimmter Datensatz gelöscht wird, ein von ihm abhängiger Datensatz in einer an-

deren Datenbanktabelle ebenfalls gelöscht werden muss. Wird z. B. ein Mitarbeiter aus dem Datenbestand `Mitarbeiter` gelöscht, so muss er ebenfalls aus dem Datenbestand `Firmenkreditkarte` gelöscht werden.

- **Regressionstest**
  Ein Regressionstest ist ein erneuter Test eines bereits getesteten Programms nach dessen Modifikation mit dem Ziel, festzustellen, dass durch die vorgenommene Änderung keine Fehler hinzugekommen sind oder (bisher maskierte) Fehler in unveränderten Teilen der Software freigelegt wurden.

- **Relation**
  Der Begriff der Relation ist mehrdeutig:

  1. Allgemeiner Gebrauch
     Eine Relation ist die Beziehung, die zwischen Elementen bestehen kann.

  2. Gebrauch speziell bei Datenbanken
     Bei relationalen Datenbanken entspricht eine Relation einer Tabelle. Eine Tabelle umfasst die verschiedenen Ausprägungen eines Entitätstypen des Entity-Relationship-Modells. Ein Attributname einer Entität entspricht einer Spalte, alle Attribute einer Entität stellen eine Zeile einer Tabelle dar. Eine Relation ist die Grundlage der relationalen Algebra nach Edgar F. Codd, die wiederum die Basis für relationale Datenbanken ist.

- **Requirement**
  Ein Requirement beschreibt eine geforderte Verhaltensweise, eine Eigenschaft, die nicht auf Funktionen abgebildet werden kann, oder eine Einschränkung des Lösungsraumes eines Systems.

- **Rolle**
  Der Begriff der Rolle ist mehrdeutig:

  1. Rolle als Stellvertreter[4]
  2. Rolle in einer Assoziation

- **Schlüssel**
  Ein Schlüssel ist ein Attribut, das eine Entität eindeutig identifiziert. Schlüssel erlauben es, gezielt auf bestimmte Datensätze zuzugreifen. Mit Hilfe von Schlüsseln können ferner mehrere Relationen verknüpft werden.

- **Schlüsselkandidat**
  Siehe Kandidatenschlüssel

---

[4] Von UML 1.x zu UML 2 hat sich der Begriff der Instanz geändert. Beim Modellieren mit Repräsentanten eines Typs – wie beispielsweise beim Erstellen eines Sequenzdiagramms – werden die Repräsentanten eines Typs nicht mehr als Instanzen oder Objekte bezeichnet, sondern als Rollen. Dies ist der Fall, wenn sie generisch sind und viele konkrete Instanzen oder Objekte an ihre Stelle treten können (siehe UML Superstructure Specification [Sup11, S. 13], Kapitel "Semantic Levels and Naming"). In UML 1.x wurden beispielsweise die Repräsentanten einer Klasse in einem Sequenzdiagramm noch als Instanzen bezeichnet.

- **Schnittstelle**
  Eine Zusammenstellung von Operationen, die dazu dienen, einen Service eines Classifiers – insbesondere einer Klasse oder einer Komponente – zu spezifizieren. Eine bestimmte Schnittstelle kann alle Operationen oder auch nur einen Teil der Operationen eines Classifiers wie z. B. einer Klasse oder Komponente repräsentieren. Eine Schnittstelle spezifiziert einen Vertrag, den der die Schnittstelle realisierende Classifier erfüllen muss.

- **Schnittstellen-Kontrollspezifikation** (engl. **interface control specification**)
  Eine Schnittstellen-Kontrollspezifikation dokumentiert die Wechselwirkung eines Systems mit seinem Partner.

- **Selbstdelegation**
  Ein Objekt ruft aus einer Methode heraus eine andere eigene Methode auf.

- **Sequenzdiagramm**
  Ein Sequenzdiagramm beschreibt den Austausch von Nachrichten zwischen Objekten bzw. Objekten und Akteuren in einer zeitlich geordneten Form.

- **Service-Methode**
  Service-Methoden sind Hilfsmethoden. Sie können nur durch eine Methode des gleichen Objekts (bzw. der gleichen Klasse) aufgerufen werden. Sie sind nach außen nicht sichtbar.

- **Session**
  Siehe Sitzung

- **SFW-Block**
  Das Grundgerüst einer SQL-Abfrage besteht im Wesentlichen aus der `SELECT`-, `FROM`- und `WHERE`- Klausel, weswegen es auch als SFW-Block bezeichnet wird.

- **Signal**
  Der Begriff Signal hat verschiedene Bedeutungen:

  1. In SA/RT: Überbegriff für einen Steuerungsfluss und Datenfluss.
  2. In UML: Spezifikation einer asynchronen Nachricht zwischen Instanzen.

- **Signatur in der Programmierung und in UML**
  Der Begriff der Signatur kann in UML und in Programmiersprachen jeweils anders verwendet werden:

  1. In UML: Deklaration einer Operation mit Name, Liste der Parametertypen und Rückgabetyp.
  2. In Java: Deklaration einer Methode mit Methodennamen und Liste der Parametertypen.

- **Sitzung** (engl. **session**)
  Während einer Sitzung erfolgt die Prozesskommunikation zwischen zwei Systemen, also der Austausch von Daten zwischen zwei adressierbaren Einheiten eines Netzwerkes.

- **Slot**
  Bei einem Objekt einer Klasse wird pro Attribut der Klasse ein sogenannter Slot für die entsprechende Variable des Objekts angelegt.

- **Spezialisierung**
  Siehe Generalisierung

- **Sprachkonzept**
  Siehe Modellelement

- **Stakeholder**
  Ein Stakeholder beschreibt eine natürliche oder juristische Person oder Gruppe, die Interesse am entsprechenden System hat. Dieses Interesse wirkt sich in Einflüssen auf die System-, Hardware- oder Softwareanforderungen für ein System aus.

- **Stereotyp**
  Ein Erweiterungsmechanismus im Metamodell von UML, der es erlaubt, neue Elemente auf der Basis vorhandener Elemente zu schaffen.

- **Struktur**
  Die Struktur eines Systems ist sein statischer Aufbau.

- **Stub (bei Testen)**
  Stub bedeutet Platzhalter. Ein Stub ist ein vorläufiger einfacher Ersatz für eine andere Komponente, die noch nicht erstellt ist, aber für den Test einer vorhandenen Systemkomponente benötigt wird. Die Aufgabe des Stubs ist es nur, die Durchführung eines Aufrufs zu gewährleisten. Damit ist die Lauffähigkeit eines Programmes hergestellt und ein dynamischer Test kann erfolgen.

- **Subsystem**
  Eine Komponente, die einen größeren Teil des Systems darstellt.

- **Systemanalyse**
  Bei der Systemanalyse beschäftigt sich der Entwickler mit dem Problembereich. Er befasst sich dabei vor allem mit einem logischen Modell des Systems, welches die Kunden-Requirements umsetzt.

- **Szenario**
  Ein Szenario ist eine konkrete Ausprägung eines Anwendungsfalls.

- **Tabelle**
  Eine Tabelle ist eine Zusammenfassung analog strukturierter Daten. Bei relationalen Datenbanken spricht man auch von Relationen.

- **Testdaten**
  Testdaten umfassen Daten des Testfalls und Daten zur Bereitstellung der Testumgebung.

- **Testfall**
  Ein Testfall besteht aus einer Menge von

  – Eingangsdaten (Vorbedingungen) für das Testobjekt,
  – den während des Tests einzugebenden Daten und
  – erwarteten Ergebnissen (Nachbedingungen) der Ausführung des Testobjekts,

  die für ein spezifisches Ziel oder eine spezifische Bedingung entworfen wurden, um einen spezifischen Programmpfad auszuführen oder die Übereinstimmung mit einer spezifischen Anforderung zu überprüfen.

- **Testobjekt**
  Ein Testobjekt ist in der Regel das zu testende System oder das zu testende Zerlegungsprodukt.

- **Testphase**
  Eine Testphase umfasst die Tests, die auf den Testobjekten einer bestimmten Zerlegungsebene durchgeführt werden. Jede Testphase überprüft die Requirements an die Produkte der entsprechenden Zerlegungsebene.

- **Testtreiber**
  Ein Testtreiber ist ein spezielles Programm, um bereits vorhandene Systemkomponenten zu testen. Der Testtreiber ruft die Komponente als Testobjekt auf, stellt die Übergabeparameter bzw. die Input-Nachrichten bereit und versorgt die globalen Daten mit Testdaten. Nach Ablauf des Testobjekts für einen Testdatensatz (Testfall) übernimmt der Testtreiber wieder die Kontrolle und protokolliert die Ergebnisdaten des Testobjekts.

- **Transformatorisches System**
  Ein transformatorisches System berechnet eine Ausgabe aus einer Eingabe, wobei die Ausgabe nur von der Eingabe abhängt und nicht von einem Zustand des Systems.

- **Transition**
  Eine Transition ist ein Zustandsübergang. Siehe auch Zustands(übergangs)diagramm

- **Tupel**
  Siehe Datensatz

- **Typ**
  Ein Typ hat Attribute und Operationen und für seine Attribute einen Wertebereich.

- **Unterautomat**
  Ein Unterautomat der Automatentechnik ist ein Teil eines Automaten, der wie ein Unterprogramm wiederverwendet werden kann.

- **Unterklasse**
  Eine Unterklasse (Subklasse, abgeleitete Klasse) steht in der Vererbungshierarchie tiefer als die aktuell betrachtete Klasse.

- **Use Case**
  Siehe Anwendungsfall

- **Use Case-Diagramm**
  Siehe Anwendungsfalldiagramm

- **User Story**
  Eine User Story ist eine knapp formulierte Software-Anforderung. Sie umfasst meist nur 1 – 2 Sätze. User Stories werden in der agilen Softwareentwicklung im Verbund mit Akzeptanztests zur Spezifikation der Anforderungen verwendet.

- **Validierung** (engl. **validation**)
  Im Software Engineering gilt: Bei der Validierung handelt es sich um einen externen Qualitätsprozess. Bei der Validierung von Systemen werden zwar die Requirements des Kunden einbezogen, sie gelten aber nicht als absolute Vorgabe. Bei einer Validierung wird überprüft, ob das System eigentlich das ist, was der Nutzer wollte. Die Validierung wird mit echten Anwendungsszenarien, die produktive Daten enthalten, ausgeführt.

- **Verbalphrase**
  Eine Verbalphrase bezeichnet in der Linguistik eine Gruppe zusammengehöriger Wörter, die zu einem Verb gehört. Eine Verbalphrase kann dabei ein Verb beispielsweise um ein Objekt erweitern.

- **Verbinder** (engl. **connector**)
  Der Begriff hat verschiedene Bedeutungen:

  1. Im Bezug auf Komponenten ist ein Verbinder eine Leitung zwischen zwei Anschlüssen einer Komponente.
  2. Bei Rollen in Kommunikationsdiagrammen wird die Verknüpfung zwischen Objekten Verbinder genannt.

- **Vererbung**
  In der Objektorientierung kann eine Klasse von einer anderen Klasse erben bzw. von ihr abgeleitet werden. Durch die Vererbung besitzt sie automatisch die Attribute

und Methoden der Klasse, von der sie ableitet, d. h., sie erbt die Struktur und das Verhalten der Basisklasse.

- **Vererbungshierarchie**
  Durch die Vererbungsbeziehung zwischen Klassen entsteht eine Hierarchie: abgeleitete Klassen werden ihren Basisklassen untergeordnet bzw. Basisklassen sind ihren abgeleiteten Klassen übergeordnet.

  Da in Java alle Klassen direkt oder indirekt von der Klasse `Object` abgeleitet sind, stellt diese Klasse die Wurzel der Vererbungshierarchie in Java dar.

- **Verhalten**
  Im Verhalten eines Systems kommen seine dynamischen Eigenschaften wie Wechselwirkungen oder Zustandsübergänge zum Ausdruck.

- **Verifikation** (engl. **verification**)
  Im Software Engineering gilt: Bei der Verifikation handelt es sich um einen internen Qualitätsprozess. Bei einer Verifikation wird geprüft, ob sich das System wie spezifiziert verhält. Bei der Verifikation von Systemen handelt es sich um die Überprüfung, ob die Requirements des Kunden eingehalten sind. Bei der Verifikation von Zerlegungsprodukten eines Systems und ihren Wechselwirkungen geht es nur darum, ob die Entwickler ihre selbst aufgestellten Requirements an die Zerlegungsprodukte eingehalten haben.

- **Verknüpfung**
  Eine Verknüpfung ist eine Instanz einer Assoziation. Sie wird auch Link genannt.

- **Verteilungsdiagramm** (engl. **deployment diagram**)
  Ein Verteilungsdiagramm in UML zeigt die Knoten eines Netzwerks und ihre Verbindung sowie optional die auf den Knoten liegenden Artefakte und deren wechselseitigen Abhängigkeiten.

- **Verwendungsbeziehung**
  Will man zum Ausdruck bringen, dass ein Element ein anderes nutzt, kann man dafür in UML die Abhängigkeit mit «use» auszeichnen, d. h. eine «use»-Beziehung, auf Deutsch eine Verwendungsbeziehung, verwenden. Damit bringt man zum Ausdruck, dass die Bedeutung (Semantik) eines Elements von der Bedeutung eines anderen Elements abhängt.

- **Verzögerte Ereignisse**
  Das sind Ereignisse, die in einer Warteschlange warten müssen, während sich das Objekt in einem bestimmten Verhaltenszustand befindet. Sie werden erst in einem anderen Verhaltenszustand bearbeitet.

- **Vokabular**
  Im Alltag die Gesamtheit der Wörter einer Sprache. In UML bezieht sich dieser Begriff auf das Vokabular des Problembereichs und das Vokabular des Lösungs-

bereichs. Das Vokabular des Problembereichs sind die Dinge der Realität, die in dem zu modellierenden System abgebildet werden. Das Vokabular des Lösungsbereichs umfasst auch die Abstraktionen, d. h. die Elemente der Technologie, die für die technische Problemlösung erforderlich sind.

- **Vorbedingung**
  Eine Vorbedingung ist eine Zusicherung, die den Zustand von Objekten vor der Durchführung einer Operation beschreibt.

- **Vorgehensmodell**
  Ein Vorgehensmodell regelt die Organisation eines Projektes auf einer abstrakten Ebene. Ein Vorgehensmodell stellt eine Schablone dar, die auf ein spezielles Projekt angepasst wird (Tailoring).

- **Workflow**
  Ein Workflow ist der Ablauf eines Geschäftsprozesses bzw. eines Teils eines Geschäftsprozesses. Dabei wird er oft durch Rechner unterstützt.

- **Zeitdiagramm**
  Ein Zeitdiagramm in UML erfasst die zeitliche Änderung des Zustands eines oder mehrerer Objekte.

- **Zusicherung**
  Eine Zusicherung besteht aus Bedingungen über die Zustände von Objekten an einer bestimmten Programmstelle.

- **Zustandsautomat**
  Siehe Zustandsübergangsdiagramm

- **Zustandsdiagramm**
  Ein Zustandsdiagramm von UML ist eine Variante eines Zustandsübergangsdiagramms. Ein Zustandsdiagramm besteht aus Zuständen (eventuell aus Regionen) des näher zu beschreibenden Classifiers und aus Transitionen. Zustände beschreiben Verzögerungen, Eintritts-, Austritts- und Zustandsverhalten. Transitionen spezifizieren Ereignisse für Zustandsübergänge, deren Bedingungen und das Verhalten des Classifiers beim Übergang. Regionen dienen zur Beschreibung von Parallelitäten. Ein Zustandsdiagramm wird zur Modellierung von reaktiven Systemen benötigt.

- **Zustandsübergangsdiagramm**
  In Zustandsübergangsdiagrammen werden Zustände von Systemen nach David Harel oder Hatley/Pirbhai als Graph modelliert. Der Graph beschreibt einen Automaten mittels Zuständen und Transitionen (Zustandsübergängen). Transitionen enthalten die Spezifikation über das auslösende Ereignis, die Bedingung für einen Zustandswechsel und die beim Zustandsübergang ausgelöste Aktion.

Abkürzungsverzeichnis

ACID	Atomicity, Consistency, Isolation, Durability
ANSI	American National Standards Institute
ANSI/SPARC	American National Standards Institute/Standards Planning and Requirements Committee
AOP	Aspektorientierte Programmierung
CASE	Computer Assisted Software Engineering
	oder
	Computer Assisted System Engineering
CFD	Kontrollflussdiagramm
CMM	Capability Maturity Model
CMMI	Capability Maturity Model Integration
ConOps	Concept of Operations
CORBA	Common Object Request Broker Architecture
CRC	Class Responsibility Collaboration
CSPEC	Kontrollspezifikation
DBMS	Datenbankmanagementsystem
DCL	Data Control Language
DD	Data Dictionary
DDL	Data Definition Language
DFD	Datenflussdiagramm
DML	Data Manipulation Language
DV	Datenverarbeitung
EJB	Enterprise Java Bean
EPROM	Erasable Programmable Read-Only Memory
ER	Entity-Relationship
ERM	Entity-Relationship-Modell
GQM	Goal Question Metric
GUI	Graphical User Interface
HW	Hardware
HWKE	Hardware-Konfigurationseinheit
IC	Integrated Circuit
IDE	Integrated Development Environment
IEC	International Electrotechnical Commission
IEEE	Institute of Electrical and Electronics Engineers
ISO	International Organization for Standardization
ISO/OSI	International Organization for Standardization/Open Systems Interconnection
KM	Konfigurationsmanagement
LOC	Lines of Code
LSP	Liskovsches Substitutionsprinzip
MISRA	Motor Industry Software Reliability Association
MMI	Man-Machine Interface

OCL	Object Constraint Language
OMG	Object Management Group
OOA	Objektorientierte Analyse
OOD	Objektorientiertes Design
PA	Process Area (bei CCM(I))
PA	Process Attribute (bei SPICE)
PAM	Process Assessment Model
PAT	Prozessaktivierungstabelle der Aktionslogik
PC	Personal Computer
PIM	Platform Independent Model
PM	Projektmanagement
PSM	Platform Specific Model
PSPEC	Prozessspezifikation
QM	Qualitätsmanagement
QS	Qualitätssicherung
ROM	Read-Only Memory
RUP	Rational Unified Process
SA	Strukturierte Analyse (engl. structured analysis)
SA/RT	Strukturierte Analyse/Echtzeit (engl. structured analysis/real time)
SD	Structured Design
SEI	Software Engineering Institute
SEU	Software-Entwicklungsumgebung
SPICE	Software Process Improvement and Capability Determination
SQL	Structured Query Language
SW	Software
SWE	Software-Erstellung
SWKE	Software-Konfigurationseinheit
UML	Unified Modeling Language
TCP/IP	Transmission Control Protocol und Internet Protocol
UUID	Universally Unique Identifier
VHIT	"Vom Hirn ins Terminal"
XMI	XML Metadata Interchange
XML	Extensible Markup Language

Wegweiser durch das Buch

"Lernkästchen", auf die grafisch durch eine kleine Glühlampe aufmerksam gemacht wird, stellen eine Zusammenfassung eines Abschnitts dar. Sie erlauben eine rasche Wiederholung des Stoffes.

"Warnkästchen" werden durch ein Symbol mit der Beschriftung "Vorsicht!" gekennzeichnet. Sie sind wichtige Hinweise, die es zu beachten gilt, um z. B. schwerwiegende Probleme zu vermeiden.

In diesem Buch sind im Text Klassennamen, Namen von Operationen, Variablen und syntaktische Beschreibungen in `Courier New` geschrieben. Wichtige Begriffe im normalen Text sind **fett** gedruckt, um sie hervorzuheben. In Bildern sind Stereotypen und Schlüsselwörter in `Courier New` geschrieben.

Die nachfolgende kurze Inhaltsübersicht soll dem Leser die Übersicht über das Buch erleichtern:

Kapitel 1	Problembereich und Lösungsbereich
Kapitel 2	Die vier Ebenen des Software Engineering
Kapitel 3	Ausprägungen von Vorgehensmodellen
Kapitel 4	Qualität von Softwaresystemen
Kapitel 5	Requirements
Kapitel 6	Funktionsorientierte Systemanalyse mit der Strukturierten Analyse
Kapitel 7	Funktionsorientierte Systemanalyse mit der Strukturierten Analyse/Echtzeit
Kapitel 8	Datenorientierte Systemanalyse mit dem Entity-Relationship-Modell
Kapitel 9	Objektorientierte Grundlagen
Kapitel 10	Objektorientierte Notation mit UML – eine Einführung
Kapitel 11	Einführung in standardisierte Diagrammtypen nach UML
Kapitel 12	Objektorientierte Systemanalyse
Kapitel 13	Allgemeine Entwurfsprinzipien
Kapitel 14	Funktionsorientierter Systementwurf
Kapitel 15	Datenorientierter Systementwurf
Kapitel 16	Objektorientierter Systementwurf
Kapitel 17	Systementwurf bei aspektorientierter Programmierung
Kapitel 18	Test und Integration

Es ist nicht zwingend erforderlich, das Buch Kapitel für Kapitel in dieser Reihenfolge zu lesen. Leser, die sich speziell für die objektorientierte Systemanalyse interessieren, können direkt mit Kapitel 12 beginnen. Bei Bedarf kann dann zu den anderen Kapiteln wie Qualität, Requirements, Funktions- und Datenorientierung, Diagrammtypen nach UML etc. zurückgekehrt werden. Das ausführliche Glossar und der Index am Ende unterstützen diese Vorgehensweise.

Kapitel 1 erläutert den Unterschied zwischen Problembereich und Lösungsbereich. Anschließend werden die Paradigmen funktionsorientiert, datenorientiert, objektorientiert und aspektorientiert vorgestellt. Die verschiedenen Schritte für die Entwicklung eines Systems werden aufgezeigt. Diese Entwicklungsschritte umfassen die Spezifikation der Requirements, die Systemanalyse, die Machbarkeitsanalyse, den Systementwurf, die Programmierung, den Test und die Integration sowie den Abnahmetest. Die Unterschiede zwischen Anwendungsfunktionen und Entwurfseinheiten (Module des Entwurfs) werden besprochen. Die Klassen der Bestandteile von Anwendungsfunktionen, die bei Systemanalyse bzw. Systementwurf im Vordergrund stehen, werden für die einzelnen Paradigmen identifiziert. Die Abbildung zwischen Requirements und Entwurfseinheiten wird diskutiert.

Kapitel 2 gibt einen Überblick über die derzeitigen Arbeitsgebiete der Softwaretechnik (engl. software engineering). Die Softwaretechnik hat vier große Arbeitsbereiche: Vorgehensmodelle, Methoden, Werkzeuge und Architekturen. Ein Vorgehensmodell gibt den organisatorischen Rahmen eines Projektes vor. Jedes Vorgehensmodell stellt andere Ziele in den Vordergrund. Die Arbeitspakete eines Projekts werden durch Methoden unterstützt. CASE-Werkzeuge wiederum sollen die Methoden unterstützen. Architekturen schließlich sind das vierte Teilgebiet der Softwaretechnik. Eine Architektur eines Systems beschreibt hierbei die Zerlegung eines Systems in seine physischen Komponenten und deren Zusammenwirken, um die gewünschte Funktionalität des Systems und die gewünschten Systemeigenschaften zu realisieren.

Kapitel 3 beschreibt Vorgehensmodelle. Untersucht werden spezifikationsorientierte, prototyporientierte und agile Vorgehensmodelle. Bei den spezifikationsorientierten Vorgehensmodellen werden Wasserfallmodelle – in Form von Baseline Managementmodellen und Wasserfallmodellen mit Rückführschleifen –, die evolutionäre Entwicklung, ferner das V-Modell und der Rational Unified Process diskutiert. Bei den prototyporientierten Vorgehensmodellen werden das Inkrementelle Prototyping und das Concurrent Engineering betrachtet. Agile Vorgehensmodelle werden als Konzept und in der Ausprägung des Extreme Programming und von Scrum vorgestellt. Außerdem wird das Spiralmodell als Vehikel zum Einsatz verschiedener Vorgehensmodelle diskutiert.

Kapitel 4 befasst sich mit der Qualitätssicherung von Software. Zur Qualitätssicherung dienen konstruktive und analytische Maßnahmen. Zu den konstruktiven Maßnahmen gehört beispielsweise der Einsatz geeigneter Methoden des Software Engineering und von höheren Programmiersprachen. Analytische Maßnahmen werden an bereits konkret realisierten Produkten durchgeführt. Hierzu gehört u. a. das Messen von Qualitätsmesszahlen (Metriken) wie z. B. die Zahl der Anweisungen pro Modul, aber auch das Testen von Programmen oder die Analyse von Dokumenten im Rahmen eines Review. Wichtige Standards der Qualitätssicherung wie ISO 9001, CMM, SPICE und CMMI werden in ihren Grundzügen vorgestellt.

Kapitel 5 behandelt das Aufstellen und die Bedeutung der Requirements für ein Softwaresystem. Die Requirements an ein System oder Teilsystem legen den Leistungsumfang des Systems (Teilsystems) fest. Ein komplexes System (Teilsystem) wird zerlegt. Die Schritte der Zerlegung eines Systems bzw. Teilsystems, der Zuordnung von Requirements zu Zerlegungsprodukten und der Verfeinerung von Requirements werden solange wiederholt, bis ein geeignetes Maß an Genauigkeit erreicht ist. In jeder späteren Projektphase und bei jeder Zerlegung können neue, feinere Requirements aufgestellt werden. Zu den Requirements an die Funktionserbringung kommen noch nicht funktionale Requirements als Forderungen an Qualitäten, die keinen einzelnen Funktionen zugeordnet werden können, wie die Performance oder

Einschränkungen des Lösungsraums z. B. durch Vorschrift der Programmiersprache hinzu.

Die Strukturierte Analyse in **Kapitel 6** ist eine Methode, die ein System in logische Einheiten, die sogenannten Prozesse, zerlegt. Durch die Zerlegung der Prozesse in Unterprozesse und durch die Modellierung der Zusammenarbeit von Prozessen in Datenflussdiagrammen entsteht eine Ebenenstruktur an Datenflussdiagrammen. Prozesse sind funktionale Einheiten. Daten und Funktionen werden getrennt. Die Stärke der Strukturierten Analyse ist, dass die Wechselwirkungen zwischen den Prozessen im Mittelpunkt der Betrachtung stehen. Durch die Betrachtung der Schnittstellen fallen die Prozesse automatisch ab. Soll nicht das funktionale Verhalten betont werden, sondern das Steuerungsverhalten, so ist die Strukturierte Analyse zur Strukturierten Analyse/Echtzeit zu erweitern (siehe Kapitel 7). Sollen die Daten mit in den Vordergrund rücken, so ist die Strukturierte Analyse um Entity-Relationship-Diagramme zu ergänzen (siehe Kapitel 8). Das Konzept der Strukturierten Analyse hat nach wie vor in der hardwarenahen Programmierung eine große Bedeutung, es sei denn, die Systemanalyse wird objektorientiert erstellt und auf einen funktionsorientierten Systementwurf abgebildet.

Die Echtzeit-Variante der Strukturierten Analyse, die Methode SA/RT, in **Kapitel 7** erweitert die Strukturierte Analyse um die Fähigkeit der Modellierung von Steuerflüssen (Kontrollflüssen). Ein Steuerfluss hat stets diskrete Werte. Bei SA/RT liegt ein Steuerfluss nur vor, wenn Prozesse deaktiviert oder aktiviert werden, wenn es zu Zustandsübergängen oder wenn es zur Erzeugung von Ausgangssteuerflüssen kommt. Parallel zu Datenflussdiagrammen werden Steuerflussdiagramme gezeichnet. Man kann aber auch beide Diagrammformen in ein einziges Bild zeichnen, das dann Daten- und Steuerflüsse zugleich enthält. Steuerflüsse münden letztendlich in einer CSPEC (Steuerspezifikation, engl. control specification). Die CSPEC kann eine Ereignislogik, ein Zustandsübergangsdiagramm und eine Aktionslogik enthalten. Eine Ereignislogik wird mit Hilfe einer Entscheidungstabelle formuliert. Diese Entscheidungstabelle enthält die Kombinationen eingehender Signale, die für das System Ereignisse darstellen. Wenn ein System Zustände hat, so kann es auf Ereignisse mit Zustandsübergängen reagieren. Der Begriff Zustandsübergang ist allgemein gefasst: es kann auch ein Übergang in denselben Zustand erfolgen. Jeder Zustandsübergang in einen anderen Zustand kann mit einer Aktion verbunden sein oder auch nicht. Erfolgt der Übergang in den Ausgangszustand, so ist eine Aktion zwingend erforderlich. In der Aktionslogik, die wiederum in Tabellenform aufbereitet wird, wird spezifiziert, was die entsprechende Aktion bei einem Übergang umfasst. Eine Aktion kann eine Prozessaktivierung/-deaktivierung (Prozessaktivierungstabelle) bzw. die Erzeugung von Ausgangs-Steuerflüssen bedeuten.

Das Entity-Relationship-Modell (ERM) in Kapitel 8 zur Modellierung von Daten und ihren Beziehungen wurde nachträglich in die Strukturierte Analyse aufgenommen. Zwischen Entitäten – abstrakten und konkreten Objekten der realen Welt – können 1:1-, 1:n- oder n:m-Beziehungen existieren. Zur Implementierung eines ERM mit Hilfe einer relationalen Datenbank muss das ERM zunächst in ein relationales Modell konvertiert werden. Diese Umwandlung wird in Kapitel 15 beschrieben. Das Entity-Relationship-Modell hat auch eine große Bedeutung für die Objektorientierung, da das Klassendiagramm der Objektorientierung historisch gesehen auf dem Entity-Relationship-Modell beruht.

Wie in **Kapitel 9** gezeigt wird, weist die objektorientierte gegenüber der funktionsorientierten Entwicklung zahlreiche Vorteile auf. Die Begriffe Abstraktion, Kapselung und Information Hiding und ihr Zusammenhang werden erläutert und das Konzept einer Klasse vorgestellt. Einfachvererbung, Mehrfachvererbung, Aggregation und Komposition werden analysiert. Polymorphie, das liskovsche Substitutionsprinzip und Entwurf durch Verträge (aufgestellt von Bertrand Meyer) werden besprochen. Bekannte Methoden zum Finden von Klassen oder Objekten wie die Unterstreichmethode, die CRC-Methode oder die Betrachtung der Anwendungsfälle werden diskutiert.

Kapitel 10 führt in die Grundlagen von UML ein. Das Konzept einer Klasse und eines DataType wird erläutert. Die statischen Beziehungen Assoziation, Generalisierung, Realisierung und Abhängigkeit werden analysiert. Zusätze in UML wie Endknoten (Rollen) an Assoziationen, Multiplizitäten an Assoziationen, Sichtbarkeiten, Notizen oder Zusatzbereiche werden beschrieben. Das Konzept einer Schnittstelle und eines Classifiers wird diskutiert. Die Struktur der Modellbildung in UML mit den vier Ebenen Meta-Metaebene (M3), Metaebene (M2), Modellebene (M1) und Datenebene mit Laufzeitinstanzen (M0) wird vorgestellt. Eine Kollaboration realisiert durch die Zusammenarbeit von Objekten ein Verhalten dieser Objektgruppe. Die wichtigsten Nachrichtentypen in UML und die Erweiterungsmöglichkeiten von UML werden besprochen.

Kapitel 11 erläutert alle Standarddiagramme von UML. Diese umfassen: Klassendiagramm, Objektdiagramm, Anwendungsfalldiagramm, Kommunikationsdiagramm, Sequenzdiagramm, Aktivitätsdiagramm, Zustandsdiagramm, Komponentendiagramm, Verteilungsdiagramm, Paketdiagramm, Interaktionsübersichtsdiagramm, Kompositionsstrukturdiagramm und Zeitdiagramm.

Kapitel 12 schlägt ein Vorgehen aus 13 Schritten für die objektorientierte Systemanalyse vor. Zuerst wird überprüft, ob sich die Requirements widersprechen oder ob sie unvollständig sind (Schritt 1). Auf der gewonnenen konsistenten Grundlage werden dann die Geschäftsprozesse spezifiziert und die Anwendungsfälle festgelegt (Schritt 2) und priorisiert (Schritt 3), damit die wichtigsten Anwendungsfälle mit dem vorhandenen Budget realisiert werden können. Für die resultierenden Anwendungsfälle wird das Kontextdiagramm gezeichnet, um die Einbettung des Systems in seine Umgebung und die externen Schnittstellen abzustimmen (Schritt 4). Die dem Kontextdiagramm entsprechenden Requirements werden festgelegt (Schritt 5), das Anwendungsfalldiagramm für das System gezeichnet (Schritt 6) und die Anwendungsfalle kurz beschrieben (Schritt 7). Damit ist bis zu dieser Stelle die Blackbox-Sicht des Systems abgestimmt. Es folgt nun das Finden von Entity-Klassen und das Erstellen des Klassendiagramms der konzeptionellen Sicht aus Entity-Klassen (Schritt 8). Damit kann man erste Aussagen zur Struktur bzw. Statik der Anwendung (Whitebox-Sicht) treffen. Die Langbeschreibung der Anwendungsfälle in strukturierter textueller Form benutzt in der Regel die gefundenen Klassen (Schritt 9). Die Kommunikationsdiagramme für jeden Anwendungsfall geben Auskunft über das dynamische Verhalten des Systems (Schritt 10). Spielt das reaktive Verhalten eine Rolle, so wird es in den zustandsbasierten Kommunikationsdiagrammen erfasst (Schritt 11). Das Klassendiagramm der Verarbeitungssicht umfasst Entity- und Kontrollobjekte. Als Vorstufe für ein Schichtenmodell des Entwurfs werden die Client/Server-Objektdiagramme der Systemanalyse mit Hilfe der Verwendungsbeziehungen zwischen Kontroll- und Entity-Objekten herausgearbeitet (Schritt 12). Es folgt das Klassendiagramm der finalen Sicht der Systemanalyse bestehend aus Entity-, Kontroll- und Interface-Klassen (Schritt 13).

Kapitel 13 beruht auf Erfahrungen in vielen unterschiedlichen Projekten und schildert einige Prinzipien, die beim Entwurf eines Systems einen Nutzen bringen. Auf spezielle objektorientierte Prinzipien wird an dieser Stelle nicht eingegangen. Für die Planbarkeit des Projektverlaufs werden die architekturzentrierte Entwicklung und Integration als auch die Prinzipien "Design to Test", "Design to Schedule" und die Verfolgbarkeit betrachtet. Bei der Handhabbarkeit werden die Testbarkeit, die Verständlichkeit und die Änderbarkeit/Wartbarkeit diskutiert. Die Testbarkeit wird unterstützt durch das Prinzip "Design to Test". Prinzipien, die die Verständlichkeit fördern, sind das Prinzip "Teile und herrsche" sowie das Prinzip einer einfachen Architektur. Das Prinzip der "Konzeptionellen Integrität" mit seinen Richtlinien und Mustern kann auch bei großen Projektteams bewirken, dass die Software so erscheint, als wäre sie nur von einer einzigen Person allein erstellt worden. Die Änderbarkeit und Wartbarkeit umfasst die Verteilbarkeit der Betriebssystem-Prozesse, das Single Source-Prinzip und die Erweiterbarkeit. Die Realisierung einer modularen Struktur des Systems selbst erfordert eine schwache Kopplung der Teilsysteme. Schnittstellen sollen Teilsysteme abstrahieren. Die Teilsysteme selbst sollen über Schnittstellen angesprochen werden. Die Implementierung der Teilsysteme soll für andere Teilsysteme verborgen sein (Information Hiding).

Kapitel 14 stellt die Methode des Structured Design für den Entwurf von funktionsorientierten Systemen vor. Das Structured Design umfasst die Aufrufhierarchie, die Darstellung des Kontrollflusses und insbesondere die Spezifikation der Schnittstellen zwischen den Routinen mit Hilfe von Structure Chart. Structure Chart umfasst das Structure Chart-Diagramm selbst, die Tabelle der Übergabeparameter, die Tabelle der globalen Daten, die Tabelle der Funktionsköpfe und die Funktionsbeschreibungen. Für den Grobentwurf eines Systems aus mehreren Betriebssystem-Prozessen kann die Methode Strukturierte Analyse eingesetzt werden, um Datenflussdiagramme zu zeichnen und um das System hierarchisch in Betriebssystem-Prozesse zu zerlegen. Der Feinentwurf befasst sich in diesem Fall mit dem Entwurf eines einzigen Betriebssystem-Prozesses bzw. einer einzigen Interrupt Service-Routine. Grundsätzlich befindet sich die Grenze zwischen Grob- und Feinentwurf da, wo die Arbeitsteiligkeit erreicht wird. Den Grobentwurf steuert der Chef-Designer. Den Feinentwurf macht jeder Entwickler selbst. Prozesse der Strukturierten Analyse der Systemanalyse können im Idealfall auf Funktionen in ein und demselben Betriebssystem-Prozess, aber auch auf verschiedene Betriebssystem-Prozesse abgebildet werden. Damit werden die Datenflüsse der Strukturierten Analyse zu Übergabeparametern zwischen Routinen, zu globalen oder lokalen Daten oder zu Nachrichten der Interprozesskommunikation, die über Kanäle versandt werden oder in einem Shared Memory bzw. in Dateien abgelegt werden.

Für den Datenbankentwurf in **Kapitel 15** müssen nun die Entitätstypen und die Beziehungen zwischen Entitätstypen auf Tabellen abgebildet werden. Eine 1:1-Beziehung kann dabei auf zwei Tabellen oder auf eine einzige Tabelle abgebildet werden. Im zweiten Fall werden die Entitätstypen auf Attribute dieser Tabelle abgebildet. Eine 1:n-Beziehung wird auf zwei Tabellen abgebildet, eine m:n-Beziehung auf drei Tabellen. Um Redundanzen zu beseitigen und um Update-Anomalien zu vermeiden, werden die Tabellen (Relationen) normalisiert. In der Praxis geht man bis zur 3. Normalform. Die Abfragesprache SQL ist eine nichtprozedurale und mengenorientierte Programmiersprache und entspricht in der Grundstruktur der englischen Sprache. SQL ist Teil des Datenbankmanagementsystems, ist standardisiert und wird somit von allen relationalen Datenbanken unterstützt. SQL wird im Wesentlichen in drei Sprachbereiche unterteilt: die Data Manipulation Language, die Data Definition Language und die Data Control Language. Integritätsbedingungen werden bei relationalen Datenbanken ebenfalls mit SQL formuliert und heißen Constraints.

Der Widerspruch zwischen der objektorientierten und der datenorientierten Welt wird mit Hilfe der objekt-relationalen Abbildung aufgelöst. Es wird gezeigt, wie sich die Konzepte der Objektorientierung (Vererbung, Polymorphie, Assoziation und Aggregation von Objekten) auf relationale Datenbanken abbilden lassen. Hierbei muss der Entwickler entscheiden, ob die Objekte auf nur eine einzige Tabelle abgebildet oder mit Hilfe von Schlüsselbeziehungen auf mehrere Tabellen verteilt werden sollen. Schlüsselbeziehungen erhöhen durch den hohen Grad der Normalisierung die Flexibilität, Erweiterbarkeit und Wartbarkeit, sind aber auch deutlich komplexer und können negative Auswirkungen auf die Verarbeitungsgeschwindigkeit der Software haben.

Während man sich bei der Systemanalyse im Problembereich, d. h. in der Welt der operationellen Nutzeraufgaben befindet, ist man beim objektorientierten Systementwurf in **Kapitel 16** nun im Lösungsbereich, also in der Welt der technischen Realisierung angekommen. Beim objektorientierten Systementwurf treten neue Funktionsarten zu den bereits von der objektorientierten Systemanalyse bekannten Funktionen der Verarbeitung hinzu. Zum Umsetzen dieser zusätzlichen Funktionalitäten werden vom Autor 10 Schritte vorgeschlagen. Dabei wird aufbauend auf den Erkenntnissen aus der Systemanalyse zu Beginn des Entwurfs ein erstes Schichtenmodell erstellt (Schritt 1). Die in der Systemanalyse konzipierten Kommunikationsdiagramme können dann in das Schichtenmodell eingefügt werden und diese zum Kommunikationsdiagramm des Entwurfs mit zusätzlichen Schichten und Objekten des Entwurfs erweitert werden (Schritt 2). Nach der Definition von parallelen Einheiten und der Festlegung der Interprozesskommunikation zwischen diesen Einheiten (Schritt 3) erfolgt die Betrachtung von Start-up und Shut-down einschließlich der Erweiterung des Schichtenmodells z. B. um Client-, Server-Fabrik und Registry (Schritt 4). Die Funktionen werden beim Entwurf ferner um das Konzept der Fehlererkennung, Fehlerbehandlung und Fehlerausgabe erweitert (Schritt 5). Es folgt die Umsetzung der Anforderungen an die Informationssicherheit und die funktionale Sicherheit in den Entwurf (Schritt 6). Verarbeitung (Schritt 7), Datenzugriff und Datenhaltung – ggf. mit Hilfe einer Datenbank – (Schritt 8), MMI – z. B. Dialogmanager und Datenaufbereitung – (Schritt 9) und die Kommunikation zwischen den Rechnergrenzen (Schritt 10) können parallel erstellt werden.

Kapitel 17 diskutiert den aspektorientierten Entwurf. In der Systemanalyse folgt die Aspektorientierung der Objektorientierung. Das aspektorientierte Konzept wurde eingeführt, um die Trennung der Verantwortlichkeiten sicherzustellen. Diese Trennung wurde bei der Objektorientierung durch die in den Anwendungsfällen enthaltenen übergreifenden Belange aufgeweicht. Es gibt viele Programmteile, die sich quer durch die Geschäftslogik ziehen wie zum Beispiel das Logging (Protokollierung). Die Aspektorientierung behandelt solche Leistungen, die in mehreren Anwendungsfällen enthalten sind, als sogenannte Aspekte. Diese Aspekte sind Quellcode-Stücke, die losgelöst von den vorhandenen Klassen und nach dem Single Source-Prinzip erstellt werden. Der Aspekt-Weber übernimmt dann das Einweben der Aspekte an die vorgesehenen Stellen im eigentlichen Programmcode.

Kapitel 18 behandelt Test und Integration. Jedes relevante Dokument und jedes Programm sollte getestet und abgenommen sein, ehe es in den Einsatz übergeht. Testen ist das Hauptziel dieses Kapitels. Beim Testen handelt es sich insbesondere um die jederzeit wiederholbare Überprüfung, ob festgelegte Anforderungen korrekt umgesetzt wurden (Verifikation). Testen hat schwerpunktmäßig das Ziel, Fehler zu finden, Vertrauen in die vorliegende Software zu schaffen und ggf., einen Überblick über den Fertigstellungsgrad der zu realisierenden Software zu erhalten. Wird ein System zerlegt, so muss auf jeder Zerlegungsebene im Rahmen der Integration getestet werden. Es gibt verschiedene Strategien für die Integration: inkrementelle und nicht inkrementelle Integration. Eine nicht inkrementelle Integration als Big Bang-Integration ist nur für sehr kleine Systeme sinnvoll. Die inkrementelle Integration wird hier in Zerlegungsrichtung-orientierte, funktionale Betrachtungseinheit-orientierte, zufallsorientierte und architekturzentrierte Integration unterschieden.

Kapitel 1

Problembereich und Lösungsbereich

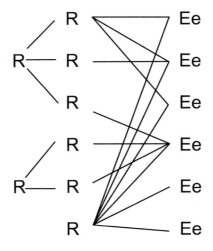

1.1 Unterschiede zwischen Problembereich und Lösungsbereich
1.2 Paradigmen der Softwareentwicklung
1.3 Methoden für die verschiedenen Paradigmen
1.4 Rekursive Zerlegung komplexer Systeme
1.5 Inhalt der einzelnen Entwicklungsschritte
1.6 Anwendungsfunktionen und Entwurfseinheiten
1.7 Zusammenhang zwischen Requirements und Entwurfseinheiten
1.8 Zusammenfassung
1.9 Aufgaben

1 Problembereich und Lösungsbereich

Zuerst werden in Kapitel 1.1 die Begriffe "Problembereich" und "Lösungsbereich" erläutert und die grundlegenden Schritte der Software-Entwicklung in diesen beiden Bereichen vorgestellt. Danach werden in Kapitel 1.2 das funktionsorientierte Paradigma sowie das objektorientierte, datenorientierte und aspektorientierte Paradigma umrissen. Ein Paradigma ist hierbei ein grundlegendes Denkkonzept.

Kapitel 1.3 gibt eine Übersicht über die Engineering-Methoden für die verschiedenen Paradigmen in Form einer Tabelle. Kapitel 1.4 legt dar, dass komplexe (zusammengesetzte) Systeme beim Entwurf rekursiv zerlegt werden, um die Komplexität durch die Erzeugung von noch zu betrachtenden Teilsystemen ("divide et impera", siehe Kapitel 13.2.2.1) zu reduzieren. Dieses Kapitel benennt die erforderlichen Entwicklungsschritte für die verschiedenen Zerlegungsebenen. Erst auf der letzten Ebene der Zerlegung, der sogenannten terminalen Ebene, erfolgt die Implementierung. Kapitel 1.5 beschreibt die aufgeführten Entwicklungsschritte in grundsätzlicher Art und Weise für die genannten Paradigmen.

Kapitel 1.6 erörtert zunächst den grundsätzlichen Unterschied zwischen Anwendungsfunktionen und Entwurfseinheiten. Anwendungsfunktionen entsprechen den Geschäftsprozessen. Entwurfseinheiten sind je nach Paradigma beispielsweise Prozeduren des Entwurfs oder Klassen. Untersucht wird anschließend, ob die in Kapitel 1.6 aufgestellten Funktionsklassen der Bestandteile von Anwendungsfunktionen bei den verschiedenen genannten Paradigmen in Rahmen der Systemanalyse oder beim Systementwurf studiert werden. Kapitel 1.7 erklärt den Zusammenhang zwischen Requirements und Entwurfseinheiten.

1.1 Unterschiede zwischen Problembereich und Lösungsbereich

Ein zu entwickelndes System durchläuft die folgenden **Entwicklungsschritte**:

- Aufstellen der Requirements,
- Systemanalyse,
- Konstruktion und
- Abnahme.[5]

Beim Aufstellen der Requirements, also den Anforderungen für ein Kundensystem, steht der Problembereich eindeutig im Vordergrund. Der Kern der Forderungen befasst sich mit den zu liefernden Anwendungsfunktionen des Systems (siehe Kapitel 1.6). Im Rahmen der Systemanalyse versucht der Auftragnehmer, diese Kunden-Requirements möglichst gut zu erfassen. Er beschäftigt sich vor allem mit einem Fachkonzept als logischem Modell des Systems, welches die Kunden-Requirements umsetzt. Er konzentriert sich dabei auf das fachliche Problem des Kunden aus logischer Sicht.

---

[5] Mit der Abnahme geht das System an den Kunden über. Bei einem fehlerfreien System stellt die Abnahme keinen Entwicklungsschritt dar. Beim Auftreten von Fehlern muss erneut entwickelt werden. Dies stellt die Realität dar. Daher wird die Abnahme hier zu den Entwicklungsschritten gezählt.

> Die Entwicklungsschritte "**Aufstellen der Requirements**" und **Systemanalyse** fokussieren sich vor allem auf den **Problembereich**, d. h. die Struktur und den Ablauf der zu realisierenden **Geschäftsprozesse**.

Natürlich gibt es bei den Forderungen auch Requirements, die die Lösung betreffen, wie z. B. die Kommunikation oder die zu verwendende Programmiersprache.

In der **Systemanalyse** wird die **Welt** als **ideal** betrachtet. Es gibt **keine physischen Einschränkungen** und alle Abläufe im System werden als unendlich schnell angesehen, weil eine ideale Welt der Logik und nicht der Physik betrachtet wird. Sieht man von Ausnahmen ab, soll der Entwickler erst nach dem Studium des Problembereichs den **Lösungsbereich** betreten und mit der **Konstruktion** beginnen.

> Im **Lösungsbereich** befasst man sich mit der technischen Lösung. Hier geht es darum, die im Rahmen der Systemanalyse gewonnenen Erkenntnisse über den Problembereich in ein **lauffähiges System** zu gießen.

In der Softwareentwicklung gehören zum Lösungsbereich die folgenden Entwicklungsschritte:

- Machbarkeitsanalyse[6],
- Systementwurf,
- Programmierung bzw. Implementierung sowie
- Test & Integration.

Im Rahmen der **Konstruktion** bzw. des **Lösungsbereichs**, also der Machbarkeitsanalyse, des Systementwurfs und den darauf folgenden Entwicklungsschritten, geht es um die **reale Welt** mit allen ihren physischen Randbedingungen und Einschränkungen.

Der Systementwurf muss zu einem lauffähigen System führen, das einfach zu testen ist. Dabei muss die Systemarchitektur (siehe Kapitel 2.4) die gestellten Anforderungen beispielsweise an das Zeitverhalten (engl. performance), die Bedienbarkeit, Verlässlichkeit, Erweiterbarkeit etc. erfüllen.

Insgesamt gibt es also die folgenden **Entwicklungsschritte** bei softwareintensiven Systemen:

- Aufstellen der Requirements,
- Systemanalyse,
- Machbarkeitsanalyse,
- Systementwurf,

---

[6] In dem Schritt Machbarkeitsanalyse werden alternative Lösungen auf ihre Einsatzmöglichkeit für das System untersucht. Details zur Machbarkeitsanalyse sind in Anhang C finden.

- Programmierung bzw. Implementierung,
- Test & Integration sowie
- Abnahme.

Die Entwicklungsschritte "Aufstellen der Requirements", Systemanalyse, Systementwurf und Programmierung stellen verschiedene Entwicklungsstufen desselben Systems dar. Die Sichten auf das System dürfen beim Erstellen der Requirements, der Systemanalyse und dem Systementwurf des Systems nicht so sehr ins Detail gehen wie bei der Implementierung. Sie würden sonst die gleiche Komplexität wie die Implementierungssicht umfassen, nur aus einem anderen Blickwinkel und in einer anderen Notation.

1.2 Paradigmen der Softwareentwicklung

Ein Paradigma ist ein grundsätzliches Konzept oder Denkschema. In der Softwareentwicklung haben sich im Laufe der Jahre vier zentrale Paradigmen für die Methodik der Entwicklung herausgebildet, an denen sich die Entwickler von Software orientieren:

- Beim **funktionsorientierten Paradigma** sind die Funktionen quasi die "Herren" und "schlagen mit Dreschflegeln" auf die ungeschützten Daten ein. Die Welt ist asymmetrisch zwischen Funktionen und Daten. Die Funktionen sind die "Herren", die die Daten als "Knechte" beherrschen. Werden zudem noch globale Daten (siehe Kapitel 9.1.1) verwendet, so kann die Suche nach Fehlern wegen der globalen Daten mit sehr großem Aufwand verbunden sein, da ein globales Datum von vielen Funktionen verändert werden kann.
- Beim **datenorientierten Paradigma** werden in der Systemanalyse nur die Daten modelliert. Beim datenorientierten Paradigma ist die Welt auch asymmetrisch. Die Funktionen sind zunächst außen vor.
- Beim **objektorientierten Paradigma** sind die Daten geschützt. Die Daten und Methoden werden symmetrisch und damit gleichgestellt behandelt. Sie befinden sich in einer Kapsel vom Typ einer Klasse.
- Das **aspektorientierte Paradigma** ist eine Erweiterung der Objektorientierung. Gleichartige Leistungen, die in mehreren Geschäftsprozessen enthalten sind, wie ein Logging (Aufzeichnen, Protokollierung), werden als sogenannte Aspekte behandelt. Diese Aspekte sind Code-Stücke, die nach dem Single Source-Prinzip (siehe Kapitel 13.2.3.2) erstellt werden. Die Methoden der Objekte können sich auf das Wesentliche, die Realisierung der eigentlichen Geschäftsprozesse, konzentrieren.

Beim funktionsorientierten Paradigma (siehe Kapitel 6 und Kapitel 7) wird in der Systemanalyse die Logik der Verarbeitung untersucht. Beim datenorientierten Paradigma stehen in der **Systemanalyse** die benötigten Daten und ihre Beziehungen im Vordergrund (siehe Kapitel 8). Beim objektorientierten Paradigma (siehe Kapitel 12) untersucht man in der Systemanalyse ebenfalls die Logik der Verarbeitung. Beim aspektorientierten Paradigma (siehe Kapitel 17.1) folgt man in der Systemanalyse der Objektorientierung.

Problembereich und Lösungsbereich

Beim funktionsorientierten[7] (siehe Kapitel 14) und objektorientierten (siehe Kapitel 16) **Systementwurf** treten außer den von der Systemanalyse bekannten Verarbeitungsfunktionen die sogenannten technischen Funktionen in den Vordergrund. Die technischen Funktionen ergänzen die Verarbeitungsfunktionen zu einem lauffähigen System. Beim datenorientierten Konzept (siehe Kapitel 15) erfolgt beim Entwurf die Abbildung der Daten und ihrer Beziehungen auf Datenbanktabellen, Primärschlüssel und Fremdschlüssel und der Entwurf von Datenbank-Funktionen. Das aspektorientierte Konzept ist eine Weiterentwicklung des objektorientierten Konzeptes. Beim aspektorientierten Entwurf (siehe Kapitel 17) versucht man, vor allem technische Funktionen, die in mehreren Geschäftsfällen gleichermaßen auftreten – wie das Logging (Protokollierung) – nur einmal an einer Stelle zentral zu formulieren und dann mit Hilfe eines speziellen Werkzeugs, des sogenannten Aspekt-Webers, an den benötigten Stellen einzuweben.

1.3 Methoden für die verschiedenen Paradigmen

Die folgende Methodentabelle beschreibt den Einsatz von Methoden in Systemanalyse und Systementwurf:

Paradigma (Konzept)	Methode für Systemanalyse	Methode für Systementwurf
funktionsorientiert und strukturiert	SA[8]	SD[10]
funktionsorientiert und prozessorientiert	SA	SA für die Gesamtheit der Betriebssystem-Prozesse + SD für jeden einzelnen Betriebssystem-Prozess
funktionsorientiert und steuerungsorientiert	SA/RT[9]	SA für die Gesamtheit der Betriebssystem-Prozesse + SD für jeden einzelnen Betriebssystem-Prozess
datenorientiert	ERM[11]	Datenbankentwurf + Datenbankfunktionen
objektorientiert	OOA[12]	OOD[13]
aspektorientiert	OOA	Objektorientiertes Design unter spezieller Beachtung der aspektorientierten Funktionen

Tabelle 1-1 Methodentabelle

---

[7] Ein funktionsorientiertes System wird prozedural entworfen. Eine prozedurale Vorgehensweise spezifiziert ein Programm durch eine Folge von Verarbeitungsschritten und modularisiert es in abgeschlossenen Programmbausteinen, den Prozeduren.
[8] Strukturierte Analyse
[9] Strukturierte Analyse/Echtzeit (engl. structured analysis/real time)
[10] Strukturiertes Design (engl. structured design)
[11] Entity-Relationship-Modell
[12] Objektorientierte Analyse
[13] Objektorientiertes Design

Beim **funktionsorientierten Paradigma** wird unterschieden zwischen:

- strukturiert,
- prozessorientiert und
- steuerungsorientiert.

Geht man **strukturiert** vor, so betrachtet man beim Systementwurf nur einen einzigen Betriebssystem-Prozess.

Prozessorientiert betrachtet man beim Entwurf viele Betriebssystem-Prozesse wie beispielsweise unter einem Unix-Betriebssystem. Die Systemanalyse ist unabhängig davon, wie viele Betriebssystem-Prozesse man beim Systementwurf entwirft.

Steuerungsorientiert betrachtet man Systeme mit Zustandsautomaten. In der Systemanalyse benutzt man dafür die Methoden der Strukturierten Analyse/Echtzeit, um nicht nur transformatorische[14], sondern auch reaktive Systeme[15] zu beschreiben.

1.4 Rekursive Zerlegung komplexer Systeme

Ein komplexes (zusammengesetztes) System wird rekursiv entwickelt. Dies bedeutet, dass auf jeder Ebene der Zerlegung eines Systems die Requirements aufgestellt, eine Systemanalyse und ein Systementwurf durchgeführt werden. Erst auf der letzten Ebene wird implementiert. Dabei entstehen lauffähige Programme, deren Gesamtheit und Zusammenspiel das System ausmachen.

Ein Projektverlauf für die Entwicklung eines Systems kann wie folgt präzisiert werden:

- Erstellen der Requirement-Spezifikation für das **System**,
- Systemanalyse für das System – wobei eine Machbarkeitsanalyse (siehe Kapitel 1.5.3 und Anhang C) parallel und zusätzlich zur Systemanalyse zur Risikominderung durchgeführt werden kann,
- Systementwurf für das System, dabei Zerlegung des Systems in Subsysteme,
- Erstellen der Requirement-Spezifikation für die **Subsysteme**,
- Systemanalyse für die Subsysteme – wobei eine Machbarkeitsanalyse parallel und zusätzlich zur Systemanalyse für jedes Subsystem zur Risikominderung durchgeführt werden kann,
- Systementwurf für die Subsysteme, dabei Zerlegung eines Subsystems,
  ... (eventuell weitere Ebenen)
- Erstellen der Requirement-Spezifikation für jedes **Programm-Modul**,
- Systemanalyse für jedes Programm-Modul – wobei gegebenenfalls eine Machbarkeitsanalyse parallel und zusätzlich zur Systemanalyse zur Risikominderung durchgeführt werden kann,

---

[14] Ein transformatorisches System berechnet eine Ausgabe aus einer Eingabe, wobei die Ausgabe nur von der Eingabe abhängt und nicht von einem Zustand des Systems [heinis].
[15] Ein reaktives System reagiert auf die Ereignisse seiner Umgebung, wobei die Reaktion vom jeweiligen Systemzustand abhängen kann.

Problembereich und Lösungsbereich   15

- Systementwurf für jedes Programm-Modul,
- Programmierung eines jeden Programm-Moduls,
- Test eines jeden **Programm-Moduls**,

- Integration der Module in ein Programm,
- Test eines jeden **Programms**,

...

- Integration zu Subsystemen,
- Test der **Subsysteme**,

- Integration zum **System**,
- Test des Systems (Systemtest) und

- **Abnahmetest** durch den Kunden.

Die . . . sind Auslassungszeichen. Sie bedeuten, dass das betrachtete System aus noch mehr Ebenen der Systemzerlegung bzw. der Integration bestehen kann. Die genannten Schritte werden bevorzugt in der genannten Reihenfolge bearbeitet, grundsätzlich ist aber ein paralleles Arbeiten an mehreren Entwicklungsschritten die Regel. Während beispielsweise eine Gruppe noch ihre Komponente entwirft, kann eine andere Gruppe bereits ihre Komponente programmieren.

> Bei komplexeren Systemen wird der Zyklus "Requirements erstellen, Systemanalyse, Machbarkeitsanalyse, Systementwurf" über mehrere Ebenen zu immer feiner werdenden Bestandteilen eines Systems rekursiv durchlaufen. Erst auf der letzten Ebene wird implementiert. Anschließend wird integriert.

Auf die rekursive Zerlegung eines Systems wird detailliert in Kapitel 2.1 eingegangen.

1.5 Inhalt der einzelnen Entwicklungsschritte

In den folgenden Kapiteln werden die einzelnen Schritte der Entwicklung für ein einfaches System, das nicht rekursiv zerlegt wird, überblicksartig vorgestellt.

1.5.1 Aufstellen der Requirements

In Abstimmung mit dem Kunden werden die Requirements (siehe Kapitel 5) an das System aufgestellt. Diese Requirements sollen nach Möglichkeit technologieunabhängig sein, damit der Auftraggeber nicht die Verantwortung für das zu liefernde System übernimmt und damit der Auftragnehmer die beste Technologie ermitteln kann. Die Requirements an das zu liefernde System sind abstrakt. Es steht grundsätzlich noch nicht fest, ob die Forderungen durch Hardware oder Software umgesetzt werden.

> Zu Beginn eines Projektes können oft nicht alle Requirements gefunden werden. Sind nicht alle Requirements bekannt, die Einfluss auf die Architektur haben, so droht eine Überarbeitung des Systementwurfs (**Redesign**) des Systems.

Beim Erstellen der Requirement-Spezifikation befasst man sich sowohl mit Requirements an die vom Rechner zu unterstützenden Aufgaben (funktionale Requirements, siehe Kapitel 5.4) als auch mit nicht funktionalen Requirements (siehe Kapitel 5.4). Nicht funktionale Requirements stellen Anforderungen an Qualitäten, die nicht auf spezielle Funktionen abgebildet werden können, wie z. B. Anforderungen an die Performance, oder Einschränkungen des Lösungsraums dar. Eine Einschränkung des Lösungsraums ist z. B. eine Forderung, welches Betriebssystem zu verwenden ist.

1.5.2 Systemanalyse

Eine grobe Einteilung der Systemanalyse ist:

1. Überprüfung der Requirements auf Konsistenz,
2. Definition der Systemgrenzen und der Leistungen des Systems sowie
3. Modellierung des Systems.

Diese Schritte werden im Folgenden detailliert vorgestellt.

1.5.2.1 Überprüfung der Requirements auf Konsistenz für den Problembereich

In diesem Schritt werden zunächst die Kundenforderungen auf Konsistenz (Widerspruchsfreiheit) und Vollständigkeit für den Problembereich überprüft. Im Rahmen der Konsistenzprüfung müssen die Requirements daraufhin durchleuchtet werden, welche davon beibehalten, geändert oder gestrichen werden. Dazu gibt es die folgenden Aktivitäten:

- **Aussage eines einzelnen Requirements ermitteln**
  Hier werden die einzelnen Requirements auf die verschiedenen Anwendungsfälle des Problembereichs projiziert und jedes der auf einen Anwendungsfall projizierten Requirements einzeln betrachtet und auf Sinnhaftigkeit überprüft. Sollen Requirements automatisch nach einer bestimmten Kategorie sortiert werden, so wird die entsprechende Kategorie am betreffenden Requirement in einer bestimmten Notation angeschrieben. Ein Requirement kann mehrere Kategorien tragen. Damit ist die Voraussetzung geschaffen, dass durch Filtern ein Requirement in die Betrachtung eines bestimmten Anwendungsfalls einfließen kann.
- **Analyse der Requirements in gruppierter Form**
  Nach der Detailarbeit, bei der jedes einzelne Requirement für sich allein auf seine Auswirkungen hin analysiert wurde, erfolgt eine Betrachtung auf höherer Ebene. Es soll die Auswirkung aller Requirements insgesamt einer bestimmten Kategorie im Hinblick auf die einzelnen Anwendungsfälle verstanden werden. Dabei wird geprüft, ob die Requirements innerhalb einer Gruppe sich widersprechen. In der Regel erstellt man eine Überschriftenstruktur gemäß den erforderlichen Anwendungsfällen (Anwendungsfunktionen).

1.5.2.2 Definition der Systemgrenzen und der Leistungen des Systems

Es müssen die Grenzen des Systems festgelegt werden, damit klar ist, was im Rahmen des Systems zu realisieren ist und was nicht. Die zu realisierenden Systemleistungen müssen erfasst werden. Die Funktionalität des Systems ist zu definieren. Die einzelnen Anwendungsfunktionen, die der Benutzer aufrufen kann, sind zu identifizieren.

> Das im Rahmen des Projekts zu realisierende System muss abgegrenzt werden. Es muss entschieden werden, was im Rahmen des Projekts zu realisieren ist und was nicht zum System gehört. Die einzelnen Leistungen, die das System erbringen soll, müssen festgehalten werden.

1.5.2.3 Modellierung des Systems

Die Modellierung einer Anwendung erfasst beim datenorientierten Konzept die Zusammenstellung der Daten für jede Anwendungsfunktion und beim funktionsorientierten sowie beim objektorientierten Ansatz die Spezifikation der Verarbeitung jeweils ohne Berücksichtigung einer Lösungstechnik. Dabei ist für jede Anwendungsfunktion zu beschreiben, wie sie durch die Zusammenarbeit der betrachteten Modellierungseinheiten der Systemanalyse zustande kommt. Modellierungseinheiten der Systemanalyse sind beispielsweise Prozesse bei einem funktionsorientierten Ansatz bzw. Klassen des Problembereichs beim objektorientierten Ansatz.

Das betrachtete System ist technologieunabhängig und damit auch unabhängig von den physischen Randbedingungen der technischen Lösung wie der Verwendung eines Betriebssystems, eines Datenbankmanagementsystems oder nebenläufiger Betriebssystem-Prozesse. Man spricht auch von der Modellierung der Essenz des Systems, vom Erstellen des Fachkonzeptes oder von der Modellierung der Logik des Systems.

1.5.3 Machbarkeitsanalyse

Eine **Machbarkeitsanalyse** (siehe Anhang C) ist optional und ist nichts anderes als ein **vorgezogener Systementwurf**. Ziel ist es, durch Vergleich und Bewertung der verschiedenen Lösungsalternativen zu einem am besten geeigneten **Realisierungsvorschlag** (**Technisches Konzept**) zu kommen. Der Realisierungsvorschlag muss die **Architektur des Systems** (siehe Kapitel 2.4) enthalten.

> Die Machbarkeitsanalyse umfasst die Schritte:
>
> - Aufstellen der Lösungsalternativen,
> - Bewertung der Lösungsalternativen,
> - Auswahl der am besten geeigneten Systemalternative und die
> - Vorstellung des Technischen Konzepts.

Die ausgewählte Lösung muss als Technisches Konzept beschrieben werden. Durch das Technische Konzept ist die Architektur des Systems festgelegt. Hierzu gehört eine

Beschreibung des Aufbaus des Systems aus physischen Komponenten und des Zusammenwirkens der Komponenten. Kritische Teile der Architektur werden prototypisch erprobt. Damit ist die Realisierbarkeit des Systems gezeigt und das Projektrisiko verringert.

1.5.4 Systementwurf

In dieser Phase wird das System entworfen. Hierbei muss bei Verwendung des **funktionsorientierten** (siehe Kapitel 14) und **objektorientierten** Paradigmas (siehe Kapitel 16) die Essenz des Systems in einer idealen Welt [McM88, S. 15] in ablauffähige Programme der realen Welt umgesetzt werden. Im Falle einer **datenorientierten** Lösung (siehe Kapitel 15) sind die Daten in die Tabellen eines Datenbankmanagementsystems abzubilden und ablauffähige Datenbankfunktionen zu entwerfen. Beim **aspektorientierten** Ansatz orientiert man sich in der Systemanalyse am objektorientierten Ansatz, behandelt aber beim Entwurf die zwischen verschiedenen Geschäftsprozessen geteilten technischen Funktionen (siehe Kapitel 1.6.1.3) speziell.

Hat man eine Machbarkeitsanalyse gemacht, so kann der Entwurf schnell erfolgen. Er stellt oftmals nur noch die Verfeinerung des Ergebnisses der Machbarkeitsanalyse dar.

Beim Systementwurf kommt das Betriebssystem bzw. sein Fehlen ins Spiel und damit auch die Frage der Abbildung der Essenz des Systems auf verteilte Rechner und nebenläufige Betriebssystem-Prozesse oder Threads. Darüberhinaus ist der Einsatz von Standard-Software zum Beispiel für die Kommunikation über ein Netz oder zur Speicherung der Daten in Datenbanken mit Hilfe eines Datenbankmanagementsystems zu betrachten.

Da der Entwurf eines Systems von den Möglichkeiten der eingesetzten Standard-Software wie Betriebssystem, Datenbankmanagementsystem, Netzwerksoftware oder dem Werkzeug für die Generierung der Dialoge der Mensch-Maschine-Schnittstelle abhängt, muss die Entscheidung über die einzusetzende kommerzielle Standard-Software zum Ende der Systemanalyse oder zu Beginn des Systementwurfs gefällt werden.

> Der Entwurf befasst sich mit der Umsetzung der Ergebnisse der Analyse in eine ablauffähige Programmstruktur, d. h. in eine Architektur bzw. in eine Datenbankarchitektur im Fall eines datenorientierten Ansatzes.

Der Begriff einer Architektur wird in Kapitel 2.4 genauer definiert.

1.5.5 Programmierung

Die entworfenen Programme mit ihren Daten – bzw. Daten/Datenbankfunktionen im Fall eines datenorientierten Ansatzes – werden realisiert. In der Softwareentwicklung wird Programmierung auch als Implementierung bezeichnet.

1.5.6 Test & Integration

Die realisierten Programme bzw. Datenbankfunktionen müssen getestet und integriert werden. Die Testfälle sind auf Grund der Spezifikation für das System zu erstellen. Sie sollten schon beim Aufstellen der Requirements formuliert werden. Die richtige Auswahl an Testfällen – sowohl qualitativ als auch quantitativ – ist entscheidend für das Finden von Fehlern. Test & Integration wird in Kapitel 18 behandelt.

1.5.7 Abnahme

Bei der Abnahme wird – in der Regel beim Kunden – getestet, ob das System mit den Requirements übereinstimmt und die Erwartungen des Kunden erfüllt. Nach der Abnahme gehen die Programme in den Betrieb und damit auch in die Wartung.

1.6 Anwendungsfunktionen und Entwurfseinheiten

Im Rahmen der Systemanalyse werden die vom System zu erbringenden Systemleistungen aus Anwendersicht, mit anderen Worten die **Anwendungsfunktionen**, welche den durchzuführenden Aufgaben entsprechen, festgelegt. Statt von Anwendungsfunktionen spricht man auch von **Anwendungsfällen** oder **Use Cases**. Der Begriff Use Case wurde von Jacobson [Jac92] bekannt gemacht und hat sich weltweit durchgesetzt. In diesem Buch wird dieser Begriff in seiner deutschen Übersetzung verwendet.

Die Anwendungsfunktionen können beim Entwurf im **funktionsorientierten** Paradigma durch die Zusammenarbeit von Entwurfseinheiten, den zu programmierenden Funktionen und ihren Daten, zur Verfügung gestellt werden.

Im funktionsorientierten Paradigma implementieren Funktionen in der Programmiersprache die Entwurfseinheiten.

Im Rahmen des **objektorientierten** Paradigmas werden die Anwendungsfunktionen meist nicht durch ein einzelnes Objekt, sondern durch die Zusammenarbeit von mehreren Objekten zur Verfügung gestellt.

Im objektorientierten Paradigma stellen Klassen die Entwurfseinheiten dar. Ein Vorzug der Objektorientierung ist, dass die Objekte des Problembereichs auch im Systementwurf weiterleben. Das bedeutet, dass ein Objekt gleichzeitig die Essenz im Problembereich darstellen und seine Klasse auch eine Entwurfseinheit repräsentieren kann.

Beim **datenorientierten** Paradigma werden bei der Realisierung der Anwendungsfälle die Daten in Datenbanksystemen als Entwurfseinheiten betrachtet, die durch ihre Zusammenarbeit untereinander und mit den Datenbankfunktionen die Anwendungsfälle hervorbringen.

> Beim **aspektorientierten** Paradigma treten zu den objektorientierten Entwurfseinheiten, den Klassen, noch Aspekte als zusätzliche Entwurfseinheiten hinzu. Aspekte sind spezielle Ausprägungen von Klassen. Aspekte stellen querschnittliche Entwurfseinheiten dar, die an verschiedenen Stellen im Code eingefügt werden können.

Die Art der Implementierung – ob funktionsorientiert, objektorientiert, datenorientiert oder aspektorientiert – ist für den Unterschied der **Entwurfseinheiten** zu den Anwendungsfällen (**Anwendungsfunktionen**) nicht entscheidend.

> Der entscheidende Unterschied zwischen einer Anwendungsfunktion und einer Entwurfseinheit ist, dass eine Anwendungsfunktion oft durch die Zusammenarbeit von mehreren Entwurfseinheiten realisiert wird. Aufgabe beim Systementwurf ist es, die Entwurfseinheiten so zu konzipieren, dass sie durch ihr Zusammenwirken die gewünschten Anwendungsfunktionen bereitstellen.

So erfordert die Anzeige eines Röntgenbildes einer bestimmten Person in einem Krankenhausinformationssystem beispielsweise die Bereitstellung von Klassen bzw. Objekten zur Implementierung der Mensch-Maschine-Schnittstelle (Bildschirm, Tastatur, Maus), Klassen bzw. Objekten zum Zugriff auf die Datenbank und Klassen bzw. Objekten zur Kommunikation zwischen dem Rechner mit Mensch-Maschine-Schnittstelle-Programmen und dem Rechner mit den Datenbank-Programmen.

> Andererseits kann eine Entwurfseinheit bei der Erbringung mehrerer Anwendungsfunktionen einen Beitrag leisten.

1.6.1 Funktionskategorien der Bestandteile von Anwendungsfunktionen

Anwendungsfunktionen sind die Funktionen aus Anwendersicht. Sie können die Grundfunktionen der Informationstechnik enthalten, aber auch Funktionen, die gewährleisten, dass das System bestimmte Eigenschaften oder Qualitäten hat. Hierzu gehören beispielsweise Funktionen der Betriebssicherheit oder der erforderlichen Parallelität. Sowohl die Grundfunktionen der Informationstechnik als auch die Qualitäten, die auf Funktionen abgebildet werden können, werden in diesem Kapitel betrachtet.

1.6.1.1 Grundfunktionen der Informationstechnik

Will man mit einem System Daten

- verarbeiten,
- speichern,
- ein-/ausgeben und
- übertragen,

Problembereich und Lösungsbereich

so braucht man hierfür die folgenden Funktionen:

- Verarbeitungsfunktionen,
- Datenhaltungsfunktionen,
- MMI[16]-Funktionen und
- Übertragungsfunktionen (Rechner-Rechner-Kommunikation).

Da diese Funktionen in praktisch jeder informationstechnischen Anwendung vorkommen, werden sie als **Grundfunktionen der Informationstechnik** bezeichnet.

Verarbeitungsfunktionen werden funktionsorientiert und objektorientiert bereits in der Systemanalyse modelliert. Speichern von Daten bezieht sich auf die **Datenhaltung**. Diese wird funktions- und objektorientiert erst beim Systementwurf relevant, ebenso die **MMI-Funktionen** und die **Übertragungsfunktionen** (**Kommunikationsfunktionen**).

1.6.1.2 Funktionen zur Gewährleistung von Systemeigenschaften

Softwaresysteme müssen außer ihrer Kernfunktionalität auch noch bestimmte **Systemeigenschaften** oder **Qualitäten** aufweisen, die durch das Vorhandensein spezieller Funktionen zu gewährleisten sind. Auf die entsprechenden Funktionen wird in diesem Kapitel nicht detailliert eingegangen. Es werden hier im Wesentlichen nur die betreffenden Qualitäten betrachtet. Diskutiert wird zunächst die **Betriebssicherheit**, die die Fähigkeiten enthält, das System zu starten und zu stoppen, Fehler zu erkennen und Fehler auszugeben. Ferner wird die **Informationssicherheit** und die **funktionale Sicherheit**[17] berücksichtigt sowie die **Parallelität** im System infolge paralleler Einheiten wie Betriebssystem-Prozesse oder Threads. Daraus ergibt sich dann die Notwendigkeit der Interprozesskommunikation der parallelen Einheiten.

Im Rahmen der **Systemanalyse** befasst man sich normalerweise – natürlich gibt es stets auch Ausnahmen[18] – nur mit den operationellen Anforderungen der Nutzer und studiert dabei nur die Verarbeitung der Anwendungsfälle.

Beim **Systementwurf** betrachtet man außer dem operationellen Betrieb auch den **Start-up** und **Shut-down** des Systems. In der Systemanalyse gibt es einen Rechner noch gar nicht, da man sich in einer idealen Welt ohne technisches Equipment befindet. Besteht das System aus mehreren Rechnern (verteiltes System), so muss man sich beim Systementwurf beispielsweise auch Gedanken machen, welche Funktionalitäten auf welchen Rechnern ablaufen sollen, d. h., wie die Software verteilt werden soll. Statt von **Verteilung** spricht man auch von **Deployment**.

---

[16] MMI bedeutet Man-Machine Interface bzw. Mensch-Maschine-Schnittstelle. Hierfür ist auch der Begriff HMI (Human Machine Interface) gebräuchlich.
[17] Funktionale Sicherheit ist eine Erweiterung der Betriebssicherheit für Systeme, deren Sicherheit von der korrekten Funktion des Systems abhängt.
[18] Baut man beispielsweise ein fehlertolerantes System, so wird die Betriebssicherheit schon in der Systemanalyse betrachtet.

Betriebssicherheit

An die Betriebssicherheit werden beispielsweise Anforderungen der folgenden Art gestellt:

- Das System muss mit dem **Start-up** in einfacher Weise gestartet werden können und mit dem **Shut-down** definiert beendet werden können.
- Das System soll Fehler erkennen und behandeln können (**Fehlererkennung** und **Fehlerbehandlung**). Bei verteilten Systemen wird oft verlangt, dass das System im Fehlerfall neu konfiguriert (rekonfiguriert) werden kann. Beispiele dafür sind ein Umschalten auf andere Rechner oder ein definierter Neustart "abgestürzter" Programme.
- Ferner muss die Fehlerausgabe zur Laufzeit aufgetretene Fehler an zentraler Stelle dem Nutzer melden (**Single System View**) und eine einfache Zuordnung der Fehlermeldungen zu ihren Ursachen ermöglichen (**Fehlerausgabe**).

Die Funktionen der **Betriebssicherheit** umfassen:

- den Start-up des Systems,
- den Shut-down des Systems,
- eine Fehlererkennung und Fehlerbehandlung wie z. B. eine Rekonfiguration bei verteilten Systemen und
- die Fehlerausgabe zur Laufzeit.

Befasst man sich mit dem Hochfahren (engl. start-up) und Herunterfahren (engl. shut-down) des Systems, so muss man sich zwangsläufig auch mit der **Persistenz der Daten** befassen.

Daten, die beim erneuten Starten des Systems zur Verfügung stehen sollen, müssen spätestens beim shut-down persistent in einer Datenbank oder in Dateien gespeichert werden.

Da der Systementwurf sich mit einem technischen System befasst, muss man beim Systementwurf auch mit den technischen Fehlern des Systems fertig werden. Hingegen befasst man sich bei der Systemanalyse nur mit logischen Fehlern in dem erwartetem Ablauf einer Anwendung.

Ist ein gewünschtes Buch gerade in der Bibliothek ausgeliehen und darum nicht verfügbar, so stellt dies einen Fehlerfall in dem erwarteten Ablauf einer Anwendung "Bücherverwaltung" dar. Ein technischer Fehler ist beispielsweise eine fehlerhafte Übertragung über eine Kommunikationsverbindung oder ein Festplattencrash.

Informationssicherheit und funktionale Sicherheit

Des Weiteren werden meist auch Anforderungen an die **Informationssicherheit** (engl. **security**) gestellt.

> Informationssicherheit bedeutet beispielsweise, dass ein bestimmter Nutzer oder ein bestimmtes Fremdsystem nur im Rahmen seiner Berechtigung die Funktionen und Daten nutzen darf.

Dies bedeutet, dass die zu schützenden Objekte eines Systems vor unbefugtem Zugriff bewahrt werden müssen. Hierfür müssen spezielle Informationssicherheitsfunktionen entworfen werden, wie z. B. bestimmte Mechanismen für die Authentisierung[19] (siehe Kapitel 16.9.2). Auf die funktionale Sicherheit soll hier nicht näher eingegangen werden (siehe hierzu Kapitel 16.9.1).

Parallelität

Große Systeme strukturiert man in der Regel in **parallele (nebenläufige) Einheiten, oftmals verteilt auf mehrere Rechner**. Dabei stellen Betriebssystem-Prozese im Gegensatz zu Threads, die in einem Betriebssystem-Prozess ablaufen, verteilbare Einheiten dar. Eine **Interprozesskommunikation** (engl. **inter process communication**, IPC) erlaubt einen Informationsaustausch zwischen den jeweiligen parallelen Einheiten auf verschiedenen Rechnern.

Im Rahmen der funktionsorientierten und objektorientierten Modellierung der Systemanalyse werden grundsätzlich alle Funktionen bzw. Objekte als parallele Einheiten betrachtet. Dagegen muss man sich beim Entwurf mit den in der entsprechenden Programmiersprache bzw. dem entsprechenden Betriebssystem oder der entsprechenden **Middleware**[20] zur Verfügung stehenden Mitteln für die **Parallelität** befassen und diese konkret in ein System einbauen.

1.6.1.3 Alle Funktionsklassen im Überblick

Zu den im Kapitel 1.6.1.1 genannten Funktionsklassen der Verarbeitung, Datenhaltung, Ein- und Ausgabe und Übertragung (Rechner-Rechner-Kommunikation), die als **Grundfunktionen der Informationstechnik** bezeichnet werden, treten also die Funktionsklassen, die aus der Betrachtung der **Qualitäten** Betriebssicherheit, Informationssicherheit, funktionale Sicherheit und Parallelität resultieren, hinzu (siehe Kapitel 1.6.1.2). Die folgende Tabelle fasst alle Funktionsklassen zusammen:

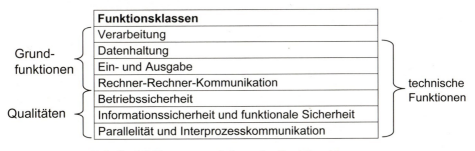

Tabelle 1-2 Zusammenstellung der Funktionsklassen

---

[19] Das Wort Authentifizierung wird gleichbedeutend verwendet.
[20] Eine Middleware ist eine Programmschicht, welche sich über mehrere Rechner erstreckt und vor allem eine Interprozesskommunikation für verteilte Anwendungen zur Verfügung stellt. Weitere Funktionen einer Middleware sind beispielsweise Persistenzdienste oder die Verwaltung von Namen.

1.6.1.4 Übertragung und Interprozesskommunikation

Übertragung[21] und Interprozesskommunikation sind nicht unabhängig voneinander. Sie überlappen sich. Dies wird im Folgenden gezeigt.

Die **Übertragung** zwischen Systemen bzw. die Rechner-Rechner-Kommunikation erfordert ein Schicht 3-Protokoll nach ISO/OSI oder ein Schicht 2-Protokoll in der TCP/IP-Architektur. Bild 1-1 zeigt den Kommunikationsstack der TCP/IP-Architektur. Die unteren beiden Schichten (Schnittstellenschicht und Internetschicht) sind für die Übertragung (Rechner-Rechner-Kommunikation) erforderlich.

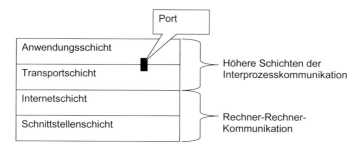

Bild 1-1 Kommunikationsstack der TCP/IP-Architektur mit Port

Sollen Daten zwischen Prozessen übertragen werden, so benötigt man dazu noch zusätzlich die Transportschicht (Schicht 4 nach ISO/OSI bzw. Schicht 3 in der TCP/IP-Architektur). Die Transportschicht befasst sich mit der Ende-zu-Ende-Kommunikation zwischen Prozessen in den miteinander kommunizierenden Systemen. Sie bietet hierzu zwei verschiedenartige Transportdienste, um die unterschiedlichen Anforderungen der Benutzerprozesse zu erfüllen. Der verbindungsorientierte Transportdienst ist komplex und leistet eine zuverlässige Übertragung von Benutzernachrichten mit Segmentierung, Reihenfolgeerhaltung und Fehlersicherung von Paketen (Beispiel TCP). Der verbindungslose Transportdienst ist dagegen einfach und leistet nur eine unzuverlässige Übertragung ohne die obigen Merkmale (Beispiel UDP).

Ports stellen in der TCP/IP-Architektur – beispielsweise bei Sockets – die Schnittstelle von der Transportschicht zur Anwendungsschicht dar. Dies ist in Bild 1-1 ersichtlich.

Der Verbund von Transportschicht, Internetschicht und Schnittstellenschicht in der TCP/IP-Architektur beschreibt allgemein den Transport zwischen verschiedenen Prozessen auf verschiedenen Rechnern.

Damit kann man die Interprozesskommunikation wie folgt einteilen:

---

[21] Oft auch als Rechner-Rechner-Kommunikation bezeichnet.

Problembereich und Lösungsbereich

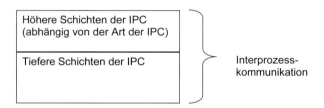

Bild 1-2 Schichten der Interprozesskommunikation

Entsprechen die Protokolle der tieferen Schichten der Interprozesskommunikation den Protokollen der Rechner-Rechner-Kommunikation, kann die Interprozesskommunikation rechnerübergreifend kommunizieren. So kann man beispielsweise mit Sockets auf demselben Rechner kommunizieren, aber auch rechnerübergreifend.

1.6.2 Funktionsklassen für die verschiedenen Paradigmen

Im Folgenden werden die verschiedenen Funktionsklassen der Modellierung für die Systemanalyse und den Systementwurf betrachtet. Dabei werden das funktions-, daten-, objekt- und aspektorientierte Paradigma herangezogen.

1.6.2.1 Funktionsklassen beim funktionsorientierten und objektorientierten Paradigma

Die folgende Tabelle zeigt für den funktionsorientierten und objektorientierten Ansatz die verschiedenen Sichten eines Entwicklers im Rahmen des Problembereichs und im Rahmen des Lösungsbereichs. Im Fall des funktionsorientierten bzw. objektorientierten Ansatzes betrachtet man in der Systemanalyse die **Verarbeitungsfunktionen** aus Sicht des Problembereichs. Ferner wird aufgeschrieben, was ein- und ausgegeben, gespeichert oder übertragen wird. Wie eine Ein- und Ausgabe, Speicherung oder Übertragung erfolgt, ist Sache des Lösungsbereichs. Die Funktionen des Lösungsbereichs werden erst beim Systementwurf relevant.

Hier die Funktionen der Systemanalyse und des Systementwurfs:

Funktionen	Systemanalyse/ Problembereich	Systementwurf/ Lösungsbereich
Verarbeitung	detailliert betrachtet	detailliert betrachtet
Datenhaltung	was wird gespeichert	detailliert betrachtet
Ein- und Ausgabe	was wird ein- bzw. ausgegeben	detailliert betrachtet
Rechner-Rechner-Kommunikation	was wird übertragen	detailliert betrachtet
Betriebssicherheit	nicht betrachtet	detailliert betrachtet
Informationssicherheit	nicht betrachtet	detailliert betrachtet
Parallelität/IPC	nicht betrachtet	detailliert betrachtet

Tabelle 1-3 Funktionsklassen im Fall der funktionsorientierten bzw. objektorientierten Lösung

1.6.2.2 Funktionsklassen beim datenorientierten Paradigma

Die eigentliche Speicherung der Daten interessiert in der Systemanalyse nicht, nur die Daten selbst sind in der Systemanalyse relevant. Beim Systementwurf werden die relevanten Funktionen mit Hilfe der Werkzeuge eines DBMS[22] programmiert. Das folgende Bild zeigt die Relevanz der verschiedenen Funktionsklassen in Systemanalyse bzw. Systementwurf im Falle der datenorientierten Lösung:

Funktionen	Systemanalyse/ Problembereich	Systementwurf/ Lösungsbereich
Verarbeitung	nicht betrachtet	detailliert betrachtet
Datenhaltung	detailliert betrachtet	detailliert betrachtet
Ein- und Ausgabe	nicht betrachtet	detailliert betrachtet
Rechner-Rechner-Kommunikation	nicht betrachtet	detailliert betrachtet
Betriebssicherheit	nicht betrachtet	detailliert betrachtet
Informationssicherheit	nicht betrachtet	detailliert betrachtet
Parallelität/IPC	nicht betrachtet	detailliert betrachtet

Tabelle 1-4 Funktionsklassen im Falle der datenorientierten Lösung

1.6.2.3 Funktionsklassen beim aspektorientierten Paradigma

Das aspektorientierte Paradigma orientiert sich grundsätzlich am objektorientierten Paradigma. Weitere Details sind in Kapitel 17.1 dargestellt.

1.7 Zusammenhang zwischen Requirements und Entwurfseinheiten

Requirements werden durch Entwurfseinheiten realisiert.

Requirements oder Anforderungen unterliegen zunächst einer 1:n-Abbildung auf Entwurfseinheiten, da ein bestimmtes Requirement zu mehreren Entwurfseinheiten führen kann. Andererseits kann eine bestimmte Entwurfseinheit zur Erfüllung mehrerer Requirements beitragen. Daher kann man von einer m:n-Abbildung zwischen Requirements und Entwurfseinheiten sprechen. Dies ist in der rechten Hälfte des folgenden Bilds zu sehen:

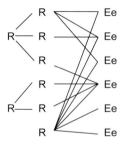

Bild 1-3 Abbildung zwischen Requirements (R) und Entwurfseinheiten (Ee)

---

[22] DBMS = Datenbankmanagementsystem

Überdies können Requirements hierarchisch aufgebaut sein. Dies ist in der linken Hälfte von Bild 1-3 zu sehen.

Nicht jedes Requirement ist funktional. Ein nicht funktionales Requirement wie die Performance wird auf das gesamte System, d. h. auf alle Entwurfseinheiten abgebildet.

1.8 Zusammenfassung

Kapitel 1.1 erläutert den Unterschied zwischen Problembereich und Lösungsbereich. Der Problembereich ist eine ideale Gedankenwelt ohne Rechner, in der alles unendlich schnell geht. Der Lösungsbereich ist die physische Welt mit Rechnern und ihren Fehlerfällen.

In Kapitel 1.2 werden die Paradigmen funktionsorientiert, datenorientiert, objektorientiert und aspektorientiert vorgestellt. Die üblichen Methoden des Software Engineering für die verschiedenen Paradigmen werden in Kapitel 1.3 tabellarisch aufgestellt.

Ein Projektverlauf für die Entwicklung eines einfachen, nicht zusammengesetzten Systems besteht aus den Entwicklungsschritten:

- Spezifikation der Requirements,
- Systemanalyse,
- Machbarkeitsanalyse,
- Systementwurf,
- Programmierung,
- Test & Integration sowie
- Abnahmetest.

Geht das System nach der Abnahme in den Betrieb, muss es in der Regel auch gewartet werden. Dabei werden alle soeben genannten Entwicklungsschritte erneut durchlaufen. Ist ein System komplex, so muss es in Komponenten zerlegt werden (siehe auch Kapitel 2.1). Die Entwicklungsschritte Spezifikation der Requirements, Systemanalyse, Machbarkeitsanalyse und Systementwurf müssen dann für jede einzelne Komponente durchgeführt werden. Bei noch komplexeren Systemen wird der Zyklus Requirements, Systemanalyse, Systementwurf über mehrere Ebenen rekursiv durchlaufen. Erst auf der letzten Ebene wird implementiert. Anschließend wird von Ebene zu Ebene integriert. Kapitel 1.4 zeigt diese rekursive Zerlegung eines Systems.

Kapitel 1.5 beschreibt die verschiedenen Schritte eines Entwicklungsprojektes für ein einfaches System, das nicht rekursiv betrachtet wird, überblicksartig. In der Machbarkeitsanalyse (siehe Kapitel 1.5.3) wird vorgezogen ein Systementwurf gemacht. Ziel ist es, durch Vergleich und die Bewertung der Lösungsalternativen zu einem am besten geeigneten Realisierungsvorschlag (Technisches Konzept) mit der Architektur des Systems als grobes Konzept zu kommen. Beim Systementwurf (siehe Kapitel 1.5.4) wird die Architektur eines Systems entworfen.

Kapitel 1.6 stellt die funktionalen Unterschiede zwischen Problembereich und Lösungsbereich heraus. Von den Klassen der Funktionen für die Verarbeitung, Datenhaltung, Rechner-Rechner-Kommunikation, Ein- und Ausgabe, Betriebssicherheit, Informationssicherheit und Parallelität/Interprozesskommunikation wird in der Systemanalyse funktionsorientiert und objektorientiert nur die Verarbeitung detailliert untersucht bzw. im Fall eines datenorientierten Ansatzes nur die Daten. Die aspektorientierte Lösung ist eine Weiterentwicklung des objektorientierten Ansatzes.

Kapitel 1.7 zeigt, dass Requirements und Entwurfsobjekte zueinander in einer n:m-Beziehung stehen.

1.9 Aufgaben

Aufgabe 1.1 Problembereich und Lösungsbereich

1.1.1 Was ist der Unterschied zwischen dem Problembereich und dem Lösungsbereich?
1.1.2 Wann studiert man eine ideale Welt und wann eine physische Welt?

Aufgabe 1.2 Paradigmen

1.2.1 Erläutern Sie den Unterschied zwischen dem funktionsorientierten, datenorientierten und objektorientierten Ansatz.
1.2.2 Wie wird die Aspektorientierung umgesetzt?

Aufgabe 1.3 Entwicklungsschritte

1.3.1 Wie lauten die Entwicklungsschritte bei einem Projektverlauf eines einfachen, nicht zusammengesetzten Systems?
1.3.2 Erklären Sie, was man in den einzelnen Schritten der Entwicklung ausführt.

Aufgabe 1.4 Funktionsklassen

1.4.1 Nennen Sie die verschiedenen Funktionsklassen.
1.4.2 Welche Funktionsklasse untersucht man funktionsorientiert im Problembereich?

Kapitel 2

Die vier Ebenen des Software Engineering

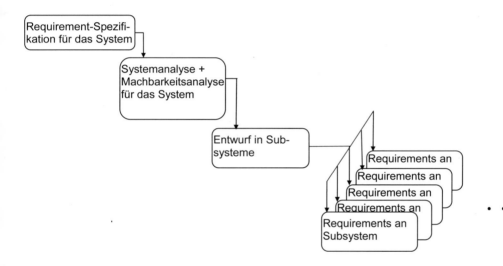

2.1 Vorgehensmodelle
2.2 Methoden und Modelle
2.3 Werkzeuge
2.4 Architekturen
2.5 Zusammenfassung
2.6 Aufgaben

2 Die vier Ebenen des Software Engineering

Die Softwareentwicklung ist dasjenige Gebiet der Informatik, das sich mit der Erstellung von Programmsystemen befasst. Wissenschaftliche Methoden begleiten die industrielle Praxis [Pom96]. Die Softwaretechnik (engl. software engineering) konzentriert sich auf vier unterschiedliche Ebenen [gefinf]:

- Vorgehensmodelle,
- Methoden,
- Werkzeuge und
- Architekturen.

Kapitel 2.1 stellt Vorgehensmodelle vor, Kapitel 2.2 diskutiert Methoden und das Bilden von Modellen. Kapitel 2.3 geht auf Werkzeuge ein, während Kapitel 2.4 sich mit Architekturen befasst.

2.1 Vorgehensmodelle

Am Anfang war die Informatik von Mathematikern geprägt. Dass der Prozess der Software-Erstellung eminent wichtig ist und betrachtet werden muss, kam von Seiten der Ingenieure. Der Prozess der Software-Entwicklung wird in Vorgehensmodellen beschrieben. Dieser Prozess sollte in Entwicklungsschritte und in die Entwicklung von Teilsystemen eingeteilt werden. Natürlich sind letztendlich in einem konkreten Projekt die Tätigkeiten und Produkte immer projektabhängig, aber dennoch kann man generalisierte Aussagen machen, die für alle Projekte eine Richtlinie darstellen. So kann man in einer **Zerlegungshierarchie** allgemein genannte Knoten der Zerlegung finden, **Aktivitäten** (zur Durchführung von **Arbeitspaketen**) und **Produkte** (als Ergebnisse von Aktivitäten) in generalisierter Form aufstellen, genauso wie Verantwortlichkeiten in **Rollen** festlegen.

Aus diesem Grunde wurden Vorgehensmodelle[23] entwickelt, die den organisatorischen Ablauf von Projekten in generalisierter Form regeln. Die verschiedenen Vorgehensmodelle unterscheiden sich dabei beispielsweise in der Ausprägung der Aktivitäten (Arbeitspakete), in den beteiligten Rollen und in den Ablaufreihenfolgen der durchzuführenden Arbeitspakete.

Ein **Vorgehensmodell** (engl. **process model**) für die Entwicklung beinhaltet im Gegensatz zu Sicherheitsstandards wie der IEC 61508 [IEC 61508] das Außerbetriebnehmen eines Systems nicht. Sicherheitsrelevante Systeme beziehen auch die Stilllegung mit ein, da die Stilllegung eines Systems Sicherheitsrisiken für andere Systeme schaffen kann.

Der Lebenszyklus wird in Form von durchzuführenden **Arbeitspaketen** beschrieben. Ein Arbeitspaket kann feiner als ein Entwicklungsschritt sein. Ein Vorgehensmodell legt in der Regel fest, welche Arbeitspakete in welcher Reihenfolge durchgeführt

---

[23] Modelle für den Entwicklungsprozess in einem Projekt

werden sollen und welches Arbeitspaket welches Ergebnis – **Produkt** genannt – hervorbringen soll. Was alles zu einem Vorgehensmodell gehört, lässt sich im Detail nicht festlegen. Beispielsweise enthält ein Vorgehensmodell:

- die Rollen der Organisation,
- die Arbeitspakete der Entwicklung und der unterstützenden Rollen wie der Qualitätssicherung – falls diese Rolle im jeweiligen Vorgehensmodell überhaupt vorgesehen ist – mit ihrer Reihenfolge und wechselseitigen Verknüpfung (Netzplan) sowie eine grobe Einteilung des Lebenszyklus des Systems,
- die pro Arbeitspaket zu erzeugenden Produkte sowie
- die Struktur und die Inhaltsvorgabe der Dokumente.

Eine Frage ist, ob die Arbeitspakete für das gesamte System nur einmal **sequenziell** durchlaufen werden sollen, oder ob es aber günstiger ist, diese Arbeitspakete **in einer Schleife mehrfach** (**iterativ**[24]) zu durchlaufen. **Phasen** im Lebenszyklus enthalten Meilensteine und müssen stets streng sequenziell ablaufen. Beim sequenziellen Wasserfallmodell war eine Phase ein Zeitraum eines Projektes, in dem nur ein einziger Entwicklungsschritt wie z. B. "Requirements aufstellen", Programmieren oder Testen ansteht. Strenge Phasenkonzepte für die Arbeitspakete werden heute nicht mehr angewandt. Im Gegensatz zu sequenziellen Wasserfallmodellen spricht das Vorgehensmodell der Bundesbehörden, **V-Modell** genannt [V-M92], von **Aktivitäten**[25] statt von Phasen, da Aktivitäten auch nicht sequenziell ablaufen dürfen. Dieselbe Aktivität kann mehrfach iterativ durchlaufen werden. Die Projektdurchführung ist flexibler geworden, verschiedene Aktivitäten dürfen sich überlappen.

Bei komplexen Systemen kommt noch hinzu, dass die Entwicklung mehrstufig rekursiv in der Form durchgeführt wird, wie in Kapitel 1.4 beschrieben. Das folgende Bild symbolisiert die Zerlegung eines Systems:

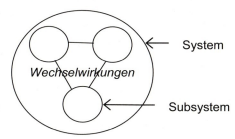

Bild 2-1 Zerlegung eines Systems in zusammenwirkende Subsysteme

Komplexe Systeme haben mehrere Ebenen an Zerlegungsprodukten. Zerlegt man ein System in Subsysteme, so sind diese Teile natürlich nicht voneinander unabhängig. Durch die Verbindungslinien in Bild 2-1 ist angedeutet, dass die Subsysteme zusammenwirken. Dadurch erbringen sie die Gesamtleistung des Systems. Würden sie nicht wechselwirken, so hätte man von vornherein vollständig unabhängige Subsysteme. Ein Subsystem stellt wiederum ein System dar, allerdings eine Zerlegungsebene tiefer, daher auch der Name "Subsystem". Jedes Subsystem stellt also ein System dar, das

---

[24] In diesem Buch kann ein Arbeitspaket auf derselben Ebene mehrfach iterativ durchlaufen werden, zerlegt wird rekursiv.
[25] Eine Aktivität des V-Modells entspricht einem Arbeitspaket.

in Subsysteme des Subsystems zerlegt werden kann. Dies bedeutet letztendlich, dass rekursiv bis zum Abbruch auf einer bestimmten Ebene zerlegt wird. Da **rekursiv zerlegt** wird, sind auf jeder Zerlegungsstufe die folgenden Entwicklungsschritte erforderlich:

- Aufstellen der Requirements,
- Systemanalyse – Analyse der Requirements auf Konsistenz, Definition der Grenze des betrachteten Systems und Modellierung,
- ggf. Machbarkeitsanalyse sowie
- Systementwurf – Entwurf in Subsysteme, Beschreibung des Zusammenwirkens der Subsysteme und Beschreibung der Strategie für die Architektur.

Implementiert wird auf der jeweils letzten Zerlegungsebene.

Getestet und integriert wird auf allen **Zerlegungsebenen** des Systems. Wenn das System integriert ist, findet der Systemtest statt.

Das folgende Bild 2-2 zeigt die **Zerlegung** eines Systems:

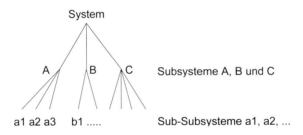

Bild 2-2 Hierarchie von Teilsystemen

Es ist nicht notwendig, dass in allen Zweigen die gleiche Zerlegungstiefe erreicht wird. Die Rekursion von "Aufstellen der Requirements", Systemanalyse, Machbarkeitsanalyse und Systementwurf auf den verschiedenen Ebenen ist im folgenden Bild dargestellt:

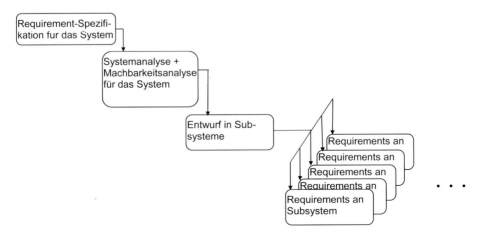

Bild 2-3 Rekursive Entwicklungsschritte ohne Rückführpfeile

Die vier Ebenen des Software Engineering   35

Die Machbarkeitsanalyse (siehe Anhang C) ist zeitlich oft parallel zur Systemanalyse zu sehen. Sie gehört jedoch nicht zum Problembereich, sondern gehört zum Lösungsbereich.

Nach der Systemanalyse eines Knotens einer Ebene[26] wird dieser Knoten beim Entwurf in sogenannte **physikalische Betrachtungseinheiten**[27] als Knoten und ihre Verbindungen zerlegt. Physikalische Betrachtungseinheiten sind Bausteine beim Entwurf eines Systems, die physisch greifbar sind. Durch das Zusammenwirken der physikalischen Einheiten über ihre Verbindungen entsteht die Leistung des Systems. Eine **logische Betrachtungseinheit** hingegen ist rein funktional und kann sich über mehrere physikalische Betrachtungseinheiten und Verbindungen erstrecken. Ein Beispiel für eine physikalische Betrachtungseinheit ist ein Rechner aus Hard- und Software oder ein Datenbankmanagementsystem. Ein Beispiel für eine logische Betrachtungseinheit ist eine Funktion, die sich von der Dialogführung am Arbeitsplatzrechner über die Netzkommunikation bis hin zu einem Server-Programm eines Datenbank-Servers erstreckt.

Physikalische Betrachtungseinheiten sind physisch greifbar.
Logische Betrachtungseinheiten sind Funktionen, die sich über mehrere physikalische Betrachtungseinheiten erstrecken können.

Eine physikalische Betrachtungseinheit selbst wird wieder in kleinere physikalische Betrachtungseinheiten zerlegt. Die Requirements an einen Knoten der höheren Ebene muss man auf Requirements an die jeweiligen physikalischen Betrachtungseinheiten und ihre Verbindungen auf der nächsten Ebene projizieren, wobei zusätzlich neue feinere Requirements aufgestellt werden können. Dann wird für jedes Element die Systemanalyse durchgeführt und es wird erneut entworfen.

Rein formal kann man abstrakt von Systemen 1. Stufe, Systemen 2. Stufe (eine Ebene tiefer), Systemen 3. Stufe (wieder eine Ebene tiefer) usw. sprechen. In konkreten Projekten erhalten die Systeme auf einer Stufe stets greifbare und im Projekt festgelegte Namen wie Subsystem, Segment, Gerät, HW-Komponente des Geräts, SW-Komponente des Geräts etc. Im Folgenden werden nur Systeme einer geringen Komplexität betrachtet, so dass aus Gründen der Einfachheit z. B. die Systemanalyse nur einmal im Lebenszyklus gezeigt wird, obwohl man weiß, dass sie bei komplexen Systemen rekursiv für die Produkte verschiedener Ebenen durchgeführt werden muss.

2.2 Methoden und Modelle

Eine **Methode** beschreibt, wie ein Produkt erstellt werden soll. D. h., eine Methode ist eine Vorschrift zur Durchführung einer Aktivität und ggf. zur Darstellung der entsprechenden Ergebnisse. Ein bekanntes Beispiel für eine solche Methode ist die Methode der Strukturierten Analyse in der funktionsorientierten Entwicklung. Methoden setzen Modelle nach einem bestimmten Konzept ein.

---

[26] Im Sinne der Graphentheorie
[27] Dieser Begriff stammt aus dem V-Modell. Während allgemein von "physisch" im Gegensatz zu "logisch" gesprochen wird, wird hier wie im Original von "physikalisch" gesprochen.

Modelle braucht man, um Ideen darzustellen. Ein Architekt baut für seine Kunden ein Holzmodell des zukünftigen Hauses in seiner Umgebung. Er zeichnet ferner Ansichten, Grundrisse z. B. im Maßstab 1:100, Werkpläne z. B. im Maßstab 1:50, Elektropläne, Leitungspläne für das Wasser und das Abwasser etc. Alle diese Pläne haben den Zweck, das Modell des Hauses darzustellen. Zunächst interessieren den Bauherren die Ansicht und der Grundriss. Anhand des Grundrisses prüft er die Anordnung der Räume und der Fenster und der Türen. Er muss prüfen, ob alles praktisch ist. So hat man z. B. im Schlafzimmer gerne die Morgensonne, damit das Aufstehen leichter fällt. Wenn die Küche direkt neben dem Esszimmer liegt, muss man Geschirr und Speisen nicht allzuweit tragen. Für solche abstrakten Entscheidungen reichen die Grundrisse und die Ansichten vollkommen aus. Dazu braucht man keinen Elektroplan. Die verschiedenen Pläne sind aber nicht vollständig entkoppelt. Hat man entschieden, wo die Waschküche hin soll, so werden dadurch auch der Elektroplan und die Leitungspläne für das Wasser und Abwasser beeinflusst, denn die Waschmaschine braucht Wasser und Strom und pumpt verbrauchtes Waschwasser wieder ab.

Ein Modell stellt stets ein vereinfachtes Abbild der Realität dar. Ein komplexes System kann nicht in einem einzigen Plan bzw. in einer einzigen Sicht auf das Modell beschrieben werden. Man braucht Pläne aus verschiedenen Sichten wie die Grundrisse, die Seitenansichten, den Elektroplan oder die Leitungspläne für Wasser oder Abwasser. Alles in einem Plan geht nicht.

> Ein Modell konzentriert sich stets auf das Wesentliche. Es ist ein vereinfachtes Abbild der Wirklichkeit. Je nachdem, was man zum Ausdruck bringen möchte, braucht man einen anderen Plan. Ein jeder dieser Pläne ist für sich eine spezielle **Abstraktion** des Systems.

An diesem Beispiel wird schon deutlich, welchen Sinn und Zweck die Pläne haben:

- Zum einen muss man im Dialog über die Pläne die **wahren Anforderungen** der Kunden herausarbeiten. Dieser Teil gehört zur **Systemanalyse**. Die Systemanalyse ist **analytisch**. Man bewegt sich im **Problembereich**.
- Zum anderen muss man zur Lösung kommen. Dieser Teil ist der **Systementwurf**. Er ist **konstruktiv**. Man bewegt sich im **Lösungsbereich**.

> Pläne und damit Modelle dienen zum Erkennen der wahren Anforderungen und zur Konstruktion eines Systems.

Die grundlegende **Trennung zwischen Analysemodell und Entwurfsmodell** kann nach Booch [Boo06, S. 32] als die **Achillesferse der Software-Entwicklung** bezeichnet werden. Die Objektorientierung erleichtert zwar diesen Übergang, da Objekte des Problembereichs auch im Lösungsbereich existieren, dennoch muss man sich Gedanken machen, wie man die Erkenntnisse der Systemanalyse in den Systementwurf überführt.

> Es übersteigt die menschliche Auffassungskraft, Analyse und Entwurf in einem zugleich zu machen.

Modellieren ist kein Selbstzweck. Modellieren unterstützt den Weg zum Ziel der zu erstellenden Software. Daher werden beim Modellieren in der Regel nicht alle Details betrachtet, sondern nur die grundlegenden Aspekte.

Oftmals erfordert die Darstellung in Modellen noch mathematische Berechnungen und Simulationen. So muss der Statiker prüfen, ob die Fundamente für die gegebene Bodenqualität in Hanglage ausreichend sind. Er muss berechnen, wie viele Stahlverstrebungen in den Beton eingebaut werden müssen, damit das Haus am Hang nicht reißt, wenn es sich bewegen sollte. Im Falle eines Fernsehturms muss beispielsweise die Stabilität des Gebäudes bei Sturm mathematisch im Simulationsmodell nachgewiesen werden.

> Die Güte eines Entwurfs kann in mathematischen Simulationen bewertet werden.

Wie die Güte des Entwurfs bei Software bewertet wird, ist im Kapitel Metriken in Kapitel 4.3 dargestellt.

Hat ein Architekt Modelle, so kann er dem nächsten Kunden verschiedene Beispiele als Muster zeigen und dieser Kunde kann sich somit entscheiden, ob sein Haus einem der Muster ähnlich sein soll.

> Stabile Software-Architekturen, die unempfindlich gegen Änderungswünsche der Kunden sind, dienen als Muster und als Grundlage weiterer Systeme.

Modelle dienen auch der **Dokumentation** und der **Rechtssicherheit**. Ein Kunde, der die Pläne abgenommen hat, muss seine Änderungswünsche selbst bezahlen, wenn er plötzlich ein ganz anderes System haben möchte. Er muss seine Änderungswünsche aber erst ab derjenigen Stelle bezahlen, ab der er ändern möchte.

Zeichnet man die Seitenansicht des Hauses von außen, so ist der Grundriss nicht sichtbar. Zeichnet man den Grundriss, so ist die Seitenansicht verborgen. Dennoch gibt es eine Kopplung zwischen beiden Plänen: die Fußböden sind mit den Wänden fest verbunden.

Betrachtet man das System aus einem bestimmten Blickwinkel (Aspekt), so ist der Blick auf andere Systemeigenschaften verstellt. Diese Eigenschaften sind dann verborgen. Durch Konzentration auf einen Aspekt jeweils allein für sich wird aber alles einfacher. Man braucht dann so viele Sichten auf das Modell aus **verschiedenen Blickwinkeln**, bis man das System versteht.

> Die verschiedenen Sichten eines Modells sehen auf den ersten Blick unabhängig aus, sind es aber nicht ganz, da ein Element eines Modells in mehreren Sichten vorkommen kann und daher eine **Kopplung** entsteht.

Erstellt man verschiedene Sichten, so sollten diese zusammenpassen. Eine jede Sicht enthält jeweils nur genau diejenigen Elemente, die für diese Sicht von hoher Bedeutung sind. Da das Gesamtsystem durch verschiedene Sichten beschrieben wird, die nur scheinbar unabhängig sind, erfordert diese Vorgehensweise automatische Schnittstellenprüfungen zwischen den Sichten.

Bei einem komplexen System gibt es aber nicht nur **verschiedene Sichten**, sondern auch **verschiedene Detaillierungsgrade**. So stellt ein Werkplan im Maßstab 1:50 mehr Einzelheiten dar als ein Grundriss im Maßstab 1:100. Stellt man in der Objektorientierung eine Klasse grafisch dar, so reicht es, lediglich den Klassennamen zu nennen, wenn man in einem Klassendiagramm nur wissen will, mit welchen anderen Klassen die Klasse zusammenarbeitet und man kein spezielles Interesse an Attributen und Operationen hat. Braucht man aber den Aufbau der Klasse, da sie programmiert werden soll, so muss man alle Attribute und Operationen einzeichnen.

Eine Sicht kann mit **verschiedenen Stufen an Granularität** formuliert werden.

Es gibt Sichten, die besonders schön die **Systemstruktur** oder Statik zeigen und Sichten, welche die Dynamik bzw. das **Verhalten** des Systems in den Vordergrund stellen. Natürlich gibt es auch Mischformen.

Eine Struktur wird beispielsweise mit einem Klassendiagramm (siehe Kapitel 11.1) oder einem Verteilungsdiagramm (siehe Kapitel 11.9) beschrieben, das Verhalten beispielsweise mit einem Kommunikationsdiagramm nach UML (siehe Kapitel 11.4).

Die Auswahl einer geeigneten Sicht ist wichtig, da die Sicht die Vorgehensweise festlegt, wie an das zu lösende Problem herangegangen wird.

Je nach Charakter eines neuen Systems treten andere Sichten in den Vordergrund. In der Systemanalyse datenorientierter Systeme stehen die Entity-Relationship-Diagramme mit den Aspekten der Daten und den Beziehungen zwischen den Daten im Zentrum des Interesses. Bei der Systemanalyse einer Steuerungsaufgabe werden hingegen Zustandsautomaten und zusätzlich beim Entwurf die Prozesssicht mit den parallelen Prozessen besonders wichtig. Bei allen Systemen sind die Anwendungsfälle von Bedeutung, da sie die Leistungen des Systems darstellen.

Modelle helfen dabei,

- ein System zu visualisieren,
- ein System zu dokumentieren und
- Programmcode oder einen Coderahmen aus den Modelldaten zu generieren.

Modellieren auf verschiedenen Abstraktionsebenen

Bei der Modellierung von Systemen arbeitet man normalerweise auf verschiedenen Abstraktionsebenen zugleich, jedoch nach verschiedenen Vorgehensweisen:

- Man modelliert **Diagramme mit verschiedenen Detailstufen**, z. B. Klassendiagramme des Entwurfs für Systemarchitekten und für Programmierer. Alle Detailstufen arbeiten auf derselben Datenbasis.

> Der Hauptvorteil ist das Arbeiten auf der gemeinsamen Datenbasis. Dass eine Änderung auf einer Ebene dazu führt, dass die Diagramme auf den anderen Ebenen nicht mehr aktuell sind, erweist sich als Hauptnachteil.

- Die andere Möglichkeit ist, dass man **auf verschiedenen Abstraktionsebenen** an **verschiedenen Sichten** arbeitet, z. B. auf hoher Ebene an den Anwendungsfällen und auf tieferer Ebene an den Kollaborationen (siehe Kapitel 10.11), welche die Anwendungsfälle realisieren. Ein anderes Beispiel ist, dass man auf tieferer Ebene an Komponentendiagrammen (siehe Kapitel 11.8) arbeitet, und auf höherer Ebene die Komponenten in ein Verteilungsdiagramm (siehe Kapitel 11.9) eingefügt werden.

> Hier ist der Hauptvorteil, dass Änderungen auf einer Ebene sich auf die jeweils andere Ebene nur schwach auswirken. Der Hauptnachteil ist, dass man beide Ebenen aber stets beobachten muss, damit sie nicht auseinanderlaufen.

Normalerweise arbeitet man nicht nur auf verschiedenen Abstraktionsebenen parallel, sondern möchte nach Möglichkeit **ein System auf einer Ebene vollständig verstehen**. Dann muss man auf der derselben Ebene **mit mehreren Sichten arbeiten, die eng gekoppelt sind**.

2.3 Werkzeuge

Zur Unterstützung der Softwareentwicklung werden Werkzeuge oder Tools bereitgestellt, die in ihrer Gesamtheit eine **Software-Entwicklungsumgebung** (**SEU**) bilden. Auf Englisch heißt SEU "**Integrated Development Environment (IDE)**".

Zu den Tools gehören natürlich auch untergeordnete Werkzeuge wie Editor, Compiler, Linker und Debugger. Für das Software Engineering jedoch relevant sind die sogenannten **CASE**-Tools (Tools für das **C**omputer **A**ided bzw. **A**ssisted **S**oftware **E**ngineering). Die Abkürzung CASE wird auch als Abkürzung für **C**omputer **A**ided (oder Assisted) **S**ystem **E**ngineering verwendet. In den Frühphasen eines Projektes können sowieso dieselben Methoden eingesetzt werden, unabhängig davon, welcher Systemanteil in Software und welcher in Hardware realisiert wird. Was in Hardware und was in Software umgesetzt wird, muss erst beim Systementwurf entschieden werden. Zu den CASE-Tools gehören u. a. Werkzeuge für:

- die Unterstützung der Aufstellung und Verfolgung der Requirements,
- die Modellierung des Systems in der Systemanalyse,
- den Entwurf von Software bis zur Codegenerierung,
- das Testen,
- die Messung der Software-Qualität mit Hilfe von Metriken (Messvorschriften, siehe Kapitel 4.3) und
- das Konfigurationsmanagement.

Allgemeiner gesprochen bedeutet CASE eine Werkzeugunterstützung von der Planung über die Entwicklung bis hin zur Pflege und Wartung. Ganz generell sollten zur Pflege und Wartung stets die gleichen Werkzeuge eingesetzt werden wie zur Entwicklung, da Pflege und Wartung eine Fortsetzung der Entwicklung – nur jedoch mit anderen Verantwortlichen als in der ursprünglichen Entwicklung – darstellen. CASE-Tools waren in den siebziger Jahren der große Renner in der Literatur und bei Tagungen. Es wurde verkündet, man würde mit Hilfe von CASE-Werkzeugen die damalige Softwarekrise lösen. Dies war jedoch nicht der Fall.

CASE-Tools dienen dazu, eine ausgewählte Methode automatisch zu unterstützen. Leider unterstützen CASE-Tools in der Praxis oft nur die zu bestimmten Vorgehensmodellen passenden Methoden und andere nicht. Eine **Arbeitserleichterung** kann erreicht werden durch:

- die einfache rechnergestützte Aktualisierung von Dokumenten, insbesondere von Grafiken,
- die automatische Generierung von Dokumenten in einheitlicher Form, was zu einer besseren Übersichtlichkeit führt und
- die Abarbeitung einfacher Konsistenzprüfungen durch das Werkzeug anstelle einer manuellen Prüfung.

Alle Entwurfsarbeiten erfordern jedoch nach wie vor Papier und Bleistift.

Bild 2-4 Die besten Entwürfe macht man mit Bleistift und Papier

Die Methode VHIT (Vom Hirn ins Terminal) führt fast immer zu schlechten Entwürfen. Es sollte also besser nicht interaktiv am Bildschirm entworfen werden. Steht ein Entwurf fest, so ist er im Werkzeug zu dokumentieren. Änderungen werden dann im Rahmen des Werkzeuges durchgeführt. Damit muss man dann nicht die geänderten Zeichnungen von Hand neu erstellen, sondern kann sie werkzeugunterstützt rasch und einfach zeichnen.

Je nach Methode und Werkzeug können nach der erfolgten Eingabe durch das Werkzeug selbst gewisse formale Prüfungen automatisch durchgeführt werden. Wird die Dokumentation mit Hilfe von Werkzeugen generiert, so wird automatisch ein gleichartiges optisches Erscheinungsbild der von den verschiedenen Personen erstellten Anteile herbeigeführt (siehe auch Kapitel 13.2.2.3).

2.4 Architekturen

Die Architektur eines Systems wird im **Systementwurf** konzipiert.

> Die **Architektur** eines Systems umfasst:
>
> - die **Zerlegung** des Systems in seine physischen Bestandteile (Komponenten) und bei verteilten Systemen die Verteilung dieser Komponenten auf die einzelnen Rechner (Deployment),
> - die **Beschreibung des dynamischen Zusammenwirkens** aller Komponenten und
> - die Beschreibung der **Strategie für die Architektur**, damit auch Projektneulinge die Prinzipien der Architektur verstehen können,
>
> mit dem Ziel, alle nach außen geforderten Leistungen des Systems erzeugen zu können.

Das Wort Komponenten bedeutet hier nicht Komponenten im Sinne einer bestimmten Komponententechnologie, sondern Komponenten im Sinne der Zerlegung eines Systems in kleinere physische Einheiten und in ihre Wechselwirkungen.

Die Zerlegung umfasst die Struktur bzw. Statik, das Zusammenwirken hingegen das Verhalten bzw. die Dynamik. Das Verhalten eines Systems baut auf seiner Struktur auf und lässt sich von dieser nicht trennen.

Diese Definition ist ähnlich der von der IEEE in der "IEEE Recommended Practice for Architectural Description of Software-Intensive Systems" festgelegten Definition:

"Architecture is the fundamental **organization** of a **system** embodied in its **components**, their **relationships** to each other, and to the **environment**, and the principles guiding its design and evolution" [IEEE 1471].

Beim Entwurf der Architektur sind außer der reinen Funktion des Systems (funktionale Anforderungen) auch nicht funktionale Anforderungen, die Forderungen an Qualitäten, die nicht auf Funktionen abgebildet werden können, und Einschränkungen des Lösungsraums bedeuten, zu berücksichtigen (siehe Kapitel 5.4). Ein Beispiel für eine solche Anforderung an Qualitäten ist die Performance. Ein Beispiel für die Einschränkung des Lösungsraums ist das zu verwendende DBMS.

Darüberhinaus muss der Entwurf von Architekturen **Anforderungen an den Projektverlauf** beachten. Beispiele für solche Anforderungen sind:

- die Kosten,
- das Risiko und
- die Zeit.

Weiterhin muss eine Architektur bestimmten **Anforderungen** an die **Qualität der Architektur** genügen (siehe Kapitel 4). Hierzu gehören:

- Wiederverwendbarkeit,
- Ausbaufähigkeit bzw. Erweiterbarkeit (vor allem bei einem Stufenplan) oder
- Verständlichkeit.

Das Finden einfacher und erweiterungsfähiger Architekturen ist ein wichtiges Feld des Software Engineering.

Eine **Referenzarchitektur** oder ein **Architekturmuster** beschreiben nicht nur ein einzelnes System, sondern eine ganze Klasse von Systemen für eine bestimmte Problemstellung. Allerdings ist der Begriff einer Referenzarchitektur schillernd und nicht einheitlich definiert.

Eine Referenzarchitektur oder ein Architekturmuster gibt die Zerlegung in bestimmte **Klassen von Komponenten** vor, die miteinander nach einem typischen Schema interagieren. Werden diese Vorgaben beim Systementwurf beachtet, entstehen standardisierte Architekturen mit leicht wiederverwendbaren Komponenten. Damit stellen Architekturmuster und Referenzarchitekturen Schablonen für viele konkrete Architekturen dar.

Beispiele für Referenzarchitekturen im Sinne von Mustern sind nach [Voß12]:

- **SOA-Architektur**
  Die Komponenten entsprechen Services der Geschäftsprozesse. Die Architektur besteht aus mehreren lose gekoppelten Services.
- **MVC-Architektur**
  Die Komponentenarten sind Model, View und Controller. View und Model arbeiten nach dem Beobachtermuster zusammen. Der Controller speichert die in der View vorgenommenen Datenänderungen im Model.
- **Web Services-Architektur**
  Die Komponenten sind der Service Requestor, der Service Provider und die Service Registry. Die Art und Weise der Interaktion erfolgt gemäß Veröffentlichen (`publish()`), Suchen/Finden (`find()`), Binden (`bind()`). Bevor jemand anderes einen Web Service verwenden kann, muss dieser durch den Ersteller beschrieben (WSDL) und bei Bedarf veröffentlicht werden. Durch die Veröffentlichung kann der Web Service auch durch Dritte gefunden werden. Zur einfachen Einbindung des Web Services in ein eigenes Programm wird die vorher erstellte Beschreibung (WSDL) verwendet.
- **Web-Anwendung-Architektur**
  Arten von Komponenten sind auf der Seite des Clients GUI-Komponenten, die im Webbrowser ausgeführt werden. Auf der Seite des Servers werden Webseiten über

Komponenten auf dem Webserver erzeugt und mit HTTP dem Client zur Verfügung gestellt. Zusätzlich können bei größeren Anwendungen die Geschäftsprozesse als Komponenten in Anwendungsservern (engl. application server) abgebildet werden.

Während eine konkrete Architektur neben der Erfüllung nicht funktionaler Eigenschaften auch konkreten funktionalen Anforderungen genügt, stehen bei einer Referenzarchitektur und bei einem Architekturmuster die nicht funktionalen Anforderungen wie Wartbarkeit, Erweiterbarkeit und Änderbarkeit im Vordergrund.

Vorteile von Referenzarchitekturen sind:

- Systeme, die auf einer Referenzarchitektur beruhen, müssen nicht vollständig selbst entworfen werden.
- Komponenten können ggf. wiederverwendet werden.
- Referenzarchitekturen haben Eigenschaften wie Erweiterbarkeit oder Sicherheit.

Ein **Nachteil** von Referenzarchitekturen ist:

- Die Kreativität wird etwas eingeschränkt.

Letztendlich enthalten Referenzarchitekturen wie Architektur- und Entwurfsmuster (siehe [Gol11]) Komponenten in Rollen. Eine Referenzarchitektur kann mehrere Architekturmuster enthalten, beispielsweise MVC für die Oberfläche und Layers für die Kommunikationsprotokolle. **Architekturmuster** haben die Zerlegung eines Systems in Subsysteme nach einer bestimmten Strategie und die Zusammenarbeit der Komponenten zum Ziel. Sogenannte **Entwurfsmuster** stellen Klassen eines Systems in bestimmten Rollen dar, die durch ihr Zusammenwirken eine bestimmte Problemstellung lösen. Architekturmuster sind gröbere Einheiten als Entwurfsmuster. Architekturmuster können – aber müssen nicht – mehrere verschiedene Entwurfsmuster beinhalten. Referenzarchitekturen sind wiederum gröbere Muster als Architekturmuster, da sie verschiedene Architekturmuster enthalten können.

2.5 Zusammenfassung

Das Software Engineering hat 4 Aspekte:

- Vorgehensmodelle,
- Methoden,
- Werkzeuge und
- Architekturen.

Vorgehensmodelle strukturieren die Entwicklung von Systemen in Arbeitspakete und in Produkte einer hierarchischen Zerlegungsstruktur sowie in Rollen. Projekte müssen in Arbeitspakete heruntergebrochen werden (siehe Kapitel 2.1), damit man den Überblick über das Projekt behält. Vorgehensmodelle regeln die Abarbeitungsfolge von Arbeitspaketen.

Ursprünglich war eine Phase ein Zeitraum eines Projektes, in dem nur ein einziger Entwicklungsschritt wie z. B. Requirements aufstellen, Programmieren oder Testen durchgeführt wurde. Strenge sequenzielle Folgen von Entwicklungsschritten werden heute nicht mehr postuliert, da die Durchführung von Projekten flexibler geworden ist. Verschiedene Aktivitäten dürfen sich heute überlappen. Während beispielsweise eine Gruppe noch programmiert, kann die andere schon testen.

Physikalische Betrachtungseinheiten sind physische Bestandteile, logische Betrachtungseinheiten betreffen Funktionen und können sich über mehrere physikalische Betrachtungseinheiten erstrecken.

Aktivitäten werden durch Methoden unterstützt (Kapitel 2.2). Methoden dienen oft dazu, um Modelle zu erstellen. Ein Modell wird durch mehrere Sichten charakterisiert, die gekoppelt das System beschreiben. Jede Sicht auf das Modell hebt andere Eigenschaften hervor. Es gibt Sichten, die die Modellierung der Struktur oder des Verhaltens eines Systems in den Vordergrund stellen. Sichten können in verschiedenen Granularitätsstufen existieren.

CASE-Tools (siehe Kapitel 2.3) sollen die Methoden unterstützen.

Architekturen schließlich sind das vierte Teilgebiet des Software Engineering (Kapitel 2.4). Unter der Architektur eines Systems versteht man eine Zerlegung des Systems in seine physischen Komponenten, eine Beschreibung, wie durch das Zusammenwirken der Komponenten die verlangten Funktionen erbracht werden sowie eine Beschreibung der Strategie für die Architektur mit dem Ziel, die verlangte Funktionalität außerhalb des Systems zur Verfügung zu stellen.

Bei Architekturen befasst man sich insbesondere mit der Identifikation erfolgreicher Muster für die Zerlegung von Systemen in physische Komponenten als Teilsysteme und ihre Wechselwirkungen. Diese Muster dienen als Know-how-Transfer an andere Entwickler.

2.6 Aufgaben

Aufgabe 2.1 Ebenen des Software Engineering

2.1.1   Nennen Sie die vier Ebenen des Software Engineering.
2.1.2   Was ist ein Vorgehensmodell?
2.1.3   Was ist eine Methode?
2.1.4   Wozu dienen CASE-Tools?
2.1.5   Definieren Sie, was eine Architektur ist.

Aufgabe 2.2 Eigenschaften eines Vorgehensmodells

2.2.1   Erläutern Sie in einem kurzen Satz (ohne Verwendung der Begriffe Rolle, Aktivität, Produkt, Inhaltsstruktur), was durch ein Vorgehensmodell geregelt wird.
2.2.2   Was enthält ein Vorgehensmodell in der Regel?
2.2.3   Beschreiben Sie die Rolle von Arbeitspaketen und deren Produkten im Zusammenhang mit Vorgehensmodellen.

Aufgabe 2.3 Struktur von Systemen

2.3.1   Erläutern Sie den Begriff einer physikalischen und einer logischen Betrachtungseinheit.
2.3.2   Erklären Sie anhand der folgenden Definition eines Systems: "Ein System ist ein System, das aus Komponenten besteht", dass man bei komplexen Systemen das Erstellen der Requirement-Spezifikation, die Systemanalyse, die Machbarkeitsanalyse und den Systementwurf mehrfach durchführen muss.

Kapitel 3

Ausprägungen von Vorgehensmodellen

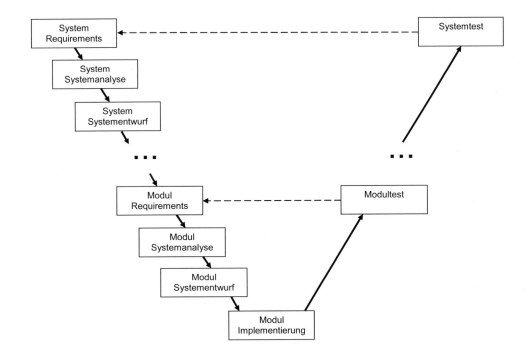

3.1 Spezifikationsorientierte Entwicklung
3.2 Prototyporientierte Entwicklung
3.3 Agile Softwareentwicklung
3.4 Spiralmodell zum Einsatz verschiedener Vorgehensmodelle
3.5 Zusammenfassung
3.6 Aufgaben

3 Ausprägungen von Vorgehensmodellen

Da die verschiedenen Tätigkeitsschritte der Entwicklung wie Requirements aufstellen, analysieren, entwerfen etc. sich heutzutage überlappen, muss in aktuellen Konzepten zwischen sequenziellen Projektphasen und Tätigkeitsschritten der Entwicklung unterschieden werden. Die Projektphasen braucht man nach wie vor, schon um Meilensteine im Projekt definieren zu können. **Meilensteine** charakterisieren Fertigstellungstermine bestimmter Erzeugnisse. Fertigstellungstermine können nicht verschmiert werden. Entwicklungsschritte, die vor einem Meilenstein geplant sind, finden wegen der erforderlichen Änderungen an der Software auch nach Meilensteinen statt. Streng gesehen wird man nie fertig, da sich alles stets ändert. Ein Ende einer Projektphase muss nach bestimmten Kriterien definiert werden. Das folgende Bild zeigt den Software Life-Cycle:

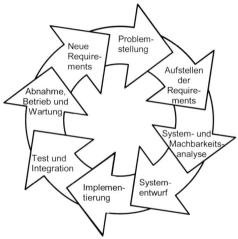

Bild 3-1 Software Life-Cycle

Bild 3-1 zeigt den **Software-Lebenszyklus** schematisch. Die verschiedenen Vorgehensmodelle unterscheiden sich je nach Art, ob eine Entwicklung geplant und spezifikationsorientiert, prototyporientiert oder agil ablaufen soll:

- **Geplante Entwicklung** ist **spezifikationsorientiert** (siehe Kapitel 3.1). Die Planung beruht auf Phasen und Meilensteinen sowie den Dokumenten, die am Ende einer Phase erstellt sein müssen.
- Bei einer **prototyporientierten Entwicklung** (siehe Kapitel 3.2) verliert die Planung ihren Stellenwert und das Produkt – und nicht seine Beschreibung – wird in den Vordergrund gerückt. Die Lieferfristen sind zwar kürzer als bei einem geplanten Vorgehen, sind aber immer noch relativ lang.
- Bei einer **agilen Entwicklung** (siehe Kapitel 3.3) ist die Kundenbeziehung wichtig, der Prozess ist adaptiv und die Lieferfristen sind im Monatsrhythmus.

Es hängt vom Charakter des Projekts ab, welches Vorgehensmodell geeignet ist. Auswahlkriterien können beispielsweise sein: die Größe des Projekts, die Zahl der

Ausprägungen von Vorgehensmodellen   49

Projektstandorte, die Sicherheitsrelevanz oder auch die Tatsache, ob Hardware und Software gemeinsam entwickelt wird. Es gibt aber keinen Zweifel daran, dass ein Mindestmaß an gültigen Dokumenten vorhanden sein muss, wenn die Software wartbar sein soll. Andererseits hat man bei der Erzeugung einer großen Zahl von Dokumenten das Problem, alle Dokumente aktuell zu halten.

Nach der Vorstellung verschiedener Vorgehensmodelle zur spezifikationsorientierten, geplanten Entwicklung in Kapitel 3.1 wird die prototyporientierte Entwicklung in Kapitel 3.2 vorgestellt. Die agile Softwareentwicklung wird in Kapitel 3.3 behandelt. Ein Spiralmodell erlaubt es, bei jedem Durchgang das Vorgehensmodell auszutauschen (siehe Kapitel 3.4). In Kapitel 3.5 wird die Wahl des Vorgehensmodells in Abhängigkeit vom Projekttyp und der Projektgröße diskutiert.

3.1 Spezifikationsorientierte Entwicklung

In der spezifikationsorientierten Entwicklung wird die Dokumentation schrittweise erstellt und nimmt einen hohen Stellenwert ein. Die Realisierung großer Anwendungen wird durch Werkzeuge gefördert, die den Prozess der Erstellung und Dokumentation von großen Programmsystemen praktikabel macht [Pom96]. Das folgende Bild zeigt schematisch die Wirtschaftlichkeit der Spezifikation der Anforderungen (hier Anforderungsspezifikation genannt) [Red00]:

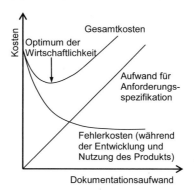

Bild 3-2 Wirtschaftlichkeit der Anforderungsspezifikation

Eine gute Dokumentation führt zu weniger Fehlern. Mit den ersparten Kosten kann die Dokumentation teilweise finanziert werden.

3.1.1 Wasserfallmodell

Die Erkenntnis, dass ein Projekt in überschaubare Teile gegliedert werden muss, führte zu der Entwicklung von Phasenmodellen[28]. Die Idee hierbei ist, ein Softwareprojekt in Phasen zu gliedern, wobei jede Phase eine definierte Aufgabenstellung hat und zu

---

[28] Es gibt eine Vielzahl von Phasenmodellen, die sich vor allem in der Bezeichnung der verschiedenen Phasen, der den jeweiligen Phasen zugeordneten Tätigkeiten, der gegenseitigen Abgrenzung und dem Detaillierungsgrad der betrachteten Systemanteile unterscheiden.

einem definierten **Phasenergebnis** führen soll. Bei sequenziellen Wasserfallmodellen stimmen die Entwicklungsschritte und Projektphasen überein.

In der Literatur gibt es zwei grundlegende Varianten von Wasserfallmodellen, das sogenannte **Baseline Management-Modell,** ein sequenzielles Wasserfallmodell ohne Rückführschleifen, und das **Wasserfallmodell mit Rückführschleifen**.

Wasserfallmodelle wurden durch Boehm [Boe76] berühmt. Eingeführt wurden sie durch Royce [Roy70].

3.1.1.1 Baseline Management-Modell

Bild 3-3 zeigt die Grundform eines sequenziellen Wasserfallmodells mit den **Entwicklungsschritten**:

- Aufstellen der Requirements,
- Systemanalyse,
- Systementwurf,
- Implementierung,
- Test & Integration und
- Abnahme,

welche gleichzeitig Phasen darstellen. Die Pfeile in Bild 3-3 sollen zum Ausdruck bringen, dass die Ergebnisse einer Phase das Ausgangsmaterial und damit die Voraussetzung darstellen, um die nächste Phase zu starten. Mit anderen Worten, das Ergebnis **einer Phase** stellt die Eingabe **der nächsten Phase** dar. Diese kann nur begonnen werden, wenn die Eingaben vorliegen. Ein solch streng sequenzielles Modell für die Entwicklungsschritte erinnert in seiner Form an einen Wasserfall. Daher heißen solche Phasenmodelle auch **Wasserfallmodelle**.

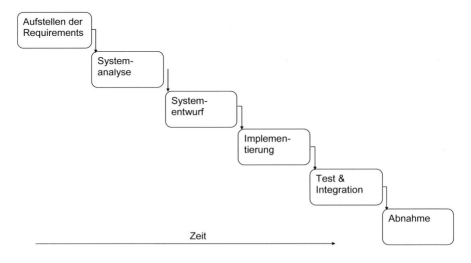

Bild 3-3 Grundform eines Wasserfallmodells ohne Machbarkeitsanalyse

Ein **Wasserfallmodell**, das eine strenge Sequenzialität der Entwicklungsschritte mit Qualitätsprüfungen an den Phasengrenzen aufweist, wird auch als **Baseline Management-Modell** bezeichnet.

> Ein Baseline Management-Modell ist ein sequenzielles Wasserfallmodell ohne Rückführschleifen.

Am Ende einer jeden Phase (siehe Bild 3-3) wird das Ergebnis überprüft. Ist es in Ordnung, so wird die nächste Phase freigegeben. Bestehen noch Probleme infolge von entdeckten Fehlern oder von Änderungswünschen, so wird nicht zur nächsten Phase weitergegangen.

> Eine **Projektphase des Baseline Management-Modells** ist ein Zeitabschnitt eines Projektes, in welchem sich alle Entwickler mit demselben Entwicklungsschritt befassen. Eine jede Projektphase muss ein Ergebnis – das **Phasenergebnis** – liefern.

> In den nächsten Entwicklungsschritt darf erst gegangen werden, wenn eine ausreichende Qualität des Ergebnisses erreicht ist.

Das Baseline Management-Modell hat den Nachteil, dass es viel zu viel Zeit verbraucht. Ein Warten, bis alle Ergebnisse eines Entwicklungsschritts vorliegen, dann die Prüfung der Ergebnisse und anschließend die Freigabe der nächsten Phase ist natürlich ein Idealzustand, aber selbstverständlich graue Theorie. Denn Warten kostet Zeit und Zeit kostet Geld. Deshalb ist es in der Regel unumgänglich, dass sich verschiedene Arbeitsgruppen eines Projektes mit Arbeitspaketen aus verschiedenen Phasen befassen können. Dennoch wird man versuchen, die Ergebnisse einer Projektphase geordnet – entweder auf einmal oder in Schritten – zu überprüfen und freizugeben. Nachfolgend wird noch auf die Vor- und Nachteile des Baseline Management-Modells eingegangen.

Ein Wasserfallmodell in der Variante eines Baseline Management-Modells hat die folgenden **Vorteile**:

- Die im Modell aufgeführten Entwicklungsschritte sind tatsächlich notwendig.
- Die Reihenfolge der Entwicklungsschritte ist richtig.
- Es gibt keine Phase Systemdokumentation. Sie wird projektbegleitend erstellt.

Ein Wasserfallmodell in der Variante eines Baseline Management-Modells hat die folgenden **Nachteile**:

- Das Gesamtprojekt wird synchron abgearbeitet, d. h., alle Entwickler arbeiten stets in derselben Phase.
- Die Codierung kommt erst sehr spät.
- Das Risiko ist sehr hoch, da Fehler in den Requirements, bei Systemanalyse und im Entwurf häufig erst bei der Integration entdeckt werden.

Ein Wasserfallmodell in der Variante eines Baseline Management-Modells hat folgende **behebbare Unzulänglichkeiten**:

- Veränderten Anforderungen im Projekt kann zunächst nicht Rechnung getragen werden. Die Abhilfe erfolgt durch das Einführen von Rückführschleifen in frühere Phasen. Dadurch werden auch **Zyklen** möglich.
- Die Wartung ist nicht im Modell enthalten. Die Abhilfe erfolgt durch eine Rückführschleife von der Abnahme zur Erstellung der Requirement-Spezifikation. Eine Wartung ist auch eine Entwicklung, nur meist nicht mehr mit dem ursprünglichen Entwicklerteam.
- Komplexe Systeme können nicht auf einmal spezifiziert werden. Die Abhilfe erfolgt durch den rekursiven Einsatz von Entwicklungsschritten. Dabei werden nach dem Entwurf eines Knotens einer Ebene des Systems wieder Requirements an die Produkte der Zerlegung, die sogenannten Zerlegungsprodukte, und ihre Verbindungen aufgestellt.

3.1.1.2 Wasserfallmodelle mit Rückkehr in frühere Phasen

Kommen zu der erwähnten Grundform des Baseline Management-Modells noch weitere Pfeile, die sogenannten Rückführschleifen, hinzu, so handelt es sich um ein **Wasserfallmodell mit Rückführschleifen**. Bei Rückführschleifen entfällt die Zeitachse, da man ja in der Zeit nicht rückwärts laufen kann. Rückführschleifen sind ein zeichnerisches Mittel, um ein Verschmieren der scharfen Grenze zwischen den Entwicklungsschritten darzustellen.

Natürlich kommt ein Projektverlauf, wie er in Bild 3-3 dargestellt ist, allerhöchstens in den Träumen der Projektleiter vor. Im Alltag erfordern Änderungswünsche, die Beseitigung von Fehlern und vor allem auch die Erkenntnisse für eine bessere – beispielsweise schnellere oder einfachere – Lösung (**Refactoring** [Bec97]) ein Zurückgehen in frühere Entwicklungsschritte.

Gegebenenfalls muss in den vorhergehenden Entwicklungsschritt oder auch in weiter davor liegende Entwicklungsschritte zurückgegangen werden, um die Probleme zu beheben. Dies wird in Bild 3-4 gezeigt. Der Software-Entwicklungsprozess ist also keine Folge von sequenziell zu durchlaufenden Entwicklungsschritten.

> Fehler, Änderungen und die Suche nach besseren technischen Lösungen erzwingen ein Zurückgehen in frühere Entwicklungsschritte.

Wegen der Übersichtlichkeit sind in Bild 3-4 nicht alle Rückführungspfeile eingezeichnet.

Bilder mit Rückführungspfeilen gelten auch als Wasserfallmodelle. Damit der "Wasserfall" besser erkennbar ist (Wasser fließt den Berg hinab, nicht hinauf), sind die Übergänge in die nächsten Entwicklungsschritte fett, Rückführungspfeile in frühere Entwicklungsschritte fein gezeichnet.

Ausprägungen von Vorgehensmodellen 53

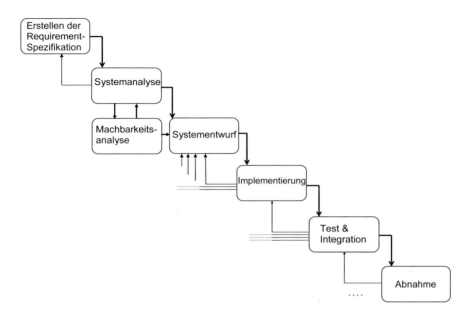

Bild 3-4 Wasserfallmodell mit Rückführungspfeilen in frühere Phasen

In der Literatur findet man oft auch Wasserfallmodelle, bei denen die Rückführungspfeile nur direkt in die jeweils davor liegenden Entwicklungsschritte gehen. Damit sehen die Bilder besser aus, die Rücksprünge in weiter zurückliegende Entwicklungsschritte sind einfach aus optischen Gründen nicht eingezeichnet.

3.1.2 Evolutionäre Entwicklung

Die evolutionäre Entwicklung ist kein Prototyping (siehe Kapitel 3.2). Bei der evolutionären Entwicklung hat die Spezifikation eine hohe Bedeutung. Dieses Modell verlangt mehrere Entwicklungsdurchläufe. Aus jedem Durchlauf entsteht ein brauchbares Produkt. Dieses Ergebnis wird in der Praxis oftmals über einen längeren Zeitraum produktiv eingesetzt. Entwickelt man evolutionär, so muss am Ende eines vollendeten Durchlaufs einer jeden Iteration eine neue Funktionalität zur Verfügung gestellt werden, d. h. eine Baseline[29] getestet und freigegeben werden.

Bei der evolutionären Entwicklung werden **alle Entwicklungsschritte des Baseline Management-Modells** mehrmals nacheinander durchlaufen. Bild 3-5 visualisiert die Entwicklungsschritte bei einer evolutionären Entwicklung:

---

[29] Eine Baseline ist ein dem Konfigurationsmanagement unterliegender Stand der Software. Eine Baseline kann mehrere Versionen umfassen.

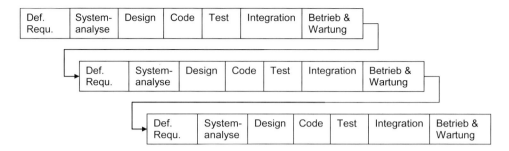

Bild 3-5 Die evolutionäre Entwicklung

Die Periodendauer der Durchgänge ist dabei so klein gehalten, dass die angesprochenen Nachteile des Baseline Management-Modells nicht zum Tragen kommen.

In obigem Bild sieht man das Vorgehen bei der evolutionären Entwicklung [Dor00, S.10]. Eigentlich sieht dieses Bild fast gleich aus wie Bild 3-27 der prototyporientierten Entwicklung. Der wesentliche Unterschied liegt im Modell, das für einen Zyklus angewandt wird. **Beim evolutionären Entwickeln** arbeitet man **innerhalb eines Zyklus** nach dem **Baseline Management-Modell** mit strengen Abnahmen, während man **beim inkrementellen Prototyping** (siehe Kapitel 3.2.1) **prototypisch** entwickelt.

Wenn die Forderungen bei jedem Durchlauf überarbeitet werden, so spricht man von **evolutionärer Entwicklung**.

Eine evolutionäre Entwicklung kann interpretiert werden als ein Spiralmodell mit Pausen. Jeder Durchgang durch die Entwicklungsschritte wird nach dem Baseline Management-Modell durchgeführt. Das System geht nach jedem Zyklus des Spiralmodells in Betrieb.

Die im Betrieb befindlichen Produkte führen dazu, dass die Benutzer die Requirements beeinflussen können und sollen. Jeder Auslieferungsstand durchläuft einen kompletten Entwicklungsvorgang. Die Auslieferungen können sich wahlweise überschneiden oder es muss ein Durchgang vollständig abgeschlossen sein, bevor mit dem nächsten Durchgang begonnen wird. Jeder Auslieferungsstand beinhaltet entweder eine Erweiterung oder eine Verbesserung zum vorherigen Stand.

3.1.3 Das V-Modell

Das Vorgehensmodell der Bundesbehörden, das sogenannte V-Modell [V-M92, V-M97, V-M09], stellt eine generalisierte Organisationsrichtlinie für ein Entwicklungs-Projekt dar. Es dient als Rohling, der auf das jeweilige Projekt angepasst werden kann. Die Anpassung, die dieses Vorgehensmodell, welches sehr umfassend ist, in ein spezielles und praktikables Projekthandbuch für ein konkretes Projekt überführt, wird als **Tailoring** bezeichnet.

> Der Einsatz des V-Modells erfordert ein Maßschneidern (Tailoring) auf die erforderliche Zahl von Zerlegungsebenen und ein Anpassen der Überschriften.

Das Vorgehensmodell der Bundesbehörden ist das derzeit wichtigste Vorgehensmodell in Deutschland. Es wird nicht nur in Behörden, sondern auch in der Industrie eingesetzt.

Das "V" im Wort "V-Modell" kann zum einen für "Vorgehensmodell" stehen, zum anderen kann der Durchlauf durch die Systementwicklung als "V" dargestellt werden. Dieses Modell wird im Folgenden skizziert:

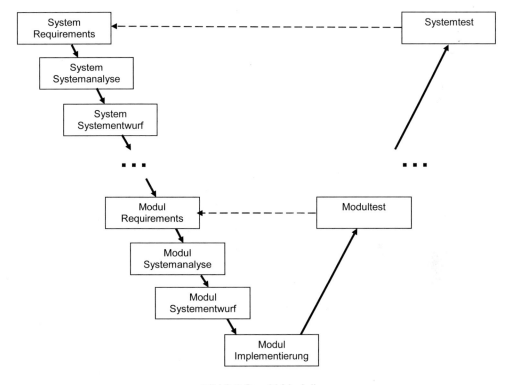

Bild 3-6 Das V-Modell

Die Grundelemente des V-Modells sind **Aktivitäten** und **Produkte**.

Eine **Aktivität** ist eine im Rahmen des Vorgehensmodells definierte Tätigkeit im SW-Entwicklungsprozess. Sie wird eindeutig durch ihre Voraussetzungen ("Was muss vorliegen, damit die Aktivität gestartet werden kann?"), ihre Durchführung und ihre Ergebnisse beschrieben. Aktivitäten können hierarchisch in Teilaktivitäten zerlegt werden, wenn jede dieser Teilaktivitäten ihrerseits definierte "Zwischenergebnisse" aufweist.

Als **Produkt** wird der Bearbeitungsgegenstand bzw. das Ergebnis einer Aktivität bezeichnet. Analog zu der Zerlegung von Aktivitäten kann sich die Zerlegung von Produkten in "Teilprodukte" (z. B. einzelne Kapitel eines Dokumentes) ergeben.

Eine Aktivität kann

- die Erstellung eines Produktes,
- eine Zustandsänderung eines Produktes oder
- die inhaltliche Änderung eines Produktes (bei einer iterativen Vorgehensweise)

zum Gegenstand haben.

Die Grundelemente Aktivität und Produkt werden grafisch durch spezielle Symbole repräsentiert (siehe Bild 3-7):

- eine Aktivität durch einen eckigen Kasten und
- ein Produkt durch eine Ellipse, wobei der Produktname kursiv geschrieben wird.

Symbol für AktivitätSymbol für Produkt

Bild 3-7 Symbole für Aktivitäten und Produkte

Eine Aktivität stellt bekanntermaßen ein Arbeitspaket dar. Die Arbeitspaketbeschreibung heißt **Aktivitätenbeschreibung**. Zu jedem Produkt existiert eine **Produktbeschreibung**, welche die Inhalte des Produkts definiert.

> Das V-Modell kennt **Aktivitäten** und **Produkte** und beschreibt die **Zusammenarbeit der Aktivitäten der verschiedenen Rollen** im SW-Entwicklungsprozess.

Das Vorgehensmodell der Bundesbehörden **regelt** für eine Projektschablone

- die Gesamtheit aller **Aktivitäten**[30] und **Produkte**[31]

sowie

- die **Produktzustände** (siehe Kapitel 3.1.3.4) und **logischen Abhängigkeiten zwischen Aktivitäten und Produkten**

während des Software-Entwicklungsprozesses und der Software-Pflege bzw. Software-Änderung. Dabei legt es auch die **Inhaltsstrukturen** derjenigen Produkte fest, die Dokumentationen darstellen, d. h., es legt fest, welche Kapitelüberschriften in welchem Dokument vorkommen sollen.

---

[30] Eine Aktivität beschreibt, wie ein Produkt zu erstellen ist.
[31] Ein Produkt ist ein Ergebnis einer Aktivität. Zu jedem Produkt gehört genau eine Aktivität.

Dass man vorschreibt, welche Kapitel in welchem Dokument in welcher Reihenfolge zu stehen haben, ist sehr strikt. Aber dies macht man aus Erfahrung, da man weiß, dass ein jeder am liebsten nur das schreibt, wofür er sich ganz besonders interessiert. Um also ein schon oft erlebtes Chaos nicht erst entstehen zu lassen, gibt man als Korsett das Inhaltsverzeichnis der Dokumente vor, wobei beim Tailoring keine Überschrift ohne Begründung wegfallen sollte.

3.1.3.1 Rollen

Das **V-Modell** ist **in vier Submodelle gegliedert**, die den Rollen im Software-Entwicklungsprozess entsprechen. Die Projektbeteiligten in einem Projekt agieren dabei in verschiedenen **Rollen**. Im Vorgehensmodell der Bundesregierung [V-M92] werden die folgenden vier Rollen identifiziert:

- Software-Erstellung (SWE),
- Qualitätssicherung (QS),
- Konfigurationsmanagement (KM) und
- Projektmanagement (PM).

Diese Submodelle beziehen sich nur auf die Entwicklung bzw. Pflege/Änderung der Software als Bestandteil eines Systems. Das V-Modell behandelte in seinen ersten Versionen nicht die Hardware-Entwicklung, es enthielt aber die Schnittstellen zur Hardware. Seit der Version von 1997 [V-M97] schließt das V-Modell die Hardware-Entwicklung mit ein.

> Das V-Modell in seiner ursprünglichen Version kennt die Rollen **Software-Erstellung**, **Qualitätssicherung**, **Konfigurationsmanagement** und **Projektmanagement**.

Alle diese Rollen haben Aktivitäten durchzuführen und Produkte zu erzeugen. Dabei sind die Aktivitäten der verschiedenen Rollen voneinander abhängig. So generiert die Software-Erstellung ein Produkt und die Qualitätssicherung prüft es. Für die zu entwickelnden Produkte werden Vorgaben gemacht, was sie enthalten müssen. Ein Vorgehensmodell regelt die Erstellung eines Systems in der Top-Down-Vorgehensweise, d. h. von der groben zur feinen Strukturierung, und die anschließende Integration. Damit ist der organisatorische Ablauf eines Projektes geregelt und es ist festgelegt, welche Aktivität welche Art von Ergebnis als Produkt hervorbringen soll.

Das V-Modell beschreibt den Software-Entwicklungsprozess im Sinne einer **Projektschablone**. Für die Durchführung eines konkreten Projektes müssen daher für die im V-Modell dargestellten Aktivitäten noch die **Bearbeiter** bzw. **Organisationseinheiten** festgelegt werden.

Das **Projektmanagement** hat u. a. dafür zu sorgen, dass

- die Kosten nicht aus dem Ruder laufen,
- die Schnittstelle zum Auftraggeber funktioniert,

- Termine und Leistungsversprechungen eingehalten werden (Abweichungen müssen mit dem Auftraggeber besprochen werden),
- die Schnittstellen zu den Unterauftragnehmern funktionieren,
- die "richtigen" Projektmitarbeiter (ggf. Unterauftragnehmer) zur Verfügung stehen,
- die Projektmitarbeiter die erforderlichen Ressourcen (Räumlichkeiten, Geräte, System-Software etc.) haben,
- das Projekt sinnvoll strukturiert und geplant ist (Arbeitspakete, Balkenpläne, Meilensteinpläne, Netzpläne etc.) und
- die Projektmitarbeiter stets ausgelastet, nicht aber überlastet sind.

Das **Projektmanagement** braucht außer guten technischen Kenntnissen, um das Projekt von der Technik her im Griff zu haben, betriebswirtschaftliches Interesse und vertriebliche Fähigkeiten. Das Projektmanagement muss es auch verstehen, zum einen das zur Verfügung stehende Geld effizient einzusetzen, zum anderen aber Probleme dem Kunden einsichtig zu machen, Geld zu beschaffen (hausinterne Finanztöpfe, Folgeaufträge des Kunden), Verträge zusammen mit den Hausjuristen zu gestalten, etc.

Die **SW-Erstellung** hat dafür zu sorgen, dass alle SW-Produkte zum einen gemäß der vereinbarten Spezifikation, zum anderen im vorgesehenen Zeitraum entstehen. Da ein Arbeitspaket in der Regel auf dem anderen aufbaut, führt eine Verzögerung meist zu weiteren Verzögerungen. Natürlich kann man die Rolle der SW-Erstellung wieder feiner einteilen, etwa in traditionelle Rollen wie Systemanalytiker, Designer, Programmierer. Es ist aber klar, dass jede Übergabe der Ergebnisse einer Rolle an die andere – wie z. B. vom Systemanalytiker an den Designer oder vom Designer an den Programmierer – stets mit Reibungsverlusten verbunden ist. Daher braucht jedes Projekt **Systemingenieure**, die fachlich so umfassend aufgestellt sind, dass sie Projektaufgaben ganz von Beginn des Projektes bis hin zur Übergabe an den Kunden mit Erfolg durchführen können. Ein guter Systemingenieur muss selbst noch sein eigener Vertriebsmann sein können, da er sein Produkt am besten kennt. Der technisch verantwortliche Systemingenieur wird in diesem Dokument mit der Rolle **Chef-Designer** bezeichnet. Der Chef-Designer muss in der Lage sein, alle Phasen des Projektes in kooperativer Zusammenarbeit mit den anderen Projektmitarbeitern technisch steuern zu können.

Der **Konfigurationsmanager** hat dafür zu sorgen, dass er Versionen der zu realisierenden Software zentral führt. Nach erfolgter Systemgenerierung und den anschließenden Systemtests werden bemängelte Programme zurück an die Bearbeiter zur Fehlerbeseitigung gegeben.

Zwar muss das Projektmanagement die Ressource einer Software-Entwicklungsumgebung zur Verfügung stellen, dennoch obliegt es der Qualitätssicherung in der Regel, dafür zu sorgen, dass es im Projekt ein Vorgehensmodell, Methoden und Tools gibt, die verstanden und eingesetzt werden. Die **Qualitätssicherung** muss dafür sorgen, dass die Anforderungen für die Prüfungen der Produkte vorgegeben, dass Prüfungen an den Produkten durchgeführt und ggf. die Qualität der Erzeugnisse erhöht wird.

3.1.3.2 Erzeugnisstruktur des V-Modells

Da das V-Modell alle Aktivitäten und Produkte bei der Software-Erstellung erfassen will, muss es sich auch mit der Frage der **Zerlegung von Systemen** befassen. Das V-Modell geht nach dem **Prinzip der schrittweisen Verfeinerung**[32] (siehe Kapitel 13.2.2.1) vor. Es führt die folgende Zerlegung durch:

- System,
- Subsystem,
- DV-Segment,
- ...

Im V-Modell ist ein System hoher Komplexität untergliedert in Subsysteme. So ist beispielsweise ein Navigationssystem ein Subsystem des Systems "Flugzeug". Im V-Modell wird von der Arbeitstechnik und den Produkten her nicht zwischen der Bearbeitung von Systemen oder von Subsystemen unterschieden.

Für jedes Produkt dieser Zerlegungsebenen müssen dann die Entwicklungsschritte Requirement-Spezifikation, Systemanalyse, Machbarkeitsanalyse und Systementwurf durchlaufen werden.

Das V-Modell in seiner ursprünglichen Version beschreibt, wie die Software als Bestandteil eines **Systems** zu entwickeln ist, nicht jedoch, wie die HW zu entwickeln ist. Die bei den jeweiligen Entwicklungsaktivitäten erforderlichen Schnittstellen zur HW-Entwicklung wurden jedoch berücksichtigt. Der Grund, warum es zunächst nur für die Entwicklung von Software ein Vorgehensmodell gab, ist, dass die Entwicklung von Software, die als Produkt eigentlich ja "unsichtbar" ist und sich nur in den Reaktionen eines Systems zeigt, das größere Problem darstellt.

Im Folgenden wird beschrieben, aus welchen Bestandteilen sich ein "System" im Sinne des V-Modells [V-M92] zusammensetzt. Als System kann man sich zum Beispiel ein verteiltes System aus mehreren Geräten vorstellen, die zusammenwirken und als Gesamtheit Funktionsleistungen erbringen. Ein solches System kann dann wiederum über Schnittstellen mit anderen Systemen wie z. B. einem Host-Rechner zusammenarbeiten. Bild 3-8 zeigt schematisch die Dekomposition eines Systems gemäß V-Modell.

Im Fall von Systemen, bei denen Hardware und Software zu entwickeln sind, kann der Software-Entwicklungsprozess nicht losgelöst von der Hardware betrachtet werden. Er ist vielmehr in die Entwicklung des Gesamtsystems zu integrieren. Deshalb muss die Softwareentwicklung in enger Verzahnung mit der Hardwareentwicklung vorgenommen werden bzw. die Software muss unter ständiger Berücksichtigung der ausgewählten Hardware und ihrer Eigenschaften realisiert werden. Nur unter diesen Voraussetzungen kann die Erfüllbarkeit der geforderten System-, DV- und SW-Funktionen über den gesamten Entwicklungsprozess hinweg kontrolliert und gewährleistet werden.

---

[32] Dieses Prinzip entspricht dem Prinzip des rekursiven Zerlegens.

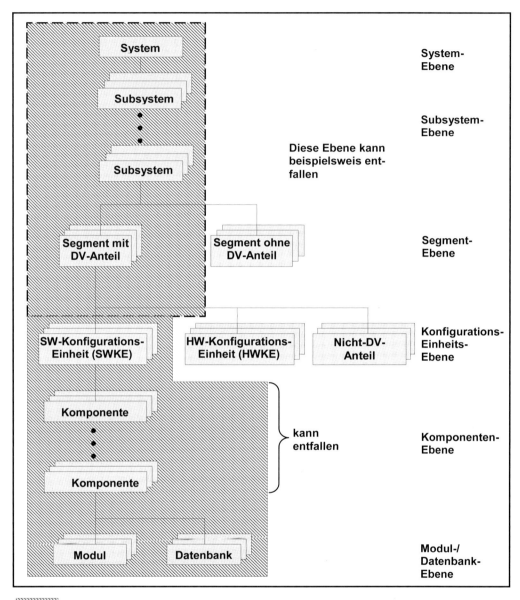

Bild 3-8 Erzeugnisstruktur des V-Modells [V-M92]

Ein System/Subsystem wiederum gliedert sich in Segmente, die in Segmente mit DV-Anteil (DV-Segmente) und Segmente ohne DV-Anteil (Nicht-DV-Segmente) unterschieden werden. Embedded Computer Systems – wie z. B. ein Bordrechner als Teil eines Navigation-Subsystems – entsprechen in diesem Gliederungsschema den DV-Segmenten.

DV-Segmente werden weiter in Software-Konfigurationseinheiten (SWKE), Hardware-Konfigurationseinheiten (HWKE) und Nicht-DV-Anteile gegliedert. Die Nicht-DV-Anteile werden vom V-Modell nicht erfasst und werden im Folgenden nicht weiter betrachtet. SWKE und HWKE (z. B. Baugruppen) stellen aus der Sicht der System-/Subsystem-Architektur elementare Objekte dar, die dem Konfigurationsmanagement im Verkehr mit dem Kunden unterliegen und als Ganzes beim Kunden ausgetauscht werden. In der entwickelnden Firma sind selbstverständlich auch kleinere SW-Einheiten dem hausinternen Konfigurationsmanagement unterworfen.

Das V-Modell zerlegt SWKE weiter in Komponenten und diese wiederum in Module und/oder Datenbanken. Module sind die kleinsten zu programmierenden Softwarebausteine einer SWKE.

Die **Erzeugnisstruktur** sieht also folgendermaßen aus:

- **System**,
- **Subsystem**,
- **DV-Segment**,
- **SWKE und HWKE**,
- **Komponenten** sowie
- **Module** und **Datenbanken**.

Unter einer SWKE kann man sich beispielsweise die Software einer ganzen Platine vorstellen. Die Steckkarte ist dabei das DV-Segment (mit Prozessor, EPROM und Peripherie). Die SWKE ist das EPROM[33] (oder der Inhalt eines FLASH-ROM). Als eine Komponente kann man z. B. die Software für die Ansteuerung einer bestimmten Schnittstelle ansehen. Die Software einer Komponente ist wiederum in sich gegliedert in SW-Module und ggf. in Datenbanken bzw. Dateien. Die HWKE ist in diesem Fall die Hardware der Steckkarte (ohne EPROM). Hier ein Beispiel für die Zerlegung aus dem V-Modell [V-M 92]:

---

[33] Die Software wird vom Lieferanten als EPROM mit einer eindeutigen ID-Nummer ausgeliefert.

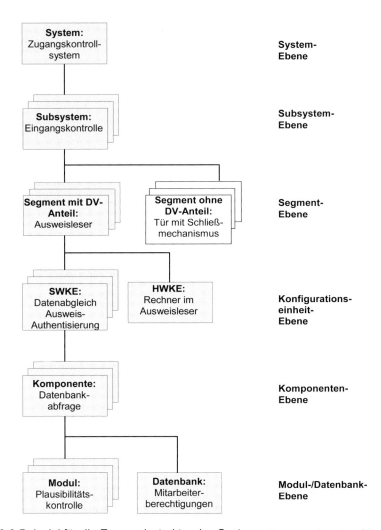

Bild 3-9 Beispiel für die Erzeugnisstruktur des Systems `Zugangskontrollsystem`

3.1.3.3 Beispiele für Architekturen

Jedesmal, wenn zerlegt wird, ist eine Architektur zu entwerfen. Zu einer Architektur gehört immer die Aussage, wie die Bestandteile der Architektur zusammenwirken sollen.

Beispiel 1:

Zu entwickeln ist ein Gerät. Die Kundensteuerung, mit der Parameter dieses Geräts vom Kunden im operationellen Modus des Geräts gesetzt werden können, ist nicht zu entwickeln. Das Gerät allein ist also das System. Die Kundensteuerung gehört nicht zum System. Das System tauscht über eine definierte Schnittstelle Daten mit seiner Umgebung – der Kundensteuerung – aus. Bild 3-10 zeigt das Zusammenwirken des Systems mit seiner Umwelt.

Ausprägungen von Vorgehensmodellen 63

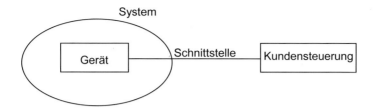

Bild 3-10 Zusammenwirken des Systems mit seiner Umwelt

Die Ebene des Subsystems entfällt in diesem Falle aufgrund der geringen Komplexität des Problems.

Das Gerät selbst kann nun DV-Anteile und Nicht-DV-Anteile haben. DV-Anteile und Nicht-DV-Anteile müssen zusammenarbeiten. In Abhängigkeit von der Komplexität des Systems gibt es zwei Zerlegungsmöglichkeiten, eine vierstufige (siehe Bild 3-11) und eine dreistufige **Zerlegungshierarchie** (siehe Bild 3-12).

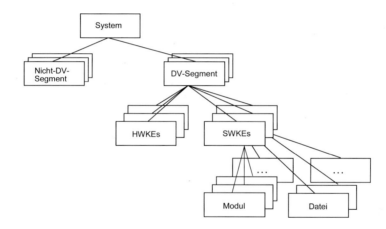

Bild 3-11 Vierstufige Zerlegungshierarchie

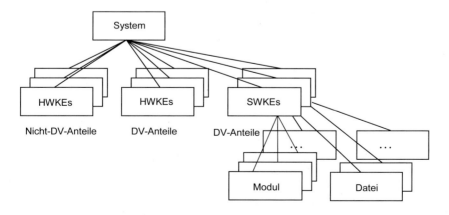

Bild 3-12 Dreistufige Zerlegungshierarchie

Bei geringer Komplexität wird man stets die dreistufige Zerlegungshierarchie wählen, damit man weniger beschreiben muss. Hier gibt es weniger Produkte. Das V-Modell schreibt für jedes Zerlegungsprodukt entsprechende Dokumentationen vor. Weniger Zerlegungsprodukte bedeuten eine geringere Anzahl von Dokumenten, also weniger Arbeit.

Da im Beispiel aus Bild 3-10 nur ein einziges Gerät zu realisieren ist, kann die Ebene des DV-Segmentes problemlos weggelassen werden.

Bestehen die DV-Anteile nur aus einer Steckkarte, so wird diese stets als Ganzes und nicht in Form von Bauelementen an den Kunden ausgeliefert. Deshalb betrachtet man diese Karte als HWKE. Hat die Software ein Betriebssystem, so kann auch dieses neue Versionen haben. Dies bedeutet, dass man dann in der Regel zwei SWKEs einführt:

- das Betriebssystem und
- die gesamte eigenentwickelte Anwendungssoftware.

Beispiel 2:

In Beispiel 2 (siehe Bild 3-13) bekommt der Kunde außer dem Gerät auch noch einen PC mit Software geliefert, damit er im Programmiermodus (nicht im operationellen Modus) Parameter des Gerätes setzen kann.

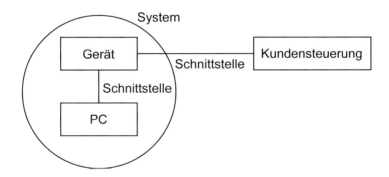

Bild 3-13 Beispiel für ein System aus 2 wechselwirkenden DV-Segmenten

Damit besteht das zu liefernde System aus 2 DV-Segmenten:

- dem Gerät und
- dem PC.

Das Gerät ist in Hard- und Software-Komponenten unterteilt. Für den PC ist nur die Software für den Programmiermodus zu entwickeln. Es ist zu beachten, dass auch das Betriebssystem des PC eine SWKE darstellt.

3.1.3.4 Produktzustände

Produkte können die folgenden Zustände annehmen:

- **geplant**
  Das Produkt ist in der Planung vorgesehen. Dies ist der Eingangszustand für alle Produkte.
- **in Bearbeitung**
  Das Produkt wird vom Entwickler bearbeitet.
- **vorgelegt**
  Das Produkt ist aus der Sicht des Erstellers fertig und wird unter Konfigurationsverwaltung genommen. Es wird einer QS-Prüfung unterzogen. Besteht das Produkt die QS-Prüfung nicht, so geht es wieder in den Zustand "**in Bearbeitung**" über. Andernfalls geht es in den Zustand "**akzeptiert**" über.
- **akzeptiert**
  Das Produkt ist von der Qualitätssicherung abgenommen und freigegeben.

Bild 3-14 zeigt die zulässigen **Übergänge zwischen** den einzelnen **Zuständen** [V-M92]:

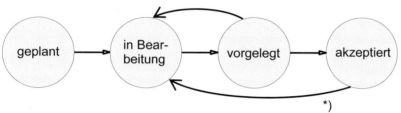

*) Zu diesem Zustandsübergang kommt es beim Durchführen von Änderungen. Dabei entsteht eine neue Produktversion.

Bild 3-14 Zulässige Zustandsübergänge von Produkten

Das V-Modell ordnet einem Produkt die Zustände geplant, in Bearbeitung, vorgelegt und akzeptiert zu.

3.1.3.5 Aktivitäten und Produkte des Submodells Software-Erstellung

Im Folgenden werden die **Aktivitäten des Submodells SWE** dargestellt (siehe Bild 3-15 [V-M92, S. 2-11]). Hierbei sind in kursiver Schrift die wichtigsten **Produkte** angegeben, die im Rahmen der jeweiligen Aktivitäten erstellt werden müssen. Für die Aktivitäten der Submodelle QS, KM und PM wird auf das Original-V-Modell [V-M92] verwiesen.

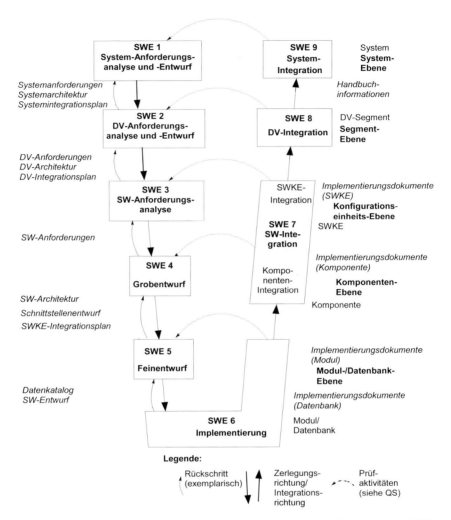

Bild 3-15 Überblick über die Aktivitäten des Submodells SWE (siehe [V-M92])

3.1.3.6 Zusammenarbeit der Submodelle

Die prinzipielle Zusammenarbeit aller vier Submodelle **Projektmanagement (PM)**, **Software-Erstellung (SWE)**, **Qualitätssicherung (QS)** und **Konfigurationsmanagement (KM)** wird in Bild 3-16 dargestellt.

Das **Projektmanagement** hat die für das Projekt benötigten Ressourcen – insbesondere die Software-Entwicklungsumgebung (SEU) – bereitzustellen und das Projekt zu steuern. Unter einer SEU versteht man die Entwicklungsrechner mit den benötigten Werkzeugen. Der Projektleiter muss den Status des Projektes aufnehmen und in einer Regelschleife Vorgaben an sein Team geben. Die **Qualitätssicherung** gibt die Qualitätsrichtlinien für die Software-Erstellung vor und überprüft die Produkte. Das **Konfigurationsmanagement** verwaltet die Produkte in einer geordneten Struktur und regelt die Zugriffsrechte auf die Produkte. Die Rolle **Software-Erstellung** ist für die Erstellung der Software verantwortlich.

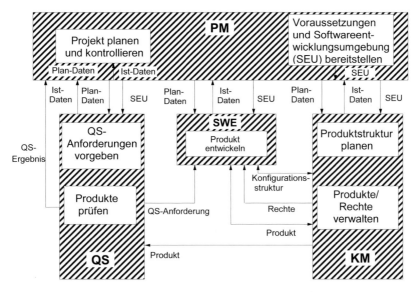

Bild 3-16 Zusammenarbeit der Submodelle SWE, QS, KM und PM (siehe [V-M92])

Das V-Modell legt also fest:

- welche **Rollen** es gibt (Software-Erstellung, Qualitätssicherung, Konfigurationsmanagement, Projektmanagement),
- welche Rolle welche **Aktivitäten** durchzuführen hat, d. h., welche Rolle welche Arbeitspakete zu erledigen hat, und welches Produkt das Ergebnis einer Aktivität ist. Entsprechend der Zerlegung von Aktivitäten in Teilaktivitäten können Produkte in Teilprodukte zerlegt werden.
- wie die **Aktivitäten** vernetzt sind, d. h., welche Aktivitäten auf welchen anderen aufbauen und deren Ergebnis als bereits vorhanden voraussetzen und
- wie die **Inhaltsstrukturen von textuellen Ergebnissen** (**Produkten**) aussehen, d. h., in welchem Dokument welche Kapitel stehen müssen.

3.1.4 Der Rational Unified Process

Der **Rational Unified Process** (**RUP**) ist ein kommerziell vermarktetes Vorgehensmodell für die objektorientierte Entwicklung, das 1998 von der Fa. Rational Software vorgeschlagen wurde. Der Architekt von RUP war Philipp Kruchten [Kru98]. Zur Umsetzung dieses Vorgehensmodells verkaufte die Fa. Rational Software – heute gehört Rational Software zu IBM – den Rational Unified Process als Produkt, das den Prozess von RUP durch verschiedene Werkzeuge und eine Wissensdatenbank unterstützt. Diagramme werden in RUP nach den Regeln von UML erstellt. Der Rational Unified Process entkoppelt wie ein Wasserfallmodell mit Rückführschleifen die Entwicklungsschritte von den Projektphasen. Als Schlüsselkonzept stehen die Anwendungsfälle und ihre Akteure im Mittelpunkt des Prozesses. Die Gesamtheit der Anwendungsfälle ergibt die Funktionalität des Systems.

3.1.4.1 Vergleich der Begriffe von V-Modell und RUP

Während das V-Modell Rollen, Aktivitäten und Produkte einführt, spricht man beim Rational Unified Process von **Workern**, **Aktivitäten** und **Artefakten** (siehe Tabelle 3-1).

Begriffe des V-Modells	Begriffe von RUP
Rolle	Worker
Aktivität	Aktivität
Produkt	Artefakt

Tabelle 3-1 Begriffe bei V-Modell und bei RUP im Vergleich

Im Gegensatz zum V-Modell gibt es bei RUP die Rolle Qualitätsmanagement (QM) nicht. Diese Rolle hat im V-Modell die zwei wesentlichen Aufgaben der Bereitstellung der Qualitätsrichtlinien und die Koordination der Tests. Bei RUP ist jeder Einzelne für die Qualität seiner Erzeugnisse selbst verantwortlich.

Tabelle 3-2 gibt einen Überblick über die Rollen im V-Modell und bei RUP:

Rolle V-Modell	Rolle RUP
PM = Projektmanagement	Projektmanager (Projektleiter)
KM = Konfigurationsmanagement	Konfigurationsmanager
QM = Qualitätsmanagement	Eine Rolle QM ist nicht vorgesehen
SWE = Software-Erstellung	Es gibt keinen Oberbegriff, aber viele feine Rollen

Tabelle 3-2 Rollen bei V-Modell und bei RUP im Vergleich

Im Folgenden werden die Rollen von RUP [Kru98] in einer hier gewählten Gruppierung aufgeführt:

Gruppe 1:	Gruppe 2:	Gruppe 3:	Gruppe 4:	Gruppe 5:
Architekt	Anforderungsgutachter	Projektmanager	Konfigurationsmanager	Systemadministrator
Autor für Schulungsunterlagen	Architekturgutachter	Prozessentwickler		Werkzeug-Anpasser
Benutzerschnittstellendesigner	Geschäftsprozessmodellgutachter	Verteilungsmanager		
Datenbankdesigner	Designgutachter			
Designer	Codegutachter			
Geschäftsprozessanalytiker	Systemtester			
Geschäftsprozessdesigner	Testdesigner			
Implementierer (Software-Entwickler)				
Integrationstester				
Performancetester				
Systemanalytiker				
Systemintegrator				
Technischer Autor				
Anwendungsfall-Spezifizierer				

Tabelle 3-3 Gruppierung der Rollen nach RUP

Ausprägungen von Vorgehensmodellen   69

Die Rollen der Gruppe 1 werden hier aufgrund ihrer Aufgaben nach RUP der Rolle **SWE**, die Rollen der Gruppe 2 aufgrund ihrer Aufgaben nach RUP der Rolle **QM,** die Rollen der Gruppe 3 aufgrund ihrer Aufgaben nach RUP der Rolle **PM** und die Rolle der Gruppe 4 aufgrund ihrer Aufgabe nach RUP der Rolle **KM** nach V-Modell zugeordnet. Reine Unterstützungsaufgaben, wie sie in Gruppe 5 z. B. von Systemadministrator oder Werkzeug-Anpasser durchgeführt werden, werden im V-Modell nicht betrachtet.

Auch beim V-Modell [V-M92] gibt es eine Feinstruktur bei den Rollen. Dies ist in Bild 3-17 zu sehen:

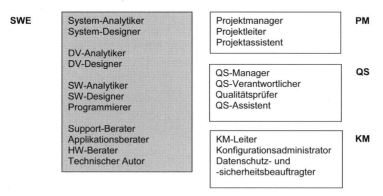

Bild 3-17 Rollen im V-Modell

Eine Feinstruktur der Rollen ist jedoch ohne praktische Relevanz. Welche Qualifikation benötigt wird, sieht man an den detaillierten Aktivitäten eines Projektes. Daher ist es für ein bestimmtes Projekt nicht erforderlich, eine Feinstruktur von allgemein möglichen IT-Berufsbildern aufzustellen.

3.1.4.2 "Best Practices" des Rational Unified Process

Der Rational Unified Process basiert auf bewährten Erfahrungen, den sogenannten "Best Practices":

- iterative Softwareentwicklung,
- Anforderungsmanagement,
- Verwendung komponentenbasierter Architekturen,
- visuelle Softwaremodellierung,
- Prüfung der Software-Qualität und
- kontrolliertes Änderungsmanagement.

Von besonderer Bedeutung ist nach Ansicht des Autors dieses Buches jedoch eigentlich nur eine dieser bewährten Erfahrungen, nämlich die iterative Software-Entwicklung. Eine sorgfältige Verfolgung der Requirements (Anforderungsmanagement), eine visuelle Softwaremodellierung, eine Überprüfung der Software-Qualität und ein kontrolliertes Änderungsmanagement sind in der Regel überall Stand der Technik. Dass in einer Architektur ein System in seine Komponenten im Sinne von Subsystemen zerlegt wird, ist auch nichts Neues. Bei manchen Systemen kann ein Subsystem eine Komponente im Sinne der Komponententechnologie sein, bei anderen Systemen stellt jedoch ein Subsystem keine Komponente im Sinne der Komponententechnologie dar. Dies ist auch wenig aufregend, so dass als zentraler Punkt von RUP eigentlich nur die Idee der iterativen Softwareentwicklung (siehe Kapitel 3.2.1) bleibt, die so neu auch nicht ist – sie ist ja "best practice" – die aber wenigstens durch Tools unterstützt wird.

Iterative Entwicklung

RUP entwickelt iterativ. Eine Phase eines Projekts (Entwurf, Konstruktion, Produktübergabe) wird in kleinere Schritte oder Iterationen zerlegt. Jede Iteration wird mit einem internen Release beendet. Pro Phase des Entwicklungsprozesses (Projekts) kann es mehrere Iterationen geben. Ebenso kann der ganze Entwicklungsprozess wiederholt werden. Das erstmalige Durchlaufen durch alle Phasen des Entwicklungsprozesses ist der **"Development Cycle"**, jeder weitere Durchlauf wird **"Evolution Cycle"** genannt [Kru98, S. 61]. Das folgende Bild zeigt einen "Development Cycle" und zwei "Evolution Cycles":

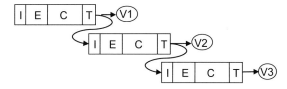

Bild 3-18 "Development Cycle" und zwei "Evolution Cycles" eines Systems

Bild 3-18 ist von links nach rechts zu lesen. Es zeigt die drei Produktversionen V1, V2 und V3 eines Systems. Jeder Zyklus (engl. cycle) in Bild 3-18 hat die Phasen Konzeption (engl. inception, I), Entwurf (engl. elaboration, E), Konstruktion (engl. construction, C) und Produktübergabe (engl. transition, T). Diese Phasen werden in Kapitel 3.1.4.3 und in Kapitel 3.1.4.4 näher erläutert.

Ziel nach RUP ist, jeweils für die Phasen Entwurf, Konstruktion und Produktübergabe eines Systems einen "Iteration Plan" – also einen Plan pro Iteration – für die jeweiligen Prototypen aufzustellen. Für die Phase **Konzeption** sind Prototypen denkbar, aber nicht unbedingt erforderlich, da das Hauptziel dieser Phase die Planung und das Verstehen der Requirements ist.

Anforderungsmanagement

Die Requirements eines neuen Systems sind dynamisch, sie ändern sich während der Laufzeit des Projekts. Die Existenz eines sich entwickelnden Systems ändert das Verständnis eines Nutzers über die System-Requirements. Das Anforderungsmanagement umfasst das Aufstellen, Verwalten und Organisieren der erforderlichen Requirements eines Systems. Zum Erfassen der Funktionalität dienen Anwendungsfälle. Ändern sich die Requirements, so müssen die Änderungen bewertet und Entscheidungen gefällt werden.

Anforderungen an ein System müssen bis zur Realisierung des Systems verfolgt werden. Mit Hilfe der erfüllten Requirements kann man den Stand der Funktionalität und der Eigenschaften eines Systems objektiv bewerten. Ein gutes Anforderungsmanagement sollte aber für jedes Vorgehensmodell eingesetzt werden.

Ausprägungen von Vorgehensmodellen 71

Verwendung komponentenbasierter Architekturen

Das Ziel der ersten Iterationen ist, eine Software-Architektur in Form eines Prototyps zu erzeugen und zu validieren. Die Erstellung der Architektur wird durch Templates unterstützt.

Auch wenn komponentenbasierte Architekturen im Sinne der Komponententechnologie (siehe Kapitel 11.8) aus Portabilitäts- und Aufwandsgründen heutzutage ganz besonders im Blickpunkt des Entwicklers stehen, so unterstützt RUP auch die **bisherigen Konzepte der Modularisierung und der Kapselung**. Ein Vorgehensmodell muss für komponentenbasierte Architekturen und für modulare Architekturen ohne Komponentenmodell gleichermaßen einsetzbar sein.

Visuelle Softwaremodellierung

Ein jedes Modell stellt ein vereinfachtes Abbild der Realität dar. Dabei wird ein System unter einem ganz bestimmten Blickwinkel betrachtet, so dass die speziellen Aspekte, die besonders wichtig sind, in dem Modell deutlich zum Vorschein kommen. Die Eigenschaften, auf die es bei der entsprechenden Betrachtungsweise nicht ankommt, werden im entsprechenden Modell einfach weggelassen.

Visuelle Modellierungswerkzeuge zeigen die Eigenschaften eines Systems in grafischer Form. Je nach gewähltem Aspekt kann man eine Eigenschaft eines Systems verbergen oder in den Mittelpunkt stellen.

Im Falle von hierarchischen Strukturen kann man durch Wahl der entsprechenden Ebene Einzelheiten ausklammern oder betrachten.

Prüfung der Software-Qualität

Bei einer iterativen Entwicklung muss nach jedem Iterationsschritt getestet werden. Damit wird das System laufend überprüft. Allerdings können nur diejenigen Systemteile getestet werden, die bereits realisiert sind. Designfehler und Fehler in den Anforderungen können grundsätzlich bis zum Vorliegen des gesamten Systems nicht ausgeschlossen werden. Es ist sinnvoll, besonders dort zu testen, wo man das größte Risiko sieht.

Kontrolliertes Änderungsmanagement

Entwicklerteams können verteilt sitzen. Verschiedene Team-Mitglieder können an verschiedenen Versionen eines Produkts arbeiten. Dies erfordert jedoch eine strenge Koordination. Versagt die Koordination, so entstehen unnötige Fehler. Änderungsanträge erleichtern die Kommunikation. Auch bei der Beseitigung von Fehlern können mehrere Entwickler mit ihren Programmen beteiligt sein. Dabei ist darauf zu achten, dass ein Team-Mitglied stets nur den geforderten Fehler beseitigt und nicht bereits an der Beseitigung eines weiteren Fehlers im Quellcode arbeitet, da zur Beseitigung dieses weiteren Fehlers natürlich auch von weiteren Entwicklern unter Umständen ein verbesserter Quellcode geliefert werden müsste. Das heißt, dass bei der Fehlerbeseitigung eine Sequenzialisierung der Korrekturschritte absolut zwingend ist. Nach jeder Iteration wird eine getestete Baseline freigegeben.

3.1.4.3 Phasen eines Systems nach RUP

Eine Phase entspricht dem Zeitraum zwischen Meilensteinen. RUP kennt die **Phasen**:

- **Konzeption**,
- **Entwurf**,
- **Konstruktion** und
- **Produktübergabe**.

Die **Konzeption** eines Systems dient den vorbereitenden Arbeiten. Die Grenze zwischen Konzeption und Entwurf ist im Wesentlichen dann erreicht, wenn:

- der Umfang des Systems mit seinen zu realisierenden Geschäftsprozessen feststeht und
- eine Übereinstimmung über die Kosten und den Zeitplan besteht.

Im **Entwurf** eines Systems sollen die Requirements an das System und seine Architektur definiert werden. Die Grenze zwischen Entwurf und Konstruktion ist im Wesentlichen dann erreicht, wenn:

- Der Architekturprototyp bereits Produktionsqualität hat und damit die Produkteigenschaften und die Architektur feststehen. Ein lauffähiges Kernsystem, welches den Nutzen der Architektur demonstriert, muss existieren.
- Alle Anwendungsfälle erkannt, aber noch nicht beschrieben sind.
- Die notwendigen Aktivitäten und Ressourcen eingeplant werden können.

Ausgehend von der Architektur wird während der **Konstruktion** eines Systems die Software weiter entwickelt. Die Grenze zwischen Konstruktion und Produktübergabe ist erreicht, wenn

- sowohl die Software
- als auch die Dokumentation

fertig ist.

In der Phase **Produktübergabe** eines Systems wird die Software an den Anwender geliefert. Normalerweise wird auch während dieser Phase die Software überarbeitet.

Iterative Entwicklung eines Systems

Die Software-Produkte werden iterativ entwickelt und bewertet. Das System wächst inkrementell. Nach jeder Iteration wird der Lösungsweg neu festgelegt. Letztendlich wird eine Folge von Architekturen entwickelt. Insofern kann man das Wort **"architekturzentriert"** in der Darstellung von RUP schon verwenden – die Architektur steht im Mittelpunkt der Entwicklung. Mit inkrementell wird hier bezeichnet, dass jeder Zyklus zu einem verbesserten System führt.

Ziel ist nach RUP, innerhalb des Entwurfs ca. X Prototypen und innerhalb der Konstruktion ca. Y Prototypen als Baselines herzustellen.

Es kann von den folgenden Faustregeln ausgegangen werden:

Betrachtet werden die vier Phasen Konzeption, Entwurf, Konstruktion und Produktübergabe eines Systems. Drei Prototypen [0,1,1,1] gelten als niedrig. Sechs Prototypen [1,2,2,1] sind typisch, neun Prototypen [1,3,3,2] sind hoch und zehn Prototypen [2,3,3,2] gelten als sehr hoch.[34]

3.1.4.4 Die zwei Dimensionen der RUP-Prozessstruktur

Bild 3-19 zeigt ein Originalbild der RUP-Prozessstruktur [ibmrat].

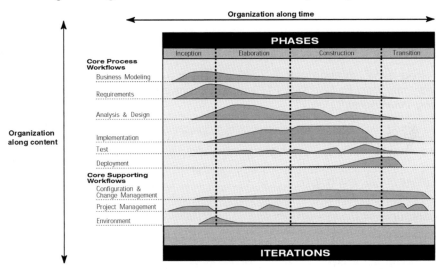

Bild 3-19 Die zwei Dimensionen der Prozessstruktur des Rational Unified Process

Die x-Achse zeigt den dynamischen Aspekt des Prozesses, d. h. wie der Prozess sich in Projektphasen aufteilt. Die y-Achse zeigt den statischen Aspekt des Prozesses, d. h. die erforderlichen Hauptarbeitspakete der Entwicklung und der unterstützenden Maßnahmen. Diese Hauptarbeitspakete heißen:

- Business Modeling,
- Requirements,
- Analysis & Design,
- Implementation,
- Test,
- Deployment,
- Configuration & Change Management,
- Project Management und
- Environment.

---

[34] Diese Zahlen stammen aus [Rat01].

Im Folgenden werden diese Hauptarbeitspakete den Rollen nach dem V-Modell zugeordnet:

Aktivitäten der Rolle nach dem V-Modell	Hauptarbeitspakete
SWE	Business Modeling, Requirements, Analysis & Design, Implementation, Test, Deployment
KM	Configuration & Change Management
PM	Project Management
QM	Environment

Tabelle 3-4 Zuordnung der Hauptarbeitspakete zu Aktivitäten von Rollen gemäß V-Modell

Die der Rolle SWE zugeordneten Schritte sind die sogenannten "**Core Process Workflows**", die den Rollen KM, PM und QM zugeordneten Schritte heißen "**Core Supporting Workflows**".

Auf der x-Achse, der Zeitachse, werden bei RUP die vier bereits bekannten Projektphasen eingeführt. Diese Projektphasen heißen:

- **Konzeption** (engl. inception),
- **Entwurf** (engl. elaboration),
- **Konstruktion** (engl. construction) und
- **Produktübergabe** (engl. transition) = Auslieferung an den Kunden.

Und damit entkoppelt RUP den Begriff der Projektphasen von den Entwicklungsschritten, während im sequenziellen Wasserfallmodell (siehe Kapitel 3.1.1.1) die Phasennamen identisch zu den Entwicklungsschritten sind. Durch die Überlappung der Entwicklungsschritte über der Zeit ist in jeder Phase jeder Entwicklungsschritt möglich wie in einem Wasserfallmodell mit Rückführschleifen (siehe Kapitel 3.1.1.2). Der Begriff Entwurf umfasst hier neben Systemanalyse und Entwurf speziell auch das Prototyping und das Aufstellen der Pläne.

Im Folgenden sollen die in Bild 3-19 gezeigten "Workflows" im Sinne des V-Modells analysiert werden. Die Management-Aktivitäten der Rollen KM, PM und QM werden prinzipiell projektbegleitend durchgeführt. Die Aktivitäten der Rolle SWE enthalten außer dem Business Modeling die Phasen der Wasserfallmodelle mit einer eigenen Namensgebung[35]:

- Requirements,
- Analyse & Design,
- Implementierung,
- Test und
- Deployment.

---

[35] Besser wäre es, wenn Analyse und Design getrennt wären.

Ausprägungen von Vorgehensmodellen

Die **Geschäftsprozessmodellierung**[36] kann als Frühphase vor der eigentlichen Entwicklung angesehen werden. Diese wird – wenn sie überhaupt durchgeführt wird – am Stück und nicht iterativ durchgeführt.

Würde man ein streng sequenzielles Wasserfallmodell (Baseline Management-Modell) nehmen, so würde ein nachfolgender Entwicklungsschritt erst dann beginnen, wenn der vorgehende Entwicklungsschritt abgeschlossen ist (siehe Bild 3-20).

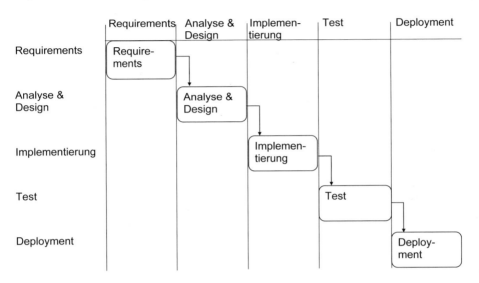

Bild 3-20 Baseline Management-Modell in 2 Dimensionen

Dieses Bild lässt sich in einer einzigen Dimension darstellen (siehe Bild 3-21), da es ein sequenzielles Modell ist:

| Requirements | Analyse & Design | Implementierung | Test | Deployment |

→ Zeit

Bild 3-21 Baseline Management-Modell in einer einzigen Dimension

Geht man jedoch zu einem Wasserfallmodell mit Rückführschleifen über, so kann man sich zu jeder Zeit in jedem Entwicklungsschritt befinden, d. h., zwischen den Entwicklungsschritten gibt es keine scharfen Grenzen mehr. Es muss dann zum einen eine zweidimensionale Darstellung gewählt werden und zum anderen müssen neue Namen für die Projekt-Phasen erfunden werden, wenn nicht überlappende Projektphasen im Spiel bleiben sollen. Diese neuen Phasennamen heißen bei RUP Konzeption, Entwurf, Konstruktion und Produktübergabe[37] (siehe Bild 3-22).

---

[36] Bei der Geschäftsprozessmodellierung werden die aktuellen Arbeitsabläufe aufgenommen – ohne Projektion auf das zukünftige System.
[37] Auch Übergang genannt.

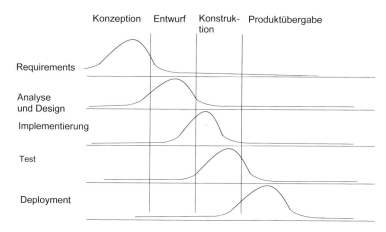

Bild 3-22 "Verschmierte" Arbeitsschritte

Entwickelt man **rein iterativ**, dann kommt man zu folgendem Bild wie in Bild 3-23:

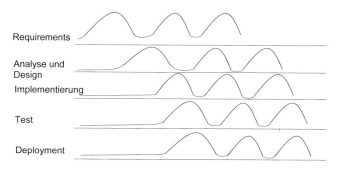

Bild 3-23 Rein iterative Entwicklung

Da es aber klug ist, zuerst die Requirements festzulegen, dann zu einer stabilen Architektur zu kommen, um anschließend im Rahmen dieser Architektur verschiedene Programmier- und Auslieferungszyklen vorzunehmen, entsteht schließlich das Bild 3-24 der Struktur von RUP:

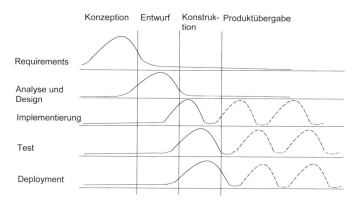

Bild 3-24 Idee von RUP für den Ablauf der Arbeitsschritte

Ausprägungen von Vorgehensmodellen

Die **Architektur** steht zweifellos an zentraler und entscheidender Stelle des Vorgehensmodells von RUP. Die Architektur stellt bei RUP

- eine **Anwendungsfallsicht**,
- eine **logische Sicht**,
- eine **Prozesssicht**,
- eine **Implementierungssicht** und
- eine **Verteilungssicht**

zur Verfügung [Kru98, S. 83].

Die Anwendungsfälle modellieren die zu realisierenden Geschäftsprozesse. Sie stellen das Bindeglied dieser fünf Sichten dar (siehe Bild 3-25).

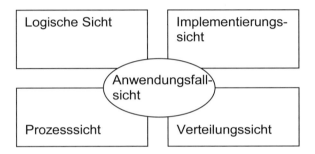

Bild 3-25 Sichten der Architektur

Inzwischen haben sich bei UML die Namen dieser Sichten der Architektur weiterentwickelt. Das UML-Benutzerhandbuch von 2006 [Boo06, S. 61] hat die folgende Einteilung:

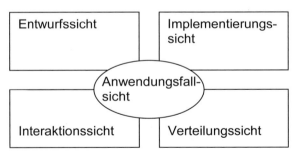

Bild 3-26 Andere alternative Darstellung der Sichten der Architektur in UML

Diese fünf Sichten von Bild 3-26 umfassen:

- **Anwendungsfallsicht**
  Die Anwendungsfälle beeinflussen die Systemarchitektur.

- **Entwurfssicht**
  Die Entwurfssicht beschreibt die Struktur und das Verhalten der Lösung, in anderen Worten die Statik und Dynamik.
- **Interaktionssicht**
  Besonders das nebenläufige Verhalten von Systemteilen wird in der Interaktionssicht (Prozesssicht) herausgearbeitet.
- **Implementierungssicht**
  Die Implementierungssicht betrifft die physische Organisation der Software-Komponenten und ihre wechselseitige Abhängigkeit.
- **Verteilungssicht**
  Die Software-Komponenten werden im Rahmen der Verteilungssicht (Einsatzsicht) der Hardware-Struktur zugeordnet. Sie entsprechen den Klassen aus der Entwurfssicht und Interaktionssicht (Prozesssicht).

Wie entworfen werden soll, wird von RUP nicht festgelegt.

3.2 Prototyporientierte Entwicklung

Bei komplexen Systemen ist es schwer, von Anfang an alle Requirements festzulegen und vor allem diese so zu definieren, dass sie sich über die Zeit nicht ändern. Vom Beginn eines Großprojektes bis zur Fertigstellung vergehen meist mehrere Jahre. Deswegen gerieten die spezifikationsorientierten Modelle in Verruf. Ein Prototyp kann zu den folgenden beiden Verbesserungen führen:

- Dem Benutzer wird eine Art funktionierendes System (Prototyp) vorgelegt, anhand dessen kann der Benutzer entscheiden, ob in die richtige Richtung gearbeitet wird oder nicht. Der Prototyp ist für den Benutzer leichter und schneller zu verstehen als eine ausführliche textuelle Spezifikation.
- Die Auslieferung eines Prototyps ermöglicht es auch, neue Requirements einzubringen, die erst im Lauf der Zeit auftreten und erkannt werden.

Es ist hierbei zu bedenken, dass auch das V-Modell oder RUP den Einsatz von Prototyping erlauben.

Ein Prototyp hilft dabei, Anforderungen zu erkennen.

3.2.1 Inkrementelles Prototyping

Bild 3-27 zeigt die Idealform eines inkrementellen Entwicklungsmodells (inkrementelles Prototyping):

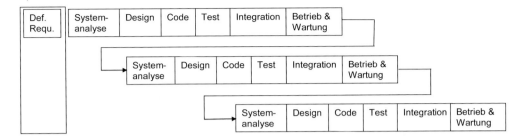

Bild 3-27 Inkrementelles Entwicklungsmodell in Idealform

Zu Beginn des Projektes werden die Requirements festgelegt. Im nächsten Schritt wird ein Prototyp entwickelt, der mit jeder Iteration größer wird.

Bei einem inkrementellen Entwicklungsmodell in der Idealform gibt es zu den einmal aufgestellten Requirements mehrere Analyse-, Entwurfs-, Implementierungs-, Test & Integrations- und Abgabeschritte.

Die Annahme, dass die **Requirements stabil** bleiben, ist jedoch **nicht realitätskonform**. In der Praxis werden von Iteration zu Iteration die Requirements geändert. Dies kann aufgrund der Erfahrungen mit dem Prototypen geschehen oder wegen technologischer Fortschritte. In der Realität sieht dann das inkrementelle Entwicklungsmodell aus, wie in folgendem Bild dargestellt (Form des evolutionären Entwicklungsmodells, siehe Kapitel 3.1.2):

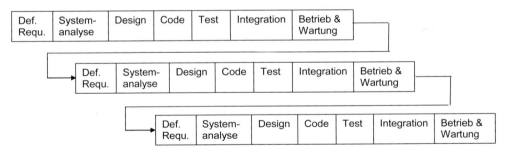

Bild 3-28 Inkrementelles Entwicklungsmodell in Realität

In der Praxis werden die Forderungen bei jedem Zyklus überarbeitet.

Wie zu sehen ist, stimmt Bild 3-28 mit Bild 3-5 von der Struktur her überein. Da es sich aber um Prototyping und **keine spezifikationsorientierte Entwicklung** handelt, kommt der Spezifikation der Requirements, der Systemanalyse und des Systementwurfs kein besonders hohes Gewicht zu. Wie bereits gesagt, funktioniert das inkrementelle Modell nur dann, wenn die Architektur durchdacht ist, da sonst Architektur-Entscheidendes zu spät bemerkt wird.

3.2.2 Gründe für Prototypen

Für den Bau von Prototypen kann es die folgenden Gründe geben:

- Der Nutzer möchte anhand eines Prototyps die Bedienoberfläche mitgestalten (**MMI-Prototyp**). Die Bedienoberfläche ist das Einzige, was der Nutzer vom System sieht. Mit ihr muss er in Zukunft täglich umgehen und muss mit ihr zurechtkommen. Sein Wunsch ist also absolut berechtigt.
- Man traut einer theoretisch ausgedachten Lösung nicht oder weiß nicht, welche der vorgeschlagenen Alternativen besser funktioniert. Dann sichert man sich ab, indem man die kritischen Anteile als Ausschnitte aus dem zu entwickelnden System vorgezogen experimentell realisiert (**Realisierbarkeits-Prototyp** [38]).
- Das System soll inkrementell über einen **inkrementellen Prototyp** gebaut werden (Dies funktioniert nur dann, wenn die Architektur durchdacht ist. Architekturentscheidendes wird bei vielen prototypisch durchgeführten Projekten zu spät bemerkt).
- Es soll ein **Architekturprototyp** gebaut werden (**Durchstich durch das System**).

Ein Prototyp kann eine der folgenden Ausprägungen haben:

- ein Realisierbarkeitsprototyp, um das Risiko zu verringern,
- ein horizontaler Prototyp wie das MMI,
- ein inkrementeller Prototyp oder
- ein vertikaler Prototyp, d. h. ein Durchstich durch das System.

Ein Prototyp kann zur Minderung des Risikos beitragen.

Prototypische Aktivitäten zur Mensch-Maschine-Schnittstelle werden oft parallel zur Systemanalyse gestartet. Die Bedienoberfläche wird allerdings meist erst ganz zum Schluss eines Projektes fertig. Dies liegt daran, dass dem Nutzer in der Regel bis zuletzt Verbesserungsvorschläge einfallen.

In ein Phasenmodell mit Phasen im strengen Sinne passen Prototyping-Aktivitäten nicht hinein, da hier die Phasen eine nach der anderen sequenziell durchlaufen werden müssen (sequenzielles Vorgehensmodell). Sieht man den Phasenbegriff jedoch nicht so streng und interpretiert die verschiedenen Phasen des Projektes einfach als Aktivitäten, die durchlaufen werden müssen, so hat man mit dem

---

[38] Hat der Entwickler Angst, weil er die Machbarkeit nicht "im Kopf" beurteilen kann, so ist er bestens beraten, wenn er die Machbarkeit durch einen Prototypen abklärt. Zeigt der Prototyp die Realisierbarkeit, so verschwindet die Angst. Zeigt der Prototyp, dass das System nicht realisierbar ist, so müssen entweder mit dem Kunden gemeinsam die nicht realisierbaren Requirements abgeändert werden oder – falls dies nicht geht – das Projekt eingestellt werden. Es ist besser, das Projekt wird früh eingestellt, als dass man erst am Projektende bei der Integration erkennt, dass das System nicht realisierbar ist.

Prototyping kein Problem. So werden dann einfach gleichartige Aktivitäten zu ganz verschiedenen Zeiten für den Ausschnitt des Systems, der als Prototyp realisiert wird, und für das zu realisierende Gesamtsystem durchlaufen. Dabei wird man an den Prototyp oftmals weniger Qualitätsanforderungen als an das Gesamtsystem stellen, der Prototyp wird "quick and dirty" entwickelt. Hat ein solcher Prototyp zur Klärung der offenen Fragen geführt, so hat er seine Schuldigkeit getan und ist wegzuwerfen! Seine Funktionalität kann dann im Rahmen der Realisierung des Gesamtsystems unter Anlegung der normalen Qualitätsmaßstäbe des Projektes nochmals entwickelt werden. Hierbei können allenfalls punktuell bei Erfüllung der Qualitätsvorschriften Teile des Prototypen übernommen werden. Man hüte sich vor langlebigen Provisorien!

3.2.3 Concurrent Engineering als paralleles Prototyping

Oftmals werden auch mehrere Prototypen gleichzeitig gestartet, die dann zum System zusammenwachsen sollen. Bild 3-29 zeigt ein Beispiel aus 3 gleichzeitig gestarteten Prototypen:

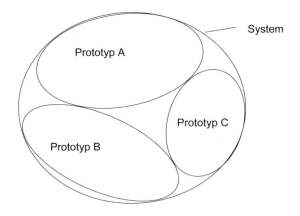

Bild 3-29 Angestrebte Konvergenz von 3 Prototypen zu einem System

Concurrent Engineering erlaubt eine parallele Entwicklung.

Das dem Concurrent Engineering zugrunde liegende Modell wird auch als **Cluster-Modell** bezeichnet. Mit Cluster wird hier ein Teilsystem bzw. Subsystem bezeichnet. Wenn man sich seiner Sache hundertprozentig sicher wäre, müsste man nach dem Systementwurf kein Prototyping machen, sondern würde die Teilsysteme geradlinig entwickeln.

Wenn man jedoch unsicher ist, ist ein Realisierbarkeitsprototyp angemessen. Bild 3-30 zeigt die verschiedenen Entwicklungsschritte des Entwicklungsprozesses in Abhängigkeit von der Zeit:

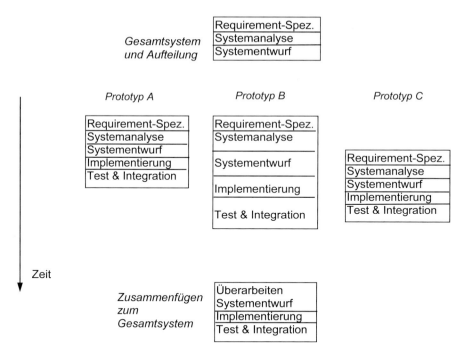

Bild 3-30 Concurrent Engineering mit mehreren parallelen Prototypen

Dass es keine strengen Grenzen zwischen den Entwicklungsschritten gibt, wird oft durch eine Verschmierung der Grenzen wie in Bild 3-31 symbolisiert.

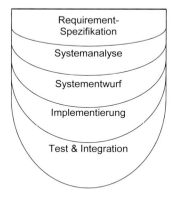

Bild 3-31 Verschmierung der Grenzen zwischen den Entwicklungsschritten

3.3 Agile Softwareentwicklung

Der Begriff der agilen Softwareentwicklung bezieht sich je nach Kontext auf Teilbereiche der Softwareentwicklung oder auf den gesamten Softwareentwicklungsprozess. Er beruht auf dem Zweifel, ob es überhaupt möglich ist, Software korrekt zu spezifizieren. Daher soll die Softwareentwicklung weniger bürokratisch werden.

3.3.1 Agile Werte und Methoden

Agile Werte sind:

- Individuen und Interaktionen bedeuten mehr als Prozesse und Tools.
- Funktionierende Programme stehen über einer ausführlichen Dokumentation.
- Die Zusammenarbeit mit dem Kunden hat Vorrang vor den Verträgen.
- Eine Offenheit für Änderungen ist wichtiger als das Befolgen eines starren Plans.

Das heißt nicht, dass im Rahmen einer agilen Softwareentwicklung keine Pläne gemacht werden oder keine Dokumentation erstellt wird, sondern dass im Konfliktfall die "agilen Werte" eine höhere Priorität erhalten.

Die **agilen Methoden** beruhen auf den agilen Werten. Beispiele für agile Methoden sind:

- **Programmierung in Paaren**,
- **Testgetriebene Entwicklung**,
- **Refactoring** (Gewinnung einer besseren Architektur),
- **Story-Cards**[39] und
- **Code-Reviews** (siehe Kapitel 18.3).

Aufmerksamkeit erhielt die agile Softwareentwicklung 1999, als Kent Beck ein Buch zum Extreme Programming veröffentlichte [Bec99]. Agile Verfahren eignen sich besonders gut für Projekte mit wenig ausformulierten Requirements.

Letztendlich ist Agilität nicht präzise definiert, schärft aber die Sinne für eine Flexibilität im Projekt, eine gute Zusammenarbeit mit dem Kunden und den Abbau von Bürokratie, unterschätzt aber den Stellenwert der Dokumentation für SW-/HW-Projekte und für sichere Systeme.

3.3.2 Extreme Programming

Extreme Programming hatte zunächst unter den agilen Prozessmodellen am meisten Beachtung gefunden. "Extreme Programming is a humanistic discipline of software development, based on principles of simplicity, communication, feedback, and courage" [Bec98]. Extreme Programming ist eine Vorgehensweise zur prototypischen Systementwicklung. Es wird so früh wie möglich ausprobiert, ob die Ideen auch wirklich praktisch umsetzbar sind. Es gibt keine langen theoretischen Analysephasen, sondern ein kontinuierliches Feedback des Kunden anhand der erstellten Programme.

---

[39] Story-Cards spezifizieren das Verhalten eines zu realisierenden Systems durch informelle Kurzbeschreibungen. Für jede zu erstellende Funktion wird eine Story-Card geschrieben.

Charakteristisch für Extreme Programming ist:

- Es werden nicht die Requirements aufgestellt, sondern der Kunde schildert Stories, die priorisiert werden. Es soll mit den wichtigsten Funktionen begonnen werden.
- Die Entwicklung erfolgt **iterativ** nach den priorisierten Stories mit schrittweiser Annäherung an die Lösung.
- Die Terminabschätzung erfolgt durch die Programmierer statt durch das Management.
- Eine aufwendige Analyse entfällt.
- Der Kunde arbeitet im Projekt mit und gibt laufend Feedback. Mängel im Konzept werden schnell klar.
- Teillösungen und Releases können relativ rasch nach Projektbeginn geliefert werden. Die Software kommt früh zum Kunden.
- Die Programmierung erfolgt stets in Zweier-Teams (**Pair Programming**). Einer programmiert die Anwendung, der andere hat sich um die Tests und die Weiterentwicklung zu kümmern. Innerhalb mehrerer Zweier-Gruppen wird der geschriebene Code ausgetauscht und durchgesehen.
- Die Programmierteams sind in räumlicher Nähe zueinander.
- Erst sollen die Tests programmiert werden, dann die Anwendung (**Tests First**).
- Ständig soll getestet und die Zeit abgeschätzt werden.
- Am Ende eines Tages müssen alle Testfälle durchlaufen sein.
- Am Ende eines jeden Tages soll ein lauffähiges System vorhanden sein. Man hat also stets eine lauffähige Version (**Continous Integration**).
- Der Programmcode gehört allen (**Code Sharing**).
- Die Architektur soll laufend überdacht werden. Die Software wird immer wieder umstrukturiert, wenn für das gleiche Verhalten eine einfachere Lösung möglich ist (**Refactoring** [Bec97]).
- Es wird stets nur die minimale Lösung programmiert. Erweiterungen und eine Wiederverwendung werden nicht eingeplant (**No Gold Plating,** keine Vergoldung).
- Die Releases folgen schnell aufeinander. Daher werden kleinere Module gebildet, deren Zeitaufwand mit weniger als zwei Tagen veranschlagt wird. Größere Module werden aus kleineren Modulen zusammengesetzt, die nacheinander abgearbeitet werden.
- Da nicht ausführlich geplant wird, sondern in Zweier-Teams programmiert wird, gibt es wenig Dokumentation.
- Projektgruppen sollen mehr als 5 und bis zu 15 Personen umfassen.

Vorteile des Extreme Programming sind:

- Der Kunde sieht früh ein Ergebnis und kann seine "wahren" Forderungen entdecken.
- Jeder hat den Projektüberblick.
- Trotz iterativer Entwicklung wird durch Refactoring an die Architektur gedacht.
- Gute Einarbeitung neuer Mitarbeiter.

Nachteile des Extreme Programming sind:

- Der Kunde muss Mitarbeiter abstellen.

- Der geringe Aufwand für die Planung lässt eine ungeordnete Entwicklung befürchten.
- Komplexe Aufgaben werden schnell in Mini-Module heruntergebrochen, ohne Wechselwirkungen mit anderen komplexen Aufgaben einzuplanen.
- Der Code ist schlecht wiederverwendbar, da an eine Generalisierung nie gedacht wurde.
- Eine verteilte Entwicklung über mehrere Standorte ist nicht möglich.
- Große Projekte sind nicht realisierbar.
- Nicht jeder bildet mit jedem anderen ein gutes Paar.
- Die Fixierung auf Pair Programming ist für die Kommunikation über Zweiergruppen hinweg eher hinderlich.
- Da der Code allen gehört, hat auch keiner die alleinige Verantwortung für ein Programm.
- Die Rolle Qualitätssicherung ist nicht vorgesehen. Eine auf alle verteilte Verantwortung erschwert eine Koordination der Qualitätsziele.
- Eine Güteprüfung wird aufgrund fehlender Dokumentation scheitern.

Extreme Programming stellt

- den Abbau des Aufwands für Spezifikationen,
- das Refactoring und
- das Testen

in den Vordergrund der Entwicklung.

Für Systeme, bei denen auch Hardware neben der Software entwickelt wird, wie auch bei sicherheitsrelevanten Systemen ist Extreme Programming gänzlich ungeeignet, da man zum einen ausgearbeitete Schnittstellenspezifikationen braucht, zum anderen bei sicherheitsrelevanten Systemen einen Nachweis der korrekten Entwicklung führen muss.

Mit der Betonung des **Refactoring** gewinnt das **Design einen höheren Stellenwert** als bei einer üblichen prototypischen Vorgehensweise. Dies ist der größte Vorteil von Extreme Programming.

3.3.3 Scrum

Scrum ist ein Management-Rahmenwerk zur Entwicklung komplexer Produkte, das es ermöglicht, die Entwicklungsprozesse, Methoden und Ergebnisse eines Scrum Teams zu überwachen und kontinuierlich zu verbessern. Dabei wird iterativ und inkrementell vorgegangen.

Die in Scrum definierten Prozesse und Strukturen reichen nur bis zur Ebene der Anforderungen. In welcher Art und Weise die Anforderungen umgesetzt werden sollen, wird durch Scrum nicht festgelegt. Scrum ist deshalb nicht nur zur Softwareentwicklung geeignet, sondern kann prinzipiell auch in anderen Domänen eingesetzt werden.

Falls für den Softwareentwicklungsprozess ein bestimmtes Vorgehensmodell verwendet werden soll, kann dieses über die Definition von Done in Scrum integriert werden.

> Scrum ist ein Management-Rahmenwerk zur Entwicklung komplexer Produkte.

Die agile Softwareentwicklung begann im Wesentlichen mit Extreme Programming, dann gewann das von Ken Schwaber initiierte Scrum Master Program ab 2002 weltweit an Bedeutung. Ken Schwaber bot ein Schulungsprogramm zur agilen Softwareentwicklung an. Da Scrum im Gegensatz zu Extreme Programming oder Feature Driven Development[40] nicht nur die Entwickler, sondern auch das Management anspricht, entwickelte es sich zum de facto-Standard der agilen Software-Entwicklung. Dabei war Scrum am Anfang nur eine von vielen agilen Methoden.

Scrum wird seit Anfang der 90er Jahre eingesetzt und seitdem durch die Erfahrung von Tausenden von Menschen korrigiert und erweitert. Ken Schwaber und Jeff Sutherland können insbesondere als diejenigen Personen gesehen werden, die Scrum durch ihre Erfahrungen und Publikationen maßgeblich vorangetrieben haben. An ihrer Publikation [scrgui] orientiert sich auch dieses Kapitel.

"Scrum" heißt "Gedränge" und ist eine bestimmte Formation beim Rugby – eine Freistoßsituation. Wie beim Rugby steht auch in der Softwareentwicklung das kooperative selbstverantwortliche und selbstorganisierte Verhalten eines Teams im Mittelpunkt. Scrum basiert auf der Beobachtung, dass kleine eigenverantwortliche Teams eine höhere Effizienz haben als große heterogene Teams, die durch die Vorgaben und Anforderungen Dritter gesteuert werden.

> Scrum basiert auf der Idee eines iterativen, inkrementellen Vorgehensmodells und eines sich selbst organisierenden Teams. Dabei stehen in Scrum die Prinzipien
>
> - Priorisierung der Aufgaben,
> - flexibles Anpassen an sich ändernde Anforderungen und
> - Einhalten von festen Zeitrahmen, die Timeboxen genannt werden,
>
> im Mittelpunkt.

Der Entwicklungsprozess von Scrum lässt sich charakterisieren durch die folgenden Eigenschaften:

- **Transparenz des Entwicklungsprozesses**
  Informationen aller Art, die das Produkt und dessen Fertigstellung während des Entwicklungsprozesses beeinflussen, müssen für alle Projektbeteiligten zu jeder Zeit zugänglich und verständlich sein. Die Definition von **Done** ist ein Beispiel dafür. Sie wird in diesem Kapitel noch erläutert werden.

---

[40] Bei FDD steht der Begriff des Features im Zentrum. Jedes Feature ist ein Nutzen für den Kunden. Die Entwicklung basiert auf einem Feature-Plan.

Ausprägungen von Vorgehensmodellen 87

- **Adaptierbarkeit des Entwicklungsprozesses**
  Werden bei der Inspektion Hindernisse oder Mängel gefunden, kann schnellstmöglich der Prozess angepasst, können Mängel abgestellt und Hindernisse beseitigt werden.

Darüber hinaus wird der Entwicklungsprozess systematisch in regelmäßigen Abständen innerhalb bestimmter Besprechungen inspiziert, um Hindernisse und Mängel frühzeitig zu erkennen (**Regelmäßige Statusaufnahme des Prozesses**).

Bild 3-32 zeigt eine Übersicht über Iterationen, Besprechungen und Artefakte, die in Scrum verwendet werden, um von einer Vision zu einem Produkt zu gelangen. Die Artefakte, Rollen und Besprechungen werden in den Kapiteln 3.3.3.1, 3.3.3.2 und 3.3.3.3 erläutert. Sie sind die Elemente, aus denen Scrum besteht. Zusammengehalten werden diese Elemente durch Regeln, die zum großen Teil das Scrum Team selbst aufstellt, und an die sich die Beteiligten halten müssen.

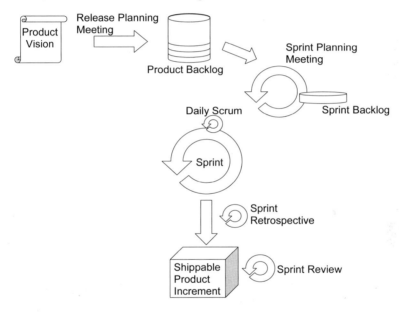

Bild 3-32 Von der Vision zum fertigen Produkt

Das Scrum Team[41] muss sich zu Beginn des Projekts auf eine **Definition von Done** (erledigt) einigen. Die Definition von Done beschreibt, was erarbeitet werden muss, damit ein Eintrag des Product Backlog als abgeschlossen angesehen werden kann. Der Product Owner prüft die vom Entwicklungsteam erledigten Arbeiten auf Vollständigkeit in Bezug auf die Definition von Done. Ein Scrum Team könnte sich z. B. darauf einigen, ein Paket, das codiert, dokumentiert, gebaut und getestet ist, als Done zu betrachten.

---

[41] Das Scrum Team sollte nicht mit dem Entwicklungsteam verwechselt werden.

> Ein **Sprint** ist ein Entwicklungszyklus. In diesem Zeitraum setzt das Entwicklerteam die Arbeitspakete des Sprint Backlogs in ein potenziell auslieferbares Produkt um.

Die Arbeitspakete im Sprint Backlog sind klein gehalten. Jedes Arbeitspaket sollte im Idealfall innerhalb eines Tages erledigt werden können. Jedes Mitglied des Entwicklungsteams hat Zugriff auf die Liste der zurzeit bearbeiteten, der offenen und der bereits erledigten (Done) Arbeitspakete.

Sobald ein Paket von einem Entwickler fertig gestellt wurde, wird es von diesem Entwickler als erledigt (Done) im Sprint Backlog gekennzeichnet.

> Die kontinuierliche Lieferung von theoretisch nutzbarer Software an jedem Ende eines Entwicklungszyklus (Sprints) dient dazu, die Stakeholder schon frühzeitig mit dem potenziellen Produkt zu konfrontieren, damit Änderungswünsche und Optimierungen so bald wie möglich eingearbeitet werden können.

Zusammenfassend können die folgenden Vorteile von Scrum genannt werden:

- Durch den Einsatz von Scrum stellt sich eine kontinuierliche Verbesserung ein, da das Scrum Team in regelmäßigen Abständen seinen Prozess und seine Arbeit revidieren und entsprechende Anpassungen vornehmen muss.
- Durch die laufende Übergabe von Ergebnissen an den Kunden erfolgt eine Risikominderung. Es entsteht eine Regelschleife: Auf Grund der gelieferten Ergebnisse kann der Kunde seine Forderungen ggfs. wieder abändern.
- Sich selbstorganisierende Teams fördern die Identifizierung des Einzelnen mit dem Projekt und den Teamgeist.
- Jeder einzelne trägt Verantwortung. Diese wird nicht zugewiesen, sondern in Absprache übernommen. Das fördert die Motivation jedes Einzelnen.
- Das Team findet selbstständig den effizientesten Weg, mit der Umsetzung der Aufgaben fertig zu werden.
- Probleme werden als Hindernisse für das Projekt gesehen und deshalb so bald als möglich eliminiert. Das spart Zeit und verhindert, dass Arbeiten blockiert werden.
- Ein mangelhaftes Ergebnis wird rasch erkannt. Dadurch sind die Kosten für die Fehlerbeseitigung relativ gering.

3.3.3.1 Rollen

> Ein **Scrum Team** hat drei verschiedene Rollen, den **Scrum Master**, den **Product Owner** und das **Entwicklungsteam**.

Jede Rolle hat einen definierten Aufgabenbereich, für den die entsprechenden Personen verantwortlich sind.

Ausprägungen von Vorgehensmodellen 89

> Eine grundlegende Regel von Scrum ist, dass keine Person einer Rolle einer Person einer anderen Rolle sagen darf, wie sie ihre Arbeit zu machen hat.

> Die Aufgabe des **Entwicklungsteams** ist es, das Product Backlog in ein nützliches Produkt umzusetzen.

Das Product Backlog ist in Kapitel 3.3.3.2 beschrieben. Das Entwicklungsteam sollte aus 2-9 Personen bestehen. Die Mitarbeiter des Entwicklungsteams organisieren ihre Arbeit selbst. Der Scrum Master und der Product Owner können Mitglieder des Entwicklungsteams sein. Jedoch könnte es Konflikte geben, wenn eine Person für das Ausführen einer Rolle seine zweite Rolle vernachlässigen muss. Deshalb werden im Idealfall beide Rollen von Personen eingenommen, die nicht Teil des Entwicklungsteams sind.

> Der **Scrum Master** nimmt eine unterstützende Rolle ein. Er organisiert die Beseitigung von Hindernissen, sodass das Scrum Team effizienter arbeiten kann.

Der **Scrum Master** sorgt dafür, dass sich alle Mitglieder des Scrum Teams an die Regeln von Scrum halten. Er unterstützt die Organisation bei der Implementierung von Scrum. Er unterstützt die Projektbeteiligten bei der Einarbeitung in Scrum und moderiert die Scrum-spezifischen Besprechungen.

> Der **Product Owner** ist dafür verantwortlich, dass ein erfolgreiches Produkt erstellt wird. Die Erstellung und Pflege des Product Backlogs sowie die Priorisierung von dessen Einträgen sind seine Aufgabe.

Der Product Owner ist verantwortlich für die Erstellung der gemeinsamen Produktvision. Er muss dafür sorgen, dass neue Kundenanforderungen in das Product Backlog einfliessen und die Einträge des Product Backlogs vom Entwicklungsteam richtig verstanden werden. Am Ende des Sprints nimmt er das erstellte Product Increment ab.

3.3.3.2 Artefakte

In Scrum gibt es die folgenden 7 Artefakte, die in diesem Kapitel näher erläutert werden:

- Product Vision,
- Product Backlog,
- Release Burndown Chart,
- Sprint Backlog,
- Sprint Burndown Chart,

- Product Increment und
- Impediment Backlog.

Product Vision

Die **Product Vision** beschreibt den Grund für die Durchführung und das angestrebte Ergebnis des Projektes. Sie legt die Richtung, in die das Projekt laufen soll, fest.

Darum ist es wichtig, dass alle an dem Projekt beteiligten Personen, vom Kunden über die Unternehmensleitung bis zu den Entwicklern, die Vision als das übergeordnete Ziel des Projektes anerkennen. Die wichtigsten Punkte, die in der Vision festgelegt werden sollten, sind:

- Wer ist die Zielgruppe des Produktes?
- Welche Kundenbedürfnisse sollen durch das Produkt befriedigt werden?
- Welche Eigenschaften des Produktes sind am wichtigsten, um diese Bedürfnisse zu befriedigen?
- Wie ist die Konkurrenzsituation am Markt? Welche Alleinstellungsmerkmale bietet mein Produkt?
- In welchem Zeit- und Kostenrahmen soll das Produkt entwickelt werden?

Product Backlog

Das **Product Backlog** ist eine Liste von Anforderungen an das zu implementierende Produkt. Jeder Eintrag muss mit einer Priorität belegt und das Dokument nach dieser sortiert werden.

Häufig werden im Falle von Scrum sogenannte User Stories[42] verwendet, um Anforderungen zu formulieren. Der Aufwand für die Realisierung einer User Story wird in sogenannten Story Points gemessen und im Product Backlog vermerkt. Nur die am höchsten priorisierten Einträge werden detailliert beschrieben und – wenn nötig – in kleinere Einträge aufgebrochen. Der Grund für diese Vorgehensweise ist, dass sich die Anforderungen im Laufe der Zeit ändern werden und so unnötiger Aufwand eingespart werden kann.

Der Product Owner verwaltet dieses Dokument. Er alleine bestimmt die Priorisierung der Einträge.

Änderungen am Produkt Backlog dürfen nur vom Product Owner gemacht werden. Änderungswünsche und neue Anforderungen müssen dem Product Owner vorgelegt werden, denn er entscheidet, ob eine Änderung Bestandteil des Produkts werden soll oder nicht.

---

[42] Eine User Story ist eine knapp formulierte Software-Anforderung. Sie umfasst meist nur 1 bis 2 Sätze. User Stories werden in der agilen Softwareentwicklung im Verbund mit Akzeptanztests zur Spezifikation der Anforderungen verwendet.

Release Burndown Chart

> Der verbleibende Aufwand bzw. die noch offen Story Points werden über die Zeit im sogenannten **Release Burndown Chart** aufgezeichnet.

Üblicherweise wird als eine Zeiteinheit ein Sprint gewählt. In diesem Fall würde nach jedem Sprint die Anzahl verbleibender Story Points in das Release Burndown Chart eingetragen werden.

Sprint Backlog

> Das **Sprint Backlog** beinhaltet die Arbeitspakete, die einen Sprint darstellen. Der Inhalt des Sprint Backlog resultiert aus den Anforderungen des Product Backlog. Das Product Backlog enthält alle Anforderungen an ein Produkt. Das Sprint Backlog hingegen enthält nur die Anforderungen, die im aktuellen Sprint umgesetzt werden sollen, und zusätzlich zu jeder Anforderung die Aufgaben, die erledigt werden müssen, damit die jeweilige Anforderung als umgesetzt gilt.

Im Sprint Planning Meeting bricht das Entwicklungsteam die am höchsten priorisierten Anforderungen des Product Backlogs in möglichst kleine Arbeitspakete auf. Der Aufwand eines jeden Arbeitspakets wird geschätzt. Die Beschreibung des Arbeitspakets und seine Schätzung bilden zusammen einen Eintrag im Sprint Backlog. Wie auch das Product Backlog ist das Sprint Backlog häufig Änderungen unterworfen, die umgehend vom Entwicklungsteam eingetragen werden. Es ist zu beachten, dass nur das Entwicklungsteam Änderungen am Sprint Backlog vornehmen darf. Diese Änderungen, die vom Entwicklungsteam umgehend eingetragen werden, sind Informationen zum aktuellen Bearbeitungsstand der einzelnen Einträge des Sprint Backlog. Außerdem darf das Entwicklungsteam in Absprache mit dem Product Owner einzelne Einträge aus dem Sprint Backlog herausnehmen oder hinzufügen. An der inhaltlichen Beschreibung der einzelnen Einträge des Sprint Backlogs darf nichts geändert werden.

Sprint Burndown Chart

> Das **Sprint Burndown Chart** soll dem Entwicklungsteam dazu dienen, den Fortschritt seines Sprints zu verfolgen.

Während des Daily Scrums werden die Schätzungen der verbleibenden Arbeitspakete gezählt und für den aktuellen Tag eingetragen. Dadurch kann erkannt werden, wie viel Arbeit zur Fertigstellung jedes Paketes noch notwendig ist. Werden die Einträge miteinander verbunden, entsteht eine Kurve und eine Tendenz ist zu erkennen. Es ist nur wichtig, wie viel Arbeit noch verbleibt sowie das Fertigstellungsdatum.

Product Increment

> Das **Product Increment** ist das Ergebnis eines jeden Sprints. Es stellt eine potenziell auslieferbare Version des Produktes mit den bis dahin umgesetzten User Stories dar.

Jede User Story, die in den Sprint eingeplant wurde, sollte im entstandenen Product Increment vollständig umgesetzt sein, d. h. der Definition von Done genügen. Falls eine User Story der Definition von Done noch nicht genügt, darf sie nicht in ein Product Increment einfliessen. Im Idealfall ist jedes entstandene Product Increment lauffähig, getestet, dokumentiert und eine reine Erweiterung der vorherigen Product Increments. Der Vorteil der frühen Erstellung von potenziell auslieferbaren Versionen des Produkts ist, die strategische Projektplanung frühzeitig in die richtige Richtung beeinflussen zu können, weil eine schnellere und häufigere Rückmeldung des Kunden zum aktuellen Entwicklungsstand erreicht werden kann.

Impediment Backlog

> Das **Impediment Backlog** wird vom Scrum Master verwaltet und stellt eine Liste der Hindernisse, die das Team bei der Arbeit behindern oder blockieren, dar. Im Impediment Backlog sollte jedes Hindernis sauber beschrieben und mit dem Datum des ersten Auftretens und dem Datum der Beseitigung versehen werden.

Neue Einträge in das Impediment Backlog entstehen meist während des Daily Scrum Meeting oder des Sprint Retrospective Meeting.

3.3.3.3 Besprechungen

> Während des **Release Planning Meeting** entscheiden die Organisation und das Scrum Team, welche Funktionalitäten in einem Release realisiert werden und welche Ziele erreicht werden sollen. Es wird ein Release Plan erstellt, der beschreibt, wie das Team am effizientesten von einer Vision zu einem fertigen Produkt gelangen soll.

Der Release Plan ist für die Organisation wichtig, um den Fortschritt von Sprint zu Sprint zu beobachten und gegebenenfalls Anpassungen vorzunehmen. Die eigenen Anforderungen an die Kundenzufriedenheit und das Return on Investment sollen bei der Diskussion im Auge behalten werden. Denn sie gilt es zu befriedigen oder sogar zu übertreffen.

Neben den Anforderungen an das Produkt werden auch die Hauptrisiken, der wahrscheinliche Zeitpunkt der Auslieferung und die Kosten bestimmt. Diese Werte können ihre Gültigkeit verlieren, sobald Änderungen aufkommen. Um den Lieferzeitpunkt zu bestimmen, ist es notwendig, den Aufwand für jede Anforderung abzuschätzen. Es gibt auch Ansätze, diese Aufwände in einem getrennten Estimation Meeting zu schätzen, auf das hier nicht weiter eingegangen wird.

Das **Sprint Planning Meeting** wird vor jedem Sprint gehalten. Ziel dieser Besprechung ist es, einen Plan zu entwickeln, der beschreibt, wie die am höchsten priorisierten Anforderungen aus dem Product Backlog in ein auslieferbares Produktinkrement umzusetzen sind.

Diese Besprechung ist in zwei Teile unterteilt, die im Folgenden näher erläutert werden. Jeder dieser Teile darf bei einem 4-wöchigen Sprint maximal 4 Stunden dauern. Bei einem kürzeren Sprint werden proportional weniger Stunden veranschlagt.

Im ersten Teil beschließt das Entwicklungsteam gemeinsam mit dem Product Owner, welche Anforderungen im nächsten Sprint umgesetzt werden sollen. Das Entwicklungsteam alleine entscheidet, wie viel im nächsten Sprint umgesetzt werden soll. Denn nur das Entwicklungsteam kann dies auch abschätzen. Für diese Entscheidung werden die Verfügbarkeit der einzelnen Mitglieder und die Performance des Entwicklungsteams im letzten Sprint in Betracht gezogen. Abschließend formulieren das Entwicklungsteam und der Product Owner zusammen ein übergeordnetes Sprint-Ziel. Es klärt die Frage, warum ein Produktinkrement hergestellt werden soll.

Im zweiten Teil erarbeitet sich das Entwicklungsteam ein Design für die Umsetzung der ausgewählten Anforderungen und definiert dabei Arbeitspakete, die als Einträge des Sprint Backlogs notiert werden. Jeder Eintrag des Sprint Backlogs muss geschätzt werden, um den Verlauf des Sprints zu beobachten und um später die Geschwindigkeit des Entwicklungsteams messen zu können. Der Product Owner sollte bei dieser Tätigkeit anwesend sein, um möglichst rasch Fragen zu den Anforderungen bzw. Details klären zu können.

Das **Daily Scrum** ist eine maximal 15-minütige Besprechung, die während des Sprints täglich vom Entwicklungsteam gehalten wird. Nur Mitglieder des Entwicklungsteams dürfen sprechen.

Es fördert die Kommunikation im Entwicklungsteam und deckt Hindernisse frühzeitig auf. Jedes Mitglied des Entwicklungsteams beantwortet die folgenden 3 Fragen:

1. Was habe ich seit dem letzten Daily Scrum erreicht?
2. Was plane ich, bis zum nächsten Daily Scrum zu erreichen?
3. Was hindert mich bei der Bewältigung meiner Arbeiten?

Das **Sprint Review Meeting** wird am Ende eines jeden Sprints gehalten und dauert maximal 4 Stunden bei einem 4-wöchigen Sprint.

Bei kürzeren Sprints wird die Dauer proportional gekürzt. Das Sprint Review Meeting dient der Präsentation des erstellten Produktinkrements. Das Scrum Team und die

Stakeholder begutachten das Ergebnis und erarbeiten die nächsten Schritte. Diese Besprechung hat aber dennoch vor allem informellen Charakter, um die weitere Zusammenarbeit zu fördern.

> Innerhalb der **Sprint Retrospektive** soll das Entwicklungsteam – animiert durch den Scrum Master – den vergangenen Sprint analysieren.

Es soll erörtert werden, was gut funktioniert hat, aber auch was besser gemacht werden könnte, damit der kommende Sprint angenehmer gestaltet werden kann. Es soll unter anderem über Menschen, Beziehungen, Prozesse und Tools nachgedacht werden und es sollen mögliche Verbesserungen eingeführt werden.

3.4 Spiralmodell zum Einsatz verschiedener Vorgehensmodelle

Das Spiralmodell erlaubt es, verschiedene Vorgehensmodelle zu mischen. Das heißt, man kann die Vorteile der verschiedenen Vorgehensmodelle ausnutzen. Nachfolgend ist das Spiralmodell dargestellt. Der Radius zeigt die Kosten zum aktuellen Projektstand. Ein Umlauf entspricht einem Durchgang durch alle Entwicklungsschritte.

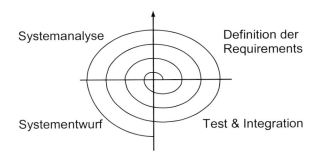

Bild 3-33 Das Spiralmodell

Eine Entwicklungsphase kann dabei beispielsweise

- spezifikationsorientiert oder
- prototyporientiert

sein.

Bei jedem Durchlauf muss entschieden werden, welche Form die am besten geeignete ist, um fortzufahren. Die Entscheidungsfindung wird dabei durch die Bewertung und Priorisierung von Zielen, Grenzen, Alternativen und Risiken beeinflusst.

Das Spiralmodell sagt auch aus, dass man die Entwicklung nicht präzise festlegen kann, vor allem nicht über einen längeren Entwicklungszeitraum. Die Neubewertung bei jedem abgeschlossenen Durchgang führt dazu, dass man unter anderem folgende Punkte im nächsten Durchgang berücksichtigen kann:

- Ergebnisse der Prototypen,
- frühere Versionen,
- neue Technologien,
- Risikoeinschränkungen,
- finanzielle Faktoren
- etc.

Das Spiralmodell wird auch als **Vorgehensmodell-Generator** bezeichnet. Mit einem Satz von Bedingungen erzeugt das Spiralmodell ein detailliertes Entwicklungsmodell. Wenn zum Beispiel die Requirements im Vorfeld festlegbar sind und das Risiko gering ist, so nähert sich das Spiralmodell dem Baseline Management-Modell (siehe Kapitel 3.1.1.1) an. Wenn die Requirements noch unklar sind, so nähert sich das Spiralmodell der inkrementellen Entwicklung bzw. dem Prototyping an. Wie bereits erwähnt, erlaubt das Spiralmodell nach jedem Durchlauf eine Änderung des Vorgehensmodells zum vorangehenden Durchlauf.

Ein Spiralmodell erlaubt es, bei jedem Zyklus ein anderes Vorgehensmodell einzusetzen.

Im folgenden Bild sieht man das Vorgehen des inkrementellen Prototyping, welches in ein Baseline Management-Modell einmündet, grafisch dargestellt [Dor00, S.9]. Dieses Bild entspricht einem Spiralmodell mit mehreren Durchgängen einer inkrementellen Entwicklung, die in eine spezifikationsorientierte Entwicklung nach dem Baseline-Management-Modell übergeht.

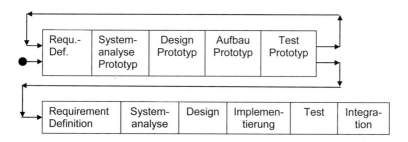

Bild 3-34 Spiralmodell mit Prototyping und spezifikationsorientierter Entwicklung

Ein Spiralmodell vereint die Vorteile einer spezifikationsorientierten Entwicklung und einer prototypischen Entwicklung. Bei jedem Iterationszyklus kann das geeignete Vorgehensmodell gewählt werden.

3.5 Wahl eines Vorgehensmodells

Welches Vorgehensmodell gewählt wird, hängt vom Projekttyp und seiner Größe ab. Großprojekte an mehreren Standorten wie der Bau von Automobilen müssen bis auf Prototypen spezifikationsorientiert durchgeführt werden, da eine mündliche Kommunikation der Entwickler projektübergreifend einfach nicht möglich ist. Sicherheitskritische Projekte müssen schon aus Gründen der Produkthaftung spezifikationsorientiert sein. Auch Projekte mit Hard- und Software, die nicht sicherheitskritisch sind, bedürfen sauberer Schnittstellen-Spezifikationen, um die Verantwortlichkeiten der Hardware und der Software klar zu regeln. Ansonsten gilt, dass jede Art einer ausführlichen Dokumentation den Fortschritt hemmt und Änderungen unterbindet, da bei Änderungen viele Dokumente aus Zeitdruck in der Praxis gar nicht nachgezogen werden können. Sitzen alle Entwickler in einem Raum, kann die Kommunikation statt nur über Dokumente auch teilweise mündlich erfolgen. Die Dokumentation beschränkt sich dann meist auf wenige Übersichtspapiere und die übrigen Dokumente können über eine automatische Generierung aus dem Quellcode gewonnen werden. Hierzu ist ein sehr gut dokumentierter Quellcode unabdingbar.

Nur so kann man die Flut meist inkonsistenter Projektdokumente auf einen pflegbaren Umfang beschränken. Es ist zweifellos eine größere Kunst, wenig und das Richtige aufzuschreiben, als in epischer Breite alles mit Mängeln behaftet zu dokumentieren.

3.6 Zusammenfassung

Vorgehensmodelle regeln den organisatorischen Ablauf von Projekten. Ein Vorgehensmodell stellt eine Schablone für ein generalisiertes Projekt dar, die auf jedes konkrete Projekt angepasst werden kann.

Kapitel 3.1 gibt Beispiele für eine **spezifikationsorientierte Entwicklung**.

Wasserfallmodelle (Kapitel 3.1.1) unterscheiden sich in Baseline Management-Modelle (siehe Kapitel 3.1.1.1), die sequenzielle Wasserfallmodelle darstellen, und in Wasserfallmodelle mit Rückführschleifen (siehe Kapitel 3.1.1.2), welche durch ihre Rückführschleifen die Grenzen zwischen den Entwicklungsschritten aufweichen. Entscheidend ist aber, dass spezifikationsorientiert entwickelt wird.

Bei der **evolutionären Entwicklung** (siehe Kapitel 3.1.2) arbeitet man spezifikationsorientiert und innerhalb eines Entwicklungszyklus über alle Entwicklungsschritte nach dem Baseline Management-Modell. Am Ende eines jeden Zyklus wird eine neue Baseline ausgeliefert. Es folgt ein Zyklus nach dem anderen.

Das Vorgehensmodell der Bundesbehörden – das V-Modell – ist für Großprojekte das derzeit wichtigste Vorgehensmodell in Deutschland. Das V-Modell in seiner ursprünglichen Form [V-M92] regelt die Organisation des Entwicklungsprozesses eines Software-Produktes. Das **V-Modell** (Kapitel 3.1.3) wurde entwickelt, um das Projektmanagement zu standardisieren und damit zu vereinfachen. Die Anpassung wird als Tailoring bezeichnet. Das V-Modell gibt die Arbeitspakete in einer allgemeinen Form vor, oftmals für ein konkretes Projekt zu viele. Für ein spezielles Projekt muss man die konkreten Arbeitspakete selbst identifizieren.

Der Lebenszyklus eines Software-Produktes wird dabei in Form von durchzuführenden Aktivitäten (Arbeitspaketen) beschrieben. Das V-Modell legt fest, welche Rolle welche Aktivitäten durchzuführen hat und welches Ergebnis – Produkt genannt – eine Aktivität hervorbringen muss und wie die Aktivitäten verzahnt sind.[43] Damit lässt sich ein Netzplan aufstellen, wenn man den Zeitaufwand einer jeden Aktivität abschätzt. Produkte können die Zustände geplant, in Bearbeitung, vorgelegt und akzeptiert annehmen. Zwischen diesen Zuständen gibt es definierte Zustandsübergänge, an denen wie z. B. beim Übergang von "vorgelegt" zu "akzeptiert" auch verschiedene Rollen beteiligt sein können – hier der SW-Ersteller, der sein Produkt vorlegt, der Qualitätssicherer, der den Test des Produktes überwacht und der Konfigurationsmanager, der für die Versionsverwaltung – und oftmals auch für die Systemerstellung – zuständig ist. Das V-Modell legt auch die Inhaltsstrukturen der textuellen Dokumente fest. Dies hat den Vorteil, dass wichtige Dinge nicht einfach vergessen werden.

Da das V-Modell vom einfachen bis zum komplexesten Projekt Gültigkeit haben soll, muss sich das V-Modell mit einer mehrstufigen Zerlegung eines Systems befassen. Das V-Modell führt für die verschiedenen Ebenen die Begriffe System, Subsystem, DV-Segment, SWKE und HWKE, Komponenten, Module und Datenbanken ein. Bei hoch komplexen Systemen kann der Begriff Subsystem auch auf mehreren Ebenen verwendet werden, um die erforderliche Anzahl der Ebenen zu erreichen. In einem konkreten Projekt hingegen hat man die Aufgabe, die minimale Anzahl der Ebenen zu finden, die für einen sinnvollen Entwurf erforderlich ist. Jede Ebene, die man nicht braucht, spart Dokumentation und verschafft dadurch mehr Klarheit und Überblick.

Das Besondere an **RUP** (Kapitel 3.1.4) ist, dass es trotz spezifikationsorientierter Entwicklung auf Prototypen setzt und inkrementell entwickelt. Man versucht zuerst, zu einer stabilen Architektur zu kommen. Die Implementierung erfolgt dann in vielen Schritten.

Zur **prototyporientierten Entwicklung** (Kapitel 3.2) gehören das Inkrementelle Prototyping und das Concurrent Engineering. Im Idealfall werden die Requirements beim Inkrementellen Prototyping nur einmal aufgestellt, der Durchlauf der restlichen Aktivitäten aber wiederholt (siehe Kapitel 3.2.1). Entscheidend ist, dass prototypisch und nicht spezifikationsorientiert entwickelt wird. Beim Concurrent Engineering entstehen parallel mehrere Prototypen, die zu einem System zusammengefügt werden (siehe Kapitel 3.2.3).

Agile Softwareentwicklung (Kapitel 3.3) wiederum versucht – wie das Extreme Programming – die Bürokratie der Verwaltung vieler Spezifikationen eines Projekts abzuschaffen. Scrum implementiert eine agile Vorgehensweise, kümmert sich aber im Gegensatz zu vielen anderen agilen Methoden nicht speziell um die Entwicklungsmethodik, sondern um das Projektmanagement. Durch die Flexibilität im Hinblick auf die Entwicklungsmethodik und durch die Konzentration auf das Projektmanagement hat sich Scrum bereits als Quasi-Standard am Markt etabliert.

---

[43] Teilaktivitäten können Teilprodukte erzeugen.

Bei Scrum werden die Rollen Product-Owner, Scrum Master und Entwicklungsteam unterschieden. Der Product-Owner verwaltet den Product-Backlog, in dem sich die für den Kunden zu erstellenden Funktionen befinden. Diese Anforderungen können und dürfen im Verlauf des Projekts geändert werden. Eine Funktion, die aktuell realisiert wird, kommt in den so genannten Sprint Backlog und kann inhaltlich nicht mehr geändert werden.

Während der Product-Owner eine Projektverantwortung in erster Linie für sein Produkt hat, hat der Scrum Master dafür zu sorgen, dass Scrum auch eingehalten und beachtet wird, außerdem ist er dafür verantwortlich, dem Entwicklungsteam Projekthindernisse aus dem Weg zu räumen. Er ist meist nicht Teil des Entwicklungsteams, sondern unterstützt das Entwicklungsteam lediglich, damit dieses Scrum optimal einsetzen kann.

Das Entwicklungsteam trifft in gegenseitigem Konsens die Architektur- und Designentscheidungen.

Scrum hat eine ausgefeilte Meeting-Struktur, um die Abstimmung im Team und mit dem Kunden zu optimieren.

Kapitel 3.4 beschreibt, dass bei jedem Zyklus eines Spiralmodells ein anderes Vorgehensmodell eingesetzt werden kann.

Kapitel 3.5 legt dar, dass die Wahl eines Vorgehensmodells vom Projekttyp und der Größe eines Projekts abhängt.

3.7 Aufgaben

Aufgabe 3.1 Spezifikationsorientierte Entwicklung

3.1.1 Wie lässt sich ein Optimum der Wirtschaftlichkeit für die Erstellung der Dokumentation begründen?
3.1.2 Was ist ein Baseline Management-Modell?
3.1.3 Was sagt ein Wasserfallmodell in der Form eines Baseline Management-Modells aus?
3.1.4 Welche Nachteile hat ein Wasserfallmodell in der Form eines Baseline Management-Modells?
3.1.5 Welche behebbaren Unzulänglichkeiten hat ein Wasserfallmodell in der Form eines Baseline Management-Modells?
3.1.6 Welche Vorteile hat ein Wasserfallmodell in der Form eines Baseline Management-Modells?
3.1.7 Welche Bedeutung haben Rückführschleifen beim Wasserfallmodell?
3.1.8 Was versteht man unter einer evolutionären Entwicklung?
3.1.9 Was versteht man beim V-Modell unter einem Produkt? In welchen Zuständen können sich Produkte bei der SW-Erstellung befinden? Welche Zustandsübergänge sind möglich?
3.1.10 Welche Rollen gibt es bei der Softwareentwicklung nach dem V-Modell? Was sind die Hauptaufgaben dieser Rollen?
3.1.11 Wie kann man RUP charakterisieren?

Aufgabe 3.2 Prototyporientierte Entwicklung

3.2.1 Vergleichen Sie die Lieferfristen mit einer spezifikationsorientierten und agilen Entwicklung.
3.2.2 Erklären Sie die Vorgehensweise von Concurrent Engineering.

Aufgabe 3.3 Agile Entwicklung

3.3.1 Was zeichnet eine agile Entwicklung aus?
3.3.2 Nennen Sie einige agile Werte.
3.3.3 Nennen Sie einige agile Methoden.
3.3.4 In welchen Fällen ist Extreme Programming möglich, in welchen Fällen nicht?
3.3.5 Welche Prinzipien stehen bei Scrum im Mittelpunkt?

Aufgabe 3.4 Spiralmodell zum Einsatz verschiedener Vorgehensmodelle

3.4.1 Erklären Sie den Einsatz des Spiralmodells als Vorgehensmodell-Generator.
3.4.2 Was bedeutet ein Zyklus beim Spiralmodell?

Kapitel 4

Qualität von Softwaresystemen

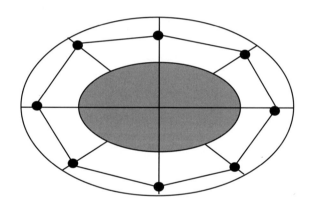

4.1 Fehler in Programmen
4.2 Qualitätsmerkmale
4.3 Metriken
4.4 Standards zur Qualitätssicherung
4.5 Qualitätssicherungsmaßnahmen in der Entwicklung
4.6 Zusammenfassung
4.7 Aufgaben

4 Qualität von Softwaresystemen

Eine Software ist nur brauchbar, wenn sie die versprochenen Funktionen erfüllt, eine stabile Konstruktion darstellt, verlässlich ist, vernünftige Antwortzeiten hat und leicht bedienbar ist. Für die Einhaltung der Forderungen muss die Qualitätssicherung[44] in Zusammenarbeit mit den Entwicklern sorgen. Jede Forderung muss durch eine entsprechende Maßnahme sichergestellt und überprüft werden können.

Vom Ansatz her weist Software viele Ähnlichkeiten mit der Herstellung anderer Systeme auf. Allerdings ist die Komplexität von Software besonders hoch. Die Ähnlichkeiten mit anderen technischen Produkten sind:

- das Erstellen einer Requirement-Spezifikation,
- die Aufteilung in Problembereich und Lösungsbereich,
- die hierarchische Zerlegung komplexer Systeme in Teilsysteme,
- das Erstellen einer Schnittstellen-Spezifikation beim Entwurf für die Teilsysteme,
- die Wiederverwendung von Komponenten als Bausteine,
- die Überprüfung der Requirements durch das Testen,
- die Erfordernis von Qualitätseigenschaften des Produkts und
- die Notwendigkeit einer Projektorganisation.

Die Erfahrungen mit diesen Analogien werden aber durch die hohe Komplexität und Nichtstetigkeit der Software entwertet. Korrekte Software für große Systeme zu erstellen, stößt an die Grenzen der Machbarkeit. Im Gegensatz zu kontinuierlichen Systemen, wie sie beispielsweise durch Differentialgleichungen beschrieben werden, und bei denen kleine Auslenkungen aus einem stationären Zustand wieder in diesen stationären Zustand zurückführen, hat Software eine Quantennatur. Entweder ist ein bestimmtes Bit gesetzt oder nicht.[45] Dies bedeutet, dass nicht wie bei analogen Verfahren extrapoliert werden kann. Wegen der binären Darstellung sind Softwaresysteme diskrete und damit unstetige Systeme mit Quantencharakter. Dies hat zur Folge, dass eine kleine Änderung – beispielsweise die Änderung nur eines Bits – zu einem gänzlich neuen Zustand führen kann. Ein vollständiger Test ist aufgrund der hohen Zahl der Zustände nicht möglich. Man würde einfach zu lange brauchen. Darüber hinaus ist wegen der nicht vorhandenen Kontinuität eine Extrapolation und Interpolation von Testergebnissen nicht möglich.

Nach einem Bericht der Standish Group in Boston, Massachusetts, vom 23. April 2009 [standi] wurden 32 Prozent der gestarteten Softwareentwicklungsprojekte erfolgreich zum Abschluss gebracht. Dem Bericht ist ferner zu entnehmen, dass rund 24 Prozent der gestarteten Vorhaben zum Totalausfall führten. 44 Prozent der Projekte erfüllten zumindest teilweise nicht die Wünsche und Anforderungen der Auftraggeber und

---

[44] wenn das verwendete Vorgehensmodell die Rolle Qualitätssicherung vorsieht
[45] Ein 1-kbit-Chip, der technisch bereits überholt ist, hat $2^{1024} \approx 10^{300}$ Zustände [hohler].

waren deshalb mängelbehaftet. Insgesamt waren 68 Prozent der untersuchten Projekte nicht erfolgreich (siehe Bild 4-1).

Erfolgreich bedeutet, dass die Projekte im Kosten- und Zeitrahmen und mit der geforderten Funktionalität und Qualität durchgeführt wurden. Mängelbehaftet heißt, dass zumindest einer der vier soeben genannten Faktoren nicht erfüllt wurde. Entweder dauerte also das Projekt länger als geplant oder kostete mehr als beabsichtigt oder hatte eine zu geringe Funktionalität oder Qualität. [46]

Bild 4-1 Erfolg und Misserfolg von Softwareprojekten

Demnach gibt es die folgenden vier wesentlichen und leicht messbaren Projektabweichungen (**Fehlerklassen**):

- geplante Projektkosten überschritten,
- geplante Qualität nicht vollständig realisiert,
- geplante Funktionalität nicht vollständig realisiert und
- geplante Projektdauer überschritten.

Das folgende Bild 4-2 zeigt [softqu], wie viele Projekte in welchem Ausmaß das jeweilige Ziel verfehlt haben. So haben hier beispielsweise etwas über 40 Prozent der Projekte die geplante Projektdauer um bis zu 20 Prozent überschritten.

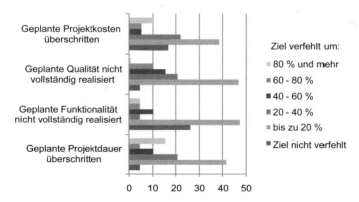

Bild 4-2 Prozentsätze der Projekte mit bestimmten Projektabweichungen

Funktionalität scheint demnach die höchste Priorität zu haben. Über 25 Prozent der Projekte erfüllten die volle Funktionalität.

---

[46] An dieser Stelle wird die Vollständigkeit der Funktionalität nicht in dem Begriff Qualität eingeschlossen.

Qualitätsmerkmale und Metriken

Der Standard ISO/IEC 9126 [ISO 9126], dessen Inhalt inzwischen im Standard ISO/IEC 25000 [ISO 25000] weitergeführt wird, enthält die Bewertung der Qualität von Produkten. Nach ISO/IEC 9126 ist die Qualität eines Produkts die Gesamtheit von Eigenschaften und Merkmalen des Produkts, die sich auf dessen Eignung zur Erfüllung vorgegebener Erfordernisse bezieht. Qualität wird also durch die Differenz zwischen einem definierten Soll-Zustand und dem tatsächlichen Ist-Zustand bestimmt. Dieser Unterschied wird mit Hilfe von **Messvorschriften (Metriken)** gemessen. Das **Qualitätsmodell** der ISO/IEC 9126 – eines von vielen Qualitätsmodellen – teilt die Eigenschaften von Software in sechs Kategorien (**Qualitätsmerkmale**) ein:

- Funktionalität,
- Zuverlässigkeit,[47]
- Benutzbarkeit,
- Effizienz,
- Wartbarkeit und
- Portierbarkeit.

Die Funktionalität ist die Übereinstimmung der Software mit den funktionalen Requirements (siehe Kapitel 5.4). Sie sagt aus, ob die Software ihren beabsichtigten Zweck erfüllt. Nicht alle der genannten Kriterien sind direkt messbar, da sie zum Teil subjektiv bewertet werden. So kann die Benutzbarkeit je nach Person unterschiedlich empfunden werden. Man hat aber die Möglichkeit, Tests einzusetzen und den Erwartungswert und die Varianz für bestimmte Kriterien zu ermitteln. Die Eigenschaften Funktionalität, Zuverlässigkeit, Benutzbarkeit, Effizienz, Wartbarkeit und Portierbarkeit werden in Kapitel 4.2 diskutiert.

Maßnahmen zur Qualitätssicherung

Zur Qualitätssicherung dienen

- konstruktive Maßnahmen (Fehlervermeidungsstrategie) und
- analytische Maßnahmen (Fehlerfindungsstrategie).

Konstruktive Maßnahmen sind alle Maßnahmen, die während der Entwicklung bzw. der Wartung von Software-Produkten angewendet werden, um das Entstehen von Fehlern oder einer minderen Qualität der Produkte zu vermeiden. **Analytische Maßnahmen** setzen stets an konkreten Software-Produkten an und zielen darauf ab, Aussagen über die Qualität dieser Produkte zu machen und damit die Einhaltung der konstruktiven Maßnahmen zu überprüfen. Analytische Maßnahmen dienen zur Fehlererkennung und -behandlung sowie zur Messung von Eigenschaften.

Es darf in der Projektplanung nicht vergessen werden, dass analytische Maßnahmen in der Regel Zeit für Korrekturmaßnahmen erfordern und diese eingeplant werden müssen.

---

[47] Besser wäre der Begriff Verlässlichkeit.

Qualität von Softwaresystemen

Konstruktive Maßnahmen sind z. B.:

- Einsatz geeigneter Methoden für das Erstellen der Requirement-Spezifikation, die Systemanalyse und den Systementwurf,
- Anwendung der Strukturierten Programmierung[48],
- Einsatz von höheren Programmiersprachen,
- Verwendung von Standardbausteinen z. B. für standardisierte Schnittstellen,
- transparente Dokumentation
- etc.

Zu den **analytischen Maßnahmen** gehören:

- Messen (siehe Kapitel 4.3),
- Programm-Verifikation (Beweis der Korrektheit, siehe Kapitel 18.2),
- Testen von Dokumenten (siehe Kapitel 18.3) und
- Testen von Programmen (siehe Kapitel 18.4).

Messen ist eine Vorgehensweise zur Feststellung der Qualität von Software-Zwischen- und Endprodukten. Hierbei werden Qualitätsmaßzahlen ermittelt. Der wesentliche Unterschied zum Testen ist, dass beim Messen den Qualitätszahlen nicht notwendigerweise **eindeutige** Sollgrößen (Qualitätsziele) gegenübergestellt werden, um so mögliche Abweichungen aufzudecken. In der Regel wird für Qualitätsmaßzahlen (Metriken) ein Bereich zugelassen.

Kapitel 4.1 befasst sich mit Fehlern in Programmen. Kapitel 4.1.1 teilt Projekte je nach der Häufigkeit der Fehler bei der Auslieferung in Stabilitätsklassen ein. Fehlern kann bei der Entwicklung durch ein gutes Software Engineering oder zur Laufzeit durch fehlertolerante Maßnahmen (siehe Kapitel 4.1.2) entgegengetreten werden. Kapitel 4.1.3 erklärt die "Alterung" der Software. Die Fehlerkosten werden in Kapitel 4.1.4 untersucht. Kapitel 4.2 diskutiert Qualitätsmerkmale und Kapitel 4.3 Messvorschriften (Metriken). Kapitel 4.4 beschreibt einige Qualitätsstandards und Kapitel 4.5 Qualitätssicherungsmaßnahmen.

4.1 Fehler in Programmen

Mängel in der Software zeigen sich im Vorhandensein von Fehlern. Nach einem Bericht der Frankfurter Allgemeinen Zeitung vom 30. Juni 2002 kosten Fehler in Software-Programmen die amerikanische Wirtschaft pro Jahr 59 Mrd. US-Dollar.

4.1.1 Häufigkeit von Fehlern bei der Auslieferung

Nach Edward Yourdon [You92, S. 131] enthält ein von einer amerikanischen Firma erstelltes Programm durchschnittlich zwischen drei und fünf Fehler je hundert Programmanweisungen – obwohl die Software getestet wurde. Allerdings liegt solchen Programmen meist das "Bananenprinzip" zugrunde, nämlich die Idee, Standard-Software wie z. B. Textverarbeitungsprogramme bei dem Anwender reifen zu lassen.

---

[48] Bei der Strukturierten Programmierung wird ein Programm in Teilprogramme zerlegt, wobei nur Kontrollstrukturen mit einem einzigen Eingang und einem einzigen Ausgang verwendet werden.

Dabei wird die Software vor der Freigabe nur oberflächlich getestet oder sie enthält nicht die erforderliche Funktionalität. Nach Beschwerden wird dann eine verbesserte Version als Update auf den Markt gebracht. Eine solch hohe Fehlerzahl kann man sich nur leisten, wenn man für den breiten Markt arbeitet und bereits eine starke Marktstellung hat. Arbeitet man in einem Industrieprojekt direkt für einen Auftraggeber, so wird der Kunde die Abnahme der Software verweigern und nicht zahlen wollen.

Eine Fehlerzahl von sechs Fehlern pro 1000 Programmzeilen (engl. lines of code, LOC) kann noch akzeptiert werden, wenn darunter viele unbedeutende Fehler sind, deren Beseitigung sich nicht lohnt. Fehler ist nicht gleich Fehler! Fehler müssen immer nach ihrer Schwere eingeteilt werden. Kein Kunde wird Systemabstürze akzeptieren! Andere Fehler – wie z. B. das Fehlen gewisser "Luxus-Funktionen" oder die Existenz anderer Formate in der Ein- und Ausgabe, als sie spezifiziert wurden – können unter Umständen hingenommen werden. Software guter Qualität hat 1 – 2 Fehler pro kLOC.

Nach Jones [hohler] kann man Programme nach der **Fehlerzahl** folgendermaßen klassifizieren:

Fehler/kLOC	Stabilitätsklasse
0 – 1	stabile Programme
1 – 3	reifende Programme
3 – 6	labile Programme
6 – 10	fehleranfällige Programme
über 10	unbrauchbare Programme

Tabelle 4-1 Fehlerzahltabelle

4.1.2 Fehlerreduktion durch Software Engineering und Fehlertoleranz

Das **Software Engineering** befasst sich ganz generell mit Vorgehensweisen und Methoden, um bei der Erstellung der Software **möglichst keine Fehler** zu machen. Dagegen geht die **Fehlertoleranz** davon aus, dass ein Produkt fehlerhaft ist, und befasst sich mit Maßnahmen, dass **Fehler im Systemverhalten nicht sichtbar werden** oder möglichst wenig Schaden anrichten.

Ein Beispiel für ein fehlertolerantes System ist die Bahnsteuerung des Space Shuttle [Tom90]. Sie erfolgt mit Hilfe eines DV-Systems. Das Space Shuttle hat kein mechanisches Backup-System für die Bahnsteuerung. Das DV-System darf also nicht ausfallen, da ansonsten das Space Shuttle sozusagen den Status eines Meteoriten annehmen würde. Als Lösung wurden beim Space Shuttle zwei Rechnersysteme gewählt:

- ein Primärsystem (Hauptsystem) und
- ein Backup-System (Reserve-System).

Der Primärrechner hat eine vierfache Redundanz aus vier Prozessoren mit identischer Software. Auf dem Backup-System läuft eine diversitäre Software geringerer Funktionalität als auf dem Primärsystem. Diese Software kann das Raumschiff nur auf eine Umlaufbahn steuern oder es auf die Erde zurückbringen. Es kann jedoch keine

Operationen auf einer Umlaufbahn durchführen. Im Normalfall arbeiten die vier Rechner des Primärsystems. Sie arbeiten synchron, indem nach jeder Eingabe, Ausgabe und nach jedem Prozesswechsel eine Pause gemacht wird und in dieser Pause die Ergebnisse eines Rechners an die anderen Rechner verteilt werden. Im Falle eines Einfachfehlers sieht die Crew, dass drei Computer behaupten, der eine sei fehlerhaft, bzw. dass der eine auf die drei anderen zeigt. Die Crew wird dann manuell den fehlerhaften Computer außer Betrieb nehmen. Wenn ein Doppelfehler passiert, muss die Crew eine Entscheidung fällen.[49] Sie kann den gesamten redundanten Satz von Rechnern außer Betrieb nehmen und nahtlos auf das Backup-System umschalten, um dann entweder auf eine Umlaufbahn zu gehen oder direkt zur Erde zurückzukehren.

Dieses DV-System ist ein Beispiel dafür, wie man Fehlern im Betrieb eines DV-Systems so begegnen kann, dass die notwendige Funktionalität des Systems auch im Fehlerfall gewahrt bleibt. In anderen Worten, dieses DV-System toleriert Fehler, d. h. wird mit ihnen fertig. Bild 4-3 zeigt die Struktur der HW-Architektur des Datenverarbeitungssystems für die Bahnsteuerung des Space Shuttle:

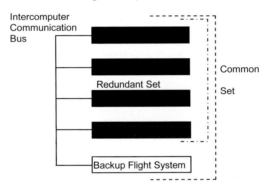

Bild 4-3 Das Datenverarbeitungssystem für die Bahnsteuerung des Space Shuttle

Bild 4-4 zeigt die Fehlerzahl pro 1000 Programmcodezeilen in der Software für die vier Bordcomputer des Redundant Set des Space Shuttles [hohler]. Daraus kann abgelesen werden, wie von Release zu Release die Fehler beseitigt wurden.

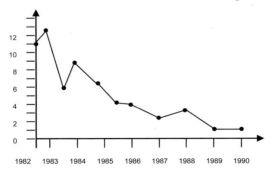

Bild 4-4 Fehlerzahl pro 1000 Programmzeilen für verschiedene Freigaben (engl. releases)

---

[49] Systematische Fehler können aber prinzipiell nicht erkannt werden, da die Rechner homogen sind.

Trotz eines sehr hohen Aufwands von ca. 1.000 US-Dollar pro Zeile Programmcode (Gesamtaufwand ca. 500 Mio. US-Dollar für etwa 500.000 Programmzeilen) ist die Software nicht fehlerfrei. Es kann auch keine Aussage darüber gemacht werden, ob nicht ein tödlicher Fehler mit dabei ist. Nur durch Maßnahmen der Fehlertoleranz kann ein höheres Maß an Sicherheit erreicht werden.

Durch die zunehmende Automatisierung werden solche Techniken der Fehlertoleranz überall da wichtig, wo bei Ausfällen des DV-Systems ein Schaden entstehen kann. Beispiele hierfür sind:

- Leitstände in der Verkehrstechnik, z. B. in der Flugsicherung, bei der Bahn (Stellwerke) oder in Raumfahrtkontrollzentren,
- Steuergeräte in Fahrzeugen wie z. B. ein Tempomat oder ein Antiblockiersystem (ABS),
- Kommunikationsrechner wie z. B. Vermittlungsstellen,
- die Steuerung von Fertigungsstraßen in der Produktion,
- die Leitstände von Versorgungsunternehmen, speziell auch Kernkraftwerkssteuerungen,
- Bestrahlungsgeräte in der Medizintechnik oder
- Datenbanksysteme wie z. B. für Buchungssysteme oder Bankensysteme.

4.1.3 Alterungsprozess der Software

Software, die nicht verändert, also "eingefroren" wird, altert nicht. Programme, die während ihres Einsatzes abgeändert, verbessert und erweitert werden, altern. In der Regel wird die Wartung eines Produktes nach einer gewissen Übergabezeit an Personal übergeben, welches nicht aus dem Kreis der Top-Entwickler stammt und das damit automatisch Probleme mit den Zusammenhängen verschiedener Systemteile hat. Überdies hat das Wartungspersonal ein Mehrfaches an Software zu warten als ein einzelner Entwickler entwickelt hat. So können beispielsweise 2 Systemingenieure eines Kunden ein Softwaresystem warten, welches von 40 Entwicklern des Auftragnehmers realisiert wurde. Die während der Wartung durchgeführten Änderungen können jedoch zu nicht beabsichtigten Seiteneffekten und damit zum Altern der Software führen. Dies ist im folgenden Bild zu sehen:

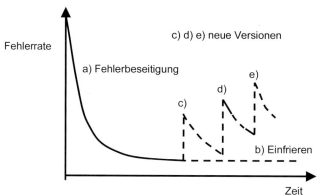

Bild 4-5 Fehlerrate in einem System

Die durchgezogene Kurve (a) in Bild 4-5 zeigt die Phase der **Fehlerbeseitigung**, die gestrichelte Kurve (b) zeigt im Falle des Einfrierens der Software eine konstante Fehlerzahl. Ebenfalls gestrichelt ist die Fehlerrate für neue Versionen (c, d, e) im Rahmen der Wartung der Software. Auch bei Einführen neuer Funktionalitäten ist es wahrscheinlich, dass neue Fehler in das System eingebaut werden. Die neuen Fehler können eine höhere Eintrittswahrscheinlichkeit für ihr Auftreten haben als die bereits vorhandenen und damit können Systeme trotz Fehlerbeseitigung eine höhere Fehlerrate pro Zeit zeigen. Dies bedeutet, dass die Zuverlässigkeit der Software mit der Zeit abnehmen kann. Die **Zuverlässigkeit** ist hierbei im mathematischen Sinne definiert als Wahrscheinlichkeitsmaß, dass innerhalb einer Zeit t kein Fehler auftritt.

Glättet man die Kurve in Bild 4-5, so erhält man ein Bild, welches der von den Hardwareausfällen bekannten **"Badewannenkurve"** [unierl] für Ausfälle (siehe Bild 4-6) ähnelt, aber eine andere Bedeutung hat.

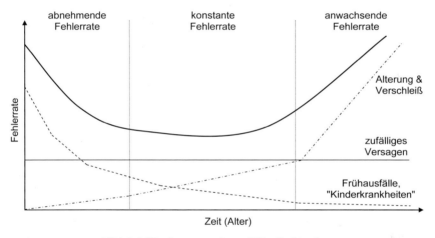

Bild 4-6 "Badewannenkurve" für die Hardware

Die "Badewannenkurve" in Bild 4-6 beschreibt die Fehlerrate von HW-Bauteilen. Nach Frühausfällen, die mit der Zeit abnehmen, folgt ein annähernd konstantes, zufälliges Versagen, dem die Ausfälle infolge von Alterung folgen. Über der Zeit gleicht diese Kurve einer "Badewanne".

4.1.4 Fehlerkosten

Die Kunst einer guten Software ist es, die Erwartungen des Kunden zu treffen. Für den Auftraggeber bedeuten Abweichungen vom erwarteten Verhalten einen Fehler. Die Fehler reichen von Fehlern im Problembereich, dass nämlich der Auftragnehmer die Requirements nicht treffend erfasst, bis hin zu Fehlern im Lösungsbereich, z. B. bei der Implementierung. Nicht jeder Fehler ist gleich gravierend.

4.1.4.1 Fehlerentstehungs- und Fehlerbeseitigungsphase

Die Kosten für das Finden, Lokalisieren und Beseitigen von Fehlern tragen wesentlich zu den Kosten eines neu erstellten Systems bei. Fehler sind in der Regel umso teurer, je früher sie entstanden sind und je später sie entdeckt werden.

Ein Designfehler (Entwurfsfehler) ist nur mit einem Redesign zu beseitigen, während ein Programmierfehler oft mit relativ geringem Aufwand beseitigt werden kann. Dies lässt sich einfach erklären. Der Entwicklungsprozess geht vom Groben zum Feinen. Die Abänderung etwas Groben kann viel Feines beeinflussen und damit teurer sein. Die Zahl der abzuändernden Produkte ist umso größer, je länger die Fehler im Entwicklungszyklus unentdeckt geblieben sind.

Betrachtet man die relativen Kosten der Beseitigung von in der Anforderungsphase entstandenen Fehlern, so kann man grob abgeschätzt sagen, dass diese exponentiell mit der Dauer der Existenz der Fehler im System ansteigen. Das folgende Bild 4-7 [Red00] zeigt dies in einer Kurve:

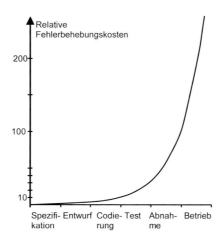

Bild 4-7 Kosten der Fehlerbehebung

Der Ort der Fehlerentstehung und der Ort der Fehlerentdeckung sind im folgenden Bild [Möl92 zitiert in Red00] dargestellt:

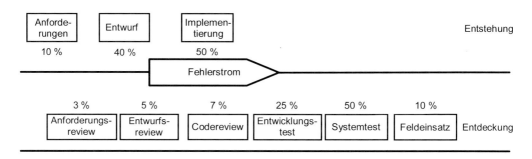

Bild 4-8 Fehlerentstehung und Fehlerentdeckung in Relation

Es entstehen beispielsweise 10 Prozent der Fehler bei den Anforderungen, 3 Prozent der Fehler werden durch ein Anforderungsreview entdeckt. Fehler bei den Requirements sind dabei die teuersten Fehler, da viele Zerlegungsprodukte betroffen sein können, die abgeändert werden müssen, diese aber typischerweise erst nach der Integration beim Systemtest (50 Prozent) oder gar erst im laufenden Betrieb (10 Prozent) gefunden werden.

4.1.4.2 Fehlerart

"Beeinträchtigungen der Zuverlässigkeit" sind laut Laprie [Lap91]:

- **Fehlerursache** (engl. **fault**)
  Als Fehlerursache wird "die verantwortliche oder hypothetische Ursache" für einen Fehlzustand bezeichnet. Die Dauer einer Fehlerursache kann permanent oder temporär sein. Eine Fehlerursache ist **inaktiv** (engl. **dormant**), wenn der Fehler zwar im System eingebaut ist, die fehlerhafte Stelle aktuell jedoch nicht benutzt wird. Eine Fehlerursache ist **aktiv**, wenn die entsprechende fehlerhafte Stelle verwendet wird. Sie produziert dann einen Fehlzustand.
- **Fehlzustand** (engl. **error**)
  Ein Fehlzustand ist der "Teil des Systemzustands, der dafür verantwortlich ist, dass im Folgenden ein Ausfall auftritt". Ein Fehlzustand kann hierbei entweder **erkannt** oder **latent** sein, "wenn er noch nicht als solcher erkannt worden ist". Ein Fehlzustand kann vor seiner Erkennung auch wieder verschwinden. Fehlzustände pflanzen sich jedoch in der Regel fort zu neuen Fehlzuständen. Während des Betriebs können aktive Fehlerursachen nur durch die Erkennung eines Fehlzustands detektiert werden.
- **Ausfall** (engl. **failure**)
  Ein Ausfall tritt auf, wenn "die erbrachte Leistung nicht mehr mit der Spezifikation übereinstimmt". Ein Ausfall passiert, wenn ein Fehlzustand die zu erbringenden Leistungen des Systems beeinflusst. Ein Komponentenausfall resultiert in einer Fehlerursache a) für das System, zu dem die Komponente gehört, und b) für Komponenten, mit denen die ausgefallene Komponente interagiert.

Bild 4-9 visualisiert die Beziehung zwischen Fehlerursache, Fehlzustand und Ausfall. Die Abbildung zeigt, wie ein Komponentenausfall wiederum in einer Fehlerursache für das System, das die Komponente beinhaltet, bzw. für andere Komponenten, mit denen die Komponente zusammenarbeitet [Lap91], resultiert.

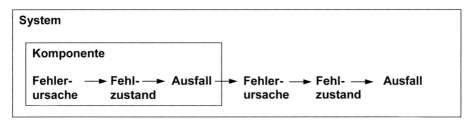

Bild 4-9 Beziehung zwischen Fehlerursache, Fehlzustand und Ausfall

Die IEC 61508 [IEC 61508] definiert einen "**fault**" als "abnormal condition that may cause a reduction in, or loss of, the capability of a functional unit to perform a required function". Diese Definition ist kein Widerspruch zu Laprie. Besser verständlich ist jedoch:

> Ein "**fault**" ist die statisch vorhandene Ursache für ein Fehlverhalten.

In der IEC 61508 wird ein "**error**" definiert als: "discrepancy between a computed, observed or measured value or condition and the true, specified or theoretically correct value or condition." Diese Definition stimmt mit Laprie überein.

> Ein "**error**" ist ein Fehlzustand, der auftritt, wenn ein "fault" aktiv wird. Ein "error" kann beobachtet werden.

Ein "**failure**" ist nach der IEC 61508 "the termination of the ability of a functional unit to perform a required function".

> Ein "**failure**" zeigt sich dynamisch zur Laufzeit als Fehlverhalten. Eine beabsichtigte Funktion kann vom System nicht mehr ausgeführt werden.

Der "**human error**" ist nach der IEC 61508 etwas ganz anderes: Er ist eine "human action or inaction that produces an unintended result".

Unterschied zwischen "fault", "error" und "failure"

Die folgenden **Beispiele** machen den Unterschied zwischen "fault", "error" und "failure" deutlich:

- Das Ergebnis eines Programmierfehlers ist eine **schlafende Fehlerursache** (engl. **dormant fault**) in der Software. Wird der fehlerhafte Code ausgeführt, so wird die Fehlerursache aktiviert und produziert einen **Fehlzustand** (engl. **error**). Der "error" kann als fehlerhaftes Ergebnis im Werte- oder Zeitbereich beobachtet werden. Der "error" kann dann ggf. zu einem **Ausfall** (engl. **failure**) führen.
- Ein falsches Verhalten des Bedieners während des Betriebs des Systems ist eine Fehlerursache (engl. fault) aus Sicht des Systems.
- Ein menschlicher Fehler beim Schreiben der Bedienungs- oder Wartungshandbücher eines Systems kann zu einer **Fehlerursache** (engl. **fault**) innerhalb dieser Handbücher werden, die solange inaktiv ist, bis die fehlerhafte Instruktion durch das Bedienungs- oder Wartungspersonal ausgeführt wird.

4.2 Qualitätsmerkmale

Es gibt verschiedene **Qualitätsmodelle**. Diese sind von den spezifischen Qualitätsmerkmalen abhängig, d. h., es gibt keine "Standard-Qualitätsmodelle". Qualitätsmodelle sind Hierarchien aus **Qualitätsmerkmalen**, die wiederum in **Teilqualitätsmerkmale** aufgefächert werden.

Die Zahl der Zerlegungsebenen ist nicht festgelegt. Qualitätsmerkmale können auch gemeinsame Teilmerkmale haben. Die Teilmerkmale werden durch Qualitätsindizes bzw. Qualitätsindikatoren (Metriken) [herzwu] bewertet. Dies ist in Bild 4-10 zu sehen:

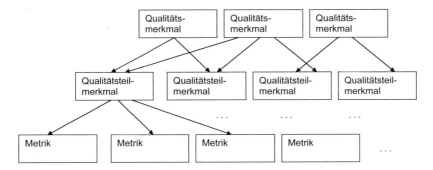

Bild 4-10 Korrelation von Teilmerkmalen mit Metriken

Der **Goal Question Metric-Ansatz**[50] von Basili [Bas94] ist eine Vorgehensweise, um **Qualitätsziele**, die aus den Zielen eines Unternehmens abgeleitet sind, messbar zu machen. Das folgende Bild zeigt den Goal Question Metric-Ansatz:

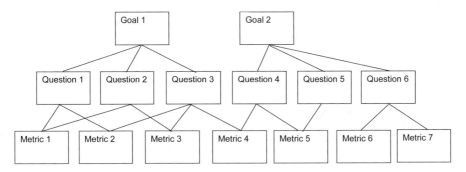

Bild 4-11 Goal Question Metric-Ansatz

GQM ist ein Top-Down-Ansatz, um den Qualitätszielen Metriken gegenüberzustellen. Einem **Qualitätsziel** (engl. quality goal) werden Fragen (engl. questions) zugeordnet. Den Fragen werden wiederum Metriken gegenübergestellt. So werden letztendlich Qualitätsziele mit Messverfahren verknüpft. Im ersten Schritt braucht man also die Qualitätsziele, um sich im zweiten Schritt zu fragen, welches Qualitäts-Teilmerkmal durch welche verschiedenen Messungen bewertet werden soll. Im dritten Schritt wird das zugehörige Messverfahren (**Metrik**) ausgewählt.

Es werden also für die betrachteten Qualitätsmerkmale verschiedene Messvorschriften festgelegt, die in die Bewertung der Qualitätsmaße eingehen.

---

[50] Goal Question Metric wird abgekürzt durch GQM.

Qualitätsmerkmale können – wie bereits gesagt – in Qualitätsteilmerkmale zerlegt werden. Es sind aber unterschiedliche Einteilungen der Qualitätsmerkmale möglich.

Nach [Frü02] verwenden Böhm et. al. (1976) die Qualitätsmerkmale

- Bedienbarkeit,
- Effizienz,
- Portabilität,
- Testbarkeit,
- Verständlichkeit,
- Änderbarkeit und
- Zuverlässigkeit.

Nach [Frü02] benutzen McCall und Matsumoto [McC80] (1980):

- Benutzerfreundlichkeit (Bedienbarkeit),
- Effizienz,
- Flexibilität,
- Integrierbarkeit,
- Integrität,
- Korrektheit,
- Portabilität,
- Testbarkeit,
- Wartbarkeit,
- Wiederverwendbarkeit und
- Zuverlässigkeit.

Im Folgenden sollen die Qualitätsmerkmale **nach ISO 9126** kurz beschrieben [herzwu] und deren allgemeine Verständlichkeit erläutert werden:

- **Funktionalität**
  Funktionalität umfasst die Teilmerkmale: Richtigkeit, Angemessenheit, Interoperabilität, Sicherheit, Konformität[51] der Funktionalität.

  Allgemein ist darunter das Vorhandensein der spezifizierten Funktionalität mit korrekter, sicherer Funktion zu verstehen. Standards, insbesondere zur Gewährleistung der Interoperabilität, müssen eingehalten werden.

- **Zuverlässigkeit**[52]
  Zur Zuverlässigkeit gehören: Reife, Fehlertoleranz, Wiederherstellbarkeit, Konformität der Zuverlässigkeit.

---

[51] Konformität = Erfüllung von akzeptierten – auch informellen – Standards [tumqu]
[52] Wäre besser als Verlässlichkeit im Sinne von Laprie [Lap91] definiert. Zuverlässigkeit (engl. reliability) ist ein Wahrscheinlichkeitsmaß im mathematischen Sinne, dass innerhalb einer Zeit t kein Fehler auftritt. Die Zuverlässigkeit kann durch ein gutes Software Engineering, das zu weniger Konstruktionsfehlern führt, und durch Maßnahmen der Fehlertoleranz, d. h. der Fehlererkennung und Fehlerbehandlung, erhöht werden.

Qualität von Softwaresystemen 115

- **Benutzbarkeit (Usability/Benutzer-/Bedienerfreundlichkeit)**
  Benutzbarkeit ist: Verständlichkeit, Erlernbarkeit, Bedienbarkeit, Attraktivität, Konformität der Benutzbarkeit.

  Der Bediener kommt mit dem System gut zu recht. Die Bedienerfreundlichkeit ist ein Maß für den Aufwand, den ein Bediener eines Programms hat, um mit dem Programm korrekt umgehen zu können. Hierzu gehört, dass sich die Bedienoberfläche an gängige Standards hält und dass kontextsensitive Hilfen angeboten werden.

- **Effizienz**
  Die Effizienz umfasst: Zeitverhalten, Verbrauchsverhalten, Konformität der Effizienz.

  Ein System soll einen gewissen Durchsatz haben und soll einen bestimmten Ressourcenverbrauch nicht überschreiten. Insbesondere erwartet der Bediener, dass er, wenn er einen Auftrag an das System gibt, innerhalb weniger Sekunden eine Antwort bekommt. Die Effizienz eines Systems hängt vom Systemdesign ab. Bevor man aber bei unzureichendem Durchsatz ein Redesign des Systems erwägt, prüft man zuerst, ob durch den Einsatz einer leistungsfähigeren Rechner-Hardware der Durchsatz und die Antwortzeiten des Systems verbessert werden können.

- **Wartbarkeit**
  Die Wartbarkeit beinhaltet die Eigenschaften: Analysierbarkeit, Änderbarkeit, Stabilität, Testbarkeit, Konformität der Wartbarkeit.

  Die Wartbarkeit bezeichnet den Aufwand für die Beseitigung von Fehlern und für Weiterentwicklungen der Software nach der Abnahme der ursprünglichen Entwicklungsleistung. Die Architektur muss leicht testbar sein. Voraussetzung für eine gute Wartbarkeit ist eine Trennung von Daten und Programmen in dem Sinne, dass nicht alles fest ausprogrammiert ist, sondern dass Programme, die flexibel sein sollen, datengesteuert arbeiten, d. h. die Daten zur Laufzeit interpretieren und je nach Dateninhalt ihre Verarbeitungsschritte durchführen (Flexibilität).

- **Übertragbarkeit (Portabilität)**
  Die Übertragbarkeit beinhaltet die Teilmerkmale Anpassbarkeit, Installierbarkeit, Koexistenz, Austauschbarkeit, Konformität der Portabilität.

  Ein portables Programm kann ohne große Änderungen auf andere Rechnerplattformen gebracht werden. Dies wird erreicht durch die Verwendung standardisierter Programmiersprachen, wobei compilerspezifische Erweiterungen des Standards nicht benutzt werden dürfen. Aufrufe von Betriebssystemroutinen, z. B. für die Interprozesskommunikation, sollten nach Möglichkeit nicht im Quellcode gestreut sein, sondern in eigenen Subroutinen bzw. Komponenten gekapselt vorliegen, um ganze Subroutinen bzw. Komponenten modular auswechseln zu können.

Im Folgenden sollen die Merkmale der Bedienerfreundlichkeit vertieft werden.

Bedienerfreundlichkeit

Die Richtlinien der Norm ISO 9241 [EN ISO 9241], Teil 110, behandeln die "Ergonomie der Mensch-System-Interaktion" mit den folgenden Qualitätsmerkmalen:

- Aufgabenangemessenheit,
- Selbstbeschreibungsfähigkeit,
- Steuerbarkeit,
- Erwartungskonformität,
- Fehlertoleranz,
- Individualisierbarkeit und
- Lernförderlichkeit.

Die ersten fünf Ziele stammen noch aus der DIN 66234 mit der geringen Abweichung, dass dort Fehlerrobustheit statt Fehlertoleranz steht. Individualisierbarkeit und Lernförderlichkeit sind also neu hinzugekommen.

Im Folgenden werden diese Qualitätsmerkmale im Detail beschrieben:

- **Aufgabenangemessenheit**
  Die Aufgabenangemessenheit wird dadurch definiert, inwiefern der Benutzer vom MMI unterstützt wird, die ihm aufgetragene Arbeitsaufgabe[53] so effektiv und effizient wie möglich auszuführen. Beispielsweise wird die Positionsmarke der Maus oder die der Tastatur automatisch auf das Eingabefeld gesetzt, welches zur Erfüllung der Arbeitsaufgabe dient. Generell sollten Hilfe-Informationen nur dann verfügbar sein, wenn diese auch zur Aufgabe passen. Des Weiteren sollten bei Benutzereingaben keine unnötigen Arbeitsschritte erforderlich sein und deshalb aufgabenangemessene Vorgabewerte zur Verfügung stehen. Dazu gehört beispielsweise die Vorgabe eines Wertebereichs.

- **Selbstbeschreibungsfähigkeit**
  Bei jeder Interaktion, die ein Benutzer mit der Anwendung tätigt, sollte je nach Zweckmäßigkeit eine Rückmeldung der Anwendung erscheinen. Diese Rückmeldung soll dem Benutzer signalisieren, welche weiteren Möglichkeiten sich nun für ihn eröffnen. So sollte das Programm beispielsweise anzeigen, dass die folgenden Angaben, die der Benutzer nun tätigen muss, auch wieder rückgängig gemacht werden können. Auch bei unwiderruflichen Dingen sollte dies das System kundtun. Des Weiteren beinhaltet die Selbstbeschreibungsfähigkeit ein gewisses Maß an Unterstützung bei Problemen. Mit Dialogen oder sonstigen Hilfefunktionen kann beispielsweise dem Benutzer bei der Lösung dieser Probleme geholfen werden. Bei Angaben, die das aktuelle Datum benötigen, könnte das Programm dies bereits selbstständig durchgeführt haben. Zu beachten ist, dass die Anwendung auch Alternativeingaben zulässt und diese von sich aus auch anbietet. Konstruktive Hinweise, wie zum Beispiel die Angabe, nach welchem Format Eingaben getätigt werden müssen, zählen ebenfalls zur Selbstbeschreibung. Es sollte jedoch darauf geachtet werden, dabei keine Werturteile vorzugeben, wie zum Beispiel "keine unsinnigen Eingaben".

- **Steuerbarkeit**
  Bei der Erfüllung einer Arbeitsaufgabe sollte für den Benutzer die Möglichkeit geschaffen werden, die Funktionen zu starten und diese auch in vollem Umfang kontrollieren zu können. Zur Kontrolle gehört sowohl das Starten und Stoppen sowie auch das Neustarten einer Funktion. Auch die Ablaufgeschwindigkeit einer laufenden Funktion sollte vom Benutzer variabel gesteuert werden können. Zusätzlich

---

[53] Der Benutzer soll eine Funktion des Systems nutzen.

sollte eine Auswahl zwischen Maus- und Tastatureingabe gegeben sein. Für geübte Benutzer sind Kurzwahltasten von Vorteil. Bei ungeübten Benutzern hingegen sollten ausführliche, aber dennoch übersichtliche Menüs vorhanden sein. Des Weiteren sollten Hilfe-Informationen den Fachkenntnissen des Benutzers entsprechen.

- **Erwartungskonformität**
  Die Erwartungskonformität entspricht der Erfüllung der Erwartungen eines Benutzers an das MMI. Dazu zählen beispielsweise die Funktion der ESC-Taste, die Positionierung der Fensterkontrollbuttons Minimieren, Verschieben und Schließen sowie Standardbelegungen von Tastenkombinationen. Zusätzlich zu den generellen Erwartungen zählen auch Eigenschaften des Systems, die sich nahe am Arbeitsgebiet des Benutzers orientieren. Beim Ausfüllen von Formularen sollte nach der Bestätigung einer Zeile der Positionsmarker automatisch in das nächste auszufüllende Feld springen. Rückmeldungen vom System an den Benutzer sollten zusätzlich den Eingaben entsprechen.

- **Fehlertoleranz**
  Ein fehlertolerantes System weist den Benutzer noch vor der Bestätigung dessen Eingabe auf Fehler hin. Auch bei der Bestätigung von fehlerhaften Eingaben sollte das System nicht mit einem Abbruch oder gar mit einem kompletten Systemabsturz reagieren. Eine schlichte Fehlermeldung sollte die Ursache des Problems melden. Optimal wäre die zusätzliche Auflistung mehrerer Lösungsvorschläge. Zur Fehlertoleranz zählt unter anderem eine Rechtschreibhilfe, die nicht nur auf gemachte Fehler hinweist, sondern auch Korrekturalternativen vorschlägt.

- **Individualisierbarkeit**
  Beim ersten Start einer Anwendung sind in der Regel gewisse Voreinstellungen vorhanden. Die Anwendung wird als individualisierbar charakterisiert, wenn der Benutzer eigene Einstellungen am MMI vornehmen kann. Ein einfaches Beispiel wäre die Änderung der Sprachausgabe oder die Anpassung der Maus für Links- oder Rechtshänder.

- **Lernförderlichkeit**
  Je komplexer ein Programm aufgebaut ist, desto hilfreicher sind Dialoge und sonstige Hinweise, die zum Erlernen der Systemfunktionen dienen. Das Programm unterstützt den Benutzer darin, die verschiedenen Programmfunktionen zu erlernen. Dies kann beispielsweise durch Hinweisdialoge geschehen. Ein im Programm integriertes Tutorial würde den Optimalfall darstellen.

Für weitere Beispiele zu den einzelnen Qualitätsmerkmalen der Ergonomie der Mensch-System-Interaktion wird auf den Standard [EN ISO 9241] verwiesen.

4.3 Metriken

Mit Metriken kann man die Komplexität der Software objektiv beurteilen und mit Werten anderer Programme vergleichen [Stü08].

Nach IEEE 1061 [IEEE 1061] kann eine Softwaremetrik als Funktion betrachtet werden, die eine Software-Einheit in einen Zahlenwert wandelt. Der gewandelte Zahlenwert kann als Aussage über die Qualität einer Software-Einheit verstanden werden. Die anerkannten Qualitätsmaße selbst enthalten keine definierten Messvorschriften. Ohne Messvorschrift ist die Einhaltung eines Qualitätsmerkmals objektiv nicht nachweisbar. Gibt es eine solche Messvorschrift (Metrik), so stellt sie ein zwar plausibles, aber dennoch willkürlich ausgedachtes Verfahren dar. Der Zusammenhang einer üblichen Metrik mit einem anerkannten Qualitätsmaß oder -teilmaß kann nur heuristisch, d. h. nach einem ungesicherten Verfahren, hergestellt werden. Für eine bestimmte Eigenschaft gibt es in der Regel mehrere Metriken. Ändert sich eine Metrik wie z. B. die McCabe-Zahl (siehe Kapitel 4.3.3) von einem Release zum nächsten in einer sehr kurzen Zeit, kann dies ein Hinweis dafür sein, dass die Qualität gelitten hat bzw. dass man beim Testen ein besonderes Augenmerk auf diese Komponente haben sollte. D. h., nicht nur die absoluten Zahlen an sich müssen betrachtet werden, sondern auch deren Veränderungen zu älteren Versionen.

Genauso wie Testmethoden in statische und dynamische Testmethoden eingeteilt werden können (siehe Kapitel 18.4.2 und 18.4.3), kann man auch Produktmetriken in statische und dynamische Metriken unterscheiden. Bei **dynamischen Produktmetriken** muss ein Programm übersetzt und ausgeführt werden, um zum Beispiel das Laufzeitverhalten zu messen. Bei **statischen Produktmetriken** wird das Programm nicht ausgeführt, es werden direkt die Quelltexte oder die Dokumente vermessen.

Statische Metriken

Die statischen Metriken kann man wiederum einteilen in objektorientierte Metriken und in konventionelle Metriken. In [holzma] werden weitere Quellen für diese Einteilung genannt. Die objektorientierten Metriken messen objektorientierte Eigenschaften wie die Vererbung oder die Beziehungen zwischen den Objekten aus.

Objektorientierte Metriken sind im Wesentlichen [holzma]:

- Metriken für die **Klassen**,
- Metriken für die **Methoden**,
- Metriken für die **Vererbungshierarchien** und
- Metriken für die **Aggregationshierarchien**.

Diese Metriken sind allerdings nicht disjunkt. Metriken für die Klassen messen die Strukturmerkmale einer Klasse wie die Zahl der nach der Komplexität gewichteten Methoden der Klasse. Metriken für die Methoden analysieren die Eigenschaften einzelner Methoden, wofür im Wesentlichen konventionelle Metriken wie z. B. LOC oder die McCabe-Zahl eingesetzt werden. Metriken für die Vererbungshierarchien untersuchen Vererbungsstrukturen wie die Anzahl Kinder einer Klasse. Metriken für die Aggregationshierarchien bewerten die wechselseitigen Verknüpfungen der Klassen wie die Anzahl der Klassen, mit denen eine bestimmte Klasse gekoppelt ist.

Konventionelle Metriken sind [holzma]:

- **Umfangsmetriken**,
- **logische Strukturmetriken**,
- **Datenstrukturmetriken** und
- **Stilmetriken**.

Umfangsmetriken messen die Größe des Programms. In logische Strukturmetriken geht die Struktur des Programms wie die Anzahl Pfade oder die Schachtelungstiefe von Schleifen ein. Datenstrukturmetriken untersuchen und messen die Verwendung von Daten im Programm wie z. B. die Zahl der Variablen. Stilmetriken analysieren z. B. die Zahl der Kommentare oder die Einhaltung von Namenskonventionen.

In der Regel basieren die statischen Metriken auf dem Quellcode, es gibt aber auch Metriken für Spezifikationen. Beispiele für statische Metriken sind die Maße für die Komplexität der zu testenden Software oder die im Testobjekt auf Grund der Komplexität vermuteten Fehlerzahlen.

Dynamische Metriken

Bei dynamischen Produktmetriken muss ein Programm übersetzt und ausgeführt werden. Beim Testen helfen diese Metriken, Eigenschaften der Software zu messen. Dieser Aufwand ist erforderlich, wenn man eine Software erstellen möchte, die nachweisbar definierte Eigenschaften hat. Wird der Testfortschritt mit Metriken bestimmt, so kann man leicht ein Abbruchkriterium für das Testen definieren.

Beispiele für dynamische Metriken sind die Performance oder Überdeckungsmaße wie die Anweisungsüberdeckung (siehe Kapitel 4.3.2).

Bewertung

Mit dem Einsatz von Metriken

- kommt man zu einer objektiven Einschätzung der Qualität und zu objektiven Abnahmekriterien,
- erkennt man sehr komplexe und sehr triviale Bereiche und
- schafft man eine Planungsgrundlage.

Die Schwäche von Metriken ist, dass es zu viele Metriken gibt und man die Qual der Wahl hat. Außerdem ist nicht klar definiert, welcher Bezug zwischen den anerkannten Qualitätseigenschaften, den Qualitätsteilmerkmalen und den Metriken existiert. De facto messen Metriken eigene Qualitätsmerkmale. Softwaremetriken kosten Zeit und Geld und sollten mit Bedacht eingesetzt werden. Dieser Meinung ist auch DeMarco, 2008: "Heute verstehen wir alle, dass Softwaremetriken Geld und Zeit kosten und daher sehr vorsichtig eingesetzt werden sollten. [...] Man muss sie mit mehr Fingerspitzengefühl interpretieren, statt den Zahlen bedenkenlos zu vertrauen." [Wan09]

In den folgenden Kapiteln werden einige Metriken erläutert.

4.3.1 LOC-Metrik

Die bekannteste Metrik ist die "Lines of Code (LOC)"-Metrik. Es ist eine statische Metrik. Sie ist die Angabe der Zahl der Programmierzeilen. Aber anhand dieser einfachen Metrik sieht man schon die Schwierigkeiten bei der Definition von Metriken: Sind die Kommentare und Leerzeilen mitgerechnet oder nicht? Werden Datendefinitionen bei der Berechnung berücksichtigt oder nicht? Außerdem hängt die erforderliche

Zeilenzahl von der Programmiersprache ab. Das Programm kann zudem mehr oder weniger komplex aufgebaut sein. Bei der Auswertung dieser Metrik sollte man aber auf jeden Fall darauf achten, dass eine erstellte Einheit, z. B. ein Modul oder eine Klasse, nicht zu lang ist. Über die Zahl der Programmierzeilen kann eine Aussage getroffen werden, ob die Programmierrichtlinien für die Programmlänge bei vorgegebener Programmiersprache eingehalten wurden oder nicht.

4.3.2 Überdeckungen

Zu den Überdeckungsmetriken gehören u. a. **Anweisungsüberdeckung** (C_0-Test), **Zweigüberdeckung** (C_1-Test), **einfache Bedingungsüberdeckung** (C_2-Test), **Mehrfachbedingungsüberdeckung** (C_3-Test), **minimale Mehrfachüberdeckung** und **Pfadüberdeckung** (C_4-Test). Überdeckungsmetriken werden in Kapitel 18.4.3.1 behandelt. Bei diesen Metriken handelt es sich um dynamische Verfahren. Es muss im Gegensatz zur LOC-Metrik das Testobjekt ausgeführt und mit Testdaten stimuliert werden.

4.3.3 McCabe-Zahl

Die McCabe-Zahl ist eine statische Metrik. Halstead und McCabe analysierten zusammen mit ihren Forscherkollegen über mehrere Jahre Hunderte von Entwicklungsprojekten, um eine Korrelation zwischen der Komplexität von Kontrollstrukturen im Quellcode und der Fehlerwahrscheinlichkeit zu erkennen und in mathematische Formeln, die Metriken, zu bringen.

Bekannt ist die zyklomatische Komplexität eines Moduls [McC76]. Die zugrunde liegende Motivation ist, dass komplexe Module nicht von allen verstanden werden. Ist die Komplexität zu hoch, muss neu entworfen werden, da zum einen das Testen zu lang dauert und zum anderen die Wartbarkeit nicht gegeben ist. Die McCabe-Zahl[54] misst die Komplexität des Kontrollflusses im Programmcode. Sie wurde bereits 1976 eingeführt und ist weit verbreitet. Die McCabe-Zahl ist unabhängig von der Programmiersprache. Die McCabe-Zahl gehört zu den wichtigsten Komplexitäts-Metriken. Anweisungen werden als Knoten betrachtet, der Kontrollfluss zwischen den Anweisungen als Kante. Die Anzahl der Knoten im Graph heiße `kn`, die Anzahl der Kanten heiße `ka`. Wird eine Funktion mit einem einzigen Kontrollfluss (keine Parallelität durch Threads) betrachtet, dann ist die McCabe-Zahl gegeben durch:

McCabe-Zahl = ka - kn + 2

Für ein Programm aus einer einzigen Anweisung (1 Knoten) ist die Zahl der Kanten gleich 0, die McCabe-Zahl also gleich 1. Bei einer linearen Kette ist die Zahl der Kanten stets um 1 kleiner als die Zahl der Knoten. Damit ist die McCabe-Zahl auch gleich 1. Je mehr Verzweigungspunkte eine Bedingung hat und damit je mehr Pfade auftreten, umso größer wird die McCabe-Zahl. Die McCabe-Zahl ist ein Maß für die Zahl unabhängiger Pfade.

---

[54] oder McCabe's zyklomatische Zahl

Je mehr Pfade in einer Funktion sind, umso schwieriger ist diese Funktion zu verstehen. Die Komplexität der Datenstrukturen, der Datenfluss und die Funktions-Schnittstelle werden dabei aber nicht erfasst. Je größer die McCabe-Zahl, umso größer ist die Zahl der notwendigen Testfälle. Nach Verisoft [vermcc] sollten für eine Funktion mindestens so viele Testfälle ausgeführt werden, wie die McCabe-Zahl angibt. Die McCabe-Zahl sollte unter 15 liegen, da 15 und mehr Ausführungspfade schwierig zu testen und zu verstehen sind [vermcc]. Funktionen mit einer `switch`-Anweisung mit vielen Zweigen haben rein formal viele Kontrollflüsse, generieren eine hohe Komplexitätszahl und sind dennoch leicht zu verstehen. Eine `switch`-Anweisung kann deshalb laut [McC76] als Ausnahme betrachtet werden.

Die McCabe-Zahl wurde für funktionsorientierte Systeme erdacht. Sie erfasst im Falle der Objektorientierung weder die Vererbung noch die Polymorphie, die indirekt auch als Fallunterscheidung betrachtet werden können. Sie trifft den Begriff der Komplexität nur eingeschränkt. Das folgende Bild visualisiert Probleme mit der McCabe-Zahl:

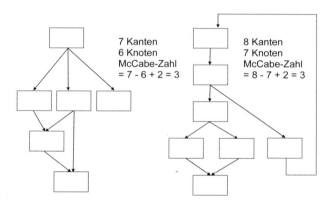

Bild 4-12 Zwei Kontrollflüsse mit derselben McCabe-Zahl

Die linke Funktion in Bild 4-12 ist nicht rekursiv und ist leichter zu verstehen als die rekursive rechte Funktion in Bild 4-12. Beide Funktionen weisen die gleiche McCabe-Zahl auf. Es sollte beachtet werden, dass die linke und die rechte Funktion nichts miteinander zu tun haben, außer dass sie die gleiche McCabe-Zahl haben. Eine Rekursion ist sicher aber komplexer als ein linearer Aufruf. Daher sollte die McCabe-Zahl eigentlich nicht als Maßzahl für die Komplexität bezeichnet werden. Sie hat sich in der Softwareentwicklung aber bereits durchgesetzt.

4.3.4 Halstead-Metriken

Das Verfahren zur Erstellung von Halstead-Metriken [Hal77, verhls] ist ein statisches, analysierendes Verfahren, das ebenfalls die Komplexität beurteilt. Die Halstead-Metriken sind leicht zu berechnen und sind automatisch bestimmbar. Dieses Verfahren wurde 1977 von Maurice Howard Halstead entwickelt. Das analysierte System wird hierbei nicht ausgeführt wie bei dynamischen Verfahren, sondern das Quellprogramm wird analysiert und die Zahl der Operanden und Operatoren bestimmt. Zu den Operanden gehören beispielsweise Variablen und Konstanten, zu den Operatoren gehören die eigentlichen Sprach-Operatoren und Schlüsselworte. Anschließend findet die Berechnung der Vokabulargröße und der Implementierungslänge statt.

Die Vokabulargröße n ist gegeben durch

$n = n_{diffoperat} + n_{diffoperand}$

mit $n_{diffoperat}$ = Anzahl der im Code verschiedenen Operatoren
und $n_{diffoperand}$ = Anzahl der im Code verschiedenen Operanden

und die sogenannte Implementierungslänge durch

$N = N_{totaloperat} + N_{totaloperand}$

mit $N_{totaloperat}$ = Anzahl der im Code verwendeten Operatoren
und $N_{totaloperand}$ = Anzahl der im Code verwendeten Operanden

Mit Hilfe dieser Größen und dem Schwierigkeitsgrad D (D für Difficulty)

$D = (n_{diffoperat} / 2) * N_{totaloperand} / n_{diffoperand}$

werden beispielsweise das Volumen (V) des Programms oder die Anzahl der vermutlich ausgelieferten Bugs (B) bestimmt.

Die genannten Größen ergeben sich zu

$V = N * \log_2 (n)$

$B = (E^{(2/3)}) / 3.000$ mit $E = V * D$

B ist die wichtigste Halstead-Metrik für den dynamischen Test von Software. Halsteads B ist eine Schätzung für die Anzahl der Fehler in der Implementierung. Aus Erfahrungen weiß man, dass der berechnete Wert von B jedoch meist geringer ist als die Anzahl von Fehlern, die tatsächlich im Code enthalten sind. Beim Softwaretest sollte man mindestens so viele Fehler im Modul finden, wie die Metrik B angibt.

4.3.5 Kiviat-Diagramme

Misst man mehrere Eigenschaften, die einen von Null verschiedenen positiven Wert annehmen, so ist es aus Gründen der Übersichtlichkeit günstig, sie in einem sogenannten Kiviat[55]-Diagramm darzustellen. Für den Begriff Kiviat-Diagramm werden u. a. auch die Begriffe **Radar-Diagramm**, **Netzdiagramm**, **Spinnen-Diagramm** und **Sterndiagramm** verwendet. Das folgende Bild zeigt ein Kiviat-Diagramm:

---

[55] Der Name Kiviat-Diagramm kommt von Phil Kiviat, dem Erfinder der Kiviat-Diagramme.

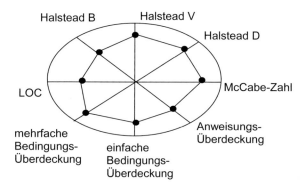

Bild 4-13 Kiviat-Diagramm

Das Kiviat-Diagramm wird für einzelne Klassen, Funktionen oder Komponenten erstellt. Hierzu werden die Eigenschaften in einem zweidimensionalen Schaubild normiert auf den Achsen mit gleichem Winkelabstand vom Mittelpunkt einer Ellipse aus aufgetragen. Die Achsen werden passend skaliert. Der beispielsweise auf 1 normierte Wert befindet sich auf der Ellipse. Der Messwert nimmt dann die entsprechende Achsenlänge an. Der Messwert ist in Bild 4-13 durch einen fetten Punkt auf der entsprechenden Achse gekennzeichnet. Die Messwerte auf den Achsen werden durch einen Polygonzug verbunden. Die Größe des Winkels zwischen den Achsen und die relative Position zwischen den Achsen ist bedeutungslos. Unterschiede zwischen verschiedenen Versionen lassen sich leicht durch Veränderungen der Symmetrie erkennen.

Die Größe der Fläche innerhalb des Polygonzugs wird oft als gesamtes Qualitätsmaß verwendet. Diese Interpretation ist sinnvoll, wenn die Messwerte keinen unteren Mindestwert haben. Da die Achsen gleichmäßig aufgetragen werden, ist die Gewichtung in dem entstehenden gesamten Qualitätsmaß gleich groß.

Gibt man in einem Kiviat-Diagramm für jeden Messpunkt einen zulässigen Bereich an, so kann die Normierung pro Achse des Kiviat-Diagramms so erfolgen, dass der minimale und der maximale Wert jeweils auf einer Ellipse liegt (siehe Bild 4-14).

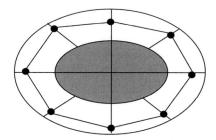

Bild 4-14 Kiviat-Diagramm mit minimalem und maximalem Wert pro Achse

4.4 Standards zur Qualitätssicherung

Die Qualitätssicherung sorgt generell für die Qualität eines Prozesses, der für die Erzeugung eines Produktes notwendig ist. Des Weiteren überwacht die Qualitätssicherung nicht nur die Qualität des Prozesses, sondern auch die durch den Prozess erzeugten Produkte.

Dabei sollte auch Wert auf die Verfolgbarkeit der Erzeugnisse der verschiedenen Aktivitäten gelegt werden, damit die Auswirkungen jedes Requirements nachgewiesen werden können und alle Systemkomponenten auf Requirements zurückgeführt werden können.

4.4.1 ISO 9000 ff.

Die ISO 9000 ff. [EN ISO 9000] ist ein Mittel, um eine Basis zur Erreichung der Qualität von Produkten zu legen. Die ISO 9000 ff. verlangt die Einrichtung eines **Qualitätssicherungssystems** in den Firmen, mit anderen Worten: es muss eine Qualitätssicherungsorganisation in einem Unternehmen eingeführt werden (Aufbauorganisation) und Qualitätssicherungs-Prozesse durch Personal geeigneter Qualifikation gewährleistet werden (Ablauforganisation).

DIN EN ISO 9000 ff. ist als Standard international anerkannt. Die wichtigsten Bände zu diesem Standard sind:

- DIN EN ISO 9000:2005: Grundlagen und Begriffe,
- DIN EN ISO 9001:2008: Anforderungen und
- DIN EN ISO 9004:2009: Leitfaden zur Leistungsverbesserung.

Mit einem Qualitätssystem bzw. Qualitätsmanagementsystem kann man:

- wiederkehrende Arbeitsabläufe festlegen,
- die Verantwortungen regeln,
- den Informationsfluss an internen und externen Schnittstellen definieren und
- Prüfungen zur Sicherung der Qualität von Arbeitsschritten einrichten.

Abläufe, die standardisierbar sind – wie die Einarbeitung neuer Kollegen – können optimiert und überprüft werden. Die ISO 9000 ist weit verbreitet und damit können die Erfahrungen anderer Firmen genutzt werden. Am Markt haben sich zahlreiche Berater etabliert.

Man kann sich als Firma nach bestandenem Audit (ein Prüfverfahren) zertifizieren lassen. Durch die Zertifizierung wird bestätigt, dass die Abläufe festgelegt sind und nicht, dass die Qualität einer Dienstleistung oder eines Produkts gewährleistet wird. Hinter der Betrachtung der Prozesse steht die Überlegung, dass wenn die Qualität der Prozesse gegeben ist, sich diese Qualität in den Produkten oder Dienstleistungen widerspiegelt. Lax gesprochen ist der Weg das Ziel. Trotz Zertifizierung kann keine Gewähr für die Qualität der Produkte oder Dienstleistungen gegeben werden.

Ursprünglich betraf der ISO-Standard den Bereich der Produktion, er ist aber inzwischen in vielen Branchen wie der Automobilindustrie, dem Maschinenbau oder dem Gesundheitswesen anerkannt. In Abhängigkeit von der Größe der Firma werden die Zertifizierungskosten erhoben. Hinzu kommen weitere Kosten wie für Beratung, Vorbereitung oder Mitarbeiterschulung.

4.4.2 Capability Maturity Model

CMM ist die Abkürzung für Capability Maturity Model. Es ist ein Reifegradmodell zur Beurteilung von Unternehmen und deren Prozesse. Das Software Engineering Institute (SEI) wurde 1986 von dem US-Verteidigungsministerium beauftragt, ein System zu entwickeln, mit dem man die Reife eines Unternehmens beurteilen kann. 1991 wurde die Version 1.0 von CMM veröffentlicht. In CMM werden 5 unterschiedliche Reifegrade definiert. Bei der Vergabe von Aufträgen werden durch das US-Verteidigungsministerium nur Unternehmen mit mindestens der Reifegradstufe 3 berücksichtigt. Hier die 5 Reifegrade:

- **Reifegrad 1 – Initial**
  Jedes Unternehmen erreicht den Reifegrad 1. Softwareentwicklung findet nicht nach einem Prozess statt. Termine, Kosten und Qualität sind nicht vorhersagbar.
- **Reifegrad 2 – Repeatable**
  Grundlegende Prozesse wie Projektplanung und Konfigurationsmanagement existieren. Diese sind mündlich überliefert und müssen nicht in einem Projekthandbuch dokumentiert sein. Die Arbeitsprodukte werden gesteuert. Termine sind kontrollierbar, Kosten und Qualität unterliegen starken Schwankungen.
- **Reifegrad 3 – Defined**
  In einer Unternehmenseinheit (Unternehmen, Bereich, Abteilung) gibt es definierte (dokumentierte) Prozesse für die Softwareentwicklung. Diese werden nach vorgegebenen Richtlinien für die einzelnen Entwicklungsprojekte angepasst (Tailoring) und implementiert.
- **Reifegrad 4 – Managed**
  Hier werden nicht nur die Arbeitsprodukte bewertet, sondern auch für die Prozesse Kennzahlen ermittelt und mit den vorgegebenen Zielen verglichen.
- **Reifegrad 5 – Optimizing**
  Es werden die Kennzahlen verwendet und einem kontinuierlichen Verbesserungsprozess zugeführt.

CMM hat die folgenden Merkmale:

- Bewertet wird der Reifegrad einer ganzen Unternehmenseinheit.
- Es ist frei verfügbar.
- Es ist weltweit bekannt.
- Es wird vom US-Verteidigungsministerium unterstützt.
- Es gibt 5 Stufen.

Das Modell CMM wird nicht mehr vom SEI unterstützt und weiterentwickelt, sondern wurde von dem SEI durch CMMI (siehe Kapitel 4.4.4) ersetzt.

4.4.3 SPICE

SPICE bedeutet **Software Process Improvement and Capability Determination** und dient zur Reifegradbestimmung von Softwareprozessen. Die zugehörige Norm **ISO 15504** [ISO 15504] besteht zurzeit aus 5 Teilen. Teil 2 enthält den eigentlichen normativen Anteil und beschreibt die Assessmentdurchführung. Dieser Teil wurde 2003 veröffentlicht. Teil 5 beschreibt ein Process Assessment Model (PAM), das die erforderlichen Prozesse und deren Ein- und Ausgaben enthält, und wie diese Prozesse und deren Ein- und Ausgaben in einem Assessment zu bewerten sind. Dieser Teil wurde 2006 veröffentlicht. Er baut auf den Prozessen der ISO/IEC 12207 auf.

Momentan wird die Norm um die Teile 6, 7 und 8 erweitert. Teil 6 ist eine Erweiterung für die Systementwicklung, so dass die Norm nicht nur für die Softwareentwicklung eingesetzt werden kann. Der Teil 6 baut auf den Systemprozessen der ISO 15288 auf. Mit dem Teil 7 soll die Möglichkeit geschaffen werden, den Reifegrad eines Unternehmens wie bei CMM (siehe Kapitel 4.4.2) zu bestimmen. Teil 8 stellt ein exemplarisches Process Assessment Model für das IT Service Management dar, basierend auf der ISO 20000.

In SPICE werden **Prozesse** in **6 Reifegradstufen** (engl. capability level) von 0 bis 5 eingeteilt. Die unterste Reifegradstufe ist 0. Das heißt, jeder Prozess wird einzeln bewertet und hat eine eigene Reifegradstufe. Hier die Stufen:

- **Stufe 0 – Incomplete**
  Es gibt keine Prozesse. Die Entwickler wissen teilweise nicht, was die Ziele sind, und die Produkte werden häufig nicht fertiggestellt.
- **Stufe 1 – Performed**
  Die Ziele sind bekannt, es sind vereinzelt Prozesse vorhanden.
- **Stufe 2 – Managed**
  Es findet eine Projektplanung statt und Verantwortlichkeiten werden zugeordnet. Es gibt Prozesse, die aber nicht unternehmensweit festgelegt sind. Die Arbeitsprodukte werden kontrolliert.
- **Stufe 3 – Established**
  Es sind unternehmensweit Prozesse definiert.
- **Stufe 4 – Predictable**
  Beim Ausführen des Prozesses werden Messungen durchgeführt und analysiert. Sie sollen zu einer besseren Vorhersagbarkeit des Prozesses dienen.
- **Stufe 5 – Optimizing**
  Die Prozesse werden kontinuierlich verbessert.

Jeder Reifegradstufe werden in der Regel zwei **Prozessattribute** zugeordnet. Eine Ausnahme bildet die Stufe 1, für die es nur ein einziges Prozessattribut gibt. Die Prozessattribute sind Eigenschaften eines Prozesses, die für alle Prozesse anwendbar sind. Die Prozessattribute werden dabei für die Bewertung eines Prozesses herangezogen. Die Prozessattribute werden nummeriert, so dass über die erste Zahl sofort die zugeordnete Reifegradstufe ersichtlich ist. Folgende neun Prozessattribute gibt es:

Reifegrad	Prozessattribut (PA)
Stufe 1	PA 1.1 Prozessdurchführung
Stufe 2	PA 2.1 Management der Prozessdurchführung
	PA 2.2 Management der Arbeitsprodukte
Stufe 3	PA 3.1 Prozessdefinition
	PA 3.2 Prozessanwendung
Stufe 4	PA 4.1 Prozessmessung
	PA 4.2 Prozesssteuerung
Stufe 5	PA 5.1 Prozessinnovation
	PA 5.2 Prozessoptimierung

Tabelle 4-2 Prozessattribute

Zum Bewerten der Prozesse hat die Norm eine Bewertungsskala eingeführt. Sie wird in vier Bereiche eingeteilt:

- 0 % - 15 %, nicht erfüllt (engl. not achieved, N),
- > 15 % - 50 %, teilweise erfüllt (engl. partially achieved, P),
- > 50 % - 85 %, überwiegend erfüllt (engl. largely achieved, L) und
- > 85 % - 100 %, vollständig erfüllt (engl. fully achieved, F).

Um eine Reifegradstufe bei einem Assessment zu erreichen, werden die Prozessattribute für den jeweiligen Prozess bewertet. Eine Stufe hat man dann erreicht, wenn man bei der Bewertung der Prozessattribute dieser Stufe ein "largely" oder ein "fully" erreicht hat und bei den Prozessattributen der darunterliegenden Stufen mit einem "fully achieved" bewertet wurde. Um die Prozessattribute bewerten zu können, werden die sogenannten generischen Praktiken und generischen Arbeitsprodukte herangezogen. Jedes Prozessattribut besitzt mehrere generische Praktiken und generische Arbeitsprodukte.

Generische Praktiken sind allgemeine Aufgaben, die für alle Prozesse angewandt werden müssen. Für jede Reifegradstufe gibt es eigene generische Praktiken. In Stufe 1 gibt es genau eine generische Praktik. Diese heißt: Erfülle die Basispraktiken, so wie sie z. B. in der ISO 15504-5 stehen, des jeweiligen Prozesses. Auf Stufe 2 gehört das Planen und Überwachen der Prozesse dazu.

Generische Arbeitsprodukte können von den generischen Praktiken genutzt bzw. durch eine generische Praktik erstellt werden. In Stufe 2 bedeutet dies, dass für die Planung und für die Überwachung von Prozessen ein Terminplan erstellt und aktualisiert wird. Zu den generischen Arbeitsprodukten gehören Pläne, Berichte, usw.

SPICE hat die folgenden Charakteristika:

- Betrachtet werden einzelne Prozesse einer Firma.
- Assessments bewerten die einzelnen Prozesse anhand von vordefinierten Prozessmodellen.

- Mögliche Prozesse sind:
  - Konfigurationsmanagement,
  - SW-Entwicklungsprozesse und
  - Release-Management.
- Der SPICE-Assessor liefert nach einem Assessment (Bewertung der Qualität):
  - Schwächen in den Prozessen,
  - Stärken von Prozessen und
  - Verbesserungsvorschläge.

Da es sich bei SPICE um eine ISO-Norm (ISO/IEC 15504) handelt, ist diese kostenpflichtig. Die Variante Automotive-SPICE, die sich nur durch ein paar Prozesse unterscheidet, gibt es dafür kostenlos. Ebenfalls gibt es vom Verband der Automobilindustrie e.V. (VDA) eine deutsche Übersetzung von **Automotive-SPICE**. Diese kann ebenfalls frei im Internet bezogen werden (siehe [autosp]).

4.4.4 Capability Maturity Model Integration

Mit CMMI hat das SEI auf SPICE reagiert. Im Jahre 2000 wurde CMMI – damals noch unter dem Namen Capability Maturity Model Integrated – als Pilotversion 1.0 herausgegeben. Im Jahre 2002 wurde CMMI unter dem neuen Namen Capability Maturity Model Integration (kurz CMMI) freigegeben.

Bei CMM gab es unterschiedliche Modelle für die Software- und die Systementwicklung. Diese Modelle wurden durch ein modulares einheitliches System ersetzt. Zusätzlich zu dem **Stufenmodell** (engl. **staged model**), dass weiterhin in CMMI besteht, wurde ein **kontinuierliches Modell** (engl. **continuous model**) eingeführt. Dabei werden die sogenannten **Prozessgebiete** (engl. **process areas**, PA) einzeln betrachtet und diese in **Fähigkeitsstufen** bewertet. Dieses kann mit dem Bewerten von einzelnen Prozessen in SPICE verglichen werden.

Bei CMM könnte über das staged model nur die gesamte Organisationseinheit mit mehreren Prozessgebieten bewertet werden, nicht aber ein einzelner Prozess.

Die sechs Fähigkeitsstufen von CMMI lauten:

Fähigkeitsgrad 0: **unvollständig** (engl. **incomplete**)
Fähigkeitsgrad 1: **durchgeführt** (engl. **performed**)
Fähigkeitsgrad 2: **gemanagt** (engl. **managed**)
Fähigkeitsgrad 3: **definiert** (engl. **defined**)
Fähigkeitsgrad 4: **quantitativ gemanagt** (engl. **quantitatively managed**)
Fähigkeitsgrad 5: **optimierend** (engl. **optimizing**)

Durch das kontinuierliche Modell hat ein Unternehmen die Möglichkeit, sich auf wesentliche Prozessgebiete zu konzentrieren, um in diesen einen hohen Fähigkeitsgrad zu erreichen. Prozessgebiete mit geringerer Bedeutung werden nur grundlegend umgesetzt.

Beispiele für Prozessgebiete sind:

- Konfigurationsmanagement,
- Requirement-Management,

- Projektplanung und
- technische Umsetzung.

4.5 Qualitätssicherungsmaßnahmen in der Entwicklung

Die Qualitätssicherung befasst sich ganz allgemein mit den verschiedensten Maßnahmen zur Gewährleistung der Qualität der Erzeugnisse. Der Begriff wird nicht einheitlich verwendet. In der **Historie** hat es mit der **Qualitätskontrolle** angefangen. Dabei wurden die Erzeugnisse am Ende der Produktion auf Fehler hin überprüft. Dieses Vorgehen verursachte hohe Kosten (Material und Arbeitszeit), da ein Produkt zunächst vollständig hergestellt wurde. Deshalb führte man eine Qualitätsicherung in den Produktionsprozess ein. Dabei gab es mehrere Kontrollpunkte in der Herstellung, bei denen die Teilergebnisse auf Fehler untersucht werden. Somit konnten die Fehler frühzeitiger entdeckt und Kosten gespart wurden. Auch dieses Vorgehen wurde durch ein ganzheitliches Qualitätsmanagement verbessert. Beim Qualitätsmanagement wird das Produkt und der Entstehungsprozess gemeinsam betrachtet, da man zu der Überzeugung gekommen ist, dass mit guten Prozessen auch hervorragende Produktqualität erreicht werden kann.

Das **Qualitätsmanagement** muss dafür sorgen, dass ein Entwicklungs- oder Produktionsprozess fachgerecht nach Stand der Technik mit einer bestimmten Methode sinnvoll durchgeführt wird. Qualitätsvorschriften wie z. B. Vorgehensmodelle oder Programmierrichtlinien sollen dabei helfen. Ein durchdachter Prozess, dessen Ablauf in einem Vorgehensmodell beschrieben wird, fördert die Entwicklung. Genauso muss ein Produktionsprozess mit Überlegung geplant sein, um die Produktion in optimaler Weise zur Erzeugung hochwertiger Produkte durchzuführen. Ein Prozess ist durch geeignete Werkzeuge zu unterstützen. Auf allen Stufen eines Prozesses sind Prüfschritte zur Überprüfung der erreichten Qualität einzubauen.

Die Software-Qualitätssicherung betrifft die ganze Software-Entwicklung. Sie umfasst:

- die Vorgehensweise zum Erstellen der Requirements und die Organisation der zugehörigen Reviews,
- den Einsatz von Methoden bei Systemanalyse und Entwurf sowie die Organisation der zugehörigen Reviews,
- Vorgaben für die Programmierung des Codes und dessen Inspektion und
- die Durchführung und Bewertung von Tests.

Dabei wird die Qualitätssicherung durch ein gutes Konfigurationsmanagement und Änderungsmanagement unterstützt.

In der Softwareentwicklung sind passende Vorgehensmodelle, Entwurfs- und Programmierrichtlinien besonders wichtig. Nicht ablauffähige Erzeugnisse werden in der Gruppe durch Reviews überprüft, ablauffähige Erzeugnisse durch Tests. Wegen der Menge der möglichen Testdaten und der hohen Zahl der Produkte muss man sich dabei gezielt auf die besonders wichtigen Erzeugnisse und Testfälle beschränken.

Das folgende Bild 4-15 zeigt die Ergebnisse einer Studie [softqu].

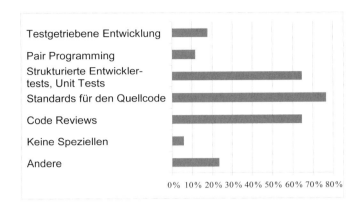

Bild 4-15 Häufige Qualitätssicherungsmaßnahmen

Dieser Studie [softqu] zufolge sind Testen, Programmierrichtlinien und Code-Reviews die am meisten eingesetzten Qualitätssicherungsmaßnahmen.

Testen wird in Kapitel 18 behandelt, Reviews als eine spezielle Testmethode in Kapitel 18.3. Programmierrichtlinien hängen von der eingesetzten Programmiersprache ab, sollten aber zumindest die Prinzipien "Teile und herrsche" (siehe Kapitel 13.2.2.1), "low coupling" und "strong cohesion" (siehe Kapitel 13.3.1), "Konzeptionelle Integrität" (siehe Kapitel 13.2.2.3) und „Separation of Concerns" (siehe Kapitel 17.1) beinhalten.

4.6 Zusammenfassung

Zur Qualitätssicherung dienen konstruktive und analytische Maßnahmen. Zu den konstruktiven Maßnahmen gehört beispielsweise der Einsatz geeigneter Methoden des Software Engineering und von höheren Programmiersprachen. Analytische Maßnahmen werden an bereits konkret realisierten Produkten durchgeführt. Hierzu gehört u. a. das Messen von Qualitätsmesszahlen (Metriken) wie z. B. die Zahl der Anweisungen pro Modul oder die Verschachtelungstiefe bei Fallunterscheidungen, aber auch das Testen von Programmen oder die Analyse von Dokumenten im Rahmen eines Reviews oder einer Code-Inspektion.

Nach der Diskussion von Fehlern in Programmen in Kapitel 4.1 befasst sich Kapitel 4.2 mit den Qualitätsmerkmalen wie Sicherheit, Zuverlässigkeit, Vollständigkeit und Robustheit zur Feststellung der Qualität. In Kapitel 4.3 werden Metriken wie LOC, Überdeckungen, die McCabe-Zahl und Halstead-Metriken vorgestellt und erklärt, wie diese in einem Kiviat-Diagramm dargestellt und analysiert werden können. Kapitel 4.4 beschäftigt sich mit den unterschiedlichen Methoden zur Bewertung der Qualität von Prozessen und Organisationseinheiten und stellt diese vor. Dazu gehören ISO 9000 ff, CMM, SPICE und CMMI. In Kapitel 4.5 wird durch eine Studie belegt, dass die häufigsten Qualitätssicherungsmaßnahmen Programmierrichtlinien, Reviews und Testen sind.

4.7 Aufgaben

Aufgabe 4.1 Fehler in Programmen

4.1.1 Was ist der Unterschied in der Zielrichtung von Software Engineering und Fehlertoleranz?
4.1.2 Zeichnen Sie die Fehlerkosten für einen Fehler in den Anforderungen in Abhängigkeit von der Dauer der Existenz des Fehlers.

Aufgabe 4.2 Qualität von Software

4.2.1 Nennen Sie fünf Qualitätsmerkmale.
4.2.2 Welche konstruktiven und welche analytischen Maßnahmen zur Qualitätssicherung kennen Sie?
4.2.3 Erläutern Sie den GQM-Ansatz.

Aufgabe 4.3 Metriken

4.3.1 Was misst die McCabe-Zahl?
4.3.2 Auf welchen elementaren Eigenschaften beruht die Halstead-Metrik für die Komplexität?

Aufgabe 4.4 Standards zur Qualitätssicherung

4.4.1 Charakterisieren Sie die ISO 9000, CMM, SPICE und CMMI.
4.4.2 Was ist der Unterschied im Ansatz zwischen CMM und CMMI?

Kapitel 5

Requirements

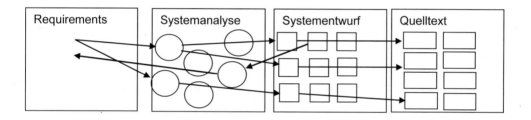

5.1 Nutzen von Requirements
5.2 Techniken für das Aufstellen der Requirements
5.3 Requirements für das System und seine Zerlegung
5.4 Arten von Requirements
5.5 Struktur der Requirements für eine Requirement-Zusammenstellung
5.6 Werkzeuggestützte Verwaltung von Requirements
5.7 Zusammenfassung
5.8 Aufgaben

5 Requirements

Requirements sind **Anforderungen**. Ziel des **Requirement Engineering** ist es, in systematischer, ingenieursmäßiger Vorgehensweise eine Requirement-Spezifikation zu erstellen, die die tatsächlichen Anforderungen an ein Produkt bestmöglich beschreibt, so dass das Produkt den Wünschen des Kunden entspricht. Wenn dieses Ziel nicht erreicht wird, sei es z. B. infolge von Unvollständigkeit, Widersprüchlichkeiten oder Mehrdeutigkeiten, so wird der Kunde mit dem Produkt nicht zufrieden sein. Der Prozess der Entwicklung eines Produkts kann nur dann zum Erfolg führen, wenn der Kunde seine Wünsche erfüllt sieht. Requirements werden in einer Requirement-Spezifikation erfasst. Ein Requirement an ein System ist eine Anforderung des Kunden an die Funktionalität eines Systems bzw. an die Systemeigenschaften, die nicht auf Funktionen abgebildet werden können, wie die Performance des Systems oder eine Einschränkung an den Entwurf wie z. B. ein zu verwendendes Betriebssystem.

> Requirements an ein System sind Anforderungen des Kunden an die Funktionen eines Systems, an die Qualitäten dieses Systems, die nicht auf Funktionen abgebildet werden können, oder es sind geforderte Entwurfs-Einschränkungen. Diese Einschränkungen beschneiden den Lösungsraum.

Die Formulierung der Requirements in der **natürlichen Sprache** hat im Gegensatz zu der Verwendung von formalen Methoden den großen Vorteil, dass gerade zu Beginn eines Projektes alle am Projekt Beteiligten (Auftraggeber, Vertrieb, Entwicklung etc.) noch alles verstehen können.

> Requirements werden meist in natürlicher Sprache geschrieben und sind deshalb für alle Projektbeteiligten verständlich.

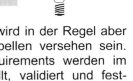

Die Requirements werden zwar formal ausgewiesen, ihr Inhalt wird in der Regel aber als Freitext formuliert. Sie können auch mit Bildern oder Tabellen versehen sein. Schließlich sagt ein Bild mehr als tausend Worte. Die Requirements werden im Rahmen eines Requirement Engineering-Prozesses aufgestellt, validiert und festgehalten. Die Erstellung von Requirements kann einen aufwendigen Requirement Engineering-Prozess bedeuten.

Requirements sind die **Grundlage der Tests** (siehe Kapitel 18). Ohne Requirements kann man nicht testen. Requirements müssen durch Testfälle prüfbar sein. Die Testfälle sollten vor der Realisierung erstellt werden, damit sie aus Sicht des Problems erstellt werden und die relevanten Fälle testen und nicht durch die Lösung so beeinflusst werden, dass eventuell Fälle der Anwendung fälschlicherweise in Vergessenheit geraten.

> Requirements müssen durch Testfälle ergänzt werden.

Requirements werden im Text stets formal als solche ausgewiesen. Eine **Requirement-Spezifikation** kann zwei verschiedene Ausprägungen haben. Diese werden in diesem Buch als Anforderungs-Spezifikation und als Requirement-Zusammenstellung bezeichnet. Enthält ein Dokument nur Requirements, so wird es in diesem Buch als **Requirement-Zusammenstellung** bezeichnet. Enthält ein Dokument die Requirements und zusätzlich noch erläuternden Freitext, so wird das gesamte Dokument hier **Anforderungs-Spezifikation** genannt. Eine Requirement-Spezifikation kann also sowohl eine Requirement-Zusammenstellung als auch eine Anforderungs-Spezifikation sein. In einem Projekt können beide Dokumentenarten vorliegen. Die gewählte Begriffsdefinition ist im folgenden Bild zu sehen:

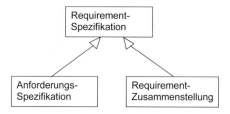

Bild 5-1 Ausprägungen einer Requirement-Spezifikation

> Eine Requirement-Spezifikation enthält die Requirements. Eine sogenannte Requirement-Zusammenstellung enthält nur die Requirements, eine Anforderungs-Spezifikation zu den Requirements auch freien Text.

Die **Kosten** für das Aufstellen der Requirements sind auf Grund der Tatsache zu vertreten, dass Fehler in den Requirements auf Grund der Fortpflanzung der Fehler die teuersten Fehler sein können. Das folgende Bild zeigt den Aufwand in Prozent der Projektkosten für eine Requirement-Spezifikation nach einer Studie im Jahre 2008 [softqu]:

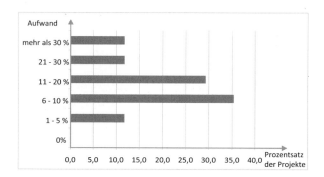

Bild 5-2 Aufwand für eine Requirement-Spezifikation in Prozent der Projektkosten

Werden die Fehler in den Requirements durch das Vorhandensein einer Requirement-Spezifikation stark reduziert, so spart man Geld für die Fehlerbeseitigung. Sind die Anforderungen gut, weiß der Kunde, was er bekommt, der Auftragnehmer, was er zu liefern hat, und der Qualitätssicherer, was er zu prüfen hat. Das **Projektrisiko** sinkt für alle Vertragspartner.

Eine Requirement-Spezifikation erfüllt ihren Zweck, wenn die Requirements

- adäquat (die Requirements erfüllen die Kundenwünsche),
- vollständig (alles, was der Kunde braucht, wird beschrieben),
- eindeutig,
- widerspruchsfrei und
- verständlich (für Kunden und Auftragnehmer)

aufgeschrieben sind [Red00].

> Requirements müssen eindeutig formuliert sein. Zweideutige Requirements müssen im Rahmen der Zusammenarbeit mit dem Auftraggeber in eine eindeutig verstehbare Form gebracht werden.

Natürlich existieren auch andere Kriterienkataloge zur Bewertung der Güte von Requirement-Spezifikationen (siehe z. B. [Röd09]).

Der Spezifikationsprozess erfordert die Identifikation der Requirements in abstrakter Form[56], ihre Darstellung und Überprüfung in enger iterativer Wechselwirkung der Systemanalytiker mit dem Kunden [Red00]. Unklare Requirements müssen vermieden werden. Es ist gut, wenn Requirements wegen ihrer Folgenschwere durch **Reviews** überprüft werden.

Nach der Darlegung des Nutzens von Requirements in Kapitel 5.1 behandelt Kapitel 5.2 Techniken zum Finden von Requirements und die Tatsache, dass sich Requirements im Projektverlauf ändern, da sie ein zukünftiges Ziel charakterisieren. Für das Gesamtsystem und auch für die Zerlegungsprodukte sollten – es ist nicht immer möglich – prinzipiell die Requirements aufgestellt werden. Bei Fremdvergaben müssen die Requirements auf jeden Fall erstellt werden (siehe Kapitel 5.3). Kapitel 5.3 zeigt ferner das Wechselspiel zwischen dem Aufstellen des Entwurfs und dem Aufstellen der Requirements. Kapitel 5.4 enthält die Einteilung der Requirements in funktionale und nicht funktionale Requirements, wobei die nicht funktionalen Requirements in nicht funktionale Qualitäten und Einschränkungen (engl. constraints) des Lösungsraums aufgespalten werden können. Kapitel 5.5 berücksichtigt diese Aufteilung und formuliert eine bewährte Struktur zum Aufstellen der Requirements. Kapitel 5.6 fordert das Verwenden einer werkzeuggestützten Verwaltung von Requirements bei größeren Projekten.

---

[56] Requirements an ein System, die System-Requirements, sind i. Allg. unabhängig von der Lösungstechnologie, es sei denn sie sind eine Einschränkung des Lösungsraums.

5.1 Nutzen von Requirements

Das Aufstellen von Requirements ist in der Industrie beim Bau großer, neuer Systeme absolute Pflicht. Der Bedarf an einer guten Technik, um Requirements aufzustellen, ist grundsätzlich in jedem Projekt vorhanden. Vor allem in Projekten mit einem mehr oder weniger großen Softwareanteil kann man die Auswirkungen sehen, wenn die Requirements nicht sauber herausgearbeitet wurden.

Als in den sechziger Jahren der Begriff der Softwarekrise geprägt wurde, wurde viel Aufwand getrieben, um dieser Krise entgegenzuwirken. Dazu musste jedoch erst einmal ausfindig gemacht werden, was denn letztendlich zum Scheitern eines Projektes führt. Man kam zu der Erkenntnis, dass in den meisten Projekten, die die Zeit- und Kostenvorgaben nicht einhalten konnten, auch die Requirements erhebliche Mängel aufwiesen. Das Aufstellen der Requirements scheint einfach zu sein, jedoch führt es auch zu zusätzlichen Problemen und Fehlern, wenn man es nicht richtig macht. Gut formulierte Requirements führen zu folgenden Vorteilen [Dor00, S.7]:

- Einer **Übereinstimmung** zwischen dem Entwickler, Kunden und Benutzer über die auszuführenden Arbeiten und die Akzeptanzgrenze des auszuliefernden Systems.
- Der Möglichkeit einer **korrekten Abschätzung** der benötigten Mittel (Kosten, Personalbedarf, Ausrüstung und Zeit).
- **Verbesserten Systemeigenschaften** wie Nutzbarkeit und Wartbarkeit und eine Verbesserung weiterer qualitativer Eigenschaften.
- Das Erreichen der Ziele mit **minimalem Einsatz** (wenig Nacharbeit, weniger Versäumnisse und Missverständnisse).

> Gute Requirements können zu einer guten Planung und zu einem guten System führen. Schlechte Requirements verhindern eine gute Planung und ein gutes System.

Bei großen und komplexen Systemen wurde beobachtet, dass es umso wichtiger ist, die Requirements gut und richtig aufzustellen. Softwarelastige Systeme scheinen von Grund auf komplexer zu sein. Dadurch sind Systeme mit weniger Softwareanteil auch weniger empfindlich, was die Requirements und das Gelingen angeht.

Nachdem klar wurde, wie wichtig Requirements sind, wurde intensiv nachgeforscht, wie man sie finden und bewerten kann, welche Standards, Werkzeuge und Methoden hilfreich sind und ob es diese bereits gibt oder ob diese erst noch erfunden werden müssen. Die **Requirement-Technik** hat sich demnach in der Welt der Systemtechnik etabliert. Zu der Requirement-Technik gehört die Analyse und Spezifikation von Systemen genauso wie das Prüfen der Abstraktion der Requirements [Dor00, S.7].

Für die praktische Arbeit ist es hilfreich, wenn Requirements auf einfache Weise eindeutig identifiziert werden können. In der Regel verwendet man hierfür ein Identifikationsschema, welches für jedes Requirement eine eindeutige Nummer vorsieht.

> Jedes Requirement hat einen eindeutigen Identifikator, der die Buchführung der Requirements sehr erleichtert.

Es ist von Vorteil, die Requirements durchzunummerieren, damit man bei der Analyse der Requirements und bei der Überprüfung ihrer Erfüllung den Bezug zum jeweiligen Requirement leichter herstellen kann. Dies gilt auch bei kleinen Projekten, die nur wenige Seiten Anforderungen haben.

Durch das sorgfältige Aufstellen und Überprüfen der Requirements kann gewährleistet werden, dass das **System richtig** gebaut wird (siehe Verifikation in Kapitel 18.2). Anhand der formal ausgezeichneten und durchnummerierten Requirements wird das Projekt verfolgt. Hierbei wird wiederholt bis zum Abnahmetest überprüft, ob alle Requirements von der Lösung erfüllt werden.

> Die **Erfüllung von Requirements** charakterisiert den **Projektfortschritt**.

Bevor mit der Realisierung eines Systems in einem Projekt begonnen wird, muss klar sein, was die Aufgabenstellung ist. Die Aufgabenstellung wird in den meisten Projekten in textueller Form und durch aussagefähige Grafiken ergänzt aufgeschrieben. Schreibt der Kunde die Requirements auf, so wird dieses Dokument als **Lastenheft** bezeichnet. Das Lastenheft wird dann an den Lieferanten weitergereicht, der darauf hin dem Kunden die Requirements in Form eines **Pflichtenhefts** vorlegen muss. Ein Pflichtenheft ist eine fortgeschriebene Version des Lastenheftes, wobei es zusätzlich zum Lastenheft auch technische Details des Entwurfs enthält. In der hier verwendeten Begriffswelt umfasst das Pflichtenheft den Stand der Requirements nach Durchführung einer Machbarkeitsanalyse (siehe Kapitel 1.5.3). Das Pflichtenheft enthält die Vereinbarungen zwischen dem Kunden und den Entwicklern. Es ist oft Bestandteil des Vertrags. Damit kann dann das Projekt kalkuliert werden.

5.2 Techniken für das Aufstellen der Requirements

In der Regel muss man, bevor man die Requirements an das neue System zusammenstellt, mit der Umgebung, in die das neue System eingefügt werden soll, vertraut werden. Hierzu wird man

- identifizieren, welche Anwendungsfälle das neue System erbringen soll,
- die Nutzerorganisation aufnehmen und beschreiben (bei Systemen für einen speziellen Kunden, nicht jedoch bei Systemen für den breiten Markt),
- die Aufgaben der Nutzer aufnehmen und beschreiben,
- die Schwachstellen im jetzigen Zustand analysieren,
- die Möglichkeiten für eine DV-Unterstützung prüfen und
- das Mengengerüst für Informationsflüsse, Speichervolumina, Verarbeitungsperformance grob erfassen (dies braucht man zu einer Beurteilung der Realisierungsfähigkeit und zu einer ersten Kostenschätzung).

Zu den verwendeten Techniken zur **Aufnahme von Requirements** gehört:

- das Studium von Dokumenten,
- das Studium des Stands der Technik,
- Gespräche mit dem Kunden und
- das Studium von abzulösenden Altsystemen bzw. ähnlichen Systemen.

Unterschiedliche Anforderungen verschiedener Nutzer müssen vereinheitlicht werden und sprachliche Missverständnisse durch klare Begriffe vermieden werden. Die Wünsche des Kunden sind häufig nicht so eindeutig, wie es sich auf den ersten Blick anhört, denn es gibt viele sehr unterschiedliche **Interessengruppen** beim Kunden. Eine der wichtigsten Aufgaben des Requirement Engineering ist es, diese Interessen zu bündeln, Widersprüche aufzulösen und Wünsche zu priorisieren. **Stakeholder**[57] aus jeder Gruppe müssen daher an diesem Prozess beteiligt werden. Zur einheitlichen Verwendung der wichtigen Begriffe des Anwendungsbereichs kann die Erstellung eines Begriffsverzeichnisses hilfreich sein. Es zahlt sich aus, **in der Anfangsphase** bis zur Konsolidierung die Requirements mit Quelle und Datum zu versehen, damit die **Nachvollziehbarkeit der Quelle der Requirements** gegeben ist, wenn es zu Diskrepanzen bei den Stakeholdern kommt.

Durch die Requirements müssen die Systemgrenzen klar werden, also was alles zum System gehört und was außerhalb des Systems liegt. Die Erfahrung zeigt, dass zu Beginn eines Projektes selbst die Aufgabenstellung nur vage bekannt ist. Ein grundsätzliches Problem der Requirements ist, dass heutige Requirements ein zukünftiges System beschreiben sollen. Selbst wenn zu Projektbeginn alle Requirements von einem Auftraggeber abgezeichnet wurden, so werden diese dennoch mit fortschreitendem Wissen über das System wieder geändert ("moving target"). In welcher Richtung sich die Requirements ändern, ist nicht vorhersagbar. Die Situation ist ähnlich wie bei einem Jäger, der auf ein sich bewegendes Ziel schießen will. Hat er sich auf die jetzige Position eines Ziels einjustiert, ist das Ziel schon weiter.

> Da sich die Anforderungen an ein Produkt mit zunehmendem Wissen über das gewünschte Produkt mit der Zeit ändern, müssen auch die aufgestellten Requirements geändert werden.

Die konzentrierte Form der Requirements ermöglicht eine einfache Änderung im Projektverlauf.

> Als hilfreich hat es sich herausgestellt, eine **Entscheidungsdokumentation** zu führen, in der u. a. festgehalten wird, warum Requirements abgeändert wurden.

Das folgende Bild zeigt, dass sich gemäß den Ergebnissen einer Studie aus dem Jahre 2008 [softqu] bei vielen Projekten im Verlauf des Projektes die Requirements änderten. Bei gut 40 Prozent der befragten Unternehmen hatten sich 30 Prozent bis 50

---

[57] Jemand, der ein Interesse an einem Projekt hat wie ein Nutzer oder der EDV-Verantwortliche, wird auch als "Stakeholder" bezeichnet.

Prozent der Requirements im Projektverlauf geändert. Dass Requirements sich ändern, kann nicht als Begründung dienen, sie nicht in schriftlicher Form festzuhalten. Die schriftliche Form der Requirements ist notwendig, damit man nachsehen kann, was entstehen soll, und natürlich auch, dass man nach dem Studium der Requirements und nach Diskussionen wieder zu einer verbesserten Version der Requirements kommen kann.

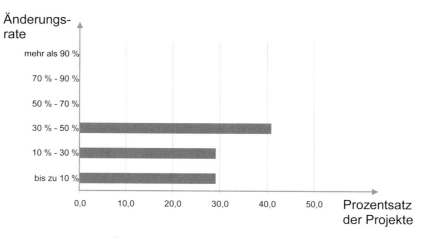

Bild 5-3 Änderung der Requirements im Projektverlauf

In einer **Anforderungs-Spezifikation** können die Wünsche des Auftraggebers spezifiziert werden. In der Regel ist eine Anforderungs-Spezifikation für ein praktisches Arbeiten viel zu umfangreich. Bei Großprojekten beispielsweise kann eine Anforderungs-Spezifikation einen ganzen Ordner oder noch mehr umfassen. Daher versucht man, die Informationsmenge dadurch in den Griff zu bekommen, dass man die wichtigsten Sätze eines solchen Dokumentes formal als Requirements kennzeichnet und als Requirement-Zusammenstellung herauszieht. Dabei muss man allerdings alle wichtigen Sätze als solche erkennen, d. h., man muss das Wesentliche vollständig erfassen. Die so ausgezeichneten und separierten Requirements stellen eine Verdichtung des gesamten Textes dar.

Eine Requirement-Zusammenstellung stellt ein Konzentrat der Anforderungsspezifikation dar oder wird isoliert aufgestellt.

Liegen keine Requirements vor, aber eine umfangreiche Anforderungsspezifikation ohne die explizite Ausweisung von Requirements, so werden die Requirements als "übersichtliche Knackpunkte" der Anforderungsspezifikation identifiziert.

Im ersten Schritt werden die Requirements identifiziert (siehe Bild 5-4) und im zweiten Schritt formal ausgewiesen.

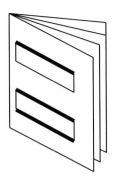

Bild 5-4 Vorläufige Identifikation der Requirements durch Markieren

In allen Zweifelsfällen muss ein Requirement im Bezug zu seinem Umgebungstext betrachtet werden, da der Text als Gesamtheit (formal ausgewiesene Requirements plus deren Umgebung) streng genommen als Anforderung zu verstehen ist. Die formale Ausweisung von Requirements hat nur das Ziel, zu einer einprägsamen, kurzen Darstellung aller Requirements zu kommen. Formal ausgewiesene Requirements als Extrakt des Wesentlichen sollen über die Projektlaufzeit verfolgt werden können.

Bei Vorliegen einer Anforderungs-Spezifikation sollen Änderungen stets auf dem Text der Anforderungs-Spezifikation durchgeführt werden. Die Anforderungs-Spezifikation soll als Ganzes gepflegt werden. Requirements sollen werkzeuggestützt aus einer Anforderungs-Spezifikation automatisch extrahiert und in ein neues Dokument, das nur Requirements enthält (die Requirement-Zusammenstellung) kopiert werden können. Gibt es keine Anforderungs-Spezifikation, sollen Änderungen auf der isoliert erstellten Requirement-Zusammenstellung durchgeführt werden.

Generell kann man sagen, dass der Umfang der Requirements so groß sein muss, dass man zu Projektbeginn alle systementscheidenden Requirements kennt. Dabei muss der Detaillierungsgrad der Requirements der Aufgabenstellung angemessen sein. So ist es beispielsweise sinnlos, im Rahmen der Requirements an ein System die Position für ein Eingabefeld irgendeiner Bildschirmmaske oder Dialogschablone festlegen zu wollen. Solche Feinheiten können in einer späteren Phase des Projektes als neues, zusätzliches Requirement aufgestellt werden.

> **Grundsätzlich kann man in jeder Projektphase neue Requirements aufstellen.**

Man sollte jedoch in späteren Phasen nach Möglichkeit nur feinere Requirements an den Problembereich oder Requirements an den Lösungsbereich aufstellen, jedoch keine neuen Requirements an das System, da dies einen Rücksprung in einen bereits abgelaufenen Entwicklungsschritt bedeuten würde. Sinnvolle Requirements an das System von Anfang an sind jedoch beispielsweise die geforderten Antwortzeiten für die Dialoge oder die Art der Mensch-Maschine-Schnittstelle wie z. B. ein Bildschirm mit Fenstersystem oder alle Leistungen, die das System erbringen soll, in anderen Worten, die durch das System zu unterstützenden Anwendungsfälle.

> Regeln für das Aufstellen von Requirements:
>
> 1. Man kann nicht jeden Satz zum Requirement erheben.
> 2. Ein Requirement auf Systemebene muss ein Konzentrat sein, es darf keine unnötigen Details enthalten.
> 3. Ein Requirement muss für sich alleine lesbar sein und darf andere Requirements nicht referenzieren.
> 4. Die Summe aller Requirements muss alle wichtigen Requirements enthalten.

Dabei ist das **Single Source-Prinzip** zu beachten. Es sagt aus, dass eine bestimmte Information nur an einer einzigen Stelle, d. h. nicht redundant, abgelegt werden soll. Ist eine Information doppelt vorhanden wie im Falle der Generierung einer Requirement-Zusammenstellung aus einer Anforderungs-Spezifikation, so muss die zweite Stelle eine nur lesbare Kopie der ersten Stelle sein (siehe Kapitel 13.2.3.2).

5.3 Requirements für das System und seine Zerlegung

Immer dann, wenn man ein System in Anteile zerlegt bzw. diese Anteile weiter zerlegt werden, muss festgelegt werden, welche Requirements an die Zerlegungsprodukte und ihre Wechselwirkungen zu stellen sind.

Als Beispiel fordert das Vorgehensmodell der Bundesbehörden (V-Modell [V-M92], vgl. Kapitel 3.1.3) dieses strenge Vorgehen. Hierzu ist anzumerken, dass diese Vorgehensweise mit erheblichen Mühen verbunden ist. Die ursprünglichen Requirements an das System (System-Requirements) sind in der Regel aufgestellt worden, ohne die verschiedenen Zerlegungsprodukte des Systems zu kennen. Das hat zur Konsequenz, dass die System-Requirements sich nicht eins-zu-eins auf die **Zerlegungsprodukte** bzw. ihre Wechselwirkung abbilden lassen. Ein gewisser Teil der System-Requirements muss also neu formuliert werden, um zu Requirements zu gelangen, die eindeutig den Zerlegungsprodukten bzw. ihrer Wechselwirkung zugeordnet werden können.

> Die Requirements aus Kundensicht auf der Ebene des Gesamtsystems werden als **System-Requirements** bezeichnet. System-Requirements beschreiben das Verhalten des Systems zu seiner Umgebung. Sie beschreiben also, welche Leistungen das System nach außen hin erbringt.

> Die Zerlegung eines Systems in Zerlegungsprodukte und wiederum deren **rekursive Zerlegung** und die Zuordnung von Requirements zu Zerlegungsprodukten und ihren Wechselwirkungen kann eine Neuformulierung der Requirements bewirken.

> Requirements an die Zerlegungsprodukte bzw. ihre Wechselwirkungen sind aus den System-Requirements abzuleiten.

In vielen Projekten wird man aus Aufwandsgründen nicht auf jeder Ebene der Zerlegung eines Systems die Requirements neu formulieren wollen. Man behält die ursprünglichen Requirements bei, solange man das Gefühl hat, dass man sie noch im Griff hat. Vergibt man Zerlegungsprodukte an eine andere Abteilung oder Firma, so führt kein Weg an der strengen Vorgehensweise des V-Modells vorbei – die Requirements müssen die Anforderungen an die Zerlegungsprodukte bzw. ihre Wechselwirkungen exakt beschreiben, damit diese richtig gebaut werden. Das bedeutet, dass man in einem solchen Fall fast immer die ursprünglichen Requirements überarbeiten muss, um eine Eins-zu-Eins-Korrespondenz zwischen Requirements und Zerlegungsprodukten bzw. ihren Wechselwirkungen zu erhalten.

> Werden Aufträge extern vergeben, so sind für jeden Auftrag die Requirements zu erstellen.

System- und Software-Requirements werden in Projekten oftmals gemeinsam behandelt, da die Techniken zu deren Gewinnung sich sehr ähnlich sind. Es gibt jedoch Unterschiede: System-Requirements gehören zur obersten Ebene eines Systems, Software-Requirements beziehen sich bei vielen Systemen auf tiefere Zerlegungs-Ebenen.

Beim Aufstellen der **System-Requirements** betrachtet man das System in einer **Blackbox-Sicht**. Requirements werden aus Kundensicht auf der Systemebene erstellt, wobei der Kunde in der Regel keinen Einfluss auf die Systemarchitektur nimmt. Der Kunde möchte die gewünschten Leistungen zu einem akzeptablen Preis haben. Die geeignete Systemarchitektur zu finden – beispielsweise ein verteiltes System von Rechnern und Programmen –, ist im Normalfall die Aufgabe des Lieferanten. Hierfür möchte der Kunde fast nie die Verantwortung übernehmen, da er sonst keine Handhabe gegen den Lieferanten hat, wenn das System einen schlechten Durchsatz und lange Antwortzeiten aufweist.

> Die Forderungen an das System zeichnen sich dadurch aus, dass sie für den Kunden verständlich sind, meist auch Teil der Verträge sind und zusätzlich noch durch Testfälle ergänzt werden, die für die Abnahme des Systems von Bedeutung sind.

Der System-Lieferant hat dann das System so zu bauen, dass es die geforderten Leistungen erbringt. Die System-Requirements dienen als **Schnittstelle zwischen Kunde und Lieferant**. Den Kunden interessiert es normalerweise nicht, wie die Requirements für tiefere Ebenen aussehen.

Beim Aufstellen der **Requirements der tieferen Ebenen** sieht man in das System hinein und betrachtet die Architektur des Systems aus einer **Whitebox-Sicht**.

> Die **Requirements der tieferen Ebenen** betreffen Komponenten des Systems und ihre Wechselwirkungen.

Die Requirements der tieferen Ebenen können reine Hardware- oder Software-Requirements sein oder eine Mischung aus beiden. Die Requirements der tieferen

Ebenen werden von den Entwicklern geschrieben und dienen der **Kommunikation zwischen den Entwicklern** und sind nicht für den Kunden des Gesamtsystems gedacht. Eine Entwicklergruppe muss schließlich wissen, für was ihre Komponente verantwortlich ist und wie die Schnittstellen zu den anderen Komponenten aussehen müssen. Es sind **Requirements an Subsysteme und ihre Wechselwirkungen** und – sobald zwischen Hardware und Software getrennt werden kann – **Hardware-** oder **Software-Requirements**.

Logische und physikalische Betrachtungseinheiten

Bei der Zerlegung eines Systems gibt es verschiedene Hierarchien, die jedoch nicht alle den gleichen Einfluss auf die Systemarchitektur haben.

> Im V-Modell '92 wurde erkannt, dass zwischen Hierarchien von **logischen** und **physikalischen Betrachtungseinheiten** eines Systems zu unterscheiden ist.

Diese Unterscheidung zwischen logischen und physikalischen Betrachtungseinheiten ist auch heute noch höchst aktuell. Die **logischen Betrachtungseinheiten** stellen nichts anderes als die **Anwendungsfunktionen** bzw. **Anwendungsfälle** dar. Die **physikalischen Betrachtungseinheiten** entsprechen den **Subsystemen** bzw. **Systemkomponenten**.

Die Architektur eines Systems beschreibt im Wesentlichen die Zerlegung des Systems in physische Komponenten und das Zusammenwirken der Komponenten. Das Zusammenwirken der Komponenten (physikalischen Betrachtungseinheiten) muss nun so gestaltet werden, dass als Resultat die Anwendungsfälle des Systems entstehen. Ein kundenerlebbarer Anwendungsfall des Systems kann hierbei durch das Zusammenwirken mehrerer Komponenten realisiert werden, wobei es durchaus Anwendungsfälle des Systems geben kann, die eindeutig in nur einer Systemkomponente erbracht werden. Den Begriff Anwendungsfall selbst gibt es bei jedem Zerlegungsprodukt eines Systems. Ein System hat Anwendungsfälle, ein Subsystem hat Anwendungsfälle, eine Komponente hat Anwendungsfälle und eine Klasse hat Anwendungsfälle.

Nach der Abgrenzung zwischen System-Requirements und Requirements an die Zerlegungsprodukte bzw. ihre Wechselwirkungen werden die folgenden Schritte beim Aufstellen von Requirements für ein System und seine Zerlegung diskutiert. Die Schritte der Requirement-Technik sind [Dor00, S. 7]:

1. **Finden der Requirements** (engl. **elicitation**) durch Gespräche mit dem Kunden.
2. **Zerlegung** (engl. **decomposition**) des Systems in Komponenten.
3. Definition der **Schnittstellen** (engl. **interfaces**) der Teilsysteme und Festlegung der Zusammenarbeit der Teilsysteme[58].
4. **Zuordnen der Requirements** (engl. **allocation**) auf die Teilsysteme und ihre Wechselwirkungen.
5. **Verfeinern der Requirements** (engl. **flowdown**).

---

[58] Protokollzustandsautomaten eines Objekts, die für jeden wechselwirkenden Partner verschieden sein können, werden hier nicht betrachtet.

6. Sicherstellung der **Verfolgbarkeit** (engl. **traceability**).
7. **Validierung und Verifizierung** (engl. **validation and verification**)[59], d. h. prüfen, ob alles richtig gemacht wurde.

Die Schritte 3 und 4 laufen parallel, können hier aber nur sequenziell dargestellt werden.

5.3.1 Aufstellen der System-Requirements

Die System-Requirements legen die Leistungen des Systems fest. Diese Leistungen sind kundenerlebbar und müssen in der Regel durch Erhebungen beim Kunden und durch Abstimmgespräche dem Kunden "entlockt" werden. Daher heißt dieser Schritt in der Literatur auch oft **"elicitation"** (Herauslocken, Erhebung von Antworten). Aber auch das Studium von Dokumenten oder von Altsystemen und der Stand der Technik kann hilfreich sein. Bereits am Anfang eines Projektes werden die Requirements der Systemebene festgelegt. Eine Hilfe bei der Aufstellung der System-Requirements ist, den Arbeitsprozess (engl. **concept of operations** – kurz: **ConOps**) schriftlich festzuhalten. In anderen Worten, es werden die **Geschäftsprozesse** studiert. Der Text dieses Dokumentes ist i. Allg. in Fließtext geschrieben und beschreibt die Umgebung und die Funktionalität des zu erstellenden Systems.

Um System-Forderungen zu erkennen, werden Geschäftsprozesse studiert.

Das Ausarbeiten der Requirements wird mit dem Kunden bzw. dem Endanwender zusammen durchgeführt. Das Ausarbeiten beinhaltet ein Verständnis für physische und soziologische Verfahren der Arbeitsprozesse, für das Einsatzgebiet des zu erstellenden Systems und die Systemerstellung.

5.3.2 Zerlegung des Systems – Decomposition

Große, softwarelastige Systeme sind – unter den Produkten, die von Menschenhand erstellt wurden – die aus logischer Sicht komplexesten Produkte. Essenzielle Grundlagen zur erfolgreichen Fertigstellung eines solchen komplexen Produktes sind die **Abstraktion** und die **Zerlegung**.

Während die System-Requirements entstehen, machen sich die Systemingenieure gleichzeitig Gedanken darüber, in welche physikalischen Betrachtungseinheiten das System zerlegt wird. Die **Festlegung der Systemhierarchie** wird oft auch **Zerlegung** genannt [Dor00, S.13ff.]. Direkt verbunden mit der Zerlegung des Systems ist die Definition der Schnittstellen zwischen den physikalischen Betrachtungseinheiten und das Studium der Wechselwirkungen zwischen ihnen (siehe Kapitel 5.3.3).

---

[59] Validation und verification werden hier pauschal wie in der Originalarbeit [Dor00] betrachtet. In Kap. 18.2 werden Validierung und Verifikation unterschieden.

> Wird das System zerlegt, so müssen die Requirements den Subsystemen und ihren Wechselwirkungen zugeordnet werden.

5.3.3 Schnittstellen – Interfaces

Ein weiterer wichtiger Schritt ist die Definition der Schnittstellen.

> Vor dem Aufstellen der **System-Requirements** müssen die **Schnittstellen zur Systemumgebung, d. h. die externen Schnittstellen,** studiert werden und bekannt sein, weil für diese externen Schnittstellen Requirements erhoben werden.

Für die Wechselwirkungen des Systems zu den Akteuren kann eine **Schnittstellen-Kontrollspezifikation**[60] aufgestellt werden, die den Ablauf von Protokollen zwischen dem System und den Akteuren beschreibt. Nach Festlegung der System-Requirements werden die internen Schnittstellen, d. h. die **Subsystem-zu-Subsystem-Schnittstellen**, definiert.

> Die Subsystem-zu-Subsystem-Schnittstellen müssen es jedem Subsystem ermöglichen, die ihm zugeteilten Requirements zu erfüllen.

Bild 5-5 zeigt dieses Konzept.

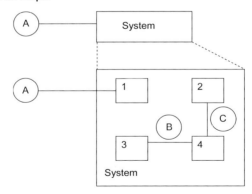

Bild 5-5 Schnittstellen-Definition

In dem oberen Teil des Bilds stellt A eine externe Schnittstelle des Systems dar, zum Beispiel eine vom System generierte Ausgabe. Wenn die Subsysteme 1, 2, 3 und 4 definiert sind, wie im unteren Teil des Bilds zu sehen ist, so wird die externe Schnittstelle A durch das Subsystem 1 realisiert. Interne Schnittstellen wie B zwischen 3 und 4 oder C zwischen 2 und 4 müssen ebenfalls gefunden werden. Dieses Vorgehen zieht sich durch den kompletten Vorgang der Entwicklung. Es besteht auch

---

[60] oder ein Protokollzustandsautomat (siehe Anhang D)

die Möglichkeit, während des Definierens der Schnittstellen Fehler in der Zerlegung, der Zuordnung und der Verfeinerung aufzudecken. Dies kann zur Wiederholung der vorherigen Schritte führen [Dor00, S. 17ff.].

5.3.3.1 Zuordnung – Allocation

Der Schritt der Zuordnung umfasst die Zuordnung eines Requirements an die Leistungen der **Zerlegungsprodukte** und an ihre **Wechselwirkungen**. Die **Schnittstelle** eines Zerlegungsprodukts und ihr Aufruf sollte beim jeweiligen Zerlegungsprodukt dokumentiert werden, da sie zum entsprechenden Zerlegungsprodukt gehört. Wie das System selbst funktioniert, wird aus Sicht der Schnittstelle nicht beschrieben. Die Requirements an die **Wechselwirkungen (Protokolle)** zwischen den Partnern können in Form einer **Schnittstellen-Kontrollspezifikation**[61] (engl. interface control specification) aufgestellt werden, die von beiden kommunizierenden Seiten erfüllt werden muss. Die Protokolle auf der Ebene des Systems bzw. der Zerlegungsprodukte in einer separaten Schnittstellen-Kontrollspezifikation zu dokumentieren, macht Sinn, da die Protokolle vom jeweiligen Partner abhängen können. Zerlegt man ein System in Teilsysteme, muss man die Schnittstellen und Protokolle zwischen den Partnern spezifizieren. In ein Teilsystem sehen nur die Entwickler dieses Teilsystems hinein. Die anderen Entwickler sehen nur eine Blackbox, seine Schnittstelle und seine Protokolle.

Dieselben Systemingenieure führen die Zerlegung durch und erstellen die Zuordnung der Requirements an die Zerlegungsprodukte und ihre Wechselwirkungen (Knoten und Kanten) der nächsten Ebene. Die Zerlegung und die Zuordnung stellen einen rekursiven Prozess dar. Letztendlich führt dieses Vorgehen zu einer vollständigen Zuordnung der System-Requirements zu Teilsystem-Requirements und Requirements an die Wechselwirkung zwischen Teilsystemen, wie es in der folgenden Tabelle zu sehen ist. Dort sieht man, welche Teilsysteme bzw. welche Wechselwirkungen zu welchem System-Requirement gehören. Jedes Requirement muss schließlich zu einem Requirement der nächsten Ebene zugeordnet sein. In diesem Beispiel wird die Teilsystemebene betrachtet. Die Namen sind frei wählbar, jedoch auch abhängig von der Anzahl der Ebenen und den vereinbarten Richtlinien der Systementwickler [Dor00, S.14].

System-Requirements	Teilsystem A	Teilsystem B	Teilsystem C	Wechselwirkung A←→B	Wechselwirkung B←→C	Wechselwirkung A←→C
Sys 001	X	X				
Sys 002	X		X			
Sys 003		X				
Sys 004	X	X	X			
Sys 005			X		X	
Sys 006		X				
Sys 007	X	X				

Tabelle 5-1 Beispielhafte Zuordnung von System-Requirements

---

[61] Für die Beschreibung der Wechselwirkungen zwischen den Partnern können auch Protokollzustandsautomaten (siehe Anhang D) verwendet werden.

> Jedes Requirement der Systemebene kann einem oder mehreren Requirements der nächsten Ebene zugeordnet werden.

5.3.4 Verfeinerung – Flowdown

Der nächste Schritt wird als Flowdown bezeichnet und besteht aus dem Schreiben von Requirements für die Zerlegungsprodukte bzw. ihren Wechselwirkungen entsprechend der Zuordnung. Die Bezeichnung Flowdown ist jedoch nicht standardisiert.

> Die Verfeinerung besteht daraus, Requirements für die untergeordneten Elemente und ihre Wechselwirkungen zu schreiben. Dies geschieht in Anlehnung an die Zuordnung.

Zu Beginn des Projektes werden die Requirements an das System aufgestellt. Diese Requirements sind noch ziemlich grob. Im Laufe des Projektes wird das System entworfen. Hierbei müssen für jeden Systemanteil die Requirements bekannt sein. Der Entwurf eines Systems kann über mehrere Ebenen gehen. Dies hat in der Regel die Konsequenz, dass mit zunehmender Zerlegung und zunehmendem Wissen über das System

- die ursprünglichen Requirements durch verfeinerte Requirements abgelöst werden und
- neue Requirements aus technischer Sicht des Systemdesigners aufgestellt werden.

Ein Beispiel für die Ablösung von ursprünglichen Requirements ist, dass ein Requirement durch drei neue Requirements ersetzt wird. Das alte Requirement gilt damit als erfüllt.

Im Rahmen der Systemanalyse werden die Funktionen, Daten und Abläufe einer Anwendung festgelegt. Damit muss die Systemanalyse bereits einen Teil der Requirements erfüllen. Es können beim Systementwurf neue Requirements an die Komponenten des Systems und ihre Wechselwirkungen aufgestellt werden. Man muss aber verfolgen, ob die in der Systemanalyse erfüllten Requirements nicht im späteren Verlauf des Projekts einfach vergessen wurden. Requirements an die Performance können erst beantwortet werden, wenn das System läuft. Die erreichte Performance wird maßgeblich durch den Systementwurf und die Implementierung bestimmt.

> Wenn ein funktionales System-Requirement einem Subsystem zugeordnet wird, so muss mindestens ein funktionales Requirement des Subsystems der Zuordnung entsprechen.

Je tiefer man in der Hierarchie geht, umso detaillierter werden die Ebenen. System-Requirements sind demzufolge allgemein, während Requirements der unteren Ebenen der Systemhierarchie sehr detailliert sind.

> Zu Beginn – in der oberen Ebene – sind die Requirements sehr abstrakt. In den unteren Ebenen werden die Requirements dann detaillierter.

Bei der Verfeinerung können Fehler der Zuordnung, der Hierarchie-Festlegung und der System-Requirements entdeckt werden. Der Schritt der Verfeinerung ist rekursiv.

Die folgende Tabelle zeigt das Ergebnis der ersten Verfeinerungsstufe in einem Beispiel:

System-Requirements	Subsystem A Requirement	Subsystem B Requirement	Subsystem C Requirement
Sys 001	SSA 001 SSA 002	SSB 001	
Sys 002	SSA 003 SSA 004 SSA 005		SSC 001 SSC 002
Sys 003		SSB 002 SSB 003	
Sys 004	SSA 006 SSA 007	SSB 004 SSB 005 SSB 006	SSC 003
Sys 005			SSC 004 SSC 005
Sys 006		SSB 007 SSB 008	
Sys 007	SSA 008 SSA 009	SSB 009	

Tabelle 5-2 Beispielhafte Verfeinerung der System-Requirements[62]

Dies ist ein vollständiger Satz an Requirements für jedes der Subsysteme A, B und C. Hierbei werden die Wechselwirkungen der Einfachheit halber nicht betrachtet.

Das Systemebenen-Requirement Sys 001 wurde den Subsystemen A und B zugeordnet. Die Subsystem-Requirements wurden in Anlehnung an die Zuordnung festgelegt. Genauso wurde das Requirement Sys 002 zu A und C zugeordnet (vgl. Tabelle 5-1). Nach der Vervollständigung dieser Verfeinerungsebene wird die Zuordnung der Subsystem-Requirements auf der nächsten Ebene ausgeführt. Anschließend wird dann für die nächste Ebene die Verfeinerung gemacht. Wieder können die Ergebnisse der Schritte der höheren Ebenen geändert werden müssen, damit man zu Requirements gelangt, die eindeutig den Zerlegungsprodukten bzw. ihrer Wechselwirkung zugeordnet werden können.

> Die Schritte der Zerlegung, Zuordnung und Verfeinerung werden solange wiederholt, bis ein geeignetes Maß an Genauigkeit erreicht wurde.

---

[62] Das Zuordnen von Requirements auf Requirements einer tieferen Ebene wird hier nur für Knoten betrachtet, da Forderungen meist auf Bestandteile (Knoten) und nicht auf ihre Verbindungen (Kanten) abgebildet werden.

In Bild 5-6 ist das rekursive Vorgehen beispielhaft dargestellt:

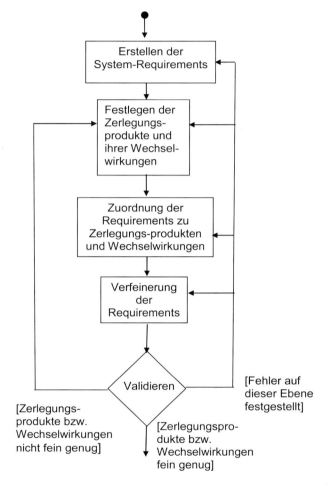

Bild 5-6 Vorgehen zur Verfeinerung der System-Requirements[63]

5.3.5 Sicherstellung der Verfolgbarkeit bei Verfeinerung – Traceability

Die Anzahl der Requirements erhöht sich während des Zuordnens und Verfeinerns rapide. Hier ein Beispiel:

Angenommen, es gäbe vier Ebenen in der Hierarchie der Verfeinerung und jede Ebene würde sich wieder in vier Ebenen aufteilen. Nach der Verfeinerung hätte dann noch jeder Zweig drei Requirements. Das würde dann insgesamt über 250 Requirements in der Hierarchie eines jeden Systemebenen-Requirements ergeben, und das

---

[63] Eine erforderliche Neuformulierung der Requirements wegen der eindeutigen Zuordenbarkeit zu Zerlegungsprodukten ist nicht dargestellt.

noch ohne die abschließenden drei Requirements eines jeden Verfeinerungsstufe-4-Requirements. Requirements an die Wechselwirkungen sind hier nicht betrachtet. Für ein besseres Verständnis ist diese Rechnung bildhaft in Bild 5-7 dargestellt [Dor00, S.16]:

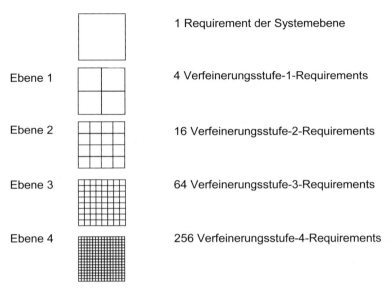

Bild 5-7 Beispielrechnung zur Anzahl der Requirements

Um sicherzugehen, dass alle Requirements sauber verfeinert wurden, ist es sehr wichtig, die Spur der Requirements nachvollziehbar zu halten.

Die Verfolgbarkeit von Änderungen an Requirements muss durch ein sauberes Änderungsmanagement sichergestellt werden. Dies ist deswegen so wichtig, weil kein Requirement verloren gehen darf und unnötige Requirements nicht reinrutschen dürfen. Das Lesen und Verstehen der Requirements ist ohnehin schon schwer genug. Da wird es nicht leichter, wenn man die Requirements nicht zurückverfolgen kann. Wenn man mehrere tausend Requirements hat, ist es ohne eine saubere Möglichkeit der Rückverfolgung gar unmöglich, den Überblick zu wahren.

Die **Verfolgbarkeit** (engl. **traceability**) ist das Konzept, welches die nötige Buchhaltung der Requirements sowohl im Falle der Zerlegung als auch in umgekehrter Richtung beinhaltet.

Das Durchführen der Verfolgung, nachdem die Zuordnung und Verfeinerung erfolgt ist, trägt dazu bei, die Gültigkeit zu garantieren. Wenn Änderungen durchgeführt werden müssen, hilft die Verfolgung dabei, die betroffenen Requirements ausfindig zu machen, ohne dass auch nur eines vergessen wird. Dies spart dem Entwickler viel Zeit und hilft, das System richtig zu bauen.

In der nachfolgenden Tabelle sieht man den **Verfolgungspfad** bezogen auf die Zuordnung und Verfeinerung (siehe Kapitel 5.3.3.1 und Kapitel 5.3.4):

System-Requirement	Subsystem A Requirement	Programm 1 Requirement	Programm 2 Requirement	Programm 3 Requirement
Sys 001	SSA 001	PG1 001	PG2 001	–
		PG1 002		
	SSA 002	PG1 003	–	PG3 001
				PG3 002
Sys 002	SSA 003	–	PG2 002	–
			PG2 003	
	SSA 004	PG1 004	PG2 004	PG3 003
	SSA 005	PG1 005	PG2 005	PG3 004
			PG2 006	PG3 005

Tabelle 5-3 Verfolgungspfad der Requirements[64]

Pfade, die durch Tabelle 5-3 beschrieben werden, beziehen sich auf die gedachten Verbindungen der Forderungen der verschiedenen Ebenen. So wird z. B. das System-Requirement `Sys 001` auf `SSA 001` abgebildet, dieses wiederum auf `PG1 001`, `PG1 002` und `PG2 001`. `Sys 001` wird auch auf `SSA 002` abgebildet. `SSA 002` wird wiederum auf `PG1 003`, `PG3 001` und `PG3 002` abgewälzt. Auch der umgekehrte Weg ist möglich. So entstand `PG2 001` aus `SSA 001` und dies aus `Sys 001`.

Das folgende Bild zeigt symbolisch das Zuordnen von Requirements auf Produkte der Systemanalyse, des Systementwurfs und des Quellcodes und den Weg in der Gegenrichtung:

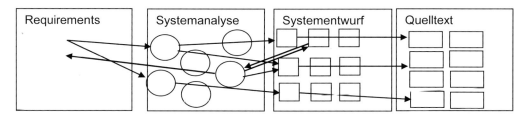

Bild 5-8 Vorwärts- und Rückwärtsverfolgung[65]

Andere Darstellungsformen als Tabelle 5-3 wie Bäume und Tabellen mit Einrückungen können ebenfalls eingesetzt werden, um die Verfolgbarkeit wiederzugeben [Dor00, S.16ff.].

Man beachte, dass die Verfolgbarkeit keine strikte technische Aufgabe ist, während die Zuordnung und Verfeinerung rein technische Aufgaben sind.

---

[64] Das Zuordnen von Requirements auf Requirements einer tieferen Ebene wird hier nur für Knoten betrachtet, da Forderungen meist auf Bestandteile (Knoten) und nicht auf ihre Verbindungen (Kanten) abgebildet werden.
[65] Das Zuordnen auf Wechselwirkungen ist hier nicht betrachtet.

> Die Verfolgbarkeit ist ein Teil der Requirement-Verwaltung und außerdem reine Buchhaltungssache.

Es kann auch der Fall sein, dass Probleme mit den Requirements, die in der Systementwicklung entdeckt wurden, auf eine fehlerhafte **Requirement-Verwaltung** zurückzuführen sind und die Probleme nicht unbedingt aus den technischen Aufgaben resultieren müssen [Dor00, S.17].

5.3.6 Validierung und Verifikation – Validation and Verification

Der Schlusspunkt bei der Erstellung der Requirements bezieht sich auf die Überprüfung der formulierten Requirements.

> Die Überprüfung des Zerlegens, Zuordnens, Verfeinerns und Schnittstellen- sowie Protokoll-Definierens ist genauso wichtig wie die Erstellung der Requirements.

Das Baseline Management-Modell (siehe Kapitel 3.1.1.1) verlangt, dass alle Requirements aller Ebenen vollständig und gewissenhaft überprüft wurden, bevor mit dem Entwurf und der Implementierung begonnen wird. In den Vorgehensmodellen, in denen die Requirements nicht alle festgelegt und eingefroren sind, wenn man mit dem Entwurf beginnt, wird eine spätere Überprüfung der Requirements festgelegt, und zwar dann, wenn die Requirements als fertig befunden werden. Diese als fertig befundenen Requirements dienen dann als Grundlage für den Entwurf und die weitere Entwicklung.

Wie bereits gesagt, soll eine gute Requirement-Spezifikation adäquat, vollständig, eindeutig, widerspruchsfrei und verständlich sein [Red00]. Die Überprüfung der Requirements sollte mit Hilfe dieser Eigenschaften ausgeführt werden. Dieses Prüfen muss so gut und umfangreich wie möglich erfolgen [Dor00, S.19].

5.3.7 Requirement-Technik und Architektur-Entwurf

In den vorherigen Kapiteln wurde ein Überblick über die Schritte der Zerlegung, Zuordnung und Verfeinerung gegeben. Das Ergebnis dieser Schritte nennt man **Top Level Design des Systems**. Obwohl es Design (bzw. Entwurf) genannt wird, ist die **Requirement-Technik** die ganze Zeit über mit einbezogen.

Was ist dann der Unterschied zwischen Requirement-Definition und Entwurf? Die Requirement-Definition wird oft als Antwort bezeichnet auf die Frage "Was ist das Problem?". Die Requirement-Definition enthält weder die Implementierung noch Lösungsfunktionen, sondern nur Zielsetzungen für Anwendungsfunktionen und Systemqualitäten, die nicht auf Funktionen abgebildet werden können, sowie Einschränkungen des Lösungsraums. Entwurf ist die Antwort auf die Frage "Wie?". Die Implementierung soll nachher die Requirements erfüllen. Requirement-Definition und Entwurf sollten verschiedene Tätigkeiten sein, obwohl natürlich die Möglichkeit, ein Requirement zu erfüllen, immer berücksichtigt sein muss.

> Wenn man den Schritt des Erstellens des Top Level Designs etwas genauer unter die Lupe nimmt, so erkennt man, dass sowohl die Requirement-Definition als auch der Entwurf mit einbezogen sind.

Das Erstellen der Requirements der Systemebene ist im weitesten Sinne eine reine Frage nach dem "Was". Diese Frage wird an die gewünschten Anwendungsfunktionen und Eigenschaften des Gesamtsystems gestellt. Die nachfolgenden Schritte, Festlegung der nächsten Ebene der Hierarchie und Zuordnen der System-Requirements zu den Elementen (Knoten, Kanten), sind tatsächlich die Antwort auf das "Wie". Sie richten sich nicht an Zielsetzungen außerhalb der System-Requirements, sie definieren jedoch eine Subsystem-Struktur, welche es ermöglicht, die System-Requirements zu erfüllen. Die Verfeinerung ist wieder eine Antwort auf die Frage "Was?" Sie legt fest, was jedes Element zu leisten hat, z. B. Funktionen, Durchsatz etc.

> Das Erstellen des Top Level Designs ist eine Aufgabe, in der sich die Schritte Requirement-Definition und Entwurf abwechseln.

Bei jedem Zyklus kommen immer mehr Details zum Vorschein.

> Das Ergebnis der Requirement-Definition ist die Grundlage des nächsten Design-Schritts. Die Ergebnisse eines Design-Schritts dienen wiederum als Grundlage für den nächsten Requirement-Definition-Schritt.

Wenn zweierlei Personen diese Aufgaben durchführen, so ist die Requirement-Definition des einen der Entwurf des anderen und andersherum genauso, da rekursiv zerlegt wird. Was für den einen der Entwurf ist, ist für den anderen die Requirement-Definition. Eine ausschließliche Requirement-Definition – genauso wie ein reiner Entwurf – besitzt nur eine begrenzte Aussagekraft. Es werden beide Disziplinen benötigt, um die erwünschten Ergebnisse zu erreichen und dem Nutzer ein System zu erstellen, welches seinen Bedürfnissen gewachsen ist. Wenn man sich in tiefere Ebenen der Hierarchie begibt, so ändern sich die Eigenschaften der Requirement-Definition und des Entwurfs.

> Die Requirement-Definition für ein Element in einer unteren Ebene ist bei weitem detaillierter und bezieht außerdem das Wissen um die Entscheidungen des darüberliegenden Designs mit ein.

Die Werkzeuge und Methoden, welche zur **Requirement-Definition** eingesetzt werden, unterstützen alle Aspekte des Erstellens des **Entwurfs**, also die Zerlegung, Zuordnung und Verfeinerung. Dadurch sind sie sowohl für die Requirement-Definition als auch für die Entwurfs-Etappen brauchbar [Dor00, S.19].

5.4 Arten von Requirements

Es ist gleichgültig, ob die Requirements in einer größeren Anforderungs-Spezifikation oder in einer Requirement-Zusammenstellung aufgeschrieben werden. Es zahlt sich in jedem Fall aus, wenn die Requirements bereits geordnet niedergeschrieben werden. Grundsätzlich ist es heute üblich, zwischen funktionalen und nicht funktionalen Requirements zu unterscheiden. Robertson/Robertson [Rob99] bringen mit ihrem Muster **"Volere"**[66] [volere] eine eigene Vorlage für das Erfassen von funktionalen und nicht funktionalen Anforderungen.

> Man unterscheidet **funktionale** und **nicht funktionale Requirements**.

Zu den **funktionalen Requirements** gehören die Requirements an die bereitzustellende Funktionalität und der für die Durchführung der Funktionen bereitzustellenden Daten.

> **Funktionale Requirements** spezifizieren, welche Leistungen das gewünschte System aus Sicht der Systemanalyse zur Verfügung stellen soll, in anderen Worten die Funktionalität der **Anwendungsfälle des Systems** aus Verarbeitungssicht. Funktionale Requirements spezifizieren außer den Anwendungsfällen der Systemanalyse auch die Requirements an die **technischen Funktionen**, die die Anwendungsfälle der Systemanalyse beim Entwurf ergänzen.
>
> Die Anwendungsfälle der Systemanalyse gehören zum Problembereich, die technischen Funktionen zum Lösungsbereich.

Je tiefer ein System zerlegt wird, umso mehr gewinnen die technischen Funktionen an Bedeutung, da der Lösungsbereich mit zunehmender Zerlegung immer mehr in den Fokus gerät.

> Bevor die funktionalen Forderungen an die einzelnen Anwendungsfälle des Systems aus Sicht der Systemanalyse spezifiziert werden, müssen die Anwendungsfälle des Systems erst identifiziert werden. Wichtig ist eine geschäftsprozessorientierte Sicht.

> **Nicht funktionale Requirements** beinhalten Forderungen an nicht funktionale Qualitäten – wie z. B. Performance oder Mengengerüst – und Einschränkungen des Lösungsraums. Hierzu gehören beispielsweise Forderungen an die Architektur des Systems oder die einzusetzende Standard-Software. Nicht funktionale Requirements sind Forderungen an den Lösungsbereich.

Im Idealfall kann die Erfüllung von nicht funktionalen Qualitäten gemessen werden.

---

[66] "volere" kommt aus dem Italienischen und bedeutet "wünschen", "wollen".

Weitere Beispiele für nicht funktionale Qualitäten sind:

- die Bedienbarkeit,
- die Verfügbarkeit und
- die Leistung (Performance).

Weitere Beispiele für Einschränkungen des Lösungsraums sind:

- die einzusetzende Programmiersprache,
- das einzusetzende Betriebssystem oder
- die zu verwendende Hardware, falls diese bereits vorhanden ist oder Kompatibilität der neuen Hardware zur bestehenden Hardware gewünscht ist.

Beispiele für Forderungen an die organisatorische Einbindung des neuen Systems sind:

- Requirements an das Betriebskonzept,
- Requirements an das Personal- und Ausbildungskonzept,
- Requirements an das Logistik-Konzept,
- Requirements an die Softwareerstellung, -pflege und -änderung,
- Requirements an die Infrastruktur und
- Requirements zu Stufenkonzept/Integration/Ablösung.

Sie können ebenfalls als eine Einschränkung des Lösungsraums betrachtet werden, stellen allerdings keine technischen sondern organisatorische Einschränkungen des Lösungsraums dar.

Ein Beispiel für funktionale und nicht funktionale Requirements ist in Anhang B zu sehen.

Nicht funktionale Requirements, die Entwurfs-Einschränkungen darstellen, werden auch als **Randbedingungen** (engl. **constraints**) bezeichnet. Nicht funktionale Requirements spalten sich dann in nicht funktionale Qualitäten und Randbedingungen auf, so dass insgesamt eine **Dreiteilung** in **funktionale Requirements**, in **nicht funktionale Qualitäten** wie die Performance oder das Zeit- und Mengengerüst und in die **Randbedingungen** entsteht.

Alle Requirements sollen im Imperativ mit "soll" geschrieben werden. Sie werden nicht in der Verneinungsform, sondern immer aktiv und positiv formuliert. Ein Beispiel ist in Anhang B zu sehen. Die Erfüllung jeder Anforderung soll ferner durch einen Test überprüft werden.

Beispielsweise von Reder, Brandtner, Bürgstein [Red00] und von Rupp [Rup04] wurde vorgeschlagen, in der Formulierung von Requirements zukünftig anstelle der Imperativ-Form "soll" zwischen drei Möglichkeiten auszuwählen. Diese drei Möglichkeiten lauten bei Rupp [Rup04]:

- muss,
- sollte und
- wird.

"muss" drückt die gesetzliche Bindung aus, dem Requirement nachzukommen. Dieses Requirement ist ganz klar zu erfüllen, "sollte" ist eine starke Empfehlung und ist in der Regel zu erfüllen, es sei den zu hohe Kosten stehen dem entgegen [Red00], "wird" zeigt, dass das Requirement in Zukunft gebraucht wird. Es ist zu erfüllen, wenn die Kosten akzeptabel sind [Red00], der Aufwand also vertretbar ist.

Diese Art der Formulierung erlaubt also eine Art der Priorisierung der Requirements. Allerdings ist abzuwarten, ob Requirements, die nicht Vertragsgrundlage sind, auf Grund ihrer Kosten und der Zeitnot der Projekte überhaupt Beachtung finden. Hier ist Streit zwischen Lieferant und Kunde über die Kosten der Requirements bereits vorprogrammiert.

Generell gilt, dass ein Requirement nur eine einzige Anforderung pro Satz enthalten sollte. Verschachtelte logische Zusammenhänge sind fehlerträchtig und sollten nach Möglichkeit vermieden werden. Entscheidungstabellen und Listen können hilfreich sein. Requirements müssen für sich allein gestellt (ohne zusätzliche Informationen) verständlich sein. Dies bedeutet, dass ein Requirement keinen Verweis auf ein anderes Requirement enthalten darf.

Es gibt keine Querverweise von Requirements auf andere Requirements.

Requirements sind Anforderungen. Zu Projektbeginn sollten die Requirements in der Regel die technische Implementierung noch weitgehend offen halten. Ein häufig gemachter Fehler ist, dass derjenige, der die Requirements aufschreibt, versucht, seine persönliche Vorstellung, wie das System technisch realisiert werden könnte, als Requirement an das System (Einschränkung) auszugeben.

Requirements an ein System sollen enthalten, welche Leistungen das System zur Verfügung stellen soll und nicht, wie das System intern aufgebaut ist und funktioniert.

5.5 Struktur der Requirements für eine Requirement-Zusammenstellung

Für eine Requirement-Zusammenstellung hat sich in der praktischen Arbeit des Autors die folgende Form als nützlich erwiesen:

1 Requirements
1.1. Zweck des Systems
1.2. Funktionale Requirements
1.2.1 Funktionales Top Level Requirement

1.2.2	Requirements an die Anwendungsfälle
1.2.2.1	Geforderte Anwendungsfälle
1.2.2.2	Requirements an die einzelnen Anwendungsfälle
1.2.3	Requirements an die technischen Funktionen des Systems
1.3.	Nicht funktionale Requirements

Zu den Requirements an die technischen Funktionen unter 1.2.3 gehören:

1.2.3.1	Funktionale Requirements an die Schnittstelle zur Datenhaltung und an die Datenhaltung
1.2.3.2	Funktionale Requirements an die Ein- und Ausgabe-Schnittstelle des Benutzers
1.2.3.3	Funktionale Requirements an die Schnittstelle zur Rechner-Rechner-Kommunikation
1.2.3.4	Funktionale Requirements an die Betriebssicherheit mit Start-up, Shutdown, Fehlerausgabe, Fehlererkennung und Fehlerbehandlung
1.2.3.5	Funktionale Requirements an die zusätzlichen Funktionen der funktionalen Sicherheit (engl. functional safety) und die Gewährleistung der Informationssicherheit (engl. security)
1.2.3.6	Funktionale Requirements an die Gewährleistung der Parallelität, Synchronisation und an die Interprozess-Kommunikation

Beim **"Zweck des Systems"** soll nach Möglichkeit ein quantitatives Requirement genannt werden wie "Durch Rechnerunterstützung soll die Taktrate für Starts und Landungen von Flugzeugen erhöht werden, so dass pro Monat 18.000 Starts und 18.000 Landungen statt 12.000 Starts und 12.000 Landungen erfolgen können." Nach dem Projekt kann dann nachgemessen werden, ob der Zweck des Systems erfüllt wurde oder nicht. Ist ein quantitatives Requirement nicht möglich, soll ein qualitatives Requirement aufgestellt werden.

> Der **Zweck des Systems** ist die höchste Kundenforderung. Der Zweck des Systems beschreibt das Ziel, das mit dem neuen System erreicht werden soll. Das Ziel stellt eine Eigenschaft dar, die idealerweise gemessen werden kann und einen Fortschritt bringt.

Nach dem Projektende lässt sich anhand des gesetzten messbaren Ziels der Erfolg des Systems bewerten.

An oberster Stelle der funktionalen Requirements steht das **Top Level Requirement**. Es beschreibt in wenigen Sätzen die übergeordnete Funktionalität eines Systems.

Funktionale Requirements an **Anwendungsfälle** aus Sicht der Systemanalyse legen das Verhalten eines Systems fest, das für den Anwender des Systems eine bestimmte Funktionalität erbringen soll.

Funktionale Requirements an die **technischen Funktionen** des Systems beschreiben, welche technischen Funktionen bereitgestellt werden müssen, damit das System lauffähig wird und seine Anwendungsfälle bereitstellen kann.

Nicht funktionale Requirements beschreiben die nicht funktionalen **Qualitäten**, wie z. B. Forderungen an die Performance eines Systems, die systemweit Gültigkeit besitzen und nicht auf dedizierte einzelne Funktionen abgebildet werden können. Des Weiteren stellen diese aber auch eine **Einschränkung des Lösungsbereiches** dar, beispielsweise bei der Wahl des eingesetzten Betriebssystems.

Ein Beispiel für Requirements in dieser Struktur wird im Anhang B gegeben.

5.6 Werkzeuggestützte Verwaltung von Requirements

Nicht nur die **Verfolgbarkeit** (siehe Kapitel 5.3.5) von Requirements über die verschiedenen Stufen der Zerlegung eines Systems muss sichergestellt sein, sondern auch das **Filtern** von Requirements nach vorgegebenen Kriterien.

Zur Auswertung und Verfolgung der Requirements einer Anforderungs-Spezifikation oder einer isolierten Requirements-Zusammenstellung sollte bei größeren Projekten ein Werkzeug verwendet werden, das die Requirements verwaltet und über Requirement-Nummern bzw. Schlüssel für Kategorien eine gezielte Auswahl bzw. Filtern erlaubt. Nur bei sehr kleinen Projekten kann man die Requirements von Hand verwalten.

5.6.1 Zusammenstellung der Vorgehensweise

Die folgenden Schritte sollen maschinell unterstützt werden:

- **Ordnung**
  Die Requirements müssen mit **Nummern** versehen werden. Damit hat man ein Ordnungsschema, welches es in einfacher Weise erlaubt, Buch zu führen, ob die Requirements erfüllt wurden oder nicht.
- **Einmaligkeit**
  Ein Requirement soll nach dem **Single Source**-Prinzip an einer einzigen Stelle, d. h. nicht redundant, abgespeichert werden. Im Falle eines mehrfachen Vorliegens dieser Information dürfen alle weiteren Stellen lediglich eine nur lesbare Kopie der ersten Stelle sein. Diese Funktionalität muss maschinell sichergestellt werden.
- **Extraktion aus Anforderungs-Spezifikation**
  Der **Auszug** von Requirements aus der vollständigen Anforderungs-Spezifikation sollte maschinell möglich sein.
- **Verfolgbarkeit**
  Requirements müssen während des gesamten Projekts verfolgt werden. Die Umsetzung in Zerlegungsprodukte muss wie auch der umgekehrte Weg verfolgt werden können.

Es sollte dabei werkzeuggestützt möglich sein, Requirements durch andere Requirements zu ersetzen oder Requirements zu verfeinern. Es sollte ferner möglich sein, Requirements werkzeuggestützt zu quittieren, d. h. zu kennzeichnen, dass ein Requirement erfüllt wird. Die Kontrolle, welche Requirements ersetzt bzw. verfeinert oder quittiert worden sind, sollte durch das Werkzeug durchgeführt werden können.

Gut ist es, wenn man in einer "Entscheidungsdokumentation" Buch darüber führt, aus welchen Gründen welches Requirement durch ein ganz anderes Requirement auf Grund neuer Erkenntnisse im Projektverlauf ausgewechselt worden ist.

> Im Projektverlauf werden die Requirements quittiert, substituiert und verfeinert. Die Buchführung der quittierten, substituierten und verfeinerten Requirements sollte maschinell unterstützt werden.

5.6.2 Filtern von Requirements

Requirements sollen mit **Kategorien** (siehe Kapitel 5.4) versehen werden können. Dies soll durch das Werkzeug unterstützt werden. Das Werkzeug sollte es ferner erlauben, alle Requirements nach logischen Verknüpfungen der Kategorien sortiert auszugeben, in anderen Worten zu **filtern**. Damit kann nach Sachgebieten sortiert werden, wenn die Kategorien die Bedeutung von Sachgebieten haben. Die Zuordnung von Kategorien und die sortierte Ausgabe betrifft zwei wichtige Anwendungen:

- **Priorisierung der Requirements durch den Auftraggeber**
  Requirements des Auftraggebers müssen vom Auftraggeber mit Prioritäten versehen werden. Es sollte werkzeuggestützt möglich sein, die Priorität als Kategorie einem Requirement zuzuordnen und die Requirements werkzeuggestützt nach Prioritäten zu sortieren. Versieht der Auftraggeber die Requirements mit Prioritäten, so lässt sich zum einen eine bessere Kosteneffizienz erzielen, zum anderen aber lassen sich Abstriche im Projekt aufgrund geänderter Budgetmittel leichter festlegen.
- **Abbildung der Requirements auf Anwendungsfälle und auf wechselwirkende Komponenten**
  Da Requirements in der Regel zu einer Zeit aufgestellt werden, zu der die Systemstruktur noch nicht festliegt, und da sie in der Regel nicht von den Designern des Systems, sondern von dem Auftraggeber erstellt werden, ist ein Hilfsmittel vonnöten, um diese Requirements mit der Funktionalität des Systems (logische Betrachtungseinheiten) und den Komponenten als physikalische Betrachtungseinheiten und ihren Wechselwirkungen in Beziehung setzen zu können.

Um die Beziehung beispielsweise eines Requirements zu Lösungskomponenten herstellen zu können, hat sich die Kennzeichnung von Requirements mit Kategorien durch den Chef-Designer eines Systems sehr bewährt. Ein in einer Frühphase aufgestelltes Requirement kann mehrere Aspekte der Systemrealisierung betreffen, beispielsweise die Kategorie bzw. Komponente Bedien-Schnittstelle und die Kategorie bzw. Komponente Datenbank. Hat man den Mechanismus der Kategorien zur Verfügung, so kann man jedes Requirement mit all den Kategorien auszeichnen, die dieses Requirement betrifft. Anschließend werden die Requirements sortiert und die entsprechenden Bearbeiter der jeweiligen Komponenten mit den sie betreffenden Requirements versorgt.

Auf die hier beschriebene Art und Weise ist in optimaler Art und Weise gewährleistet, dass Requirements etwa bei der Systemanalyse oder dem Systementwurf berücksichtigt werden. Die nach Kategorien sortierten oder gefilterten Requirements erzeugen eine für die Aufgaben eines Sachbearbeiters erforderliche Sicht. Unterschiedliche Rollen in einem Projekt benötigen unterschiedliche Sichten. So braucht der Datenbank-Spezialist alle Requirements, welche die zu realisierende Datenbank und ihre Zugriffsschnittstelle betreffen.

5.7 Zusammenfassung

Die Requirements an ein System oder Teilsystem umfassen jene Forderungen, welche den Leistungsumfang eines Systems (Teilsystems) festlegen. Bevor man Requirements für ein neues System aufstellen kann, muss man mit der Umgebung, in die das neue System eingebracht werden soll, vertraut sein. Ob und wie das System diese Requirements erfüllen kann, wird letztendlich erst im Rahmen der Programmierung entschieden. Requirements an das System werden zu Projektbeginn aufgestellt und leben grundsätzlich über die gesamte Projektdauer, dürfen dabei aber auch abgeändert werden. Sie sind daher über die gesamte Projektdauer zu verfolgen. Jedes Requirement soll für sich selbst allein verständlich sein und darf nicht weitere Requirements referenzieren. Requirements müssen für alle am Projekt Beteiligten völlig verständlich sein, daher werden sie in der Regel in natürlicher Sprache aufgeschrieben (Kapitel 5.1).

Requirements ändern sich im Zeitverlauf, da sie ein zukünftiges Ziel darstellen, dessen Zielstellung sich mit fortschreitendem Wissen ändert (Kapitel 5.2).

Requirements sind stets dann aufzustellen, wenn wichtige Zerlegungsprodukte und ihre Wechselwirkungen entstehen, wie z. B. ein System wird in Geräte zerlegt, ein Gerät wird zerlegt in Hardware und in Software oder die Software wird zerlegt in Betriebssystem-Prozesse. Requirements müssen auf jeden Fall immer dann aufgestellt werden, wenn Aufträge nach außen vergeben werden, da ansonsten der Auftragnehmer problemlos darauf hinweisen kann, dass der fehlende Funktionsumfang ja nicht spezifiziert und deshalb Zusatzaufwand sei (Kapitel 5.3).

Um Systemanforderungen zu erkennen, werden Geschäftsprozesse studiert (Kapitel 5.3.1). System-Requirements beschreiben das Verhalten eines Systems nach außen (Blackbox-Sicht). Die Festlegung der Systemhierarchie wird oft als Zerlegung bezeichnet (Kapitel 5.3.2). Externe Schnittstellen sind die Schnittstellen zur Systemumgebung. Subsystem-zu-Subsystem-Schnittstellen sind interne Schnittstellen (Kapitel 5.3.3). Jedes Requirement der Systemebene kann einem oder mehreren Zerlegungsprodukten der nächsten Ebene bzw. ihren Wechselwirkungen zugeordnet werden (Kapitel 5.3.3.1). Die Requirements der tieferen Ebenen betreffen meist Komponenten des Systems, aber auch die Protokolle der wechselwirkenden Partner. Die Schritte der Zerlegung, Zuordnung und Verfeinerung der Requirements werden solange wiederholt, bis ein geeignetes Maß an Genauigkeit erreicht wurde. In jeder Projektphase und bei jeder Zerlegung können neue, feinere Requirements aufgestellt werden. Die Verfeinerung besteht darin, Requirements für die untergeordneten Elemente und ihre Wechselwirkungen zu schreiben. Dies geschieht in Anlehnung an die Zuordnung von Requirements zu Zerlegungsprodukten. Zu Beginn – in der oberen Ebene – sind die Requirements sehr abstrakt. In den unteren Ebenen werden die verfeinerten Requirements dann immer detaillierter (Kapitel 5.3.4). Die Verfolgbarkeit (engl. traceability) ist das Konzept, welches die nötige Buchhaltung der Requirements sowohl im Falle der Zerlegung als auch in umgekehrter Richtung beinhaltet (Kapitel 5.3.5). Im Projektverlauf werden nicht nur neue Requirements aufgestellt, sondern auch Requirements erfüllt (quittiert). Die Überprüfung des Zerlegens, Zuordnens, Verfeinerns und Schnittstellen-Definierens ist genauso wichtig wie die Erstellung der Requirements (Kapitel

5.3.6). Das Ergebnis der Requirement-Definition ist die Grundlage des nächsten Entwurf-Schrittes. Die Ergebnisse eines Entwurf-Schritts dienen wiederum als Grundlage für den nächsten Requirement-Definition-Schritt (Kapitel 5.3.7).

Zu den Requirements an die Funktionserbringung kommen noch nicht funktionale Requirements (siehe Kapitel 5.4), die Forderungen an nicht funktionale Qualitäten, die nicht auf Funktionen abgebildet werden können, oder Einschränkungen des Lösungsraums darstellen. Ein Requirement-Dokument sollte nach Kategorien strukturiert sein, damit man einen guten Überblick hat (Kapitel 5.4).

Für die Aufstellung von Requirements existieren verschiedene Strukturen (Kapitel 5.5).

Die Requirements sollten maschinell verwaltet werden (Kapitel 5.6).

5.8 Aufgaben

Aufgabe 5.1 Requirement-Technik

5.1.1   Was sind funktionale Requirements und was sind nicht funktionale Requirements?
5.1.2   Geben Sie drei Beispiele für nicht funktionale Requirements.
5.1.3   Sie erhalten vom Auftraggeber ein Lastenheft mit 1000 Seiten Umfang. Was tun Sie, um die Anforderungen des Auftraggebers über die Laufzeit des Projekts relativ einfach verfolgen zu können?
5.1.4   Was ist der Sinn von Requirements? Warum sollen Requirements durchnummeriert werden?
5.1.5   Welche Vorteile hat eine maschinelle Verwaltung von Requirements in Textform, denen Requirement-Nummern und Schlüssel (Kategorien) zugeordnet sind?
5.1.6   Wie können die Requirements an die Wechselwirkungen zwischen den Zerlegungsprodukten spezifiziert werden?

Aufgabe 5.2 Requirements im Life-Cycle

5.2.1   Was kann die Zerlegung des Systems bei den Requirements bewirken?
5.2.2   Darf man prinzipiell in jeder Phase eines Projekts neue Requirements aufstellen?
5.2.3   Warum werden Requirements durch die verschiedenen Ebenen verfolgt?
5.2.4   Was haben Requirements mit der Zerlegung des Systems zu tun?
5.2.5   Sind System-Requirements hardware- und softwareabhängig?
5.2.6   Was versteht man unter Verfeinerung?
5.2.7   Warum werden Requirements später überprüft?

Kapitel 6

Funktionsorientierte Systemanalyse mit der Strukturierten Analyse

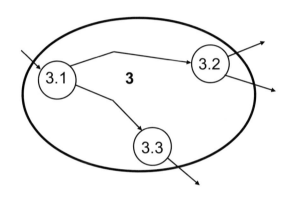

6.1 Grafische Elemente der Strukturierten Analyse
6.2 Hierarchische Zerlegung der Prozesse in Datenfluss-
     diagramme
6.3 Das Kontextdiagramm
6.4 Regeln für das Modellieren mit Datenflussdiagrammen
6.5 Die Prozessspezifikation
6.6 Datenbeschreibung im Data Dictionary
6.7 Besonderheiten bei Datenflüssen
6.8 Starten von Prozessen
6.9 Abgrenzung zwischen Essenz und physischen Aspekten
6.10 Ereignisorientierte Zerlegung nach McMenamin und Palmer
6.11 Zusammenfassung
6.12 Aufgaben

6 Funktionsorientierte Systemanalyse mit der Strukturierten Analyse

Die Strukturierte Analyse (SA) hat sich seit ihren Anfängen in der Mitte der siebziger Jahre zu einer wichtigen Standardmethode der Systemanalyse entwickelt. Die Art der Modellierung der Vernetzung von parallelen Funktionen, den sogenannten Prozessen, in Datenflussdiagrammen, die den Kern der Strukturierten Analyse darstellen, wurde bereits vor fast 90 Jahren von Forschern auf dem Gebiet des **Operation Research** [You92, S. 168] verwendet. Diese Forscher befassten sich mit Arbeitsflussmodellen für Betriebe. Der Zusammenhang liegt natürlich auf der Hand: sowohl bei den Datenflüssen der Datenverarbeitung als auch bei den **Arbeitsflussmodellen der Geschäftsprozesse** gibt es Prozesse, die definierte Ergebnisse produzieren, wobei das Vorliegen dieser Ergebnisse wiederum Voraussetzung dafür ist, dass andere Prozesse arbeiten können.

Die Strukturierte Analyse befasst sich mit der **Modellierung der Essenz**[67] **eines Systems** und erlaubt die Entwicklung von Modellen für Anwendungen auf verschiedenen Granularitätsstufen. Hierbei ist es möglich, sowohl einen Überblick über ein System als Ganzes zu gewinnen, als auch die Betrachtung jedes erkannten Details in einem einheitlichen Modell zu beschreiben. Das Modell der Strukturierten Analyse eines Systems enthält dabei alle zur Beschreibung wesentlichen Informationen. Zusätzliche Methoden und externe Dokumentationsmittel werden nicht benötigt.

Informationen aus den Gesprächen mit dem Anwender können ohne komplizierte Syntaxregeln notiert und systematisch in das Modell eingefügt werden. Im Modell wird stets die integrierte Sicht auf die Elemente des Modells, nämlich Datenflüsse, Datenelemente, Prozesse und Terminatoren (Objekte außerhalb des Systems), aufrechterhalten. Hierbei ergeben sich einige wichtige **Konsistenzregeln**, die vor allem die Modellnotation betreffen. Durch diese Konsistenzprüfungen werden aber auch inhaltliche Probleme eines Modells sichtbar. Fehler liegen zum Beispiel vor, wenn im Modell Prozesse noch nicht funktionieren, weil die Daten noch nicht zu den Verarbeitungen passen, oder weil Informationen aus der Systemumgebung noch fehlen.

> Prozesse und Datenspeicher sind Bestandteile des betrachteten Systems. Terminatoren sind Objekte außerhalb des Systems, mit denen das System in Wechselwirkung steht.

Der Vorteil dieser Methode im Gegensatz zu anderen früheren Methoden ist, dass bei ihr das Zusammenwirken des Systems mit seiner Umgebung und das Zusammenwirken der verschiedenen Funktionen (Prozesse) des Systems der Ansatzpunkt der Betrachtung ist. Dieses Zusammenwirken zu analysieren, bedeutet **Schnittstellen** zu

---

[67] Die **Essenz** des Systems sind seine Eigenschaften und sein Verhalten in einer idealen Welt. Es sind die **Geschäftsprozesse** des Systems in technologieunabhängiger Beschreibung. Das betrachtete System ist auch unabhängig von den physischen Randbedingungen der technischen Lösung wie beispielsweise der Verwendung eines Betriebssystems, eines Datenbankmanagementsystems oder nebenläufiger Betriebssystem-Prozesse.

analysieren – seien es systemexterne oder systeminterne. An jeder Schnittstelle werden Daten bereitgestellt bzw. übernommen.

Durch die Konzentration auf die Schnittstellen fallen dabei im Rahmen der Analyse die Funktionen (Prozesse) des Systems fast automatisch ab.

Die Methode der Strukturierten Analyse führt eine **hierarchische Zerlegung** des Systems durch. Auf jeder dieser Ebenen stellt das Modell der Strukturierten Analyse in Datenflussdiagrammen in übersichtlicher Weise Prozesse und ihre Eingaben/Ausgaben in Form von Datenflüssen von/zu anderen Prozessen, von/zu Datenspeichern bzw. von/zu Terminatoren dar. Ein solches **Datenflussdiagramm** bildet ein **Netzwerk von Prozessen**, die wechselseitig kommunizieren, um durch ihr Zusammenwirken gemeinsam eine Aufgabe zu erledigen. Diese Prozesse kommunizieren untereinander über Datenflüsse oder Speicher. Datenflüsse sind sozusagen Kanäle oder Pipelines, durch die sich die Prozesse gegenseitig Daten zuschieben können und mit Speichern bzw. Terminatoren kommunizieren können. Während die Daten die Kanäle nur durchströmen, also Daten in Bewegung darstellen, stellen Daten in Datenspeichern ruhende Daten dar.

Ein besonderer Vorteil der Strukturierten Analyse ist die einfache Modellnotation, die sich **intensiv grafischer Mittel** bedient. Die Diagramme der Strukturierten Analyse zeigen die Komponenten des Modells, die Prozesse, und ihre Schnittstellen. Zur präzisen Definition der Bedeutung, der Zusammensetzung und der Funktionsweise der Details in Funktionalität und Datenstruktur werden textuelle Mittel benutzt, die vom Freitext bei der **Prozessspezifikation** (PSPEC) bis zur formalen Beschreibung (Extended Backus-Naur-Form) bei der Datenbeschreibung reichen. Eine mehrdeutige und schlecht überprüfbare Spezifikation nur in freiem Fließtext wird verhindert.

Die Methode der Strukturierten Analyse nach Yourdon und DeMarco [You92] umfasst eine Kombination aus den folgenden grafischen und textuellen Beschreibungen:

- **Datenflussdiagramme** (engl. **data flow diagrams, DFDs**) auf verschiedenen Ebenen beginnend auf der obersten Ebene und damit verbunden eine hierarchische Zerlegung der Prozesse des Systems.

  Zu beachten ist, dass ein Prozess im Rahmen der Strukturierten Analyse kein Betriebssystem-Prozess ist, sondern eine logische Funktion, die Eingabedatenflüsse in Ausgabedatenflüsse wandelt. Ein Prozess der Strukturierten Analyse dient nur zur logischen Modellierung der Essenz des Systems.

Im Rahmen der Strukturierten Analyse kann jeder Prozess dann arbeiten, wenn seine Eingabedaten ankommen. **Prozesse** können also in diesem Modell **parallel** und **asynchron** arbeiten. Diese Parallelität hat jedoch keinen direkten Bezug zu der Parallelität in der Implementierung.

- **Prozessspezifikationen (PSPECs)**, auch **Prozessbeschreibungen** genannt.
  Eine Prozessspezifikation beschreibt, was der Prozess (die Verarbeitungsfunktion) tun soll, d. h., wie der Prozess eingehende Daten in ausgehende Daten transformiert. Im Data Dictionary soll die Beschreibung der Daten festgehalten werden.
- **Datenbeschreibungen im Datenkatalog**, auch **Datenverzeichnis** (engl. **data dictionary, DD**) genannt. Ggf. Datenmodellierung der Datenspeicher mit Entity-Relationship-Diagrammen[68].

Im Data Dictionary wird definiert, welche Bedeutung die Daten haben und welche Beziehungen sie untereinander haben. Eine "ist-Teil-von-Beziehung" spezifiziert beispielsweise die Zerlegung eines zusammengesetzten Datums in Komponenten. Weitere Beziehungstypen werden in Kapitel 8.1 eingeführt.

Oftmals kommt man mit Datenflussdiagrammen, Prozessbeschreibungen und Datenbeschreibungen im Data Dictionary aus. Dies war auch die ursprüngliche Methode der Strukturierten Analyse, die in diesem Kapitel beschrieben wird. Datenflussdiagramme werden besonders dann mit Erfolg zur Modellierung eingesetzt, wenn für das betrachtete System das funktionale Verhalten im Vordergrund steht und Daten- oder Steuerungsaspekte mehr im Hintergrund stehen. Im Nachhinein gab es zwei **Erweiterungen** der Strukturierten Analyse gegenüber ihrer ursprünglichen Form:

- Zum einen wurde das **Information Modeling** zur Modellierung komplexer Datenspeicher hinzugenommen. Diese Datenmodellierung erfolgt mit Hilfe sogenannter **Entity-Relationship-Diagramme (ER-Diagramme)**[69].
- Zum anderen wurden Erweiterungen wie **Zustandsübergangsdiagramme** hinzugefügt, die sich mit der Modellierung des zeitabhängigen Verhaltens von Systemen befassen. Wenn man diese Erweiterungen betrachtet, spricht man von der **Strukturierten Analyse mit Realzeiterweiterungen (SA/RT)**[70].

Sind die Beziehungen zwischen den Daten wichtiger als die Funktionen, so müssen als erstes Entity-Relationship-Diagramme erstellt werden. Handelt es sich um eine Steuerungsaufgabe mit Steuereingaben und -ausgaben, bei der das zeitliche Verhalten im Vordergrund steht, so sollte man die Methode Strukturierte Analyse mit Realzeiterweiterungen verwenden.

Nachdem eine einführende Beschreibung der Datenflussdiagramme, Prozessspezifikationen und Datenbeschreibungen im Data Dictionary zu Beginn dieses Kapitels gegeben wurde, werden in Kapitel 6.1 die grafischen Elemente der Strukturierten Analyse und in Kapitel 6.2 die hierarchische Zerlegung der Prozesse erläutert. Kapitel 6.3 beschreibt das Kontextdiagramm, Kapitel 6.4 die Modellierung mit Datenflussdiagrammen samt Namensgebung und Regeln, Kapitel 6.5 die Prozessspezifikation und Kapitel 6.6 die Beschreibung der Daten im Data Dictionary. Die Besonderheiten bei Datenflüssen werden in Kapitel 6.7, das Starten von Prozessen in Kapitel 6.8 und die Diskussion der Abgrenzung zwischen Essenz und physischen Aspekten in Kapitel 6.9 behandelt. Kapitel 6.10 schildert die Technik von McMenamin und Palmer zur Zerlegung eines Systems in Prozesse.

---

[68] Siehe Kapitel 8
[69] Siehe Kapitel 8
[70] Siehe Kapitel 7

6.1 Grafische Elemente der Strukturierten Analyse

Wechselwirkungen zwischen Prozessen werden durch **Datenflussdiagramme** (**DFDs**) beschrieben. In den Datenflussdiagrammen gibt es für die logischen Bestandteile des Systems die folgenden grafischen Symbole:

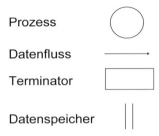

Bild 6-1 Die grafischen Symbole der Strukturierten Analyse

Prozesse werden durch Kreise (engl. bubbles) mit einem Namen und einer hierarchisch gebildeten Nummer dargestellt. Sie haben die Aufgabe, Eingangsdaten in Ausgangsdaten zu transformieren und enthalten den dafür benötigten Algorithmus.

> Prozesse unterliegen einem Konzept zur **schrittweisen Verfeinerung**. Ist der Inhalt eines Prozesses einfach beschreibbar, so wird er durch eine Prozessspezifikation beschrieben. Sonst wird er in der nächsten Verfeinerungsebene durch ein Datenflussdiagramm näher unterteilt, so dass kleinere Einheiten entstehen, die dann leichter beschrieben werden können. Prozessspezifikationen müssen nur an der jeweils untersten Verfeinerungsebene angefertigt werden, wenn der Prozess nicht weiter verfeinert wird.

Die einzelnen Zerlegungszweige können unterschiedlich tief sein.

> Es ist zwar möglich – und könnte naiverweise als gute Arbeit gelobt werden – dass man auf jeder Ebene Prozessspezifikationen anfertigt. Dies wäre aber höchst unklug, da eine durchgeführte Änderung auf tieferer Ebene entsprechende Änderungen auf verschiedenen höheren Ebenen erfordern könnte.

Vergisst man in diesem Fall, nur eine einzige Stelle in der Prozesshierarchie zu aktualisieren, so entsteht ein Fehler. Daher wird auch hier das **Single Source-Prinzip** angewendet (siehe Kapitel 13.2.3.2). Man versucht, alles nur einmal zu sagen bzw. aufzuschreiben. Damit wird die Pflege der Dokumente leichter und es entstehen weniger Fehler.

Datenspeicher werden durch zwei parallele Striche dargestellt. Sie stellen für eine bestimmte Zeitspanne einen dauerhaften Aufenthaltsort für die Daten dar. Speicher sind immer passiv. Daten müssen von Prozessen abgeholt oder von Prozessen in den Speicher geschrieben werden.

> Datenspeicher werden benötigt, wenn der Entstehungszeitpunkt der Daten vom Nutzungszeitpunkt verschieden ist. Prozesse werden durch Speicher asynchron entkoppelt. Mit anderen Worten, ein Speicher ist ein zeitverzögernder Speicherbereich zwischen zwei Prozessen, die zu verschiedenen Zeiten ablaufen.

Wird ein Datum in einen Speicher geschrieben, so bleibt sein Wert gespeichert, bis der Wert dieses Datums mit einem neuen Wert dieses Datums von einem Prozess überschrieben wird. Daten werden in den Speicher nur eingestellt oder von ihm entnommen, wenn ein Prozess dies explizit veranlasst. Der Speicherinhalt wird nicht geändert, wenn ein Datenpaket entnommen wird. Im Rahmen der Implementierung werden Datenspeicher meist in Form von Dateien, von Datenbanken oder von Puffern im Hauptspeicher implementiert. Es kann aber auch sein, dass gewisse Funktionen manuell durchgeführt werden und die zugehörigen Datenspeicher Ordner im Schrank sind. Generell ist ein Datenspeicher eine Ansammlung von Informationen für eine bestimmte Zeitspanne.

Datenflüsse sind ein grafisches Mittel, um einen transienten Transport von Daten oder Datenpaketen mit bekannter Zusammensetzung zu visualisieren. Sie repräsentieren "Daten in Bewegung".

> Datenflüsse stellen Kanäle dar, über die Datenpakete, deren Aufbau man kennt, übertragen werden.

Die Zusammensetzung der Datenpakete charakterisiert den Kanal[71]. Die Datenpakete werden im Datenkatalog beschrieben. Ein Prozess kann Daten von einem anderen Prozess oder einem Terminator zugeschickt bekommen, von einem Speicher muss er die Daten selbst abholen. Er kann Datenpakete an einen anderen Prozess, an einen Terminator oder einen Datenspeicher weitergeben. Erhält ein Prozess die Datenflüsse, die er für seine Arbeit braucht, so wird er datengetrieben ausgelöst.

Terminatoren sind Objekte der Umwelt und grenzen das betrachtete System gegen andere Systeme ab. Sie werden oft auch als Schnittstellen bezeichnet. Die Terminatoren werden nicht näher beschrieben und treten im betrachteten Modell nur als Sender und Empfänger von Daten auf. Auf den Aufbau oder die interne Arbeitsweise der Terminatoren hat man aus Sicht des gerade betrachteten Modells keinen Einfluss. Terminatoren gehören nicht zu dem betrachteten System. Beziehungen zwischen Terminatoren werden im Modell nicht dargestellt. Ein Terminator kann eine Person oder Personengruppe oder auch ein anderes Computersystem sein, mit dem das betrachtete System kommuniziert. Datenflüsse, die von dem betrachteten System zu Terminatoren gehen, stellen die Datenflüsse zu den Schnittstellen des Systems, d. h. zu seiner Umwelt dar.

---

[71] Ein Kanal bezeichnet eine Punkt-zu-Punkt-Verbindung. Er wird im Datenflußdiagramm durch einen Pfeil symbolisiert. Er arbeitet nach dem First-In-First-Out-Prinzip (FIFO-Prinzip). Was als erstes an den Kanal übergeben wurde, verlässt ihn auch als erstes.

6.2 Hierarchische Zerlegung der Prozesse in Datenflussdiagramme

Die hierarchische Zerlegung der Prozesse dient einer übersichtlichen Verfeinerung der Prozesse. Die Zerlegung kann **top-down** durchgeführt werden. Sie kann jedoch prinzipiell auch **bottom-up** vonstatten gehen oder **middle-out**.

> **Middle-out** bedeutet, dass man auf einer Ebene, die etwas zu modellieren bietet, mit der Modellierung beginnt, und sich mit einer vernünftigen Anzahl von Prozessen in das System hinein denkt.

Dies können durchaus 15 bis 20 Prozesse sein. Kommt man auf dieser Ebene zu vernünftigen Ergebnissen beim Durchdenken der Abläufe, so verdichtet man das System nach oben und verfeinert es nach unten. Die noch zu besprechende Technik von McMenamin und Palmer (siehe Kapitel 6.10) ist eine solche middle-out Technik. Die Dokumentation oder Präsentation der Ergebnisse muss stets **top-down** – vom Groben zum Feinen hin – erfolgen, damit sie einfach verständlich ist.

Die entsprechenden Prozesse werden gefunden, indem man sich überlegt, welche Verarbeitungen durchgeführt werden müssen. Dies sieht man in der Regel dann, wenn man sich überlegt, welche Eingaben (engl. inputs) in welche Ausgaben (engl. outputs) umgewandelt werden müssen. Mit anderen Worten, man muss sich überlegen, welche Umwandlungen der Daten durchgeführt werden müssen. Dies bedeutet, dass in der Regel die Erstellung der Prozesshierarchie parallel zur Erstellung der Datenflussdiagramme durchgeführt wird, wobei die Verfeinerung in Prozesse der nächsten Ebene erfolgt, indem man die Ein- und Ausgaben eines Prozesses auf der aktuellen Ebene beachtet.

> Jeder Prozess wird durch ein Datenflussdiagramm oder eine Prozessspezifikation (PSPEC) mit gleichen Außenbeziehungen wie der zu verfeinernde Prozess verfeinert.

Im Falle der Verfeinerung eines Prozesses durch ein Datenflussdiagramm bedeutet dies zum Beispiel, dass alle Ein-/Ausgabe-Datenflüsse des verfeinerten Prozesses auch im verfeinerten DFD vorkommen müssen und umgekehrt (siehe Kapitel 6.2.1). Die Zerlegung der Prozesse wird solange fortgeführt, bis es möglich ist, den betrachteten Prozess in einer PSPEC zu beschreiben.

Die oberste Ebene der Verfeinerungshierarchie ist das **Kontextdiagramm** (siehe Kapitel 6.3). Es stellt das betrachtete System als einen einzigen Prozess dar, der gegenüber der "Außenwelt" durch Terminatoren abgegrenzt wird. Der Kontext dient also nur zur Dokumentation der Systemgrenzen und der an den Systemgrenzen vorhandenen Schnittstellen des Systems. Über die Funktionsweise des Systems sagt das Kontextdiagramm explizit nichts aus.

Das folgende Bild 6-2 zeigt Beispiele für Datenflussdiagramme der oberen drei Ebenen. Alle Speicher, Terminatoren, Prozesse und Datenflüsse müssen entgegen den in Bild 6-2 gezeigten symbolischen Bildern aussagekräftige Namen tragen.

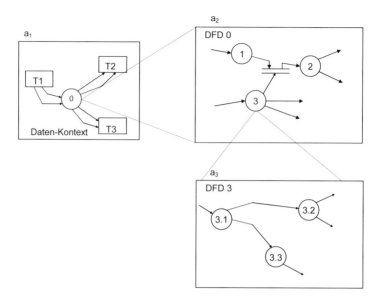

Bild 6-2 Datenflussdiagramme beginnend beim Kontextdiagramm

Das Diagramm, welches verfeinert wird, wird als Vater-Diagramm (engl. parent diagram), das verfeinerte als Kind-Diagramm (engl. child diagram) bezeichnet.

Datenflussdiagramme befassen sich also mit den Fragen:

- Welche Eingaben in das System müssen in welche Ausgaben gewandelt werden? Woher bezieht das System die Daten, die es zur Ausführung seiner Aufgaben benötigt und wo gehen seine Ergebnisse hin? Diese Fragen beantwortet das Kontextdiagramm.
- Welche Prozesse und Datenspeicher braucht das System und wie wirken die Prozesse zusammen? Die Antwort liefern Datenflussdiagramme der tieferen Ebenen.

6.2.1 Schichtung und Ausgleichen – Leveling and Balancing

Prozesse in Datenflussdiagrammen können wieder in Datenflussdiagramme zerlegt werden.

> Die Zerlegung eines Datenflussdiagramms in immer detailliertere Diagramme (vom Vater zu den Kindern) wird **Schichtung** (engl. **leveling**) genannt.

Gut darstellbar in einem Datenflussdiagramm sind etwa fünf Prozesse auf einer DIN A4-Seite.

Wenn man einen Prozess aus dem Vater-Diagramm in ein Kind-Diagramm zerlegt, so müssen beide die gleichen Ein- und Ausgabedatenflüsse aufweisen. Ein Datenfluss im

Diagramm der höheren Ebene kann ein **Gruppendatenfluss** (**Sammeldatenfluss**) sein, der beim Übergang in das Kind-Diagramm in seine Komponenten zerlegt wird.

> Die Zerlegung von Gruppendatenflüssen in primitive (elementare) Datenflüsse muss im Data Dictionary, einer Zusammenstellung des Aufbaus der Daten, beschrieben sein.

> Die Konsistenzprüfung (von den Kindern zum Vater) wird **Ausgleichen** (engl. **balancing**) genannt.

6.2.2 Beispiel für das Balancing

Um die Konsistenzprüfung, also das Balancing, zu veranschaulichen, wird das Beispiel in Bild 6-2 zugrunde gelegt. Es wird in Bild 6-2, Teilbild a_3, ein Kreis (in Bild 6-3 fett dargestellt) um die Prozesse 3.1, 3.2 und 3.3 gezeichnet und mit dem Prozess 3 in Bild 6-2, Teilbild a_2, verglichen.

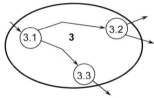

Bild 6-3 Zusammenfassen der Kindprozesse zum Vaterprozess

Die Schnittstellen des so erzeugten Prozesses 3 müssen mit denen des Prozesses 3 in Teilbild a_2 übereinstimmen.

6.3 Das Kontextdiagramm

Das oberste DFD enthält nur einen einzigen Prozess, der das Gesamtsystem darstellt. Dieses DFD beschreibt den Zusammenhang des Systems, des Prozesses 0, mit seiner Umwelt, also seinem Kontext. Dieses Kontextdiagramm ist also Ausgangspunkt der Betrachtung und bildet die Wurzel für die verfeinerten DFDs. Es zeigt das System in seiner Umgebung. Hier ein **Beispiel** für ein Kontextdiagramm:

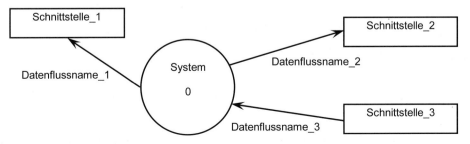

Bild 6-4 Beispiel für ein Kontextdiagramm

Regeln für das Kontextdiagramm

Datenflüsse von/zu Terminatoren tragen immer einen Namen.

> Gehen zu einem Terminator mehrere Datenflüsse, so wird aus Gründen einer einfacheren Darstellung im Kontextdiagramm oft ein Gruppendatenfluss verwendet und im Data Dictionary die Zerlegung dieses Gruppendatenflusses in elementare Datenflüsse erklärt.

6.4 Regeln für das Modellieren mit Datenflussdiagrammen

Datenflussdiagramme beschreiben den Informationsfluss zwischen Prozessen, Terminatoren und Speichern. Insgesamt ergibt sich durch die Modellbildung mit SA ein hierarchisches Modell:

1. Zuerst wird das Kontextdiagramm erstellt, ein spezielles DFD, in dem nur die Schnittstellen des Gesamtsystems zu seiner Umwelt beschrieben werden.
2. Das Gesamtsystem wird durch weitere DFDs bis zu einer Tiefe verfeinert, die man braucht, um die Anwendung in einfacher Weise modellieren zu können. Die verschiedenen Zweige der Zerlegung können eine unterschiedliche Tiefe haben.
3. Zuletzt werden alle Prozesse, die nicht weiter verfeinert werden, durch Prozessspezifikationen beschrieben.

> Gemäß der Methode der Strukturierten Analyse wird ein **Datenfluss** durch seine **Quelle**, seine **Senke** und seinen **Inhalt** beschrieben.

> Jeder Datenfluss muss an einer Quelle beginnen und an einer Senke enden. Quellen und Senken können dabei
>
> - Prozesse,
> - Datenspeicher oder
> - Terminatoren
>
> sein.

Das Datenflussdiagramm ist ein Hilfsmittel, um das Zusammenwirken des Systems aufzuzeigen. Es enthält die Namen für Prozesse, Datenspeicher sowie Datenflüsse und mag zwar dem Ersteller verständlich sein, nicht jedoch seinen Kollegen. Deshalb sind folgende zusätzliche Beschreibungen erforderlich:

- das Datenverzeichnis (engl. data dictionary) und
- Prozessspezifikationen (PSPECs).

> Nach Yourdon und DeMarco darf im DFD der obersten Ebene, dem Kontextdiagramm, kein Datenspeicher vorkommen. Die DFDs der tieferen Ebene dürfen nach Yourdon und DeMarco keine Terminatoren enthalten.

Das folgende Bild zeigt ein System und seine Schnittstellen:

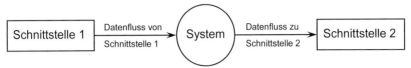

Bild 6-5 Terminatoren – aber keine Speicher – im Kontextdiagramm

Der Grund dafür, dass die oberste Ebene, das Kontextdiagramm, keinen Datenspeicher enthalten darf, liegt auf der Hand: Zu realisierende Speicher gehören zum System und sind deshalb in der Bubble für das System enthalten. Externe Speicher werden als Terminatoren behandelt. Datenflussdiagramme einer tieferen Ebene können Speicher enthalten, aber nach Yourdon und DeMarco keine Terminatoren.

Das folgende Bild zeigt ein DFD einer tieferen Ebene mit Datenspeicher:

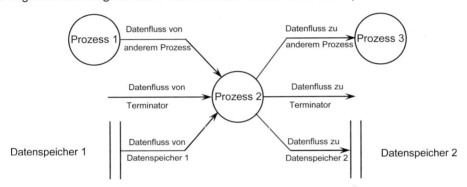

Bild 6-6 Ausschnitt aus einem Datenflussdiagramm einer tieferen Ebene

In der Praxis zeichnet man oft auch Terminatoren auf den tieferen Ebenen, da sonst bei komplexen Systemen aus Gründen der Verständlichkeit der Datenflussname so gewählt werden muss, dass aus ihm ersichtlich ist, zu welchem Terminator der Fluss geht bzw. von welchem Terminator er kommt. So lange Namen möchte man aber oftmals nicht haben.

Namensgebung

Generell gilt: In den Modellen sollen Namen stets so vergeben werden, dass das jeweilige Objekt möglichst kurz und prägnant, aber dennoch eindeutig bezeichnet wird.

Prozessnamen werden normalerweise durch einen Verb-Objekt-Begriff bezeichnet. Dieser wird durch ein starkes Verb, gefolgt von einem Substantiv (grammatikalisch gesehen ein Objekt im Singular), gebildet. Prozessnamen kann man häufig gut nach den von dem Prozess erzeugten Ergebnissen vergeben (z. B. `berechne_Schnittpunkt`).

Der **Name eines Datenflusses** besteht nur aus einem Substantiv, das durch ein Adjektiv ergänzt werden kann. Dieses Adjektiv kann ein ursprüngliches Adjektiv (z. B. `geheimes_Passwort`) oder Partizip Perfekt (z. B. `geprüfte_Rechnung`) sein. Der

Name charakterisiert die Bedeutung des Datenpakets, das transportiert wird. Jeder Fluss transportiert also nur das Datenpaket, welches durch den Flussnamen bezeichnet wird. Die Möglichkeit, mehrere elementare Datenflüsse zu Gruppendatenflüssen zusammenzuschließen, wurde bereits angesprochen.

Der **Name eines Speichers** besteht aus einem Substantiv, das auf den Inhalt hinweist (z. B. `Adressen`). Oftmals wird der Name des Speichers als Plural des Flussnamens gewählt, der in den Speicher hinein- oder herausfließt.

Wird ein gesamtes Informationspaket eines Speichers gelesen oder geschrieben (Fluss Singular, Speicher Plural, z. B. `Adresse` als Fluss und `Adressen` als Speicher), so wird der Datenflussname hierbei meist weggelassen. Man kann auch an den Fluss den Singular anschreiben, der Plural am Speicher darf jedenfalls nicht weggelassen werden. Beim Weglassen des Flussnamens ergibt sich dieser dann automatisch aus dem Namen des Speichers. Werden nur Komponenten eines zusammengesetzten Datums in den Speicher geschrieben oder aus ihm gelesen, so müssen die Datenflüsse, die auf den Speicher zugreifen, auf jeden Fall mit einem Namen versehen werden.

Terminatoren werden ebenfalls durch ein Substantiv bezeichnet.

Datenflussdiagramme bestehen aus den folgenden vier Elementen: Prozessen, Datenspeichern, Datenflüssen und Terminatoren:

- **Prozesse** werden mit Kreisen oder Blasen (engl. **bubbles**) dargestellt. Sie repräsentieren die verschiedenen Einzelfunktionen des Systems. Prozesse wandeln Eingaben in Ausgaben um.

  Regeln:
  – Jeder Prozess wird hierarchisch verfeinert oder durch eine Prozessspezifikation beschrieben. Die Beschreibung erfolgt auf der terminalen (untersten) Ebene.
  – Die Prozesse werden zusätzlich durchnummeriert, wobei der Prozess im Kontextdiagramm mit 0 bezeichnet wird und das System darstellt.
  – Das Diagramm der Ebene 1, der um eins tieferen Ebene als das Kontextdiagramm, zeigt die Zerlegung des Prozesses 0, also des Systems. Dieses Diagramm wird auch als **Systemdiagramm** bezeichnet. Die Prozesse im Systemdiagramm erhalten die Nummern 1, 2, 3 usw.

- **Datenflüsse** werden durch Pfeile mit Richtungsangaben dargestellt. Sie sind die Verbindungen zwischen den Prozessen und stellen Informationen dar, die ein Prozess entweder als Eingabe benötigt oder als Ausgabe erstellt.

  Regeln:
  – Datenflüsse sind erlaubt zwischen
    * Prozess und Terminator,
    * Prozess und Speicher sowie
    * zwei Prozessen.
  – Datenflüsse sind **verboten** zwischen
    * Speicher und Terminator,
    * zwei Speichern und
    * zwei Terminatoren.

- Datenflüsse können
  * unidirektional oder
  * bidirektional sein.

- **Datenspeicher** werden durch zwei parallele Linien dargestellt. In Speichern werden Daten des Systems abgelegt, die das System für eine bestimmte Zeitspanne bereithalten muss.

  Regeln:

  - Das Kontextdiagramm darf nach Yourdon und DeMarco keine Speicher enthalten.
  - Wenn ein Speicher beim Zerlegen einer Bubble auf einer bestimmten Ebene zwischen zwei Prozessen auftritt, dann wird er auch in allen Diagrammen tieferer Ebenen, die diese Prozesse beschreiben, eingezeichnet.

- **Terminatoren** stellen externe Objekte dar, mit denen das System kommuniziert. Es können Fremdsysteme sein, mit denen das System kommuniziert, aber auch Rollen von Personen, sowie Peripheriegeräte des Systems.

  Regeln:

  - Terminatoren tauchen nach Yourdon und DeMarco ausschließlich im Kontextdiagramm auf.
  - Terminatoren sind so zu wählen, dass sie die Quellen und Senken von Informationen angeben.
  - Bei Personen als Terminatoren versucht man zu abstrahieren und Klassen zu bilden, beispielsweise Terminator `Kunde` als Sammelbegriff.

Um das Kontextdiagramm übersichtlich zu halten, darf man ein und denselben Terminator mehrmals einzeichnen. Nach Yourdon [You92, S. 405 - 407] versieht man solche duplizierten Terminatoren entweder mit einem * hinter dem Namen oder mit einem diagonalen Strich in einer Ecke wie in folgendem Beispiel:

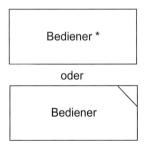

Bild 6-7 Kennzeichnung mehrfach eingezeichneter Terminatoren

6.5 Die Prozessspezifikation

Eine Prozessspezifikation beschreibt die **Verarbeitung** der Eingangsdaten zu Ausgangsdaten durch den entsprechenden Prozess. Eine Prozessspezifikation soll beschreiben, was in einem Prozess geschieht. Eingangs- und Ausgangsdaten können Datenflüsse zwischen Prozessen, Daten von bzw. zu Datenspeichern oder über Terminatoren ausgetauschte Daten sein.

> Wird ein Prozess nicht mehr durch ein Datenflussdiagramm verfeinert, so muss er durch eine Prozessspezifikation beschrieben werden.

Eine Prozessspezifikation kann beispielsweise

- in **Freitext**, d. h. in natürlicher Sprache,
- in **strukturierter Sprache** (Pseudocode),
- durch **Vor- und Nachbedingungen** oder
- durch **Entscheidungstabellen**

erfolgen.

Entscheidungstabellen definieren, unter welchen Bedingungen welche Verarbeitungsschritte durchgeführt werden sollen. Sie werden in Anhang A vorgestellt. Vor- und Nachbedingungen werden sogleich erläutert. Bei **Freitext** formuliert man in der Umgangssprache, was der Prozess tun soll. **Strukturierte Sprache** (siehe Anhang A) enthält Schlüsselwörter und Namen, beispielsweise ein definiertes Vokabular aktionsorientierter Verben.

Wie die Prozessspezifikation programmtechnisch realisiert wird, interessiert nicht. Entscheidend ist, dass alle Eingangs-Datenflüsse durch die Beschreibung in Ausgangs-Datenflüsse umgesetzt werden.

Vor- und Nachbedingungen

> Bei Vor- und Nachbedingungen sagt man fast nichts über den Algorithmus aus, nach dem der Prozess seine Arbeit durchführen soll. Vorbedingungen beschreiben die Umgebung, die der Prozess vor seinem Start antreffen muss, Nachbedingungen erfassen die Umgebung, die der Prozess nach seinem Ablauf hinterlässt.

Zu den **Vorbedingungen** gehört die Festlegung der Eingaben, die Beziehungen zwischen den Eingaben oder innerhalb der Eingaben, die Beziehungen zwischen den Eingaben und den Datenspeichern, die Beziehungen zwischen verschiedenen Speichern oder innerhalb eines Speichers. Zu den **Nachbedingungen** gehören die Ausgaben eines Prozesses, die Veränderungen, die der Prozess in den Speichern durchgeführt hat, die Beziehungen zwischen Ausgabewerten und den Werten in einem oder mehreren Speichern, aber auch die Beziehungen zwischen den Ausgabewerten und den ursprünglichen Eingabewerten. [You92, S. 252]

6.6 Datenbeschreibung im Data Dictionary

Ein Data Dictionary ist ein Datenkatalog, der Informationen über die Daten, sprich die **Metadaten**, an zentraler Stelle enthält. Die Metadaten stellen die Struktur der Daten und ihre Beziehungen dar.

Im Data Dictionary werden abgelegt:

- Beschreibung der Bedeutung der Datenflüsse und Speicher,
- Definition zusammengesetzter Daten in Datenflüssen und in Speichern sowie
- Definition der Wertebereiche und Einheiten elementarer Daten.

> Das Data Dictionary stellt den Zusammenhang zwischen den einzelnen Verfeinerungsebenen der DFDs her. Das Data Dictionary definiert die Strukturen aller verwendeten Daten und erlaubt die Überprüfung des Datenmodells auf Redundanz- und Widerspruchsfreiheit.

Es soll an dieser Stelle erwähnt werden, dass in der Praxis bei Systemen der Prozessdatenverarbeitung im Gegensatz zu datenorientierten Systemen die Daten im Rahmen der Strukturierten Analyse oftmals nur knapp beschrieben werden. Die genaue Spezifikation wird dabei oft auf den Systementwurf verschoben.

Es gibt verschiedene Notationen für das Data Dictionary wie die Extended Backus-Naur-Form.

Beispielsweise kann die folgende Notation verwendet werden:

=	zusammengesetzt aus
+	Sequenz (impliziert keine Ordnung)
[...|...]	Auswahl (entweder ... oder ...)
{ }	Wiederholung (0...N)
M{ }N	Wiederholung (M..N)
( )	Option
**	Kommentar

Beispiel für die Entität Person:

Name	= (Titel) + {**Vorname**} + **Nachname**
Titel	= [Professor | Doktor]
Vorname	= {**gueltiges Zeichen**}
Nachname	= {**gueltiges Zeichen**}
gueltiges Zeichen	= [A-Z|a-z|'|-|]

Der Übersicht halber sind die nicht terminalen Elemente fett und die terminalen Elemente nicht fett geschrieben.

Eine vollständige Definition eines zusammengesetzten Datenelements umfasst außer den in obigem Beispiel gezeigten Möglichkeiten:

- eine verbale Beschreibung der Bedeutung in Form eines Kommentars und
- die Werte, die das Datenelement mit seinen elementaren Daten annehmen kann.

6.7 Besonderheiten bei Datenflüssen

6.7.1 Dialogflüsse

Es ist möglich, bei Datenflüssen Dialoge zu spezifizieren. Dialogflüsse haben zwei Pfeile, wobei jede Richtung einen Namen haben muss. Es handelt sich meist um Dialoge der Form Anfrage/Antwort, wie in folgendem Beispiel dargestellt ist:

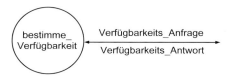

Bild 6-8 Ein Dialogfluss

6.7.2 Divergierende und konvergierende Flüsse

Sammel- oder **Gruppendatenflüsse** stellen eine Zusammenfassung von einfacheren Datenflüssen dar und werden häufig eingesetzt, um Diagramme zu vereinfachen. Die Zusammensetzung muss – wie bereits erwähnt – im Data Dictionary beschrieben werden. In den Diagrammen ist die Zusammenfassung oder auch das Aufspalten ersichtlich. Bei der Zusammenfassung spricht man von konvergierenden Datenflüssen (**Merge-Flüssen**), bei der Aufspaltung von divergierenden Datenflüssen (**Split-Flüssen**).

Es soll hier der Fall divergierender Flüsse betrachtet werden. Konvergierende Flüsse lassen sich analog behandeln. Für divergierende Flüsse gibt es die folgenden Fallunterscheidungen:

a) Ein Datum wird an mehrere Empfänger gesendet.
b) Ein zusammengesetztes Datenpaket wird abgesendet. Die Komponenten des zusammengesetzten Pakets gehen dabei an verschiedene Empfänger.
c) Es wird ein Datum von einem Aufzählungstyp transportiert. Verschiedene Werte gehen dabei an verschiedene Empfänger.

Diese drei Möglichkeiten werden im Folgenden visualisiert:

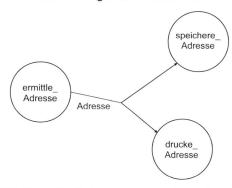

Bild 6-9 Dasselbe Datum geht an mehrere Empfänger

In Bild 6-10 gehen verschiedene Komponenten eines zusammengesetzten Datums und in Bild 6-11 verschiedene Aufzählungskonstanten einer Variablen eines Aufzählungstyps an verschiedene Empfänger. Aufspaltungen von Datenflüssen (siehe Bild 6-11) müssen durch entsprechende Definitionen im Datenverzeichnis abgesichert sein.

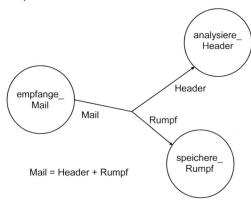

Bild 6-10 Aufspaltung in die Komponenten eines zusammengesetzten Datums

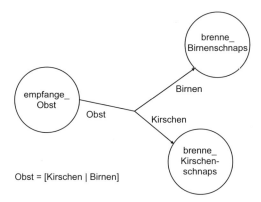

Bild 6-11 Verschiedene Elemente einer Variablen eines Aufzählungstyps gehen an verschiedene Empfänger

6.7.3 Datenflüsse von und zu Speichern

Ist der Fluss zum Speicher unbeschriftet, so wird ein Informationspaket geschrieben, d. h., der Flussname wird als Singular des Speichernamens, der im Plural sein muss, angesehen. Dasselbe erfolgt, wenn der Datenflussname den Singular des Speichernamens trägt. Trägt der Fluss einen anderen Namen, so werden ein oder mehrere Bruchteile aus einem oder mehreren Paketen oder mehrere Pakete geschrieben.

Um diese Frage jeweils mit Sicherheit beantworten zu können, muss man die Datendefinition im Data Dictionary und die Prozessspezifikation nachlesen. So wird in folgendem Beispiel mit dem Fluss `Geburtsjahr` von allen neu immatrikulierten Studenten das Geburtsjahr geholt, um das Durchschnittsalter der neu immatrikulierten Studenten zu berechnen. Im Data Dictionary steht, dass Geburtsjahr eine Komponente von `neu_immatrikulierter_Student` ist. Aus der Prozessspezifikation von berechne_Durchschnittsalter ist ersichtlich, dass mit Geburtsjahr von jedem Studenten das entsprechende Geburtsjahr geholt wird. Hier das DFD zur Visualisierung:

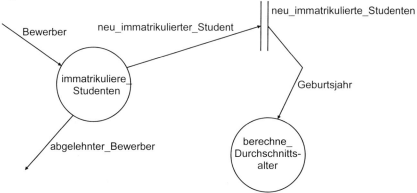

Data Dictionary Eintrag:

neu_immatrikulierter_Student = Vorname + Name + Adresse + Geburtsjahr + Familienstand

Bild 6-12 Datenflüsse von und zu Speichern

6.7.4 "Schwarze Löcher"

Bubbles, die Datenflüsse nur anziehen und keine Information abgeben (Eingabe-Bubbles), werden in Anlehnung an die Astronomie "Schwarze Löcher" genannt.

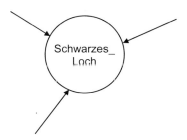

Bild 6-13 Schwarzes Loch

Bubbles, die nur eingehende Datenflüsse und keine ausgehenden aufweisen, heißen **Schwarze Löcher**.

Für Schwarze Löcher sind dem Autor keine Anwendungen bekannt außer dem Null-Device[72].

---

[72] Ein Null-Device gibt es beispielsweise in UNIX-Systemen. Es ist eine Art "Müllschlucker" für Ausgaben. Werden auf das Null-Device Daten geschrieben, so werden sie sofort verworfen. Ein Lesen auf dem Null-Device führt zu einem sofortigen Dateiende.

Eingabe-Bubbles sind in der Regel Entwurfs-Fehler.	

6.8 Starten von Prozessen

Schwerpunkt der Strukturierten Analyse ist, das Zusammenwirken von Prozessen in Datenflussdiagrammen zu beschreiben. Bei den Prozessen gibt es im Rahmen der Strukturierten Analyse drei Klassen:

Prozesse mit

- Ein-/Ausgabe-Bubbles,
- Ausgabe-Bubbles und
- Eingabe-Bubbles.

Diese sind im Folgenden visualisiert:

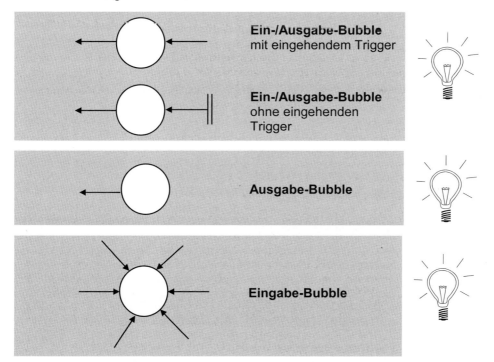

Die Zahl der Ein- und Ausgaben soll bei dieser topologischen Betrachtung keine Rolle spielen.

In der Realität gibt es:

- datengetriebene (ereignisorientierte) Prozesse,
- zeitgesteuerte Prozesse und
- fortlaufend aktive Prozesse.

Diese verschiedenen Prozessarten werden hier mit derselben Theorie modelliert, die keine besonderen Unterscheidungsmerkmale zwischen den genannten Arten von Prozessen in der Realität von vornherein kennt. Der Systemingenieur muss dennoch daran denken, dass er alle Prozessarten im System erfasst, um sie im Rahmen der Strukturierten Analyse zu beschreiben. Im Folgenden werden diese drei Gruppen von Prozessen betrachtet.

6.8.1 Datengetriebene Prozesse

Der Prozess einer Ein-/Ausgabe-Bubble mit einem eingehenden Trigger, der von einem anderen Prozess oder einer Schnittstelle kommt, wird gestartet, wenn der Datenfluss in die Bubble eingeht. Der Prozess wird **datengetrieben** oder **ereignisorientiert** gestartet.

Arbeiten Prozesse **datengetrieben**, so beginnen sie automatisch sofort zu laufen, wenn ihre Eingangsdatenflüsse ankommen. Mit anderen Worten, man kann jeden **datengetriebenen** Prozess im Rahmen der Strukturierten Analyse im gewünschten Moment sofort zum Laufen bringen, wenn man ihm den Datenfluss gibt, den er benötigt.

Dabei kann ein Prozess sowohl datengetrieben ausgelöst werden als auch zusätzlich einen Datenfluss aus einem Speicher beziehen.

6.8.2 Zeitgesteuerte Prozesse

Zeitgesteuerte Prozesse laufen jeweils zur eingeplanten Zeit, beispielsweise zu jeder vollen Stunde. Es gibt verschiedene Mittel, um zeitgesteuerte Prozesse zu visualisieren. Eine Möglichkeit ist, nichts Besonderes zu vermerken. Dann sind zeitgesteuerte Prozesse charakterisiert durch einen ausgehenden Datenfluss bei gleichzeitigem Fehlen eines eingehenden stimulierenden Datenflusses. Eine andere Art der Visualisierung ist die Einführung eines Uhren-Symbols als Terminator und das Zeichnen eines Uhrzeit-Ereignisses als Datenfluss und Zeittrigger.

6.8.3 Fortlaufend aktive Prozesse

Fortlaufend aktive Prozesse laufen, solange sie aktiviert sind. Über ihre Laufzeit wird keine Aussage gemacht. Sie arbeiten aber weder datengetrieben noch zyklisch. Haben sie keine Eingabe, dann sind es Spontanerzeuger nach Yourdon (siehe Kapitel

6.8.3.1). Beziehen sie selbst die Eingabe von einem (passiven) Speicher, dann werden sie in dem vorliegenden Buch "Dauerläufer" genannt (siehe Kapitel 6.8.3.2).

6.8.3.1 Spontanerzeuger

Der Begriff des Spontanerzeugers kommt von Yourdon [You92, S. 195]. Ein Spontanerzeuger ist im folgenden Bild dargestellt:

Bild 6-14 Spontanerzeuger

Der **Spontanerzeuger** hat keine Eingabe. Folglich handelt es sich nach Yourdon hier um einen Prozess, der spontan etwas erzeugt, wie z. B. ein Zufallszahlengenerator.[73]

Damit haben Spontanerzeuger die folgenden Charakteristika:

- Sie sind nicht datengesteuert. Sie haben gar keine Eingaben.
- Sie sind nicht zeitgesteuert.

6.8.3.2 Dauerläufer

Der Begriff des Dauerläufers wird hier folgendermaßen definiert: Ein Prozess, der seinen Input nur von einem Speicher bezieht, kann nicht datengetrieben ausgelöst werden, da ein Speicher ein passives Element ist. Der Prozess läuft entweder fortlaufend als Dauerläufer – und dann immer – oder zeitgesteuert.

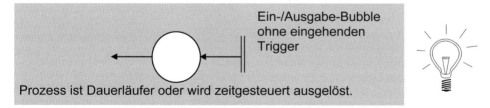

Damit unterscheidet sich ein Dauerläufer von einem Spontanerzeuger also nur durch das Lesen von einem (passiven) Datenspeicher.

6.9 Abgrenzung zwischen Essenz und physischen Aspekten

Der Problembereich zeichnet sich dadurch aus, dass man die sogenannte Essenz des Systems modelliert. Die **Essenz des Systems** sind seine Eigenschaften und sein

---

[73] Ein Prozess mit dieser Topologie kann in der Realität auch zyklisch und nicht spontan ausgelöst werden. Darauf geht Yourdon aber nicht ein.

Verhalten in einer idealen Welt. Es sind die **Geschäftsprozesse** des Systems in technologieunabhängiger Beschreibung. Das betrachtete System ist auch unabhängig von den physischen Randbedingungen der technischen Lösung wie der Verwendung eines Betriebssystems, eines Datenbankmanagementsystems oder nebenläufiger Betriebssystem-Prozesse. Ein technisches System mit einem Rechner gibt es hier nicht. Man ist in der Welt der Logik, d. h. in einer idealen Gedankenwelt, in der alles unendlich schnell geht. Technische Fehler kann es nicht geben, da keine Technik existiert, die ausfallen kann. Es kann im Problembereich nur Fehler in der Anwendung geben. Beispiel hierfür soll ein Bibliothekverwaltungssystem sein. Möchte der Entleiher ein Buch mitnehmen und ist dieses Buch nicht im Magazin verfügbar, so stellt dies einen Fehler in der Anwendung dar, der modelliert werden muss.

Im Detail bedeutet die Konzentration auf die Essenz des Systems:

- Jeder Prozess arbeitet unendlich schnell.
- Jeder Kanal arbeitet unendlich schnell.
- Es gibt keine Einschränkungen durch Speichergrößen etc.
- Es gibt keine Fehler bei der Übertragung.
- Es gibt keine Fehler in der Hardware oder Software.
- Jeder Prozess kann mit jedem anderen ohne die Vermittlung durch Dienste reden.
- Jeder Prozess kann direkt mit Speichern kommunizieren.
- Jeder Prozess kann direkt mit Terminatoren, z. B. dem Bediener, kommunizieren.

Die folgenden technischen Funktionen treten im Rahmen der Essenz nicht auf:

- Kommunikationsfunktionen bzw. Funktionen der Interprozesskommunikation,
  da jeder Prozess mit jedem anderen direkt ohne Vermittler kommunizieren kann,
- Datenhaltungsfunktionen,
  da jeder Prozess direkt auf Speicher zugreifen kann und keine Datenhaltungsfunktionen als Vermittler braucht,
- Dialogfunktionen,
  da jeder Prozess direkt ohne Vermittler mit Terminatoren kommunizieren kann,
- Funktionen zum Starten, Überwachen und Stoppen des Systems,
- Fehlererkennungs- und Fehlerbehandlungs-Funktionen für Computer- und Netzwerkfehler,
- Funktionen für die Informationssicherheit (security) und funktionale Sicherheit (functional safety) sowie
- Funktionen für die Parallelität.

Wiederum ganz anders liegt der Fall, wenn ein fehlertolerantes Rechnersystem entworfen werden soll. Dann ist das fehlertolerante System die Anwendung. Die Behandlung von Hard- und Softwarefehlern bei fehlertoleranten Systemen kann eine komplexe Logik der Verarbeitung erfordern, bei der es sich lohnt, diese mit Hilfe der Strukturierten Analyse zu modellieren.

Auch die Terminatoren – die ja gar nicht zu dem betrachteten System gehören – werden zur heilen Welt erklärt. Dies hat zur Konsequenz, dass auch Fehlerbehandlungs-Funktionen für Eingabedaten entfallen.

6.10 Ereignisorientierte Zerlegung nach McMenamin und Palmer

Auch wenn die Notation der Strukturierten Analyse wohl bekannt ist, so ist dennoch nicht von vornherein offensichtlich, wie sie einzusetzen ist. Das Problem ist, welche Knoten (Prozesse) soll man erfinden und wie soll man diese Knoten verfeinern? Wenn man hierfür kein Regelwerk findet, kann ein jeder vorgehen, wie er möchte und wilde Zerlegungen erfinden, die vielleicht für ihn verständlich sind, für andere aber nicht. Damit wäre aber nichts gewonnen. Die Strukturierte Analyse soll ja mithelfen, mit der Komplexität fertig zu werden!

McMenamin und Palmer [McM88] haben sich große Verdienste erworben, indem sie gezeigt haben, wie man die Methode der Strukturierten Analyse nach bestimmten Regeln auf beliebige konkrete Aufgaben umsetzen kann. Man kann sagen, dass McMenamin und Palmer die Strukturierte Analyse praktikabel gemacht haben.

Insbesondere für die Problemstellung der Zerlegung eines Prozesses in Sub-Prozesse haben McMenamin und Palmer mit der Technik der **ereignisorientierten Zerlegung** dem Systemingenieur eine wichtige Technik an die Hand gegeben.

> Bei der Technik der ereignisorientierten Zerlegung zerlegt man das System in Prozesse, von denen jeder die **gesamte Reaktion** des Systems auf **ein einzelnes** Ereignis darstellt. Ein jeder solcher Prozess stellt einen sogenannten **essenziellen Prozess** dar. Das bedeutet, dass jeder Knoten der Zerlegung (also jeder essenzielle Prozess) auf **genau ein Ereignis** reagiert.

Jeder essenzielle Prozess soll auch **vollständig** sein. Die Überprüfung erfolgt folgendermaßen:

Wenn alle Teilaktivitäten, die zu einem essenziellen Prozess gehören, ausgeführt worden sind, dann muss das System stillstehen, bis das entsprechende Ereignis wieder eintritt oder bis ein anderes Ereignis eintritt.

Da jeder Prozess die komplette Antwort auf ein Ereignis enthält, liegen alle direkten Informationskanäle zwischen Teilprozessen innerhalb eines einzigen Prozesses. Könnte ein Prozess Daten direkt an einen anderen Prozess zur unmittelbaren Verarbeitung weitergeben, so wäre die Reaktion nicht komplett und würde als Zerlegungsfehler angesehen. Wenn die gesamte Reaktion auf ein Ereignis jeweils in einen einzigen Prozess gepackt ist, dann muss alles, was sich die Prozesse untereinander mitteilen, in Datenspeichern zwischengespeichert werden.

> Man sagt auch, die Prozesse werden durch die Datenspeicher asynchron entkoppelt.

Zu den mit Hilfe der ereignisorientierten Zerlegung gefundenen Prozessen kommen noch **zeitgesteuerte Prozesse** hinzu, wie z. B. ein Prozess, der jeweils zur vollen Stunde eine Liste ausdruckt sowie eventuell fortlaufend aktive **Spontanerzeuger** oder **Dauerläufer**.

6.11 Zusammenfassung

Die Strukturierte Analyse ist eine Methode, die ein System in logische Einheiten, die sogenannten Prozesse, zerlegt. Diese sind funktionale Einheiten. Die Stärke der Strukturierten Analyse ist, dass die Wechselwirkungen zwischen den Prozessen im Mittelpunkt stehen. Soll nicht das funktionale Verhalten betont werden, sondern das Steuerungsverhalten, so ist die Strukturierte Analyse zur Strukturierten Analyse/Echtzeit zu erweitern (siehe Kapitel 7). Sollen die Daten mit in den Vordergrund rücken, so ist die Strukturierte Analyse um Entity-Relationship-Diagramme zu ergänzen (siehe Kapitel 8).

Prozesse werden in Datenflussdiagrammen dargestellt. Die Umgebung eines Prozesses wird im Allgemeinen durch andere Prozesse und Datenspeicher dargestellt. Datenspeicher sind erforderlich, um Prozesse asynchron zu entkoppeln. Datenspeicher sind passive Elemente, d. h., man muss Daten von ihnen selbst abholen. Somit kann ein Prozess zu einer bestimmten Zeit den Datenspeicher beschreiben und ein anderer Prozess kann diese Daten zu einem anderen Zeitpunkt aus dem Speicher lesen. Jeder Datenfluss hat eine Quelle und eine Senke. Quellen und Senken sind Prozesse, Datenspeicher oder Terminatoren. Mit anderen Prozessen, Datenspeichern und Terminatoren eines Datenflussdiagramms tauscht ein Prozess eines Datenflussdiagramms Daten über Kanäle, die sogenannten Datenflüsse, aus (Kapitel 6.1).

Durch die Zerlegung der Prozesse in Datenflussdiagramme entsteht eine Ebenenstruktur an Datenflussdiagrammen (Kapitel 6.2). Die Verfeinerung in Ebenen (siehe Kapitel 6.2.1) nennt man Schichtung (engl. leveling). Das Zusammenführen von Kindprozessen zu Vaterprozessen (siehe Kapitel 6.2.2) nennt man Ausgleichen (engl. balancing), wobei die Datenflüsse außerhalb des verfeinerten Prozesses (Vaterprozess) ihr Gegenstück außerhalb einer dem verfeinerten Prozess entsprechenden Hüllkurve auf der Ebene der verfeinerten Prozesse (Kindprozesse) haben müssen. Die Strukturierte Analyse hat eine hierarchische Vorgehensweise. Begonnen wird die hierarchische Zerlegung der Prozesse mit dem Kontextdiagramm, das den Prozess des Systems in seiner Umgebung zeigt (Kapitel 6.3).

Die Umgebung des Systems, also Fremdsysteme, Peripheriegeräte und Rollen, wird repräsentiert durch Terminatoren, welche die Schnittstellen zur Umgebung darstellen. Mit den Terminatoren tauscht das System Daten durch Datenflüsse aus. Nach Yourdon und DeMarco enthält nur das Kontextdiagramm Terminatoren. Die Datenflussdiagramme der tieferen Ebene sollen keine Terminatoren enthalten. Wenn man jedoch in der Praxis vermeiden will, dass Datenflüsse nach oder von außen, um sie einem Terminator zuordnen zu können, den Namen des Terminators tragen, was den

Datenflussnamen vergrößert, werden Terminatoren in der Praxis nicht nur im Kontextdiagramm, sondern auch auf tieferen Ebenen aufgenommen. Das Kontextdiagramm enthält keine Speicher. Solche Speicher sind entweder im Prozess des Systems verborgen, wenn sie noch zu realisieren sind, oder treten als Terminator auf, wenn die Datenspeicher in der Form von Fremdsystemen bereits vorhanden sind (Kapitel 6.3).

Die Verfeinerung in weitere Prozesse muss nicht in jedem Zweig gleich fein sein. Es wird in einem Zweig so weit verfeinert, wie es erforderlich ist, um die Prozesse der letzten Ebene einfach beschreiben zu können. Ist dies nicht der Fall, so ist man noch nicht auf der letzten Ebene angelangt und der Prozess wird weiter in ein Datenflussdiagramm zerlegt. Jeweils auf der letzten Ebene wird ein Prozess durch eine PSPEC beschrieben. Die PSPEC oder Prozessspezifikation beschreibt, wie ein Prozess eingehende Daten in ausgehende Daten transformiert (Kapitel 6.5).

Die Beschreibung der Daten in Flüssen und Speichern und ihrer gegenseitigen Beziehungen erfolgt im Data Dictionary. Das Data Dictionary verknüpft die verschiedenen Ebenen der Datenflussdiagramme. Das Data Dictionary definiert die Struktur aller zusammengesetzten Daten. Es erlaubt die Überprüfung des Datenmodells auf Freiheit von Redundanzen und Widersprüchen (Kapitel 6.6).

In der Realität gibt es (Kapitel 6.8):

- datengetriebene (ereignisorientierte) Prozesse,
- zeitgesteuerte Prozesse und
- Prozesse, die fortlaufend aktiv sind.

Im Normalfall hat ein Prozess Eingaben und Ausgaben. Schwarze Löcher haben keine Ausgaben. Sie sind meist ein Design-Fehler (Kapitel 6.7.4). Ein Spontanerzeuger (Kapitel 6.8.3.1) hat nur Ausgaben und ist dauernd aktiv. Ein Dauerläufer (Kapitel 6.8.3.1) hat Eingaben von Datenspeichern und Ausgaben und ist ebenfalls dauernd aktiv. Dabei holt er sich nach dem Start des Systems seine Daten von einem Speicher selbst ab und generiert daraus die Ausgabedaten, holt dann die nächsten Eingabedaten und so weiter.

Die sogenannte Essenz des Systems (Kapitel 6.9) umfasst die Verarbeitungsprozesse in einer idealen Gedankenwelt. Verwaltungsfunktionen wie zur Kommunikation bzw. Interprozesskommunikation, Datenhaltung, für Dialoge, Funktionen zum Starten, Überwachen und Stoppen des Systems, Fehlererkennungs- und -behandlungs-Funktionen für Computer- und Netzfehler, Funktionen für die Informationssicherheit und die funktionale Sicherheit sowie die Parallelität treten im Rahmen der Essenz nicht auf.

Das größte Problem der Strukturierten Analyse war die Zerlegung der Prozesse. McMenamin und Palmer lösten dieses Problem durch einen middle-out-Ansatz. Middle-out besagt, dass man auf einer bestimmten Ebene, die sich zum Modellieren eignet, mit dem Modellieren beginnt, und sich mit einer vernünftigen Anzahl von Prozessen in das System hinein denkt. Auf der Ebene der essenziellen Prozesse soll nach McMenamin und Palmer jeder sogenannte essenzielle Prozess auf ein einziges Ereignis reagieren. Nach oben werden dann die Prozesse verdichtet und nach unten verfeinert. Damit muss weltweit für ein vorgegebenes Problem die Ebene der essenziellen Prozesse eindeutig sein (Kapitel 6.10).

6.12 Aufgaben

Aufgabe 6.1: Konzept der Strukturierten Analyse

6.1.1 Erklären Sie die prinzipielle Vorgehensweise bei der Strukturierten Analyse. Wie geht man vor, wenn man ein System mit Hilfe der Strukturierten Analyse definiert? Wie verfeinert man ein System mit Hilfe der Strukturierten Analyse schrittweise?

6.1.2 Beschreiben Sie den Unterschied zwischen Problembereich und Lösungsbereich. Was ist die Essenz des Systems?

6.1.3 Was ist der Vorteil eines Datenflussdiagramms? Was sollte in einer PSPEC stehen? Was steht im Data Dictionary?

6.1.4 Auf welchen Ebenen machen Sie eine PSPEC? Warum?

Aufgabe 6.2: Technik der Strukturierten Analyse

6.2.1 Welche grafischen Elemente gibt es bei der Strukturierten Analyse und was bedeuten sie?

6.2.2 Gibt es Speicher im Kontextdiagramm?

Aufgabe 6.3: Umsetzung der Strukturierten Analyse

6.3.1 Erläutern Sie die Methode der ereignisorientierten Zerlegung von McMenamin und Palmer!

6.3.2 Angenommen, Sie haben 15 essenzielle Prozesse. Geben Sie ein Beispiel für eine Prozesshierarchie!

Kapitel 7

Funktionsorientierte Systemanalyse mit der Strukturierten Analyse/Echtzeit

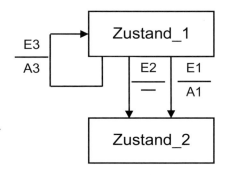

7.1 Eigenschaften von Realzeitsystemen
7.2 Fähigkeiten von SA/RT
7.3 Aktivierung und Deaktivierung von Prozessen
7.4 Unterscheidung von Datenfluss und Steuerfluss
7.5 Kombinatorische und sequenzielle Maschinen
7.6 Einheitliches Modell für die Daten- und Steuersicht
7.7 Beispiele für die Modellierung mit SA/RT
7.8 Antwortzeitspezifikationen
7.9 Zustandsautomaten nach Harel
7.10 Zusammenfassung
7.11 Aufgaben

7 Funktionsorientierte Systemanalyse mit der Strukturierten Analyse/Echtzeit

Strukturierte Analyse/Echtzeit (engl. **structured analysis/real time**, **SA/RT**) ist die Realzeiterweiterung der Strukturierten Analyse. Sie dient zur Modellierung der Reaktion eines Systems auf bestimmte Ereignisse, z. B. dass eine Steuerung bei Vorliegen einer bestimmten Bedingung ein Steuersignal für ein Fremdsystem generiert. Während die Strukturierte Analyse auf dem Konzept der Datenflüsse beruht, unterscheidet die Strukturierte Analyse/Echtzeit Steuerflüsse von Datenflüssen.

Zu Beginn wird in Kapitel 7.1 eine Übersicht über die Eigenschaften von Echtzeitsystemen gegeben und in Kapitel 7.2 werden die Fähigkeiten und Grenzen von SA/RT diskutiert. Die Erweiterungen der Strukturierten Analyse/Echtzeit betreffen:

- die Aktivierung und Deaktivierung von Prozessen (siehe Kapitel 7.3),
- die Definition von Kontrollflüssen (Kapitel 7.4) und
- ihre Verarbeitung in Form von Zustandsautomaten (Kapitel 7.5).

Kapitel 7.6 zeigt, wie die Datensicht und Steuersicht in einem einheitlichen Modell zusammengeführt werden. Kapitel 7.7 enthält ausführliche Beispiele. Kapitel 7.8 behandelt Antwortzeitspezifikationen und Kapitel 7.9 die Erweiterungen der Zustandsautomaten nach Harel.

7.1 Eigenschaften von Realzeitsystemen

Realzeit- oder **Echtzeitsysteme** sind dadurch gekennzeichnet, dass solche Systeme in der Lage sind, innerhalb einer vorgegebenen Zeit auf externe oder interne Ereignisse in der gewünschten Art und Weise zu reagieren. Meldet z. B. ein Sensor, dass der Grenzwert des Dampfdrucks überschritten ist, so muss innerhalb einer bestimmten Zeitdauer das Überdruckventil geöffnet werden, um eine Explosion zu vermeiden.

Bei einem **Echtzeitsystem** muss das Verhalten des gesamten Systems deterministisch, d. h. eindeutig festgelegt sein, um eine **maximale Reaktionszeit auf bestimmte asynchrone Ereignisse garantieren** zu können.

Bei Echtzeitsystemen spielen die Konzepte

- der Zeit,
- der Parallelität,
- der Behandlung konkurrierender Ereignisse und
- der deterministischen Reaktion auf Ereignisse

eine besondere Rolle.

Muss garantiert sein, dass eine Aufgabe zu einem bestimmten Zeitpunkt erledigt ist, so spricht man von **harter Echtzeit**. Bei **weicher Echtzeit** entsteht kein Schaden, wenn der vorgesehene Zeitpunkt etwas überschritten wird. Bei weicher Echtzeit muss der Zeitpunkt nur im Mittel eingehalten werden.

> Von einem **internen Ereignis** spricht man, wenn das Ereignis im System selbst entsteht. So kann ein Messgeber Messwerte schicken, die mit einem im System vorgegebenen Grenzwert verglichen werden. Wird der Grenzwert überschritten, so wird im System ein **internes Ereignis** ausgelöst.

Hätte hingegen der Sensor, der sich außerhalb des Systems befindet, bei Überschreitung des Grenzwerts einen Alarm ausgelöst, so hätte es sich um ein **externes Ereignis** gehandelt.

Außer der Reaktion auf asynchrone externe und interne Ereignisse soll es oft auch möglich sein, die Abarbeitung bestimmter Aufgaben zu bestimmten **Zeitpunkten** zu starten. In all diesen Fällen soll das System seine Aufgaben innerhalb **vorgegebener Zeitschranken** erledigen. Treten **mehrere konkurrierende Ereignisse** ein, so müssen diese **prioritätsgerecht abgearbeitet** werden. Dies bedeutet, dass weniger wichtige Aufgaben unterbrochen werden müssen, damit eine höher priorisierte Aufgabe innerhalb ihrer vorgegebenen Zeitschranke abgearbeitet wird.

> Hat gerade ein weniger wichtiges Programm den Prozessor, so wird ihm dieser entzogen und das höher priorisierte Programm erhält den Prozessor. Dieser Vorgang wird als **Scheduling durch Entzug** (engl. **preemptive scheduling**) bezeichnet.

7.2 Fähigkeiten von SA/RT

SA/RT, die Realzeit-Erweiterung der Strukturierten Analyse, kann zwei Beiträge auf dem Weg zu einem Realzeitsystem leisten:

- SA/RT bietet eine Notation an, um die erwarteten Antwortzeiten des Systems auf Ereignisse zu spezifizieren (Spezifikation der Zeit-Anforderungen bzw. Antwortzeitspezifikation). Es ist durchaus von Vorteil, wenn sie verwendet wird (siehe Kapitel 7.8), da dann diese Anforderungen in einheitlicher Form von allen Projektbeteiligten formuliert und auch leicht verstanden werden können. Antwortzeitspezifikationen sind aber prinzipiell auf der Ebene der Requirements einzustufen. Dabei könnte man auch ohne SA/RT auskommen. Kurz und gut, dies ist nicht der eigentliche Kern von SA/RT.
- Der zentrale Punkt von SA/RT liegt darin, dass diese Methode Beschreibungsmittel bereitstellt, um auf der Ebene der Systemanalyse Steuerungen oder Systeme, die einen Steuerungscharakter aufweisen, zu beschreiben. Ereignisse und die Reaktion auf die Ereignisse werden hierbei modelliert.

Für Steuerungssysteme, die z. B. auf äußere Ereignisse eine bestimmte Reaktion zeigen sollen, braucht man den **Begriff des Steuerflusses** und in vielen Fällen auch den

Begriff des Zustandes. Beide werden im Rahmen von SA/RT eingeführt. SA/RT basiert hierbei auf der **Theorie endlicher Automaten** (engl. **finite state machines**). Im Rahmen des Systementwurfs erfolgt die Umsetzung der Ereignisse und Reaktionen in eine Programm-Architektur.

> SA/RT enthält zwei Anteile:
> - die Beschreibung eines Systems als ein endlicher Automat – dieser Teil beschreibt die Modellierung der Steuerungslogik und
> - die Spezifikation der Antwortzeiten (oder Zeit-Anforderungen) – dieser Teil gehört zu den Requirements.

Es gibt zwei Varianten der SA/RT:

- SA/RT nach Hatley/Pirbhai [Hat93] und
- nach Ward/Mellor [War91].

Im Folgenden wird nach der Variante von Hatley/Pirbhai vorgegangen. Diese Methode wird von wichtigen CASE-Tools unterstützt.

SA/RT nur dann, wenn nötig

SA/RT ist kompliziert. Komplizierte Methoden sollte man extrem sparsam verwenden, damit man die Übersicht nicht verliert.

> Die Methode SA/RT sollte nur für diejenigen Systeme eingesetzt werden, bei denen sie wirklich notwendig ist.

Entwurf und Implementierung bestimmt Echtzeitfähigkeit

Das **Echtzeit-Verhalten** von Systemen wird eindeutig durch den Systementwurf und das fertige Produkt bestimmt und nicht durch die Modellierung der Systemanalyse. Dabei erkennt man erst nach der Implementierung, ob man mit dem Systementwurf richtig lag oder nicht. Hat das System nicht die geforderte Performance, so sind nachträglich mehr oder weniger umfangreiche Maßnahmen erforderlich, angefangen vom Einsatz eines leistungsfähigeren Rechners bis hin zum Redesign des Systems.

7.3 Aktivierung und Deaktivierung von Prozessen

> Aktivieren bedeutet nicht Starten. Aktivieren heißt: in das System aufnehmen. Deaktivieren heißt: aus dem System nehmen.

Die sogenannte **Prozessaktivierungstabelle (PAT)** von SA/RT enthält Aktivierungen und Deaktivierungen von Prozessen. Aktivierungen und Deaktivierungen werden beim Auftreten von bestimmten Ereignissen, die den Zustand des Systems ändern, durchgeführt.

SA/RT basiert auf der Strukturierten Analyse und erweitert diese.

Im Rahmen der Strukturierten Analyse sind alle Prozesse stets im operationellen Betrieb vorhanden. Im Rahmen der Strukturierten Analyse/Echtzeit erhält man eine Möglichkeit an die Hand, Prozesse zu deaktivieren, d. h. aus dem System zu nehmen, und um Prozesse zu aktivieren, d. h. wieder in das System einzufügen. Damit kann man unterschiedliche Zustände eines Systems erfassen.

Generell muss man zwischen dem Starten und dem Aktivieren eines Prozesses sowie dem Deaktivieren und dem Stoppen eines Prozesses unterscheiden:

Aktivieren: Der Prozess wird in das System eingefügt.
Starten: Der Prozess nimmt seine Arbeit auf.
Deaktivieren: Der Prozess wird aus dem System entfernt.
Stoppen: Der Prozess beendet seine Arbeit.

Ein deaktivierter Prozess kann nichts arbeiten, selbst wenn ein Datenfluss eingehen würde. Dieser Datenfluss würde dann ins Leere gehen.

Für die Prozesse der Strukturierten Analyse gilt:

- Arbeiten Prozesse **datengetrieben**, so beginnen sie automatisch sofort zu laufen, wenn ihre Eingangsdatenflüsse ankommen. Mit anderen Worten, man kann jeden **datengetriebenen** Prozess im Rahmen der Strukturierten Analyse im gewünschten Moment sofort zum Laufen bringen, wenn man ihm den Datenfluss gibt, den er benötigt.
- Ein zeitgesteuerter Prozess läuft los, sobald seine Startzeit gekommen ist. **Zeitgesteuerte** Prozesse laufen jeweils zur eingeplanten Zeit, beispielsweise zu jeder vollen Stunde.
- Ein fortlaufend aktiver Prozess (**Spontanerzeuger** oder **Dauerläufer**) läuft dauernd.

Wird ein Prozess bei SA/RT aktiviert,

- wartet ein datengetriebener Prozess auf seinen Datenfluss und läuft dann los,
- wartet ein zeitgesteuerter Prozess auf sein Zeitereignis und läuft dann los,
- so läuft ein fortlaufend aktiver Prozess (Spontanerzeuger und Dauerläufer) sofort los.

7.4 Unterscheidung von Datenfluss und Steuerfluss

Während im Rahmen der Strukturierten Analyse Datenflüsse als Beschreibungsmittel für die Kommunikation ausreichen, muss man im Rahmen von SA/RT zwischen Datenflüssen und Steuerflüssen unterscheiden.

Statt **Kontrollfluss** kann man auch **Steuerfluss** sagen. Diese beiden Begriffe sind gleichbedeutend. Als Oberbegriff für Steuerfluss und Datenfluss kann man den Begriff **Signal** einführen.

Ein **Signal**[74], das an einen Prozess geht, kann:

- einen Datenfluss,
- einen Steuerfluss oder
- einen Datenfluss und einen Steuerfluss zugleich

darstellen.

Datensignale oder Datenflüsse tragen meist **kontinuierliche Datenwerte**, können aber auch diskrete Werte haben. Steuersignale haben stets **diskrete Werte**. Manche diskrete Signale können sowohl Daten- als auch Steuersignale darstellen. **Steuerflüsse** werden gestrichelt, **Datenflüsse** durchgezogen gezeichnet. Dies ist im folgenden Lernkästchen zu sehen:

Als Beispiel für die gleichzeitige Verwendung eines Daten- und Steuerflusses sei hier ein Warenverkaufsautomat mit beschrifteten Tasten angeführt, wie er in Bild 7-1 skizziert ist:

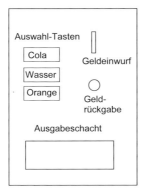

Bild 7-1 Geträenkeautomat

---

[74] Der Begriff Signal wird hier im Sinne von Hatley/Pirbhai und nicht im Sinne von UML verwendet.

Funktionsorientierte Systemanalyse mit der Strukturierten Analyse/Echtzeit   197

Wenn genügend Geld eingeworfen und die Taste Cola gedrückt wurde, wird eine Cola ausgeworfen. Das Drücken der Taste erzeugt ein Signal. Dieses Signal fordert das Auswerfen an (Steuerfluss), gleichzeitig wird mit dem Drücken aber auch die Information Cola übertragen, d. h. was ausgeworfen werden soll (Datenfluss). Damit hat das Signal sowohl Steuerfluss- als auch Datenflusscharakter.

Stellt ein Signal sowohl einen Steuerfluss als auch einen Datenfluss dar, so wird der durchgezogene Pfeil für den Datenfluss und auch der gestrichelte Pfeil für den Steuerfluss gezeichnet. Beide Pfeile tragen **denselben Namen**:

gedrückte Cola-Taste ← Datenfluss

gedrückte Cola-Taste ←------ Steuerfluss

Bild 7-2 Datenfluss und Steuerfluss mit demselben Namen

Einen **Steuerfluss** erkennt man an seiner Wirkung.

> Werden Prozesse aktiviert bzw. deaktiviert oder geht das System in einen anderen Zustand über, so ist im Sinne von SA/RT die Ursache stets ein Steuerfluss, nicht jedoch ein Datenfluss. Weiterhin können neue Steuerflüsse als Folge eines Steuerflusses vom System generiert werden.

Zweifellos gibt es auch einen Steuerfluss innerhalb eines Prozesses, beispielsweise, wenn in Abhängigkeit vom Wahrheitswert einer Bedingung der eine oder der andere Bearbeitungsschritt durchgeführt wird (Selektion) oder wenn eine Schleife ausgeführt wird (Iteration). Aber bei einem solchen Steuerfluss (Kontrollfluss) handelt es sich nicht um einen Steuerfluss im Sinne von SA/RT.

Über die **physische Realisierung** von Steuerflüssen muss man sich im Rahmen der Logik keine Gedanken machen. Dies ist Sache des Systementwurfs. Ein physisches Signal im Rahmen des Systementwurfs kann ein Pegel sein (z. B. Pegel high gleich `true`, Pegel low gleich `false`) oder eine Flanke (Flanke steht an gleich `true`, Flanke steht nicht an gleich `false`).

7.4.1 Ereignisse

Ein System reagiert auf Ereignisse. Diese können außerhalb oder innerhalb des Systems entstehen.

> Ein **Ereignis** ist ein **Steuerfluss** oder eine **Kombination von Steuerflüssen**, auf die ein System reagiert.

Damit kann auch dem Verhalten eines Systems Rechnung getragen werden, welches nicht auf einzelne Steuersignale, sondern erst auf bestimmte Kombinationen von

Steuersignalen reagiert. Als Beispiel für die Reaktion auf eine Kombination von Steuersignalen soll ein mikroprozessorbasiertes System dienen, das reagiert, wenn an einem bestimmten Port des Mikroprozessors der Pegel `low` und gleichzeitig an einem anderen Port der Pegel `high` anliegt.

In einer **Ereignistabelle**, die eine Entscheidungstabelle darstellt, kann festgelegt werden (siehe Kapitel 7.6.7), welche Kombination von Steuersignalen ein Ereignis bedeutet.

Steuereingaben können sein:

- ankommende externe Steuerflüsse,
- als Reaktion auf ankommende externe Steuerflüsse intern erzeugte Steuerflüsse (Transformation von Steuerflüssen) oder
- als Folge des Zutreffens interner Bedingungen (z. B. Grenzwertüberschreitung) intern erzeugte Steuerflüsse. D. h., intern erzeugte Steuerflüsse können steuern.

Das System kann natürlich auch Steuerausgaben generieren.

Steuerausgaben können sein:

- als Reaktion auf ankommende externe Steuerflüsse intern erzeugte Steuerflüsse (Transformation von Steuerflüssen) oder
- als Folge des Zutreffens interner Bedingungen (z. B. Grenzwertüberschreitung) intern erzeugte Steuerflüsse. D. h., intern erzeugte Steuerflüsse können zu Steuerausgaben führen.

7.4.2 Datenbedingungen

Datenbedingungen sind Steuersignale, die in einem Prozess durch Testen von Daten generiert werden. Zur Anschauung am besten ein Beispiel:

"Wenn die Reiseflughöhe erreicht ist, soll der Autopilot eingeschaltet werden."

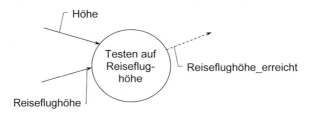

Bild 7-3 Beispiel für eine Datenbedingung

Dass das Steuersignal, welches aus der Bedingung resultiert, als Datenbedingung bezeichnet wird, ist sprachlich gesehen etwas gewöhnungsbedürftig.

> Datenbedingungen sind Steuersignale. Sie werden in einem Prozess durch Testen von Daten erzeugt.

Nicht jede Bedingung führt zu einer Datenbedingung. Eine Bedingung führt zu einer Datenbedingung, wenn eines der drei bereits bekannten Kriterien erfüllt ist:

- als Folge des Wertes einer Bedingung ändert sich der Zustand des Systems,
- in Abhängigkeit von einer Bedingung werden Prozesse aktiviert bzw. deaktiviert oder
- als Folge des Wertes einer Bedingung wird ein Steuerfluss nach außen erzeugt.

7.5 Kombinatorische und sequenzielle Maschinen

Das Verhalten von dynamischen Systemen kann durch Ereignisse geändert werden. Als Folge eines Ereignisses kann ein System in einen anderen Zustand (Modus, Betriebsart) wechseln. Je nach den Eigenschaften des Zustandsraumes – kontinuierliche oder diskrete Zustände – werden kontinuierliche und diskrete Maschinen unterschieden.

> Diskrete Maschinen heißen **Automaten**. Bei endlichen Automaten, die endlich viele Zustände annehmen können, werden kombinatorische und sequenzielle Maschinen unterschieden. Die Methode SA/RT modelliert den Steuerfluss eines Systems als endlichen Automaten. Dieser kann aus kombinatorischen und sequenziellen Maschinen bestehen.

Sequenzielle Maschinen haben Zustände. Das Verhalten sequenzieller Maschinen kann durch Zustandsübergangsdiagramme beschrieben werden. Ein **Zustand** stellt eine Zeitspanne dar, während der das System ein bestimmtes Verhalten zeigt. Die Reaktion auf ein Ereignis hängt dabei davon ab, in welchem Zustand sich der Automat befindet. Sequenzielle Maschinen haben also ein Gedächtnis.

Kombinatorische Maschinen haben keine Zustände. Sie reagieren auf ein Ereignis immer gleich. Die kombinatorische Maschine stellt einen Spezialfall der sequenziellen Maschine dar.

7.5.1 Sequenzielle Maschinen

Ein endlicher Automat besteht aus

- **Zuständen** (Z),
- **Eingangssymbolen** (I),
- **Ausgangssymbolen** (O),
- einer **Übergangsfunktion**, die die Abbildung von Zuständen und Eingangssymbolen in Zustände beschreibt (f) und
- einer **Ausgabefunktion**, die die Abbildung von Zuständen und Eingangssymbolen in Ausgangssymbole beschreibt (g).

Mealy- und Moore-Automaten

Für sequenzielle Maschinen gibt es zwei bekannte Modelle, den Moore-Automaten und den Mealy-Automaten. Hatley/Pirbhai verwenden den sogenannten **Mealy**-Automaten. Beim Mealy-Automaten resultiert ein Zustandsübergang aus einem Ereignis und ist mit einer Aktion verbunden. Die Aktion stellt im Sinne der Automatentheorie ein Ausgangssymbol dar, d. h., bei einem Mealy-Automaten ist ein Ausgangssymbol mit einem Zustandsübergang (Kombination Zustand/Ereignis) verknüpft.

> Mit anderen Worten, bei einem Mealy-Automaten hängt die Ausgabefunktion von Zustand und Eingangssymbol, einem Ereignis, ab.

Ein **Moore**-Automat ist ebenfalls ein endlicher Automat. Bei einem Moore-Automaten hängt die Ausgabefunktion nur vom Zustand ab ($Z \to O$), d. h. nicht vom Eingangssymbol. Wenn ein Zustand erreicht wird, erfolgt die Ausgabe. Wie bereits erwähnt, ist die Ausgabe unabhängig vom Übergang in den Zustand. Dadurch ist das Verhalten eines Moore-Automaten leichter zu verstehen als beim Mealy-Automaten, bei dem die Ausgabe vom Zustand und von der Eingabe abhängt ($Z \times I \to O$). Wird ein Mealy-Automat verwendet, so hat man oft weniger Zustände als beim entsprechenden Moore-Automaten. Dafür wird die Ein- und Ausgabe umfangreicher.

> Auch wenn es zunächst den Eindruck erweckt, der Moore-Automat sei weniger allgemein als der Mealy-Automat, so kann dennoch jede Maschine, die in einer der beiden Darstellungen beschrieben werden kann, in eine äquivalente Darstellung in der anderen Beschreibungsform umgewandelt werden.

Im Folgenden werden Zustandsautomaten besprochen, wie sie bei der Modellierung mit SA/RT von Hatley/Pirbhai verwendet werden. Diese basieren – wie bereits erwähnt – auf Mealy-Automaten. In Kapitel 7.9 werden erweiterte Zustandsautomaten vorgestellt, bei denen auch das Konzept der Moore-Automaten zum Tragen kommt.

7.5.2 Kombinatorische endliche Zustandsmaschinen

Eine kombinatorische endliche Zustandsmaschine (engl. finite state machine) ist ein endlicher Automat, bei dem die Ausgaben direkt von den Eingaben abhängen (**Schaltnetz**). Ein endlicher Automat kann endlich viele Zustände annehmen. Eine kombinatorische Maschine hat kein Gedächtnis und keine Zustände. Die Reaktion auf eine Eingabe hängt nicht davon ab, welche Eingaben dieser Eingabe vorausgegangen sind.

> Kombinatorische Maschinen können durch Entscheidungstabellen beschrieben werden.

Man kann dies auch in mathematischer Schreibweise folgendermaßen beschreiben: $\{y_i\} = f(\{x_j\})$. Dabei entspricht $\{y_i\}$ einer Menge von Ausgaben und $\{x_j\}$ einer

Menge von Eingaben. Die Ausgaben sind mit den Eingaben über die Funktion f verknüpft. Die Reaktion des Systems hängt also nur von den Eingaben ab, unabhängig davon, in welcher Reihenfolge die Eingaben erfolgen. Die Funktion f kann in Form einer Entscheidungstabelle beschrieben werden. Entscheidungstabellen werden in Kapitel 7.6.7 erläutert.

7.5.3 Zustandsübergangsdiagramme von diskreten endlichen Zustandsmaschinen

Ein nützliches Hilfsmittel, um Zustandsänderungen von diskreten endlichen Zustandsmaschinen (**sequenziellen Zustandsmaschinen**) zu beschreiben, sind Zustandsübergangsdiagramme. Zur besseren Übersicht gleich ein Beispiel [Hat93]:

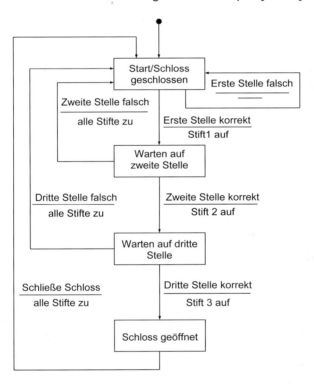

Bild 7-4 Zustandsübergangsdiagramm eines Rotationskombinationsschlosses

Während sich Datenflussdiagramme auf das Zusammenwirken der Funktionen konzentrieren und Entity-Relationship-Diagramme die Beziehungen der Daten modellieren, rücken Zustandsübergangsdiagramme das zeitabhängige Verhalten eines Systems in den Vordergrund.

Das Beispiel von Bild 7-4 zeigt eine sequenzielle Maschine mit endlich vielen Zuständen und ihren Zustandsübergängen. Es ist ein Rotationskombinationsschloss, wie es von Stahlschränken her bekannt ist. Sequenzielle Zustandsmaschinen werden auch als **Schaltwerke mit Gedächtnis** bezeichnet.

> Schaltwerke enthalten im Gegensatz zu Schaltnetzen ein Gedächtnis. Die Reaktion auf die Eingaben hängt davon ab, in welchem Zustand sich eine Maschine gerade befindet. Dieser Zustand wiederum hängt von den früher erfolgten Eingaben ab.

7.5.3.1 Zustände

Ein Zustand wird in der Regel grafisch durch ein Rechteck charakterisiert.

> Der Pfeil mit dickem Punkt kennzeichnet den Anfangszustand der Maschine. Der **Anfangszustand** der Maschine wird beim Einschalten der Maschine eingenommen.

Ein System soll durch eine Menge aus diskreten Verhaltens-Eigenschaften (Zuständen) charakterisiert werden können. Das System soll in kausaler Weise die eine oder andere Verhaltens-Eigenschaft annehmen.

> Für einen **Zustand** gilt:
> - Ein Zustand muss eine endliche Zeit dauern und
> - es gibt keine Zustände, die vom Innern des Systems kommen.

Dies lässt sich wie folgt begründen: In idealer Lösungstechnologie sind die Prozesse unendlich schnell. Auch die Kanäle sind unendlich schnell. Nur externe Wechselwirkungen haben eine endliche Zeitspanne. Damit müssen Zustände, die ja eine endliche Zeitdauer existieren, von externen Wechselwirkungen herrühren.

> Ein **Zustand** resultiert:
> - Weil das System darauf wartet, dass im externen Umfeld etwas geschieht (Warten auf ein Ereignis) oder
> - weil das System darauf wartet, dass eine Tätigkeit im Umfeld, die in Wechselwirkung des Systems mit der Umgebung durchgeführt wird, durch eine andere Tätigkeit abgelöst wird (Beispiele: waschen, mischen, füllen oder beschleunigen).

7.5.3.2 Zustandsübergänge

Pfeile zwischen Rechtecken stellen Zustandsänderungen oder **Zustandsübergänge** dar. Eine Zustandsänderung kann erfolgen, wenn ein **Ereignis** eintritt. Zustandsübergänge werden durch die folgende Notation beschriftet:

Ereignis
―――――
Aktion

Im Folgenden ein Beispiel für ein Zustandsübergangsdiagramm:

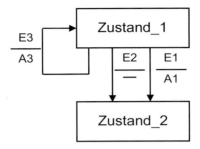

Bild 7-5 Zustandsübergangsdiagramm

Wie man sieht, führt das Ereignis E1 im Zustand_1 zum Übergang in den Zustand_2 unter Auslösung der Aktion A1, während das Ereignis E2 zu einem Zustandsübergang ohne Aktion führt. Das Ereignis E3 bewirkt, dass das System den Zustand_1 nicht verlässt, dass aber die Aktion A3 ausgelöst wird.

> Übergänge können auch zu dem Zustand führen, von dem sie ausgegangen sind. Dies ist stets dann der Fall, wenn ein Ereignis eine Aktion auslösen, aber keine Zustandsveränderung hervorrufen soll. Auch das Umgekehrte kann eintreten: Ein Ereignis verändert den Zustand, dabei wird aber keine Aktion ausgeführt.

Der einfachste Fall für einen Zustandsübergang ist, dass jedes Ereignis einem externen Steuerfluss entspricht, auf den das System reagieren muss. Die an den Zustandsübergängen angeschriebenen **Ereignisse** sind Eingangssteuerflüsse für die Kontrollspezifikation (siehe Kapitel 7.6.2) und müssen folglich in den Balken im Kontrollflussdiagramm (CFD) eingehen (siehe Kapitel 7.6.1). Ein Ereignis ist ein Steuersignal oder eine Kombination von Steuersignalen, auf die das System reagiert.

Aktionen beim Zustandsübergang können sich darin äußern, dass Prozesse aktiviert oder deaktiviert werden oder dass neue Steuersignale erzeugt werden. Die Aktionen entsprechen der Reaktion auf Ereignisse. Die Reaktion des Systems kann der Übergang in einen anderen Zustand, die Erzeugung von Ausgaben oder die Aktivierung bzw. Deaktivierung von Prozessen sein. Die Eingaben sequenzieller Maschinen werden als **Ereignisse** bezeichnet. Die Reaktionen werden **Aktionen** genannt.

Die an den Zustandsübergängen angeschriebenen Aktionen müssen in der Aktionslogik (siehe Kapitel 7.6.8) definiert werden, wenn ihre Bedeutung nicht bereits aus ihrem Namen im Zustandsübergangsdiagramm hervorgeht.

> Die Aktionen laufen in perfekter Technologie unendlich schnell ab.

> Es ist möglich, bei einem Zustandsübergang auch mehrere unabhängige Aktionen anzugeben. Diese werden – wie in der Aktionslogik beschrieben – ohne Zeitverzögerung und zur selben Zeit ausgeführt, es sei denn, dass explizit eine Sequenz der Aktionen spezifiziert ist.

Beispiele für Zustandsänderungen sind:

- Das System geht in eine andere Bearbeitungsphase über, wie z. B. bei den Flugphasen Start, Steigflug, Horizontalflug oder Sinkflug.
- Das System geht in einen anderen Zustand wie etwa Tresortür verschlossen, entriegelt oder geöffnet.
- Das System geht in einen anderen Betriebsmodus wie z. B. Testmodus, Betriebsmodus, Fehlermodus oder Initialisierungsmodus.

7.6 Einheitliches Modell für die Daten- und die Steuersicht

In der Methode SA/RT werden die Daten- und die Steuersicht gemeinsam modelliert.

7.6.1 Datenflussdiagramme und Kontrollflussdiagramme

In der Strukturierten Analyse erhält man ausgehend vom Kontextdiagramm durch schrittweise Verfeinerungen eine Hierarchie von Datenflussdiagrammen. Zur Modellierung des zeitlichen Verhaltens und der Steuerlogik werden in der Erweiterung der Strukturierten Analyse zur SA/RT zusätzliche Kontrollflussdiagramme eingeführt.

> Für jedes DFD legt man ein Kontrollflussdiagramm (engl. control flow diagram, CFD) durch Kopieren der Prozesse des zugehörigen DFDs an und trägt – falls vorhanden – die Steuerflüsse ein. Entsprechend erhält auch das Kontextdiagramm ein Duplikat. Das bereits bekannte Kontextdiagramm heißt **ab jetzt Datenkontextdiagramm**. Das neue zusätzliche Kontextdiagramm heißt **Steuerkontextdiagramm**.

Weiterhin ist zu beachten, dass einer Datenbedingung aus Bild 7-3 ebenfalls ein DFD und ein CFD zugeordnet ist, wie im folgenden Bild zu sehen ist:

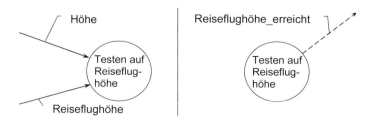

Bild 7-6 Beispiel für eine Datenbedingung als DFD und CFD

Funktionsorientierte Systemanalyse mit der Strukturierten Analyse/Echtzeit

Durch diese Vorgehensweise entstehen zwei parallele Hierarchien von Diagrammen (siehe Bild 7-7), die zwar jeweils die gleichen Prozesse enthalten, aber sich in den Flüssen – und damit in ihrem Fokus – unterscheiden. In den DFDs stehen die Daten und ihre Verarbeitung im Mittelpunkt, in den CFDs sind die Ereignisse und das reaktive Verhalten des Systems im Vordergrund. Es muss beachtet werden, dass später zwischen beiden Welten Verbindungen hergestellt werden müssen (siehe Kapitel 7.6.5). Aus zeichnerischen Gründen wird hier für ein herausgegriffenes DFD bzw. CFD jeweils nur der betreffende Vaterprozess dargestellt und nicht der ganze Baum an Prozessen. Die Doppelpfeile zwischen den DFDs bzw. CFDs bedeuten, dass in jedes DFD oder CFD ein Fluss hinein- bzw. herausgehen kann.

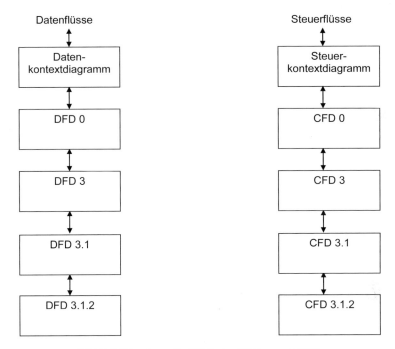

Bild 7-7 Die doppelte Welt der DFDs und CFDs

7.6.2 Kontrollspezifikationen

Die **CSPEC** ist die **Kontrollspezifikation** (engl. **control specification**). Sie ist ein separates Dokument, so wie auch eine **Prozessspezifikation** (**PSPEC**) ein separates Dokument ist. In einem Kontrollflussdiagramm ist die Schnittstelle zur CSPEC sichtbar. Diese Schnittstelle wird als senkrechter Balken (engl. bar) dargestellt. Der senkrechte Balken trägt keinen Namen. Er darf aus zeichnerischen Gründen mehrfach in einem CFD auftreten.

Das gesamte Steuerungsverhalten für die Prozessgruppe eines CFD wird in der zu dieser Prozessgruppe zugehörigen CSPEC beschrieben.

Eine CSPEC existiert nur dann, wenn eine Prozessgruppe ein Steuerverhalten hat, d. h., wenn

- Zustandsübergänge als Folge von Ereignissen beschrieben werden müssen,
- eine Prozesssteuerung eines DFD bzw. CFD erforderlich ist (Aktivieren, Deaktivieren oder Synchronisieren von Prozessen) oder
- Steuersignale in neue Steuersignale konvertiert werden müssen.

Der Zusammenhang zwischen einem solchen senkrechten Balken und der separat erstellten CSPEC wird durch das Nummerierungsschema hergestellt. Ist der senkrechte Balken beispielsweise im CFD 3, so handelt es sich um die CSPEC 3, die die Prozesse dieser Prozessgruppe steuert. Generell hat die CSPEC stets die gleiche Nummer wie das zugehörige CFD bzw. DFD.

Das Steuerverhalten einer Prozessgruppe kann in einer CSPEC mit Hilfe von Entscheidungstabellen für die Ereignislogik (siehe Kapitel 7.6.7), Zustandsübergangsdiagrammen (siehe Kapitel 7.5.3) und Entscheidungstabellen für die Aktionslogik (siehe Kapitel 7.6.8) beschrieben werden. Daneben kann eine CSPEC wie eine PSPEC auch aus (formalisiertem) Text bestehen.

Steuerflüsse, die die Prozesse einer Prozessgruppe in einem CFD steuern sollen, müssen in die CSPEC zu diesem CFD eingehen.

Das folgende Bild zeigt einen Steuerfluss, der in die CSPEC eingeht:

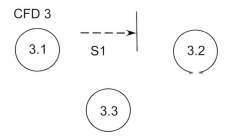

Bild 7-8 In CSPEC eingehender Steuerfluss

Der Steuerfluss S1 in Bild 7-8 geht in die CSPEC 3 ein. Die CSPEC 3 beschreibt die Steuerung der Prozessgruppe des CFD 3, d. h. die Steuerung der Prozesse 3.1, 3.2 und 3.3. Gehen Steuerflüsse in einen Prozess ein, so bewirkt dies auf dieser Ebene nichts. Auf tieferer Ebene muss dann der Steuerfluss in eine CSPEC eingehen. Auf dieser tieferen Ebene wird dann gesteuert. Die CSPEC kann auch Steuerflüsse generieren. Dies wird zeichnerisch durch Steuerflüsse dargestellt, die vom Balken weggehen.

Steuerflüsse eines CFD können in den Balken (die Schnittstelle zur CSPEC) einmünden. Sie können auch in einen Prozess eingehen, wenn sie erst auf tieferer Ebene etwas bewirken sollen. Dies bedeutet aber, dass sie bei einer Zerlegung eines solchen Prozesses auf einer tieferen Ebene zu einer CSPEC gehen, d. h., diese Steuerflüsse steuern die Prozesse einer tieferen Ebene. Steuerflüsse können in einer CSPEC beginnen oder aber in einem Prozess, wenn sie aus einer Bedingung herrühren.

Das folgende Bild zeigt den Steuerfluss im Steuerkontextdiagramm an einem Beispiel:

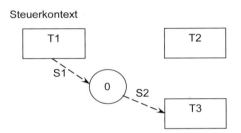

Bild 7-9 Steuerfluss im Steuerkontextdiagramm

Der Steuerfluss S1 geht im Steuerkontextdiagramm (Bild 7-9) in den Prozess 0 ein. Im CFD 0 (Bild 7-10) geht er dann in die CSPEC 0 ein. Die CSPEC 0 des CFD 0 beschreibt die Steuerung der Prozessgruppe des CFD 0, d. h. hier der Prozesse 1, 2 und 3. Kommen auf einer Ebene die Steuerflüsse also von außen oder gehen nach außen, so müssen sie auf einer höheren Ebene in den Vaterprozess eingehen oder aus ihm herausgehen. Dies wird in Analogie zu den DFDs ebenfalls als Balancing bezeichnet (siehe Kapitel 7.6.5).

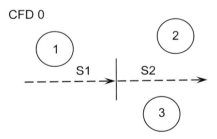

Bild 7-10 Steuerfluss im CFD 0

Gehen Steuerflüsse direkt in die Prozesse einer Ebene ein, so bedeutet dies, dass sie auf tieferer Ebene behandelt werden, konkret, dass bei der Zerlegung dieser Prozesse auf tieferer Ebene dort

- Zustandsübergänge stattfinden oder
- eine Aktivierung bzw. Deaktivierung von Prozessen zu erfolgen hat oder
- dass eine Umwandlung von Steuerflüssen in neue Steuerflüsse stattfindet.

Bei der CSPEC ist Folgendes zu beachten:

- Der senkrechte Balken stellt die Schnittstelle eines CFD zur CSPEC dar.
- Eine CSPEC ist auf jeder Zerlegungsebene einem Paar von CFDs und DFDs zugeordnet.
- Die CSPEC hat stets die gleiche Nummer wie das zugehörige DFD und CFD.
- Der Balken trägt keinen Namen.
- Man kann in ein CFD mehrere Balken aufnehmen. Das hat jedoch nur zeichnerische Gründe, damit man mit den Steuerflüssen schneller bei einem Balken ist. Alle Balken stellen jedoch dieselbe Schnittstelle zur CSPEC dar.

Häufiger Fehler

Ein oft begangener Fehler bei Anwendung der Methode SA/RT ist, dass die Aktivierung eines Prozesses durch ein Signal dargestellt wird, welches in den Prozess einmündet, wie in folgendem Beispiel gezeigt wird:

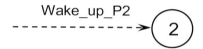

Bild 7-11 Häufiger Fehler

Ein einmündendes Signal kann jedoch den Prozess nicht aktivieren, denn die Aktivierung eines Prozesses erfolgt in der CSPEC. Eine Prozessaktivierung ist im CFD gar nicht sichtbar. Die Aktivierung des Prozesses 2 in obigem Bild erfolgt also in der CSPEC. Hierzu gibt es in der CSPEC in der Aktionslogik die Prozessaktivierungstabelle (vgl. Kapitel 7.6.8). Generell repräsentieren die Prozesse in einem CFD nicht die Verarbeitung der in das System eintretenden Steuerflusse. Dies ist die Aufgabe der CSPEC. Die CSPEC ist eine Beschreibung, wie der Steuerfluss verarbeitet wird, so wie eine PSPEC eine Beschreibung ist, wie der Datenfluss verarbeitet wird.

Ein in einen Prozess eingehender Steuerfluss aktiviert nicht diesen Prozess, sondern wird in diesem Prozess weiterverarbeitet.

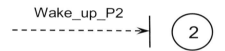

Bild 7-12 Korrekte Darstellung der Aktivierung eines Prozesses

7.6.3 Verfeinerung der Kontrollflussdiagramme

Das Steuerkontextdiagramm beschreibt das System in seiner Umgebung. Ein Steuerkontextdiagramm entspricht einem Datenkontextdiagramm mit dem Unterschied, dass es Steuerflüsse statt Datenflüsse enthält. Der Prozess – das zu spezifizierende System – ist in beiden Fällen identisch und die Terminatoren (die Schnittstellen) sind auch identisch. Im **Steuerkontextdiagramm** wird beschrieben, dass das System Steuerinformationen fremder Systeme empfängt und gleichartige Informationen an andere Systeme sendet. In Bild 7-9 erhält das System einen Steuerfluss von dem Terminator T1 und sendet einen Steuerfluss an den Terminator T3. Es ist üblich, alle Terminatoren sowohl in das Steuerkontextdiagramm als auch in das Datenkontextdiagramm einzuzeichnen, auch wenn keine zugehörigen Daten- und Steuerflüsse im Diagramm erscheinen. Sie sollen lediglich in Erinnerung rufen, dass sie existieren. Bei etwaigen Änderungen sind sie auch schon vorhanden und werden nicht vergessen.

In das System eingehende Steuerflüsse führen:

- zu Zustandsübergängen im System,
- zur Aktivierung und Deaktivierung von Prozessen oder
- zur Erzeugung von ausgehenden Steuerflüssen.

Aus dem System ausgehende Steuerflüsse sind Statusmeldungen des Systems nach außen, die zur Steuerung von Fremdsystemen dienen. Alle anderen Flüsse stellen Datenflüsse dar und gehören nicht ins Steuerkontextdiagramm. Die eingehenden Steuerflüsse müssen im System verarbeitet werden und die ausgehenden Steuerflüsse müssen dabei erzeugt werden. Im Folgenden soll eine abstrakte Situation betrachtet werden:

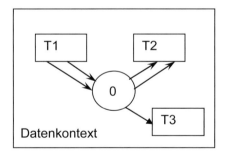 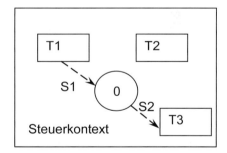

Bild 7-13 Daten- und Steuerkontextdiagramm.

Diese abstrakte Situation wird in Bild 7-14 weiter betrachtet.

Aus zeichnerischen Gründen sind die Datenflussnamen und Speichernamen in Bild 7-13 und Bild 7-14 nicht eingetragen.

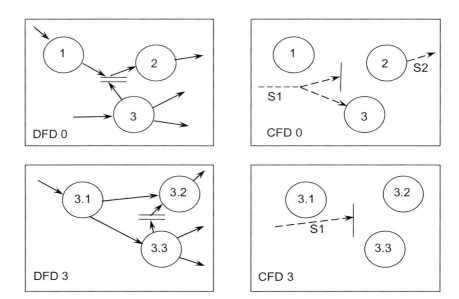

Bild 7-14 DFDs und CFDs in verschiedenen Ebenen

Der zu spezifizierende Prozess 0 erhält im Steuerkontextdiagramm in Bild 7-13 ein Steuersignal S1 vom Terminator T1. Er gibt ein Steuersignal S2 an den Terminator T3, wenn im Prozess 2 eine Bedingung eines Tests auf Daten zutrifft. Kommt das Signal S1 an, so soll der Prozess 2 aktiviert werden. Aus diesen Gründen wird das Signal S1 auf den Balken im CFD 0 geführt. Da das Signal S1 auch im Prozess 3 eine Wirkung zeigen soll, wird es auch zur Bubble dieses Prozesses geführt. Die Wirkung ist dann allerdings erst im CFD 3 zu sehen. Dort steuert S1 eine Prozessgruppe aus den Prozessen 3.1, 3.2 und 3.3. Damit ist beispielhaft gezeigt, dass ein in einen Prozess eingehender Steuerfluss (siehe Bild 7-13) erst auf einer tieferen Ebene steuern kann.

7.6.4 CFD, DFD und CSPEC

Generell gilt, dass DFDs und CFDs dieselben Prozesse enthalten. DFDs enthalten darüber hinaus Datenflüsse (gekennzeichnet durch durchgezogene Linien), CFDs enthalten Steuerflüsse (gekennzeichnet durch gestrichelte Linien). DFDs enthalten Datenspeicher (engl. data stores), CFDs enthalten Steuerspeicher (engl. control stores).

> Es kann aber auch Speicher geben, die in beiden Diagrammen – d. h. in DFDs und CFDs – vorkommen. Ein solcher Speicher hat in beiden Diagrammen denselben Namen. Dieser Fall tritt auf, wenn ein Signal sowohl Steuer- als auch Datencharakter hat.

Funktionsorientierte Systemanalyse mit der Strukturierten Analyse/Echtzeit 211

Bild 7-15 zeigt wieder an einem Beispiel die doppelte Welt der CFDs und DFDs:[75]

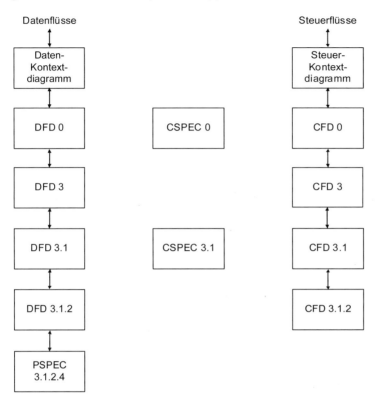

Bild 7-15 Ebenenweise Struktur und Nummerierungsschema von DFD, CFD und CSPEC

Dabei sind jedoch in diesem Bild die CSPECs mit eingezeichnet. In diesem Bild ist die ebenenweise Struktur von CFD, DFD und CSPEC und das Nummerierungsschema gut zu erkennen. Auf jeder Ebene gehört zu einem Paar aus DFD/CFD eine CSPEC, wenn die Prozesse dieser Ebene gesteuert werden. D. h. es kann auch CFDs geben, in denen eine CSPEC nicht notwendig ist, da Steuerflüsse bei der Verfeinerung nur nach unten gereicht werden. So kann ein Steuerfluss in einen Prozess eingehen und beispielsweise eine Ebene tiefer in einen Kindprozess münden und erst auf der nächst tieferen Ebene in die CSPEC eingehen und die Prozesse dieser Ebene steuern.

Eine CSPEC erhält Eingaben von außen und von den Prozessen des CFD und generiert Steuerflüsse als Ausgaben. Um das Bild nicht zu überladen, sind die CSPECs in Bild 7-15 nur symbolisch auf wenigen Ebenen dargestellt.

Es wäre auch möglich, ein DFD und ein zugehöriges CFD in ein einziges, gemeinsames Diagramm zu zeichnen. Dies wird aus Gründen der Übersichtlichkeit für komplexe Diagramme von der Methode her nicht empfohlen. Kommerzielle Werkzeuge unterstützen in der Regel das Zeichnen von DFD und CFD in einem einzigen Diagramm. Dieses wird dann als **Flussdiagramm** bezeichnet.

---

[75] Aus zeichnerischen Gründen ist nicht der ganze Baum an Prozessen dargestellt.

7.6.5 Prozessmodell und Steuermodell

Es gibt eine Abgrenzung zwischen Prozessmodell und Steuermodell.

> DFDs und PSPECs werden als **Prozessmodell**, CFDs und CSPECs als **Steuermodell** bezeichnet.

Es gilt ein **Balancing** bezüglich der Steuerflüsse:

Ein CFD enthält dieselben Ein- und Ausgänge wie sein Vaterprozess. Im Steuerkontextdiagramm in Bild 7-16 ist S1 ein eingehender Steuerfluss, S2 ein ausgehender Steuerfluss:

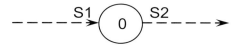

Bild 7-16 Steuerfluss im Kontextdiagramm

Ein- und ausgehende Steuerflüsse müssen auch erhalten bleiben, wenn ein Vaterprozess zerlegt wird. In Bild 7-16 wäre es auch möglich, bei der Zerlegung des Vaterprozesses 0 die Steuerflüsse zu zerlegen, beispielsweise:

S1 = S11 + S12 und
S2 = S21 + S22 + S23.

Dann müssten bei der Zerlegung des Prozesses 0 von Bild 7-16 S11 und S12 eingehende Steuerflüsse sein und S21, S22 und S23 ausgehende Steuerflüsse. Voraussetzung wäre natürlich, dass die oben beschriebene Zerlegung der Steuerflüsse im Data Dictionary definiert ist.

Zusammenhang zwischen DFDs und CFDs

Eine zum CFD und DFD zugehörige **CSPEC** ist

- für die Zustandsübergänge,
- die Steuerung dieser Prozessgruppe (Aktivierung/Deaktivierung von Prozessen) und
- für die Wandlung von Eingangs-Steuerflüssen in Ausgangs-Steuerflüsse

zuständig.

Bild 7-17 zeigt abschließend Datenbedingungen und Prozessaktivierungen/-deaktivierungen als Zusammenhänge zwischen DFDs und CFDs. Um das Bild nicht zu überladen, ist die CSPEC nicht auf allen Ebenen dargestellt. Ebenso ist aus zeichnerischen Gründen nicht der ganze Baum an Prozessen dargestellt. Dabei kommt im folgenden Bild die Datenbedingung als Steuerfluss aus dem Prozess 3.1.2.4 im DFD 3.1.2 und geht in das CFD 3.1.2 ein. Beschrieben wird die Datenbedingung in der PSPEC 3.1.2.4. Daher ist in Bild 7-17 eine Beziehung zwischen der PSPEC 3.1.2.4 und dem CFD 3.1.2 eingezeichnet.

Funktionsorientierte Systemanalyse mit der Strukturierten Analyse/Echtzeit 213

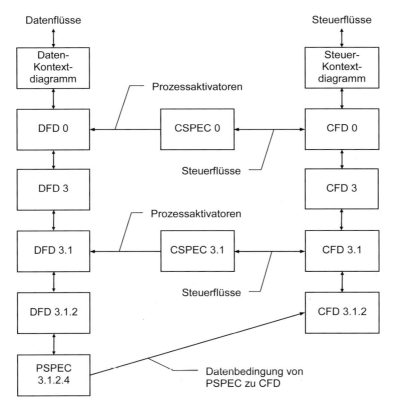

Bild 7-17 Zusammenhänge zwischen DFDs und CFDs

7.6.6 Allgemeine Form einer CSPEC

Eine CSPEC kann wie eine PSPEC auch aus (formalisiertem) Text bestehen. Am häufigsten werden jedoch in CSPECs sequenzielle Maschinen in Verbindung mit kombinatorischen Maschinen verwendet (siehe folgendes Blockdiagramm):

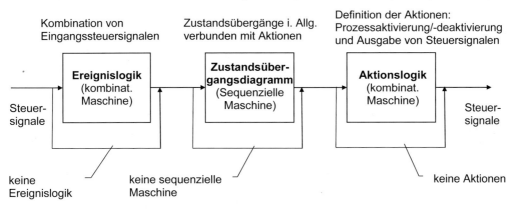

Bild 7-18 Blockdiagramm einer CSPEC

Die CSPEC kann also eine **Ereignislogik**, ein **Zustandsübergangsdiagramm** und eine **Aktionslogik** enthalten. Wie aus dem Blockdiagramm ersichtlich, gibt es auch Fälle, dass nicht alle Blöcke durchlaufen werden. Mindestens einer der Blöcke darf aber nicht umgangen werden, damit ein Steuerverhalten gegeben ist. Reagiert das System auf einzelne Steuersignale und nicht auf Kombinationen, fällt die Ereignislogik weg. Hat das System keine Zustände, entfällt die sequenzielle Maschine des Zustandsautomaten. Gibt es keine Aktionen, so gibt es keine Aktionslogik. Im Folgenden wird nun der allgemeine Fall betrachtet, dass im gezeigten Blockdiagramm alle Blöcke durchlaufen werden.

Die CSPEC enthält im allgemeinsten Fall:

- die Ereignislogik,
- das Zustandsübergangsdiagramm und
- die Aktionslogik.

Die CSPEC-Eingaben werden an eine Entscheidungstabelle übergeben. Kombinationen von Eingaben wirken als Ereignisse. Die Zustandsübergänge im Zustandsübergangsdiagramm erzeugen dann als Folge dieser Ereignisse Aktionen. Diese Aktionen werden an eine weitere Entscheidungstabelle übergeben, die den Aktionen dann Prozessaktivierungen/-deaktivierungen (Prozessaktivierungstabelle) bzw. Ausgangssteuersignale zuordnet.

Das Zustandsübergangsdiagramm wurde bereits in Kapitel 7.5.3 betrachtet. Im Folgenden soll die Ereignislogik und die Aktionslogik vorgestellt werden.

7.6.7 Ereignislogik

Existiert eine Ereignislogik, da das System nicht auf einzelne Steuersignale, sondern auf Kombinationen von Steuersignalen reagiert, so müssen diese Ereignisse in der Ereignislogik auftreten. Tabelle 7-1 zeigt eine fiktive Entscheidungstabelle (Technik der Entscheidungstabellen siehe Anhang A), bei der eingehende Steuerflüsse (Eingaben) in Ereignisse umgesetzt werden:

Eingangs-Steuerfluss		Ereignis		
S1	S2	ER1	ER2	ER3
0	0	Aus	Aus	Aus
0	1	Aus	Aus	An
1	0	An	Aus	Aus
1	1	Aus	An	Aus

Tabelle 7-1 Ereignislogik in einer Entscheidungstabelle

Dies bedeutet, dass im Rahmen der Ereignislogik Kombinationen von Steuerflüssen als Ereignisse wirken.

Ist S1 gleich 0 und S2 gleich 0, so wird kein Ereignis ausgelöst. Ist S1 gleich 0 und S2 gleich 1, so wird das Ereignis ER3 ausgelöst. S1 gleich 1 und S2 gleich 0 führt zu ER1, S1 und S2 beide gleich 1 stellen das Ereignis ER2 dar.

7.6.8 Aktionslogik

Tabelle 7-2 zeigt ein Beispiel für die Aktionslogik. Die Aktionslogik wird ebenfalls in Form einer **Entscheidungstabelle** (Technik der Entscheidungstabellen siehe Anhang A) niedergeschrieben. Allerdings handelt es sich um eine spezielle Ausprägung: Pro Zeile wird definiert, welche Wirkung (Aktivierung oder Deaktivierung von Prozessen, Erzeugen von Ausgangssteuersignalen) sich hinter einer Aktion verbirgt. Die Aktionslogik enthält zwei Anteile: Prozessaktivierungen/-deaktivierungen in der Prozessaktivierungstabelle (PAT) und die Tabelle der Ausgangsteuerflüsse.

> Die Aktionslogik enthält Prozessaktivierungen/-deaktivierungen und Ausgangsteuerflüsse in einer Entscheidungstabelle.

Hier das bereits erwähnte Beispiel:

Aktion	Prozessaktivierung/ -deaktivierung (PAT)			Ausgangssteuerflüsse		
	P1	P2	P3	O1	O2	O3
Akt1	1	0	0	Aus	An	Aus
Akt2	0	1	0	An	Aus	An
...						
...						

Tabelle 7-2 Entscheidungstabelle der Aktionslogik

Die Aktion Akt1 generiert den Ausgangssteuerfluss O2, aktiviert den Prozess P1 und deaktiviert die Prozesse P2 und P3. Die Aktion Akt2 generiert die Ausgangssteuerflüsse O1 und O3, deaktiviert den Prozess P1, aktiviert den Prozess P2 und deaktiviert den Prozess P3. Es ist auch möglich, Prozesse im Rahmen einer Aktion in einer bestimmten Reihenfolge zu aktivieren. Dies lässt sich beispielsweise durch die Ordinalzahlen 1, 2, 3 wie im Falle der in der folgenden Tabelle beschriebenen Aktion Akt1 ausdrücken:

Aktion	Prozessaktivierung/ -deaktivierung (PAT)		
	P1	P2	P3
Akt1	1	2	3
Akt2	0	1	0
...			
...			

Tabelle 7-3 Sequenzialisierung des Starts von Prozessen

Diese Sequenzialisierung wird verwendet, wenn bestimmte Prozesse erst nach Vorliegen bestimmter Ausgaben von anderen Prozessen aktiviert werden können und damit diese Prozesse in einer bestimmten Reihenfolge aktiviert werden sollen, was allein aus den Datenflüssen im Datenflussdiagramm nicht eindeutig ersichtlich ist.

Es ist auch möglich, dass eine Aktion keinen Effekt auf den Zustand eines Prozesses hat. Dies wird über einen Strich in der Tabelle erreicht. Dadurch bleibt ein aktiver Prozess aktiv und ein inaktiver Prozess inaktiv. Tabelle 7-4 zeigt ein Beispiel:

Aktion	Prozessaktivierung/ -deaktivierung (PAT)		
	P1	P2	P3
Akt1	1	–	0
Akt2	–	0	1
...			
...			

Tabelle 7-4 Kein Effekt einer Aktion auf einen Prozess

7.7 Beispiele für die Modellierung mit SA/RT

Im Folgenden wird an zwei zusammenhängenden Beispielen die Anwendung von SA/RT erläutert. Ausgehend von einer kurzen verbalen Beschreibung der Systeme werden anschließend Daten- und Kontrollflussdiagramme gezeigt. Dann erfolgt die Spezifikation der Zustandsübergangsdiagramme und der Entscheidungstabellen. Anhand dieser Beispiele sollen insbesondere die Querbeziehungen zwischen den einzelnen Beschreibungsmitteln verdeutlicht werden. Ereignisse kommen in der Ereignislogik und dem Zustandsübergangsdiagramm vor, Aktionen im Zustandsübergangsdiagramm und in der Aktionslogik.

7.7.1 Autopilot

Ein Autopilot eines Flugzeugs soll dazu dienen, automatisch den Start und den Flug auf der Reiseflughöhe durchführen zu können. Der Autopilot steuert das Höhenleitwerk und die Turbinen an. Vom Rollgeschwindigkeitssensor erhält der Autopilot die Rollgeschwindigkeit auf der Startpiste. Die Beschleunigung auf der Startbahn erfolgt programmgesteuert mit Hilfe einer abgelegten Tabelle. Das Seitenleitwerk wird rein manuell gesteuert und ist unabhängig vom Autopiloten. Gibt der Pilot `Beginn Startvorgang` ein, so stellt der Autopilot das Höhenleitwerk auf die `Stellung horizontale Bewegung` und beschleunigt auf der Startbahn. Ist die Grenzgeschwindigkeit für das Abheben erreicht, wird das Höhenleitwerk vom Autopilot auf die `Stellung Steigen` gestellt. Während des Steigflugs wird Gas gemäß einer abgelegten Tabelle gegeben. Beim Erreichen der Reiseflughöhe wird das Höhenleitwerk erneut auf `Stellung horizontale Bewegung` gestellt und konstantes Gas gegeben. Aus Platzgründen ist das Datenkontextdiagramm und das Steuerkontextdiagramm in eine einzige Grafik eingetragen (siehe folgendes Bild).

Funktionsorientierte Systemanalyse mit der Strukturierten Analyse/Echtzeit 217

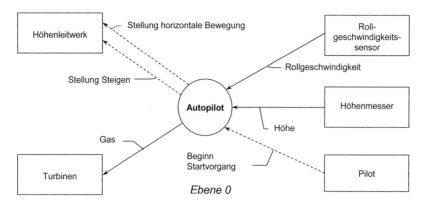

Ebene 0

Bild 7-19 Kontextdiagramm Autopilot

In Bild 7-20 und Bild 7-21 wird das DFD 0 und CFD 0 gezeigt.

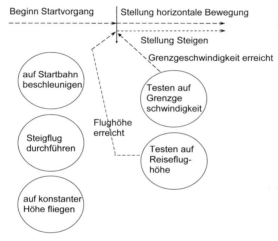

Bild 7-20 CFD 0 System Autopilot

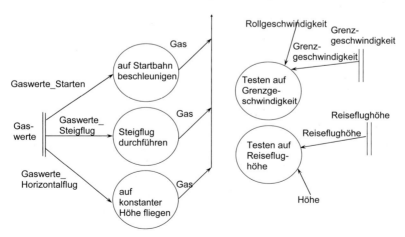

Bild 7-21 DFD 0 System Autopilot

In Bild 7-22 sieht man das Zustandsübergangsdiagramm:

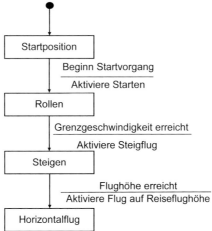

Bild 7-22 Zustandsübergangsdiagramm System Autopilot

Die beiden folgenden Tabellen enthalten die Aktionslogik. Der Prozessaktivierungsanteil (PAT-Anteil) der Aktionslogik enthält das Aktivieren und Deaktivieren von Prozessen:

Entscheidungstabelle

Aktion	Prozessaktivierungen/-deaktivierungen		
	Prozess "auf Startbahn beschleunigen"	Prozess "Steigflug durchführen"	Prozess "auf konstanter Höhe fliegen"
Aktiviere Starten	1	0	0
Aktiviere Steigflug	0	1	0
Aktiviere Flug auf Reiseflughöhe	0	0	1

Tabelle 7-5 Aktionslogik – Prozessaktivierungstabelle System Autopilot

Die Prozesse

- `Testen auf Grenzgeschwindigkeit` und
- `Testen auf Reiseflughöhe`

werden datengetrieben gestartet. Sie sind immer im System und werden weder aktiviert noch deaktiviert.

Der Teil der Aktionslogik, der Ausgangssteuerflüsse generiert, wird im Folgenden aufgestellt:

Funktionsorientierte Systemanalyse mit der Strukturierten Analyse/Echtzeit

Entscheidungstabelle

Aktion	Ausgangssteuerflüsse	
	Stellung Steigen	Stellung horizontale Bewegung
Aktiviere Starten	0	1
Aktiviere Steigflug	1	0
Aktiviere Flug auf Reiseflughöhe	0	1

Tabelle 7-6 Aktionslogik – Ausgangssteuerflüsse System Autopilot

Die Aktionslogik wurde in diesem Beispiel in zwei Tabellen spezifiziert, um die Übersicht zu verbessern. Üblicherweise wird die Aktionslogik nach dem Schema von Tabelle 7-2 aber in einer einzigen Tabelle zusammengefasst.

7.7.2 Getränkeabfüllung

Für das System `Getränkeabfüllung` wird gefordert:

Das System `Getränkeabfüllung` soll leere Flaschen, die auf einem `Eingangsband` herbeitransportiert werden, automatisch abfüllen. Wird eine leere Flasche vom `Sensor Flaschenerfassung` erfasst, so ist das `Eingangsband` zu stoppen und der Befehl `Start Füllen` an die `Fülleinrichtung` zu geben.

Die Fülleinrichtung schaltet selbstständig ab. Wird eine Flasche nicht vollständig gefüllt, so ist diese Flasche mit einem `Greifer` auf das `Ausgangsband Ausschuss` zu stellen. Ist sie vollständig gefüllt, soll sie auf das `Ausgangsband Korrekte Ware` gestellt werden. Zu diesem Zweck wird der vom `Sensor Füllstanderfassung` gelieferte `Füllstand` mit einem gespeicherten Grenzwert verglichen. Ist der Greifer wieder in seiner Ausgangsstellung – dies wird durch `Ausgangsposition erreicht` gemeldet – so soll das `Eingangsband` wieder gestartet werden. Über die Zahl der korrekten und nicht korrekten Füllungen soll eine Statistik geführt werden.

Das folgende Bild zeigt eine Skizze der Abfüllanlage:

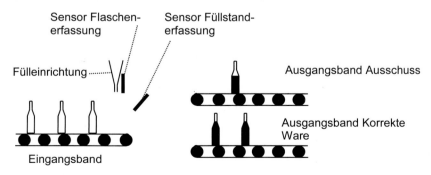

Bild 7-23 Skizze der Anlage für Getränkeabfüllung

Bild 7-24 zeigt das Kontextdiagramm:

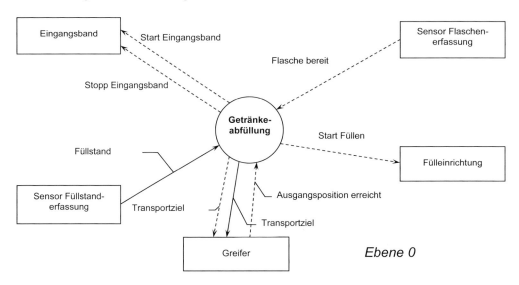

Bild 7-24 Kontextdiagramm System Getränkeabfüllung

`Transportziel` ist zum einen ein Steuerfluss, weil er den Transport auf ein Band steuert. Der Steuerfluss `Transportziel` aktiviert den Greifer. Welches Band es ist, steht im Datenfluss.

Die Zerlegung des Prozesses `Getränkeabfüllung` in Kindprozesse und die entsprechenden Flüsse sind im DFD 0 und CFD 0 zu sehen:

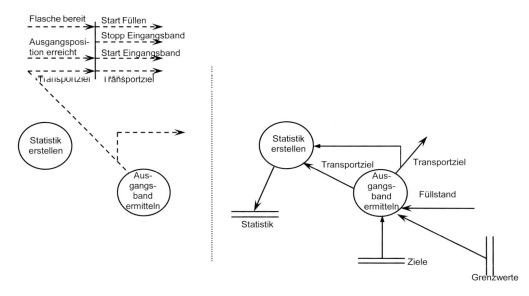

Bild 7-25 CFD 0 und DFD 0 des Systems Getränkeabfüllung

Funktionsorientierte Systemanalyse mit der Strukturierten Analyse/Echtzeit

Das Zustandsübergangsdiagramm ist:

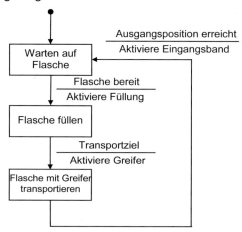

Bild 7-26 Zustandsübergangsdiagramm des Systems Getränkeabfüllung

Der Anteil der Aktionslogik, der sich mit der Generierung von Ausgangssteuerflüssen befasst, lautet:

Entscheidungstabelle

Aktion	Ausgangssteuerflüsse			
	Start Füllen	Start Eingangsband	Stopp Eingangsband	Transportziel
Aktiviere Füllung	1	0	1	0
Aktiviere Greifer	0	0	0	1
Aktiviere Eingangsband	0	1	0	0

Tabelle 7-7 Aktionslogik des Systems Getränkeabfüllung

Die Prozesse `Statistik erstellen` und `Ausgangsband bestimmen` werden weder aktiviert noch deaktiviert. Sie sind immer im System und werden datengetrieben ausgelöst.

Eine Aktionslogik zum Aktivieren/Deaktivieren von Prozessen ist daher in diesem Beispiel nicht nötig.

7.8 Antwortzeitspezifikationen

Im Rahmen einer Antwortzeitspezifikation wird festgehalten, welche Anforderungen das System im Hinblick auf:

- **Antwortzeitverhalten** und
- **Wiederholungsraten** bei Neuberechnungen

erfüllen muss.

Es ist nicht Aufgabe der Antwortzeitspezifikation, Performance-Probleme zu lösen. Die Lösung dieser Problematik ist Aufgabe des Systementwurfs und der Programmierung. Die Zeit-Anforderungen beziehen sich auf die externen Zeitaspekte an der Systemschnittstelle.

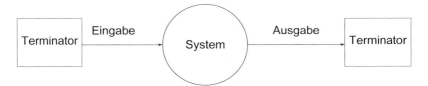

Bild 7-27 Außenverhalten

Da der Systementwurf bei der Formulierung der Anforderungen noch nicht bekannt ist, ist selbstverständlich, dass sich alle Zeit-Anforderungen auf das Außenverhalten des Systems beziehen müssen, also auf das Verhalten des Systems gegenüber Terminatoren.

7.8.1 Wiederholungsrate

In der Antwortzeitspezifikation kann spezifiziert werden, mit welcher Wiederholungsrate das System Daten in neu berechneter Form an einer Systemschnittstelle zu seiner Umgebung bereitstellt bzw. mit welcher Wiederholungsrate der Eingabedaten das System fertig werden muss. Die Wiederholungsraten werden im Data Dictionary als Attribute der externen primitiven Datenflüsse dargestellt.

7.8.2 Ein-/Ausgabeantwortzeitverhalten

Hier wird die maximal zulässige Zeit (Antwortzeit) festgelegt, die zwischen einer Eingabe an der Systemschnittstelle bis zur zugehörigen Antwort des Systems an der Systemschnittstelle verstreichen darf. In einer Antwortzeitspezifikation können nur Steuer- oder Datenflüsse auftreten, die als elementare (primitive) Flüsse im Kontextdiagramm vorkommen [Hat93, S. 198].

Der Name "elementarer Datenfluss" bezieht sich auf einen Datenfluss, der im Rahmen der Logik der Systemanalyse eine Bedeutung hat. Im Rahmen der Logik befasst man sich nicht mit einzelnen Zeichen. Bei den Zeit-Anforderungen gibt es beim Entwurf aber beispielsweise Anforderungen, dass, wenn ein Zeichen auf der Tastatur angeschlagen wird, es nach x Millisekunden auf dem Bildschirm zu erscheinen hat.

Es ist sinnvoll, alle Performance-Requirements in das Requirement-Papier aufzunehmen. Die Form der Antwortzeitspezifikation ist nicht vorgeschrieben.

Möglichkeiten außer einer verbalen Beschreibung sind:

- eine Beschreibung in Tabellenform oder
- eine grafische Beschreibung mit Pulsdiagrammen.

Beispiel für eine Tabelle:

externe(s) Eingabesignal(e)	Beschreibung	externe(s) Ausgabesignal(e)	Beschreibung	Antwortzeit
Münze + Produktanforderung	der Nutzer hat genügend Geld eingeworfen und den Knopf "Produktanforderung" gedrückt	Produkt	Ausgabe der Ware	2 s

Tabelle 7-8 Tabellenform einer Antwortzeitspezifikation

Beispiel für ein **Pulsdiagramm**:

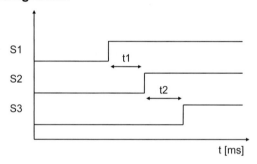

Bild 7-28 Pulsdiagramm

Dieses Pulsdiagramm ist folgendermaßen zu interpretieren:

"Falls der Abstand zwischen den Signalen S1 und S2 weniger als t1 ms beträgt, muss innerhalb von weniger als t2 ms der Alarm S3 ausgelöst werden."

7.9 Zustandsautomaten nach Harel

Harel hat die Zustandsautomaten, die in der Strukturierten Analyse/Echtzeit von **Hatley/Pirbhai** benutzt werden, weiterentwickelt. Die Zustandsautomaten der Strukturierten Analyse/Echtzeit nach Hatley/Pirbhai basieren auf den sogenannten **Mealy-Automaten**. Wie bereits in Kapitel 7.5 erläutert, ist für diese Art von Automaten charakteristisch, dass die auszuführende Aktion (Ausgabe) von dem bisherigen Zustand und von dem Ereignis (Eingabe) abhängt.

David Harel hat im Jahre 1987 mit seinen **statecharts** das Modell der Zustandsautomaten erweitert [Har87]. Die eingeführten Neuerungen sind:

- hierarchische (geschachtelte) Zustände,
- nebenläufige Zustände,
- bedingte Zustandsübergänge,

- Zustände mit Gedächtnis und
- hybride Automaten (kombinierte Mealy- und Moore-Maschinen).

Bei einem **Moore-Automaten** (vgl. Kapitel 7.5) hängt die Ausgangsfunktion nur vom Zustand ab, d. h. nicht vom Eingangssymbol. Wenn der Zustand erreicht wird, erfolgt die Ausgabe. Somit ist die Ausgabe unabhängig vom Übergang in den Zustand. Bei den **hybriden Automaten von Harel** sind im Vergleich zu den Automaten von Hatley/Pirbhai zusätzlich Aktionen beim Eintritt in einen Zustand oder beim Verlassen eines Zustands möglich sowie Aktionen (sogenannte Aktivitäten, siehe Kapitel 7.9.5) in einem Zustand selbst, so dass neben Mealy- auch Moore-Automaten mit Hilfe dieser statecharts modelliert werden können. Auch wenn diese Erweiterungen nicht zu SA/RT gehören, werden die statecharts von Harel wegen ihrer praktischen Relevanz im Folgenden erläutert.

7.9.1 Geschachtelte Zustände

Mehrere Zustände können zu einem **Oberzustand** (**Superzustand**) zusammengefasst werden. Dies kann zu einer vereinfachten Darstellung führen, wenn in mehreren Zuständen dieselbe Reaktion auf ein Ereignis erfolgt. Das folgende Bild zeigt zwei Zustände mit derselben Reaktion auf ein Ereignis:

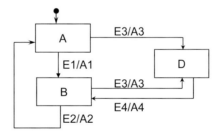

Bild 7-29 Derselbe Übergang E3/A3 aus Zustand A und B in Zustand D

Wird ein Oberzustand C für zwei Zustände A und B eingeführt, so bedeutet dies, dass das System – wenn es im Zustand C ist – sich entweder im Unterzustand A oder B befinden muss.

Jetzt dasselbe Bild mit einem Oberzustand:

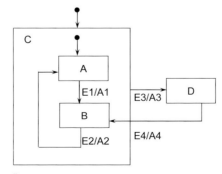

Bild 7-30 Übergang E3/A3 aus Oberzustand C in Zustand D

Geht ein Zustandsübergang aus dem Oberzustand heraus, so bedeutet dies, dass er aus jedem Unterzustand heraus erfolgen kann. Ein Zustandsübergang in den Oberzustand erscheint zunächst nicht möglich, da dann die Reaktion nicht mehr deterministisch zu sein scheint. Durch die folgende Festlegung bzw. durch Zustände mit Gedächtnis (siehe Kapitel 7.9.4) wird jedoch eine deterministische Reaktion erreicht.

Durch die Festlegung, dass beim Übergang in den Oberzustand der Übergang tatsächlich in den Anfangszustand der Unterzustände (gekennzeichnet durch den Pfeil mit dickem Punkt) erfolgen soll, wird ein solcher Übergang aber auch zugelassen.

Treffen Übergänge aus dem Oberzustand heraus nur für einen einzigen Unterzustand zu, so darf der den Übergang kennzeichnende Pfeil nicht am Oberzustand beginnen, sondern muss direkt von diesem Unterzustand ausgehen.

Geschachtelte Zustandsautomaten erlauben eine schrittweise Verfeinerung. Möchte man zunächst grob spezifizieren, ohne die Unterzustände festzulegen, dann hat ein Pfeil, der aus einem Unterzustand, der noch nicht festgelegt ist, herausgehen soll, am Beginn einen kleinen Querstrich. Genauso erhält ein Pfeil, der in einen noch nicht festgelegten Unterzustand hineingehen soll, am Ende einen Querstrich. Dies ist in folgendem Bild zu sehen:

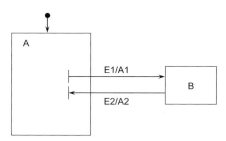

Bild 7-31 Grobspezifikation des Zustandes A ohne Unterzustände

7.9.2 Nebenläufige Zustände

Soll sich das System gleichzeitig in mehreren **parallelen Zuständen** befinden, so besteht das System aus Komponenten. Der Oberzustand wird grafisch durch gestrichelte Linien in nebenläufige (parallele) Regionen zerlegt, denen die parallelen Komponenten zugeordnet sind.

Ein Oberzustand wird durch gestrichelte Linien in Zustandsdiagramme für Komponenten zerlegt.

Erfolgt der Übergang in den Oberzustand hinein, so stellt dies im folgenden Bild einen Übergang für beide Komponenten dar, dabei jeweils in den Anfangszustand der betreffenden Komponente. Zu beachten ist, dass der Übergang E4/A4 in Bild 7-32 nur erfolgt, wenn die Komponente C im Zustand C2 ist.

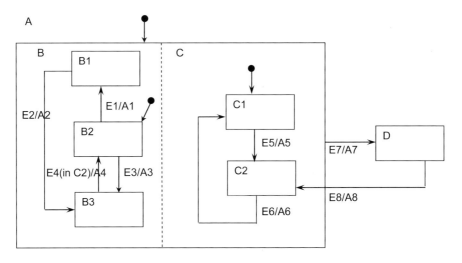

Bild 7-32 Darstellung nebenläufiger Zustände

7.9.3 Bedingte Zustandsübergänge

Es ist möglich, Zustandsübergänge an das Erfülltsein von Bedingungen zu knüpfen. So findet der Übergang von D nach B in Bild 7-33 aufgrund des Ereignisses E5 nur statt, wenn die an dem Übergang angeschriebene Bedingung erfüllt ist.

Die Bedingung wird in runden Klammern angegeben und stellt eine sogenannte **Wächterbedingung** dar. Der Zustandsübergang wird auch als **bewachter Übergang** (engl. **guarded transition**) bezeichnet.

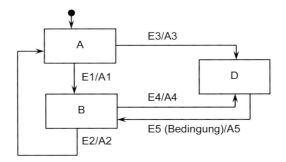

Bild 7-33 Darstellung bedingter Zustandsübergänge

7.9.4 Zustände mit Gedächtnis

Mit dem ausgefüllten Kreis kommt man beim ersten Mal in einen definierten Unterzustand eines Superzustands. Es kann anschließend beispielsweise Übergänge zwischen den Unterzuständen geben. Macht man im Oberzustand ein H mit einem

Kreis, so kommt man, wenn man den Superzustand verlassen hat und wieder in den Superzustand zurückkehrt, automatisch in den zuletzt verlassenen Unterzustand.

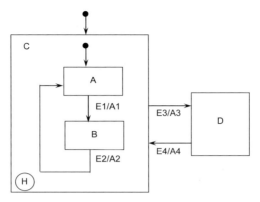

Bild 7-34 Zustand mit Gedächtnis

So kommt man in Bild 7-34 beim Übergang von D nach C in den vor dem Verlassen von C zuletzt eingenommenen Zustand zurück.

Ein H für History in einem Kreis im Superzustand sagt aus, dass man bei der Rückkehr in den Superzustand in den Unterzustand geht, den man zuvor verlassen hat.

7.9.5 Hybride Automaten

Bei Harel ist es möglich, Mealy- und Moore-Maschinen zu mischen. Dies bedeutet, dass Aktionen bei Übergängen ausgelöst werden können im Sinne von Mealy, dass Aktionen aber auch von Zuständen ausgehen (siehe Bild 7-35).

Um Verwechslungen zu vermeiden, spricht man dann bei Zustandsübergängen von Aktionen, bei Zuständen von Aktivitäten. Allerdings können beim Betreten des Zustands noch sogenannte **entry-Aktionen** ausgeführt werden und beim Verlassen des Zustands **exit-Aktionen**.

Das folgende Bild zeigt exit- und entry-Aktionen sowie eine throughout-Aktivität:

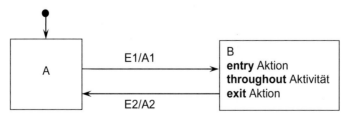

Bild 7-35 Hybrider Automat

`entry`- und `exit`-Aktionen kapseln Aktionen innerhalb eines Zustands und erleichtern damit die Definition der eingehenden und wegführenden Übergänge.

> Eine **Aktivität**, welche über das Schlüsselwort `throughout` definiert wird, läuft, während sich das System in dem entsprechenden Zustand befindet. Sie läuft im Gegensatz zu einer Aktion nicht unendlich schnell ab.

Eine Aktivität ist im Gegensatz zu einer Aktion durch ein Ereignis unterbrechbar. Wird ein Zustand verlassen, so wird eine in dem Zustand ausgeübte Aktivität beendet.

7.10 Zusammenfassung

Die Echtzeit-Variante der Strukturierten Analyse, die Methode SA/RT nach Hatley/Pirbhai, erweitert die Strukturierte Analyse um die Fähigkeit der Modellierung von Steuerflüssen (Kontrollflüssen). Ein Steuerfluss hat stets diskrete Werte. Bei SA/RT liegt ein Steuerfluss nur vor, wenn Prozesse deaktiviert oder aktiviert werden, wenn es zu Zustandsübergängen oder zur Transformation in neue Steuerflüsse kommt.

Parallel zu Datenflussdiagrammen werden Steuerflussdiagramme gezeichnet. Man kann aber auch beide Diagrammformen in ein einziges Bild zeichnen, das dann Daten- und Steuerflüsse enthält. Steuerflüsse münden letztendlich in einer CSPEC (Steuerspezifikation, engl. control specification). Tragen sie zur Steuerung der Prozesse eines CFD bei, so gehen sie direkt in die CSPEC ein. Gehen sie zunächst direkt in einen Prozess ein, so hat dies zur Folge, dass bei einer Zerlegung des Prozesses auf tieferer Ebene der Steuerfluss in die CSPEC einer Prozessgruppe in einem CFD eingeht – und zwar auf derjenigen Ebene, auf der die Steuerung stattfindet. Es gibt auch die Möglichkeit, dass ein Prozess einen Steuerfluss erzeugt (Datenbedingung), wenn eine Bedingung einen bestimmten Wert annimmt.

Steuerflüsse aus dem System nach außen sind Statusmeldungen, die von den externen Systemen wiederum als Steuersignale betrachtet werden.

Eine CSPEC ist in einem Steuerflussdiagramm nur indirekt sichtbar. Ein Balken im Steuerflussdiagramm stellt die Schnittstelle zur CSPEC dar. Die CSPEC stellt wiederum ein separates Dokument dar.

Die CSPEC kann eine Ereignislogik, ein Zustandsübergangsdiagramm und eine Aktionslogik enthalten. Eine Ereignislogik wird mit Hilfe einer Entscheidungstabelle formuliert. Diese Entscheidungstabelle enthält die Kombinationen eingehender Signale, die für das System Ereignisse darstellen. Wenn ein System Zustände hat, so kann es auf Ereignisse mit Zustandsübergängen reagieren. Der Begriff Zustandsübergang ist allgemein gefasst: es kann auch ein Übergang in denselben Zustand erfolgen. Jeder Zustandsübergang kann mit einer Aktion verbunden sein oder auch nicht. Erfolgt der Übergang in den Ausgangszustand, so ist eine Aktion zwingend erforderlich. In der Aktionslogik, die wiederum in Tabellenform aufbereitet wird, wird spezifiziert, was die entsprechende Aktion darstellt. Eine Aktion kann eine Prozessaktivierung/-deaktivierung (Prozessaktivierungstabelle) bzw. die Erzeugung von Ausgangs-Steuerflüssen bedeuten.

Die CSPECs verbinden Datenfluss- und Steuerflussdiagramme, da sie die Aktivierung und Deaktivierung der Prozesse der Datenflussdiagramme beschreiben, und ferner diejenigen Steuerflüsse erhalten, die durch die Tests von Bedingungen in den PSPECS der Prozesse der Datenflussdiagramme ausgelöst werden.

Zur Spezifikation der erwarteten Antwortzeiten sind außer der verbalen Form auch Beschreibungen in Tabellenform oder in grafischer Form als Pulsdiagramme üblich.

Harel konzipierte (siehe Kapitel 7.9) eine erweiterte Form von Zustandsdiagrammen, die zwar im Rahmen von SA/RT nicht direkt benutzt wird, aber inzwischen große Verbreitung gefunden hat. Diese erweiterte Form ermöglicht:

- hierarchische (geschachtelte) Zustände,
- nebenläufige Zustände,
- bedingte Zustandsübergänge,
- Zustände mit Gedächtnis und
- hybride Automaten (kombinierte Mealy- und Moore-Maschinen).

7.11 Aufgaben

Aufgabe 7.1: Methodik nach Hatley/Pirbhai

7.1.1 Was ist im Rahmen von SA/RT ein Kontrollfluss (Steuerfluss)?
7.1.2 Erklären Sie, was unter der doppelten Welt der CFDs und der DFDs zu verstehen ist. Was ist der Unterschied zwischen einem CFD und einem DFD, was sind die Gemeinsamkeiten?
7.1.3 Wozu dient eine CSPEC? Sieht man eine CSPEC in einem CFD? Auf welchen Zerlegungsebenen gibt es eine CSPEC?
7.1.4 Was versteht man unter einer Datenbedingung? Geben Sie ein Beispiel für eine Datenbedingung.
7.1.5 Was bedeutet es, wenn ein Steuerfluss in einen Prozess einmündet?
7.1.6 Zeichnen Sie ein Beispiel für eine Ereignislogik und erläutern Sie dieses Beispiel!
7.1.7 Zeichnen Sie ein Beispiel für ein Zustandsübergangsdiagramm. Erläutern Sie, wo Ereignisse und Aktionen zu sehen sind. Was kann eine Aktion sein? Gibt es Zustandsübergänge ohne Aktionen? Gibt es Übergänge in denselben Zustand? Sind diese mit Aktionen verbunden oder nicht?
7.1.8 Welche Struktur hat die Tabelle einer Aktionslogik? Erläutern Sie den Aufbau einer solchen Tabelle anhand einer Skizze!

Aufgabe 7.2: Statecharts nach Harel

7.2.1 Wie werden parallele Komponenten nach Harel notiert?
7.2.2 Zeichnen Sie den Übergang aus einem Zustand D in den Unterzustand C2 des Zustandes C. Der Superzustand C soll die beiden Unterzustände C1 und C2 haben. Der Zustand C1 soll der Anfangszustand des Superzustands C sein.
7.2.3 Zeichnen Sie vom Zustand D den Rückweg in den Subzustand von C, der vorher verlassen wurde, mit Hilfe der History-Notation.
7.2.4 Wie wird ein bedingter Übergang notiert?

Kapitel 8

Datenorientierte Systemanalyse mit dem Entity-Relationship-Modell

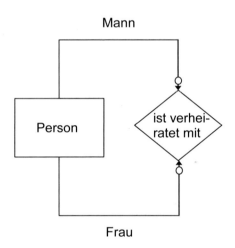

8.1 Beziehungen zwischen Entitäten und deren Multiplizität
8.2 Modellerstellung
8.3 Zusammenfassung
8.4 Aufgaben

8 Datenorientierte Systemanalyse mit dem Entity-Relationship-Modell

Das Entity-Relationship-Modell (ERM) stellt das älteste und allgemeinste Modell zur strukturierten Modellierung von Daten dar. Es wurde 1970-76 von Chen [Che76] definiert und später vielfach weiterentwickelt. Wegen ihrer Bedeutung für die Modellierung von Daten wurde die Entity-Relationship-Modellierung nachträglich in die **Strukturierte Analyse** (siehe Kapitel 6) aufgenommen.

Entity-Relationship-Diagramme der Entity-Relationship-Modellierung und **UML-Klassendiagramme** sind in der Struktur einander sehr ähnlich. Die objektorientierte Theorie von Rumbaugh [RUM91], die in die UML einfloss, basiert auf dem ERM. Eine Klasse der Objektorientierung entspricht einem Entitätstyp des ERM. Entity-Relationship-Diagramme können auf UML-Klassendiagramme abgebildet werden. Der umgekehrte Weg ist nicht möglich, da ein ERM keine Methoden modelliert. Damit kann man Klassendiagramme der UML (siehe Kapitel 11) wegen den in den Klassen enthaltenen Methoden als eine Verallgemeinerung der Entity-Relationship-Diagramme ansehen und Daten auch mit UML modellieren.

Der zentrale Begriff in einem Entity-Relationship-Diagramm ist die **Entität** (engl. **entity**). Eine Entität ist eindeutig identifizierbares Objekt, welches beispielsweise einen Gegenstand des **Anwendungsbereichs** (**Problembereichs**) der realen Welt modelliert. Entitäten werden physisch auf Tabellen (siehe Kapitel 15) abgebildet. Tabellen müssen eindeutig identifizierbar sein, damit man auf sie zugreifen und sie verarbeiten kann.

Beispiele für Entitäten können sowohl konkrete Objekte wie Gegenstände, Gebäude oder Personen als auch abstrakte Konzepte wie Verträge, Gesetze oder Ideen sein. Gleichartige Entitäten werden zu **Entitätstypen** zusammengefasst. Alle diese Entitäten bzw. Entitätstypen haben Eigenschaften. Eine solche Eigenschaft wird als **Attribut** (engl. **attribute**) bezeichnet. Ein konkreter Wert ist eine Ausprägung eines Attributs. Jedem der Attribute ist eine **Domäne** (engl. **domain**) zugeordnet. Eine Domäne enthält alle möglichen Werte, die das Attribut annehmen kann. Damit repräsentiert eine Domäne den Wertebereich eines Attributs.

Beispiele:

Gleichartige Entitäten kann man unter übergeordneten Entitätstypen zusammenfassen. Im Folgenden werden Beispiele für Entitätstypen gegeben:

```
Mann und Frau statt Herr Müller und Frau Meier,
Paar und Kind statt Ehepaar Schmidt und der kleine Max Schmidt,
Telefonnummer und Person statt 32168 und Rosi.
```

> Jedes der Attribute eines Entitätstyps (einer Entität) hat einen Wert. Ein solcher Wert heißt dann Ausprägung des Attributs. Eine Domäne spannt den Wertebereich eines Attributs auf.

Entity-Relationship-Diagramme werden normalerweise für Entitätstypen gezeichnet, wobei die Multiplizität die Zahl der Ausprägungen des entsprechenden Entitätstyps kennzeichnet. Es ist aber auch möglich, für konkrete Entitäten ein Entity-Relationship-Diagramm zu zeichnen.

Kapitel 8.1 diskutiert die Beziehungen zwischen Entitätstypen und den Aufbau eines Entity-Relationship-Diagramms. Kapitel 8.2 behandelt die Modellerstellung.

8.1 Beziehungen zwischen Entitäten und deren Multiplizität

Die folgenden Abschnitte beschreiben verschiedene Arten von Beziehungen zwischen Entitäten und deren Modellierung mit Hilfe von Entity-Relationship-Diagrammen.

8.1.1 Multiplizität

Zwischen Entitäten bestehen **Beziehungen** (engl. **relations**). Sie werden nach ihrer **Multiplizität** (alternative Begriffe: **Kardinalität**[76] oder **Komplexität**) unterschieden. Die Multiplizität einer Entität legt fest, wie viele Entitäten an einer Beziehung beteiligt sind. Bei der Multiplizität kann ein Mindest- und ein Höchstwert angegeben werden, wobei diese beiden Werte auch gleich sein dürfen.

Je nach Multiplizität werden drei Fälle unterschieden:

- **1:1-Beziehung**
  Jede Seite der Beziehung lässt sich genau einer Entität zuordnen. Beide Entitäten haben die Multiplizität 1.
- **1:n-Beziehung**
  Eine Entität der einen Seite der Beziehung ist mit einer oder mehreren Entitäten der anderen Seite der Beziehung verknüpft.
- **n:m-Beziehung**
  Auf beiden Seiten der Beziehung sind eine oder in der Regel mehrere Entitäten beteiligt, d. h., beide Seiten haben eine Multiplizität größer oder gleich 1.

Im Folgenden wird auf diese drei Beziehungstypen eingegangen. Dabei sollen n und m ganzzahlige Werte größer null sein. Auf die Null wird erst nach der Erklärung der 1:1-, 1:n- und n:m-Beziehungstypen eingegangen.

---

[76] Zu beachten ist, dass bei der Unified Modeling Language im Gegensatz zum Entity-Relationship-Modell eine Unterscheidung zwischen Kardinalität und Multiplizität gemacht wird (siehe den Begriff der Kardinalität im Begriffsverzeichnis).

Beispiel 1 (1:1-Beziehung):

Ein Ehemann hat – in der westlichen Kultur – genau eine Ehefrau und umgekehrt. Dies wird im folgenden Bild modelliert:

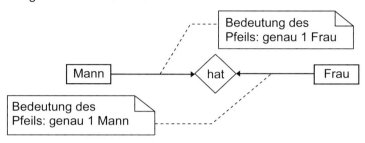

Alternative Notation:[77]

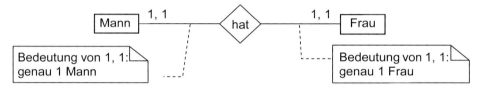

Bild 8-1 Darstellungsmöglichkeiten für eine 1:1-Beziehung

Beispiel 2 (1:n-Beziehung):

Ein Elternpaar kann mehrere Kinder haben, ein Kind hat jedoch nur ein natürliches Elternpaar. Dies wird im folgenden Bild dargestellt:

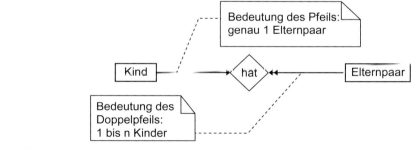

Alternative Notation:

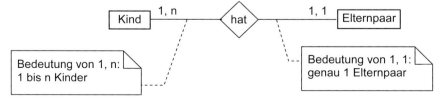

Bild 8-2 Darstellungsmöglichkeiten für eine 1:n-Beziehung

---

[77] Bei dem angegebenen Zahlenpaar der alternativen Notation handelt es sich um min-/max-Werte.

Beachten Sie, dass in der Notation mit Pfeilen ein Doppelpfeil anzeigt, dass auf der gegenüberliegenden Seite mehrere Entitäten vorkommen können. So zeigt der Doppelpfeil von Elternpaar auf Kind und zeigt an, dass ein Paar 1 bis n Kinder haben kann.

Beispiel 3 (n:m-Beziehung):

Eine Person kann mehrere Telefonnummern haben (z. B. privat und mobil). Eine Telefonnummer kann mehreren Personen (einer Familie) zugeordnet sein. Dies ist im folgenden Bild zu sehen:

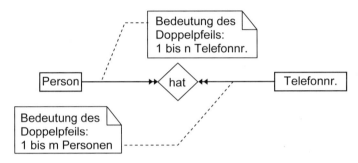

Bild 8-3 Darstellungsmöglichkeit für eine n:m-Beziehung

Eine alternative Darstellung ist im Folgenden gezeigt:

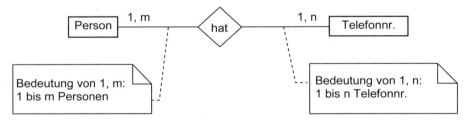

Bild 8-4 Eine alternative Darstellungsmöglichkeit für eine n:m-Beziehung

Streng genommen müsste man noch solche Beziehungen unterscheiden, bei denen eine Entität nicht zwingend vorhanden ist. So kann ein Mann verheiratet sein, er muss es aber nicht sein. Dasselbe gilt natürlich auch für eine Frau.

Diese "kann"-Beziehungen werden jedoch im Allgemeinen als Sonderfälle der obigen Fälle ("muss"-Beziehungen) betrachtet. Dazu wird ein Kreis hinter der Pfeilspitze hinzugefügt. In der alternativen Notation schreibt man statt "1" dann "0, 1" – aus "genau 1" wird "höchstens 1" – bzw. statt "1, n" schreibt man "0, n".

Hier ein **Beispiel**:

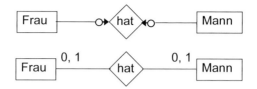

Bild 8-5 Beispiel für eine einfache Beziehung mit dem Sonderfall 0

Die Aussage von Bild 8-5 ist: "Eine Frau hat 0 oder 1 Mann, ein Mann hat 0 oder 1 Frau"

8.1.2 Link-Attribut

Ein weiterer Spezialfall sind Beziehungen mit Attributen. Ein Beispiel hierfür wäre das Kaufdatum und das Produkt eines Kaufs, der über die Beziehung `kauft bei` zwischen Kunde und Verkäufer modelliert wird (siehe Bild 8-6).

Auch Beziehungen können Eigenschaften besitzen. Diese werden dann Link-Attribute genannt.

Wie bereits vorher erwähnt, hat die Beziehung `kauft bei` das Link-Attribut `Kauf`, welches hier beispielsweise aus `Kaufdatum` und `Produkt` bestehen soll.

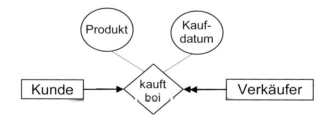

Bild 8-6 Beispiel für ein Link-Attribut

Ein bestimmter Kunde kauft gemäß dieser Beziehung ein bestimmtes Produkt bei einem bestimmten Verkäufer. Ein Verkäufer kann aber viele Kunden haben.

8.1.3 Reflexive Beziehungen und Vergabe von Rollen

Eine reflexive (selbstbezügliche) Beziehung ist ein besonderer Beziehungstyp zwischen ein und demselben Entitätstyp (siehe folgendes Bild).

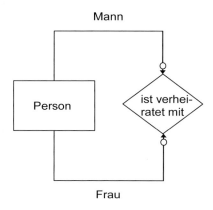

Bild 8-7 Reflexive Beziehungen mit Rollen

Ein Beispiel hierfür ist die Beziehung `ist verheiratet mit` zwischen Entitäten des Typs `Person`. Im Diagramm sind demzufolge beide Seiten der Beziehung mit demselben Entitätstyp verbunden. Die Entitäten treten jedoch in verschiedenen **Rollen** auf. In diesem Beispiel als `Mann` und als `Frau`. Diesem Umstand trägt man durch Beschriftung der beiden Seiten der Beziehung mit einem Rollennamen Rechnung.

> In reflexiven Beziehungen treten verschiedene Entitäten eines gemeinsamen Entitätstyps in verschiedenen Rollen auf.

8.1.4 Attribute von Entitätstypen

Attribute sind charakterisierende Eigenschaften von Entitätstypen. Der Entitätstyp `Person` kann z. B. die Eigenschaften `Name`, `Vorname` und `Geburtsdatum` haben. Im Folgenden wird gezeigt, wie in einem Entity-Relationship-Diagramm Attribute dargestellt werden können:

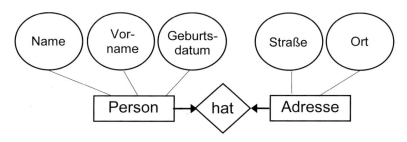

Bild 8-8 Darstellung von Attributen

Mehrwertige Attribute sind Attribute, die mehrmals vorkommen können. So kann eine Person mehrere Telefonnummern haben. Dies wird durch eine **doppelte Ellipsenumrandung** dargestellt (siehe Bild 8-9). Allerdings sollten mehrwertige Attribute als ein eigener Entitätstyp definiert werden und über eine 1:n-Beziehung mit dem bestehenden Entitätstyp verknüpft werden. **Optionale Elemente**, wie z. B. die E-Mail-Adresse, werden durch einen **Kreis auf der Verbindungslinie** (siehe Bild 8-9) charakterisiert:

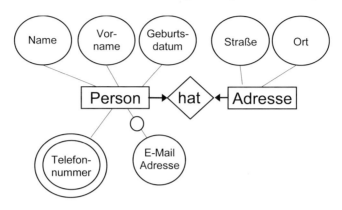

Bild 8-9 Darstellung von mehrwertigen und optionalen Attributen

Zusätzlich gibt es die Möglichkeit, mit Hilfe von **gestrichelten Umrandungen abgeleitete Attribute** zu kennzeichnen. So kann beispielsweise das Jahresgehalt anhand des Monatsgehalts berechnet werden (siehe Bild 8-10):

```
Jahresgehalt = 12 * Monatsgehalt
```

Schlüsselattribute, oftmals auch identifizierende Attribute genannt, werden durch **Unterstreichung des Attributnamens** dargestellt (siehe Bild 8-10). Sie dienen dazu, einen Entitätstyp eindeutig zu identifizieren. Ein Entitätstyp `Mitarbeiter` wird eindeutig mit Hilfe des identifizierenden Attributs `Personalnummer` gekennzeichnet. Das Attribut `Personalnummer` stellt also den Schlüssel des Entitätstyps `Mitarbeiter` dar:

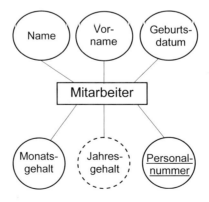

Bild 8-10 Darstellung von abgeleiteten Attributen

Wenn eine Entität eines Entitätstyps durch ein oder mehrere Attribute desselben Entitätstyps eindeutig identifizierbar ist, wird der Entitätstyp auch als **starker Entitätstyp** bezeichnet. Ein **schwacher Entitätstyp** hat keinen Schlüssel. Bild 8-11 gibt ein Beispiel für einen starken und einen schwachen Entitätstypen:

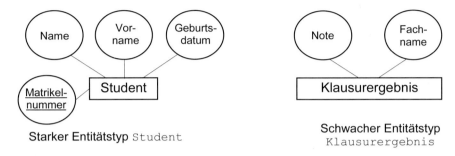

Bild 8-11 Starke und schwache Entitätstypen

Schwache Entitätstypen können nur mit Hilfe von starken Entitätstypen, mit denen sie in einer 1:n-Beziehung stehen, eindeutig identifiziert werden. Hierbei muss der starke Entitätstyp auf der 1-Seite stehen, da der schwache Entitätstyp durch ein oder mehrere Attribute genau eines starken Entitätstyps eindeutig identifiziert wird. Den Schlüssel des schwachen Entitätstyps erhält man dann, indem man die Attribute des schwachen Entitätstyps um die identifizierenden Attribute des entsprechenden starken Entitätstyps erweitert [Elm02] (siehe Bild 8-12).

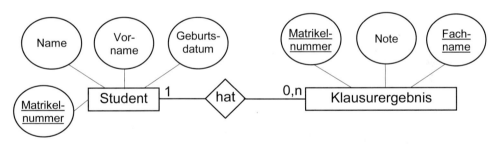

Bild 8-12 Erweiterung der Attribute eines schwachen Entitätstyps

Zum Beispiel wäre Student ein starker Entitätstyp und Klausurergebnis zunächst ein schwacher Entitätstyp, der dann durch das identifizierende Attribut Matrikelnummer erweitert wird.

8.1.5 Vererbungsbeziehung

Vererbung – bzw. Generalisierung und Spezialisierung – wird wie bei der Objektorientierung (siehe Kapitel 9.3) verwendet, um auszudrücken, dass Gemeinsamkeiten (d. h. gemeinsame Attribute) von Entitätstypen in einem separaten, übergeordneten Entitätstyp untergebracht sind, mit dem die ursprünglichen Entitätstypen eine besondere Beziehung eingehen. Dadurch wird eine redundante Modellierung in beiden

Entitätstypen vermieden und gleichzeitig ihre Gemeinsamkeit explizit im Modell deutlich gemacht.

Das folgende Beispiel drückt aus, dass ein Student eine Person mit Name, Vorname und Geburtsdatum ist. Jeder Student ist mit einem Entitätstyp des Typs Person verbunden, welcher die gemeinsamen Attribute aufnimmt. Eine Vererbungsbeziehung ist also (von unten nach oben) entweder 1:1 oder n:1. Mehrfachvererbung (n:1) kann durch mehrere Vererbungsbeziehungen ausgedrückt werden. Die Vererbungsbeziehung drückt die Is-a-Beziehung[78] aus (Beispiel: ein Student ist eine Person). Sie ist zu unterscheiden von der Has-a-Beziehung[79] (Beispiel: eine Person hat eine Adresse). Hier das erwähnte Beispiel:

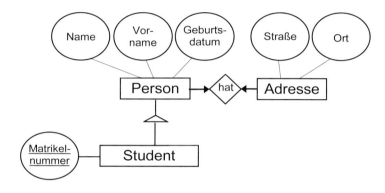

Bild 8-13 Beispiel mit Vererbungsbeziehung

Im Zusammenhang mit der Vererbungsbeziehung spricht man oft auch von **Super-** und **Sub-Entitätstypen**. Im vorliegenden Beispiel ist eine Person ein Super-Entitätstyp, da die Person die Basis für weitere Entitätstypen bildet. Der Sub-Entitätstyp Student bildet hierbei die Erweiterungen zu dieser Basis.

> Die Is-a-Beziehung zwischen Entitätstypen sagt aus, dass Entitäten eines Entitätstyps alle Eigenschaften eines anderen Entitätstyps haben. Die Has-a-Beziehung verweist auf einen anderen Entitätstyp, der auf diese Weise ein indirektes Attribut des Ursprungstyps darstellt.

Die Darstellungsform der Is-a-Beziehung ist eine Erweiterung des Entity-Relationship-Modells nach Chen [Che76]. Die ursprüngliche Darstellung (siehe das nächste Bild) macht nochmals deutlich, dass es sich bei Is-a lediglich um eine spezielle Beziehung handelt.

---

[78] Is-a = ist-ein
[79] Has-a = hat-ein

Datenorientierte Systemanalyse mit dem Entity-Relationship-Modell

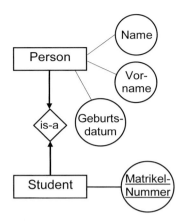

Bild 8-14 Alte Darstellung der Is-a-Beziehung

Mit der Notation in Bild 8-13 lässt sich eleganter darstellen, dass ein Entitätstyp ein Super-Entitätstyp eines anderen Entitätstyps ist.

Mit Hilfe der Vererbungsbeziehung können auch mehrstufige Hierarchien aufgebaut werden. Es ist jedoch zu beachten, dass ein Entitätstyp der untersten Hierarchiestufe zum Zugriff auf Attribute, die er von ganz oben geerbt hat, sämtliche Beziehungen durchlaufen muss. Dies kann zur Laufzeit unter Umständen lange dauern.

> Bei der späteren Umsetzung im **relationalen Modell** sind aus Performancegründen oftmals Kompromisse beim Einsatz der Vererbung notwendig, die im Zweifelsfall auch zu Redundanzen im Modell führen können.

8.1.6 Begriffe

Die folgende Tabelle fasst wichtige Begriffe zusammen:

Begriff	Bedeutung
Entität	Ein eindeutig identifizierbares Objekt der realen Welt (aus dem Problembereich)
Entitätstyp	Bezeichnung und Charakterisierung einer Gruppe gleichartiger Entitäten (Klasse)
Beziehung	Zusammenhang zwischen Entitäten
Beziehungstyp	Charakterisierung von Beziehungen als 1:1, 1:n oder n:m-Beziehung[80]
Attribut	Charakterisierende Eigenschaft einer Entität bzw. eines Entitätstyps
Domäne	Wertebereich für Attribute
Link-Attribut	Attribut, das zu einer Beziehung gehört
Multiplizität	Legt fest, wie viele Entitäten in einer Beziehung zueinander stehen

Tabelle 8-1 Übersicht der wichtigsten Begriffe im ERM

---

[80] Die Null wurde der Einfachheit hier weggelassen.

8.1.7 Überblick über den Aufbau eines Entity-Relationship-Diagramms

Hier sollen die im bereits vorgestellten Entity-Relationship-Diagramm verwendeten Symbole nochmals zusammengefasst werden:

Bild 8-15 Symbole in ER-Diagrammen

Für Entitäten und Beziehungen werden dieselben Symbole wie für die zugehörigen Typen verwendet. Im Modell wird weniger mit konkreten Entitäten als vielmehr stellvertretend für ihre Gesamtheit mit den Typen modelliert. Das Modell gestattet jedoch auch die Darstellung von einzelnen Entitäten und ihren Beziehungen.

Es gelten die folgenden Regeln:

- Jeder **Entitätstyp** wird durch ein oder mehrere Datenelemente – Attribute genannt – beschrieben. Entitätstypen werden mit ihren Attributen durch Verbindungslinien verbunden.
- Die Symbole für Beziehungen (d. h. Rauten) stehen zwischen den Entitätstypen, die sie verbinden. Die Rauten und die Entitäten einer Beziehung werden entsprechend ihrer Multiplizität mit Pfeilen verbunden.
- Die **Multiplizität** von Beöziehungen kann durch die Anzahl der Pfeilspitzen, die stets an der Beziehung ansetzen, ausgedrückt werden. Eine Pfeilspitze bedeutet "1", zwei Pfeilspitzen bedeuten "n" bzw. "m" bezüglich derjenigen Entität am anderen Ende der Beziehung. Um auszudrücken, dass auch die Null mit eingeschlossen ist, können die Pfeilspitzen um eine "0" ergänzt werden. Eine alternative Notation mit Multiplizitätsangaben wie "1, n" wurde bereits beschrieben. In der Literatur existieren weitere alternative Notationen.
- Bild 8-16 zeigt die Notation mit Pfeilen und die alternative-Notation:

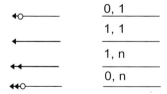

Bild 8-16 Vergleich der Notation mit Pfeilen und der alternativen Notation

- Alle Elemente werden entweder direkt im Diagramm beschriftet oder mit einer Nummer versehen und extern erklärt (letzteres Verfahren wird häufig für Beziehungen angewandt). Dies ist in Bild 8-17 beispielhaft zu sehen:

Datenorientierte Systemanalyse mit dem Entity-Relationship-Modell

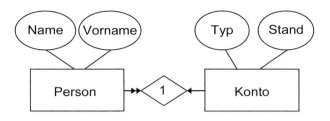

1: hat

Bild 8-17 Eine Person mit mehreren Konten

Zusätzlich sollte beim Erstellen von Entity-Relationship-Diagrammen Folgendes beachtet werden:

> Es gilt die Empfehlung, Beziehungen so zu beschriften, dass sie von oben nach unten oder von links nach rechts gelesen werden können. Ist dies nicht möglich und ist die Leserichtung nicht aufgrund der Namensgebung offensichtlich, so ist die **Leserichtung** durch kleine Richtungspfeile neben dem Beziehungssymbol zu kennzeichnen.

Alle Namen sollen kurz, prägnant und aussagekräftig sein. Für Entitätstypen und Attribute sind Substantive (`Person, Adresse, Alter, Name` etc.), für Beziehungstypen Verben (`hat, ist, wohnt` etc.) zu bevorzugen. Das folgende Bild modelliert, dass mehrere Entitäten vom Typ `Person` zusammen (Familie oder Wohngemeinschaft) eine Entität vom Typ `Wohnung` mieten. Zum Mietvorgang gehört der Entitätstyp `Miete`. `Miete` ist also ein Link-Attribut.

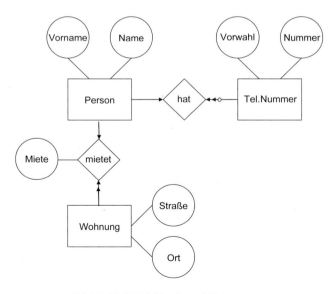

Bild 8-18 ERM für einen Mietvorgang

> Jedes Rechteck in einer der Grafiken, d. h. jeder Entitätstyp, ist in einem Datenspeicher in einem Datenflussdiagramm (DFD) enthalten.

8.2 Modellerstellung

Wie geht man nun bei der Modellerstellung vor? Oftmals wird man als Vorlage eine textuelle Beschreibung einer Aufgabe oder eines Vorgangs haben. Um aus ihr ein erstes Modell zu extrahieren, müssen zunächst Entitätstypen, Attribute und Beziehungen identifiziert werden. Dabei sind Substantive oder Nominalphrasen Kandidaten für Entitätstypen und Verben oder Verbalphrasen Kandidaten für Beziehungen. Es ist jedoch Sorgfalt angebracht, denn auch Attribute können durch Substantive oder Nominalphrasen bezeichnet sein. Eine Nominalphrase kann durch ein Adjektiv erweitert sein, eine Verbalphrase durch ein Objekt. Ein Partizip Perfekt gilt auch als ein Adjektiv. Ein Beispiel für ein Adjektiv ist "grün" bei "grüner Apfel". Ein Beispiel für ein Partizip Perfekt ist "gestanzt" bei "gestanztes Blech".

Man kann das **ER-Diagramm**[81] aber auch direkt aus der **Strukturierten Analyse** (**SA**) ableiten, da hier bereits alle wichtigen Elemente, die ein System beschreiben, grafisch aufbereitet sind und daher nicht nochmals aufwendig aus dem Prosatext entnommen werden müssen. Für die Erstellung des ER-Diagramms kann man hierfür die bereits erstellten Datenspeicher und die zugehörigen Datenflüsse, die in den Speicher hineinführen, nutzen. Dieses Vorgehen soll anhand des Datenflussdiagramms in folgendem Bild aufgezeigt werden. Es enthält den Prozess `Rechnung erstellen`. Der Prozess hat zwei Eingangsdatenflüsse, den `Rechnungsempfänger` und die `Rechnungsposten`. Weiterhin gibt es einen Ausgangsdatenfluss, die `Rechnung`:

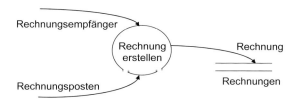

Bild 8-19 Datenflussdiagramm `Rechnung erstellen`

Nachfolgend ist ein Auszug des zugehörigen **Data Dictionary** aufgeführt, welches in Kapitel 6.6 beschrieben wird. Zu beachten ist, dass hier nicht alle denkbaren Elemente explizit aufgeführt sind:

Adresse	= Straße + Hausnummer + PLZ + Ort
Name	= (Titel) + {Vorname} + Nachname
Titel	= [Professor | Doktor]
Person	= Name + Adresse
Firma	= Firmenname + Adresse
Rechnungsempfänger	= [Person | Firma]

---

[81] ER = Entity-Relationship

Datenorientierte Systemanalyse mit dem Entity-Relationship-Modell

Rechnungsposten   = Menge + Produktbezeichnung + Produktpreis
Rechnung   = Rechnungsempfänger + 1{Rechnungsposten}N

Als nächstes bestimmt man den Datenfluss, der in den Speicher hineinführt. Dieser wird im Data Dictionary beschrieben. Anhand des Data Dictionary lassen sich dann die entsprechenden Entitäten und Attribute ableiten. Der Datenfluss, welcher in den Speicher hineinführt, besteht meist aus verschachtelten Elementen. Die untergeordneten Elemente müssen auch betrachtet werden. Hier hilft es, die Struktur des Data Dictionary grafisch aufzuzeichnen, wie in Bild 8-20 aufgezeigt:

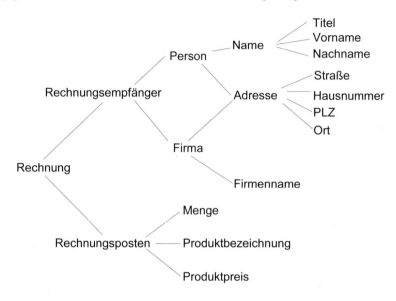

Bild 8-20 Datenmodell

Im nächsten Schritt ist die Unterscheidung zwischen Entitätstypen und Attributen zu treffen. Hierzu sucht man am besten zuerst die Elemente aus, welche keine weiteren untergeordneten Elemente enthalten und in der Regel auch nur aus Zeichenketten bzw. Zahlen bestehen. Diese werden normalerweise als Attribute ausgelegt. Im vorliegenden Beispiel würde man daher Titel, Vorname, Nachname, Straße, Hausnummer, PLZ, Ort, Firmenname, Menge, Produktbezeichnung und Produktpreis als Attribute interpretieren.

Für die restlichen Elemente wählt man Entitätstypen und führt Has-a-Beziehungen ein. Danach müssen noch die Multiplizitäten bestimmt werden, welche sich direkt aus dem Data Dictionary ableiten lassen. Im vorliegenden Beispiel besteht eine Rechnung aus 1 bis n Rechnungsposten. Diese Kardinalität wird daher im ER-Diagramm im folgenden Bild durch den Doppelpfeil von Rechnung zu Rechnungsposten dargestellt.

Im Fall des Rechnungsempfängers gibt es noch die Besonderheit, dass er **entweder** eine Firma **oder** eine Person ist. Dies lässt sich aus dem Data Dictionary ablesen. In diesem Fall wählt man zur Modellierung die Vererbungsbeziehung mit Super-Entitätstypen und Sub-Entitätstypen.

Entitätstypen, die aus einer solchen Vorgehensweise zum Identifizieren der Entitätstypen und deren Attribute entstehen, müssen verifiziert werden. Besitzen sie keine Eigenschaften oder gehen sie keine Beziehungen ein, sind sie vermutlich überflüssig. Umgekehrt ist es oft sinnvoll, eine Gruppe zusammengehöriger Attribute als eigenen Entitätstyp zu realisieren, wenn dieser Beziehungen eingeht und somit an mehreren Stellen benutzt werden kann. Im Beispiel in Bild 8-21 hat sowohl eine Privatperson als auch eine Firma eine Adresse mit den Attributen `PLZ`, `Ort`, `Straße` und `Hausnummer`. Daher wird die Adresse als eigener Entitätstyp umgesetzt:

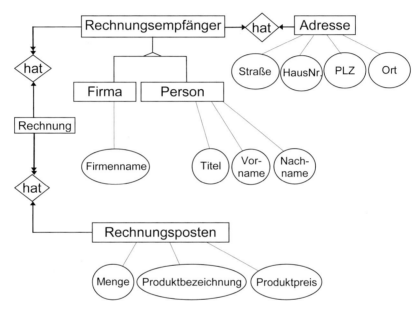

Bild 8-21 Aus der SA abgeleitetes ER-Diagramm mit Attributen

Für die Attribute müssen anschließend noch die Domänen definiert werden. Im vorliegenden Beispiel muss der Entitätstyp `PLZ` in Deutschland z. B. aus fünf Ziffern bestehen[82]. Schließlich ist noch zu prüfen, ob das Modell alle Abläufe, die sich aus der Aufgabenstellung ableiten lassen, befriedigen kann. Vor der Implementierung des Modells kann es dann noch nötig sein, das Datenmodell zu normalisieren. Dies ist ein Ziel von Kapitel 15.

8.3 Zusammenfassung

Das Entity-Relationship-Modell zur Modellierung von Daten und ihren Beziehungen wurde nachträglich in die Strukturierte Analyse aufgenommen. Zwischen Entitäten (abstrakten oder konkreten Objekten der realen Welt) können 1:1-, 1:n- oder n:m-

---

[82] Zum Zeitpunkt der Modellerstellung ist eine Überprüfung auf Einhaltung der Wertebereiche nicht möglich. Eine solche Überprüfung kann nur zur Programmlaufzeit geschehen (siehe Kapitel 15.7).

Beziehungen existieren (siehe Kapitel 8.1.1). Diese Kardinalitäten beziehen sich jedoch nicht auf die Entitätstypen, sondern auf ihre Ausprägungen.

Eine Eigenschaft einer Beziehung wird als Link-Attribut bezeichnet (siehe Kapitel 8.1.2).

Kapitel 8.1.3 behandelt reflexive Beziehungen, bei denen Entitäten desselben Typs in verschiedenen Rollen auftreten.

Attribute von Entitätstypen oder Entitäten können durch Ellipsen dargestellt werden, die durch ungerichtete Verbindungslinien mit dem entsprechenden Entitätstyp bzw. derselben Entität verknüpft sind (siehe Kapitel 8.1.4).

Die Is-a-Beziehung der Vererbung (siehe Kapitel 8.1.5) sagt aus, dass Entitäten eines Entitätstyps alle Eigenschaften eines anderen Entitätstyps haben.

Zur Darstellung von Beziehungen gibt es verschiedene grafische Notationen.

Liegt eine verbale Aufgabenstellung vor, so muss man, wenn man die Daten modellieren möchte (siehe Kapitel 8.2), Kandidaten für Entitätstypen bzw. Entitäten, Attribute und Beziehungen finden und hierfür das ERM-Diagramm in grafischer Form aufstellen. Durch Vergleich mit der verbalen Aufgabenstellung oder aber durch Identifizierung der Datenspeicher aus der Strukturierten Analyse muss anschließend überprüft werden, ob die Entitätstypen bzw. Entitäten und ihre Beziehungen die Anforderungen der Aufgabenstellung erfüllen können.

Zur Implementierung eines ERM mit Hilfe einer relationalen Datenbank muss dieses ERM zunächst in ein relationales Modell konvertiert werden. Obwohl diese Konvertierung über weite Strecken keine Änderung des eigentlichen Modells notwendig macht, sondern eher einem simplen Wechsel der Notation gleichkommt, gibt es Dinge, die man beachten muss. So kennt zum Beispiel das relationale Modell keine m:n-Beziehungen. Wie eine solche Umwandlung genau funktioniert, wird in Kapitel 15 beschrieben.

8.4 Aufgaben

Aufgabe 8.1: Begriffe der datenorientierten Systemanalyse

8.1.1 Erklären Sie den Begriff der Entität und des Entitätstyps.
8.1.2 Was ist ein Attribut?
8.1.3 Was ist eine Domäne?
8.1.4 Definieren Sie den Begriff Beziehung.

Aufgabe 8.2: Beziehungen zwischen Entitäten

8.2.1 Was versteht man unter der Multiplizität einer Beziehung?
8.2.2 Welche Multiplizitäten kann ein Beziehungstyp aufweisen?
8.2.3 Was ist ein Link-Attribut?
8.2.4 Wodurch zeichnet sich eine reflexive Beziehung aus?
8.2.5 Was ist der Unterschied zwischen einer Is-a- und einer Has-a-Beziehung?

Aufgabe 8.3: Modellierung

8.3.1 Modellieren Sie den Fall, dass ein Student einen oder mehrere Ordner hat. Jeder Ordner kann wiederum keine oder mehrere Dokumente enthalten. Jeder Ordner hat eine Farbe und eine optionale Beschriftung sowie eine Stärke (Dicke) und ein Format für die Dokumente. Ein Dokument hat eine maximale Seitenzahl und ein Format.
8.3.2 Modellieren Sie, dass ein Student eine Person ist.
8.3.3 Wofür braucht man eine Leserichtung?

Kapitel 9

Objektorientierte Grundlagen

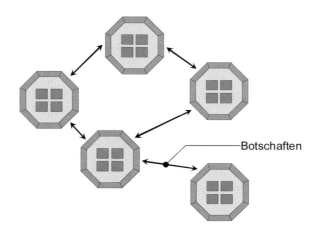

9.1 Besonderheiten des objektorientierten Ansatzes
9.2 Grundlegende Eigenschaften von Objekten und Klassen
9.3 Das Konzept der Vererbung
9.4 Komposition und Aggregation
9.5 Mehrfachvererbung im Vergleich zu Komposition oder Aggregation
9.6 Polymorphie
9.7 Verträge von Klassen
9.8 Zusammenfassung
9.9 Aufgaben

9 Objektorientierte Grundlagen

Die Objektorientierung stellt gegenüber dem funktions- und datenorientierten Paradigma ein "neues" Paradigma dar, das sich in der Praxis in vielen Anwendungen bereits bewährt hat. Ist der Rechner schnell genug, so stellt die objektorientierte Entwicklung heutzutage die gängige Vorgehensweise dar. Das objektorientierte Paradigma hat den Vorteil, dass bei der Analyse des Problembereichs konkrete Gegenstände wie ein Tisch und abstrakte Gegenstände wie ein Vertrag aus dem Problembereich in einfacher Weise auf Objekte der Systemanalyse abgebildet werden können. Die Objekte des Problembereichs leben im Lösungsbereich weiter. Natürlich treten im Lösungsbereich noch technische Klassen hinzu. Dabei stehen Funktionen – in der Objektorientierung Methoden genannt – bei den Daten eines Objekts und "bewachen" diese. Daten und Methoden befinden sich zusammen in einer Kapsel vom Typ einer Klasse. Von dieser Kapsel sind nach außen im Normalfall nur die Köpfe der Schnittstellenmethoden als Abstraktion eines Objekts sichtbar. Der Rest ist in der Kapsel versteckt. Damit erreicht man, dass ein Objekt nicht von den Entwurfsentscheidungen eines anderen Objekts abhängt, mit anderen Worten dass ein "low coupling" zwischen Objekten standardmäßig erzeugt wird.

Jedes Objekt hat eine eigene Identität. Das bedeutet, dass alle Instanzen vom Typ einer Klasse, d. h. die Objekte, prinzipiell voneinander verschieden sind, selbst wenn sie zufälligerweise dieselben Daten tragen.

Objekte kommunizieren untereinander als "schwach gekoppelte" Systeme über Nachrichten. In der Sprache Smalltalk fand die Kommunikation zwischen Objekten tatsächlich über Nachrichten statt. In den meisten objektorientierten Sprachen – beispielsweise in Java und C++ – wird das Senden einer Nachricht jedoch als Aufruf einer Methode des Empfängerobjekts durch das Senderobjekt implementiert.

Eine objektorientierte Programmiersprache zeichnet sich durch Vererbung aus. Dies bedeutet, dass eine Klasse, die von einer anderen Klasse erbt bzw. von dieser Klasse abgeleitet wird, die betreffenden Methoden und Attribute der anderen Klasse einfach übernimmt, ohne diese selbst nochmals anschreiben zu müssen. Dabei gibt es die Einfach- und die Mehrfachvererbung. Bei der Einfachvererbung kann man nur von einer einzigen Klasse erben, bei der Mehrfachvererbung von mehreren Klassen. Es hängt von der Programmiersprache ab, ob Einfach- oder Mehrfachvererbung umgesetzt wird. So setzt C++ die Mehrfachvererbung um, Java aber die Einfachvererbung.

Nach dem Vergleich des objektorientierten Ansatzes mit funktionsorientierten Techniken in Kapitel 9.1 folgen in Kapitel 9.2 die grundlegenden Eigenschaften von Objekten und Klassen. Kapitel 9.3 behandelt die Vererbung, Kapitel 9.4 die Komposition und Aggregation, Kapitel 9.5 den Vergleich von Mehrfachvererbung zu Komposition und Aggregation, Kapitel 9.6 Polymorphie und Kapitel 9.7 Verträge.

Objektorientierte Grundlagen 251

9.1 Besonderheiten des objektorientierten Ansatzes

Dieses Kapitel vergleicht den objektorientierten mit dem funktionsorientierten Ansatz.

9.1.1 Funktionsorientierte Techniken

Funktionsorientierte Techniken verwenden in der Systemanalyse die Methode Strukturierte Analyse (siehe Kapitel 6), gegebenenfalls mit Echtzeiterweiterung (siehe Kapitel 7) bzw. Entity-Relationship-Modellierung (siehe Kapitel 8), und beim Systementwurf eines Betriebssystem-Prozesses (siehe Kapitel 14) die Methode Structure Chart (siehe Kapitel 14.1.3).

Üblicherweise wird beim Entwerfen der Programmcode in ein Hauptprogramm und in Unterprogramme gegliedert. Ein Hauptprogramm zeichnet sich dadurch aus, dass es beim Start des Programms aufgerufen wird. Die anderen Programmeinheiten sind die Unterprogramme. Das Hauptprogramm kann die Unterprogramme aufrufen, dabei kann ein Unterprogramm auch selbst wieder Unterprogramme aufrufen. Warum werden überhaupt Unterprogramme eingeführt? Zum einen, weil ein Programm dadurch **übersichtlicher** wird, zum anderen, weil ein und dasselbe Unterprogramm an verschiedenen Stellen eines Programms aufgerufen werden kann und damit **wiederverwendbar** ist. Wird ein Unterprogramm mehrfach in einem Programm aufgerufen, so wird der gesamte Programmtext kürzer und das Programm ist auch einfacher zu testen.

Hauptprogramm und **Unterprogramme** (**Subroutinen**) werden bei einem funktionsorientierten Programm auch als **Programmeinheiten** (**Routinen**) bezeichnet. Mit dem Hauptprogramm beginnt ein Programm seine Ausführung.

Welche Programmeinheit welche andere Programmeinheit aufrufen kann, kann in einer Aufrufhierarchie – wie in Bild 9-1 – dargestellt werden. Eine Programmeinheit kann eine Funktion oder eine Prozedur sein. In Programmiersprachen wie Pascal wird bei Subroutinen zwischen sogenannten **Funktionen** und **Prozeduren**[83] unterschieden. Prozeduren haben im Gegensatz zu Funktionen keinen **Rückgabewert**[84]. In C und C++ gibt es nur Funktionen. Dabei gibt es auch Funktionen, die keinen Rückgabewert haben. Solche Funktionen verhalten sich wie Prozeduren in Pascal.

Routinen, die mehrfach verwendet werden können – wie die Subroutine `Sub_F` in Bild 9-1 –, werden in der Regel als **Bibliotheksfunktion** (engl. **library function**) in eine Bibliothek aufgenommen. Bibliotheksfunktionen werden durch ein Rechteck mit doppelter senkrechter Linie rechts und links dargestellt, wie in Bild 9-1 zu sehen ist:

---

[83] Im Gegensatz zu Anwendungsfunktionen handelt es sich hier um sogenannte **Systemfunktionen**, die Entwurfseinheiten darstellen.
[84] Mit dem **Rückgabewert** kann eine Funktion ein berechnetes Ergebnis liefern oder mitteilen, ob bei der Ausführung der Funktion Fehler aufgetreten sind.

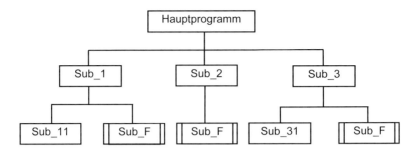

Bild 9-1 Aufrufhierarchie

Aus der **Aufrufhierarchie** in Bild 9-1 ist ersichtlich:

- Das Hauptprogramm kann `Sub_1`, `Sub_2` und `Sub_3` rufen.
- `Sub_1` kann `Sub_11` und `Sub_F`, `Sub_2` kann nur `Sub_F`, `Sub_3` kann `Sub_31` und `Sub_F` rufen.
- `Sub_F` – z. B. eine Fehlerbehandlungs-Routine – wird mehrfach gerufen und ist bei jedem Rufer eingezeichnet.

Die von einem Programm bearbeiteten Daten können mit Hilfe von **Übergabeparametern** von Routine zu Routine zur weiteren Bearbeitung weitergegeben werden. Es ist aber auch möglich, dass definierte Daten als sogenannte **globale Daten** allen Routinen zur Verfügung stehen. Dies ist im folgenden Bild dargestellt:

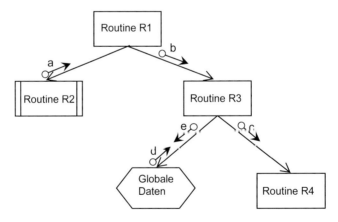

Bild 9-2 Structure Chart-Diagramm

Im Rahmen eines sogenannten **Structure Chart-Diagramms** (siehe Bild 9-2) werden **Übergabeparameter**, die zwischen den Routinen übergeben werden, durch Pfeile – an deren Enden Kreise angefügt sind – repräsentiert. Die Pfeilrichtungen zeigen dabei die Übergaberichtung an. Dabei kennzeichnen Pfeile, die auf die aufgerufene Routine zeigen, Parameter, die der aufgerufenen Routine für die Abarbeitung ihrer Aufgabe übergeben werden, und Pfeile, die aus einer aufgerufenen Routine herauszeigen, Parameter, die der aufrufenden Routine zurückgegeben werden.

Zugriffe auf **globale Daten** werden im Structure Chart-Diagramm wiederum durch Übergabeparameter dargestellt. Die Übergabe erfolgt aber nicht auf eine andere Routine, sondern auf den Pool der globalen Daten, der durch ein Sechseck dargestellt wird:

Bild 9-3 Pool der globalen Daten

So greift die Routine R3 in Bild 9-2 schreibend auf das globale Datum e zu und liest das globale Datum d.

9.1.2 Probleme mit funktionsorientierten Techniken

Funktionsorientierte Techniken eignen sich für kleine Systeme, haben aber auch da gewisse Nachteile. Diese Nachteile treten vor allem bei großen Systemen zu Tage:

- **Mangelnder Schutz der Daten**
  Wie man leicht erkennen kann, sind bei der funktionsorientierten Vorgehensweise die Daten ziemlich ungeschützt. Entweder liegen sie schutzlos im Pool der globalen Daten oder strömen – auch ungeschützt – in Form von Übergabeparametern von Routine zu Routine. Das bedeutet, dass die Daten von jeder Routine manipuliert werden können, und damit verliert man leicht den Überblick, welche Auswirkungen eine Änderung der Daten auf andere Routinen hat.

- **Mangelnde Verständlichkeit gegenüber dem Kunden**
  Die Trennung der Daten und der Funktionen, die die Daten bearbeiten, führt dazu, dass man den Problembereich, d. h. die eigentliche Aufgabe, die vom Kunden gestellt wurde, schlecht in der Systemanalyse und noch schlechter in dem Entwurf erkennen kann. Eine angemessene Abstraktion des **Problembereichs** ist nicht möglich. Da eine angemessene Abstraktion fehlt, beginnt der Entwickler oft, unverzüglich im **Lösungsbereich** zu denken. Da der Kunde aber in Begriffen seiner Anwendung und nicht in Begriffen der Datenverarbeitung denkt, versteht der Kunde den Entwickler nicht mehr. Dieses ist im Folgenden visualisiert:

Bild 9-4 Der Entwickler denkt im Lösungsbereich, der Kunde im Problembereich

- **Mangelnder Zusammenhang zwischen Systemanalyse und Systementwurf**
  In den funktionsorientierten Techniken gibt es keine eindeutige Abbildung der Datenflussdiagramme der Strukturierten Analyse (Systemanalyse) in den Systementwurf. Dieser Methodenbruch macht es sehr schwierig, nachzuvollziehen, ob die Ergebnisse der Systemanalyse korrekt in den Systementwurf und den Programmcode überführt worden sind oder nicht.
- **Mangelnde Übersicht bei großen Systemen**
  Ein weiteres Problem ist die Komplexität. Die Bündelung von Anweisungen in Funktionen bringt gewiss mehr Übersicht, der Übersichtsgewinn ist jedoch nur bei kleinen Programmen von Nutzen. Bei großen Programmen erhält man einfach zu viele Funktionen.
- **Mangelnde Wiederverwendbarkeit von Quellcode**
  Gekoppelt mit der mangelnden Übersicht ist eine mangelnde Wiederverwendbarkeit. Wenn man wegen der hohen Komplexität vorhandene Bausteine nicht erkennt, kann man sie auch nicht wiederwenden! Überdies lohnt sich oftmals die Suche nach wiederverwendbaren Teilen nicht, da Suchaufwand und Nutzen aufgrund der geringen Größe der Bauteile nicht in einem vernünftigen Verhältnis stehen. Diese Situation visualisiert das folgende Bild:

Bild 9-5 Zu kleine Bauteile erschweren und verhindern eine Wiederverwendung

- **Mangelnde Stabilität**
  Ein Entwurf in der funktionsorientierten Vorgehensweise ist sehr empfindlich gegenüber nachträglichen Änderungen. Daten und Funktionen sind getrennt. Kommen neue Funktionen oder Daten hinzu, so kann dies **erhebliche Änderungen des Programmgefüges** nach sich ziehen. Es kann sein, dass die Aufrufhierarchie komplett neu entworfen werden muss.

9.1.3 Fortschritte durch objektorientierte Techniken

Objektorientierte Techniken stellen einen Fortschritt gegenüber funktionsorientierten Techniken dar. Sie führen zu einer deutlichen Verbesserung der oben genannten Problemsituationen:

- **Schutz der Daten**
  Der Ansatz der Objektorientierung basiert darauf, die Daten zu schützen. Funktionen und Daten werden nicht mehr getrennt gesehen. Bei der Objektorientierung werden Funktionen und Daten als eine zusammengehörige Einheit – als ein sogenanntes **Objekt** – betrachtet. Die Funktionen – in der Objektorientierung werden Funktionen gerne als **Methoden** bezeichnet –, die auf die Daten zugreifen dürfen, stehen bei ihren Daten und "bewachen" diese.

Ein Objekt kann sinnbildlich mit einer Burg verglichen werden. Die Daten stellen dabei den Goldschatz der Burg dar. Die Daten werden durch die Wächter – die Methoden – bewacht und verwaltet. Die Daten und Methoden befinden sich in einer **Kapsel** vom **Typ der Klasse**. Eine Änderung der Daten oder ein Abfragen der Datenwerte kann nur durch einen Auftrag an die Wächter, d. h. die Methoden, erfolgen. Diese Situation visualisiert das folgende Bild:

Bild 9-6 Daten stellen einen bewachten Goldschatz einer Burg dar

Möchte also eine Methode, die nicht zu einem bestimmten Objekt gehört, auf die Daten dieses Objekts zugreifen, so kann sie dies im Allgemeinen nicht direkt tun. Sie muss eine der Methoden dieses Objekts bitten, auf die Daten im Objekt zuzugreifen. Die Aufrufschnittstellen der Methoden eines Objekts stellen also die Schnittstellen eines Objekts zur Außenwelt dar[85]. Dies ist im folgenden Bild dargestellt:

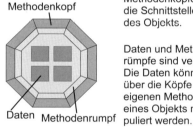

Bild 9-7 Daten und Methoden – die Bestandteile von Objekten

- **Verständlichkeit gegenüber dem Kunden**
  Bei der objektorientierten Modellierung werden **selbstdefinierte Datentypen** wie `Person, Angestellter, Student, Vertrag, Kunde` etc. in der Form von **Klassen** eingeführt. Dabei stellen **Klassen** die **Baupläne für Objekte** dar.

> Der Ansatz der Objektorientierung basiert darauf, **Objekte der realen Welt** mit Hilfe softwaretechnischer Mittel abzubilden.

Ein **Objekt** entspricht einer **Entität der realen Welt**. Eine Entität hat im Rahmen des betrachteten Problems eine definierte Bedeutung. Sie kann ein **Gegenstand** oder ein **Wesen** wie z. B. ein bestimmtes Auto oder ein Mitarbeiter namens Müller sein, aber auch ein **abstraktes Konzept** wie z. B. ein bestimmter Vertrag. Ein Ob-

---

[85] Darüber hinaus kann es auch noch Methoden geben, die nach außen nicht sichtbar sind. Sie dienen als Hilfsmethoden (Service-Methoden) und können nur durch eine Methode des gleichen Objekts aufgerufen werden.

jekt stellt eine **Abstraktion einer** solchen **Entität der realen Welt** dar, die als ein nützliches Modell für den entsprechenden betrachteten Ausschnitt der realen Welt dienen kann. Abstraktion bedeutet, sich auf das Wesentliche zu konzentrieren und nicht relevante Details wegzulassen. Um mit der Komplexität der Realität fertig zu werden, braucht der Mensch immer Abstraktionen. Das Abstraktionsniveau hängt dabei stets von der Problemstellung ab. In der Objektorientierung bedeutet dies, dass man in ein objektorientiertes Modell die für die betrachtete Problemstellung erforderlichen Aspekte übernehmen muss.

- **Leichte Nachvollziehbarkeit der Ergebnisse der Systemanalyse über den Systementwurf bis zum Programmcode**
  Die Objekte des Problembereichs, die im Rahmen der Systemanalyse erkannt werden, leben beim Entwurf weiter und werden in den Programmcode übernommen. Damit wird die Überprüfung der Konsistenz erleichtert. Unbenommen davon ist natürlich, dass beim Entwurf Objekte neuer technischer Klassen wie z. B. für die grafische Oberfläche oder eine persistente Datenspeicherung hinzukommen.

- **Übersicht bei großen Systemen**
  Im Rahmen der Objektorientierung werden Klassen und Pakete als größere Einheiten eingeführt. Klassen enthalten Attribute und die Methoden, die auf diese Attribute zugreifen. Pakete wiederum sind Zusammenstellungen von Klassen, die inhaltlich zusammengehören. Bild 9-8 zeigt eine Klasse `Punkt`, die einen eindimensionalen Punkt beschreibt. Jeder Punkt hat eine `x`-Koordinate als Attribut. Einen Punkt kann man zeichnen (Methode `zeichne()`), verschieben (Methode `verschiebe()`) oder löschen (Methode `loesche()`).

Punkt
x
zeichne( )   verschiebe( )   loesche( )

Bild 9-8 Eine Klasse – hier die Klasse `Punkt` – ist grobkörniger als Methoden

Tabelle 9-1 vergleicht die Granularität von Anweisungen, Methoden, Klassen und Paketen [HruPr]:

Anzahl Anweisungen	Anzahl Methoden	Anzahl Klassen	Anzahl Pakete
400	20	1	1
4.000	200	10	1
10.000	500	25	1
100.000	5.000	250	25
1.000.000	50.000	2.500	250
10.000.000	500.000	25.000	2.500

Tabelle 9-1 Klassen und Pakete sind größere Programmeinheiten

- **Wiederverwendbarkeit von Quellcode**
  Für die Wiederverwendbarkeit von Quellcode gibt es im Rahmen der Objektorientierung drei grundlegende Mechanismen – die **Vererbung** (siehe Kapitel 9.3),

die **Komposition** bzw. **Aggregation** (siehe Kapitel 9.4) und die **Polymorphie**. Polymorphie wird in Kapitel 9.6 behandelt.

- **Stabilität eines Programms**
  Ändern sich die Bearbeitungsfunktionen bei Objekten, so sind diese Änderungen oftmals weniger aufwendig, da im Normalfall außerhalb der Objekte nur die Schnittstellen der Methoden zu sehen sind und der Rumpf der Methoden im Objekt verborgen ist. Eine Hierarchie von Methoden gibt es nicht. Die Methoden eines Objekts stehen gleichberechtigt nebeneinander.

9.1.4 Modellierung mit Objekten

Entscheidend für den objektorientierten Ansatz ist nicht das objektorientierte Programmieren, sondern das Denken in Objekten vom Start des Projektes an.

Ein jedes Objekt hat eine eigene **Identität**. Identität bedeutet, dass alle Objekte eigene Wesen sind, selbst wenn ihre Datenwerte (Werte der Attribute der Objekte) identisch sind.

Ein Objekt beinhaltet – wie schon gesagt – sowohl seine Daten als auch die Methoden, welche diese Daten bearbeiten. Die Methoden stellen die Schnittstellen des Objekts zu seiner Umgebung dar. Die Methoden beschreiben, was man mit dem Objekt anfangen kann, d. h. wie sich ein Objekt zu seiner Umgebung verhält. Das Objekt enthält damit auch sein **Verhalten**.

Ein spezifiziertes Objekt enthält **Attribute** und **Operationen**. Ein implementiertes Objekt enthält Attribute und **Methoden**. Eine Operation wird in einer Klasse durch eine Methode implementiert. Attribute definieren die **Datenstruktur** der Objekte und enthalten Werte. Die Operationen bzw. die Methoden bestimmen das **Verhalten** der Objekte.

Die Operationen bzw. Methoden auf den Daten eines Objekts werden als eine "innere Fähigkeit" des Objekts betrachtet. Wie die Operationen im Detail ablaufen, ist von außen nicht sichtbar. Von außen ist nur sichtbar, wie eine Methode aufgerufen werden kann.

Jedes Attribut hat Werte aus seinem Wertebereich. Der **Zustand** eines Objekts ist festgelegt durch den momentanen Wert seiner Attribute. Verändert werden kann der Zustand eines Objekts durch die Methoden des Objekts. Die Methoden führen ein Objekt von einem **Zustand** in einen anderen über. Der Begriff des Zustandes eines Objekts kann noch etwas präzisiert werden:

Jede Kombination von Attributwerten stellt einen Zustand dar, der in diesem Buch als **mikroskopischer Zustand** eines Objekts bezeichnet wird. Mikroskopische Zustände können quasi kontinuierlich oder diskret sein.

Ein Objekt kann sehr viele mikroskopische Zustände haben.

> Von Bedeutung bei der Modellierung sind jedoch diejenigen Zustände eines Objektes, die für eine Anwendung eine Bedeutung im Sinne von SA/RT haben. Diese Zustände werden in diesem Buch **makroskopische Zustände (Steuerungszustände)** genannt. Makroskopische Zustände sind stets diskret.

Beispiele für solche Zustände sind die Zustände `Warten auf Knopfdruck`, `Türen schließen sich`, `Fahren`, `Türen öffnen sich` eines Objekts der Klasse `Fahrstuhl`. Solche Zustände sind von Bedeutung, wenn man Zustandsübergänge von Objekten betrachtet, z. B. dass ein Objekt der Klasse `Fahrstuhl` beim Drücken eines Knopfes für ein Zielstockwerk vom Zustand `Warten auf Knopfdruck` in den Zustand `Türen schließen sich` übergeht.

> Ein makroskopischer Zustand resultiert durch Wechselwirkungen mit der Umgebung oder durch Warten auf ein Ereignis.
>
> Ein Beispiel für eine Wechselwirkung mit der Umgebung ist die Wechselwirkung mit der Mechanik bei `Türen öffnen sich` oder mit dem Motor bei `Fahren`. Ein Beispiel für ein Warten auf ein Ereignis ist das `Warten auf Knopfdruck`.

In welchem Zustand sich ein Objekt dabei befindet, wird durch entsprechende Attributwerte des Objekts festgehalten.

Die Formulierung eines Modells erfolgt bei objektorientierten Techniken in Konzepten und Begriffen der realen Welt und nicht in computertechnischen Konstrukten wie Haupt- und Unterprogrammen. Dies bedeutet, dass die anwendungsorientierte Sicht gegenüber einer computerorientierten Sicht im Vordergrund der objektorientierten Modellierung und Programmierung steht. Bei einer objektorientierten Entwicklung denkt man lange Zeit hauptsächlich im **Problembereich** (**Anwendungsbereich**), mit anderen Worten in der Begriffswelt des Kunden. Dies hat den großen Vorteil, dass der Kunde die Projektunterlagen verstehen kann. Bei objektorientierten Techniken sprechen Kunde und Entwickler dieselbe Sprache. Man versteht sich! Dies veranschaulicht das folgende Bild:

Bild 9-9 Kunde und Entwickler sprechen dieselbe Sprache

Erst später geht man in den Lösungsbereich über und befasst sich dort mit Fragen der technischen Realisierung. Bei der objektorientierten Modellierung versucht man zunächst, die Objekte im **Problembereich** zu erkennen. Hierbei muss man abstrahieren.

Objektorientierte Grundlagen

Es gilt, die wesentlichen Aspekte eines Objekts bzw. einer Klasse zu erkennen. Die Objekte im Problembereich haben in der Regel miteinander Wechselwirkungen. So kann ein Objekt der Klasse `Kunde` einen Artikel vom Typ `Ware` bestellen.

Das Schöne an der Objektorientierung ist, dass die Objekte des Problembereichs und ihre Notation im ganzen Projekt erhalten bleiben und nahtlos in den **Lösungsbereich** übernommen werden können.

Die Wechselwirkungen zwischen Objekten werden durch Nachrichten modelliert. Die **Nachrichten** (**Botschaften**) entsprechen dabei in einer Programmiersprache wie Java den Methodenaufrufen.

9.1.5 Das Konzept der Kapselung

Hinter den Mechanismen der objektorientierten Programmierung verbirgt sich ein Denkmodell, das sich von dem Modell der funktionsorientierten Programmierung (z. B. in der Sprache C) sehr stark unterscheidet. Es beruht im Kern darauf, dass man Daten und die Methoden, die auf ihnen arbeiten, nicht mehr getrennt behandelt, sondern als Einheit betrachtet. Die Begriffe Abstraktion, Kapselung und Information Hiding sind hierbei miteinander eng verwandt:

- Der Begriff **Abstraktion** in der objektorientierten Programmierung bedeutet, dass ein komplexer Sachverhalt aus der realen Welt in einem Programm auf das Wesentliche konzentriert und damit vereinfacht dargestellt wird. Ein Objekt in einem Programm repräsentiert diejenigen Daten und diejenigen Verhaltensweisen eines realen Gegenstands, die im Kontext des Programms von Interesse sind. Das Objekt implementiert sein Verhalten in **Schnittstellenmethoden**, die außerhalb des Objekts sichtbar sind. Ein Objekt sollte nur über wohl definierte Schnittstellenmethoden mit seiner Umwelt in Kontakt treten.

- Die Schnittstellenmethoden bilden eine Kapsel, die die Daten umgibt, d. h., Methoden und Daten verschmelzen zu einem Objekt. Diese **Kapselung** ist eines der wichtigsten Konzepte der objektorientierten Programmierung. Es besteht in diesem Fall keine Trennung zwischen Daten und Funktionen wie in der funktionsorientierten Programmierung, z. B. in C. Der Begriff der Kapselung beschreibt die Implementierung von Abstraktion zur Sichtbarmachung des Verhaltens nach außen und von Information Hiding zum Verbergen der inneren Details.

- Die Daten einer Kapsel und die Rümpfe der Schnittstellenmethoden sollen nach außen nicht direkt sichtbar sein. Die inneren Eigenschaften sollen vor der Außenwelt verborgen sein. Nur die Aufrufschnittstelle der Schnittstellenmethoden soll exportiert werden. Man spricht daher auch von **Information Hiding** oder **Geheimnisprinzip**. Dieses Prinzip bedeutet, dass ein Teilsystem (hier ein Objekt) nichts von den Implementierungsentscheidungen eines anderen Teilsystems wissen darf. Damit wird vermieden, dass ein Teilsystem von der Implementierung eines anderen Teilsystems abhängt.

Die Prinzipien des Information Hiding, der Abstraktion und der Kapselung sind also eng miteinander verknüpft. Die Außenwelt soll keine Möglichkeit haben, Daten im Inneren des Objekts direkt zu lesen oder sogar zu verändern und so möglicherweise unzulässige Zustände herbeizuführen. Das **Verstecken sämtlicher Daten und der Implementierung der Methoden** in einer "**Kapsel**" und die Durchführung der Kommunikation mit der Außenwelt durch eigene **Schnittstellenmethoden** bringt dem **Programmierer** den **Vorteil**, dass er bei der Implementierung der Algorithmen in den Methoden und bei den Datenstrukturen des Objekts sehr viele Freiheiten hat. Einem zweiten Programmierer, der diese Implementierung nutzen möchte, bringt dies im Gegenzug den Vorteil, dass er sich nicht um interne Details (Datenstrukturen, Algorithmen) kümmern muss. Er kann immer die neueste Version des Objekts verwenden, da er nicht vom speziellen inneren Aufbau des Objekts abhängig ist. Der Programmierer der Klasse kann deren inneren Aufbau immer wieder optimieren, ohne Komplikationen befürchten zu müssen. Nur die Schnittstellen müssen gleich bleiben. Bereits an dieser Stelle kann man erkennen, wie wichtig die Schnittstellen sind. Es ist also unbedingt nötig, diese sorgfältig zu entwerfen.

Ein Objekt darf also mit einem anderen Objekt nur über wohl definierte Schnittstellen Informationen austauschen und keine Kenntnisse über den inneren Aufbau seines Partners haben. Damit haben Änderungen im Inneren eines Objekts keine Auswirkungen auf andere Objekte, solange die Schnittstellen stabil bleiben. Um trotzdem ein Höchstmaß an Flexibilität zu gewährleisten, ist es jedoch immer noch möglich, Teile eines Objekts so zu vereinbaren, dass sie ohne weiteres direkt von außen zugänglich sind. Zumindest für die Köpfe der Schnittstellenmethoden muss diese Eigenschaft in jedem Fall zutreffen.

9.2 Grundlegende Eigenschaften von Objekten und Klassen

Mit der Klassenbeschreibung wird ein Schema zur Bildung von Objekten einer Klasse vereinbart. Dieses Schema enthält:

- den **Namen** der Klasse,
- die **Attribute** dieser Klasse und
- die **Operationen** bzw. die **Methoden** dieser Klasse.

Bei Spezifikationsklassen handelt es sich um Operationen, bei implementierten Klassen um Methoden. Die Möglichkeit, Daten und Methoden in Datentypen zusammenzufassen, ist ein Merkmal objektorientierter Sprachen. **Klassifikation** bedeutet, dass Objekte mit gleichen Datenstrukturen (Attributen) und gleichem Verhalten (Operationen/Methoden) zu einer Klasse gruppiert werden. Eine Klasse ist eine Abstraktion, die die Datenstrukturen und das Verhalten eines Objekts in allgemeiner Form beschreibt. Eine **Klasse implementiert** einen **abstrakten Datentyp**.

> Ein abstrakter Datentyp spezifiziert mathematisch-axiomatisch eine Menge von Daten und die Menge der Operationen, die auf diese Daten zugreifen.

Ein Objekt ist eine **Instanz** einer Klasse und "weiß", zu welcher Klasse es gehört. Ein Objekt hat in sich eine implizite Referenz, d. h. einen versteckten Verweis, auf seine eigene Klasse. Ein Objekt hat eigene Werte für die Attribute. Es teilt Attributnamen und Methoden mit anderen Objekten der Klasse.

Es ist auch möglich, dass Methoden in verschiedenen Klassen gleich heißen, von der Bedeutung her im Prinzip auch dasselbe tun, aber im Detail doch etwas ganz anderes. Dies ist problemlos möglich, weil eine Methode zu einer Klasse gehört und damit eindeutig auffindbar ist. So wird z. B. der Methodenaufruf `add (1)`, bei dem die Methode `add()` aufgerufen wird und dabei der Parameter `1` mitgegeben wird, bei einem Objekt, das einen Zähler verwaltet, die Erhöhung des Zählers um 1 bewirken. Bei einem Objekt einer Klasse `Liste` hingegen kann `add (1)` den Auftrag bedeuten, die Liste um ein Element zu verlängern. Dies wird in den beiden folgenden Bildern dargestellt:

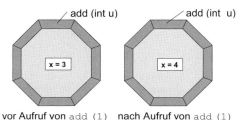

vor Aufruf von `add (1)`   nach Aufruf von `add (1)`

Bild 9-10 Erhöhung des Zählers eines Objekts der Klasse `Zaehler` durch `add (1)`

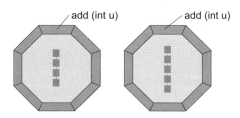

vor Aufruf von `add (1)`   nach Aufruf von `add (1)`

Bild 9-11 Anhängen eines weiteren Elements an eine Liste durch `add (1)`

In der Regel wird im Rahmen der Objektorientierung zwischen den Begriffen **Operation** und **Methode** unterschieden. Eine Operation erhält vom Programmierer in ihrer Spezifikation eine bestimmte Bedeutung (Semantik), die für alle Klassen, die diese Operation in Form einer Methode implementieren, dieselbe ist. So kann z. B. die Operation `add()`, die Elemente hinzufügt, auf Objekte ganz verschiedener Klassen angewandt werden. Je nach Klasse kann die Bedeutung des Elements anders sein. Die Operation wird deshalb durch verschiedene Methoden realisiert.

In der Objektorientierung kann eine Methode mit demselben Namen und derselben Liste der Übergabeparameter in verschiedenen Klassen vorkommen und dabei jeweils einen eigenen Algorithmus haben. Dies führt zu keinem Konflikt, da jede Klasse einen eigenen Namensraum darstellt. Was tatsächlich beim Aufruf einer Methode abläuft, bestimmt der Empfänger.

Während jedoch in der funktionsorientierten Programmierung eine Funktion direkt eine andere Funktion aufrufen kann, ist dies bei der Objektorientierung grundsätzlich nicht möglich. Eine Methode kann nur über ein Objekt, das diese Methode besitzt, aufgerufen werden[86]. Eine solche Methode ist eine sogenannte **Instanzmethode**. Es ist nicht

---

[86] Dies gilt nicht für Klassenmethoden (siehe Kap. 9.2.2.2).

möglich, Instanzmethoden von Objekten zu trennen. Der Aufruf von Methoden wird im folgenden Kapitel beschrieben.

9.2.1 Botschaften

Den Aufruf von **Methoden** veranschaulicht man sich in der Modellierung eines Systems durch das Senden von **Botschaften** (**Nachrichten**):

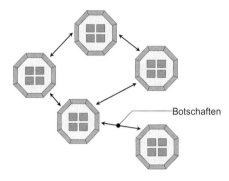

Bild 9-12 Informationsaustausch zwischen Objekten über Botschaften

Eine **Botschaft** muss die folgenden Informationen enthalten:

- den Namen des Empfängerobjektes,
- den Methodennamen und
- Argumente für den Methodenaufruf, wenn die Methode Parameter benötigt.

Ein Methodenaufruf ähnelt damit durchaus einem Funktionsaufruf in der funktionsorientierten Programmierung. In der funktionsorientierten Programmierung gibt es jedoch zu einer Funktion mit einer bestimmten Parameterliste jeweils nur eine einzige Ausprägung, während in der Objektorientierung der Methodenrumpf innerhalb jeder Klasse anders sein kann.

Mit dem Aufruf einer Methode wird die Kontrolle an das Objekt, an das die Botschaft gerichtet ist, übergeben.

Ein **Aufruf über Botschaften** stellt im Prinzip eine **schwache Kopplung** zwischen Objekten dar. Eine schwache Kopplung hat den Vorteil, dass bei Änderungen eines Objekts die Rückwirkungen auf ein anderes Objekt gering bleiben – es sei denn, es kommuniziert mit sehr vielen anderen Objekten und ist deshalb stark gekoppelt. Bei stark gekoppelten Systemen – wie z. B. bei einer Kopplung über globale Variablen in der funktionsorientierten Programmierung – führen Änderungen an einer Stelle oftmals zu einer Vielzahl von unliebsamen Folgeänderungen.

> Die Menge der Botschaften, auf die ein Objekt antworten kann, wird **"Aufrufschnittstelle des Objekts"** genannt. Nach außen ist von einem Objekt nur seine Aufrufschnittstelle sichtbar.

Der interne Aufbau eines Objekts, der nach außen nicht sichtbar ist, besteht aus privaten Daten, privaten Methoden und der Implementierung der Rümpfe der nach außen sichtbaren Methodenköpfe.

Wenn man objektorientierte Systeme modelliert, so kommunizieren Objekte generell über Nachrichten (Botschaften) miteinander. Während in der Programmiersprache Smalltalk ein Methodenaufruf auch tatsächlich durch das Senden von Botschaften erfolgt, wird beispielsweise in C++ die Implementierung eines Methodenaufrufs etwas anders dargestellt und sieht dort wie folgt aus:

```
obj.message (argument)
```

In C++ wird keine Nachricht geschickt. Man interpretiert aber diesen Aufruf als das Senden einer Nachricht `message` mit dem Parameter `argument` an das Objekt `obj`. Hat eine Nachricht mehrere Parameter, so werden diese in C++ durch Kommata getrennt. Wenn ein Objekt eine Nachricht erhält, wird die entsprechende Methode aufgerufen. Dies bedeutet, dass eine Nachricht ein Auftrag an ein Objekt ist, der dieses zum Handeln veranlasst. **Wie das Objekt handelt, ist Sache des Objekts.**

Ein Objekt hat eine Menge von **Variablen** (**Attributen**), die zu ihm gehören.

Alle Instanzen einer Klasse haben dieselben Methoden und dieselben Namen und Typen der Attribute. Sie sind nach dem Bauplan der Klasse gebaut. Die **Instanzvariablen** (Attribute der Instanzen) besitzen den in der Klasse angegebenen Namen und Typ und haben grundsätzlich für jede Instanz eine individuelle Ausprägung des Werts. So hat beispielsweise jedes Objekt der Klasse `Punkt` seinen individuellen Wert der Koordinate `x`. Es gibt jedoch auch Variablen, die in einer Klasse als Unikat, d. h. genau einmal, existieren und für alle Instanzen einer Klasse gemeinsam ansprechbar sind. Diese werden **Klassenvariablen** genannt. Darauf soll im folgenden Kapitel näher eingegangen werden.

> Die **Methoden**, die das Antwortverhalten auf empfangene Botschaften beschreiben, erfüllen die Aufgaben:
> - Werte der Datenfelder eines Objektes auszugeben,
> - Datenfelder zu verändern und
> - mit Hilfe der in den Datenfeldern gespeicherten Werte neue Ergebnisse zu berechnen.

9.2.2 Attribute und Methoden von Klassen und Instanzen

Im Bauplan einer Klasse wird zwischen Instanzvariablen und Klassenvariablen sowie zwischen Instanzmethoden und Klassenmethoden unterschieden. Instanzvariablen sind Attribute, die bei jeder Instanz der Klasse vorhanden sind und deren Werte ein

Objekt charakterisieren. Klassenvariablen gibt es nur einmal in einer Klasse. Sie charakterisieren den Zustand der Klasse. Analog dazu werden auch Instanzmethoden und Klassenmethoden unterschieden. Dies wird im Folgenden anhand eines Beispiels genauer erläutert.

Bild 9-13 zeigt eine Klasse `Dampfer`:

Dampfer	
dampferNummer anzahlSitzplaetze <u>anzahl</u>	Name der Klasse Attribute der Klasse
getAnzahlSitzplaetze() <u>getAnzahl()</u>	Methoden der Klasse

Bild 9-13 Klasse `Dampfer`

Durch Unterstreichen werden in UML (siehe Kapitel 10 und Kapitel 11) Klassenvariablen bzw. -methoden gekennzeichnet.

9.2.2.1 Instanzvariablen und Klassenvariablen

Jedes Schiff einer Flotte von Ausflugsdampfern wie z. B. der Dampfer `Michelangelo` oder `Leonardo da Vinci` ist eine Instanz der Klasse `Dampfer`. Jeder Dampfer erhält eine laufende Nummer, die `dampferNummer`. Bei jeder Inbetriebnahme eines neuen Dampfers wird die Anzahl der Dampfer, `anzahl`, um eins erhöht. Jeder Dampfer hat eine individuelle Sitzplatzkapazität `anzahlSitzplaetze`.

> Variablen, die die gesamte Klasse und ihren aktuellen Zustand charakterisieren und somit keine Eigenschaft eines Exemplars einer Klasse darstellen, werden als **Klassenvariablen** bezeichnet.

Klassenvariablen werden nicht bei jedem Objekt in einer eigenen Ausprägung, sondern nur bei der zugehörigen Klasse selbst als Unikat für alle Objekte der Klasse gemeinsam angelegt.

> Variable, die bei jedem Objekt – also bei jeder Instanz – individuell angelegt werden, werden als **Instanzvariablen** bezeichnet.

Die Attribute `dampferNummer` und `anzahlSitzplaetze` sind Instanzvariablen, da sie Eigenschaften einer Instanz der Klasse `Dampfer` – also eines Dampfers – darstellen. Schließlich hat jeder Dampfer eine eigene Nummer und auch eine bestimmte Anzahl Sitzplätze. Die Anzahl der Dampfer insgesamt gehört jedoch nicht zu einem individuellen Dampfer, sondern bezieht sich auf die Gesamtheit aller Dampfer. Daher ist das Attribut `anzahl` eine Klassenvariable.

9.2.2.2 Instanzmethoden und Klassenmethoden

Die **Instanzmethode** `getAnzahlSitzplaetze()` gibt den Wert der Instanzvariablen `anzahlSitzplaetze` eines bestimmten Dampfers, d. h. einer bestimmten Instanz, zurück. Die Klassenmethode `getAnzahl()` gibt den Wert der Klassenvariablen `anzahl` zurück.

> **Üblicherweise** arbeiten Instanzmethoden auf Instanzvariablen. Klassenmethoden sollen in der Regel auf Klassenvariablen zugreifen.

> **Instanzmethoden** haben stets Zugriff auf Instanzvariablen und auf Klassenvariablen. Ein Objekt kann deshalb auf Klassenvariablen zugreifen, weil es seine Klasse kennt. Eine Instanzmethode kennt ihre Instanzvariablen, da diese zum gleichen Objekt gehören.

> Eine **Klassenmethode** kann über den Klassennamen angesprochen werden, da Klassenmethoden zur Klasse gehören. Sie können aufgerufen werden, auch wenn es noch kein Objekt dieser Klasse gibt. Es ist auch möglich, eine Klassenmethode über ein konkretes Objekt anzusprechen, da ein Objekt seine Klasse kennt.

Eine Klassenmethode kann nur dann auf die Datenfelder eines Objekts zugreifen, wenn ihr das Objekt über einen Parameter beim Aufruf übergeben wird. Ein Beispiel dafür ist, dass eine Klassenmethode als Hilfsmethode zwei übergebene Objekte vertauschen soll.

9.3 Das Konzept der Vererbung

Das Konzept der Vererbung erlaubt es, dass eine Klasse, die von einer anderen Klasse **abgeleitet wird** bzw. von ihr **erbt**, automatisch alle Attribute und Operationen bzw. Methoden dieser anderen Klasse erhält, ohne diese explizit anschreiben zu müssen. Die untergeordnete Klasse übernimmt die Attribute und Operationen bzw. Methoden der übergeordneten Klasse, d. h. ihrer **Basisklasse**. Sie erbt also die Struktur und das Verhalten der Basisklasse. Die Attribute und Operationen/Methoden der Basisklasse werden nicht in der Spezifikation der abgeleiteten Klasse wiederholt. Dieser Quellcode wird also nur einmal vom Programmierer geschrieben. So erbt die Klasse `Student` alle Attribute und Operationen/Methoden ihrer Basisklasse `Person` und fügt noch eigene Operationen/Methoden und Attribute hinzu.

Ein Student ist eine Person, die studiert. Wenn man studieren möchte, muss man immatrikuliert werden und erhält eine Matrikelnummer. Kurz, wer eine Matrikelnummer hat, ist eingeschrieben und ist somit ein Student. Also kann man einen Studenten beschreiben als eine Person, die eine Matrikelnummer hat.

Diese Beziehung zwischen der Klasse Student und der Klasse Person wird in Bild 9-14 dargestellt. Man sagt, die Klasse Student wird von ihrer Basisklasse Person abgeleitet.

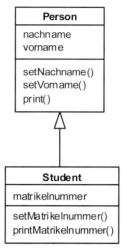

Bild 9-14 Ableitung der Klasse Student von der Klasse Person

Ein Student **ist eine** Person (Is-a-Beziehung). Damit kann man die Klasse Student durch eine Vererbungsbeziehung von der Klasse Person ableiten. Dies bedeutet, dass infolge der Vererbungsbeziehung jedes Objekt der abgeleiteten Klasse Student automatisch alle Variablen besitzt, die auch ein Objekt der Basisklasse Person hat. Genauso verfügt ein Objekt der Klasse Student auch über alle Methoden der Klasse Person.

Zu beachten ist, dass der Ableitungspfeil von der abgeleiteten Klasse (Subklasse, Unterklasse) zu der Basisklasse (Superklasse, Oberklasse) zeigt. Da eine Superklasse gar nicht merkt, dass von ihr abgeleitet wird, ist sie auch beim Vererben nicht aktiv. Darum wird der Ableitungspfeil von der Subklasse zur Superklasse gezeichnet.

> Gibt es mehrere Hierarchieebenen der Vererbung, so wird mit **Basisklasse, Superklasse** oder **Oberklasse** eine an einer beliebigen höheren Stelle des Vererbungspfades stehende Klasse bezeichnet. Mit **abgeleitete Klasse, Subklasse** oder **Unterklasse** wird eine an einer beliebigen tieferen Stelle des Vererbungspfades liegende Klasse benannt. Die oberste Klasse eines Klassenbaumes wird **Wurzelklasse** oder **Rootklasse** genannt.

> Mit **Vater-** und **Sohnklasse** werden hier zwei Klassen, die in zwei direkt übereinander liegenden Ebenen eines Vererbungspfades angeordnet sind, bezeichnet.

Im Folgenden sollen die Attribute und Operationen der Klassen Person und Student betrachtet werden. Bild 9-15 zeigt ein Beispiel:

Objektorientierte Grundlagen

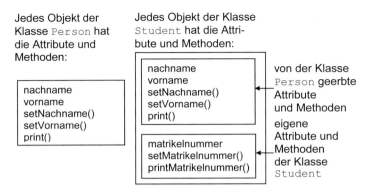

Bild 9-15 Eigenschaften von Objekten der Klasse Person *und der Klasse* Student

Bild 9-15 ist nur die halbe Wahrheit! Es stellt ein Objekt aus **logischer Sicht** dar. Aus logischer Sicht gehören die Methoden der Klasse tatsächlich zu einem Objekt. Aus Effizienzgründen werden in der Regel Klassen- und Instanzmethoden physisch nur einmal gespeichert, nämlich bei der Klasse. Dies reicht vollkommen aus, denn während beispielsweise Instanzvariablen für jedes Objekt jeweils eine eigene Ausprägung haben, ist eine bestimmte Methode für jedes Objekt dieselbe. Geerbte Klassen- oder Instanzmethoden werden ebenfalls nur einmal gespeichert, d. h. bei der Klasse, in der sie definiert wurden. Zur Laufzeit wird eine geerbte Methode ausgehend von der aktuellen Klasse nach oben im Vererbungsbaum gesucht, bis sie gefunden wird.

9.3.1 Zusatzaufrufschnittstelle in der abgeleiteten Klasse

Wie in Kapitel 9.3 am Beispiel der Klassen Person und Student vorgestellt wurde, erweitert eine **abgeleitete Klasse** eine **Basisklasse**. So erhält die Klasse Student eine zusätzliche Aufrufschnittstelle aus den beiden Methodenköpfen der Operationen setMatrikelnummer() und printMatrikelnummer(). Die Operationen der Basisklasse werden im Rahmen der Vererbung von der abgeleiteten Klasse unverändert übernommen. Dies bedeutet, dass in der abgeleiteten Klasse zur Aufrufschnittstelle der Basisklasse, die geerbt wird, noch eine für die abgeleitete Klasse spezifische Aufrufschnittstelle hinzutritt (siehe Bild 9-16):

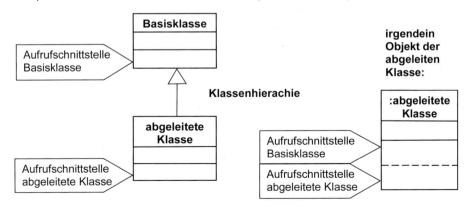

Bild 9-16 Zusätzliche Aufrufschnittstelle eines Objekts einer abgeleiteten Klasse

Es werden sowohl Instanzvariablen und Instanzmethoden als auch Klassenvariablen und Klassenmethoden vererbt.

Eine abgeleitete Klasse erbt grundsätzlich alles – auch private Attribute und Operationen. Dabei ist aber nicht alles, das geerbt wurde, in der abgeleiteten Klasse automatisch sichtbar und damit zugreifbar. Die Basisklasse kann die Sichtbarkeit ihrer Attribute und Operationen über Zugriffsmodifikatoren steuern. Die in der Basisklasse festgelegten **Zugriffsmodifikatoren** (siehe Kapitel 10.3.3.1) haben auch Konsequenzen bei der Vererbung.

9.3.2 Vererbung und Entwurf

Die Bildung von Hierarchien hat auch mit der Bildung von **Abstraktionen** zu tun. Dabei gibt es in der Objektorientierung zwei wichtige Hierarchien:

- die Vererbungshierarchie und
- die Zerlegungshierarchie.

Hier soll die Vererbungshierarchie besprochen werden. Zur Zerlegungshierarchie siehe Kapitel 9.4. Bei der **Vererbungshierarchie** werden die Klassen **in Abstraktionsebenen** angeordnet. Ein Beispiel hierfür wird in Bild 9-17 gegeben:

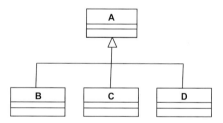

Bild 9-17 Vererbungshierarchie

Die Klassen B, C und D in Bild 9-17 werden von der Klasse A abgeleitet. Die beiden Teilbilder im folgenden Bild sind äquivalent:

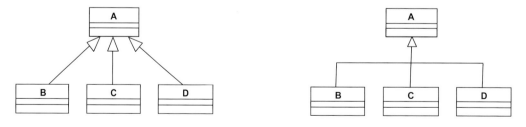

Bild 9-18 Alternative Darstellungen der Vererbungshierarchie

Geht man von unten nach oben, so spricht man von **Generalisierung**, geht man von oben nach unten, so kommt man zu spezielleren Klassen, man spricht von **Spezialisierung** (siehe dazu Bild 9-19 und Bild 9-20). Eine abgeleitete Klasse stellt eine Spezialisierung ihrer Basisklasse dar. In der abgeleiteten Klasse sind nur die neuen spezifischen und zusätzlichen Eigenschaften festzulegen. Umgekehrt stellen natürlich die Basisklassen Generalisierungen ihrer abgeleiteten Klassen dar. Dies ist in Bild 9-19 zu sehen:

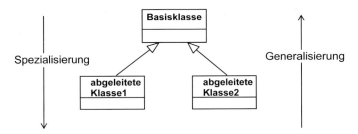

Bild 9-19 Vererbungshierarchie mit Generalisierung und Spezialisierung

Mit dem **Konzept der Vererbung** können **Wiederholungen im Entwurf vermieden** werden. Gemeinsame Eigenschaften mehrerer Klassen werden in gemeinsame Oberklassen ausgelagert. Dies führt zu mehr Übersicht und weniger Wiederholung.

Beim Design werden Attribute und Operationen, die mehreren Klassen gemeinsam sind, nach oben in der Klassenhierarchie geschoben, da sie dann automatisch durch Vererbung wieder zu den abgeleiteten Klassen weitergegeben werden. Dies bedeutet, dass von unten nach oben in der Klassenhierarchie eine Generalisierung stattfindet. In der umgekehrten Richtung findet natürlich eine Spezialisierung statt. So ist ein Objekt vom Typ `NetzwerkRechner` (siehe Bild 9-20) ein Rechner, der über eine Kommunikationsschnittstelle Nachrichten übertragen kann und daher die Methode `übertragen()` zur Verfügung stellt.

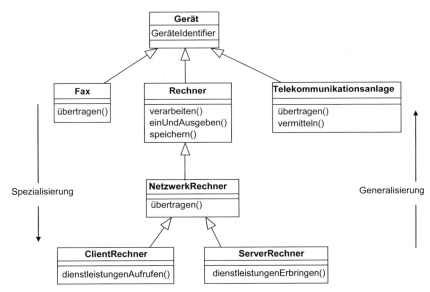

Bild 9-20 Beispiel für eine Klassenhierarchie

Ein Objekt vom Typ `ClientRechner` wiederum ist ein Objekt eines Rechnertyps, der von Server-Rechnern Dienstleistungen abrufen kann. Das heißt, ein Objekt vom Typ `ClientRechner` verfügt gegenüber einem Objekt vom Typ `NetzwerkRechner` über die zusätzliche Methode `dienstleistungenAufrufen()` und ein Objekt vom Typ `ServerRechner` hat die zusätzliche Methode `dienstleistungenErbringen()`. Die hier abgeleiteten Klassen stellen also Erweiterungen bzw. Spezialisierungen ihrer Basisklassen dar.

Es ist auch möglich, dass eine abgeleitete Klasse ein Attribut mit demselben Namen oder eine Operation mit derselben Signatur[87], d. h. demselben Methodennamen und denselben Datentypen der Übergabeparameter in genau derselben Reihenfolge wie in der Basisklasse, einführt. Dann wird es etwas komplizierter. Das entsprechende **Attribut** der Basisklasse wird zwar in der abgeleiteten Klasse auch angelegt, ist aber infolge der Namensgleichheit **verdeckt**, d. h., unter dem Namen wird immer das entsprechende Attribut, das in der abgeleiteten Klasse neu eingeführt wurde, angesprochen. Dasselbe gilt auch für die Methoden. Man sagt hier, eine **Methode der Basisklasse** wird **überschrieben** (siehe auch Kapitel 9.6.4). Die Operation der Basisklasse bzw. das verdeckte Attribut ist aber immer noch greifbar. Wie die überschriebene Operation der Basisklasse bzw. das verdeckte Attribut angesprochen wird, ist in der jeweiligen Programmiersprache geregelt.

9.4 Komposition und Aggregation

Andere Mechanismen für die **Wiederverwendung** von Quellcode sind die Komposition und Aggregation (siehe auch Kapitel 10.5.2). Bei der **Zerlegungshierarchie** (siehe Bild 9-21) hat man auch verschiedene **Abstraktionsebenen**. Sieht man nur das Ganze, so ist man eine Ebene höher, als wenn man die Teile betrachtet.

Ein Objekt kann als Attribute andere Objekte in Form einer Komposition oder einer Aggregation enthalten. Komposition und Aggregation unterscheiden sich bezüglich der **Lebensdauer** des zusammengesetzten Objekts und seiner Komponenten. Bei einer **Komposition** ist die Lebensdauer des zusammengesetzten Objekts identisch zur Lebensdauer der Komponenten. Bei einer **Aggregation** können die Teile auch länger leben als der Besitzer oder der Besitzer länger als die Teile. Außerdem kann ein Teil von mehreren "Groß"-Objekten referenziert werden, während bei der Komposition ein Teil einem Ganzen exklusiv zugeordnet ist. Bei der Komposition hat das zusammengesetzte Objekt die Verantwortung für das Erzeugen und Vernichten einer Komponente. Das folgende Bild zeigt eine Aggregationshierarchie:

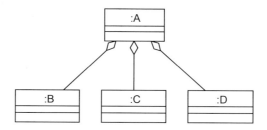

Bild 9-21 Aggregationshierarchie mit Referenzen[88]

---
[87] Signatur im Sinne von Java, nicht von UML. Siehe auch Begriffsverzeichnis
[88] Nach UML erhalten Objekte einen : vor dem Klassennamen. Der Doppelpunkt ohne einen Objektnamen bezeichnet irgendein Objekt. Der Name des Objekts wird nicht fett geschrieben.

Die Klasse A in Bild 9-21 enthält Referenzen auf Objekte der Klassen B, C und D.

In der Programmiersprache **Java** kann eine Klasse A nur **Referenzen** auf die Objekte der Klassen B, C und D enthalten. Es handelt sich also um eine **Aggregation**. Dies wird in Bild 9-21 durch die nicht ausgefüllte Raute ausgedrückt.

> Eine Referenz auf ein Objekt enthält als Wert die Adresse des Objekts, auf das die Referenz zeigt. Die Adresse gibt an, an welcher Stelle das Objekt **im Arbeitsspeicher** liegt.

Dabei kann es sein, dass ein Objekt der Klasse A, das Referenzen auf Objekte der Klassen B, C und D besitzt, zerstört wird, dass aber die Objekte der Klassen B, C und D unabhängig davon weiterleben oder aber dass die referenzierten Objekte zerstört werden und der Besitzer weiterlebt.

Eine Komposition im Gegensatz zu einer Aggregation wird durch eine ausgefüllte Raute wie im Bild 9-22 veranschaulicht:

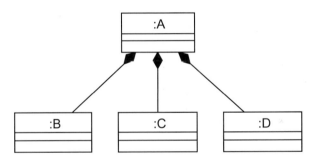

Bild 9-22 Kompositionshierarchie

Ein Objekt der Klasse A in Bild 9-22 enthält Objekte der Klassen B, C und D.

Sobald ein "Groß"-Objekt gelöscht wird, wird bei der Komposition automatisch auch das "Klein"-Objekt gelöscht. Bei der Komposition wird eine Klasse definiert, die als Attribute Objekte einer bereits bekannten Klasse enthält. Objekte einer solchen Klasse sind aus Objekten zusammengesetzte Objekte.

Beispiel:

Ein Beispiel ist die in Bild 9-23 dargestellte Klasse KreisEck. Diese kann je nach Programmiersprache als Aggregation oder Komposition implementiert werden.

Unter einem Objekt vom Typ KreisEck wird hier ein Quadrat – ein rechtwinkliges Viereck mit vier gleich langen Seiten – verstanden, welches von einem Kreis so ausgefüllt ist, dass die Seiten des Quadrats Tangenten an den Kreis sind. Mit anderen Worten, der Kreis soll einen Inkreis darstellen (siehe Bild 9-23).

Bild 9-23 Zusammengesetztes Objekt vom Typ `KreisEck`

Will man ein zusammengesetztes Objekt vergrößern oder verkleinern, so gehen die Aufrufe der entsprechenden Methoden an das zusammengesetzte Objekt, z. B. `skaliere(2)`, was eine Vergrößerung um den Faktor 2 bedeuten soll. Die entsprechende Methode des zusammengesetzten Objekts leitet diese Botschaft dann weiter an das Objekt der Klasse `Kreis` und das Objekt der Klasse `Eck` und ruft deren entsprechenden Skalierungsmethoden auf (**Delegationsprinzip**).

In Java steht nur die Technik der Aggregation zur Verfügung. Ein Programmierbeispiel für das Kreiseck in Java wird in Kapitel 11.4.4 gezeigt.

9.5 Mehrfachvererbung im Vergleich zu Komposition oder Aggregation

Selbstverständlich kann man ein Kreiseck auch durch eine **Mehrfachvererbung** aus der Klasse `Kreis` und der Klasse `Eck` gewinnen, wenn die benutzte Programmiersprache eine Mehrfachvererbung unterstützt und es somit erlaubt, dass eine Klasse von mehreren Klassen erben kann. Die Klasse `KreisEck` erbt dann die Struktur und das Verhalten der beiden Klassen `Kreis` und `Eck`. Dies ist im folgenden Bild dargestellt:

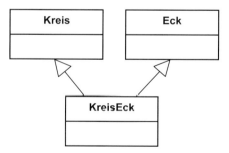

Bild 9-24 Mehrfachvererbung: `KreisEck` *erbt von* `Kreis` *und von* `Eck`

Mehrfachvererbung ist bei der Modellierung eines Problems von Vorteil, da es auch in der Realität viele Objekte gibt, deren Klasse von mehreren Basisklassen erben kann. So erbt etwa eine Klasse `Amphibienfahrzeug` von der Klasse `Landfahrzeug` und von der Klasse `Wasserfahrzeug`.

Bei der Programmierung jedoch ist Mehrfachvererbung problematisch, da Namensprobleme auftreten und Methoden unabsichtlich überschrieben werden können. Daher wird Mehrfachvererbung nicht von allen Programmiersprachen unterstützt. C++ ist eine Sprache, die Mehrfachvererbung erlaubt. Java und C# beispielsweise unterstützen wie Smalltalk nur eine Einfachvererbung. Hier müssen bei der Programmierung andere

Techniken anstelle der **Mehrfachvererbung** eingesetzt werden so wie die **Aggregation** und **Komposition**. Grundsätzlich sind diese Techniken einer Mehrfachvererbung vorzuziehen, da sie einfacher zu durchschauen sind.

Es kommt noch hinzu, dass beim Testen die geerbten Methoden generell nicht "pflegeleicht" sind, auch wenn sie bereits getestet wurden. In der Regel wurden sie je nach Anwendung mit anderen Daten getestet und müssen deshalb bei einer neuen Anwendung mit den dafür geeigneten Testdaten erneut getestet werden. Ein vollständiger Test ist theoretisch möglich. Ein vollständiges Testen würde jedoch bei nicht trivialen Systemen die Entwicklungszeit überschreiten. In der Regel bezahlt der Kunde die Testaktivitäten nur in einem zeitlich begrenzten Umfang. Je höher die Sicherheitsrelevanz eines Systems ist, umso wichtiger wird der Test.

Das folgende Bild zeigt eine Klassenhierarchie mit Mehrfachvererbung. Beispielsweise erbt die Klasse `Motorroller` von den Klassen `Motorrad` und `Roller`, die Klasse `Moped` von den Klassen `Motorrad` und `Fahrrad` und die Klasse `Motorsegler` von den Klassen `Segelboot` und `Motorboot`.

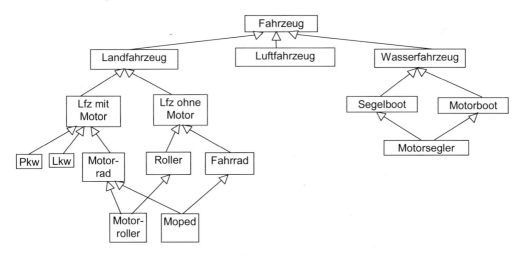

Bild 9-25 Beispiel für eine Klassenhierarchie mit Mehrfachvererbung

Unterstützt die eingesetzte Programmiersprache nur die **Einfachvererbung**, so ist mit Aggregationen bzw. Kompositionen und dem **Delegationsprinzip** zu arbeiten.

Der **Nachteil** der Einfachvererbung gegenüber der Mehrfachvererbung ist jedoch: Man **verliert die Semantik der Substituierbarkeit nach dem liskovschen Substitutionsprinzip** (siehe Kapitel 9.6.3), da dieses nur bei Vererbung, nicht aber bei einer Aggregation bzw. Komposition gilt.

9.6 Polymorphie

Polymorphie heißt "**Vielgestaltigkeit**". Polymorphie von Objekten erlaubt die Wiederverwendung ganzer Programmsysteme.

9.6.1 Polymorphie von Operationen

Es ist auch möglich, dass dieselbe Operation in verschiedenen Klassen existiert. Eine Operation gehört zu einer Klasse und jede Klasse stellt einen eigenen Namensraum dar. Diese Klassen müssen untereinander nicht in einer Vererbungshierarchie stehen.

> Eine Klasse stellt einen **Namensraum** dar. Damit ist es möglich, dass verschiedene Klassen dieselbe Operation haben, aber diese verschieden implementieren.

Aufgrund des Namens der Operation und der Klasse des Empfängerobjekts wird automatisch die richtige – d. h. der Klasse entsprechende – Methode gewählt. Gleiche Methodennamen in verschiedenen Klassen stellen also kein Problem dar.

> Je nach Klasse kann eine Operation in verschiedenen Implementierungen – sprich in verschiedener Gestalt – auftreten. Man spricht hierbei auch von **Polymorphie von Operationen**.

Ein einfaches Beispiel ist die Operation `print()`. Alle Klassen, die ihren Objekten die Möglichkeit geben wollen, auf dem Bildschirm Informationen über sich auszugeben, stellen eine `print()`-Operation zur Verfügung. Von außen betrachtet macht die `print()`-Operation – unabhängig davon, zu welcher Klasse sie gehört – immer das Gleiche: Sie gibt den Wert aller Attribute auf dem Bildschirm aus. Vom Standpunkt der Implementierung aus sind die Methoden, die diese Operation implementieren, grundverschieden, weil jede `print()`-Methode einen für die jeweilige Klasse spezifischen Methodenrumpf hat.

> Jedes Objekt trägt die Typinformation, von welcher Klasse es ist, immer bei sich. Das heißt, dass ein Objekt immer weiß, zu welcher Klasse es gehört. Da ein Methodenaufruf immer an ein Objekt (im Fall von Instanzmethoden) bzw. an eine Klasse (im Fall von Klassenmethoden) gebunden ist, ist immer eine eindeutige Zuordnung eines Methodenaufrufs möglich.

> **Polymorphie von Operationen** bedeutet, dass im Falle eines Empfängerobjekts eine Operation vom Empfängerobjekt selbst interpretiert wird, d. h., dass der Sender einer Nachricht nicht die Klasse des Empfängers, sondern nur den Namen des Empfängerobjektes bzw. die Referenz auf dieses Objekt und dessen Methodenkopf kennen und damit nicht wissen muss, wie die entsprechende Methode in der Empfänger-Klasse implementiert ist.

9.6.2 Bindung

Bindung ist die Zuordnung eines Methodenrumpfes zum Aufruf einer Methode:

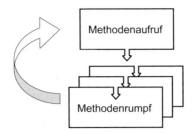

Bild 9-26 Zuordnung des Methodenrumpfs zum Methodenaufruf

In der Objektorientierung kommen zwei prinzipiell verschiedene Arten des Bindens von Methoden in Programmen vor. Es gibt die **frühe Bindung** und die **späte Bindung**. Statt früher Bindung ist auch der Begriff **statische Bindung** bzw. **Bindung zur Kompilierzeit** üblich und genauso anstelle von später Bindung der Begriff **dynamische Bindung** oder **Bindung zur Laufzeit**.

Bei der frühen Bindung kann einem Methodenaufruf schon direkt nach dem Kompilieren der entsprechende Methodenrumpf zugeordnet werden. Bei der späten Bindung wird dagegen einem Methodenaufruf erst zur Laufzeit der entsprechende Methodenrumpf zugeordnet.

In C kennt man nur die frühe Bindung. Direkt nach dem Kompilieren ermittelt der Compiler den entsprechenden Methodenrumpf und ordnet ihn dem Methodenaufruf zu. In C++ gibt es sowohl die frühe als auch die späte Bindung. Wird in C++ nicht explizit das Schlüsselwort `virtual` verwendet, so wird in C++ stets früh gebunden, d. h. direkt nach dem Kompilieren. Dies bedeutet zur Kompilierzeit.

In Java hat man keinen direkten Einfluss darauf, ob spät oder früh gebunden wird. Java verwendet in der Regel die späte Bindung, in wenigen spezifizierten Ausnahmefällen jedoch die frühe Bindung.

9.6.3 Polymorphie bei Erweiterung einer Basisklasse

Polymorphie von Objekten ist neben Identität und Vererbung ein weiterer wichtiger Aspekt des objektorientierten Ansatzes. Vererbung ist die Voraussetzung für eine Polymorphie von Objekten. Die Polymorphie von Objekten arbeitet Hand in Hand mit der Vererbung zusammen und erhöht dabei den Grad der Wiederverwendbarkeit und Erweiterbarkeit von objektorientierten Softwaresystemen.

Bei der Vererbung wird der Quellcode einer Superklasse in einer abgeleiteten Klasse wiederverwendet. Bei der Aggregation und Komposition werden vorhandene Klassen als Bauteile verwendet. Die **Polymorphie von Objekten** erlaubt hingegen die **Wiederverwendung kompletter Programmsysteme**.

> Eine Polymorphie von Objekten gibt es nur bei Vererbungshierarchien. An die Stelle eines Objektes in einem Programm kann ein Objekt einer abgeleiteten Klasse treten.

Polymorphie von Objekten erlaubt es, einen wiederverwendbaren Code zu schreiben, der nur Referenzen auf Objekte einer Basisklasse enthält.

> Die Polymorphie erlaubt es, gegebenenfalls große Mengen von generalisiertem Code für Basisklassen zu schreiben, der dann später von Objekten beliebiger abgeleiteter Klassen benutzt werden kann.

Dabei ist natürlich beim Schreiben des Codes für die Basisklasse überhaupt nicht bekannt, welche Klassen zu späteren Zeitpunkten von der Basisklasse abgeleitet werden. Ein Objekt einer abgeleiteten Klasse kann sich als Objekt einer abgeleiteten Klasse, aber auch als ein Objekt der Basisklasse verhalten. Dies liegt daran, dass die Klasse eines Objekts der abgeleiteten Klasse alle Methoden und Attribute einer Basisklasse erbt. Die Methoden der Basisklasse können in der abgeleiteten Klasse erweitert oder überschrieben[89] werden.

> Ein Objekt einer abgeleiteten Klasse ist sowohl vom **Typ der eigenen Klasse** als auch vom **Typ der zugehörigen Basisklasse**.

Ein Sohn-Objekt kann sich auch als Vater- bzw. als Großvater-Objekt verhalten, ein Vater-Objekt kann sich auch als Großvater-Objekt verhalten. Ein Beispiel für eine Vererbungshierarchie über drei Ebenen wird im Folgenden gezeigt:

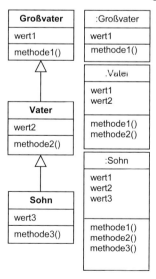

Bild 9-27 Vererbungshierarchie über drei Ebenen

---

[89] Überschreiben wird erst später betrachtet.

Ein Objekt einer Unterklasse kann durch Aufruf einer Methode einer Basisklasse antworten. Natürlich kann ein Objekt der abgeleiteten Klasse weitere Attribute oder Methoden haben[90]. An der Stelle im Programmcode, an der ein Objekt einer Superklasse stehen kann, kann auch ein Objekt der abgeleiteten Klasse die Aufgaben erfüllen. Es **verhält sich** an dieser Stelle **als Objekt der Superklasse**. Die weiteren Eigenschaften des Objekts einer abgeleiteten Klasse wie zusätzliche Attribute oder Methoden werden einfach gar nicht angesprochen. Dies bedeutet, dass ein Objekt der abgeleiteten Klasse in **verschiedenen Gestalten** auftreten kann, also polymorph ist.

Als Beispiel hierfür soll ein Student betrachtet werden. Ein Student ist eine Person. Deshalb kann ein Student auch überall dort stehen, wo eine Person verlangt wird. Umgekehrt ist nicht jede Person ein Student, daher kann ein Objekt der Klasse Person im Programm nicht dort stehen, wo ein Objekt der Klasse Student steht.

> **Liskovsches Substitutionsprinzip (LSP) für den Fall der reinen Erweiterung:**
>
> Werden in einem Programm Zeiger oder Referenzen auf Basisklassen verwendet, so kann an die Stelle eines Objektes einer Klasse in einem Programm problemlos stets auch ein Objekt einer von dieser Klasse abgeleiteten Klasse treten, solange nur erweitert wird, also nur Attribute oder Methoden hinzugefügt werden.

Das ist klar, denn die Anteile der abgeleiteten Klasse werden durch eine Typkonvertierung ausgeblendet. Eine zusätzliche Aufrufschnittstelle einer abgeleiteten Klasse kommt im Quellcode für eine Basisklasse nicht zur Ausführung (siehe Bild 9-28):

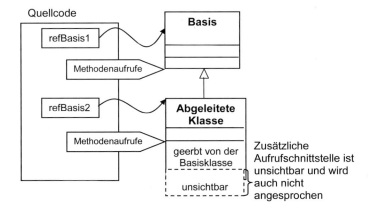

Bild 9-28 Casten

---

[90] An dieser Stelle wird das Überschreiben von Methoden in der abgeleiteten Klasse noch nicht betrachtet. Es wird hier nur eine Erweiterung der Basisklasse durch zusätzliche Methoden und Attribute in der abgeleiteten Klasse in Betracht gezogen. Das Überschreiben von Methoden wird in Kapitel 9.6.4 behandelt.

9.6.4 Überschreiben von Methoden

Komplizierter wird die Situation, wenn eine abgeleitete Klasse eine Methode einer Basisklasse überschreibt. Überschreiben bedeutet, dass Rückgabetyp und Signatur[91] der Methode in der abgeleiteten Klasse und in der Basisklasse identisch sein müssen. Dabei müssen die formalen Parameter identisch sein, d. h., es müssen dieselbe Anzahl, derselbe Typ und dieselbe Reihenfolge der formalen Parameter vorliegen. Im folgenden Bild wird das Überschreiben der Methode `print()` gezeigt:

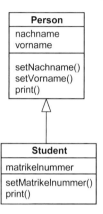

Bild 9-29 Überschreiben der Methode `print()`

Die Methode `print()` der Klasse `Person` gibt die Attribute `nachname` und `vorname` aus. Die Methode `print()` der Klasse `Student` hingegen sorgt dafür, dass die genannten Attribute und zusätzlich noch das Attribut `matrikelnummer` ausgegeben wird.

Gründe für das Überschreiben einer Methode können sein:

- Überschreiben zur **Verfeinerung**
  Dieser Fall wurde soeben besprochen. Die Klasse `Student` verfeinert die Klasse `Person`. Die Methode `print()` der Klasse `Person` kann die im Rahmen der Verfeinerung hinzugefügten zusätzlichen Attribute der Klasse `Student` nicht kennen. Daher muss die Methode `print()` in der Klasse `Student` überschrieben werden.
- Überschreiben zur **Optimierung**
  Es kann nützlich sein, in einer abgeleiteten Klasse interne Datenstrukturen oder die Implementierung eines Algorithmus zu optimieren.

Um auch in solchen Fällen den vorhandenen Quellcode einer Basisklasse nutzen zu können, stellte Barbara Liskov die folgende Forderung auf:

---

[91] Unter Signatur versteht man hier wie in Java den Methodennamen und die Liste der formalen Parameter (Übergabeparameter).

> **Liskovsches Substitutionprinzip (LSP)**
>
> Methoden, die Zeiger oder Referenzen auf Basisklassen verwenden, müssen in der Lage sein, Objekte von abgeleiteten Klassen zu benutzen, ohne es zu bemerken.

Solange bei der Ableitung von einer Basisklasse der Vertrag der Basisklasse in einer Unterklasse nicht gebrochen wird, ist es möglich, das für die Basisklasse geschriebene Programm auch für die Unterklassen zu verwenden, die eventuell erst später erfunden werden.

> Findet ein Überschreiben – also die Neudefinition einer Operation in einer abgeleiteten Klasse – statt, so muss darauf geachtet werden, dass in der abgeleiteten Klasse die Verträge der Basisklasse eingehalten werden.

Der Vertrag einer Klasse umfasst die Vor- und Nachbedingungen der Methoden und die Invarianten einer Klasse. Dabei kann eine Klasse mit verschiedenen Kundenklassen verschiedene Verträge haben. Was es bedeutet, dass ein Vertrag von einer abgeleiteten Klasse nicht gebrochen werden darf, wird in Kapitel 9.7 erläutert.

> Man muss das **liskovsche Substitutionprinzip** also unter zwei Gesichtspunkten betrachten:
>
> 1. Erweitert eine Klasse eine andere Klasse und überschreibt nichts, sondern fügt nur Attribute und Methoden hinzu, dann ist ganz klar, dass eine Instanz der abgeleiteten Klasse an die Stelle einer Instanz ihrer Basisklasse treten kann. Dabei wird nämlich einfach durch einen Cast der Sohn-Anteil wegprojiziert. Zusätzliche Methoden der abgeleiteten Klasse werden nicht angesprochen. Bei einer reinen Erweiterung wird bei der Ableitung keine Methode überschrieben.
> 2. Dieses Casten erfolgt natürlich auch, wenn die abgeleitete Klasse Methoden der Basisklasse überschreibt. Im Fall einer späten Bindung von Instanzmethoden wie in Java wird dann die überschreibende Methode aufgerufen. Das darf aber keinen schädlichen Einfluss auf den Ablauf des Programms haben! Dies erzwingt, dass der Programmierer beim Überschreiben dafür sorgen muss, dass die überschreibende Instanzmethode den Vertrag der überschriebenen Instanzmethode einhält.

> Werden Instanzmethoden in einer abgeleiteten Klasse überschrieben, so tritt in der abgeleiteten Klasse die überschreibende Instanzmethode an die Stelle der ursprünglichen, überschriebenen Methode. Wird ein Objekt der abgeleiteten Klasse als Objekt der Basisklasse betrachtet, wird trotzdem die überschriebene Methode aufgerufen, also für jedes Objekt die Methode seines Typs.

9.7 Verträge von Klassen

Entwurf durch Verträge (engl. **design by contract**) wurde von Bertrand Meyer [Mey97], dem Entwickler der Programmiersprache Eiffel, als Entwurfstechnik eingeführt. Diese Technik wurde in Eiffel in eine Programmiersprache umgesetzt, stellt aber ein allgemeingültiges Prinzip dar, das beim objektorientierten Entwurf unabhängig von der jeweiligen objektorientierten Programmiersprache eingesetzt werden kann.

Eine Klasse besteht nicht nur aus Methoden und Attributen – eine Klasse wird benutzt von anderen Klassen, hier Kunden genannt, und hat damit Beziehungen zu all ihren Kunden. Das Konzept "Entwurf durch Verträge" sieht diese Beziehungen als eine formale Übereinkunft zwischen den beteiligten Partnern an und definiert präzise, unter welchen Umständen ein korrekter Ablauf des Programms erfolgt. Worum es hier vor allem geht, ist, dass beim Aufruf einer Methode Aufrufer und aufgerufene Methode sich gegenseitig aufeinander verlassen können. Die Beziehung zwischen Aufrufer und aufgerufener Methode kann man formal als einen **Vertrag** bezeichnen, der nicht gebrochen werden darf, da ansonsten eine Fehlersituation entsteht. Bei einem Vertrag haben in der Regel beide Seiten Rechte und Pflichten.

Allgemein werden nach Bertrand Meyer in seiner Technik "Entwurf durch Verträge" **Zusicherungen** spezifiziert. Eine Zusicherung ist ein boolescher Ausdruck an einer bestimmten Programmstelle, der niemals falsch werden darf.

9.7.1 Zusicherungen

Ein Vertrag enthält drei verschiedene Arten von Zusicherungen:

- **Vorbedingungen**,
- **Nachbedingungen** und
- **Invarianten**.

Der **Vertrag einer Methode** umfasst die **Vor- und Nachbedingungen einer Methode**.

So wie im Alltag ein Vertrag die Beziehungen zwischen Parteien (Personen, Organisationen) regelt, beschreibt ein Vorbedingungs-Nachbedingungs-Paar den Vertrag einer Methode mit ihrem Kunden, dem Aufrufer.

Invarianten beziehen sich nicht auf eine einzelne Methode. **Invarianten** beziehen sich immer auf eine **Klasse**. Eine Invariante muss also für jedes einzelne Objekt einer Klasse erfüllt sein, damit ein System korrekt arbeitet oder in einem korrekten Zustand ist.

Da die Invarianten von allen Methoden einer Klasse, die von einem Kunden aufgerufen werden können, eingehalten werden müssen, um die Korrektheit zu gewährleisten, spricht man auch von **Klasseninvarianten**.

> Der **Vertrag einer Klasse** umfasst die **Verträge der Methoden** sowie die **Invarianten der Klasse**. Verschiedenen Kunden einer Klasse können verschiedene Verträge zur Verfügung gestellt werden.

Eine **Vorbedingung** (engl. **precondition**) stellt die Einschränkungen dar, unter denen eine Methode korrekt aufgerufen wird. Eine Vorbedingung stellt eine Verpflichtung für einen Aufrufer dar, sei es, dass der Aufruf innerhalb der eigenen Klasse erfolgt oder von einem Kunden. Ein korrekt arbeitendes System führt nie einen Aufruf durch, der nicht die Vorbedingung der gerufenen Routine erfüllen kann. Eine Vorbedingung bindet also einen Aufrufer. Die Vorbedingung definiert die Bedingung, unter der ein Aufruf zulässig ist. Sie stellt eine **Verpflichtung für den Aufrufer** dar und einen **Nutzen für den Aufgerufenen**.

Eine **Nachbedingung** (engl. **postcondition**) stellt den Zustand nach dem Aufruf einer Methode dar. Eine Nachbedingung bindet eine Methode der Klasse. Sie stellt die Bedingung dar, die von der Methode eingehalten werden muss. Die Nachbedingung ist eine **Verpflichtung für den Aufgerufenen** und ein **Nutzen für den Aufrufer**. Mit der Nachbedingung wird garantiert, dass der Aufrufer nach Ausführung der Methode einen Zustand mit gewissen Eigenschaften vorfindet, natürlich immer unter der Voraussetzung, dass beim Aufruf der Methode die Vorbedingung erfüllt war.

> Wie bei einem guten Vertrag im täglichen Leben haben also Aufrufer und Aufgerufener Pflichten und Vorteile. Der Aufrufer hat den Vorteil, dass gewisse Bedingungen nach dem Aufruf einer Methode erfüllt sind, der Aufgerufene hat den Vorteil, dass er unter den gewünschten Bedingungen ablaufen kann.

Eine **Invariante** ist eine Zusicherung bezüglich einer Klasse. Diese Eigenschaft gilt für alle Operationen der Klasse und nicht individuell nur für eine Methode. Sie ist damit eine Klasseneigenschaft im Gegensatz zu Vor- und Nachbedingungen, die den Aufruf und das Ergebnis einzelner Methoden charakterisieren.

Eine Invariante muss vor dem Aufruf einer exportierten Methode und nach ihrem Aufruf gelten. Invarianten müssen von allen exportierten Methoden einer Klasse vor und nach dem Methodenaufruf eingehalten werden. Die Invarianten gelten während der gesamten Lebensdauer der Objekte einer solchen Klasse.

Eine Invariante kann während der Ausführung einer exportierten Methode oder beim Aufruf von Service-Methoden, die nicht außerhalb der Klasse sichtbar sind – also nicht exportiert werden –, temporär verletzt werden. Dies stellt kein Problem dar, da die Invariante erst nach Ausführung einer exportierten Methode dem Aufrufer wieder zur Verfügung steht.

> Eine Klasseninvariante muss vor und nach dem Aufruf einer nach außen sichtbaren Methode eingehalten sein. Beim Aufruf von internen – beispielsweise privaten – Methoden einer Klasse, muss die Invariante der Klasse nicht unbedingt beachtet werden und kann auch mal nicht erfüllt sein.

Beispiel: Klasse Stack

Die Klasse Stack hat die **Invariante**: Die Zahl der Elemente auf dem Stack muss bei allen Operationen größer gleich Null und kleiner gleich der maximalen Stackgröße sein.

Die Methode push() hat die **Vorbedingung**: Die Zahl der Elemente auf dem Stack muss kleiner als die maximale Stackgröße sein. Die **Nachbedingung** von push() ist: die Zahl der Elemente auf dem Stack ist um 1 größer als vor dem Aufruf.

Die **Vorbedingung** von pop() ist: Die Zahl der Elemente auf dem Stack muss größer als 1 sein. Die **Nachbedingung** von pop() ist: Die Zahl der Elemente auf dem Stack ist um 1 kleiner als vor dem Aufruf.

Beispiel: Geld überweisen

Eine Invariante beim "Geld Überweisen" ist, dass kein Geld beim "Geld Überweisen" verschwindet. "Geld Überweisen" betrifft zwei Konten, d. h. zwei Objekte. Es liegt nahe, eine Kontroll-Klasse (siehe Kapitel 12) Überweisung durchführen mit verschiedenen Klassenmethoden wie innerhalb Deutschland überweisen, innerhalb Europa überweisen, weltweit überweisen, Eilüberweisung innerhalb Deutschland durchführen etc. zu schreiben. Bei jeder Überweisung muss dem Ausgangskonto gleich viel abgezogen werden, wie dem Zielkonto gutgeschrieben wird.

Die Invariante lautet:

Bestand Quellkonto vor Überweisung + Bestand Zielkonto vor Überweisung = Bestand Quellkonto nach Überweisung + Bestand Zielkonto nach Überweisung.

Die Auswirkung einer der genannten Überweisungs-Methoden ist:

Ein Betrag X geht von Konto A ab und wird auf Konto B überwiesen, also

A = A – X;
B = B + X;

Innerhalb von Methoden können Invarianten kurzzeitig verletzt werden. Im Beispiel ist dies nach der Berechnung des neuen Wertes von A der Fall. Nach Abarbeitung der Methode muss die Invariante wieder hergestellt sein.

9.7.2 Einhalten der Verträge beim Überschreiben

Es soll nun die folgende Vererbungshierarchie betrachtet werden:

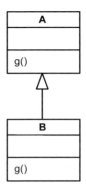

Bild 9-30 Überschreiben der Methode g()

Die Klasse B sei von der Klasse A abgeleitet und soll die Methode g() aus A überschreiben. Aufrufer von g() sei eine Methode f() einer hier nicht gezeigten Kundenklasse C. Die Methode f() soll die folgende Aufrufschnittstelle besitzen: f (A a). Mit anderen Worten: An f() kann beispielsweise eine Referenz auf ein Objekt der Klasse A oder eine Referenz auf ein Objekt der abgeleiteten Klasse B übergeben werden. Der Kunde f() kann zur Laufzeit nicht wissen, ob ihm eine Referenz auf ein Objekt der Klasse A oder der Klasse B übergeben wird (liskovsches Substitutionsprinzip). Dem Kunden f() ist auf jeden Fall nur die Klasse A bekannt und daran richtet er sich aus! Also kann f() nur den Vertrag der Methode g() aus A beim Aufruf :A.g() beachten. f() stellt also die Vorbedingungen für g() aus A sicher und erwartet im Gegenzug, dass g() seine Nachbedingungen erfüllt. Das folgende Bild visualisiert, dass für f() eine schwächere Vorbedingung für g() aus B kein Problem darstellt, da es diese problemlos erfüllt:

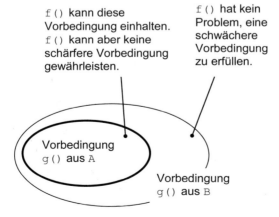

Bild 9-31 Aufweichen einer Vorbedingung in einer abgeleiteten Klasse

Wie im täglichen Leben auch, darf ein Vertrag übererfüllt werden, er darf aber nicht verletzt werden! Dies hat zur Konsequenz, dass `g()` aus `B` die **Vorbedingungen nicht verschärfen** kann, denn darauf wäre der Kunde `f()` überhaupt nicht eingerichtet. `g()` aus `B` darf **aber** die **Vorbedingungen aufweichen** (siehe Bild 9-31). Dies stellt für `f()` kein Problem dar, denn aufgeweichte Vorbedingungen kann `f()` sowieso mühelos einhalten. In entsprechender Weise liegt es auf der Hand, dass `g()` aus `B` die Nachbedingungen nicht aufweichen darf, denn der Kunde `f()` erwartet die Ergebnisse in einem bestimmten Bereich (siehe Bild 9-32).

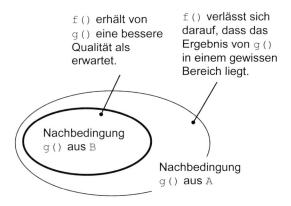

Bild 9-32 Verschärfen einer Nachbedingung in einer abgeleiteten Klasse

Da ein Kunde sich auf die Basisklasse eingestellt hat, muss sichergestellt werden, dass der überschreibende Anteil sich korrekt verhält. Wird etwa eine Invariante der Basisklasse durch eine überschreibende Methode in einer abgeleiteten Klasse aufgeweicht, kann das zu einem Fehlverhalten des geerbten Anteils in der abgeleiteten Klasse führen. Eine Verschärfung der Invariante führt zu keinen Problemen, da die Invariante nach wie vor im erwarteten Bereich der Basisklasse liegt.

Abgeleitete Klassen dürfen Invarianten nur verschärfen.

Eine Methode einer abgeleiteten Klasse darf:

- eine Nachbedingung nicht aufweichen, d. h., wenn eine Methode z. B. einen Rückgabewert vom Typ `int` hat und garantiert, dass sie nur Werte zwischen 1 und 10 liefert, so darf die überschreibende Methode keine Werte außerhalb dieses Bereichs liefern,
- eine Vorbedingung nicht verschärfen, d. h., wenn eine Methode z. B. einen formalen Parameter vom Typ `int` spezifiziert und einen gültigen Wertebereich zwischen 1 und 10 hat, so darf die überschreibende Methode diesen Wertebereich nicht einschränken.

9.7.3 Verantwortlichkeiten für die Realisierung von Zusicherungen

Eine Vorbedingung darf wegen des Single Source-Prinzips (siehe Kapitel 13.2.3.2) nicht zweimal durch Aufrufer und Aufgerufenen geprüft werden. Eine Überprüfung vergrößert das Programm. Die Überprüfung von Zusicherungen ist während der Entwicklungszeit interessant, sollte aber nicht im endgültigen Produkt mitlaufen.

Da der Aufrufer die Pflicht hat, die Vorbedingung zu erfüllen, muss er prüfen, ob die Vorbedingung erfüllt ist. Hält der Aufgerufene die Vorbedingung nicht ein, so darf der Aufgerufene machen, was er will. Er darf auch abstürzen.

> Der Aufrufer hat die Pflicht, die **Vorbedingungen** des Aufzurufenden zu erfüllen. Er muss prüfen, ob die Vorbedingung erfüllt ist. Den Nutzen hat der Aufgerufene.
>
> Bei der **Nachbedingung** hat der Aufgerufene die Pflicht, den Nutzen hat der Aufrufer. Der Aufgerufene muss also die Nachbedingung überprüfen.

Um Vor- und Nachbedingungen zu prüfen und entsprechend zu reagieren, gibt es zwei Alternativen, die im Folgenden diskutiert werden:

- **Exceptions** sind eingeplante Ausnahmen. Der Typ einer Exception ist bekannt. Wenn eine Nachbedingung nicht eingehalten wird, weiß man normalerweise nicht, wo etwas schiefgegangen ist, sondern nur, dass etwas schiefging. Es ist im Allgemeinen nicht möglich, genau die passende Exception aufzurufen.
- **Assertions** sind Plausibilitätsbedingungen. Sie prüfen die Werte von Bedingungen.

Vor- und Nachbedingungen sind also mit Assertions zu realisieren, da diese Bedingungen überprüfen. Java-Assertions werden allerdings implementierungstechnisch auf Exceptions umgesetzt. Der Programmierer darf diese Exceptions aber nicht abfangen, sondern muss hart aus dem Programm aussteigen.

In der Regel ist es so, dass die Assertions in der Kundenversion abgeschaltet sind, da sie zu viel Performance verbrauchen. Tritt ein Fehler auf, so werden sie zu Debug-Zwecken wieder eingeschaltet.

Die **Invarianten** müssen in der Klasse selbst eingehalten werden, d. h., hier muss der Programmierer einer Klasse gewährleisten, dass die Invarianten am Ende einer exportierten Methode wieder gelten. Er muss ferner dafür sorgen, dass sie am Anfang nach dem Konstruktor-Aufruf erfüllt sind.

9.8 Zusammenfassung

Funktionsorientierte Techniken zerlegen einen Betriebssystem-Prozess beim Entwurf in eine Hierarchie aus einem Hauptprogramm und vielen Unterprogrammen (siehe Kapitel 9.1.1).

Funktionsorientierte Techniken weisen Nachteile (siehe Kapitel 9.1.2) auf wie

- mangelnder Schutz der Daten,
- mangelnde Verständlichkeit gegenüber dem Kunden,
- mangelnder Zusammenhang zwischen Systemanalyse und Systementwurf,
- mangelnde Übersicht bei großen Systemen und
- mangelnde Wiederverwendbarkeit von Quellcode.

Objektorientierte Techniken bieten (siehe Kapitel 9.1.3):

- Schutz der Daten,
- Verständlichkeit gegenüber dem Kunden,
- leichte Nachvollziehbarkeit der Ergebnisse der Systemanalyse über den Systementwurf bis zum Programmcode,
- Übersicht bei großen Systemen,
- Wiederverwendbarkeit von Quellcode und
- Stabilität eines Programms.

Ein jedes Objekt hat eine eigene **Identität**. Ein spezifiziertes Objekt hat Attribute und Operationen, ein lauffähiges Objekt hat Attribute und Methoden (siehe Kapitel 9.1.4).

Abstraktion, Kapselung und Information Hiding sind drei zusammenhängende Begriffe (siehe Kapitel 9.1.5). Eine Abstraktion ist das Weglassen des jeweils Unwesentlichen und die Konzentration auf das Wesentliche. Abstraktion führt zur Außenansicht des Verhaltens eines Objekts. Das Information Hiding beschreibt das Verbergen der inneren Eigenschaften vor der Außenwelt. Ein Teilsystem oder Objekt darf die Implementierungsentscheidungen eines anderen Teilsystems (Objekts) nicht kennen. Damit wird vermieden, dass ein Teilsystem von der Implementierung eines anderen Teilsystems abhängt. Der Begriff der Kapselung beschreibt, dass Daten und Methoden in der Kapsel einer Klasse liegen, und erlaubt die Implementierung von Abstraktion zur Sichtbarmachung der Aufrufschnittstellen und von Information Hiding zum Verbergen der inneren Details.

Eine Klasse hat drei grundlegende Kennzeichen: erstens den Namen der Klasse, zweitens die Attribute und drittens die Operationen im Falle der Spezifikation einer Klasse bzw. die Methoden im Falle der Implementierung der Klasse (siehe Kapitel 9.2).

Im Rahmen der Objektorientierung werden Variable, die allen Instanzen einer Klasse gemeinsam sind, als **Klassenvariable** bezeichnet. Klassenvariable werden nicht bei jedem Objekt in einer eigenen Ausprägung, sondern nur bei der Klasse selbst als Unikat für alle Objekte der Klasse gemeinsam angelegt. Variable, die bei jeder Instanz individuell angelegt werden, werden als **Instanzvariable** bezeichnet (siehe Kapitel 9.2.2.1). Üblicherweise arbeiten Instanzmethoden auf Instanzvariablen. Klassenmethoden sind dazu da, um auf Klassenvariablen zu arbeiten (siehe Kapitel 9.2.2.2).

In einer **Vererbungshierarchie** für einfache Vererbung bezeichnet man mit Basisklasse, Superklasse oder Oberklasse eine an einer beliebigen höheren Stelle des

Vererbungspfades stehende Klasse. Mit abgeleitete Klasse, Subklasse oder Unterklasse wird eine an beliebig tieferer Stelle des Vererbungspfades stehende Klasse bezeichnet. Vater- und Sohnklasse liegen in einem Vererbungspfad direkt übereinander. Die oberste Klasse eines Klassenbaums ist die Wurzel- oder Rootklasse (siehe Kapitel 9.3).

Bei der **Aggregation** können das zusammengesetzte Objekt und die Komponenten verschieden lang leben. Eine Komponente kann gleichzeitig von verschiedenen Objekten referenziert werden. Bei der **Komposition** haben Objekt und Komponenten eine identische Lebensdauer. Eine Komponente ist hier einem einzigen Objekt fest zugeordnet. Das zusammengesetzte Objekt ist für das Erzeugen und Vernichten einer Komponente zuständig (siehe Kapitel 9.4).

Unterstützt die verwendete Programmiersprache das Konzept der **Mehrfachvererbung**, so muss der Programmierer verschärft auf Namensprobleme achten. Insbesondere darf er Methoden nicht unabsichtlich überschreiben. Beim Testen sind die geerbten Methoden lästig. In der Regel wurden die geerbten Methoden für andere Zwecke und damit andere Daten getestet. Sie müssen deshalb mit den aktuellen Testdaten erneut getestet werden. Verwendet man statt einer Mehrfachvererbung eine Einfachvererbung mit einer Aggregation oder Komposition, so wird das Programm übersichtlicher und man kann vielen Problemen aus dem Weg gehen (siehe Kapitel 9.5). Allerdings verliert man dadurch die Substituierbarkeit nach dem liskovschen Substitutionsprinzip.

Sind **Operationen polymorph** (siehe Kapitel 9.6.1), da sie zu verschiedenen Klassen gehören – wobei jede Klasse einen eigenen Namensraum darstellt – so wird die Operation von der entsprechenden Klasse selbst interpretiert. Der Sender muss nur den Namen des Empfängerobjekts und den aufzurufenden Kopf der Operation kennen. Er muss nichts über die Implementierung der entsprechenden Operation in der Empfänger-Klasse wissen. Bei dieser Polymorphie sind die Klassen wechselseitig also nicht verwandt.

Bindung bedeutet die Zuordnung des Methodenrumpfes zu einem Methodenkopf (siehe Kapitel 9.6.2). Wird der Methodenrumpf dem Methodenkopf bereits sofort nach dem Kompilierzeitpunkt zugeordnet, so spricht man auch auch von früher oder von statischer Bindung. Bei der späten oder dynamischen Bindung erfolgt die Zuordnung erst zur Laufzeit.

Objekte in Vererbungshierarchien sind auch **polymorph** (siehe Kapitel 9.6.3): An die Stelle eines Objekts einer Basisklasse muss stets ein Objekt einer abgeleiteten Klasse treten können (**liskovsches Substitutionsprinzip = LSP**). Damit ist es möglich, große Mengen von Quellcode zu schreiben, der Referenzen auf Basisklassen enthält. Dieser Code kann dann später von Objekten beliebiger von der Basisklasse abgeleiteter Klassen benutzt werden. Beim Schreiben des Quellcodes eines Programms muss überhaupt nicht bekannt sein, welche Klassen später von der verwendeten Basisklasse abgeleitet werden.

Man kann das liskovsche Substitutionsprinzip (siehe Kapitel 9.6.4) unter zwei Aspekten sehen:

1. Erweitert eine abgeleitete Klasse die Basisklasse nur und überschreibt nichts, sondern fügt nur lediglich Attribute und Methoden hinzu, dann wird durch einen impliziten Cast der zusätzliche Anteil der abgeleiteten Klasse eines Objekts wegprojiziert und der Anteil der Basisklasse bleibt übrig. Daher kann ein Objekt einer abgeleiteten Klasse problemlos an die Stelle eines Objekts der Basisklasse treten.
2. Wenn die abgeleitete Klasse Methoden überschreibt, erfolgt genauso das implizite Casten. Im Falle einer späten Bindung wird jedoch die überschreibende Methode aufgerufen. Deshalb muss der Programmierer beim Überschreiben dafür sorgen, dass der Vertrag der überschriebenen Methode nicht gebrochen wird.

Eine **Zusicherung** (siehe Kapitel 9.7) entspricht Bedingungen über die Zustände von Objekten an definierten Programmstellen. Zusicherungen umfassen:

- Vorbedingungen,
- Nachbedingungen und
- Invarianten.

Der **Vertrag einer Methode** umfasst die Vor- und Nachbedingungen einer Methode. Zum **Vertrag einer Klasse** gehören die Verträge der Methoden und die Invarianten der Klasse. Verschiedenen Kunden[92] kann eine Klasse verschiedene Verträge anbieten.

Eine **Vorbedingung** definiert die Einschränkungen, bei deren Einhaltung eine Methode korrekt aufgerufen wird. Diese Einschränkungen sind von einem Aufrufer einzuhalten, sei es, dass der Aufrufer ein Kunde oder die eigene Klasse ist. Die Pflicht hat der Aufrufer, den Nutzen der Aufgerufene.

Eine **Nachbedingung** definiert die Einschränkungen, die eine aufgerufene Methode als Ergebnis des Aufrufs einzuhalten hat. Die Nachbedingung definiert den Zustand des Systems nach dem Aufruf. Die Nachbedingung ist eine Pflicht für den Aufgerufenen und ein Nutzen für den Aufrufer. Dabei ist vorausgesetzt, dass beim Aufruf der Methode die Vorbedingung erfüllt war.

Eine **Invariante** betrifft nicht eine einzelne Methode, sondern eine ganze Klasse. Eine Invariante muss vor und nach dem Aufruf einer exportierten Methode gelten. Eine Invariante kann während der Ausführung einer Methode oder beim Aufruf von außerhalb der Klasse nicht sichtbaren Service-Methoden vorübergehend verletzt werden. Nach Abschluss einer exportierten Methode muss die Klasseninvariante wieder zutreffen, da sie dann dem Kunden wieder zur Verfügung stehen muss.

---

[92] Kunden sind in diesem Zusammenhang andere Klassen.

Objektorientierte Grundlagen

9.9 Aufgaben

Aufgabe 9.1: Bewertung der Paradigmen

9.1.1   Nennen Sie drei Nachteile des funktionsorientierten Ansatzes.
9.1.2   Welche Vorteile hat der objektorientierte Ansatz?

Aufgabe 9.2: Vererbung und Aggregation

9.2.1   Was ist eine Basisklasse, was eine abgeleitete Klasse?
9.2.2   Gilt bei einer Komposition das liskovsche Substitutionsprinzip?
9.2.3   Welche Lebensdauer haben "Klein"-Objekte bei einer Aggregation und Komposition im Vergleich mit den zugehörigen "Groß"-Objekten?
9.2.4   Welche Vorteile hat eine Aggregation gegenüber einer Mehrfachvererbung?

Aufgabe 9.3: Zusicherungen

9.3.1   Wer hat die Pflicht bei einer Vorbedingung, wer hat den Nutzen?
9.3.2   Wer hat die Pflicht bei einer Nachbedingung, wer hat den Nutzen?
9.3.3   Betrifft eine Vor- und eine Nachbedingung eine Methode oder eine Klasse?
9.3.4   Betrifft eine Invariante eine Methode oder eine Klasse?
9.3.5   Kann man Vorbedingungen verschärfen?
9.3.6   Kann man Nachbedingungen aufweichen?
9.3.7   Realisieren Sie die Prüfung von Vor- und Nachbedingungen mit Exceptions oder Assertions?

Kapitel 10

Objektorientierte Notation mit UML – eine Einführung

```
┌─────────────────────────┐
│┌───────────────────────┐│
││     RechenThread      ││
│└───────────────────────┘│
│                         │
│                         │
│                         │
└─────────────────────────┘
```

10.1 Geschichte von UML
10.2 Knoten und Kanten in UML
10.3 Einführung in Klassen in UML
10.4 DataType, Aufzählungstyp und primitive Typen
10.5 Statische Beziehungen
10.6 Zusätze in UML
10.7 Dokumentation der Klassen und Beziehungen
10.8 Das Konzept einer Schnittstelle
10.9 Meta-Metaebene, Metaebene, Modellebene und Datenebene in UML
10.10 Das Konzept eines Classifiers
10.11 Das Konzept einer Kollaboration
10.12 Interaktionen und Nachrichtentypen
10.13 Erweiterungsmöglichkeiten der UML
10.14 Zusammenfassung
10.15 Aufgaben

10 Objektorientierte Notation mit UML – eine Einführung

Die **Unified Modeling Language** (**UML**) ist eine standardisierte Notationssprache zur Beschreibung der objektorientierten Modellierung von Systemen. Sie wurde von der ISO standardisiert ([ISO/IEC 19501]). Das objektorientierte Konzept und die objektorientierte Methodik selbst beruhen nicht auf UML, sondern können mit Hilfe von UML notiert werden. UML hat eine große Bedeutung in der Praxis erlangt.

> **UML** ist **keine Methode**. UML ist eine Sprache zur Beschreibung der objektorientierten Modellierung von Systemen.

UML enthält seit Beginn eine grafische Notation zur Visualisierung der Modellelemente und von Diagrammen. Inzwischen gibt es mit **XML Metadata Interchange** (**XMI**) die Möglichkeit, auch rein textuell statt grafisch zu formulieren. Die Daten über Modellelemente und Diagramme werden in XML[93] formuliert. XMI bildet damit eine Basis, um Diagramme in textueller, nicht grafischer Form zwischen Werkzeugen auszutauschen.[94]

Eine Notation legt die Schreibweise fest. So wird in der alten Notation von Booch [Boo96] eine Klasse `Punkt` wie folgt gezeichnet:

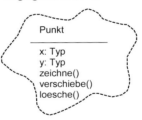

Bild 10-1 Frühere Notation einer Klasse nach Booch

In der OMT-Notation[95] – einer alten Notation von Rumbaugh [Rum93] – wird dieselbe Klasse folgendermaßen notiert:

Punkt
x: Typ y: Typ
zeichne verschiebe loesche

Bild 10-2 OMT-Notation einer Klasse nach Rumbaugh

---

[93] XML = Extensible Markup Language
[94] Auf XMI wird hier nicht eingegangen.
[95] OMT = Object Modeling Technique

Objektorientierte Notation mit UML – eine Einführung

Ein Rechteck gibt es auch bei UML wie im folgenden Beispiel:

Punkt
x: Typ y: Typ
zeichne() verschiebe() loesche()

Bild 10-3 Notation einer Klasse nach UML

Hierbei sind `x` und `y` die Koordinaten eines Punktes vom Typ `Typ`, während `zeichne()`, `verschiebe()` und `loesche()` Operationen sind, die auf einen Punkt angewandt werden können.

Modellelemente können in UML grafisch dargestellt werden[96]. Aus den Symbolen, die UML anbietet, werden die **Diagramme** erstellt, die ein Softwaresystem auf unterschiedlichen Abstraktionsebenen und aus unterschiedlichen Sichten beschreiben.

Ein Diagramm stellt die Projektion eines Modells eines Systems aus einer bestimmten Perspektive dar.

UML-Diagramme werden meist in Form von Graphen mit Knoten als Strukturelementen und mit Beziehungen[97] zwischen den Strukturelementen als Kanten gezeichnet. Hinter jedem grafischen Baustein verbirgt sich in Textform eine definierte Syntax und Semantik, die die Bedeutung des grafischen Bausteins festlegt.

UML-Diagramme sind sehr ausdrucksstark und bieten zahlreiche Sichten auf ein System. Systeme sollten am besten anwendungsfallzentriert entwickelt werden, da Anwendungsfälle ein wichtiges Konzept von UML darstellen. UML-Modelle sind semantisch reichhaltiger als die gängigen Programmiersprachen.

Das Ziel der UML ist es, die Analyse und den Entwurf von komplexen, objektorientierten Softwaresystemen standardisiert und leicht verständlich zu dokumentieren und dabei nicht an ein bestimmtes Vorgehensmodell gebunden zu sein. UML soll dabei helfen, Softwaresysteme zu analysieren, zu entwerfen und zu dokumentieren. Ebenso soll UML für die verschiedensten Entwicklungswerkzeuge, Programmiersprachen und Anwendungen eingesetzt werden können. Bei welcher Art von Systemen welche Diagramme in welcher Reihenfolge sinnvoll sind, legt UML nicht fest.

Die Dokumente der UML-Spezifikation stehen unter der Website

http://www.omg.org

zur Verfügung.

---

[96] Nicht jedes Modellelement hat eine "allein stehende" grafische Notation. So können Operationen grafisch im Kontext einer Klasse dargestellt werden.
[97] Eine statische Beziehung ist beispielsweise eine Assoziation oder eine Abhängigkeit. Eine dynamische Beziehung ist beispielsweise der Austausch von Nachrichten oder ein Zustandsübergang.

UML-Verwendungsarten

UML als Modellierungssprache soll bei der Entwicklung einer Anwendung den Entwicklern helfen, ihre Ideen und Vorstellungen zu kommunizieren und zu verdeutlichen. War UML zunächst nur eine grafische Notation, die mehr oder weniger heuristisch erfunden wurde, so wurde UML inzwischen formalisiert und erhielt eine **Metasprache** (siehe Kapitel 10.9), welche die Sprache UML formal festlegt. In der Version **UML 2.0** wurde die UML grundlegend überarbeitet und formal strenger definiert, um aus den Modellen eine **automatische Codegenerierung** zu ermöglichen. Im Folgenden wird die seit März 2011 gültige Version von UML, UML 2.4, verwendet.

Je nach Vollständigkeit und Präzision des Modells kann UML verschieden eingesetzt werden:

- Zur **Kommunikation** zwischen Projektbeteiligten. Hierzu dient eine einfache – meist unvollständige – Skizze in UML-Notation, die nur das zum Ausdruck bringt, was wichtig zu sein scheint.
- Als **Architekturschema**, das die Prinzipien des Aufbaus und Ablaufs der Programme einer Architektur ausdrückt und von den Entwicklern verstanden und implementiert werden kann. Als Beispiel hierfür können Entwurfsmuster dienen, die ein Entwickler in ein laufendes Programm in einer bestimmten Programmiersprache umsetzen kann.
- Als **formale grafische Sprache**, die in eine andere formale Sprache, nämlich den Programmcode gewandelt werden kann (**Generierung des Quellcodes aus der Spezifikation**). Dies setzt natürlich voraus, dass für ein Programmkonstrukt das entsprechende grafische Element in UML zur Verfügung gestellt wird. In diesem Fall spricht man auch von "executable UML" bzw. "ausführbarer UML".

Während UML 1.x bereits die ersten beiden Ziele hinreichend unterstützte, wurde UML 2.0 mit dem Ziel entworfen, die Generierung von Programmen aus UML-Diagrammen zu ermöglichen. Ein Beispiel für die Erweiterung von UML 1.x zu UML 2.0 ist, dass im Sequenzdiagramm in UML nun detailliert Schleifen formuliert werden können, um somit in einfacher Weise Schleifen in einer Programmiersprache generieren zu können.

Über das Anklicken eines grafischen Elements auf der Oberfläche eines Werkzeugs kommt man in der Regel zur textuellen Spezifikation eines Elements. Die grafische Darstellung darf immer unvollständig sein, die dahinter liegende Spezifikation (siehe Kapitel 10.7) muss jedoch vollständig sein, wenn Programmcode generiert werden können soll. Nur zur Kommunikation eines Ausschnitts oder zur Darstellung von Entwurfsmustern reicht eine punktuell fertige textuelle Spezifikation aus, da der Rest eines Systems gar nicht dargestellt wird.

Nach einer kurzen Einführung in die Geschichte von UML (siehe Kapitel 10.1) erfolgt ein kurzer Überblick über die wesentlichen Elemente der Graphen von UML, nämlich über Knoten und Kanten (siehe Kapitel 10.2). Die Klasse ist in UML das wichtigste Element (siehe Kapitel 10.3). Aufzählungstypen und primitive Typen sind keine Klassen, sondern vom Typ eines `DataType` (siehe Kapitel 10.4). Knoten stehen durch statische und dynamische Beziehungen in den Diagrammen miteinander in Zusammenhang. Statische Beziehungen werden in Kapitel 10.5 behandelt. Zusätze in UML sind optionale Elemente in UML-Diagrammen, die bei Bedarf eingeblendet werden (siehe Kapitel 10.6). Das Kapitel "Dokumentation der Klassen und Beziehun-

Objektorientierte Notation mit UML – eine Einführung 295

gen" (siehe Kapitel 10.7) rundet die Übersicht über Klassen und Beziehungen ab. Anschließend wird in Kapitel 10.8 das Konzept der Schnittstellen vorgestellt.

UML ist seit der Version 2.0 mit einem strengen Metamodell ausgestattet. Der Zusammenhang zwischen Meta-Metaebene, Metaebene, Modellebene und Datenebene wird in Kapitel 10.9 erläutert. Hinter Klassen und anderen Elementen steckt in UML das Konzept eines **Classifiers** (siehe Kapitel 10.9).

Mit dem Begriff der **Kollaboration** wird ein logisches Konstrukt[98] in Statik und Dynamik der Realisierung eines Vertrags durch eine Zusammenarbeit von Objekten beschrieben. Dies wird in Kapitel 10.11 erläutert. Welche Typen es für Nachrichten gibt, wird in Kapitel 10.12 dargestellt. Kapitel 10.13 befasst sich mit den Möglichkeiten, die Sprache UML zu erweitern.

10.1 Geschichte von UML

Die Unified Modeling Language entstand in den neunziger Jahren mit dem Ziel, die "Methodenkriege", wie man objektorientiert modelliert, zu beenden. Damals gab es über 50 verschiedene Methoden, wie man objektorientiert entwickeln könnte, aber keinen Königsweg. Die drei Väter der UML – Grady Booch, James Rumbaugh und Ivar Jacobson – hatten ebenfalls eigene Methoden entwickelt: die Booch-Methode, die Object Oriented Modeling Technique (OMT) von Rumbaugh und die Methodik Object Oriented Software Engineering (OOSE) von Jacobson. Wichtige Bücher aus dieser Zeit sind beispielsweise:

- "Object-Oriented Analysis and Design" von Booch [Boo96],
- "Object-Oriented Analysis" [CoA91] und "Objectoriented Design" [CoD91] vom Coad und Yourdon,
- "Object Modeling Technique" von Rumbaugh, Blaha, Premerlani, Eddy und Lorensen [Rum93],
- "Object Oriented Software Engineering" von Jacobson [Jac92] oder
- "Responsibility Driven Design" von Wirfs-Brock, Wilkerson und Wiener [Wir93].

> **Jacobson** zeichnete sich durch das Konzept der **Anwendungsfälle** (engl. **use cases**) aus, welches zur Modellierung der Leistungen, die den funktionalen Anforderungen an die auf dem Rechner umzusetzenden Geschäftsprozesse entsprechen, hervorragend geeignet ist. Der Schwerpunkt von **Rumbaugh** lag auf dem Konzept der **Datenmodellierung** in der Systemanalyse und die Stärke der **Booch**-Methode im **Systementwurf**.

Bis zur Version 0.8 im Jahre 1995 hieß UML noch Unified Method. Die Vorgängerversionen der Unified Method bzw. von UML wurden ursprünglich von der Firma Rational mit Grady Booch entwickelt. Als James Rumbaugh (1994) und Ivar Jacobson (1995) ebenfalls bei Rational beschäftigt wurden, arbeiteten Booch, Rumbaugh und Jacobson zunächst gemeinsam daran, ihre getrennt entwickelten Methoden in eine

---

[98] Ein Objekt gehört nicht exklusiv einer einzigen Kollaboration an, sondern kann verschiedenen Kollaborationen angehören.

einheitliche Methode zur Softwareentwicklung – die Unified Method – zu überführen. Dieses Ziel wurde aber aufgrund unterschiedlicher Ansätze aufgegeben. Daher wurde das Ziel etwas bescheidener neu definiert. Eine grafische Modellierungssprache sollte nun das Ziel sein. Seit der Version 0.9 gibt es den Begriff der Unified Modeling Language (UML). Mit anderen Worten, es gibt nur eine standardisierte Notation, nicht aber ein standardisiertes methodisches Vorgehen. Bild 10-4 zeigt die Entstehungsgeschichte der verschiedenen Versionen von UML. War die Unified Modeling Language zunächst nur eine weitere Variante, so wurde sie zum großen Wurf, als die Object Management Group (OMG) dazu bewegt werden konnte, einen Request for Proposal für eine standardisierte Modellierungssprache auszusprechen. Natürlich kamen Vorschläge von vielen Firmen, nicht nur von der Firma Rational. Aber nach dem Motto "If you can't beat them, join them!", wurden diese alle durch eine geschickte Politik ins Boot geholt, so dass last not least nur noch UML übrig blieb. Und damit hatte die Firma Rational den Markt geknackt[99]. Die Object Management Group (OMG), 1989 gegründet, übernahm mit der Version 1.3 das Copyright für UML.

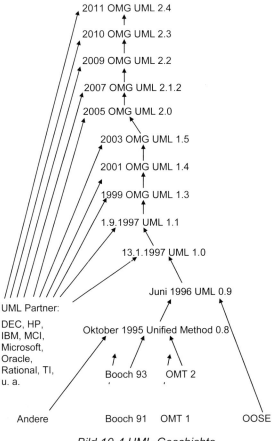

Bild 10-4 UML-Geschichte

Momentan (Stand Juni 2012) gültig ist die Version UML 2.4.1.

---

[99] Das sollte sich noch auszahlen. Über ein Jahrzehnt später bezahlte IBM über 2 Mrd. US-Dollar für die Firma Rational.

10.2 Knoten und Kanten in UML

In UML enthält ein **Diagramm** meist eine grafische Darstellung einer Menge von **Knoten**, die über **Kanten** in Beziehungen stehen. Ein Beispiel einer anderen grafischen Darstellung ist das Zeitdiagramm (engl. timing diagram), welches analog zu einem Pulsdiagramm der Elektrotechnik ist.

> Systeme haben eine **statische Struktur** und ein **dynamisches Verhalten**. Bei entsprechender Komplexität sind sie hierarchisch aus **Teilsystemen** aufgebaut.

Daher existieren in UML:

- **Strukturelemente**,
- **statische Beziehungen** und
- **dynamische Verhaltensweisen**.

Ein Element kann in verschiedenen UML-Diagrammen erscheinen.

Strukturelemente und damit **Knoten** in Graphen sind beispielsweise:

- Klassen,
- Objekte,
- aktive Klassen (parallele Einheiten)[100],
- Schnittstellen,
- Komponenten,
- konkrete Rechner oder Rechnertypen,
- Zustände oder
- Pakete.

Kanten sind statische Beziehungen oder dynamische Beziehungen wie ein Nachrichtenaustausch.

Als **statische Beziehungen** zwischen den Strukturelementen gibt es bei UML:

- Assoziation,
- Generalisierung,
- Realisierung und
- Abhängigkeit.

Eigentlich beschreiben alle diese statischen Beziehungen tatsächlich Abhängigkeiten. Assoziationen, Generalisierungen und Realisierungen haben aber eine spezielle Semantik. Sie werden daher als eine besondere Form der Abhängigkeit eingestuft.

Zur Beschreibung des **dynamischen Verhaltens** dienen:

- dynamische Beziehungen zwischen Strukturelementen durch den Austausch von Botschaften (Nachrichten),

---

[100] Auf aktive Klassen wird in Kapitel 10.3.7 eingegangen.

- Zustände und Zustandsübergänge,
- Aktivitäten und ihre Abläufe.

Zur Gruppierung dienen **Pakete** und zur Erläuterung die **Kommentare**.

> UML enthält **Modellelemente**
> - zur **Strukturierung** eines Systems,
> - zur Beschreibung seines **Verhaltens**,
> - zur **Gruppierung** und
> - zur **Erläuterung** (Kommentare).

10.3 Einführung in Klassen in UML

Klassen sind das wichtigste Element in UML. Man muss sich bei der Modellierung eines Systems entscheiden, welche Abstraktionen Teil des Systems werden und welche Abstraktionen außerhalb der Systemgrenzen bleiben sollen. Das **Vokabular** eines Systems wird in UML mit Hilfe von Klassen formuliert. In der Systemanalyse bilden die Gegenstände der Realität das Vokabular. Zusätzlich zum Vokabular der Klassen des Problembereichs kommen beim Entwurf noch Klassen der Lösungstechnologie hinzu wie z. B. Klassen für die Ausgabe auf dem Bildschirm.

Eine Klasse repräsentiert eine Menge von Objekten. Sie stellt sozusagen deren **Bauplan** dar.

> Eine **Klasse** stellt einen **Typ** dar und ein **Objekt** ist eine **Variable** vom **Typ** einer **Klasse**.

Objekte sind **Instanzen** einer Klasse und entsprechen deren Vorgaben.

> Eine **Klasse kann instanziiert werden**. Dies bedeutet, dass eine Instanz vom Typ der Klasse erzeugt wird.

Ein **Attribut** ist eine **Eigenschaft** (engl. **property**) einer Klasse. Eine solche Eigenschaft kann durch eine Variable eines Typs ausgedrückt werden. Eine **Operation** spezifiziert einen **Dienst**, der von irgendeinem Objekt einer Klasse oder von der Klasse selbst bereitgestellt werden muss (siehe Kapitel 11.2.3). Bei einem Objekt einer Klasse wird pro Attribut der Klasse ein sogenannter Slot für die entsprechende Variable des Objekts angelegt. Implementierungen von Operationen werden **Methoden** genannt.

> Eine **spezifizierte Klasse** besteht in der Regel aus **Name**, **Attributen** und **Operationen**. Eine **implementierte Klasse** besteht aus **Name**, **Slots** und **Methoden**.

Zu beachten ist, dass es generell eine öffentliche Sicht und eine private Sicht einer Klasse gibt. Kunden-Klassen benötigen die Sicht von außen auf eine Klasse, der Programmierer die Sicht auf das Innere der Klasse.

10.3.1 Style Guide für die Darstellung einer Klasse

Eine Klasse hat **Abschnitte** (engl. **compartments**) für den Namen der Klasse, Attribute und Operationen und kann aber grundsätzlich beliebig viele Zusatzbereiche zu diesen Abschnitten haben. Welche Abschnitte außer dem **obligatorischen Bereich für den Namen der Klasse** grafisch visualisiert werden, bleibt der einzelnen Darstellung überlassen. Bis auf den obersten Bereich mit dem Namen dürfen alle anderen Abschnitte in der grafischen Darstellung einer Klasse fehlen. Das Fehlen im Diagramm bedeutet nur, dass diese Elemente nicht dargestellt werden, und nicht, dass es sie nicht gibt. Auch weitere Abschnitte sind möglich. Ihr Einsatz ist nicht standardisiert.

Eine Klasse wird durch ein Rechteck symbolisiert, wie in folgendem Beispiel zu sehen ist:

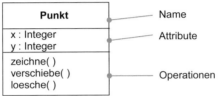

Bild 10-5 Klasse `Punkt` *mit Angabe von Attributen und Operationen*

Der **Klassenname** wird nach UML [Sup11, S. 53] fett und zentriert dargestellt. Der erste Buchstabe des Klassennamens wird nach UML groß geschrieben (wenn der Buchstabensatz dies unterstützt) [Sup11, S. 53].

Attribute und Operationen werden nach UML links ausgerichtet. Sie beginnen mit einem Kleinbuchstaben [Sup11, S.53]. Die Angabe des Typs eines Attributs ist optional.

Attribute und **Operationen** dürfen in **UML-Syntax** oder auch in der **Syntax einer Programmiersprache** definiert werden. Ein Attribut gehört physisch zu der entsprechenden Klasse, auch wenn es logisch in der sogenannten **Beziehungsdarstellung** (siehe Kapitel 10.3.2.4) dargestellt wird. Zur Laufzeit können Klassen und Objekte in den Attributen bzw. Slots Daten transient, aber nicht persistent speichern.

Eine **Klasse** stellt einen **Namensraum** dar. Die Namen der Attribute und die Signaturen der Operationen müssen innerhalb der Klasse eindeutig sein. Für einen Namen sind alle Zeichen der Tastatur zugelassen, somit auch Sonderzeichen, Umlaute und Leerzeichen.

10.3.2 Attribute

Attribute geben die **Struktur einer Klasse** an. Eine Klasse kann über eine beliebige Anzahl an Attributen verfügen. Ein Attribut einer Klasse ist untrennbar mit der Klasse verbunden. Ein Attribut ist eine Eigenschaft einer Klasse und kann von einem einfachen oder komplexen (zusammengesetzten) Typ sein. Weiterhin besteht – wie bereits erwähnt – in der Beziehungsdarstellung die Möglichkeit, ein Attribut[101] als Beziehung zu einer Klasse zu spezifizieren (siehe Kapitel 10.3.2.4).

---

[101] meist eines komplexen Typs

10.3.2.1 Syntax von Attributen

Ein Attribut wird gezeigt als Textstring mit dem Aufbau [Sup11, S. 132] :
```
[«Stereotyp»][Sichtbarkeit]['/']Attributname[':'Datentyp]
['['Multiplizität']']['='Anfangswert]
['{'Eigenschaftsstring[','Eigenschaftsstring]*'}']]
```
Bis auf den Attributnamen ist alles optional. Dies wird durch die eckigen Klammern dargestellt.

Bei Klassen ist der Attributname und sein Datentyp wichtig, wie in folgendem Beispiel gezeigt wird:
```
Sichtbarkeit Attributname:Datentyp
```
und bei Objekten der Anfangswert, wie z. B.:
```
Attributname = Anfangswert
```
Der **Schrägstrich** / tritt bei **abgeleiteten Attributen** auf (siehe Kapitel 10.3.2.5).

10.3.2.2 Gruppierung von Attributen

Als **Stereotyp** kann ein beliebiges Wort in Guillemets[102], z. B. «Verkauf», angegeben werden, welches Attribute genauer beschreibt und diese gruppiert (siehe Kapitel 10.3.4). Stereotypen werden in Kapitel 10.13.1 behandelt.

10.3.2.3 Eigenschaften von Attributen

Außer dem Namen kann man für ein Attribut in der visuellen Darstellung beispielsweise festlegen:

- Sichtbarkeit,
- Gültigkeitsbereich,
- Typ,
- Multiplizität,
- Anfangswert und
- durch Eigenschaftsstrings definierbare, zusätzliche Eigenschaften.

Name von Attributen

Ein Attribut beginnt nach UML mit einem Kleinbuchstaben [Sup11, S.53]. Zumeist sind in der Praxis die Namen der Attribute kurze Substantive (Nomen) oder Nominalphrasen. Eine Nominalphrase kann beispielsweise durch ein Adjektiv erweitert sein. Dabei zählt ein Partizip Perfekt auch zu den Adjektiven. Oftmals wird in einem Projekt die Konvention getroffen, dass jedes Wort eines zusammengesetzten Worts mit einem Großbuchstaben beginnt, ausgenommen das erste Wort wie im Falle des Beispiel-Attributs `lackiertesBlech` (Camel Case-Konvention). Solche Konventionen sind

---

[102] Guillemets sind französische Anführungszeichen der Form «   ».

wechselseitige Vereinbarungen der Projektmitarbeiter. Sie werden nicht durch UML festgelegt.

Sichtbarkeit von Attributen

Für die **Sichtbarkeit** von Attributen gibt es die folgenden Symbole:

- − bedeutet privat (engl. `private`). Nur die eigene Klasse kann auf dieses Attribut zugreifen.
- # bedeutet geschützt (engl. `protected`). Eine Erweiterung der entsprechenden Klasse kann auf deren geschützte Eigenschaften zugreifen.
- ~ bedeutet paketweit (engl. `package`). Nur Klassen aus demselben Paket können auf dieses Attribut zugreifen.
- + bedeutet öffentlich (engl. `public`). Ein solches Attribut ist für jede fremde Klasse sichtbar, solange diese Sicht auf die Klasse hat, die dieses Attribut enthält.

Ein Standardwert bei einer Nichtangabe der Sichtbarkeit wird im UML-Standard nicht erwähnt, obwohl es erlaubt ist, die Sichtbarkeit wegzulassen.

Die Kategorien privat, geschützt und öffentlich sind beispielsweise aus C++ bekannt. Ein **Beispiel** für ein privates Attribut name einer Klasse Person ist:

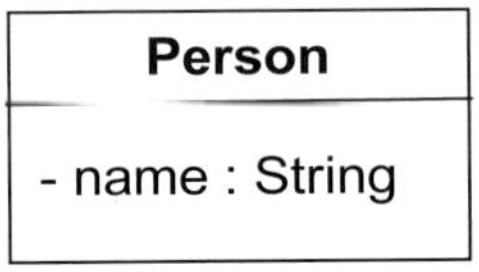

```
┌─────────────────┐
│     Person      │
├─────────────────┤
│ - name : String │
└─────────────────┘
```

Bild 10-6 Beispiel für ein privates Attribut

Die Einträge eines Abschnitts sind in Zeilen angeordnet. Sie können in Gruppen notiert sein. Zu Beginn einer solchen Gruppe steht dann eine Zeile mit einer bestimmten Sichtbarkeit. Die genannte Sichtbarkeit bezieht sich dann auf die ganze Gruppe. Das folgende Bild gibt ein **Beispiel**:

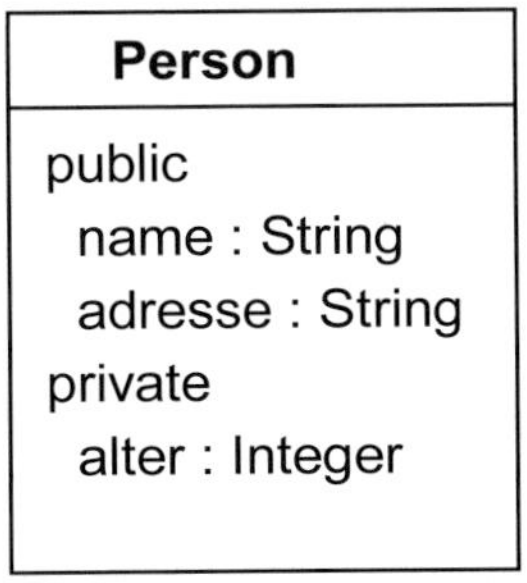

```
┌──────────────────────┐
│       Person         │
├──────────────────────┤
│ public               │
│   name : String      │
│   adresse : String   │
│ private              │
│   alter : Integer    │
└──────────────────────┘
```

Bild 10-7 Gruppierung der Attribute nach Sichtbarkeiten

Gültigkeit von Attributen

Der **Gültigkeitsbereich** eines Attributs ist entweder die Instanz oder die Klasse. Durch Unterstreichen des Attributnamens wird zum Ausdruck gebracht, dass es sich um eine

Klassenvariable (Klassenattribut) handelt. Wird nicht unterstrichen, so liegt eine Instanzvariable vor.

Typ von Attributen

Ein **Typ** legt die Werte der Variablen und insbesondere ihren Wertebereich fest. Ein Typ kann ein einfacher oder ein komplexer (d. h. zusammengesetzter) Datentyp sein. Hierfür steht in UML das Konzept

- der Klasse (siehe Kapitel 10.3) und
- des `DataType` (siehe Kapitel 10.4)

zur Verfügung.

Multiplizität von Attributen

Fehlt eine Multiplizitäts-Angabe, so ist die **Multiplizität** gleich 1. Ansonsten kann die Multiplizität eine `Integer`-Zahl oder ein Wertebereich sein. Tritt an die Stelle der `Integer`-Zahl ein *, so bedeutet das 0 oder mehr. Ein Wertebereich wird in der Form `[untergrenze .. obergrenze]` angegeben, dabei kann die Obergrenze gleich der Untergrenze sein. * als Obergrenze zeigt an, dass die obere Grenze des Wertebereichs beliebig sein kann.

Anfangswert (Initialwert) von Attributen

Die Angabe des **Anfangswertes** ist optional. Wird ein Anfangswert angegeben, so wird dieser verwendet, um bei der Instanziierung eines Objekts dieser Klasse den dem Attribut entsprechenden Slot zu initialisieren. Das Gleichheitszeichen = und der Anfangswert werden weggelassen, wenn es keinen besonderen Anfangswert gibt. Die einzelnen Attributwerte können beliebige Initialwerte annehmen, insofern sie zu ihrem Typ und ihrer Multiplizität konform sind.

Eigenschaftsstring

Mit Eigenschaftsstrings können verschiedene Eigenschaften des Attributs definiert werden. Der Eigenschaftsstring `{readOnly}` zeigt beispielsweise an, dass nur gelesen werden darf. Dies bedeutet, dass nach dem Setzen des Anfangswerts ein Attribut nicht mehr geändert werden darf. Damit kann eine Analogie zu Konstanten in Programmiersprachen hergestellt werden. Ansonsten kann auch geändert werden. `{readOnly}` stellt eine vorgegebene Randbedingung dar. Randbedingungen in geschweiften Klammern werden in Kapitel 10.13.3 beschrieben. Weitere Eigenschaftsstrings sind beispielsweise `{ordered}` und `{unique}`.

10.3.2.4 Attribute in Beziehungsdarstellung

Attribute können auch als Assoziation zwischen der Klasse des Attributes und dem Typ des Attributes betrachtet werden. Solche Attribute können deshalb prinzipiell auch in Form von Beziehungen dargestellt werden. Dies soll zunächst an einem Beispiel gezeigt werden. So hat ein Fachbereich einen Dekan. Dies kann natürlich in der Attributschreibweise dargestellt werden, aber auch in der Beziehungsschreibweise (engl. association notation), wie folgt:

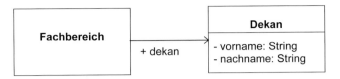

Bild 10-8 Beziehungsdarstellung

Durch diese Schreibweise wird ein Klassendiagramm größer. Die Beziehungsnotation lohnt sich, wenn ein Attribut selbst von einem zusammengesetzten Datentyp ist. An der Beziehung werden der Name des Attributs und die Sichtbarkeit notiert.

10.3.2.5 Abgeleitete Attribute

Der Wert eines abgeleiteten Attributs wird aus den Werten anderer Attribute berechnet. So kann ein Jahresgehalt aus den Monatsgehältern berechnet werden. Zur Kennzeichnung trägt ein abgeleitetes Attribut einen dem Attributnamen vorangestellten Schrägstrich wie z. B. `/Jahresgehalt: float`.

10.3.2.6 Beispiele für Attribute

Hier einige Beispiele:

- Durch `punkt1:Punkt` wird ein Attribut mit dem Namen `punkt1` vom Typ `Punkt` festgelegt.
- `mannschaft:Person[11]`
  Eine Mannschaft besteht aus einem Array von elf Personen.
- Durch `vorname:String[1..2]` wird der Name `vorname` des Attributs, sein Typ und die Multiplizität festgelegt.
- `speicherbausteine:Speicher[2..*]`
  Dies bedeutet: Das Attribut `speicherbausteine` hat 2 oder mehr Instanzen vom Typ `Speicher`.
- Die Unterstreichung `zaehler:int` eines Attributs zeigt an, dass es sich um ein Klassenattribut handelt.

10.3.3 Operationen

UML unterscheidet die Begriffe Operation und Methode. Eine **Operation** spezifiziert einen Dienst, den ein Objekt oder eine Klasse selbst bereitstellt. Eine **Methode** stellt die Implementierung einer Operation dar.

> Eine Operation stellt die Abstraktion einer Methode dar und umfasst die Spezifikation der Methode mit ihren Verträgen.

Liegt keine Verwandtschaft der Klassen vor, so können Operationen mit demselben Kopf in den verschiedenen Klassen durch Methoden mit demselben Kopf, aber verschiedenem Rumpf implementiert werden, da jede Klasse einen eigenen Namensraum darstellt (siehe Kapitel 9.6.1).

In einer Vererbungshierarchie kann es für eine Operation viele verschiedene Methoden geben. Erfolgt die Bindung zur Laufzeit (dynamische Bindung), so wird erst zur Laufzeit entschieden, welche Methode aufgerufen wird (siehe Kapitel 9.6.2).

10.3.3.1 Syntax einer Operation

Eine Operation hat die durch folgenden Textstring definierte Syntax [Sup11, S.110]:

```
[Sichtbarkeit]Operationsname'('[Parameterliste]')'
[':'[Rückgabetyp]['['Multiplizität']']
['{'Eigenschaftsstring[','Eigenschaftsstring]*'}']]
```

Bis auf den Operationsnamen und die runden Klammern ist alles optional.

Übergabeparameter einer Operation

Die Übergabeparameter können bei einer Operation weggelassen werden. Diese Eigenschaft kann z. B. verwendet werden, wenn etwa in der Systemanalyse die Übergabeparameter noch gar nicht bekannt sind. Sind die Parameter jedoch prinzipiell bereits im Projekt bekannt, werden aber weggelassen, so wird gewöhnlich angenommen, dass eine Operation keine Parameter besitzt. Die Übergabeparameter sind nach der folgenden Syntax anzugeben [Sup11, S.111]:

```
[Übergaberichtung]Parametername':'Typ['['Multiplizität']']
['='Vorgabewert]['{'Eigenschaftsstring[','
Eigenschaftsstring]*'}']
```

Es ist möglich, mit `in`, `out` oder `inout` die Richtung des Datenflusses bei einem Übergabeparameter anzugeben. Unterbleibt diese Angabe, so ist die Richtung des Datenflusses gleich `in`. Ferner kann für den Wert eines Übergabeparameters ein Default-Wert angegeben werden. Als Eigenschaftsstring kann wie bereits bei Attributen beispielsweise `{readOnly}`, `{ordered}` oder auch `{unique}` angegeben werden.

Rückgabetyp von Operationen

Der Rückgabetyp ist in UML optional. Fehlt der Rückgabetyp, so kann keine Schlussfolgerung auf die Existenz des Rückgabetyps gezogen werden. Der Typ einer Operation entspricht dem Rückgabetyp.

Eigenschaftsstrings stellen Randbedingungen dar. Diese werden in Kapitel 10.3.3.3 behandelt.

10.3.3.2 Gruppierung von Operationen

Eine Gruppierung kann wie im Falle von Attributen über Stereotypen erfolgen (siehe Kapitel 10.3.4). Stereotypen werden in Kapitel 10.13.1 behandelt.

10.3.3.3 Eigenschaften von Operationen

Außer der Schnittstelle einer Operation mit Namen, Übergabeparametern und Rückgabetyp kann man in der visuellen Darstellung

- die Sichtbarkeit,
- den Gültigkeitsbereich oder
- Randbedingungen

festlegen.

Name einer Operation

Üblicherweise wird die Konvention getroffen, dass es sich bei dem Namen einer Operation um ein **kurzes Verb** oder eine **Verbalphrase**, gefolgt von runden Klammern, handelt. Eine Verbalphrase kann ein grammatikalisches Objekt enthalten. Der erste Buchstabe aller Wörter wird meist konventionsgemäß mit Ausnahme des ersten Buchstabens groß geschrieben wie zum Beispiel bei der Operation `lackiereBlech()`. Diese Konvention findet man häufig, sie wird aber von UML nicht gefordert.

Sichtbarkeit einer Operation

Die Sichtbarkeit einer Operation wird in gleicher Weise spezifiziert wie bei Attributen (siehe Kapitel 10.3.2.3):

- entspricht `private`,
\# entspricht `protected`,
~ entspricht `package` und
+ entspricht `public`.

Hierfür ein Beispiel:

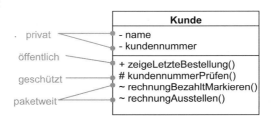

Bild 10-9 Sichtbarkeit von Attributen und Operationen

Ein Standardwert bei einer Nichtangabe der Sichtbarkeit wird im UML-Standard nicht erwähnt, obwohl es erlaubt ist, die Sichtbarkeit wegzulassen.

Gültigkeit einer Operation

Operationen, die zur Klasse gehören (**Klassenoperationen**), werden nach UML unterstrichen. Entweder wird die Signatur[103] unterstrichen oder nur der Name der Operation.

---

[103] Eine Signatur in UML umfasst auch die Parameter und den Rückgabetyp. Siehe Begriffsverzeichnis

Randbedingungen einer Operation

Zusätzlich können bei einer Operation Eigenschaften angegeben werden wie z. B. für die **Nichtänderbarkeit**:

- `getStatus():boolean {query}`
  Die Ausführung einer Operation mit der Eigenschaft **{query}** verändert den Status des Systems nicht, da nur gelesen und nicht geschrieben wird.

Ebenso können die **Nebenläufigkeitseigenschaften** von Operationen bei der Modellierung aktiver Klassen (siehe Kapitel 10.3.7) notiert werden:

- Im Falle von `{sequential}` müssen die **Aufrufer außerhalb des Objekts koordiniert werden**, da die Operation keine parallelen Aufrufe unterstützt. Es muss also sichergestellt werden, dass zur selben Zeit sich stets nur ein einziger Kontrollfluss im Objekt befindet. Wird diese Eigenschaft verletzt und kommt es zu mehreren Kontrollflüssen im Objekt, so können Semantik und Integrität des Objekts nicht gewährleistet werden.
- Im Falle der Eigenschaft `{guarded}` sind mehrere Kontrollflüsse von außen über das Objekt möglich, d. h., dass parallele Aufrufe erlaubt sind. Dabei wird ein Aufruf nach dem anderen bearbeitet, wobei eine **Operation** hierbei als **atomar** betrachtet wird. Damit kann zur selben Zeit nur eine einzige Operation ablaufen. Ein **Monitor des Objekts** sorgt dafür, dass alle bewachten (guarded) Operationen serialisiert werden. Kommt ein Aufruf während der Abarbeitung einer Operation, so wird er blockiert, bis die laufende Operation fertig ist.
- Im Falle von `{concurrent}` – auf Deutsch nebenläufig – können **mehrere Kontrollflüsse** gleichzeitig über das Objekt gehen.

Gibt es gleichzeitig zu den nebenläufigen (`{concurrent}`) Operationen noch sequenzielle (`{sequential}`) oder bewachte (`{guarded}`) Operationen, so müssen die nebenläufigen Operationen so entworfen werden, dass sie sich auch in solchen Fällen korrekt verhalten [Boo06, S. 162].

`{abstract}` bedeutet, dass die Operation abstrakt ist. Statt der Verwendung von `{abstract}` kann die Signatur auch kursiv geschrieben werden. Darf eine Operation in einer Unterklasse nicht überschrieben werden, so wird sie mit **{leaf}** gekennzeichnet.

Auf weitere standardmäßige Randbedingungen soll an dieser Stelle nicht eingegangen werden.

10.3.3.4 Beispiele für eine Operation

Hier drei Beispiele:

- `operation (x:int, s:String)`
  Hier wird der Name der Operation und der Name und Typ der Übergabeparameter angegeben.

Objektorientierte Notation mit UML – eine Einführung 307

- `getX():int`
  Hier wird der Name der Operation und deren Rückgabetyp spezifiziert. Die Parameterliste ist leer oder die Parameter werden nicht angegeben.

- `+ durchmesserErmitteln():float`
  Die Operation `durchmesserErmitteln()` hat die Sichtbarkeit `public` und keine Übergabeparameter bzw. die Übergabeparameter sind nicht angegeben, da die Klammern leer sind. Sie gibt einen Wert vom Typ `float` zurück.

10.3.4 Gruppierung von Attributen und Operationen

Die textuelle Spezifikation einer Klasse muss für eine Codegenerierung vollständig sein, nicht aber die grafische Darstellung. In vielen Fällen ist es auf Grund der gegebenen Komplexität auch gar nicht möglich, alle Attribute und Operationen im grafischen Symbol einer Klasse darzustellen.

> Enthält eine Klasse sehr viele Attribute oder Operationen, können diese **durch** selbst geschriebene **Stereotypen kategorisiert** werden, indem man vor jede Gruppe eine beschreibende Kategorie als Präfix in Form eines Stereotyps mit Guillemets «...» voranstellt.

Die Listen dieser Kategorien müssen nicht vollständig sein.

> Um anzuzeigen, dass nicht alle Operationen oder Attribute einer Liste aufgeführt wurden, verwendet man drei Punkte als **Auslassungssymbol** am Ende einer Liste.

Stereotypen als eine gezielte Erweiterung von UML werden in Kapitel 10.13.1 behandelt. Hier ein Beispiel für die Verwendung von Stereotypen:

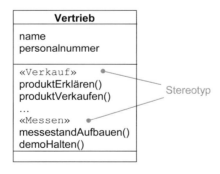

Bild 10-10 Stereotypen für Operationen

10.3.5 Verantwortlichkeiten

Bei einer Verantwortlichkeit (siehe auch Kapitel 12.8.2) handelt es sich um einen Vertrag bzw. eine Verpflichtung einer Klasse.

> Verantwortlichkeiten können in einem eigenen Zusatzbereich unten im Klassensymbol eingefügt werden.

Verantwortlichkeiten werden als freier Text in einem Satz oder kurzen Absatz formuliert (siehe Bild 10-11).

```
| Vertrieb              |
|-----------------------|
| Verantwortlichkeiten  |
| -- Umsatz machen      |
| -- Werbung machen     |
```

Bild 10-11 Klasse mit Verantwortlichkeiten

Die Verantwortlichkeiten eines Systems sollten grundsätzlich möglichst gleichmäßig auf alle Klassen verteilt werden. Wenn eine Klasse zu viele Verantwortlichkeiten besitzt, kann sie in kleinere Abstraktionen unterteilt werden.

10.3.6 Formale Beschreibung einer Klasse

Will man Code aus dem Modell generieren, so muss das Modell formal sein. Für die Kommunikation mit den Anwendern reicht ein weniger formales Modell. So kann man für eine Klasse zunächst nur die Verantwortlichkeiten in Textform spezifizieren und in der rein formalen Definition der Vor- und Nachbedingungen und Invarianten in der formalen Sprache OCL (Object Constraint Language) [Ocl10] enden.

10.3.7 Aktive Klassen

Instanzen einer aktiven Klasse haben einen eigenen Kontrollfluss. Während früher eine aktive Klasse durch das Symbol einer Klasse mit einem besonders dicken Rahmen dargestellt wurde, ist seit UML 2.0 der Rahmen in gleicher Stärke wie bei einer normalen Klasse. Dafür hat eine aktive Klasse nun aber eine doppelte Linie an der linken und rechten Seite[104]. Sonst haben aktive Klassen dieselben Eigenschaften wie einfache Klassen und können an den gleichen Beziehungen teilnehmen. Das folgende Bild zeigt die Darstellung einer aktiven Klasse seit UML 2.0:

Bild 10-12 Aktive Klasse

---

[104] Es ist auch möglich, das Symbol für eine normale Klasse mit der Einschränkung {active} unter dem Klassennamen zu verwenden.

Aktive Klassen stellen parallele Einheiten (**Prozesse**) dar. Die parallelen Prozesse können die Form von Betriebssystem-Prozessen oder Threads annehmen. Damit beschreiben Klassendiagramme mit aktiven Klassen eine statische **Prozesssicht**.

Wird eine aktive Klasse instanziiert, entsteht ein **aktives Objekt**. Ein aktives Objekt wiederum enthält einen oder mehrere **Betriebssystem-Prozesse** oder **Threads**. Ein Betriebssystem-Prozess ist ein schwergewichtiger[105] Fluss, der zu anderen Betriebssystem-Prozessen nebenläufig ausgeführt werden kann. Ein Thread ist ein leichtgewichtiger Fluss, der nebenläufig zu anderen Threads im selben Betriebssystem-Prozess ablaufen kann. Im Unterschied zu einem rein sequenziellen System gibt es in einem nebenläufigen System mehr als einen einzigen Kontrollfluss. Jeder dieser Kontrollflüsse beginnt am Anfang eines unabhängigen Betriebssystem-Prozesses oder Threads.

10.3.8 Geschachtelte Klassen

Eine **geschachtelte Klasse** wird innerhalb einer sogenannten strukturierten Klasse definiert und gehört zum Namensraum der **einschließenden strukturierten Klasse** (siehe Kapitel 10.10.2). Geschachtelte Klassen haben eine auf die äußere strukturierte Klasse eingeschränkte Sichtbarkeit. Die Sichtbarkeit eines geschachtelten Classifiers ist damit auf den Namensraum der einhüllenden Klasse begrenzt. UML 2 kennt keine spezielle Notation für das Symbol einer geschachtelten Klasse. [Hit05, S. 62] empfiehlt die folgende Darstellung:

Bild 10-13 Geschachtelte Klasse

10.4 DataType, Aufzählungstyp und primitive Typen

Die Begriffe Klasse und DataType sind nicht identisch. Ein **DataType** ist ähnlich einer Klasse mit dem Unterschied, dass seine Instanzen nur durch ihren Wert identifiziert werden. Das bedeutet, dass die Instanzen eines DataType **keine Identität** wie die Instanzen einer Klasse haben. Ein jedes Objekt einer Klasse ist von einem anderen Objekt verschieden und hat stets seine eigene Identität. Objekte, die zufälligerweise dieselben Werte der Attribute haben, sind dennoch verschieden und haben ihre eigene Identität. Von einem DataType kann es aber nicht verschiedene Exemplare mit denselben Werten der Attribute geben, da es bei einem DataType keine eigene Identität gibt.

Instanzen eines DataType sind damit nur Werte und **keine Objekte**. Wenn also beispielsweise eine 3 mehrfach in einem Modell auftritt, ist es stets derselbe Wert. Zwei Objekte mit gleichem Inhalt sind verschieden, zwei gleiche Zahlen aber nicht. Ein

---

[105] Eine schwergewichtige Einheit ist eine Einheit für das Memory Management und Scheduling. Eine leichtgewichtige Einheit ist nur eine Einheit für das Scheduling.

DataType kann wie eine Klasse Attribute und Operationen haben. Ein DataType kann also auch zusammengesetzt sein. Die Operationen können aber den Wert eines Attributs nicht abändern, da keine Identität besteht. Im Folgenden die Visualisierung eines DataType:

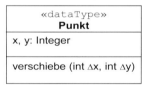

Bild 10-14 Ein DataType

Die Operation `verschiebe (int Δx, int Δy)` hat den Charakter einer Funktion. Es wird zwar ein neuer Wert berechnet, aber kein Attribut verändert [Bor04].

Ein **Aufzählungstyp** und ein **primitiver Typ** sind in UML spezielle Ausprägungen eines **DataType**. Sie werden mit eigenen Schlüsselwörtern modelliert (siehe Bild 10-15 und Bild 10-16).

Ein Aufzählungstyp ist ein DataType, dessen Instanzen den Wert einer der zuvor definierten Aufzählungskonstanten annehmen können [Sup11, S. 70]. Hier die Modellierung eines Aufzählungstyps:

```
«enumeration»
Geschlecht
männlich
weiblich
istMännlich()
```

Bild 10-15 Aufzählungstyp

Der zweite Abschnitt in Bild 10-15 enthält hier die Aufzählungskonstanten. Wie im Bild zu sehen ist, kann der Aufzählungstyp auch Operationen enthalten [Sup11, S. 70].

Ein **primitiver** DataType ist nicht strukturiert. Ein primitiver Typ hat weder zusätzliche Attribute noch Operationen [Sup11, S. 127]. Ein **primitiver Typ** wird als Klasse mit dem Schlüsselwort «primitive» über oder vor dem Namen des primitiven Typs notiert. Primitive Typen können selbst definiert werden, wenn z. B. ein primitiver Typ einer Programmiersprache modelliert werden soll. Ein primitiver Typ kann nach UML standardgemäß die Ausprägung:

- `Boolean` (mit den Werten `true` und `false`),
- `String` (beliebige Zeichenketten),
- `Integer` (ganze Zahlen) oder
- `UnlimitedNatural` (natürliche Zahlen)

annehmen.

Das folgende Bild zeigt diese standardmäßig vorhandenen Typen:

«primitive» **Boolean**	«primitive» **String**	«primitive» **Integer**	«primitive» **UnlimitedNatural**

Bild 10-16 Standardmäßig vorhandene primitive Typen

Die Werte sind bis auf `Boolean` unbeschränkt. Die Arithmetik eines Typs ist nicht in UML definiert. Dies bedeutet, dass beispielsweise die Addition oder Subtraktion von ganzen Zahlen nicht als Operation eines primitiven Typs beschrieben wird, sondern außerhalb von UML bereitsteht [Sup11, S. 127].

«`dataType`»[106], «`primitive`» und «`enumeration`» sind Schlüsselwörter und keine Stereotypen[107].

10.5 Statische Beziehungen

In der Regel gibt es nur wenige Klassen, die alleine stehen und ihre Aufgaben isoliert bearbeiten.

> Der Normalfall ist, dass **Klassen "soziale Wesen" sind, die miteinander zusammenarbeiten**, um gemeinsam die Wünsche der Anwender zu erfüllen.

Assoziationen, Generalisierungen[108]**, Realisierungen und Abhängigkeiten** sind alles statische Beziehungen auf Klassenebene. Sie werden hauptsächlich in Klassendiagrammen eingesetzt. Auf Objektebene gibt es weder Generalisierungen, noch Realisierungen, jedoch Abhängigkeiten und Instanzen von Assoziationen (sogenannte Links).

Verwendungsbeziehungen sind Abhängigkeiten. Eine Klasse, welche eine andere Klasse benutzt, wird von dieser abhängig. Ändert sich die benutzte Klasse, so kann das Änderungen in der benutzenden Klasse zur Folge haben. Eine Assoziation ist prinzipiell stärker als eine Abhängigkeit.

> Eine **Generalisierung** ist eine **unsymmetrische Beziehung**, da eine Basisklasse gar nicht merkt, dass eine andere Klasse von ihr ableitet.

> Eine **Realisierung** ist ebenfalls **unsymmetrisch**, da derjenige, der den Vertrag vorgibt, gar nicht merkt, dass der Vertrag von einem anderen realisiert wird.

---

[106] Ob es `dataType` oder `datatype` heißt, kann nicht sicher gesagt werden, da der UML-Standard beide Formen enthält.
[107] Siehe Kap. 10.13.1.1
[108] Generalisierungen sind Vererbungsbeziehungen.

> Bei einer Abhängigkeitsbeziehung hängt zwar ein Element von einem anderen ab, aber das unabhängige kennt das abhängige Element gar nicht, d. h., eine **Abhängigkeitsbeziehung** ist ebenfalls eine **unsymmetrische Beziehung**.

> Eine **Assoziation** ist hingegen eine **symmetrische Beziehung**. Jede der an der Assoziation beteiligten Klassen ist in irgendeiner Weise abhängig von der anderen.

Besteht eine Assoziation, so kann man vom Objekt der einen Klasse zu dem Objekt einer anderen Klasse gelangen, was als **"navigieren"** (siehe Kapitel 10.5.2.5) bezeichnet wird. Man kann in beide Richtungen navigieren, wenn man die Navigation nicht explizit durch eine Pfeilspitze an der Assoziation einschränkt. Beim Programmieren **navigiert** man in der Regel zu einem anderen Objekt über **Zeiger** oder **Referenzen**.

> Im Lösungsbereich legt die Navigationsrichtung in der Regel fest, welches Objekt einen Zeiger auf ein anderes Objekt braucht.

> Da im Prinzip alle statischen Beziehungen vom Kern her Abhängigkeiten sind, ist die **Strategie** für das Klassifizieren von Beziehungen, zuallererst die semantisch klar erkennbaren Assoziationen, Generalisierungen und Realisierungen als besondere Abhängigkeiten festzulegen und die anderen Beziehungen dann als Abhängigkeiten darzustellen.

Es gibt noch eine andere Art von Beziehungen, die **dynamischen Beziehungen**.

> **Dynamische Beziehungen** findet man,
> - wenn man den Nachrichtenaustausch zwischen Objekten betrachtet,
> - wenn man **Zustandsübergänge** untersucht und
> - wenn man Abläufe im Aktivitätsdiagramm formuliert.

10.5.1 Generalisierungen

Eine **Generalisierung** ist eine Beziehung, die ausdrückt, dass eine Basisklasse eine abgeleitete Klasse verallgemeinert. Sie ist ein anderes Wort für Vererbungsbeziehung. Generalisierung bedeutet, dass ein Objekt einer Unterklasse an die Stelle eines Objekts einer Oberklasse treten kann. Generalisierung hat noch eine zweite Bedeutung bei der Vererbung: In einer Vererbungshierarchie werden nach oben die allgemeineren Klassen eingeordnet und nach unten die spezielleren. In anderen Worten, in der Hierarchie geht nach oben die Generalisierung und nach unten die Spezialisierung

Objektorientierte Notation mit UML – eine Einführung

Bei einer Generalisierung übernimmt die abgeleitete Klasse Attribute und Operationen der Basisklasse und kann diesen noch eigene Attribute und Operationen hinzufügen. Eine abgeleitete Klasse ist eine **Spezialisierung** einer Basisklasse. So beschreibt eine Klasse Student, die von der Klasse Person abgeleitet wird, eine spezielle Person, die als Student an einer Hochschule eingeschrieben ist. Eine abgeleitete Klasse stellt einen eigenen Typ dar, der oft als Subtyp bezeichnet wird. Objekte der abgeleiteten Klasse sind von diesem Subtyp, sind aber gleichzeitig auch vom Typ der Basisklasse. So tritt ein Student nur an der Hochschule als Student auf oder wenn er als Student eine Fahrkarte oder ein Zeitungsabonnement billiger bekommt. Ansonsten tritt der Student im Alltag als normale Person auf.

Eine Generalisierung wird dargestellt durch eine durchgezogene Linie mit einer großen unausgefüllten Dreiecks-Pfeilspitze (siehe das folgende Bild). Eine Generalisierung wird folgendermaßen gezeichnet:

Bild 10-17 Eine Generalisierungsbeziehung

Die Pfeilspitze zeigt auf die Basisklasse.

Eine Generalisierung wird auch als "Is-a"-Beziehung bezeichnet. So ist ein Student eine Person. In der Regel trägt eine Generalisierung keinen Namen.

Eine abgeleitete Klasse kann die gleichen[109] Operationen, die von der Basisklasse übernommen wurden, neu implementieren. Diese Implementierung hat dann Vorrang vor der Implementierung in der Basisklasse.

Wenn eine Klasse nur eine einzige direkte Oberklasse besitzt, spricht man von **einfacher Vererbung**. Bei der **mehrfachen Vererbung** (siehe Kapitel 9.5) besitzt eine Klasse zwei oder mehrere direkte Oberklassen. Mehrfachvererbung sollte aber aus Gründen der Übersicht sehr sparsam eingesetzt werden. Die mehrfache Vererbung kann bei Java beispielsweise nicht verwendet werden.

Wird eine Vererbungshierarchie dargestellt, so kann man – wenn nicht ausdrücklich eine andere Aussage gemacht wird – davon ausgehen, dass die Vererbungshierarchie unvollständig dargestellt wird. Durch die Randbedingung {incomplete} legt man explizit fest, dass nicht alle Subklassen in der Generalisierung spezifiziert worden sind, und durch {complete}, dass alle Subklassen spezifiziert worden sind, auch wenn einige in der Darstellung ausgeblendet sind.

Generalisierungen findet man nicht nur bei Klassen. In UML und Java gibt es eine Generalisierung auch bei Schnittstellen und in UML beispielsweise auch bei Anwendungsfällen und Akteuren.

---

[109] Wenn der Name, die Reihenfolge und die Typen der Übergabeparameter übereinstimmen, handelt es sich um die gleiche Operation. Da der Rückgabetyp vom Programm nicht abgeholt zu werden braucht, kann der Rückgabetyp nicht zur Unterscheidung herangezogen werden.

10.5.2 Assoziationen

Eine **Assoziation** beschreibt Verbindungen zwischen Klassen, die in der Regel für eine längere Zeit andauern. Eine Assoziation spezifiziert, dass Objekte zweier Klassen zusammenarbeiten. Assoziationen werden grafisch durch eine durchgezogene Linie dargestellt.

Es gibt binäre, ternäre und Assoziationen von höherer Ordnung. Mehrgliedrige Assoziationen beinhalten dabei drei oder mehr Klassen. Binäre Assoziationen sind am leichtesten zu verstehen. Sie werden in UML durch eine einfache Linie zwischen den beteiligten Klassen dargestellt. Ternäre Assoziationen können nicht ohne Informationsverlust in binäre Assoziationen aufgebrochen werden. Das Symbol für eine allgemeine ternäre und n-äre Assoziation ist eine Raute, von der Linien ausgehen, welche die in Beziehung stehenden Klassen verbinden, wie in folgendem Beispiel einer ternären Assoziation gezeigt wird:

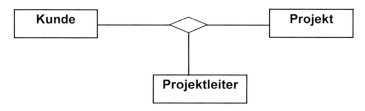

Bild 10-18 Ternäre Assoziation

Es muss nicht notwendigerweise sein, dass die Objekte, die zu einer Verknüpfung gehören, von verschiedenen Klassen sind. Sie können auch dieselbe Klasse besitzen. Dies bedeutet, dass ein Objekt einer Klasse mit einem anderen Objekt derselben Klasse zusammenarbeitet und dass man von einem Objekt zum anderen kommen kann (**reflexive Assoziation**) wie in folgendem Beispiel:

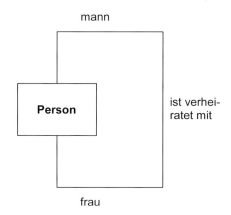

Bild 10-19 Beispiel für eine reflexive Assoziation

Das Beispiel in Bild 10-19 ist wie folgt zu lesen: Eine Frau ist mit einem Mann verheiratet bzw. ein Mann ist mit einer Frau verheiratet. Dabei wurde bereits ein Vorgriff auf

Endnamen (**Rollen**) vorgenommen. Endnamen bzw. Rollen werden in diesem Kapitel noch erklärt.

Assoziationen werden beispielsweise in Klassendiagrammen dargestellt und können auch Instanzen besitzen. Im Objektdiagramm werden die Instanzen dieser Assoziationen als sogenannte **Verknüpfungen** oder **Links** zwischen Instanzen von Klassen abgebildet. Das heißt, eine Assoziation verbindet Klassen bzw. Abstraktionen und eine Verknüpfung verbindet Objekte bzw. Instanzen. Assoziation und Verknüpfung werden durch eine einfache, durchgezogene Linie dargestellt.

Beispiel:

Bild 10-20 Assoziation

Wenn ein Objekt einer Klasse nicht nur als Übergabeparameter für die Methode einer anderen Klasse auftritt, wird die Zusammenarbeit der beiden Klassen als Assoziation modelliert.

Man verwendet Assoziationen meist, um binäre **strukturelle Beziehungen** zwischen gleichberechtigten Klassen anzugeben.

Dies bedeutet, dass vom Konzept her beide Klassen auf derselben Stufe stehen und dass beide Klassen gleich wichtig sind.

Es gibt vier grundlegende **Zusätze für Assoziationen**:

- Name der Assoziation (siehe Kapitel 10.5.2.1),
- Endnamen (Rollen) am Ende der Assoziation (siehe Kapitel 10.5.2.2),
- Multiplizitäten an beiden Enden (siehe Kapitel 10.5.2.3) und
- die Aggregation bzw. Komposition (siehe Kapitel 10.5.2.4).

Weitere Eigenschaften einer Assoziation sind:

- Navigation (siehe Kapitel 10.5.2.5),
- Sichtbarkeit (siehe Kapitel 10.5.2.6),
- Qualifikation (siehe Kapitel 10.5.2.7),
- Assoziationsklassen (siehe Kapitel 10.5.2.8) und
- Randbedingungen (siehe Kapitel 10.5.2.9).

Alle diese Eigenschaften werden im Folgenden erläutert.

10.5.2.1 Namen einer Assoziation

Eine Assoziation kann einen Namen besitzen, der sich dazu verwenden lässt, die Art der Beziehung zwischen den verbundenen Elementen zu beschreiben. Zur Notation macht die UML-Spezifikation an dieser Stelle keine Vorgaben. Als Konvention wird jedoch empfohlen, hierfür ein Verb zu verwenden. Ein Beispiel ist in folgendem Bild zu sehen:

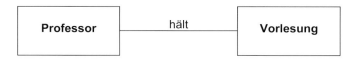

Bild 10-21 Assoziation mit einem Namen

Wenn ein Klassenpaar nur eine einzige Assoziation besitzt, deren Bedeutung auf der Hand liegt, muss die Assoziation nicht benannt werden. Werden Endnamen verwendet, so entfällt üblicherweise der Name der Assoziation, es sei denn, man möchte die Assoziation über einen Namen im Text referenzieren, es trägt zur Klarheit bei oder es hat zu viele Assoziationen im Diagramm. Gibt es mehrere Assoziationen zwischen mehreren Klassen, so sind Namen hilfreich, um diese Assoziationen zu unterscheiden.

Die Klassen sollen im Bild so angeordnet werden, dass die Assoziationen von links nach rechts bzw. von oben nach unten lesbar sind. Weicht man davon ab, so muss man mit einem Lesepfeil die Leserichtung spezifizieren (siehe Bild 10-22).

Ein **Pfeil** beim Assoziationsnamen gibt die **Leserichtung** an. Man darf den Lesepfeil nicht mit der **Navigationsrichtung** verwechseln.

Das nächste Bild zeigt eine reflexive Assoziation mit einer Leserichtung:

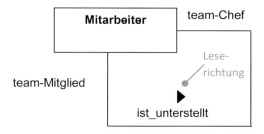

Bild 10-22 Assoziation mit Leserichtung

Die Aussage ist: Ein Mitarbeiter in der Rolle eines Team-Mitglieds ist einem Mitarbeiter in der Rolle eines Team-Chefs unterstellt.

10.5.2.2 Endnamen einer Assoziation

Befindet sich eine Klasse in einer Assoziationsbeziehung, nimmt sie in dieser Beziehung eine bestimmte **Rolle** ein. Für diese Rolle kann ein Name am Endpunkt der Assoziation vergeben werden. Dieser Name wird seit UML 2.0 als Endname bezeichnet. In UML 1 wurde die Bezeichnung **Rollenname** verwendet. Wenn man mit Endnamen (Rollen) arbeitet, so vergibt man – wie bereits erwähnt – in der Regel keinen Namen für eine Assoziation[110]. Hier eine Assoziation mit zwei Endnamen:

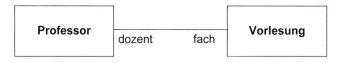

Bild 10-23 Assoziation mit Endnamen[111]

Ist in UML ein Assoziationsende unbeschriftet, so gilt für dieses Ende als impliziter Endname der Name der dazugehörigen Klasse.

> Ein **Endname** bzw. eine **Rolle** hat **letztendlich** etwas mit einer **Schnittstelle** zu tun. Zeigt sich ein Objekt einem anderen gegenüber in einer bestimmten Rolle, so kann man dies beim Entwurf dadurch realisieren, dass die Klasse dieses Objekts eine **Schnittstelle implementiert**, welche das Verhalten der Rolle zum Ausdruck bringt.

Im Beispiel von Bild 10-23 bedeutet dies, dass im Entwurf eine Schnittstelle `Dozent` eingeführt wird, die von der Klasse `Professor` realisiert werden muss, ebenso eine Schnittstelle `Fach` für die Klasse `Vorlesung`. Zur näheren Erläuterung der Verwendung von Schnittstellen wird auf Kapitel 10.8.1 verwiesen.

10.5.2.3 Multiplizitäten einer Assoziation

Über die Multiplizitäten einer Assoziation kann festgelegt werden, wie viele Objekte über eine Instanz der Assoziation verbunden werden dürfen. Bei der Multiplizität kann ein Mindest- und ein Höchstwert angegeben werden, wobei diese beiden Werte auch gleich sein dürfen. Fehlt die Angabe der Multiplizität, so ist sie gleich 1 bzw. 1..1. Das folgende Bild zeigt die Darstellung einer Assoziation:

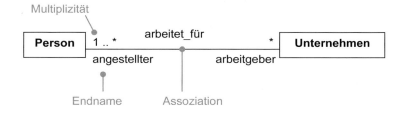

Bild 10-24 Assoziation, Assoziationsname, Endnamen und Multiplizität

---

[110] Wie [Sup11, S. 91] zeigt, werden Endnamen einer Assoziation klein geschrieben.
[111] Endnamen (Rollennamen) werden generell klein geschrieben [Sup11, S.18].

Dieses Bild zeigt, dass eine Person für mehrere (*) Unternehmen arbeitet und dass für ein Unternehmen eine oder viele Personen arbeiten können.

Fehlt die Obergrenze, so bedeutet * "null bis unendlich". Existiert eine Untergrenze, so bedeutet * für die Obergrenze "unendlich".

Es ist auch möglich, für Multiplizitäten Listen zu spezifizieren wie z. B. 0..1, 4..6, 8..*, was jede beliebige Zahl außer 2, 3 und 7 bedeutet.

10.5.2.4 Aggregation und Komposition bei einer Assoziation

Die Aggregation (siehe Bild 10-25) ist eine stärkere Ausprägung einer Assoziation. Auf ein "Klein"-Objekt können mehrere "Groß"-Objekte zeigen. Ein "Groß"-Objekt ist von seinen "Klein"-Objekten unabhängig und umgekehrt.

Die **nicht ausgefüllte Raute** steht an dem Beziehungsende, das dem Besitzer zugewandt ist. Die Aggregation hat grundsätzlich keinen Einfluss auf die Navigationsrichtung. In der Praxis wird jedoch die Navigierbarkeit meist vom "Groß"-Objekt zum "Klein"-Objekt und nicht umgekehrt festgelegt.

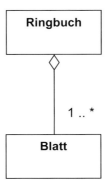

Bild 10-25 Beispiel für eine Aggregation

Man könnte auch versuchen, ohne Aggregationszusätze zu arbeiten. Dann wüsste man jedoch nur, dass beispielsweise ein Objekt mit mehreren anderen Objekten in Beziehung steht. Die Aussage, dass ein Objekt zu einem anderen gehört, wäre aber nicht erkennbar.

Die **Komposition** ist eine Sonderform der Assoziation, die eine enge "ist Teil von"-Beziehung zum Ausdruck bringt. Die Komposition als eine sehr starke Beziehung charakterisiert den **exklusiven Besitz** eines "Klein"-Objekts durch ein "Groß"-Objekt. Ein Teil kann zu einem bestimmten Zeitpunkt stets nur einem einzigen Ganzen angehören. Ein "Klein"-Objekt kann also im Falle der Komposition nur Teil eines einzigen "Groß"-Objekts sein. Im Falle einer Aggregation, die mit Zeigern oder Referenzen arbeitet, kann ein "Klein"-Objekt hingegen mehreren "Groß"-Objekten zugeordnet sein.

In anderen Worten, im Falle einer Aggregation können mehrere "Groß"-Objekte auf dasselbe "Klein"-Objekt zeigen.

Die **ausgefüllte Raute** wird für eine Kompositionsbeziehung verwendet und unterscheidet das "Ganze" vom "Teil". Die Komposition ist eine deutlich stärkere Form der Beziehung als die Aggregation.

> Bei einer **Aggregation** kann das "Klein"-Objekt eine andere Lebensdauer haben als das aggregierende "Groß"-Objekt. Bei einer **Komposition** sind "Groß"- und "Klein"-Objekt fest verschraubt, d. h., die Lebensdauer des Ganzen ist identisch zur Lebensdauer des Teils.

Bild 10-26 zeigt als Beispiel einer Komposition ein gebundenes Buch, das viele Blätter enthält :

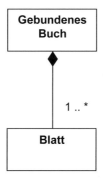

Bild 10-26 Beispiel für eine Komposition

> Bei einer **Komposition** muss das **"Groß"-Objekt** den **Life-Cycle der "Klein"-Objekte managen**. Es hat die Verantwortung für die Erzeugung und Zerstörung seiner Teile.

Bei der Komposition bilden "Groß"-Objekt und "Klein"-Objekte eine Einheit. Daher vergibt man die Zugriffsrechte in der Regel in gleicher Form für das Ganze und für die Teile, was dazu führt, dass man im Falle eines Zugriffs in beide Richtungen, d. h vom Ganzen zum Teil und vom Teil zum Ganzen navigieren kann.

Die **Komposition** kann seit UML 2.0 alternativ auch als **strukturierte Klasse** (siehe Kapitel 10.3.8) modelliert werden, da seit UML 2.0 das Konzept der strukturierten Klasse existiert.

> Die **Formulierung als Schachtelung** betont, dass Beziehungen zwischen den Teilen nur im Kontext des Ganzen bestehen. Diese Ausdruckskraft hat die ausgefüllte Raute nicht.

10.5.2.5 Navigation

Man kann von einem Objekt an einem Ende der Assoziation zu dem Objekt am anderen Ende der Assoziation gelangen bzw. navigieren. Wenn man in beide Richtungen navigieren kann, verwendet man in der Regel keine Pfeile. Eine Assoziation zwischen zwei Klassen (binäre Assoziation) ist ohne die Angabe von weiteren Details **bidirektional** oder **unspezifiziert**. Entscheidet man sich also für die Variante ganz ohne Pfeil, so kann dies also zweideutig sein. Wenn man ein Klassendiagramm der konzeptionellen Sicht der Systemanalyse aufstellt, hat man das Ziel, die Klassen des Problembereichs zu finden. Hier sind Beziehungen von unspezifizierter und damit unbekannter Navigierbarkeit zunächst vollkommen ausreichend.

Wenn man die **Navigation** (**Navigierbarkeit**) auf eine Richtung **einschränken** möchte, so versieht man die Assoziation mit einem Pfeil, der in Richtung der Benutzung zeigt. Die Navigation ist eine Angabe, dass man von einem Objekt an einem Ende der Assoziation direkt und auf leichte Weise zu einem Objekt am anderen Ende der Assoziation kommen kann. Ist eine Navigation zu einem Element nicht möglich, so wird dies durch ein `X` an dem betreffenden Element notiert, wie in folgendem Beispiel gezeigt wird:

Bild 10-27 Kennzeichnung der Assoziation mit der Navigierbarkeit in einer Richtung

So kann man in diesem Beispiel wohl von der Person zum Gehalt kommen, aber nicht vom Gehalt zur Person gelangen.

Binäre Assoziationen können also **bidirektional**, **unidirektional** oder **von unspezifizierter Navigierbarkeit** sein.

> Umgesetzt wird die **Navigation** üblicherweise durch eine **Referenz des Quellobjekts auf das Zielobjekt**.

10.5.2.6 Sichtbarkeit bei Assoziationen

Versieht man eine Klasse in einer Assoziation mit der **Sichtbarkeit** `private`, so bedeutet dies, dass auf ein Objekt dieser Klasse nur von Objekten am anderen Ende der Assoziation zugegriffen werden kann. Objekte, die nicht der Assoziation angehören, haben keinen Zugriff auf ein so geschütztes Objekt. Dies wird in Bild 10-28 gezeigt. Hier sehen die Kollegen den Mitarbeiter und ein Mitarbeiter sieht die Kollegen. Die Kollegen sehen aber nicht das Passwort eines Mitarbeiters, da dessen Sichtbarkeit durch `private` (-) auf die entsprechende Assoziation eingeschränkt ist:

Objektorientierte Notation mit UML – eine Einführung

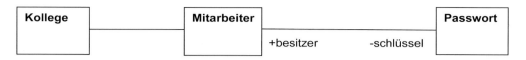

Bild 10-28 Beispiel für die Einschränkung der Sichtbarkeit

Objekte innerhalb der Assoziation haben unabhängig von ihrer Sichtbarkeit Zugriff auf das Objekt.

Private Sichtbarkeit (−) zeigt an, dass Objekte außerhalb der Assoziation nicht auf private Objekte der Assoziation zugreifen können.

Geschützte Sichtbarkeit (#) bedeutet, dass Objekte außerhalb der Assoziation in der Regel nicht auf geschützte Objekte der Assoziation zugreifen können. Sie müssen, um zugreifen zu können, vom Typ einer Unterklasse des geschützten Objekts sein.

Paket-Sichtbarkeit (~) bedeutet, dass nur diejenigen Objekte, die im selben Paket wie das mit Paket-Sichtbarkeit markierte Objekt liegen, von außerhalb der Assoziation Zugriff auf das Objekt erhalten.

Wenn kein Sichtbarkeitssymbol angegeben wird, ist der Zugriff **öffentlich** (+). Damit können andere Objekte problemlos zugreifen.

Ob diese Sichtbarkeiten in der jeweiligen Programmiersprache umgesetzt werden können, ist ein anderer Punkt. Zugriffsschutz wird beispielsweise in Java über Pakete realisiert. Steckt man in Java eine Klasse in ein anderes Paket und deklariert sie dort als `private`, so kann auf sie von außen nicht zugegriffen werden.

10.5.2.7 Qualifikation

Mit der Qualifikation bzw. Qualifizierung (siehe auch Bild 10-30) wird ein Objekt oder eine Menge von Objekten in einer Assoziation mit Hilfe eines ein- oder mehrdeutigen Schlüsselattributs ermittelt. Eine Qualifizierung qualifiziert ein Zielelement bzw. die Zielelemente – das Objekt oder die Objekte der an der Beziehung teilnehmenden und gegenüberliegenden Klasse – näher.

Eine Qualifikation ist ein sogenanntes **Assoziationsattribut** (siehe Kapitel 10.5.2.8). Ohne eine Qualifikation zu nutzen, kann man beispielsweise modellieren, dass eine Reinigungskraft für null oder mehrere Firmen reinigt:

Bild 10-29 Multiplizität einer Assoziation

Man kann aber auch, was präziser ist, modellieren, dass Firma und Personalnummer zusammen eindeutig eine Reinigungskraft identifizieren:

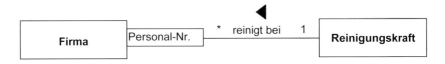

Bild 10-30 Qualifikation mit eindeutigem Ergebnis

Die Qualifikation `Personal-Nr.` gehört nicht zur Klasse `Reinigungskraft`, denn eine Reinigungskraft kann verschiedene Personalnummern haben und für mehrere Firmen reinigen. Personalnummer als Qualifikation gehört zur Assoziation und charakterisiert diese als Assoziationsattribut.

Eine Qualifikation spaltet eine Menge verknüpfter Objekte in disjunkte Teilmengen auf. Das folgende Beispiel zeigt eine Qualifikation und mögliche Teilmengen, die teils aus einem, teils aus mehreren Objekten bestehen:

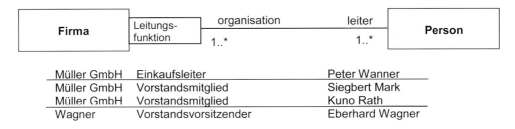

Bild 10-31 Qualifikation mit einer Menge als Ergebnis

10.5.2.8 Assoziationsklassen

Bei einer **Assoziationsklasse** verfügt eine Assoziation über Merkmale einer Klasse. Man kann sie aber auch als Klasse sehen, die über Merkmale einer Assoziation verfügt. Hier ein Beispiel für eine Assoziationsklasse `Kauf`:

Objektorientierte Notation mit UML – eine Einführung 323

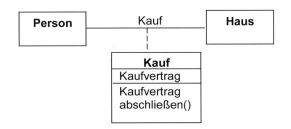

Bild 10-32 Beispiel für eine Assoziationsklasse

Der Name kann an der Assoziation angeschrieben werden, im Klassensymbol der Assoziation oder an beiden. Die Namen müssen aber nach UML identisch sein, wenn beide angeschrieben werden. Typisch ist, dass die Assoziationsklasse wegfällt, wenn die Assoziation gestrichen wird. Eine Assoziationsklasse gehört also zur Assoziation und beschreibt diese näher. Bei verknüpften Instanzen redet man von einem **Verknüpfungs-** oder **Link-Objekt**.

Enthält eine Assoziationsklasse keine Operationen, so spricht man von einem **Assoziationsattribut**.

Assoziationsklassen werden beim Entwurf einer 1:1-Beziehung einer der beiden miteinander verbundenen Klassen zugeteilt. Kauft als Beispiel eine Person genau ein Haus, so kann man den Kaufvertrag in der Klasse `Person` oder `Haus` unterbringen. Kauft eine Person n Häuser, so wird man den Kaufvertrag in der Klasse mit n Objekten unterbringen, also bei der Klasse `Haus`. Damit hat jedes Haus seinen eigenen Kaufvertrag. Kaufen m Personen n Häuser, so braucht man beim Entwurf eine Klasse `Häuser_pro_Personenkreis`. Ein Objekt dieser Klasse enthält den Kaufvertrag und referenziert eine Personengruppe sowie die Häuser, die diese Personengruppe kauft.

Damit gibt es im Entwurf keine Assoziationsklassen mehr.

> Eine **Assoziationsklasse kann nicht mit mehr als einer Assoziation verbunden werden**, da die Assoziationsklasse die Assoziation selbst ist.

Um die Eigenschaften einer Assoziationsklasse mit mehr als einer Assoziation zu verbinden, geht man beispielsweise folgendermaßen vor: Man definiert eine Klasse und leitet davon Subklassen ab. Eine jede dieser Klassen wird zur Assoziationsklasse einer bestimmten Assoziation. Damit hat jede Assoziationsklasse an einer Assoziation die gewünschten Eigenschaften. Ein anderer Weg wäre, die gewünschte Klasse als Attribut jeweils in die Assoziationsklassen einzubringen.

10.5.2.9 Spezielle Randbedingungen

Die Randbedingung `{ordered}` legt fest, dass die Objekte an einem Ende der Assoziation geordnet sind. Die Randbedingung `{set}` bedeutet, dass die Objekte auf der einen Seite der Assoziation alle einzigartig sind und es keine Duplikate gibt. Weitere Einschränkungen sind `{bag}`, `{ordered set}` oder `{sequence}`. Bei einer Einschränkung `{sequence}` sind die Objekte geordnet und können Duplikate haben, bei einer Einschränkung {bag} sind die Objekte nicht geordnet und können Duplikate haben, bei einer Einschränkung {ordered set} haben die Objekte keine Duplikate und es besteht eine Ordnung.

Randbedingungen im Allgemeinen werden in Kapitel 10.13.3 erläutert.

10.5.3 Realisierungen

Eine Realisierungsbeziehung bedeutet, dass ein Element[112] den Vertrag eines anderen Elements erfüllt und damit umsetzt. So kann beispielsweise das Artefakt[113] "Systemanalyse" das Artefakt "Requirements" erfüllen bzw. realisieren. Realisierung bedeutet also nicht automatisch Codierung.

Eine **Implementierungsbeziehung** ist eine spezielle Form einer **Realisierungsbeziehung** und wird auch Schnittstellenrealisierungsbeziehung genannt. Sie kommt nur zwischen der Schnittstelle und dem Classifier vor (engl. InterfaceRealizatiation [Sup11, S.92]). Die Realisierungsbeziehung (engl. realization [Sup11, S.134]) ist etwas abstrakter zu sehen, wobei Realisierung einfach nur als Umsetzung einer Spezifikation verstanden wird.

Eine Implementierungsbeziehung gibt es also bei:

- **Schnittstellen** (siehe Kapitel 10.8) und beispielsweise Klassen bzw. Komponenten, die die Schnittstellen implementieren.

Eine Realisierungsbeziehung gibt es in UML beispielsweise bei:

- **Kollaborationen**, die ein Verhalten wie Operationen oder Anwendungsfälle (siehe Kapitel 11.3.6) implementieren.

Eine Kollaboration von Objekten oder Komponenten realisiert beispielsweise einen **Anwendungsfall**. Die Zusammenarbeit der Objekte oder Komponenten erbringt die Leistung des Anwendungsfalls.

> Eine Realisierungsbeziehung ist eine semantische Beziehung zwischen Classifiern. Der eine Classifier spezifiziert den Vertrag, der andere Classifier garantiert den Vertrag.

Das folgende Bild zeigt die Implementierung einer Schnittstelle durch eine Klasse als ein Beispiel:

---

[112] genauer gesagt: Classifier, siehe Kapitel 10.9
[113] siehe Begriffsverzeichnis

Objektorientierte Notation mit UML – eine Einführung 325

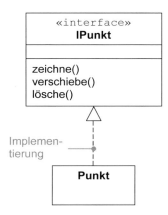

Bild 10-33 Implementierung einer Schnittstelle durch eine Klasse

Eine Implementierung bzw. Realisierung wird dargestellt als eine gerichtete Linie (Pfeil), die eine Mischung aus Generalisierungs- und Abhängigkeitsbeziehung darstellt:

Bild 10-34 Eine Realisierungsbeziehung

Zum einen besteht eine Abhängigkeit von den Verträgen des zu realisierenden Elements und zum anderen findet ähnlich wie bei einer Generalisierung eine Verfeinerung statt. Während bei der Generalisierung (ohne Überschreiben) die Verfeinerung aus einer Erweiterung einer Klasse um zusätzliche Attribute und Methoden besteht, liegt die Verfeinerung bei der Realisierung bzw. Implementierung darin, dass die Rümpfe zu den Köpfen der Operationen hinzugefügt werden.

Eine **Realisierung** ist **unsymmetrisch**. Der Classifier, der den Vertrag vorgibt, merkt gar nicht, dass der Vertrag von einem anderen Classifier realisiert wird.

10.5.4   Abhängigkeiten

Eine Abhängigkeit wird verwendet, wenn ausgesagt werden soll, dass ein Element Dienste oder Informationen eines anderen Elementes verwendet. Hier die Notation für eine Abhängigkeitsbeziehung:

Bild 10-35 Eine Abhängigkeit

Eine Abhängigkeit wird dargestellt durch eine gestrichelte Linie, die eine Richtung (offene Pfeilspitze) hat.

Eine Abhängigkeit kann einen Namen besitzen. Dies ist allerdings nur bei großen Modellen mit sehr vielen Abhängigkeiten erforderlich, um die Abhängigkeiten zu unterscheiden.

Eine Abhängigkeit erhält nur dann einen Namen, wenn es zu viele Abhängigkeiten im Diagramm gibt und durch die Benennung die Unterscheidung der Abhängigkeiten erleichtert wird.

Um verschiedene Abhängigkeiten zu unterscheiden, werden allerdings Stereotypen häufiger als Namen eingesetzt.

Der Begriff **Abhängigkeit** besagt, dass eine **Änderung des Unabhängigen sich auf den Abhängigen auswirkt und nicht umgekehrt**.

Das folgende Bild zeigt, dass die Klasse `Subscriber` von der Klasse `Publisher` abhängt.

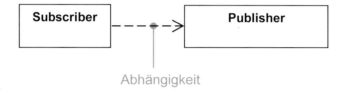

Bild 10-36 Abhängigkeiten zwischen Klassen

Oft werden Abhängigkeiten verwendet, um zu zeigen, dass eine Klasse in einem Methodenaufruf ein Objekt einer anderen Klasse als Parameter hat. Wenn die vollständige Signatur der Methode in einer Klasse spezifiziert ist, so kann man bereits aus der Signatur die Abhängigkeit erkennen und daher kann die Abhängigkeitsbeziehung entfallen. Die Abhängigkeit in folgendem Bild braucht eigentlich keinen Abhängigkeitspfeil und erst recht keinen Namen für die Abhängigkeit. Sie ist bereits aus der Aufrufschnittstelle ersichtlich.

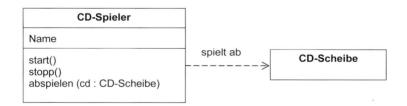

Bild 10-37 Abhängigkeit der Klasse `CD-Spieler` von der Klasse `CD-Scheibe`

Fehlen die Übergabeparameter in der Signatur oder gibt es im Modell noch andere Beziehungen zu der genutzten Klasse, so hilft es, die Abhängigkeiten explizit im Diagramm mit Namen zu versehen, wie im Bild 10-38 zu sehen:

Objektorientierte Notation mit UML – eine Einführung 327

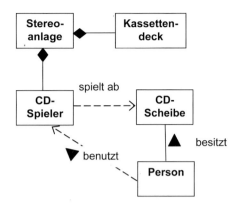

Bild 10-38 Eine Person spielt an ihrer Stereoanlage eine CD ab

Eine Instanz der Klasse `Stereoanlage` enthält eine Instanz der Klasse `CD-Spieler` und `Kassettendeck`. Eine Instanz der Klasse `Person` benutzt eine Instanz der Klasse `CD-Spieler`. Zum Abspielen benutzt ein CD-Spieler eine CD-Scheibe. Geht man in den Entwurf über, so muss man überlegen, wie eine Abhängigkeitsbeziehung realisiert werden soll. Oft genügt eine Referenz in der abhängigen Klasse. So verwendet im folgenden Beispiel die Klasse `Person` eine Referenz auf den CD-Spieler, um ihn zu finden. Diese Referenz soll hier `spieler` heißen und wird in diesem Beispiel als eine Aggregation modelliert. Aufgerufen wird: `spieler.abspielen (CD-Scheibe)`. Dies symbolisiert das folgende Bild:

Bild 10-39 Referenz der Klasse `Person` auf die Klasse `CD-Spieler` beim Entwurf

Eine **Abhängigkeitsbeziehung** hat folgende Bedeutung: Wenn sich beispielsweise die Schnittstelle der Klasse ändert, zu der der Pfeil zeigt, so wirkt sich diese Änderung auch in der benutzenden Einheit (z. B. Klasse, Objekt, Komponente, Paket) aus. Grundsätzlich muss man versuchen, die Anzahl der Abhängigkeitsbeziehungen gering zu halten (**low coupling**), um die Auswirkungen von Änderungen gezielt zu minimieren.

Verwendungsbeziehungen kennzeichnen nicht die Richtung des Nachrichtenflusses, sondern eine spezielle Form der Abhängigkeitsbeziehung. In der Regel ist diese Beziehung vorübergehend. Der Aufrufer arbeitet während der Zeitdauer des Aufrufs mit dem Aufgerufenen zusammen. Genauso wie in einem Schichtenmodell die Schicht n eine darunterliegende Schicht n-1 benutzt, die Schicht n-1 aber auch dann nicht von der Schicht n abhängig ist, selbst wenn die Schicht n-1 durch einen Callback-Mechanismus Methoden der Schicht n aufruft, verhält es sich bei nutzenden und benutzten Objekten. Der Entwurf einer Verwendungsbeziehung zwischen zwei Objekten muss sicherstellen, dass nur ein Objekt von dem anderen Objekt abhängig ist, auch wenn die Nachrichten in beide Richtungen fließen. Generell gibt es viele Arten von Abhängigkeiten, die sich geringfügig unterscheiden. Beispielsweise ist eine «include»-Beziehung bei Anwendungsfällen begrifflich etwas anderes als eine «extend»-Beziehung. Aber beides ist eine Abhängigkeit. Will man zum Ausdruck bringen, dass ein Element ein anderes nutzt, kann man dafür in UML die Abhängigkeit mit dem Schlüsselwort «use» auszeichnen, d. h. eine **«use»-Beziehung**, auf Deutsch eine **Verwendungsbeziehung**, einsetzen. Damit bringt man zum Ausdruck, dass die Bedeutung (Semantik) eines Elements von der Bedeutung eines anderen Elements abhängt. Ändert sich der Unabhängige, muss geprüft werden, ob nicht auch der Abhängige geändert werden muss.

10.6 Zusätze in UML

Notizen sind der wichtigste eigenständige Zusatz. Zusätze können beispielsweise sein:

- Endnamen an Assoziationen (siehe Kapitel 10.5.2.2),
- Multiplizitäten an Assoziationen (siehe Kapitel 10.5.2.3),
- Sichtbarkeiten (siehe z. B. Kapitel 10.5.2.6),
- Notizen (siehe z. B. Kapitel 10.6.1) oder
- Zusatzbereiche beispielsweise in Klassen, Komponenten und Knoten (siehe z. B. Kapitel 10.6.2).

Allgemein gilt die folgende Empfehlung für die Modellierung:

Zusätze sollen einem Diagramm nur dann hinzugefügt werden, wenn sie eine wichtige Botschaft vermitteln sollen. Ansonsten führen sie eher zu Verwirrung durch die Erhöhung der Komplexität des Diagramms.

Im Folgenden soll auf Notizen und Zusatzbereiche eingegangen werden.

10.6.1 Notizen

Eine **Notiz** ist ein grafisches Symbol eines Rechtecks mit einer umgeknickten Ecke bzw. einem Eselsohr. Eine Notiz steht neben dem Element, auf das sie sich bezieht. Über gestrichelte Linien ohne Pfeilspitze – ähnlich der gerichteten Abhängigkeitsbeziehung – kann eine Notiz mit mehr als einem Element verbunden sein. Die gestrichelte Linie kann entfallen, wenn die Notiz eindeutig dem entsprechenden Element zugeordnet werden kann.

Wird ein Kommentar mit einer gestrichelten Linie an ein Symbol angeheftet, so geschieht dies ohne Pfeilspitze, und trotzdem spricht man von einer Abhängigkeit. Ist eine Klasse von einer anderen Klasse abhängig, so braucht man die Pfeilspitze wegen der Richtung.

Das folgende Bild gibt ein Beispiel für einen Kommentar:

Objektorientierte Notation mit UML – eine Einführung

Bild 10-40 Notiz an einer Klasse

Eine **Randbedingung** (siehe Kapitel 10.13.3) kann in einer Notiz angegeben werden.

> Notizen sind grafische Elemente, die dazu verwendet werden, um beispielsweise Kommentare oder Randbedingungen mit einem oder mehreren anderen Elementen zu verbinden.

In der Notiz kann beliebiger Text stehen, üblicherweise als

- Kommentar zum System,
- Bearbeitungshinweis an Projektmitarbeiter,
- Randbedingung[114] oder
- Requirement[115].

In einer Notiz kann eine beliebige Kombination aus Text und Grafik stehen [UML99]. Der Text kann in natürlicher Sprache oder semiformal sein. Aktive Hyperlinks sind zugelassen. In einer Notiz sind auch Referenzen auf weitere Dokumente üblich, wenn das Feld der Notiz zu klein ist.

10.6.2 Zusatzbereiche

Zusatzbereiche können Modellelemente erweitern, wie im Folgenden am Beispiel einer Klasse betrachtet wird. Üblich ist ein solcher Zusatzbereich beispielsweise bei Klassen, Komponenten und Knoten.

Eine Klasse hat drei grundlegende Eigenschaften:

- den Klassennamen,
- Attribute und
- Methoden,

die in jeweils eigenen Abschnitten angegeben werden können. Unterhalb dieser Standard-Bereiche kann es nun **Zusatzbereiche** geben, zum Beispiel für Exceptions, welche von den Methoden der Klasse geworfen werden (siehe Bild 10-41), oder für die Verantwortlichkeiten (siehe Kapitel 10.3.5) einer Klasse.

---

[114] Eine **Einschränkung** ist dasselbe wie eine **Randbedingung**.
[115] Requirements als Notizen zu schreiben, ist gefährlich, da nach dem Single Source-Prinzip (siehe Kap. 13.2.3.2) die Requirements nur an einer einzigen Stelle stehen sollten, der Requirement-Spezifikation.

```
┌─────────────────────────┐
│      Klassenname        │
├─────────────────────────┤
├─────────────────────────┤
│       Ausnahmen         │
│  Ausnahme1              │
│  Ausnahme2              │
│  Ausnahme3              │
└─────────────────────────┘
```

Bild 10-41 Klasse mit Zusatzbereich für Ausnahmen

Ein **Zusatzbereich** kann einen eigenen Namen als Überschrift oder keinen Namen tragen. **Ohne Namen** ist es ein sogenannter **anonymer Bereich**. Es kann auch mehrere benannte Zusatzbereiche geben.

Es wird empfohlen, alle Zusatzbereiche eindeutig zu benennen.

Es wird auch empfohlen, in den Diagrammen Zusatzbereiche sparsam zu verwenden, damit die Diagramme nicht überladen werden.

10.7 Dokumentation der Klassen und Beziehungen

Hinter der grafischen Notation auf der Oberfläche steht eine textuelle Spezifikation. Die grafische Notation von UML dient zur Visualisierung eines Systems. Sie muss nicht vollständig sein. Sie zeigt nur, was der Anwender zum Ausdruck bringen wollte. Die textuelle Spezifikation hinter den Elementen der Oberfläche dient zur Definition des Systems.

Die textuelle Spezifikation in einem UML-Werkzeug hinter einem Modellelement muss die Syntax und Semantik eines Modellelements vollständig spezifizieren, wenn daraus Code generiert werden soll. Ein UML-Diagramm zeigt nur einen Ausschnitt aus der textuellen Spezifikation (Sicht auf die Spezifikation) und kann unvollständig sein.

Zu einem Modell der Klassen gehören ein Klassendiagramm und eine textuelle Spezifikation für die Klassen und Beziehungen. Man erstellt in der Regel zunächst Diagramme und füllt dann die textuellen Spezifikationen mit Semantik. Man kann aber auch zuerst die Spezifikationen füllen und aus ihnen die Diagramme generieren.

> Ein **Diagramm** ist nichts anderes als eine **Projektion der textuellen Spezifikation** in eine bestimmte Sicht.

Hinter jedem grafischen Symbol steckt in UML eine bestimmte Semantik.

> Hinter Knoten und Kanten in einem Bild steckt in einem UML-Werkzeug eine **textuelle Spezifikation**, die, wenn sie vollständig ist, eine eindeutige Interpretation erlaubt.

So ist es beispielsweise in einem Klassendiagramm nicht unbedingt erforderlich, alle Attribute und Methoden im Bild anzuzeigen. In einer vollständigen textuellen Spezifikation müssen sie aber vorhanden sein. Die Spezifikation einer Klasse enthält zunächst die Namen aller Attribute und der Schnittstellen aller Operationen sowie eventuell schon den Vertrag der Klasse.

Im Folgenden werden zwei Beispiele für textuelle Spezifikationen gezeigt. Es werden die wichtigsten Elemente von UML – nämlich Klassen und Assoziationen – herausgegriffen.

10.7.1 Klassenspezifikation

Eine nicht generierfähige **Klassenspezifikation** für ein Buch kann folgendermaßen aussehen:

Name:
Buch

Zweck:
Hält die wichtigsten Informationen über ein Buch und die ID des Ausleihers fest.

Create/Delete-Regeln:
Create: Wenn ein Buch von der Buchhandlung geliefert wurde.
Delete: Wenn das Buch gestohlen wurde oder ausgemustert wird.

Attribute:
Autor[116]
Titel
Verlag
Erscheinungsjahr
Auflage
Ausleiher-ID

---

[116] Der Einfachheit halber soll hier jedes Buch nur einen einzigen Autor haben.

Operationen:
In den Bestand aufnehmen
Nicht mehr im Bestand führen
Ausleihen und Zurückgeben

Natürlich kann man auch eine **Attributspezifikation** und eine **Operationsspezifikation** erstellen. Die Spezifikation der Attribute und der Operationen wird jedoch im Projektverlauf oftmals erst später kommen.

10.7.2   Beziehungsspezifikation

Eine nicht generierfähige **Beziehungsspezifikation** für Assoziationen kann folgendermaßen aussehen:

Name:
Leiht ein Buch aus und gibt es innerhalb der Ausleihfrist zurück.

Zweck:
Hält fest, dass ein Ausleiher ein Buch in der Bibliothek ausleihen kann.

Create/Delete-Regeln:
Create: Wenn ein Ausleiher als Kunde der Bibliothek aufgenommen wurde.
Delete: Wenn ein Ausleiher sich als Kunde der Bibliothek abmeldet oder vom Bibliothekar aus organisatorischen Gründen wie "Kunde kündigt Mitgliedschaft bei Bibliothek" entfernt wird.

Multiplizität:
Ein Ausleiher kann eines oder mehrere Bücher ausleihen.
Jedes ausgeliehene Buch muss genau einen Ausleiher haben.

Verknüpfungsattribute:
Ausleihdatum

10.8 Das Konzept einer Schnittstelle

Schnittstellen werden als **Nahtstellen** zwischen Teilen eines Systems, die sich unabhängig voneinander verändern können, verwendet. Schnittstellen enthalten hauptsächlich Deklarationen von Operationen. Eine Schnittstelle stellt dabei hauptsächlich einen Vertrag zwischen dem Nutzer einer Operation und den Implementierern einer Operation dar.

> Beide Vertragspartner können sich unabhängig voneinander verändern, solange sie den Vertrag der Schnittstelle erfüllen.

Deklariert man eine Schnittstelle, so kann man das gewünschte Verhalten einer Abstraktion erklären und modellieren, ohne dass man deren Implementierung kennt.

Objektorientierte Notation mit UML – eine Einführung

In UML kann dargestellt werden, dass eine Schnittstelle die Dienste einer bestimmten Klasse spezifiziert. Die Operationen der Schnittstelle müssen dann von der die Schnittstelle realisierenden Klasse implementiert werden. Man spricht von einer **bereitgestellten Schnittstelle**.

Die Deklaration der Operationen/Signalrezeptoren kann dargestellt werden, wenn eine Schnittstelle mit dem Symbol für eine Klasse und dem Schlüsselwort «interface» dargestellt wird.

Wenn eine Klasse Dienste einer anderen Klasse benötigt, die von einer Schnittstelle spezifiziert werden, so spricht man von einer **erforderlichen Schnittstelle**.

Eine Klasse oder Komponente kann mehrere Schnittstellen implementieren und eine Schnittstelle kann von mehreren Klassen oder Komponenten implementiert werden.

Beispiel:

Das folgende Beispiel zeigt eine Schnittstelle mit Operationen:

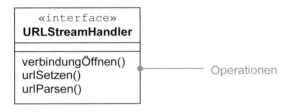

Bild 10-42 Schnittstelle mit Operationen als Beispiel

10.8.1 Schnittstellen-Name

Jede Schnittstelle muss einen **Namen** besitzen. Es wird unterschieden zwischen **einfachen Namen** und **Pfadnamen**, auch **qualifizierte Namen** genannt, wie das folgende Bild zeigt:

Bild 10-43 Namensgebung bei Schnittstellen

Ein Schnittstellen-Name beginnt oft konventionsgemäß mit einem vorangestellten "I" für Interface. Diese Konvention wird nicht durch UML vorgegeben, aber oft so gehandhabt.

10.8.2 Inhalte einer Schnittstelle

Eine Klasse, welche eine Schnittstelle implementiert, muss dieselben Merkmale wie die Schnittstelle haben und auch deren Randbedingungen erfüllen. Hierzu gehört die Implementierung der Operationen, die Implementierung der Reaktion[117] auf empfangene Signale[118], das Einhalten der Verträge und die Beteiligung an Assoziationen entsprechend der Schnittstelle.

Eine **Schnittstelle** kann ebenso wie eine Klasse folgende statischen Beziehungen besitzen:

- Assoziation,
- Generalisierung,
- Realisierung oder
- Abhängigkeit.

Attribute einer Schnittstelle müssen nach UML in der implementierenden Klasse nicht vorhanden sein. Nur nach außen hin soll es so erscheinen [Sup11, S. 89][119]. Auf Deutsch heißt dies, dass beispielsweise eine Klasse, die die Schnittstelle implementiert, nicht unbedingt das entsprechende Attribut aufweisen muss. Die dem Attribut zugedachten Daten müssen aber gespeichert und verarbeitet werden können.

> Eine **Schnittstelle hat in der Regel keine Struktureigenschaften**, da sie meist keine Attribute hat. Sie hat in der Regel **nur Verhaltenseigenschaften**.

Im Folgenden erfolgt eine Beschränkung auf Operationen und den Empfang von Signalen. Attribute einer Schnittstelle werden nicht betrachtet. Oftmals ist eine Schnittstelle eine Zusammenstellung von Operationen, die einfach dazu dienen, Services eines Classifiers[120] – insbesondere einer Klasse oder einer Komponente – zu spezifizieren.

> Eine **Schnittstelle** stellt eine Zusammenstellung von Operationen bzw. Signalrezeptoren dar, die zusammen das Verhalten einer Abstraktion wie einer Klasse oder Komponente bilden, und **spezifiziert** damit die **Dienste** einer Klasse oder Komponente bzw. die Signale, auf die die Klasse bzw. Komponente reagiert. Zur Spezifikation von Operationen und Signalrezeptoren gehören auch die Verträge.

---

[117] Im Normalfall wird ein Signal von einem Zustandsautomat behandelt [Boo06, S. 338].

[118] Operationen entsprechen meist synchronen Nachrichten, Signale entsprechen asynchronen Nachrichten. Die Zuordnung eines Signals zu einer Klasse erfolgt mit sogenannten Signalrezeptoren [Hit05, S. 61]. Signalnamen mit dem Schlüsselwort «signal» beschreiben hierbei, auf welche Signale eine Klasse reagiert, siehe Kapitel 11.7.6.3.

[119] Seit UML 2.0 ist in Schnittstellen auch die Definition von Attributen möglich. Darauf wird in diesem Buch nicht weiter eingegangen.

[120] Classifier siehe Kapitel 10.9. Ein Classifier ist eine abstrakte Metaklasse. Die Instanzen eines Classifiers sind oft Klassen.

Schnittstellen werden auch verwendet, um den Vertrag eines Anwendungsfalls oder eines Teilsystems zu spezifizieren [Boo06, S. 190].

> Wird eine Schnittstelle verwendet, um den **Vertrag eines Anwendungsfalls** zu **spezifizieren**, so muss die **Kollaboration**, die den Anwendungsfall realisiert, den **Vertrag garantieren**.

Kollaborationen werden in Kapitel 10.11 behandelt.

Die **Verträge** (siehe Kapitel 9.7) einer Schnittstelle, in anderen Worten die Vor- und die Nachbedingungen der Operationen bzw. Signalrezeptoren und die Invarianten beispielsweise der Klasse oder Komponente als Ganzes kann man in einem eigenen Zusatzbereich der Schnittstelle aufführen. Während in der Sprache Java eine Schnittstelle nur die Definition der Methodenköpfe und von Konstanten erlaubt, können mit einer Schnittstelle in UML auch Verträge spezifiziert werden.

> Genauso ist es möglich, für eine Schnittstelle beispielsweise einen Zustandsautomaten anzugeben.

10.8.3 Darstellungsformen einer Schnittstelle

Es gibt zwei Arten, Schnittstellen grafisch darzustellen. Die eine ist, eine **Klasse** mit dem Schlüsselwort «interface» zu verwenden:

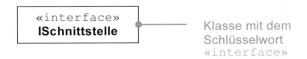

Bild 10-44 Schnittstelle als Klasse mit dem Schlüsselwort «interface»

Mit dieser Darstellung können auch Operationen und Signalrezeptoren dargestellt werden.

Die andere Darstellung mit Hilfe eines Kreises (**Lollipop-Darstellung**) bzw. Halbkreises (**Socket-Darstellung**) bezieht sich auf die Darstellung von Schnittstellen-Beziehungen zwischen Classifiern.

Lollipop- und Socket-Darstellung

Die Darstellung der Schnittstelle als Halbkreis (Socket), wenn sie angefordert wird, oder als Kreis (Lollipop), wenn sie bereitgestellt wird, ist die einfachste. Die Lollipop-Schnittstelle ist also eine Export-Schnittstelle, das Gegenstück – die Socket-Schnittstelle – eine Import-Schnittstelle. Diese Schnittstellen sind besonders dann hilfreich, wenn man die Nahtstellen eines Systems aufzeigen möchte. Lollipop- und Socket-Darstellung sind im folgenden Bild dargestellt:

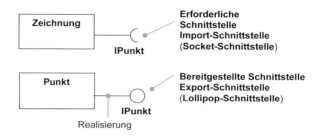

Bild 10-45 Lollipop- und Socket-Darstellung

Die Darstellung der Realisierung mit der Lollipop-Darstellung der Schnittstelle wird auch als **verkürzte Form** der Realisierung bezeichnet. Diese Darstellung macht dann Sinn, wenn man nur die Nahtstellen im System zeigen möchte. Die Schwäche der verkürzten Darstellung ist, dass man keine Möglichkeit hat, die Eigenschaften einer Schnittstelle anzugeben.

Expandierte Darstellungsform

Die **expandierte Darstellungsform** (siehe Bild 10-46) erlaubt es, die Operationen/Signalrezeptoren einer Schnittstelle mit anzugeben. Eine **Realisierung** wird hier durch einen gestrichelten Pfeil mit großer unausgefüllter Dreiecks-Pfeilspitze dargestellt, die **Nutzung** einer Schnittstelle durch einen gestrichelten Pfeil mit offener Spitze.

Die Darstellung der Realisierung durch eine gestrichelte Linie mit der großen, unausgefüllten Dreiecks-Pfeilspitze und einem Klassensymbol mit dem Schlüsselwort «interface» wird auch als **kanonische Form der Realisierung** bezeichnet.

Das folgende Bild gibt ein Beispiel für die kanonische bzw. expandierte Form der Realisierung:

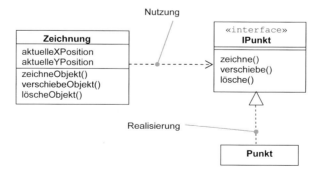

Bild 10-46 Darstellung von Schnittstellen in der kanonischen bzw. expandierten Form

Lollipop-/Socket-Notation und expandierte Darstellungsform gemischt

Sowohl die Notation als Klasse mit dem Schlüsselwort «interface», als auch die Lollipop- bzw. Socket-Darstellung dürfen gleichzeitig in einem Diagramm verwendet werden, je nachdem, ob der Fokus auf der Darstellung der Beziehungen oder beispielsweise auf der Spezifikation der Methodenaufrufe liegt.

10.8.4 Schnittstellen und abstrakte Klassen

Eine bestimmte Schnittstelle kann beispielsweise alle Operationen oder auch nur einen Teil der Operationen eines sogenannten Classifiers wie z. B. einer Klasse oder Komponente repräsentieren.

Es können beliebig viele Operationen bzw. Signalrezeptoren in einer Schnittstelle vorhanden sein, wobei diese aber in der Schnittstelle nur deklariert werden. Zudem kann eine Schnittstelle nicht direkt, sondern beispielsweise nur indirekt über eine Klasse, die die Schnittstelle implementiert, instanziiert werden. Damit ist eine Schnittstelle ähnlich einer **abstrakten Klasse**, deren Operationen ebenfalls alle abstrakt sind. Im Gegensatz zur Schnittstelle jedoch kann eine abstrakte Klasse auch implementierte Operationen enthalten. Während eine abstrakte Klasse nur durch Subklassen verfeinert werden kann, gibt es diese Einschränkung einer Verwandtschaft bei Schnittstellen nicht. So kann jede Klasse eine vorgegebene Schnittstelle implementieren.

10.8.5 Statische Rollen

Eine Klasse kann verschiedene Schnittstellen implementieren. Ein Objekt dieser Klasse muss alle seine Verträge einhalten, dennoch kann es in einer bestimmten Beziehung nur eine Schnittstelle oder die für diese Beziehung relevanten Schnittstellen nach außen zeigen.

> Eine jede Schnittstelle repräsentiert eine **Rolle**, die das Objekt spielt. Eine **Rolle** bezeichnet immer das **Verhalten** einer Einheit wie z. B. einer Klasse oder eines Objekts **in einer bestimmten Zusammenarbeit**.

Man kann eine Rolle in einer Assoziation angeben, indem man an dem entsprechenden Assoziationsende den Schnittstellennamen mit kleinem Anfangsbuchstaben angibt. Siehe hierzu das Beispiel in Bild 10-47:

Bild 10-47 Rolle in einer Assoziation durch Angabe einer Schnittstelle

Die Schnittstelle `Mitarbeiter` der Klasse `Person` von Bild 10-47 kann beispielsweise die folgende Gestalt haben:

Bild 10-48 Schnittstelle Mitarbeiter

Das Klassendiagramm in Bild 10-47 stellt die **statische Bindung** einer Abstraktion an ihre Schnittstelle dar. Rollen, die sich **dynamisch** zur Laufzeit ändern, können mit Hilfe des Rollen-Musters (siehe [Bäu97]) als Entwurfsmuster formuliert werden.

10.8.6 Aufrufreihenfolge

Schnittstellen in der Modellierung mit UML sind mächtiger als Schnittstellen in der Programmierung wie z. B. in Java. In Java ist eine Schnittstelle nur ein Satz von Methodenköpfen, ggf. mit Konstanten als Parameter. In der Modellierung mit UML gehört zu einer Schnittstelle auch, dass man formulieren kann, dass ihre Operationen bzw. Signalrezeptoren in einer bestimmten Reihenfolge aufgerufen werden müssen. So müssen beispielsweise die Operationen einer Transaktion erst durchgeführt sein, bevor man ein Commit oder ein Rollback macht. Die Aufrufreihenfolge kann mit einem **Protokollzustandsautomaten** seit UML 2.0 konkretisiert werden (siehe Anhang D).

10.9 Meta-Metaebene, Metaebene, Modellebene und Datenebene in UML

Meta-Metamodelle definieren die grundlegenden Sprachkonstrukte einer Sprache zur Spezifikation von Metamodellen. Ebenso definieren **Metamodelle** eine Sprache zur Spezifikation von Modellen. Ein Metamodell ist daher ein "Modell des Modells" und beschreibt die zulässigen Elemente des Modells. Umgekehrt formuliert wird ein Modell in einem Metamodell mit einer Modellierungssprache beschrieben, welche Sprachkonzepte besitzt, die einer Syntax und Semantik unterliegen. Ein Sprachkonzept eines Klassendiagramms ist beispielsweise, dass eine Klasse Attribute und Operationen hat und dass Klassen Beziehungen besitzen [Hit05, S.301].

Ein Metamodell definiert generalisierte Typen (Metaklassen), deren Instanzen Typen darstellen. So kann ein Metamodell beispielsweise Klassen oder Beziehungen als generische Typen definieren.

In der **Modellebene** befinden sich dann die konkreten Klassen und ihre konkreten Beziehungen und in der **Ebene der Instanzen** die Instanzen der konkreten Klassen und ihre Verknüpfungen.

Zunächst zur Einführung ein bereits historisches Bild [nach Mar99]:

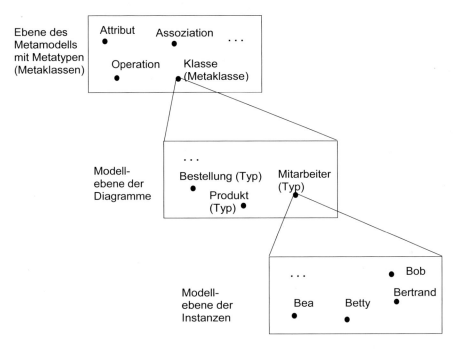

Bild 10-49 Metamodelle als Beschreibungsebene von Modellen

Eine Metaklasse in UML abstrahiert beispielsweise eine Menge von Klassen. Es gibt in UML aber noch andere Metaklassen wie z. B. eine Assoziation. Eine Instanz einer Metaklasse ist z. B. eine konkrete Klasse oder eine konkrete Assoziation. Das folgende Bild (siehe [Inf11, S. 18]) gibt ein Beispiel für die Metamodellierung:

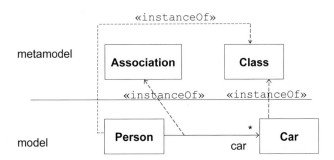

Bild 10-50 Ein Beispiel für die Metamodellierung mit den Metaklassen `Class` *und* `Association`

Alle Sprachkonzepte von UML entsprechen Subklassen der Klasse `Element` [Hit05].

> Die Metaklasse `Element` ist in UML die Wurzel des Metamodells.

So dient die Metaklasse `Class` (Subklasse von `Element`) beispielsweise zur Beschreibung von Klassen, während die Metaklasse `Association` (Subklasse von `Element` bzw. `Relationship`) die Metaklasse einer Assoziation darstellt.

Die OMG strukturiert die Beschreibung von **Modellen** in UML in vier Ebenen:

- **Meta-Metaebene** (**M3**),
- **Metaebene** (**M2**),
- **Modellebene** (**M1**) und
- **Datenebene** mit Laufzeitinstanzen (**M0**).

Die jeweils höhere Schicht ist die Grundlage der darunter liegenden Schicht. Die Elemente einer unteren Schicht instanziieren Elemente der jeweils höheren Schicht. Die Strukturierung dieser verschiedenen Abstraktionsebenen ist im Folgenden dargestellt:

Ebene	Beschreibung	Beispiel
M3	**Infrastructure** Meta-Metamodell	MOF-Klasse
M2	**Superstructure** Metamodell	Metaklasse (z. B. einer Klasse oder einer Assoziation)
M1	**Nutzer-Modell** mit seinen Typen und Modellinstanzen	Nutzer-Klasse / Objekt-Spezifikation
M0	**Laufzeitinstanzen**	Lauffähiges Objekt z. B. Peter, Bernd

Bild 10-51 Vier-Schichten-Modell

Auf der vierten Ebene (**M3**) befindet sich die **Meta-Object Facility** (**MOF**). Die Meta-Object Facility [MOF06] enthält die Beschreibung der Syntax einer abstrakten Sprache zur Spezifikation von Metamodellen und eines Frameworks zur Verwaltung von plattformunabhängigen Metamodellen wie das Metamodell für die UML.

> Die MOF erlaubt es also, andere Sprachen zu definieren. Die Spezifikation UML **Infrastructure** erklärt das **Meta-Metamodell von UML**. Auf diesem Meta-Metamodell beruht die **Superstructure** der Ebene M2.

Die Superstructure benutzt also die Infrastructure. Die UML Infrastructure-Spezifikation definiert die grundlegenden Sprachkonstrukte. Die Infrastructure stellt damit zwar die Grundlage von UML dar, sie wird dennoch für die Anwendung von UML in der Regel nicht benötigt. Sie wird durch das plattformunabhängige und MOF-kompatible Metamodell von UML, die **Superstructure**, ergänzt. Die Trennung der UML-Spezifikation in die beiden sich ergänzenden Anteile **Infrastructure** und **Superstructure** gibt es seit der Version UML 2.0. Beide Spezifikationen zusammen stellen eine komplette Spezifikation der UML 2-Modellierungssprache dar.

Die Superstructure befindet sich auf der dritten Ebene (**M2**).

> Die UML-Spezifikation **Superstructure** erklärt UML selbst. Ein Element der Superstructure ist eine Instanz eines Elements des Meta-Metamodells **von UML**. Auf diesem Meta-Metamodell beruht die **Superstructure** der Ebene M2.

> In UML 2 sind die **Notationselemente** der Modellierung mit UML mit einem **Sprachkonzept im Metamodell** in Form einer Metaklasse verknüpft.

Das Metamodell legt die **abstrakte Syntax** fest, die beschreibt, wie die Sprachkonzepte kombiniert werden können [Hit05, S. 321]. Die **konkrete Syntax**, die beschreibt, wie die Sprachkonzepte grafisch dargestellt werden, wird verbal oder durch Beispiele erfasst. Die Semantik wird in der **Superstructure** auch oft verbal und durch Beispiele beschrieben.

Ein bestimmtes Notationselement kann aber je nach Kontext einem anderen Sprachkonzept zugeordnet sein. So kann eine Raute in einem Aktivitätsdiagramm beispielsweise eine Verzweigung oder eine Vereinigung darstellen. Ferner kann ein bestimmtes Sprachkonzept je nach Diagrammtyp anders notiert werden. Die abstrakte Form der Darstellung zielt hauptsächlich auf Werkzeug-Hersteller und Fachleute, wird aber auch von Endanwendern zu Rate gezogen.

Das Kernel-Paket der Superstructure ist der **zentrale Anteil von UML** und enthält den Kern der Modellierungskonzepte von UML. Im Folgenden wird das Klassendiagramm des Kernel-Pakets für die Metaklassen `Element` (engl. `element`), `Kommentar` (engl. `comment`), `Beziehung` (engl. `relationship`) und `gerichtete Beziehung` (engl. `directed relationship`) von UML 2 dargestellt [Sup11, S. 25]:

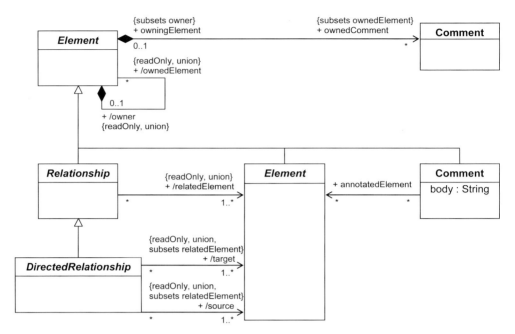

Bild 10-52 Elemente und ihre Beziehungen in UML

Programmiersprachen wie etwa Java oder C# verwenden eine allgemeine Oberklasse, von der alle programmierten Klassen erben[121]. Dasselbe Konzept zeigt sich auch in der UML 2.0, bei der es eine Oberklasse mit dem Namen Element gibt, von der alle weiteren Elemente erben, d. h., von der Metaklasse Element erben alle anderen Metaklassen. Die Oberklasse Element ist eine abstrakte Metaklasse ohne Superklasse, von der keine Instanz gebildet werden kann.

Die Klasse Element wird als gemeinsame Superklasse für alle Metaklassen in der Infrastruktur-Bibliothek verwendet, deren allgemeines Konzept als konkrete Ausprägung in den Unterklassen realisiert wird.

Das in Bild 10-52 gezeigte Root Diagram des Kernel-Pakets sagt aus:

- Ein Modellelement kann andere Modellelemente enthalten. Die Metaklasse Element besitzt eine Komposition mit Selbstreferenz, welche explizit ausdrückt, dass diese weitere Elemente enthalten darf.
- Ein Element kann einen Kommentar als sogenannten ownedComment besitzen.
- Beziehungen (engl. relationships) und Kommentare sind auch Modellelemente.
- Eine Beziehung kann ein oder mehrere Elemente verknüpfen.
- Eine gerichtete Beziehung besteht zwischen einem oder mehreren Elementen in der Rolle einer Quelle und einem oder mehreren Elementen in der Rolle einer Senke.

---

[121] Bei Java und C# heißt diese Oberklasse Object.

Objektorientierte Notation mit UML – eine Einführung

- Ein Kommentar kann an ein Element oder an mehrere Elemente geheftet werden. Dieser Kommentar beschreibt das "annotierte Element" (`annotatedElement`). Umgekehrt formuliert ist ein `annotatedElement` ein Element, welches durch einen Kommentar genauer beschrieben wird.

Die gerichtete Beziehung ist eine abstrakte Metaklasse. Es gibt keine generelle Notation für gerichtete Beziehungen. Eine spezifische Subklasse für eine gerichtete Beziehung definiert jeweils ihre eigene Notation. In den meisten Fällen ist die Notation eine "Variation" einer Linie, welche von der Quelle/den Quellen zu dem Ziel/den Zielen gezeichnet wird ([Sup11, S.65]).

Beispiele für Beziehungen sind Assoziationen, Abhängigkeiten, Generalisierungen oder Realisierungen.

Die zweite Ebene (**M1**) enthält die Typen und Instanzen des Nutzermodells und die erste Ebene (**M0**) schließlich die ablauffähigen Instanzen.

Im Folgenden wird ein Bild der Infrastructure [Inf11, S.20] gezeigt, das diese 4 Ebenen veranschaulicht:

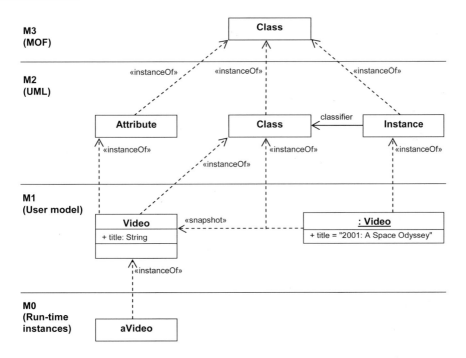

Bild 10-53 Ein Beispiel für die Hierarchie der Modelle M0 – M3

UML enthält außer der bereits vorgestellten **Infrastructure** und **Superstructure** ferner OCL und XMI:

- **Object Constraint Language (OCL)**
  Die Object Constraint Language kann für die Formulierung von Einschränkungen verwendet werden. Überdies soll OCL in Zukunft zur Abfragesprache auf UML-Modellen weiterentwickelt werden.
- **XML Metadata Interchange (XMI)**
  XMI ermöglicht den Austausch von UML-Diagrammen. Das Layout eines Diagramms soll beim Austausch eines Diagramms erhalten bleiben. Die Spezifikation des Datenaustauschs wird im Wesentlichen von Werkzeug-Herstellern benötigt.

10.10 Das Konzept eines Classifiers

In UML 2.0 wurde das Konzept eines Classifiers konsequenter als in UML 1.x eingeführt. Classifier ist ein Begriff aus dem Metamodell von UML. Die Metaklasse Classifier ist eine abstrakte Metaklasse.

Es gibt eine Hierarchie von Classifiern. Die Wurzel ist die Metaklasse Classifier des Pakets Classes::Kernel. Von dieser Wurzel wird abgeleitet und ein ganzer Baum von Classifiern aufgebaut. Eine der Spezialisierungen der Metaklasse Classifier ist die Metaklasse Class. Instanzen der Metaklasse Class sind die Klassen.

Ein Classifier besitzt in der Regel eine Struktur und ein Verhalten. Schnittstellen besitzen als einzige Ausnahme meist keine Attribute, d. h., sie haben keine Struktur.

> Generell werden in UML 2.0 **alle Modellelemente, die zur Beschreibung der Struktur von Systemen dienen**, als **Classifier** bezeichnet. Ein solches Modellelement kann selbst Struktur- und Verhaltensinformationen beinhalten, wie z. B. eine Klasse, die Attribute und Operationen – das heißt Struktur- und Verhaltensinformationen – enthält.

Classifier und speziell Klassen können außer Attributen und Operationen auch Multiplizitäten, Sichtbarkeiten, Polymorphismus und andere Charakteristika aufweisen.[122] Der wichtigste Classifier ist die **Klasse**, die den Bauplan für Objekte bildet.

Jedes Modellelement von UML, von dem eine Instanz gebildet werden kann, ist ein Classifier.

> Ein Classifier außer der Metaklasse Classifier kann instanziiert werden.

---

[122] Die Eigenschaften eines Classifiers gelten nicht für alle seine Spezialisierungen. Sie werden teilweise bei der Spezialisierung durch Einschränkungen überschrieben.

10.10.1 Ausprägungen von Classifiern

Klassen sind die allgemeinste Art eines Classifiers. Die anderen Classifier können als ähnlich zu den Klassen angesehen werden. Von einigen Elementen in UML können keine Instanzen gebildet werden. Dies ist beispielsweise der Fall bei Paketen und bei Generalisierungen. Sie sind damit keine Classifier. Classifier außer Klassen sind beispielsweise:

- **Schnittstelle** (engl. **interface**)
  Eine Zusammenstellung von Operationen bzw. Signalrezeptoren, die dazu dient, die Services einer Klasse oder einer Komponente bzw. die Reaktion auf Signale zu spezifizieren.
- **DataType**
  Ein Typ, dessen Werte unveränderlich sind, einschließlich primitiver eingebauter Typen wie Zahlen und Strings ebenso wie Aufzählungstypen.
- **Assoziation** (engl. **association**)
  Eine Beschreibung eines Satzes von Verknüpfungen (Links) zwischen konkreten Objekten. Dabei verbindet eine Verknüpfung bzw. ein Link zwei oder mehr konkrete Objekte.
- **Signal** (engl. **signal**)
  Ein Signal spezifiziert den Bauplan einer asynchronen Nachricht zwischen Objekten (siehe Kapitel 11.7.6). Ein Signal wird formuliert durch eine Klasse mit dem Schlüsselwort «signal».
- **Komponente** (engl. **component**)
  Ein modularer Teil eines Systems, der seine Implementierung hinter einem Satz externer Schnittstellen verbirgt.
- **Knoten** (engl. **node**)
  Typ eines physischen Elements, das zur Laufzeit existiert und das eine Rechner-Ressource darstellt. Dieses Element hat im Allgemeinen wenigstens einen Speicher und Verarbeitungskapazität, d. h. einen Prozessor (siehe [Boo06]). Instanzen eines Knotens stellen konkrete Rechner mit einem konkreten Prozessor und einem konkreten Arbeitsspeicher-Ausbau dar. Knoten erhalten den Würfel als ein eigenes grafisches Symbol.
- **Anwendungsfall** (engl. **use case**)
  Eine Beschreibung einer Leistung, die ein System zur Verfügung stellt. Ein Anwendungsfall ist die Spezifikation einer Anwendungsfunktion einschließlich verschiedener Ausprägungen.
- **Subsystem** (engl. **subsystem**)
  Eine Einheit, die bei der hierarchischen Zerlegung großer Systeme auftritt.
- **Kollaboration** (engl. **collaboration**)
  Eine Kollaboration ist eine Ansammlung von strukturellen Elementen wie Klassen oder Schnittstellen in Rollen, die zusammen ein gewisses Verhalten umsetzen.

Im Folgenden werden Beispiele für Classifier gegeben:

- Eine Instanz einer **Klasse** ist ein **Objekt**, das durch Instanziierung der Klasse entsteht.

- Eine Instanz eines **DataType** ist eine Variable, die nur durch ihren Wert identifiziert wird. Das bedeutet, dass die Instanzen eines `DataType` keine Identität haben wie die Instanzen einer Klasse. Sie sind nur Werte und keine Objekte (siehe Kapitel 10.4).
- Eine Instanz einer **Schnittstelle** ist beispielsweise ein Objekt, dessen Klasse die Schnittstelle implementiert, oder eine Komponente, deren Typ die Schnittstelle implementiert.
- Eine Instanz einer **Assoziation** ist ein **Link** oder eine **Verknüpfung**.
- Eine Instanz eines **Anwendungsfalls** ist eine **Kollaboration** (siehe Kapitel 10.11), die den Anwendungsfall realisiert.

Ausprägungen von Classifiern, die sich von anderen stark unterscheiden, erhalten in UML ein eigenes grafisches Symbol wie z. B. ein Knoten, ein Anwendungsfall oder eine Komponente. Ausprägungen von Classifiern, die untereinander stark verwandt sind, erhalten jeweils kein eigenes Symbol, sondern werden nur durch einen Stereotyp bzw. ein Schlüsselwort ausgezeichnet. Ein Beispiel für die Ausprägung eines Classifiers, die durch einen Stereotyp ausgezeichnet ist, ist eine Klasse mit dem Stereotyp «`dataType`».

Das folgende Bild zeigt die grafische Darstellung einiger Ausprägungen eines Classifiers. Die grafische Notation eines Classifiers in der Form einer Klasse ((a) und (b)) und als eigenes Symbol ((c) und (d)) ist in Bild 10-54 zu sehen. Das Teilbild (b) in Bild 10-54 stellt einen `Integer`-DataType dar.

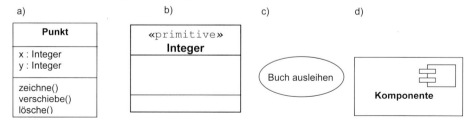

Bild 10-54 Ausprägungen von Classifiern

10.10.2 Strukturierte Classifier

Eine **strukturierte Klasse** (siehe Kapitel 10.3.8) ist ein Beispiel für einen strukturierten Classifier. In einer strukturierten Klasse werden innere Klassen oder **geschachtelte Klassen** definiert, die zum Namensraum der einschließenden Klasse gehören. Geschachtelte Klassen haben eine auf die äußere Klasse eingeschränkte Sichtbarkeit. Die Subkomponenten eines strukturierten Classifier werden **Teile** (engl. **parts**) genannt. Ein strukturierter Classifier hat eine Struktur aus Teilen, die zusammenwirken. Ein strukturierter Classifier ist beispielsweise eine Klasse oder eine Komponente – als spezielle Ausprägung einer Klasse – oder beispielsweise ein Knoten. Ein strukturierter Classifier besteht aus verschiedenen Teilen. Die Parts werden rekursiv zerstört, wenn ein strukturierter Classifier zerstört wird.

Objektorientierte Notation mit UML – eine Einführung

Verbinder (engl. **connectors**) stellen Verknüpfungen zwischen Instanzen der internen Struktur dar. Verbinder von Teilen können Assoziationen entsprechen, aber auch flüchtige Verknüpfungen wie bei der Übergabe einer Instanz eines strukturierten Classifiers als Parameter an eine Methode eines anderen strukturierten Classifier darstellen. Ein Verbinder stellt allgemein eine Verknüpfung von zwei Instanzen dar.

Ein Part ist durch einen Namen, einen `Classifier`-Typ und eine Multiplizität definiert. Es kann mehrere Parts zu einem Typ geben. Sie werden durch ihren Namen identifiziert. Parts sind untereinander durch Verbinder verbunden. Verbinder können ebenfalls Name, Typ und Multiplizität besitzen. Diese Angaben sind allerdings optional.

UML 2 kennt kein spezielles grafisches Symbol für die Notation einer strukturierten Klasse.

Das folgende Bild ist der Superstructure [Sup11, S. 195] entnommen. Es zeigt ein Kompositionsstrukturdiagramm (siehe Kapitel 11.12) eines strukturierten Classifiers mit Teilen (engl. parts) und Verbindern:

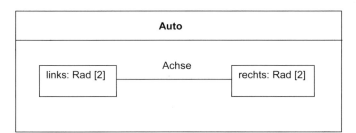

Bild 10-55 Kompositionsstrukturdiagramm für ein Auto

Das gesamte System kann als strukturierter Classifier betrachtet werden.

10.11 Das Konzept einer Kollaboration

Eine Kollaboration wird in UML durch eine gestrichelte Ellipse dargestellt, in deren Mitte der Name der Kollaboration angegeben wird. Eine Kollaboration stellt eine Sammlung von Klassen, Schnittstellen oder anderen strukturellen Elementen dar, die zusammenarbeiten, um eine bestimmte Funktionalität zu erbringen. Schaut man genauer in eine Kollaboration hinein, so findet man deren **strukturelle Aspekte** und deren **Verhalten** in weiteren Diagrammen beschrieben.

Eine Kollaboration hat zwei Aspekte:
- einen strukturellen Teil und
- einen Verhaltensteil.

Der **strukturelle Teil** kann durch ein **Klassendiagramm** oder ein **Objektdiagramm** dargestellt werden[123], der **Verhaltensteil** durch ein **Sequenz-** oder **Kommunikationsdiagramm**. Die verschiedenen Diagramme dürfen gemeinsam betrachtet keine Widersprüchlichkeiten aufweisen, d. h., Verhalten und Struktur einer Kollaboration müssen konsistent sein.

Die **Struktur** einer Kollaboration beschreibt die beteiligten Classifier und deren Beziehungen untereinander. Zumeist werden die strukturellen Aspekte mit Hilfe eines Klassendiagramms dargestellt.

Um das Zusammenwirken der Classifier innerhalb einer Kollaboration zu beschreiben und ihr **Verhalten** zu spezifizieren, werden Sequenz- oder Kommunikationsdiagramme verwendet. Soll vorrangig die zeitliche Abfolge von Nachrichten dargestellt werden, wird ein Sequenzdiagramm benutzt. Wenn die strukturellen Beziehungen zwischen den Objekten in einem Interaktionsdiagramm hervorgehoben werden sollen, verwendet man Kommunikationsdiagramme.

Eine Kollaboration kann einen Classifier wie einen Anwendungsfall realisieren. Eine Kollaboration selbst ist ein strukturierter Classifier. Eine Kollaboration ist meist die Spezifikation, wie eine Operation oder ein Anwendungsfall durch eine Menge von Classifiern und Assoziationen realisiert wird.

Zu beachten ist, dass die in einer Kollaboration benutzten Elemente wie Klassen, Schnittstellen oder Komponenten strukturell zu Teilsystemen gehören. Eine Kollaboration benutzt diese Elemente nur. Eine Kollaboration ist keine physikalische Betrachtungseinheit, sondern eine logische Betrachtungseinheit, die sich über physikalische Betrachtungseinheiten erstreckt. Eine bestimmte physikalische Betrachtungseinheit kann an mehreren Kollaborationen teilnehmen.

10.11.1 Namen einer Kollaboration

Eine Kollaboration trägt immer entweder einen einfachen oder einen qualifizierten Namen. Wie bei den anderen Elementen in UML auch zeichnet sich ein qualifizierter Name dadurch aus, dass der Name des Paketes, in welchem sich die Kollaboration befindet, vorangestellt wird. Der Name einer Kollaboration kann aus beliebig vielen Buchstaben, Zahlen und Satzzeichen (ausgenommen dem Doppelpunkt) bestehen.

Statische Beziehungen für Kollaborationen

Es gibt zwei Arten von statischen Beziehungen für Kollaborationen, die im Folgenden beschrieben werden:

---

[123] Ein Klassendiagramm kann als statische Beziehungen Assoziationen, Aggregationen, Kompositionen, Generalisierungen, Realisierungen und Abhängigkeiten enthalten. Ein Objektdiagramm kann als statische Beziehungen Assoziationen, Aggregationen, Kompositionen und Abhängigkeiten enthalten.

- **Realisierungsbeziehung**
  Eine Kollaboration erzeugt ein Verhalten. Sie realisiert einen Classifier (z. B. einen Anwendungsfall) oder eine Operation. Sie spezifiziert damit deren Verhalten. Dies wird mit einer Realisierungsbeziehung dargestellt.
- **Verfeinerungsbeziehung**
  Der Stereotyp «Refine» spezifiziert eine Verfeinerungsbeziehung. Genauso wie Anwendungsfälle verfeinert werden können, können auch Kollaborationen verfeinert werden. Die Pfeilspitze der Verfeinerung (Abhängigkeitsbeziehung mit Stereotyp «Refine») zeigt auf die verfeinerte Kollaboration.

10.12 Interaktionen und Nachrichtentypen

Grundsätzlich dienen Nachrichten für dynamische Interaktionen zwischen Objekten, also dem Austausch von Informationen zwischen Interaktionspartnern. In der Sprechweise von UML werden bei einer Interaktion Nachrichten zwischen Lebenslinien ausgetauscht. Diese Formulierung gilt für Sequenz- und Kommunikationsdiagramme. Zum Austausch einer Nachricht gehört beim Sender ein **Sendeereignis** und beim Empfänger der Nachricht ein **Empfangsereignis**. Eine Nachricht wird auf den Aufruf einer Operation bzw. die Übertragung eines Signals abgebildet. Der Name einer Nachricht muss derselbe wie der einer Operation oder eines Signals sein. Wenn die Signatur der Nachricht eine Operation ist, müssen die Argumente der Nachricht den Parametern der Operation entsprechen. Wenn die Signatur der Nachricht ein Signal ist, müssen die Argumente der Nachricht den Attributen des Signals entsprechen [Sup11, S. 507].

Syntax einer Nachricht

Die Syntax für einen Nachrichtennamen ist (siehe [Sup11, S. 508]):

```
<messageident>::=   ([<attribute> '='] <signal-or-operation-name>
                    ['('[ <argument> [',' <argument>]*]')']
                    [':'<return-value>])|'*'
```

Die Form der Darstellung einer Nachricht hängt davon ab, ob man sich im Sequenzdiagramm oder Kommunikationsdiagramm befindet.

Einen Rückgabewert (engl. return-value) und eine Attributszuweisung

```
Attribut = Methodename (Parameterliste) : Rückgabetyp
```

gibt es im UML-Standard nur für Antwort- oder Rückgabenachrichten [Sup11, S. 507]. Rückgabenachrichten sind im Kommunikationsdiagramm nach UML nicht definiert, nur im Sequenzdiagramm.

Da Antwortnachrichten im UML-Standard bei Kommunikationsdiagrammen nicht explizit erwähnt werden, herrscht hier Unsicherheit. Je nach Autor kann daher die Rückgabe verschieden angezeigt werden.

Wenn die Argumentliste nur Werte enthält, müssen diese allen Parametern der Operation entsprechen. Dabei kann ein '-' statt eines Wertes verwendet werden. Dies bedeutet, dass der Parameter beliebig ist. Werden die Argumentwerte durch Parameternamen identifiziert, brauchen nicht alle Argumente angezeigt zu werden. Weggelassene Parameter haben einen unbekannten Wert.

Synchrone und asynchrone Nachrichten

Operationsaufrufe können synchron oder asynchron sein, **typischerweise** sind sie jedoch **synchron**. **Signale** sind **asynchron**. Ein synchroner Aufruf (engl. call) kann in Sequenzdiagrammen in Form von zwei Nachrichten modelliert werden, einer Call- oder Aufrufnachricht und einer späteren Rückgabenachricht.

In Kommunikationsdiagrammen werden die Nachrichten mit einem kleinen Pfeil in Richtung der Nachricht neben dem Nachrichtennamen entlang der Linie zwischen den beteiligten Objekten ergänzt. Die Form dieses Pfeils im Kommunikationsdiagramm bzw. der Pfeil zwischen den Lebenslinien im Sequenzdiagramm gibt die Art des Nachrichtenaustauschs an [Hit05, S.290]. Dies ist in Bild 10-56 zu sehen:

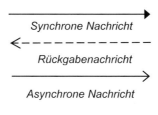

Bild 10-56 Nachrichten

Diese verschiedenen Nachrichtentypen werden einerseits visuell unterschieden und andererseits durch Stereotypen kenntlich gemacht. Die **synchrone Nachricht** hat einen durchgezogenen Pfeil mit einer geschlossenen Spitze. Die **Rückgabenachricht** hat einen gestrichelten Pfeil mit einer offenen Spitze und die **asynchrone Nachricht** hat einen durchgezogenen Pfeil mit einer offenen Spitze.

Nachrichtentypen

Im UML-Standard werden fünf verschiedene grundlegende **Nachrichtentypen** definiert:

- **Call**
  Es wird eine Operation des Zielobjekts **synchron** aufgerufen. Ein Objekt kann auch eine eigene Operation aufrufen.
- **Return**
  Für eine synchrone Operation wird ein Wert an den Aufrufer zurückgesendet (Rückgabenachricht).
- **Send**
  Es wird ein **asynchrones** Signal an das Zielobjekt gesendet. Ein **Signal** ist ein Objektwert, der dem Zielobjekt asynchron mitgeteilt wird. Das Zielobjekt entscheidet unabhängig, wie es darauf reagiert. Das sendende Objekt setzt seine Ausführung nach der Absendung des Signals normal fort.

- **Create**[124]
  Erstellt ein neues Objekt. «Create» ist ein Standard-Stereotyp.
- **Destroy**
  Zerstört ein vorhandenes Objekt. Ein Objekt kann sich auch selbst zerstören. «Destroy» ist ein Standard-Stereotyp.

Die Erzeugung eines Objekts wird mit einer gestrichelten Linie und einem offenen Pfeil gezeichnet. Zeigt die gestrichelte Linie also auf eine Lebenslinie oder eine Ausführungsspezifikation, so ist es eine Rückgabenachricht, zeigt sie auf ein Objekt, so ist es eine Create-Nachricht.

Auf verlorene und gefundene Nachrichten[125] soll hier nicht eingegangen werden.

Beispiele:

Das folgende Beispiel zeigt neben dem **Call** auch die Rückgabe und das Zerstören mit «Destroy»:

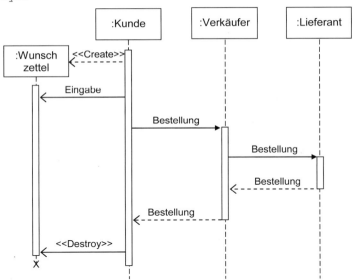

Bild 10-57 Sequenzdiagramm mit verschiedenen Nachrichtenarten

In dem folgenden Beispiel wurde wegen der Weichheit des UML-Standards die Antwort an den Aufruf 1.1 angeschrieben und ein Attribut benutzt.

Bezüglich der Nummerierung der Nachrichten mit der Dezimalnotation wird auf Kapitel 11.4 verwiesen. An dieser Stelle soll lediglich die Verwendung verschiedener Nachrichtentypen demonstriert werden. Wer die Dezimalklassifikation hier noch nicht ver-

---

[124] Create kann sowohl ein Schlüsselwort als auch ein Stereotyp sein [Sup11, Table B.1].
[125] Verlorene Nachrichten werden mit einem schwarzen Kreis am Ende der Nachricht markiert. Gefundene Nachrichten werden mit einem schwarzen Kreis am Anfang der Nachricht markiert.

wenden will, kann die Nachrichten zunächst einfach mit 1:, 2:, 3: etc. durchnummerieren.

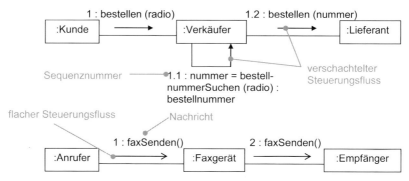

Bild 10-58 Prozeduraler und asynchroner Steuerungsfluss

Synchrone und asynchrone Aufrufe

In Fällen, in denen der Aufrufer nicht auf eine Antwort warten muss, wird ein Aufruf als **asynchron** spezifiziert.

Sendet ein Objekt eine **asynchrone Nachricht**, so feuert der Sender die asynchrone Nachricht und setzt dann die Bearbeitung des eigenen Steuerungsflusses fort, ohne auf eine Antwort vom Empfänger zu warten. Läuft er asynchron weiter und ist dennoch am Ergebnis interessiert, so muss er später wieder asynchron über das Ergebnis informiert werden.

Jede beliebige Instanz einer jeden Klasse kann Aufrufereignisse oder Signale empfangen. Handelt es sich um ein **synchrones** Aufrufereignis, treffen sich Sender und Empfänger für die Dauer der Operation. Dies bedeutet, dass der Steuerungsfluss vom Sender aufgehoben wird, bis die Ausführung der Operation abgeschlossen ist. Wenn ein Objekt also eine synchrone Nachricht aufruft, feuert der Sender die synchrone Nachricht, blockiert und wartet dann auf eine Antwort vom Empfänger. Bei einer **asynchronen** Nachricht findet kein Treffen statt. Der Sender überträgt eine asynchrone Nachricht, wartet aber nicht auf die Antwort des Empfängers. In jedem Fall

- kann das Ereignis verloren gehen,
- den Zustandsautomaten des Empfängers auslösen (synchroner oder asynchroner Aufruf),
- einfach einen normalen transformatorischen Methodenaufruf enthalten (synchroner Aufruf) oder
- ein Objekt erzeugt oder vernichtet werden.

10.13 Erweiterungsmöglichkeiten der UML

Über die Erweiterungsmechanismen ist es in UML möglich, die Notation zu erweitern und so an spezielle Anforderungen anzupassen. Mit den Erweiterungsmechanismen von UML kann die Sprache in kontrollierter Art und Weise erweitert werden.

Erweiterungsmechanismen von UML sind:

- Stereotypen,
- Eigenschaftswerte (engl. tagged values),
- Randbedingungen (Einschränkungen, engl. constraints).

Man kann eine beliebige Kombination der Elemente von UML in einem Diagramm darstellen. Die vordefinierten Diagramme entsprechen der gängigen Praxis.

Es ist nicht notwendig, sich auf die vordefinierten Diagrammtypen zu beschränken! Es ist zulässig, dass man seine eigenen Diagrammtypen erzeugt, um die Elemente der UML-Spezifikation aus einer bestimmten Sicht zu betrachten, solange man nicht gegen das UML-Metamodell verstößt. Dies sollte mit Bedacht erfolgen. Schließlich ist der Sinn von UML die Standardisierung.

Ein **UML-Profil** ist ein UML-Modell für einen bestimmten Anwendungsbereich mit einem Subset von UML-Elementtypen und vordefinierten Stereotypen bzw. Schlüsselwörtern, Eigenschaftswerten bzw. tagged values (siehe Kapitel 10.13.2), Randbedingungen und Basisklassen. Ein UML-Profil stellt keine neue Sprache oder Erweiterung von UML dar, da es herkömmliche UML-Elemente verwendet. In der Praxis verwenden die meisten Modellierer keine eigenen Profile.

10.13.1 Stereotyp

Ein Stereotyp wird durch einen Namen in Guillemets[126] notiert. Seit der Version 2.4 der Superstructure (siehe [Sup11]) werden Stereotypen großgeschrieben.

Ein **Stereotyp** dient zur Bildung eines Subtyps eines in der Sprache UML vorhandenen Elements. Mit einem Stereotyp wird der Wortschatz von UML erweitert. Wenn ein Modellelement mit einem Stereotyp ausgezeichnet wird, ändert sich dessen Bedeutung.

Ein Beispiel dafür ist:

Ein Element einer Klasse erhält einen Stereotyp «Entity» (siehe Kapitel 12). Damit gibt es jetzt neuartige Klassen, die alle Daten tragend sind und als Klassen des Problembereichs in der statischen Sicht durch "Peilen in die Realität" gewonnen werden können.

---

[126] Guillemets sind französische Anführungszeichen der Form «   ».

> Notiert wird ein Stereotyp bei einer Klasse, indem der Name des Stereotyps über dem Klassennamen angegeben wird. Man kann auch rechts vom Klassennamen ein grafisches Symbol einfügen oder ein neues grafisches Symbol für den Stereotyp einführen.

Ein Stereotyp wird in diesem Buch als Sprachelement von UML in der Schriftart `Courier New` notiert. Die drei genannten Möglichkeiten zur grafischen Visualisierung eines Stereotyps sind in den beiden folgenden Bildern dargestellt:

Bild 10-59 Klasse mit Stereotyp

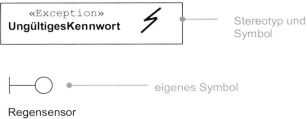

Bild 10-60 Andere Notationen für Stereotyp

Ein Stereotyp ist nicht ein Subtyp im Sinne einer Generalisierungsbeziehung zwischen einer Ober- und einer Unterklasse. Ein Stereotyp definiert vielmehr einen neuen Metatyp im Metamodell. Mit **Stereotypen** kann man auch Klassen klassifizieren. So kann man beispielsweise Entity-Klassen durch den Stereotyp «Entity» charakterisieren. Zu dem Metatyp "Klasse" im Metamodell kommt also der neue Metatyp "Entity-Klasse" dazu. Von dem Metatyp "Entity-Klasse" kann es beispielsweise die Klassen `Person` und `Student` als Instanzen dieses Metatyps geben. Hier ein Beispiel für eine Entity-Klasse:

Bild 10-61 Klassifizierung einer Klasse mit einem Stereotypen

> Jeder neue Stereotyp definiert einen neuen Metatyp.

Das Modellierungselement, auf das ein Stereotyp angewandt wird, wird dadurch in seiner Semantik präzisiert. Das gilt genauso auch, wenn man Stereotypen an Kanten wie z. B. Abhängigkeiten anschreibt.

> Es ist auch möglich, Hierarchien von Stereotypen aufzubauen und allgemeine Stereotypen und ihre Spezialisierungen einzusetzen.

10.13.1.1 Schlüsselwörter und Stereotypen

Schlüsselwörter und Stereotypen sind Bezeichner, die in der grafischen Notation von UML verwendet werden. Schlüsselwörter werden beispielsweise eingesetzt, damit man Modellelemente mit gleicher grafischer Notation unterscheiden kann. Obwohl Schlüsselwörter und Stereotypen durch ihre Notation in Guillemets ein gleiches Erscheinungsbild haben, dürfen sie nicht gleichgesetzt werden.

Schlüsselwörter sind in UML reservierte Begriffe und dürfen nicht als eigene Namen verwendet werden. Schlüsselwörtern kommt je nach Kontext eine gewisse Bedeutung in einem Modell zu. Sie werden in der Regel neben oder über dem Namen des Modellelements angegeben, auf das sie sich beziehen.

Stereotypen dienen zur Erweiterung des Wortschatzes der UML. Eine Teilmenge der Schlüsselwörter sind **vordefinierte Stereotypen**, auch **Standardstereotypen** genannt. Nicht jedes Schlüsselwort entspricht jedoch einem Stereotyp. Das bedeutet, dass nicht jedes Schlüsselwort einen Metatyp abändert, es sei denn, es ist ein Stereotyp.

Ein Schlüsselwort hat in UML eine feste Bedeutung. Hingegen können Stereotypen auch selbst definiert werden.

10.13.1.2 Standard-Stereotypen

In UML gibt es **Standard-Stereotypen** für verschiedene Modellelemente wie z. B.:

- `Utility`
  Eine Klasse ist eine Hilfsklasse und wird mit «`Utility`» ausgezeichnet. Alle Attribute und Operationen der Klasse sind Klassenattribute bzw. Klassenoperationen. Von dieser Klasse werden keine Instanzen gebildet.
- `Metaclass`
  Der Stereotyp «`Metaclass`» kennzeichnet eine Klasse, deren Instanzen ebenfalls Klassen sind [Sup11, S.715].
- `Instantiate`
  Mit dem «`Instantiate`»-Stereotyp wird ausgesagt, dass **das Ziel von der Quelle** erzeugt wird. Das folgende Beispiel zeigt die Klasse `Warenlager`. Diese kann über die Methode `neueWare()` ein neues Objekt der Klasse `Ware` erstellen.

Bild 10-62 Stereotyp «Instantiate»

Der Stereotyp «**Instantiate**» ist synonym zu dem Stereotyp «Create» [Sup11, Table B.1].

10.13.2 Eigenschaftswert

In UML 2.0 gibt es **Eigenschaftswerte** (engl. **tagged values**) nur noch für Stereotypen. In UML 1.x konnten Eigenschaftswerte noch für vorhandene UML-Elemente und für Stereotypen eingesetzt werden. Mit Eigenschaftswerten werden zusätzliche Eigenschaften (engl. properties) gesetzt.

> Ein **Eigenschaftswert** erweitert die Eigenschaften eines Stereotyps und bringt neue Eigenschaften in die Definition dieses Subtyps. Diese neuen Eigenschaften sind aber keine Eigenschaften, welche die Instanz betreffen. Vielmehr erweitern diese neue Eigenschaften den Stereotyp.

Ein Eigenschaftswert ist also nicht dasselbe wie ein Attribut einer Klasse.

> Eigenschaftswerte sind als Metadaten zu sehen.

Angeschrieben wird ein Eigenschaftswert als ein Name-Wert-Paar, welches in einer Notiz angegeben ist, die mit dem Element des Stereotyps verknüpft ist. Ein Beispiel hierfür ist, dass in einem Projekt nur Server einer bestimmten Kapazität eingesetzt werden sollen (siehe folgendes Bild).

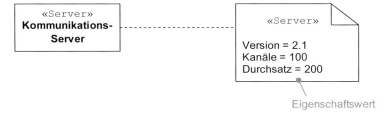

Bild 10-63 Eigenschaftswerte

Eigenschaftswerte werden in der Praxis meistens für Zwecke der Codegenerierung und des Konfigurationsmanagements eingesetzt. Beispielsweise wird notiert, dass alle Objekte eines Subsystems einer bestimmten Version angehören müssen. Zu diesem Zweck schreibt man den Eigenschaftswert mit der Konfigurationsangabe in einen mit dem Stereotyp verbundenen Kommentar. Die Versionsnummer gehört nicht zum Modell, sondern zu den Metadaten.

> Eigenschaftswerte umfassen ein Name-Werte-Paar der Form
>
> `name = wert,`
>
> also einen Namen in Form eines Strings – als Tag bzw. Eigenschaft – und ferner ein Gleichheitszeichen und einen Wert wie z. B. in `prozessorenzahl = 3`.

> Eigenschaftswerte werden in einer Notiz angegeben, die über eine Abhängigkeitsbeziehung (gestrichelte Linie) mit dem entsprechenden Element verbunden ist.

Eigenschaftswerte konnten in UML 1.x in einfachen Fällen noch in geschweiften Klammern angegeben werden. Das ist nun nicht mehr der Fall. Ebenso konnte in UML 1.x der Eigenschaftswert noch direkt unter dem Namen eines Elements notiert werden. Trägt ein Stereotyp Eigenschaftswerte, so werden diese im Falle der Ableitung auf den abgeleiteten Stereotyp vererbt.

10.13.3 Randbedingung

Eine Randbedingung ist ein boolescher Ausdruck. Der Begriff einer Randbedingung ist gleichbedeutend mit einer Zusicherung. Die Bedingung wird in geschweiften Klammern notiert. Mit Randbedingungen – auch Einschränkungen genannt – wird die Semantik von Bausteinen verändert. Man kann durch die Verwendung von Randbedingungen bestehende Regeln überschreiben oder neue Regeln festlegen. Randbedingungen können als Freitext, mit der **Object Constraint Language** (**OCL**) (siehe Kapitel 10.9) oder in einer nicht festgelegten anderen Sprache angegeben werden.

> Mit **Randbedingungen** kann die **Semantik von Bausteinen** verändert werden.

Es gibt zwei Möglichkeiten für die Notation. Randbedingungen werden

- einfach in der Nähe des betreffenden Elementes angegeben und ggf. über eine Abhängigkeitsbeziehung (gestrichelte Linie) mit dem oder den entsprechenden Elementen verknüpft (siehe Bild 10-64) oder
- in eine Notiz geschrieben.

Hier ein **Beispiel**:

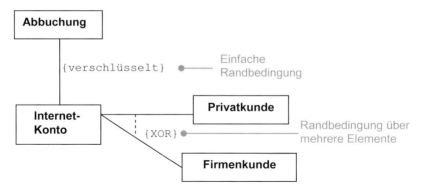

Bild 10-64 Randbedingungen

Randbedingungen werden immer in **geschweiften Klammern** angegeben.

Arbeitet man an Realzeitsystemen, so können beispielsweise auch zeitliche Anforderungen über Randbedingungen ausgedrückt werden.

10.14 Zusammenfassung

UML ist eine standardisierte Notationssprache. UML dient zur Kommunikation zwischen Entwicklern, als Architekturschema für Anwendungen und als formale Sprache, die eine automatische Codegenerierung erlaubt.

Die Väter von UML sind Booch, Rumbaugh und Jacobson. Der Schwerpunkt von Rumbaugh liegt auf der Datenmodellierung, Jacobson zeichnet sich insbesondere durch das Konzept der Anwendungsfälle aus und Grady Booch insbesondere durch seine Erfahrungen im Entwurf (siehe Kapitel 10.1).

Die meisten Diagramme von UML bestehen aus Knoten und Kanten. Beispiele für **Knoten** sind:

- Klassen,
- Objekte,
- Pakete oder
- Zustände.

Beispiele für **Kanten** sind:

- Assoziationen,
- Abhängigkeiten oder
- Zustandsübergänge (Transitionen).

Systeme haben eine **statische Struktur** und ein **dynamisches Verhalten** (Kapitel 10.2). Für beide Aspekte bietet UML Beschreibungselemente an.

Eine **Klasse** stellt einen Typ dar. Ein **Objekt** ist eine Variable vom Typ einer Klasse. Objekte sind Instanzen einer Klasse und entsprechen deren Vorgaben. Eine Klasse besteht im Wesentlichen aus Name, Attributen und Operationen (siehe Kapitel 10.3).

Für die **Sichtbarkeit von Attributen** (siehe Kapitel 10.3.2) gibt es die Symbole:

- (private)
- # (protected)
- ~ (package) und
- + (public)

Für Operationen können dieselben Sichtbarkeiten spezifiziert werden wie für Attribute.

Die Angabe des **Anfangswertes** von Attributen ist optional. Der **Eigenschaftsstring** {readOnly} zeigt an, dass ein Attribut nur gelesen werden darf. Ansonsten kann es auch geändert werden (siehe Kapitel 10.3.2).

Eine Operation stellt die Abstraktion einer Methode dar und umfasst die Schnittstelle der Methode mit ihren Verträgen. {sequential}, {guarded} und {concurrent} bezeichnen die Nebenläufigkeitseigenschaften von Operationen (siehe Kapitel 10.3.3). Enthält eine Klasse sehr viele Attribute oder Operationen, können diese durch einen selbst geschriebenen **Stereotypen** kategorisiert werden, indem man vor jede Gruppe eine beschreibende Kategorie als Präfix in Form eines Stereotyps voranstellt. Die Listen dieser Kategorien müssen nicht vollständig sein (siehe Kapitel 10.3.4).

Verantwortlichkeiten können in einem eigenen Zusatzbereich im Klassensymbol eingefügt werden (siehe Kapitel 10.3.5).

Was eine Klasse macht, ist die **externe öffentliche Ansicht der Klasse**, und wie sie es macht, die private, **interne Ansicht der Klasse**. Für Client-Programme braucht man die Außenansicht und für Programmierer der Klasse die Innenansicht.

Aktive Klassen werden für Threads und Betriebssystem-Prozesse benötigt, um einen eigenen Kontrollfluss anzuzeigen (siehe Kapitel 10.3.7).

Eine geschachtelte Klasse wird innerhalb einer anderen Klasse definiert und gehört zum Namensraum der einschließenden Klasse (siehe Kapitel 10.3.8).

Ein DataType ist ähnlich einer Klasse mit dem Unterschied, dass seine Instanzen nur durch ihren Wert identifiziert werden. Das bedeutet, dass die Instanzen eines DataType keine Identität haben wie die Instanzen einer Klasse. Sie sind nur Werte und keine Objekte (siehe Kapitel 10.4).

In UML wird zwischen den folgenden statischen Beziehungsarten unterschieden:

- Assoziationen,
- Generalisierungen,
- Realisierungen und
- Abhängigkeiten.

Da im Prinzip alle statischen Beziehungen vom Kern her Abhängigkeiten sind, ist die Strategie für das Klassifizieren von Beziehungen, zuallererst die klar erkennbaren Assoziationen, Generalisierungen und Realisierungen als besondere Abhängigkeiten festzulegen und die anderen Beziehungen dann als Abhängigkeiten darzustellen (siehe Kapitel 10.5).

Zusätze können beispielsweise sein:

- Rollen an Assoziationen,
- Multiplizitäten an Assoziationen,
- Sichtbarkeiten,
- Notizen oder
- Zusatzbereiche beispielsweise in Klassen, Komponenten und Knoten.

Notizen sind der wichtigste eigenständige Zusatz (siehe Kapitel 10.6).

Die textuelle Spezifikation in einem UML-Werkzeug hinter einem Modellelement muss die Syntax und Semantik eines Modellelements vollständig spezifizieren, wenn daraus Code generiert werden soll. Ein UML-Diagramm zeigt nur einen Ausschnitt aus der textuellen Spezifikation und kann unvollständig sein (siehe Kapitel 10.7).

Eine **Schnittstelle** spezifiziert einen Vertrag zwischen einem Kunden der Schnittstelle und einem Lieferanten, der die Dienste der Schnittstelle implementiert. Beide Vertragspartner können sich unabhängig voneinander verändern, solange sie den Vertrag erfüllen. Eine Schnittstelle spezifiziert im Wesentlichen eine Menge von Operationen und Signalrezeptoren, die zusammen das Verhalten einer Abstraktion bilden (siehe Kapitel 10.8).

Die OMG strukturiert die Beschreibung von **Modellen** in UML in vier Ebenen (siehe Kapitel 10.9):

- Meta-Metaebene (M3)
- Metaebene (M2)
- Modellebene (M1) und
- Datenebene mit Laufzeitinstanzen (M0)

Ganz allgemein ist ein Classifier ein Modellelement der UML, von dem eine **Instanz** gebildet werden kann. Classifier ist ein Begriff aus dem Metamodell von UML. Ein Classifier dient zur Beschreibung von strukturellen Aspekten. Klassen sind die allgemeinste Art eines Classifiers. Die anderen Classifier können als ähnlich zu den

Klassen angesehen werden. Einige Elemente in UML besitzen keine Instanzen. Dies ist beispielsweise der Fall bei Paketen und bei Generalisierungen. Sie sind damit keine Classifier (siehe Kapitel 10.9).

Eine **Kollaboration** stellt eine Zusammenstellung von Klassen, Schnittstellen oder anderen strukturellen Elementen dar, die zusammenarbeiten, um ein bestimmtes Verhalten hervorzurufen (siehe Kapitel 10.11).

Eine Kollaboration hat zwei Aspekte:

- einen strukturellen Teil und
- einen Verhaltensteil.

Der strukturelle Teil kann durch ein Klassendiagramm oder ein Objektdiagramm (siehe Kapitel 11.2) dargestellt werden, der Verhaltensteil durch ein Kommunikationsdiagramm (siehe Kapitel 11.4) oder Sequenzdiagramm (siehe Kapitel 11.5).

Eine **Interaktion** zeigt das Verhalten, also die Dynamik, eines Systems. Eine Interaktion umfasst die Wechselwirkungen innerhalb einer Gruppe von Objekten, die zusammenarbeiten. Eine Interaktion wird in UML z. B. in Kommunikations- und Sequenzdiagrammen dargestellt (siehe Kapitel 10.11). Nachrichten können dabei asynchron oder synchron sein.

Erweiterungsmechanismen von UML (siehe Kapitel 10.13) sind:

- Stereotypen,
- Eigenschaftswerte und
- Randbedingungen (Einschränkungen).

Ein **Stereotyp** dient zur Bildung eines Subtyps eines in der Sprache UML vorhandenen Elements. Mit einem Stereotyp wird der Wortschatz von UML erweitert. Wenn ein Modellelement mit einem Stereotyp ausgezeichnet wird, ändert sich dessen Bedeutung. Jeder neue Stereotyp definiert einen neuen Metatyp. Es ist auch möglich, Hierarchien von Stereotypen aufzubauen und allgemeine Stereotypen und ihre Spezialisierungen einzusetzen (siehe Kapitel 10.13.1).

Mit **Randbedingungen (Einschränkungen)** kann die Semantik von Bausteinen verändert werden. Randbedingungen werden immer in geschweiften Klammern angegeben (siehe Kapitel 10.13.3).

10.15 Aufgaben

Aufgabe 10.1: Geschichte der UML

10.1.1 Nennen Sie die Väter von UML.
10.1.2 Ist UML eine Methode oder eine Notation?

Aufgabe 10.2: Einsatzweck der UML

10.2.1 Ist UML an ein bestimmtes Vorgehensmodell wie RUP gebunden?
10.2.2 Welche Beziehungstypen kennt UML?

Aufgabe 10.3: Klassen und Attribute

10.3.1 Wie heißt die Instanz einer Klasse?
10.3.2 Erklären Sie, was man unter der Innenansicht und unter der Außenansicht einer Klasse versteht.
10.3.3 Wie unterscheiden Sie in UML in einer Klasse Instanzvariablen und Klassenvariablen?
10.3.4 Wie spezifizieren Sie konstante Attribute?
10.3.5 Nennen und erläutern Sie die Sichtbarkeit von Attributen und Operationen.
10.3.6 Erläutern Sie den Unterschied zwischen einer Operation und einer Methode.
10.3.7 Erklären Sie, wie Sie Stereotypen einsetzen können, um Attribute oder Operationen in einer Klasse zu gruppieren.
10.3.8 Wozu wird eine aktive Klasse eingesetzt und wie wird sie dargestellt?
10.3.9 Was ist eine geschachtelte Klasse?
10.3.10 Was ist eine Verantwortlichkeit einer Klasse?
10.3.11 Wie kann man Verantwortlichkeiten in einer Klasse darstellen?

Aufgabe 10.4: DataType und primitive Datentypen

10.4.1 Haben Instanzen eines DataType eine Identität? Können Operationen den Wert einer Instanz eines DataType abändern oder nicht?
10.4.2 Nennen Sie drei primitive Datentypen.

Aufgabe 10.5: Beziehungen zwischen Klassen

10.5.1 Nennen Sie die Beziehungsarten von statischen Beziehungen. Welche dieser Beziehungsarten sind unsymmetrisch, welche sind symmetrisch?
10.5.2 Welche dynamischen Beziehungen auf Objektebene kennen Sie?
10.5.3 Erklären Sie, welche Bedeutung eine Assoziation hat.
10.5.4 Was ist eine reflexive Assoziation?
10.5.5 Erklären Sie den Zusammenhang zwischen einer Rolle in einer Assoziation und einer Schnittstelle.
10.5.6 Was versteht man unter dem Begriff Navigation?
10.5.7 Erklären Sie den Unterschied zwischen Navigationsrichtung und Lesepfeil.
10.5.8 Erklären Sie den Unterschied zwischen Komposition und Aggregation.
10.5.9 Wozu dient eine Qualifikation?
10.5.10 Wie heißt die Instanz einer Assoziation?

Objektorientierte Notation mit UML – eine Einführung

10.5.11 Welche Assoziation existiert zwischen den folgenden Klassen eines Projektes für einen Kunden? Wie heißt die Assoziation?

| Kunde | | Projekt |

| Projektleiter |

10.5.12 Da eine Assoziationsklasse den Charakter einer Assoziation hat, kann sie nicht zwei Assoziationen zugeordnet sein. Welchen Trick wenden Sie an, wenn Sie eine Assoziationsklasse mit zwei verschiedenen Assoziationen verknüpfen wollen.

10.5.13 Was bedeutet die Randbedingung {ordered} an einem Ende der Assoziation?

10.5.14 Was ist ein Assoziationsattribut und eine Assoziationsklasse?

10.5.15 Was ist der Unterschied zwischen Verknüpfung und Assoziation?

10.5.16 Zeichnen Sie die kanonische oder expandierte Form der Realisierung.

10.5.17 Zeichnen Sie die verkürzte Form der Realisierung (Lollipop-Darstellung).

10.5.18 Erklären Sie die Lollipop- und Socket-Darstellung und die kanonische oder expandierte Darstellung für Schnittstellen und nennen Sie jeweils den Vorteil.

Aufgabe 10.6: Zusätze der UML

10.6.1   Geben Sie Beispiele für Zusätze an.

10.6.2   Wofür werden Zusatzbereiche verwendet?

Aufgabe 10.7: Dokumentation

10.7.1   Nennen sie die Hauptpunkte einer Klassenspezifikation.

10.7.2   Nennen sie die Hauptpunkte einer Beziehungsspezifikation.

Aufgabe 10.8: Das Konzept einer Schnittstelle

10.8.1   Was ist eine Schnittstelle?

10.8.2   Welche Spezifikation wird durch die Schnittstelle vorgenommen?

10.8.3   Wie heißt die Instanz einer Schnittstelle?

10.8.4   Welchen Vorteil hat die Festlegung von Schnittstellen?

Aufgabe 10.9: Metamodell

10.9.1   Was ist ein Metamodell?

10.9.2   Was versteht man unter einem Classifier?

Aufgabe 10.10: Erweiterungsmöglichkeiten von UML

10.10.1 Was sind die Erweiterungsmöglichkeiten von UML?

10.10.2 Erklären Sie den Unterschied zwischen Stereotyp und Schlüsselwort.

10.10.3 Erklären Sie die «use»-Beziehung (Verwendungsbeziehung).

Kapitel 11

Einführung in standardisierte Diagrammtypen nach UML

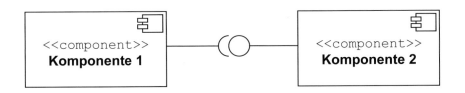

11.1   Klassendiagramm
11.2   Objektdiagramm
11.3   Anwendungsfalldiagramm
11.4   Kommunikationsdiagramm
11.5   Sequenzdiagramm
11.6   Aktivitätsdiagramm
11.7   Zustandsdiagramm
11.8   Komponentendiagramm
11.9   Verteilungsdiagramm
11.10 Paketdiagramm
11.11 Interaktionsübersichtsdiagramm
11.12 Kompositionsstrukturdiagramm
11.13 Zeitdiagramm
11.14 Zusammenfassung
11.15 Aufgaben

11 Einführung in standardisierte Diagrammtypen nach UML

Als standardisierte **Diagrammtypen** bietet UML seit der Version 2.0 insgesamt 13 Diagrammtypen. Diese sind in Bild 11-1 zusammengestellt:

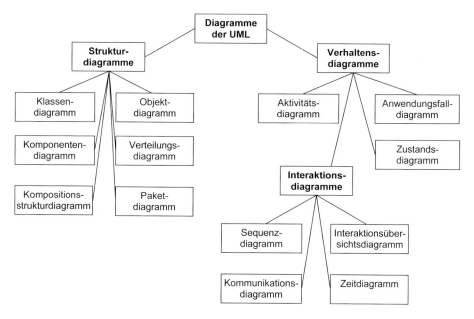

Bild 11-1 Diagrammtypen der UML 2

Diese Diagrammtypen sind festgelegte Sichten auf ein Modell. Die Diagrammtypen nach UML können nicht als orthogonal zueinander betrachtet werden. Oft lassen sich für einen bestimmten Zweck verschiedene Diagramme einsetzen.

Jeder Diagrammtyp kann grundsätzlich in jedem Schritt eines Entwicklungsprozesses verwendet werden. Angaben zum Einsatz werden in UML nicht vorgegeben. Dennoch wird z. B. ein Anwendungsfalldiagramm in einem frühen Schritt eingesetzt und ein Verteilungsdiagramm erst dann, wenn es um die Implementierung geht.

Notationselemente der Modellierung entsprechen Sprachkonzepten im Metamodell in Form einer Metaklasse. Dabei können Sprachkonzepte, die eigentlich zu verschiedenen Diagrammtypen gehören, auch zusammen in einem neuen, nicht standardisierten Diagrammtyp auftreten. Man kann de facto seine eigenen Diagrammtypen erfinden. Voraussetzung dabei ist natürlich, dass das Metamodell von UML eingehalten und nicht verletzt wird. Standard-Diagramme können beispielsweise gemischt werden. Der besondere Wert von UML liegt aber in der Standardisierung. Daher sollten Abweichungen, die zwar dem UML-Metamodell, aber nicht den standardisierten Diagrammtypen entsprechen, mit Bedacht eingesetzt werden.

Einführung in standardisierte Diagrammtypen nach UML

Es ist in UML erlaubt, **eigene Diagrammtypen** zu erfinden. Dennoch sollte man extrem sparsam damit umgehen. Schließlich ist das Kernziel von UML die Standardisierung.

Ein Diagramm kann einen optionalen **Titel** (engl. **heading**), der das auf der eigentlichen Zeichenfläche dargestellte Diagramm kennzeichnet, und einen optionalen **Rahmen** enthalten. Wenn der Rahmen weggelassen wird, ist auch der Titel wegzulassen.

Das folgende Bild zeigt Titel und Rahmen:

Bild 11-2 Titel und Rahmen

Der Titel ist ein Name, dem optional die Diagrammart vorgestellt und optional Parameter nachgestellt sein können. Damit lautet ein Titel:

```
Titel = [Diagrammart]Name['('Parameter')']
```

Die Diagrammart kann in **Langform** oder in **Kurzform** angegeben werden. Die UML definiert die in Tabelle 11-1 gezeigten Lang- und Kurzformen als Diagrammart:

Langform	Kurzform	UML Diagramm
activity	act	Aktivitätsdiagramm
class	-	Klassendiagramm
deployment	dep	Verteilungsdiagramm
component	cmp	Komponentendiagramm
interaction	sd	Sequenzdiagramm, Kommunikationsdiagramm, Zeitdiagramm, Interaktionsübersichtsdiagramm.
package	pkg	Paketdiagramm
state machine	stm	Zustandsdiagramm
use case	uc	Anwendungsfalldiagramm
-	ref	Referenz auf ein Diagramm[127]

Tabelle 11-1 Kurz- und Langformen von UML-Diagrammtypen

In der Superstructure werden bei den Beispieldiagrammen die Diagrammarten stets fett geschrieben. Eine Kurzform kann im Falle eines Interaktionsdiagramms für mehrere Diagramme (siehe [Sup11, S.703]) gelten. Die Kurzform sd wird für ein

– Sequenzdiagramm,
– Kommunikationsdiagramm,

---

[127] Zur Referenz auf ein Diagramm siehe Kapitel 11.11

- Zeitdiagramm und
- Interaktionsübersichtsdiagramm

eingesetzt.

Für das Klassendiagramm gibt es keine Kurzform, nur den Typ "class".

Für die beiden Diagramme Objektdiagramm und Kompositionsstrukturdiagramm werden in der Superstructure keine Angaben zu den Titeln gemacht. Einige Hersteller von UML-Werkzeugen gehen so damit um, dass der englische Name des Diagramms im Rahmentitel steht. So wird beispielsweise bei Enterprise Architect im Objektdiagramm der Titel "object" verwendet, im Kompositionsstrukturdiagramm der Titel "composite structure".

UML-Diagramme beinhalten grafische Elemente, welche UML-Modellelemente repräsentieren [Sup11, S.701]. Der Titel eines Diagramms hängt davon ab, ob ein Diagramm geschachtelt ist oder nicht.

In einem "**flachen**" – also nicht geschachtelten – Diagramm bestimmen die wesentlichen im Diagramm dargestellten grafischen Symbole den Typ des Diagramms. So enthält ein Klassendiagramm als wesentliche Bestandteile Klassensymbole [Sup11, S. 701].

Andererseits stellt bei einem **geschachtelten** Diagramm [Sup11, S. 701] der Titel eines Diagramms entweder

- die Art, den Namen und die Parameter des umfassenden Namensraums dar wie im Beispiel von Bild 11-3:

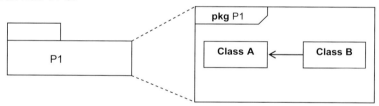

Bild 11-3 Diagrammtitel in Bezug auf den Namensraum

- oder das Modellelement, das innerhalb des Diagramms die durch Symbole dargestellten Elemente besitzt, wie im Beispiel von Bild 11-4:

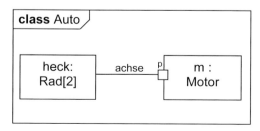

Bild 11-4 Diagrammtitel in Bezug auf ein Modellelement mit zugehörigen Elementen

- oder das Modellelement, das das innerhalb des Diagramms dargestellte Verhalten besitzt, wie im Beispiel von Bild 11-5:

Einführung in standardisierte Diagrammtypen nach UML

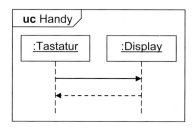

Bild 11-5 Diagrammtitel für ein Element, welches ein Verhalten besitzt

So kann beispielsweise ein Klassendiagramm ein Paket erläutern. Der Name des Diagramms ist dann beispielsweise `package p`. Genauso kann ein Kompositionsstrukturdiagramm als Inhalt einer Klasse dargestellt werden. Das Diagramm heißt dann beispielsweise `class c`. Ebenso kann beispielsweise das Verhalten eines Anwendungsfalls durch ein Sequenzdiagramm erläutert werden. Dieses Diagramm wird dann beispielsweise als `uc` bezeichnet [Sup11, Annex A]. Aber ein "flaches" Interaktionsdiagramm wird mit `sd` beschriftet.

Systeme haben eine **statische Struktur** und ein **dynamisches Verhalten**. Daher wird zwischen Struktur- und Verhaltensdiagrammen unterschieden. Die statische Struktur wird vor allem durch Klassendiagramme, Objektdiagramme, Komponentendiagramme, Verteilungsdiagramme und Paketdiagramme erfasst. Das dynamische Verhalten von Systemen wird insbesondere durch Kommunikationsdiagramme, Sequenzdiagramme, Zustandsdiagramme und Aktivitätsdiagramme beschrieben.

> **Strukturdiagramme** dienen zur **Strukturmodellierung**, **Verhaltensdiagramme** dienen zur **Verhaltensmodellierung**.

> Eine Neuerung seit UML 2.0 ist, dass alle **Verhaltensdiagramme beliebig durch Schachtelung verfeinert oder vergröbert** werden dürfen.

Dies bedeutet beispielsweise, dass ein Verhaltensdiagramm Teil eines übergeordneten Verhaltensdiagramms sein kann. Es besteht folglich die Möglichkeit, Elemente eines Verhaltensdiagramms verfeinert zu betrachten. Die Verschachtelungstiefe ist nicht begrenzt und kann deshalb beliebig tief werden.

Eine mögliche Verschachtelung von Verhaltensdiagrammen wird im folgenden Bild beispielhaft dargestellt. Darin wird der Anwendungsfall `Karte prüfen` der Klasse `Geldautomat` (links im Bild) durch ein darunter geschachteltes Zustandsdiagramm (Bildmitte) beschrieben.

Ebenso wird ein Zustand aus dem Zustandsdiagramm durch ein Kommunikationsdiagramm (rechts) genauer erfasst. Die Titel der Diagrammrahmen ganz rechts und in der Mitte in folgendem Bild verwenden die in Tabelle 11-1 erwähnten Kurzschreibweisen, um links neben dem Namen die Diagrammart anzugeben:

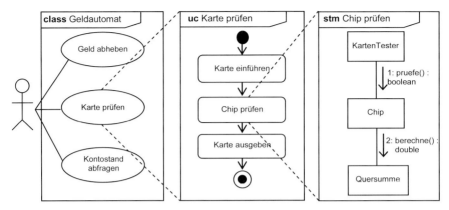

Bild 11-6 Verschachtelung von Verhaltensdiagrammen

Seit UML 2.0 sind in Verhaltensdiagrammen auch primitive Konstrukte wie **Schleifen**, **Selektionen** und **Ausnahmebehandlungen** möglich. Die Formulierung von Schleifen in Sequenzdiagrammen wird in Kapitel 11.5 gezeigt. Dass Verhaltensdiagramme nicht nur in grafischer Form, sondern auch in Tabellenform dargestellt werden können, soll hier nur ergänzend erwähnt werden.

Neu in UML 2.0 bei den Verhaltensdiagrammen ist, dass die **Kollaborationsdiagramme** von UML 1.x jetzt "**Kommunikationsdiagramme**" heißen. Neu in UML 2.0 ist auch das so genannte **Interaktionsübersichtsdiagramm** und das **Zeitdiagramm**. Das Interaktionsübersichtsdiagramm ist ein neuer Diagrammtyp, während Zeitdiagramme hingegen vom klassischen Software Engineering für Realzeitsysteme durchaus bekannt sind. Interaktionsübersichtsdiagramme werden in Kapitel 11.11 beschrieben, Zeitdiagramme werden in Kapitel 11.13 vorgestellt. Bei den Strukturdiagrammen ist das **Kompositionsstrukturdiagramm** (siehe Kapitel 11.12) dazugekommen.

Das sogenannte **Artefaktdiagramm** (siehe Kapitel 11.9.2) zählt zu den **Verteilungsdiagrammen** (siehe Kapitel 11.9). Das Artefaktdiagramm zeigt, welche Artefakte welche Klassen physisch implementieren, als auch die Beziehungen zwischen den Artefakten. Der Einsatz von Artefaktdiagrammen ist nur bei webbasierten Systemen gängig, um die Webseiten und weitere Artefakte wie eingebettete Grafiken und Applets[128] zu modellieren. Damit erhält man einen Überblick über den physischen Aufbau des Systems. Ansonsten ist es nicht üblich, die Beziehungen zwischen einer Klasse, ihrem Quellcode und ihrem Objektcode zu modellieren.

Das sogenannte **Subsystemdiagramm** ist ein **Komponentendiagramm** (siehe Kapitel 11.8), das im Wesentlichen Subsysteme (Komponenten mit dem Stereotyp «Subsystem») darstellt.

> Hat ein Diagramm zu viele Elemente, so lohnt es sich, im Diagramm gewisse Elemente in Kollaborationen oder Paketen zu gruppieren, um die Übersicht herzustellen.

---

[128] Applets sind Java-Programme, die im Webbrowser des Anwenders ausgeführt werden.

11.1 Klassendiagramm

Bei dem Klassendiagramm (engl. class diagram) gibt es in UML 2.0 nur kleinere Änderungen im Diagramm selbst.

Intern wurde das Klassendiagramm allerdings komplett neu gestaltet. Hinter dem Klassendiagramm steht nun ein komplett **neues Metamodell** (siehe Kapitel 10.9), das durch eine formale Spezifikation beschrieben ist.

Ein Klassendiagramm beschreibt die Struktur eines Systems vor allem durch **Klassen**, Schnittstellen und ihre Beziehungen. In der Objektorientierung wird dieser Diagrammtyp am häufigsten angetroffen.

Klassendiagramme enthalten üblicherweise:

- Klassen,
- Schnittstellen,
- Kollaborationen[129],
- Assoziationsbeziehungen,
- Generalisierungsbeziehungen,
- Realisierungsbeziehungen und
- Abhängigkeitsbeziehungen.

Klassendiagramme können beispielsweise auch Pakete[130] zu Gruppierungszwecken enthalten.

Klassendiagramme kommen hauptsächlich zum Einsatz, um die Beziehungen zwischen Klassen aufzuzeigen. Wenn ein Objekt zur Laufzeit seinen Typ ändert, werden auch Instanzen in das Klassendiagramm eingefügt [Boo06, S. 177].

Wenn man das Klassendiagramm eines Systems modelliert, beginnt man am einfachsten mit dem Klassendiagramm eines einzigen Anwendungsfalls, um die ersten Beziehungen zu entdecken, und arbeitet sich dann über die weiteren Anwendungsfälle schrittweise zum Klassendiagramm des gesamten Systems weiter vor. Es ist aber nicht erforderlich, ein einziges großes Klassendiagramm für das gesamte System zu zeichnen, das alles enthält. Alle Klassendiagramme zusammen stellen die statische Sicht dar. Ein einzelnes Klassendiagramm eines bestimmten Anwendungsfalls zeigt jeweils nur einen Aspekt des Systems. Allerdings stellt das gesamte Klassendiagramm des Systems eine übersichtliche Gesamtschau dar.

Das Klassendiagramm zeigt stets eine **statische Sicht** eines Systems oder eines Ausschnitts aus dem System. Dies gilt sowohl für die Systemanalyse als auch für den Systementwurf.

---

[129] Eine Kollaboration sind Objekte, die zusammenarbeiten, um gemeinsam eine Funktionalität zu erbringen. Eine Kollaboration hat eine Struktur und ein Verhalten.
[130] Pakete sind Behälter. Ein Paket kann beispielsweise Klassen und Schnittstellen oder Anwendungsfälle enthalten.

Klassendiagramme kommen zum Einsatz:

- Zum **Modellieren des "Vokabulars"**, hier der Klassen des Systems.
- Zum Festlegen der Klassen und der Beziehungen für eine **Kollaboration** oder für ein **ganzes System**.
- Zum **Modellieren von Datenbank-Schemata**[131]. Hierbei wird der logische Datenbank-Entwurf erstellt. Zu beachten ist, dass Geschäftsregeln für die Verarbeitung der persistenten Klassen auf einer höheren Ebene als der Ebene der persistenten Klassen einzuordnen sind. Ferner sollten alle Attribute von einem elementaren Typ sein. Eine Beziehung zu einem nicht elementaren Typ sollte generell durch eine explizite Assoziation und nicht durch ein Attribut beschrieben werden.
- In der **statischen Prozesssicht** werden Klassendiagramme mit aktiven Klassen (siehe aktive Klassen, Kapitel 10.3.7) dargestellt.

Generell bilden Klassendiagramme die Grundlage für Komponentendiagramme und Verteilungsdiagramme. Statt Klassen enthalten diese Diagramme Komponenten bzw. Knoten.

Bei einem System muss man ermitteln, welche Klasse welche andere Klasse bei der Erfüllung ihrer Aufgaben braucht. Zur Ermittlung der Assoziationen zwischen den Klassen werden zwei praktikable Methoden vorgestellt:

- zum einen die CRC-Methode[132] (siehe Kapitel 12.8.2),
- zum anderen die bereits vorgestellte Analyse von Anwendungsfällen (siehe auch Kapitel 12.8.3).

Die Nachrichten zwischen Objekten werden entlang der Instanzen der Assoziationen zwischen Objekten der Klassen ausgetauscht, aber auch entlang von temporären Beziehungen.

Beim Modellieren von Beziehungsnetzen zwischen Klassen, den **Klassendiagrammen**, muss man aufpassen, dass man keinen Wirrwarr erzeugt. Hat eine Klasse A eine Beziehung zu einer Klasse B und diese wiederum zu einer Klasse C, so stehen indirekt die Klassen A und C auch in Beziehung. Die Beziehung zwischen den Klassen A und C wird aber nur dann gezeichnet, wenn es eine direkte Beziehung ist und keine indirekte Beziehung. Nur wenn im Rahmen einer anderen Verantwortlichkeit eine direkte Kopplung besteht, wird diese Beziehung gezeichnet.

> Indirekte Beziehungen werden in Klassendiagrammen nicht eingezeichnet.

---

[131] Die Klassendiagramme von UML sind eine Obermenge der ER-Diagramme (siehe Kapitel 8). Während ER-Diagramme nur die Daten modellieren, erfasst ein Klassendiagramm auch das Verhalten. Im Falle einer Datenbank werden die Methoden dann beim Entwurf in der Regel zu Triggern bzw. Stored Procedures.

[132] Wenn das analysierte Dokument nach Anwendungsfällen strukturiert ist, kann man auch bei CRC anwendungsfallorientiert vorgehen.

Bild 11-7 zeigt als Beispiel das Klassendiagramm aus Entity-Klassen (siehe Kapitel 12) für ein einfaches Flughafensystem:

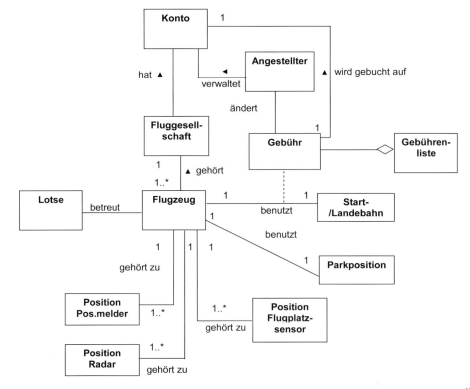

Bild 11-7 Klassendiagramm aus Entity-Klassen für ein einfaches Flughafensystem[133]

Auch wenn Klassendiagramme aus Entity-Klassen am geläufigsten sind, so beschränkt man sich dennoch innerhalb der statischen Sicht nicht nur auf Entity-Klassen. Man kann die folgenden Sichten einführen:

- **konzeptionelle Sicht** (nur Entity-Klassen des Problembereichs)
- **Verarbeitungssicht** (Entity- und Kontroll-Klassen des Problembereichs)
- **finale Sicht der Systemanalyse** (Entity-, Kontroll- und Schnittstellen-Klassen des Problembereichs)
- **Entwurfssicht** (alle Klassen des Entwurfs – Lösungsbereich)

Die Namen dieser vier Sichten werden durch dieses Buch festgelegt. Es ist jedoch offensichtlich, dass diese vier Sichten unterschieden werden können.

In der **konzeptionellen Sicht** versucht man, die Entity-Klassen des Problembereiches zu erkennen und erste Beziehungen zwischen diesen Klassen zu finden. Daten tragende Klassen des Problembereiches sind **Entity-Klassen** und stellen Objekte der Realität dar.

---

[133] Der Name der Assoziationsklasse Gebühr ist hier im Gegensatz zu UML 2 ein anderer Name als der Name der Assoziation.

In der **Verarbeitungssicht** kommen **Kontroll-Klassen** (siehe Kapitel 12) hinzu. Diese kapseln komplexe Verarbeitungsvorgänge. Verwendungsbeziehungen braucht man nicht im Klassendiagramm der konzeptionellen Sicht, sondern erst im Falle des Klassendiagramms – besser noch Objektdiagramms[134] – der Verarbeitungssicht bei der Benutzung von Entity-Objekten durch Kontrollobjekte.

Kurz vor dem Lösungsbereich bzw. der Entwurfssicht werden in der **finalen Sicht der Systemanalyse** noch zusätzlich **Schnittstellen-Klassen** zu Akteuren (siehe Kapitel 12) im Rahmen der Systemanalyse definiert. Schnittstellen-Klassen zu Akteuren stellen Schnittstellen dar wie beispielsweise eine Mensch-Maschine-Schnittstelle. Sie verbergen die Ausprägung der Akteure vor den Kontroll- und Entity-Objekten.

In Klassendiagrammen werden alle Beziehungen zunächst so einfach wie möglich erfasst. Fortgeschrittene Eigenschaften sollten erst dann verwendet werden, wenn es ohne sie nicht mehr geht. Man sollte nicht zwanghaft daran denken, möglichst rasch vollständig zu sein. Es macht eher Sinn, zunächst mit den wichtigen Beziehungen zu beginnen. Die weiteren Arbeiten führen dann peu à peu zu einer Vervollständigung der Abstraktionen und ihrer Beziehungen.

11.1.1 Klassennamen

Jede Klasse muss einen Namen besitzen. Es kann sich hierbei entweder um einen **einfachen Namen** oder um einen **qualifizierten Namen** wie in Bild 11-11 handeln.

Üblicherweise sind Klassennamen **kurze Substantive** (**Nomen**) oder **substantivierte Begriffe** (**Nominalphrasen**). Der Name der Klasse muss in UML fett geschrieben und zentriert sein. Er muss in UML mit einem Großbuchstaben beginnen. Bei zusammengesetzten Wörtern wird konventionsgemäß der erste Buchstabe jedes Worts meist groß geschrieben. Es ist möglich, nur den Namen der Klasse anzugeben, d. h. Attribute und Operationen wegzulassen. Wenn erforderlich, werden Attribute und Operationen gezeigt, sonst können sie auch unterdrückt werden.

Das folgende Bild zeigt nur den Namen einer Klasse:

Bild 11-8 Klasse `Punkt` *ohne Angabe von Attributen und Operationen*

Es ist auch möglich, nur die Operationen wegzulassen. Der Grund für die verschiedenen Notationsmöglichkeiten einer Klasse ist:

- Zunächst gilt es, überhaupt erst die Klassen zu finden.
- Dann beginnt man, die Attribute und die Operationen aufzuschreiben.

---

[134] Es macht Sinn, im Klassendiagramm der konzeptionellen Sicht zunächst ungerichtete Beziehungen zu zeichnen und im Kommunikationsdiagramm der Verarbeitungssicht dann gerichtete Nachrichten. Diese gerichteten Nachrichten gehen beim Entwurf in konkrete Methodenaufrufe über.

In kompakter Notation wird bei abstrakten Klassen (siehe Kapitel 11.1.5) der Klassenname kursiv geschrieben:

GrafischesElement

Bild 11-9 Notation einer abstrakten Klasse mit kursivem Klassennamen

Eine zweite Möglichkeit, um eine abstrakte Klasse zu notieren, ist die Verwendung der Randbedingung[135] {abstract} unter dem Namen der Klasse. Dies ist im folgenden Bild zu sehen:

GrafischesElement
{abstract}

Bild 11-10 Notation einer abstrakten Klasse mit Hilfe einer Randbedingung

Bei einem qualifizierten Namen steht wie in Bild 11-11 vor dem Klassennamen der Name des Pakets, in welchem sich die Klasse befindet, gefolgt von zwei Doppelpunkten. Mehrere Klassen, die funktional zueinander gehören, können in Paketen zusammengefasst werden. Beispiele hierfür sind in Java ein Paket für Oberflächen (z. B. Swing) oder für die Kommunikation (z. B. Remote Method Invocation).

In Bild 11-11 ist die Klasse Punkt eines Pakets namens Draw dargestellt:

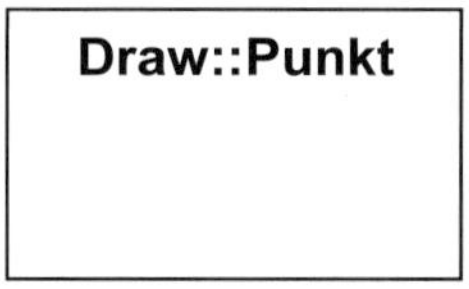

Draw::Punkt

Bild 11-11 Klasse mit qualifiziertem Namen

11.1.2 Sichtbarkeit von Attributen und Operationen

Die im Folgenden angesprochenen Eigenschaften werden anhand von Klassen erläutert, gelten aber für alle Classifier. Für die Eigenschaften Attribut oder Operation kann die Sichtbarkeit festgelegt werden. Sie regelt, welche anderen Classifier darauf zugreifen dürfen. In UML gibt es vier **Sichtbarkeitstypen**:

---

[135] Eine **Randbedingung** oder **Einschränkung** ist eine semantische Beziehung zu einem Modellelement/zu Modellelementen, die zum Ausdruck bringt, dass gewisse Bedingungen vorausgesetzt werden. Randbedingungen bzw. Einschränkungen werden als Text in geschweiften Klammern angegeben.

- Privat (engl. `private`), gekennzeichnet durch das Symbol –
  Nur der Classifier selbst kann auf eine Eigenschaft (Attribut bzw. Operation) zugreifen, wenn sie `private` ist.
- Geschützt (engl. `protected`), gekennzeichnet durch das Symbol #
  Der Classifier selbst und jede Erweiterung des Classifiers hat Zugriff auf dessen geschützte Eigenschaften.
- Paket (engl. `package`), gekennzeichnet durch das Symbol ~
  Durch die Voranstellung des Symbols ~ wird zum Ausdruck gebracht, dass nur Classifier aus demselben Paket bzw. in dessen Unterpaketen auf diese Eigenschaft zugreifen können.
- Öffentlich (engl. `public`), gekennzeichnet durch das Symbol +
  Eine Eigenschaft mit dieser Sichtbarkeit ist für jeden externen Classifier sichtbar, wenn der die Eigenschaft umschließende Classifier dies zulässt.

Prinzipiell kann das Sichtbarkeitssymbol auch entfallen. Allerdings ist von der UML kein Standardwert bei fehlendem Sichtbarkeitssymbol festgelegt. Das folgende Bild gibt Beispiele für Sichtbarkeiten:

Bild 11-12 Sichtbarkeiten

11.1.3 Gültigkeitsbereich

Die Standardeinstellung für Attribute und Operationen ist ein instanzweiter Gültigkeitsbereich. Eine klassenweite oder statische Gültigkeit wird durch ein Unterstreichen der entsprechenden Eigenschaften angezeigt. Mit dem Gültigkeitsbereich eines Attributs wird festgelegt, ob jede Instanz eines Classifiers einen eigenen Wert für diese Eigenschaft besitzt (Instanzvariable), oder ob es für diese Eigenschaft nur einen einzigen Wert gibt, der für alle Instanzen des Classifiers gilt (Klassenvariable). Auf Instanz- und Klassenvariable wird in Kapitel 9.2.2.1 eingegangen. Das folgende Bild visualisiert die verschiedenen Gültigkeitsbereiche:

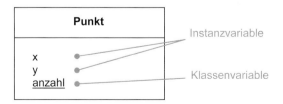

Bild 11-13 Gültigkeitsbereiche

11.1.4 Multiplizität einer Klasse

Üblicherweise wird bei Klassen davon ausgegangen, dass sie beliebig oft instanziiert werden können. In manchen Fällen jedoch möchte man die Anzahl der Instanzen, die von einer Klasse gebildet werden können, einschränken. Beispiele für eine solche Einschränkung sind die **Singleton-Klasse**, von der nur eine einzige Instanz gebildet werden kann, oder **Hilfsmittelklassen** mit Klassenvariablen und Klassenoperationen, die überhaupt nicht instanziiert werden können.

In UML kann die Anzahl der Instanzen, die eine Klasse besitzen darf, als Zahl in der **rechten oberen Ecke** angegeben werden. Sie wird als **Multiplizität** bezeichnet. Eine Multiplizität kann auch für **Attribute** verwendet werden. Das folgende Bild visualisiert Multiplizitäten:

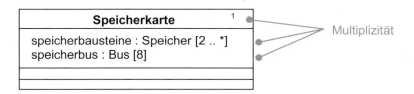

Bild 11-14 Multiplizität

In Bild 11-14 besitzt die Klasse Speicherkarte die Multiplizität 1. Das heißt, sie kann nur einmal instanziiert werden. Folglich handelt es sich hier um eine Singleton-Klasse. Des Weiteren verfügt diese Klasse über zwei oder mehrere Instanzen speicherbausteine vom Typ Speicher und über genau acht Instanzen speicherbus vom Typ Bus.

11.1.5 Abstrakte Klassen, abstrakte Operationen/Methoden und Blattelemente

Innerhalb von Klassenhierarchien können abstrakte Klassen definiert werden. Dabei handelt es sich um Klassen, die selbst nicht instanziiert werden können. Bei abstrakten Klassen wird der Klassenname kursiv geschrieben. Alternativ kann die Randbedingung {abstract} verwendet werden.

Ebenso wie Klassen können auch Operationen/Methoden abstrakt sein. Solche Operationen/Methoden sind dann noch nicht implementiert, sondern definieren nur die Signatur. **Operationen/Methoden** in einer Klassenhierarchie sind zudem üblicherweise **polymorph**, weil an unterschiedlichen Stellen der Hierarchie Methoden mit gleicher Signatur festgelegt werden können. Die Signatur und der Rückgabetyp einer abstrakten Operation/Methode werden ebenfalls wie der Klassenname kursiv geschrieben.

Die Randbedingung **{leaf}** gilt für Operationen, die nicht überschrieben werden dürfen. Eine Operation/Methode kann, wenn nichts anderes angegeben ist, überschrieben werden.

Das folgende Bild zeigt abstrakte Klassen sowie Operationen und Klassen, die nicht überschrieben werden dürfen, also Blatt-Klassen und Blatt-Operationen:

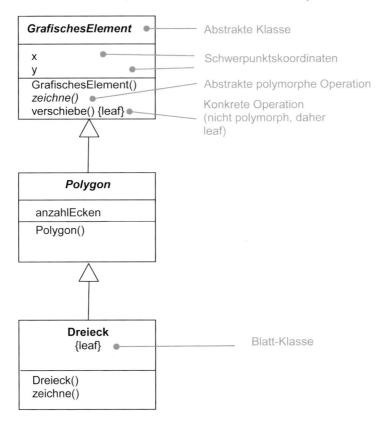

Bild 11-15 Abstrakte Klassen und Blatt-Elemente[136]

Die Klasse GrafischesElement ist abstrakt, ebenso die Klasse Polygon. Beide Klassen weisen die abstrakte Operation zeichne() auf. Diese wird erst in der konkreten Blatt-Klasse Dreieck als vollständige Methode zur Verfügung gestellt. Die Methode verschiebe() ist eine Blatt-Operation.

Nach Booch [Boo06, S. 157] erhalten Klassen, von denen nicht abgeleitet werden darf, auch die Randbedingung {leaf}. Diese Randbedingung soll unter dem Klassennamen angeschrieben werden.

---

[136] Ein Konstruktor einer abstrakten Basisklasse kann beispielsweise in Java nicht über new, aber über über super() aufgerufen werden.

11.2 Objektdiagramm

Ein Objektdiagramm (engl. object diagram) enthält Instanzen und ihre Verknüpfungen eines betrachteten Ausschnitts eines Systems zu einem bestimmten Zeitpunkt. **Instanzen** von Klassen, Komponenten und Knoten können modelliert werden, ebenso von Assoziationen und ihren Assoziationsklassen. Bei Objektdiagrammen gibt es wie beim Klassendiagramm seit UML 2.0 ein neues **Metamodell** (siehe Kapitel 10.9), das Diagramm selbst hat sich aber nicht geändert. Es wird jetzt auch als **Instanzdiagramm** bezeichnet. Am häufigsten kommen in ihm Objekte als Instanzen einer Klasse vor, auch wenn Instanzen beliebiger Classifier dargestellt werden können [Rup07, S. 178].

Ein Beispiel für ein Attribut name eines konkreten Objekts p der Klasse Person ist:

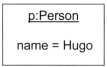

Bild 11-16 Attribut eines Objekts

Die Namen konkreter Objekte als **Speicherabbild** werden unterstrichen. Es ist üblich, den Typ eines Attributwerts bei der Klasse zu speichern, ebenso die Operationen. Sie müssen nicht bei den Objekten angegeben werden, da sie für die ganze Klasse gelten und es deshalb nicht notwendig ist, sie bei Objekten mitzuschleppen.

Wird der Zeitpunkt, den das Objektdiagramm zeigt, direkt nach der Instanziierung eines Objekts gewählt, so entsprechen die Werte der "Attribute" den Initialwerten, sofern diese nicht vom Konstruktor verändert wurden. Es ist aber auch möglich, die aktuellen Werte der Slots (siehe beispielsweise Kapitel 11.2.3) im Objektdiagramm anzugeben.

Hier ein Beispiel eines Objektdiagramms:

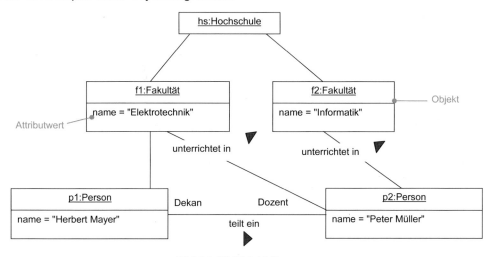

Bild 11-17 Objektdiagramm

Eine Verknüpfung oder Link – Instanz einer Assoziation – kann einen Namen tragen und Rollen, Qualifizierungen und eine Navigationsrichtung haben. Kompositionen und Aggregationen können dargestellt werden, Multiplizitäten nicht, denn ein Link verbindet einzelne Objekte. Je nach Multiplizität im Klassendiagramm kann es mehrere Links geben. Wenn es klar ist, dass eine Verbindung einen Link darstellt und keine Assoziation, muss der Name der **Verknüpfung** zwischen Instanzen nicht unterstrichen werden.

11.2.1 Namen von Objekten

Ein Objekt besitzt immer einen Typ. Der Typ ist der jeweilige Classifier, von dem das Objekt gebildet wurde. Wenn ein Objekt einen Namen besitzt, wird es als **benanntes Objekt** bezeichnet. Hat es keinen Namen, dann handelt es sich um ein sogenanntes **anonymes Objekt**.

Der Name wird vor dem Typ des Objekts – getrennt durch einen Doppelpunkt – angegeben. Der Typ kann auch ausgeblendet werden, sofern dieser aus dem Kontext ersichtlich ist. Konkrete Objekte als Instanzen werden in UML dadurch gekennzeichnet, dass Name und Typ – wenn vorhanden – unterstrichen werden. Ist das Objekt anonym (**anonyme Instanz**) und wird es ohne Classifier dargestellt, so wird es als unterstrichener Doppelpunkt dargestellt.

Benannte und anonyme Objekte werden im folgenden Bild gezeigt:

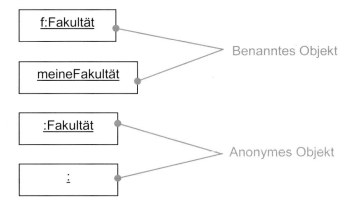

Bild 11-18 Benannte und anonyme Objekte

11.2.2 Der Begriff Instanz und Objekt

Ein Gegenstand der Realität wird in einer **Abstraktion** beschrieben (z. B. mit Hilfe einer Klasse). Sie beschreibt, welche Eigenschaften der Gegenstand besitzt. Die konkrete Ausprägung der Abstraktion dieses Gegenstandes bezeichnet man als **Instanz**. In einer Instanz sind den Eigenschaften konkrete Werte zugewiesen. Im Falle einer Klasse wird ihre Instanz als **Objekt** bezeichnet. Man muss aber Instanzen und Objekte differenzieren. Es ist zu beachten, dass die Begriffe Instanz und Objekt nur begrenzt synonym verwendet werden können. Eine Instanz einer Assoziation ist eine Verknüpfung oder ein Link, eine Instanz eines Knotentyps ist eine Knoteninstanz. Eine Verknüpfung ist natürlich kein Objekt. Ein Objekt ist also immer eine Instanz, aber eine Instanz muss nicht unbedingt ein Objekt sein. Fast alle Elemente in UML können anhand ihrer Abstraktion oder ihrer Instanz modelliert werden.

11.2.3 Slots für Instanzen

Das Objektdiagramm bietet die Möglichkeit, Werte von Instanzen zu einem bestimmten Zeitpunkt zu modellieren [Sup11, S.137]. Ein bekanntes Beispiel dafür sind Attribute von Klassen. Diese Werte können beliebige Formen annehmen, müssen jedoch bezüglich Multiplizität und Typ auf das entsprechend Attribut passen, z. B. eine Zahl zu einem `Integer`-Wert. Die Wertzuweisung zu einem "Attribut" eines Objektes wird als Slot bezeichnet. Die folgende Darstellung zeigt eine Klasse mit Attributen sowie die zugehörige Instanz mit den Slots.

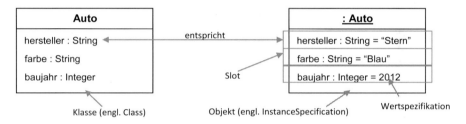

Bild 11-19 Slots für Instanzen

Ein Slot kann als die Instanz eines Attributs angesehen werden. Slot heißt frei übersetzt soviel wie Schacht oder Einschub. Insofern besteht ein Objekt aus mehreren Einschüben, in denen Werte angegeben werden können [Rup07, S. 185]. Pro Attribut einer Klasse besteht genau ein Einschub, welcher bei der Instanziierung eines Classifiers initial befüllt wird.

11.2.4 Operationen für Instanzen

An jeder Instanz kann auch eine Handlung vorgenommen werden. In der Abstraktion einer Instanz, der Klasse, wird festgelegt, welche Operationen für die Instanzen vorhanden sind, also welche Handlungen an einer Instanz vorgenommen werden können. Um diese Instanzoperationen auszuführen, muss eine Instanz zwingend vorhanden sein. Besitzt beispielsweise die Klasse `Fakultät` die Instanzoperation `getMitglieder()`, dann kann diese Operation nur in Verbindung mit einer Instanz von `Fakultät` aufgerufen werden, die hier `f` heißen soll:

`f.getMitglieder();`

Die zulässigen Operationen sind für alle Instanzen einer Abstraktion dieselben. Sie werden als Instanzoperationen daher bei der Abstraktion (Klasse) modelliert und kommen im Objektdiagramm nicht vor.

11.2.5 Zustände von Objekten

Instanzen können einen dynamischen **makroskopischen Zustand** (**Steuerungszustand**) besitzen, der durch die Anwendung von Operationen auf diese Instanzen verändert werden kann. Das folgende Bild zeigt, wie der makroskopische Zustand eines Objekts notiert werden kann:

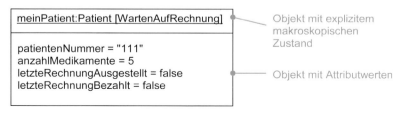

Bild 11-20 Zustand eines Objekts

Im Falle eines Objekts werden dessen Attribute in der Regel nur durch die Instanzmethoden des Objekts selber verändert.

Um den veränderlichen makroskopischen Zustand eines Objekts darzustellen, kann ein Objekt beispielsweise in einem Interaktionsdiagramm – wie etwa einem Sequenzdiagramm oder Kommunikationsdiagramm – oder in einem Aktivitätsdiagramm mehrfach dargestellt werden, für jeden auftretenden Zustand einmal. Ein Zustand kann benannt werden (siehe [Boo06, S. 219]). Dessen Name wird dann hinter dem Typ des Objekts in eckigen Klammern angegeben, wie es Bild 11-20 zeigt.

11.2.6 Beispiele für Objektdiagramme

In Bild 11-21 ist zuerst die Notation von Klassen für ein **Beispiel** zu sehen:

Bild 11-21 Klassendiagramm für "Eine Person isst von einem Teller"

Ein Objektdiagramm enthält die interessierenden Objekte zu einem bestimmten Zeitpunkt und ihre Beziehungen untereinander. Ein Objektdiagramm ist eine Momentaufnahme im Speicher (Speicherabbild). Während das Klassendiagramm die Abstraktionen beschreibt, zeigt das Objektdiagramm spezifische Instanzen, die aus dem Klassendiagramm abgeleitet werden können (siehe Bild 11-22 und Bild 11-23).

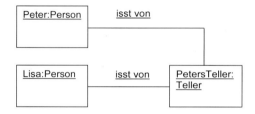

Bild 11-22 Objektdiagramm "Peter und Lisa essen von Peters Teller"

Einführung in standardisierte Diagrammtypen nach UML

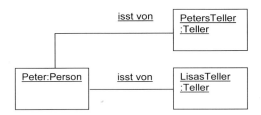

Bild 11-23 Objektdiagramm "Peter isst von seinem und von Lisas Teller"

Es gilt zu beachten: Ein herausgegriffenes konkretes Objekt ist eine Instanz einer Klasse und wird unterstrichen. Ein konkreter Link ist eine Instanz einer Assoziation und wird folglich ebenso unterstrichen. Aber wenn es klar ist, dass es ein Linkname ist, braucht der Name nicht unterstrichen zu werden. Da der Name der Assoziation hier aber gleich heißt wie der Link, ist ein Unterstreichen erforderlich.

Ein Objektdiagramm stellt wie das Klassendiagramm eine statische Sicht dar. Enthält das Objektdiagramm Instanzen aktiver Klassen (siehe Kapitel 10.3.7), so stellt es eine statische Prozesssicht dar. Klassendiagramm und Objektdiagramm enthalten weitgehend die gleichen Elemente, nur dass im Objektdiagramm anstelle von Klassen Objekte miteinander verknüpft sind und die Assoziationen aus dem Klassendiagramm jetzt Verknüpfungen von Objekten sind.

> Vererbungsbeziehungen und Realisierungsbeziehungen sind nur im Klassendiagramm sichtbar. Eine bestimmte Klasse ist in einem Klassendiagramm nur einmal vorhanden, Objekte einer solchen Klasse können im Objektdiagramm mehrfach vorkommen.

11.3 Anwendungsfalldiagramm

Ein **Anwendungsfalldiagramm** (engl. use case diagram) stellt eine Blackbox-Sicht auf die Anwendungsfälle eines Systems oder eines anderen Classifiers – allgemein eines sogenannten **Subjekts** – dar. Ein **Anwendungsfall** stellt eine einzelne Leistung eines Subjekts dar, die ein Nutzer oder ein Fremdsystem als Akteur abrufen kann. Jeder Classifier kann Anwendungsfälle besitzen; so beispielsweise ein Gesamtsystem, ein Teilsystem, eine Klasse oder eine Schnittstelle.

Mit Hilfe des Anwendungsfalldiagramms wird also dargestellt, welche Dienste das zu modellierende Subjekt zur Verfügung stellt und mit wem es in seiner Umwelt kommuniziert. Aus externer Sicht ist natürlich besonders wichtig, was man mit dem Subjekt anfangen kann, d. h. welche Funktionalität das Subjekt zur Verfügung stellt.

> Die Funktionen der Anwendungsfälle sind für einen Kunden von zentralem Interesse.

Ein Subjekt wird als ein Rechteck mit einem Namen, das die Anwendungsfälle des Subjekts zeigt, dargestellt. Ein Anwendungsfall wird in UML meist durch eine Ellipse mit durchgezogenem Rand dargestellt. Dabei kann der Name innerhalb oder unterhalb der Ellipse notiert werden. Das Anwendungsfalldiagramm zeigt die Anwendungsfälle (engl. **use cases**) eines Classifiers und die an einem Anwendungsfall beteiligten **Akteure**, die meist in Form eines Strichmännchens angegeben werden.

Will man viel über einen Anwendungsfall aussagen, wählt man nicht die Ellipsen-Notation für einen Anwendungsfall, sondern die Notation eines Classifiers wie im folgenden Bild:

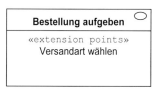

Bild 11-24 Anwendungsfall in Classifier-Notation

Das Anwendungsfalldiagramm beschreibt also die externe Sicht (Blackbox-Sicht) auf ein Subjekt und sagt aus, was das zu entwickelnde Subjekt können soll, mit anderen Worten, welche Anwendungsfälle oder Services es hat. Die Akteure sind nicht Teil des Subjekts. Es sind Objekte in der Umgebung des Subjekts, die mit dem Subjekt kommunizieren. Die Beteiligung eines Akteurs an einem Anwendungsfall wird meist durch eine ungerichtete Assoziation zu diesem Anwendungsfall wie in Bild 11-25 ausgedrückt:

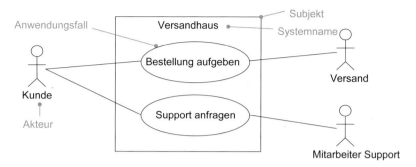

Bild 11-25 Einfaches Anwendungsfalldiagramm

Anwendungsfalldiagramme können aber auch gerichtete Assoziationen enthalten. Assoziationen können einen Namen tragen.

Im Vordergrund dieses Kapitels steht das Anwendungsfalldiagramm für ein Gesamtsystem.

> Ein einfaches Anwendungsfalldiagramm zeigt ein System in Form eines Kastens, wobei die Anwendungsfälle als Ellipsen in dem System gruppiert sind und mit den Akteuren, die prinzipiell außerhalb des Systems stehen und die am Anwendungsfall beteiligt sind, mit einer Linie (einer Assoziation) verbunden werden.

Ein Akteur stellt einen Anwender in einer bestimmten Rolle, ein Fremdsystem oder ein Peripheriegerät des Systems wie z. B. eine Tastatur dar.

Nach UML werden im Anwendungsfalldiagramm alle Akteure aufgeführt. Ein Anwendungsfall wird beispielsweise von einem Akteur ausgelöst, kann aber auch mit mehreren **passiven Akteuren** kommunizieren. Auch passive Schnittstellen zum System sind Akteure, obwohl das Wort Akteur eigentlich aus dem Lateinischen von agere kommt, was "handeln" oder "tun" heißt, und ein passiver Akteur gerade nichts tut. Ein Akteur kann mit mehreren Anwendungsfällen kommunizieren.

Ein Akteur, der hier als Nutzer bezeichnet wird und als Anwender des Systems zu betrachten ist, wird manchmal auch als **primärer Akteur** bezeichnet im Gegensatz zum Systemadministrator, der oftmals **sekundärer Akteur** genannt wird.

Eine andere Einteilung bezeichnet eine Rolle als Akteur mit dem Begriff **"primärer Akteur"**. Daneben gibt es beispielsweise noch den Drucker, die Tastatur und den Bildschirm als Akteure. Sie ermöglichen das Arbeiten des primären Akteurs und werden deshalb manchmal als **sekundäre Akteure** bezeichnet.

Anwendungsfälle können entweder

- durch einen Akteur ausgelöst werden (**ereignisorientierte Anwendungsfälle**),
- zu bestimmten Zeitpunkten oder zyklisch vom System selbst gestartet werden (**zeitgesteuerte Anwendungsfälle**) oder
- durchgehend ablaufen (**fortlaufend aktive Anwendungsfälle**).

Ein System kann in seiner Gesamtheit durch Anwendungsfälle dargestellt werden oder es wird in Subsysteme unterteilt, für die jeweils die Anwendungsfälle der Subsysteme modelliert werden. Es können auch Pakete in einem Anwendungsfalldiagramm enthalten sein, um mehrere Anwendungsfälle zu größeren Einheiten zusammenzufassen.

11.3.1 Namen von Anwendungsfällen

Jeder Anwendungsfall muss einen eindeutigen Namen besitzen. Auch hier wird zwischen **einfachen** und **qualifizierten Namen** unterschieden, wobei der qualifizierte Name zusätzlich den Namen des Pakets angibt, in welchem sich der Anwendungsfall befindet. Der Name eines Anwendungsfalls darf aus einer beliebigen Anzahl von Buchstaben, Zahlen und den meisten Satzzeichen bestehen. Ausgenommen ist der Doppelpunkt, da dieser als Trennzeichen zwischen Paket und Anwendungsfallnamen dient. In der Regel ist der Name eine Verbalphrase.

Je ein **Beispiel** für einen einfachen und einen qualifizierten Namen ist im folgenden Bild zu sehen:

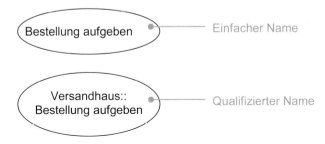

Bild 11-26 Namensgebung bei Anwendungsfällen

11.3.2 Anwendungsfälle und Szenarien

Durch einen Anwendungsfall wird nicht nur ein bestimmter Ablauf beschrieben, sondern eine Menge von möglichen Abläufen. Es kann für einen Anwendungsfall verschiedene Alternativen geben. Ein Anwendungsfall hat stets ein Ergebnis. Formal gesehen ist das Ergebnis eines Anwendungsfalls ein Wert, der an einen Akteur gegeben wird wie z. B. die Ausgabe eines Dokumentes auf einem Drucker.

Anwendungsfälle stellen nichts anderes dar als eine **Verallgemeinerung von Szenarien** (speziellen Abläufen), in denen der Aufruf und der Ablauf einer Anwendungsfunktion durchgespielt werden. Allerdings wird ein solcher Anwendungsfall nicht, wie bei Szenarien üblich, mit ganz konkreten Datenwerten durchgespielt, sondern mit

"Variablen". Alle Informationen, die fließen, tragen einen Namen. Während beim Anwendungsfall nach **Basisablauf**[137] und **alternativer Ablauf** unterschieden wird, läuft ein Szenario einfach komplett entsprechend seinen Parametern ab.

> Ein **Szenario** ist ein **bestimmter Ablauf eines Anwendungsfalls mit bestimmten Parametern**. Ein Anwendungsfall kann als Typ angesehen werden und ein Szenario als eine Instanz des Anwendungsfalls.

11.3.3 Verfeinerung von Anwendungsfällen im Anwendungsfalldiagramm

Um die Anwendungsfälle eines Systems zu strukturieren, kann ein Anwendungsfall modular aus Teilen aufgebaut werden. Zwischen diesen Teilen bestehen die folgenden Beziehungsarten:

- **Erweiterungsbeziehung**: Sie drückt die potenzielle Erweiterung eines **lauffähigen** Anwendungsfalls durch einen anderen Anwendungsfall aus. Das Verhalten eines Anwendungsfalls kann, muss aber nicht erweitert werden. Bei Erfüllen von Bedingungen an sogenannten Erweiterungspunkten wird der erweiternde Anwendungsfall ausgeführt. Fehlt die Bedingung, wird der Anwendungsfall am Erweiterungspunkt erweitert.
- **Inklusionsbeziehung**: Sie drückt aus, dass ein Anwendungsfall einen anderen Anwendungsfall benutzt, **um überhaupt lauffähig zu werden**. Dabei hat der Anwendungsfall, der benutzt wird, in der Regel die Eigenschaft eines **Bibliothekbausteins**.
- **Vererbungsbeziehung:** Sie drückt aus, dass ein Anwendungsfall die Spezialisierung eines anderen Anwendungsfalls ist.

Diese drei Beziehungen sind im folgenden Bild zu sehen:

Bild 11-27 Beispiel für Beziehungen

---

[137] Der Basisablauf ist der "normale Ablauf" eines Anwendungsfalls, wie er im positiven Fall erwartet wird. Ein Alternativablauf enthält eine Alternative für den normalen Ablauf.

Diese Beziehungsarten werden im Folgenden beschrieben. Die Einbindung eines modularen Bausteins in einen vorhandenen Anwendungsfall wird jedoch in UML in keinem dieser 3 Fälle präzise beschrieben.

11.3.3.1 Erweiterungsbeziehung

Das Verhalten eines lauffähigen Anwendungsfalls kann durch das Verhalten eines anderen Anwendungsfalls erweitert werden. Die Stelle, an der ein Anwendungsfall erweitert werden kann, ist der sogenannte Erweiterungspunkt. Die Erweiterung findet an einem oder mehreren Erweiterungspunkten (engl. extension points) statt. Der zu erweiternde Anwendungsfall wird vollständig unabhängig von seinen Erweiterungen beschrieben und stellt einen eigenständigen Ablauf dar. Ein zu erweiternder Anwendungsfall ist auch ohne optionale Erweiterungen sinnvoll. Bei Änderungen im erweiternden Anwendungsfall bleibt der erweiterte Anwendungsfall unverändert. **Der erweiternde Anwendungsfall stellt nur ein Inkrement für spezielle Bedingungen dar**.

Das Schlüsselwort «**extend**» dient in UML der Trennung des optionalen erweiternden Verhaltens von dem erweiterten Anwendungsfall. Erweiterungsbeziehungen werden in den folgenden Fällen verwendet:

- Modellierung komplexer alternativer Abläufe, die selten ausgeführt werden.
- Modellierung optionaler Teile des Anwendungsfalls.
- Modellierung getrennter Unterabläufe, die nur in speziellen Fällen auftreten.
- Um mehrere verschiedene Unter-Anwendungsfälle in einen bestimmten Anwendungsfall einfügen zu können.

Ein Standardbeispiel für Erweiterungen sind Fehlerfälle in der Anwendung. Diese werden zunächst nicht betrachtet, da erst der Normalfall modelliert wird. Sie kommen dann als Erweiterungen zum Normalfall hinzu. Die Notation einer Erweiterungsbeziehung ist ein Abhängigkeitspfeil mit dem Schlüsselwort «extend» (siehe Bild 11-28).

Anwendungsfall A   Anwendungsfall B

Bild 11-28 Form der extend-Beziehung

Der extend-Pfeil geht **vom** erweiternden **Anwendungsfall B zum erweiterten Anwendungsfall A**. Eine durch das Schlüsselwort «extend» gekennzeichnete Abhängigkeitsbeziehung stellt die Erweiterungsbeziehung dar. Die obige Grafik bedeutet:

- Der Anwendungsfall A kann durch den Anwendungsfall B erweitert werden.
- Anwendungsfall A wird völlig unabhängig vom Anwendungsfall B beschrieben und ist ohne die Erweiterung lauffähig.
- In der Anwendungsfallbeschreibung von A ist die Einfügestelle anzugeben.

Beispiel:

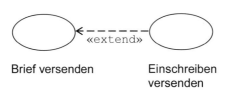

Bild 11-29 Beispiel für eine extend*-Beziehung*

Der Anwendungsfall Einschreiben versenden wird in den Anwendungsfall Brief versenden eingefügt. Im Anwendungsfall Brief versenden kann dafür eine Bedingung angegeben werden. Ist der Anwendungsfall Einschreiben versenden beendet, wird der Anwendungsfall Brief versenden fortgesetzt.

Angabe des Erweiterungspunkts

Bei der extend-Beziehung wird die Erweiterungsstelle textuell im Symbol des zu erweiternden Anwendungsfalls und in der Beschriftung der extend-Beziehung erwähnt. Dies ist im folgenden Bild zu sehen:

Bild 11-30 Beziehungen zwischen Anwendungsfällen

Die extend-Beziehung sagt aus, dass der erweiternde Anwendungsfall in den zu erweiternden Anwendungsfall eingefügt werden kann. Im Falle mehrerer Erweiterungspunkte werden die Erweiterungen der Reihe nach eingefügt [Sup11, S.609]. Möchte man dies nur unter gewissen Voraussetzungen zulassen (Erweiterungspunkt mit Bedingung), hängt man eine optionale Notiz (engl. note) an die extend-Beziehung an (siehe Bild 11-31). In dieser Notiz gibt man die Bedingung (engl. condition) mit dem Schlüsselwort Condition und die Bedingung in geschweiften Klammern an. Zusätzlich ist nach UML die Erweiterungsstelle mit Hilfe des Schlüsselworts extension point anzugeben.

So wird in Bild 11-31 der Anwendungsfall A am Erweiterungspunkt X um den Anwendungsfall B erweitert.

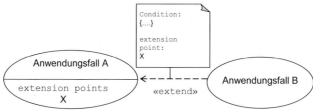

Bild 11-31 Anwendungsfall mit Erweiterungspunkt

Wo genau das eingeschlossene Verhalten im Falle einer «extend»-Beziehung in die Implementierung eines Anwendungsfalls einzufügen ist, wird in UML nicht spezifiziert.

Die Erweiterungsbeziehung kann (siehe [Boo06, S. 276]) in der Langbeschreibung eines Anwendungsfalls z. B. durch

. . . . .

'Sicherheitsniveau wählen': Erweiterungspunkt

. . . . .

angegeben werden.

11.3.3.2 Inklusionsbeziehung

Eine Inklusionsbeziehung wird durch eine Abhängigkeitsbeziehung mit dem Schlüsselwort «`include`» modelliert. Die Inklusionsbeziehung kann eine mehrfache Wiederverwendbarkeit unterstützen, aber auch nur eine Verfeinerung. Eine mehrfache Wiederverwendung ist jedoch das eigentliche Ziel. Auf jeden Fall muss der inkludierte Anwendungsfall aufgerufen werden, damit der aufrufende Anwendungsfall überhaupt erst lauffähig wird.

Die Notation einer `include`-Beziehung ist:

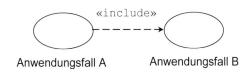

Bild 11-32 Form der `include`-Beziehung

Der `include`-Pfeil geht vom benutzenden Anwendungsfall A zum benutzten Anwendungsfall B. Die obige Grafik bedeutet:

Der Anwendungsfall A benutzt den Anwendungsfall B, d. h., er führt den Anwendungsfall B während seiner Abarbeitung aus. Der Anwendungsfall B ist für die Bereitstellung der erforderlichen Funktionalität des Anwendungsfalls A notwendig.

Wo genau das eingeschlossene Verhalten im Falle einer «`include`»-Beziehung in die Implementierung eines Anwendungsfalls einzufügen ist, wird in UML nicht spezifiziert. Die Inklusionsbeziehung kann in der Langbeschreibung eines Anwendungsfalls z. B. durch

. . . . .

include 'Drucken' (Inklusionsbeziehung)

. . . . .

angegeben werden (siehe [Boo06, S. 275]).

Beispiel:

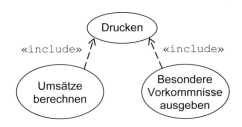

Bild 11-33 Beispiel für include-Beziehungen

Die Anwendungsfälle Umsätze berechnen und Besondere Vorkommnisse ausgeben führen jeweils den Anwendungsfall Drucken während ihrer Abarbeitung aus.

11.3.3.3 Vergleich der Erweiterungs- und Inklusionsbeziehung

Die folgenden Unterschiede werden gesehen:

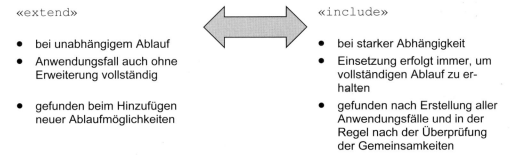

«extend»

- bei unabhängigem Ablauf
- Anwendungsfall auch ohne Erweiterung vollständig
- gefunden beim Hinzufügen neuer Ablaufmöglichkeiten

«include»

- bei starker Abhängigkeit
- Einsetzung erfolgt immer, um vollständigen Ablauf zu erhalten
- gefunden nach Erstellung aller Anwendungsfälle und in der Regel nach der Überprüfung der Gemeinsamkeiten

Bild 11-34 Vergleich der Schlüsselwörter extend und include

11.3.3.4 Vererbungsbeziehung

Eine Generalisierung zwischen Anwendungsfällen funktioniert genauso wie eine Generalisierung zwischen Klassen. Der untergeordnete Anwendungsfall übernimmt die Eigenschaften des übergeordneten Anwendungsfalls und kann diesen spezialisieren. Ein Anwendungsfall kann also vom Typ eines anderen Anwendungsfalls sein. Es wird die bei Klassen übliche Notation eines Vererbungspfeils angewandt.

Bei der Vererbungsbeziehung wird im UML-Standard die Einbindung des geerbten Anteils nicht präzise festgelegt.

Abstrakter Anwendungsfall

Ein ererbter Anwendungsfall kann abstrakt sein. Er kann dann nicht instanziiert werden und ist nicht ausführbar. Ein abstrakter Anwendungsfall ist also nicht vollständig und damit nicht selbstständig.

Der abstrakte Anwendungsfall enthält den gemeinsamen Teil ähnlicher Anwendungsfälle und stellt damit eine Verallgemeinerung dar. Bekanntermaßen ist ein Anwendungsfall ein Classifier, und dieser kann abstrakt sein. Er muss durch einen speziellen abgeleiteten Anwendungsfall vervollständigt werden. Wie bei abstrakten Classifiern wird der Name eines abstrakten Anwendungsfalls kursiv geschrieben, es sei denn, man verwendet eine Randbedingung (siehe Kapitel 10.13.3), um die Abstraktheit anzuzeigen.

Da die «extend»-Beziehung der Vererbung ähnelt, sollte man die Vererbungsbeziehung nach [Hit05, S. 185] auf abstrakte Anwendungsfälle beschränken, um Konflikte zu vermeiden.

11.3.4 Akteure

Wie bereits erwähnt, wird ein Mensch, ein Hardwaregerät oder ein weiteres System, das mit einem Anwendungsfall kommuniziert, durch einen Akteur dargestellt. Ein Akteur ist ein spezieller Classifier. Akteure werden meist durch Strichmännchen dargestellt, auch wenn es sich um ein Gerät oder ein System handelt. Der Name eines Akteurs wird oberhalb oder unterhalb des Strichmännchens angegeben. Ein Akteur kann aber auch durch die grafische Darstellung einer Klasse mit dem Schlüsselwort «actor» gekennzeichnet werden:

Bild 11-35 Akteur als Klasse

Zwischen den Akteuren sind **Generalisierungsbeziehungen** möglich, so dass eine allgemeine Art von Akteur definiert werden kann, die dann weiter spezialisiert wird.

Eine Generalisierungsbeziehung zwischen Akteuren ist im folgenden Bild zu sehen:

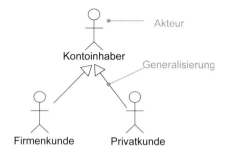

Bild 11-36 Akteure und Generalisierungsbeziehung

Ein Akteur gehört nicht zum System. Werden Informationen über einen Akteur im System geführt, so erscheint er auch als Klasse im System. Dies kann z. B. der Fall sein, wenn Berechtigungen für einen Akteur eingeführt werden.

11.3.5 Ereignisablauf eines Anwendungsfalls

Ein Anwendungsfall stellt dar, was ein System oder Subsystem tut, aber nicht, wie es dies tut. Dies ist Sache der Realisierung. Der Ablauf eines Anwendungsfalls kann auf verschiedene Arten beschrieben werden als

- formloser bzw. formloser Text mit Schlüsselwörtern,
- Pseudocode,
- Zustandsautomat,
- Aktivitätsdiagramm,
- Struktogramm,
- Entscheidungstabelle oder
- Vor- und Nachbedingungen.

Zumeist wird der Ablauf zuerst als Text erfasst. Wird die textuelle Beschreibung mehr als zwei Seiten lang, wird in der Regel zuerst ein Aktivitätsdiagramm gezeichnet und anschließend werden die Aktionen textuell beschrieben.

Bei der Beschreibung eines Anwendungsfalls ist zu beachten, dass nicht nur der Basisablauf beschrieben wird, sondern auch die möglichen Alternativabläufe. Kurzbeschreibungen von Anwendungsfällen finden sich in Kapitel 12.7 wieder, Langbeschreibungen werden in Kapitel 12.9 erläutert.

11.3.6 Realisierung von Anwendungsfällen durch eine Kollaboration

Ein Anwendungsfall beschreibt die Dienste eines Systems, aber nicht, wie diese Dienste ablaufen. Er stellt eine Blackbox-Sicht dar. Die Realisierung eines Anwendungsfalls wird durch Kollaborationen beschrieben. Kollaborationen stellen dar, wie ein Dienst eines Systems funktioniert. Meistens wird ein Anwendungsfall von exakt einer Kollaboration realisiert, weshalb die Beziehung zwischen Anwendungsfall und Kollaboration dann nicht aufgezeigt werden muss, aber kann.

Das folgende Bild zeigt die Darstellung einer Realisierungsbeziehung zwischen einem Anwendungsfall und einer Kollaboration in UML.

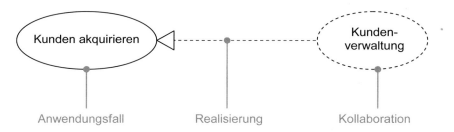

Bild 11-37 Realisierung eines Anwendungsfalls durch eine Kollaboration

11.4 Kommunikationsdiagramm

Ein Kommunikationsdiagramm (engl. communication diagram) beschreibt den Nachrichtenaustausch zwischen Objekten in einer bestimmten Form. Die exakte Ausprägung einer Nachricht wird in UML nicht spezifiziert. So gibt es beispielsweise keine Unterscheidung zwischen einem lokalen und entfernten (engl. remote) Aufruf einer Prozedur.

Kommunikationsdiagramme betonen mehr die strukturelle Organisation der beteiligten Objekte als die Reihenfolge der Botschaften. Im Kommunikationsdiagramm werden die verwendeten Objekte in der üblichen grafischen Notation für Objekte eingezeichnet. Zwischen zwei Objekten werden mit Hilfe von beschrifteten Pfeilen an den Beziehungen zwischen Objekten alle Nachrichten zwischen diesen beiden Objekten eingetragen. Man kann deshalb leicht erkennen, welche Objekte noch zu viele Nachrichten austauschen und damit eine starke Kopplung (engl. strong coupling) haben.

Ein Objekt als Interaktionspartner in einem Kommunikationsdiagramm wird auch als **Lebenslinie** bezeichnet. Dass man sowohl bei Sequenzdiagrammen als auch bei Kommunikationsdiagrammen von Lebenslinien spricht, hat den Vorteil, dass man allgemein sagen kann, dass Nachrichten ein Mittel zur Kommunikation zwischen Lebenslinien (siehe auch Kapitel 11.5) darstellen. In einem Kommunikationsdiagramm gibt es jedoch im Gegensatz zum Sequenzdiagramm keine Zeitachse.

11.4.1 Kommunikations- und Sequenzdiagramme

Kommunikationsdiagramme und Sequenzdiagramme sind weitgehend vom Inhalt her gleich. Sie zeigen den dynamischen Ablauf der Nachrichten und damit dynamische Beziehungen. Sie können in ihrer Grundform ineinander umgewandelt werden. In der vollständigen Form ist das Sequenzdiagramm seit UML 2.0 semantisch reicher als das Kommunikationsdiagramm und kann daher nicht mehr in ein Kommunikationsdiagramm abgebildet werden. Unterdiagramme mit Steuerungsoperatoren (siehe Kapitel 11.5.3) in Sequenzdiagrammen haben kein Gegenstück bei Kommunikationsdiagrammen. Es werden also in Kommunikationsdiagrammen Wechselwirkungen dargestellt, die keiner komplexen Kontrollstruktur bedürfen. In UML 2.0 wurden die Kollaborationsdiagramme von UML 1.x in Kommunikationsdiagramme umgetauft.

Sequenz- und Kommunikationsdiagramm dienen beide der Darstellung von Abläufen und damit der Darstellung von dynamischen Beziehungen. Für Kommunikationsdiagramme und für Sequenzdiagramme gibt es jedoch jeweils Vorzüge, die im Folgenden noch betrachtet werden.

Beim Kommunikationsdiagramm liegt bei einer Interaktion der Fokus auf der strukturellen Organisation der Objekte. Der Vorteil des Kommunikationsdiagramms ist, dass man die Objekte in einer Fläche anordnen und zusammengehörige Objekte nebeneinander gruppieren kann, so dass man die Abläufe zwischen verschiedenen Systemteilen übersichtlich darstellen kann. Die Struktur ist also besser darstellbar. Da beide Dimensionen zur Anordnung der Objekte verwendet werden, besteht die Möglichkeit der Angabe einer Zeitachse nicht.

> Objekte können im Kommunikationsdiagramm gruppiert werden, um eine Zusammengehörigkeit darzustellen.

Durch die Vergabe von Sequenznummern spezifiziert man die Reihenfolge im Kommunikationsdiagramm. Der Vorteil des **Sequenzdiagramms** ist, dass sich die Reihenfolge der Flüsse aus ihrer Lage auf der Zeitachse ergibt.

> Ein Sequenzdiagramm stellt die zeitliche Anordnung des Austauschs von Nachrichten in den Mittelpunkt.

Es sollte erwähnt werden, dass ein Sequenzdiagramm als Darstellung sinnvoll ist, wenn die Spezifikation bereits abgeschlossen ist. Beim Modellieren eines Systems, bei dem man Objekte und ihre Beziehungen erst noch finden muss, ist das Kommunikationsdiagramm deutlich änderungsfreundlicher, da man einfacher noch zusätzlich erforderliche Objekte einfügen kann.

11.4.2 Aufbau eines Kommunikationsdiagramms

UML unterscheidet von der Namensbildung her nicht die Kommunikationsdiagramme der Systemanalyse von denen des Systementwurfs. In beiden Entwicklungsschritten wird der Nachrichtenname in gleicher Weise gebildet. In diesem Buch werden die betreffenden Namen einer Nachricht aber bei der Systemanalyse und dem Systementwurf in verschiedener Weise gebildet. Darauf wird in Kapitel 11.4.4 eingegangen. Der Grund dafür ist, dass man in der Systemanalyse die Methodennamen und damit die späteren Nachrichtennamen meist noch gar nicht kennt. Ein Kommunikationsdiagramm der Analyse ist in Bild 11-38 zu sehen.

Um die Richtung und den Fluss der Nachricht anzugeben, werden im Kommunikationsdiagramm Pfeile verwendet, die an die Verbindungslinien zwischen den Lebenslinien angebracht werden (siehe Bild 11-38).

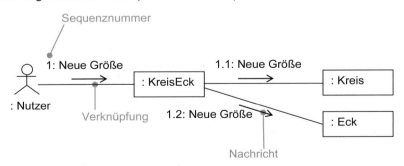

Bild 11-38 Kommunikationsdiagramm der Systemanalyse

In einem Kommunikationsdiagramm werden in einer zweidimensionalen Anordnung alle Objekte gezeichnet sowie die Beziehungen (Linien) zwischen den Objekten und die Nachrichten, die entlang dieser Linien ausgetauscht werden. Die Linie zwischen Sender und Empfänger muss dabei nach dem UML-Standard so verlaufen, dass sie entweder horizontal oder nach unten verläuft, wenn man sie vom Sender zum Empfänger durchläuft [Sup11, S. 508]. Das gilt auch für ein Sequenzdiagramm.

Es können beispielsweise auch Notizen, Bedingungen und Randbedingungen in einem Kommunikationsdiagramm enthalten sein.

Jede Nachricht in der UML hat eine Folgenummer (Sequenznummer) in der Reihenfolge der Nachrichten, eine optionale Bedingung, einen Namen und eine optionale Argumentliste sowie einen optionalen Rückgabewert. Die **Sequenznummer** schließt den optionalen Namen des Thread ein. Alle Nachrichten im selben Thread werden sequenziell geordnet.

11.4.3 Rollen und Instanzen

Die **Interaktionsdiagramme** Kommunikationsdiagramm und Sequenzdiagramm können entweder **konkrete Objekte** oder aber auch **Rollen** enthalten. Es gibt seit UML 2.0 einen feinen Unterschied zwischen konkreten Objekten und Rollen. **Konkrete Objekte** erscheinen in einzelnen Beispielen.

> **Rollen** treten in allgemeinen Beschreibungen auf. Eine **Rolle** ist nichts anderes als ein **Stellvertreter für konkrete Objekte** der Wirklichkeit.

Eine Rolle ist hierbei prototypisch zu sehen. Sie ist also zum Beispiel ein Objekt, bei dem es sich nicht um einen konkreten Gegenstand der realen Welt handelt, sondern um einen Platzhalter, der eine bestimmte Rolle spielt. **Rollen** repräsentieren **in Interaktionen prototypische Instanzen** beispielsweise von Klassen, Schnittstellen, Komponenten oder Knoten. Ein Objekt einer abstrakten Klasse ist ein Stellvertreter für ein Objekt einer Kindklasse. Entsprechend ist eine Schnittstelle ein Stellvertreter für Objekte, deren Klasse die Schnittstelle implementiert.

Üblicherweise sind die Handelnden in Interaktionen Stellvertreter für konkrete Objekte, die bestimmte Rollen spielen. In manchen Fällen ist es allerdings nützlich, Wechselwirkungen von konkreten Objekten untereinander zu beschreiben. Daher kann ein Kommunikationsdiagramm oder Sequenzdiagramm prinzipiell Rollen oder Instanzen enthalten. Im Kommunikationsdiagramm werden die Nachrichten zwischen **Rollen** über sogenannte **Verbinder** (engl. connector) ausgetauscht, zwischen **Objekten** über **Verknüpfungen** (engl. link). Eine Verknüpfung ist eine konkrete, eindeutige Instanz einer Assoziation. Eine Rolle bzw. ein Verbinder ist ein Stellvertreter. An die Stelle eines Stellvertreters können viele Objekte bzw. Verknüpfungen treten.

Das Objekt `hugo` beispielsweise soll hier eine konkrete Instanz der Klasse `Person` sein. Hat man nun aber mehrere Personen und will über diese iterieren, so kommt die Rolle ins Spiel. Man erstellt beispielsweise ein Objekt `pers` vom Typ `Person`, mit Hilfe dessen man über alle Personen iteriert. Das Objekt `pers` verkörpert die Rolle einer Person und ist nicht auf ein bestimmtes Objekt der Klasse `Person` festgelegt.

> Bei spezifischen Objekten wird seit UML 2.0 der Name unterstrichen dargestellt, bei den Rollen nicht. `pers:Person` ist eine Rolle, wobei `pers` der Rollenname und `Person` der Typ ist. `:Person` charakterisiert auch eine Rolle, da es irgendeine Person sein kann (Stellvertreter).

11.4.4 Interaktionen bei Systemanalyse und Systementwurf

Eine Interaktion besteht aus Objekten und ihren dynamischen Beziehungen, insbesondere den Nachrichten, welche von den Objekten ausgetauscht werden. Interaktionen von Objekten gibt es in der Systemanalyse und im Systementwurf. Im Rahmen der **Systemanalyse (Logik)** arbeitet man in diesem Buch mit Nachrichten, welche den Informationsfluss charakterisieren, in substantivierter Form ohne Parameter, da man in der Systemanalyse den Namen einer Operation und die Parameter – wie in UML möglich – meist noch gar nicht kennt. Diese werden dann in diesem Buch im Rahmen des **Entwurfs** in Nachrichten mit Parametern, also Methodennamen mit Aufrufparametern oder einer leeren Liste von Argumenten umgesetzt, die der Schnittstelle von Operationen mit ihren formalen Parametern entsprechen.

Bild 11-39 zeigt für ein Kommunikationsdiagramm des Systementwurfs die Methodenaufrufe:

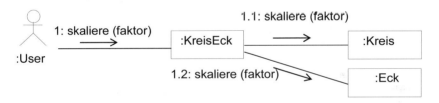

Bild 11-39 Kommunikationsdiagramm des Systementwurfs

Die **Syntax der Nachrichten** in UML bei Interaktionen zwischen den Lebenslinien ist – wie bereits in Kapitel 10.12 erwähnt – [Sup11, S. 508]:

```
<messageident>::=   ([<attribute '='] <signal-or-operation-name>
            ['('[ <argument> [',' <argument>]*')']
            [(':'<return-value>])|'*'
```

Der Rückgabewert (engl. return-value) und die Zuordnung zu Attributen[138] werden nur für Antwortnachrichten benutzt. Die Zuordnung zu Attributen erfolgt für den Rückgabewert und für `(in)out`-Parameter. Nach UML wird an Antwortnachrichten erneut der Name der aufrufenden Nachricht und der Rückgabewert angeschrieben.

Die Attribut-Zuordnung ist eine Kurzschreibweise dafür, dass der Rückgabewert einer Nachricht einem Attribut zugewiesen wird.

---

[138] Bei Rumbaugh et al. in [Rum04, S. 243] werden Zuweisungen an Attribute an Aufrufnachrichten angeschrieben.

Beim Kommunikationsdiagramm besteht im Gegensatz zum Sequenzdiagramm das Problem, dass es im UML-Standard beim **Kommunikationsdiagramm keine Antwortnachrichten** gibt (siehe Kapitel 10.12). In der Superstructure wird nicht darauf eingegangen, wie man dann die zweifellos vorhandenen Rückgabewerte modelliert. Daher findet man in der Praxis die verschiedensten Ausprägungen. In diesem Buch werden Rückgabewerte so dargestellt, dass sie an der aufrufenden Nachricht mit angegeben werden (siehe z. B. Bild 11-42).

Ein beliebiger Parameter kann durch einen Bindestrich symbolisiert werden. Wenn bei allen angegebenen Parametern zusätzlich auch der Parametername angegeben wird, kann ein Parameter auch ganz weggelassen werden [Sup11, S. 509].

Wird statt des Namens einer Nachricht der * verwendet, so bedeutet das, dass eine beliebige Nachricht gesandt werden kann.

Beispiele:
```
mymessage (14,-,3.14, „hello")      // Das zweite Argument ist
                                    // nicht definiert.
mymsg (myint = 16)                  // Dem Eingabe-Parameter myint
                                    // wird der Wert 16 als
                                    // Argumentwert gegeben.
var = mymsg (16, alpha) : 19        // Antwortnachricht.
                                    // Der Rückgabewert von 19 wird
                                    // var zugewiesen.
alpha = MeineNachricht (10) : 3     // Diese Nachricht weist den
                                    // Rückgabewert 3 an das Attri-
                                    // but alpha zu.
```

11.4.5 Sequenzierung im Kommunikationsdiagramm

Eine **Nummerierung** verdeutlicht die zeitliche Reihenfolge und ermöglicht das Umwandeln in ein Sequenzdiagramm. Die **Sequenznummern** werden dezimal nummeriert. Die erste Nachricht trägt die Nummer 1, die zweite die Nummer 2 und so weiter. Sind die Methoden nicht geschachtelt, sondern sequenziell, so wird in Kommunikationsdiagrammen auf derselben Ebene weitergezählt.

Werden Methoden innerhalb einer anderen Methode aufgerufen – wie im Falle des Kreisecks – so wird dies dadurch zum Ausdruck gebracht, dass die abhängigen Methoden eine Dezimalstelle mehr erhalten und nicht auf derselben Nummerierungsebene weiternummeriert werden (siehe Bild 11-39). Die Verschachtelungstiefe kann dabei beliebig gewählt werden.

Ein prozedurbasierter (callbasierter) Aufruf kann **verschachtelt** sein (Aufruf einer anderen Methode im Rumpf einer Methode, siehe Bild 11-39 und Bild 11-50).

11.4.6 Selektion beim Kommunikationsdiagramm

An Nachrichten können Bedingungen in eckigen Klammern angeschrieben werden (siehe [Sup11, S. 527]). Sowohl für Bedingungen als auch für Iterationen kann eine beliebige Syntax gewählt werden, also z. B. die einer bestimmten Programmiersprache. Die UML macht hier keine Vorschriften.

Eine Bedingung kann man der Sequenzzahl nachstellen, zum Beispiel:

`1[ x > 0 ]`

Die entsprechenden Nachrichten werden nur ausgeführt, wenn die Bedingung wahr ist.

Das folgende Bild zeigt Bedingungen in einem Kommunikationsdiagramm:

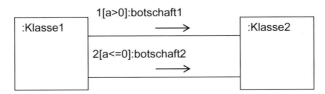

Bild 11-40 Selektion von Nachrichten in einem Kommunikationsdiagramm

11.4.7 Iteration im Kommunikationsdiagramm

Als Symbol zur Anzeige einer Wiederholung von Botschaften dient der Stern. Iterationen können modelliert werden, indem man der Sequenzzahl einen Iterationsausdruck nachstellt, zum Beispiel:

`*[i = 1 .. n]`

Die Iterationsmarkierung * zeigt an, dass eine Nachricht an viele Empfängerobjekte gesendet wird (wie z. B. * `sucheAngebot()`) – und nicht, dass eine Nachricht an ein und dasselbe Objekt mehrfach gesendet wird. Das folgende Bild zeigt eine Iteration:

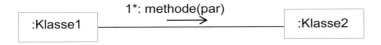

Bild 11-41 Iterationsmarkierung in einem Kommunikationsdiagramm

In Beispiel von Bild 11-42 fordert der Lotse von allen Flugzeugen, die er betreut, die jeweils aktuelle Position an. `flugzeug` ist hier der Rollenname. Die konkreten Objekte sind beispielsweise `LH3115` oder `AIRITALIA3202`. Dass über alle Flugzeuge iteriert wird, wird durch den * ausgedrückt[139].

---

[139] Positionsdaten ist der Rückgabewert.

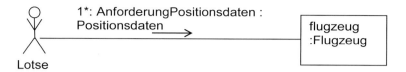

Bild 11-42 Kommunikationsdiagramm "Positionsdaten ermitteln"

Es ist auch möglich, zusätzlich zur Iteration noch Bedingungen anzugeben. Dies wird beispielsweise im folgenden Kommunikationsdiagramm gezeigt[140]:

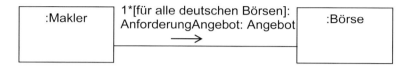

Bild 11-43 Kommunikationsdiagramm mit Iteration und gleichzeitiger Selektion

Hier sucht ein Makler an allen deutschen Börsen nach einem Angebot.

---

[140] Angebot ist der Rückgabewert.

11.5 Sequenzdiagramm

Ein Sequenzdiagramm (engl. sequence diagram) stellt die zeitliche Abfolge von Nachrichten einer Interaktion dar. Dazu werden die Objekte, die an der darzustellenden Interaktion teilnehmen, oben im Diagramm horizontal angeordnet. Jedes Objekt besitzt eine **Lebenslinie**, die durch eine gestrichelte Linie vom Objekt aus vertikal abwärts dargestellt wird. Die vertikale Zeitachse legt nur die Reihenfolge auf der entsprechenden Lebenslinie fest, nicht jedoch auf verschiedenen Lebenslinien. Erst der Austausch von Nachrichten stellt die Ordnung zwischen den Lebenslinien her, da der Empfang einer Nachricht stets nach ihrem Absenden erfolgt. Eine Nachricht definiert eine Kommunikation zwischen zwei Lebenslinien.

Wird ein Objekt erst im Verlauf der Interaktion erzeugt, beginnt seine Lebenslinie ab dem Erhalt der Nachricht «Create». Ebenso endet die Lebenslinie, wenn ein Objekt zerstört wird. Dann endet seine Lebenslinie bei Erhalt der Nachricht «Destroy» mit einem großen "X". «Create» und «Destroy» stellen Stereotypen dar (siehe Kapitel 10.13.1). Rollen in Sequenzdiagrammen sind analog zu Rollen in Kommunikationsdiagrammen (siehe Kapitel 11.4.3).

In Bild 11-44 ist das Sequenzdiagramm, das dem Kommunikationsdiagramm in Bild 11-38 entspricht, dargestellt.

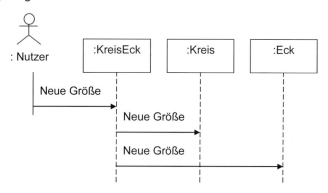

Bild 11-44 Sequenzdiagramm

Die Zeit verläuft senkrecht nach unten.

> Das Sequenzdiagramm stellt den zeitlichen Ablauf klarer dar, als dies beim Kommunikationsdiagramm möglich ist. Die Lebensdauer eines einzelnen Objektes wird durch die senkrechte **Lebenslinie** dargestellt.

Sequenzdiagramme haben seit UML 2.0 die Möglichkeit, Kontrollflusskonstrukte beispielsweise für verschiedene Schleifen, für Verzweigungen, für Nebenläufigkeit und für eine optionale Ausführung als sogenannte **Steuerungsoperatoren** (siehe Kapitel 11.5.3) darzustellen.

11.5.1 Übermittlung von Nachrichten

Um die Richtung für den Fluss der übermittelten Nachricht anzugeben, werden Pfeile verwendet. Am häufigsten wird ein **prozedurbasierter Steuerungsfluss** eingesetzt, der über einen Pfeil mit ausgefüllter Pfeilspitze dargestellt wird. Mögliche Nachrichtentypen und ihre Darstellung werden in Kapitel 10.11 erläutert. Nachrichten beginnen an einer sogenannten Sendeereignisspezifikation und enden an einer sogenannten Empfangsereignisspezifikation. Das folgende Bild zeigt dies:

Bild 11-45 Ereignisspezifikationen von Nachrichten

Nachrichten werden mit einem Namen beschriftet. Alternativ wird durch Verwendung des Sternsymbols (*) angezeigt, dass eine beliebige Nachricht gesendet werden kann. Optionale Parameter können durch runde Klammern angegeben werden, wobei die einzelnen Parameter durch Kommata getrennt werden. Ein nicht festgelegter aktueller und damit beliebiger Parameterwert wird durch einen Bindestrich angezeigt. Wenn bei allen angegebenen aktuellen Parametern zusätzlich auch der Name des aktuellen Parameters mit angegeben wird, kann ein Parameter auch ganz weggelassen werden [Sup11, S. 509].

Beispiele:
```
mymessage (14,-,3.14, "hello")   // das zweite Argument ist nicht
                                 // definiert
mymsg (myint = 16)               // dem Eingabe-Parameter myint wird der
                                 // Wert 16 als Argumentwert gegeben
```

Bei **Antwortnachrichten** (siehe gestrichelter Pfeil im folgenden Bild) wird der Name der aufrufenden Nachricht mit angegeben. Mögliche **Rückgabewerte** werden durch einen Doppelpunkt getrennt rechts neben den Nachrichtennamen geschrieben. Soll der Rückgabewert bzw. ein (in)out-Parameter einem Attribut (z. B. des aufrufenden Objekts) zugewiesen werden, so wird dieses als erstes angegeben und der Nachrichtenname und Rückgabewert ((in)out-Parameter) über ein Gleichheitszeichen zugewiesen. Das folgende Bild zeigt eine Antwortnachricht:

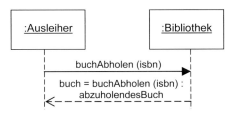

Bild 11-46 Antwortnachricht

Beispiel:
```
var = mymsg (16, alpha) : 19    // Antwortnachricht. Der Rückgabewert
                                // von 19 wird var zugewiesen
```

11.5.2 Ausführungsspezifikation

Eine Ausführungsspezifikation – in UML 1 hieß der Begriff Aktivitätsbalken oder Steuerungsfokus (engl. focus of control) – zeigt sowohl die Zeitdauer, während der eine Ausführung aktiv ist, als auch die Kontrollbeziehung zwischen der Ausführung und dem dazugehörigen Aufrufer. Eine Ausführungsspezifikation stellt die Zeitdauer dar, während der ein Teilnehmer an einer Interaktion **direkt** ein bestimmtes Verhalten aufweist oder **indirekt** ein bestimmtes Verhalten zeigt, indem er die Ausführung an einen anderen Teilnehmer der Interaktion weiterleitet und auf die Fertigstellung wartet. Die Ausführungsspezifikation stellt dabei die Ausführung eines Verhaltens oder einer Operation dar und schließt den Zeitraum, in dem eine Operation untergeordnete Operationen aufruft, mit ein. Die Modellierung einer Ausführungsspezifikation ist optional. Soll diese modelliert werden, so ist die Notation in einem Sequenzdiagramm als vertikales, gewöhnlich hohles und schmales Rechteck auf der Lebenslinie festgelegt.

Eine Ausführungsspezifikation besitzt zwei miteinander verknüpfte Ereignisse, die den Start und ihr Ende repräsentieren. Die Spezifikation des **Startereignisses** (**Startereignisspezifikation**) entspricht bei einer direkten Ausführung (siehe Bild 11-47) gewöhnlich dem Empfang einer aufrufenden Nachricht. Bei der direkten Ausführung wird gewöhnlich eine Ausführungsspezifikation aufgerufen. Dies ist im folgenden Bild zu sehen:

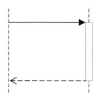

Bild 11-47 Direkte Ausführung

Die Spezifikation des **Endeereignisses** (**Endeereignisspezifikation**) erwirkt die Beendigung der Ausführung. Im Falle einer synchronen Nachricht ist das Endeereignis der Versand einer Rückgabenachricht.

Das durchlaufene Verhalten kann durch einen Text neben der Ausführungsspezifikation oder am linken Rand angegeben werden. Alternativ besteht die Möglichkeit, dass die ankommende Nachricht das Verhalten beschreibt. In diesem Fall fällt der Text neben der Ausführungsspezifikation weg.

Die Unterscheidung zwischen **direkter** und **indirekter Ausführung** kann durch einen schwarzen bzw. hohlen Balken aufgezeigt werden. Diese Notation ist zwar nicht offiziell, jedoch unterstützt sie zwei Farben, so dass Modellierer Konventionen festlegen können.

Bei der indirekten Ausführung wartet eine Ausführungsspezifikation, bis die Antwort der aufgerufenen Ausführungsspezifikation da ist [Hit05]. Das folgende Bild zeigt die indirekte und direkte Ausführung:

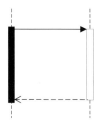

Bild 11-48 Indirekte und direkte Ausführung

Im Falle eines zweiten Aufrufs eines Objekts mit einer existierenden Aufrufspezifikation ist das Symbol der zweiten Aufrufspezifikation geringfügig nach rechts gegenüber dem Symbol der ersten Aufrufspezifikation verschoben, so dass beide Aufrufspezifikationen visuell "gestapelt" erscheinen (siehe Bild 11-49 und Bild 11-50). Gestapelte Aufrufe können bis zu einer beliebigen Tiefe geschachtelt werden. Die Aufrufe können zu derselben Operation (rekursiver Aufruf) oder zu verschiedenen Operationen auf demselben Objekt gehören.

Das folgende Beispiel zeigt einen **sequenziellen Aufruf** am Beispiel des Aufrufs von `methode(Parameter)` nach dem Aufruf von `anzeigen(bestand)`:

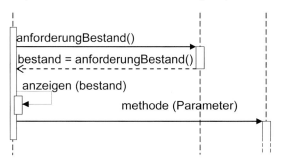

Bild 11-49 Sequenzieller Aufruf

Das nächste Beispiel demonstriert einen **geschachtelten Aufruf** anhand des Aufrufs von `methode(Parameter)` im Rumpf von `anzeigen(bestand)`.

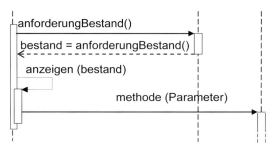

Bild 11-50 Geschachtelter Aufruf

Man kann mit der Stapelung von Ausführungsspezifikationen wie in Bild 11-50 die Zeitdauer kennzeichnen, während der eine Ausführungsspezifikation blockiert ist, da sie eine untergeordnete Operation aufgerufen hat.

11.5.2.1 Überlappende Ausführungsspezifikationen

Auch wenn Ausführungsspezifikationen meist eingezeichnet werden, so sind sie doch oft überflüssig. Ausführungsspezifikationen braucht man bei:

- **Selbstdelegation** (siehe Bild 11-51), um durch eine Stapelung von Ausführungsspezifikationen aufzuzeigen, dass die nächste Methode in der aufgerufenen Methode aufgerufen wird. Dies kann auch rekursiv erfolgen.
- **Callbacks** (siehe Bild 11-52). Dann wird die weitere Ausführungsspezifikation ebenfalls rechts von der übergeordneten Elternausführungsspezifikation dargestellt.

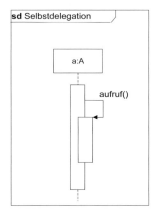

Bild 11-51 Selbstdelegation

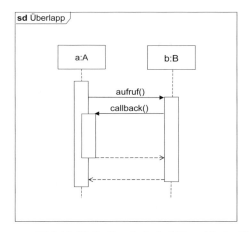

Bild 11-52 Callback-Aufruf [Sup11, S. 494]

11.5.2.2 Beispiel

In Bild 11-53 wird die Zeitspanne zwischen der Nachricht AnforderungBuchAttribute und ihrer Antwort durch eine Ausführungsspezifikation dargestellt. Dabei zeigt

Bild 11-53 das Sequenzdiagramm in der Notation dieses Buchs für die Systemanalyse und Bild 11-54 für den Systementwurf.

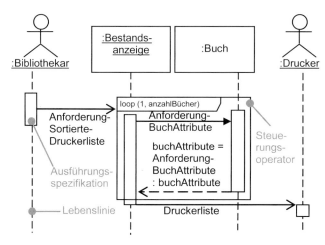

Bild 11-53 Sequenzdiagramm der Systemanalyse mit Ausführungsspezifikationen[141]

Die Nachricht `AnforderungBuchAttribute` und ihre jeweilige Antwort in Bild 11-53 erfolgt in einer Schleife (Schlüsselwort **loop**).

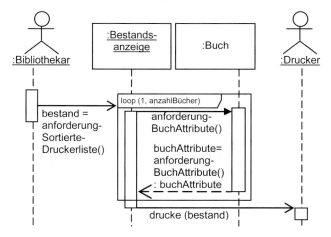

Bild 11-54 Sequenzdiagramm des Systementwurfs mit Ausführungsspezifikationen

11.5.3 Steuerungsoperatoren

Für Sequenzdiagramme gibt es beispielsweise die Möglichkeit, Bedingungen und Schleifen darzustellen. Dazu werden **Steuerungsoperatoren** eingesetzt. Ein Beispiel ist im Folgenden dargestellt:

---

[141] `:Bestandsanzeige` ist unterstrichen. Es ist eine Instanz, die nur einmal vorkommt. `:Buch` ist ein Prototyp und ist deshalb nicht unterstrichen.

Einführung in standardisierte Diagrammtypen nach UML

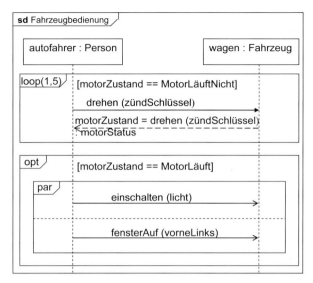

Bild 11-55 Sequenzdiagramm mit Steuerungsoperatoren

Steuerungsoperatoren können auch geschachtelt auftreten, wie in Bild 11-55 zu sehen ist. Ein Steuerungsoperator wird durch eine rechteckige Region im Sequenzdiagramm dargestellt, sein Inhalt sind die Lebenslinien der Objekte, die ihn durchlaufen. Wenn eine Lebenslinie nicht für einen Operator gilt, kann sie unterbrochen und nach dem Steuerungsoperator fortgesetzt werden. Steuerungsoperatoren werden durch ein entsprechendes Etikett (engl. tag) in der linken, oberen Ecke des Steuerungsoperators kenntlich gemacht. Die folgenden vier Steuerungsoperatoren sind die am häufigsten verwendeten:

- **Optionale Ausführung** – `opt`:
  Wenn beim Aufruf des Operators eine Bedingung wahr ist, wird der Rumpf des Steuerungsoperators ausgeführt.

- **Bedingte Ausführung** – `alt`
  Der Steuerungsoperator ist in viele Unterbereiche aufgeteilt, die durch gestrichelte Linien voneinander getrennt sind. Ein Unterbereich wird ausgeführt, wenn seine Bedingung wahr ist. Einer der Unterbereiche kann über die Bedingung `[else]` verfügen.

- **Parallele Ausführung** – `par`
  Der Steuerungsoperator ist in Unterbereiche aufgeteilt, die parallel ablaufen.

- **Ausführung in einer Schleife** – `loop`
  Der Rumpf des Steuerungsoperators wird so lange ausgeführt, wie seine Bedingung wahr ist.

> Beachten Sie, dass das Wiederholungszeichen * und die Bedingung mit eckigen Klammern bei Sequenzdiagrammen nicht mehr möglich sind, wohl aber bei Kommunikationsdiagrammen. **Vorsicht!**

11.6 Aktivitätsdiagramm

UML sieht zur Modellierung der Dynamik bzw. des Verhaltens eines Systems vor allem

- Aktivitätsdiagramme,
- Kommunikationsdiagramme,
- Sequenzdiagramme,
- Zustandsdiagramme und
- Anwendungsfalldiagramme

vor.

Während ein Interaktionsdiagramm wie das Sequenzdiagramm oder Kommunikationsdiagramm den Nachrichtenfluss zwischen Objekten beschreibt, modelliert ein Aktivitätsdiagramm (engl. activity diagram) Abläufe von Verarbeitungsschritten. Ein Aktivitätsdiagramm stellt im Wesentlichen in Form eines Graphen mit gerichteten Kanten die folgenden Informationen dar:

1. die **Reihenfolge** der auszuführenden Schritte und
2. **was** in einem einzelnen Schritt eines Ablaufs ausgeführt wird.

Aktivitätsdiagramme basieren auf dem Konzept der Kontroll- und Datenflüsse. Sie enthalten den **Kontroll- und Datenfluss** zwischen den einzelnen Arbeitsschritten einer Aktivität, den Aktionen. Eine **Aktion** ist eine Einheit einer Aktivität und stellt einen Schritt dar, der innerhalb der betrachteten Aktivität nicht weiter zerlegt wird. Die Ausführung einer Aktion stellt irgendeine Verarbeitung oder Transformation in einem modellierten System dar (siehe [Sup11, S. 243]). Durch einen Aufruf kann eine Aktion eine andere Aktion referenzieren. Eine Aktion wird ausgeführt, wenn die vorhergehende Aktion fertig ist (Kontrollfluss) und wenn die erforderlichen Daten zur Verfügung stehen (Datenfluss). Eine Aktion kann selber wieder durch ein Aktivitätsdiagramm dargestellt werden. Durch das Konzept der Referenzierung wird die Wiederverwendbarkeit gefördert.

Die Notation eines Aktivitätsdiagramms basiert auf **Flussdiagrammen** und **Petri-Netzen**, die auch aus Anwendungen außerhalb der Informatik bekannt sind. Die Kommunikation mit dem Kunden in frühen Entwicklungsphasen eines Projektes wird erleichtert, da die Aktivitätsdiagramme für den Kunden leicht zu lesen sind.

Der Ablauf von Aktivitätsdiagrammen wird durch **Token**[142] beschrieben, die durch das System fließen. Während ein Datentoken ein Datum oder eine Referenz auf ein Objekt transportiert, stellt ein Kontrolltoken nur die Arbeitserlaubnis für den nächsten Verarbeitungsschritt dar. Stehen die Kontrolltoken alle schon bereit, aber noch nicht alle erforderlichen Datentoken, so wird der Kontrollfluss automatisch freigegeben, wenn die Datentoken eingetroffen sind.

---

[142] Ein Token wird in Aktivitätsdiagrammen grafisch nicht dargestellt. Er dient nur zur Erklärung. Eine einzelne Aktion wird durch ein Token gezündet. Nach Ablauf der Aktion wird das Token an die nächste Aktion weitergereicht. Nebenläufige Abläufe können mittels der Existenz mehrerer Token beschrieben werden. Mehrere Token können aber bei Bedarf auch über eine einzige Kante fließen. Das Token-Konzept ist von Petri-Netzen her bekannt.

Einführung in standardisierte Diagrammtypen nach UML

Jeder Aktion muss mindestens ein eingehender und ein ausgehender Fluss zugeordnet sein. Es können aber auch mehrere Flüsse in eine Aktion fließen oder von ihr weggehen. Damit eine Aktion zu arbeiten beginnt, müssen an den eingehenden Kanten die erforderlichen Token gleichzeitig anliegen.

Einfache Aktivitätsdiagramme enthalten nur den Kontrollfluss. Sie bestehen aus Aktionen, die nur durch Kontrollflüsse verbunden sind.

Ein einfaches Aktivitätsdiagramm ist in Bild 11-56 zu sehen.

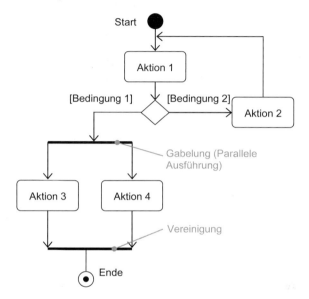

Bild 11-56 Einfaches Aktivitätsdiagramm

Ein Aktivitätsdiagramm ist nicht an die Existenz von Objekten gebunden. Ein Aktivitätsdiagramm unterstützt sowohl die Modellierung von Geschäftsprozessen als auch die Modellierung von Abläufen in Softwaresystemen. Einsatzgebiete für Aktivitätsdiagramme in der objektorientierten Modellierung sind:

- Beschreibung einer Operation,
- Beschreibung eines Geschäftsprozesses bzw. eines Anwendungsfalls oder
- Beschreibung des Zusammenwirkens mehrerer Geschäftsprozesse bzw. Anwendungsfälle.

Modelliert man das Verhalten eines Classifiers wie z. B. einen Anwendungsfall, so stehen alle Daten und Operationen des betrachteten Classifiers zur Verfügung.

Aktivitätsdiagramme werden typischerweise für die Modellierung von **Geschäftsprozessen** oder für die Modellierung von **Anwendungsfällen** verwendet. Aktivitätsdiagramme werden meist in frühen Phasen des Entwicklungsprozesses eingesetzt, da – im Gegensatz zu Interaktionsdiagrammen – die beteiligten Objekte noch nicht bekannt sein müssen. Es ist möglich, Aktivitätsdiagramme zu verwenden, ohne dass bereits Objekte erkannt wurden.

Neuerungen sind seit UML 2.0 unter anderem:

- Aktivitätsdiagramme stellen nicht länger eine Sonderform des Zustandsdiagramms dar – dies war eine echte Schwachstelle!
- Das komplette Diagramm wird jetzt als **Aktivität** bezeichnet und verwendet eine **Petri-Netz**-ähnliche Semantik mit einem **Token-Konzept**.
- Einzelne Schritte im Ablauf werden **Aktionen** genannt und beschreiben einen Verhaltensaufruf und nicht das Verhalten selbst. So können beliebige andere Aktionen "aufgerufen" werden.
- Aktionen oder Aktivitäten können mit Vor- und Nachbedingungen verknüpft werden.
- Es können **parallele Abläufe** durch die Verwendung von mehreren Startknoten oder durch die Verwendung einer Gabelung gestartet werden.
- Parallele Abläufe müssen nicht zusammengeführt werden.
- Es kann einen Endknoten für die gesamte Aktivität, es kann aber auch mehrere Endknoten für die einzelnen Abläufe geben.
- Aktivitäten können Ein- und Ausgabeparameter erhalten.
- Aktivitätsbereiche können unterteilt werden (siehe Schwimmbahnen in Kapitel 11.6.2.8).
- Ein sogenannter Unterbrechungsbereich enthält Aktionen. Beim Empfang eines definierten Signals werden die Aktionen im Unterbrechungsbereich beendet.
- Es kann eine eigene Ausnahmebehandlung spezifiziert werden.

Auf die Möglichkeiten der entsprechenden Ausnahmebehandlung wird in diesem Buch nicht eingegangen. Auch die Notationselemente fehlen hierfür in der Übersicht in Bild 11-57.

Übersicht über die verwendeten grafischen Elemente

Im Folgenden werden bei Aktivitätsdiagrammen häufig verwendete Symbole aufgeführt:

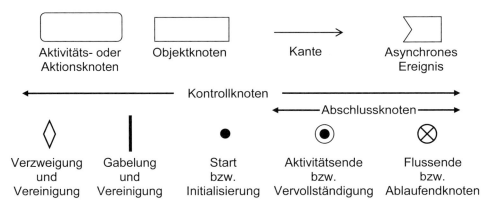

Bild 11-57 Elemente in Aktivitätsdiagrammen

Einführung in standardisierte Diagrammtypen nach UML

Grundelemente des Aktivitätsdiagramms

Ein Aktivitätsdiagramm stellt **Aktionen** dar und die Flüsse, die zwischen diesen Elementen verlaufen, die **Kanten**. **Kanten** – meist in Form eines einfachen unbenannten Pfeils mit offener Pfeilspitze – verbinden eine Aktion mit ihrem Nachfolger und sind für die Weitergabe des **Kontroll**- und **Datenflusses** verantwortlich. Wenn eine Aktion vollständig abgearbeitet wurde, wird über eine Kante die Ausführung automatisch an die nächste Aktion weitergeleitet.

Ein Objektfluss stellt einen Datenfluss dar. Wenn eine Kante sich auf einen Objektknoten bezieht (siehe Kapitel 11.6.1.2 und 11.6.1.3), ist es eine **Objektflusskante** und damit eine Datenflusskante.

Als **Knoten** gibt es

- Aktionen,
- Kontroll- bzw. Steuerungsknoten und
- Objektknoten.

In einem **Objektknoten** können nicht nur Instanzen von Classifiern abgelegt werden, sondern jede Art von Daten. **Kontrollknoten** ermöglichen die Ausweisung von Start- und Endknoten sowie von alternativen und von nebenläufigen Abläufen.

11.6.1 Kanten

Kanten können einen Kontrollfluss- oder Objektfluss darstellen:

- Eine einfache Kante zwischen zwei Aktionen oder zwischen einer Aktion und einem Kontrollknoten stellt einen **Kontrollfluss** dar (siehe Bild 11-58).
- Über **Objektflusskanten** werden Objektknoten ausgetauscht, die meist der Erzeugung und Vernichtung von Objekten oder primitiven Werten entsprechen (siehe Bild 11-59).

Den Austausch von Objektknoten kann man auch über sogenannte Pins (siehe Bild 11-60) darstellen.

Eine Kante trägt meist keinen Namen.

11.6.1.1 Kontrollfluss

Eine Kontrollflusskante beschreibt beispielsweise den Kontrollfluss zwischen zwei Aktionen. Hierfür ein **Beispiel**:

Bild 11-58 Beispiel für einen Kontrollfluss

Bild 11-58 zeigt, dass der Schritt `Blech entgraten` nach dem Schritt `Blech stanzen` kommt.

11.6.1.2 Objektfluss mit Erzeugung und Vernichtung von Objektknoten

An einer Aktivität können auch Objektknoten teilnehmen (siehe Bild 11-59). **Objektknoten** können Daten und Objekte beinhalten und symbolisieren den Fluss von Objekten und Daten. Sie fungieren als Ein- und Ausgabeparameter einer Aktion bzw. Aktivität und können auch als Puffer innerhalb einer Aktion fungieren. Ein Objektknoten wird in Form eines Rechtecks dargestellt. Entlang eines Objektflusses können Objekte oder Daten übergeben werden. Sie werden dann mit den Aktionen verbunden, die sie erstellen bzw. zerstören. Das folgende Bild zeigt ein Beispiel für einen **Objektfluss**:

Bild 11-59   Beispiel für einen Objektfluss über die Erzeugung und Vernichtung von Objektknoten

Bild 11-59 beschreibt, dass im Schritt `Blech stanzen` ein Objektknoten des Typs `Blech` im Zustand `gestanzt` erzeugt wird, welcher für den Verarbeitungsschritt `Blech entgraten` als Input dient. Der Schritt `Blech stanzen` erzeugt einen Objektknoten, der Schritt `Blech entgraten` zerstört diesen Objektknoten. Es wird jedoch – was in Bild 11-59 nicht dargestellt ist – im Schritt `Blech entgraten` wieder ein Objektknoten vom Typ `Blech`, allerdings jetzt im Zustand `entgratet` erzeugt.

11.6.1.3 Objektfluss über Pins

Eine alternative Notation eines Objektflusses zwischen Aktionen kann mit Hilfe von Pins erfolgen. Pins werden als Rechtecke dargestellt, die am Rand einer Aktion angebracht sind. Ein Beispiel ist in Bild 11-60 zu sehen.

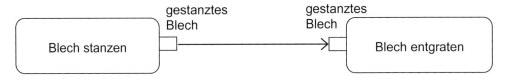

Bild 11-60 Objektfluss über Pins

Bild 11-60 enthält die gleiche Information wie Bild 11-59.

11.6.1.4 Sprungmarken

Sprungmarken (Konnektoren) dienen dazu, bestimmte Aktivitäten, die aus Platzmangel oder strukturellen Gründen an einer anderen Stelle fortgesetzt werden sollen, zu einem einzigen Fluss zu verknüpfen. Beispielsweise können durch Sprungmarken Kreuzungen zwischen verschiedenen Datenfluss- und Kontrollflusskanten vermieden werden.

> Was in UML 2.0 als Sprungmarke bezeichnet wird, wird an anderer Stelle auch gerne als **Konnektor** bezeichnet.

Das folgende Bild gibt ein Beispiel für den Einsatz von Sprungmarken.

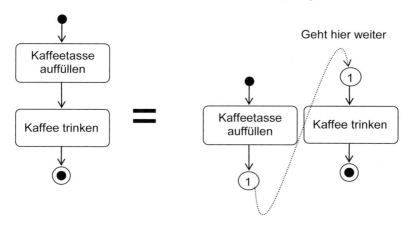

Bild 11-61 Sprungmarken

11.6.2 Aktionen und Aktivitäten

Aktionen sind die Verarbeitungselemente einer Aktivität. **Aktionen** haben als grafische Symbole ein abgerundetes Rechteck mit dem Namen der Aktion. Aktionen sind ausführbare Berechnungen und werden in dem Aktivitätsdiagramm, in dem sie verwendet werden, nicht weiter zerlegt. Sie können entweder vollständig oder gar nicht ausgeführt werden. Sie können allerdings unterbrochen werden. Das ist gleichbedeutend damit, dass die Aktion nicht stattgefunden hat. Aktionen können wieder durch ein Aktivitätsdiagramm verfeinert werden. Das folgende Bild zeigt die Darstellung einer Aktion:

$$\boxed{\text{dividiere (y,z)}}$$

Bild 11-62 Aktion

Eine Aktivität zeigt den Fluss durch die beteiligten Aktionen und hat in der Regel einen Start- und einen Endknoten.

11.6.2.1 Namen von Aktivitäten und Aktionen

Aktivitäten und Aktionen werden typischerweise durch Verbalphrasen bezeichnet. Eine Verbalphrase ist eine Gruppe zusammengehöriger Wörter, die zu einem Verb gehört.

Eine Verbalphrase kann ein Verb beispielsweise um ein grammatikalisches Objekt erweitern wie in "Plan erstellen". Der Name einer Aktivität wird oben links im Symbol der Aktivität angegeben. Der Name einer Aktion steht zentral in dem Aktionssymbol.

11.6.2.2 Aktionen mit Pseudocode oder Programmcode

Eine Aktion kann Programmcode oder Pseudocode in einer beliebigen Sprache enthalten (siehe Bild 11-63).

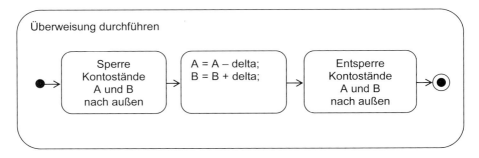

Bild 11-63 Aktionen mit Programm- und Pseudocode

Die Aktivität Überweisung durchführen enthält zwei Aktionen mit Pseudocode sowie eine Aktion mit Programmcode.

11.6.2.3 Aktionen mit Vor- und Nachbedingungen

Aktionen können seit UML 2.0 Vor- und Nachbedingungen haben. Die Vor- und Nachbedingungen werden in einem Kommentar mit Schlüsselwort «localPrecondition» bzw. «localPostcondition» dargestellt und durch eine gestrichelte Linie mit der Aktion verbunden. Es kann zu einer Aktion durchaus mehrere Vor- und Nachbedingungen zugleich geben. Das folgende Bild gibt ein Beispiel für die Verwendung von Vor- und Nachbedingungen bei Aktionen:

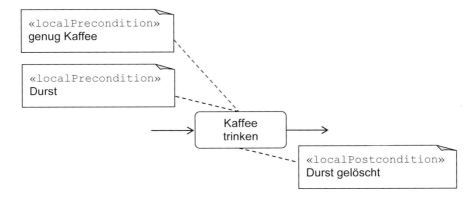

Bild 11-64 Vor- und Nachbedingungen einer Aktion

11.6.2.4 Aktivität mit Vor- und Nachbedingungen

Vor und Nachbedingungen können für die gesamte Aktivität gelten. Sie werden durch die Schlüsselworte «precondition» und «postcondition» mit der entsprechenden Bedingung über den Aktionen der Aktivität angegeben (siehe Bild 11-65).

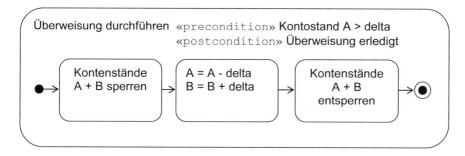

Bild 11-65 Vor- und Nachbedingungen einer Aktivität

11.6.2.5 Ein- und Ausgaben

Aktivitäten können Ein- und Ausgaben haben. Diese werden in Bild 11-66 an einem Beispiel gezeigt.

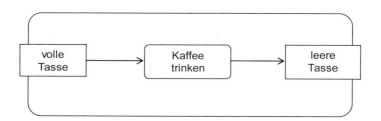

Bild 11-66 Aktivitätsdiagramm mit Ein- und Ausgaben

Eingabeparameter werden als Objektknoten im linken, Ausgabeparameter als Objektknoten im rechten Rand des Rahmens, der das Aktivitätsdiagramm einschließt, angegeben. Diese Art von Objektknoten wird auch als Parameterknoten bezeichnet.

11.6.2.6 Unterbrechbarer Aktivitätsbereich

Bild 11-67 zeigt ein Beispiel für einen **Unterbrechungsbereich**:

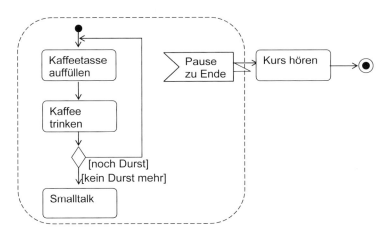

Bild 11-67 Unterbrechbarer Aktivitätsbereich

Wenn das Ereignis `Pause zu Ende` kommt, ist das Ende der Aktivität erreicht.

Für Knoten innerhalb eines gestrichelten Rahmens eines Unterbrechungsbereichs (engl. interruptible activity region) kann die Verarbeitung abgebrochen werden. Eine Unterbrechung wird in der Regel durch ein Signal – dessen Empfang durch ein Fähnchen dargestellt wird – ausgelöst. Das Fähnchen enthält den Namen des Signals. Ein Blitz zeigt von dem Signal-Fähnchen auf einen Knoten außerhalb des unterbrechbaren Aktivitätsbereichs. Kommt ein Signal, so wird die Ausführung an diesem Knoten fortgesetzt. Ereignisse können damit den Fluss einer Aktivität unterbrechen.

11.6.2.7 Erweiterungsbereiche

Mit einem Erweiterungsbereich (engl. expansion region) kann eine oder können mehrere Aktionen über eine Zusammenstellung von Eingangsdaten, d. h. eine Collection wie z. B. ein Array, durchgeführt werden. Ein Erweiterungsbereich ist ein gestricheltes Rechteck mit abgerundeten Ecken, das die Aktionen enthält, die für die Eingangsdaten erfolgen sollen. In der sogenannten **"Listbox Pin"-Notation**, wie sie zum Beispiel in Bild 11-68 zu sehen ist, werden meist vier Rechtecke am Eingang und am Ausgang des gestrichelten Erweiterungsbereichs dargestellt. Eine **Eingangs-Collection** wird also in der Regel durch vier Pins überlappend mit der Eingangs-Kante des Erweiterungsbereichs symbolisiert, die **Ausgangs-Collection** durch vier Pins überlappend mit der Ausgangs-Kante. Eine andere Zahl von Pins ist möglich. Im einfachsten Fall besitzt ein Erweiterungsbereich einen Eingang und einen Ausgang bestehend aus jeweils einer Collection. Es kann auch mehrere Eingangs-Collections geben, ebenso mehrere Ausgangs-Collections. Alle Collections müssen die gleiche Anzahl an Elementen haben, aber nicht unbedingt die gleichen Werttypen.

Es geht dann ein Pfeil von einem Eingabe-Pin der Eingangs-Collection zu der ersten Aktion des Erweiterungsbereichs, ebenso von der letzten Aktion des Erweiterungsbereichs zu einem Pin der Ausgangs-Collection.

Wenn eine Aktivität ausgeführt und ein Token dem Input eines Erweiterungsbereichs zur Verfügung gestellt wird, nimmt der Erweiterungsbereich den Token und beginnt mit seiner Ausführung. Der Erweiterungsbereich wird genau einmal für jedes Element in der Eingangs-Collection ausgeführt. Das **Concurrency Attribut** bestimmt, wie die Mehrfachausführungen stattfinden.

Ein **Erweiterungsbereich** wird als **gestrichelte Box** mit einem der Schlüsselwörter

- `parallel`,
- `iterative` oder
- `streaming`

als **Concurrency-Attribut** gekennzeichnet. Das Concurrency-Attribut wird oben links im Erweiterungsbereich angegeben.

Wenn das Concurrency-Attribut `parallel` ist, können die mehrfachen Ausführungen parallel stattfinden, müssen es aber nicht. Ein Beispiel für ein mögliches paralleles Arbeiten ist, dass mehrere Benutzer gleichzeitig auf einer Webseite ein Auto konfigurieren und bestellen. Dies wird in Bild 11-68 gezeigt:

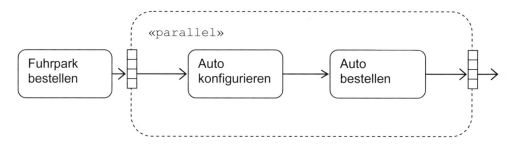

Bild 11-68 Parallele Ausführung

Wenn das Concurrency-Attribut den Wert `iterative` annimmt, dann werden die geschachtelten Aktionen sequenziell abgearbeitet. Ist die Eingangs-Collection geordnet, so werden die Eingabewerte der Reihe nach dem Erweiterungsbereich angeboten. Wenn die Collection ungeordnet ist, so ist die Reihenfolge des Anbietens der Elemente nicht definiert und auch nicht notwendigerweise wiederholbar. Auf jeden Fall wird ein Ausgabewert an diejenige Stelle der Ausgangs-Collection eingereiht, die der Stelle der Eingangs-Collection entspricht. Die **iterativen Erweiterungsbereiche** sind **sequenziell ablaufende Aktionen**. Bevor die erste Serie an Aktionen nicht beendet wurde, kann die nächste Serie an Aktionen nicht beginnen. Durch iterative Erweiterungsbereiche kann zum Beispiel **Mutual Exclusion**[143] modelliert werden. In obigem Beispiel würde das Wort `iterative` die Auswirkung haben, dass gleichzeitig nur ein einziger Benutzer über die Webseite ein Auto konfigurieren und bestellen darf. Erst wenn dieser Benutzer die Bestellung abgeschlossen hat, könnte der nächste Benutzer ein Auto konfigurieren.

---

[143] Mutual Exclusion bedeutet gegenseitiger Ausschluss. Damit soll beispielsweise verhindert werden, dass zwei Prozesse oder Threads gleichzeitig auf eine gemeinsam genutzte Ressource schreibend zugreifen.

Wenn das Concurrency-Attribut den Wert **streaming** annimmt, dann gibt es nur **eine einzige Ausführung** des Erweiterungsbereichs, wobei die Eingabe einen Strom von Elementen aus der Eingangs-Collection darstellt. Ein Erweiterungsbereich, welcher mit dem Wort "streaming" versehen wird, stellt eine Abarbeitung einer Liste von Elementen dar. Besteht eine Fuhrparkerweiterung zum Beispiel aus einer Menge von Fahrzeugen, so muss bei der Bearbeitung der Kfz-Anmeldung für jedes Fahrzeug die gleiche Aktion durchgeführt werden: Kfz-Brief holen, Kfz-Schein holen und Versicherungsdoppelkarte beantragen. Die Iteration dieses Vorgangs muss dabei nicht modelliert werden, denn sie ist durch den Erweiterungsbereich implizit modelliert. Nach der Verarbeitung des Eingangsstroms wird der Ausgangsstrom in die Ausgangs-Collection geschrieben. Ein Beispiel für eine solche Kfz-Anmeldung ist im nächsten Bild modelliert.

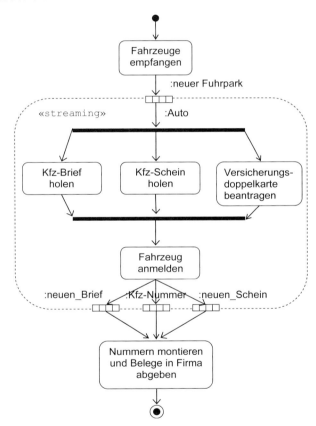

Bild 11-69 Kfz-Anmeldung als Stream

11.6.2.8 Schwimmbahnen

Um in einem Aktivitätsdiagramm Aktionen in Gruppen je nach Verantwortungsbereich einzuteilen, können Schwimmbahnen verwendet werden. Schwimmbahnen unterteilen das Diagramm durch vertikale Linien und besitzen jeweils einen eindeutigen Namen.

Jede Aktion gehört zu genau einer Schwimmbahn, die Kanten jedoch können die Schwimmbahnen kreuzen. Es sind auch mehrdimensionale Schwimmbahnen möglich.

> In einer **Schwimmbahn** sind die **Aktionsknoten** für **Verantwortlichkeiten oder Rollen** enthalten.

Bei der Modellierung eines Geschäftsprozesses können beispielsweise Schwimmbahnen dazu dienen, die Verantwortlichkeiten einer Rolle wie Einkauf, Entwicklung oder Produktion darzustellen. Da Geschäftsprozesse und Anwendungsfälle in der Regel rollenübergreifend sind, überschreitet in einem solchen Fall der Ablauf eines Anwendungsfalls die Abgrenzungen zwischen den verschiedenen Schwimmbahnen.

Ein **Beispiel** für eine Anwendung ist in Bild 11-70 zu sehen:

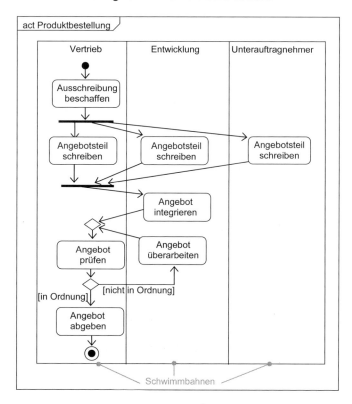

Bild 11-70 Aktivitätsdiagramm mit Schwimmbahnen

An dieser Stelle sind noch nicht alle der in diesem Bild verwendeten Elemente explizit behandelt worden. Dieses Bild soll daher nur einen Eindruck vermitteln, wie Schwimmbahnen in einem Aktivitätsdiagramm eingesetzt werden können.

11.6.3 Kontrollknoten

Kontrollknoten umfassen:

- Start-, Ablaufend- und Endknoten (siehe Kapitel 11.6.3.1),
- Entscheidungs- und Vereinigungsknoten in alternativen Abläufen (siehe Kapitel 11.6.3.2) und
- Synchronisierungsknoten – Gabelungen und Vereinigungen (siehe Kapitel 11.6.3.3).

11.6.3.1 Start-, Ablaufend- und Endknoten

Ein Kontrollfluss besitzt immer einen Anfang und ein Ende – ausgenommen von dieser Regel sind Endlosflüsse, die zwar einen Anfang, aber kein Ende besitzen. Wie das folgende Bild zeigt, kann man einen **Startknoten** und einen **Endknoten** als spezielle Symbole darstellen. Sie bilden dann den Anfang und das Ende eines Kontrollflusses. Die Symbole sind dieselben wie bei den Zustandsautomaten (siehe Kapitel 11.7).

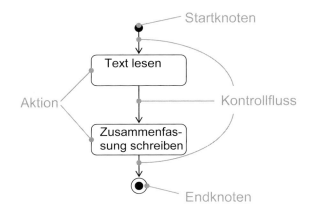

Bild 11-71 Kontrollfluss im Aktivitätsdiagramm

Wenn eine Aktivität aufgerufen wird, werden an allen ausgehenden Kanten eines Startknotens Token zur Verfügung gestellt. Startknoten können Token ansammeln, bis die Überwachungsbedingungen zünden. Eine Aktivität hat nicht zwangsläufig einen Startknoten. Token können an eine Aktivität auch über Parameter übergeben werden. Der erste Endknoten einer Aktivität, der erreicht wird, beendet die Aktivität. Die parallelen Abläufe müssen nicht zwangsläufig – wie in Kapitel 11.6.3.3 beschrieben – wieder zu einem einzigen Endknoten zusammengeführt, sondern können unabhängig voneinander beendet werden. In diesem Fall ist zwischen einem **Flussende** (Ablaufende) und einem **Ende durch einen Endknoten** – auch Aktivitätsendknoten genannt – zu unterscheiden. Mit einem sogenannten **Ablaufendknoten** oder **Flussende** kann ein einziger Ablauf beendet werden.

> Ein **Flussende** bewirkt nur, dass der Ablauf, der darin mündet, beendet wird. Alle anderen Abläufe sind aber noch aktiv, also ist die Aktivität noch nicht abgeschlossen.

> Wenn ein Ablauf in einen **Endknoten** mündet, werden alle anderen Abläufe unterbrochen.

Parallele Abläufe können auch durch mehrere Startknoten erzeugt werden. Genauso wie es mehrere Startknoten geben darf, sind auch mehrere Endknoten erlaubt.

Bild 11-72 zeigt an einem Beispiel den Unterschied zwischen Flussende und Ende. Das `Essen und Getränke einkaufen` ist ein anderer Ablauf als `Geschirr und Besteck auswählen`. Diese beiden Aufgaben können von zwei unterschiedlichen Personen zu unterschiedlichen Zeitpunkten begonnen werden und können parallel laufen. Erst wenn eingekauft wurde, werden die Getränke kalt gestellt und währenddessen das Essen gekocht. Diese beiden Abläufe laufen parallel (siehe hierzu Kapitel 11.6.3.3) Wenn die Getränke kalt gestellt sind, wird der Ablauf für die Aktion `Getränke kaltstellen` beendet. Dieser Ablauf mündet in ein Flussende. Die Vorbereitungen für das Essen sind aber immer noch nicht fertig, da die anderen Abläufe noch nicht vervollständigt sind. Erst wenn der Tisch gedeckt und das Essen gekocht ist, sind alle Aktionen abgeschlossen.

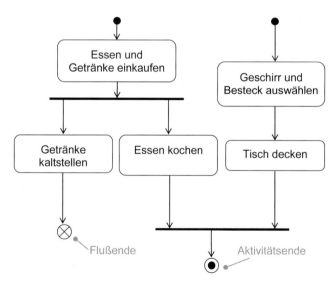

Bild 11-72 Parallele Abläufe

11.6.3.2 Entscheidungs- und Vereinigungsknoten

In einem Aktivitätsdiagramm können Verzweigungen dargestellt werden, die mit Hilfe eines booleschen Ausdrucks alternative Pfade spezifizieren. Alternative Abläufe werden durch **Entscheidungsknoten** ermöglicht. An einem Entscheidungsknoten wird anhand einer Bedingung in Form eines booleschen Ausdrucks einer der möglichen Pfade ausgewählt und der Token an diese Kante weitergegeben. Ein **Vereinigungsknoten** vereinigt mehrere alternative Abläufe. Ein Entscheidungs- und Vereinigungsknoten wird als Raute dargestellt. Bedingungen werden in eckigen Klammern an den vom Entscheidungsknoten wegführenden Kanten angegeben (siehe Bild 11-73). Sie dürfen sich nicht mit anderen Bedingungen überschneiden. Eine der Kanten kann das Schlüsselwort `else` erhalten. Dieses wird ebenfalls in eckigen Klammern notiert.

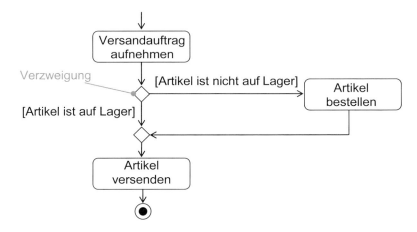

Bild 11-73 Verzweigung

Alternativ kann man die Bedingung als Kommentar mit dem Schlüsselwort «decisionInput» an den Entscheidungsknoten anhängen und an den wegführenden Kanten dann lediglich angeben, ob die Bedingung wahr oder falsch sein soll (siehe Bild 11-74).

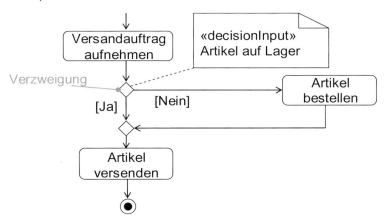

Bild 11-74 Verzweigung mit Bedingung als Kommentar

11.6.3.3 Synchronisierungsknoten – Gabelungen und Vereinigungen

Beim **Synchronisierungsknoten** ist es möglich, eingehende parallele Kontrollflüsse mit einem ausgehenden Kontrollfluss zu synchronisieren bzw. ausgehende parallele Kontrollflüsse mit einem eingehenden Kontrollfluss zu synchronisieren.

Um parallel ablaufende Steuerungsflüsse zu modellieren, werden **Gabelungen** verwendet, um die Aufteilung eines Flusses in mehrere parallele Flüsse darzustellen. **Vereinigungen** zeigen die Zusammenführung mehrerer paralleler Flüsse zu einem einzigen Fluss auf. Sowohl Gabelungen als auch Vereinigungen werden durch **Synchronisierungsbalken** dargestellt. Ein Synchronisierungsbalken ist eine dicke, horizontale oder vertikale Linie. Das folgende Bild zeigt ein Beispiel:

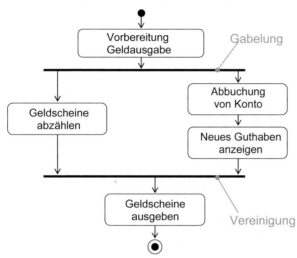

Bild 11-75 Synchronisierungsbalken

Bei einer **Gabelung** wird ein einzelner Fluss in Flüsse aufgespalten, die dann parallel weiterlaufen. Wie diese parallele Ausführung vonstatten geht, hängt vom System ab. Bei einer **Vereinigung** werden zwei oder mehr eingehende Flüsse synchronisiert. Das heißt, es wird so lange gewartet, bis alle Flüsse angekommen sind. Dann wird die Ausführung mit einem einzelnen Fluss fortgesetzt.

11.7 Zustandsdiagramm

Die UML Superstructure [Sup11] sieht zur Darstellung eines **Zustandsautomaten** ein Zustandsdiagramm vor. Zustandsdiagramme zählen zu den dynamischen Diagrammen oder Verhaltensdiagrammen in der UML. Ein Zustandsdiagramm von UML ist eine Variante des bekannten **Zustandsübergangsdiagramms**. Zustandsübergangsdiagramme wurden in Kapitel 7.5.3 beschrieben. Ein Zustandsdiagramm besteht aus einem Namen und aus Symbolen für **Zustände** und **Transitionen** (**Zustandsübergänge**).

UML unterscheidet **Protokollzustandsautomaten** und **Verhaltenszustandsautomaten**. Verhaltenszustandsautomaten sind die objektorientierte Variante der statecharts von Harel (siehe Kapitel 7.9). Protokollzustandsautomaten definieren die zulässige Reihenfolge der Aufrufe der Operationen eines Objekts.

Verhaltenszustandsautomaten beschreiben die Zustände und Zustandsübergänge der Objekte

- während des Life Cycle des betrachteten Elements bzw.
- während der Ausführung einer Operation.

Verhaltensautomaten können im Gegensatz zu Protokollautomaten auch einzelnen Operationen zugewiesen werden. Ein Protokollzustandsautomat beschreibt die zulässige Abfolge von Operationen eines **Classifiers**.

Bei reaktiven Systemen haben **Verhaltenszustandsdiagramme** eine große Bedeutung und Verbreitung. Ein reaktives System hat typischerweise eine unbegrenzte Laufzeit und befindet sich dabei in Wechselwirkung mit seiner Umgebung und muss auf Eingaben wie z. B. über Sensoren reagieren. Ein steuerndes Objekt hat in seinem "Bauch" einen solchen Verhaltenszustandsautomaten. Ein Verhaltenszustandsdiagramm zeigt die Zustände, die ein System bzw. eine Operation innerhalb der Lebenszeit annehmen kann und die Zustandsänderungen als Folge von Ereignissen.

> Verhaltenszustandsautomaten werden am häufigsten eingesetzt für **ganze Systeme**, **Teilsysteme**, **Anwendungsfälle**, **Klassen** bzw. **Objekte** – natürlich auch für **Komponenten**, die man als Teilsysteme betrachten kann – und in der Praxis seltener für Schnittstellen. Man kann das Verhalten einer Klasse bereits in der Schnittstelle spezifizieren, ohne die Implementierung der Schnittstelle zu kennen.

Wenn man Verhaltenszustandsautomaten für Anwendungsfälle beschreibt, wird der Zustandsautomat in der Regel in ein Steuerobjekt eingebaut, das als Ablaufsteuerung für den Anwendungsfall fungiert.

Ereignisse bei Zustandsübergängen können **Aktionen** auslösen. Wenn ein Zustand betreten wurde, ist er aktiv. Nach Verlassen ist er inaktiv.

Eine Sonderform des Zustandsautomaten ist der **Protokollzustandsautomat** (siehe Anhang D). Mit Protokoll ist die erlaubte Abfolge von Operationen gemeint, die ein Classifier anbietet. Diese Sonderform ist beispielsweise für Schnittstellen nützlich. Zur Unterscheidung zwischen Protokollzustandsdiagrammen und Verhaltenszustandsdiagrammen wird die Randbedingung {protocol} dem Namen des Protokollzustandsautomaten nachgestellt. Im Folgenden wird zwischen den beiden Begriffen Verhaltensautomat und Protokollautomat gezielt unterschieden.

Ein Zustandsautomat kann auch abgeleitet werden.

Ein einfacher Zustand wird grafisch im Allgemeinen – wie in Bild 11-76 abgebildet – in Form eines rechteckigen Kastens mit abgerundeten Ecken dargestellt. Der Name des Zustands wird in das Innere des abgerundeten Rechtecks geschrieben:

Bild 11-76 Prinzipieller Aufbau eines einfachen Zustands

Ein **Zustand eines Objekts** ist "eine Bedingung oder Situation im Leben eines Objekts, während es eine Bedingung erfüllt, eine Aktivität durchführt oder auf Ereignisse wartet". Es ist aber zu beachten, dass man einen Zustand durch eine Bedingung charakterisieren kann, aber dass nicht jede Bedingung einem Zustand entspricht.

Das Innere des Rechtecks eines **Verhaltenszustands** kann optional in drei Abschnitte eingeteilt werden. Im oberen Abschnitt ist der Name, im mittleren Abschnitt sind interne Aktivitäten wie Eintrittseffekte, verzögerte Ereignisse, Ausgangseffekte sowie do-Aktivitäten und im unteren Abschnitt werden interne Transitionen spezifiziert. Dies ist im folgenden Bild zu sehen:

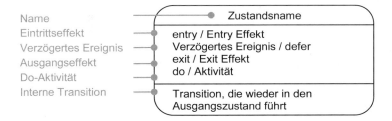

Bild 11-77 Prinzipieller Aufbau eines Verhaltenszustands

Eintrittseffekte, **verzögerte Ereignisse**, **Ausgangseffekte** und **do-Aktivitäten** stellen eine Liste von Aktionen (bei Eintrittseffekten, Ausgangseffekten), von Ereignissen (bei verzögerten Ereignissen) bzw. von Aktivitäten dar, die in einem Verhaltenszustand ablaufen. Die Liste der **internen Transitionen** im Abschnitt für interne Transitionen enthält die auslösenden Ereignisse und die zugehörigen inneren Transitionen. Die Form einer internen Transition ist:

```
Ereignis (Liste von Attributen)[Wächterbedingung]/ Aktion
```

Damit hat sie prinzipiell dieselbe Form wie eine Transition zwischen zwei Zuständen. Die optionale Wächterbedingung (engl. guard condition), bei der ein Ereignis nur dann als Ereignis wirkt, wenn die überwachte Bedingung erfüllt ist, wurde von Harel eingeführt und in UML übernommen. Falls die Wächterbedingung auftritt, wird sie in UML in eckigen Klammern eingeschlossen.

Die Liste von Attributen entspricht "Übergabeparametern", welche einem Trigger (Event) mitgegeben werden können. Die Liste von Attributen ist optional. Zur Beschreibung dieser Parameter siehe [Sup11, S.450].

Auch andere Formen als in Bild 11-76 sind für das Zustandssymbol möglich wie z. B.:

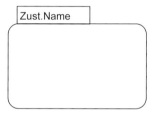

Bild 11-78 Alternatives Zustandssymbol mit Reiter

Ein Zustandssymbol mit Reiter wird in der Regel für zusammengesetzte Zustände (siehe Kapitel 11.7.5) verwendet, kann aber auch in anderen Fällen eingesetzt werden. Der Name des Zustands wird dabei im Reiter notiert.

Bei zusammengesetzten Zuständen mit einer einzigen Region (eine Region beschreibt die Zustände einer orthogonalen (parallelen) Komponente eines Systems) kann der Name – bei zusammengesetzten Zuständen mit mehreren Regionen muss der Name – durch eine Trennlinie vom restlichen Inhalt abgetrennt werden, sofern er nicht in einem Reiter auf den Zustand aufgesetzt werden soll. In der folgenden Abbildung sind drei Darstellungen für zusammengesetzte Zustände zu sehen. Orthogonale Regionen werden durch gestrichelte Linien voneinander abgegrenzt.

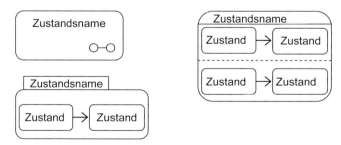

Bild 11-79 Verschiedene Darstellungen für zusammengesetzte Zustände

Der Inhalt eines zusammengesetzten Zustands kann, wenn er in einer bestimmten Ansicht unbedeutend ist, versteckt werden. Um in einem Zustandsdiagramm anzuzeigen, dass ein Zustand **versteckte Regionen** (engl. **hidden regions**) enthält, wird das Symbol mit den zwei verbundenen Kreisen aus der ersten Darstellung in Bild 11-79 verwendet.

11.7.1 Namen von Zuständen

Typisch sind Verbalphrasen, aber auch Nominalphrasen mit Adjektiven, die die Eigenschaft des Systems in diesem Zustand charakterisieren, wie etwa "Alarmanlage aktiv" werden verwendet.

11.7.2 Eigenschaften von Zuständen

Zustände sind die wichtigsten Elemente von Zustandsdiagrammen. Ein Zustand ist eine endliche Zeitspanne, die bestimmt ist durch die Wechselwirkung des betrachteten Systems mit seiner "langsamen" Umgebung. Ein Zustand kann in der Systemanalyse nie aus dem Inneren des Systems kommen, denn dieses würde ohne Wechselwirkung mit seiner langsamen Umwelt alle seine Aufgaben unendlich schnell erledigen.

> **Nach UML** befindet sich ein Objekt in einem Verhaltenszustand, wenn
> - es eine bestimmte Aktivität durchführt,
> - eine bestimmte Bedingung erfüllt oder
> - auf ein Ereignis wartet.

Ein Objekt wechselt seinen Zustand aufgrund von **Transitionen**, auch **Zustandsübergänge** genannt.

Ein Verhaltenszustand besitzt **nach UML** die folgenden Eigenschaften:

- **Name**
  Das ist eine Zeichenkette, anhand derer sich der Zustand von anderen Zuständen unterscheidet. Ein Zustand kann anonym sein, also keinen eigenen Namen besitzen. Zwei unbenannte Zustände gelten als verschieden. Ist der Name aus mehreren Wörtern zusammengesetzt, so wird oftmals der erste Buchstabe jedes Worts groß geschrieben.

- `entry`- und `exit`-**Effekte** (nach Harel, siehe Kapitel 7.9.5)
  Das sind ununterbrechbare Aktionen, die beim Eintritt in den Verhaltenszustand bzw. beim Verlassen des Zustandes ausgeführt werden. Zu jedem Eintritts- oder Ausgangseffekt kann im Zustandssymbol eine Aktion angegeben werden.

- `do`-**Aktivität** (nach Harel, siehe Kapitel 7.9.5)
  Um eine fortlaufende Aktivität modellieren zu können, steht in UML die `do`-Aktivität zur Verfügung. Wird der Zustand infolge eines Ereignisses verlassen, so wird eine `do`-Aktivität beendet. Man kann durch `do/operation1;operation2;operation3` eine Sequenz von Aktionen als `do`-Aktivität angeben.

- **Interne Transitionen**
  Das sind Transitionen, die abgearbeitet werden, ohne dass das Objekt seinen Verhaltenszustand ändert. Der Unterschied zu Selbst-Transitionen (externe Transitionen) ist, dass bei internen Transitionen die `exit`- und `entry`-Aktion nicht durchgeführt wird. Interne Transitionen sind eine Besonderheit von UML. Sie stammen von Selic [Sel94]. Während die Selbst-Transition wie ein normaler Zustandsübergang dargestellt wird (siehe Bild 11-91), wird die interne Transition ohne Pfeil und nur im Zustand selbst (siehe Bild 11-77) notiert. Wird ein Pfeil gemacht, so ist der

Übergang extern und eine sogenannte Selbst-Transition. Um Konflikte eindeutig aufzulösen, wurde festgelegt, dass interne Transitionen vor externen Transitionen Vorrang haben, falls beide auf dasselbe Ereignis reagieren.

- **Unterzustände** (nach Harel, siehe Kapitel 7.9.1)
  Jeder Verhaltenszustand kann in sich wiederum eine Struktur mehrerer Unterzustände enthalten. Diese Unterzustände können nicht orthogonal (nacheinander ablaufen) oder orthogonal (nebenläufig) sein. Unterautomaten (Unterautomaten-Zustände) erleichtern den Aufbau großer Zustandsmodelle.

- **Verzögerte Ereignisse** (engl. **deferred events**, siehe Selic [Sel94])
  Ein großes Problem beim Entwurf von reaktiven Systemen ist, dass jedes Ereignis zu jeder Zeit kommen kann. Kommt ein Ereignis quasi im "falschen Moment" an, in dem das System gerade im "falschen" Zustand ist, geht das Ereignis verloren.

> Normalerweise gehen Ereignisse, auf die im aktuellen Zustand nicht reagiert wird, verloren, außer wenn das Ereignis als verzögertes Ereignis gekennzeichnet ist.

Wird ein Ereignis durch die Angabe von `/ defer` (siehe Bild 11-77) als verzögertes Ereignis gekennzeichnet, wird es gepuffert, bis es selber eine Transition auslöst oder bis ein Zustandsübergang stattfindet. Das gepufferte Ereignis kann verzögert eine Transition auslösen, wenn beispielsweise eine Wächterbedingung (siehe Kapitel 11.7.4) eine Transition frei gibt. Nach einer Zustandsänderung wird ein gepuffertes Ereignis dann erneut betrachtet. Wenn es im neuen Zustand auch keine Transition zur Folge hat, wird es verworfen – es sei denn, dass es auch im neuen Zustand als verzögertes Ereignis gekennzeichnet ist.

11.7.3 Pseudozustände

Die Pseudozustände werden im Folgenden erklärt, nachdem sie zunächst alle aufgelistet werden:

- **Anfangszustand** (engl. **initial state**, siehe Kapitel 11.7.3.1),
- **Endzustand** (engl. **final state**, siehe Kapitel 11.7.3.1),
- **Eintrittspunkt** (engl. **entry point**, siehe Kapitel 11.7.3.2),
- **Austrittspunkt** (engl. **exit point**, siehe Kapitel 11.7.3.2),
- **Terminierungsknoten** (engl. **terminate node**, siehe Kapitel 11.7.3.2),
- **Verbindungsstelle** (engl. **junction**, siehe Kapitel 11.7.3.3),
- **sequenzielle Verzweigung** (engl. **choice**, siehe Kapitel 11.7.3.4),
- **Nebenläufigkeitsbalken als Gabelung** (engl. **fork**, siehe Kapitel 11.7.3.4),
- **Nebenläufigkeitsbalken als Vereinigung** (engl. **join**, siehe Kapitel 11.7.3.4),
- **flache Historie** (engl. **shallow history**, siehe Kapitel 11.7.3.5) und
- **tiefe Historie** (engl. **deep history**, siehe 11.7.3.5).

Keiner der Pseudozustände, auch nicht der Startzustand, muss in einem Zustandsautomaten, sei es ein Verhaltensautomat oder ein Protokollautomat, auftreten. Fehlt der Startzustand, gilt der Zustandsautomat als schlecht definiert, was implizit allerdings doch die Spezifizierung eines Startzustands erforderlich macht.

Pseudozustände können selbst keine weiteren Regionen oder untergeordnete Unterautomaten-Zustände enthalten. Pseudozustände können keine Eintritts-Effekte, Ausgangs-Effekte, interne Transitionen, verzögerte Ereignisse und Aktivitäten beinhalten.

11.7.3.1 Anfangs- und Endzustand

Wie Bild 11-80 zeigt, gibt es Anfangs- und Endzustände. Mit dem **Anfangszustand** startet ein Zustandsautomat. Wenn der **Endzustand** erreicht ist, ist die Ausführung abgeschlossen.

Ein **Anfangszustand** oder **Startzustand** (engl. **initial state**) ist der Standard-Zustand, in dem sich ein Zustandsautomat oder eine Region bei der Aktivierung befindet. Er sollte in jeder Region und jedem einfachen Zustand einmal existieren. Er hat keine eingehenden Transitionen. Die von ihm ausgehenden Transitionen referenzieren oft Operationen zur Objekterzeugung.

Ein **Endzustand** (engl. **finale state**) ist ein Pseudozustand, in dem ein Zustandsautomat oder eine Region endet. Von einem Endzustand gehen keine weiteren Transitionen aus. Die eingehenden Transitionen referenzieren oft Operationen zur Objektzerstörung.

> Der Anfangs- und der Endzustand werden als **Pseudozustände** bezeichnet.

Im folgenden Bild wird gezeigt, wie notiert wird, dass man beim Einschalten des Systems in einen operationellen Zustand des Systems kommt. Für den Übergang in einen operationellen Zustand lässt UML Wächterbedingungen und Aktionen, jedoch keine Ereignisse zu. Ebenso wird im folgenden Bild ein Endzustand dargestellt.

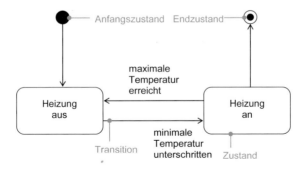

Bild 11-80 Modellierung von Zuständen und Transitionen in UML

11.7.3.2 Eintrittspunkte, Austrittspunkte sowie Terminierungsknoten

Eintritts- und Austrittspunkte werden für die Spezifikation von Unterautomaten verwendet. Unterautomaten können mehrfach in einem Automaten auftreten und separat modelliert werden. Sie sind allerdings nicht immer notwendig.

Ein Eintrittspunkt (engl. **entry point**) ist ein kleiner Kreis, ein Austrittspunkt (engl. **exit point**) ein Kreis mit einem x:

Bild 11-81 Ein Eintrittspunkt

Bild 11-82 Ein Austrittspunkt

Austritts- und Eintrittspunkte, die auch als **connection points** bekannt sind, treten in UML Version 2.0 erstmalig auf. Allerdings waren auch sie vorher schon durch ROOM von Bran Selic [Sel94] bekannt.

Eintritts- und Austrittspunkte werden von Unterautomaten verwendet, um – wie gesagt – mehrfach auftretende Unterautomaten separat zu einem Zustandsdiagramm zu modellieren. Wenn der Unterautomat mit einem einzigen Anfangs-Zustand beginnt und mit einem einzigen Endzustand endet, braucht er keinen Eintritts- und Austrittspunkt.

Der **Eintrittspunkt** (engl. **entry point**) stellt das Gegenteil eines Austrittpunktes dar. Er ist für die Zustände der übergeordneten Zustandsautomaten sichtbar und bildet sozusagen eine Kapselung von Zuständen einer Region.

Ein **Austrittspunkt** (engl. **exit point**) ist ein Pseudozustand, der – ebenso wie ein Endzustand – der letzte Zustand innerhalb einer Region ist. Allerdings ist er für die Zustände der übergeordneten Zustandsautomaten sichtbar. Dies bedeutet, dass Transitionen von ihm zu anderen Zuständen in übergeordneten Zustandsautomaten möglich sind.

Im folgenden Bild wird ein Superzustand mit einem Unterautomaten für den Fall einer Doktorprüfung gezeigt. Nebenbei bemerkt: Bei einer Doktorprüfung ist es das Schwierigste, vom Doktorvater überhaupt zur Prüfung zugelassen zu werden.

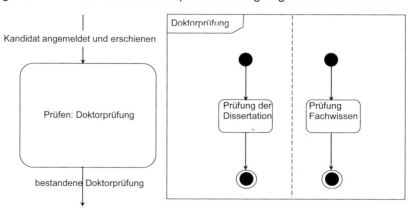

Bild 11-83 Parallele Unterzustände eines Superzustands

In den Superzustand Prüfen (zusammengesetzten Zustand) geht ein Pfeil. Der Zustand wird mit dem Ereignis bestandene Doktorprüfung verlassen. Eine Transition, die zum Rand des zusammengesetzten Zustands geht, führt in den Unterautomaten. Entsprechend wird die Transition ausgeführt, die vom unteren Rand des zusammengesetzten Zustands wegführt, wenn der Unterautomat in seinem Endzustand angekommen ist.

Ganz anders sieht eine Vorprüfung aus, bei der kräftig gesiebt wird. Es wird ein Anfangszustand verwendet und zwei verschiedene Austrittspunkte.

Die Pseudozustände werden auf dem Rahmen des zusammengesetzten Zustands selbst angeordnet und haben ihr Gegenstück dann wiederum im Unterautomaten. Eintritts- und Austrittspunkte tragen einen Namen. Unterautomaten sind wie Unterprogramme ein modularer Teil. Das folgende Bild zeigt Eintritts- und Austrittspunkte bei zusammengesetzten Zuständen:

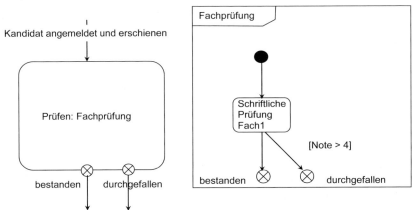

Bild 11-84 Austrittspunkte bei zusammengesetzten Zuständen

Bei Existenz von Unterzuständen wird – wie in Bild 11-84 gezeigt – der Name der referenzierten Zustandsmaschine im Superzustand (zusammengesetzten Zustand) als eine Zeichenkette hinter einem Doppelpunkt nach dem Zustandsnamen des Superzustands angegeben:

Zustandsname : Name des Unterautomaten

Rechts in Bild 11-84 ist der Unterautomat in einem Rahmen zu sehen. Oben links im Unterautomaten steht der Name des Unterautomaten.

Der **Terminierungsknoten**

Bild 11-85 Ein Terminierungsknoten

zeigt, dass die Existenz eines modellierten Objekts beendet wird und damit der Zustandsautomat zwangsläufig terminiert. Die Zustandsmaschine führt nur den Übergang zum Terminierungsknoten durch [Sup11, S.557].

11.7.3.3 Verbindungsstelle

Eine **Verbindungsstelle** oder **Kreuzung** (engl. **junction**) verbindet vielfache Übergänge. Sie wird verwendet, um zusammengesetzte Übergänge zwischen Zuständen zu konstruieren. Beispielsweise kann eine Verbindungsstelle dazu benutzt werden, um mehrfach eingehende Übergänge in einen einzigen ausgehenden Übergang zu konvertieren, der dann einen geteilten Übergang darstellt (dies ist als `merge` bekannt). Eine Transition mit Verbindungsstelle schaltet, wenn alle eingehenden Bedingungen erfüllt sind. Andersherum kann die Verbindungsstelle benutzt werden, um einen einzigen ankommenden Übergang in mehrfach ausgehende Übergangssegmente mit verschiedenen **Wächterbedingungen** je nach Wertebereich einer Größe aufzuspalten. Das realisiert eine **statisch bedingte Verzweigung**. Dabei werden ausgehende Übergänge deaktiviert, deren Wächterbedingungen sich zu `false` ergeben. Eine vordefinierte Wächterbedingung mit `else` kann für höchstens einen einzigen ausgehenden Übergang definiert werden. Dieser Übergang wird aktiviert, wenn alle Wächterbedingungen, die die anderen Übergänge kennzeichnen, `false` sind. Statisch bedingte Verzweigungen sind verschieden von **dynamisch bedingten Übergängen mit einer sequenziellen Verzweigung** (siehe Kapitel 11.7.3.4).

Beliebig viele Transitionen können in eine Verbindungsstelle hinein und aus ihr hinaus führen (siehe Bild 11-86 [Sup11, S.557]).

> Das Symbol für die Verbindungsstelle entspricht dem Symbol für den Startzustand. Es unterscheidet sich in einem Zustandsdiagramm darin, dass der Startzustand keine eingehenden Transitionen hat.

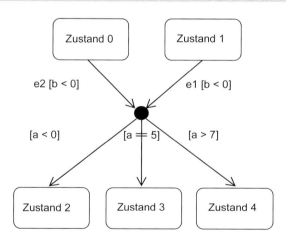

Bild 11-86 Beispiel für eine Verbindungsstelle

11.7.3.4 Sequenzielle Verzweigung sowie parallele Verzweigung und Vereinigung

Sequenzielle Verzweigung sowie parallele Verzweigung und Vereinigung sind im Folgenden dargestellt.

Einführung in standardisierte Diagrammtypen nach UML

sequenzielle Verzweigung

Nebenläufigkeitsbalken als parallele Verzweigung und Vereinigung

Bild 11-87 Weitere Pseudozustände in Zustandsdiagrammen

Die Begriffe sequenzielle Verzweigung und Nebenläufigkeitsbalken werden im Folgenden näher erklärt:

Eine **sequenzielle Verzweigung** oder eine **Entscheidung** (engl. **choice**) ist ein Pseudozustand, der eine Transition in mehrere Teile spaltet, die aus unterschiedlichen Vorbedingungen, aber demselben Ereignistrigger bestehen. Kann z. B. eine Transition je nach aktuellem Wert einer Bedingung in den einen oder anderen Zustand eingehen, so wird sie mit Hilfe des Verzweigungssymbols aufgespalten. Dabei enthält jede Transition, die vom Verzweigungssymbol weggeht, eine disjunkte Wächterbedingung. Eine sequenzielle Verzweigung resultiert in der **dynamischen Berechnung** der Wächterbedingungen der Trigger ihrer weggehenden Übergänge. Damit wird eine dynamische konditionelle Verzweigung realisiert. Welcher Weg zu nehmen ist, hängt von den Resultaten früherer Aktionen ab. Wenn mehr als eine Wächterbedingung erfüllt ist, ist die Wahl willkürlich. Es wird empfohlen, einen der ausgehenden Zweige mit der Wächterbedingung `else` zu versehen. Sequenzielle Verzweigungen sollten von statischen Verzweigungen mit Verbindungsstellen unterschieden werden.

Beispiel [Sup11, S.560]:

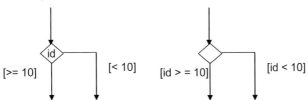

Bild 11-88 Darstellung sequenzieller Verzweigungen

Eine **parallele Verzweigung** oder **Gabelung** (engl. **fork**) ist ein Pseudozustand, der eine Transition in mehrere parallele Transitionen, die in verschiedene nebenläufige Regionen – orthogonale Regionen genannt – führen, spaltet. Aus einem Eingangs-Token werden sozusagen mehrere Ausgangs-Token. Das Gegenstück zur Gabelung ist die Vereinigung.

Die **parallele Vereinigung** (engl. **join**) ist ein Pseudozustand, der eine Transition erzeugt, die mehreren Zuständen aus verschiedenen orthogonalen Regionen entspringt.

Die parallele Verzweigung und die parallele Vereinigung werden durch dasselbe Symbol repräsentiert. Die Bedeutung eines Symbols lässt sich bei ihnen aus der Richtung der Pfeile ableiten. Führen mehrere Pfeile zum Symbol hin und nur einer weg, so handelt es sich um eine Vereinigung. Führt hingegen nur ein Pfeil zum Symbol hin und mehrere weg, so ist es eine parallele Verzweigung. Das folgende Bild zeigt die Struktur einer parallelen Verzweigung und Vereinigung des Steuerflusses an einem Nebenläufigkeitsbalken bei parallelen Regionen:

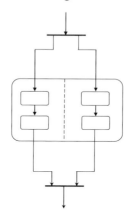

Bild 11-89 Nebenläufigkeitsbalken

11.7.3.5 Historie-Zustand

Ein Historie-Zustand ermöglicht es, sich bei einem zusammengesetzten Zustand eines Verhaltensautomaten mit nicht orthogonalen Unterzuständen den letzten Unterzustand zu merken, der vor einer Transition aus diesem Unterzustand aktiv war. Das folgende Bild gibt ein Beispiel für einen Historie-Zustand:

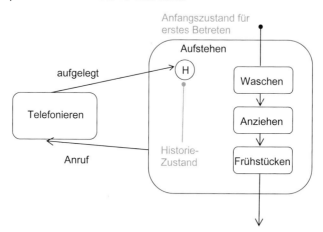

Bild 11-90 Modellierung von Historie-Zuständen in UML

Der Historie-Zustand wird wie bei Harel mit einem H in einem Kreis dargestellt. Durch den Übergang auf das H wird beim Wiederbetreten des Unterautomaten sofort derjenige Zustand eingenommen, der beim vorherigen Verlassen aktiv war. Fehlt bei dem H der *, so handelt es sich um einen **flachen Zustand**, der nur eine Verfeinerungsebene tiefer als der Superzustand reicht. Mit H* wird ein **tiefer Historie-Zustan**d bezeichnet, der beliebige mehrfach verschachtelte Zustände zulässt.

Die **flache Historie** (engl. **shallow history**) ist ein Pseudozustand. Er speichert den letzten aktiven Zustand eines zusammengesetzten Zustands, sobald dieser verlassen wird. Dabei wird nur ein Zustand auf der obersten Hierarchieebene eines zusammengesetzten Zustands vermerkt. Erfolgt zu einem späteren Zeitpunkt ein Zustandsübergang zu diesem Pseudozustand, so findet sofort ein weiterer Zustandsübergang zu dem in der flachen Historie gespeicherten Zustand statt.

Die **tiefe Historie** (engl. **deep history**) stellt eine Erweiterung der flachen Historie dar. Dieser Pseudozustand merkt sich den letzten aktiven Zustand auf der tiefstmöglichen Ebene eines zusammengesetzten Zustands und nicht den auf der obersten Hierarchieebene.

Jeder orthogonale Bereich kann einen eigenen Anfangszustand, Endzustand und Historie-Zustand aufweisen.

11.7.4 Transitionen bei Verhaltensautomaten

Ein Objekt wechselt seinen Zustand aufgrund von **Transitionen**. Transitionen werden auch **Zustandsübergänge** genannt. Der Übergang erfolgt, wenn ein bestimmtes Ereignis auftritt und bestimmte Bedingungen erfüllt sind. Dabei spricht man vor dem Auslösen einer **Zustandsänderung** davon, dass sich das Objekt im **Quellzustand** befindet und nach dem Auslösen der Zustandsänderung davon, dass es sich im **Zielzustand** befindet. Eine Transition setzt sich aus fünf Teilen zusammen:

- **Quellzustand**
  Befindet sich ein Objekt im Quellzustand, wird eine Transition ausgelöst, wenn das Objekt das Auslöseereignis der Transition empfängt. Sofern eine überwachte Bedingung vorhanden ist, muss sie ebenfalls erfüllt sein.

- **Ereignistrigger**
  Ein Ereignistrigger ist das Ereignis, das zu einem Zustandsübergang führt, wenn die überwachte Bedingung erfüllt ist. Hat der Übergang nur eine Wächterbedingung, aber keinen Ereignistrigger, so erfolgt der Übergang, wenn die Aktivität im Vorzustand abgelaufen ist und die Wächterbedingung erfüllt ist.

- **Wächterbedingung**
  Die Wächterbedingung ist optional und wird in eckigen Klammern hinter dem Ereignistrigger als boolescher Ausdruck angegeben. Wächterbedingungen werden erst ausgewertet, wenn der Ereignistrigger für eine Transition auftritt. Daher ist es möglich, dass man mehrere Transitionen hat, die von dem gleichen Quellzustand ausgehen und auf denselben Ereignistrigger reagieren, solange die Bedingungen sich nicht überschneiden. Eine Wächterbedingung wird für eine Transition nur einmal ausgewertet. Dies erfolgt zu dem Zeitpunkt, an dem das Ereignis aufgetreten ist. In den booleschen Ausdruck können Bedingungen zum Zustand eines Objekts integriert werden (beispielsweise der Ausdruck `Heizung aus`). Ist die Bedingung

während der Prüfung nicht wahr, wird das Ereignis nicht ausgeführt und geht verloren.
- **Effekt**
Ein **Effekt** ist optional und ist ein Verhalten, das bei der Auslösung einer Transition ausgeführt werden kann. Ein Effekt entspricht einer Aktion. Eine Aktion kann nach Hatley/Pirbhai

  - das Aktivieren und Deaktivieren von Prozessen oder
  - das Erzeugen von Ausgangssteuerflüssen

  bewirken.

  Übersetzt in die Objektorientierung bedeutet das

  - das Erzeugen und Zerstören von Objekten oder
  - das Aufrufen von Methoden anderer objektorientierter Systeme.

  Neue Transitionen werden nur durchgeführt, wenn sich der Zustandsautomat im Stillstand befindet, also keinen Effekt einer vorangegangenen Transition mehr durchführt. Die Ausführung eines Effekts einer Transition und der zugehörigen `entry`- und `exit`-Effekte wird vollständig durchgeführt, bevor weitere Ereignisse weitere Transitionen auslösen können. Im Gegensatz dazu kann eine `do`-Aktivität (`throughout`-Aktivität nach Harel, siehe Kapitel 7.9.5) durch ein Ereignis unterbrochen werden.
- **Zielzustand**
Endzustand nach der Transition.

Eine Transition wird als Pfeil vom Quellzustand zum Zielzustand gezeichnet. Ein **Ereignistrigger** löst eine Zustandstransition aus. Tritt er ein, so erfolgt die Transition.

Eine **Vervollständigungstransition** einer Aktivität wird durch eine Transition ohne Ereignistrigger dargestellt. Sie wird implizit ausgelöst, wenn ein Quellzustand sein Verhalten beendet hat. In Bild 11-91 sind die verschiedenen Transitionen visualisiert. **Vervollständigungstransitionen** sind von **Harel** bekannt.

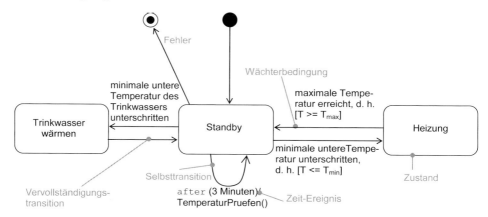

Bild 11-91 Modellierung von Transitionen in UML

Das in Bild 11-91 gezeigte Schlüsselwort `after` bedeutet "nach".

11.7.5 Unterzustände

UML [Sup11, S.565] unterscheidet die folgenden Zustände:

- **Einfacher Zustand**
  Ein **einfacher Zustand** hat keine Unterzustände.
- **Zusammengesetzter Zustand**
  Ein **zusammengesetzter Zustand** enthält entweder **eine einzige Region** oder wird in **zwei oder mehr orthogonale** (nebenläufige) **Regionen** zerlegt. Jede Region hat dabei einen Satz von wechselseitig exklusiv getrennten Zuständen und einen Satz von Transitionen.

Ein gegebener Zustand kann nur auf eine dieser beiden Arten zerlegt werden.

> Ein **zusammengesetzter Zustand** ist laut [UML10, S. 566] entweder
> - ein Zustand mit einer einzigen Region oder
> - ein Zustand mit mehr als einer orthogonalen Region.
>
> Dabei hat jede Region ihre eigenen Unterzustände und Übergänge.

Im folgenden Bild, das aus der Superstructure [Sup11, S.576] stammt, ist der Zustand `Lehrveranstaltungsversuch` ein Beispiel eines zusammengesetzten Zustands mit einer einzigen Region, wohingegen `Studieren` ein zusammengesetzter Zustand ist, der drei **Regionen** enthält [Sup11, S.566]:

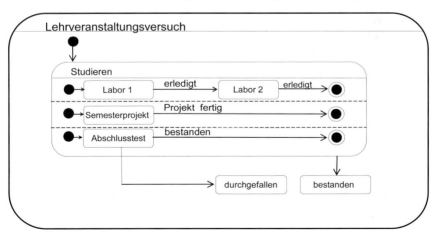

Bild 11-92 Zusammengesetzter Zustand [Sup11, S.576]

Zusammengesetzte Zustände mit verschiedenen Regionen werden zur Modellierung von parallel laufenden Komponenten verwendet, da in jeder orthogonalen Region eines Zustands gleichzeitig ein Unterzustand aktiv sein kann. Verschiedene

Modi eines Systems lassen sich hervorragend mit Unterautomaten-Zuständen modellieren. Unterzustände können mit einer beliebigen Tiefe mit sequenziellen (nicht orthogonalen) Unterzuständen modelliert werden.

Beim Betreten eines zusammengesetzten Zustands werden automatisch dessen Startzustände in den Regionen oder dessen einziger Unterautomat aktiv, falls der Zustandsübergang nicht direkt auf einen untergeordneten Zustand abgezielt hat. Sind alle orthogonalen Regionen bzw. der erwähnte Unterautomat beendet, so ist auch der einschließende zusammengesetzte Zustand beendet.

- **Unterautomaten-Zustand**
  Unterautomaten können in Automaten wiederverwendet werden. Ein Unterautomat spezifiziert den Einsatz der Spezifikation einer untergeordneten Zustandsmaschine (Unterautomaten-Zustandsmaschine) in einem Zustandsautomaten. Die Zustandsmaschine, die den Unterautomaten enthält, heißt die enthaltende Zustandsmaschine. Ein Unterautomat kann mehrfach im Kontext einer Zustandsmaschine enthalten sein (Wiederverwendbarkeit, engl. reusability).

Die Verwendung von Unterautomaten ist ein Zerlegungsmechanismus, der es erlaubt, allgemeine Verhaltensweisen zu faktorisieren und wiederzuverwenden. Zustandsübergänge in die übergeordnete Zustandsmaschine können Eintritts- und Austrittspunkte der eingesetzten Zustandsmaschine als Quellen bzw. Ziele haben.

Orthogonale Unterzustände

Ist ein Zustand in orthogonale Regionen zerlegt, wird auch der Steuerfluss in die der Anzahl Regionen entsprechende Anzahl von Steuerflüssen zerlegt (**Verzweigung** oder **Gabelung**). Geht man nur in einen einzigen orthogonalen Unterzustand über, so ist dies implizit eine Gabelung. Implizit kommt man in alle orthogonalen Regionen, wenn man nur das Betreten eines einzigen Zustands darstellt. Bei einer Transition aus den nebenläufigen Zuständen wird der Steuerfluss wieder zusammengeführt (**Vereinigung**). Erreicht eine orthogonale Region den Endzustand vor einer anderen Region, so muss sie auf die anderen warten. Anschließend erfolgt die Vereinigung in einen einzigen Steuerfluss. Die Verzweigung und Vereinigung kann explizit durch die Pseudozustände erfolgen oder implizit wie in Bild 11-92.

11.7.6 Ereignisse und Signale

Nach UML 2 gehören zu Ereignissen:

- der Ablauf einer bestimmten Zeitspanne (**Zeitereignis**),
- eine Zustandsänderung (**Änderungsereignis**),
- **Signale** und
- **Aufrufe**.

Signale, Zeitereignisse und Änderungsereignisse sind asynchrone Ereignisse. Sie können an beliebigen Zeitpunkten ausgelöst werden. Aufrufe einer Operation können in der Regel synchron, aber auch asynchron erfolgen. In UML kann die Deklaration von Ereignissen und ihr Einsatz zum Auslösen von Transitionen dargestellt werden (siehe Bild 11-93).

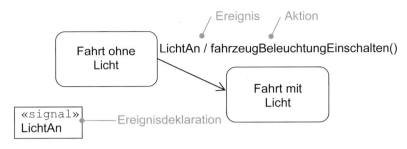

Bild 11-93 Modellierung von Ereignissen in UML

Die Einteilung von **Ereignissen** durch UML in Zeitereignisse, Änderungsereignisse, Signale und Aufrufe muss interpretiert werden, da es eine Einteilung dieser Art bei der Strukturierten Analyse/Echtzeit nicht gibt. In den folgenden Kapiteln erfolgt eine Bewertung.

11.7.6.1 Zeitereignisse

Ein Zeitereignis nach UML bezieht sich auf eine **relative Zeit** oder auf eine **absolute Zeit**. Der Ablauf einer bestimmten Zeitspanne ist natürlich kein Ereignis, sondern muss ein Ereignis generieren. Hier handelt es sich um eine sogenannte **Datenbedingung** nach Hatley/Pirbhai. Datenbedingungen sind stets die Vergleiche zweier Werte und das Auslösen eines Steuerflusses, wenn die Bedingung erfüllt ist.

Ein sogenanntes **Zeitereignis nach UML entspricht** dem Zünden einer Datenbedingung nach Hatley/Pirbhai.

In UML wird ein **relatives** Zeitereignis, wie in Bild 11-94 zu sehen ist, mit dem Schlüsselwort `after` modelliert, gefolgt von einer Beschreibung einer bestimmten Zeitspanne. Dabei kann die Beschreibung in einfacher Form (z. B. nach `2 Sekunden`) oder in umfangreicher Form (`3 Sekunden nach dem Öffnen der Türen`) erfolgen. Wenn man den Bezugspunkt nicht explizit spezifiziert, wird die Relativzeit vom Eintreten in den Zustand gezählt, dem sie zugeordnet ist. Das Schlüsselwort `at` in UML stellt eine Zeitangabe dar, die einem **absoluten** Zeitpunkt entspricht, wie z. B. `at 5 Feb 2006, 13:00 UT`. Diese Zeitangabe stellt einen Ausdruck dar.

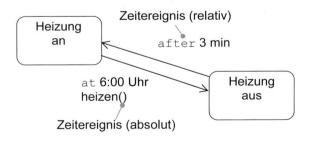

Bild 11-94 Modellierung von Zeitereignissen in UML

11.7.6.2 Änderungsereignisse

Gemeint ist hier wiederum die Datenbedingung. Ein Beispiel hierfür ist ein Flieger auf der Startbahn. Wenn hier die Rollgeschwindigkeit die Abhebegeschwindigkeit erreicht, muss ein Steuerfluss ausgelöst werden, der das Höhenleitwerk so stellt, dass der Flieger abhebt.

> Ein sogenanntes **Änderungsereignis nach UML** entspricht dem **Zünden einer Datenbedingung nach Hatley/Pirbhai**.

Bild 11-95 zeigt die Modellierung eines Änderungsereignisses (engl. change event) in UML [Sup11, S.451]. Wie aus der Abbildung ersichtlich ist, wird in UML das Änderungsereignis mit dem Schlüsselwort `when`, gefolgt von einem booleschen Ausdruck, modelliert. Dies kann beispielsweise folgendermaßen aussehen: `when (Gewicht > 30)`. Wenn der boolesche Ausdruck wahr wird, wird ein Ereignis ausgelöst. Solche Ausdrücke kann man für die fortlaufende Prüfung von Bedingungen verwenden.

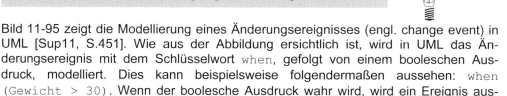

Bild 11-95 Modellierung von Änderungsereignissen in UML

Das Ereignis tritt – wie erwähnt – auf, wenn sich der Wert der Bedingung von `false` nach `true` ändert. Dies ist die bekannte Datenbedingung von Hatley/Pirbhai.

11.7.6.3 Signale und Aufrufe

Aufrufe (engl. **calls**) können synchron oder asynchron Operationen aufrufen. Gewöhnlich ist ein Aufruf synchron. Ein Aufruf einer Operation kann die der Operation zugeordnete Methode des Zielobjekts aufrufen und damit ein transformatorisches Verhalten zeigen, aber zusätzlich auch andere Antworten wie einen Zustandsübergang auslösen [Sup11, S. 450].

Ein **Signal** ist die Spezifikation von Instanzen, die zwischen Objekten ausgetauscht werden. Das empfangende Objekt behandelt die empfangenen Anforderungsinstanzen entsprechend der Spezifikation. Die Daten einer Sendeanforderung werden durch die Attribute eines Signals dargestellt.

Ein Sender triggert eine Reaktion im Empfänger auf asynchrone Weise und ohne Antwort. Der Sender eines Signals blockiert nicht, um auf eine Antwort zu warten, sondern führt die Ausführung fort. Indem der Empfang eines gegebenen Signals erklärt wird, spezifiziert ein Classifier, dass seine Instanzen in der Lage sind, das entsprechende Signal oder einen Subtyp davon zu empfangen und mit dem erwarteten Verhalten zu reagieren [Sup11, S. 465]. Der Empfang wird wie Operationen in einem Classifier notiert, aber mit dem Schlüsselwort «signal».

Signale können keine Operationen von Objekten aufrufen, sie übermitteln nur Ereignisse asynchron zwischen aktiven Objekten oder Komponenten. Sie können dabei auch Zustandsübergänge auslösen. Signale haben kein Ergebnis. Sie stellen einen speziellen Nachrichtentyp dar. Die Zuordnung eines Signals zu einer Klasse erfolgt mit sogenannten **Signalrezeptoren**. Signalrezeptoren beschreiben, auf welche Signale eine Klasse reagiert. Da Signale asynchron sind, muss die empfangende Klasse eine aktive Klasse sein. Die Signalrezeptoren werden dabei im Symbol einer aktiven Klasse im gleichen Abschnitt wie die Operationen unter dem Schlüsselwort «signal» aufgeführt, wie im folgenden Bild gezeigt:

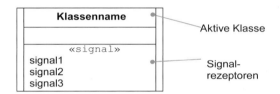

Bild 11-96 Modellierung von aktiven Klassen mit Signalrezeptoren in UML

Signalrezeptoren werden durch den Typ des Signals beschrieben. Ein bestimmter Signalrezeptor kann auch alle von seinem Typ abgeleiteten Signale empfangen. Ein Signal ist ein Datentyp, der aus dem Namen und Attributen besteht. Ein Signal wird grafisch durch eine Klasse mit dem Schlüsselwort «signal» beschrieben wie z. B.:

Bild 11-97 Beispiel für ein Signal mit Attributen

Ein Signalobjekt kann gesandt und empfangen werden.

Üblicherweise werden Signale für **Trigger-Funktionen** (Ereignisse) und **Exceptions** eingesetzt. Der Vorteil von Signalen ist, dass **Signalhierarchien** aufgebaut werden können.

11.7.7 Modellierung von Signalen

Ein Signal wird durch einen Classifier mit dem Schlüsselwort «signal» spezifiziert. Signale haben Ähnlichkeiten mit Klassen. Eine asynchrone Nachricht ist meist eine Instanz eines Signals. Signale können zu Generalisierungsbeziehungen gehören, was es dem Anwender erlaubt, allgemeine und spezifische Ereignishierarchien zu modellieren.

Ein Signal kann von der Aktion einer Transition in einem Verhaltenszustandsautomaten ausgehen. Es kann als Nachricht zwischen zwei Objekten in einer Interaktion modelliert werden. Eine Methode kann während ihrer Ausführung ebenfalls Signale senden. Bei der Modellierung einer Klasse oder einer Schnittstelle besteht ein wichtiger Teil der Spezifikation des Verhaltens des Elements darin, die Signale festzulegen, die von Operationen gesendet werden können.

> Wenn man hervorheben möchte, dass eine Operation ein bestimmtes Signal sendet, kann man eine als «Send» stereotypisierte Abhängigkeitsbeziehung modellieren.

Bild 11-98 zeigt, wie in UML Signale, die von Operationen erzeugt werden können, modelliert werden.

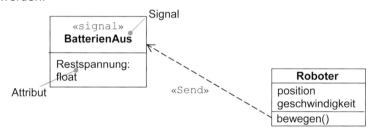

Bild 11-98 Ein Anwendungsbeispiel für den Stereotyp «Send»

Mit dem Stereotyp «**Send**» wird das Senden eines Signals durch eine Operation ausgedrückt.

11.7.8 UML und SA/RT

Die Zustandsdiagramme der UML basieren auf der Theorie von Harel. Diese Theorie wiederum erweitert die Zustandsübergangsdiagramme der SA/RT. In der UML gibt es nichts Entsprechendes zur Ereignislogik oder zur Aktionslogik (mit PAT, siehe Kapitel 7.6.8, und der Tabelle zur Generierung von Ausgangssteuerflüssen, siehe Kapitel 7.6.8) wie in SA/RT.

Dies bedeutet, dass man die

- Ereignislogik am besten in den Ereignissen,
- den PAT-Teil der Aktionslogik am einfachsten in den Aktionen der Transitionen beim Übergang

- und die Erzeugung der Ausgangssteuerflüsse
  - in den Aktionen der Transition,
  - den `entry`-Aktionen beim Eintritt in den Zustand,
  - den `exit`-Aktionen beim Verlassen des Zustands oder
  - den Aktivitäten im Zustand

notiert.

Bei den Ausgangssteuerflüssen kann statisch (`do /`) oder flankengesteuert (Ereignis, `entry /`, `exit /`) gearbeitet werden. Eigentlich könnte man auch in der SA/RT auf die Ereignislogik und die Aktionslogik verzichten. Wenn man nur von Hand arbeitet, kann an einen Zustandsübergang beispielsweise ein Ausdruck der folgenden Form angeschrieben werden:

(Ereignis 1 und Ereignis 2) / (Prozessaktivierung 1 + Prozessdeaktivierung 2 + Ausgangssteuerfluss 1)

Ein solcher Ausdruck wäre möglich und auch richtig, er würde allerdings die Konsistenzprüfungen von Tools nicht gerade erleichtern. Übersichtlicher ist es auf jeden Fall, nur ein einziges Ereignis und eine einzige Aktion an einen Zustandsübergang anzuschreiben und im Falle von Kombinationen zur Ereignis- und Aktionslogik überzugehen.

11.8 Komponentendiagramm

Eine **Komponente** ist ein modularer Teil eines Systems und kapselt eine beliebige Anwendung.

> Eine Komponente ist nur über Schnittstellen erreichbar.

Interne und externe Sicht

Eine Komponente ist ein spezieller Classifier. Eine Komponente hat prinzipiell eine externe Sicht und eine interne Sicht. Die **externe Sicht** (**Blackbox-Sicht**) zeigt die Komponente und ihre angebotenen und benötigten Schnittstellen. Die **interne Sicht** (**Whitebox-Sicht**) einer Komponente zeigt bei einer strukturierten Komponente die Zerlegung der zusammengesetzten Komponente in Teile (innere Struktur) und das Zusammenwirken der Teile untereinander sowie mit den Schnittstellen der Komponente, also wie das externe Verhalten der Komponente erbracht wird.

Logische und physische Komponenten

Es gibt Komponenten zur Entwurfszeit und Komponenten der Implementierung. **Komponenten zur Entwurfszeit** sind **logische Komponenten**. Eine logische Komponente hat als Classifier Operationen und eine Struktur aus einfachen Attributen und ggf. anderen Klassen oder Komponenten. Logische Komponenten können aber müssen nicht durch **physische Komponenten** eines bestimmten Komponentenmodells wie z. B. EJB implementiert werden.

Direkte und indirekte Implementierung

Eine logische Komponente kann eine reine Abstraktion darstellen und beispielsweise nur der Behälter eines Subsystems sein, der durch andere Classifier realisiert wird. Hitz, Kappel, Kapsammer und Retschitzegger [Hit05 S. 144,145] sprechen hier von **indirekter Implementierung** im Gegensatz zur **direkten Implementierung**. Bei der direkten Implementierung realisiert die logische (strukturierte) Komponente das Verhalten selbst in einer physischen (strukturierten) Komponente. Zur Laufzeit wird diese Komponente instanziiert. Bei der indirekten Implementierung realisiert die Komponente das Verhalten nicht selbst. Es wird durch beliebige andere Classifier realisiert. Die Komponente selbst stellt nur eine **Abstraktion** dieser Classifier nach außen dar. Zur Laufzeit existiert keine Komponente, sondern die sie realisierenden Classifier werden initialisiert. Ein solcher Fall liegt beispielsweise vor, wenn man für ein Subsystem als Abstraktion eine Komponente mit dem Stereotyp «`Subsystem`» als reine logische Komponente des Entwurfs verwendet. Eine solche abstrakte Komponente des Subsystems hat dann auch Operationen – die Anwendungsfälle des Subsystems – und auch Eigenschaften – die Eigenschaften des Subsystems.

Die folgende Tabelle zeigt die direkte und indirekte Implementierung einer logischen Komponente:

Einführung in standardisierte Diagrammtypen nach UML

logische Komponente des Entwurfs	Komponente der Implementierung	andere Implementierung
	direkte Implementierung	indirekte Implementierung
logische Komponente (einfache oder zusammengesetzte Komponente)	physische Komponente (einfache oder zusammengesetzte Komponente)	physisch keine Komponente
	physische Komponente existiert zur Laufzeit	physische Komponente existiert zur Laufzeit nicht

Tabelle 11-2 Direkte und indirekte Implementierung einer Komponente des Entwurfs

Eigenschaften einer Komponente

Eine **Komponente** hat die folgenden Eigenschaften:

- Eine Komponente ist ein **modularer Teil** eines Systems.
- Eine Komponente **bietet über Schnittstellen Dienstleistungen (Funktionen) an**.
- Eine Komponente kann die Existenz anderer Komponenten voraussetzen.
- Die Implementierung einer Komponente ist verborgen (**Information Hiding**).
- Eine Komponente ist ein **austauschbares** oder **ersetzbares Teil** eines Systems. Sie kann durch eine andere Komponente mit denselben Schnittstellen ersetzt werden.
- Eine Komponente kann eine **innere Struktur** haben und beispielsweise Klassen oder andere Komponenten enthalten.

Inhalte des Komponentendiagramms

Ein Komponentendiagramm beschreibt die Struktur eines Systems.

Was tatsächlich das dargestellte System ist, hängt von der Absicht des "Erfinders" des betreffenden Diagramms ab. Das Diagramm kann beispielsweise die lauffähigen Komponenten eines Gesamtsystems zeigen, in einem anderen Fall aber nur die interne Realisierung einer einzigen Komponente. Zeigt das Diagramm die lauffähigen Komponenten eines Systems an, so spricht man von einer externen Sicht, stellt das Diagramm die Implementierung des inneren Aufbaus einer Komponente dar, so spricht man von einer internen Sicht. Ein Beispiel für die externe Sicht ist im Folgenden zu sehen:

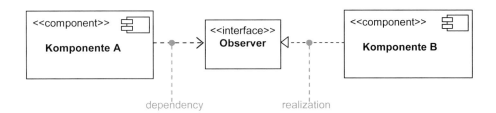

Bild 11-99 Einfaches Beispiel für ein Komponentendiagramm in der externen Sicht

Ein Beispiel für die interne Sicht zeigt das folgende Bild:

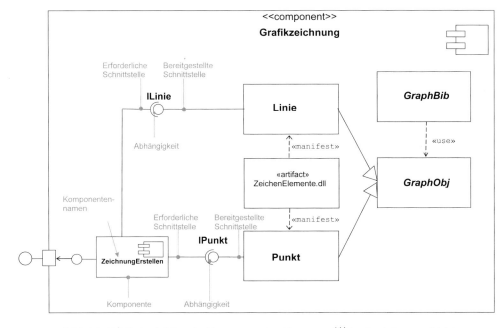

Bild 11-100 Beispiel für ein Komponentendiagramm[144] in der internen Sicht

Um Komponenten modellieren zu können, die aus mehreren Klassen oder Komponenten aufgebaut sind, wurde in UML das Konzept einer strukturierten Klasse bzw. Komponente eingeführt. Komponenten oder Klassen als Teile können untereinander bzw. mit Schnittstellen die folgenden Beziehungen aufweisen:

- Abhängigkeit,
- Generalisierung,
- Assoziation (einschließlich Aggregation bzw. Komposition)[145] und
- Realisierung.

---

[144] «manifest» wird in Kapitel 11.9 erklärt.
[145] Sind die Teilkomponenten abhängig, so ist die Komposition zu nehmen.

Ein **Komponentendiagramm** (engl. **component diagram**) ist ein Strukturdiagramm. Ein Komponentendiagramm ist wie ein Klassendiagramm eine statische Entwurfssicht. Die Komponenten können sowohl Komponenten der Geschäftsprozesse als auch technische Komponenten wie z. B. für den Datenbankzugriff sein.

Verschiedene Elemente eines Komponentendiagramms sind:

- Komponenten,
- Schnittstellen,
- Klassen,
- Artefakte sowie
- Ports (siehe Kapitel 11.8.4)

und ihre statischen Verbindungen wie die Realisierung einer Komponente («`manifest`» (siehe Kapitel 11.9), die Realisierung einer Schnittstelle oder Benutzt-Beziehungen [Sup11, S. 167].

Der Unterschied zwischen einer Klasse und einer Komponente ist, dass auf eine Komponente nur über ihre Schnittstellen zugegriffen werden kann, bei einer Klasse dagegen ist auch ein direkter Zugriff auf eine Operation/Methode möglich, ohne dabei über eine Schnittstelle zu gehen.

11.8.1   Namen von Komponenten

Komponenten sind spezielle Classifier und werden wie diese durch Nominalphrasen bezeichnet.

11.8.2   Notation einer Komponente

Eine Komponente kann in UML als das Rechteck eines Classifiers mit dem Schlüsselwort «`component`» (siehe Bild 11-101) dargestellt werden, in dessen rechter, oberer Ecke sich ein Symbol mit zwei Laschen befindet. Der Komponentenname ist fett wie der Klassenname.

Bild 11-101 Komponentennotation mit Komponentensymbol

Alternativ kann man eine Komponente auch als Classifier mit dem Schlüsselwort «`component`», aber ohne das Komponentensymbol darstellen (siehe Bild 11-102).

```
          «component»
          Komponente
```

Bild 11-102 Notation einer Komponente ohne Komponentensymbol

11.8.3 Komponentenbasierte Architekturen und ihre Darstellung

Komponentenbasierte Architekturen sind Architekturen und damit Ergebnisse des Entwurfs, die für die Systembestandteile – die logischen Komponenten – und deren Implementierung in Form von physischen Komponenten bestimmte Eigenschaften erfordern. Dabei müssen alle Funktionen der logischen und physischen Komponenten über **Schnittstellen** zugänglich sein. Das Erfüllen dieser Voraussetzungen garantiert die Wiederverwendbarkeit der physischen Komponenten in einem anderen System, das auf der Basis desselben Komponentenmodells realisiert wird. Um ein komponentenbasiertes System zu entwickeln, zerlegt man das System zunächst durch die Festlegung der Schnittstellen (engl. interfaces) in logische Komponenten und übersetzt diese dann in physische Komponenten.[146]

Die Schnittstelle zwischen den Komponenten entkoppelt diese. Somit wird erreicht, dass die Komponenten nicht mehr voneinander abhängig sind, da eine Komponente die auf eine Schnittstelle zugreift, korrekt funktioniert, unabhängig davon, welche Komponente die Schnittstelle verwirklicht.

Da Komponenten letztendlich nur über Schnittstellen und die zugeordneten Verträge definiert sind, können sie beliebig durch andere Komponenten, die die Verträge einhalten, ausgetauscht werden.

Eine Komponententechnologie erlaubt die **Wiederverwendung** von Komponenten und den **Einsatz kommerziell erhältlicher Komponenten**.

Grundsätzlich gilt, dass jede Komponente **ersetzbar** ist. Jedoch muss beim Ersetzen darauf geachtet werden, dass eine neue Komponente auch den vorhandenen Schnittstellen genügt. Komponenten sind ein **Teil des Systems** und stehen selten alleine da. In der Regel interagieren sie mit anderen Komponenten. Darüber hinaus sind sie in sich abgeschlossen und können über Systeme hinaus immer wieder verwendet werden. Eine Komponente kann aber nur dann im Kontext verwendet werden, wenn alle ihre erforderlichen Schnittstellen in anderen Komponenten realisiert wurden.

Eine Erweiterung eines Systems durch neue Dienste kann erreicht werden, indem einfache neue Schnittstellen hinzugefügt werden.

Beispiele für kommerzielle Komponentenmodelle sind die Enterprise JavaBeans[147]-Architektur von Sun, die Common Object Request Broker Architecture (CORBA) der

---

[146] Hierbei ist der Name Platform Independent Model (PIM) und Platform Specific Model (PSM) geläufig.
[147] Enterprise JavaBeans wird abgekürzt durch EJB.

Object Management Group (OMG) und das Component Object Model (COM) von Microsoft. Solche Komponentenmodelle verwenden nicht nur Schnittstellen für die physischen Komponenten, sondern bieten auch zentrale Dienste an – im Falle der JEE[148]-Architektur Dienste des sogenannten Containers –, in dem sich die Komponenten befinden.

Komponentenmodelle bieten den Vorteil, dass ein Markt für physische Komponenten entsteht, die man als Bausteine für eine eigene Anwendung erwerben kann, um dann nur noch die fehlenden Komponenten selbst zu programmieren.

Das Ziel der komponentenbasierten Softwareentwicklung ist – wie es in der Hardware-Industrie schon seit langem eingeführt ist – ein neues Softwaresystem aus einzelnen Bestandteilen, den Komponenten, zusammenzusetzen. In der Automobilindustrie werden Fahrzeuge aus fertigen, teils von Fremdherstellern zugekauften Teilen montiert. So ergeben hier z. B. ein Fahrgestell, eine Karosserie und ein Motor ein Fahrzeug. In der Elektronik ist die bekannteste Komponente der Integrated Circuit (IC). Solch ein integrierter Schaltkreis stellt einen Entwickler für elektronische Schaltungen nicht jedesmal vor die Aufgabe, gewisse Funktionen wie Flip-Flops, Speicherbausteine oder sogar komplette Prozessoren immer wieder neu zu bauen.

Von einer Wiederverwendung, wie sie z. B. in der eben beschriebenen Elektronik stattfindet, ist man bei Softwarebausteinen heute noch weit entfernt. Man hat mit Problemen wie fehlende Standards, fehlende Kompatibilität der Komponententechnologien (EJB, COM etc.), schwieriges Auffinden, ausreichende Performanz, Bereitstellung interessanter Funktionalität und der **Granularität** der Komponenten zu kämpfen.

Werden Komponenten auf zu geringem Abstraktionsniveau erstellt, ist die Chance für die Wiederverwendung einer Komponente sehr gering, da die von ihr zur Verfügung gestellten Funktionen zu speziell auf ein bestimmtes Problem zugeschnitten sind. Ebenso verhält es sich mit Komponenten, deren Dienste eine zu hohe Abstraktion bieten. In diesem Fall ist es oft leichter, die gewünschte Funktionalität selbst zu implementieren und sich nicht die Mühe zu machen, die Komponente einzubinden und sich mit deren Schnittstelle auseinanderzusetzen.

11.8.3.1 Logische und physische Komponenten

Seit UML 2.0 wird zwischen logischen und physischen Komponenten unterschieden. Logische Komponenten werden für plattformunabhängige Modelle verwendet, um daraus automatisch plattformabhängige physische Komponenten zu generieren. Physische Komponenten sind z. B. EJB-Komponenten oder .NET-Komponenten. Sie werden auch als **Artefakte** bezeichnet.

> **Logische Komponenten** sind **Komponenten des Entwurfs** und nicht der Systemanalyse. **Physische Komponenten** oder **Artefakte** sind **Komponenten der Implementierung**.

Auch Komponenten können zu Paketen zusammengefasst und so in logischen Einheiten organisiert werden.

---

[148] JEE bedeutet Java Enterprise Edition.

Das Ziel einer komponentenbasierten Software liegt darin, das System über **ersetzbare Artefakte** implementieren zu können. Die Artefakte werden mit Hilfe von logischen Komponenten entworfen, welche ebenfalls ersetzbar sein müssen. Eine Komponente kann immer dann durch eine andere Komponente ersetzt werden, wenn diese andere Komponente den gleichen Schnittstellen entspricht.

> **Artefakte** werden durch Codegenerierung aus logischen Komponenten erzeugt. Artefakte sind ersetzbare Einheiten des ausführbaren Systems.

Der **Austausch** von Komponenten kann sowohl auf der **logischen Ebene** des Entwurfs wie auch auf der **physischen Ebene** der Implementierung geschehen.

Ein Austausch von Artefakten während der Laufzeit kann z. B. durch **Enterprise JavaBeans** (**EJBs**) oder **COM+** von Microsoft erfolgen und ist für den Anwender der Komponente nicht ersichtlich.

11.8.3.2 Import- und Export-Schnittstellen von Komponenten

Eine Komponente ist eine spezielle Ausprägung eines Classifiers. Komponenten sind Teile eines Systems, die ein definiertes Verhalten haben und dieses über Export-Schnittstellen, d. h. über öffentlich zugängliche Schnittstellen, anbieten. Komponenten haben in der Regel eine interne Struktur und bestehen aus mehreren Klassen oder kleineren Komponenten. Sichtbar von einer Komponente sind nur ihre **Export/Import-Schnittstellen** (Externe Sicht). Die Implementierung (interne Sicht) ist durch Information Hiding verborgen.

> Eine Komponente zeigt nach außen nur **ihre Export/Import-Schnittstellen** (Externe Sicht).

> Eine Komponente kann eine Schnittstelle bereitstellen, welche dann von anderen Komponenten verwendet werden kann (**bereitgestellte Schnittstelle**, **Export-Schnittstelle**).

> Umgekehrt kann eine Komponente eine Schnittstelle erfordern, welche dann von einer anderen Komponente bereitgestellt werden muss (**erforderliche Schnittstelle**, **Import-Schnittstelle**).

Eine Komponente kann nur dann im Kontext verwendet werden, wenn ihre erforderlichen Schnittstellen von anderen Komponenten bereitgestellt werden.

11.8.3.3 Zusatzbereiche bei Komponenten

Eine Komponente kann Zusatzbereiche (siehe Kapitel 10.6.2) aufweisen. So können beispielsweise die Export- und die Import-Schnittstellen angegeben werden, die interne Realisierung durch Klassen und die Teilkomponenten.

Das folgende Bild zeigt die Export- und die Import-Schnittstellen:

Bild 11-103 Export- und Import-Schnittstellen

11.8.4 Aufbau einer Komponente

Dieses Kapitel umfasst die Anschlüsse einer Komponente und die interne Struktur einer Komponente.

11.8.4.1 Anschlüsse einer Komponente

Ein **Anschluss** (engl. **port**) stellt die Wechselwirkung zwischen einem Classifier und seiner Umgebung dar: Die mit einem Anschluss verbundenen Schnittstellen spezifizieren die mit dem Anschluss verbundene Wechselwirkung mit dem Classifier in Form von angebotenen oder benötigten Diensten [Sup11, S. 186]. Das Konzept der Anschlüsse ist also nicht nur auf Komponenten beschränkt, auch wenn es dort eine sehr große Bedeutung hat.

Eine gekapselte Komponente interagiert mit der Außenwelt über Anschlüsse.

> Eine **gekapselte Komponente** ist eine Komponente, bei der alle Wechselwirkungen in die Komponente hinein und aus ihr heraus über so genannte **Anschlüsse** erfolgen.

Ein Anschluss unterstützt Schnittstellen, über welche die Kommunikation ablaufen kann. Auch wenn eine Komponente in sich wiederum aus mehreren kleineren Komponenten aufgebaut ist, können diese internen Komponenten über Anschlüsse kommunizieren, so dass jede Komponente für sich ein abgeschlossener Teil des Systems ist.

Mit dem Anschlusssymbol können dann sowohl bereitgestellte als auch erforderliche Schnittstellen verbunden werden. Jeder Anschluss kann optional einen Namen besitzen, der im Zusammenhang mit dem Namen der Komponente eindeutig sein muss.

Ein Anschluss einer Komponente wird als kleines Rechteck am Rand einer Komponente dargestellt (siehe z. B. Bild 11-104).

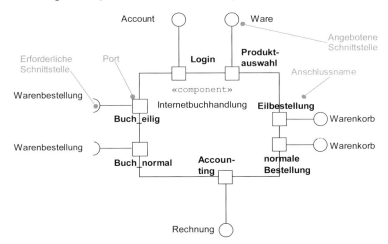

Bild 11-104 *Anschlüsse einer Komponente* `:Internetbuchhandlung`

Für eine bessere Kontrolle über die Implementierung können **Anschlüsse** anstelle von Schnittstellen verwendet werden.

Ein Anschluss stellt eine Öffnung der gekapselten Komponente dar. Erforderliche wie auch bereitgestellte Schnittstellen können mit diesem Symbol verbunden werden. Bereitgestellte Dienste können nun nur noch über den verwendeten Anschluss angefordert werden. Wenn eine Komponente Dienste von anderen Komponenten benötigt, so geschieht dies auch nur durch einen Anschluss.

Anschlüsse sind gröbere Einheiten als Schnittstellen. Mit den grobkörnigen Anschlüssen (engl. ports) für Klassen und Komponenten wird der Technik des Plug&Play durch grobkörnige Ein- und Ausgänge Rechnung getragen. Vereinfacht gesprochen bedeuten Anschlüsse die Festlegung, welche Komponenten mit welchen Komponenten "zusammengesteckt" werden können. Das Verhalten einer gekapselten Komponente wird nun durch die Summe aller Anschlüsse festgelegt, welche darüber hinaus eine **Identität** besitzen. Ein Anschluss ist **referenzierbar**. Ein Anschluss verfügt über Schnittstellen, welche die Kommunikation wiederum definieren. Es ist nun auch möglich, die Schnittstellen mit Hilfe der Anschlüsse zu Paketen zusammenzuführen, was einen bedeutend höheren Grad an Kapselung und Austauschbarkeit mit sich bringt.

> Ein **Anschluss**, der Nachrichten von und für eine gekapselte Komponente annimmt, kann ein Paket von Schnittstellen darstellen. Eine Komponente wiederum kann mehrere Anschlüsse enthalten.

Je nach Anschluss kann sich der Empfänger verschieden verhalten. Ebenso kann eine Komponente über verschiedene Anschlüsse senden.

Schnittstellen legen das allgemeine Verhalten einer Komponente fest. Sie haben jedoch **keine individuellen Namen**, unter denen sie angesprochen werden können. Sie haben lediglich einen Typ. Die Implementierung muss sicherstellen, dass alle bereitgestellten Schnittstellen realisiert sind.

Arbeitet man nicht mit Anschlüssen, sondern nur mit Schnittstellen, so kann man nur zum Ausdruck bringen, dass eine Komponente eine Schnittstelle implementiert und dass diese Schnittstelle von anderen Komponenten benutzt wird.

Arbeitet man mit Anschlüssen, so kann man Kanäle zu anderen Komponenten definieren, die verschiedene Schnittstellen umfassen. Eine Schnittstelle kann in mehreren Ports vorkommen. Mit Ports hat man die Möglichkeit, die Implementierung festzulegen.

> Der Anschlussname kann von inneren Komponenten verwendet werden, um den Anschluss festzulegen, über den bestimmte Nachrichten versandt werden.
>
> Mit Hilfe des Komponentennamens und dem dazugehörigen Anschlussnamen lässt sich ein bestimmter **Anschluss** in einer bestimmten Komponente **eindeutig identifizieren**.

Auch Anschlüsse sind Teile einer Komponente. Ihre Instanz wird erzeugt bzw. zerstört, sobald dies auf die dazugehörige Komponente zutrifft. Die Multiplizität regelt die Anzahl von Anschlussinstanzen innerhalb einer Komponenteninstanz. Verschiedene Instanzen eines Anschlusses werden oft dazu verwendet, um Anschlüsse mit verschiedenen Abarbeitungsprioritäten einzurichten.

> Für einen Anschluss gibt es **Multiplizitäten**. Dies bedeutet, dass man denselben Anschluss für verschiedene Zwecke, aber jeweils mit einer eigenen Identität bereitstellen kann. So kann man beispielsweise einen Anschluss für hochpriore Nachrichten einführen und einen anderen für niederpriore Nachrichten.

Um diesen Sachverhalt besser darzustellen, wurde in Bild 11-107 eine Komponente für eine Internet-Buchhandlung modelliert. Jeder der verwendeten Anschlüsse besitzt einen Namen, optional kann er auch einen Typ haben, welcher Auskunft über die Art des Anschlusses gibt.

Folgende Export-Anschlüsse hat die Komponente in Bild 11-107:

- `Login`,
- `Produktauswahl`,
- `normale Bestellung`,
- `Eilbestellung`,
- `Accounting`

und die Import-Anschlüsse

- `Buch_eilig` und
- `Buch_normal`.

In der Teilkomponente `:Login` erfolgt die **Identifikation und Authentisierung**. Dann erfolgt die **Produktauswahl**. Die Internet-Buchhandlung besitzt zwei Teilkomponenten mit getrennten Ports, einen für die **normale Bestellung** und einen für die **Eilbestellung**. Jedoch sind beide vom Typ `Bestellung`. Über die Import-Schnittstellen vom Typ `Warenbestellung` der Ports **Buch_eilig** und **Buch_normal** werden die bestellten Bücher aus dem Lager beschafft. Für die bestellten Bücher wird anschließend die Rechnung erstellt.

Der Vorteil von Anschlüssen und Schnittstellen liegt darin, dass die Komponenten zum Zeitpunkt des Entwurfs keine Kenntnis voneinander haben müssen, solange die Schnittstellen kompatibel sind.

11.8.4.2 Interne Struktur einer Komponente

Bei großen Systemen trägt es zur besseren Übersicht bei, wenn eine große (d. h. strukturierte) Komponente in kleinere Komponenten zerlegt wird. Von der **internen Struktur** einer Komponente ist also dann die Rede, wenn die Komponente kein Monolith ist, sondern intern wiederum aus Komponenten, den **sogenannten Teilen** aufgebaut ist, die zusammenarbeiten, um die Leistung der Komponente zu erbringen. Die **interne Struktur** bilden die implementierten Teile und ihre wechselseitigen Verbindungen. In der Praxis ist es häufig der Fall, dass Instanzen kleinerer Komponenten, die über statische Anschlüsse verbunden sind, das erforderliche Verhalten der gesamten Komponente erzeugen, es sind aber auch Instanzen von Klassen als Teile möglich.

Sowohl Klassen als auch Komponenten können strukturiert werden. Eine strukturierte Klasse kann wie eine Komponente eine interne Struktur, Anschlüsse, Teile und sogenannte Verbinder zwischen Teilen haben, die Kanäle darstellen. Es gibt keinen wesentlichen Unterschied zwischen Klassen und Komponenten bis auf die Tatsache, dass bei einer Komponente ein Methodenaufruf zwingend über Anschlüsse oder Schnittstellen erfolgen muss.

Teile

Ein **Teil** (engl. **part**) vom Typ eines Classifiers ist eine Instanz innerhalb der strukturierten Komponente. Es ist zu beachten, dass **ein Teil kein Typ** ist, sondern eine **Instanz**. Das Teil wird über seinen **Namen** und den **konkreten Typ** beschrieben. Jedes Teil wird anhand seines Namens eindeutig identifiziert. So kann es auch mehrere Teile von einem Typ geben, die jedoch unterschiedliche Namen tragen. Daher besitzt innerhalb der eigenen Komponente ein Teil eine Multiplizität. Die Komponenteninstanz wird immer mit der minimalen Anzahl an Teilinstanzen erzeugt. Weitere Teilinstanzen können jedoch während der Laufzeit erzeugt werden [Boo06, S. 239]. Oftmals stellen die Teile Instanzen von kleineren Komponenten dar.

Im folgenden Bild ist die Komponente :Internet_Buchhandlung abgebildet:

```
┌─────────────────────────────────────────────┐
│              :Internet_Buchhandlung          │
│   ┌──────────────────┐  ┌──────────────────┐│
│   │ «component»      │  │ «component»      ││
│   │                  │  │ normale_Bestellung:││
│   │ :Login           │  │ Bestellung       ││
│   └──────────────────┘  └──────────────────┘│
│   ┌──────────────────┐  ┌──────────────────┐│
│   │ «component»      │  │ «component»      ││
│   │                  │  │ Eilbestellung:   ││
│   │ :Produktauswahl  │  │ Bestellung       ││
│   └──────────────────┘  └──────────────────┘│
│                          ┌──────────────────┐│
│                          │ «component»      ││
│                          │                  ││
│                          │ :Rechnung_erstellen││
│                          └──────────────────┘│
└─────────────────────────────────────────────┘
```

Bild 11-105 Teile vom gleichen Typ

Diese Komponente verfügt über zwei Teile vom Typ Bestellung, jedoch ist der eine Teil für die normale Bestellung und der andere für die Eilbestellung zuständig. Beide funktionieren im Prinzip gleich, jedoch ist die Eilbestellung teurer. Da diese Teile vom gleichen Typ sind, benötigen sie zur Unterscheidung einen Namen. Für die Teile vom Typ Login und Rechnung_erstellen ist dies nicht notwendig, da sie innerhalb der Komponente :Internet_Buchhandlung nur einmal vorkommen.

Verbinder

Teile innerhalb einer Komponente können untereinander und mit den Anschlüssen nach außen verbunden werden. Werden sie untereinander durch Anschlüsse verbunden, so bringt es den Vorteil mit sich, dass die einzelnen Teile voneinander entkoppelt werden.

> Eine Leitung zwischen zwei Anschlüssen bezeichnet man als **Verbinder.**

Über Verbinder ist ein Routing von und nach außen möglich. Explizite Verbindernamen können in Situationen verwendet werden, in denen der Typ des Verbinders mehrfach vorkommt.

Ein Verbinder stellt in einer Instanz der zusammengesetzten Komponente

- eine **Verknüpfung** oder
- eine **flüchtige Verknüpfung**

dar. Bei der Verknüpfung handelt es sich um eine Instanz einer normalen **Assoziation**. Eine flüchtige Verknüpfung stellt eine **Verwendungsbeziehung** zwischen zwei Teilen dar. Eine Verwendungsbeziehung zwischen zwei Komponenten wird z. B. dann modelliert, wenn eine Komponente an eine Methode einer anderen Komponente als Übergabeparameter übergeben wird.

Wenn zwischen den Teilkomponenten Beziehungen über deren Anschlüsse bestehen, können diese ebenfalls eingezeichnet werden, indem man eine Linie zwischen ihren Anschlüssen zieht. Sind zwei Komponenten direkt miteinander verbunden, d. h. nicht über Anschlüsse sondern über Zeiger, so zieht man ebenfalls eine Linie zwischen den Komponenten.

Wenn die beiden Komponenten über kompatible Schnittstellen miteinander verbunden sind, verwendet man die Lollipop-Darstellung. Eine Kopplung von Komponenten über Schnittstellen stellt eine schwächere Kopplung dar (siehe Bild 11-106).

Bild 11-106 Kopplung von Komponenten über Schnittstellen

Natürlich kann man interne Anschlüsse direkt mit externen verbinden. Diese Verbindung wird als **Delegationsverbindung** bezeichnet, da die auf dem externen Anschluss ankommenden Nachrichten direkt an den internen Anschluss delegiert werden bzw. die internen Nachrichten an den Anschluss geleitet werden. Um dies zu kennzeichnen, wird die Verbindung als Pfeil dargestellt.

11.8.5 Beispiel für ein Komponentendiagramm

Ein Beispiel eines Komponentendiagramms mit internen Anschlüssen ist in Bild 11-107 zu sehen.

Am Anschluss `Login` werden externe Anfragen an den internen Anschluss der Subkomponente vom Typ `Login` delegiert. In anderen Worten, man loggt sich ein. Diese Subkomponente wiederum leitet den Nutzer über die Subkomponente vom Typ `Produktauswahl` an die Subkomponente vom Typ `normale_Bestellung` oder vom Typ `Eilbestellung` weiter. Es gibt einen Ausgang zu der Komponente mit Namen `normale_Bestellung` und einen zu der Komponente mit Namen `Eilbestellung`. Diese beiden Komponenten haben den Typ `Bestellung`. Die Anschlüsse wurden in der Lollipop-Socket-Darstellung gezeichnet. Hiermit wird impliziert, dass die Komponenten keine besonderen Kenntnisse voneinander haben und echte Komponenten sind.

Damit die Bücher im Lager automatisch beschafft werden, gibt es die Anschlüsse `Buch_eilig` und `Buch_normal` der Komponenten vom Typ `Bestellung`. Die Bücher werden über diese Anschlüsse besorgt. Die Bücher einer Bestellung werden anschließend an den Anschlüssen `normale_Bestellung` bzw. `Eilbestellung` an den Versand ausgegeben. Anschließend kommuniziert die Komponente vom Typ `Bestellung` mit der Komponente vom Typ `Rechnung_erstellen`. Die zugehörige Rechnung wird über den Anschluss `Accounting` ausgegeben.

Einführung in standardisierte Diagrammtypen nach UML 457

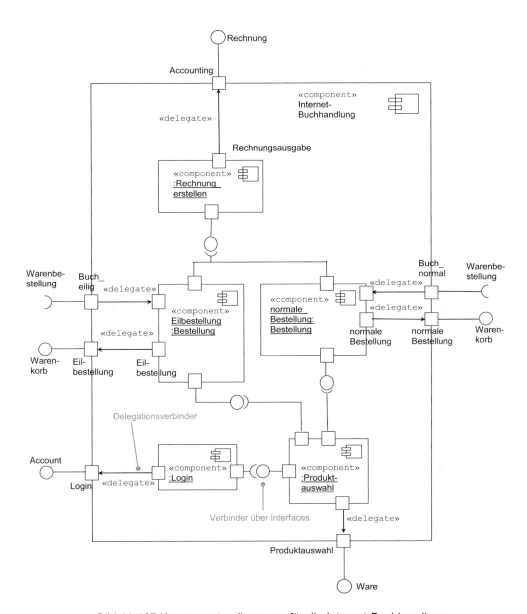

Bild 11-107 Komponentendiagramm für die Internet-Buchhandlung

11.9 Verteilungsdiagramm

Ein Verteilungsdiagramm (engl. deployment diagram) – auch Einsatzdiagramm genannt – beschreibt die Hardware-Architektur und die Verteilung des Laufzeitsystems, d. h. der **binären Softwareprodukte als Artefakte** des Entwicklungsprozesses auf die einzelnen Rechner oder Knoten. Verteilungsdiagramme lohnen sich nur bei verteilten Systemen, nicht bei zentralen (stand-alone) Systemen. Verteilungsdiagramme gibt es auf der Instanz- und der Typebene. Sie werden aber vor allem auf der Instanzebene verwendet. Auf der Instanzebene können keine Multiplizitäten vergeben werden. Auf der Typebene kann man mögliche Konfigurationen beschreiben. Statt von Knoten redet man dann besser von Knotentypen.

Ein Verteilungsdiagramm enthält als Elemente im Wesentlichen Knoten(typen), ihre Netzwerkverbindungen (Kommunikationspfade) in Form durchgezogener Linien und ggf. Artefakte, die die implementierte Software darstellen. Somit kann ein Verteilungsdiagramm neben der Topologie der (verteilten) Hardware die Verteilung der implementierten Software auf die Rechner zeigen. Das folgende Bild zeigt ein einfaches Verteilungsdiagramm:

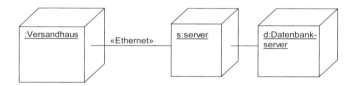

Bild 11-108 Einfaches Verteilungsdiagramm – Verbindungen zwischen Knoten[149]

Verteilungsdiagramme zeigen die statische Struktur der **Knoten** und ihre **Vernetzung** und können auch die Verteilung der **Artefakte** visualisieren.

11.9.1 Elemente des Verteilungsdiagramms

Ein Verteilungsdiagramm kann die folgenden Knoten als Elemente enthalten:

- Knotenelemente als Rechner und
- Artefakte inklusive Einsatzspezifikationen (siehe Kapitel 11.9.1.2).

Als Beziehungen stehen im Wesentlichen zur Verfügung:

- Kommunikationspfade oder Netzwerkverbindungen und
- Abhängigkeiten.

---

[149] «Ethernet» ist ein benutzerdefinierter Stereotyp.

Einführung in standardisierte Diagrammtypen nach UML

11.9.1.1 Knoten

Bei einem **Knoten** handelt es sich um ein physisch vorhandenes Element, das Ressourcen für Berechnungen bereithält. Ein Knoten ist ein strukturierter Classifier. Er kann eine interne Struktur aus Teilen und Anschlüssen beinhalten. Ein **Gerät** stellt Hardware dar und ist ein Knoten mit eigener Rechenkapazität. Geräte kann man schachteln. So kann ein Gerät beispielsweise mehrere Karten enthalten.

In UML wird ein Knoten durch einen Würfel dargestellt. Geräte und Ausführungsumgebungen sind spezielle Knoten. Sie werden durch die Schlüsselwörter «`device`» bzw. «`executionEnvironment`» charakterisiert. Eine **Ausführungsumgebung** ist die Software, die für die Ausführung der entwickelten Software, der Artefakte des Laufzeitsystems, erforderlich ist – wie z. B. das Betriebssystem. Die Ausführungsumgebung ist normalerweise Teil eines größeren Knotens, der die Hardware darstellt.

Ein Knoten kann Artefakte ausführen. Bei einer Instanz eines Artefakts wird der Namen unterstrichen. Geht aber aus dem umgebenden Text eindeutig hervor, dass es sich um eine Instanz handelt, kann die Unterstreichung auch weggelassen werden.

Ein Knotentyp weist einen Typnamen auf. Jede konkrete und nicht anonyme Knoteninstanz muss einen Namen (entweder einen einfachen oder einen qualifizierten Namen) tragen. Er kann auch einen durch Doppelpunkt abgetrennten Typnamen besitzen. Im Gegensatz zu einem Knotentyp wird eine Knoteninstanz unterstrichen.

11.9.1.2 Artefakte inklusive Einsatzspezifikationen

Ein **Artefakt** ist ein physischer und austauschbarer Bestandteil eines Systems, der auf einer Implementierungsplattform existiert. In UML ist ein Artefakt ein spezieller Classifier und wird durch ein Rechteck mit Namen dargestellt. Das Schlüsselwort «`artifact`» macht deutlich, dass es sich um ein Artefakt handelt. Das Dokumentensymbol in der rechten oberen Ecke ist optional:

Bild 11-109 Darstellung eines Artefakts

Ein Beispiel für ein Artefakt ist eine `DLL`[150] wie z. B. `kernel32.dll`. Ein Artefakt ist eine physische Implementierung eines Satzes von logischen Elementen wie Klassen, Komponenten und Kollaborationen. Spezielle Artefakte sind ausführbare Anwendungen, Dokumente, Dateien, Bibliotheken, Webseiten oder Tabellen.

> Bei einem Artefakt handelt es sich um einen physischen Teil eines Systems auf einer Implementierungsplattform. Das kann zum Beispiel eine ausführbare Datei sein.

Jedes Artefakt muss einen eindeutigen Namen besitzen. Es kann sich auch hier entweder um einen einfachen Namen oder einen qualifizierten Namen handeln. Bei

---

[150] DLL steht für Dynamic Link Library. DLLs sind die Microsoft-Implementierung von dynamischen Programmbibliotheken.

einem qualifizierten Namen ist mit angegeben, in welchem Paket sich das Artefakt befindet.

Die **Artefakte** als physische Bestandteile implementieren also die logischen Teile eines Modells wie Klassen oder logische Komponenten und stellen deren Implementierung verteilt auf die verschiedenen Rechner dar.[151]

Artefakte werden auf Knoten verteilt und dort ausgeführt. Somit stellen die Knoten ihre Ressourcen den Artefakten zur Verfügung. Die Beziehung zwischen Knoten und Artefakten sowie auch die Beziehung zwischen Artefakten und Klassen bzw. Komponenten lässt sich in UML, wie in dem folgenden Bild 11-110 gezeigt, darstellen. Ein bestimmtes Artefakt kann auf einen oder mehrere Rechner verteilt sein. Ein bestimmtes Artefakt kann durchaus gleichzeitig auf mehreren Knoten liegen. Mit «**deploy**» wird ausgedrückt, dass ein Artefakt auf einer Ausführungsumgebung läuft (siehe auch Bild 11-110 oder Bild 11-114).

Im folgenden Bild liegt das Artefakt Kaufhaus.jar im Objekt vom Typ JEE-Server und realisiert die Komponenten Ware.java, Kunde.java und Warenkorb.java. Generell kann ein logisches Element durch mehrere Artefakte realisiert werden, aber ein Artefakt kann auch mehrere logische Elemente realisieren. So kann beispielsweise eine Klasse durch eine Quellcodedatei und eine ausführbare Datei als Artefakt realisiert werden und eine Klassenbibliothek als Artefakt kann viele Klassen realisieren. Dass logische Elemente wie beispielsweise Klassen durch physische Artefakte implementiert werden, lässt sich über eine **Manifestierungsbeziehung** («**manifest**») ausdrücken.

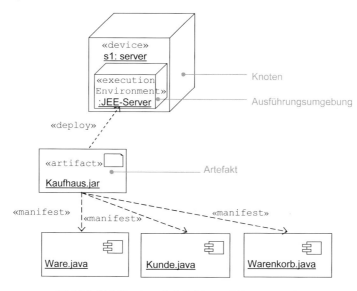

Bild 11-110 Knoten, Artefakte und Komponenten

---

[151] In UML 1 wurden noch Komponenten auf die Knoten verteilt. In UML 2 können nur Artefakte verteilt werden.

Einführung in standardisierte Diagrammtypen nach UML

> Artefakte werden häufig bei Verteilungsdiagrammen eingesetzt, um zu zeigen, welches Artefakt auf welchem Rechner liegt.

Es können auch Pakete oder Subsysteme in einem Verteilungsdiagramm dargestellt werden, um Elemente zusammenzufassen. Anstelle der grafischen Visualisierung kann auch textuell (z. B. in Tabellenform) beschrieben werden, welche Artefakte auf welchem Rechner liegen und welche Komponenten Teil eines Artefakts sind.

Eine **Einsatzspezifikation** ist ein Artefakt und wird als Classifier mit dem Schlüsselwort «`deployment spec`» dargestellt. Die Einsatzspezifikation enthält Attribute, deren Werte die Verteilung eines Artefakts auf einen Knoten beschreiben (siehe Bild 11-111).

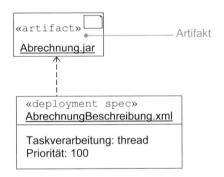

Bild 11-111 Eine Instanz einer Einsatzspezifikation[152]

In konkreten Einsatzumgebungen wie JEE gibt es eine Einsatzspezifikation als XML-Datei. Eine alternative Darstellung für eine Einsatzspezifikation ist im Folgenden zu sehen. Hierbei werden geschweifte Klammern verwendet:

Bild 11-112 Alternative für eine Einsatzspezifikation

11.9.1.3 Beziehungen in Verteilungsdiagrammen

Es sind auch Beziehungen zwischen mehreren Knoten möglich. Generell sind in Verteilungsdiagrammen Abhängigkeits-, Generalisierungs- und Assoziationsbeziehungen erlaubt. Am häufigsten verwendet wird jedoch die Assoziation. Diese Beziehungen werden im Folgenden dargestellt:

---

[152] Es gibt auch andere Formen der Darstellung.

- **Abhängigkeiten**
  Hier sind die **«manifest»**-Beziehung und «deploy»-Abhängigkeit zu erwähnen.

  Artefakte zeigen die Klassen oder Komponenten, die sie darstellen. Die Beziehung zwischen den logischen Elementen wie Klassen, Komponenten oder Kollaborationen und den physischen Artefakten, die diese implementieren, lässt sich über eine **Manifestierungsbeziehung** ausdrücken.

  Trotz der ähnlichen Darstellungsweise gibt es wichtige Unterschiede zwischen Klassen und Artefakten. Eine Klasse repräsentiert eine Abstraktion, bei einem Artefakt hingegen handelt es sich um eine physisch vorhandene Betrachtungseinheit, die Bits in der Implementierungsplattform verpackt. Zudem können Klassen Attribute und Operationen besitzen, was für Artefakte nicht gilt. Ein Artefakt ist die physische Umsetzung logischer Elemente wie zum Beispiel von Klassen oder von logischen Komponenten. Ein Artefakt implementiert nur die Attribute und Methoden beispielsweise einer Klasse. Das folgende Bild zeigt eine Manifestierungsbeziehung:

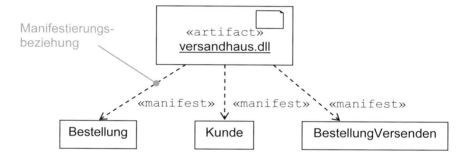

Bild 11-113 Manifestierungsbeziehung

«deploy» sagt aus, dass ein Artefakt auf einer Ausführungsumgebung läuft. Die **«deploy»-Beziehung** ist eine besondere Form der Abhängigkeit und kann wie in Bild 11-114 dargestellt werden. In den folgenden beiden Bildern sind drei alternative Darstellungen aufgeführt:

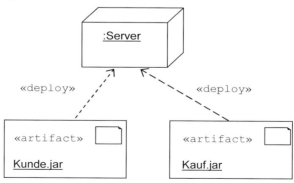

Bild 11-114 «deploy»-Beziehung

Einführung in standardisierte Diagrammtypen nach UML

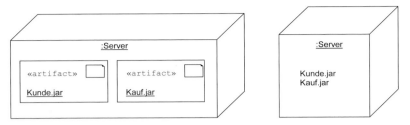

Bild 11-115 Alternative Darstellungen der «deploy»-Beziehung

So können die Artefakte auf dem Knoten auch grafisch geschachtelt oder einfach alphanumerisch aufgeführt werden.

- **Generalisierungen**
  Zwischen verschiedenen Knoten sind Generalisierungen möglich.
- **Assoziationen**
  Zwischen Knotentypen stellt eine Assoziation eine physische Verbindung, z. B. eine Netzwerkverbindung (Netzwerkpfad), dar. Die Netzwerkverbindungen verbinden die Knoten, damit diese Nachrichten und Signale austauschen können. Die Verbindung zwischen zwei Knoten wird als durchgezogene Linie dargestellt und ist eine besondere Ausprägung einer Assoziation. Die Verbindung kann durch vom Benutzer definierte Stereotypen, wie z. B. «Ethernet», charakterisiert werden.

11.9.1.4 Schlüsselwörter für Artefakte

Artefakte können durch Eigenschaftswerte (Tagged Values) – siehe auch Kapitel 10.13.2 – erweitert oder durch Schlüsselwörter genauer typisiert werden. Speziell für Artefakte gibt es in UML die folgenden **Standard-Stereotypen**:

- **«File»**
  Stellt eine physische Datei des entwickelten Systems dar.
- **«Document»** – Unterklasse von «File»
  Spezifiziert ein Dokument mit beliebigem Inhalt, aber keine «Source»-Datei oder «Executable»-Datei.
- **«Executable»** – Unterklasse von «File»
  Eine ausführbare Datei, die auf einem Knoten ausgeführt werden kann.
- **«Library»** – Unterklasse von «File»
  Stellt eine statische oder dynamische Objektcode-Bibliotheksdatei dar.
- **«Script»** – Unterklasse von «File»
  Eine Skript-Datei, die durch den Computer interpretiert werden kann.
- **«Source»** – Unterklasse von «File»
  Eine Quell-Datei, die in eine ausführbare Datei kompiliert werden kann.

11.9.2   Artefaktdiagramm

Das sogenannte **Artefaktdiagramm** zählt zu den Verteilungsdiagrammen. Das Artefaktdiagramm zeigt, welche Artefakte welche Klassen implementieren sowie die

Beziehungen zwischen den Artefakten. Der Einsatz von Artefaktdiagrammen ist nur bei webbasierten Systemen gängig, um die Webseiten und weitere Artefakte wie eingebettete Grafiken und Applets zu modellieren. Damit erhält man einen Überblick über den physischen Aufbau des Systems. Ansonsten ist es nicht üblich, die Beziehungen zwischen einer Klasse, ihrem Quellcode und ihrem Objektcode zu modellieren.

Bild 11-116 zeigt, dass die Dateien `Punkt.java` und `Punkt.class` physische Ausprägungen der Klasse `Punkt` sind. Ferner benutzt die HTML-Seite `Punkt.html` das Artefakt `Punkt.class`, welches als lauffähiges Programm in die HTML-Seite eingebettet ist.

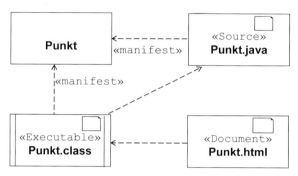

Bild 11-116 Artefaktdiagramm für `HalloWelt`

Die Klasse `Punkt` ist das einzige logische Element. `Punkt.java`, `Punkt.class` und `Punkt.html` sind physische Elemente. Es sind physische Realisierungen des logischen Elements `Punkt`. Daher handelt es sich jeweils um eine «manifest»-Abhängigkeit. Die Datei `Punkt.html` ruft das Applet `Punkt.class` auf, welches als lauffähiges Programm in die HTML-Seite eingebettet ist, und benutzt es. `Punkt.html` ist damit abhängig von `Punkt.class`. `Punkt.class` ist abhängig von `Punkt.java`. Wird `Punkt.java` geändert, so muss erneut kompiliert werden und es entsteht eine neue `Punkt.class`-Datei.

11.9.3 Anwendungen für Verteilungsdiagramme

Verteilungsdiagramme werden hauptsächlich für drei Arten von Systemen zur Modellierung eingesetzt:

- **Eingebettete Systeme**
  Bei eingebetteten Systemen werden Verteilungsdiagramme beispielsweise eingesetzt, um aufzuzeigen, wie die Hardware des Systems interagiert.
- **Client/Server-Systeme**
  Bei einem Client/Server-System wird das Gesamtsystem nach Aufgabenbereichen aufgeteilt. Der Client enthält das Benutzerinterface und der Server die Verarbeitung und die persistenten Daten. Wie die Kommunikation zwischen Client und Server funktioniert, kann im Verteilungsdiagramm modelliert werden.

- **Vollständig verteilte Systeme**
  Bei solchen Systemen handelt es sich um sehr weit verteilte Systeme. Die einzelnen Knoten können sogar global verteilt sein. Häufig besitzt ein solches System mehrere Serverebenen sowie Softwareartefakte, die sogar von Knoten zu Knoten wandern können. Hier werden Verteilungsdiagramme genutzt, um die Topologie des Systems und die Verteilung der Artefakte zu modellieren.

11.10 Paketdiagramm

Ein Paketdiagramm (engl. package diagram) dient dazu, ein System logisch zu strukturieren. Ein Paketdiagramm zeigt typischerweise den Import von Paketen durch Pakete, Paketverschmelzungen oder Abhängigkeiten zwischen Paketen durch Verwendungsbeziehungen. In der Praxis tritt der Import häufiger auf als die Verschachtelung eines Pakets.

Ein **Paket** zeigt die Gruppierung der Bestandteile eines Systems und hilft somit, einen Überblick zu erhalten. Pakete stellen eine einfache und vielfach anwendbare Möglichkeit für die Organisation eines Modells dar. Ein Paket dient dazu, einzelne paketierbare Elemente des Modells wie z. B. Klassen, Schnittstellen, Knoten, Komponenten oder Anwendungsfälle, die als eine Gruppe betrachtet werden können, in einer größeren Einheit zusammenzufassen. Wird das Paket zerstört, werden auch alle darin enthaltenen Elemente zerstört.

Ein Element kann nur in genau einem Paket enthalten sein. Arbeitet man in einem Modell explizit ohne Pakete, so befinden sich die aufgeführten Elemente gleichsam in einem **anonymen Paket**.

Pakete können selbst wieder Pakete enthalten (Schachtelung). Es ist also möglich, auf diese Art und Weise Elemente hierarchisch zu gliedern. Ist ein Element in einem Paket sichtbar, ist es auch in einem ihm untergeordneten, geschachtelten Paket sichtbar. Dabei kann aber ein Element des untergeordneten Pakets mit gleichem Namen das entsprechende Element des übergeordneten Pakets verdecken.

Ein Element eines Pakets kann auf diejenigen Elemente zugreifen, die in dem entsprechenden Paket sichtbar sind. Damit die Elemente eines geschachtelten Pakets im übergeordneten Paket sichtbar sind, müssen sie aber importiert werden. Damit kann ein Paket auf die öffentlichen Elemente eines geschachtelten Pakets zugreifen. Wird das geschachtelte Paket nicht importiert, kann auf die öffentlichen Elemente des geschachtelten Pakets im übergeordneten Paket nicht zugegriffen werden.

Pakete werden verwendet, um Elemente zu gruppieren. Pakete dienen der **Übersicht** während der Entwicklungszeit, dem **Zugriffsschutz** und als **Namensraum**. Gut entworfene Pakete sind in sich zusammenhängend (**strong cohesion**) und mit anderen Paketen lose gekoppelt (**loosely coupled**) (siehe Kapitel 13.3.1).

Ein jedes Paket trägt einen Namen. Ein Paket wird zum ersten durch ein Symbol dargestellt, das aussieht wie eine Hängemappe mit Reiter. Der Name des Pakets wird in die Mitte der Mappe geschrieben:

Bild 11-117 Notation für ein Paket ohne Nennung der Elemente

Wenn in der Mappe selbst die **Elemente** (**Komponenten**) des Pakets dargestellt werden, wird der Paketname auf dem Reiter vermerkt (siehe Bild 11-118).

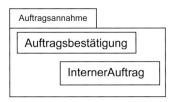

Bild 11-118 Notation für ein Paket mit Nennung der Elemente

Ein Diagramm, das ein Paket mit Inhalten zeigt, muss nicht notwendigerweise seinen ganzen Inhalt zeigen. Es kann entsprechend einem Kriterium nur einen Subset seines Inhalts zeigen. Ein weiteres Beispiel für die grafische Notation mit Darstellung der Elemente ist in Bild 11-119 zu sehen:

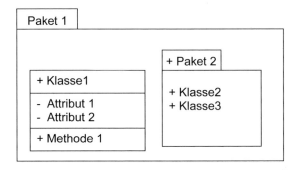

Bild 11-119 Grafische Darstellung der Elemente im Paket

Die + und – in Bild 11-119 beschreiben Sichtbarkeiten. Sichtbarkeiten von Paketen werden in Kapitel 11.10.2 erläutert. Der Standard schreibt nur, dass die Elemente eines Pakets innerhalb der Mappe dargestellt werden können – jedoch nicht wie. Folglich muss auch eine textuelle Notation der Elemente im Paket zulässig sein:

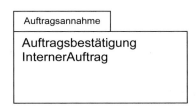

Bild 11-120 Textuelle Darstellung der Elemente im Paket

Der Inhalt eines Pakets kann auch außerhalb des Pakets durch sich verzweigende Linien, die durch ein Pluszeichen in einem Kreis mit dem Paket verbunden sind, dargestellt werden. Diese Art der Darstellung wird in Bild 11-121 und Bild 11-122 gezeigt:

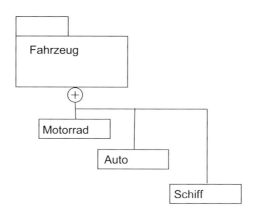

Bild 11-121 Alternative Notation für ein Paket

Diese Notation erlaubt es besonders übersichtlich, Paket-Hierarchien aufzubauen:

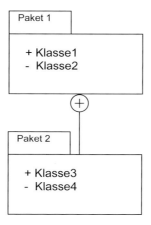

Bild 11-122 Darstellung einer Paket-Hierarchie

11.10.1 Namen von Paketen

Pakete können **einfache** und **qualifizierte Namen** besitzen. Wenn sich ein Paket in einem anderen Paket befindet, kann über den qualifizierten Namen der Name des übergeordneten Pakets angegeben werden (siehe Bild 11-123). Die Trennung zwischen zwei Paketnamen erfolgt durch "::" (zwei Doppelpunkte hintereinander). Grundsätzlich kann die Hierarchie eine beliebige Tiefe annehmen. Dabei bilden die Pakete einen Baum. Es wird aber empfohlen, in der Praxis maximal mit zwei bis drei Verschachtelungsebenen zu arbeiten. Ansonsten sollten besser «`import`»-Beziehungen verwendet werden.

Verwendet man generell qualifizierte Namen, wird der Name eines jeden Elements systemweit eindeutig. Das folgende Bild zeigt die Verwendung von qualifizierten und einfachen Namen:

Einführung in standardisierte Diagrammtypen nach UML

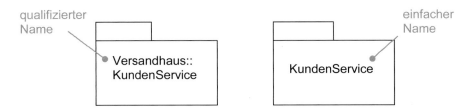

Bild 11-123 Pakete mit qualifiziertem bzw. einfachem Namen

Ein Paket stellt einen **Namensraum** dar. Das bedeutet, dass innerhalb eines Paketes alle Elemente des gleichen Typs eindeutig benannt sein müssen. Zwar können Elemente unterschiedlicher Typs gleiche Namen besitzen, es empfiehlt sich jedoch, dies zu vermeiden, um Verwechslungen auszuschließen. UML geht – wie bereits gesagt – davon aus, dass auf der obersten Ebene eines Modells ein anonymes Paket existiert. Diese Annahme erzwingt, dass alle Modellelemente eines Typs auf der obersten Ebene eindeutige Namen tragen müssen, da ein Paket einen Namensraum darstellt.

11.10.2 Sichtbarkeit

Für alle Elemente, die ein Paket besitzt – auch wenn es andere Pakete sind – muss wie bei Klassen die Sichtbarkeit angegeben werden (siehe Bild 11-124).

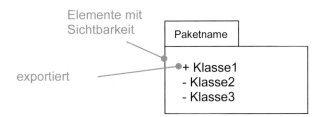

Bild 11-124 Elemente mit Sichtbarkeit in Paketen

Es gibt keinen Default-Wert für die Sichtbarkeit. Die Sichtbarkeiten müssen wohl definiert sein, aber vom Werkzeug nicht angezeigt werden.

Die Symbole für die Sichtbarkeit sind:

- `+` (`public`)
  Der Classifier ist auch außerhalb des Paketes sichtbar.
- `-` (`private`)
  Der Classifier ist nur innerhalb des Paketes sichtbar.

Eine paketweise Sichtbarkeit macht keinen Sinn, da die Elemente eines Pakets im eigenen Paket stets sichtbar sind. Eine geschützte Sichtbarkeit passt nicht, da Pakete nicht abgeleitet werden können.

Wenn ein Element innerhalb eines Pakets sichtbar ist, so ist es auch in allen Unterpaketen dieses Pakets sichtbar. Ein Name in einem inneren Paket kann einen Namen in einem äußeren Paket verbergen. Der Zugriff auf das Element im äußeren Paket hat dann über den qualifizierten Namen zu erfolgen. Ein Name in einem inneren Paket wird aber durch denselben Namen in einem äußeren Paket nicht verborgen.

11.10.3 Beziehungen zwischen Paketen

Im Folgenden wird der Import und Export von Paketen diskutiert sowie die Paketverschmelzung und Verwendungsbeziehung.

11.10.3.1 Import und Export

Pakete können ihre Elemente exportieren, indem sie diese öffentlich sichtbar machen. Ein anderes Paket kann dann auf diese Elemente zugreifen, allerdings nur, wenn der Paketname vor dem Namen des Elements angegeben wird.

Ein Paket kann Elemente anderer Pakete oder gesamte Pakete importieren. Der Import eines Pakets ist äquivalent zum Import aller öffentlich sichtbaren Elemente.

Der Zugriff erfolgt über den qualifizierten Namen. D. h., vor einem Paketnamen steht der Name des Pakets, das dieses Paket einschließt, z. B. in der Form: `PaketAussen::PaketInnen::Klassenname`.

Ebenso wie man die Sichtbarkeit von Attributen und Operationen einer Klasse steuern kann, kann man auch die Sichtbarkeit der Komponenten eines Pakets steuern. Verwendet man eine Import-Beziehung (Schlüsselwort «**import**»), so werden die öffentlichen Elemente des importierten Pakets zu dem Namensraum des importierenden Pakets hinzugefügt. Damit können nun die öffentlichen Elemente des importierten Pakets verwendet werden, ohne zusätzlich den Namen der Paket-Hierarchie angeben zu müssen (siehe Bild 11-125).

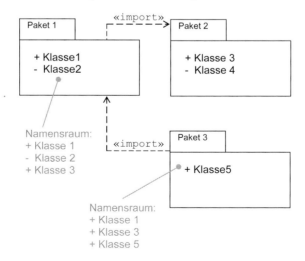

Bild 11-125 Transitivität bei «import»

In der Programmiersprache Java wird ein privater Import mit dem Schlüsselwort `import` von Java durchgeführt.

Eine Import-Beziehung bewirkt, dass die öffentlichen Inhalte eines Zielpakets Bestandteil des Namensraumes der Quelle werden. Damit kann die Quelle auf sie zugreifen, wie wenn sie in der Quelle definiert worden wären. Man braucht keine qualifizierten Namen mehr.

Beim Import können importierte Elemente auf `private` gesetzt werden, so dass diese nicht weiter importiert werden können (siehe [Sup11, S. 115]).

Zusätzlich zu der bereits genannten Möglichkeit gibt es noch das Schlüsselwort «access». Auch hier werden die Inhalte des mit «access» importierten Pakets zum Namensraum des importierenden Pakets hinzugefügt. Der Unterschied zu «import» besteht darin, dass «access» nicht transitiv ist. Das folgende Bild demonstriert dies:

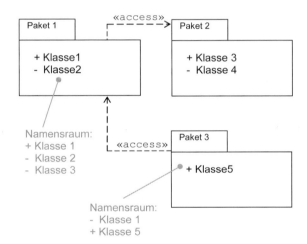

Bild 11-126 Keine Transitivität bei «access»

Transitiv bedeutet, dass wenn ein Element A ein Element B einschließt und das Element B ein Element C einschließt, so schließt das Element A auch automatisch das Element C ein. Wenn also ein Paket C mit öffentlichem Inhalt von Paket B mit «import» importiert wird und Paket B von Paket A mit «import» importiert wird, so ist der Zugriff auf den öffentlichen Namensraum von C auch in A möglich.

Verwendet man in diesem Beispiel statt «import» durchgängig «access», so kann A nicht auf den Namensraum von C zugreifen, da «access» nicht transitiv ist (siehe Bild 11-126). Man kann dies auch anders ausdrücken: «access» fügt die Elemente des Zielpakets zu dem privaten Namensraum des Quellpakets hinzu. Man kann «access» als privaten Import bezeichnen.

Eine **«access»-Abhängigkeit** bewirkt, dass die öffentlichen Inhalte eines Zielpakets C privater Bestandteil des Namensraum der Quelle B werden. Zwar kann die Quelle B auf sie zugreifen, wie wenn sie in der Quelle definiert worden wären, greift jedoch eine andere Quelle A auf das Paket B als Zielpaket zu, so sind für A die öffentlichen Teile des Zielpakets C nicht greifbar.

«import» stellt also einen öffentlichen Import dar und «access» einen privaten Import.

11.10.3.2 Paketverschmelzung

Während eine Import-Beziehung für den Import von Paketen und Elementen funktioniert, gibt es eine Verschmelzung («merge»-Beziehung) nur für Pakete. Eine Paketverschmelzung definiert die Elemente des Zielpakets im Verschmelzungspaket neu. Die Elemente des Zielpakets werden mit dem Verschmelzungspaket verschmolzen.

Eine **«merge»-Beziehung** sollte nicht von Anwendungsmodellierern verwendet werden. Sie ist ein fortgeschrittenes Sprachmittel und ist für Metamodell-Erbauer vorgesehen. Mit «merge» werden verschiedene Pakete verschmolzen. Eine Verschmelzung ist mehr als ein Paket-Import, der die importierten Elemente nur sichtbar macht.

Eine Verschmelzungsbeziehung wird dargestellt durch einen gestrichelten Pfeil mit offener Pfeilspitze und dem Schlüsselwort «merge». Das Paket am Ende der Beziehung mit der Pfeilspitze wird mit dem Paket am anderen Ende verschmolzen. Hierbei tritt die Paketverschmelzung an die Stelle der Generalisierung von Paketen nach UML 1.x. Die Elemente des zu verschmelzenden Pakets werden im aufnehmenden Paket (Verschmelzungspaket) automatisch neu definiert (siehe [Hit05, S. 128]).

11.10.3.3 Beispiel für Paketdiagramme

Ein Beispiel für ein Paketdiagramm ist in Bild 11-127 zu sehen:

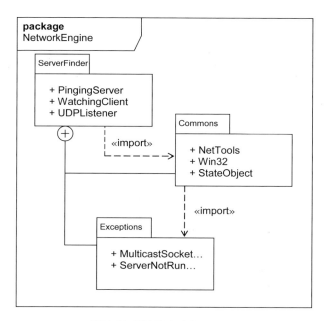

Bild 11-127 Paketdiagramm

11.10.3.4 Verwendungsbeziehungen

Verwendungsbeziehungen zwischen Paketen zeigen Abhängigkeiten zwischen Paketen. Dabei wird eine wechselseitige Benutzung von Paketen ausgeschlossen.

Die Zuordnung von Modellelementen zu Paketen erfolgt nach funktionalen Gesichtspunkten. Bild 11-128 zeigt drei Schichten von Paketen:

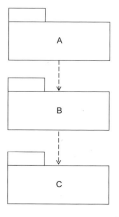

Bild 11-128 Schichten von Paketen mit Verwendungsbeziehungen

Paket A benutzt Paket B und Paket B benutzt Paket C. Diese Benutzung kann explizit ausgedrückt werden, indem man «use» an der Abhängigkeit notiert.

11.11 Interaktionsübersichtsdiagramm

Interaktionsübersichtsdiagramme (engl. interaction overview diagrams) werden dann verwendet, wenn ein Interaktionsdiagramm so umfangreich wird, dass man es zur besseren Übersicht in mehrere Module aufteilen möchte.

Interaktionsübersichtsdiagramme stellen die logischen Verknüpfungen zwischen den einzelnen Modulen in einer Übersicht grafisch dar. Sie sind an die in Kapitel 11.6 vorgestellten Aktivitätsdiagramme angelehnt und verwenden deren Notation zur Darstellung von Zusammenhängen. An die Stelle einer Aktion tritt jedoch eines der vier Interaktionsdiagramme (Sequenz-, Kommunikations-, Zeit- oder ein anderes Interaktionsübersichtsdiagramm). Mit Hilfe der üblichen Elemente aus dem Aktivitätsdiagramm werden die einzelnen Interaktionsdiagramme miteinander verknüpft.

In einem Interaktionsübersichtsdiagramm kann man Interaktionsdiagramme oder Referenzen auf Interaktionsdiagramme verwenden. Die Diagrammart `ref` sowie der Name gibt das referierte Diagramm an. Ein Beispiel ist in Bild 11-129 zu sehen.

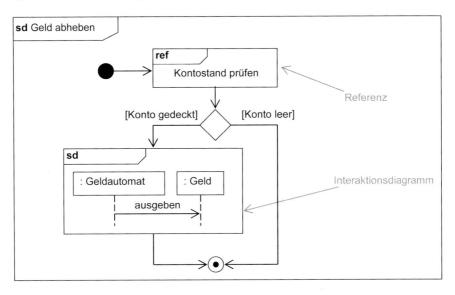

Bild 11-129 Interaktionsübersichtsdiagramm am Beispiel eines Geldautomaten

11.12 Kompositionsstrukturdiagramm

Den Diagrammtyp des Kompositionsstrukturdiagramms (engl. composite structure diagram) gibt es erst seit UML 2.0. Das Kompositionsstrukturdiagramm bietet die Möglichkeit einer hierarchischen Zerlegung eines strukturierten Classifiers (siehe Kapitel 10.10.2) wie Klassen, Komponenten, Knoten und Kollaborationen. Damit kann die innere Struktur eines Classifiers aufgezeigt werden. Hierbei unterscheiden sich Klassen, Komponenten und Knoten nur unwesentlich. Wesentliche Unterschiede ergeben sich bei den Kollaborationen. Es haben zwar Klassen, Komponenten, Knoten und Kollaborationen eine Struktur und ein Verhalten. Der Unterschied einer Kollaboration zu einer Klasse, einem Knoten und einer Komponente ist jedoch, dass die Bestandteile einer Kollaboration nur logisch gesehen zu einer Kollaboration gehören, physisch aber nicht. Ein Element einer Kollaboration kann mehreren Kollaborationen angehören. Für eine Kollaboration gibt es eine eigene Ausprägung des Kompositionsstrukturdiagramms, die besonders für Entwurfsmuster sinnvoll ist.

Gemäß der Kategorisierung von Rupp, Queins und Zengler in [Rup07] wird im Folgenden zwischen einer **strukturell-statischen** und einer **strukturell-dynamischen** Darstellung unterschieden.

11.12.1 Kompositionsstrukturdiagramm bei Klassen

Das Verhalten einer Klasse, Komponente oder eines Knotens soll hier jetzt nicht betrachtet werden, sondern im Wesentlichen die **Struktur** eines solchen strukturierten Classifiers. Natürlich ist das Verhalten mit der Struktur verknüpft.

Ein typisches Kompositionsstrukturdiagramm einer strukturierten Klasse (strukturell-statisches Kompositionsstrukturdiagramm) ist in Bild 11-130 zu sehen:

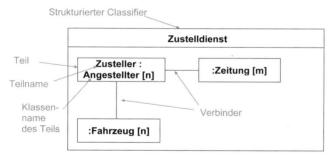

Bild 11-130 Strukturell-statisches Kompositionsstrukturdiagramm für eine strukturierte Klasse

Assoziationen und Multiplizitäten können von den speziellen Rollen der Bestandteile abhängen. Während das Klassendiagramm allgemeingültig ist und beispielsweise im Falle eines Flugzeugs aussagt, dass es Doppeldecker und Eindecker geben kann, kann ein Kompositionsstrukturdiagramm einmal den Kontext eines Doppeldeckers und einmal den Kontext eines Eindeckers betrachten. Mit einem allgemeingültigen Klassendiagramm ist eine solche Tatsache nur mit großem Aufwand zu modellieren.

Die Aussagen eines Kompositionsstrukturdiagramms gelten für den entsprechenden Kontext. Sie schaffen eine spezielle Sicht auf das Klassendiagramm. Ein Kompositionsstrukturdiagramm modelliert kontextbezogen die Teile (Rollen) und nicht die Klassen. Beziehungen zwischen den Rollen der internen Struktur (Teilen) werden durch Verbinder modelliert. Der strukturierte Classifier besteht also aus verschiedenen Teilen, die untereinander durch **Verbinder** (engl. **connector**) verbunden sind. Verbinder können wie **Teile** (engl. **parts**) Name, Typ und Multiplizität besitzen. Der Classifiername eines Teils repräsentiert dessen Typ. Die Angaben sind bei Verbindern allerdings optional. Das Kompositionsstrukturdiagramm konkretisiert ein Klassendiagramm. **Anschlüsse** (engl. **ports**) treten sowohl bei der in einem bestimmten Kontext betrachteten strukturierten Klasse als auch bei den Rollen der inneren Struktur auf. Ein Kompositionsstrukturdiagramm kann auf Typ- und Instanzebene modelliert werden.

11.12.2 Kompositionsstrukturdiagramm bei Kollaborationen

Eine Kollaboration beschreibt das Zusammenwirken von Elementen – etwa von Objekten – zur Erzeugung eines kooperativen Verhaltens. Eine Kollaboration beschreibt

- die Realisierung eines strukturierten Classifiers wie beispielsweise einer Klasse, einer Komponente oder eines Anwendungsfalls bzw. einer Operation oder
- die Modellierung eines Entwurfsmusters

durch einen Satz wechselwirkender Classifier in bestimmten **Rollen**. Eine Kollaboration spezifiziert insbesondere das **Verhalten**. Das wesentliche Kennzeichen einer Kollaboration ist, dass ihre Bestandteile im Gegensatz zu der Zerlegung einer strukturierten Klasse nicht der Kollaboration gehören, sondern ihr nur logisch zugeordnet sind. Die Kollaboration verweist nur auf Elemente, die aber anderen Classifiern gehören.

Ein Entwurfsmuster beschreibt die Kooperation von Elementen etwa von Objekten zur Lösung einer bestimmten Aufgabenstellung. Das Verhalten eines Entwurfsmusters kann daher durch eine Kollaboration beschrieben werden. Kollaborationen können das Verhalten von Entwurfsmustern in einfacher Weise modellieren. Der Kontext einer solchen Kollaboration ist beispielsweise dann nicht ein einzelner Anwendungsfall oder eine Operation, sondern das System als Ganzes.

In Bild 11-131 ist ein strukturell-dynamisches Kompositionsstrukturdiagramm einer **Kollaboration** eines Entwurfsmusters zu sehen. Es zeigt die an einer Kollaboration beteiligten Systemkomponenten und ihr Zusammenwirken.

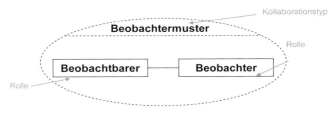

Bild 11-131   Strukturell-dynamisches Kompositionsstrukturdiagramm für eine Kollaboration eines Musters

Es handelt sich dabei um die **Kollaboration** Beobachtermuster. Der interne Aufbau einer Kollaboration besteht dabei aus Rollen und weiteren Kollaborationen. In diesem Beispiel stehen nur zwei Rollen miteinander in Beziehung, der Beobachtbare und der Beobachter.

Die Anwendung der Kollaboration Beobachtermuster ist in Bild 11-132 in einem bestimmten Kontext zu sehen. Die Klassen Zeitung und Abonnent sind mit Hilfe der Kollaboration miteinander verbunden. Die Klasse Zeitung nimmt dabei die Rolle des Beobachtbaren an, der Abonnent befindet sich in der Rolle des Beobachters.

Bild 11-132 Anwendung einer Kollaboration

11.12.3 Gesamtschau auf das Kompositionsstrukturdiagramm

Das Kompositionsstrukturdiagramm bietet die Möglichkeit, die Zerlegung eines Systems in die einzelnen Architekturkomponenten, d. h. die **Struktur** oder **Statik**, und in eingeschränktem Umfang das Zusammenspiel der Komponenten, d. h. ihr **Verhalten** oder ihre **Dynamik**, zu veranschaulichen.

Die Architektur eines Systems wird mittels der kontextbezogenen Zerlegung eines strukturierten Classifiers beschrieben. Das Kompositionsstrukturdiagramm oder **strukturell-statische Kompositionsstrukturdiagramm** zeigt, wie die Bestandteile eines Classifiers das Verhalten des ganzen Classifiers erzeugen. In der Form eines Kompositionsstrukturdiagramms steht die Darstellung der Architektur im Vordergrund. Deshalb wird das Kompositionsstrukturdiagramm auch **Architekturdiagramm** genannt. Das strukturell-statische Kompositionsstrukturdiagramm zeigt eine hierarchische Zerlegung in verschiedene Bestandteile eines Systems. So kann die innere Struktur eines zusammengesetzten Classifiers wie einer zusammengesetzten Klasse, Komponente oder eines Knotens gezeigt werden. Dieses strukturell-statische Kompositionsstrukturdiagramm kann mächtiger als ein Klassendiagramm sein. Im Gegensatz zu allgemeingültigen Klassendiagrammen kann das Kompositionsstrukturdiagramm nämlich die Struktur kontextbezogen zeigen.

Das **strukturell-dynamische Kompositionsstrukturdiagramm** zeigt alle an einer Kollaboration beteiligten Systemkomponenten sowie deren Zusammenwirken. Die dargestellte Kollaboration zeigt eine bestimmte Funktion des Systems und welche Komponenten dazu nötig sind. Das strukturell-dynamische Kompositionsstrukturdiagramm beschreibt die Struktur und in eingeschränktem Sinn die Dynamik, konzentriert sich aber nicht auf die Aufrufreihenfolge.

11.13 Zeitdiagramm

Zeitdiagramme (engl. timing diagram) sind ein spezieller Typ von Interaktionsdiagrammen. Gegenüber den anderen Interaktionsdiagrammen steht bei den Zeitdiagrammen nicht die Reihenfolge und die Bedingungen für Interaktionen im Vordergrund, sondern die **Zeitpunkte, an denen Nachrichten ausgetauscht werden** sowie die **zeitabhängigen Zustandsänderungen der wechselwirkenden Partner**.

Das Zeitdiagramm wurde neu in UML 2.0 eingeführt. Es handelt sich dabei um eine Weiterentwicklung des entsprechenden Diagramms aus der Elektrotechnik. In der Elektrotechnik ist dies schon lange ein vielfach verwendetes Diagramm, wenn es um das zeitliche Verhalten digitaler Schaltungen geht. Zeitdiagramme sind bei einem zeitkritischen Verhalten von Nutzen.

Das Diagramm beschreibt die **zeitliche Änderung** des **Zustands** eines oder mehrerer Classifier innerhalb eines Systems. In manchen Fällen wird auch der Auslöser einer Zustandsänderung mit eingezeichnet (im folgenden Beispiel z. B. die Nachricht OK). Ein Zeitdiagramm mit den üblichen Elementen ist in Bild 11-133 zu sehen:

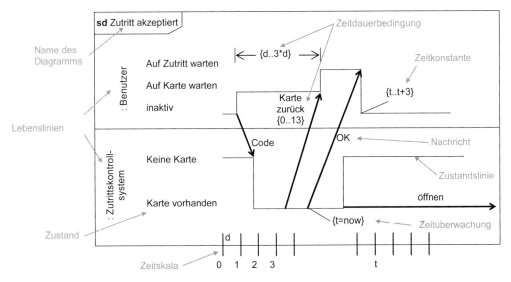

Bild 11-133 Zeitdiagramm[153]

{0...13} und {t = now} sind sogenannte Zeitdauerbedingungen. {0...13} bedeutet, dass 13 Zeiteinheiten gewartet wird, bevor die Karte zurückgegeben wird. {t = now} bedeutet, dass zum Zeitpunkt now die Nachricht OK geschickt wird. Horizontal sind die Lebenslinien von zwei Classifiern dargestellt. Sie werden im Sinne von Objekten oder allgemein von allen benannten Elementen gebraucht.

Innerhalb jedes Classifiers verläuft eine Zustandslinie. Sie beschreibt, zu welchem Zeitpunkt sich der Classifier in welchem Zustand befindet. Die Zeitpunkte werden durch Zeitdauerbedingungen und eine Zeitskala genau definiert. Möchte man zeigen,

---

[153] Zeichnung aus [Sup11, S.534] ins Deutsche übersetzt

dass eine Nachricht für den Zustandswechsel eines Classifiers verantwortlich ist oder möchte man die **Interaktion** zwischen zwei Classifiern **in Form einer Nachricht** darstellen, zeichnet man die entsprechende Nachricht, wie in Kapitel 10.12 beschrieben, in das Diagramm ein. Das Zeitdiagramm eignet sich besonders gut, um stark abhängige Zustandsautomaten eines Systems zu visualisieren. Dabei stehen der zeitliche Aspekt und die Interaktion der Classifier im Vordergrund.

11.14 Zusammenfassung

In UML gibt es eine Reihe von vordefinierten Diagrammen. Die Auswahl der Diagramme für eine Aufgabe ist nicht disjunkt und exklusiv. Ein Aspekt des Systems kann sich in verschiedenen Diagrammen widerspiegeln. Die Auswahl der Diagramme muss im Projekt festgelegt werden. Dargestellt wurden alle Standarddiagramme. Diese sind:

- Klassendiagramm,
- Objektdiagramm,
- Anwendungsfalldiagramm,
- Kommunikationsdiagramm,
- Sequenzdiagramm,
- Aktivitätsdiagramm,
- Zustandsdiagramm,
- Komponentendiagramm,
- Verteilungsdiagramm,
- Paketdiagramm,
- Interaktionsübersichtsdiagramm,
- Kompositionsstrukturdiagramm und
- Zeitdiagramm.

Ein **Klassendiagramm** zeigt die statische Struktur eines Systems, insbesondere durch die Darstellung von Klassen und Schnittstellen und ihren Assoziationen, Realisierungen, Generalisierungen und Abhängigkeiten.

Ein **Objektdiagramm** stellt einen Schnappschuss des Arbeitsspeichers zu einer bestimmten Zeit dar. Ein Objektdiagramm hat denselben Aufbau wie ein Klassendiagramm mit der Ausnahme, dass Generalisierungen und Realisierungen einem Klassendiagramm vorbehalten sind.

Ein **Anwendungsfalldiagramm** zeigt die Anwendungsfälle eines Systems und die an einem Anwendungsfall beteiligten Akteure. Vorhandene Anwendungsfälle können um andere Anwendungsfälle erweitert werden. Hierzu dienen die Inklusionsbeziehung mit «include», die Erweiterungsbeziehung mit «extend» und die Vererbungsbeziehung. Sowohl die Erweiterungsbeziehung als auch die Vererbungsbeziehung tragen das Konzept der Vererbung in sich. Um sie sauber voneinander abzugrenzen, wird nach Hitz et al. [Hit05] empfohlen, die Vererbungsbeziehung nur für abstrakte Anwendungsfälle zu verwenden und die «extend»-Beziehung für konkrete Anwendungsfälle.

Ein Anwendungsfall, der andere Anwendungsfälle inkludiert, ist selber unvollständig. Ein Anwendungsfall, der mit «extend» erweitert wird, ist alleine bereits selbstständig.

Ein **Kommunikationsdiagramm** zeigt ausgewählte Objekte und ihre Beziehungen als einfache Linien in einer Ebene, wobei Nachrichten entlang der Verbindungslinien ausgetauscht werden. Die Verbindungslinien können Assoziationen des Klassendiagramms entsprechen, aber auch beliebige temporäre Beziehungen darstellen. Damit hat ein solches Diagramm sowohl einen strukturellen als auch einen dynamischen Charakter. Es wird oft verwendet, um den Ablauf von Anwendungsfällen oder Operationen darzustellen.

Ein **Sequenzdiagramm** stellt die zeitliche Abfolge der Nachrichten einer Interaktion in den Vordergrund. Die Objekte der darzustellenden Interaktion werden oben im Diagramm horizontal angeordnet, wenn sie zum Start der betrachteten Interaktion bereits existieren. Die Lebenslinie eines jeden Objekts wird durch eine gestrichelte Linie vom Objekt aus vertikal abwärts dargestellt. Nach unten entlang der Lebenslinie verläuft die Zeit. Der Nachrichtenaustausch wird durch Pfeile zwischen den betroffenen Lebenslinien dargestellt. Wenn ein Objekt erst im Verlauf der Interaktion erzeugt wird, so beginnt seine Lebenslinie ab dem Erhalt der Nachricht «Create». Die Lebenslinie endet, wenn ein Objekt zerstört wird. Dies wird durch Erhalt der Nachricht «Destroy» und einem großen X an dieser Stelle notiert.

Ein **Aktivitätsdiagramm** dient zur Modellierung der Abläufe von Verarbeitungsschritten, die sowohl zu Geschäftsprozessen als auch zu Software-Funktionen gehören können. Ein Aktivitätsdiagramm zeigt im Wesentlichen die Reihenfolge der auszuführenden Schritte und was in einem einzelnen Schritt eines Ablaufs ausgeführt wird. Ein Aktivitätsdiagramm kann Kontroll- und Datenflüsse zwischen den einzelnen Arbeitsschritten einer Aktivität beinhalten.

Ein **Zustandsdiagramm** beschreibt das ereignisgesteuerte Verhalten eines betrachteten Objekts oder Systems an Hand dessen Zuständen und Zustandsübergängen. Es stellt einen endlichen Automaten grafisch dar. Ein Zustandsdiagramm von UML ist eine Variante eines klassischen Zustandsübergangsdiagramms.

Ein **Komponentendiagramm** ist mit einem Klassendiagramm verwandt und ist eine statische Entwurfssicht. Eine Komponente ist Teil einer Anwendung oder allgemein eines Systems. Eine Komponente ist in UML ein spezieller Classifier. Eine Komponente hat prinzipiell eine externe Sicht und eine interne Sicht. Die **externe Sicht** (**Blackbox-Sicht**) zeigt die Komponente und ihre angebotenen und benötigten Schnittstellen. Die **interne Sicht** (**Whitebox-Sicht**) einer Komponente zeigt bei einer strukturierten Komponente die Zerlegung der strukturierten Komponente in Teile (innere Struktur) und das Zusammenwirken der Teile untereinander sowie mit den Schnittstellen bzw. Ports der Komponente, also wie das externe Verhalten der Komponente erbracht wird.

Ein **Verteilungsdiagramm** zeigt die Ausführungsarchitektur des Systems. Es enthält die Knoten als Hardware, ihre Verbindungen und die Artefakte, die sich zur Laufzeit auf den Knoten befinden.

Pakete enthalten Elemente. Pakete dienen der Ordnung während der Entwicklungszeit, dem Zugriffsschutz und als Namensraum. **Paketdiagramme** zeigen die Organisation von Elementen in Paketen und die Abhängigkeiten zwischen den verschiedenen Paketen.

Interaktionsübersichtsdiagramme sind an Aktivitätsdiagramme angelehnt. Sie zeigen den Kontrollfluss zwischen den einzelnen Modulen eines Systems in einer Übersicht. Anstelle der Aktionen des Aktivitätsdiagramms tritt eines der vier Interaktionsdiagramme (Sequenz-, Kommunikations-, Zeit- und andere Interaktionsübersichtsdiagramme) als Modul. Mit Hilfe der üblichen Elemente aus dem Aktivitätsdiagramm werden die einzelnen Interaktionsdiagramme miteinander verknüpft. Interaktionsübersichtsdiagramme werden dann eingesetzt, wenn ein Interaktionsdiagramm so umfangreich wird, dass man es zur besseren Übersicht in mehrere Module aufteilen möchte.

Das **Kompositionsstrukturdiagramm** bietet die Möglichkeit, die Zerlegung eines Systems in die einzelnen Architekturkomponenten, d. h. die Struktur oder Statik, und das Zusammenspiel dieser Komponenten, d. h. ihr Verhalten oder ihre Dynamik, zu veranschaulichen. Dazu gibt es das strukturell-statische Kompositionsstrukturdiagramm und das strukturell-dynamische Kompositionsstrukturdiagramm. Die Architektur des Systems wird im strukturell-statischen Kompositionsstrukturdiagramm mittels eines strukturierten Classifiers beschrieben. Ein strukturierter Classifier ist beispielsweise eine strukturierte Klasse, eine strukturierte Komponente, ein strukturierter Knoten oder eine strukturierte Kollaboration. Weiter zeigt das strukturell-dynamische Kompositionsstrukturdiagramm die an einer Kollaboration mitwirkenden Systemkomponenten und ihr Zusammenwirken.

Das **Zeitdiagramm** ist eine Variante des Interaktionsdiagramms. Beim Zeitdiagramm stehen die Zeitpunkte, an denen die Nachrichten ausgetauscht werden, und die Darstellung der zeitabhängigen Zustandsänderungen der miteinander interagierenden Classifier im Vordergrund.

11.15 Aufgaben

Aufgabe 11.1: Übersicht Standarddiagrammtypen

11.1.1 Welche Diagramme der UML dienen zur Erfassung der statischen Struktur?
11.1.2 Welche Diagramme der UML dienen zur Erfassung des dynamischen Verhaltens?
11.1.3 Ist es in der UML möglich, eigene Diagrammtypen zu erfinden?

Aufgabe 11.2: Einzelne Standarddiagrammtypen

11.2.1 Nennen Sie die Unterschiede zwischen einem Klassen- und einem Sequenzdiagramm!
11.2.2 Was ist der Unterschied zwischen einem Klassen- und einem Objektdiagramm?
11.2.3 Was ist ein Szenario?
11.2.4 Wie werden asynchrone Nachrichten in Sequenzdiagrammen gekennzeichnet?
11.2.5 Welche grundlegenden Nachrichtentypen werden im UML-Standard definiert?
11.2.6 Was ist ein Artefakt in der UML?
11.2.7 Ist es in der UML möglich, Zustandsautomaten innerhalb von Zustandsautomaten zu modellieren?
11.2.8 Was bedeutet der Stereotyp «access» im Paketdiagramm?

Aufgabe 11.3: Anwendung der Standarddiagramme im Entwicklungsprozess

11.3.1 Werden Interaktionsdiagramme früher als Aktivitätsdiagramme im Entwicklungsprozess eingesetzt?
11.3.2 Wozu dient das Komponentendiagramm im Entwicklungsprozess?

Kapitel 12

Objektorientierte Systemanalyse

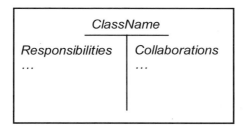

12.1 Überprüfung der Requirements
12.2 Spezifikation der Geschäftsprozesse und Anwendungsfälle
12.3 Priorisierung der Anwendungsfälle
12.4 Erstellung des Kontextdiagramms
12.5 Neudefinition der Requirements
12.6 Erstellung des Anwendungsfalldiagramms
12.7 Kurzbeschreibung der Anwendungsfälle
12.8 Erstellen des Klassendiagramms der konzeptionellen Sicht
12.9 Langbeschreibung der Anwendungsfälle
12.10 Konzeption der Kommunikationsdiagramme
12.11 Aufstellen der zustandsbasierten Kommunikationsdiagramme
12.12 Erstellen des Client/Server-Objektdiagramms
12.13 Erstellen des Klassendiagramms der finalen Sicht
12.14 Beispiele
12.15 Zusammenfassung
12.16 Aufgaben

12 Objektorientierte Systemanalyse

Zunächst werden in diesem Hauptkapitel die grundsätzlichen Objektarten Entity-, Kontroll- und Interface-Objekte besprochen. Dann wird ein erprobter Satz von Schritten zur Durchführung der objektorientierten Systemanalyse aufgestellt. Beispiele hierzu runden dieses Kapitel ab.

Entity-Objekte, Kontrollobjekte und Interface-Objekte

Ursprünglich gab es in der Objektorientierung nur eine einzige Sorte von Objekten, die Entity-Objekte. **Entity-Objekte** (engl. **entity objects**) sind Instanzen von **Entity-Klassen** und Objekte des Problembereichs. Sie repräsentieren ein Abbild der Realität, d. h., sie haben echte Gegenstücke in dem betrachteten Ausschnitt der realen Welt. Dabei werden aber nur die für die jeweilige Anwendung relevanten Eigenschaften in die Modellierung und spätere Programmierung übernommen. Das Wesentliche wird betrachtet und das Unwesentliche wird weggelassen, d. h. man abstrahiert.

> Entity-Objekte werden in der konzeptionellen Sicht der Systemanalyse gefunden, indem man einen Ausschnitt der **realen Welt** betrachtet und prüft, welche Gegenstände des Alltags in Objekte des Programms überführt werden sollen. Diese werden abstrahiert und in die Anwendung übernommen.

So können konkrete Gegenstände und abstrakte Konzepte durch Entity-Objekte repräsentiert werden. Entity-Objekte haben Attribute und Methoden. Die "Attribute"[154] der Objekte stellen Nutzdaten dar. Sie entsprechen Eigenschaften der Objekte. Diese Eigenschaften werden langfristig auf einem Externspeicher gespeichert. Beim Shutdown des Systems müssen diese **Daten** dann **persistent** – das heißt dauerhaft – in nicht flüchtigen Speichermedien, d. h. auf einem Externspeicher, gespeichert werden, damit sie beim Start-up des Systems wiederhergestellt werden können. Entity-Objekte stellen passive Objekte dar, die benutzt werden.

> **Entity-Objekte** sind **Daten tragend**. Die Daten von Entity-Objekten müssen **persistent** gespeichert werden.

Jacobson hat zusätzlich zu den Entity-Objekten noch zwei weitere Typen unterschieden [Jac92, S. 132]:

- **Kontrollobjekte** (engl. **control objects**) und
- **Interface-Objekte** (engl. **interface objects**).

Kontrollobjekte im Sinne von Jacobson dienen zur Bündelung komplexer Verarbeitungsvorgänge in einem Objekt. Damit sind komplexe Algorithmen zentral in einer Kontroll-Klasse abgelegt und Änderungen an den Algorithmen erfolgen lokal in dieser Kontroll-Klasse. Kontrollobjekte im Sinne von Jacobson sind also rein prozedural. Kontrollobjekte haben keine persistenten Daten und beschaffen sich ihre temporären Daten von den Entity-Objekten.

---

[154] in UML: Slots

Ein bekanntes Beispiel von Jacobson für ein Kontrollobjekt ist ein Reporting-Objekt für eine Bankanwendung. Dieses Reporting-Objekt beschafft sich über get-Methoden die Kontostände von allen Konto-Objekten – ganz gleich, ob es sich um Girokonten, Sparbuchkonten oder Geldmarktkonten handelt – und erstellt daraus einen Bericht.

> Eine Kontroll-Klasse entspricht keiner Entität der realen Welt. **Kontroll-Klassen** bündeln komplexe Verarbeitungsvorgänge, in anderen Worten ein prozedurales Verhalten, an zentraler Stelle in einer Klasse. Eine Kontroll-Klasse stellt damit eine **Wrapper-Klasse** für Abläufe dar.

Möchte man alternativ die Erstellung eines Berichts über die Konto-Objekte verteilen, so scheitert man, da alle Objekte einer Klasse gleichberechtigt sind. Keines der gleichberechtigten Objekte darf mehr als die anderen wissen, da sie von derselben Klasse sind, und daher muss der Aufbau des Berichtes in einem zentralen Objekt festgelegt werden.

> Ein **Kontrollobjekt** findet man nicht durch "Peilen" in die Realität. Man findet es, wenn man Abläufe von Anwendungsfällen betrachtet.

Ein Kontrollobjekt hat den Charakter einer Ablaufsteuerung. Ein Kontrollobjekt hat kein Gegenstück in der konzeptionellen Sicht.

Interface-Objekte dienen zum Handling der Schnittstellen. Führt man Interface-Klassen ein, so schlagen Änderungen an den Schnittstellen nicht auf die Entity-Klassen oder Kontroll-Klassen durch. **Interface-Klassen** stellen im Rahmen der Systemanalyse einen Merker dar, dass an ihrer Stelle im Rahmen des Systementwurfs zahlreiche Klassen stehen können, um eine Interface-Klasse der Systemanalyse zu realisieren. So kann an die Stelle einer einzigen Mensch-Maschine-Interface-Klasse der Systemanalyse beim Systementwurf eine Vielzahl von Klassen treten, um das Mensch-Maschine-Interface zu realisieren.

> **Interface-Klassen** werden zwischen den betrachteten Entity- und Kontrollklassen und den Akteuren eingeschoben. Interface-Klassen sind technische Klassen, die die Akteure bedienen. Sie kapseln die Akteure, damit die Entity- und Kontrollklassen unabhängig von der Ausprägung der Akteure werden.

> **Interface-Klassen** haben **kein Gegenstück im Problembereich**.

Interface-Klassen sollten erst kurz vor dem Übergang vom Problembereich in den Lösungsbereich noch in der Systemanalyse eingeführt werden.

Da bei der Systemanalyse zunächst jede Klasse direkt mit jeder anderen Klasse und mit den Akteuren reden kann, entfallen dort auch zunächst alle Interface-Klassen. Diese treten in der Systemanalyse quasi erst in "letzter Minute" – kurz vor dem Übergang zum Systementwurf – auf, um die Kontroll- und Entity-Klassen von der Ausprägung der Peripheriegeräte – z. B. ihrer Hardware – unabhängig zu machen. Dies betrifft die Schnittstellen zur Datenhaltung, die Mensch-Maschine-Schnittstellen zur Unterstützung der Ein- und Ausgabe des Benutzers und die Schnittstellen zur Übertragung zu anderen Rechnern. Dies ist im Bild 12-1 exemplarisch dargestellt:

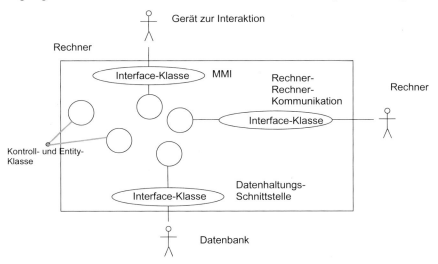

Bild 12-1 Interface-Klassen kapseln die Akteure

Die Daten der Entity-Objekte sind über die Schnittstellen zur Datenhaltung in Datenbanken bzw. Dateien persistent zu sichern.

Die eingezeichneten Interface-Klassen sind von der Ausprägung der Akteure abhängig.

Neben den Kontroll-Klassen von Jacobson gibt es noch eine zweite Art von Kontroll-Klassen, die eine reine Steuerungsfunktion im Sinne einer **zustandsbasierten Koordination** anderer Objekte haben. Obwohl das Wort Kontroll-Klasse und Steuerungs-Klasse prinzipiell dasselbe bedeutet, wird hier das Wort Kontroll-Klasse für die von Jacobson vorgeschlagenen Klassen und das Wort **Steuer-Klasse** für die Klassen, die zustandsbasiert andere Objekte koordinieren, gewählt.

> Eine zustandsbasierte Koordination bedeutet, dass das steuernde Objekt **Zustände** hat, die von der Wechselwirkung mit der "langsamen" Umgebung herrühren und **makroskopisch** sichtbar sind.

Bei Steueraufgaben spielen **Zustände** und **Zustandsübergänge** eine wichtige Rolle. Je nach erreichtem Zustand wird entsprechend gesteuert. Beispiele für Zustände einer Anwendung können sein: eine Reise im Zustand `Flug gebucht` oder im Zustand `Flug nicht gebucht`, ein Kinosaal im Zustand `ausverkauft` oder `nicht ausverkauft`, ein Ventil im Zustand `offen` oder `geschlossen`.

Persistenz der Daten

Entity-Objekte halten ihre Daten persistent, falls sie beispielsweise auf eine Datenbank abgebildet werden. Wenn sie nur im Arbeitsspeicher liegen, sind sie natürlich transient.

> Auch Objekte von Kontroll-Klassen, Steuer-Klassen und Interface-Klassen können prinzipiell Daten tragen. Bei Objekten dieser Klassen ist jedoch keine Synchronisation zwischen den aktuellen Daten der Objekte und den persistenten Daten auf der Festplatte erforderlich. Ihre Daten sind also temporär bzw. flüchtig.

So halten beispielsweise Kontrollobjekte, die einen Bericht erstellen, temporär alle Daten, die sie sich von den Entity-Objekten besorgt haben, so lange, bis diese Daten in den Bericht eingearbeitet sind. Diese Daten werden jedoch nicht persistent auf der Platte gespeichert.

Schritte zur Durchführung der Objektorientierten Systemanalyse

Im Folgenden wird eine Sequenz erprobter Schritte im Detail vorgestellt:

> 1. Überprüfung der Requirements,
> 2. Spezifikation der Geschäftsprozesse und Anwendungsfälle,
> 3. Priorisieren der Anwendungsfälle,
> 4. Erstellung des Kontextdiagramms (Systemgrenzen festlegen),
> 5. Neudefinition der Requirements,
> 6. Erstellung des Anwendungsfalldiagramms,
> 7. Kurzbeschreibung der Anwendungsfälle in textueller Form,
> 8. Finden von Klassen und Erstellung des Klassendiagramms der konzeptionellen Sicht (nur Entity-Objekte),
> 9 Langbeschreibung der Anwendungsfälle in strukturierter textueller Form,
> 10. Erstellen der Kommunikationsdiagramme für jeden Anwendungsfall,
> 11. Beschreibung des reaktiven Verhaltens in den zustandsbasierten Kommunikationsdiagrammen für jeden zustandsbasierten Anwendungsfall,
> 12. Erstellung des Client/Server-Objektdiagramms (entspricht einem Klassendiagramm der Verarbeitungssicht aus Entity- und Kontrollobjekten mit Abhängigkeiten) und
> 13. Erstellung des Klassendiagramms der finalen Sicht der Systemanalyse (Entity-, Kontroll- und Interface-Objekte).

Die Punkte 2 bis 5 laufen meist iterativ[155].

---

[155] Iterationen können natürlich bei Bedarf überall durchgeführt werden. Dennoch werden sequenzielle Schritte vorgeschlagen, die aufeinander aufbauen.

Diese Schritte werden im Folgenden visualisiert:

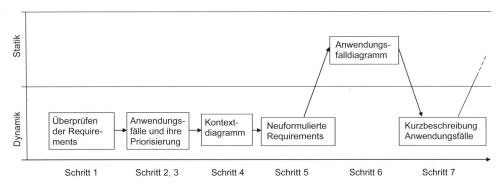

Bild 12-2 Schritte in der Systemanalyse (a)

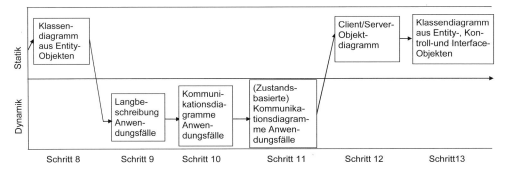

Bild 12-3 Schritte in der Systemanalyse (b)

Bild 12-2 und Bild 12-3 klassifizieren die einzelnen Schritte danach, ob sie im Wesentlichen statische oder dynamische Aspekte des Systems beschreiben.

Kapitel 12.1 bis Kapitel 12.13 behandeln die empfohlenen Schritte der Systemanalyse. Als Beispiele werden in Kapitel 12.14 eine Bücherverwaltung und ein Flughafeninformationssystem herangezogen. Da bei beiden Beispielen aber ohne Zustände modelliert wird, wird für die zustandsbasierten Kommunikationsdiagramme ein eigenes Beispiel, eine Kaffeemaschine, gegeben.

12.1 Überprüfung der Requirements

Zuerst müssen die Requirements auf Konsistenz überprüft werden. Das zugehörige Beispiel bezieht sich auf eine Bücherverwaltung und befindet sich in Kapitel 12.14.1.

12.2 Spezifikation der Geschäftsprozesse und Anwendungsfälle

Ein Geschäftsprozess stellt eine Aufgabe dar, die von einer Organisation durchgeführt werden soll. Im Rahmen des Operation Research wurden für die Fabrikautomatisierung in den zwanziger Jahren des 20. Jahrhunderts formale Methoden zur Darstellung der Abläufe von Geschäftsprozessen untersucht. Das Ergebnis waren hierbei die von der Strukturierten Analyse her bekannten Datenflussdiagramme. In einem Datenflussdiagramm können die Aufgaben einer Organisation dabei als Knoten dargestellt werden. Im Rahmen einer bestimmten Aufgabe werden Ergebnisse erzeugt, die beispielsweise eine andere Aufgabe wieder als Eingabe benötigt, um loslaufen zu können.

Die Knoten stellen die Aufgaben dar und die Pfeile (gerichtete Kanten) symbolisieren die Wechselwirkungen zwischen den Aufgaben, mit anderen Worten ihre **Zusammenarbeit** oder **Kollaboration**. Die Aufgaben einer Organisation können prinzipiell alle manuell durchgeführt werden. Fällt die Entscheidung, dass eine Teilmenge der Aufgaben durch ein System automatisiert werden soll, so muss natürlich eine Abgrenzung stattfinden, was automatisiert werden soll und was nicht. Das folgende Bild zeigt die Modellierung eines Geschäftsprozesses:

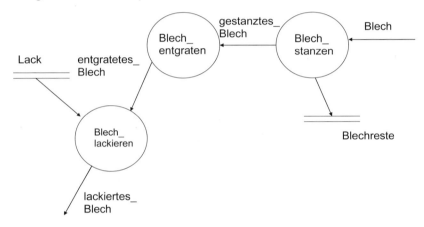

Bild 12-4 Geschäftsprozess Lackierte Bleche herstellen *in der Darstellung der SA*

Im Rahmen der Geschäftsprozessmodellierung analysiert man alle grundsätzlichen Vorgänge, die operationelle Aufgaben in einem Geschäftsfeld darstellen. Hierbei versucht man, von der eingesetzten Technik zu abstrahieren, um sich zukünftige Lösungen nicht durch das Festschreiben von historischen Fakten zu verbauen. So wird beispielsweise auch ein Ordner im Schrank als Datenspeicher bezeichnet. Er kann damit zukünftig ggf. auch als Datenbank realisiert werden.

Geschäftsprozesse können prinzipiell

- **ereignisorientiert** ausgelöst werden
  (ein Nutzer des Systems ruft eine Leistung ab oder ein Terminator wie z. B. ein Sensor sendet eine Nachricht),
- **zeitgesteuert** ausgelöst werden
  (zeitgesteuert bedeutet eingeplant zu einem bestimmten Zeitpunkt oder zyklisch) oder
- während der gesamten Aufgabenerfüllung stets **fortlaufend aktiv** durchgeführt werden.

Geschäftsprozesse werden häufig textuell beschrieben. Sie können aber auch mit speziellen Sprachen wie der **Business Process Execution Language (BPEL)** [wsbpel] beschrieben werden. BPEL basiert auf XML und dient zur Beschreibung von Geschäftsprozessen, die durch Web Services implementiert werden.

> Geschäftsprozesse und Anwendungsfälle unterscheiden sich dadurch, dass Anwendungsfälle Geschäftsprozesse oder Teile von Geschäftsprozessen sind, die durch das automatisierte System unterstützt werden.

Es gilt zu beachten, dass die funktionalen Anforderungen an die vom System zu unterstützenden Geschäftsprozesse die Anwendungsfälle des Systems festlegen.

Die erneute Betrachtung aller Geschäftsprozesse nach dem Aufstellen der funktionalen Requirements erlaubt es, die Anwendungsfälle zu überdenken. Die Fragestellung, welche **Geschäftsprozesse** nun automatisiert werden sollen und damit zu **Anwendungsfällen** werden, wird gelöst, indem die Grenzen des Systems festgelegt werden (siehe Kapitel 12.4). Kapitel 12.14.2 stellt die Spezifikation der Geschäftsprozesse hinsichtlich einer beispielhaften Bücherverwaltung dar.

12.3 Priorisierung der Anwendungsfälle

Priorisiert der Kunde die zu realisierenden Anwendungsfälle, so können diese entsprechend ihrer Priorität realisiert werden. Auf Budgetänderungen kann dann durch Weglassen der weniger wichtigen Anwendungsfälle leichter reagiert werden. Kapitel 12.14.3 gibt hinsichtlich der Priorisierung ein Beispiel an.

12.4 Erstellung des Kontextdiagramms

Ein Kontextdiagramm ordnet ein System in seine Umgebung ein und zeigt durch Datenflüsse die Wechselwirkung des Systems mit seiner Umgebung. Der Name Kontextdiagramm rührt daher, dass dieses Diagramm das System in seiner Umgebung, d. h. seinem Kontext, zeigt. Das Kontextdiagramm hilft bei der Definition der **Grenzen des Systems**. Das System wird von seiner Umgebung abgegrenzt. Generell findet sich all das, was neu gebaut wird, im System wieder. Das Kontextdiagramm enthält das System, Terminatoren und Datenflüsse zwischen System und Terminatoren. Zur Umgebung gehören Fremdsysteme, die Daten mit dem System austauschen, aber auch die Bediener des Systems. Diese können in Form von Rollen und zusätzlich mit ihren Geräten zur Interaktion dargestellt werden.

Das Kontextdiagramm hilft, die Anwendungsfälle zu erkennen (siehe Kapitel 12.6). Existieren für eine Anwendung auf der Ebene des Systems auch Steuerflüsse im Sinne von SA/RT (siehe Kapitel 7), so müssen diese im Kontextdiagramm eingetragen werden.

Klassisches Kontextdiagramm

Das klassische Kontextdiagramm gibt es seit der Strukturierten Analyse (siehe Kapitel 6.3). Klassisch wird das System rund und werden Terminatoren eckig gezeichnet.

Kontextdiagramm nach UML

UML hat auch ein Kontextdiagramm. Es ist ein Anwendungsfalldiagramm (siehe Kapitel 11.3) ohne Anwendungsfälle. Das System wird als Rechteck gezeichnet. Die Umgebung wird modelliert durch sogenannte Akteure, die in der Regel als Strichmännchen, versehen mit dem Namen der Rolle oder des Fremdsystems, gezeichnet werden und mit dem System durch Assoziationen verbunden sind. Akteure entsprechen den klassischen Terminatoren. Ein Datenfluss zwischen System und Akteur wird dargestellt durch eine gerichtete Assoziation, die den Namen der ausgetauschten Daten trägt. Die Assoziationen eines Akteurs zum System werden hier also gerichtet dargestellt und tragen einen Namen, wenn sie einen Datenfluss symbolisieren sollen.

Jeweils ein Kontextdiagramm zweier beispielhafter Systeme wird in Kapitel 12.14.4 dargestellt.

12.5 Neudefinition der Requirements

Werden die Grenzen des Systems geändert, können einige Requirements entfallen oder hinzukommen. Dies muss sorgfältig geprüft werden. Kapitel 12.14.5 zeigt ein Beispiel zur Neudefinition der Requirements.

12.6 Erstellung des Anwendungsfalldiagramms

Anwendungsfalldiagramme werden ausführlich in Kapitel 11.3 beschrieben.

> Das Anwendungsfalldiagramm des Systems stellt den **Vertrag** zwischen dem Kunden und den Entwicklern dar. Es umfasst alle Funktionen der Geschäftsprozesse, die das System zur Verfügung stellen soll.

In einem Anwendungsfalldiagramm werden **Geschäftsprozesse** oder Teile eines Geschäftsprozesses, die durch das System zur Verfügung gestellt werden, als **Anwendungsfälle** aufgezählt. Es gibt drei Arten von Anwendungsfällen im System:

- **ereignisorientierte** (werden durch spezielle Ereignisse ausgelöst),
- **zeitgesteuerte** (werden zu einem bestimmten Zeitpunkt oder zyklisch aktiv) und
- während des gesamten Betriebes **fortlaufend aktive** Anwendungsfälle.

Ein **Anwendungsfall** hat immer einen **Basisablauf**[156] (Normalablauf = "Gut"-Fall) und kann einen oder mehrere **Alternativabläufe** haben. Ein **Szenario** ist ein Anwendungsfall mit definierten Parametern. Da die Parameter fix sind, gibt es keine Alternativen wie bei Anwendungsfällen. Kapitel 12.14.6 enthält ein Beispiel zur Erstellung des Anwendungsfalldiagramms.

---

[156] Natürlich kann ein Basisablauf auch Alternativen haben, z. B. Ausgabe auf Drucker oder Bildschirm.

12.7 Kurzbeschreibung der Anwendungsfälle

Bis zu diesem Kapitel einschließlich ist die Vorgehensweise rein funktional und aus Sicht einer **Blackbox** – die Kurzbeschreibung der Anwendungsfälle ist prinzipiell nicht mit einem objektorientierten Ansatz verbunden. Die Anwendungsfälle in Kurzform beschreiben die Geschäftsprozesse eines Systems möglichst knapp. Damit wird definiert, welche Leistungen das System nach außen erbringen soll.

Die textuelle Beschreibung der Anwendungsfälle in der Langform (siehe Kapitel 12.9) bedeutet eine **Whitebox**-Sicht des Systems, wobei im Inneren des Systems die logischen Abläufe der einzelnen Anwendungsfälle betrachtet werden.

Nach Jacobson sollte man aber, ehe man die Langbeschreibungen der Anwendungsfälle erstellt, erst einmal zum Zwecke einer Konsensfindung innerhalb des Entwicklungsteams und mit dem Kunden eine Kurzbeschreibung erstellen. Erst wenn die Kurzbeschreibung konsolidiert ist, lohnt es sich, die Langbeschreibungen anzugehen.

Die textuelle Beschreibung erfolgt im Rahmen der Kurzbeschreibung in der Regel ohne die Nennung der Namen der Klassen, die in dem betrachteten Anwendungsfall eine Rolle spielen. In der Langbeschreibung werden die an einem Anwendungsfall beteiligten Klassen meist genannt.

In Kapitel 12.14.7 werden als Beispiel mehrere Anwendungsfall-Kurzbeschreibungen angegeben.

12.8 Erstellen des Klassendiagramms der konzeptionellen Sicht

Ein Klassendiagramm zeigt Klassen und ihre statischen Beziehungen. Die sogenannte **konzeptionelle Sicht** umfasst nur **Entity-Klassen**. Das sind Daten tragende Klassen. Das Finden von Klassen hat mit UML nichts zu tun. Zum Finden von Klassen gibt es drei bekannte Ansätze:

- die **Unterstreichmethode**,
- **Class-Responsibility-Collaboration** (**CRC**) und
- **für jeden Anwendungsfall getrennt ein Klassendiagramm zeichnen** und dann die Vereinigung bilden.

Die **Unterstreichmethode** wird in Kapitel 12.8.1 begründet. Die **CRC-Methode** kann eingesetzt werden, um die Klassen, ihre Beziehungen und damit das Klassendiagramm zu finden. Die CRC-Methode wird in Kapitel 12.8.2 anhand eines Beispiels dargestellt. Das **Zeichnen des Klassendiagramms pro Anwendungsfall** eignet sich auch als Teilschritt für das Finden des gesamten Klassendiagramms des Systems. Für das Zeichnen eines Klassendiagramms pro Anwendungsfall kann man vom entsprechenden Kommunikationsdiagramm ausgehen. Die Zusammensetzung eines Klassendiagramms eines Systems aus Teil-Klassendiagrammen für die einzelnen Anwendungsfälle wird ebenfalls mit Hilfe eines Beispiels in Kapitel 12.14.8 demonstriert.

12.8.1 Finden von Klassen nach der Unterstreichmethode

Durch Betrachten der Substantive in relevanten Beschreibungen wie einer Anforderungs-Spezifikation kann man beispielsweise versuchen, die Objekte im Problembereich (engl. problem domain) zu identifizieren. Diese Beschreibungen werden deshalb nach Hauptwörtern durchsucht. Die Hauptwörter werden manuell unterstrichen. Es wird dann abschließend erörtert, welche Substantive als Kandidaten für Klassen in Frage kommen. Kapitel 12.14.8.1 gibt ein Beispiel für die Unterstreichmethode.

12.8.1.1 Heuristiken für das Finden von Objekten

Im Folgenden werden einige Heuristiken (siehe Hruschka [Hru98, S.34]), d. h. Regeln, die gewisse Wahrscheinlichkeitsaussagen beinhalten, für das Finden von Objekten angegeben. Einige weitere Heuristiken, die erst an späterer Stelle z. B. beim Finden von Beziehungen des statischen Objektmodells im Rahmen der Systemanalyse oder dem Finden der Methoden beim Entwurf benötigt werden, werden hier mit angegeben, so dass alle Heuristiken zentral abgelegt sind.

> Heuristiken sind Regeln, die beschreiben, dass mit einer gewissen Wahrscheinlichkeit gewisse Sachverhalte zutreffen, wenn bestimmte Bedingungen erfüllt sind.

Heuristiken kann man zum Finden von Klassen verwenden. Im Folgenden werden einige dieser Heuristiken aufgeführt:

Heuristik 1:

> Steht in einem Satz ein Hauptwort, so kann dieses Hauptwort zum Namen einer Klasse werden.

Die Wahrscheinlichkeit, dass ein Hauptwort zur Klasse wird, liegt nach der Literatur (vergleiche [Hru98]) erfahrungsgemäß bei ca. 15 Prozent. Dabei ist vorausgesetzt, dass es sich um ein echtes Hauptwort handelt, also nicht um ein zum Substantiv erhobenes Verb.

> Aus Verben gebildete Hauptwörter wie Bestellung oder Lieferung sind **zunächst keine Kandidaten für Entity-Objekte**. Sie können jedoch als Assoziationsattribute verwendet werden und dann zu normalen Klassen (Assoziationsklassen) werden, wenn sie Methoden benötigen.

Assoziationsattribute und **Assoziationsklassen** gehören zu einer Assoziation (Beziehung) zwischen zwei Klassen. Diese Assoziationsattribute bzw. Assoziationsklassen sind existenzabhängig von der Assoziation. Im Falle von Assoziationsattributen spricht man auch von sogenannten attributierten Assoziationen bzw. von degenerierten Assoziationsklassen.

Wenn aus dem Assoziationsattribut eine Assoziationsklasse werden soll, braucht man natürlich Methoden (siehe Kapitel 10.3.3). Im folgenden Beispiel kann man etwa die Methode `gehaltAuszahlen()` einführen.

Beispiel:

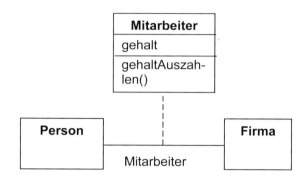

Bild 12-5 Mitarbeiter als Assoziationsklasse

Wenn eine Person Mitarbeiter einer Firma ist, bezieht sie Gehalt. Ist sie kein Mitarbeiter entfällt ein Gehalt.

Eine Assoziationsklasse und die zugehörige Assoziation müssen in der Notation von UML gleich heißen, wenn beide Namen angeschrieben werden.

Heuristik 2:

> Kann das Hauptwort einen einfachen Wert annehmen, so handelt es sich wahrscheinlich um ein Attribut und nicht um eine Klasse.

Ein Beispiel hierfür ist die Zahl der verkauften Fahrkarten `verkaufteFahrkarten`. `verkaufteFahrkarten` kann einen ganzzahligen Wert wie z. B. 10 annehmen. Es ist z. B. ein Attribut einer Klasse `Dampfer`.

Heuristik 3:

> Wenn mit dem Hauptwort etwas getan wird oder das Hauptwort etwas tut, so kann es sich um eine Klasse handeln.

Wird nur der Wert des Hauptwortes erhöht, so handelt es sich vermutlich um ein Attribut.

Beispiele:

Buch ausleihen – mit dem Buch wird etwas getan, es wird zur **Klasse**.

Der Kunde erteilt einen Auftrag. Mit dem Auftrag wird etwas getan, er wird zur **Klasse**, wenn der Auftrag im System geführt werden soll.

Heuristik 4:

> Gehören zu einem Hauptwort mehrere Attribute, so kann es sich bei dem Hauptwort um eine Klasse handeln.

Beispiel:

Ein Buch hat die Attribute `Autor` und `Titel`. Also wird es sich bei `Buch` um eine Klasse handeln. Zu beachten ist jedoch, dass es auch Klassen mit nur einem einzigen Attribut gibt.

Heuristik 5:

> Wenn es von einem Hauptwort mehrere Instanzen gibt, so kann es sich um eine Klasse handeln.

Beispiel:

Das Buch `Durchs wilde Kurdistan` und `Der Schatz im Silbersee` sind verschiedene Instanzen der Klasse `Buch`.

12.8.1.2 Heuristiken zum Finden von Methoden

Heuristiken kann man auch zum Finden von Methoden verwenden. Im Folgenden wird eine solche Heuristik aufgeführt:

Heuristik 1:

> Ein Verb, das im Zusammenhang mit einem Hauptwort auftritt, das als Klasse erkannt wurde, kann zur Methode werden.

Beispiel:

Die Bibliothekarin kann sich zu einem Exemplar der Klasse `Buch` alle notwendigen Informationen ausgeben lassen[157].

Ein Buch ist ein Objekt. Sich Informationen zu einem Buch ausgeben zu lassen, kann als Methode `drucken()` von `Buch` realisiert werden.

---

[157] Dieser Anwendungsfall ist im Leistungsumfang der "Bücherverwaltung" nicht enthalten.

12.8.1.3 Heuristiken zum Finden von Beziehungen

Auch Beziehungen können durch die Anwendung von Heuristiken gefunden werden. Im Folgenden werden solche Heuristiken aufgeführt:

Heuristik 1:

> Wenn man ein Verb liest, das im Zusammenhang mit zwei oder mehr Hauptwörtern auftritt, die als Klasse erkannt wurden, stellt es wahrscheinlich eine Beziehung dar.

Beispiel:

Ein Ausleiher leiht ein Buch aus. `Ausleiher` wurde als Klasse erkannt, `Buch` wurde als Klasse erkannt. Damit ist sehr wahrscheinlich, dass `ausleihen` eine Beziehung ist.

Heuristik 2:

> Oftmals haben Attribute einer Kandidatenklasse eine unmittelbare Beziehung zu einem Attribut einer anderen Klasse. Es besteht dann eine hohe Wahrscheinlichkeit, dass zwischen den beiden Klassen eine Beziehung besteht.

Die Begründung für diese Heuristik ist, dass sich die Entwickler wohl etwas gedacht haben müssen und dass diese Attribute wohl nicht zufällig nebeneinander stehen. Also muss es einen Zusammenhang zwischen den beiden Klassen geben.

12.8.1.4 Heuristiken zum Finden von Vererbungen

Heuristiken kann man auch zum Finden von Vererbungsbeziehungen verwenden. Im Folgenden werden solche Heuristiken aufgeführt:

Heuristik 1:

> Wenn man ein zusammengesetztes Hauptwort liest, dessen zweiter Teil bereits als Klasse erkannt wurde, so ist die Wahrscheinlichkeit groß, dass das erste Hauptwort das zweite Hauptwort spezialisiert. Das zweite Hauptwort kann die Basisklasse und das zusammengesetzte Hauptwort die abgeleitete Klasse darstellen.

Beispiel:

Betrachtet werde das Wort "Segelflieger". `Flieger` sei als Klasse bereits erkannt. "Segel" spezialisiert den `Flieger`. `Flieger` wird zur Oberklasse, `Segelflieger` wird zur abgeleiteten Klasse.

Heuristik 2:

Wenn ein als Klassenkandidat erkanntes Hauptwort ein vorangestelltes Adjektiv hat, kann eine Spezialisierung vorliegen, d. h., das mit dem Adjektiv geschmückte Hauptwort kann die Unterklasse des Hauptworts sein.

Beispiel:

Betrachtet werden die Wörter "zweirädriges Fahrzeug", "vierrädriges Fahrzeug". `Fahrzeug` soll eine Klasse sein. Dann stellt ein `zwei-` oder `vierrädriges Fahrzeug` jeweils eine Spezialisierung dar.

12.8.2   Ermittlung der Klassen der konzeptionellen Sicht mit CRC

Class-Responsibility-Collaboration (**CRC**) ist eine weitverbreitete Technik, die Ward Cunningham gegen Ende der achtziger Jahre [Bec89] entwickelte. Dabei werden die Entity-Klassen des Problembereichs beispielsweise im Dokument der aufgestellten Requirements identifiziert.

Für jede Klasse wird eine eigene Karteikarte erstellt. Eine jede Klasse wird mit ihren **Verantwortlichkeiten** (engl. **responsibilities**) und den Klassen, mit denen eine **Zusammenarbeit** (engl. **collaborations**) besteht, auf ihrer sogenannten **CRC-Karte** aufgeschrieben. Dies ist eine Abstraktionsaufgabe. Der Name der Klasse steht oben. Darunter stehen links ihre Verantwortlichkeiten und rechts die Klassen, mit denen sie zusammenarbeitet. Das folgende Bild zeigt die historische Struktur einer CRC-Karte nach Cunningham [Bec89]:

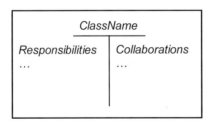

Bild 12-6 Struktur einer CRC-Karte nach Cunningham

Aus den Verantwortlichkeiten ergeben sich die Methoden und Attribute einer Klasse, aus den Collaborations die Beziehungen im Klassendiagramm. Mit CRC-Karten findet man **Entity-Objekte** des Problembereichs. Bei technischen Aufgaben, bei denen es keine Klassen des Problembereichs gibt, werden keine CRC-Karten eingesetzt.

Zum Zeichnen einer CRC-Karte bietet die UML kein eigenes Modellelement an. Möchte man die CRC-Information mit Hilfe eines UML-Tools festhalten, dann bietet es sich an, die Responsibilities und die Collaborations in eigenen Zusatzbereichen (siehe Kapitel 10.6.2) bei einer Klasse zu vermerken. Kapitel 12.14.8.2 gibt ein Beispiel für die CRC-Methode.

12.8.3 Anwendungsfallbasiertes Ermitteln von Klassen der konzeptionellen Sicht

Es wird für jeden Anwendungsfall getrennt ein Klassendiagramm aus Entity-Klassen gezeichnet. Dabei kann das Studium der Abläufe eines Anwendungsfalls in einem Kommunikationsdiagramm der Systemanalyse eine große Hilfe[158] sein. Man kommt dann über die Dynamik der Anwendungsfälle zur Statik. Die Klassendiagramme der einzelnen Anwendungsfälle werden zu einem gesamten Klassendiagramm eines Systems zusammengesetzt. Kapitel 12.14.8 gibt ein Beispiel für das anwendungsfallbasierte Ermitteln von Klassen.

12.9 Langbeschreibung der Anwendungsfälle

Nachdem die Anwendungsfallbeschreibungen in stabiler Kurzform aufgestellt wurden, kann nun eine Verfeinerung der Anwendungsfälle in strukturierter Form erfolgen. Hierbei werden die Abläufe einer tieferen Betrachtung unterzogen, wobei die Namen der Klassen der an einem Anwendungsfall beteiligten Objekte meist genannt werden.

> Um die Sicht auf den Normalablauf zu konzentrieren (Basisablauf), werden alternative Abläufe getrennt ausgewiesen.

Bestandteile dieser Beschreibungen sind üblicherweise:

- die Angabe des Akteurs, der den Anwendungsfall initiiert (Initiator),
- weitere beteiligte Akteure,
- der Basisablauf, d. h. der "normale" Ablauf, und
- falls vorhanden, Alternativabläufe mit Angabe der Bedingung, bei der sie eintreten.

Oft wird auch noch die Vorbedingung/Nachbedingung (für den Anwendungsfall) in das Schema aufgenommen. Langbeschreibungen zu mehreren beispielhaften Anwendungsfällen zeigt Kapitel 12.14.9.

12.10 Konzeption der Kommunikationsdiagramme

Kommunikationsdiagramme wurden in Kapitel 11.4 ausführlich beschrieben. Sie beschreiben die Wechselwirkung von Objekten (Dynamik) und mit den Akteuren und werden in diesem Schritt für jeden Anwendungsfall erstellt. Kapitel 12.14.10 beschreibt beispielhaft die Kommunikationsdiagramme der Bücherverwaltung.

12.11 Aufstellen der zustandsbasierten Kommunikationsdiagramme

Der nicht zu den Standard-Diagrammen von UML gehörende Diagrammtyp eines zustandsbasierten Kommunikationsdiagramms löst zwei Probleme: Erstens führt er zu einer konsistenten Beschreibung des reaktiven Verhaltens eines Systems und

---

[158] Dies bedeutet, dass man in diesem Fall iterativ vorgeht.

zweitens erlaubt er die parallele Modellierung von reaktivem und transformatorischem Verhalten.

Dieser neue Diagrammtyp ist eine vorteilhafte Kombination zweier bekannter UML-Diagramme, nämlich von Interaktions- und Zustandsdiagrammen. Wechselwirkungen zwischen Objekten können reaktive und transformatorische Anteile haben, je nachdem ob die Reaktion eines Objekts zu einer Steuerreaktion[159] führt oder nicht. D. h., um das reaktive Verhalten allgemein beschreiben zu können, müssen sowohl Zustandsdiagramme als auch Sequenz- oder Kommunikationsdiagramme in der **Verarbeitungssicht** (Kontroll- und Entity-Objekte) betrachtet werden. Sequenz- und Kommunikationsdiagramme sind, wenn man nur die grundlegenden Möglichkeiten ausschöpft, äquivalente Formen von Interaktionsdiagrammen. Da Kommunikationsdiagramme leichter zu erweitern sind, werden sie hier den Sequenzdiagrammen vorgezogen. Durch die Kombination von Kommunikations- und Zustandsdiagrammen wird das reaktive Verhalten nur durch einen und nicht durch zwei Diagrammtypen beschrieben – nämlich durch die zustandsbasierten Kommunikationsdiagramme. Indem man nur eine einzige Sicht benutzt, werden Inkonsistenzen zwischen den Diagrammtypen Kommunikationsdiagramm und Zustandsdiagramm vermieden.

Zustandsbasierte Kommunikationsdiagramme enthalten im Inneren eines Objekts einen Zustandsautomaten, der die Zustandsänderungen des betreffenden Objekts widerspiegelt. Werden Zustandsübergänge durch Aufrufe von Operationen bzw. Methoden ausgelöst, dann kann in den Automaten eingezeichnet werden, welche Aufrufe zu welchen Zustandsübergängen im Inneren des Objekts führen und aus welchen Zuständen eines Objekts welche Aufrufe von Operationen bzw. Methoden eines anderen Objekts erfolgen können (siehe Bild 12-55 als Beispiel).

Um nicht abstrakt zu bleiben, wird in Kapitel 12.14.11 eine spezielle Kaffeemaschine als Beispiel betrachtet.

12.12 Erstellen des Client/Server-Objektdiagramms

Client/Server-Objektdiagramme dienen zum Finden der ersten Schichten des Systementwurfs. Sie erlauben damit einen geradlinigen, konstruktiven Übergang von der Systemanalyse zum Systementwurf.

Beim Zeichnen von Client/Server-Objektdiagrammen muss festgelegt werden, welche Objekte von welchen anderen Objekten abhängig sind. Es geht also darum, die Verwendungsbeziehungen zwischen den Objekten herauszufinden, die sich gegenseitig Nachrichten senden. Verwendungsbeziehungen werden in Kapitel 10.5.4 behandelt. Grundsätzlich muss man versuchen, die Anzahl der **Abhängigkeitsbeziehungen** gering zu halten (low coupling), um die Auswirkungen von Änderungen gezielt zu minimieren.

In einem Client/Server-Objektdiagramm werden nun alle **Verwendungsbeziehungen** eingezeichnet, die zwischen den Kontroll- und Entity-Objekten der Systemanalyse existieren. In der oberen Schicht liegen die Kontrollobjekte und in der tieferen Schicht

---

[159] Bei einem Schaltnetz ist die Reaktion immer gleich (zustandsunabhängig) und kann durch eine Entscheidungstabelle beschrieben werden. Bei einem Schaltwerk ist die Reaktion zustandsabhängig (vergleiche Kapitel 7.6.7).

die Entity-Objekte. Die Kontrollobjekte benutzen die Entity-Objekte und sind von ihnen abhängig. Damit geben diese Diagramme direkt wieder, welches Objekt von welchem anderen Objekt abhängig ist. Ein Client/Server-Objektdiagramm entspricht einem Klassendiagramm der Verarbeitungssicht mit Abhängigkeiten. Anhand eines beispielhaften Flughafensystems und einer Bücherverwaltung wird die Erstellung des Client/Server-Objektdiagramms in Kapitel 12.14.12 dargestellt.

Durch die Abhängigkeitsbeziehungen zwischen den Objekten können erste Schichten im System erkannt und eingeführt werden. Zusätzlich zu den Schichten, welche die Objekte aus der Systemanalyse enthalten, ist das Schichtenmodell beim Entwurf um Schichten zu ergänzen, die sich um entwurfsspezifische Aspekte wie zum Beispiel Persistenz oder die Benutzer-Schnittstelle kümmern.

12.13 Erstellen des Klassendiagramms der finalen Sicht

Das Klassendiagramm der finalen Sicht umfasst Entity-, Kontroll- und Interface-Klassen. Das zugehörige Beispiel befindet sich in Kapitel 12.14.13.

12.14 Beispiele

In den folgenden Kapiteln werden Beispiele für die einzelnen Schritte aufgezeigt, auf die bereits in den Kapiteln zuvor verwiesen wurde.

12.14.1 Überprüfung der Requirements

Dem Folgenden liegt das Beispiel einer Bücherverwaltung zugrunde. Angenommen, der Kunde hatte die folgenden Forderungen bei der Bestellung des Systems:

- Buch ausleihen einschließlich Buch zurückgeben
- Aufnahme neuer Bücher
- Bestandsanzeige aller Bücher sortiert nach Autoren:
  - am Bildschirm anzeigen
  - am Drucker ausgeben
- Bücher pro Ausleiher anzeigen in einer nach Autoren sortierten Liste:
  - am Bildschirm anzeigen
  - am Drucker ausgeben

Bei der Analyse der Requirements wurde erkannt, dass keine Aussagen bezüglich der Eingabegeräte und zur Verwendung eines Betriebssystems gemacht wurden. Deshalb wurden die folgenden Requirements neu aufgestellt:

- Die Benutzereingaben sollen nicht mausgesteuert, sondern mit Hilfe der Tastatur erfolgen.
- Es soll ein Betriebssystem verwendet werden.

Das erste der neuen Requirements zielt hierbei auf eine möglichst einfache Implementierung.

Während der Prüfung der Requirements wurde weiter bemerkt, dass eigentlich jeder unbefugte Nutzer ausleihen kann. Daher wurden die folgenden beiden Requirements eingeführt:

- Ein Ausleihvorgang soll nur möglich sein, wenn der Kunde als Ausleiher dem System bekannt ist.
- Die Aufnahme eines neuen Ausleihers soll automatisch beim Ausleihvorgang geschehen.

Die Möglichkeit, ein Buch aus dem Bücherbestand oder einen Ausleiher zu entfernen, wird hier nicht betrachtet. Es soll hier keine Lösung entworfen werden, die in eine operationelle Nutzung übergeht, sondern es soll ein Beispiel durchgeführt werden, das leicht machbar und übersichtlich ist.

In Absprache mit dem Auftraggeber wird die ursprüngliche Aufgabenstellung des Auftraggebers durch die folgende Requirement-Spezifikation ersetzt:

Requirement 100:
Es soll eine Verwaltung des Bücherbestandes erfolgen. Die Daten über den Bücherbestand sollen gespeichert werden.

Requirement 200:
Auf dem Buchbestand soll interaktiv gearbeitet werden können.

Requirement 300:
Es soll möglich sein, nachzusehen, welche Bücher momentan ausgeliehen sind und welche nicht ausgeliehen sind.

Requirement 400:
Folgende Dialoge sollen möglich sein:

- Buch ausleihen und zurückgeben
- Aufnahme neuer Bücher
- Bestandsanzeige aller Bücher sortiert nach Autoren
    - am Bildschirm anzeigen
    - am Drucker ausgeben
- Bücher pro Ausleiher anzeigen in einer nach Autoren sortierten Liste
    - am Bildschirm anzeigen
    - am Drucker ausgeben

Requirement 500:
Es soll ein Betriebssystem verwendet werden.

Requirement 600:
Die Benutzereingaben sollen nicht mausgesteuert, sondern mit Hilfe der Tastatur erfolgen.

Requirement 700:
Ein Ausleihvorgang soll nur möglich sein, wenn der Kunde als Ausleiher dem System bekannt ist.

Requirement 800:
Die Aufnahme eines neuen Ausleihers soll automatisch beim Ausleihvorgang geschehen.

12.14.2 Spezifikation der Geschäftsprozesse

Im Beispiel der Bücherverwaltung gibt es die folgenden Geschäftsprozesse:

- Buch ausleihen und zurückgeben,
- neue Bücher aufnehmen,
- den Bücherbestand sortiert nach Autoren auf dem Bildschirm bzw. Drucker ausgeben und
- die Bücher pro Ausleiher sortiert nach Autoren auf dem Bildschirm bzw. Drucker ausgeben.

Alle diese Geschäftsprozesse sollen automatisiert werden. Sie sind also auch Anwendungsfälle des zu erstellenden Systems.

12.14.3 Priorisierung der Anwendungsfälle

Im Beispiel der Bücherverwaltung wurden alle genannten Requirements mit Priorität 1, der höchsten Priorität, versehen.

12.14.4 Erstellung des Kontextdiagramms

Hier das Kontextdiagramm für die Bücherverwaltung:

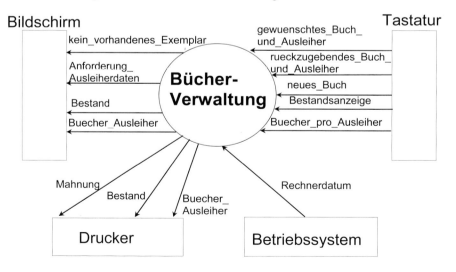

Bild 12-7 Kontextdiagramm des Systems Bücherverwaltung

Objektorientierte Systemanalyse

Die Notation in Bild 12-7 ist nicht UML-konform. Besteht man auf der Notation nach UML, so kann ein Kontextdiagramm natürlich auch nach UML gezeichnet werden. Bild 12-8 zeigt ein Beispiel für ein Kontextdiagramm nach UML. Das dort gezeigte Programm `Flughafen-Informationssystem` erhält Daten von `Radarsensor, Positionsmelder Flugzeug, Flugplatzsensor, Parksensor, Tastatur Lotse, Tastatur Flughafenangestellter` und `Betriebssystem` und erzeugt Ausgaben für `Hupe, Bildschirm Lotse, Drucker Flughafenangestellter` und `Bildschirm Flughafenangestellter`. Das hier gezeigte Kontextdiagramm gehört zu dem Anwendungsbeispiel in Kapitel 12.14.8.3.

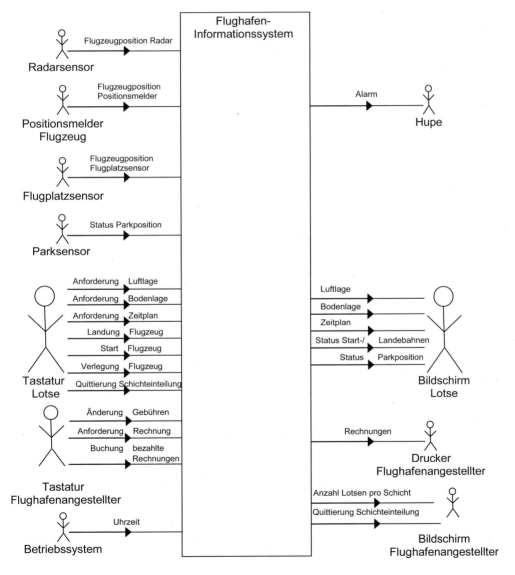

Bild 12-8 Kontextdiagramm für das Flughafen-Informationssystem

12.14.5 Neudefinition der Requirements

Die Bibliotheksverwaltung hat noch etwas Geld und bestellt noch eine weitere Funktion. Es soll eine Funktion aufgerufen werden, die feststellt, welches Buch die Ausleihfrist überschreitet:

- Überprüfen der Ausleihfrist auf Anforderung und ggf. Ausgabe einer Mahnung auf Bildschirm und Drucker.

Dies hat zur Konsequenz, dass im Kontextdiagramm die Eingabe `Ausleihfrist_Überprüfung` von der Tastatur an das Programm `Bücherverwaltung` eingegeben wird und die Ausgabe `Buch_Fristablauf` auf den Drucker und Bildschirm ausgegeben wird.

12.14.6 Erstellung des Anwendungsfalldiagramms

Im Folgenden als Beispiel das Anwendungsfalldiagramm der Bücherverwaltung:

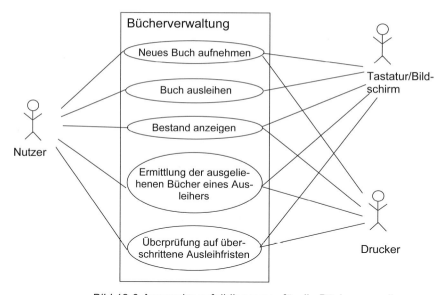

Bild 12-9 Anwendungsfalldiagramm für die Bücherverwaltung

Es gilt zu beachten, dass das Buch zurückgeben den Anwendungsfall `Buch ausleihen` abschließt. Ferner würde eine feinere Betrachtung differenzieren und aus der Rolle "Nutzer" zwei Nutzer machen:

- die Rolle **Ausleiher**, die Bücher ausleiht und zurückgibt und noch wissen will, welche Bücher sie ausgeliehen hat sowie
- die Rolle **Bibliothekar**, die neue Bücher aufnimmt, Mahnungen schreibt und einen Bücherkatalog (Bestandsanzeige) führt.

Hier das Anwendungsfalldiagramm der Bücherverwaltung mit den beiden Rollen Ausleiher und Bibliothekar:

Objektorientierte Systemanalyse

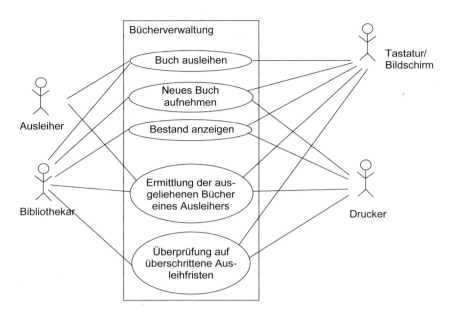

Bild 12-10 Anwendungsfall-Diagramm der Bücherverwaltung

In Tabelle 12-1 wird für die Bücherverwaltung eine Zuordnung zwischen den Bezeichnungen der Datenflüsse im Kontextdiagramm (siehe Bild 12-7), die Trigger für das System darstellen, um vom System aktiv Leistungen zu verlangen, und den Bezeichnungen der Anwendungsfälle durchgeführt. Diese Tabelle zeigt, welcher Trigger im Kontextdiagramm welchen Anwendungsfall auslöst.

Trigger im Kontextdiagramm	Bezeichnung der Anwendungsfälle
`gewuenschtes_Buch_und_Ausleiher`	`Buch ausleihen` einschließlich `Buch zurückgeben`
`neues_Buch`	`Neues Buch aufnehmen`
`Bestandsanzeige`	`Bestand anzeigen`
`Buecher_pro_Ausleiher`	`Ermittlung der ausgeliehenen Bücher eines Ausleihers`
`Ausleihfrist_Ueberpruefung`	`Überprüfung auf überschrittene Ausleihfristen`

Tabelle 12-1 Trigger im Kontextdiagramm und Bezeichnungen der Anwendungsfälle

12.14.7 Kurzbeschreibung der Anwendungsfälle

Im Folgenden werden als **Beispiel** die Anwendungsfall-Kurzbeschreibungen für die Anwendungsfälle `Neues Buch aufnehmen` und `Buch ausleihen` angegeben:

- **Anwendungsfallbeschreibung** `Neues Buch aufnehmen`
  Ist ein neues Buch beschafft, so muss es in den Bücherbestand der Bibliothek aufgenommen werden, damit dieses Buch in Zukunft ausgeliehen werden kann.

- **Anwendungsfallbeschreibung** `Buch ausleihen`
 Eine Voraussetzung für das Ausleihen ist, dass der Kunde bereits Mitglied der Bibliothek ist. Das Ausleihen eines Buchs wird mit den Kundeninformationen und dem Ausleihdatum im System vermerkt. Ein Ausleiher, der ein Buch ausleiht, muss es innerhalb der Ausleihfrist wieder zurückgeben, sonst wird er gemahnt.

12.14.8 Erstellung des Klassendiagramms der konzeptionellen Sicht

Gezeigt wird zuerst das Finden von Klassen nach den Techniken der Unterstreichmethode (siehe Kapitel 12.8.1), der CRC-Methode (siehe Kapitel 12.8.2) und der anwendungsfallbasierten Ermittlung (siehe Kapitel 12.8.3). Die Klassendiagramme für das Flughafen-Informationssystem und die Betriebsverwaltung werden aufgestellt.

12.14.8.1 Finden von Klassen nach der Unterstreichmethode

Ein Beispiel für die Ermittlung von Klassen nach der Unterstreichmethode wird im Folgenden gegeben. Hier die Unterstreichmethode für die Kurzbeschreibung des Anwendungsfalls `Neues Buch aufnehmen`:

Ist ein neues **Buch** beschafft, so muss es in den **Bücherbestand** der **Bibliothek** aufgenommen werden, damit dieses Buch in **Zukunft** ausgeliehen werden kann. Zur **Aufnahme** des neuen Buches teilt der **Nutzer** dem **System** mit, dass es sich um ein neues Buch handelt, wer der **Autor** ist und wie der **Buchtitel** lautet.

Die folgenden gefundenen Substantive sind Kandidaten für Klassen. Die nicht als Klassen tauglichen Kandidaten sind durchgestrichen:

Kandidat	Bewertung
~~Aufnahme~~	~~ist Tätigkeit.~~
~~Autor~~	~~kann Klasse oder Attribut sein. Hier Attribut von Buch.~~
~~Bibliothek~~	~~ist der Ort, wo sich der Bücherbestand befindet. Entscheidung: wird nicht betrachtet~~
Buch	ist Klasse des Problembereichs.
~~Buchtitel~~	~~ist Attribut von Buch.~~
~~Bücherbestand~~	~~ist die Summe aller Bücher. Aggregation von Objekten des Problembereichs. Entscheidung: Aggregiertes Objekt wird nicht betrachtet.~~
~~Nutzer~~	~~ist Teil des Problembereichs. Der betrachtete Nutzer ist der Bibliothekar. Er ist ein Akteur.~~
~~System~~	~~ist keine Klasse des Problembereichs.~~
~~Zukunft~~	~~ist keine Klasse des Problembereichs.~~

Tabelle 12-2 Kandidaten für Klassen

Die gefundenen Klassen sind im Folgenden für alle Anwendungsfälle zusammengestellt:

Anwendungsfall	gefundene Klassen
Anwendungsfall 1 Buch ausleihen	Buch, Ausleiher
Anwendungsfall 2 Neues Buch aufnehmen	Buch
Anwendungsfall 3 Bestand anzeigen	Buch
Anwendungsfall 4 Ermittlung der ausgeliehenen Bücher eines Ausleihers	Buch, Ausleiher
Anwendungsfall 5 Überprüfung auf überschrittene Ausleihfristen	Buch, Ausleiher, Mahnung

Tabelle 12-3 Gefundene Klassen der Bücherverwaltung

Bitte beachten Sie, dass hier von Buch in einem generalisierten Sinne gesprochen wird. Natürlich gibt es zu jeder ISBN eine eigene Klasse.

12.14.8.2 Ermittlung der Klassen der konzeptionellen Sicht mit CRC

Die Erstellung der CRC-Karten wird am Beispiel einer Betriebsverwaltung (ein Betriebsinformationssystem) verdeutlicht. Für dieses System wurden die folgenden Requirements aufgestellt:

Requirement 100:
Es soll ein Programm entwickelt werden, das die folgenden Anwendungsfunktionen ermöglicht:

- die Verwaltung von Lieferanten
- die Verwaltung von Kunden
- die Verwaltung des Verkaufs mit:
  - Angebot
  - Auftragsbestätigung
  - Lieferschein
  - Rechnung
- die Verwaltung des Einkaufs mit:
  - Anfrage
  - Bestellung
- die Verwaltung von Kundenaufträgen
- die Verwaltung des Lagers
- die Verwaltung von Produkten
- die Verwaltung von Betriebsaufträgen
- Statistiken über Umsatz und Produktverkauf

Requirement 200:
Das Programm soll eine grafische Oberfläche besitzen und dem Anwender eine interaktive Schnittstelle zur Benutzung bereitstellen.

Requirement 300:
Neue Kunden sollen in einem Dialog aufgenommen werden. Bestehende Kunden sollen gelöscht werden können.

Requirement 400:
Neue Lieferanten sollen in einem Dialog aufgenommen werden. Bestehende Lieferanten sollen gelöscht werden können.

Requirement 500:
Es soll möglich sein, kundenspezifische Angebote zu schreiben, Aufträge einzugeben, Auftragsbestätigungen zu erstellen, Lieferscheine zu schreiben und Rechnungen zu erstellen. Angebote, Auftragsbestätigungen, Lieferscheine und Rechnungen sollen ausdruckbar sein.

Requirement 510:
Angebote für Kunden sollen im System gespeichert werden. Erstellte Angebote sollen am Bildschirm angezeigt werden können.

Requirement 520:
Aufträge eines Kunden sollen so lange im System gespeichert werden, bis alle Produkte eines Auftrags durch die Lieferscheinerstellung als ausgeliefert gelten. Noch offene Aufträge sollen am Bildschirm angezeigt werden können. Zusätzlich sollen noch offene Aufträge ausdruckbar sein.

Requirement 530:
Auftragsbestätigungen sollen im System nur bis zum erfolgreichen Ausdruck gespeichert werden.

Requirement 540:
Lieferscheine sollen so lange im System gespeichert werden, bis die Rechnung für diesen Lieferschein erfolgreich erstellt worden ist.

Requirement 550:
Von ausgedruckten Rechnungen soll für einen Kunden jeweils nur die letzte aus Datensicherungszwecken im System gehalten werden.

Requirement 600:
Betriebsaufträge sollen aus eingehenden Aufträgen erstellt werden und vom Produktionsleiter nach Bestätigung ausgedruckt werden können. Der Produktionsleiter soll auch die Möglichkeit haben, Betriebsaufträge zu stornieren.

Requirement 610:
Bereits ausgedruckte Betriebsaufträge sollen aus Datensicherungsgründen bis zu einer Anzahl von 15 Betriebsaufträgen pro Fertigungsteil im System gehalten werden.

Requirement 700:
Alle Zukaufteile, die von Lieferanten geliefert werden, sollen vom Lagerverwalter in das System eingegeben werden können.

Requirement 800:
Alle von der Produktion gefertigten Teile sollen vom Lagerverwalter in das System eingebucht werden können.

Requirement 900:
Bestellungen sollen mit Hilfe des Systems an Lieferanten geschrieben werden können. Bestellungen sollen auf dem Drucker ausgegeben werden können.

Requirement 910:
Bestellungen sollen so lange im System gespeichert werden, bis alle Zukaufteile geliefert worden sind.

Requirement 1000:
Anfragen sollen für erfasste Lieferanten erstellt und ausgedruckt werden können. Anfragen sollen im System gespeichert werden. Erstellte Anfragen sollen auf dem Bildschirm ausgegeben werden können.

Requirement 1100:
Die Lagerbestände sollen bei Lieferscheinerstellung automatisch entsprechend der ausgelieferten Menge der ausgehenden Fertigprodukte reduziert werden.

Requirement 1200:
Neue Gruppen sollen in einem Dialog angelegt werden können. Gruppen sollen auch wieder löschbar sein.

Requirement 1210:
Ein Produkt (Fertigungsteil, Zukaufteil, Fertigprodukt) soll nur in einer Gruppe vorhanden sein können. Ein Produkt kann nicht in mehreren Gruppen auftauchen.

Requirement 1300:
Neue Produkte sollen in einem Dialog angelegt werden können. Produkte sollen auch löschbar sein.

Requirement 1400:
Neue Einzelteile (Fertigungsteil oder Zukaufteil) sollen im Dialog angelegt werden können. Einzelteile sollen auch löschbar sein.

Requirement 1500:
Es soll ein Teilejournal ausgegeben werden können, das die verkauften Fertigprodukte pro Kunde darstellt.

Requirement 1600:
Es soll ein Umsatzjournal ausgegeben werden können, das den Umsatz pro Kunde für einen zeitlichen Rahmen anzeigt. Es soll auch möglich sein, den Umsatz aller Kunden in einem zeitlichen Rahmen darzustellen.

Requirement 1700:
Für jeden Kunden soll es möglich sein, für die Fertigprodukte, die an ihn geliefert werden, spezifische Preise zu erfassen. Es sollen auch Staffelpreise für jeden Kunden vorgesehen werden.

Requirement 1800:
Für jeden Lieferanten soll es möglich sein, für die Teile, die von ihm geliefert werden, Preise zu erfassen, dabei sind auch Staffelpreise vorzusehen.

Requirement 1900:
Es soll ein Betriebssystem verwendet werden, auf dem Java-Programme ablauffähig sind.

Den Requirements werden nun die Entity-Klassen entnommen. Hier die Klassen mit ihren CRC-Karten:

Kunde	
Responsibility	Collaboration
anlegen löschen	hat Adresse kauft Fertigprodukt erhält Angebot erteilt Auftrag erhält Auftragsbestätigung erhält Lieferschein erhält Rechnung erhält Staffelpreise

Bild 12-11 Die Klasse `Kunde`

Lieferant	
Responsibility	Collaboration
anlegen löschen	hat Adresse erhält Anfrage erhält Bestellung liefert Zukaufteil

Bild 12-12 Die Klasse `Lieferant`

Anfrage	
Responsibility	Collaboration
anlegen ausdrucken anzeigen speichern	geht an Lieferant bezieht sich auf Zukaufteil

Bild 12-13 Die Klasse `Anfrage`

Bestellung	
Responsibility	Collaboration
eingeben ausdrucken anzeigen speichern	geht an Lieferant bezieht sich auf Zukaufteil

Bild 12-14 Die Klasse `Bestellung`

Adresse	
Responsibility	Collaboration
eingeben ändern löschen	gehört zu Kunde gehört zu Lieferant

Bild 12-15 Die Klasse `Adresse`

Angebot	
Responsibility	Collaboration
erstellen ausdrucken anzeigen speichern	bezieht sich auf Fertigprodukt geht an Kunde

Bild 12-16 Die Klasse `Angebot`

Auftrag	
Responsibility	Collaboration
erstellen ausdrucken speichern Status anzeigen	bezieht sich auf Fertigprodukt kommt von Kunde gehört zu Angebot führt zu Betriebsauftrag

Bild 12-17 Die Klasse `Auftrag`

Auftragsbestätigung	
Responsibility	Collaboration
erstellen ausdrucken speichern	bezieht sich auf Fertigprodukt kommt von Kunde gehört zu Auftrag

Bild 12-18 Die Klasse `Auftragsbestätigung`

Lieferschein	
Responsibility	Collaboration
erstellen ausdrucken speichern	bezieht sich auf Fertigprodukt geht an Kunde gehört zu Auftrag

Bild 12-19 Die Klasse `Lieferschein`

Rechnung	
Responsibility	Collaboration
erstellen ausdrucken speichern	bezieht sich auf Fertigprodukt geht an Kunde gehört zu Lieferschein

Bild 12-20 Die Klasse `Rechnung`

Staffelpreis	
Responsibility	Collaboration
festlegen pro Kunde und Fertigprodukt	wird gewährt an Kunde für Fertigprodukt

Bild 12-21 Die Klasse `Staffelpreis`

Fertigprodukt	
Responsibility	Collaboration
Bestand festhalten	wird verkauft an Kunden enthält Fertigteil enthält Zukaufteil gehört zu Angebot, Auftrag, Lieferschein, Rechnung

Bild 12-22 Die Klasse `Fertigprodukt`

Fertigungsteil	
Responsibility	Collaboration
eingeben speichern ausdrucken	gehört zu Betriebsauftrag

Bild 12-23 Die Klasse `Fertigungsteil`

Betriebsauftrag	
Responsibility	Collaboration
anlegen starten löschen drucken	wird aus Auftrag generiert enthält Zukaufteil enthält Fertigungsteil

Bild 12-24 Die Klasse `Betriebsauftrag`

Zukaufteil	
Responsibility	Collaboration
Bestand ansehen bestellen	gehört zu Betriebsauftrag wird bestellt bei Lieferant wird im Lager eingelagert

Bild 12-25 Die Klasse `Zukaufteil`

Lager	
Responsibility	Collaboration
Bestand ansehen ein- und auslagern	enthält Zukaufteile enthält Fertigungsteile enthält Fertigprodukte

Bild 12-26 Die Klasse `Lager`

12.14.8.3 Anwendungsfallbasiertes Ermitteln von Klassen

Als Beispiel wird ein Informationssystem für einen Flughafen betrachtet:

Aufgabenstellung des Kunden

Ein Informationssystem für einen Flughafen soll es den **Fluglotsen** ermöglichen, die Landung und den Start von Flugzeugen zu überwachen. Ferner sollen die **Angestellten der Flughafenverwaltung** bei der Erhebung der Start- und Landegebühren unterstützt werden.

Das Informationssystem soll Daten über die Position der Flugzeuge von verschiedenen Sensoren erhalten. Diese **Sensoren** sind:

Radar des Flughafens	liefert Positionsdaten des Flugzeugs in der Luft
Positionsmelder des Flugzeugs	liefert über eine automatisierte Funkschnittstelle die Positionsdaten des Flugzeugs in der Luft
Flugplatzsensoren	liefern Position des Flugzeugs am Boden
Parksensor	liefert Belegungsstatus einer Parkposition

Die Lotsen und die Flughafenverwaltung sollen Informationen in Form von Grafiken bzw. Daten über die Tastatur anfordern können. Die Ausgaben sollen auf den **Drucker** oder den **Bildschirm** erfolgen.

Der Flughafen soll über vier getrennte Bahnen verfügen, wovon eine jede als Landebahn oder als Startbahn benutzt werden kann. Ferner soll der Flughafen Parkboxen für die Flugzeuge aufweisen. Siehe hierzu das folgende Bild:

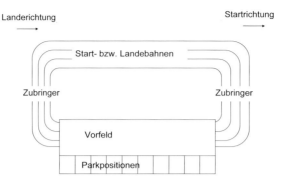

Bild 12-27 Skizze des Flughafens

Hinweis: Die Steuerung der Flugzeuge soll über Sprechfunk vom Lotsen an den Piloten erfolgen. Die Steuerung ist ein eigenständiges System und nicht Bestandteil der vorliegenden Aufgabe. Auf dem Vorfeld werden die Flugzeuge durch ein "Follow me"-Fahrzeug geleitet. Die Verwaltung des Vorfeldes ist nicht Teil des Systems.

Systemanalyse in textueller Form

Um die Abläufe zu optimieren, wird ein Programm in Auftrag gegeben, welches von den **Lotsen** und den **Angestellten der Flughafenverwaltung** genutzt werden kann. Ferner soll das System selbstständig einen Alarm mit einer Hupe generieren, wenn das Radar andere Positionsdaten als der Positionsmelder des Flugzeugs meldet.

Um die Bahnkurve eines Flugzeugs grafisch darstellen zu können, sollen zyklisch alle Positionsdaten eines Flugzeugs mit Zeit im System geführt werden. Für ein Objekt der Klasse `Flugzeug` selbst sollen Soll-Zeitpunkt der Landung, Ist-Zeitpunkt der Landung, Soll-Zeitpunkt des Starts, Ist-Zeitpunkt des Starts, Landebahn, Parkposition, Startbahn, betreuender Lotse bei Landung, betreuender Lotse bei Start, Flugzeugtyp und Luftfahrtgesellschaft gespeichert werden. Jede Start-/Landebahn sowie jede Parkposition soll im System gespeichert werden und als Attribute Zeitscheiben haben, die von den Lotsen belegt werden können. Damit soll sichergestellt werden, dass ein solches Objekt von den Lotsen nicht zur selben Zeit mehrfach zugeteilt wird. Alle Fluggesellschaften sollen ebenfalls im System geführt werden.

Das System soll den Anwender bei folgenden Aufgaben unterstützen:

- Positionsdaten von Flugzeugen in der Luft am Bildschirm kontrollieren
  (Anwendungsfall `Luftlage anzeigen`)
- Positionsdaten von Flugzeugen am Boden am Bildschirm kontrollieren
  (`Bodenlage anzeigen`)
- Zeitplan für Starts und Landungen anfordern (`Zeitplan anfordern`)
- Landung durchführen (`Landung durchführen`)
  Ein Flugzeug kann sich bei einem Lotsen für eine **Landung** anmelden. Bei schlechtem Wetter wird die Landung verweigert. Ansonsten wird die Landung im Prinzip angenommen und der Lotse trägt Flugzeugtyp, Luftfahrtgesellschaft und sich selbst als betreuenden Lotsen in das System ein.

Objektorientierte Systemanalyse

Ist die Luftfahrtgesellschaft des im Landeanflug befindlichen Flugzeugs dem System noch nicht bekannt, so wird sie vom Lotsen in das System aufgenommen (Name, Adresse). Der Lotse verschafft sich einen Überblick über die Start-/Landebahnen und trägt die von ihm vergebene Landebahn und den Soll-Zeitpunkt der Landung in das System ein. Der Lotse lässt sich die vergebenen und freien Parkpositionen anzeigen und trägt die vergebene Parkposition in das System ein. Ist keine Landebahn oder Parkposition frei, wird eine Warteschleife angeordnet, ansonsten wird der Landeanflug freigegeben.

Hat das Flugzeug die Parkposition erreicht, so trägt der Lotse den Ist-Zeitpunkt der Landung in das System ein und gibt die Landebahn wieder frei.

- **Start durchführen** (`Start durchführen`)
  Im Rahmen der **Startzuweisung** lässt sich der Lotse die vergebenen und freien Start-/Landebahnen darstellen und trägt sich selbst, die vergebene Startbahn und den Soll-Zeitpunkt des Starts in das System ein.
  Hat das Flugzeug beim Starten die Startbahn erreicht, gibt der Lotse die Parkposition wieder frei.
  Hat das Flugzeug den Flughafen verlassen (Meldung des Radars), gibt der Lotse die Startbahn wieder frei und trägt den Ist-Zeitpunkt des Starts in das System ein. Mit der Freigabe ist eine automatische Buchung verbunden. Dabei wird aufgrund des Flugzeugtyps eine bestimmte Gebühr für Start und Landung gemäß der Gebührenliste dem Rechnungskonto der Fluggesellschaft zugeordnet.

- **Flugzeug auf separates Parkfeld verlegen** (`Flugzeug auf separates Parkfeld verlegen`)

- **Flugzeugposition aus Daten des Flugzeugpositionsgebers und des Radars ermitteln und Differenzen erkennen** (`Positionsdaten fusionieren`)
  Weichen die vom Radar und vom Positionsmelder des Flugzeugs gemeldeten Daten um mehr als eine vorgegebene Toleranz voneinander ab, so wird automatisch ein akustischer Alarm mit der Hupe generiert.

- **Erstellung der monatlichen Rechnungen für Start- und Landegebühren an die Fluggesellschaften** (`Rechnungen erstellen`)
  Jeweils am Ersten eines Monats werden die **Rechnungen** an die Fluggesellschaften von den Angestellten der Verwaltung auf Anforderung aus dem System ausgedruckt. Die Rechnungen sollen im System geführt werden.

- **Bezahlte Rechnungen auf das Konto der Fluggesellschaften buchen** (`bezahlte Rechnungen buchen`)

- **Preisliste der Start- und Landegebühren ändern** (`Gebühren ändern`)
  Die Angestellten der Verwaltung können die Preisliste der Start- und Landegebühren abändern.

- **Erstellen des Schichtplans** (`Schichtplan erstellen`)
  Durch Anfrage an den Flugplan mit den Start- und Landevorgängen und den entsprechenden Flugzeugtypen in der gewünschten Schicht erhält der Angestellte die benötigte Anzahl der Lotsen in der entsprechenden Schicht. Anschließend werden gemäß dem Urlaubsplan die in der Schicht verfügbaren Lotsen bestimmt. Aus dieser Liste sucht der Angestellte die Lotsen aus und benachrichtigt sie. Die Lotsen erhalten eine Quittierungsanforderung und müssen quittieren.

Kontextdiagramm

Aus der Aufgabenstellung des Kunden wird das folgende Kontextdiagramm entwickelt:

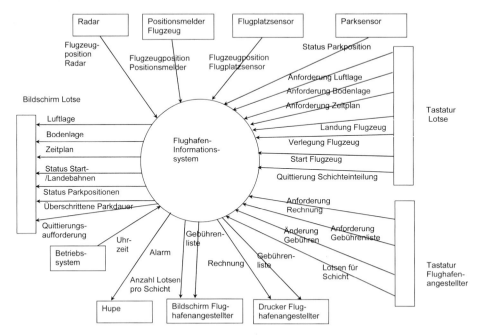

Bild 12-28 Kontextdiagramm für das Flughafen-Informationssystem

Dieses Kontextdiagramm, dessen Form von der Strukturierten Analyse her gut bekannt ist, kann auch nach UML gezeichnet werden (siehe Bild 12-8). Dabei werden in diesem Beispiel Sammeldatenflüsse eingeführt. Das Programm des Flughafen-Informationssystems erhält Daten von Radar, Positionsmelder Flugzeug, Flugplatzsensor, Parksensor, Tastatur Lotse, Tastatur Flughafenangestellter und Betriebssystem und erzeugt Ausgaben für Bildschirm Lotse, Hupe, Bildschirm Flughafenangestellter und Drucker Flughafenangestellter. Im Folgenden soll die Aufschlüsselung der Sammeldatenflüsse (Gruppendatenflüsse) `Landung Flugzeug` und `Start Flugzeug` angegeben werden:

Landung Flugzeug :=
  Initialisierung Landeanflug + Reservierung Start-/Landebahn + Reservierung Parkposition + Ist-Zeitpunkt-Landung + Freigabe Start-/Landebahn + (Gründe für Abbruch)

  mit

  Initialisierung Landeeanflug = betreuender Lotse + Flugzeugtyp + Fluggesellschaft + Soll-Zeitpunkt-Landung.

Start Flugzeug :=
  betreuender Lotse + Reservierung Start-/Landebahn + Freigabe Parkposition + Freigabe Start-/Landebahn + Soll-Zeitpunkt-Start + Ist-Zeitpunkt-Start

Anwendungsfälle

Im nächsten Schritt werden die Anwendungsfälle bestimmt und in einem Anwendungsfalldiagramm dargestellt:

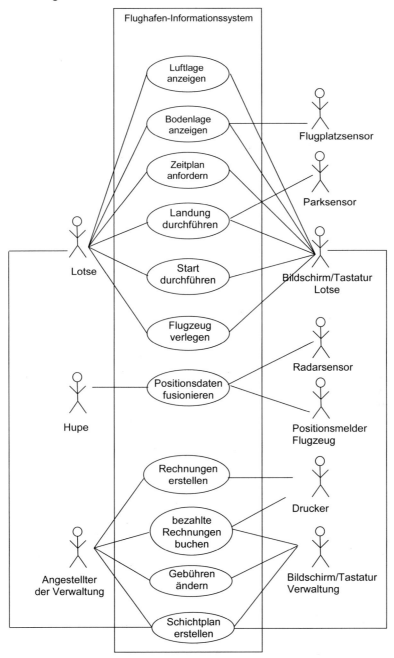

Bild 12-29 Anwendungsfalldiagramm für das Flughafen-Informationssystem

Es bleibt zu erwähnen, dass der Anwendungsfall `Schichtplan erstellen` eingeführt wurde, damit die Anwendungsfälle nicht in Anwendungsfälle der Angestellten der Verwaltung und der Lotsen aufgeteilt werden können, da am Anwendungsfall `Schichtplan erstellen` Lotsen und Angestellte der Verwaltung beteiligt sind.

Anwendungsfallbezogene Teilbilder für das Klassendiagramm der konzeptionellen Sicht auf das System:

Nun wird das Klassendiagramm der konzeptionellen Sicht aus Entity-Klassen in drei Schritten vorbereitet:

- Für jeden ereignisorientierten Anwendungsfall wird festgestellt, wie der auslösende Akteur heißt. Dieser wird oft im Rahmen der konzeptionellen Sicht als Klasse[160] dargestellt. Alle Klassen werden identifiziert, die der auslösende Akteur für die Durchführung eines Anwendungsfalls benötigt. Diese und ihre Beziehungen werden im Klassendiagramm dargestellt.
- Für jeden zeitgesteuerten Anwendungsfall werden die für diesen Anwendungsfall kooperierenden Klassen und ihre Beziehungen dargestellt.
- Für jeden fortlaufend aktiven Anwendungsfall werden die für diesen Anwendungsfall kooperierenden Klassen und ihre Beziehungen dargestellt.

Ereignisorientierte Anwendungsfälle:

- `Luftlage` (Flugzeugpositionen in der Luft) `anzeigen`,
- `Bodenlage` (Flugzeugpositionen am Boden) `anzeigen`,
- `Zeitplan anfordern`,
- `Landung durchführen`,
- `Start durchführen`,
- `Flugzeug verlegen`,
- `Rechnungen erstellen`,
- `bezahlte Rechnungen buchen`,
- `Gebühren ändern` und
- `Schichtplan erstellen`.

Zeitgesteuerte Anwendungsfälle und dauernd laufende Anwendungsfälle[161]:

- `Positionsdaten fusionieren` braucht ein Kontrollobjekt (siehe Kapitel 16).

Im Folgenden werden die **Klassendiagramme der einzelnen Anwendungsfälle** gezeichnet. Die Klassendiagramme der einzelnen Anwendungsfälle werden in der soeben genannten Reihenfolge aufgeführt. Anzumerken ist, dass die Akteure wie `Lotse` oder `Angestellter` durch Klassen repräsentiert wurden:

---

[160] Wenn es sich um eine Rolle eines Anwenders handelt, gibt es eine entsprechende Klasse spätestens bei der Authentisierung ins System.
[161] Es ist nicht spezifiziert, ob dieser Anwendungsfall dauernd oder zyklisch durchgeführt wird.

Luftlage anzeigen

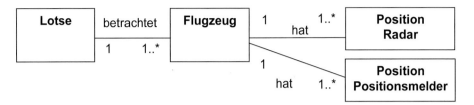

Bild 12-30 Klassendiagramm Anwendungsfall `Luftlage anzeigen`

Bodenlage anzeigen

Bild 12-31 Klassendiagramm Anwendungsfall `Bodenlage anzeigen`

Zeitplan anfordern

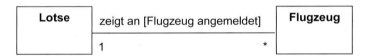

Bild 12-32 Klassendiagramm `Zeitplan anfordern`

Landung durchführen

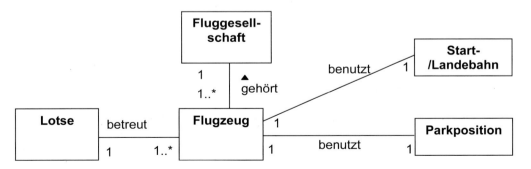

Bild 12-33 Klassendiagramm Anwendungsfall `Landung durchführen`

Start durchführen

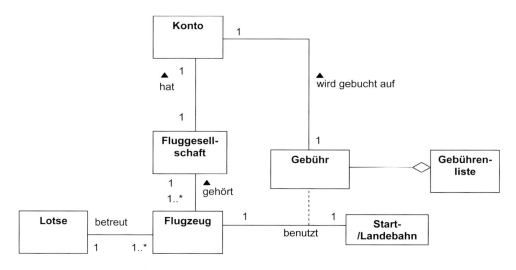

Bild 12-34 Klassendiagramm Anwendungsfall `Start durchführen`[162]

Flugzeug verlegen

Bild 12-35 Klassendiagramm Anwendungsfall `Flugzeug verlegen`

Rechnungen erstellen

Bild 12-36 Klassendiagramm Anwendungsfall `Rechnungen erstellen`

bezahlte Rechnungen buchen

Bild 12-37 Klassendiagramm Anwendungsfall `bezahlte Rechnungen buchen`

---

[162] Aus Gründen der besseren Verständlichkeit des Diagramms erfolgte die Notation nicht nach UML.

Gebühren ändern

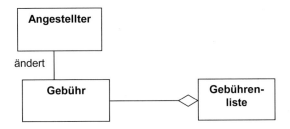

Bild 12-38 Klassendiagramm Anwendungsfall Gebühren ändern

Schichtplan erstellen

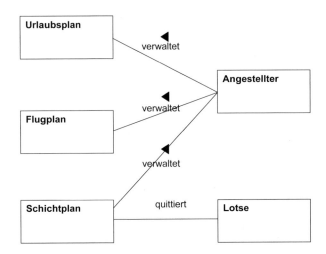

Bild 12-39 Klassendiagramm Anwendungsfall Schichtplan erstellen

Zeitgesteuerte Anwendungsfälle und dauernd laufende Anwendungsfälle[163]:

Positionsdaten fusionieren

Hier werden Radar-Positionsdaten und Positionsgeber-Positionsdaten verglichen. Das ergibt keinen neuen Beitrag, da dieser Anwendungsfall durch ein Kontrollobjekt (siehe Kapitel 12), das Positionsdaten einliest und vergleicht, realisiert wird.

12.14.8.4 Klassendiagramm der konzeptionellen Sicht

Klassendiagramme sind in Kapitel 11 beschrieben. Ein Klassendiagramm der konzeptionellen Sicht enthält nur Entity-Klassen.

Das folgende Bild zeigt das Klassendiagramm der konzeptionellen Sicht für das gerade analysierte Flughafeninformationssystem:

---

[163] Es ist nicht spezifiziert, ob dieser Anwendungsfall dauernd oder zyklisch durchgeführt wird.

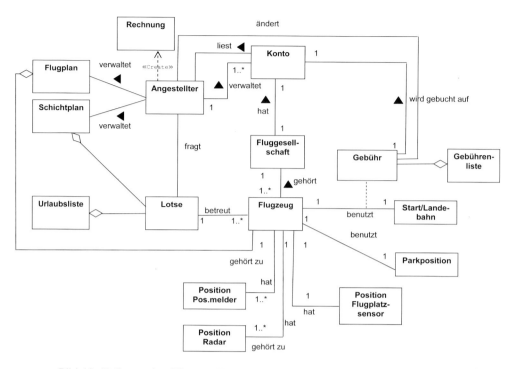

Bild 12-40 Gesamtes Klassendiagramm für das Flughafen-Informationssystem

Bild 12-41 zeigt das zum Beispiel der Betriebsverwaltung, die in Kapitel 12.14.8.2 vorgestellt wurde, gehörende Klassendiagramm der konzeptionellen Sicht:

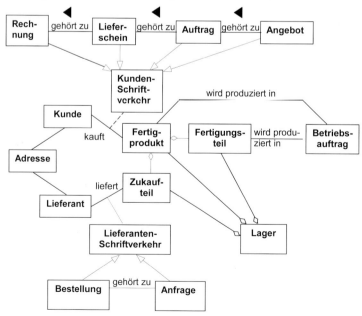

Bild 12-41 Gesamtes Klassendiagramm der Betriebsverwaltung

12.14.9 Langbeschreibung der Anwendungsfälle

Einige Langbeschreibungen der Bücherverwaltung sind im Folgenden zu sehen:

- **Anwendungsfall 1:** Buch ausleihen[164]

    Initiator: Ausleiher

    Beteiligte Akteure: Tastatur, Bildschirm

    Vorbedingung:
    Der Ausleihvorgang darf nur stattfinden, wenn die Person, die ausleihen will, bereits als **Ausleiher** im System geführt wird.

    Basisablauf:
    Es wird geprüft, ob das **Buch** mit der gesuchten ISBN im System vorhanden ist. Ist das gewünschte **Buch** vorhanden, so wird auf dem Bildschirm "verfügbares Exemplar" angezeigt und das Ausleihen kann gebucht werden.

    Nachbedingung:
    Die Zahl der nicht ausgeliehenen Objekte zu einer Klasse Buch mit der gesuchten ISBN wird um 1 verringert.

    Alternative Abläufe:

    Ausleiher nicht bekannt:

    Wenn der **Ausleiher** noch nicht im System eingetragen ist, wird der neue Ausleiher aufgefordert, seine Daten anzugeben, damit er als **Ausleiher** aufgenommen werden kann. Anschließend kann der Ausleihvorgang fortgesetzt werden.

    Buch nicht in Bibliothek:

    Wenn das **Buch** mit der gesuchten ISBN nicht in der Bibliothek vorhanden ist, so wird die Meldung "Buch nicht in Bibliothek" anstatt "verfügbares Exemplar" am Bildschirm angezeigt und der Anwendungsfall ist somit abgeschlossen.

    Buch ist vorhanden, aber ausgeliehen:

    Wenn das **Buch** mit der gesuchten ISBN generell in der Bibliothek geführt wird, aber momentan alle Exemplare von einem anderen Ausleiher ausgeliehen sind, so wird die Meldung "Alle Exemplare ausgeliehen" am Bildschirm anstatt "verfügbares Exemplar" angezeigt und der Anwendungsfall ist somit abgeschlossen.

- **Anwendungsfall 2:** Neues Buch aufnehmen

    Initiator: Bibliothekar

---

[164] Zur Vereinfachung wird das Zurückgeben des Buchs nicht betrachtet.

Beteiligte Akteure: Tastatur, Bildschirm

Vorbedingung:
Ein neues **Buch** wurde beschafft und muss in die Bibliothek aufgenommen werden, damit dieses **Buch** in Zukunft ausgeliehen werden kann.

Basisablauf:
Zur Aufnahme eines neuen Buches teilt der Bibliothekar dem System mit, dass er ein neues **Buch** aufnehmen will, wer der Autor ist und wie der Buchtitel lautet.

Nachbedingung:
Nachdem das Buch erfolgreich inventarisiert wurde, wird eine Bestätigung auf dem Bildschirm angezeigt.

- **Anwendungsfall 3:** Bestand anzeigen

    Initiator: Bibliothekar

    Beteiligte Akteure: Tastatur, Bildschirm

    Vorbedingung:
    keine

    Basisablauf:
    Der Bibliothekar möchte sortiert nach Autoren sehen, welche **Bücher** es in der Bibliothek gibt. Dazu generiert er eine Liste für die Bildschirm- bzw. die Druckerausgabe.

    Nachbedingung:
    Je nach Selektion wird die Liste auf dem Bildschirm oder Drucker ausgegeben.

Auf die Anwendungsfallbeschreibungen Ermittlung der ausgeliehenen Bücher eines Ausleihers, Überprüfung auf überschrittene Ausleihfristen wird hier nicht eingegangen.

12.14.10   Erstellen der Kommunikationsdiagramme

Es werden für die Bücherverwaltung Kommunikationsdiagramme der Anwendungsfälle dargestellt:

- Buch ausleihen[165],
- Neues Buch aufnehmen,
- Bestand anzeigen,
- Ermittlung der ausgeliehenen Bücher eines Ausleihers und
- Überprüfung auf überschrittene Ausleihfristen.

---

[165] Zur Vereinfachung wird das Zurückgeben des Buchs nicht betrachtet.

Hier das Kommunikationsdiagramm des Basisablaufs Buch ausleihen:

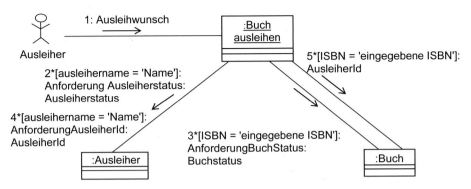

Bild 12-42 Anwendungsfall Buch ausleihen[166]

Der * sagt aus, dass über die Ausleiher bzw. Bücher iteriert wird.

Jetzt das Kommunikationsdiagramm des Basisablaufs Neues Buch aufnehmen:

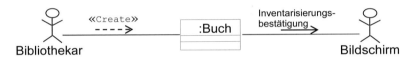

Bild 12-43 Anwendungsfall Neues Buch aufnehmen

Zum Anwendungsfall Bestand anzeigen gehören 2 verschiedene Abläufe:

- Bestand auf Bildschirm ausgeben und
- Bestand am Drucker ausgeben.

Dasselbe gilt für den Anwendungsfall Ermittlung der ausgeliehenen Bücher eines Ausleihers. Hier wird eine Liste nach Autoren sortiert einmal am Bildschirm und einmal am Drucker ausgegeben.

Es handelt sich dabei um 2 Alternativen des Normalfalls, d. h. des "Gut"-Falls, und nicht um Alternativabläufe zum Normalablauf.

Das folgende Bild zeigt die Alternative "Bestand auf Bildschirm sortiert nach Autoren ausgeben" des Basisablaufs des Anwendungsfalls Bestand sortiert nach Autoren ausgeben:

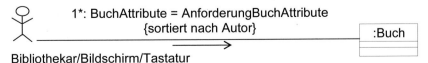

Bild 12-44 Alternative Bestand auf Bildschirm sortiert nach Autoren ausgeben

---

[166] Zur Vereinfachung wird das Zurückgeben des Buchs nicht betrachtet.

Das nächste Bild zeigt die Alternative "Bestand auf Drucker sortiert nach Autoren ausgeben" des Basisablaufs des Anwendungsfalls `Bestand sortiert nach Autoren ausgeben`:

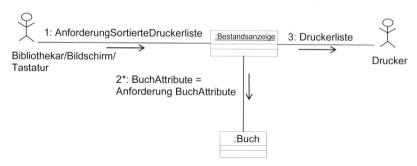

Bild 12-45 Alternative `Bestand auf Drucker sortiert nach Autoren ausgeben`

Nun der Basisablauf des Anwendungsfalls `Ermittlung der ausgeliehenen Bücher eines Ausleihers`:

Bild 12-46 Anwendungsfall `Ermittlung der ausgeliehenen Bücher eines Ausleihers`

Und nun der Basisablauf für den Anwendungsfall `Überprüfung auf überschrittene Ausleihfristen` im Falle der Druckerausgabe:

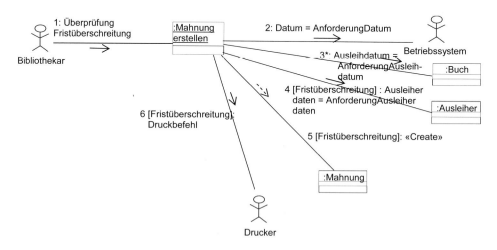

Bild 12-47 Anwendungsfall `Überprüfung auf überschrittene Ausleihfristen`

12.14.11 Aufstellen der zustandsbasierten Kommunikationsdiagramme

Zustandsbasierte Kommunikationsdiagramme sind eine zulässige Kombination zweier UML-Standarddiagramme, des Kommunikationsdiagramms und des Zustandsübergangdiagramms[167]. Der Kaffeeautomat von Bild 12-48 soll exemplarisch objektorientiert mithilfe eines zustandsbasierten Kommunikationsdiagramms entworfen werden, um dieses Diagramm zu zeigen.

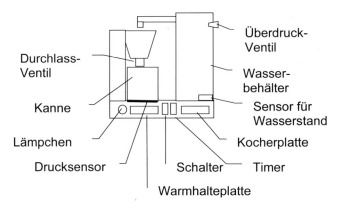

Bild 12-48 Kaffeeautomat

Natürlich braucht man für die Realisierung Hardware-Treiber, um z. B. einen Schalter der Kaffeemaschine anzusteuern. Hier soll ein Simulationsprogramm für den Kaffeeautomaten erstellt werden.

Der Kaffeeautomat wird mit einem **Schalter** eingeschaltet. Ist er eingeschaltet, so muss ein **Lämpchen** leuchten. Es gibt zwei Heizplatten:

- eine **Warmhalteplatte** für den fertigen Kaffee und
- eine **Kocherplatte**, um das Wasser zu erhitzen.

Diese können getrennt angesteuert werden.

In die Kaffeemaschine sind zwei Sensoren eingebaut:

- ein **Sensor für den Wasserstand** im Wasserbehälter und
- ein **Drucksensor**, ob eine Kanne in den Automaten eingestellt ist oder nicht.

Ein **Überdruck-Ventil** kann geöffnet werden, um den Überdruck abzulassen. Damit wird verhindert, dass Wasser in den Kaffeefilter nachströmt, wenn während des Brühvorganges die Kanne entfernt wird, weil man sich schnell eine Tasse Kaffee einschenken möchte. Ferner wird gleichzeitig das **Durchlassventil** geschlossen, damit kein Kaffee auf die Warmhalteplatte tropft. Die **Kocherplatte** bleibt an. Wird die Kanne

---

[167] Dieses Kapitel verwendet wegen der Eingängigkeit den Begriff der Methoden statt Operationen. Es wurde als Übungsbeispiel ausprogrammiert.

wieder eingestellt, so wird das Überdruckventil wieder geschlossen und das Durchlassventil geöffnet.

Wird die Kanne nicht mehr innerhalb einer definierten Zeitspanne zurückgestellt, so sorgt ein **Timer** dafür, dass die Kaffeemaschine abgestellt wird. Wird beim Brühen der Wasserbehälter leer, so wird die Kocherplatte abgeschaltet.

Beim Einschalten der Maschine wird geprüft, ob eine Kanne und ob Wasser da ist. Ist beides der Fall, so werden beide Platten eingeschaltet und es wird Kaffee gebrüht. Ist kein Wasser da, aber eine Kanne, so wird nur die Warmhalteplatte eingeschaltet. Ist keine Kanne eingestellt, so wird der Schalter auf `Schalter ausgeschaltet` zurückgestellt und die Lampe ausgeschaltet.

Wird die Kaffeekanne nach dem Brühvorgang – also während des Warmhaltens – von der Warmhalteplatte genommen, so wird die Warmhalteplatte zunächst nicht abgeschaltet. Erst wenn die Kanne innerhalb einer vorgegebenen Zeit nicht zurückgestellt wird, wird die ganze Maschine (Warmhalteplatte + Lämpchen) ausgeschaltet und der Schalter in die Stellung `Schalter ausgeschaltet` gebracht.

Ist die Warmhalteplatte noch eingeschaltet, so wird die Kocherplatte wieder aktiviert, wenn Wasser nachgefüllt wird. Beim Ausschalten der Maschine werden alle Programme und der Timer gestoppt.

Bild 12-49 zeigt das Kontextdiagramm für die Steuerung. Es existieren nur Steuerflüsse. Datenflüsse sind keine vorhanden.

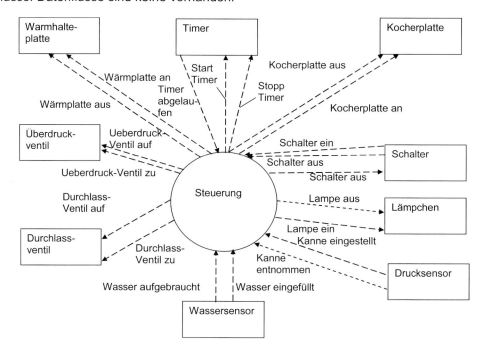

Bild 12-49 Kontextdiagramm der Kaffeeautomaten-Steuerung

Das Verhalten der Maschine kann durch das folgende Zustandsdiagramm beschrieben werden:

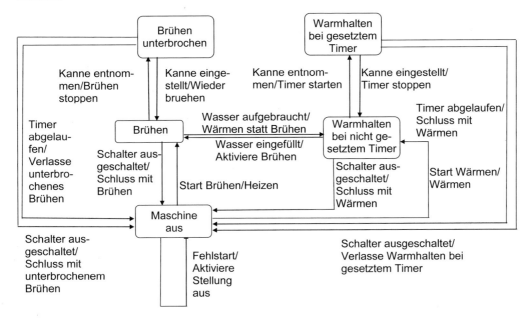

Bild 12-50 Zustandsübergänge in dem Kaffeeautomaten

Ein Fehlstart bedeutet, dass keine Kanne eingestellt ist, der Schalter auf `Schalter ausgeschaltet` gestellt wird und die ganze Maschine ausgeschaltet wird.

Der folgende Ansatz für den Entwurf steckt die Intelligenz in die folgenden Controller-Objekte: `:Bedienteil`, `:Plattencontroller`, `:Ventilcontroller`, `:Sensorcontroller`, `:Timer`. Controller-Objekte sind Steuerobjekte und kontrollieren ihre zugeordnete Hardware. Die Objekte:

`:Warmhalteplatte`
`:Kocherplatte`
`:DurchlassVentil`
`:UeberdruckVentil`
`:Schalter`
`:Lampe`
`:Wassersensor`
`:Drucksensor`

werden nur noch gesetzt oder ihr Status abgefragt. Sie haben in dem folgenden Entwurf sonst keine Intelligenz mehr. Diese steckt in den eingeführten Controllern. Der Timer liefert nur Ereignisse, wenn er abgelaufen ist. Die anderen Controller steuern die Hardware. Die Maschine soll also durch die folgenden Komponenten realisiert werden:

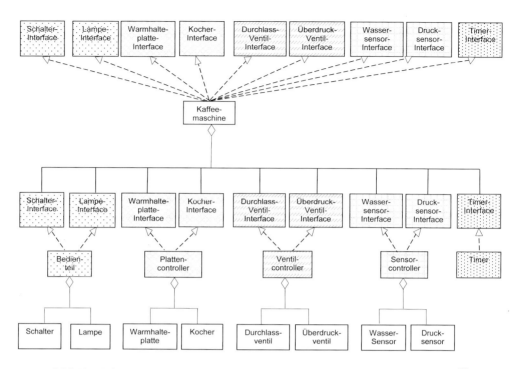

Bild 12-51 Controller als Komponenten der SW-Architektur im Kaffeeautomat[168]

Dieses Bild zeigt die Realisierung der Simulation. Es drückt aus, dass die Klasse `Kaffeemaschine` alle Schnittstellen sämtlicher Komponenten implementiert und dass ein Controller über seine Schnittstellen erreicht wird und die Schnittstellen der ihm zugeordneten Hardware-Komponenten realisiert. Eine Nachricht an eine andere Komponente kann von einer Komponente zuerst problemlos an die Kaffeemaschine gesandt werden. Diese leitet dann die Nachricht an die entsprechende Komponente weiter (Delegationsprinzip).

Um die Vererbungshierarchie besser zu strukturieren, wurde Schraffierung eingesetzt. Diese Schraffierung dient nur der Übersicht und ist nach UML nicht vorgesehen. Man erkennt, dass die Kaffeemaschine in die Controller der Klassen `Bedienteil`, `Plattencontroller`, `Ventilcontroller`, `Sensorcontroller` und `Timer` zerlegt wird. Bis auf den Timer bedienen alle die Hardware. Die weißen Kästchen bezeichnen die Hardware. Die Schnittstellen der Controller finden sich auch bei der Kaffeemaschine wieder.

Die Methoden und Zustandsübergänge werden grundsätzlich schrittweise entwickelt. Die Methoden stellen dabei Ereignisse dar: Die Methoden und die von ihnen ausgelösten Zustandsübergänge erhält man durch Betrachten der Anwendungsfälle. Bild 12-55 zeigt den ersten Schritt der Aufrufe der Methoden und die zugehörigen

---

[168] Aus Gründen des verfügbaren Platzes werden Klassennamen in Bildern dieses Kapitels nicht fett geschrieben.

Zustandsübergänge. Für jede Methode wird sogleich der entsprechende Zustandsübergang eingezeichnet.

Dabei gibt es verschiedene Regeln:

1. Eine bei einem Objekt ankommende Methode löst einen Zustandsübergang aus. Dann wird der Zustandsübergang im betreffenden Objekt eingezeichnet. Der Name für den Zustandsübergang entspricht der ankommenden Methode:

   So bewirkt die Methode 1: SchalterEin()[169] den Übergang Z 1, die Methode 1.1: LampeEin() den Übergang Z 1.1.

2. Eine bei einem Objekt ankommende Methode kann verschiedene Zustandsübergänge je nach Wert einer Bedingung auslösen. Dann werden alle Zustandsübergänge im betreffenden Objekt eingezeichnet. Der Name für den Zustandsübergang entspricht der ankommenden Methode ergänzt durch ein _x, wobei x für den betreffenden Übergang steht.

   So bewirkt die Methode 2: SchalterEin() je nach Bedingung den Übergang Z 2_X (X = 1..3).

3. Ein Objekt ruft eine Methode des nächsten Objekts auf. Ist die Methode für alle Zustände des abgehenden Objekts dieselbe, geht sie vom Objekt weg. Ist eine Methode spezifisch für einen abgehenden Zustand, wird sie vom Zustand weg gezeichnet. Gilt sie für alle Zustände des empfangenden Objekts, so wird der Aufrufpfeil bis zum Objekt gezeichnet. Geht er in einen speziellen Zustand, so wird der Aufrufpfeil bis zum entsprechenden Zustand gezeichnet.

Das zustandsbasierte Kommunikationsdiagramm für alle Anwendungsfälle der Kaffeemaschine wird schrittweise entwickelt. Zuerst wird die **Initialisierung** betrachtet. Der Anfangszustand des **Bedienteils** der Kaffeemaschine ist:
Schalter aus/Lampe aus.

In diesem Zustand wird als Folge des Ereignisses 1: SchalterEin() die Methode

1.1: Lampe ein()

abgesetzt und der Druck- und Wassersensor durch die Methode 1.2: holeStatusDruckUndWassersensor() abgefragt.

Die Methode 1.2: holeStatusDruckUndWassersensor() ist in jedem Zustand des Sensorcontrollers verfügbar.

Wird eingeschaltet, wenn eine Kanne eingestellt und Wasser da ist oder nicht, so erfolgt die Initialisierung des gesamten Systems und der Übergang in den Zustand Schalter ein/Lampe ein.

---

[169] Nach UML ist SchalterEin() eine Methode und 1: SchalterEin() eine Nachricht. In diesem Kapitel wird "Sequenznummer: methode()" als "Methode" bezeichnet.

Die Methode 1.2.5: SchalterAus() wird vom Bedienteil aufgerufen, wenn keine Kanne eingestellt ist. Diese Methode schaltet den Schalter der Kaffeemaschine wieder in den Zustand aus.

Das Bedienteil des Kaffeeautomaten wird im folgenden Bild gezeigt:

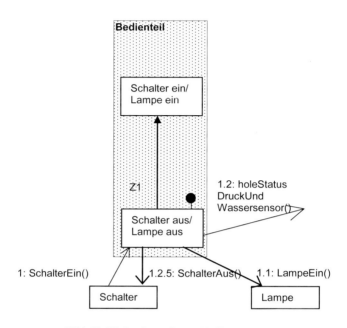

Bild 12-52 Bedienteil des Kaffeeautomaten

Der Sensorcontroller ist ein zum Bedienteil paralleles Element. Natürlich muss dieses Element aktiviert werden. Ist es aktiviert, so hängt sein Zustand davon ab, ob eine Kanne eingestellt ist und ob Wasser da ist.

Die Methode 2.1: holeStatusWassersensor() sowie die Methode 2.2: holeStatusDrucksensor() wird vom Sensorcontroller aufgerufen als Folge des Aufrufs 2 Ein().

Wird der Sensorcontroller aktiviert, so gibt es je nach Zustand drei Übergänge

Z2_1, Z2_2 und Z2_3.

Hier gibt es also keinen Übergang Z2, sondern wegen der Fallunterscheidungen drei Übergänge. Diese werden im Folgenden eingezeichnet:

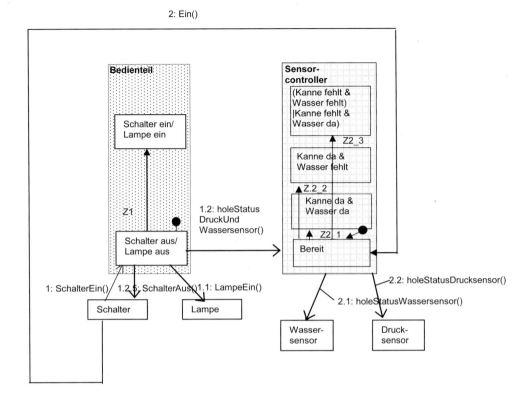

Bild 12-53 Bedienteil und Sensorcontroller des Kaffeeautomaten

Im Zustand `Kanne fehlt & Wasser fehlt` des Sensorcontrollers führt die Methode `1.2: holeStatusDruckUndWassersensor()` zum Ausschalten des Schalters durch das Bedienteil. Ist eine Kanne und Wasser da, dann wird gebrüht. Ist eine Kanne da und kein Wasser, dann wird gewärmt. Sind also Kanne und Wasser da, so wird die Methode `1.2.1: starteBrühen()` beim Plattencontroller aufgerufen (siehe Bild 12-54) und es erfolgt der Übergang z 1.2.1. Ist eine Kanne da und kein Wasser, so erfolgt das Wärmen durch Aufruf der Methode `1.2.2: starteWärmen()` und den entsprechenden Zustandsübergang z 1.2.2.

Im Plattencontroller erfolgen die Übergänge z 1.2.1 und z 1.2.2 also je nachdem, ob man brüht oder wärmt. Dabei werden die entsprechenden Platten mit den Methoden `1.2.1.1:` und `1.2.2.1:` bzw. `1.2.1.2:` angesteuert.

Der Einschluss des **Plattencontrollers** ist im Folgenden zu sehen:

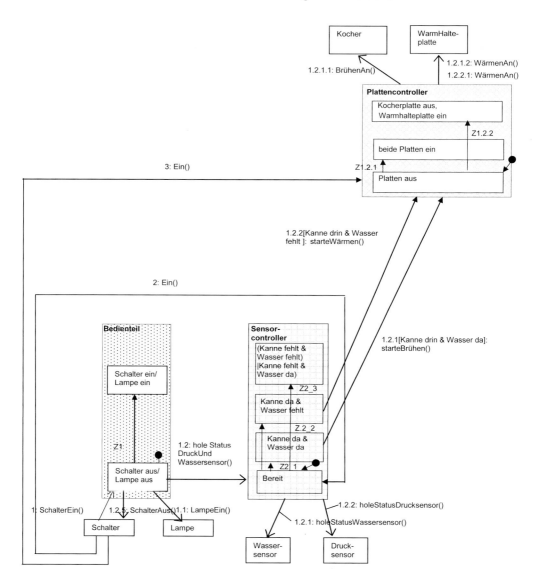

Bild 12-54 Bedienteil, Sensorcontroller und Plattencontroller

Die Betrachtung des **Ventilcontrollers** folgt im nächsten Bild. Die Ventile `Durchlassventil` und `Überdruckventil` werden gestellt, wie es dem Brühen und Wärmen entspricht. Dazu dienen die Methoden `1.2.1.3: VentileBrühen()` und `1.2.2.2: VentileWärmen()`. Sie führen zu den entsprechenden Zustandsübergängen `Z 1.2.1.3` und `Z 1.2.2.2`.

Objektorientierte Systemanalyse

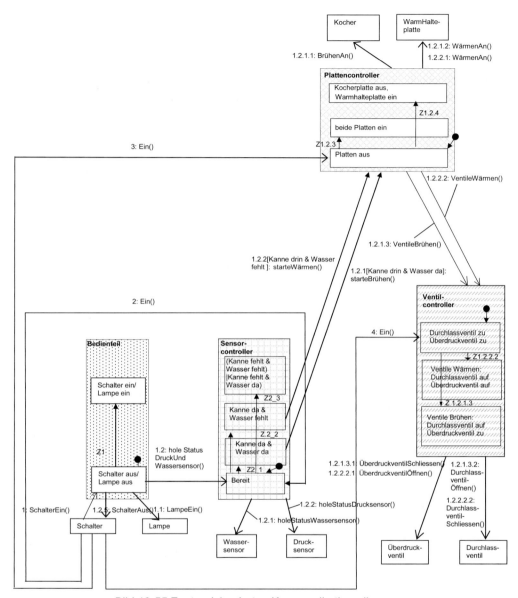

Bild 12-55 Zustandsbasiertes Kommunikationsdiagramm

12.14.12 Erstellung des Client/Server-Objektdiagramms

Folgendes Client/Server-Objektdiagramm ist ein Ausschnitt aus dem Beispielprojekt Flughafensystem.

Die Objekte werden nach diesem Diagramm in der Verarbeitungsschicht in zwei Schichten aufgeteilt. Dabei entsprechen Objekte der unteren Teilschicht den Entity-Objekten und Objekte der oberen Teilschicht den Kontrollobjekten.

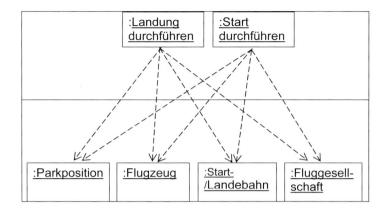

Bild 12-56 Client/Server-Objektdiagramm für das Flughafen-Informationssystem

Die Objekte der Klasse `Landung durchführen` und `Start durchführen` benutzen Objekte der Klassen `Parkposition`, `Flugzeug`, `Start-/Landebahn` und `Fluggesellschaft`. Zu jeder Verwendungsbeziehung muss sich eine einleuchtende Begründung finden lassen, warum diese existiert.

Ein weiteres Beispiel zeigt das Client/Server-Objektdiagramm der Bücherverwaltung:

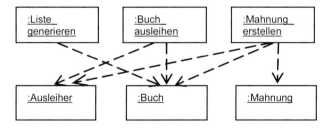

Bild 12-57 Client/Server-Objektdiagramm für die Bücherverwaltung

Die Pfeilrichtung in einem Client/Server-Objektdiagramm zeigt die Richtung der Abhängigkeit. Das Client/Server-Objektdiagramm entspricht dem Klassendiagramm der Verarbeitungssicht aus Entity- und Kontrollobjekten mit Abhängigkeiten.

12.14.13 Erstellung des Klassendiagramms der finalen Sicht

Ein Beispiel für die Bücherverwaltung wird im Folgenden dargestellt. Dabei sind Entity-Objekte kariert, Kontrollobjekte punktiert und Interface-Objekte leer dargestellt. Die Interface-Objekte stellen Schnittstellen zu den Akteuren dar.

Objektorientierte Systemanalyse 539

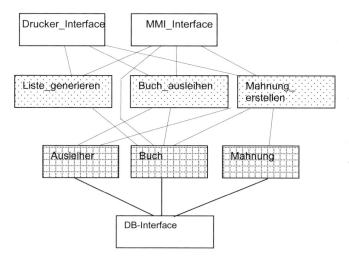

Bild 12-58 Klassendiagramm mit Entity-, Kontroll- und Interface-Objekten

12.15 Zusammenfassung

Die objektorientierte Systemanalyse läuft in 13 Schritten ab. Zuerst wird überprüft (Kapitel 12.1), ob sich die Requirements widersprechen oder ob sie unvollständig sind. Damit wird eine konsistente Grundlage gelegt. Auf dieser Grundlage werden die Geschäftsprozesse spezifiziert und die Anwendungsfälle festgelegt (siehe Kapitel 12.2). Die Anwendungsfälle umfassen die durch Datenverarbeitung zu unterstützenden Geschäftsprozesse. In Kapitel 12.3 werden die Anwendungsfälle priorisiert, damit die wichtigsten Anwendungsfälle mit dem vorhandenen Budget realisiert werden können. Für die resultierenden Anwendungsfälle wird das Kontextdiagramm gezeichnet, um die Einbettung des Systems in seine Umgebung und die externen Schnittstellen abzustimmen (siehe Kapitel 12.4). Die dem Kontextdiagramm entsprechenden Requirements werden festgelegt (siehe Kapitel 12.5), das Anwendungsfalldiagramm für das System gezeichnet (Kapitel 12.6) und die Anwendungsfälle kurz beschrieben (Kapitel 12.7), damit jeder dasselbe meint. Damit ist bis zu dieser Stelle die Blackbox-Sicht des Systems abgestimmt.

Es folgt nun das Finden von Entity-Klassen und das Erstellen des Klassendiagramms der konzeptionellen Sicht aus Entity-Klassen (Kapitel 12.8). Damit sieht man, welche Klassen mit welchen anderen Klassen zusammenarbeiten, und kann erste Aussagen zur Struktur bzw. Statik der Anwendung (Whitebox-Sicht) treffen. Die Langbeschreibung der Anwendungsfälle in strukturierter textueller Form (Kapitel 12.9) benutzt in der Regel die gefundenen Klassen. Die Kommunikationsdiagramme (siehe Kapitel 12.10) für jeden Anwendungsfall geben Auskunft über das dynamische Verhalten des Systems. Spielt das reaktive Verhalten eine Rolle, so wird es in den zustandsbasierten Kommunikationsdiagrammen (siehe Kapitel 12.11) erfasst. Als Vorstufe für ein Schichtenmodell des Entwurfs wird das Client/Server-Objektdiagramm der Systemanalyse mit Hilfe der Verwendungsbeziehungen herausgearbeitet (Kapitel 12.12). Es entspricht dem Klassendiagramm aus Entity- und Kontrollobjekten der Verarbeitungssicht mit Abhängigkeiten. Es folgt das Klassendiagramm der finalen Sicht der Systemanalyse aus Entity-, Kontroll- und Interface-Klassen (Kapitel 12.13).

12.16 Aufgaben

Aufgabe 12.1: Objekttypen nach Jacobson

12.1.1 Erklären Sie den Unterschied zwischen Entity-, Kontroll- und Interface-Klassen.
12.2.2 Wie finden Sie Entity-Klassen, wie Kontroll-Klassen?
12.2.3 Wie und wann finden Sie Interface-Klassen?

Aufgabe 12.2: Methoden der Systemanalyse

12.2.1 Warum machen Sie zuerst Kurzbeschreibungen und dann erst Langbeschreibungen der Anwendungsfälle?
12.2.2 Was sind zustandsbasierte Kommunikationsdiagramme?
12.2.3 Was ist ein Client/Server-Objektdiagramm?

Kapitel 13

Allgemeine Entwurfsprinzipien

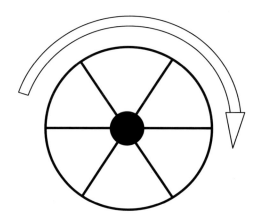

13.1 Planbarkeit des Projektverlaufs
13.2 Handhabbarkeit des Systems
13.3 Realisierung der modularen Struktur eines Systems
13.4 Zusammenfassung
13.5 Aufgaben

13 Allgemeine Entwurfsprinzipien

Im Folgenden werden allgemeine Entwurfsprinzipien vorgestellt, die aus Sicht des Autors in der Praxis zu einem erfolgreichen Entwurf beitragen können. Spezielle paradigmaabhängige wie z. B. objektorientierte Entwurfsprinzipien werden hier nicht diskutiert. Weitere in der Literatur genannte Prinzipien, die nicht auf der Erfahrung des Autors beruhen, werden nicht aufgeführt.

Betrachtet werden Entwurfsprinzipien für:
- die **Planbarkeit des Projektverlaufs**,
- die **Handhabbarkeit des Systems** mit Testbarkeit, Verständlichkeit und Änderbarkeit /Wartbarkeit,
- die **Realisierung der modularen Struktur des Systems selbst**.

Dementsprechend ist dieses Kapitel gegliedert. Kapitel 13.1 befasst sich mit der Planbarkeit des Projektverlaufs, Kapitel 13.2 mit der Handhabbarkeit des Systems und Kapitel 13.3 mit der modularen Struktur des Systems selbst.

13.1 Planbarkeit des Projektverlaufs

Es werden Prinzipien angegeben, die die Flexibilität eines Projekts im Hinblick auf die Einhaltung der Projekttermine erhöhen.

13.1.1 Architekturzentrierte Entwicklung und Integration

Es wird zuerst die grundlegende Architektur als Kernsystem entwickelt und auf Performance geprüft. Prioritätsgerecht werden gemäß den zu realisierenden Anwendungsfällen ähnliche Komponenten auf Basis der bereits erprobten Mechanismen eine nach der anderen in die Architektur integriert.

13.1.2 Design to Cost

"Design to Cost" beinhaltet, dass das System so entworfen werden muss, damit man mit dem Budget auskommt. Indirekt beinhaltet die Anforderung "Design to Cost" die Forderung nach einer architekturzentrierten Entwicklung und Integration mit einem **Kernsystem**, das alle wesentlichen Datenverarbeitungs-Mechanismen enthält, und in das man dann Anwenderfunktionen und -daten auf Basis der bereits erprobten Mechanismen "einklinkt", bis das Budget erreicht wird. Das bedeutet, dass ein System, das dem Kriterium "**Design to Cost**" unterliegt, im Rahmen seiner Architektur flexibel erweitert und auch abgespeckt werden können muss.

13.1.3 Design to Schedule

Das Design wird durch den Abgabetermin bestimmt. Die Forderung "Design to Schedule" hat dieselben Konsequenzen wie "Design to Cost". Man braucht eine architekturzentrierte Entwicklung und Integration mit einem **Kernsystem**, das es erlaubt, bis zum festen Abgabetermin Anwenderfunktionen und -daten auf Basis der bereits erprobten Mechanismen nach Prioritätskriterien in das System aufzunehmen oder wegzulassen.

13.1.4 Verfolgbarkeit

Der Entwurf darf nicht losgelöst von den Requirements konzipiert werden, sonst wird der Entwurf falsch. Jede Komponente des Entwurfs muss auf ihre funktionalen Requirements zurückgeführt werden können. Genauso muss ein funktionales Requirement die betroffenen Komponenten auflisten können. Damit kann man sehen, ob alle funktionalen Requirements bei Entwurf und Implementierung umgesetzt wurden und auf welche Forderungen eine Komponente zurückzuführen ist. Änderungen im Projektverlauf können gezielt durchgeführt werden. Schon 1974 schlug B. W. Boehm [Boe74] eine Requirement/Eigenschaftsmatrix vor, die die Requirements mit den Entwurfsspezifikationen verknüpft.

13.2 Handhabbarkeit des Systems

Die Handhabbarkeit umfasst hier Testbarkeit, Verständlichkeit und Änderbarkeit/Wartbarkeit.

13.2.1 Testbarkeit durch Design to Test

Oftmals bestimmen Performance-Gesichtspunkte in hohem Maße den Entwurf eines Produktes. Dies bedeutet, dass die Gesichtspunkte der Testbarkeit leider oft sträflich vernachlässigt werden. Dies hat zur Konsequenz, dass sich im Nachhinein der Gesamttest des Systems nicht in dem gewünschten Grade automatisieren lässt. Hohe Kosten für den Gesamtsystemtest sowohl bei der Integration des Systems als auch bei Weiterentwicklungen oder der Beseitigung von Fehlern in der Wartung sind die Folge. Damit wird eine oft enorme Verteuerung nicht nur der Entwicklung, sondern insbesondere auch der Wartung hervorgerufen. Nach dem Prinzip des "Design to Test" wird eine Architektur, die aufwendig zu testen ist, sofort verworfen.

13.2.2 Verständlichkeit

Verständlichkeit umfasst hier das Prinzip "Teile und herrsche", das Prinzip einer einfachen Architektur und die Konzeptionelle Integrität.

13.2.2.1 "Teile und herrsche"

Das Prinzip **"Teile und herrsche"** (engl. **"divide and conquer"**, lat. **"divide et impera"**) wird in der Informatik auf vielen Feldern eingesetzt. Nach diesem Prinzip wird beispielsweise ein Programm in vielen Programmiersprachen in Prozeduren, Funktionen, Module oder Objekte eingeteilt.

Nach dem Prinzip des "Teile und herrsche" wird ein schwer beherrschbares, komplexes Problem in kleinere, möglichst unabhängige Teilprobleme zerlegt, die dann besser verständlich sind und einfacher gelöst werden können. Durch Zusammensetzen der Teillösungen ergibt sich die Gesamtlösung. Dieses Prinzip kann wiederholt angewandt werden, bis ein Teilproblem so klein ist, dass es gelöst werden kann. Die Methode der **schrittweisen Verfeinerung** für Programme von Wirth (1971) beruht auf dieser Entwurfsstrategie [Wir71].

13.2.2.2 Einfache Architektur

Ist die Architektur nicht einfach genug, so läuft man Gefahr, dass aufgrund nicht überschaubarer Komplexität bei Änderungen während der Entwicklung oder der Wartung Design-Fehler auftreten. Es kommt noch hinzu, dass sich in der Regel auch nur einfache Architekturen in einfacher Weise testen lassen.

13.2.2.3 Konzeptionelle Integrität

Bei der Konzeptionellen Integrität sollen alle Entwurfsdokumente so aussehen, als wenn sie von einer einzigen Person erstellt worden wären [Wit94]. Hierzu dienen Richtlinien und Muster.

13.2.3 Änderbarkeit und Wartbarkeit

Änderbarkeit und Wartbarkeit umfasst die Verteilbarkeit der Betriebssystem-Prozesse, das Single Source-Prinzip und die Erweiterbarkeit.

13.2.3.1 Verteilbarkeit der Betriebssystem-Prozesse

Betriebssystem-Prozesse sollen verteilbar sein, um eine Skalierbarkeit eines Systems zu erlauben. Unabhängig von der Anzahl der Nutzer des Systems soll das System mit der Last fertig werden und eine gute Performance haben. Eine Verteilbarkeit von Betriebssystem-Prozessen ohne Redesign und Neuprogrammierung des Systems ist nur gegeben, wenn die Betriebssystem-Prozesse des Systems nicht alle über einen globalen Datenbereich (Shared Data-Bereich) kommunizieren. Tauschen die Betriebssystem-Prozesse Informationen nur über Kanäle aus, so ist eine volle Verteilbarkeit des Systems gegeben: Im Prinzip kann jeder Betriebssystem-Prozess auf einem eigenen Rechner laufen.

Oftmals müssen jedoch Betriebssystem-Prozesse Informationen von großem Umfang austauschen. Eine Kommunikation über Kanäle wäre dabei zu langsam. Die Kunst des Software-Designers besteht nun darin, Gruppen von Betriebssystem-Prozessen zu entwerfen, die innerhalb ihrer Gruppe einen Austausch über Shared Data-Bereiche haben, mit den Betriebssystem-Prozessen anderer Gruppen jedoch nur über Kanäle kommunizieren. Eine Gruppe von Prozessen mit dieser Eigenschaft nennt man **SW-Cluster** oder auch **SW-Team**. SW-Cluster sind damit die verteilbaren Einheiten eines Software-Systems. Sie können im Falle einer Rekonfigurierung auf anderen Rechnern gestartet werden.

Wird die Technik der SW-Cluster verwendet, so ist die Software eines SW-Clusters

- getrennt entwickelbar,
- getrennt testbar und
- verteilbar.

13.2.3.2 Single Source-Prinzip

Um Fehler bei Änderungen zu vermeiden, gilt das Single Source-Prinzip. Nichts darf doppelt abgelegt werden. Dieses Prinzip gilt überall, auch für den Entwurf. Es gilt die Entwurfsregel von Kent Beck [Bec97]: "Say everything once and only once!"

13.2.3.3 Erweiterbarkeit

Die Erweiterbarkeit eines Systems beruht auf den folgenden Prinzipien:

- klare, verständliche und einheitliche Architektur,
- strenge Modularität in Hardware und Software, Design eines nachrichtenorientierten Software-Systems und
- Einhaltung von zukunftsfähigen Standards.

Die Leistungen der Anwendungen für den Nutzer sowie die Kontrolle und Steuerung des gesamten Systems werden durch Betriebssystem-Prozesse und Threads erbracht. Dies bedeutet, dass die oben genannten Anforderungen als Anforderungen an die Architektur der Betriebssystem-Prozesse und Threads zu betrachten sind.

13.3 Realisierung der modularen Struktur eines Systems

Die Realisierung einer modularen Struktur eines Systems beinhaltet Module als Teilsysteme eines Systems, die untereinander schwach gekoppelt sind, aber jeweils in sich eine starke Bindung aufweisen (siehe Kapitel 13.3.1). Die Teilsysteme müssen Schnittstellenmethoden abstrahieren (siehe Kapitel 13.3.2). Daten, die Rümpfe der Schnittstellenmethoden sowie die Service-Methoden eines Teilsystems werden verborgen (Information Hiding), damit andere Teilsysteme nicht davon abhängen (siehe Kapitel 13.3.3). Durch die Abstraktion und das Information Hiding werden die Module zur Blackbox, deren Inneres unsichtbar wird und mit dem man sich auch beim Aufruf eines Moduls nicht befassen muss.

13.3.1 Schwach gekoppelte Teilsysteme

Entwirft man komplexe Systeme, so ist ein erster Schritt, diese Systeme in einfachere Teile, die Subsysteme (Teilsysteme), zu zerlegen. Die Identifikation eines Teilsystems nach dem Prinzip "Teile und herrsche" ist dabei eine schwierige Aufgabe. Als Qualitätsmaß für die Güte des Entwurfs werden hierbei die funktionelle **Kopplung** (engl. **coupling**), d. h. die Stärke der Wechselwirkungen zwischen den Teilsystemen, und die Kohäsion (engl. **cohesion**), d. h. die Stärke der inneren Abhängigkeiten oder der Zusammenhalt innerhalb eines Teilsystems, betrachtet. Ein Entwurf gilt dann als gut, wenn innerhalb eines Teilsystems eine möglichst hohe Bindungsstärke oder **starke Kohäsion** (engl. **strong cohesion**) und zwischen den Teilsystemen eine **schwache Wechselwirkung** (engl. **loose coupling**) besteht. Statt von **loose coupling** spricht man auch von **low** oder **weak coupling** und statt von einer **strong cohesion** auch von einer **high** oder **tight cohesion**.

Dabei müssen die Wechselwirkungen zwischen den Teilsystemen "festgezurrt", in anderen Worten in Form von Schnittstellen definiert werden (siehe Kapitel 13.3.2). Die Implementierung der Teilsysteme interessiert dabei nicht und wird verborgen (Information Hiding, siehe Kapitel 13.3.3).

Die Vorteile von loosely coupled Systemen sind eine hohe Flexibilität des Verbunds mit einer Spezialisierung der Teilsysteme und eine vereinfachte Austauschbarkeit. Daraus resultieren weniger Abhängigkeitsprobleme.

13.3.2 Abstraktion

Der Begriff **Abstraktion** bedeutet allgemein, dass ein komplexer Sachverhalt aus der realen Welt in einem Programm auf das Wesentliche konzentriert und damit vereinfacht dargestellt wird.

Eine Programmeinheit, die dem Prinzip der Abstraktion genügt, implementiert ihr Verhalten in Schnittstellenmethoden, die außerhalb der Programmeinheit (des Moduls) sichtbar sind. Eine Programmeinheit sollte nur über wohl definierte Schnittstellenmethoden mit ihrer Umwelt in Kontakt treten. Die Schnittstellen stellen somit eine Abstraktion der Programmeinheit dar.

13.3.3 Information Hiding

Ein Projekt muss nach dem Prinzip des **Information Hiding** durchgeführt werden. Beim Information Hiding interessiert die Implementierung der Teilsysteme nicht und wird verborgen, die Schnittstellen stellen eine **Abstraktion** der Teilsysteme dar. Ein Teilsystem darf nichts von den Implementierungsentscheidungen eines anderen Teilsystems wissen und von diesen abhängen. Die Daten, die Rümpfe der Schnittstellenmethoden und die Service-Methoden[170] sollen nach außen nicht direkt sichtbar sein. Die inneren Eigenschaften sollen vor der Außenwelt verborgen sein. Nur die Aufrufschnittstelle der Schnittstellenmethoden soll außerhalb eines Teilsystems sichtbar sein und von anderen Teilsystemen benutzt werden können.

Sind die Schnittstellen stabil, so können sich nun verschiedene Arbeitsgruppen parallel mit dem Entwurf der jeweiligen Teilsysteme befassen. Erst wenn ein Teilsystem weiter zerlegt wird oder implementiert werden soll, wird seine interne Struktur betrachtet. Dies betrifft nur das entsprechende Teilsystem. Die anderen Teilsysteme halten sich an die definierten Schnittstellen.

Betriebssystem-Prozesse eignen sich nicht nur als Mittel zur Erreichung einer (Quasi-)Parallelität von Programmen, sondern auch zum Information Hiding. Vor allem Betriebssystem-Prozesse, die über Kanäle kommunizieren, verfügen über einfache

---

[170] Service-Methoden werden nicht exportiert.

Schnittstellen zu anderen Betriebssystem-Prozessen. Da die anderen Betriebssystem-Prozesse nur über diese Kommunikationskanäle auf einen Betriebssystem-Prozess zugreifen können, ist das Innere des Betriebssystem-Prozesses nach außen verborgen. Diese Strukturierung eines Software-Systems in Betriebssystem-Prozesse, die nur über Kanäle kommunizieren, erlaubt es, dass ein Betriebssystem-Prozess jeweils vollständig von einem einzigen Mitarbeiter eigenständig entwickelt werden kann.

Schreibt man dann noch einen Treiber für den Test eines einzelnen Betriebssystem-Prozesses, kann jeder Entwickler testen, wann er fertig ist, ungeachtet dessen, welche anderen Betriebssystem-Prozesse bereits fertig sind.

13.4 Zusammenfassung

Dieses Kapitel beruht auf Projekterfahrungen und nicht auf Literaturstudien und schildert allgemeine Prinzipien, die beim Entwurf eines Systems einen Nutzen bringen. Vollständigkeit der Prinzipien wird absichtlich nicht angestrebt.

Kapitel 13.1 befasst sich mit der Planbarkeit des Projektverlaufs. Sowohl die architekturzentrierte Entwicklung und Integration (Kapitel 13.1.1) als auch die Prinzipien "Design to Cost" (Kapitel 13.1.2) oder "Design to Schedule" (Kapitel 13.1.3) führen zu einem Kernsystem, bei dem Module in flexibler Weise "hinzugesteckt" oder weggelassen werden können. Unter Verfolgbarkeit versteht man die bidirektionale Zuordnung von Requirements zu Entwurfs- oder Implementierungsobjekten (Kapitel 13.1.4). Damit können die Auswirkungen eines Requirements auf alle betroffenen Entwurfs- oder Implementierungsobjekte und alle Requirements für ein Entwurfs- oder Implementierungsobjekt aufgelistet werden.

Kapitel 13.2 diskutiert die Handhabbarkeit, speziell die Testbarkeit, die Verständlichkeit und die Änderbarkeit/Wartbarkeit. Die Testbarkeit wird unterstützt durch das Prinzip "Design to Test". Die Architektur soll nach dem Prinzip "Design to Test" entworfen werden, damit sie mit möglichst wenig Aufwand getestet werden kann (Kapitel 13.2.1). Prinzipien, die die Verständlichkeit fördern, sind das Prinzip "Teile und herrsche" (Kapitel 13.2.2.1) sowie das Prinzip einer einfachen Architektur (Kapitel 13.2.2.2). "Teile und herrsche" führt zu Teilsystemen, die auf Grund ihrer geringeren Komplexität stets besser zu überschauen sind als ein gesamtes System. Eine Architektur hat einfach zu sein, damit sie begreifbar und beherrschbar ist. Das Prinzip der "Konzeptionellen Integrität" (Kapitel 13.2.2.3) mit seinen Richtlinien und Mustern kann auch bei großen Projektteams bewirken, dass die Software so wirkt, als hätte sie nur eine einzige Person erstellt.

Die Änderbarkeit und Wartbarkeit umfasst die Verteilbarkeit der Betriebssystem-Prozesse, das Single Source-Prinzip und die Erweiterbarkeit. Die Betriebssystem-Prozesse sollen verteilbar sein, um eine Skalierbarkeit des Systems möglich zu machen (Kapitel 13.2.3.1). Die Skalierbarkeit kann eine Lastverteilung erfordern und erlaubt es, auch bei höheren Benutzerzahlen des Systems mit der Last fertig zu werden und eine gute Performance zu gewährleisten. Nach dem Single Source-Prinzip (Kapitel 13.2.3.2) ist Kopieren verboten. Jede Art von Information darf nur ein einziges Mal vorhanden sein, damit bei Änderungen Fehler vermieden werden. Die Erweiterbarkeit z. B. auf Grund der Modularität und der Verwendung von zukunftsfähigen Standards erlaubt einen zukünftigen Ausbau des Systems (Kapitel 13.2.3.3).

Kapitel 13.3 schildert Prinzipien für die Realisierung der modularen Struktur des Systems selbst. Die Teilsysteme müssen schwach gekoppelt und damit weitgehend unabhängig voneinander sein (Kapitel 13.3.1). Die Abstraktion von Modulen erlaubt die Definition von Schnittstellen (siehe Kapitel 13.3.2). Das Prinzip des Information Hiding erlaubt es, dass die verschiedenen Teilsysteme Daten, die Rümpfe der Schnittstellenmethoden und die Service-Methoden voneinander verstecken und nur die Köpfe der Schnittstellenmethoden voneinander kennen.

13.5 Aufgaben

Aufgabe 13.1: Planbarkeit des Projektverlaufs

13.1.1 Was versteht man unter "Design to Cost" und "Design to Schedule"?
13.1.2 Was ist die Verfolgbarkeit?

Aufgabe 13.2: Handhabbarkeit des Systems

13.2.1 Was versteht man unter "Design to Test"?
13.2.2 Warum ist "Design to Test" wichtig?
13.2.3 Was bewirkt eine einfache Architektur?
13.2.4 Was versteht man unter einem SW-Cluster? Welche Vorteile hat ein SW-Cluster?
13.2.5 Welche Maßnahmen ergreifen Sie zur Sicherstellung der Erweiterbarkeit?

Aufgabe 13.3: Realisierung der modularen Struktur eines Systems

13.3.1 Wofür kann Information Hiding bei Arbeitspaketen gut sein?
13.3.2 Was versteht man unter loose coupling und strong cohesion?

Kapitel 14

Funktionsorientierter Systementwurf

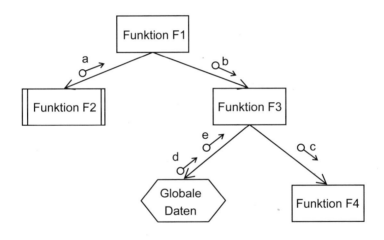

14.1 Die Methode Structured Design
14.2 Grob- und Feinentwurf
14.3 Zusammenfassung
14.4 Aufgaben

14 Funktionsorientierter Systementwurf

Der funktionsorientierte Systementwurf hat zum Ziel, die im Rahmen der funktionsorientierten Systemanalyse eingeführten Prozesse auf Programme abzubilden, die dann im Rahmen der Implementierung zu programmieren sind. Hierbei sind insbesondere die Fähigkeiten eines Betriebssystems bzw. das Fehlen eines Betriebssystems zu berücksichtigen. Mit anderen Worten, der Systementwurf dient zur Abbildung der Essenz des Systems auf das jeweilige Betriebssystem oder auf einen Rechner ohne Betriebssystem.

Der Systementwurf eröffnet damit prinzipiell eine neue Dimension oder Ebene der Betrachtung – die Dimension der Parallelität. Die Parallelität kann sich von einem einzigen Programm auf einer "nackten Maschine" (ohne Betriebssystem) bis hin zu einer Maschine mit einem Betriebssystem und vielen parallelen **Betriebssystem-Prozessen** erstrecken. Durch den Einsatz von Interrupts kann man erreichen, dass eine **Interrupt Service-Routine** (**ISR**) den Prozessor erhält. In der Systemanalyse läuft in einer idealen Welt jeder Prozess parallel. Nun muss man sich beim Entwurf in der realen Welt zwischen Sequenzialität und Parallelität entscheiden. Systeme mit einem einzigen Betriebssystem-Prozess oder mehreren Betriebssystem-Prozessen werden im Folgenden diskutiert.

Zuerst wird die Methode Structured Design vorgestellt. Diese bezieht sich auf einen einzigen Betriebssystem-Prozess (siehe Kapitel 14.1). Da es sowohl Systeme geben kann, die aus nur einem einzigen Betriebssystem-Prozess bestehen (siehe Kapitel 14.2.1), als auch Systeme, die in mehrere Betriebssystem-Prozesse strukturiert sind (siehe Kapitel 14.2.2), wird der Begriff des Grob- und Feinentwurfs unabhängig von der vorliegenden Entwurfssituation getroffen. Ferner muss diskutiert werden, wo sich beim Entwurf die Datenflüsse der Systemanalyse wiederfinden (siehe Kapitel 14.2.3). Es folgt in Kapitel 14.2.4 ein Beispiel für die Parallelität auf einer "nackten Maschine" ohne explizite Betriebssystem-Prozesse. Kapitel 14.2.5 stellt ein Beispiel für die Abbildung der Strukturierten Analyse auf mehrere Betriebssystem-Prozesse vor.

14.1 Die Methode Structured Design

Im Folgenden wird die Strukturierung des Quelltextes eines Betriebssystem-Prozesses als Anwendungsbeispiel für die Methode Structured Design herangezogen.

Ob die einzelnen Unterprogramme tatsächlich der Philosophie des **Strukturierten Entwurfs** (engl. **structured design, SD**) gehorchen, hängt von der Strukturierung jeder einzelnen Anwendung in hoffentlich schwach wechselwirkende Unterprogramme ab (siehe Kapitel 13.3.1). Structured Design basiert auf der Idee, den Programmcode eines Betriebssystem-Prozesses so in Unterprogramme zusammenzufassen, dass diese Unterprogramme in ihrem Inneren eine starke Wechselwirkung oder Kohäsion und nach außen zu anderen Unterprogrammen möglichst wenig Querbeziehungen haben. Man spricht dann von **strong cohesion** und **low coupling**. Für diese Unterprogramme werden dann im Structure Chart-Diagramm (siehe Kapitel 14.1.3) die Übergabeparameter und Zugriffe auf globale Daten festgelegt.

Im Folgenden sollen einige Konzepte und Notationen zur Unterstützung des Entwurfs des Quelltextes eines Betriebssystem-Prozesses vorgestellt werden.

Zunächst soll in Kapitel 14.1.1 die **Aufrufhierarchie**, in Kapitel 14.1.2 der **Kontrollfluss** für den Aufruf der Unterprogramme (in der Martin-Notation) und in Kapitel 14.1.3 die Structure Chart-Methode, die insbesondere zur Spezifikation der **Schnittstelle** zwischen den Unterprogrammen bzw. dem Hauptprogramm und seinen Unterprogrammen dient, vorgestellt werden.

14.1.1 Aufrufhierarchie

Im ersten Schritt wird ein Programm in ein Hauptprogramm und in Unterprogramme zerlegt. Dann wird eine Struktur gezeichnet, in der der jeweilige Aufrufer eine Ebene höher steht als der Aufgerufene[171]. Eine solche Struktur wird im folgenden Bild gezeigt:

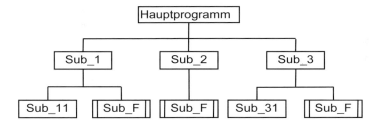

Bild 14-1 Aufrufhierarchie

Wie in Bild 14-1 zu sehen ist,

- kann das Hauptprogramm `Sub_1`, `Sub_2` oder `Sub_3` rufen,
- kann `Sub_1` die Programmeinheiten `Sub_11` und `Sub_F`, kann `Sub_2` nur die Programmeinheit `Sub_F` und kann `Sub_3` die Programmeinheiten `Sub_31` und `Sub_F` rufen,
- wird `Sub_F` – z. B. eine Fehlerbehandlungs-Routine – mehrfach gerufen und bei jedem Rufer eingezeichnet.

Da die Subroutine `Sub_F` eine Bibliotheksroutine darstellt, die mehrfach aufgerufen werden kann, wird sie durch ein Rechteck mit doppelter senkrechter Linie rechts und links dargestellt.

14.1.2 Kontrollfluss mit der Martin-Notation

Die **Martin-Notation** [Mar90] kann zur Darstellung des **Kontrollflusses** eines Programmes auf grobkörniger Ebene verwendet werden. Sie wird dann auf der Ebene der Programmeinheiten[172] eingesetzt. Dabei erweitert man das Hierarchiediagramm, um Kontrollstrukturen darzustellen.

---

[171] Dies trifft im Falle von Rekursion nicht zu.
[172] Programmeinheit = Hauptprogramm oder Subroutine

14.1.2.1 Symbole der Martin-Notation

Die Martin-Notation umfasst unter anderem folgende Symbole:

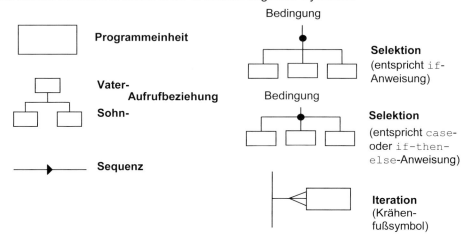

Bild 14-2 Symbole der Martin-Notation

Nach dem "Krähenfuß"-Symbol der Iteration wird die Martin-Notation insgesamt oftmals auch als **Krähenfuß-Notation** bezeichnet. Hier die Erläuterung der Symbole:

- **Sequenz**
  Im Hierarchiediagramm kann normalerweise keine Aussage über Reihenfolge-Beziehungen zwischen den Söhnen eines Vaters getroffen werden. Um den Kontrollfluss zu verstehen, ist es jedoch unerlässlich, eine Abarbeitungsreihenfolge der Knoten festzulegen. Die Reihenfolge der Abarbeitung der Söhne eines Vaters wird in der Martin-Notation durch das Pfeil-Symbol gekennzeichnet. Es wird festgelegt, dass wenn kein Pfeil angebracht ist, die Söhne eines Vaters von links nach rechts (bei horizontaler Anordnung der Knoten) abgearbeitet werden.

- **Selektion**
  Falls die Abarbeitung von Knoten in Abhängigkeit von einer Bedingung erfolgt, kann dies grafisch durch einen ausgefüllten dicken Punkt, der mit dieser Bedingung beschriftet ist, ausgedrückt werden. Diese Selektion kann an unterschiedlichen Stellen eines Baums auftreten. Im folgenden Beispiel wird im Falle der Erfüllung von Bedingung erst die Programmeinheit A, dann B, dann C ausgeführt. Ist diese Bedingung nicht erfüllt, so erfolgt gar nichts.

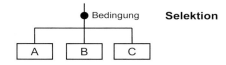

Bild 14-3 Selektion der Ausführung einer Sequenz von Programmeinheiten

Im folgenden Beispiel erfolgt eine Selektion zwischen den zwei Subroutinen A und B, d. h., eine dieser zwei Subroutinen wird in Abhängigkeit vom Wert der Bedingung ausgeführt.

Funktionsorientierter Systementwurf

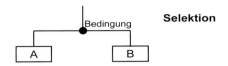

Bild 14-4 Selektion einer einzigen Programmeinheit durch eine Bedingung

- **Iteration** (siehe Bild 14-2). Falls ein Knoten in einer Struktur wiederholt abgearbeitet werden soll, wird dies durch ein Krähenfuß-Symbol ausgedrückt. Dies bedeutet, dass diese Programmeinheit mindestens einmal, aber auch mehrmals ausgeführt werden kann.

14.1.2.2 Beispiel für ein Kontrollflussdiagramm

Im Folgenden wird ein Beispiel für ein Kontrollflussdiagramm dargestellt:

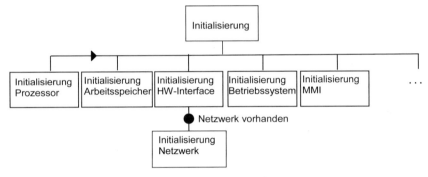

Bild 14-5 Beispiel für die Martin-Notation mit Sequenz und Selektion

Ist die Bedingung `Netzwerk vorhanden` wahr, wird das Netzwerk initialisiert.

14.1.2.3 Vergleich Aufrufhierarchie- und Kontrollflussdiagramm

Kontrollflussdiagramme haben oft dieselbe Struktur wie die zugehörigen Aufrufhierarchien. Dies ist jedoch nicht immer der Fall, wie das folgende Beispiel zeigt, bei dem in Abhängigkeit vom Rückgabewert der Subroutine `B` erneut die Subroutine `A` und dann die Subroutine `C` aufgerufen wird oder nicht.

Beispiel:

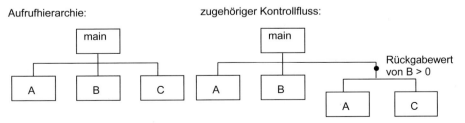

Bild 14-6 Unterschied zwischen Aufrufhierarchie und Kontrollflussdiagramm

14.1.3 Das Structure Chart-Diagramm der Structure Chart-Methode

Das Structure Chart-Diagramm stellt die Übergabeparameter, in anderen Worten die **Aufrufschnittstellen**, in den Mittelpunkt der Betrachtung der Aufrufhierarchie.

Als Basis für die Erstellung eines Structure Chart kann das ursprüngliche Aufrufhierarchiediagramm herangezogen werden. Prinzipiell müssen lediglich die rechtwinkligen Verbindungen zwischen den einzelnen Programmeinheiten durch geradlinige Verbindungen ersetzt und anschließend mit den Übergabeparametern versehen werden.

Das folgende Bild zeigt die prinzipielle Darstellung eines Structure Chart-Diagramms:

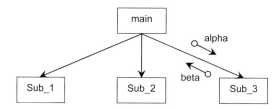

Bild 14-7 Prinzipielle Darstellung eines Structure Chart-Diagramms

Die Pfeile, die die Rechtecke verbinden, stehen für Unterprogrammaufrufe. Die kleinen Pfeile mit den Kreisen symbolisieren die Übergabeparameter (`alpha` ist ein Eingabe-, `beta` ist ein Ausgabeparameter für den Aufruf des Unterprogramms `Sub3`).

Obwohl es für Structure Charts eine Vielzahl verschiedener Ausprägungen gibt, bestehen sie jedoch alle aus denselben grundlegenden Komponenten. Diese Komponenten sind:

- Module,
- Aufrufe und
- Parameter.

Diese sind im Folgenden aufgelistet.

14.1.3.1 Module

Das **Modul** (engl. **module**) ist das Symbol für eine Programmeinheit (Hauptprogramm, Subroutine) und ist als Rechteck dargestellt:

Bild 14-8 Modul

Funktionsorientierter Systementwurf 557

Eine Programmeinheit erfüllt eine spezifische Aufgabe. Ein Software-Modul erlaubt die Aufteilung komplexer Aufgaben eines Softwaresystems in kleinere Aufgaben. Eine Subroutine kann parametrisiert sein, um identische Aufgaben mit verschiedenen Daten durchführen zu können.

Bibliotheksmodul

Das **Bibliotheksmodul** (engl. **library module**) ist das Symbol für Bibliotheks-Funktionen (Library-Subroutinen) und ist als Rechteck mit doppelter senkrechter Linie am linken und rechten Ende dargestellt:

Bild 14-9 Bibliotheksmodul

Datenmodul

Werden im zu erstellenden Programm globale Daten benutzt, so muss dies durch eine definierte Symbolik im Diagramm dargestellt werden. Das **Datenmodul** (engl. **data-only module**) ist das Symbol für globale Daten und wird durch ein Sechseck repräsentiert:

Bild 14-10 Datenmodul

Greift eine Funktion auf globale Daten zu, stellt sich dies zeichnerisch dar, indem z. B. ein Modul mit einem Aufruf auf ein Datenmodul zugreift.

14.1.3.2 Aufrufe

Aufrufe (engl. **invocations**) sind Verbindungslinien zwischen den Modulen, wobei das zum aufgerufenen Modul gehörende Ende der Linie mit einer Pfeilspitze abschließt. Eine durchgezogene Linie, die in einer Pfeilspitze endet, heißt "normaler Aufruf". Damit wird anzeigt, dass ein Objekt das andere aufruft.

14.1.3.3 Parameter

Parameter (engl. **couples**) werden zwischen den Modulen bei einem Aufruf übergeben. Sie sind durch Pfeile mit einem Kreis repräsentiert. Unausgefüllte Kreise stellen "Übergabeparameter" dar:

Bild 14-11 Übergabeparameter

Übergabeparameter zeigen "in", "out" oder gleichzeitig "in" und "out", wobei letztere "bidirektionale Parameter" genannt werden. Die Übergaberichtung der Parameter wird durch die Richtung der Pfeilspitzen des Aufrufspfeils angezeigt.

Übergabeparameter sind im folgenden Bild dargestellt:

Bild 14-12 In-, Out-Übergabeparameter und bidirektionale Übergabeparameter

Auf die Differenzierung zwischen Daten- und Kontrollparametern wird in Kapitel 14.1.5 eingegangen.

14.1.3.4 Beispiel für ein Structure Chart-Diagramm

Im Folgenden wird ein Beispiel für ein Structure Chart-Diagramm gegeben:

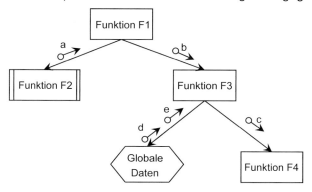

Bild 14-13 Ein Structure Chart-Diagramm mit globalen Daten

In Bild 14-13 greift die Funktion `F3` lesend auf die globalen Daten d und e zu.

14.1.4 Weitere Aspekte der Structure Chart-Methode

Zur Structure Chart-Methode gehört jedoch nicht nur das Structure Chart-Diagramm selbst, sondern auch:

- jeweils eine Tabelle, in der die Übergabeparameter und die Zugriffe auf globale Daten beschrieben sind,
- eine Tabelle der Funktionsköpfe und
- eine verbale Beschreibung jeder Routine.

Diese sind im Folgenden dargestellt:

- **Tabelle der Übergabeparameter**
  In einer Tabelle werden für jeden Parameter der Name, der Typ und die Bedeutung zusammengestellt. Siehe hierzu folgendes Beispiel:

Name	Typ	Bedeutung
persNr	float	Personalnummer
...	...	...

Tabelle 14-1 Tabelle der Übergabeparameter

Funktionsorientierter Systementwurf

- **Tabelle der globalen Daten**
  Eine zu der vorangehenden Tabelle analoge Tabelle wird für die Zugriffe auf die globalen Daten erstellt.
- **Tabelle der Funktionsköpfe**
  Die Tabelle der Funktionsköpfe zeigt die Rückgabetypen, die Namen der Funktionen sowie ihre Parameterlisten. Eine Parameterliste spezifiziert, in welcher Reihenfolge die Übergabeparameter und ihre Typen auftreten.
- **Funktionsbeschreibungen**
  Eine Funktionsbeschreibung erfasst die Eingaben, die durchzuführenden Schritte der Verarbeitung und die Generierung der Ausgaben.

14.1.5 Structure Chart – Feinheiten

Kontrollelemente (engl. **flags**)

Es besteht die Möglichkeit, außer **Datenelementen** auch **Kontrollelemente** zu spezifizieren. Im Gegensatz zu den Datenelementen wird der runde Kreis ausgefüllt gezeichnet, um den Unterschied kenntlich zu machen.

Das folgende Bild zeigt die Unterschiede in der Darstellung zwischen Daten- und Kontrollelementen:

Schnittstellendaten (Parameter):

 Datenelemente

Kontrollelemente. Sie dienen zur Steuerung und beschreiben interne Zustände

Bild 14-14 Übergabeparameter

Kontrollelemente sind als `out`-Parameter bei Aufrufen von Routinen sinnvoll, da je nach Wert des zurückgegebenen Parameters in der aufrufenden Routine anders reagiert werden muss. Wenn man Kontrollelemente als `in`-Parameter braucht, um die Verarbeitung eines aufgerufenen Moduls zu steuern (das Kontrollelement hat die Funktion eines Schalters und sagt, was mit den Übergabeparametern zu tun ist, wobei je nach Wert des Parameters andere Codestücke angesprungen werden), sollte man den aufgerufenen Modul so zerlegen, dass man keinen Schalter mehr braucht, um die Übersicht zu wahren.

Differenzierung zwischen Übergabeparametern und Rückgabewert

Eine Rückgabe kann sowohl über die Parameterliste als auch über den Rückgabewert erfolgen.

Um zwischen Übergabeparametern und Rückgabewert einer Funktion zu unterscheiden, ist eine Erweiterung der Notation erforderlich.

Eine solche Erweiterung ist beispielsweise:

Bild 14-15 Notationen für Übergabeparameter und Rückgabewerte

Ein Rückgabewert kann hybrid sein. Er kann Daten- und Steuerungsinformationen tragen. So kann der Rückgabewert als Kontrollelement – je nach Wert der Daten – einen ungültigen oder gültigen Wert angeben. Als Datenelement gibt er die tatsächliche Ausprägung des Werts an. Datenelement und Kontrollelement bezeichnen denselben Rückgabewert. Dasselbe gilt auch für einen `out`-Parameter.

Aufrufe (engl. **invocations**)

Bis jetzt wurde erst der Modulaufruf vorgestellt. Dieser stellt einen synchronen Aufruf dar. Der Aufrufer wartet auf das Ergebnis des Aufrufs:

Modul-Aufruf

Bild 14-16 Synchroner Aufruf

Es gibt auch einen asynchronen Aufruf. Zur Kennzeichnung ist hier die Linie nicht durchgezogen, sondern gestrichelt gezeichnet:

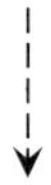

Asynchroner Aufruf (rufender Prozess setzt Aufruf asynchron ab und wartet nicht auf die Antwort).

Bild 14-17 Asynchroner Aufruf

Das Hut-Symbol wird verwendet, wenn die Entwurfsentscheidung, dass das aufgerufene Programmstück ein eigenes Modul darstellt, zurückgenommen wird.

Das Hut-Symbol ist im folgenden Bild dargestellt:

Hut-Symbol: Es wurde nachträglich entschieden, dass die entsprechende Funktionalität kein eigenes Modul ist.

Bild 14-18 Hut-Symbol

14.1.6 Structure Chart nach Constantine/Yourdon

Die Structure Chart-Methode, wie sie in Kapitel 14.1.3 vorgestellt wurde (siehe auch Yourdon [You92] oder Raasch [Raa93]), hat zum Ziel, die Schnittstellen zwischen den Modulen festzulegen. Ein Structure Chart-Diagramm stellt die Aufrufhierarchie sowie eine statische Beschreibung der Schnittstellen dar.

Funktionsorientierter Systementwurf

Die Structure Chart-Methode nach Constantine und Yourdon [Con79] enthält zu den Schnittstellenbeschreibungen auch die **Kontrollflüsse**. Aufgerufene Module werden von links nach rechts abgearbeitet, es sei denn, es handelt sich um eine Iteration oder eine Selektion. Die Iterationen bei Constantine/Yourdon werden nicht durch einen Krähenfuß wie bei Martin, sondern durch einen geschwungenen Pfeil veranschaulicht. Dies ist im folgenden Bild zu sehen:

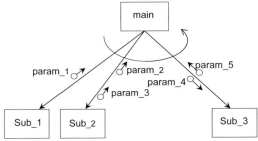

Bild 14-19 Symbol für die Iteration

Die Selektion bei Constantine/Yourdon wird durch eine Raute dargestellt. Das folgende Bild zeigt den Fall der Selektion mit einfacher und mehrfacher Alternative.

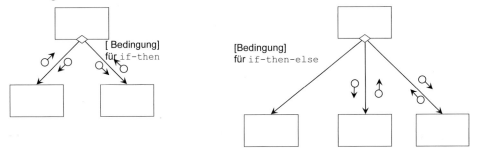

Bild 14-20 Notation für Selektion mit einfacher und mit mehrfacher Alternative

Die bedingte Verarbeitung (`if-then` ohne `else`) ist im folgenden Bild skizziert:

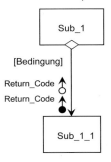

Bild 14-21 Bedingte Verarbeitung

Die Structure Chart-Methode nach Constantine und Yourdon zeichnet sich also dadurch aus, dass Kontrollfluss und Schnittstellenfestlegung in ein und dasselbe Diagramm eingetragen werden.

14.2 Grob- und Feinentwurf

Die Grenze zwischen Grob- und Feinentwurf wird generell da gezogen, wo die Arbeitsteilung für die verschiedenen Teammitglieder hergestellt werden kann. Den Grobentwurf macht ein Design-Team unter der Leitung des Chef-Designers, den Feinentwurf macht jedes Teammitglied selbst.

14.2.1 Systeme aus einem einzigen Betriebssystem-Prozess

Bei einem Betriebssystem **mit nur einem einzigen Betriebssystem-Prozess** geht der Grobentwurf bis zur Festlegung der einzelnen Funktionen und ihrer Schnittstellen. Damit ist für jede Routine festgelegt, wie sie aufgerufen wird, was sie macht, wen sie aufruft, welche Zugriffe auf globale Daten durch die Routine erfolgen und wie die Routine Eingabedaten in Ausgabedaten wandelt. Mit diesen Angaben ist der Bearbeiter einer Routine in der Lage, den Feinentwurf der Routine durchzuführen.

14.2.2 Systeme aus mehreren Betriebssystem-Prozessen und Interrupt Service-Routinen

Dieses Buch will ausdrücklich nicht in die hardwarenahe Programmierung einführen. Dennoch seien einige Bemerkungen zu Interrupts gestattet.

Dieselben Modularisierungsmöglichkeiten wie bei Betriebssystem-Prozessen existieren theoretisch auch für Interrupt Service-Routinen.

Interrupt Service-Routinen sollen aber immer kurz sein, damit sie schnell fertig sind, denn es könnte ja schon der nächste Interrupt anstehen. Daher wird eine Interrupt Service-Routine nie viele Subroutinen aufrufen.

| Eine Interrupt Service-Routine ist in der Regel sehr kurz. |

Bei einem **System aus mehreren Betriebssystem-Prozessen und Interrupt Service-Routinen** (**ISR**) besteht der Grobentwurf aus dem Entwurf des Systems in Betriebssystem-Prozesse und Interrupt Service-Routinen. Beim Zerlegen des Systems entstehen auch die Speicher zwischen Betriebssystem-Prozessen bzw. Interrupt Service-Routinen.

Der Grobentwurf hat die Aufgabe:

- das System in Betriebssystem-Prozesse und Interrupt Service-Routinen zu zerlegen und ihre Wechselwirkungen über Kanäle und Speicher (Dateien/Shared Memory) festzulegen,
- die Kommunikation der Betriebssystem-Prozesse bzw. der Interrupt Service-Routinen mit der Außenwelt – dargestellt durch Terminatoren – zu definieren,
- die zeitliche Reihenfolge der Abläufe festzulegen.

Dann liegt das gesamte Verhalten des Systems mit allen Datenflüssen über Nachrichtenkanäle und Speicher fest, d. h., alle Schnittstellen zur Außenwelt und zwischen

Funktionsorientierter Systementwurf

allen Betriebssystem-Prozessen bzw. Interrupt Service-Routinen existieren. Auch die Zugriffe auf die Speicher und die Speicher selbst sind festgelegt. Verschiedene Programmierer können nun unabhängig voneinander jeweils den Feinentwurf ihrer Betriebssystem-Prozesse bzw. Interrupt Service-Routinen durchführen und sie programmieren.

Die folgenden Methoden werden für den funktionsorientierten Grob- und Feinentwurf eines Systems aus mehreren Betriebssystem-Prozesse bzw. Interrupt Service-Routinen empfohlen:

Grobentwurf:

- **Strukturierte Analyse auf der Ebene der Betriebssystem-Prozesse und der Interrupt Service-Routinen (ISR)**
  Betriebssystem-Prozesse und ISR sind die Knoten der Strukturierten Analyse. Damit sind erforderlich:
  - ein Hierarchiediagramm der Zerlegung des Systems in Betriebssystem-Prozesse und ISR sowie
  - ein Datenflussdiagramm zwischen Betriebssystem-Prozessen bzw. ISR
- **Sequenztabellen**[173]
  zur Festlegung der Reihenfolge der für den Systemablauf relevanten Nachrichtenflüsse.

Feinentwurf:

- **Strukturierter Entwurf für den Entwurf eines einzelnen Betriebssystem-Prozesses in Programmeinheiten (Hauptprogramm und Subroutinen)**
  1. Hierarchiediagramm der Programmeinheiten (Hauptprogramm, Subroutinen)
  2. Kontrollflussdiagramm in der Martin-Notation
  3. Structure Chart-Methode
     3.1 Structure Chart-Diagramm
     3.2 Tabelle der Übergabeparameter
     3.3 Tabelle der globalen Daten
     3.4 Tabelle der Funktionsköpfe
     3.5 Funktionsbeschreibungen
- **Nassi-Shneiderman-Diagramme (Struktogramme)** für den **Entwurf von Programmeinheiten** zur Darstellung des Kontrollflusses innerhalb einer Programmeinheit.

> Aus Aufwandsgründen werden Nassi-Shneiderman-Diagramme nur für Assembler-Funktionen und für komplexe Funktionen in Hochsprachen empfohlen. Sie sollen jedoch nicht für einzelne Anweisungen, sondern für ganze Blöcke erstellt werden, um die Übersicht zu wahren.

Nassi-Shneiderman-Diagramme werden beispielsweise in [Dau11] dargestellt.

---

[173] Sequenztabellen werden in Anhang A 2.3 erklärt.

14.2.3 Abbildung der Datenflüsse der Systemanalyse auf den Systementwurf

Das folgende Bild veranschaulicht die Abbildung von Datenflüssen zwischen Prozessen der Systemanalyse, die nach der Methode der **Strukturierten Analyse** gefunden wurden, auf die Betriebssystem-Prozesse des Systementwurfs:

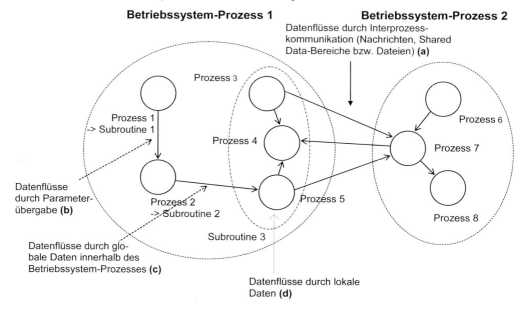

Bild 14-22 Abbildung von Datenflüssen der Systemanalyse (siehe Pfeile)

Es gibt beispielsweise die folgenden Möglichkeiten:

- Die Prozesse der Strukturierten Analyse sollen auf verschiedene Betriebssystem-Prozesse abgebildet werden (siehe beispielsweise Prozess 4 und Prozess 7). Dann wird der Datenfluss auf die **Interprozesskommunikation über Kanäle oder Shared Memory bzw. Dateien zwischen Betriebssystem-Prozessen** abgebildet. (a)
- Zwei Prozesse der Strukturierten Analyse werden beim Systementwurf zu zwei Subroutinen, wobei die eine die andere aufrufen soll (siehe im Bild: Prozess 1 -> Subroutine 1 und Prozess 2 -> Subroutine 2). Beide Subroutinen liegen im selben Betriebssystem-Prozess. Der Datenfluss zwischen den Prozessen wird zum **Übergabeparameter zwischen Subroutinen**. (b)
- Beide betrachteten Subroutinen sollen nun ebenfalls im selben Betriebssystem-Prozess liegen und sich nicht direkt aufrufen. (Als Beispiel siehe Prozess 2 und Prozess 5. Beide Prozesse sind in verschiedenen Subroutinen, wobei jedoch kein direkter Aufruf stattfindet.) Der Datenfluss wird auf **globale Daten innerhalb eines Betriebssystem-Prozesses** abgebildet. (c)
- Mehrere Prozesse der Strukturierten Analyse werden zu einer einzigen Subroutine beim Systementwurf verschmolzen (siehe Prozess 3, Prozess 4 und Prozess 5 zusammen -> Subroutine 3). Der Datenfluss wird zu einem **lokalen Datum innerhalb eines Betriebssystem-Prozesses**. (d)

Das Aufspalten von Prozessen der Strukturierten Analyse in verschiedene Subroutinen beim Übergang zum Systementwurf wird hier nicht betrachtet.

Steht kein Betriebssystem zur Verfügung, so besteht keine Möglichkeit, Prozesse der Strukturierten Analyse auf parallele Betriebssystem-Prozesse abzubilden. In diesem Fall beschränkt sich die Abbildung der Datenflüsse auf

- lokale bzw. globale Daten und
- Übergabeparameter bei Funktionsaufrufen.

Die Übergabe von Daten von peripheren Schnittstellen kann durch regelmäßiges Abfragen (Pollen) der Schnittstellen oder durch Auslösen von Interrupts durch die Schnittstellen erfolgen.

14.2.4 Beispiel für die Parallelität auf einer "nackten Maschine"

Dieses Kapitel will kein Design für eingebettete Systeme vorschlagen. Es will nur daran erinnern, dass es noch mehr als beispielsweise nur Desktop-Betriebssysteme wie Windows oder UNIX mit jeweils einem spezifischen Prozesskonzept gibt.

Das System ECHTZEIT im folgenden Beispiel hat kein Betriebssystem. Die operationelle Software des Systems ECHTZEIT besteht aus einem Satz von **Interrupt-Service-Routinen (ISR)** und einem **Hauptprogramm**. Das Hauptprogramm hat einen Initialisierungsteil und eine Endlosschleife. Der Ablauf des Hauptprogramms in einer Endlosschleife wird durch Interrupt Service-Routinen unterbrochen. Hier das Beispiel für den Programmfluss des Systems **ECHTZEIT**:

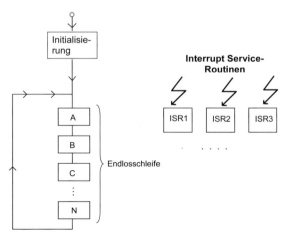

Bild 14-23 Programmfluss

Am Ende der Systeminitialisierung werden die Interrupts freigegeben und die Endlosschleife wird gestartet. In der Endlosschleife werden nacheinander die Funktionen A, B, ... bis N abgearbeitet. Diese können von den verschiedenen Interrupts, z. B. einem Interrupt für eine serielle Schnittstelle, unterbrochen werden.

> Die Interrupts einer bestimmten Priorität können in eine Warteschlange für diese Priorität eingeordnet werden. Interrupts einer niederen Priorität können durch Interrupts einer höheren Priorität unterbrochen werden. Steht kein Interrupt mehr an, so erhält das Hauptprogramm wieder den Prozessor.

> Die Interrupt Service-Routinen lesen z. B. Daten aus den HW-Schnittstellen aus und legen sie in Puffern ab. Das Hauptprogramm, welches zyklisch durchläuft, liest die Puffer aus, verarbeitet die Daten und generiert Ergebnismeldungen, die über andere Schnittstellen nach außen gegeben werden können.

Beim Entwurf eines solchen Systems müssen die im Rahmen der Systemanalyse eingeführten Prozesse auf Interrupt Service-Routinen und auf das Hauptprogramm abgebildet werden.

14.2.5 Beispiel mit mehreren Betriebssystem-Prozessen

Ein Programm in einem Postverteilzentrum soll die folgenden Fähigkeiten haben:

- Über eine Schnittstelle S1 sollen asynchrone Messwerte eines Sensors empfangen werden. Der Sensor soll für jedes Päckchen auf einem Band die Postleitzahl der Adresse und das Gewicht liefern.
- Alle Messwerte sollen mit der Uhrzeit versehen in einer Datenbank abgespeichert werden.
- Ein Alarm soll über die Schnittstelle S2 ausgegeben werden, wenn auf dem Band ein Päckchen kommt, welches nicht zu dem für das Band vorgegebenen Zustellbezirk gehört.
- Die Postleitzahlen, die zu dem Zustellbezirk gehören, sollen im Dialog vom Bediener in die Datenbank eingegeben werden können.
- Jeweils um Mitternacht soll ein Tagesprotokoll aller Päckchen ausgedruckt werden.

Das System hat drei Anwendungsfälle, die ereignisorientiert bzw. zeitgesteuert ausgelöst werden:

1. Die Messwerterfassung wird ereignisorientiert durch ein Paket ausgelöst.
2. Die Eingabe der Postleitzahlen wird ereignisorientiert durch den Bediener ausgelöst.
3. Das Tagesprotokoll wird zeitgesteuert ausgegeben.

Hier zunächst das Kontextdiagramm:

Funktionsorientierter Systementwurf

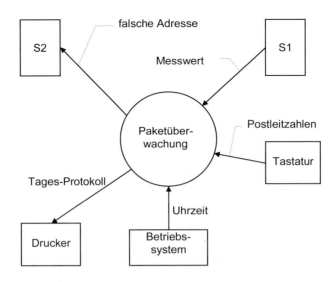

Bild 14-24 Kontextdiagramm für die Paketüberwachung

Beim Systementwurf wird ein System in parallele Einheiten und ihre Kommunikation zerlegt. Beim Systementwurf wird das System `Paketüberwachung` wie in Bild 14-25 in eine Interrupt Service-Routine `Sensordaten auslesen` und in Betriebssystem-Prozesse als parallele Einheiten zerlegt. Die ISR `Sensordaten auslesen` muss möglichst kurz sein und eigenständig laufen können.

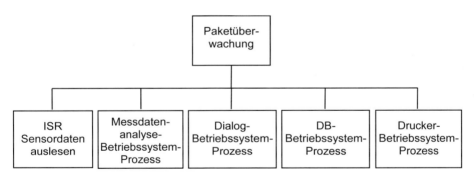

Bild 14-25 Zerlegungshierarchie des Systementwurfs

Während eine Messdatenanalyse (`Messdatenanalyse-Betriebssystem-Prozess`) läuft, muss im Dialog (`Dialog-Betriebssystem-Prozess`) parallel gearbeitet werden können, ohne dass ein anderer Teil des Systems zum Stillstand kommt, genauso wenig darf weder ein Zugriff auf die Datenbank (`DB-Betriebssystem-Prozess`) noch ein Druckauftrag (`Drucker-Betriebssystem-Prozess`) das System zum Stehen bringen. Diese Betriebssystem-Prozesse müssen daher alle asynchron entkoppelt werden.

Die Form der Darstellung ist die Form eines **Organigramms**. Ob man rechtwinklige Verbindungen oder Pfeile macht, ist nur eine Frage der Darstellung.

Die Zerlegung erfolgt also in:

- eine Interrupt Service-Routine für den Sensor (Schnittstelle S1),
- einen Messdatenanalyse-Betriebssystem-Prozess (die Analyse wird aus Zeitgründen nicht in der ISR gemacht),
- einen Dialog-Betriebssystem-Prozess für den Bediener,
- einen DB-Betriebssystem-Prozess (Server-Prozess für Anfragen von Bediener und Messdaten-Analyse-Prozess) und
- einen Drucker-Betriebssystem-Prozess, der zyklisch um Mitternacht ausdruckt.

Im Folgenden wird das Datenflussdiagramm des Systementwurfs auf der Ebene der Betriebssystem-Prozesse und Interrupt Service-Routinen für den Fall angegeben, dass der Sensor ein Päckchen erfasst:

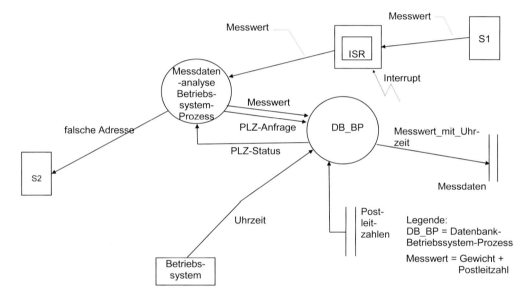

Bild 14-26 Datenfluss für den Fall, dass der Sensor ein Päckchen erfasst

Das Auslesen des Registers aus dem Sensor erfolgt mit einer Interrupt Service-Routine, welche möglichst kurz ist und nur ein `read` auf das Register und ein `write` in eine Warteschlange der Eingangsnachrichten des Messdatenanalyse-Betriebssystem-Prozesses macht.

14.3 Zusammenfassung

Kapitel 14.1 stellt die Methode des Structured Design vor. Das Structured Design umfasst die Aufrufhierarchie, die Darstellung des Kontrollflusses und insbesondere die Spezifikation der Schnittstellen zwischen den Routinen mit Hilfe von Structure Chart. Structure Chart umfasst das Structure Chart-Diagramm selbst, die Tabelle der Übergabeparameter, die Tabelle der globalen Daten, die Tabelle der Funktionsköpfe und die Funktionsbeschreibungen.

Kapitel 14.2 zeigt, dass für den Grobentwurf eines Systems aus mehreren Betriebssystem-Prozessen die Methode Strukturierte Analyse eingesetzt werden kann, um Datenflussdiagramme zu zeichnen und um das System hierarchisch in Betriebssystem-Prozesse zu zerlegen. Der Feinentwurf befasst sich in diesem Fall mit dem Entwurf eines einzigen Betriebssystem-Prozesses bzw. einer einzigen Interrupt Service-Routine. Grundsätzlich befindet sich die Grenze zwischen Grob- und Feinentwurf da, wo die Arbeitsteiligkeit erreicht wird. Den Grobentwurf steuert der Chef-Designer. Den Feinentwurf macht jeder Entwickler selbst.

Kapitel 14.2.3 behandelt die Abbildung der Prozesse der Systemanalyse auf mehrere Betriebssystem-Prozesse beim Systementwurf. Prozesse der Strukturierten Analyse der Systemanalyse können beim Systementwurf im Idealfall auf Funktionen in ein und demselben Betriebssystem-Prozess, aber auch auf verschiedene Betriebssystem-Prozesse abgebildet werden. Damit werden die Datenflüsse der Strukturierten Analyse zu Übergabeparametern zwischen Routinen, zu globalen oder lokalen Daten oder zu Nachrichten der Interprozesskommunikation, die über Kanäle versandt werden oder in einem Shared Memory bzw. Dateien abgelegt werden.

Eine "nackte Maschine" (siehe Kapitel 14.2.4) kommt ohne das Konzept eines Betriebssystem-Prozesses aus. Sie besteht beispielsweise aus einem Programm, das zyklisch abläuft. Dieses Programm kann durch Interrupts unterbrochen werden.

14.4 Aufgaben

Aufgabe 14.1: Entwurfsmethoden

14.1.1 Erläutern Sie den Unterschied zwischen einem essenziellen Modell und dem Systementwurf.
14.1.2 Erklären Sie die Struktur eines Kontrollflussdiagrammes aus Programmeinheiten (Hauptprogramm, Subroutinen). Wenden Sie die Formulierung der Martin-Notation an. Welche Symbole gibt es in der Martin-Notation? Was bedeuten sie?
14.1.3 Was ist der Unterschied zwischen einer Zerlegungs- und einer Aufrufhierarchie?
14.1.4 Wo wird die Zerlegungshierarchie benötigt? Wo die Aufrufhierarchie?
14.1.5 Wo kommt das Structure Chart-Diagramm zum Einsatz? Zeichnen Sie ein Beispiel für ein Structure Chart-Diagramm. Wozu dient das Structure Chart-Diagramm?
14.1.6 Erläutern Sie, in welchen Fällen die Strukturierte Analyse auch beim Systementwurf eingesetzt werden kann.
14.1.7 Welche Methoden setzen Sie beim Systementwurf für ein System aus mehreren Betriebssystem-Prozessen ein?
14.1.8 Was gehört außer dem Structure Chart-Diagramm alles zur Structure Chart-Methode?

Aufgabe 14.2: Abgrenzung Grob- und Feinentwurf

14.2.1 Wo ziehen Sie generell die Grenze zwischen Grob- und Feinentwurf?
14.2.2 Wo ziehen Sie die Grenze zwischen Grob- und Feinentwurf bei einem einzigen Betriebssystem-Prozess für das ganze System? Wie weit geht der Grobentwurf? Wo beginnt der Feinentwurf?
14.2.3 Wo ziehen Sie die Grenze zwischen Grob- und Feinentwurf bei einem System aus mehreren Betriebssystem-Prozessen? Wie weit geht der Grobentwurf? Wo beginnt der Feinentwurf?

Aufgabe 14.3: Entwurf in Projekten

14.3.1 Ein Programm zur Überwachung des Drucks in einer Gas-Pipeline soll es erlauben,

- zyklische Messwerte eines Drucksensors von einer Schnittstelle S1 zu empfangen und bei Überschreiten eines kritischen Messwertes einen Alarm am Bildschirm auszugeben,
- dass der Bediener eine Bildschirmausgabe der Statistik der Messwerte anfordern kann,
- dass der Bediener den Druck erhöhen kann durch Ausgabe eines Befehls-Telegramms über die Schnittstelle S2,
- dass der Bediener den Druck erniedrigen kann durch Ausgabe eines Befehls-Telegramms über die Schnittstelle S2,

Funktionsorientierter Systementwurf

- alle Messwerte mit der Uhrzeit ihres Eintreffens zu versehen und in einer Datei oder Datenbank abzuspeichern und
- dass jeweils zur vollen Stunde automatisch der Druckverlauf der letzten Stunde in grafischer Form ausgedruckt wird.

— Zeichnen Sie das Kontextdiagramm der Strukturierten Analyse. Beachten Sie die Konventionen von Yourdon und DeMarco.
— Zerlegen Sie das System nach der Methode von Palmer und McMenamin. Stellen Sie eine Tabelle der Ereignisse auf. Zeichnen Sie das Zerlegungshierarchie-Diagramm.
— Machen Sie einen Systementwurf für UNIX. Hierbei soll es in der UNIX-Lösung vier Betriebssystem-Prozesse geben: einen Messdaten-Prozess (`Mess_P`), einen Datenbank-Prozess (`DB_P`), einen MMI-Prozess, der das Alarmfenster verwaltet (`Alarm_P`), und einen MMI-Prozess für die Dialoge des Bedieners (`Dialog_P`).
— Zeichnen Sie das Datenflussdiagramm auf der Ebene dieser vier Prozesse für den Fall, dass ein Messwert des Sensors empfangen wird. Beachten Sie, dass die zu überwachenden Grenzwerte vom Datenspeicher zu holen sind.
— Zeichnen Sie die Sequenztabelle für die Verarbeitung eingehender Messwerte.
— Entwerfen Sie den Datenbank-Prozess `DB_P` in der Martin-Notation in der auftragsorientierten Form, so dass das Senden und Empfangen von Nachrichten nur einmal in der Aufrufhierarchie des `DB_P`-Prozesses auftritt. Beachten Sie, dass Sie aus Zeitgründen nicht alle Verfeinerungen zeichnen können. Dies ist auch nicht erwünscht. Bringen Sie das Wesentliche zu Papier.

14.3.2 Ein Adressverwaltungsprogramm soll die folgenden Möglichkeiten beinhalten:

- eine Adresse mit Namen suchen,
- eine neue Adresse aufnehmen,
- eine Adresse ändern,
- eine Adresse löschen sowie
- alle Adressen in Form einer Liste ausgeben.

— Zeichnen Sie das Kontextdiagramm der Strukturierten Analyse. Beachten Sie die Konventionen von Yourdon und DeMarco.
— Entwerfen Sie das System für ein Betriebssystem, das mehrere Betriebssystem-Prozesse unterstützt. Dabei soll es zwei Betriebssystem-Prozesse geben: einen Datenbank-Betriebssystem-Prozess und einen MMI-Betriebssystem-Prozess, die über Nachrichten (Aufträge vom MMI an den DB-Prozess) kommunizieren. Entwerfen Sie das Kontrollflussdiagramm für den Datenbank-Betriebssystem-Prozess. Verwenden Sie die Martin-Notation.

Kapitel 15

Datenorientierter Systementwurf

persNr	name	vorname	abtlgNr#
131	Maier	Herbert	12
123	Müller	Hugo	19
134	Kaiser	Fridolin	12
112	Berger	Karl	03
125	Fischle	Amadeus	19
...	...	...	...

15.1 Vergleich von Dateien und Datenbanken
15.2 Zugriffsschnittstellen zu Datenbanken
15.3 Relationales Datenmodell
15.4 Abbildung auf Datenbanktabellen
15.5 Normalisierung
15.6 Einführung in die Structured Query Language
15.7 Constraints
15.8 Objekt-relationale Abbildung
15.9 Zusammenfassung
15.10 Aufgaben

15 Datenorientierter Systementwurf

Die Verwaltung von Informationen spielt heutzutage eine immer wichtigere Rolle. Es gibt kaum ein Informationssystem, das in der Lage ist, seine Informationen ohne eine Datenbank zu verwalten. **Datenbankverwaltungssysteme** oder **Datenbankmanagementsysteme** (kurz **DBMS**) und die darin verwalteten **Datenbanken** mit ihren Daten sind aus den heutigen Projektlandschaften nicht mehr wegzudenken. Das Datenbankkonzept besteht im Wesentlichen aus diesen zwei Bereichen:

- den Verwaltungsprozessen des Datenbankmanagementsystems und
- den gespeicherten Daten in einer Datenbank.

Das Datenbankmanagementsystem abstrahiert für das Anwendungsprogramm die Daten, ermöglicht den Zugriff auf die Daten, ihre Modifikation und stellt ihre Konsistenz sicher [Kem09].

Bei den heute üblichen relationalen Datenbanken sind die Informationseinheiten der Datenbasis in der Datenbank **Tabellen** aus Zeilen und Spalten. Eine solche Tabelle enthält zusammengehörige Daten und wird auch **Relation** genannt. Die Daten einer Tabelle können in einer bestimmten **Beziehung** zu einer anderen Tabelle stehen. Technisch gesehen werden die Sätze dieser Tabellen mit Hilfe von Schlüsselbeziehungen untereinander verknüpft.

Das vorliegende Kapitel versucht, eine Brücke zwischen der datenorientierten Systemanalyse (siehe Kapitel 8) und dem datenorientierten Systementwurf für eine **relationale Datenbank** zu schlagen. Dazu gehört die Überführung des Datenmodells der Systemanalyse in die Tabellen einer relationalen Datenbank. Ein weiterer zu behandelnder Aspekt ist die vorhandene Diskrepanz zwischen der objektorientierten und der datenorientierten Welt. Hier liegt das Problem darin, wie die Daten der Objekte eines Anwendungsprogramms samt den Beziehungen zwischen den Objekten auf die Tabellen einer relationalen Datenbank abgebildet werden können, um diese Daten persistent in der Datenbank zu speichern.

In Kapitel 15.1 werden die Vorteile von Datenbanken gegenüber Dateien und in Kapitel 15.2 die Zugriffsmöglichkeiten auf die Daten bei verschiedenen Datenbank-Architekturen behandelt. Kapitel 15.3 erklärt das relationale Datenmodell. Kapitel 15.4 befasst sich mit der Abbildung des Entity-Relationship-Modells auf die Tabellen eines relationalen DBMS. Begonnen wird dabei zunächst mit dem Einfachsten, der Abbildung von 1:1-Beziehungen zwischen Entitäten auf Tabellen (Kapitel 15.4.1). Es folgt die Umsetzung von 1:n-Beziehungen (in Kapitel 15.4.2) und dann die Abbildung von n:m-Beziehungen auf Tabellen (Kapitel 15.4.3). Kapitel 15.5 behandelt die Normalisierung, Kapitel 15.6 die Abfragesprache SQL und Kapitel 15.7 das Einrichten von Integritätsbedingungen, den sogenannten Constraints. In Kapitel 15.8 werden verschiedene Mechanismen zur Abbildung der Daten von Objekten und der Beziehungen zwischen Objekten auf die Daten relationaler Datenbanken erklärt.

15.1 Vergleich von Dateien und Datenbanken

Hält ein jedes Programm die Daten, die es braucht, separat in einer eigenen Datei, so kann dies leicht dazu führen, dass diese Daten **redundant** gespeichert werden. Dadurch kann eine Aktualisierung der Daten sehr aufwendig werden. Außerdem muss jedes Programm redundante Funktionen für das Erstellen (engl. create), Lesen (engl. read), Aktualisieren (engl. update), Löschen[174] (engl. delete) und vor allem für die Behandlung von Fehlerfällen beinhalten. Ein Erstellen, Aktualisieren und Löschen von Daten ist ein Schreibvorgang.

> Die Funktionen für das Erstellen, Lesen, Aktualisieren, Löschen und für die Fehlerbehandlung sollen nur einmal zentral vorhanden sein.

Integrität

Ein System kann nur dann ordnungsgemäß arbeiten, wenn sichergestellt wird, dass während eines Betrachtungszeitraums die Elemente des Systems – ihre Zahl, ihre Funktion (Wirkungsweise) sowie ihr Zusammenhang – nicht durch innere oder durch äußere Einwirkungen so verändert werden, dass dadurch die geforderte ordnungsgemäße Funktion des Systems beeinträchtigt wird. Insbesondere sind dabei die Daten des Systems vor einer nicht ordnungsgemäßen Veränderung zu schützen. Hierbei wird von einem relationalen DBMS insbesondere geprüft (siehe Kapitel 15.3.4),

- ob die Daten innerhalb der entsprechenden Domäne des Typs liegen (**Bereichsintegrität**, Typintegrität). Werden an Spalten zusätzliche Bedingungen festgelegt, so werden diese auch überprüft,
- ob jeder Wert eines definierten Primärschlüssels verschieden von NULL und einzigartig ist (**Entitätsintegrität**, Schlüsselintegrität) und
- ob jedem Wert eines Fremdschlüssels (engl. foreign key) ein entsprechender Primärschlüssel aus demselben Bereich der Datenbank entspricht oder der Wert des Fremdschlüssels NULL ist (**referenzielle Integrität**, Beziehungsintegrität). Die referenzielle Integrität hat zur Konsequenz, dass wenn ein bestimmter Datensatz gelöscht wird, ein von ihm abhängiger Datensatz in einer anderen Datenbanktabelle ebenfalls gelöscht werden muss. Wird z. B. ein Mitarbeiter aus dem Datenbestand Mitarbeiter gelöscht, so muss er ebenfalls aus dem Datenbestand Firmenkreditkarte gelöscht werden.

Jeder einzelne Programmierer bestimmt beim Dateikonzept das Ausmaß der Integritätskontrollen und der Vorsorgemaßnahmen im Fehlerfall. Isolierte Anwendungen mit Hilfe des Dateikonzeptes beruhen auf der Annahme, dass keine Fehler auftreten und dass alles stabil bleibt.

---

[174] Die vier wichtigsten Funktionen werden auch häufig unter dem Begriff "CRUD" (Create, Read, Update, Delete) zusammengefasst.

> Die Integritätskontrollen dürfen nicht lokal erstellt werden. Dazu braucht man ein globales Konzept. Ein Vorzug eines DBMS ist, dass das DBMS Integritätskontrollen mit keinem oder sehr wenig Aufwand bereitstellt.

Physische Datenunabhängigkeit

Ein weiterer Nachteil der Speicherung in Dateien ist, dass jedes Programm genau wissen muss, wie und wo die Daten physisch gespeichert sind. Werden die Datenstrukturen der Dateien geändert, so müssen auch die Programme entsprechend abgeändert werden. Die physische Speicherung ist die Abbildung von Daten auf die Speicherblöcke einer Festplatte. Die Speicherung der Daten muss unabhängig vom Anwendungsprogramm sein. Ein Programm, das Daten aus einer Datenbank abfragt, braucht nicht zu wissen, wie diese Daten physisch gespeichert sind. Dies ist für ein solches Programm verborgen.

> **Physische Datenunabhängigkeit** bedeutet, dass ein Programm davon unabhängig ist, wie die Daten gespeichert werden.

Das ANSI/SPARC-Modell

Das ANSI/SPARC[175]-Modell [Tsi78] für Datenbanken ermöglicht eine logische und physische Datenunabhängigkeit. Der Begriff der logischen Datenunabhängigkeit wird in diesem Kapitel noch erläutert. Das folgende Bild visualisiert das ANSI/SPARC-Modell:

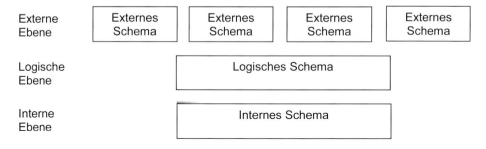

Bild 15-1 ANSI/SPARC-Modell

> Das ANSI/SPARC-Modell für Datenbanken besteht aus drei Ebenen:
> - der **internen Ebene**,
> - der **logischen Ebene** (auch **konzeptionelle Ebene** genannt) und
> - der **externen Ebene**.

---

[175] ANSI/SPARC = American National Standards Institute/Standards Planning and Requirements Committee

Datenorientierter Systementwurf

> Die interne Ebene enthält das interne Schema, die logische Ebene das logische Schema und die externe Ebene für jeden Nutzer und jedes Programm ein eigenes externes Schema.

Die Verknüpfung der verschiedenen Schemata wird durch **Transformationen** hergestellt.

Die **externe Ebene** enthält die verschiedenen Sichten der Nutzer. Die externe Ebene stellt die Sicht auf die Daten und ihre Beziehungen dar. Neben den eigentlichen Daten werden auch die **Integritätsbedingungen** und **Zugriffsrechte** beschrieben.

Das **logische Schema** der **logischen Ebene** beschreibt die logische Struktur der Daten. Das logische Schema – auch **konzeptionelles Schema** genannt – ist ein logisches Modell der Daten in Tabellenform einschließlich der Beziehungen zwischen den Tabellen. Diese Struktur ist unabhängig von dem darunter liegenden **internen Schema** und dessen physischer Ausprägung. Damit erreicht man, dass die Programme unabhängig von der physischen Speicherung der Daten sind. Wenn möglich, sollen die Programme sogar unabhängig von der logischen Speicherung der Daten sein.

> Die **logische Speicherung** ist die Zusammenstellung von **Sätzen** in Tabellen aus Sicht der logischen Zusammengehörigkeit als sogenanntes **logisches Schema**.

Das interne Schema der internen Ebene verwaltet die interne Darstellung der Daten, die Organisation auf einem beliebigen Datenträger sowie die Zugriffsmethoden auf Dateiebene.

Externe Schemata und das interne Schema können aus dem logischen Schema durch Transformationen erzeugt werden. Wird die interne Ebene verändert, müssen die Transformationsregeln verändert werden, externe Sichten bleiben oft bestehen. Die Anwendungen sind isoliert von der physischen Dateiorganisation (physische Datenunabhängigkeit).

Logische Datenunabhängigkeit

> **Logische Datenunabhängigkeit** sagt aus, dass das sogenannte **externe Schema**, d. h. die Sichtweise für das Programm und für die interaktiven Nutzer, von dem **logischen Schema** teilweise unabhängig ist.

Bei bestimmten Änderungen des logischen Schemas müssen die Programme nicht neu kompiliert und gebunden werden. So kann das logische Schema beispielsweise erweitert oder die Attributnamen des logischen Schemas geändert werden, ohne dass ein externes Schema beeinflusst wird. Jeder interaktive Benutzer oder jedes Programm kann ein eigenes externes Schema erzeugen, ohne das logische Schema zu ändern. Vollständige logische Datenunabhängigkeit lässt sich nicht erreichen.

Bei logischer Datenunabhängigkeit kann das konzeptionelle (logische) Schema abgeändert werden, ohne das externe Schema abzuändern. Es müssen nur ggf. die Zuordnungen zwischen der externen und konzeptionellen Ebene neu getroffen werden.

Nachteile von Dateien sind:

- eine fehlende Trennung zwischen Programm und Daten,
- eine mögliche Redundanz von Daten,
- ein leichtes Entstehen von Inkonsistenzen, da kein zentraler Schutzmechanismus vorhanden ist,
- keine bzw. nur sehr grobe Mechanismen für den parallelen Zugriff mehrerer Benutzer,
- Mechanismen zur Sicherung (engl. backup) müssen selbst erarbeitet werden,
- Skalierung ist bei sehr großen Datenmengen schwierig und
- die Konsistenz ist insbesondere nach Programmabbrüchen und Fehlern gefährdet.

Das **Datenbankkonzept** zielt darauf ab:

- Alle Daten sollen nur einmal, und zwar zentral gehalten werden.
- Alle Funktionen zum Erstellen, Lesen, Aktualisieren und Löschen sollen nur einmal zentral existieren.
- Alle erforderlichen Funktionen zur Integritätskontrolle und Fehlerbehandlung sollen in der erforderlichen Qualität zentral gehalten werden.
- Die Programme sollen von den Daten entkoppelt werden (Erhöhung der Datenunabhängigkeit der Programme).
- Sprachen zur leichteren und flexiblen Handhabung der Daten sollen bereitgestellt werden.

Anwendungsprozesse, die Datenbanken nutzen, weisen keine **physische Datenabhängigkeit** mehr auf. Hier ist die physische Speicherung dem Anwendungsprogramm verborgen. Der Benutzer kennt nur noch die externe Beschreibung der Daten. Es besteht bei Datenbanken auch ein bestimmter Grad an **logischer Datenunabhängigkeit**.

Datenbanksysteme bieten ein **Transaktionskonzept** an. Anwendungsprogramme fassen Zugriffe auf die Datenbank zu Transaktionen zusammen. Transaktionen sind die Einheiten für:

- Zustandsänderungen der Datenbank, die die Integrität erhalten,
- eine Synchronisation nebenläufiger Zugriffe und
- eine Wiederherstellung im Fehlerfall.

Eigenschaften von Transaktionen

Transaktionen (siehe Kapitel 15.6.3.1) gehorchen dem **ACID**-Prinzip. Dieses umfasst:

- **Atomicity (Atomizität)**
  Transaktionen sind atomar. Entweder haben sie noch nicht stattgefunden oder sie sind vollständig erfolgt. Der Effekt einer Transaktion tritt also entweder ganz oder gar nicht ein.
- **Consistency (Konsistenz, Erhaltung der Integrität)**
  Eine Transaktion überführt einen konsistenten Datenbankzustand wieder in einen konsistenten Datenbankzustand. Während der Ausführung einer Transaktion kann eine Datenbank auch vorübergehend in einem inkonsistenten Zustand sein. Wichtig ist nur, dass die Datenbank vor und nach dem Ablauf einer Transaktion in einem konsistenten Zustand ist. Wegen der Atomizität kann es nicht sein, dass im Fehlerfalle eine Transaktion nur teilweise stattgefunden hat und dass das System so in einen inkonsistenten Zustand kommt.
- **Isolation (Isoliertheit)**
  Eine Transaktion sieht eine andere Transaktion, die parallel zu ihr abläuft, nicht und kann von ihr auch nicht beeinflusst werden.
- **Durability (Dauerhaftigkeit, Persistenz)**
  Wurde eine Transaktion erfolgreich durchgeführt, so bleibt ihr Ergebnis dauerhaft in der Datenbank gespeichert, d. h., es wird physisch auf einem Datenträger gespeichert.

Für Transaktionen wird ferner gefordert, dass sie in endlicher Zeit abgearbeitet werden. Ein bekanntes Beispiel für eine Transaktion ist eine Überweisung. Im 1. Schritt wird hierbei von einem Konto A ein bestimmter Betrag abgebucht und im 2. Schritt einem Konto B zugewiesen. Beide Schritte zusammen werden vom Anwender als Transaktion durchgeführt. Die Transaktion muss als Ganzes stattfinden oder gar nicht. Tritt beispielsweise ein Systemfehler nach dem 1. Schritt ein, wird die Transaktion verworfen, so dass kein Geld verloren gehen kann. Die Transaktion muss wiederholt werden.

15.2 Zugriffsschnittstellen zu Datenbanken

Generell gibt es beim Zugriff auf Datenbanken verschiedene Möglichkeiten der Zugriffsschnittstelle wie z. B.:

- eine **mengenorientierte DB-Schnittstelle**,
- eine **satzorientierte DB-Schnittstelle**,
- eine **interne Satzschnittstelle**
- etc. (siehe Bild 15-4).

Im Folgenden wird auf die mengenorientierte DB-Schnittstelle, die satzorientierte DB-Schnittstelle und die interne Satzschnittstelle eingegangen. Das **relationale Modell** arbeitet mit einer **mengenorientierten DB-Schnittstelle**. In diesem Modell werden die Daten ausschließlich über inhaltliche Angaben aufeinander bezogen.

> In einem **relationalen Modell** muss nur spezifiziert werden, was gefunden werden soll, nicht aber, wie der Suchprozess ablaufen soll. Es erfolgt eine Anweisung an die Datenbank. Gefunden wird eine Menge von Datensätzen, die den Suchkriterien entsprechen (mengenorientierte Schnittstelle). Die Durchführung eines Suchprozesses erfolgt selbstständig durch das DBMS.

Die **mengenorientierte DB-Schnittstelle**, die beim **relationalen Datenmodell** implementiert ist, stellt eine komfortable Schnittstelle dar, da sie Details vor dem Nutzer verbirgt und der Nutzer daher weniger wissen muss, um auf Daten zugreifen zu können. Allerdings ist mit diesem Komfort in der Regel eine Performance-Verschlechterung verbunden. Diese Schnittstelle erhöht aber auch die Abstraktion.

Bei der **satzorientierten DB-Schnittstelle** muss man eine oder mehrere Datenbank-Anweisungen pro gesuchtem Satz angeben. Geliefert wird immer nur ein einzelner Satz. Die satzorientierte DB-Schnittstelle verbirgt die physische Speicherung. Es gibt aber einen logischen Zugriffspfad zu den Daten. Es muss angegeben werden, in welcher Reihenfolge die Daten durchsucht werden (**Navigation**).

Bei der **internen Satzschnittstelle** sind **physische Speicherungsstrukturen** wie interne Sätze und **Zugriffsindizes** wie B*-Bäume oder Hash-Strukturen **sichtbar**, weitere Implementierungsdetails sind aber verborgen. Hierbei sind B*-Bäume auf Geschwindigkeit optimierte Suchbäume[176]. Bei Hash-Strukturen werden Objekte einem Hashwert zugeordnet und dadurch identifiziert. Ein Hashwert wird z. B. aus den Objekteigenschaften und einem eindeutigen Schlüssel berechnet. Beim Zugriff ist die (**physische**) **Zugriffsmethode** sichtbar. Pro gefundenem Satz müssen eine oder mehrere Datenbank-Anweisungen angegeben werden. Hierbei sind also interne Zugriffe auf die Daten durch das Datenbankmanagementsystem und nicht Benutzerabfragen mit Hilfe von SQL (siehe Kapitel 15.6) gemeint.

Hierachische Datenbanken und Netzwerkdatenbanken als Vorläufer relationaler Datenbanken

Bei **hierarchischen Datenbankmodellen** sind die Daten in einer Baumstruktur abgelegt. Jeder Datensatz hat somit nur genau einen Vorgänger. Das folgende Bild zeigt die prinzipielle Struktur des hierarchischen Datenbankmodells:

---

[176] Abstrakte Datenstruktur, welche sich dadurch bewährt hat, dass Objekte und Elemente unterhalb dieser Struktur effizient gesucht und gefunden werden können.

Datenorientierter Systementwurf 581

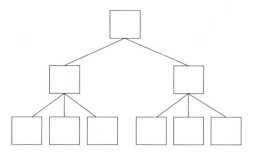

Bild 15-2 Hierarchisches Datenbankmodell

Das **netzwerkartige Datenbanksystem** oder auch **Netzwerkdatenbanksystem** kann als Verallgemeinerung des hierarchischen Datenbankmodells gesehen werden. Ein Datensatz kann hier mehrere Vorgänger haben. Das bedeutet, dass es mehrere Suchwege zum gesuchten Datensatz geben kann. Die Struktur eines Netzwerkdatenbanksystems wird im folgenden Bild symbolisiert:

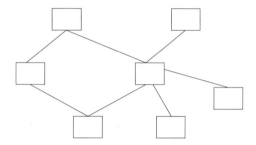

Bild 15-3 Netzwerkdatenbanksystem

Hierarchische und netzwerkorientierte Datenbanksysteme besitzen kein zugriffspfadunabhängiges Datenmodell.

Schichtenmodell für den DB-Zugriff

Das folgende Schichtenmodell zeigt den Unterschied in der Abstraktion der Architektur zwischen relationalen Datenbanksystemen (besitzen eine mengenorientierte DB-Schnittstelle), hierarchischen und netzwerkartigen Datenbanksystemen (haben eine satzorientierte DB-Schnittstelle). Eine mengenorientierte DB-Schnittstelle erfordert ein zugriffspfadunabhängiges Datenmodell der Architektur der Datenbank.

Bild 15-4 zeigt die Architektur von Datenbanksystemen in einem Schichtenmodell und die zugehörigen Schnittstellen der Schichten. Die mengenorientierte DB-Schnittstelle setzt auf einem zugriffspfadunabhängigen Datenmodell auf, die satzorientierte DB-Schnittstelle auf einem zugriffspfadbezogenen Datenmodell, die interne Satzschnittstelle auf der Satz-/Zugriffspfadverwaltung, die Datenbank-Pufferschnittstelle auf der Datenbank-Pufferverwaltung usw.

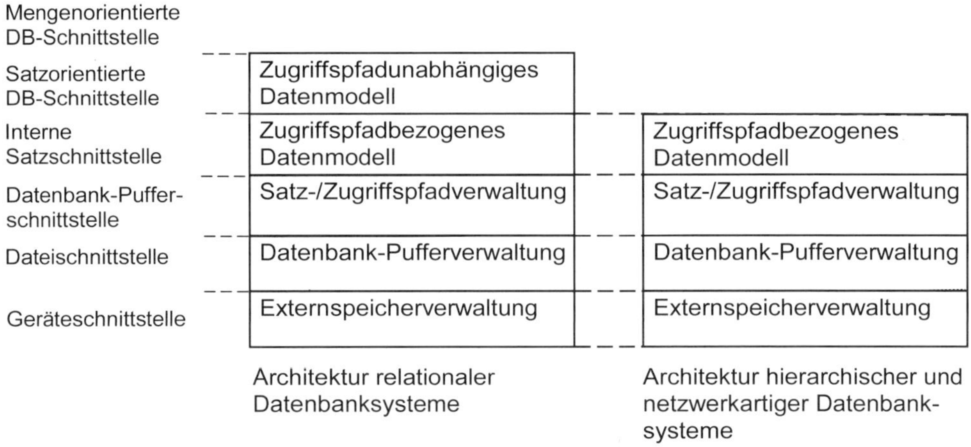

Mengenorientierte DB-Schnittstelle		
Satzorientierte DB-Schnittstelle	Zugriffspfadunabhängiges Datenmodell	
Interne Satzschnittstelle	Zugriffspfadbezogenes Datenmodell	Zugriffspfadbezogenes Datenmodell
Datenbank-Pufferschnittstelle	Satz-/Zugriffspfadverwaltung	Satz-/Zugriffspfadverwaltung
Dateischnittstelle	Datenbank-Pufferverwaltung	Datenbank-Pufferverwaltung
Geräteschnittstelle	Externspeicherverwaltung	Externspeicherverwaltung
	Architektur relationaler Datenbanksysteme	Architektur hierarchischer und netzwerkartiger Datenbanksysteme

Bild 15-4 Schichtenmodelle für Datenbanken

Die folgende Tabelle zeigt die Objekte und Operationen der verschiedenen in Bild 15-4 aufgeführten Schnittstellen [nach unimün und Här01]:

	Abstraktion	**Objekte**	**Operationen (Beispiele)**
Datensystem	Mengenorientierte DB-Schnittstelle	Relationen (Tabellen), Sichten, Mengen von Tupeln (Datensätzen)	Ausdrücke aus SQL usw.
	Satzorientierte DB-Schnittstelle	Einzelne Tupel (externe Datensätze), Sets, Schlüssel, Zugriffspfade	FIND-NEXT <Satz>, STORE <Satz> usw.
Zugriffssystem	Interne Satzschnittstelle	Interne Datensätze, B* Bäume, Hash-Tabellen usw.	Satz speichern, Einfügen in B*-Baum, usw.
Speichersystem	DB-Pufferschnittstelle	Seiten, Segmente	Seite holen, Seite freigeben
	Dateischnittstelle	Blöcke, Dateien	Block lesen, Block schreiben
Hardware	Geräteschnittstelle	Spuren, Zylinder, Kanäle, usw.	Kopf positionieren

Tabelle 15-1 Verfeinerung und Schnittstellen der Kernschichten eines DBMS

15.3 Relationales Datenmodell

Das relationale Datenmodell, kurz Relationen-Modell genannt, wurde 1970 von E. F. Codd [Cod70] entwickelt. Es besteht aus drei Teilen, aus Objekten, Operationen und Regeln.

Die folgenden **Objekte** müssen definiert werden:

- **Relationen** (oder **Tabellen**)
  Sie entsprechen den Entitätstypen des Entity-Relationship-Modells (siehe Kapitel 8).
- **Datensatz** (oder **Tupel, Record, Zeile**)
  Ein Datensatz entspricht einer konkreten Entität des Entity-Relationship-Modells.
- **Attribut (Spalte)**
  Ein Attribut eines Entitätstyps entspricht einem Attribut einer Tabelle und stellt eine Spalte einer Tabelle dar. Jede Spalte besitzt einen definierten Namen (Attributname).
- **Domäne (Wertebereich)**
  Der **Wertebereich eines Attributs** muss festgelegt werden, damit bei Änderungen der Attributwerte Konsistenzprüfungen durchgeführt werden können (Bereichsintegritätsprüfungen).
- **Schlüssel**
  Schlüssel erlauben den selektiven Zugriff auf einzelne Datensätze. Von Bedeutung sind **Kandidatenschlüssel** (eindeutige Schlüssel), **Primärschlüssel (gewählte Kandidatenschlüssel)** und **Fremdschlüssel**. Die Bedeutung der einzelnen Schlüssel wird im Folgenden noch erläutert werden.

Operationen werden zur Abfrage und Änderung auf Tabellen sowie zum Anlegen und Löschen von Tabellen verwendet. Diese Operationen werden später im Rahmen der Structured Query Language[177] (Kapitel 15.6) erklärt.

Regeln dienen zur Gewährleistung der Konsistenz der Daten. Hierbei geht es um die **Bereichsintegrität, Entitätsintegrität** und die **referenzielle Integrität**. Diese Integritätsregeln werden in Kapitel 15.3.4 noch erklärt.

15.3.1 Begriffe relationaler Datenmodelle

In diesem Kapitel werden die grundlegenden Begriffe, die im Zusammenhang mit relationalen Datenmodellen gebraucht werden, erläutert. Da das von Codd entwickelte Relationen-Modell die Basis des relationalen Datenmodells darstellt, soll dieses nun kurz charakterisiert werden.

> Als **Tabelle (Relation)** bezeichnet man eine logisch zusammenhängende Einheit von Informationen. Eine Zeile (ein Tupel) in einer Tabelle bzw. Relation entspricht einer **Entität**. Eine Tabelle hat zwei Dimensionen mit einer festen Anzahl von **Spalten (Attributen)** und einer variablen Anzahl von **Zeilen (Tupeln)**. Eine Tabelle ist durch ihren Namen und die Namen der Attribute eindeutig beschrieben.

---

[177] Structured Query Language wird abgekürzt durch SQL.

Die **Anzahl der Attribute** einer Tabelle heißt **Ausdehnungsgrad** (engl. **degree**). Eine Tabelle hat die folgenden Eigenschaften:

> Es gibt keine zwei Zeilen (Tupel), die in ihren Attributwerten übereinstimmen. Die Reihenfolge, in der die Zeilen (Tupel) einer Tabelle gespeichert werden, ist nicht definiert, d. h., es gibt keine Reihenfolge der Zeilen (Tupel). Genauso wenig ist die Reihenfolge, in der die Attribute einer Tabelle gespeichert werden, definiert.

Der Übergang vom **Entity-Relationship-Modell** (siehe Kapitel 8) zum **relationalen Datenbankentwurf** ist meistens sehr direkt: Ein Entitätstyp wird häufig als eigene Tabelle modelliert und die Attribute einer Entität werden durch Spalten in dieser Tabelle abgebildet (siehe Kapitel 15.4). Beziehungen im Entity-Relationship-Modell werden im relationalen Datenbankentwurf durch eine Schlüsselbeziehung abgebildet (siehe Kapitel 15.3.3).

Die Struktur einer Tabelle wird auch als **Relationen-Schema** bezeichnet. Das Relationen-Schema beschreibt den Aufbau der Datensätze einer Tabelle, nicht aber die einzelnen Werte der Attribute. Jeder Datensatz einer Tabelle setzt sich aus den gleichen Attributen der Tabelle zusammen. Die **Attribute** der Tabelle bilden die Spaltenüberschriften einer Tabelle. In einer Spalte stehen verschiedene oder gleiche Attributwerte, die alle einer Domäne angehören.

Atomare Werte der Attribute

Periodengruppen[178] – wie im folgenden Beispiel gezeigt – sind übersichtlich, im relationalen Modell aber nicht zugelassen. Im Beispiel von Bild 15-5 kann ein Firmenmitarbeiter in mehreren Projekten mitarbeiten. Dies kann durch eine Periodengruppe ausgedrückt werden. Das Feld `Projekt` kann dabei mehrere Werte annehmen.

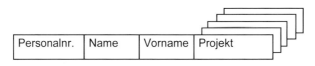

Bild 15-5 Datenstruktur mit einer Periodengruppe

Wie dieses Beispiel im relationalen Modell aufgelöst wird, wird in Kapitel 15.4.2 gezeigt.

> Die Zeilen (Tupel) von relationalen Datenbanken haben pro Attribut nur einen einzigen Wert und nicht mehrere Werte. Die Werte der Attribute sind **atomar**.

Periodengruppen sind aber nicht atomar, da mehrere Werte für ein Attribut existieren. Sie sind also im Rahmen der Tabellen (Relationen) nicht zulässig.

---

[178] Eine Periodengruppe bezeichnet mehrfache Werte von Attributen innerhalb eines Tupels.

15.3.2 Ein einfaches Beispiel

Ein Relationen-Modell beschreibt Objekte der realen Welt durch eine Menge von Attributen, die die Eigenschaften der Objekte repräsentieren. Die Namen von Tabellen werden hier in Großbuchstaben geschrieben, Primärschlüssel (siehe nächstes Kapitel) werden unterstrichen und Fremdschlüsseln wird ein # angehängt. Im Folgenden wird ein Beispiel für eine Tabelle (Relation) gezeigt:

persNr	name	vorname	abtlgNr#
131	Maier	Herbert	1
123	Müller	Hugo	2
134	Kaiser	Fridolin	1
112	Berger	Karl	3
125	Fischle	Amadeus	3
...	...	...	...

Tabelle 15-2 Tabelle `MITARBEITER`

Die Tabelle `MITARBEITER` hat den Aufbau:

`(persNr, name, vorname, abtlgNr#)`

mit dem Primärschlüssel: `persNr`.

Das folgende Beispiel (siehe Bild 15-6) verdeutlicht noch einmal den Begriff der **Domäne** (**Wertebereich**).

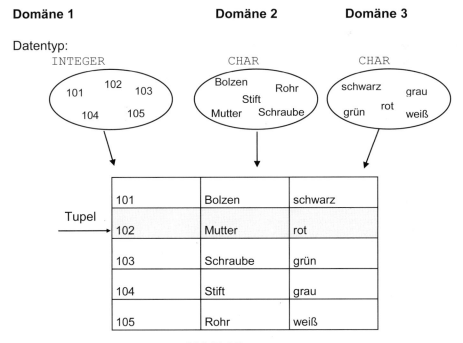

Bild 15-6 Domänen

In dem gezeigten Beispiel gibt es drei Domänen:

- Domäne 1 enthält ganze Zahlen (Datentyp `INTEGER`).
- Ein Wert der Domäne 2 ist eine Folge von Buchstaben (Datentyp `CHAR`)[179]. Mit den Buchstaben werden die Namen der Teile dargestellt.
- Ein Wert der Domäne 3 ist ebenfalls eine Folge von Buchstaben (Datentyp `CHAR`). Mit den Buchstaben werden die Farben dargestellt.

Das Beispiel in Bild 15-6 hat fünf Datensätze. Jeder Datensatz setzt sich aus drei Attributen zusammen. Jedes Attribut kann prinzipiell einer anderen Domäne entstammen.

15.3.3 Schlüssel einer Tabelle

Im Folgenden werden Kandidaten-, Primär- und Fremdschlüssel betrachtet.

Kandidatenschlüssel

Kandidatenschlüssel oder **Schlüsselkandidaten** (engl. candidate key) in Tabellen dienen dazu, alle Datensätze einer Tabelle eindeutig zu identifizieren. Ein Schlüsselkandidat kann aus einem einzelnen Attribut bestehen oder aus einer Gruppe von Attributen zusammengesetzt sein.

> Eine Zusammenstellung von Attributen heißt **Kandidatenschlüssel**, wenn die Werte, die diese Attribute annehmen, stets ein Tupel eindeutig identifizieren. Ein Kandidatenschlüssel kann aus einem oder mehreren Attributnamen bestehen. Eine Tabelle kann einen oder mehrere Kandidatenschlüssel besitzen. In einer Tabelle existieren gemäß Definition keine zwei identischen Zeilen (Tupel). Deshalb muss es immer mindestens einen Kandidatenschlüssel – nämlich die Zusammenstellung aller Attributwerte einer Zeile (eines Tupels) – geben.

Ein Kandidatenschlüssel darf aber nicht die Werte von überflüssigen Attributnamen enthalten. Diese müssen entfernt werden, jedoch darf keines der zum Schlüssel beitragenden Attribute weggelassen werden, damit die eindeutige Identifizierbarkeit nicht verloren geht.

> Ein Kandidatenschlüssel umfasst die Werte von so viel Attributnamen wie nötig und so wenig wie möglich.

---

[179] Die Länge eines CHAR-Typs wird mit runden Klammern angegeben.

Primärschlüssel

Ein Kandidatenschlüssel, der einen Satz in einer Tabelle identifizieren soll, wird ausgezeichnet und wird zum Primärschlüssel erklärt. Eine Tabelle besitzt genau einen Primärschlüssel. Um auf einen Datensatz zugreifen oder einen neuen Datensatz einfügen zu können, ist die Angabe des jeweiligen Primärschlüssels erforderlich. Der Primärschlüssel kann auch eine Zusammenstellung aller Attribute sein.

> Ein **Primärschlüssel** ist ein spezieller Kandidatenschlüssel, der vom Datenbankentwickler zum Primärschlüssel erklärt wird – er kann die Werte mehrerer Attribute umfassen – oder als neues Attribut (z. B. `persNr`) speziell zu diesem Zweck eingeführt werden.

Wird ein Primärschlüssel als neues Attribut eingeführt, wird er auch als **Surrogatschlüssel** bezeichnet. Er wird also nicht aus den Daten in der Tabelle abgeleitet. Im Normalfall wird der Primärschlüssel so unter den verfügbaren Kandidatenschlüsseln ausgewählt, dass er aus möglichst wenigen Attributen besteht.

Falls ein kurzer Primärschlüssel nicht vorhanden ist, kann er als Surrogatschlüssel künstlich hinzugefügt werden (z. B. in Form einer eindeutigen fortlaufenden Nummer wie Artikelnummer oder Personalnummer, oft auch in Form einer generierten ID, dem sog. Universally Unique Identifier, kurz UUID).

Der Primärschlüssel sollte neben der eindeutigen Identifikation keine weitere Bedeutung haben, um spätere Umschlüsselungen bei Änderungen zu vermeiden. So sollte beispielsweise die Telefonnummer nicht als Primärschlüssel verwendet werden, da sich diese ändern kann. Ein Schlüssel sollte unveränderlich sein.

Fremdschlüssel

> **Fremdschlüssel** dienen dazu, jeweils zwei Tabellen miteinander zu verknüpfen und die referenzielle Integrität der Datenbank (siehe später) zu gewährleisten. Ein Fremdschlüssel einer Tabelle muss dabei immer einen Kandidatenschlüssel einer anderen Tabelle referenzieren. Üblicherweise wird der Primärschlüssel verwendet.

Um Fremdschlüssel zu kennzeichnen, wird ihnen ein #-Zeichen nachgestellt.

15.3.4 Relationale Integritätsregeln

Bereichsintegrität bedeutet, dass ein Attribut innerhalb der entsprechenden Domäne seines Typs liegen muss.

Entity-Integrität sagt aus, dass jeder Satz des DBMS einen eindeutigen Schlüssel hat, der verschieden von `NULL` ist (**Entitätsintegrität**). `NULL`-Werte sind nicht eindeutig. Deshalb darf der eindeutige Schlüssel eines Datensatzes keine `NULL`-Werte enthalten. Aus diesem Grund werden Primärschlüsselattribute mit der Einschränkung `NOT NULL` definiert (siehe Kapitel 15.7).

Durch die **referenzielle Integrität** wird sichergestellt, dass jeder Wert eines Fremdschlüssels in einer Tabelle R2 einem Wert des Primärschlüssels in einer Tabelle R1 entspricht oder dass der Wert des Fremdschlüssels ein `NULL`-Wert ist, wenn der Datensatz, den der Fremdschlüssel referenziert, bereits entfernt wurde. Über den Fremdschlüssel einer Tabelle können die von einem Datensatz abhängigen Datensätze auf Wunsch sogar gelöscht werden, wenn der betreffende Datensatz gelöscht wird.

Beispiel:

MITARBEITER	
PersNr	Name
1	Schneider
2	Müller

KREDITKARTEN	
Kreditkartennummer	PersNr#
123456789101	1
987654321098	2

Bild 15-7 Zwei abhängige Tabellen `MITARBEITER` und `KREDITKARTEN`

Wird in diesem Beispiel der Mitarbeiter Müller gelöscht, so wird der zugehörige Datensatz in der Tabelle `Kreditkarten` auch gelöscht oder der entsprechende Eintrag der Personalnummer in der Tabelle `Kreditkarten` auf `NULL` gesetzt. Beim Erstellen der Tabelle wird festgelegt, welches Verhalten gewünscht ist.

15.4 Abbildung auf Datenbanktabellen

Nachdem in Kapitel 15.3 die Grundlagen des relationalen Datenmodells erörtert wurden, soll nun in diesem Kapitel der **Datenbankentwurf für relationale Datenbanken** im Vordergrund stehen. Auszugehen ist vom Entity-Relationship-Modell (ERM). Die Fragestellung ist nun, wie die Entitäten und die Beziehungen zwischen Entitäten in **Datenbanktabellen** umzusetzen sind. Die Anzahl der auf einer Seite einer Beziehung teilnehmenden Entitäten wird durch die sogenannte **Kardinalität** erfasst.

> Ausgangspunkt des Datenbank-Entwurfs ist das **Datenmodell** der Systemanalyse, welches mit Hilfe der Entity-Relationship-Modellierung erstellt wurde. Dieses Datenmodell ist nun auf Tabellen, die in einem **relationalen Datenbankmanagementsystem** (**RDBMS**) gespeichert werden, abzubilden und mit den Funktionen einer Datenbank umzusetzen.

Die Abbildung der verschiedenen Beziehungen zwischen Entitäten auf eine relationale Datenbank wird in den folgenden Kapiteln vorgestellt.

15.4.1 Datenbankentwurf für 1:1-Beziehungen des ERM

Wie die Abbildung des Entity-Relationship-Modells auf **Tabellen** (Relationen) vorgenommen wird, wird im Folgenden gezeigt. Anhand eines Beispiels wird der Datenbankentwurf für eine 1:1-Beziehung des ERM exemplarisch dargestellt. Es werden dabei zwei mögliche Entwürfe vorgestellt. Bei der einen Möglichkeit werden zwei Tabellen entworfen, bei der anderen nur eine einzige Tabelle.

Den Ausgangspunkt für den Entwurf soll das folgende Entity-Relationship-Diagramm als Beispiel darstellen:

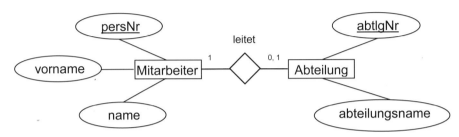

Bild 15-8 ERM für die Leitung einer Abteilung

Es gibt hier die Entitätstypen `Mitarbeiter` und `Abteilung` sowie die Beziehung `leitet`. Jede Abteilung wird von einem Mitarbeiter geleitet. Jeder Mitarbeiter kann keine oder maximal eine Abteilung leiten.

Möglichkeit 1: Entwurf von zwei Tabellen

Jeder Entitätstyp wird dabei durch eine eigene Tabelle dargestellt. Die Beziehung zwischen beiden Tabellen wird hergestellt durch einen Fremdschlüssel in einer der beiden oder sogar in beiden Tabellen. Ein Fremdschlüssel entspricht dem Primärschlüssel der verbundenen Tabelle. Über den Fremdschlüssel einer Tabelle kommt man zu der verbundenen Tabelle. Ein Fremdschlüssel in beiden Tabellen bedeutet, dass man in beide Richtungen der Beziehung laufen kann.

Eventuell vorhandene **Link-Attribute**[180] (hier keine vorhanden) werden als Attribute in einer der beiden Tabellen abgebildet.

Im Folgenden die beiden Tabellen in Form eines Klassendiagramms:

Bild 15-9 Relationales Modell aus zwei Tabellen in Form eines Klassendiagramms

---

[180] Siehe Kapitel 8.1.2

Es wurde entschieden, mit einem Fremdschlüssel (`persNr#`) in der Tabelle ABTEILUNG den Bezug zwischen beiden Tabellen herzustellen. Damit referenziert jeder Eintrag der Tabelle ABTEILUNG einen Eintrag der Tabelle MITARBEITER, nicht aber umgekehrt. Die Tabellen dieses Datenbankentwurfs sehen dann folgendermaßen aus:

```
MITARBEITER   (persNr, name, vorname)
ABTEILUNG     (abtlgNr, abteilungsname, persNr#)
```

Eine Abteilung wird von genau einem Mitarbeiter geleitet.

Möglichkeit 2: Entwurf einer einzigen Tabelle

Die Entitätstypen werden auf Attribute dieser Tabelle abgebildet. Bei jeder 1:1-Beziehung zwischen den Datensätzen zweier verschiedener Tabellen – jeder Datensatz einer Tabelle entspricht genau einem einzigen Datensatz einer anderen Tabelle – können die Attribute beider Entitätstypen in einer einzigen Tabelle zusammengefasst werden, im betrachteten Beispiel in einer dafür vorgesehenen alle Attribute umfassenden Tabelle ABTEILUNGSLEITER (siehe Bild 15-10):

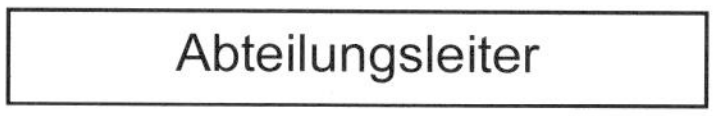

```
┌─────────────────────┐
│   Abteilungsleiter  │
└─────────────────────┘
```

Bild 15-10 Relationales Modell aus einer einzigen Tabelle

Diese Tabelle ABTEILUNGSLEITER hat die Struktur:

```
ABTEILUNGSLEITER (abtlgNr, abteilungsname, persNr, name,
                  vorname)
```

Eine einzige Tabelle zu nehmen ist allerdings nur dann sinnvoll, wenn der Entitätstyp MITARBEITER keine weiteren Beziehungen eingeht und deshalb nicht eigenständig zu modellieren ist. Ein Fremdschlüssel ist bei dieser Vorgehensweise nicht notwendig.

15.4.2 Datenbankentwurf für 1:n-Beziehungen des ERM

Anhand eines Beispiels soll die Abbildung auf Tabellen für 1:n-Beziehungen zwischen verschiedenen Datensätzen erläutert werden. In diesem Beispiel sollen in einer Abteilung **mehrere Mitarbeiter** arbeiten, mindestens jedoch einer. Jeder **Mitarbeiter** soll genau einer **Abteilung** zugeordnet sein. Zur Beziehung gehören zwei Attribute: `Aufgabe` in der Abteilung und `Eintrittsdatum` in die Abteilung. Dies wird in Bild 15-11 modelliert:

Datenorientierter Systementwurf

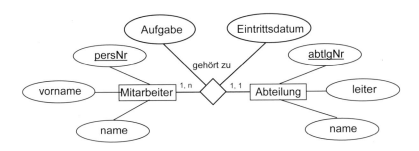

Bild 15-11 ERM für die Mitarbeiter einer Abteilung

Zunächst wäre man versucht, zur Lösung des Problems beim Systementwurf eine Periodengruppe zu entwerfen:

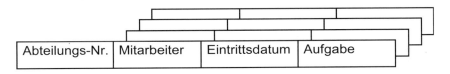

Bild 15-12 Entwurf mit Periodengruppen

Periodengruppen sind jedoch – wie bereits bekannt ist – beim relationalen Entwurf nicht zulässig. Also muss man anders vorgehen: Ein Entwurf mit einer einzigen Tabelle geht also nicht. Man muss zwei Tabellen entwerfen. Jede 1:n-Beziehung kann durch zwei Tabellen definiert werden. Diese Beziehung wird als Fremdschlüssel in derjenigen Tabelle modelliert, deren Datensätze n-fach in der Beziehung auftreten. Der Fremdschlüssel entspricht dem Primärschlüssel in der Tabelle mit den einfach auftretenden Sätzen. Würde man den Fremdschlüssel in der Tabelle angeben wollen, deren Datensätze einfach in der Beziehung auftreten, so hätte man wieder das Problem der Periodengruppe.

Diese beiden Tabellen sind im Folgenden in Form eines Klassendiagramms dargestellt:

Bild 15-13 Relationales Modell in Form eines Klassendiagramms

Zu einer Abteilung gehören ein oder viele Mitarbeiter.

Die Link-Attribute werden in der Tabelle mit den n-fach vorkommenden Sätzen (`MITARBEITER`) modelliert, da jede Verknüpfung ihre individuellen Werte hat. Die Link-Attribute werden im Folgenden **fett** dargestellt.

Die Tabellen des Datenbankentwurfs sehen in diesem Beispiel dann folgendermaßen aus:

MITARBEITER   (<u>persNr</u>, name, vorname, abtlgNr#, **eintritt,
                  aufgabe**)
ABTEILUNG   (<u>abtlgNr</u>, name, leiter)

15.4.3 Datenbankentwurf für m:n-Beziehungen des ERM

In diesem Abschnitt wird die Abbildung einer m:n-Beziehung auf Tabellen vorgestellt. Die Abbildung wird anhand eines Beispiels erläutert. Zunächst ein Bild des ERM:

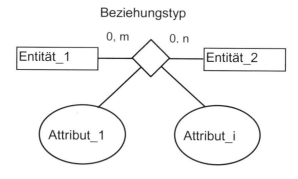

Bild 15-14 Allgemeine m:n-Beziehung

Dieses Bild bedeutet:

- Zwischen den Entitäten `Entität_1` und `Entität_2` existiert eine Beziehung.
- Jeweils `0..m` Datensätze der `Entität_1` können mit `0..n` Datensätzen der `Entität_2` in Beziehung stehen.
- Jede Beziehung hat i Attribute.

Entwurf für allgemeine m:n-Beziehungen (n > 1, m > 1):

Die beiden Entitäten werden direkt in zwei Tabellen `Relation_1` und `Relation_2` überführt. Die Beziehung zwischen der `Relation_1` und der `Relation_2` wird durch eine neue dritte Tabelle ausgedrückt. Der Primärschlüssel der dritten Tabelle setzt sich aus den Primärschlüsselattributen der `Relation_1` und aus den Primärschlüsselattributen der `Relation_2` zusammen.

Um die obigen Sachverhalte zu verdeutlichen, sollen diese anhand eines Beispiels erläutert werden. Im Beispiel gibt es Projekte, an denen mehrere Mitarbeiter arbeiten. Ein Mitarbeiter kann in keinem, einem oder mehreren Projekten mitarbeiten.

In den beiden folgenden Bildern ist der Übergang vom Entity-Relationship-Modell zum relationalen Modell zu sehen. Der Entitätstyp `Mitarbeiter` des ERM wird zur Tabelle `MITARBEITER` im relationalen Modell, aus dem Entitätstyp `Projekt` wird die Tabelle `PROJEKT` und aus der Beziehung `arbeitet mit` wird die Tabelle `MA_PROJEKT` (MA ist eine Abkürzung für Mitarbeiter). Zur Beziehung gehören zwei Attribute, `Aufgabe` und `Dauer`:

Datenorientierter Systementwurf

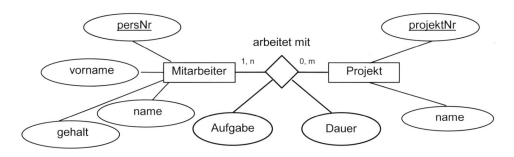

Bild 15-15 ERM für Mitarbeiter in Projekten

Hier die Tabellen in Form eines Klassendiagramms:

Bild 15-16 Relationales Modell für Projektmitarbeiter in Form eines Klassendiagramms

Die Tabellen dieses **Datenbankentwurfs** sehen folgendermaßen aus:

- MITARBEITER   (persNr, name, vorname, gehalt)
- PROJEKT   (projektNr, name)
- MA_PROJEKT   (persNr#, projektNr#, aufgabe, dauer)

Über den Fremdschlüssel persNr# wird von MA_PROJEKT auf MITARBEITER und über den Fremdschlüssel projektNr# von MA_PROJEKT auf die Tabelle PROJEKT referenziert.

Im Folgenden werden die Tabellen dargestellt. Die Tabelle MITARBEITER lautet:

persNr	name	vorname	gehalt
131	Maier	Herbert	3100.00
123	Müller	Hugo	2800.00
134	Kaiser	Fridolin	2300.00
112	Berger	Karl	1200.00
125	Fischle	Amadeus	1300.00
...	...	...	...

Tabelle 15-3 Tabelle MITARBEITER

Die Tabelle PROJEKT hat die Form:

projektNr	name
1	Neuentwicklung
2	Prototyp
3	Änderung
...	...

Tabelle 15-4 Tabelle `PROJEKT`

Die Tabelle `MA_PROJEKT`, die beide genannten Tabellen verknüpft und die Link-Attribute bereitstellt, sieht folgendermaßen aus:

projektNr#	persNr#	aufgabe	dauer
2	131	Test	10
1	112	Implementierung	30
3	123	Layout	15
2	125	Implementierung	35
2	135	Planung	2
...	...	...	...

Tabelle 15-5 Verknüpfungstabelle `MA_PROJEKT`

15.5 Normalisierung

Die **Normalisierung** hilft beim fachgerechten Entwurf von relationalen Datenmodellen. Bei Beachtung der Normalisierungsregeln werden Redundanzen beseitigt und Update-Anomalien vermieden. Anhand eines hier durchgeführten Beispiels sollen nun die Grundlagen und Regeln der Normalisierung betrachtet werden.

Beispiel:

An einer Hochschule werden Vorlesungen von Dozenten gehalten. Die Dozenten sollen zu einem Fachbereich gehören, welcher von einem Dekan geleitet wird. Die Verwaltung soll in einer relationalen Datenbank erfolgen.

Dann könnte ein Eintrag in der Datenbank wie folgt aussehen:

DozentNr	Fachbereich	DekanNr	Semester	Fach	MaxAnzStud
4711	TI	007	TI 1	DV	48
4713	NT	003	NT 2	Physik	43
4712	TI	003	TI 1	Mathe	48

Tabelle 15-6 Datenbanktabelle `LEHRKOERPER`

In diesem Beispiel ist das folgende Problem denkbar:

Ändert sich die maximale Anzahl der Studenten beispielsweise im Semester TI 1, so muss jeder Eintrag in der Datenbank, in dem die maximale Anzahl Studenten im Semester TI 1 vorkommt, geändert werden.

Abhilfe schafft die Normalisierung. Dann genügt ein Zugriff auf einen einzigen Datensatz. Änderungen werden leicht durchführbar, da ihre Anzahl minimiert wird. Inhaltlich widersprüchliche Datensätze durch Fehler beim Update mehrerer Sätze können erst gar nicht entstehen.

Je nach Umsetzungstiefe der Normalisierung spricht man von unterschiedlichen **Normalformen**. Normalformen werden dazu verwendet, die Qualität durch definierte Strukturregeln sicherzustellen und so Redundanzen und Anomalien in der Datenbank zu verhindern. Weiterhin helfen diese Normalformen, Fehler beim Erzeugen neuer Datenbankschemen zu vermeiden. Wie die Übersicht zeigt, gibt es viele verschiedene Normalformen. In der Praxis setzt man oft die dritte Normalform ein.

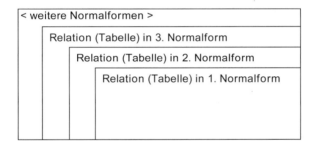

Bild 15-17 Übersicht über Normalformen

Jede Normalform enthält implizit die vorhergehenden Normalformen.

So enthält die dritte Normalform die zweite und damit auch die erste Normalform.

Um auf eine Normalform zu kommen, müssen nicht zwangsweise die vorgehenden Normalformen durchlaufen werden. Man kann mit etwas Übung direkt auf die 3. Normalform kommen.

Die Normalformen sollen anhand des folgenden Beispiels Hochschulbetrieb 1 erklärt werden.

Beispiel Hochschulbetrieb 1:

DozentNr	Fachbereich	DekanNr	Semester	Fach	AnzStud
11	TI	5	TI 1, TI 2, TI 1	Physik, DV, Mathe	55, 51, 55
21	NT	8	NT 1, NT 1	DV, Mathe	58, 58
28	NT	8	NT 2	Elektronik	50

Tabelle 15-7 Beispiel Hochschulbetrieb 1

Wie in 15.3.1 beschrieben, darf eine Relation nur atomare Werte enthalten. Eine Relation (Tabelle) die nicht atomare Werte enthält – wie sie in diesem Beispiel in der Spalte AnzStud vorkommen – ist somit eigentlich keine Relation. Es sollen an dieser Stelle dennoch nicht atomare Werte zur Erklärung der 1. Normalform in einer Relation betrachtet werden. Die 1. Normalform gilt heute als Teil der formalen Definition einer Relation [Elm02].

15.5.1 Erste Normalform

Abfragen an eine Datenbank werden durch die 1. Normalform deutlich vereinfacht bzw. überhaupt erst möglich. Es ist z. B. im Falle der obigen Tabelle des Beispiels Hochschulbetrieb 1 von vornherein unklar, wie nach der Anzahl der Studenten sortiert werden soll, da die Spalte `AnzStud` mehrere Werte pro Zeile enthält.

> Eine Tabelle befindet sich in der **1. Normalform**, wenn alle zugrundeliegenden Wertebereiche der Attribute nur atomare Werte enthalten.

Beispiel Hochschulbetrieb 2:

In der folgenden Tabelle ist die 1. Normalform erfüllt, da alle Wertebereiche für `Fach`, `Semester` und `AnzStud` nun atomar sind, d. h., sie enthalten keine Wertemengen mehr.

DozentNr	Fachbereich	DekanNr	Semester	Fach	AnzStud
11	TI	5	TI 1	Physik	55
11	TI	5	TI 2	DV	51
11	TI	5	TI 1	Mathe	55
21	NT	8	NT 1	DV	58
21	NT	8	NT 1	Mathe	58
28	NT	8	NT 2	Elektronik	50

Tabelle 15-8 Beispiel Hochschulbetrieb 2: Tabelle in der 1. Normalform

`DozentNr`, `Semester` und `Fach` sind in diesem Beispiel zu einem Primärschlüssel zusammengesetzt worden. Um der 2. Normalform zu genügen, wird im folgenden Beispiel die obige Tabelle in weitere Tabellen aufgespalten, damit jedes Nichtschlüsselattribut[181] funktional[182] vom gesamten Primärschlüssel abhängt. Diese Abhängigkeit vom gesamten Primärschlüssel und nicht nur von Teilen des Primärschlüssels wird als eine "voll funktionale Abhängigkeit" bezeichnet. Die so entstandenen Tabellen können über Fremdschlüssel mit Hilfe der eben definierten Primärschlüssel miteinander verknüpft werden.

15.5.2 Zweite Normalform

Eine Tabelle ist in der **2. Normalform**, wenn sie in der 1. Normalform ist und wenn jedes Nichtschlüsselattribut voll funktional vom Primärschlüssel abhängt.

Die zweite Normalform liegt nicht vor, wenn der Primärschlüssel aus mehr als einem Attribut zusammengesetzt ist und ein Nichtschlüsselattribut nicht von allen Attributen eines Primärschlüssels funktional abhängig ist. Im Beispiel in Tabelle 15-8 ist die `AnzahlStud` zwar vom `Semester` funktional abhängig, aber nicht vom `Fach` oder der `DozentNr`. Felder, die wie die `AnzahlStud` nur von einem Schlüsselteil abhängen, werden in einer separaten Tabelle modelliert. Dies ist im Beispiel Hochschulbetrieb 3 in Tabelle 15-9 bis Tabelle 15-11 zu sehen.

Schlüssel sind eine Konsequenz der Normalisierung. Sie werden gebraucht für die Gewährleistung der referenziellen Integrität durch das Datenbankmanagementsystem.

Beispiel Hochschulbetrieb 3:

In diesem Beispiel ist nun die 1. und 2. Normalform erfüllt. Aus ehemals einer Tabelle entstehen drei Tabellen. Das ist notwendig, da

- die Anzahl der Studenten nur vom jeweiligen Semester abhängt und
- da `DozentNr/Fachbereich/DekanNr` nicht funktional abhängig ist von `Semester/Fach`.

Im Folgenden werden die genannten drei Tabellen aufgeführt. Zunächst die Tabelle `DOZENT`:

---

[181] Ein Nichtschlüsselattribut ist ein Attribut, das zu keinem Kandidatenschlüssel gehört.
[182] Ein Attribut ist funktional von einem Schlüssel abhängig, wenn der Wert des Schlüssels den Wert des Attributs bestimmt.

DOZENT		
DozentNr	**Fachbereich**	**DekanNr#**
11	TI	5
21	NT	8
28	NT	8

Tabelle 15-9 Beispiel Hochschulbetrieb 3: Tabelle DOZENT

Zu beachten ist, dass die Tabelle DOZENT_VORLESUNG den Primärschlüssel Semester/Fach besitzt:

DOZENT_VORLESUNG		
Semester	**DozentNr#**	**Fach**
TI 1	11	Physik
TI 2	11	DV
TI 1	11	Mathe
NT 1	21	DV
NT 1	21	Mathe
NT 2	28	Elektronik

Tabelle 15-10 Beispiel Hochschulbetrieb 3: Tabelle DOZENT_VORLESUNG

Und nun die Tabelle SEMESTERGROESSE:

SEMESTERGROESSE	
Semester	**AnzStud**
TI 1	55
TI 2	51
NT 1	58
NT 2	50

Tabelle 15-11 Beispiel Hochschulbetrieb 3: Tabelle SEMESTERGROESSE

Der Vorteil dieser Variante zeigt sich, wenn sich die Anzahl der Studenten eines Semesters ändert. In diesem Fall genügt es, den entsprechenden Datensatz in der Tabelle SEMESTERGROESSE zu ändern.

15.5.3 Dritte Normalform

In der 3. Normalform darf es in einer Tabelle **keine transitiven Abhängigkeiten** geben, d. h., dass kein Nichtschlüsselattribut eines Datensatzes von einem anderen abhängig sein darf, welches kein Primärschlüssel ist. Hierdurch wird eine thematische Abgrenzung der einzelnen Tabellen erreicht.

Datenorientierter Systementwurf

> Eine Tabelle ist genau dann in der **3. Normalform**, wenn sie in der 1. und der 2. Normalform ist und wenn alle Nichtschlüsselattribute gegenseitig unabhängig, aber voll funktional abhängig vom gesamten Primärschlüssel sind.

Beispiel Hochschulbetrieb 4:

In der Tabelle DOZENT im Beispiel Hochschulbetrieb 3 ist DozentNr der Primärschlüssel. Fachbereich und DekanNr sind Attribute, die keine Kandidatenschlüssel sind (siehe Tabelle 15-9). Da sie gegenseitig abhängig sind (zu einem Fachbereich gehört der entsprechende Dekan), ist die dritte Normalform verletzt. Dies ist im Beispiel Hochschulbetrieb 4 korrigiert: es entsteht eine weitere Tabelle (DEKAN), in der der Fachbereich Primärschlüssel ist. Hier die vier Tabellen. Zunächst die Tabelle DOZENT:

DOZENT	
DozentNr	Fachbereich#
11	TI
21	NT
28	NT

Tabelle 15-12 Beispiel Hochschulbetrieb 4: Tabelle DOZENT

Nun die Tabelle DEKAN:

DEKAN	
DozentNr#	**Fachbereich**
5	TI
8	NT

Tabelle 15-13 Beispiel Hochschulbetrieb 4: Tabelle DEKAN

Im Folgenden die aus Tabelle 15-10 bekannte Tabelle DOZENT_VORLESUNG:

DOZENT_VORLESUNG		
Semester	DozentNr#	**Fach**
TI 1	11	Physik
TI 2	11	DV
TI 1	11	Mathe
NT 1	21	DV
NT 1	21	Mathe
NT 2	28	Elektronik

Tabelle 15-14 Beispiel Hochschulbetrieb 4: Tabelle DOZENT_VORLESUNG

Und nun die aus Tabelle 15-11 bekannte Tabelle SEMESTERGROESSE:

SEMESTERGROESSE	
Semester	AnzStud
TI 1	55
TI 2	51
NT 1	58
NT 2	50

Tabelle 15-15 Beispiel Hochschulbetrieb 4: Tabelle SEMESTERGROESSE

Der Vorteil ist, dass das Aktualisieren eines einzigen Attributs genügt, wenn ein Dozent den Fachbereich wechselt oder wenn sich der Dekan in einem Fachbereich ändert. Mit der Modellierung in vier Tabellen wird in diesem Beispiel die Einhaltung aller drei Normalformen erreicht.

Ziel sollte es grundsätzlich sein, Datenbanken so aufzubauen, dass sie (bis auf die Schlüssel) redundanzfrei sind. Allerdings existiert eine Korrelation zwischen der Stufe der Normalformen und der Anzahl der Tabellen. Komplexe Zugriffe auf mehrere Tabellen – meist mit Joins (siehe Kapitel 15.6.1.3) – sind dann gegeben, wenn eine große Anzahl von Tabellen mit nur wenigen Attributen existiert. Die Vor- und Nachteile sind vom Datenbankdesigner abzuwägen (siehe [Sch00]).

15.6 Einführung in die Structured Query Language

Structured Query Language (**SQL**) ist die Standardsprache für relationale Datenbanken. Sie wurde als Zugriffssprache für das von dem Mathematiker E. F. Codd aufgestellte relationale Datenmodell (siehe Kapitel 15.3) entwickelt. SQL stellt die praktische Umsetzung der sogenannten **relationalen Algebra** dar, auf die aus Platzgründen nicht eingegangen werden kann.

SQL ist eine Sprache zur:

- Datendefinition,
- Datenprüfung,
- strukturierten Abfrage,
- Aktualisierung,
- Sicherung der Konsistenz und
- Pflege des Datenbestandes.

SQL ist eine nichtprozedurale und mengenorientierte Sprache. Sie gehört zu den Programmiersprachen der vierten Generation. In diesen Sprachen wird nur noch ausgedrückt, wie ein Ergebnis aussehen soll und nicht – wie bei Programmiersprachen der dritten Generation – wie der Rechner zu diesem Ergebnis kommt. SQL ist die am meisten verbreitete Sprache für relationale Datenbanken. Dies liegt unter anderem auch daran, dass die ursprünglich von IBM entwickelte Sprache 1987 durch ANSI standardisiert wurde.

Die Meilensteine der Standardisierung sind:

- 1987   SQL wird erstmals durch ANSI standardisiert,
- 1989   erweiterter SQL Standard (Embedded SQL, Integrität),
- 1992   SQL-92 (auch SQL2 genannt),
- 1999   SQL:1999 (auch SQL3 genannt),
- 2003   SQL:2003 und
- 2008   SQL:2008 (noch nicht in allen Datenbanksystemen implementiert).

Die meisten Hersteller relationaler Datenbanken haben die Sprache SQL in ihrem Produkt um einige herstellerspezifische Anweisungen erweitert, da Standards üblicherweise der Entwicklung etwas hinterherhinken. Deshalb sind in den marktüblichen Datenbanksystemen weitere Anweisungen, die hier aber nicht aufgeführt werden, enthalten.

Wesentliche Eigenschaften von SQL sind:

- SQL entspricht in der Grundstruktur und den verwendeten Schlüsselwörtern der englischen Sprache und ist auf sehr wenige Befehle beschränkt und somit leicht zu erlernen.
- SQL ist Teil des Datenbankmanagementsystems (DBMS) und die einzige Schnittstelle, um mit der Datenbank auf logischer (z.B. durch CREATE TABLE, FOREIGN CONSTRAINT) oder externer Ebene (CREATE VIEW, JOINs) zu kommunizieren.
- SQL ist sowohl eine einfache Abfragesprache als auch ein Entwicklungswerkzeug für Anwendungsprogrammierer. Sämtliche Anwender, die mit der Datenbank arbeiten, sei es der Datenbankadministrator, ein Anwendungsentwickler oder ein normaler Benutzer, der lediglich Abfragen startet, arbeiten mit demselben Werkzeug.
- Sämtliche relationale Datenbanken, die SQL unterstützen, benutzen dieselbe standardisierte Sprache. Die Sprache muss somit vom Benutzer nur einmal erlernt werden. Er kann sie auf jedem beliebigen System – vom PC bis hin zum Großrechner – gleichermaßen einsetzen. Natürlich gibt es auch hier herstellerspezifische Befehle und Syntax. Diese Unterschiede äußern sich aber meist nur bei Zusatzfunktionen.

SQL arbeitet mit Datenbankobjekten und Operatoren auf diesen Objekten. Weiterhin verwaltet SQL Privilegien, die festlegen, wer welche Operation auf welchen Objekten ausführen darf.

Man kann die Sprache SQL in drei Kategorien einteilen:

DML (**Data Manipulation Language**) zur Manipulation von Datenbankteilen,
DDL (**Data Definition Language**) zur Definition der Datenbankschemata und
DCL (**Data Control Language**) zur Transaktions- und Rechteverwaltung.

15.6.1 Data Manipulation Language

Die Selektion bestimmter Datensätze bildet die Grundlage des manipulativen Teils von SQL. Nur selektierte Datensätze können auch geändert werden. Ebenfalls zur Data Manipulation Language (DML) gehört eine Anweisung zum Einfügen von neuen Daten in eine bereits vorhandene Tabelle.

Die Data Manipulation Language umfasst folgende Anweisungen:

- `SELECT`   Abfragen von Daten,
- `UPDATE`   Ändern von Daten,
- `DELETE`   Löschen von Datensätzen und
- `INSERT`   Einfügen von Datensätzen.

15.6.1.1 Abfragen mit der SELECT-Anweisung

Der `SELECT`-Befehl ist einer der mächtigsten Befehle der Sprache SQL. Er dient dazu, bestimmte Datensätze und Spalten aus einer Tabelle oder aus einer View[183] zu lesen. Das Ergebnis einer Abfrage (engl. **query**) hat wiederum die Form einer Tabelle. Eine `SELECT`-Anweisung besteht im Wesentlichen aus den folgenden Teilen, wobei die `DISTINCT`-, `WHERE`-, `GROUP BY`-, `HAVING`- und `ORDER BY`-Klauseln optional sind:

```
SELECT [DISTINCT] Selektionsliste
FROM QUELLE
[WHERE Where-Klausel]
[GROUP BY Group-By-Klausel
   [HAVING Having-Klausel]]
[ORDER BY (Sortierung [ASC|DESC])+];
```

Wird direkt hinter `SELECT` das Wort `DISTINCT` angegeben, so wird die Ausgabe von gleichen Datensätzen unterdrückt. Die Gleichheit bezieht sich dabei auf die Spalten, die in der `SELECT`-Klausel angegeben sind. Der Aufbau dieser Anweisung wird im Folgenden noch weiter erläutert.

> Das Grundgerüst einer SQL-Abfrage besteht im Wesentlichen aus der `SELECT`-, `FROM`- und `WHERE`-Klausel, weswegen es häufig auch als **SFW-Block** bezeichnet wird:
>
> - `SELECT` wählt die Spalte(n) aus,
> - `FROM` wählt die Tabelle(n) aus und
> - `WHERE` wählt die Zeile(n) aus.

---

[183] Eine View ist hier eine virtuelle Tabelle, die z. B. aus einer gespeicherten Datenbankabfrage entstanden ist. Sie ist temporär und nur im flüchtigen, nicht persistenten Speicher vorhanden (siehe Kapitel 15.6.2.1).

SELECT-Klausel

In der `SELECT`-Klausel werden die Spalten definiert, die in der Ergebnisrelation erscheinen sollen.

Diese Selektionsliste kann folgende Elemente enthalten:

*	Selektiert alle Spalten der Tabelle.
Spaltennamen	Namen von Spalten einer Tabelle. Die Eindeutigkeit muss gewährleistet sein.
Funktionen	Führen String-Operationen oder arithmetische Operationen über mehrere Spalten eines Datensatzes aus, wie z. B. die Berechnung von Jahresgehältern aus Monatsgehältern.
Gruppenfunktionen	Führen Berechnungen über alle Zeilen oder über Gruppen von Zeilen aus.
Konstanten	Konstante numerische oder alphanumerische Werte.

Die Elemente können miteinander kombiniert werden, wenn sie durch Kommata getrennt werden.

FROM-Klausel

Die `FROM`-Klausel enthält die Bezeichnung der Tabelle(n), aus der (denen) Daten selektiert werden sollen.

Eine Tabelle ist immer einem Schema zugeordnet. Das Schema kann mit einem Namensraum bei verschiedenen Programmiersprachen verglichen werden. In SQL werden Tabellen mit gleichem Namen, die aus unterschiedlichen Schemata stammen, durch Voranstellen des Schemanamens vor den Tabellennamen unterschieden. Zwischen dem Schemanamen und dem Tabellennamen wird ein Punkt als Trennzeichen verwendet.

Um die Handhabung zu erleichtern, können in den Anweisungen Namen von Tabellen und Views bzw. Spaltennamen daraus berechneter Ergebnisse durch **Aliasnamen** ersetzt werden. Dies geschieht einfach durch Anhängen des Alias mit Hilfe der `AS`-Klausel. Im weiteren Verlauf kann dann der Aliasname für manche Anweisungen im weiteren SQL-Befehl verwendet werden. Aliase von Spaltennamen können beispielsweise nur in `ORDER BY` genutzt werden.

Beispiel einer einfachen `SELECT`-Anweisung:

```
SELECT   Name, Vorname, Gehalt,
         12*Gehalt AS Jahresgehalt
FROM     MITARBEITER;
```

Diese Anweisung extrahiert aus der Tabelle MITARBEITER (siehe Seite 593) die Spalten Name, Vorname, Gehalt und fügt der Ergebnistabelle eine Spalte mit dem Jahresgehalt hinzu.

WHERE-Klausel – Zeilenfilter

Nachdem durch die SELECT-Klausel eine Selektion der Spalten ermöglicht wurde, werden mittels der WHERE-Klausel bestimmte Zeilen extrahiert. Die WHERE-Klausel enthält eine Bedingung, der die Zeilen entsprechen müssen, wenn sie mit in die Ergebnistabelle eingehen sollen.

Um Bedingungen für eine WHERE-Klausel zu formulieren, gibt es in SQL folgende Operatoren:

- arithmetische Operatoren (+, -, *, /, %),
- einfache Vergleichsoperatoren (=, <, >, <=, >=, <>, !=),
- logische Operatoren (AND, OR, NOT) und
- erweiterte Vergleichsoperatoren (BETWEEN, IN, LIKE, EXISTS, ANY, ALL).

Die ab hier folgenden Beispiele beziehen sich auf die Tabellen ab Seite 593. Zunächst soll die Verwendung der wichtigsten Operatoren verdeutlicht werden:

Eine einfache Abfrage mit einem Stringvergleich in einer WHERE-Klausel könnte folgendermaßen aussehen:

```
SELECT Vorname, Gehalt FROM MITARBEITER
    WHERE Name = 'Maier';
```

Diese Anweisung selektiert alle Zeilen, in denen die Spalte Name den Wert 'Maier' beinhaltet.

Eine WHERE-Klausel kann wiederum eine weitere SELECT-Anweisung enthalten. Eine **geschachtelte Abfrage** (engl. **subselect**) kann in der WHERE-Klausel folgendermaßen formuliert sein:

```
SELECT Abteilungsname FROM ABTEILUNG
WHERE abtlgNr IN (SELECT abtlgNr FROM MITARBEITER
            WHERE Name = 'Maier');
```

Es wird also ausgegeben, in welchen Abteilungen Personen mit Namen "Maier" arbeiten. Soll die Abfrage mit einer EXISTS-Klausel gelöst werden, kann diese Klausel nur in Verbindung mit einer geschachtelten Abfrage verwendet werden. EXISTS überprüft, ob bestimmte Zeilen vorhanden sind. Das folgende Beispiel soll dies verdeutlichen:

```
SELECT Abteilungsname FROM ABTEILUNG
WHERE EXISTS (SELECT * FROM MITARBEITER WHERE
            ABTEILUNG.abtlgNr = MITARBEITER.abtlgNr
            AND Name = 'Maier');
```

Datenorientierter Systementwurf

Bei diesem Beispiel wird eine korrelierte Unterabfrage angewendet. Dies bedeutet, dass in der inneren Abfrage ein Attribut der Tabelle der äußeren Abfrage verwendet wird. Das Attribut wird durch Voranstellen des Tabellennamens qualifiziert (`ABTEI-LUNG.abtlgNr`). Das Beispiel gibt alle Abteilungsnamen zurück, in denen ein Mitarbeiter namens "Maier" beschäftigt ist.

Für komplexere Stringvergleiche wird das Schlüsselwort `LIKE` verwendet. Es gehört zu den erweiterten Vergleichsoperatoren. Hier einige Beispiele:

```
... WHERE Name LIKE 'Ma%'      selektiert alle Zeilen mit Namen, die mit 'Ma'
                               anfangen.
... WHERE Name LIKE '%ai%'     selektiert alle Zeilen mit Namen, die 'ai' be-
                               inhalten, egal an welcher Stelle.
... WHERE Name LIKE '_aier'    selektiert alle Zeilen mit Namen, die fünf
                               Zeichen lang sind und mit 'aier' enden.
```

Zu beachten sind hierbei die verschiedenen **Platzhalter**, die bei einem Stringvergleich verwendet werden können:

- `%` repräsentiert kein, ein oder beliebig viele Zeichen,
- `_` repräsentiert genau ein Zeichen.

Mit den erweiterten Vergleichsoperatoren können relativ einfach bestimmte Wertebereiche abgefragt werden. Durch `BETWEEN <Wert1> AND <WERT2>` werden alle Zeilen erfasst, die zwischen den zwei Grenzwerten liegen oder gleich diesen Grenzwerten sind. Hier ein Beispiel:

```
... WHERE Name BETWEEN 'Holzmann' AND 'Maier'
```

selektiert alle Mitarbeiter, deren Namen im Alphabet zwischen den angegebenen Namen liegen.

Der Operator `IN` erlaubt es, ein Attribut mit einer Menge von Werten zu vergleichen. Das folgende Beispiel selektiert alle Zeilen, in denen der Name `'Maier'` oder `'Müller'` enthalten ist:

```
... WHERE Name IN ('Maier', 'Müller')
```

Logische Operatoren können wie in jeder anderen Programmiersprache angewandt werden. Die Auswertereihenfolge ist ebenfalls weitgehend identisch. Wie auch in anderen Programmiersprachen wird auch hier empfohlen, großzügig mit Klammern zu arbeiten, da dies die Lesbarkeit und Verständlichkeit erhöht.

Durch das folgende Beispiel:

```
... WHERE Name = 'Maier' AND (Abteilung = 'Vertrieb'
                          OR Abteilung = 'Entwicklung')
```

werden alle Mitarbeiter namens "Maier" in der Abteilung "Vertrieb" oder "Entwicklung" gefunden.

GROUP BY-Klausel – Aggregatfunktionen

In der `SELECT`-Klausel können, wie oben erwähnt, Gruppenfunktionen auftauchen, die ihr Ergebnis aus mehreren Zeilen berechnen. Diese **Gruppenfunktionen** werden auch **Aggregatfunktionen** genannt und liefern als Ergebnis einen Wert zurück.

> Aggregatfunktionen beziehen sich stets auf das Ergebnis einer Abfrage – nicht auf die Tabellen, auf denen die Abfrage durchgeführt wird – und immer auf die angegebene Spalte.

Enthält eine Spalte `NULL`-Werte, können unter Umständen unerwartete Ergebnisse entstehen, da `NULL`-Werte von den Gruppenfunktionen unterschiedlich gehandhabt werden.

Hier eine Übersicht über die wichtigsten Aggregatfunktionen:

- `COUNT`   Anzahl ausgewählter Zeilen,
- `AVG`   Durchschnitt der ausgewählten Werte,
- `SUM`   Summe der ausgewählten Werte,
- `MIN`   kleinster Wert und
- `MAX`   größter Wert.

`GROUP BY` führt eine Gruppenbildung durch. Dabei werden alle Zeilen zu einer Gruppe zusammengefasst, die in der angegeben Spalte dieselben Werte aufweisen. Wird bei Aggregatfunktionen eine `GROUP BY`-Klausel verwendet, beziehen sich die Aggregatfunktionen immer auf die gebildeten Gruppen.

Hierzu einige Beispiele für die Gruppierung mit Hilfe der `GROUP BY`-Klausel.

SELECT SUM(Gehalt) **FROM** MITARBEITER;

gibt als Ergebnis die Gesamtsumme aller Gehälter aus, während

SELECT abtlgNr, **SUM**(Gehalt)
    FROM MITARBEITER
    GROUP BY abtlgNr;

als Ergebnis für jede Abteilung die Summe aller Gehälter liefert. Hierfür werden alle Zeilen zu einer Gruppe zusammengefasst, die denselben Wert bei `abtlgNr` aufweisen. Die Summe wird für jede Gruppe berechnet und mitsamt der `abtlgNr` zurückgegeben. Die SQL-Abfrage

SELECT projektNr, aufgabe, **COUNT**(Dauer)
    FROM MA_PROJEKT
    GROUP BY projektNr, aufgabe;

liefert die Anzahl an Mitarbeitern der Tabelle `MA_PROJEKT` auf Seite 594, die an den einzelnen Aufgaben eines jeden Projekts beteiligt sind. Es wird also zuerst nach den beiden Attributen `projektNr` und `aufgabe` gruppiert. Somit entsteht für jede Aufgabe eine Gruppe pro Projekt. Für die so entstandenen Gruppen wird mit der `COUNT`-Funktion die Anzahl der beteiligten Mitarbeiter berechnet.

HAVING-Klausel – Gruppenfilter

Die `HAVING`-Klausel dient – wie die `WHERE`-Klausel – der Auswahl bestimmter Zeilen. Deshalb entspricht die Syntax der `HAVING`-Klausel der Syntax der `WHERE`-Klausel.

Im Gegensatz zur `WHERE`-Klausel bezieht sich die `HAVING`-Klausel jedoch nicht auf die einzelnen Zeilen, sondern auf die Gruppen, die durch die `GROUP BY`-Klausel erzeugt worden sind.

Die folgende Anweisung extrahiert alle Abteilungen, bei denen das Gesamtgehalt der Mitarbeiter über 100000 liegt, die Gehälter von Mitarbeitern namens "Maier" sollen dabei nicht berücksichtigt werden:

```sql
SELECT abtlgNr, SUM(Gehalt) FROM MITARBEITER
WHERE name <> 'Maier'
    GROUP BY abtlgNr
    HAVING SUM(Gehalt) > 100000;
```

Die `HAVING`-Klausel und die `WHERE`-Klausel können durchaus in derselben Anweisung verwendet werden. Dabei filtert die `WHERE`-Klausel alle Zeilen aus, die aufgrund eines Attributes nicht betrachtet werden sollen, während die `HAVING`-Klausel die Gruppen ausfiltert, die aufgrund des Ergebnisses einer Gruppenfunktion ausscheiden.

ORDER BY-Klausel

Die `ORDER BY`-Klausel sorgt für die Sortierung der Zeilen in der Ergebnistabelle einer `SELECT`-Anweisung. Hier ein Beispiel:

```sql
SELECT Name, Vorname, abtlgNr
    FROM MITARBEITER
    ORDER BY Name ASC, Vorname ASC;
```

Hier werden die Ergebnisse der `SELECT`-Anweisung aufsteigend sortiert. Die Sortierung kann durch den Zusatz `DESC` absteigend erfolgen. Kein Zusatz oder der Zusatz `ASC` verursacht eine aufsteigende Sortierung.

15.6.1.2 Mengenoperatoren

Das Ergebnis einer `SELECT`-Anweisung, d. h. die gefundenen Zeilen, stellt eine relationale Menge dar. Die leere Menge entspricht dabei 0 selektierten Zeilen. Relationale Mengen können mittels folgender Mengenoperatoren verknüpft werden:

- `UNION (ALL)`   Vereinigungsmenge zweier Ergebnismengen.
- `INTERSECT (ALL)`   Schnittmenge zweier Ergebnismengen.
- `MINUS (ALL)`   Zeilen, die in der ersten, nicht aber in der zweiten Menge vorkommen.
- `EXCEPT (ALL)`   Ist im Standard analog zu `MINUS`. Wird in manchen SQL-Dialekten alternativ zu `MINUS` verwendet.

Mit der Option ALL werden Duplikate in der Mengenoperation berücksichtigt.

Im folgenden Beispiel werden die Namen der Mitarbeiter und die Namen der Abteilungen zusammen ausgegeben. Die Abfragen müssen sich also nicht auf dieselbe Tabelle beziehen. Die Attributwerte der Ergebnistabelle müssen jedoch derselben Domäne entstammen. Hier das Beispiel:

```
SELECT Name FROM MITARBEITER
    UNION
SELECT Abteilungsname AS Name FROM ABTEILUNG;
```

15.6.1.3 JOIN – Verknüpfung von Tabellen

Datenbanken halten ihre Daten normalerweise in verschiedenen Tabellen. Somit muss es eine Möglichkeit geben, Abfragen über mehrere Tabellen zu formulieren. Das Konstrukt, das dies ermöglicht, heißt `JOIN` und hat die folgende Syntax:

```
FROM TABELLE1 [JOIN-Typ] JOIN TABELLE2 [ON (JOIN-Bedingung)];
```

Die wichtigsten `JOIN`-Typen in SQL sind:

- `INNER`: Es werden nur die Tupel ausgegeben, die in allen beteiligten Tabellen Übereinstimmungen haben, z. B. alle Mitarbeiter, die einem bestimmten Projekt zugeordnet sind.
- `OUTER`: Es werden auch Tupel berücksichtigt, die in den anderen beteiligten Tabellen keine Übereinstimmungen haben. Ein `OUTER JOIN` liefert z. B. auch Mitarbeiter, die keinem Projekt zugeordnet sind.

Wird weder `INNER` noch `OUTER` vor dem Schlüsselwort `JOIN` angegeben, so wird automatisch ein **INNER JOIN** durchgeführt. Ein **OUTER JOIN** kann noch weiter unterteilt werden:

Datenorientierter Systementwurf

- **LEFT OUTER JOIN**: Enthält alle Datensätze der "linken" Tabelle, auch wenn es keine passenden Datensätze in der "rechten" Tabelle gibt.
- **RIGHT OUTER JOIN**: Enthält alle Datensätze der "rechten" Tabelle, auch wenn es keine passenden Datensätze in der "linken" Tabelle gibt.
- **FULL OUTER JOIN**: Enthält alle Datensätze der "linken" und "rechten" Tabelle, auch wenn es keine passenden Datensätze gibt.

Alle Felder der Ergebnisrelation, die bei einem OUTER JOIN keine Übereinstimmung in den beteiligten Tabellen haben, werden mit NULL-Werten gefüllt.

Mit einer SQL-Abfrage soll nun als Beispiel ermittelt werden, welcher Mitarbeiter an welcher Aufgabe arbeitet (siehe Tabelle MA_PROJEKT auf Seite 594):

SELECT MITARBEITER.Name, MITARBEITER.Vorname, MA_PROJEKT.Aufgabe
FROM MITARBEITER, MA_PROJEKT;

Diese Anweisung bildet das kartesische Produkt[184] der beiden Tabellen. Dabei werden zwangsläufig Zeilen entstehen, die die Realität falsch wiedergeben, weil jeder Mitarbeiter plötzlich an jeder Aufgabe mitarbeitet.

Das folgende Beispiel soll den oben aufgeführten SQL-Befehl anhand der Tabellen MITARBEITER und MA_PROJEKT, die für dieses Beispiel auf jeweils zwei Datensätze gekürzt wurden, verdeutlichen. Durch das kartesische Produkt entstehen fehlerhafte Datensätze, da beide Mitarbeiter laut der Ausgabe an beiden eingetragenen Projekten beteiligt sind. Ein solcher fehlerhafter Datensatz ist beispielsweise der zweite Datensatz der Ausgabe (siehe Tabelle 15-18), da Hugo Müller nicht mit der Aufgabe Test beauftragt ist. Hier zunächst die Tabelle MITARBEITER:

persNr	name	vorname	abtlgNr#	gehalt
131	Maier	Herbert	1	3100.00
123	Müller	Hugo	2	2800.00

Tabelle 15-16 Zwei Datensätze der Tabelle MITARBEITER

Und nun die Tabelle MA_PROJEKT:

projektNr	persNr#	aufgabe	dauer
2	131	Test	10
1	123	Layout	30

Tabelle 15-17 Zwei Datensätze der Tabelle MA_PROJEKT

---

[184] Das kartesische Produkt ist die Menge aller möglichen Kombinationen der Werte der Tabellen.

Es folgt die Ausgabe des kartesischen Produkts:

name	vorname	aufgabe
Maier	Herbert	Test
Müller	Hugo	Test
Maier	Herbert	Layout
Müller	Hugo	Layout

Tabelle 15-18 Ergebnistabelle des kartesischen Produkts

Durch die `JOIN`-Bedingung muss die Teilmenge des kartesischen Produktes ermittelt werden, die die Realität widerspiegelt. In diesem Fall benötigt man nur die Datensätze, in denen die `persNr` aus `MITARBEITER` und aus `MA_PROJEKT` übereinstimmen. Die gesuchte Abfrage lautet somit:

```
SELECT MITARBEITER.Name, MITARBEITER.Vorname, MA_PROJEKT.Aufgabe
FROM MITARBEITER
INNER JOIN MA_PROJEKT ON MITARBEITER.persNr = MA_PROJEKT.persNr;
```

Dieser Ausdruck ist äquivalent zu:

```
SELECT MITARBEITER.Name, MITARBEITER.Vorname, MA_PROJEKT.Aufgabe
FROM MITARBEITER, MA_PROJEKT
WHERE MITARBEITER.persNr = MA_PROJEKT.persNr;
```

Da die Spalte `persNr` in beiden Tabellen vorkommt, muss der Eindeutigkeit wegen der Tabellenname mit angegeben werden.

Die folgende Tabelle zeigt die durch einen `INNER JOIN` aus den zwei Tabellen `MITARBEITER` (siehe Tabelle 15-3) und `MA_PROJEKT` (siehe Tabelle 15-5) entstandene Ergebnistabelle:

MITARBEITER.Name	MITARBEITER.Vorname	MA_PROJEKT.Aufgabe
Maier	Herbert	Test
Berger	Karl	Implementierung
Müller	Hugo	Layout
Fischle	Amadeus	Implementierung

Tabelle 15-19 Ergebnistabelle nach einem `INNER JOIN`

Die Personalnummern (`persNr`) 134 und 135 kommen nicht in beiden Tabellen vor, daher sind sie in der Ergebnistabelle nicht enthalten.

Der folgende `OUTER JOIN`:

```
SELECT MITARBEITER.Name, MITARBEITER.Vorname, MA_PROJEKT.Aufgabe
FROM MITARBEITER
FULL OUTER JOIN MA_PROJEKT ON MITARBEITER.persNr =
MA_PROJEKT.persNr;
```

ergibt die folgende Ergebnistabelle:

MITARBEITER.Name	MITARBEITER.Vorname	MA_PROJEKT.Aufgabe
Maier	Herbert	Test
Berger	Karl	Implementierung
Müller	Hugo	Layout
Fischle	Amadeus	Implementierung
Kaiser	Fridolin	NULL
NULL	NULL	Planung

Tabelle 15-20 Ergebnistabelle nach einem `FULL OUTER JOIN`

Es erscheinen jetzt alle Datensätze beider Tabellen in der Ergebnistabelle. Attribute einer Tabelle, die der anderen Tabelle nicht zugeordnet werden können, werden mit `NULL` aufgefüllt.

15.6.1.4 Umsetzung der SELECT-Anweisung in Operationen der relationalen Algebra

Die Anweisungen der Sprache SQL werden innerhalb des Datenbanksystems auf Operationen der relationalen Algebra[185] umgesetzt.

Zunächst werden die Anweisungen (siehe Beispiel weiter unten) semantisch und syntaktisch geprüft. Lässt man Optimierungsprozesse außer Acht, läuft die Umsetzung einer `SELECT`-Anweisung folgendermaßen ab:

1. Bei der Verwendung eines `JOIN` wird zuerst das kartesische Produkt über die Tabellen gebildet.
2. Aufgrund der `WHERE`-Klausel werden Zeilen selektiert.
3. Das Ergebnis wird entsprechend der `SELECT`-Klausel auf die gewünschten Spalten projiziert.

Nach jedem Schritt entsteht eine temporäre Ergebnistabelle.

Beispiel:

In der Tabelle `MITARBEITER` seien 500 Angestellte, davon 50 im Vertrieb. In der Tabelle `ABTEILUNG` seien 30 Abteilungen. Jeder Mitarbeiter ist in genau einer Abteilung tätig.

---

[185] Die relationale Algebra wird im Rahmen dieses Buchs nicht erklärt.

Das folgende Beispiel soll zeigen, wie aus zwei relativ kleinen Tabellen durch das Verknüpfen der Tabellen schnell große Datenmengen entstehen können. Die `SELECT`-Anweisung lautet:

SELECT M.Name, A.Abteilungsname
FROM MITARBEITER **AS** M, ABTEILUNG **AS** A
WHERE A.Abteilungsname = 'Vertrieb' **AND** M.abtlgNr = A.abtlgNr;

Der Ablauf der `SELECT`-Anweisung ist im folgenden Bild dargestellt:

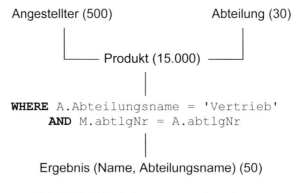

Bild 15-18 Ablauf einer `SELECT`-Anweisung

Durch die sequenzielle Abarbeitung der Operationen entstehen theoretisch enorm große temporäre Tabellen.

Aufgabe sogenannter **Optimierer** ist es, die Reihenfolge und Art der Umsetzung so anzupassen, dass die Anzahl der Zeilen in den temporären Tabellen möglichst klein gehalten wird, wobei die Geschwindigkeit der Abarbeitung mit berücksichtigt werden muss. Hier sind insbesondere Indizes hilfreich, die z. B. für Primärschlüssel bei den meisten DBMS automatisch angelegt werden. Durch Indizes lässt sich das Berechnen des großen kartesischen Produkts vermeiden.

Bei redundanzfreier Datenhaltung in verschiedenen Tabellen, die dann per `JOIN` verbunden werden, hilft der Optimierer insbesondere bei sehr großen Datenmengen, viele langsame Festplattenzugriffe zu vermeiden. Somit ist die Aussage "JOINs sind langsam" oft falsch.

15.6.1.5 INSERT

Die `INSERT`-Anweisung fügt in eine bestehende Tabelle Datensätze ein. Sie benötigt dazu die Angabe des Tabellen- und Spaltennamens sowie die Werte, die eingetragen werden sollen. Zum Einfügen einer Zeile wird die `VALUES`-Klausel verwendet. Hier die Syntax:

INSERT INTO TABELLE [(Spalte+)] **VALUES** ((Konstante+));

Diese Anweisung schreibt eine neue Zeile in die Tabelle TABELLE mit den Werten, die nach VALUES angegeben sind. Das + in der Definition sagt aus, dass der voranstehende Ausdruck mindestens einmal, aber auch mehrfach in Form einer Liste vorkommen darf. Das folgende Beispiel schreibt eine Zeile in die Tabelle PROJEKT:

INSERT INTO PROJEKT (projektNr, Name) **VALUES** (4, 'Portierung');

Eine INSERT-Anweisung kann auch mit einem SFW-Block[186] verknüpft werden:

INSERT INTO TABELLE [(Spalte+)] SFW-Block;

Die Ergebnisdatensätze des SFW-Blocks werden dann in die Tabelle TABELLE eingefügt. Ein Beispiel ist im Folgenden zu sehen.

Die folgende Anweisung schreibt diejenigen Zeilen in die Tabelle TABELLE, die durch die SELECT-Anweisung erzeugt werden. Die Anzahl und die Datentypen in der Spaltenauswahl der SELECT-Anweisung müssen denen der INSERT-Anweisung entsprechen. Das folgende Beispiel fügt die Namen und Telefonnummern aller Datensätze aus der Tabelle MITARBEITER, die mit "Ma" anfangen, in die Tabelle TELEFONBUCH ein. Die Telefonnummern werden ermittelt, indem auf die jeweilige Personalnummer der Wert 4000 addiert wird:

INSERT INTO TELEFONBUCH (Name, Telefonnr)
    SELECT Name, 4000 + persNr **FROM** MITARBEITER
WHERE Name **LIKE** 'Ma%';

15.6.1.6 UPDATE

Mit der UPDATE-Anweisung können ein oder mehrere bereits bestehende Felder einer Tabelle geändert werden. Hierfür können einzelne oder mehrere Spalten mit Werten, die durch Kommata getrennt werden, angegeben werden. Die WHERE-Klausel selektiert die Datensätze, die aktualisiert werden sollen. Hier die Syntax:

UPDATE TABELLE **SET** (Spalte = Ausdruck)+ [**WHERE** Where-Klausel];

Das folgende Beispiel ändert die Attribute telefonnr und Name für den Eintrag 'Maier' in der Tabelle TELEFONBUCH:

UPDATE TELEFONBUCH **SET** telefonnr = 9131, Name = 'Maier-Abt'
    WHERE Name = 'Maier';

Die WHERE-Klausel kann auch eine Unterabfrage (Subselect) enthalten, die mit Hilfe eines SFW-Blocks die Zeilen selektiert, die geändert werden sollen. Dasselbe gilt für die SET-Klausel. Auch sie kann ein Subselect mit einem SFW-Block enthalten. Hierbei wird das Ergebnis des SFW-Blocks als neuer Inhalt in die angegebene Spalte geschrieben. Hier die Syntax:

UPDATE TABELLE **SET** (Spalte = (SFW-Block))+ [**WHERE** (SFW-Block)];

---

[186] SFW-Block steht als Abkürzung für eine Select-From-Where-Anweisung.

> Das Ergebnis des Subselects in der SET-Klausel muss **skalar** sein. Das heißt, dass der SFW-Block nur einen einzigen Wert zurückliefern darf.

Im nächsten Beispiel wird aus der Tabelle MITARBEITER die Personalnummer des Mitarbeiters "Maier" ausgewählt und ein Wert von 4000 hinzuaddiert. Dieser neu ermittelte Wert ersetzt in der Tabelle TELEFONBUCH die Telefonnummer 9131:

```
UPDATE TELEFONBUCH SET Telefonnr =
    (SELECT 4000 + persNr FROM MITARBEITER WHERE Name = 'Maier')
WHERE Telefonnr = 9131;
```

15.6.1.7 DELETE

DELETE löscht eine oder mehrere Zeilen aus einer Tabelle. Mit der WHERE-Klausel werden die zu löschenden Zeilen spezifiziert. Fehlt die WHERE-Klausel oder ist sie nicht eindeutig, werden mehrere Zeilen oder sogar der ganze Inhalt der Tabelle gelöscht.

Die Syntax lautet:

```
DELETE FROM TABELLE [WHERE Where-Klausel];
```

Das folgende Beispiel löscht den Eintrag bzw. alle Einträge namens 'Maier' aus der Tabelle TELEFONBUCH:

```
DELETE FROM TELEFONBUCH WHERE Name = 'Maier';
```

Beim Löschen von Datensätzen können Update-Anomalien bzw. in diesem Fall Delete-Anomalien entstehen. Wird zum Beispiel Herr "Maier" aus der Tabelle TELEFONBUCH gelöscht, sollten auch alle anderen Datensätze aus anderen Tabellen, die diesen Datensatz referenzieren, gelöscht werden. Das automatische Löschen aller voneinander abhängigen Datensätze wird mit Hilfe von Constraints realisiert (siehe Kapitel 15.7).

15.6.2 Data Definition Language

Die **Data Definition Language** (**DDL**) dient auf konzeptioneller Datenbankebene der Erstellung, Änderung und dem Löschen von Datenbankobjekten wie z. B. Tabellen. Demzufolge gehören dazu die Anweisungen:

- CREATE,
- ALTER und
- DROP.

15.6.2.1 CREATE

Mit Hilfe der `CREATE`-Klausel können neue Tabellen oder eine Indexstruktur erzeugt werden. Hierbei ist es möglich, Metadaten aus einer anderen Tabelle in eine neue Tabelle zu übernehmen oder eine leere Tabelle mit der angegebenen Struktur zu erstellen.

CREATE TABLE

`CREATE TABLE` definiert eine neue Tabelle. Die Parameter enthalten den Tabellennamen und die Spalten. Für jede Spalte muss der Datentyp und das Constraint `NULL/NOT NULL` angegeben werden (Default ist `NULL`). Das Constraint besagt, ob der Wert dieser Spalte leer bleiben darf oder ob ein Wert angegeben werden muss. Hier die Syntax:

```
CREATE TABLE TABELLE
    (Spalte Datentyp [NULL/NOT NULL] [PRIMARY KEY])+
    [, FOREIGN KEY (Spalte+) REFERENCES TABELLE2 (Spalte+)];
```

Mit `PRIMARY KEY` kann eine Spalte der neuen Tabelle als Primärschlüssel oder Teil des Primärschlüssels definiert werden. Der Primärschlüssel kann wiederum in einer anderen Tabelle mit Hilfe von `FOREIGN KEY` als Fremdschlüssel referenziert werden. Ist eine Spalte als Schlüssel definiert, sollte sie immer mit dem Attribut `NOT NULL` angelegt werden, da ein Schlüssel immer eindeutig sein muss, was nicht gewährleistet ist, wenn `NULL`-Werte erlaubt sind. Constraints, die zusätzlich beim Erstellen einer Tabelle angegeben werden können, werden in Kapitel 15.7 beschrieben.

> Die Fremdschlüssel-Beziehungen sollten möglichst immer definiert werden, da sie die Verletzung der referenziellen Integrität durch `UPDATE`, `INSERT` oder `DELETE` verhindern. Des Weiteren wird hierdurch kaskadiertes Löschen und Ändern erst möglich.

Daten können – wie bereits oben erwähnt – aus einer anderen Tabelle übernommen werden. Hierfür wird die `SELECT INTO`-Klausel verwendet. Mit ihrer Hilfe können sowohl die Struktur als auch die Daten der angegebenen Tabelle übernommen werden. Hier die Syntax:

`SELECT (Spalte+) INTO NEUTABELLE FROM ALTTABELLE;`

Das nächste Beispiel zeigt, wie die neue Tabelle `TELEFONBUCH` aus der bereits vorhandenen Tabelle `MITARBEITER` erstellt werden kann:

`SELECT Name, 4000+persNr AS Telefonnr INTO TELEFONBUCH FROM MITARBEITER;`

`4000+persNr AS Telefonnr` bedeutet das für jeden Mitarbeiter eine Telefonnummer erzeugt wird, die seiner Personalnummer plus 4000 entspricht. Aus einer Personalnummer von 10 wird somit die Telefonnummer 4010.

CREATE VIEW

Eine **virtuelle Tabelle** – auch **View** genannt – ist eine Tabelle, die nicht physisch vorhanden ist. Das heißt, eine View ist nur temporär für den Benutzer im Speicher vorhanden. Ihr Inhalt ist das Ergebnis eines SQL-Statements. Für Abfragen kann eine View wie eine normale Tabelle benutzt werden. Änderungen in den Daten der Basistabellen spiegeln sich sofort in den Daten der View wider, da bei jeder Benutzung der View die Daten aktualisiert werden.

Eine View kann in SQL mit der folgenden Anweisung erstellt werden:

CREATE VIEW VIEWNAME [(Spalte+)] **AS** SFW-Block;

In späteren Anweisungen kann über VIEWNAME auf die Tabelle zugegriffen werden. Die so entstandene virtuelle Tabelle verhält sich bei Abfragen wie eine normale, physisch auf dem Datenträger vorhandene Tabelle und kann auch genauso benutzt werden.

Sollen z. B. dem Benutzer öfter alle Mitarbeiter aus Abteilung 1 angezeigt werden, so bietet sich eine View an. Das folgende Beispiel erzeugt eine View namens ABTEILUNG1:

CREATE VIEW ABTEILUNG1 **AS**
    SELECT persNr, Name, Vorname, Gehalt **FROM** MITARBEITER
    WHERE abtlgNr = 1;

Alle weiteren Operationen, wie z. B. die Suche nach einer bestimmten Person bzw. einem bestimmten Gehalt, können nun auch auf der View ausgeführt werden.

CREATE INDEX

Mit Hilfe von Indizes lassen sich Daten schneller in Tabellen finden. Damit nicht bei jeder Abfrage die ganze Tabelle gelesen werden muss, werden sogenannte Indizes erstellt. Ein Index ist ein auf Geschwindigkeit optimierter Suchbaum oder Hash-Wert (siehe Kapitel 15.2), der die Daten einer Tabelle oder Spalte indiziert. Hier die Syntax:

CREATE [**UNIQUE**] **INDEX** Index-Name
   ON TABELLENNAME (Spalte [**ASC**|**DESC**]+);

Die Anweisung erzeugt einen Index auf eine Tabelle bzw. – falls angegeben – auf eine Spalte. UNIQUE bewirkt, dass nur eindeutige Indizes vorkommen dürfen. Die optionalen Parameter ASC bzw. DESC bewirken eine auf- bzw. absteigende Sortierung der Indizes.

Im vorherigen Beispiel wurde eine View mit allen Mitarbeitern der Abteilung 1 erzeugt. Es kann vorkommen, dass die erzeugte View sehr viele Einträge enthält. Um dann das Suchen nach einem bestimmten Namen zu beschleunigen, kann ein Index IdxAbteilung1Name für die Spalte Name erzeugt werden. Dies wird im folgenden Beispiel veranschaulicht:

```
CREATE INDEX IdxAbteilung1Name ON Abteilung1 (Name ASC);
```

15.6.2.2 ALTER

Mit Hilfe der `ALTER`-Anweisung kann die Struktur einer Tabelle geändert werden. Dazu gehört z. B. das Löschen oder Hinzufügen von Spalten. Es ist auch möglich, den Spaltennamen oder den Datentyp einer Spalte nachträglich zu ändern. Die folgenden Beispiele sollen die Verwendung der `ALTER`-Anweisung verdeutlichen:

Beispiel 1 Hinzufügen:
```
ALTER TABLE TABELLE
    ADD Spalte Datentyp;
```

Beispiel 2 Ändern:
```
ALTER TABLE TABELLE
    MODIFY Spalte Datentyp;
```

Beispiel 3 Löschen:
```
ALTER TABLE TABELLE
    DROP Spalte;
```

15.6.2.3 DROP

`DROP` löscht ein Datenbankobjekt. Dazu muss der Objekttyp und der Objektname angegeben werden. Die folgenden Beispiele sollen die Verwendung der `DROP`-Anweisung veranschaulichen:

```
DROP TABLE TABELLE;
DROP INDEX INDEX;
DROP VIEW SICHT;
```

Bei `DROP` gilt es zu beachten, dass bestehende Integritätsregeln nicht verletzt werden dürfen. Das kann der Fall sein, wenn es z. B. einen Fremdschlüssel auf die zu löschende Tabelle gibt.

15.6.3 Data Control Language

Die **Data Control Language** (**DCL**) ist der Teil von SQL, mit dem die Berechtigungen einer Datenbank verwaltet und Transaktionen kontrolliert werden können. Deswegen wird die DCL auch als Datenüberwachungssprache bezeichnet. Zur DCL gehören folgende Anweisungen:

- `COMMIT` — Bestätigen bzw. Festschreiben einer Transaktion,
- `ROLLBACK` — eine noch nicht festgeschriebene Transaktion rückgängig machen,
- `GRANT` — Rechte gewähren oder
- `REVOKE` — Rechte entziehen.

15.6.3.1 Transaktionsverarbeitung

Eine Transaktion ist eine logisch zusammengehörende Arbeitseinheit, die eine oder mehrere SQL-Anweisungen enthält.

Die Auswirkungen aller zur Transaktion gehörenden Anweisungen müssen gemeinsam festgeschrieben oder zurückgenommen werden. Ohne die Mechanismen der Transaktionsverarbeitung (siehe Kapitel 15.6.3.1) könnten sich die Daten während einer Transaktion in einem inkonsistenten Zustand befinden. Je länger eine Transaktion dauert – evtl. Warten auf Eingaben inbegriffen –, umso mehr steigt die Wahrscheinlichkeit, dass Probleme auftreten, die das Weiterarbeiten verhindern. Ein Beispiel für eine Transaktion ist die Buchung von Geldbeträgen von einem Konto zu einem anderen. Ohne Transaktion könnte beispielsweise ein Betrag von einem Konto abgebucht, nicht jedoch auf das andere Konto gutgeschrieben werden, da nach der Abbuchung etwa das Programm abstürzt.

Die Änderungen während einer Transaktion werden durch das DBMS solange, bis die Eingabe bestätigt wird, in sogenannten **Rollback-Segmenten** gespeichert und erst bei Bestätigung durch Commit in die Tabellen übertragen.

SQL-Datenbanken sind wegen des ACID-Prinzips (siehe Kapitel 15.1) von Grund auf transaktionsbasiert. Änderungen werden erst dann dauerhaft in der Datenbank gespeichert, wenn der zu ändernde Datensatz nicht durch eine andere Transaktion gesperrt ist und keine Fehler aufgetreten sind. Dies geschieht automatisch im Hintergrund. Besonders kritische Abschnitte, die entweder insgesamt oder gar nicht durchgeführt werden müssen, können aber vom Datenbankentwickler per Hand in einem Transaktionsblock zusammengefasst werden. War die Ausführung des Blocks erfolgreich, werden alle Änderungen dieses Blocks dauerhaft in der Datenbank gespeichert. Trat ein Fehler während der Ausführung des Blocks auf, werden alle Änderungen dieses Blocks wieder rückgängig gemacht. Leider ist die Syntax von Transaktionen von Hersteller zu Hersteller sehr unterschiedlich. Das folgende Bild visualisiert ein Beispiel einer Transaktion:

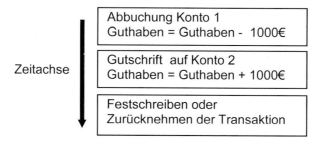

Bild 15-19 Transaktionsverarbeitung

SQL bietet für die Transaktionsverarbeitung die Anweisungen `COMMIT` und `ROLLBACK`.

`COMMIT` dient dabei der Bestätigung und dem Festschreiben der Änderungen und `ROLLBACK` nimmt alle noch nicht bestätigten Anweisungen zurück.

Um die Integrität der Daten bei einem Multi-User-System zu gewährleisten, müssen Tabellenzeilen oder vollständige Tabellen für die Dauer einer Transaktion für andere Anwender gesperrt werden.

SQL hält dazu den `LOCK`-Befehl bereit. Da allerdings alle gängigen Datenbanksysteme die Sperrung automatisch bei datenmanipulierenden Anweisungen wie `UPDATE`, `INSERT` oder `DELETE` veranlassen, wird der `LOCK`-Befehl nur äußerst selten verwendet.

15.6.3.2 Objektprivilegien

SQL stellt Anweisungen bereit, um den Zugriff auf Daten und Strukturen zu verhindern und um die Datensicherheit zu gewährleisten. Datenbankanwendern werden **Privilegien (Zugriffsrechte)** auf Datenbankobjekte gewährt oder entzogen. Man unterscheidet die folgenden Privilegien:

- `CREATE`   Erstellen eines Objekts,
- `ALTER`   Ändern eines Objekts,
- `DELETE`   Löschen eines Objekts,
- `INSERT`   Einfügen neuer Zeilen in Tabellen oder Views,
- `SELECT`   Selektion aus einer Tabelle bzw. View und
- `UPDATE`   Ändern von Daten in einer Tabelle oder View

Mit der **GRANT**-Anweisung werden einem bestimmten Benutzer oder einer bestimmten Rolle Privilegien erteilt und mit **REVOKE** wieder entzogen. Die Syntax enthält:

GRANT Privileg+ **ON** TABELLE **TO** (**PUBLIC**|Benutzername)
    [**WITH GRANT OPTION**];

REVOKE Privileg+ **ON** TABELLE **FROM** (**PUBLIC**|Benutzername);

Wie bereits erklärt, bedeutet das + an Privileg, dass das Privileg (create, alter, delete, usw.) mindestens einmal oder mehrfach vorkommen darf.

`PUBLIC` erteilt bzw. entzieht **allen** Benutzern bzw. Rollen die angegeben Privilegien. Werden Rechte mit `WITH GRANT OPTION` an einen Benutzer vergeben, darf dieser Benutzer die ihm erteilten Privilegien auch an andere Benutzer weitergeben.

Die oben aufgeführten Privilegien sind standardisiert. Die meisten Datenbanksysteme haben jedoch noch speziellere, nicht standardisierte Befehle, die eine viel feingranularere Benutzer- und Rechteverwaltung ermöglichen.

15.7 Constraints

Relationale Datenbanken bieten Mechanismen, um bestimmte **Integritätsbedingungen** zu formulieren. Im Prinzip sind dies Einschränkungen, weshalb diese Mechanismen als Constraints bezeichnet werden. Wurde eine solche Einschränkung verletzt, wird z. B. das Einfügen eines Datensatzes abgelehnt oder die noch nicht festgeschriebene Transaktion rückgängig gemacht (Rollback). Dies hat den großen Vorteil, dass die Überprüfung der Einschränkungen nicht dem jeweiligen Programmierer obliegt. So kann zum Beispiel eine Transaktion durch das DBMS abgebrochen und der Ausgangszustand wiederhergestellt werden, falls ein Constraint verletzt wurde. Das DBMS kann auch die Eingabe weiterer Daten zur Wiederherstellung der Integrität einfordern. Typische Constraints in einem relationalen DBMS sind:

- `UNIQUE` – Ein Wert in einer Spalte darf nur einmal vorkommen.
- `NOT NULL` – Eine Spalte der Datenbank darf keine `NULL`-Werte (undefinierte Werte) enthalten.
- `ON UPDATE xxx` bzw. `ON DELETE xxx` – Definieren, was bei Änderungen bzw. beim Löschen von Datensätzen in den referenzierten Tabellen geschehen soll, um die referenzielle Integrität sicherzustellen.
- `CHECK` – Bedingungen, die bei der Eingabe von Daten erfüllt sein müssen, werden überprüft, wie z. B., dass ein Monat nur aus Werten von 1 bis 12 bestehen darf.

Der SQL-Standard bietet folgende drei Möglichkeiten, um die referenzielle Integrität beim Löschen eines Datensatzes zu gewähren:

- `ON DELETE NO ACTION` – Ein Löschen eines Datensatzes mit einem Schlüssel, der gleichzeitig als Fremdschlüssel in anderen Tabellen fungiert, wird zurückgewiesen. Es wird ein Fehler geworfen und es kommt zu einem Rollback des `DELETE`-Statements. Dies ist bei den meisten DBMS die Default-Einstellung.
- `ON DELETE CASCADE` – Es wird in allen referenzierten Tabellen kaskadierend gelöscht.
- `ON DELETE SET NULL` – Der Fremdschlüssel einer Tabelle wird beim Löschen eines vom Fremdschlüssel referenzierten Datensatzes auf `NULL` gesetzt.

Einen Fremdschlüssel auf einen `NULL`-Wert zu setzen, hört sich im ersten Moment nicht sehr sinnvoll an. In Kapitel 15.3.4 wurde beschrieben, dass Primärschlüssel keine `NULL`-Werte enthalten dürfen. Da es sich in diesem Fall jedoch in der referenzierten Tabelle um einen Fremdschlüssel und nicht um einen Primärschlüssel handelt, ist es in Ordnung und auch sinnvoll, wie es sich am Beispiel der Tabelle MITARBEITER auf Seite 593 zeigt. `abtlgNr` ist dort ein Fremdschlüssel, der auf die Tabelle ABTEILUNG verweist. Wird zum Beispiel Abteilung 2 aufgelöst und in der Tabelle gelöscht, so wird der Mitarbeiter Hugo Müller nicht automatisch gelöscht. Der Fremdschlüsselwert `abtlgNr` des Mitarbeiters Müller wird auf einen `NULL`-Wert gesetzt. Das bedeutet, dass die Zugehörigkeit des Mitarbeiters Müller zu einer Abteilung undefiniert ist.

Constraints werden schon beim Erzeugen bzw. Ändern von Tabellen definiert. Von Beginn an ist daher definiert, wie sich eine Tabelle verhalten soll, wenn z. B. ein Datensatz gelöscht wird. Damit es beim Löschen von Datensätzen nicht zu Karteileichen kommt, kann beim Erzeugen einer Tabelle das Constraint `ON DELETE CASCADE` angegeben werden. Das folgende Beispiel zeigt die Verwendung von `ON DELETE` im Zusammenhang mit `CASCADE`:

```
CREATE TABLE MA_PROJEKT
(
  projektNr integer NOT NULL,
  persNr integer NOT NULL,
  Aufgabe character varying(255),
  Dauer integer,
  CONSTRAINT fk_projekt_ma_projekt FOREIGN KEY (projektnr)
      REFERENCES PROJEKT (projektnr)
      ON DELETE CASCADE
);
```

In diesem Beispiel wird die Tabelle MA_PROJEKT von Seite 594 angelegt. Wird nun aus der Tabelle PROJEKT ein Datensatz gelöscht, werden automatisch alle dazugehörigen Einträge in der Tabelle MA_PROJEKT gelöscht. Die Integritätsbedingung lautet in diesem Fall: Ohne Projekt darf es keine Aufgaben für Mitarbeiter geben.

Umfangreiche Prüfungen können mit sogenannten **Triggern** realisiert werden. Hierbei können komplexe Funktionen zur Integritätsprüfung von Eingabedaten hinterlegt werden. Tritt das im Trigger definierte Ereignis ein, wird die hinterlegte Funktion ausgeführt. Trigger dürfen von allen Clients einer Datenbank ausgeführt werden. Sie müssen also nicht mehrfach programmiert werden. Die Syntax eines Triggers lautet wie folgt:

```
CREATE TRIGGER <Triggername>
{BEFORE|AFTER}
{INSERT|DELETE|UPDATE}
[OF (Spalte+)]
ON <Tabellenname>
[REFERENCING [OLD AS AlterName] [NEW AS NeuerName]]
[FOR EACH {ROW|STATEMENT}]
[WHEN (<Triggerbedingung>)]
<Trigger SQL Statement>;
```

Trigger können wahlweise vor (BEFORE) oder nach (AFTER) einer Änderung an einer referenzierten Tabelle ausgeführt werden.

Ein Trigger kann bei Einfüge- (INSERT-), Änderungs- (UPDATE-) oder Lösch- (DELETE-) Operationen ausgelöst werden. Mit der ON-Klausel wird angegeben, bei welcher Tabelle dies geschehen soll und mit einer optionalen OF-Klausel können zusätzlich eine oder mehrere Spalten spezifiziert werden.

Mit Hilfe der REFERENCING-Klausel kann mit AlterName auf den Wert der angegebenen Spalte **vor** einer DELETE- oder UPDATE-Anweisung zugegriffen werden. Entsprechend kann mit NeuerName auf den Wert **nach** einer Änderung mit INSERT oder UPDATE zugegriffen werden.

Ein Trigger kann für ein einzelnes SQL-Statement (`FOR EACH STATEMENT`) oder bei jeder einzelnen Änderung eines Datensatzes bzw. einer Zeile (`FOR EACH ROW`) ausgeführt werden.

Trigger können zu Performance-Problemen führen. Ändert ein SQL-Statement z. B. 100 Datensätze, so wird ein Trigger bei jeder Änderung eines Datensatzes (FOR EACH ROW) ausgeführt, insgesamt also 100 Mal. Wird die Klausel FOR EACH STATEMENT angegeben, so erfolgt der Aufruf eines Triggers aber nur einmal, nämlich genau dann, wenn das SQL-Statement ausgeführt wird, unabhängig davon, wie viele Datensätze das SQL-Statement ändert.

Mit einer Trigger-Anweisung kann z. B. ein automatisiertes Bestellen realisiert werden. Fällt der Bestand eines Artikels unter eine bestimmte Mindestmenge, so wird der entsprechende Artikel in eine andere Tabelle zum Bestellen eingetragen. Dies soll das folgende Beispiel zeigen:

```
CREATE TRIGGER UnterschreitungMindestmenge
AFTER UPDATE OF Menge ON Artikel
REFERENCING NEW AS neu OLD AS alt
FOR EACH ROW
WHEN (neu.Menge < alt.Mindestmenge)
INSERT INTO AutoBestellung
VALUES (alt.ArtikelNr, alt.Mindestmenge + 10);
```

15.8 Objekt-relationale Abbildung

Anwendungsprogramme, die mit objektorientierten Programmiersprachen geschrieben wurden, kapseln ihre Daten in Objekten. Relationale Datenbanken besitzen eine mengenorientierte Schnittstelle (siehe Kapitel 15.2) und basieren auf Konzepten der relationalen Algebra. Der Widerspruch zwischen Objektorientierung und relationaler Algebra wird auch als "Object-Relational Impedance Mismatch" oder nur "**Impedance Mismatch**"[187] (etwa **objekt-relationale Unverträglichkeit**) bezeichnet.

Ein Lösungsansatz, um diesen Widerspruch aufzulösen, ist die Verwendung einer **objektorientierten Datenbank**. Eine Datenbank gilt dann als objektorientiert, wenn sie Konzepte wie z. B. Objekte, Klassen, Kapselung und Vererbung besitzt (siehe [Sch00]). Zusammengehörige Daten werden als Objekte und nicht in Form von Relationen gespeichert. So kann beispielsweise ein Buch mit mehreren Autoren in objektorientierten Datenbanken als ein einziges Objekt gespeichert werden, während man bei relationalen Datenbanken bei Verwendung des normalisierten Ansatzes hierbei verschiedene Relationen anlegt. Allerdings werden Abfrage- oder Updateanweisungen an die Datenbank sehr schnell sehr komplex. Da in der Datenbankwelt relationale Datenbanken etabliert sind, werden hier die Mapping-Strategien der objekt-relationalen Abbildung vorgestellt.

---

[187] Der Begriff Impedance Mismatch stammt ursprünglich aus der Elektrotechnik und beschreibt eine unzulässige Differenz zwischen Ausgangs- und Eingangswiderstand.

Mit Hilfe der objekt-relationalen Abbildung (engl. object-relational mapping, kurz O/R-Mapping) kann ein Anwendungsprogramm, das in einer objektorientierten Programmiersprache geschrieben wurde, die Daten seiner Objekte auf die Datensätze einer relationalen Datenbank abbilden, um sie darin zu speichern. Die objekt-relationale Abbildung ist eine Schicht zwischen einer Anwendung und einer relationalen Datenbank, die es ermöglicht,

- die Identität eines Objekts (siehe Kapitel 9.1.4),
- Polymorphismus,
- Vererbung und
- Assoziationen zwischen Objekten

auf eine relationale Datenbank abzubilden. Im Folgenden sollen nun einige Mechanismen vorgestellt werden, mit deren Hilfe Polymorphie, Vererbung und Assoziationen zwischen Objekten auf Tabellen abgebildet werden können.

15.8.1 Abbildung einfacher Objekte

Der einfachste Fall ist die Abbildung der Daten eines einzelnen Objekts in eine relationale Datenbank. Hierbei werden alle Attribute eines Objekts 1:1 auf die Spalten einer Tabelle übertragen. Die Objektidentität kann z. B. durch ein eindeutiges Attribut, das als Schlüssel verwendet werden kann, abgebildet werden.

Besitzt das abzubildende Objekt kein Attribut, das es eindeutig identifiziert, muss für die Abbildung ein Schlüsselattribut eingeführt werden. Die Objekte in den folgenden Beispielen besitzen alle ein Attribut, das als Schlüssel verwendet werden kann. Bild 15-20 zeigt die Abbildung der Daten eines einfachen Objekts auf eine relationale Datenbank:

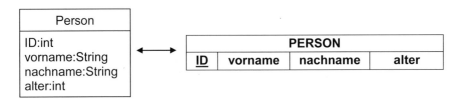

Bild 15-20 Abbildung der Daten eines Objekts auf eine Tabelle

Die Attribute eines Objekts entsprechen einer Zeile einer Tabelle. Das Attribut ID der Klasse Person wird als Primärschlüssel verwendet.

15.8.2 Abbildung von Aggregationen

Eine Aggregation kann realisiert werden, indem alle Attribute der beteiligten Objekte in eine einzige Tabelle übertragen werden. Dies ist eine sehr einfache Lösung, da in diesem Fall bei Datenbankabfragen keine Joins gebildet werden müssen.

Allerdings ist diese Lösung weniger flexibel und kann zu unerwünschten Redundanzen führen. Das folgende Beispiel zeigt, wie die Endknoten einer Aggregation auf eine einzige Tabelle abgebildet werden können:

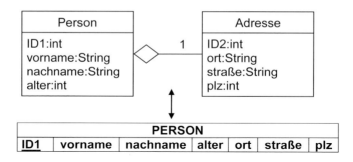

Bild 15-21 Abbildung einer Aggregation auf eine einzige Tabelle

Eine 1:1-Beziehung kann auch über eine Fremdschlüsselbeziehung abgebildet werden. Diese Lösung ist deutlich flexibler, da jedes Objekt auf eine eigene Tabelle abgebildet wird (siehe das folgende Bild).

Die so entstandenen Tabellen werden über Schlüssel miteinander verknüpft. Der große Vorteil ist, dass die so entstandene Tabelle ADRESSE auch von anderen Tabellen und somit auch von anderen Objekten aggregiert werden kann. Dies soll das folgende Beispiel verdeutlichen:

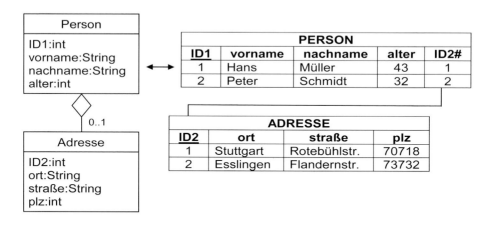

Bild 15-22 Abbildung einer 1:1-Beziehung mit einer Fremdschlüsselbeziehung

In diesem Beispiel sind die Tabellen PERSON und ADRESSE über den Schlüssel ID2 verknüpft. Deshalb aggregiert PERSON die ADRESSE.

Ähnlich kann eine 1:n-Beziehung abgebildet werden. Dies ermöglicht dem aggregierenden Objekt, beliebig viele "Klein"-Objekte (siehe Kapitel 10.5.2) zu referenzieren.

Hier ein **Beispiel**:

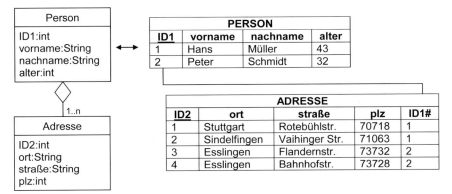

Bild 15-23 Abbildung einer 1:n-Beziehung

Bei einer 1:n-Beziehung kann eine Person mehrere Adressen aggregieren. Um alle Adressen eindeutig einer Person zuordnen zu können, muss in diesem Fall die Tabelle ADRESSE über den Fremdschlüssel ID1 mit der Tabelle PERSON verknüpft sein.

15.8.3 Abbildung von Assoziationen

Eine Assoziation in Form einer m:n-Beziehung kann mittels einer Verknüpfungstabelle abgebildet werden. Durch diese Verknüpfungstabelle ist sowohl eine Referenz vom "Groß"-Objekt zu den "Klein"-Objekten als auch in umgekehrter Reihenfolge möglich.

Hier ein **Beispiel**:

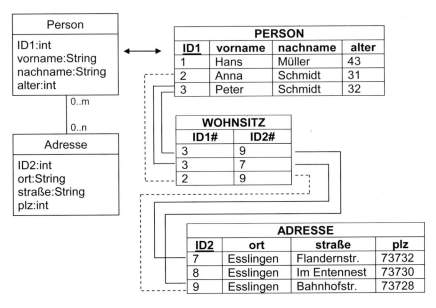

Bild 15-24 Abbildung einer n:m-Beziehung

Dieses Beispiel zeigt, dass eine Person mehrere Adressen haben kann (Herr Schmidt hat zwei Wohnsitze, einen in der Flandernstr. und einen in der Bahnhofstr.). Eine Adresse kann auch zwei verschiedenen Personen zugeordnet sein, nämlich sowohl Frau als auch Herrn Schmidt.

15.8.4 Abbildung der Vererbung

Ein wichtiger Aspekt der objektorientierten Softwareentwicklung ist die Vererbung. Die folgenden Abschnitte erläutern verschiedene Strategien, um mit Hilfe von objekt-relationaler Abbildung Vererbungshierarchien auf Tabellen abzubilden.

15.8.4.1 Horizontale Abbildung

Jede konkrete Klasse wird bei der horizontalen Abbildung – auch **Table Per Concrete Class Mapping** genannt – in eine eigene Tabelle übertragen. Abstrakte Basisklassen werden dabei nicht berücksichtigt. Hierbei werden alle Attribute inklusive der geerbten Attribute auf eine Tabelle 1:1 abgebildet. Da alle Attribute ohne Joins direkt zur Verfügung stehen, ist das Schreiben und Lesen sehr einfach. Dieses Vorgehen löst bei einem Datenbankentwickler natürlich blankes Entsetzen aus, da die so entstandenen Tabellen möglicherweise nicht normalisiert sind (siehe Kapitel 15.5) und viele Redundanzen enthalten können.

Hinzu kommt, dass die Polymorphie nicht richtig abgebildet wird. Man kann z. B. abgeleitete Klassen nicht an Stelle der Basisklasse verwenden. Um beispielsweise Professoren bzw. Studenten verarbeiten zu können, müssen die der Basis- und der abgeleiteten Klasse entsprechenden Tabellen bezüglich ihrer gemeinsamen Attribute vereint werden. D. h., dass auch die Attribute einer Basisklasse `Person` in die Tabellen für `Student` und `Professor` aufgenommen werden. Das folgende **Beispiel** zeigt, wie Vererbung mit Hilfe der horizontalen Abbildung in Tabellen dargestellt werden kann.

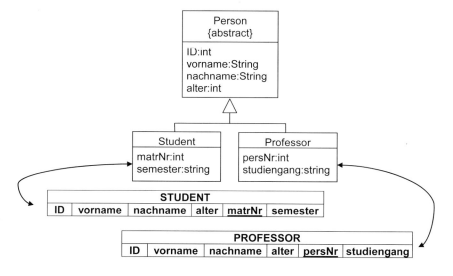

Bild 15-25 Abbildung von Vererbung mittels horizontaler Abbildung

Wie zu sehen ist, umfasst eine Tabelle einer abgeleiteten Klasse auch die Attribute der Basisklasse. Jedoch kommen dadurch Spalten wie `ID`, `vorname`, `nachname` und `alter` mehrfach vor. Dies wird dann zum Problem, falls sich die abstrakte Basisklasse ändert, da dann die Änderungen in den Tabellen der abgeleiteten Klassen `STUDENT` und `PROFESSOR` nachgezogen werden müssen.

15.8.4.2 Vertikale Abbildung

Bei der vertikalen Abbildung werden die Attribute jeder Klasse – egal ob konkret oder abstrakt – auf jeweils eine eigene Tabelle abgebildet. Diese Art der Abbildung wird auch **Table Per Subclass Mapping** genannt. Das hat den Vorteil, dass die Vererbungshierarchie mit abgebildet wird. Die Abbildung ist sehr klassennah. D. h., es sind nur die Felder der jeweiligen Klasse in jeweils einer eigenen Tabelle abgebildet. Hierdurch werden Redundanzen vermieden und die Tabellen sind in einer normalisierten Form.

Die Vererbungsbeziehungen der Objekte untereinander werden in der Datenbankwelt mit Hilfe von Fremdschlüsseln realisiert. Als Nachteil sei erwähnt, dass unter Umständen die Attribute einer Objektinstanz in mehreren Tabellen gespeichert bzw. gesucht oder aus mehreren Tabellen geladen werden müssen, da ein Objekt einer abgeleiteten Klasse auch die geerbten Anteile enthält. Hier ein Beispiel:

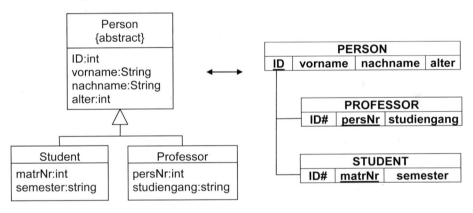

Bild 15-26 Abbildung von Vererbung mittels vertikaler Abbildung

15.8.4.3 Filtered Mapping

Beim sogenannten **Filtered Mapping** oder **Table Per Class Hierarchy Mapping** werden die Instanzen aller konkreten Klassen einer Vererbungshierarchie auf eine einzige gemeinsame Tabelle abgebildet.

Um die einzelnen Hierarchiestufen unterscheiden zu können, wird ein sogenanntes Typfeld eingeführt. In diesem Typfeld wird der konkrete Typ des Objekts gespeichert. Dies erlaubt, die Daten aus der Tabelle nach dem gewünschten Typ zu **filtern**.

Diese Lösung bietet häufig bei kleinen Datenmengen eine gute Performance. Da für Abfragen keine Joins gebildet werden müssen, ist das Filtered Mapping manchmal sehr schnell. Allerdings ist die Vererbungshierarchie sehr unflexibel und die Tabelle wird in der Regel in ihrer Größe sehr schnell anwachsen.

Das folgende **Beispiel** zeigt die Abbildung mit Hilfe von Filtered Mapping:

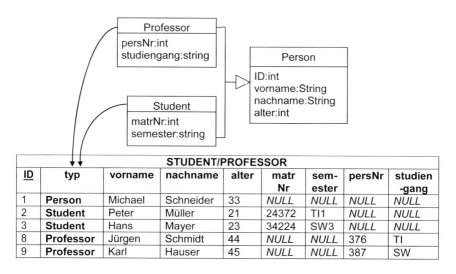

Bild 15-27 Abbildung von Vererbung mittels Filtered Mapping

Es ist sehr aufwendig, weggefallene Attribute zu entfernen oder neue Attribute hinzuzufügen. Ein weiterer Nachteil bei der Abbildung der Instanzen verschiedener Klassen in eine einzige Tabelle ist, dass es bei Attributen, die nicht in allen abgebildeten Klassen vorkommen, zu leeren Feldern mit `NULL`-Werten kommt. Dies bedeutet, dass die Attribute der Tabelle nicht als `NOT NULL` definiert werden können.

Wird eine neu abgeleitete Klasse hinzugefügt, müssen aufwendig weitere Attribute zur Tabelle hinzugefügt werden. Zusätzlich muss die Domäne der Typspalte erweitert werden. Dies gilt natürlich auch in umgekehrter Form, falls eine abgeleitete Klasse wegfällt.

15.8.5 Abbildung von Polymorphie

Ein wichtiger Aspekt, der aus der Vererbung heraus entsteht, ist die Polymorphie. Ähnlich wie beim Filtered Mapping wird für die Abbildung der Polymorphie auf Tabellen ein Typfeld eingeführt. Anhand des Typfeldes wird der konkrete Typ der Daten einer Tabelle festgehalten. Der konkrete Typ der Daten entspricht einer Klasse in der Vererbungshierarchie. Anders als beim Filtered Mapping werden die Daten der Objekte in mehreren Tabellen gespeichert. Die Tabelle, in der die Daten eines Objekts gespeichert werden, entspricht hierbei der Klasse des Objekts. Dabei wird Indirektion versucht, statt den Typ in der Basisklasse aufzulösen. Das folgende **Beispiel** soll dies verdeutlichen:

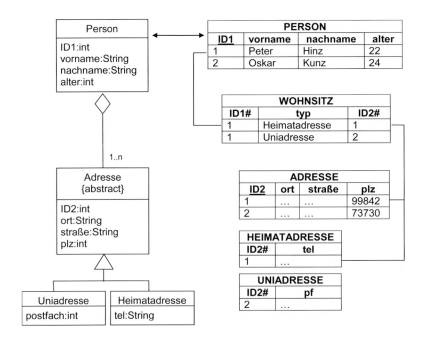

Bild 15-28 Abbildung von Polymorphie auf Tabellen

Die Objekte der Basisklasse aggregieren auch hier mit Hilfe einer Fremdschlüsselbeziehung die verschiedenen Objekte der abgeleiteten Klassen. Ob es sich um eine Heimatadresse oder Uniadresse handelt, wird anhand des neuen Typfelds festgestellt.

15.9 Zusammenfassung

Werden die Daten von Programmsystemen in Dateien gespeichert, so führt dies in der Praxis oft zur redundanten Speicherung der Daten und damit auch zu inkonsistenten Datenbeständen. Ein Programm muss die physische Speicherung der Daten kennen sowie Routinen für das Erstellen, Lesen, Aktualisieren und Löschen und vor allem für die Fehlerbehandlung beinhalten. Diese Nachteile werden von Datenbankmanagementsystemen vermieden. Außerdem sorgt das Datenbankmanagementsystem für die Einhaltung des ACID-Prinzips bei Transaktionen und stellt somit auch die Integrität der Daten sicher (siehe Kapitel 15.1).

Beim Zugriff auf Datenbanken gibt es beispielsweise mengenorientierte DB-Schnittstellen, satzorientierte DB-Schnittstellen, interne Satzschnittstellen und Datenbank-Pufferschnittstellen (siehe Kapitel 15.2). Relationale Datenbanken besitzen eine mengenorientierte DB-Schnittstelle.

Relationale Datenbanken enthalten sogenannte Relationen, die in Form von Tabellen dargestellt werden (siehe Kapitel 15.3). Die Tabellen entsprechen den Entitätstypen des Entity-Relationship-Modells sowie dessen Beziehungen.

Eine Tabelle kann einen oder mehrere Kandidatenschlüssel besitzen. Ein Primärschlüssel ist ein Kandidatenschlüssel, der zum Primärschlüssel erklärt wird oder der als neues Attribut speziell zu diesem Zweck eingeführt wird (als sogenannter Surrogatschlüssel). Fremdschlüssel dienen dazu, Tabellen zu verknüpfen und um die referenzielle Integrität zu gewährleisten (siehe Kapitel 15.3). Referenzielle Integrität bedeutet, dass eine Veränderung (Löschen, Ändern oder Einfügen) der Datenbasis in allen durch Fremdschlüssel in Beziehung stehenden Tabellen durchgeführt werden muss. Dadurch werden beispielsweise "verwaiste" Datensätze vermieden.

Für den Datenbankentwurf müssen nun die Entitätstypen und die Beziehungen zwischen Entitätstypen auf Tabellen abgebildet werden. Eine 1:1-Beziehung kann dabei auf zwei Tabellen oder auf eine einzige Tabelle abgebildet werden. Im zweiten Fall werden die Entitätstypen auf die Attribute dieser Tabelle abgebildet. Eine 1:n-Beziehung wird auf zwei Tabellen abgebildet, eine m:n-Beziehung auf drei Tabellen (siehe Kapitel 15.4).

Um Redundanzen zu beseitigen und Update-Anomalien zu vermeiden, werden die Tabellen normalisiert (siehe Kapitel 15.5). In der Praxis geht man oft bis zur 3. Normalform. Jede Normalform enthält implizit die vorhergehende Normalform (die 3. Normalform enthält die 2. und damit die 1. Normalform). Eine Tabelle befindet sich in der ersten Normalform, wenn alle Attribute nur atomare Werte enthalten (Kapitel 15.5.1). Eine Tabelle ist in der 2. Normalform, wenn sie in 1. Normalform ist und wenn jedes Nichtschlüsselattribut voll funktional abhängig vom Primärschlüssel ist. Felder, die nur von einem Schlüsselteil abhängen, werden in einer separaten Tabelle modelliert (siehe Kapitel 15.5.2). Eine Tabelle ist genau dann in der 3. Normalform, wenn sie in 1. und 2. Normalform ist und wenn alle Nichtschlüsselattribute gegenseitig unabhängig, aber voll funktional abhängig vom gesamten Primärschlüssel sind (siehe Kapitel 15.5.3). Die Auflösung der ungewünschten Abhängigkeiten geschieht durch eine weitere Tabelle.

Die Abfragesprache SQL (siehe Kapitel 15.6) ist eine nichtprozedurale und mengenorientierte Programmiersprache und entspricht in der Grundstruktur der englischen Sprache. SQL ist Teil des Datenbankmanagementsystems und ist standardisiert und wird somit von allen relationalen Datenbanken unterstützt. SQL wird im Wesentlichen in drei Sprachbereiche unterteilt. Die Data Manipulation Language (DML, Kapitel 15.6.1) beinhaltet die Sprachkonstrukte, mit deren Hilfe die Manipulation von Daten in einer Datenbank möglich sind. Hierbei stellt die `SELECT`-Klausel die wohl wichtigste Anweisung dar (siehe Kapitel 15.6.1.1). Mit Hilfe der `JOIN`-Anweisung (siehe Kapitel 15.6.1.3) können mehrere Tabellen für eine Abfrage verknüpft werden. Zur Data Manipulation Language gehören auch Anweisungen zur Datenmanipulation. Das ist zum einen die `INSERT`-Anweisung (siehe Kapitel 15.6.1.5), die Daten in eine vorhandene Tabelle einfügt, zum anderen die `UPDATE`-Anweisung (siehe Kapitel 15.6.1.6), die vorhandene Daten ändert und zu guter Letzt die `DELETE`-Anweisung, die Daten aus einer Tabelle löscht (siehe Kapitel 15.6.1.7). Die Data Definition Language (DDL) ist auf der konzeptionellen Datenbankebene angesiedelt. Zu ihr gehören Anweisungen zum Erstellen (`CREATE`) (Kapitel 15.6.2.1), Modifizieren (`ALTER`) (Kapitel 15.6.2.2) und Löschen (`DROP`) von Datenbankobjekten (siehe Kapitel 15.6.2.3). Die DDL arbeitet nicht auf den Daten einer Datenbank. Es wird vielmehr die Struktur der Datenbank selber (ihre Metadaten) bearbeitet. Der dritte Teil von SQL ist die Data

Control Language (DCL). Sie kontrolliert Transaktionen (siehe Kapitel 15.6.3.1) und verwaltet die Berechtigungen auf der Datenbank (siehe Kapitel 15.6.3.2).

Integritätsbedingungen werden bei relationalen Datenbanken ebenfalls mit SQL formuliert und heißen Constraints (siehe Kapitel 15.7). Sie definieren, wie das Datenbankmanagementsystem reagieren soll, falls eine Integritätsprüfung nicht erfolgreich war. Umfangreiche Integritätsprüfungen, die bei bestimmten Ereignissen (Änderung, Löschen oder Einfügen von Daten) durchgeführt werden sollen, können mit Hilfe von Triggern realisiert werden.

In Kapitel 15.8 wurden verschiedene Mechanismen erklärt, um die Daten der Objekte und die Beziehungen zwischen den Objekten aus objektorientierten Systemen auf eine relationale Datenbank abzubilden. Man muss sich entscheiden, ob die Objekte auf eine einzige Tabelle abgebildet oder mit Hilfe von Schlüsselbeziehungen auf mehrere Tabellen verteilt werden sollen. Dies ist eine grundsätzliche Entwurfsentscheidung, die der Entwickler selber treffen muss. Schlüsselbeziehungen sind deutlich flexibler und fördern durch den hohen Grad an Normalisierung die Erweiterbarkeit der Software und der Datenbank. Allerdings sind die Mechanismen zum Ändern, Löschen oder Abfragen von Daten deutlich komplexer, was sich negativ auf die Performance auswirken kann. Es muss also ein Kompromiss zwischen Flexibilität und Performance gefunden werden. Bei der Abbildung von Objekten auf Tabellen muss immer die Eindeutigkeit eines Objekts gewährleistet sein. Es darf also keine Kopien mit identischem Inhalt geben.

15.10 Aufgaben

Aufgabe 15.1: Datenorientierter Systementwurf

15.1.1 Nennen Sie die drei Ebenen des ANSI/SPARC-Modells.
15.1.2 Was bedeutet das ACID-Prinzip? Erklären Sie die einzelnen Teile, aus denen das ACID-Prinzip besteht.
15.1.3 Welche Nachteile hat das Speichern von Daten in Dateien?

Aufgabe 15.2: Relationales Datenmodell

15.2.1 Aus welchen drei Teilen besteht das Relationen-Modell, das 1970 durch E. F. Codd entwickelt wurde?
15.2.2 Wozu dienen Schlüssel in einer Tabelle?

Aufgabe 15.3: Normalisierung

15.3.1 Warum ist es wichtig, Tabellen zu normalisieren?
15.3.2 Erläutern Sie die 1., 2. und 3. Normalform.

Aufgabe 15.4: Einführung in die Structured Query Language

15.4.1 Nennen Sie die drei Datenbanksprachen, in die SQL unterteilt ist.
15.4.2 Was ist der Unterschied zwischen einem `OUTER` und einem `INNER JOIN`?
15.4.3 Wie können die Änderungen einer Transaktion in einer Datenbank festgeschrieben bzw. wie können noch nicht festgeschriebene Änderungen wieder rückgängig gemacht werden?

Aufgabe 15.5: Constraints

15.5.1 Was sind Constraints?
15.5.2 Wann ist es sinnvoll, Trigger zu benutzen?

Aufgabe 15.6: Objekt-relationale Abbildung

15.6.1 Beschreiben Sie eine der drei genannten Strategien, um eine Vererbungshierarchie auf eine relationale Datenbank abzubilden.
15.6.2 Durch welchen Mechanismus kann Polymorphie auf eine relationale Datenbank abgebildet werden?

Kapitel 16

Objektorientierter Systementwurf

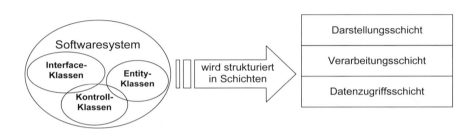

16.1 Funktionsklassen beim Systementwurf gegenüber der Systemanalyse
16.2 Objekte der Systemanalyse und Schichten des Systementwurfs
16.3 Schritte für den Entwurf
16.4 Kommunikationsdiagramme im Schichtenmodell
16.5 Erweiterung der Schichten des Schichtenmodells
16.6 Parallele Einheiten und ihre Kommunikation
16.7 Start-up/Shut-down und Schichtenmodell mit Fabriken und Registry
16.8 Fehlererkennung, Fehlerbehandlung und Fehlerausgabe
16.9 Funktionale Sicherheit und Informationssicherheit
16.10 Verarbeitung
16.11 Datenzugriffsschicht mit Datenbank
16.12 MMI und das Schichtenmodell mit Dialogmanager
16.13 Kommunikation
16.14 Zusammenfassung
16.15 Aufgaben

16 Objektorientierter Systementwurf

Beim Entwurf wird ein Programm in seiner Struktur entworfen. Ein Programm muss dabei eine solche Programmstruktur erhalten, dass es in der Lage ist, die Dynamik der gewünschten Anwendungsfälle durchzuführen und seinen Nutzern als Leistung des Systems fehlerfrei anzubieten. Bei der Formulierung der Struktur und der Dynamik des Programms können bewährte Muster wie Architekturmuster oder Entwurfsmuster eine Hilfe darstellen. Als Beispiel hierfür sei das Architekturmuster Layers genannt. Dieses Muster gliedert die Struktur eines Systems in ein Schichtenmodell aus gekoppelten Teilsystemen mit Service-Aufrufen jeweils von einer oberen Schicht zu einer direkt darunter liegenden Schicht.

Kapitel 16.1 behandelt den Unterschied der Funktionsklassen zwischen Systemanalyse und Systementwurf. Kapitel 16.2 zeigt den Zusammenhang zwischen den Objektklassen der Systemanalyse und den Schichten des Systementwurfs. Kapitel 16.3 diskutiert die Reihenfolge der vorgeschlagenen Schritte des Systementwurfs. Kapitel 16.4 stellt die "Modellierung mit Kommunikationsdiagrammen im Schichtenmodell" vor, die es erlaubt, die Dynamik der Anwendungsfälle mit der statischen Struktur des Schichtenmodells in Einklang zu bringen. Kapitel 16.5 behandelt das Schichtenmodell und erweitert dieses um eine Schicht Datenaufbereitung und je einen Stellvertreter der Verarbeitungsschicht und der Datenzugriffsschicht. Parallele Einheiten und ihre Interprozesskommunikation werden in Kapitel 16.6 diskutiert. Start-up und Shut-down werden in Kapitel 16.7, Fehlererkennung, Fehlerbehandlung und die Fehlerausgabe in Kapitel 16.8 behandelt. Die funktionale Sicherheit (engl. functional safety) und die Informationssicherheit (engl. security) werden in Kapitel 16.9 umrissen. Die Verarbeitung, Datenzugriffsschicht mit Datenbank und das MMI sind projektspezifisch und können parallel erarbeitet werden. Kapitel 16.10 bezieht sich auf die Verarbeitung. Die Datenhaltung kann auch transient über Objekte im Arbeitsspeicher erfolgen. Kapitel 16.11 beschreibt die persistente Datenbank mit Datenzugriffsschicht, während in Kapitel 16.12 das MMI und das Schichtenmodell mit Dialogmanager im Fokus steht. Kapitel 16.13 befasst sich mit der Rechner-Rechner-Kommunikation.

16.1 Funktionsklassen beim Systementwurf gegenüber der Systemanalyse

Beim Entwurf müssen alle Arten von Funktionen berücksichtigt werden, die für die Lauffähigkeit des Programms entscheidend sind.

Zu den in der Systemanalyse betrachteten operationellen Anwendungsfällen der Nutzer kommen beim Entwurf auch die Anwendungsfälle des Systemverwalters hinzu. Diese hängen mit der Existenz eines physischen Rechners und seiner Anwendungen zusammen wie das Hochfahren (Start-up), Beenden (Shut-down) oder Rekonfigurieren des Systems.

Befindet man sich bei der Systemanalyse im **Problembereich**, d. h. in der Welt der Logik der operationellen Nutzeraufgaben, arbeitet man beim Systementwurf im

Lösungsbereich. Man ist in der Welt der technischen Realisierung angekommen. War in der Systemanalyse die **Analysefähigkeit** die im Vordergrund stehende Fähigkeit eines Entwicklers, ist nun beim Systementwurf sein Wissen und seine Erfahrung in der **Konstruktion** von Softwaresystemen gefragt. Während im Problembereich objektorientiert nur die Funktionen der **Verarbeitung** analysiert werden, treten im Rahmen des objektorientierten Systementwurfs beim Studium der Anwendungsfälle neue Arten von Funktionsklassen zu den bereits bekannten Klassen und Objekten der operationellen Verarbeitung (siehe Kapitel 16.10) hinzu. Diese sind prinzipiell:

- die persistente **Datenhaltung** und ihre Schnittstellen[188],
- die **Ein- und Ausgabe-Schnittstellen** des Benutzers (**MMI**),
- die Schnittstellen zur Rechner-Rechner-**Kommunikation**[189],
- die **Betriebssicherheit** mit Start-up/Shut-down, Fehlerausgabe, Fehlererkennung und Fehlerbehandlung,
- die zusätzlichen Funktionen der **funktionalen Sicherheit** (engl. functional **safety**) und die Gewährleistung der **Informationssicherheit** (engl. **security**) sowie
- die Gewährleistung der **Parallelität** und die **Interprozesskommunikation**[190].

Nicht jedes System weist alle diese Funktionsklassen auf.

> Aus den Interface-Objekten, die in der Systemanalyse kurz vor dem Systementwurf eingeführt wurden, werden in der Regel viele Objekte beim Entwurf. So erhält man z. B. aus einem MMI-Objekt der Systemanalyse beim Entwerfen für die Programmiersprache Java ein Mehrfaches an Objekten aus verschiedenen Klassen, da eine Oberfläche aus grafischen Komponenten zusammengesetzt ist, die zudem noch Controller für die Ereignisverarbeitung benötigen.

Im Rahmen der Systemanalyse gibt es noch kein technisches System und auch keine technischen Fehler. Daher treten die Funktionsklassen

- **Start-up/Shut-down** und
- die **Fehlererkennung** zur Laufzeit, eine **Fehlerbehandlung** sowie eine **Fehlerausgabe**

erst beim Systementwurf[191] auf. Ein Beispiel für die Fehlerbehandlung ist die Rekonfiguration, ein Beispiel für die Fehlerausgabe ist die Ausgabe der Fehler auf einer Fehlerkonsole.

Die soeben genannten Funktionalitäten lassen sich unter der Eigenschaft **Betriebssicherheit** zusammenfassen.

---

[188] Die Datenzugriffsfunktionen greifen auf die in einem DBMS befindlichen Daten zu.
[189] Nur die Schnittstelle braucht selbst programmiert zu werden. Die eigentliche Rechner-Rechner-Kommunikation kann als kommerzielles Produkt erworben werden.
[190] Die Interprozesskommunikation umfasst die Betriebssystem-Prozess-zu-Betriebssystem-Prozess-Kommunikation und die Thread-zu-Thread-Kommunikation.
[191] Dies gilt natürlich nicht für alle Systeme. Schreibt man ein fehlertolerantes System, so ist das Fehlerhandling die operationelle Aufgabe und tritt bereits in der Systemanalyse auf.

Der Systementwurf muss ferner durch Funktionen der **Informationssicherheit** (engl. security) gewährleisten, dass keine Rolle ihre Befugnisse beim Gebrauch des Systems überschreiten kann[192]. Funktionen der **funktionalen Sicherheit** (engl. functional safety) erweitern die Fehlererkennung und Fehlerbehandlung.

Im Rahmen der Systemanalyse können alle Objekte als parallel betrachtet werden. Die tatsächliche Unterscheidung zwischen sequenziellen und parallelen Abläufen (**Parallelität**) und die notwendige **Synchronisation** findet erst beim Systementwurf statt. Dabei muss der Pfeil, der in der Systemanalyse die Kommunikation zwischen Objekten durch Nachrichten symbolisiert (siehe Bild 9-12), durch eine **Interprozesskommunikation** zwischen objektorientiert programmierten Prozessen realisiert werden.

> Das Ergebnis des Entwurfs hängt von der verwendeten Programmiersprache ab, da jede Sprache unterschiedliche Fähigkeiten hat.

Natürlich haben beispielsweise das eingesetzte Betriebssystem und eine eventuell verwendete Klassenbibliothek mit ihrer Architektur ebenfalls einen großen Einfluss.

16.2 Objekte der Systemanalyse und Schichten des Systementwurfs

Das erste Ziel des objektorientierten Systementwurfs ist es, im Falle des Beispiels eines Stand-alone-Rechners die Objekte der Systemanalyse, nämlich Entity-Objekte, Kontrollobjekte und Interface-Objekte, in ein **Schichtenmodell** der Anwendungs-Software eines Standalone-Rechners abzubilden. Interface-Objekte der Rechner-Rechner-Kommunikation treten in Bild 16-1 nicht auf, da in diesem Fall kein verteiltes System, sondern nur ein Standalone-Rechner betrachtet wird

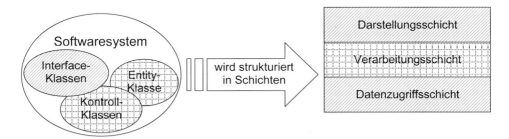

Bild 16-1 Einordnung ins Schichtenmodell

Die Datenzugriffsschicht stellt die Schnittstelle zur persistenten Datenhaltung (Datenbank, Dateien) dar. Kontroll- und Entity-Klassen werden auf die Verarbeitungsschicht, Interface-Klassen auf die Darstellungsschicht, Datenzugriffsschicht und die Kommunikationsschicht bei einem verteilten System abgebildet.

---

[192] Diese Funktionen werden nur in sicherheitskritischen Systemen bereits während der Systemanalyse modelliert.

Tabelle 16-1 zeigt die Zuordnung der Entity-, Kontroll- und Interface-Klassen zu den in Kapitel 11.1 genannten Sichten der Systemanalyse.

Entwicklungsschritt	Klassen
Systemanalyse Konzeptionelle Sicht	Entity-Klassen der Verarbeitung
Systemanalyse Verarbeitungssicht[193]	Entity-Klassen, Kontroll-Klassen der Verarbeitung
Systemanalyse Finale Sicht[194]	Entity-Klassen, Kontroll-Klassen der Verarbeitung, Interface-Klassen (Datenzugriffsschicht, MMI, Schnittstelle zur Kommunikation)

Tabelle 16-1 Modelle der Systemanalyse

Tabelle 16-2 zeigt den Systementwurf mit all seinen verschiedenen Funktionsklassen:

Funktionsklassen der Anwendung beim Entwurf
• Verarbeitung **Technische Funktionen**: • Datenhaltung • Ein-/Ausgabe der Bediener • Rechner-Rechner-Kommunikation • Betriebssicherheit, d. h. Start-up/Shut-down, Fehlererkennung und -behandlung, Fehlerausgabe • Informationssicherheit und funktionale Sicherheit, d. h. Security- und Safety-Funktionen • Parallelität und Interprozesskommunikation

Tabelle 16-2 Funktionsklassen beim Systementwurf

In der Systemanalyse modelliert die **konzeptionelle Sicht** die passiven Entity-Objekte der Verarbeitungsfunktionen. **Die Verarbeitungssicht** erfasst passive Entity-Objekte und aktive Kontrollobjekte. Interface-Objekte treten erst kurz vor dem Übergang zum Systementwurf in der **finalen Sicht der Systemanalyse** hinzu. In der **Entwurfssicht** treten die sogenannten **Technischen Funktionen** gleichberechtigt neben die Verarbeitungsfunktionen. Die Technischen Funktionen sind beim Entwurf meist vertreten.

16.3 Schritte für den Entwurf

Beim Entwurf kann je nach Erfahrung des Entwicklers auf verschiedene Art und Weise vorgegangen werden. Im Folgenden sollen die aus Sicht des Autors von einem

---

[193] Begriff wurde in diesem Buch eingeführt.
[194] Begriff wurde in diesem Buch eingeführt.

unerfahrenen Entwickler zu durchlaufenden Schritte für den Entwurf aufgestellt werden. Die Darstellungsweise ist sequenziell und soll Iterationen keineswegs ausschließen. Ein unerfahrener Entwickler sollte sich trotz erforderlicher Iterationen und der damit verbundenen Rückkehr in frühere Schritte an die empfohlene grundsätzliche Reihenfolge der Schritte halten. Das Schwierige muss zuerst durchdacht werden und erst dann das Leichtere. Die Reihenfolge der Schritte wird nach der Vorstellung dieser Schritte noch begründet. Ein erfahrener Entwickler arbeitet virtuous an mehreren Schritten zugleich parallel. Hier für den unerfahrenen Entwickler die einzelnen Schritte für den Entwurf eines Systems:

1. Aufbauend auf den Erkenntnissen aus der Systemanalyse kann ein erstes Schichtenmodell erstellt werden.
2. Die in der Systemanalyse erstellten Kommunikationsdiagramme können in das Schichtenmodell übertragen und zu Kommunikationsdiagrammen des Entwurfs im Schichtenmodell des Entwurfs (Kommunikationsdiagramm im Schichtenmodell) erweitert werden.
3. Definieren von parallelen Einheiten und Festlegung der Interprozesskommunikation zwischen diesen Einheiten.
4. Betrachtung von Start-up/Shut-down.
5. Erweitern der Funktionen um Fehlererkennung, Fehlerbehandlung und Fehlerausgabe.
6. Konzeption der Funktionen der funktionalen Sicherheit und der Informationssicherheit.

Die folgenden Schritte können parallel zueinander durchgeführt werden. Sie sind hier jedoch sequenziell aufgelistet:

7. Verarbeitung.
8. Datenhaltung (ggf. mit Hilfe einer Datenbank) und der Zugriff auf die Datenhaltung.
9. MMI (z. B. Dialogmanager und Datenaufbereitung) und
10. Kommunikation zwischen den Rechnern.

Informations- und funktionale Sicherheit werden in diesem Buch nur in den Grundzügen behandelt. Bei Systemen der funktionalen Sicherheit (engl. functional safety) kommen beim Entwurf beispielsweise Methoden wie die **Fehlerbaumanalyse** und die **FMEA** (Failure Mode and Effects Analysis) zum Einsatz. Auf solche Methoden wird an dieser Stelle nicht eingegangen. Es erfolgt hier also eine Beschränkung auf nicht sicherheitsrelevante Anwendungen.

Notwendige Iterationen werden hier nicht explizit erwähnt. Natürlich kann man auch in einen früheren Schritt zurückgehen müssen. Das ist hier nicht dargestellt.

Die Begründung für diese Reihenfolge ist:

- Um die Kommunikationsdiagramme im Schichtenmodell zeichnen zu können, braucht man zuerst einen Entwurf für das **Schichtenmodell**.
- Der Entwurf in **parallele Einheiten** bestimmt maßgeblich die Systemstruktur. Betriebssystem-Prozesse, die nur über Kanäle kommunizieren, stellen parallele

Einheiten dar, die auf andere Rechner verlagert werden können. Die parallelen Einheiten und ihre Interprozesskommunikation sollten am Anfang prototypisch auch unter Last erprobt werden können, um Risiko aus dem System zu nehmen.

- **Start-up/Shut-down, Fehlererkennung und Fehlerbehandlung** – insbesondere spezielle Funktionen der **funktionalen Sicherheit** und **Informationssicherheit** – sowie **die Fehlerausgabe** sind Funktionen, die sich durch das ganze System ziehen und die nachträglich schwer geändert werden können. Sie sind als nächstes zu spezifizieren.

- **Verarbeitung, Datenzugriff** auf die Inhalte der Datenbank, die **Datenbank** selbst – falls entwickelt – und das **MMI** stellen in der Regel die größten Teile eines Systems dar. Diese Teile sind einfacher beherrschbar. Daher stehen sie konzeptionell am Schluss. Sie können nur sequenziell in der gezeigten Gliederung dargestellt werden, aber parallel zueinander spezifiziert werden.

16.4 Kommunikationsdiagramme im Schichtenmodell

Während in der Systemanalyse fast ausschließlich das dynamische Verhalten beschrieben wird, gewinnen im Systementwurf zunehmend statische Aspekte an Bedeutung, da der Systementwurf letztendlich in der (statischen) Programmstruktur enden muss. Um im Systementwurf zu verhindern, dass sich die **statische Systemstruktur** und das **dynamische Verhalten des Systems** auseinander entwickeln, wird die statische Programmstruktur anhand der Betrachtung der dynamischen Abläufe in den Kommunikationsdiagrammen im Schichtenmodell herausgearbeitet. Ausgangspunkt der Betrachtungen in diesem Kapitel ist das folgende Schichtenmodell eines Standalone-Rechners:

Bild 16-2 Schichtenmodell mit den grundlegenden Schichten

Das Kommunikationsdiagramm im Schichtenmodell ist eine Kombination des aus der UML bekannten Kommunikationsdiagramms und einem Schichtenmodell für den Entwurf. Das Schichtenmodell ist zwar nicht in der UML enthalten, kann aber beispielsweise durch Komponenten in UML nachgebildet werden. Ein Kommunikationsdiagramm im Schichtenmodell wird zur **konsistenten Modellierung der statischen Systemstruktur und des dynamischen Verhaltens** beim Entwurf eingesetzt.

Schichtenmodelle zeigen eine grobkörnige, statische Strukturierung eines Systems. Eine Schicht eines Schichtenmodells stellt die Dienste, die von ihr angeboten werden, über wohldefinierte Schnittstellen bereit. Schnittstellen sind ein geeignetes Mittel zur Abstraktion, da nur die Schnittstellen einer Schicht und nicht deren Realisierung sichtbar sind. Die Dienste, die eine Schicht anbietet, werden durch kollaborierende Objekte aus dieser Schicht und tieferen Schichten realisiert.

Kommunikationsdiagramme in Schichtenmodellen beschreiben das Zusammenwirken der Objekte der verschiedenen Schichten im Rahmen eines Anwendungsfalls. Sie sind Kommunikationsdiagramme vor dem Hintergrund der Schichten und erlauben es, die Dynamik und Statik der Architektur in einem einzigen Bild zu betrachten und die Kommunikationsdiagramme als Ergebnisse der Systemanalyse in konsistenter Weise in den Systementwurf zu überführen. Dabei werden natürlich die Objekte der Systemanalyse und ihre Schichten um die Objekte des Entwurfs und die Schichten des Entwurfs ergänzt. Die Objektkollaboration für einen Anwendungsfall muss also in ein Schichtenmodell abgebildet werden.

Ein geradliniger Übergang von der Systemanalyse zum Systementwurf kann als Konstruktion in systematischer Weise erfolgen, indem man die Kommunikationsdiagramme der Systemanalyse für die einzelnen Anwendungsfälle in das Schichtenmodell des Entwurfs einordnet und um die Objekte des Entwurfs ergänzt.

Die größte Stärke der hier vorgestellten Methode liegt in der konsistenten Betrachtung verschiedener Sichten. Die Modellierung der statischen Systemstruktur und des dynamischen Verhaltens eines Anwendungsfalls erfolgt abgestimmt. Damit wird nicht nur eine abgestimmte Modellierung von **dynamischem Verhalten** und **statischer Systemstruktur** möglich, sondern es wird auch das Verständnis für das Zusammenwirken des Gesamtsystems erhöht und damit der Blick für Optimierungen des Gesamtsystems geschärft. Das Kommunikationsdiagramm im Schichtenmodell wird zum **zentralen Diagramm** im Entwurf. Die **Vorteile** eines **Kommunikationsdiagramms im Schichtenmodell** sind:

- Man modelliert gleichzeitig die **Statik** und die **Dynamik** des Systems und sieht sofort, wie sich das eine auf das andere auswirkt (Statik = Struktur, Dynamik = Verhalten).
- Der **Übergang** von der Systemanalyse in den Systementwurf ist **geradlinig** und **systematisch**. Die Ergebnisse der Systemanalyse werden verlustfrei in den Systementwurf übernommen.
- Die Prüfbarkeit der Architektur wird erleichtert.

16.4.1 Konsistenter Übergang von der Systemanalyse zum Systementwurf

Im Kommunikationsdiagramm der Systemanalyse ist ersichtlich, welche Objekte untereinander Nachrichten austauschen. Es ist aber zunächst nur schwer zu erkennen, wie diese voneinander abhängen, vor allem dann, wenn die Kommunikation zwischen Objekten bidirektional verläuft. Um diese **Abhängigkeiten** darzustellen, wird das sogenannte **Client/Server-Objektdiagramm** verwendet.

Das Client/Server-Objektdiagramm ist der vorletzte Schritt in der Systemanalyse (siehe Kapitel 12) und dient dazu, den ersten Schritt im Entwurf, das Kommunikationsdiagramm im Schichtenmodell, vorzubereiten. Das Client/Server-Objektdiagramm kann

Objektorientierter Systementwurf

aus den Kommunikationsdiagrammen der Analyse abgeleitet werden. In das Diagramm werden die unidirektionalen Abhängigkeiten zwischen den Objekten eingezeichnet. Dadurch wird definiert, welches Objekt von einem anderen abhängig ist.

Bei der Bestimmung der Abhängigkeiten kann man folgende Regel verwenden: Die Kontrollobjekte sind immer von den Entity-Objekten abhängig, da Kontrollobjekte mit den Daten der Entity-Objekte arbeiten. Bidirektionale Abhängigkeiten sollten vermieden werden, da sonst ein Schichtenmodell unmöglich ist. Sind die Abhängigkeiten bekannt, ist es einfach, ein erstes Schichtenmodell aufzustellen. Das Client/Server-Objektdiagramm teilt die Verarbeitungsschicht des bereits in Bild 16-2 vorgestellten Schichtenmodells in zwei Unterschichten mit Kontrollobjekten als Client und Entity-Objekten als Server. Zum einen wird eine Schicht für die Verarbeitungslogik der aktiven **Kontrollobjekte** benötigt und zum anderen eine Schicht für die transiente Speicherung der passiven **Entity-Objekte** im Arbeitsspeicher.

Folgendes Client/Server-Objektdiagramm ist ein Ausschnitt aus dem Beispielprojekt Flughafensystem:

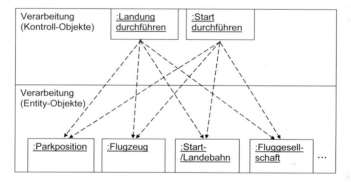

Bild 16-3 Kontroll- und Entity-Objekte in einem Client/Server-Objektdiagramm

Die Kontrollobjekte :Landung durchführen und :Start durchführen sind von den Entity-Objekten :Parkposition, :Flugzeug, :Start-/Landebahn, :Fluggesellschaft etc. abhängig. Sie benutzen diese Objekte.

16.4.2 Beispiel für ein Kommunikationsdiagramm im Schichtenmodell

Mit den gewonnenen Informationen über die Anordnung der Objekte in der Verarbeitungsschicht liegt bereits ein erstes Schichtenmodell vor. Das daraus entstehende Diagramm nennt man **Kommunikationsdiagramm im Schichtenmodell**. Andere Objekte des Entwurfs wie Objekte der Benutzerschnittstellen, der Kommunikation, des Datenzugriffs, des Start-up/Shut-down, der funktionalen Sicherheit bzw. der Informationssicherheit, der parallelen Einheiten etc. werden ebenfalls in das Kommunikationsdiagramm im Schichtenmodell eingezeichnet. Dabei muss das ursprüngliche Schichtenmodell um zusätzliche Schichten erweitert werden. Auf diese Schichten wird in diesem Kapitel noch näher eingegangen. Um einen Einblick zu erhalten, ist im folgenden Bild ein Kommunikationsdiagramm im Schichtenmodell für den ersten

Schritt des Anwendungsfalls Landung durchführen des Beispielprojekts Flughafensystem – mit allen weiteren Schichten und Objekten des Entwurfs – abgebildet. Die in Bild 16-4 dargestellten Pfeile zeigen das Vergeben einer Landebahn an ein neues, ankommendes Flugzeug.

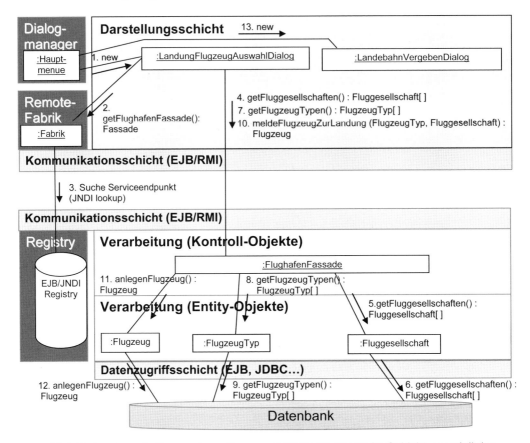

Bild 16-4 Ausschnitt aus einem Kommunikationsdiagramm im Schichtenmodell des Flughafensystems

Der Dialogmanager ist in Kapitel 16.12, die Remote-Fabrik und die Registry in Kapitel 16.7 beschrieben. Eine Server-Fabrik, so wie sie in der Architektur von Kapitel 16.7 verwendet wird, wurde im Flughafenprojekt nicht eingesetzt. Vielmehr übernimmt die Fassade diese Aufgabe.

16.5 Erweiterung der Schichten des Schichtenmodells

Welche Schichten in einem Schichtenmodell verwendet werden, ist abhängig von der Architektur des zu realisierenden Systems. So kann das Schichtenmodell um eine Schicht zur Datenaufbereitung wie z. B. die Vorbereitung einer Tabellenausgabe an der grafischen Oberfläche oder eine Stellvertreter-/Proxyschicht der Verarbeitung beim Client-Rechner im Rahmen einer Client/Server-Architektur als verfeinerte Überlegung beim Entwurf erweitert werden. Diese Erweiterungen werden im Folgenden dargestellt.

16.5.1 Schichtenmodell mit Datenaufbereitung

Die in der Darstellung (View) des MMI benötigten Daten werden durch die **Datenaufbereitungsschicht** entsprechend formatiert. Ein Beispiel hierfür ist in Bild 16-5 zu sehen. Hier wird die Datenaufbereitungsschicht dazu verwendet, Daten aus dem Model für die View zu sortieren. Im Bild 16-5 wird der Controller des MMI zur Vereinfachung weggelassen und die Schichten unterhalb der View pauschal als Model bezeichnet.

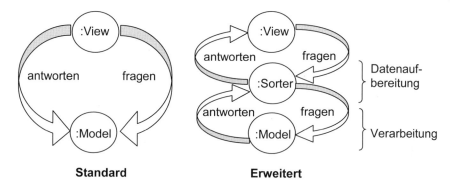

Bild 16-5 Beispiel für die Datenaufbereitungsschicht

Das Bild 16-6 zeigt ein einfaches Schichtenmodell mit einer Datenaufbereitungsschicht:

Darstellungsschicht
Datenaufbereitungsschicht
Verarbeitungsschicht
Datenzugriffsschicht

Bild 16-6 Schichtenmodell erweitert um die Datenaufbereitungsschicht

16.5.2 Schichtenmodell mit Proxys

Ein Proxy ist ein **Stellvertreter**. Das Proxy-Entwurfsmuster ist unabhängig von einer Client/Server-Architektur, auch wenn es in den meisten Fällen dort vorkommt.

Im folgenden Bild wird ein **Beispiel** für ein **Schichtenmodell** in einer **Client/Server-Architektur** beschrieben. Der Client-Rechner soll zwei Proxys enthalten:

- einen Stellvertreter der Verarbeitungsschicht und
- einen Stellvertreter der Datenzugriffsschicht.

Damit sieht es auf dem Client so aus, als würden die Verarbeitungsobjekte lokal auf dem Client liegen und als könnte der Client lokal auf die Datenbank zugreifen. Die Objekte der Stellvertreterschicht der Verarbeitung auf dem Client-Rechner verheimlichen der restlichen Client-Anwendung, dass sie die Daten auf einem entfernten Rechner besorgen. Sie treten als äquivalente Stellvertreter für die Objekte auf dem Server auf.

Über den Stellvertreter der Datenzugriffsschicht kann der Client – wie schon erwähnt – über die Dateizugriffsschicht auf die Datenbank zugreifen.

16.5.3 Gestufte Schichtenmodelle

Das folgende Bild zeigt die Verarbeitungsschicht in einem gestuften Schichtenmodell:

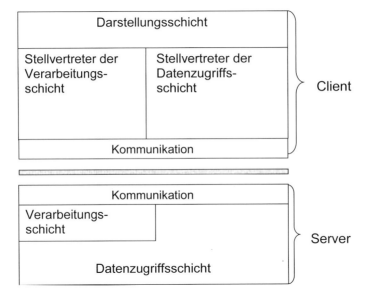

Bild 16-7 Schichtenmodell mit Stellvertretern

In einem strengen Schichtenmodell darf eine Schicht nur direkt auf die darunter liegende Schicht zugreifen. Soll diese – wie in Bild 16-7 gezeigt – übergangen werden, so müssen die Schichten gestuft sein. In Bild 16-7 ist auf dem Server die Datenzugriffsschicht stufenförmig gezeichnet als Sinnbild dafür, dass die Verarbeitungsschicht übersprungen werden kann.

16.6 Parallele Einheiten und ihre Kommunikation

Zur Parallelität lassen sich keine generellen Aussagen machen. Ihre Implementierung ist Betriebssystem-abhängig. Einheiten für die Parallelität sind Betriebssystem-Prozesse als schwergewichtige Prozesse und Threads als leichtgewichtige Prozesse. Betriebssystem-Prozesse sind Einheiten für das Memory Management und Sche-

Objektorientierter Systementwurf   645

duling, Threads nur für das Scheduling. Während ein Betriebssystem-Prozess beim Kontextwechsel Aufwand für das Memory Management verursacht, ist ein Wechsel eines Threads innerhalb eines Betriebssystem-Prozesses auf der CPU nicht mit der Verwaltung des Arbeitsspeichers gekoppelt. Daher wird ein **Betriebssystem-Prozess** auch als **schwergewichtiger Prozess** und ein **Thread** als **leichtgewichtiger Prozess** bezeichnet.

Betriebssystem-Prozesse, die über **Kanäle** kommunizieren, sind auf andere Rechner verteilbare Einheiten, Threads jedoch nicht. Sie laufen im Adressraum eines Betriebssystem-Prozesses. Sie können beispielsweise in einem Server-Betriebssystem-Prozess verschiedene Nutzeranfragen parallel abarbeiten.

Es hängt oft vom Betriebssystem ab, ob einem Entwickler nur Betriebssystem-Prozesse oder auch Threads zur Verfügung stehen. Unterstützt das Betriebssystem keine Threads, so kann ein Entwickler auch dann Threads verwenden, wenn sie durch das Laufzeitsystem der jeweiligen Programmiersprache zur Verfügung gestellt werden.

Da Threads z. B. in Java ein Sprachmittel sind, muss es möglich sein, Threads in Java zu unterstützen, ganz unabhängig davon, ob das jeweilige Betriebssystem nur ein **Prozesskonzept** für Betriebssystem-Prozesse oder für Threads unterstützt. Wie die Java Virtuelle Maschine die Threads in Zusammenarbeit mit dem jeweiligen Betriebssystem verwaltet, bleibt dem Anwender verborgen[195].

Das folgende Bild zeigt Betriebssystemprozesse und Threads:

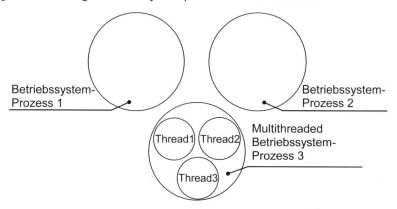

Bild 16-8 Threads und Prozesse

Die **Java Virtuelle Maschine** selbst läuft **in einem Betriebssystem-Prozess** ab, d. h., sollen mehrere Java-Programme jeweils in getrennten Betriebssystem-Prozessen ablaufen, so hat jeder Betriebssystem-Prozess seine eigene virtuelle Maschine.

---

[195] Unterstützt das Betriebssystem kein Threadkonzept, so erfolgt die Threadverwaltung allein durch die virtuelle Maschine. Man spricht dann von "green threads" (siehe [Hei10]). Hat das Betriebssystem die Fähigkeit der Threadverwaltung, so spricht man bei den Java-Threads von "native threads".

Es ist nicht möglich, eine gemeinsame virtuelle Maschine für getrennte Betriebssystem-Prozesse ablaufen zu lassen.

Für Betriebssystem-Prozesse als parallele Einheiten ist noch die Interprozesskommunikation zwischen den parallelen Einheiten auszuwählen. Die Kommunikation zwischen Threads muss gegebenenfalls auch definiert werden. Da sich alle Threads eines Betriebssystem-Prozesses im selben Adressraum befinden, erfolgt in diesem Falle die Interprozesskommunikation am einfachsten über globale Variable, wobei der Zugriff allerdings zu synchronisieren ist. Aber auch eine Kommunikation zwischen Threads über Kanäle ist möglich, z. B. über Piped Streams[196]. Es muss abgeklärt werden, welche Möglichkeit für das jeweilige Projekt am Besten ist.

Im Falle einer Client/Server-Architektur, wenn RMI für die Kommunikation verwendet wird, sorgt bereits der RMI-Mechanismus selbst (siehe Kapitel 16.4) durch Multithreading für eine Parallelisierung der gleichzeitigen Zugriffe mehrerer Client-Programme auf eine Methode eines Server-Objekts.

16.7 Start-up/Shut-down und Schichtenmodell mit Fabriken und Registry

Im Folgenden wird das Schichtenmodell im Falle von Java um den Start-up/Shut-down erweitert. Damit wird der Lebenszyklus der Objekte im operationellen Betrieb um die Erzeugung und Vernichtung von Objekten ergänzt. Um Objekte zu erzeugen, werden Fabriken eingeführt, um Objekte zu finden, eine Registry. Im Falle der Vernichtung bedient man sich der Mittel der verwendeten Programmiersprache.

Objekte für den Start-up können in einen zum normalen Schichtenmodell parallelen Schichtenstapel eingezeichnet werden.

Client- und Server-Fabriken

Im Folgenden soll ein Schichtenmodell für eine Two-Tier-Architektur aus zwei Ebenen von Rechnern mit einem Thin Client[197] betrachtet werden. Die **Client-Fabrik** erzeugt Proxys auf Objekte des Servers. Der Vorteil ist, dass der Code zum Erzeugen der Stellvertreter-Objekte in der Fabrik gekapselt ist. Die **Server-Fabrik** erzeugt Objekte auf dem Server.

Für die Kommunikation zwischen Client und Server wird in diesem Beispiel die Java Technologie RMI (Remote Method Invocation) verwendet. Die Architektur des RMI ist in Bild 16-9 dargestellt:

---

[196] Auf Piped Streams kann an dieser Stelle nicht näher eingegangen werden.
[197] Ein Thin-Client-Rechner beschränkt sich auf die Ein- und Ausgabe im Gegensatz zu einem Fat-Client-Rechner, der zusätzlich auch noch die Verarbeitung unterstützt.

Objektorientierter Systementwurf

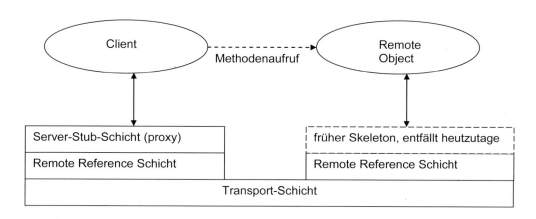

Bild 16-9 Architektur des RMI

RMI erlaubt es, dass von einer virtuellen Maschine aus Methoden von Objekten einer anderen virtuellen Maschine aufgerufen werden können. Dies kann nicht nur mit virtuellen Maschinen auf demselben Rechner, sondern auch mit virtuellen Maschinen auf entfernten Rechnern durchgeführt werden.

Die Architektur von RMI ist in einem Schichtenmodell angeordnet. Möchte ein Client eine Methode eines **entfernten Objekts** (engl. **remote objekt**) aufrufen, so kann er dies natürlich nicht direkt tun, da das Objekt in einer anderen virtuellen Maschine liegt als er selbst. Er ruft die Methode stattdessen auf einem **Stellvertreter-Objekt** (**Proxy**), dem sogenannten **Server Stub**, in seiner eigenen virtuellen Maschine auf. Dieser Proxy kapselt die Kommunikation über die Grenzen der virtuellen Maschinen hinweg, so dass es für den Client so aussieht, als würde er direkt Methoden auf dem Objekt in der entfernten virtuellen Maschine aufrufen. Auf die genaue Implementierung der Kommunikation soll an dieser Stelle nicht weiter eingegangen werden.

> Um die Verbindung zwischen dem Proxy und dem Remote-Objekt herzustellen, wird jedes Objekt, das von außerhalb erreichbar sein soll, auf dem Server unter einem eindeutigen Namen in eine sogenannte RMI-Registry eingetragen. Die **RMI-Registry** wird verwendet, um einen für ein Remote-Objekt passenden Proxy auf dem Client zu erzeugen.

Remote-Objekte müssen also vom Server in der Registry notiert werden. Die Schicht Registry wurde eingeführt, um das Registrieren dieser Objekte modellieren zu können.

Die **Client-Fabrik** im folgenden Bild hat die Aufgabe, Proxys auf dem Client-Rechner zur Kommunikation mit Objekten auf dem Server-Rechner zu erzeugen. Der Vorteil ist, dass das Suchen nach Objekten auf dem Server und auch das Erzeugen von Stellvertreter-Objekten vom Rest der Anwendung gekapselt werden. Dadurch können Änderungen zentral durchgeführt werden. So wird z. B. ein Austauschen der Technologie zur Kommunikation durch eine andere (wie z. B. durch Web Services) vereinfacht.

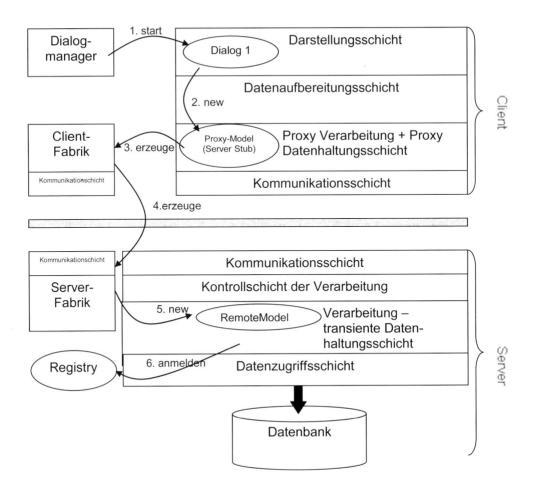

Bild 16-10 Start-up mit Hilfe von Fabriken

Die **Server-Fabrik** dient dazu, dass ein Client Entity-Objekte auf dem Server erzeugen kann. Würde der Client die Entity-Objekte einfach instanziieren, würde er das Objekt in der eigenen JVM (Java Virtual Machine) und nicht auf dem Server anlegen. Der Server und der Client laufen in unterschiedlichen Prozessen und besitzen somit auch jeweils eine eigene virtuelle Maschine. Ein von der Server-Fabrik erzeugtes Objekt muss zusätzlich in der RMI-Registry angemeldet werden. Sonst kann der Client nicht darauf zugreifen.

Der **Dialogmanager** startet die Dialoge der Anwendung. Der Dialogmanager legt in der Regel die Folgeschablonen auf. Er wird in Kapitel 16.12 beschrieben.

16.8 Fehlererkennung, Fehlerbehandlung und Fehlerausgabe

Fehlererkennung, Fehlerbehandlung und Fehlerausgabe sind projektspezifisch. Sie werden in diesem Buch nicht behandelt.

16.9 Funktionale Sicherheit und Informationssicherheit

Die englischen Begriffe **functional safety** und **security** sind einprägsamer als die deutschen Begriffe funktionale Sicherheit und Informationssicherheit. Dennoch werden hier die deutschen Begriffe verwendet.

16.9.1 Funktionale Sicherheit

Sichere Systeme im Sinne der functional safety haben wenig Fehler bzw. werden mit diesen fertig. Sie sind **verlässlich** (engl. **dependable**). Realisieren lassen sich verlässliche oder sichere Systeme im Sinne der functional safety mit Hilfe von zwei verschiedenen Strategien:

(a) keine Fehler zu machen.
   Dies ist das Ziel der **Fehlervermeidung**
(b) die Fehler, die dennoch auftreten, abzufangen.
   Dies ist das Ziel der **Fehlertoleranz**

Dies ist in folgendem Bild dargestellt:

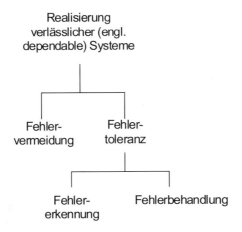

Bild 16-11 Realisierung verlässlicher Systeme

Bei der **Fehlervermeidung** verhält man sich intolerant gegenüber Fehlern und will sie unter allen Umständen nicht zulassen. Ziel der Fehlervermeidung ist es, durch geeignete Methoden sicherzustellen, dass möglichst keine Fehler bei der Entwicklung gemacht werden.

Bei der **Fehlertoleranz** versucht man, auftretende Fehler der Komponenten durch die Verwendung redundanter Komponenten so zu beheben, dass die Fehler auf der Ebene des Gesamtsystems nicht mehr sichtbar werden oder dass kein Schaden angerichtet wird. Wenn man die Fehler abfangen will, so muss man sie erstens erkennen und lokalisieren. Dazu braucht man eine **Fehlererkennung**. Und zweitens muss man in der Lage sein, die aufgetretenen **Fehler** zu **behandeln** (**Fehlerbehandlung**).

> Das **Software Engineering** befasst sich mit Vorgehensweisen und Methoden, um bei der Erstellung der Software **möglichst keine Fehler** zu machen. Der Ansatz der **Fehlertoleranz** ist ein anderer. Er geht davon aus, dass ein Produkt fehlerhaft ist, und befasst sich mit Maßnahmen, dass **Fehler im Systemverhalten nach außen nicht sichtbar werden**.

Fehlertoleranz hat also die Strategie, das **fehlertolerante System verlässlicher zu machen als die Gesamtheit seiner Teile**. D. h., durch Anwendung bestimmter Verfahren können fehlertolerante Systeme bei Auftreten von Fehlern in ihren Komponenten nach außen hin ein fehlerfreies Verhalten des Gesamtsystems zeigen. Ein fehlertolerantes Systems kann **auch mit einer begrenzten Anzahl fehlerhafter Subsysteme die spezifizierten Funktionen erfüllen**. Das bedeutet, dass der Ansatz der Fehlertoleranz davon ausgeht, dass im Betrieb des DV-Systems Fehler in der Software bzw. Hardware auftreten können.

> Unter Fehlertoleranz versteht man die Fähigkeit eines Systems, auch mit einer begrenzten Zahl fehlerhafter Subsysteme seine spezifizierte Funktion zu erfüllen.

Nach außen hin will man trotz des Auftretens einer beschränkten Anzahl von Fehlern in den Komponenten das Gesamtsystem als solches fehlerfrei halten und die Funktionalität des Gesamtsystems aufrecht erhalten. Dazu muss

- zum einen die **Integrität** und die **Verfügbarkeit der Daten** und
- zum anderen auch die **Verfügbarkeit der Funktionalität der Komponenten**

im Fehlerfall gewährleistet werden. Hierfür sind geeignete Verfahren zu implementieren.

Fehlertoleranz beruht stets auf redundanten Mitteln, welche durch eine fehlertolerante Architektur bereitgestellt werden. Ziel der Fehlertoleranz ist es, durch Architekturmaßnahmen zur Laufzeit des Systems mit auftretenden **zufälligen** und **systematischen Fehlern** fertig zu werden[198]. Hierfür wird versucht, auftretende Fehler so zu behandeln, dass sie auf der Ebene des Gesamtsystems nicht mehr sichtbar werden oder zumindest keinen Schaden anrichten. Wenn die Hardware eines Subsystems ausfällt, darf also in diesem Fall dessen Funktionalität nicht ersatzlos gestrichen werden. Mit anderen Worten, nur wenn es **Redundanzen** im System gibt, ist ein fehlertolerantes Verhalten erreichbar. Werden keine Redundanzen eingebaut, so ist eine Verlässlichkeit nur durch das Vermeiden von Fehlern erreichbar.

Fehlertolerante Systeme benötigen eine Fehlererkennung, damit festgestellt werden kann, dass eine Ausnahmesituation vorliegt, und eine Fehlerbehandlung, um auf die erkannten Fehler reagieren zu können. Wichtig hierbei ist, dass die Maßnahmen der Fehlertoleranz – d. h. die **Fehlererkennung** und die **Fehlerbehandlung** – innerhalb

---

[198] Systematische Fehler sind beispielsweise Fehler, die während der Entwicklung in das System "eingebaut" werden.

einer begrenzten Zeit stattfinden müssen, um einen Systemausfall verhindern zu können. Die Zeitdauer zwischen dem Auftreten eines Fehlzustands und dem Ausfall des Systems wird als **Fehlerlatenzzeit** bezeichnet.

Bild 16-12 zeigt die Menge

- A der fehlerfreien Systemzustände,
- der Fehlerzustände B, aus denen man mit Hilfe der Fehlertoleranz in angemessener Zeit in fehlerfreie Zustände zurückkehrt, und
- der Fehlerzustände C, bei denen eine Rückkehr in einen fehlerfreien Zustand nicht möglich ist.

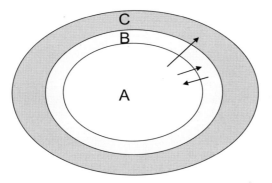

Bild 16-12 Fehlzustände und Übergänge

Wenn Fehler nicht zum Versagen des Gesamtsystems führen, sondern der Betrieb mit den wichtigsten Teilfunktionalitäten weitergeführt werden kann, spricht man von **abgestufter Leistungsverminderung** oder **fail soft** bzw. **graceful degradation**.

Da Redundanzen immer zusätzliche Kosten bedeuten, werden fehlertolerante Systeme stets dann gebaut, wenn ein Ausfall des Systems ein hohes Risiko bedeutet.

16.9.2 Informationssicherheit

Zuerst sollen einige wichtige Ziele der Informationssicherheit vorgestellt werden. Diese umfassen Vertraulichkeit, Integrität, Verfügbarkeit, Authentizität und Verbindlichkeit[199].

---

[199] Oftmals werden auch nur die ersten drei Schutzziele genannt: Vertraulichkeit, Integrität, Verfügbarkeit. Andere Schutzziele wie z. B. Anonymität können von den fünf genannten abgeleitet werden.

> **Sicherheit** in Informationssystemen umfasst die Gewährleistung
>
> - der **Vertraulichkeit** – kein unbefugter Informationsgewinn möglich –,
> - der **Integrität** – keine unbefugte Modifikation oder Schaffung von Informationen und Funktionen möglich –,
> - der **Verfügbarkeit** – keine Beeinträchtigung des Zugriffs auf Daten und Funktionen des Informationssystems möglich –,
> - der **Authentizität** – keine andersartige Identität kann vorgetäuscht werden – und
> - der **Verbindlichkeit** bzw. **Zurechenbarkeit** – kein Ableugnen der Urheberschaft von durchgeführten Vorgängen möglich.

Ein Beispiel für den Verlust der **Vertraulichkeit** ist, wenn Patientenberichte Unbefugten in die Hände gelangen. Ein Verlust der **Integrität** der Daten liegt beispielsweise vor, wenn der Betrag einer Lastschrift verfälscht wird. Ein Beispiel für den Verlust der **Verfügbarkeit** ist, wenn ein Onlineshop durch Hacker-Angriffe keine akzeptablen Antwortzeiten mehr aufweist. Ein Verlust der **Authentizität** liegt vor, wenn der Bankkunde nicht überprüfen kann, ob er seinen Online-Überweisungsauftrag in die korrekte Webseite eintippt. Ein Verlust der **Verbindlichkeit** (Zurechenbarkeit) liegt z. B. vor, wenn ein Aktienkäufer, der Aktien einen Tag vor dem großen Crash gekauft hat, erfolgreich ableugnen kann, dass er den glücklosen Kaufauftrag abgegeben hat.

Ein Informationssystem kann verschiedenen **Bedrohungen** ausgesetzt sein:

- **Gefahren durch höhere Gewalt**
  Hierzu gehören z. B. Feuer, Wasser, der Verschleiß von HW-Komponenten oder Einflüsse durch elektromagnetische und radioaktive Strahlungen.
- **Gefahren durch unbeabsichtigte Handlungen**
  Beispielsweise kann eine Fehlbedienung wie das Eintippen einer wesentlich zu hohen Zahl bei einem Aktienkauf zum Ruin einer Bank führen, genauso wie das Nichteinhalten von organisatorischen Sicherheitsmaßnahmen durch den Administrator wie etwa das Durchführen einer Datensicherung.
- **Angriffe (Gefahren durch beabsichtigte, böswillige Handlungen)**
  - Gefahren durch Dritte wie z. B. das Vorspiegeln einer falschen Identität, das Abhören oder das Ändern von Informationen.
  - Gefahren durch Kommunikationspartner wie z. B. das Leugnen einer Kommunikation oder die Fälschung z. B. von empfangenen Daten.
  - Bedrohungen des Netzes wie z. B. das Einschleusen Trojanischer Pferde – beispielsweise zum Sammeln von Passwörtern – in Netzkomponenten oder das Lahmlegen von Netzkomponenten durch Denial-of-Service-Attacken.

Mögliche Schäden als Folge solcher Bedrohungen (Sicherheitsvorfälle) können beispielsweise

- die Daten,
- die Funktion eines DV-Systems,
- die Infrastruktur,
- eine Person,
- den Ruf/das Ansehen,
- die Finanzen und
- die Einhaltung der Gesetzestreue

einer Firma betreffen.

So können die Daten verändert werden (**Daten**), ein als nützliches Programm getarnter Trojaner kann plötzlich eine andere Funktion erfüllen (**Funktion eines DV-Systems**), die Infrastruktur kann infolge eines Wassereinbruchs nicht mehr funktionsfähig sein (**Infrastruktur**) oder ein AIDS-Patient kann wegen seiner Krankenakte erpresst werden bzw. der einzige Administrator kann kündigen (**Person**). Wird z. B. in einer Sicherheitsfirma eingebrochen, ist der Ruf dieser Firma ruiniert (**Ruf/Ansehen**). Durch Datenverlust kann beispielsweise die Arbeit von 10 Mannjahren vernichtet werden (**Finanzen**). Schützt eine Versicherung beispielsweise die Kundendaten nicht ausreichend, so kann dies zur Folge haben, dass die Versicherung Strafe zahlen muss oder geschlossen wird (**Einhaltung der Gesetzestreue**).

Es gibt **Güter** (engl. **assets**), die für die Organisationsziele von Bedeutung sind. Diese Güter werden von potenziellen **Bedrohungen** (engl. **threats**) gefährdet, die durch einen Angreifer, eine unabsichtliche Handlung oder höhere Gewalt (engl. **threat agent**) hervorgerufen werden können. Diese potenziellen Bedrohungen können real werden, wenn es tatsächlich eine **relevante Schwachstelle** (engl. **vulnerability**) im betrachteten System gibt. Wenn es zusätzlich **keine Schutzmaßnahme** (engl. **safeguard/countermeasure**) gegen die Bedrohung gibt, führt die nun reale Bedrohung zu einem **Risiko**. Schutzmaßnahmen können also das Risiko für die Güter minimieren, indem sie Schwachstellen schließen.

Auf der Basis der Bedrohungen beschreibt die **Sicherheitspolitik** in allgemeiner Form die Anforderungen und Regeln zum Betrieb eines sicheren Systems.

> Eine **Sicherheitspolitik** formuliert die grundlegenden **Sicherheitsziele** einer Organisation und die **Regeln und Randbedingungen zur Abwehr der** als bedeutsam erkannten **Bedrohungen** ihrer Systeme.

Die Sicherheitspolitik wird umgesetzt über **organisatorische, personelle, materielle**[200] und **informationstechnische Maßnahmen,** wie folgendes Bild darstellt.

---

[200] Im Wesentlichen Infrastrukturmaßnahmen (z. B. Stahltüren) und Abstrahlsicherheit

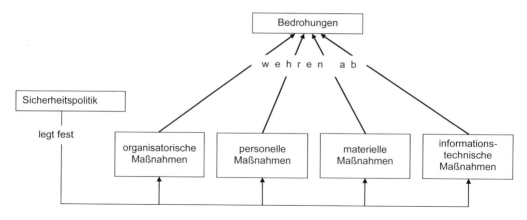

Bild 16-13 Maßnahmen der Sicherheitspolitik zur Abwehr von Bedrohungen

Die informationstechnische Sicherheit wird hergestellt über die **Sicherheitsbasisfunktionen** eines Systems und die darunterliegenden **Sicherheitsmechanismen** und **Sicherheitsalgorithmen**. Die **Sicherheitsbasisfunktionen** dienen zur:

- **Identifikation und Authentisierung**[201]
  Identifikation eines Subjekts oder Objekts und Verifizierung, ob dieses tatsächlich dasjenige ist, welches es zu sein vorgibt.

- **Rechteverwaltung (Autorisierung)**
  Vergabe und Verwaltung der Rechte zum Zugriff auf Systemressourcen.

- **Rechteprüfung (Berechtigungskontrolle)**
  Überprüfung jedes Zugriffs auf seine Berechtigung. Verhindern nicht zulässiger und Veranlassen zulässiger Zugriffe.

- **Beweissicherung (Protokollierung)**
  Aufzeichnen der Aktionen bzw. Zustände des Systems für den Zweck eines Wiederanlaufs (Fehlerüberbrückung) und zu einem Nachweis z. B. von unberechtigten Zugriffsversuchen.

- **Wiederaufbereitung von Datenträgern**
  Sicheres Löschen von Daten auf Datenträgern, damit die Datenträger wieder verwendet werden können, ohne dass ein unbefugter Zugriff auf scheinbar gelöschte Daten möglich ist.

- **Fehlerüberbrückung**
  Wiederherstellen eines alten Systemzustandes mit Hilfe eines Backups oder Tolerieren von Fehlern im Sinne eines fehlertoleranten Systems.

- **Überwachung (Gewährleistung der Funktionalität)**
  Kontrolle der Systemintegrität einschließlich der Sicherheitsmechanismen und des Einhaltens der Sicherheitsmechanismen durch Auswertung der Protokolle.

---

[201] Identifikation bedeutet eine Überprüfung auf eine Identität. Der zu Überprüfende muss sich ausweisen. Bei der Authentisierung werden Signaturen des zu Überprüfenden benutzt, um zu verifizieren, wer er ist. Signaturen können originäre Eigenschaften des zu Überprüfenden sein wie z. B. ein Fingerabdruck oder seine Retina, sie können auch zugewiesen sein wie z. B. ein Ausweis, Schlüssel oder Passwort.

- **Übertragungssicherung**
  Zusätzliche Vorkehrungen bei der Datenübertragung über die Rechteverwaltung und Rechteprüfung hinaus wie z. B. Identifikation und Authentisierung eines Senders von Daten oder Gewährleistung der Verbindlichkeit (engl. non-repudiation) von gesendeten Daten.

Das folgende Bild zeigt den Zusammenhang zwischen Sicherheitsbasisfunktionen, Mechanismen und Algorithmen:

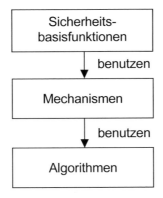

Bild 16-14 Sicherheitsbasisfunktionen, Mechanismen und Algorithmen

Diese **Sicherheitsbasisfunktionen** werden realisiert durch Mechanismen wie:

- Verschlüsselung,
- Mechanismen zur Datenintegrität, wie z. B. Prüfsummen bei Nachrichten,
- Authentifizierungsmechanismen, wie z. B. die elektronische Unterschrift,
- Zugriffskontrollmechanismen,
- Wegauswahl,
- Notariat (Bestätigung einer Identität)
- etc.

Grundlage für viele dieser Mechanismen bilden schließlich kryptografische Algorithmen wie z. B. der symmetrische Verschlüsselungsalgorithmus Advanced Encryption Standard (AES) oder der Secure Hash Algorithm (SHA) zur Berechnung von eindeutigen Prüfsummen.

Die **Anzahl und Feinheit** der von der Sicherheitspolitik geforderten **Sicherheitsfunktionen** und die Anforderungen an die **Güte (Qualität) der verwendeten Mechanismen und Algorithmen steigen mit zunehmender Bedrohung**. Vernetzte Systeme bieten aufgrund ihrer Verteiltheit mehr Angriffspunkte als abgeschottete Systeme mit einem einzigen zentralen Rechner. Auf die Implementierung der Sicherheitsfunktionen kann an dieser Stelle nicht eingegangen werden.

16.10 Verarbeitung

Die Verarbeitung enthält die Geschäftslogik der Anwendung. Die Verarbeitungsschicht stellt alle Funktionen über eine definierte Schnittstelle zur Verfügung, die der Client zur Erfüllung seiner Anwendungsfälle verwenden kann.

16.11 Datenzugriffsschicht mit Datenbank

Die Daten der Entity-Objekte sind über die Datenzugriffsschicht in Datenbanken/Dateien zu sichern. Die Datenzugriffsschicht kann die Datenhaltung in einer Datenquelle – in der Regel einer Datenbank – abstrahieren. Die datenbankunabhängigen Aufrufe der Datenzugriffsschicht werden dann in datenbankabhängige Aufrufe des Datenbankmanagementsystems (DBMS) umgesetzt. Im DBMS werden die persistenten Daten der Anwendung abgelegt. Die Technologie relationaler Datenbanken wird in Kapitel 15 gezeigt. Durch die Abstraktion kann eine Unabhängigkeit von der verwendeten Datenbank erreicht werden, welche den Austausch der Datenbank erlaubt, ohne dass die Verarbeitungsschicht von diesem Austausch betroffen ist.

16.12 MMI und das Schichtenmodell mit Dialogmanager

Das MMI hängt stark von der verwendeten Programmiersprache und der Zielplattform (z. B. Betriebssystem oder GUI-Framework) ab. Für den Fall von Java wird auf [Hei10] verwiesen.

Aus der bisherigen Ein- und Ausgabe-Schicht des MMI wird ein Dialogmanager abgesplittet. Der Dialogmanager hat oft die Verantwortung, den zum Programmablauf passenden Dialog anzuzeigen. In anderen Fällen ist die Logik für den Folgeschritt direkt in den Dialog integriert. In diesem Fall hat der Dialogmanager nur die Aufgabe, die erste Dialogmaske anzuzeigen. Siehe hierzu auch Kapitel 16.7.

16.13 Kommunikation

Eine Kommunikation tritt nur bei verteilten Systemen auf und muss nach dem jeweiligen Einsatzgebiet gewählt werden z. B. CAN [Zim08] und Flexray [Rau07] für das Auto.

16.14 Zusammenfassung

Während man sich bei der Systemanalyse im Problembereich, d. h. in der Welt der operationellen Nutzeraufgaben befindet, ist man beim Systementwurf nun im Lösungsbereich, d. h. in der Welt der technischen Realisierung angekommen. Während im Problembereich nur die Funktionen der Verarbeitung analysiert werden, treten beim Systementwurf neue Funktionsarten zu den bereits bekannten Klassen und Objekten der operationellen Verarbeitung hinzu:

- die Schnittstelle zur Datenhaltung und die Datenbank selbst,
- die Ein- und Ausgabe-Schnittstelle des Benutzers,

- die Schnittstelle zur Rechner-Rechner-Kommunikation,
- die Betriebssicherheit mit Start-up/Shut-down, Fehlerausgabe, Fehlererkennung und Fehlerbehandlung,
- die zusätzlichen Funktionen der funktionalen Sicherheit (engl. functional safety),
- die Gewährleistung der Informationssicherheit (engl. security) und
- die Gewährleistung der Parallelität und die Interprozesskommunikation.

Zum Umsetzen dieser zusätzlichen Funktionalität wird vom Autor die folgende Reihenfolge vorgeschlagen:

1. Aufbauend auf den Erkenntnissen aus der Systemanalyse kann ein erstes Schichtenmodell der Systemanalyse erstellt werden.
2. Die in der Systemanalyse erstellten Kommunikationsdiagramme können in das Schichtenmodell der Systemanalyse übertragen und um Objekte weiterer Schichten des Entwurfs ergänzt werden.
3. Definieren von parallelen Einheiten und Festlegung der Interprozesskommunikation zwischen diesen Einheiten.
4. Betrachtung von Start-up und Shut-down (inkl. der Erweiterung des Schichtenmodells z. B. um Client-, Server-Fabrik und Registry).
5. Erweitern der Funktionen um Fehlererkennung, Fehlerbehandlung und Fehlerausgabe.
6. Umsetzung der Anforderungen an die funktionale Sicherheit und Informationssicherheit.
7. Verarbeitung.
8. Datenzugriff und Datenhaltung (ggf. mit Hilfe einer Datenbank).
9. MMI (z. B. Dialoge, Dialogmanager und Datenaufbereitung).
10. Kommunikation zwischen den Rechnern.

Selbstverständlich sind rückwärts gerichtete Iterationen möglich.

Zum Erstellen eines ersten Schichtenmodells kann das Client/Server-Objektdiagramm (siehe Kapitel 16.4) aus der Systemenanalyse verwendet werden, das sich aus den Kontroll- und Entity-Objekten der Systemanalyse ergibt. Das so entstandene Schichtenmodell kann anschließend um weitere Schichten, beispielsweise um eine Datenzugriffschicht auf eine Datenbank oder eine Datenaufbereitungsschicht erweitert werden (siehe Kapitel 16.5).

Die Kommunikationsdiagramme können nun in das Schichtenmodell eingeordnet und erweitert werden. Das daraus entstehende Diagramm nennt sich Kommunikationsdiagramm im Schichtenmodell (siehe Kapitel 16.4). Das Kommunikationsdiagramm im Schichtenmodell eignet sich sowohl für den geradlinigen Übergang von der Systemanalyse in den Systementwurf als auch für die abgestimmte Modellierung der statischen Systemstruktur und des dynamischen Verhaltens.

Bei der Definition und der Kommunikation paralleler Einheiten muss zwischen Betriebssystem-Prozessen und Threads unterschieden werden. Betriebssystem-Prozesse sind Einheiten für das Memory Management und Scheduling, Threads nur für das Scheduling. Betriebssystem-Prozesse, die über Kanäle kommunizieren, sind auf andere Rechner verteilbare Einheiten, Threads jedoch nicht. Sie laufen im Adressraum eines Betriebssystem-Prozesses. Sie können beispielsweise in einem Server-Betriebssystem-Prozess verschiedene Nutzeranfragen parallel abarbeiten (siehe Kapitel 16.6).

Die Betrachtung von Start-up und Shut-down erfolgt beim Systementwurf, da erst beim Systementwurf ein Rechnersystem betrachtet wird. Um Objekte zu erzeugen, werden Fabriken eingeführt, um sie zu finden, eine Registry. Im Falle der Vernichtung bedient man sich der Mittel der verwendeten Programmiersprache. Die Java-Technologie RMI kann beispielsweise verwendet werden, um die Kommunikation zwischen parallelen Einheiten auch über Rechnergrenzen hinweg so zu vereinfachen, als würde man Methoden auf Objekten innerhalb der eigenen virtuellen Maschine aufrufen. Dazu verwendet RMI sogenannte Stellvertreter-Objekte (Proxys) (siehe Kapitel 16.7).

Sichere Systeme im Sinne der functional safety haben wenig Fehler bzw. werden mit diesen fertig. Sie sind verlässlich (engl. dependable). Realisieren lassen sich verlässliche oder sichere Systeme im Sinne der functional safety mit Hilfe von zwei verschiedenen Strategien (siehe Kapitel 16.9.1):

- Bei der **Fehlervermeidung** verhält man sich intolerant gegenüber Fehlern und will sie unter allen Umständen nicht zulassen. Ziel der Fehlervermeidung ist es, durch geeignete Methoden sicherzustellen, dass möglichst keine Fehler bei der Entwicklung gemacht werden.
- Bei der **Fehlertoleranz** versucht man, auftretende Fehler der Komponenten durch Redundanzen so zu beheben, dass sie auf der Ebene des Gesamtsystems nicht mehr sichtbar werden oder dass kein Schaden angerichtet wird. Wenn man die Fehler abfangen will, so muss man sie erstens erkennen und lokalisieren. Dazu braucht man eine Fehlererkennung. Und zweitens muss man in der Lage sein, die aufgetretenen Fehler zu behandeln (Fehlerbehandlung).

Informationssicherheit umfasst die Gewährleistung

- der **Vertraulichkeit** (kein unbefugter Informationsgewinn möglich),
- der **Integrität** (keine unbefugte Modifikation oder Schaffung von Informationen und Funktionen möglich),
- der **Verfügbarkeit** (keine Beeinträchtigung des Zugriffs auf Daten und Funktionen des Informationssystems möglich),
- der **Authentizität** (keine Identität kann vorgetäuscht werden) und
- der **Verbindlichkeit** bzw. **Zurechenbarkeit** (kein Ableugnen der Urheberschaft von durchgeführten Vorgängen möglich).

Die informationstechnische Sicherheit wird hergestellt über die Sicherheitsbasisfunktionen eines Systems und die darunterliegenden Sicherheitsmechanismen und Sicherheitsalgorithmen (siehe Kapitel 16.9.2). Die Sicherheitsbasisfunktionen dienen zur:

- **Authentisierung**
  Identifikation eines Subjekts oder Objekts und Verifizierung, ob dieses tatsächlich dasjenige ist, welches es zu sein vorgibt.

- **Rechteverwaltung (Autorisierung)**
  Vergabe und Verwaltung der Rechte zum Zugriff auf Systemressourcen.
- **Rechteprüfung (Berechtigungskontrolle)**
  Überprüfung jedes Zugriffs auf seine Berechtigung. Verhindern nicht zulässiger und Veranlassen zulässiger Zugriffe.
- **Beweissicherung (Protokollierung)**
  Aufzeichnen der Aktionen bzw. Zustände des Systems für den Zweck eines Wiederanlaufs (Fehlerüberbrückung) und zum Nachweis z. B. von unberechtigten Zugriffsversuchen.
- **Wiederaufbereitung von Datenträgern**
  Sicheres Löschen von Daten auf Datenträgern, damit die Datenträger wieder verwendet werden können, ohne dass ein unbefugter Zugriff auf scheinbar gelöschte Daten möglich ist.
- **Fehlerüberbrückung**
  Wiederherstellen eines alten Systemzustandes mit Hilfe eines Backups oder Tolerieren von Fehlern im Sinne eines fehlertoleranten Systems.
- **Überwachung (Gewährleistung der Funktionalität)**
  Kontrolle der Systemintegrität einschließlich der Sicherheitsmechanismen und des Einhaltens der Sicherheitsmechanismen durch Auswertung der Protokolle.
- **Übertragungssicherung**
  Zusätzliche Vorkehrungen bei der Datenübertragung über die Rechteverwaltung und Rechteprüfung hinaus wie z. B. Identifikation und Authentisierung eines Senders von Daten oder Gewährleistung der Verbindlichkeit (engl. non-repudiation) von gesendeten Daten.

16.15 Aufgaben

Aufgabe 16.1: Kommunikationsdiagramme im Schichtenmodell

16.1.1 Was zeigt das Kommunikationsdiagramm der Systemanalyse?
16.1.2 Welchen Aspekt, der im Kommunikationsdiagramm nur schwer zu sehen ist, zeigt das Client/Server-Objektdiagramm?
16.1.3 Wird das Client/Server-Objektdiagramm in der Systemanalyse oder im Systementwurf eingesetzt?
16.1.4 Wozu werden Kommunikationsdiagramme im Schichtenmodell eingesetzt?
16.1.5 Nennen Sie mindestens zwei Vorteile des Kommunikationsdiagramms im Schichtenmodell.

Aufgabe 16.2: Erweiterung der Schichten des Schichtenmodells

16.2.1 Welche neue Schicht kann beispielsweise dazu verwendet werden, Daten des Modells zu sortieren, bevor die View sie anzeigt?
16.2.2 Erklären Sie die Funktionsweise eines Proxy in einem Schichtenmodell in einer Client/Server-Architektur.

Aufgabe 16.3: Parallele Einheiten und ihre Kommunikation

16.3.1 Erklären Sie den Unterschied zwischen einem Betriebssystem-Prozess und einem Thread.
16.3.2 Werden Threads von jedem Betriebssystem unterstützt?
16.3.3 Erklären Sie den Unterschied zwischen "green threads" und "native threads".

Aufgabe 16.4: Start-up/Shut-down und Schichtenmodell mit Fabriken und Registry

16.4.1 Wie können Objekte auf dem Server erzeugt werden?
16.4.2 Wie kann ein Client Objekte auf dem Server finden?
16.4.3 Mit welcher Java-Technologie können Sie auf Methoden eines Objekts in einem Betriebssystem-Prozess auf einem anderen Rechner zugreifen?
16.4.4 Erklären Sie kurz wie ein Methodenaufruf über diese Java-Technologie funktioniert?

Aufgabe 16.5: Funktionale Sicherheit

16.5.1 Welche beiden Strategien zur Realisierung sicherer Systeme kennen Sie?
16.5.2 Worin liegt der Vorteil beim Einbauen von Redundanzen in ein System?

Aufgabe 16.6: Informationssicherheit

16.6.1 Nennen Sie mindestens vier Ziele der Informationssicherheit und beschreiben Sie diese.
16.6.2 Geben Sie ein Beispiel für Verbindlichkeit.
16.6.3 Nennen Sie mindestens fünf mögliche Schäden, die aus einem Sicherheitsvorfall entstehen können.
16.6.4 Was beschreibt eine Sicherheitspolitik?
16.6.5 Wodurch können Sicherheitsbasisfunktionen realisiert werden?

Kapitel 17

Systementwurf bei aspektorientierter Programmierung

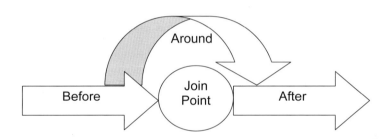

17.1 Aspektorientierung als neues Paradigma
17.2 Begriffe der aspektorientierten Programmierung
17.3 Aspekte und Klassen
17.4 Weaving
17.5 Werkzeugunterstützung
17.6 Zusammenfassung
17.7 Aufgaben

17 Systementwurf bei aspektorientierter Programmierung

Die **aspektorientierte Programmierung** (**AOP**) ist ein Paradigma, das durch die Anwendung des Konzepts "Trennung der Belange (engl. seperation of concerns)" die Implementierung querschnittlicher Funktionalitäten von der Implementierung der Geschäftslogik trennt.

Die aspektorientierte Programmierung (AOP) erweitert das Konzept der objektorientierten Programmierung. Eine wichtige Zielsetzung der Objektorientierung ist die Wiederverwendbarkeit von Klassen, jedoch ist es in der Praxis eher selten, dass eine Klasse unverändert an anderer Stelle übernommen werden kann. Daneben gibt es häufig Funktionalitäten, die sich quer durch die Geschäftslogik ziehen und deren Umsetzung sich über mehrere Klassen erstreckt, wie zum Beispiel das Logging[202].

Eine Funktionalität dieser Art kann mit den Mitteln der reinen Objektorientierung nur schwer realisiert werden und verursacht schlecht zu wartenden Code. Denn Klassen können zwar geändert oder erweitert werden, aber oft ziehen sich die Änderungen durch das gesamte Programm. Dies hat zur Folge, dass das objektorientierte Konzept alleine nicht befriedigend ist.

> Die Aspektorientierung behandelt solche Leistungen, die in mehreren Anwendungsfällen enthalten sind, als sogenannte Aspekte.

Aspekte sind Quellcode-Stücke, die losgelöst von den vorhandenen Klassen erstellt werden. Der sogenannte **Aspekt-Weber** (engl. **weaver**) übernimmt später das Einweben der Aspekte an die vorgesehenen Stellen im eigentlichen Programmcode. Diese Technik bringt den Vorteil, dass nach dem **Single Source-Prinzip** gearbeitet wird und ein mehrfach gebrauchter Aspekt an vielen Stellen des Programmcodes eingewoben wird. Außerdem wird die Implementierung der einzelnen Anwendungsfälle nicht mit den über verschiedene Anwendungsfälle übergreifenden Funktionalitäten vermischt. Der Programmierer kann sich einerseits auf die Geschäftslogik konzentrieren und andererseits auf die davon getrennten Aspekte. Die entstandenen Klassen sind besser wiederverwendbar, da sie sich jeweils nur um eine einzige Aufgabe kümmern.

Nach der Vorstellung der Ziele der Aspektorientierung in Kapitel 17.1 werden in Kapitel 17.2 wichtige Begriffe der aspektorientierten Programmierung erläutert und in Kapitel 17.3 Aspekte und Klassen verglichen. Kapitel 17.4 befasst sich mit dem Einweben der Aspekte und Kapitel 17.5 diskutiert den Wert einer Werkzeugunterstützung.

---

[202] Protokollierung von bestimmten Programmaktivitäten. To log (engl.) = in ein Logbuch eintragen

17.1 Aspektorientierung als neues Paradigma

Die aspektorientierte Programmierung entstand 1997 in den PARC-Labors von XEROX durch Kiczales et al. [Kic97]. Dabei wurde die Sprache **AspectJ** (siehe [Böh05]) entwickelt, die heute die am weitesten verbreitete aspektorientierte Sprache darstellt. Die offizielle Internetseite befindet sich unter [ecaspj].

Diese Sprache hat die folgenden Eigenschaften, die so oder so ähnlich in allen aspektorientierten Sprachen zu finden sind:

- Aspekte enthalten Programmcode, der vom Aspekt-Weber an definierten Stellen des Programms eingefügt wird.
- Durch das Einweben der Aspekte entsteht Programmcode, der der Java-Spezifikation entspricht.

Aspektorientierte Programmierung beruht auf dem Prinzip der **Trennung der Belange** (engl. **separation of concerns**). Konkreter kann dieses Prinzip auch mit Trennung der Verantwortlichkeiten bezeichnet werden.

Was ein Belang ist, ist nicht eindeutig definiert. Oft wird darunter eine Anwendungsfunktion verstanden, es gibt aber auch Autoren, die darunter die Anforderungen an eine bestimmte Anwendungsfunktion verstehen. In diesem Buch wird der Begriff eines concern oder Belangs als Feature oder Anwendungsfunktion gesehen.

Eine Trennung der Verantwortlichkeiten gab es im Software Engineering schon immer. Diese Trennung wird aber im Rahmen der Aspektorientierung besonders stark betont. So lag mit der Erfindung der Prozeduren im Rahmen der prozeduralen Programmierung die Verantwortlichkeit für eine bestimmte Leistung bei einer einzigen Prozedur. Nach Erfindung der Objekte im Rahmen der Objektorientierung lag die Verantwortlichkeit für eine Leistung bei einer Klasse oder bei einer Kollaboration. Viele Anwendungsfälle werden durch Kollaborationen erbracht, also durch das Zusammenspiel mehrerer Objekte. In der Systemanalyse wird nur die Schicht der Verarbeitung betrachtet, da die Ein-/Ausgabe in der Welt der Logik noch keine Rolle spielt:

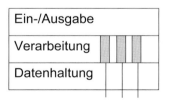

Bild 17-1 Anwendungsfälle der Verarbeitung in der Systemanalyse im Schichtenmodell

Beim Systementwurf kommt die Funktion der Ein-/Ausgabe, der Datenhaltung und ggf. der Kommunikation hinzu. Dies ist für die Anwendungsfälle im folgenden Bild dargestellt:

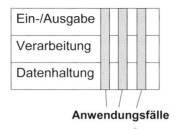

Bild 17-2 Anwendungsfälle des Systementwurfs in einem Schichtenmodell

Die geforderten Leistungen gehen von der Benutzerschnittstelle über die Verarbeitung bis hin zur Speicherung. Sie durchschneiden das Schichtenmodell also vertikal.

Es gibt jedoch auch funktionale Forderungen technischer Art, die unabhängig vom Anwendungsfall sind, aber nicht als horizontale Durchstiche interpretiert werden können, einen querschnittlichen Charakter haben und über den ganzen Code verteilt sein können. Hierzu gehört als klassisches Beispiel die Logging-Funktion. Beim Eintritt in eine Prozedur sollen der Zeitpunkt und der Prozedurname protokolliert werden, ebenso beim Verlassen der Prozedur. Diese Forderung kann jeden Anwendungsfall und damit das ganze System betreffen.

Querschnittliche Belange werden auch **crosscutting concerns** genannt.

> **Querschnittliche Belange** (engl. **crosscutting concerns**)
>
> Querschnittliche oder übergreifende Belange sind technische Funktionen, die in vielen Anwendungsfällen vorkommen und keinem einzelnen Anwendungsfall zugeordnet werden können.

Der **aspektorientierte Ansatz** hat zum Ziel, die querschnittlichen Belange nicht mit den Abstraktionen der Anwendungsfälle zu vermischen, sondern getrennt als Aspekte auszuweisen. Die **Trennung der Belange** verbessert die Überschaubarkeit und entkoppelt die Implementierung der Anwendungsfälle von der Implementierung der Aspekte. Dadurch wird auch die Wiederverwendbarkeit der Programme erhöht. Für Aspekte wird festgelegt, wo sie im Programm einzufügen sind und wie ihre Implementierung aussieht. Letztendlich werden die Aspekte in das Anwendungsprogramm eingewoben, damit das Gesamtprogramm die Anwendungsfälle und die Implementierung der übergreifenden Belange in Form von Aspekten enthält. Vorhergehende Konzepte boten für übergreifende Belange keine zufriedenstellende Lösung an.

Ein übergreifender Belang betrifft mindestens zwei Klassen oder Methoden und eignet sich daher für eine aspektorientierte Modellierung. Rein objektorientiert müsste der Programmcode jeder Klasse oder Methode um die gleiche Funktionalität erweitert werden, was wiederum gegen das Single Source-Prinzip verstoßen würde. Es gibt in der Objektorientierung natürlich auch die Möglichkeit, den übergreifenden Belang eines Aspekts an einer zentralen Stelle in einer eigenen Klasse abzulegen und mit ihm zu kommunizieren. Aber dazu muss eine Kommunikation mit dieser zentralen Klasse eingeführt werden, die sehr aufwendig sein kann.

Einen anderen Weg geht die Aspektorientierung. Sie kann als Erweiterung einer beliebigen objektorientierten Sprache um die Abstraktion der Aspekte angesehen werden.

Die Aspektorientierung ist nach der Einführung der Objektorientierung der nächste Schritt im Software Engineering, allerdings ist sie noch nicht weit verbreitet. So erweitert AspectJ die objektorientierte Sprache Java um Aspekte. Jedes Java-Programm ist auch unter AspectJ ablauffähig. Ein AspectJ-Compiler generiert eine `class`-Datei, die der Spezifikation von Java-Bytecode entspricht. Grundsätzlich ist das Paradigma der Aspektorientierung sprachunabhängig und stellt eine Verbesserung der Modularisierung von Softwaresystemen dar. Dieses Paradigma ersetzt nicht die bisherigen Paradigmen, sondern erweitert sie.

Die Anwendungsfälle aus Sicht der Verarbeitung werden **Core Level Concerns** genannt. Übergreifende Belange sind die **Crosscutting Concerns**. Kommt eine zusätzliche technische Funktion hinzu oder beispielsweise eine Messfunktion für nicht funktionale Qualitäten, so entsprechen sie Crosscutting Concerns. Diese können mittels Aspekten implementiert werden. Tabelle 17-1 beschreibt die genannten Typen von Funktionen näher.

Funktions-Typ	Merkmale
Core Level Concern	• Betrifft einen Anwendungsfall (Geschäftsprozess). Bei der objektorientierten Programmierung kann der Quellcode in der Regel gut in Klassen aufgeteilt werden.
Crosscutting Concern	• Technische Funktion.
	• Beispielsweise Messvorschrift (Funktion) für nicht funktionale Qualitäten wie Profiling (Analyse des Laufzeitverhaltens von Software) oder Unterstützung des Testens.
	Crosscutting Corncerns treten in der Regel verteilt über die Anwendungsfälle auf und führen bei der objektorientierten Programmierung zu einem verteilten Quellcode.

Tabelle 17-1 Typen von Funktionen

Die Trennung in Core Level Concerns und Crosscutting Concerns lässt sich einfach am Logging einer beliebigen Methode veranschaulichen [Bus05]. Die Methode selbst gehört zu einem Anwendungsfall. Der Logging-Aspekt ist mit dieser Methode jedoch nur verknüpft. Die Methode würde aber ihren Dienst auch ohne das Logging korrekt verrichten.

> Aspektorientierte Programmiersprachen können die Realisierung von Belangen in Aspekte und Klassen aufteilen und damit zwischen der Programmierung von Core Level Concerns und Crosscutting Concerns unterscheiden.

Diese Aufteilung wird in den folgenden zwei Bildern grafisch dargestellt. Dabei zeigt Bild 17-3, wie der Code für den Logging-Concern über alle Module verstreut ist. Oft sind solche Codestücke ähnlich oder sogar identisch und werden mit fehlerträchtigem

Kopieren und Einfügen erzeugt. In Bild 17-4 ist zu sehen, dass der Code der Funktion zum Logging zentral in einem eigenen Modul (einem Aspekt) gehalten wird und keine Änderungen oder Ergänzungen an den Core-Level-Modulen erforderlich sind. Der nur ein einziges Mal vorhandene Aspekt wird querschnittlich vom Aspekt-Weber eingefügt.

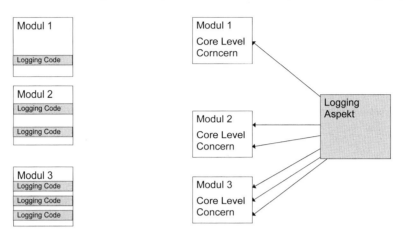

Bild 17-3 Logging ohne Aspektorientierung   Bild 17-4 Logging mit Aspektorientierung

Durch die Anwendung der Aspektorientierung kann der Quellcode einer Anwendung verkürzt werden. Wenn Änderungen im Aspekt erforderlich sind, so müssen diese nur an einer einzigen Stelle erfolgen, wodurch die Einhaltung des Single Source-Prinzips gewährleistet ist.

Die folgenden Punkte geben eine Übersicht über die möglichen technischen Funktionen eines Programms (siehe Kapitel 1.6.1):

- Datenhaltung, speziell Logging, Tracing, Caching, Persistenz, Transaktionsbehandlung.
- Ein- und Ausgabe, speziell Überwachung im Online-Betrieb.
- Rechner-Rechner-Kommunikation.
- Start-up, Shut-down, Fehlererkennung und -behandlung, speziell Fehlertoleranz, Fehlerausgabe.
- Informationssicherheit, speziell Authentisierung.
- Parallelität und Interprozesskommunikation, speziell Synchronisation.

Die genannten technischen Funktionen und beispielsweise auch Funktionen, die auf Messvorschriften für Qualitäten als nicht funktionale Anforderungen zurückzuführen sind, können als Aspekte realisiert werden. Ferner kann der Entwicklungsprozess beim Testen durch aspektorientierte Programmierung modulübergreifend unterstützt werden. Diese Belange führen nach den alten Paradigmen zu einer modulübergreifenden Implementierung und zu einer Streuung des Codes.

Systementwurf bei aspektorientierter Programmierung   667

> **Code-Streuung** (engl. **code scattering**)
>
> Code-Streuung ist gegeben, wenn sich ein Belang über mehrere Klassen erstreckt. Dabei kommt der gleiche Code auch oft in verschiedenen Klassen vor. Damit ist das Prinzip einer einzigen Verantwortung verletzt, da mehrere Klassen die Verantwortung tragen.

Verstreuter Code (siehe Bild 17-3) erhöht zudem die Fehleranfälligkeit. Ein Programmierer sollte sich allein auf die Geschäftslogik konzentrieren können. Muss er sich hingegen fortwährend mit Transaktionen, Persistenz oder Logging auseinandersetzen, führt dies häufig zu Fehlern. Vor allem dann, wenn er mehrere Programmstellen für eine Änderung aktualisieren muss.

Wenn eine Klasse sich gleichzeitig mit der Geschäftslogik und z. B. der Fehlertoleranz befasst, entsteht ein Quellcode, der schwer zu überschauen ist. Es entsteht ein Code-Wirrwarr bzw. eine **Code-Vermischung**.

> **Code-Vermischung** (engl. **code tangling**)
>
> Werden verschiedene Belange in einer Klasse gemischt, so nennt man das Code-Vermischung. Eine Klasse soll nur eine einzige Verantwortung tragen. Erfüllt sie mehrere Belange, so ist sie schwerer wiederverwendbar und schwerer verständlich.

Durch Erweiterung der Anwendungsfälle um Funktionen, die nicht die Anwendungsfälle betreffen, sind die Anwendungsfälle nicht mehr sauber gekapselt. Da die Klassen sowohl die Anwendungsfälle der Geschäftsprozesse als auch andere Funktionen enthalten, entsteht ein Programmcode, der zwar den Anforderungen, aber nicht mehr den Geschäftsprozessen entspricht.

Ändern sich die Anforderungen eines querschnittlichen Belangs, so reicht es beim Einsatz von aspektorientierter Programmierung in der Regel aus, den entsprechenden Aspekt zu modifizieren. Ohne Aspekte müsste der Programmcode an vielen Stellen, verteilt über mehrere Klassen, geändert werden.

17.2 Begriffe der aspektorientierten Programmierung

17.2.1 Aspekt

Aspekte sind eine Erweiterung des Klassenkonzepts. Ein Aspekt ist eine Programmabstraktion zur Implementierung eines übergreifenden Belangs und kann an vielen Stellen im System eingebunden werden. Ein Aspekt enthält sowohl Programmcode (siehe Advice, Kapitel 17.2.4) als auch die Stellen, an denen der Quellcode des Aspekts eingefügt werden soll (siehe Pointcut, Kapitel 17.2.3). Das ist neu gegenüber der Objektorientierung. Dass ein Programm die Stelle seiner Verwendung enthält, gibt es in der Objektorientierung nicht.

> Mit Hilfe eines Aspekts kann ein übergreifender Belang implementiert werden. Im Wesentlichen enthält er Programmcode (Advice) und die Stellen (Pointcuts), an denen dieser Programmcode eingebunden werden soll

Aspekte sind zur Laufzeit Objekte vom Typ `aspect` und werden beim Start des Programms instanziiert, noch vor dem Aufruf der `main()`-Methode. Wesentliche Bestandteile eines Aspekts sind **Pointcuts** mit **Join Points**, **Advices**, **Introductions**, **Compile-Time Declarations** – diese Begriffe werden im Folgenden noch erklärt. Zudem kann ein Aspekt normale Methoden und Attribute enthalten. Es folgt ein Beispiel für einen Aspekt[203]:

```
public aspect AspBeispiel                       // Aspektdeklaration
{
   pointcut pc()                                // Pointcutdeklaration
     : call (* Klassenname.methode (...));

   before() : pc()                              // Advice
   {
      System.out.print ("Hier bin ich");
   }
}
```

Klassen stellen den zentralen Begriff der Objektorientierung dar, dagegen sind bei der aspektorientierten Programmierung Klassen und Aspekte das Kernstück. Ein Aspekt ist ein Modul mit einer bestimmten Funktionalität. Ein Aspekt wird mit dem Schlüsselwort `aspect` deklariert. Der Aspektname wird wie ein Klassenname großgeschrieben, was aber nur eine Konvention darstellt und keine Forderung ist.

17.2.2 Join Points

Join Points (Verbindungspunkte) sind alle theoretisch möglichen Punkte im Programm, an denen Aspekte eingebracht werden können. Es sind Ereignisse, die während des Programmlaufs eintreten. Welche Punkte als Join Points in Frage kommen, hängt vom Join Point-Modell der aspektorientierten Sprache ab, in der das Programm geschrieben wurde.

In der folgenden Auflistung sind die **Join Points von AspectJ**, in anderen Worten das Join Point-Modell von AspectJ, dargestellt (siehe [Böh05]):

- Aufrufe von Methoden und Konstruktoren (engl. method/constructor call).
- Ausführung von Methoden und Konstruktoren (engl. method/constructor execution).
- Initialisierung von statischen Variablen (engl. static initializer execution).
- Initialisierung von Objekten (engl. object initialization).
- Setzen und Referenzieren von Feldern (engl. field reference/field assignment).
- Ausführen eines Exception-Handlers (engl. handler execution) – Punkt im Programm, an dem ein `catch`-Block in Java betreten wird.
- Ausführung eines Advice (engl. advice execution).

---

[203] Alle in diesem Kapitel gezeigten Quellcodebeispiele sind in AspectJ formuliert.

Join Points sind keine Programmierkonstrukte, d. h., der Programmierer definiert sie nicht. Pointcuts (siehe Kapitel 17.2.3) werden dagegen vom Programmierer definiert. **Ein Pointcut** beschreibt **die Bedingungen** – z. B. Parameter eines Methodenaufrufs – unter denen ein **Join Point zu dem Pointcut gehört**.

17.2.3 Pointcuts

Ein Pointcut[204] **wählt Join Points aus**, bestimmt ihren Kontext und legt damit die Ereignisse fest, bei deren Eintreten der Advice-Quellcode eingesetzt wird. Ein Pointcut gehört zu einem Aspekt. Er kann z. B. den Aufruf einer Methode auswählen und deren Kontext ermitteln. Beim Aufruf einer Methode besteht der Kontext aus dem Objekt, für das die Methode aufgerufen wird, und aus ihren Übergabeparametern. Ein Pointcut zur Ausführung der `verschiebe()`-Methode einer Klasse `Punkt` sieht folgendermaßen aus:

```
execution (void Punkt.verschiebe (int x, int y))
```

Ein Pointcut wählt aus allen theoretisch möglichen Punkten im Programmcode (Join Points) eine Untermenge aus, an denen Advice-Programmcode einfügt werden soll. Innerhalb eines Aspekts können mehrere Pointcuts definiert werden.

Im Beispiel wird zuerst durch das Schlüsselwort `execution` angegeben, welche Art von Join Points ausgewählt werden soll. Im Fall von `execution` ist es die Ausführung von Methodenrümpfen. Danach werden der Rückgabewert und die Signatur einer Methode übergeben. Hierbei können auch Wildcards angewendet werden. Anhand dieser Angabe werden übereinstimmende Join Points zum Einweben des Aspekts gesucht. Tabelle 17-2 zeigt eine Auswahl weiterer Schlüsselwörter [weiche].

Ein Pointcut beschreibt die Regel zum Einbinden eines Aspekts (engl. weaving rule) an einem Join Point. Der sogenannte **Aspekt-Weber** setzt den Quellcode dann an den vom Pointcut ausgewählten Join Points ein. Liegen mehrere Aspekte an einem Pointcut an, so wird durch Regeln bestimmt, in welcher Reihenfolge die Aspekte verarbeitet werden[205].

Damit enthält der Aspekt neben seinem Code die Stelle seines Gebrauchs. Das ist im Vergleich zu den Methoden der Objektorientierung neu. Bei ihnen wird nicht festgelegt, wo sie eingesetzt werden können.

Damit ein Pointcut in einem oder mehreren Advices angesprochen werden kann, muss er einen Namen tragen. Alternativ kann ein Pointcut auch anonym und damit nur an der Position seiner Verwendung bekannt sein. Im Folgenden wird das Beispiel aus dem anschließenden Kapitel 17.2.4 herangezogen, um den Unterschied zwischen

---

[204] Pointcut ist ein Kunstwort, das in der Literatur häufig mit Schnittpunkt übersetzt wird. Diese Übersetzung ist allerdings irreführend, da sie nahelegt, es handle sich bei der Auswahl um einen einzigen Punkt. Ein Pointcut wählt eine Menge aus allen möglichen Join Points aus.
[205] In AspectJ kann die Verarbeitungsreihenfolge von Aspekten vom Programmierer festgelegt werden [Böh05].

benannten Pointcuts (engl. **named pointcuts**) und **anonymen Pointcuts** (engl. **anonymous pointcuts**) zu verdeutlichen.

Es folgt ein Beispiel für einen benannten Pointcut mit dem Namen `translation`:

```
pointcut translation (int x, int y):
   call (* verschiebe (int, int)) && args (x, y);
after (int x, int y) : translation (x, y)
{
   System.out.println ("Koordinatenverschiebung um x = "
                       + x + " und y = " + y);
}
```

Zuerst wird der Pointcut mit dem Namen `translation` definiert, danach wird ein `after`-Advice erstellt, der an den Stellen der vom Pointcut `translation` ausgewählten Join Points eingefügt werden soll. Es könnten hier noch weitere Advices folgen, die diesen Pointcut referenzieren.

Einen anonymen Pointcut zeigt das nächste Beispiel:

```
after (int x, int y) : call (* verschiebe (int, int)) && args (x, y)
{
   System.out.println ("Koordinatenverschiebung um x = "
                       + x + " und y = " + y);
}
```

Hier ist das Schlüsselwort `pointcut` nicht zu sehen, da der Pointcut direkt im Advice definiert wird.

Ein primitiver Pointcut in ApektJ darf genau eines der in Tabelle 17-2 genannten Schlüsselwörter (`call`, `execution`, ...) enthalten:

Art der Join Points	Primitiver Pointcut in AspectJ
Methodenaufruf	`call (Methodensignatur)`
Konstruktoraufruf	`call (Konstruktorsignatur)`
Methodenausführung	`execution (Methodensignatur)`
Konstruktorausführung	`execution (Konstruktorsignatur)`
Initialisierung einer Klasse	`staticinitialization (Typsignatur)`
Initialisierung eines Objekts	`initialization (Konstruktorsignatur)`
Lesezugriff auf Variablen	`get (Variablensignatur)`
Schreibzugriff auf Variablen	`set (Variablensignatur)`
Aufruf der Fehlerbehandlung	`handler (Typsignatur)`
Adviceausführung	`adviceexecution()`

Tabelle 17-2 Auswahl von Pointcuts in AspectJ[206]

---

[206] Details zu den anzugebenden Signaturen können in [Böh05] nachgelesen werden.

Generell unterscheidet man zwischen **primitiven** und **zusammengesetzten** Pointcuts. Pointcuts können mit logischen Operationen verknüpft werden. Aus den primitiven Pointcuts werden durch Verknüpfung zusammengesetzte Pointcuts. Siehe hierzu folgendes Beispiel:

```
pointcut neueFarbe (Farbe f):
     call (void setFarbePunkt (Farbe)) && args (f) ||
     call (void setFarbeLinie (Farbe)) && args (f) ||
     call (void setFarbeKreis (Farbe)) && args (f);
```

Dieser zusammengesetzte Pointcut mit dem Namen `neueFarbe` selektiert die Aufrufe der drei Methoden `setFarbePunkt()`, `setFarbeLinie()` und `setFarbeKreis()`. Alternativ kann diese Selektion auch mit einem primitiven Pointcut unter Verwendung einer Wildcard durchgeführt werden, wie das folgende Beispiel zeigt:

```
pointcut neueFarbeMitWildcard (Farbe f):
    call (void setFarbe* (Farbe)) && args (f);
```

17.2.4 Advices

Ein Advice enthält den zusätzlichen Programmcode, der an den Join Points ausgeführt wird, die durch einen Pointcut ausgewählt wurden. Im Advice kann zudem definiert werden, an welcher Stelle eines Join Point der zusätzliche Programmcode auszuführen ist. In AspectJ regeln dies die Schlüsselwörter `before`, `around` und `after`. Beim `before`-Advice wird der Code vor dem Join Point ausgeführt, beim `after`-Advice erst nach dem Join Point. Bei Anwendung eines `around`-Advice wird der zusätzliche Quellcode anstelle des Join Point ausgeführt. Innerhalb eines `around`-Advice erlaubt der Befehl `proceed(...)` den Aufruf des ursprünglichen Join Point. Bild 17-5 zeigt die verschiedenen Typen von Advices:

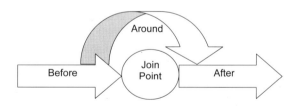

Bild 17-5 Advice-Typen

Ein Advice wird innerhalb eines Aspekts definiert. Neben Programmcode enthält der Advice auch die Stelle, an der der Programmcode eingefügt werden soll (in Form von Pointcuts). Innerhalb eines Aspekts können mehrere Advices definiert werden.

Ein Advice kann auf den Kontext der Join Points zugreifen wie in folgendem Beispiel:

```
pointcut translation (int x, int y):              // Pointcut
       call (* verschiebe (int, int)) && args (x, y);
```

```
after (int x, int y) : translation (x, y)    // Advice
{
   System.out.println ("Koordinatenverschiebung um x = "
                       + x + " und y = " + y);
}
```

Der Pointcut `translation` selektiert alle Aufrufe der Methode mit dem Namen `verschiebe` und zwei Integer Parametern, die hier `x` und `y` genannt werden. Der `after`-Advice fügt nach allen Aufrufen dieser Methode zusätzlichen Quellcode für eine Ausgabe auf der Systemkonsole ein. Wie das Beispiel zeigt, kann in einem Advice auch auf die Argumente eines Methodenaufrufs zugegriffen werden.

17.2.5 Introductions

Mit Introductions kann man einer Klasse, einem Interface oder einem Aspekt neue Methoden, Attribute und Konstruktoren hinzufügen. Hierzu muss die Klasse im Original nicht verändert werden.

Einer Klasse `Punkt` soll eine Methode `void verschiebe (int x, int y)` und ein Attribut `label` vom Typ `String` hinzugefügt werden. Dazu werden die gewünschten Attribute und Methoden im Aspekt deklariert. Hierbei ist zu beachten, dass der entsprechende Klassenname voranzustellen ist. Dies wird bei Kommentar (1) und (2) umgesetzt:

```
public aspect PunktIntroduction
{
   public void Punkt.verschiebe (int x, int y)   // (1)
   {
      // Implementierung der Methode
      . . .
   }
   private String Punkt.label;                    // (2)
}
```

17.2.6 Compile-Time Declarations

Compile-Time Declarations aus der aspektorientierten Programmierung erlauben es, Einfluss auf die Kompilierung eines Programms auszuüben. Hierzu kann beispielsweise ein Aspekt implementiert werden, der in bestimmten Fällen eine Warn- oder Fehlermeldung beim Kompilieren des Programms ausgibt (engl. declare warning, declare error). Dies ist wohl die häufigste und sinnvollste Anwendung von Compile-Time Declarations. Alternativ können auch tiefergehende Eingriffe, wie z. B. eine Änderung der Klassenhierarchie (engl. declare parents) durchgeführt werden. Ebenso können auch Prioritäten für Aspekte geändert werden (engl. declare precedence).

Das folgende Beispiel zeigt die Anwendung einer Compile-Time Declaration. Es soll sichergestellt werden, dass die Methode `OnlyFromA()` nur von der Methode `A()` aufgerufen werden kann. Anderenfalls soll beim Kompilieren eine Fehlermeldung ausgegeben werden. Hier das Beispiel:

Systementwurf bei aspektorientierter Programmierung

```
public aspect DeclBsp
{
   public pointcut MethodCall():        // (1)
      call (void OnlyFromA());
   public pointcut MyScope():           // (2)
      withincode (public * *.A());
   declare error:                       // (3)
      (DeclBsp.MethodCall() && !DeclBsp.MyScope()):
         "Die Methode OnlyFromA() darf nur von A() aus " +
         "aufgerufen werden!";
}
```

Es müssen zunächst alle Aufrufe der Methode `OnlyFromA()` gefunden werden. Dies erledigt der Pointcut bei Kommentar (1). Aufrufe sollen nur von Methoden mit dem Namen `A()` erlaubt sein, deshalb wählt der Pointcut bei Kommentar (2) alle Join Points innerhalb der Methoden `A()`. Der erste * bedeutet, dass der Rückgabetyp der Methode `A()` beliebig sein darf. Der zweite * heißt, dass die Methoden `A()` in beliebigen Klassen ausgewählt werden. Bei der Zeile mit dem Kommentar (3) wird eine Fehlermeldung definiert, die beim Kompilieren ausgegeben wird, falls ein Aufruf der Methode `OnlyFromA()` an Stellen erfolgt, die nicht innerhalb der Methode `A()` platziert sind.

17.3 Aspekte und Klassen

Mit Aspekten wird ein neuer Begriff zur Modularisierung eingeführt. Aspekte und Klassen sind in AspectJ auf gleicher Ebene, aber dennoch seien einige wichtige Unterschiede genannt:

- Aspekte sind modular und kapseln übergreifende Belange.
- Die Möglichkeit zur Wiederverwendung von Aspekten hängt von deren Implementierung ab. Aspekte, die durch Wildcards alle Methodenaufrufe verfolgen, sind problemlos wiederverwendbar. Häufig beziehen sich Pointcuts jedoch auf die Signatur von Methoden, Attributen, Klassen oder Paketen. Sobald Bezüge dieser Art vorkommen, ist ein Aspekt fest an die angegebenen Namen gebunden und eher schwer wiederverwendbar.
- Aspekte können zu einem System hinzugefügt oder entfernt werden, ohne den Quellcode der Anwendungsfälle abzuändern.
- Klassen können Aspekte nicht ansprechen. Aspekte sind daher für Klassen transparent.
- Aspekte sollten so entworfen werden, dass sie keine Nebenwirkungen auf die funktionale Leistung der Anwendungsfälle haben. Die Anwendungsfälle, die durch einen Aspekt erweitert werden, sollten mit oder ohne Aspekte ihre funktionale Leistung erbringen.
- Aspekte können nicht von anderen Aspekten abgeleitet werden.

So wie es das Schlüsselwort `this` in Klassen gibt, so gibt es `thisJoinPoint` in Aspekten. In Java haben Objekte eine `this`-Referenz, damit sie sich selbst referenzieren können. Der AspectJ-Compiler konvertiert Aspekte in Klassen. Deshalb kann in Aspekten auch mit einer `this`-Referenz gearbeitet werden. Darüber hinaus kann innerhalb eines Advice das Schlüsselwort `thisJoinPoint` verwendet werden, um Informationen über den aktuellen Join Point zu erhalten.

17.4 Weaving

Ein weiterer zentraler Punkt der Aspektorientierung ist das Einweben (engl. weaving). Der Aspekt-Weber ähnelt einem Compiler. Das folgende Bild visualisiert die Funktion eines Aspekt-Webers:

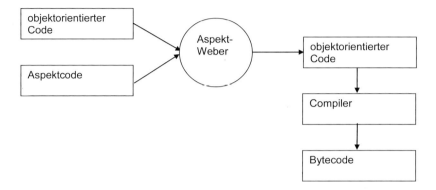

Bild 17-6 Wirkungsweise eines Aspekt-Webers

Durch den Aspekt-Weber (eine Art Compiler) wird der Advice-Programmcode an die ausgewählten Stellen im Programm eingewoben.

Der **Aspekt-Weber** fügt die Aspekte und Objekte der Anwendungsfälle wieder zu einem lauffähigen Programm zusammen. Beim Weaving wird zunächst durch Pointcuts eine Menge von Join Points ermittelt. Anschließend werden an diesen ausgewählten Stellen die Aspekte eingefügt. Das Weaving kann zu drei verschiedenen Zeitpunkten stattfinden:

- während der Kompilierung des Programms (engl. compile-time weaving),
- während des Ladens des Programms (engl. load-time weaving) oder
- während der Laufzeit des Programms (engl. run-time weaving).

Beim **Compile-Time Weaving** führt ein spezieller Compiler das Einweben der Aspekte in die Quelltexte der Anwendungsfälle während der Kompilierung durch. Dabei wird zwischen **Sourcecode Weaving** und **Bytecode Weaving** unterschieden. AspectJ beherrscht sowohl das Sourcecode Weaving als auch das Bytecode Weaving:

- Beim **Sourcecode Weaving** wird der Quellcode der Anwendungsfälle durch einen Präprozessor mit den Aspekten verwoben. Danach kann dieser transformierte Code mit einem normalen Compiler kompiliert werden. Nachteilig ist, dass man den kompletten Quelltext der Anwendung benötigt. In Bild 17-6 ist diese Art des Einwebens dargestellt.
- Beim **Bytecode Weaving** verwebt ein Postprozessor den Bytecode einer Anwendung mit den Aspekten. Dabei stellt eine Typprüfung schon vor der Programmausführung Fehler fest.

Beide zuvor genannten Varianten verursachen zur Laufzeit keinen Performanceverlust.

Beim **Load-Time Weaving** wird das Anwendungsprogramm während des Ladevorgangs mit den Aspekten verwoben. Diese Art des Einwebens wird von AspectJ nicht unterstützt. Die bereits kompilierten Anwendungsfälle werden durch einen speziellen aspektorientierten Class-Loader mit den Aspekten verwoben. Bei einer Änderung der Aspekte müssen die Anwendungsfälle nicht erneut kompiliert werden. Durch den zusätzlichen Aufwand des Class-Loaders wird die Ausführungsgeschwindigkeit der Programme beeinflusst. Zur Laufzeit kann man Aspekte nicht ändern.

Beim **Run-Time Weaving** erfolgt die Verwebung erst zur Laufzeit. Diese Lösung ist am aufwendigsten und wird ebenfalls nicht von AspectJ unterstützt. Ein passender Advice wird hierbei eingefügt, wenn zur Laufzeit sein zugeordnetes Ereignis eintritt. Auf Details soll an dieser Stelle nicht eingegangen werden (siehe hierzu [weiche]). Von Vorteil ist, dass Aspekte dynamisch verändert werden können. Dagegen werden viele Fehler erst zur Laufzeit sichtbar.

17.5 Werkzeugunterstützung

Es ist erkennbar, auf welche Klassen oder Methoden sich ein Aspekt auswirkt. Innerhalb einer Klasse oder Methode ist jedoch nicht ersichtlich, welche Aspekte einfließen. Eine Entwicklungsumgebung kann durch Quellcodeanalyse die beiderseitige Referenzierung anzeigen (engl. cross reference). Eclipse[207] oder NetBeans[208] eignen sich als Entwicklungsumgebung besonders gut, da sie die Verwebung während des Editierens anzeigen, wenn die entsprechenden Plug-ins installiert sind.

17.6 Zusammenfassung

Das aspektorientierte Konzept wurde eingeführt, um die Trennung der Verantwortlichkeiten sicherzustellen. Diese Trennung wurde bei der Objektorientierung durch die übergreifenden Belange aufgeweicht.

Ein übergreifender Belang betrifft mindestens zwei Klassen oder Methoden und kann aspektorientiert modelliert werden. Ein Aspekt ist die Implementierung eines übergreifenden Belangs (engl. crosscutting concern). In der herkömmlichen objektorientierten Programmierung müssten alle Klassen um diesen übergreifenden Belang erweitert werden (siehe Kapitel 17.1). Dies verstößt gegen das Single Source-Prinzip und führt zu einer unvorteilhaften Streuung des Quellcodes (engl. code scattering). Ein Aspekt kapselt Advices und Pointcuts (siehe Kapitel 17.2.1).

Join Points sind die Menge der theoretisch möglichen Punkte im Programm, die für das Einweben von Advices zugelassen sind. Hierzu gehört beispielsweise der Programmpunkt unmittelbar vor dem Aufruf einer Methode oder derjenige danach (siehe Kapitel 17.2.2).

---

[207] Offizielle Webseite der Entwicklungsumgebung Eclipse: http://www.eclipse.org
[208] Offizielle Webseite der Entwicklungsumgebung NetBeans: http://www.netbeans.org

Über Pointcuts kann ausgewählt werden, an welchen Stellen im Programmcode der Advice eingefügt wird. Ein Pointcut selektiert eine Untermenge der möglichen Join Points, an deren Position dann der Advice eingefügt wird. Pointcuts können entweder benannt oder anonym sein. Mehrere primitive Pointcuts können auch zu einem zusammengesetzten Pointcut kombiniert werden (siehe Kapitel 17.2.3).

Ein Advice ist Programmcode, der an ausgewählten Join Points eingewebt wird. Die Schlüsselworte `before`, `after` und `around` bestimmen bei AspectJ, ob der Code vor, nach oder anstatt des Join Point ausgeführt wird (siehe Kapitel 17.2.4).

Das Einweben der Aspekte ist zu verschiedenen Zeitpunkten durchführbar: Beim Kompilieren, während des Ladens des Programms oder zur Laufzeit. Eine Implementierung muss nicht alle Varianten des Einwebens unterstützen (siehe Kapitel 17.4).

Eine im Java Bereich weit verbreitete Implementierung des aspektorientierten Paradigmas ist AspectJ und ist unter [ecaspj] zu beziehen.

Aspektorientierung kann nicht nur verwendet werden, um ein saubereres Software-Design zu erreichen. Es bietet auch die Möglichkeit, schnell und einfach ein existierendes Programm zu erweitern, ohne den eigentlichen Programmcode zu verändern. Dies ist bei der Anwendung von agilen Methoden sehr vorteilhaft, wenn es darum geht eine Funktionalität schnell zu realisieren, um sie dem Kunden vorzustellen. Daneben kann die Aspektorientierung auch das Testen erleichtern. Des Weiteren können im Bytecode vorliegende Bibliotheken beliebig erweitert werden (siehe Kapitel 17.4). Die aspektorientierte Programmierung kann außerdem eingesetzt werden, um beispielsweise beim Testen fehlerhafte Methoden zu überdecken, indem mit einem Around-Advice ein korrekter Wert zurückgeliefert wird (siehe Kapitel 17.2.4).

17.7 Aufgaben

Aufgabe 17.1: Aspektorientierung als neues Paradigma

17.1.1   Welchen Vorteil bringt die Verwendung des aspektorientierten Paradigmas?
17.1.2   Nennen Sie drei typische Problemstellungen/Aufgaben/Anwendungsgebiete, bei denen sich der Einsatz von Aspekten besonders gut eignet.
17.1.3   Beschreiben Sie die Unterschiede zwischen Core Level Concerns und Crosscutting Concerns.
17.1.4   Was ist ein übergreifender Belang (engl. crosscutting concern)?

Aufgabe 17.2: Begriffe der aspektorientierten Programmierung

17.2.1   Welche Arten von Advices gibt es?
17.2.2   Kann ein anonymer Pointcut von mehreren Advices benutzt werden? Begründen Sie Ihre Antwort.
17.2.3   Nennen Sie fünf Arten von Join Points des Join Point-Modells von AspectJ.
17.2.4   Was sind zusammengesetzte Pointcuts?

Aufgabe 17.3: Weaving

17.3.1   Nennen und beschreiben Sie die unterschiedlichen Weaving-Varianten.

Kapitel 18

Test und Integration

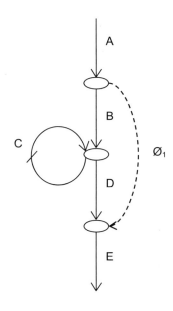

18.1 Organisation des Testens
18.2 Validierung und Verifikation
18.3 Testen von Dokumenten
18.4 Testen von Programmen
18.5 Integration
18.6 Zusammenfassung
18.7 Aufgaben

18 Test und Integration

Das Testen ist im Entwicklungsprozess eine der wichtigsten **analytischen Qualitätssicherungsmaßnahmen**, die an bereits konkret realisierten Produkten, den zu testenden **Testobjekten**[209], durchgeführt werden.

In den vorangehenden Kapiteln wurden im Wesentlichen die verschiedenen Schritte zur Erstellung der Software bis auf Test und Integration vorgestellt. Bei der Integration werden einzelne Systemteile zu einem lauffähigen Ganzen zusammengesetzt. Jedes relevante Dokument und jedes Programm sollte jedoch getestet und abgenommen sein, ehe es in den Einsatz übergeht. Das vorliegende Kapitel behandelt mit Schwerpunkt das Testen. Auf die Integration wird in Kapitel 18.5 eingegangen. Testen und Integration müssen in der Regel zusammenhängend betrachtet werden.

Das Testen[210] hat als Hauptziel, Fehler vor dem Einsatz eines Systems als Abweichungen von der Spezifikation zu erkennen. Im Einsatz des Systems würde die Fehlerbeseitigung teurer. Das ursprüngliche Projektteam würde oftmals bereits wieder an anderen Aufgaben arbeiten und im Projekt unerfahrene Mitarbeiter müssten die Fehlerbeseitigung übernehmen.

Testen ist der Prozess, um in einem erstellten Produkt im Rahmen der Verifikation, d. h. des Vergleichs des Programms mit den Requirements, Fehler als Abweichungen des Programms von den Forderungen an das Programm zu finden und um Aussagen über die Fehlerwahrscheinlichkeit zu gewinnen, d. h., wie viele Fehler vermutlich noch im Programm enthalten sind. Es sind auch Aussagen über den Nutzen eines Programms (Validierung) oder über den Fertigstellungsgrad möglich.

> Das Testen von Software hat vier Hauptziele:
> - **Fehler** als Abweichungen des Programms von den Anforderungen an das Programm zu **finden**. Man prüft, ob man das Produkt richtig gebaut hat (**Verifikation**).
> - Zu versuchen, Aussagen über die **Fehlerwahrscheinlichkeit** zu gewinnen.
> - Zu überprüfen, ob das, was spezifiziert wurde, auch das ist, was der Nutzer tatsächlich braucht (**Validierung**).
> - Aussagen über den **Fertigstellungsgrad** zu gewinnen.

Das Ziel der Validierung ist, letztendlich zu zeigen, dass die erstellte Software für den eigentlichen Nutzer tatsächlich einen Gewinn darstellt. Auf die Abgrenzung zwischen Verifikation und Validierung wird in Kapitel 18.2 eingegangen.

---

[209] Ein Testobjekt ist in der Regel das zu testende System oder das zu testende Zerlegungsprodukt.
[210] Testen sollte nicht mit Debuggen verwechselt werden. Unter **Debuggen** versteht man die Lokalisierung eines Fehlers im Programmtext, nachdem beim Testen ein Fehler festgestellt wurde.

Ein sorgfältiges Testen kann helfen, viele Fehler zu eliminieren. Getestete Software ist stabiler als ungetestete Software. Man kann durch Testen das **Vertrauen** in die Korrektheit der Software erhöhen und zeigen, dass sich für die ausgeführten **Testfälle**[211] die Software wie erwartet verhält. Da diese Aussage auf einer **Stichprobe** beruht, ist sie aber nur ein Indiz und keine Garantie. Zu beachten ist, dass **Testfälle** sofort bei Erstellung der Requirements für ein Testobjekt aufgestellt werden sollen, damit der Blick auf die Funktionalität nicht durch die technische Lösung verstellt wird.

Definition von Testen

Die Definition von Myers [Mye79] für den Begriff "Testen" lautet:

"Testen ist der Prozess, den zu testenden Gegenstand mit der Absicht zu überprüfen, Fehler zu finden."

Für ein Programm heißt dies: "Testen ist der Prozess, ein Programm mit der Absicht auszuführen, Fehler zu finden". Testen ist in dieser Sichtweise also ein ganz und gar destruktiver Prozess! Testen zeigt die Anwesenheit und nicht die Abwesenheit von Fehlern (Dijkstra in [Bux70]).

Generell kann man durch Testen nicht die Abwesenheit von Fehlern zeigen, sondern nur ihre **Anwesenheit**.

Nach IEEE 610.12 [IEEE 610.12] ist Testen definiert als:

"Testen ist der Prozess, ein System oder eine Komponente unter spezifizierten Bedingungen zu betreiben und die durch Beobachtungen oder Aufnahme erzielten Ergebnisse durch Evaluation gewisser Teilaspekte zu analysieren".

In dieselbe Richtung der Ermittlung von Abweichungen vom erwarteten Verhalten, d. h. der Ermittlung von Fehlern, geht die Definition von IEEE 829 [IEEE 829]:

"Testen ist der Prozess, um ein Element der Software zu analysieren, damit der Unterschied zwischen den tatsächlichen und den geforderten Verhältnissen entdeckt wird, und eine Bewertung der Eigenschaften dieses Softwareelements".

Testen ist also die jederzeit wiederholbare **Überprüfung der korrekten Umsetzung von vorher festgelegten Anforderungen** in Zwischen- und Endprodukte des Software-Lebenszyklus. Die Merkmale eines Objekts werden untersucht und es findet ein Vergleich statt, ob jedes Merkmal mit den festgelegten Anforderungen übereinstimmt. Getestet werden grundsätzlich Dokumente und Programme, da beides unvollständig sein kann und überdies fehlerhaft.

---

[211] Unter einem **Testfall** versteht man einen kompletten Satz von Vorbedingungen für ein **Testobjekt**, die ein- und auszugebenden Daten während des Tests sowie alle zugehörigen Ergebnisdaten (Nachbedingungen).

Beim Testen werden Fehler entdeckt. Ein Fehler ist eine Abweichung von der vereinbarten Requirement-Spezifikation. Diesen Satz kann man auch anders lesen: Man braucht nicht zu testen, wenn keinerlei schriftliche Unterlagen über die Wünsche an das zu realisierende Produkt existieren.

> Liegt keine Spezifikation vor, so ist Korrektheit nicht definiert. Infolgedessen ist ein Test überflüssig!

Stichprobenverfahren

Nur triviale Programme kann man so testen, dass danach ihre Fehlerfreiheit garantiert wird. Bei komplexen Systemen ist ein vollständiger Test, d. h. die Überprüfung aller möglichen Kombinationen von Daten, für die meisten Anwendungen aufgrund der hohen Zahl an Vorbedingungen und damit der möglichen mikroskopischen Zustände des Testobjekts in der Praxis nicht durchführbar. Testen ist in der Praxis also stets ein **Stichprobenverfahren**. Ein großes Problem ist die Frage, wie beim Testen vorgegangen werden soll, wenn man grundsätzlich bei nicht trivialen Problemen nur punktuell testen kann. Der Entwurf der **Testfälle** bestimmt die Qualität des Tests, da die Auswahl der Testdaten, welche verwendet werden, um das Testobjekt zu testen, die Art, den Umfang und damit die Leistung des Tests festlegen.

> Die Kunst des Testens besteht darin, alle relevanten Vorbedingungen und ggf. Eingaben während des Testens sowie damit die relevanten mikroskopischen Zustände eines Testobjekts unter vorgegebenen Umgebungsbedingungen zu finden und zu testen. Darüber hinaus ist wegen des diskreten Charakters der Software im Gegensatz zu stetigen Problemen eine Extrapolation und Interpolation von Testergebnissen nicht möglich.

Wegen der besonderen Bedeutung des Testfallentwurfs beim Testen sind in den letzten Jahrzehnten eine ganze Reihe von Testmethoden entwickelt worden, um angemessene Testdaten auszuwählen. Falls Testfälle ausgelassen oder vergessen werden, welche für die praktische Anwendung des Systems von Bedeutung sind, sinkt die Wahrscheinlichkeit, einen Fehler zu entdecken, der sich im zu testenden System befindet.

Fehlerwahrscheinlichkeiten

Es existieren statistische Modelle, die eine **Wahrscheinlichkeitsaussage** über die Anzahl nicht gefundener Fehler basierend auf dem entsprechenden Modell erlauben. Diese Wahrscheinlichkeitsaussagen basieren auf der Überlegung, dass vermutlich noch viele Fehler im Programm sind, wenn viele Fehler gefunden werden. Die Modelle erlauben eine Aussage darüber, mit welcher Wahrscheinlichkeit innerhalb eines bestimmten Zeitraumes ein Fehler zu erwarten ist. Aussagen, ob ein sicherheitskritischer Fehler dabei ist, lassen sich jedoch nicht treffen!

Kapitel 18.1 befasst sich in einem Überblick mit der Organisation des Testens, d. h. mit den Aufgaben seiner verschiedenen Schritte. In Kapitel 18.1.1 wird der Testprozesss diskutiert, Kapitel 18.1.2 beschreibt den Test von Zerlegungsprodukten. Kapitel 18.2 erläutert den Unterschied zwischen Validierung und Verifikation. Kapitel 18.3 umfasst das Testen von Dokumenten in Reviews, Inspektionen und Walkthroughs. Es folgt in Kapitel 18.4 das Testen von Programmcode mit verschiedenen in den Kapiteln 18.4.1, 18.4.2 und 18.4.3 aufgeführten Testmethoden. Kapitel 18.4.4 befasst sich mit dem Performance-Test, Kapitel 18.4.5 mit dem Blackbox- und Whitebox-Test.

Kapitel 18.5 behandelt die Integration komplexer Softwaresysteme aus Zerlegungsprodukten. Für die Integration gibt es verschiedene Strategien (siehe Kapitel 18.5.1). Nicht inkrementell ist die "Big Bang"-Vorgehensweise, bei der alles zusammengeworfen wird. Bei komplexen Systemen ist jedoch eine inkrementelle Integration vorzuziehen. Hier kann man z. B. bestimmte Funktionen zuerst testen oder aber beispielsweise das Schwierigste zuerst. Bei sicherheitsrelevanten Systemen wird man zuerst die hoch kritischen Funktionen integrieren und testen. Man kann beispielsweise auch top-down oder bottom-up integrieren oder nach mehreren Kriterien arbeiten. Kapitel 18.5.2 zeigt eine Integration mit Architekturtest (architekturzentrierte Entwicklung und Integration). Die Integrations-Strategie bestimmt die Zahl der Testtreiber[212] und Stubs[213] (siehe Kapitel 18.1.1.2).

18.1 Organisation des Testens

Im Folgenden wird der Testprozess strukturiert (Kapitel 18.1.1) und der Test von Zerlegungsprodukten (siehe Kapitel 18.1.2) wird besprochen.

18.1.1 Der Testprozess

Um effizient zu testen, braucht man einen rechtzeitig geplanten **Testprozess**. Dieser ermöglicht ein geordnetes Testen. Das Testen soll als Teil der Entwicklung eingeplant und aus Managementsicht verfolgt werden und nicht einfach erst notgedrungen zum Projektende durchgeführt werden. Dabei soll mit Testen so früh wie möglich begonnen werden. Ein Testprozess kann beispielsweise folgendermaßen grob eingeteilt werden (siehe [Spi02]):

- Testplanung,
- Testspezifikation,
- Testdurchführung,
- Testprotokollierung,
- Testauswertung und
- Testende.

Es ist möglich, diese Schritte mehrfach zu iterieren, da der Testaufwand oftmals erst nach erfolgten Tests abgeschätzt werden kann.

---

[212] Ein Testtreiber ist ein spezielles Programm, um bereits vorhandene Systemkomponenten zu testen. Der Testtreiber ruft die Komponente als Testobjekt auf, stellt die Übergabeparameter bzw. die Input-Nachrichten bereit und versorgt die globalen Daten mit Testdaten. Nach Ablauf des Testobjekts für einen Testdatensatz (Testfall) übernimmt der Testtreiber wieder die Kontrolle und protokolliert die Ergebnisdaten des Testobjekts.

[213] Stub bedeutet Platzhalter. Ein Stub ist ein vorläufiger einfacher Ersatz für eine andere Komponente, die noch nicht erstellt ist, aber für den Test einer vorhandenen Systemkomponente benötigt wird. Die Aufgabe des Stubs ist es nur, die Durchführung eines Aufrufs zu gewährleisten. Damit ist die Lauffähigkeit eines Programmes hergestellt und ein dynamischer Test kann erfolgen.

18.1.1.1 Testplanung

Ein **Testplan** ist ein organisatorischer Rahmen, der den zeitlichen Ablauf und die administrativen Verfahren für die Tests festlegt. Durch rechtzeitige Planung des Testablaufs und der Testumgebung verringert sich der Aufwand für den Test. Die Testplanung sollte zu Projektbeginn durchgeführt und fortlaufend aktualisiert werden.

> Zu einem Testplan können gezählt werden:
> 1. der **Zeitplan der Tests**,
> 2. die **Festlegung der Werkzeuge**,
> 3. die **Ressourcenplanung**,
> 4. die **Teststrategie**,
> 5. die **Priorisierung der Tests** und
> 6. **organisatorische Fragen** inklusive **Ausbildungsmaßnahmen**.

Ein grober **Zeitplan** lässt sich allein auf der Basis der Meilensteine des Projektes ansetzen. Hierbei wird z. B. auch die Reihenfolge der Implementierung von Bausteinen und Komponenten und der erforderlichen Tests festgelegt.

Bei der **Festlegung der Werkzeuge** wird definiert, welche Testwerkzeuge einzusetzen sind. Handelt es sich um nicht vorhandene Testwerkzeuge, so wird festgelegt, bis wann sie beschafft bzw. erstellt sein müssen.

Die **Ressourcenplanung** soll auf Basis der durchzuführenden Arbeitspakete erstellt werden und soll nicht nur die Mitarbeiter, sondern auch die verwendeten Hilfsmittel wie z. B. Werkzeuge umfassen.

Die **Teststrategie** soll berücksichtigen, wie weit ein bestimmter Systemteil auf Grund seines Risikos getestet werden soll. Dabei sind die notwendigen Ressourcen zu kalkulieren. Die Teststrategie ist eine wesentliche Grundlage für die Testplanung. Sie muss u. a. das **Testende-Kriterium** enthalten, die anzuwendenden Testmethoden und die Reihenfolge ihres Einsatzes samt den für jede Methode benötigten Werkzeugen.

Die **Priorisierung der Tests** soll sicherstellen, dass die wichtigen Tests zuerst durchgeführt werden, falls der Testzeitraum verkürzt wird.

Die **Ausbildungsmaßnahmen** betreffen die ordnungsgemäße Durchführung der Tests. Andere **organisatorische Fragen** können im Zusammenhang mit Tests auftauchen und ebenfalls einer Regelung bedürfen.

Beispiele für **Testende-Kriterien für unterschiedliche Testphasen**[214] werden im Folgenden aufgeführt. Dabei wird der Fall behandelt, dass eine Komponente einem Betriebssystem-Prozess entspricht.

---

[214] Eine Testphase umfasst die Tests, die auf den Testobjekten einer bestimmten Zerlegungsebene durchgeführt werden. Jede Testphase überprüft die Requirements an die Produkte der entsprechenden Zerlegungsebene.

Beispiele für Testende-Kriterien:

Modultest[215]

- Ein bestimmter Wert für das Verhältnis "ausgeführter Module/Anzahl vorhandener Module" muss erreicht werden.
- Bestimmte Testabdeckungsmaße wie 95% C_1-Überdeckung eines Moduls (siehe Kapitel 18.4.3.1) müssen erreicht werden.
- Jede Klasse von Rückgabewerten muss mindestens einmal erzeugt werden.

Komponententest

- Alle Betriebssystem-Prozesse müssen für korrekte Eingangsnachrichten die richtigen Ausgangsnachrichten erzeugen.
- Jeder Betriebssystem-Prozess muss globale Variablen korrekt verändern.
- Die Synchronisation mit anderen Betriebssystem-Prozessen muss korrekt sein.
- Jeder Betriebssystem-Prozess muss die erforderliche Performance aufweisen.

Segmenttest[216]

- Eingangsnachrichten für ein Segment müssen zu korrekten Ausgangsnachrichten des Segmentes führen.
- Globale Variablen müssen korrekt verändert werden.
- Die Synchronisation mit anderen Segmenten muss korrekt sein.
- Jedes Segment muss die erforderliche Performance aufweisen.

Systemtest

- Testergebnismaße wie MTBF (Mean Time between Failure) müssen vernünftige Ergebnisse liefern. So wird etwa bei einer bestimmten Anzahl von entdeckten Fehlern pro Monat aufgehört zu testen.
- Die geforderte Performance des Systems muss erreicht werden, z. B. für die Antwortzeiten der Dialoge. Werden die geforderten Zeiten nicht erreicht, so ist ein Redesign des Systems fällig oder aber Verhandlungen mit dem Kunden.

18.1.1.2 Testspezifikation

In der Aktivität Testplanung wurde die Testdurchführung im Wesentlichen bezüglich Zeitplan, Werkzeugen, Ressourcen, Teststrategie und Priorisierung festgelegt. In der darauf folgenden **Testspezifikation** werden für die durchzuführenden Funktionen die **Testfälle** bestimmt und die **Testumgebung** definiert, damit die Tests durchgeführt werden können. Eine **Testspezifikation** enthält für die in den verschiedenen Testphasen (Modultest etc.) zu testenden Funktionen Aussagen zu

- Testfällen/Testdaten einschließlich der
- Testumgebung

und sagt, wie die verschiedenen Schritte der Tests ablaufen sollen.

---

[215] Auch "unit test" genannt.
[216] Ein Segment entsteht durch Integration von Komponenten zu einer wohldefinierten Menge von vorher einzeln getesteten Komponenten.

Testfälle

Unter einem **Testfall** versteht man einen kompletten Satz von Vorbedingungen für ein Testobjekt, die ein- und auszugebenden Daten während des Tests sowie alle zugehörigen Ergebnisdaten (Nachbedingungen).

Testfälle enthalten also Ergebnisdaten, so dass später beim Testen ein Soll-Ist-Vergleich möglich ist.

Es wird zwischen Testfällen unterschieden, die das **spezifizierte Verhalten** testen (auch eine Ausnahmebehandlung ist spezifiziert), und Testfällen, die das **nicht spezifizierte Verhalten**, sprich ungültige Eingabedaten oder unzulässige Vorbedingungen, testen. Die folgenden Datenarten

- Normalwerte,
- Grenzwerte und
- Ausnahmewerte

sind dabei **für das spezifizierte Verhalten** und **Fehlerwerte**

- durch nicht zulässige Zahlenbereiche sowie
- unsinnige Kombinationen von Daten

für das nicht spezifizierte Verhalten zu berücksichtigen.

Vom Nutzer eines Programms wird erwartet, dass das Programm einfache Fehler und unsinnige Kombinationen von Daten abweist, sich also robust verhält.

Sinn eines Testfalls ist neben der Aufdeckung von möglichst vielen Fehlern die Überprüfung der korrekten Umsetzung der Spezifikation in die Implementierung. Die notwendigen Testfälle müssen für den System- und Abnahmetest aus der Spezifikation (Blackbox, siehe Kapitel 18.4.5.1) und für Zerlegungsprodukte aus der Implementierung (Whitebox, siehe Kapitel 18.4.5.2) abgeleitet werden. Bei Blackbox-Verfahren ist der Code nicht bekannt, die Testfälle beruhen daher auf der Spezifikation des Testobjekts.

Testdaten

Die zu den einzelnen Testfällen benötigten **Testdaten** setzen sich zusammen aus:

- Vorbereiteten Testdaten zur **Bereitstellung der Testumgebung und zur Übergabe an das Testobjekt** (Daten vor dem Test, Vorbedingungen eines Testobjekts).
- Daten, die **während des Tests einzugeben und auszugeben** sind (Ein-/Ausgabedaten). Diese sind genau zu spezifizieren, um die Reproduzierbarkeit zu gewährleisten.
- **Ergebnisdaten** (Daten nach dem Test, Nachbedingungen eines Testobjekts). Diese setzen sich zusammen aus den angezeigten Daten, d. h. flüchtigen Daten auf dem Bildschirm, und den gespeicherten Daten im EDV-System.

Daten auf dem Bildschirm sind zur Dokumentation in eine Datei umzuleiten.

Beim Test von eingebetteten Systemen ist das Auslösen sogenannter **Datenbedingungen** im Sinne von Hatley/Pirbhai [Hat93] wichtig.

Vorbedingungen eines Testobjekts können beispielsweise bestimmte Werte von Übergabeparametern bzw. globalen Daten im Falle von Routinen, bestimmte Signale im Falle von Sensoren oder bestimmte Nachrichten im Falle von verteilten Systemen sein.

Testumgebung

Für jede Testphase muss die Testumgebung festgelegt werden. Die Testumgebung beinhaltet

- die übrige Software, die das Testobjekt benötigt, mit Quellcode und Systemdokumentation,
- ggf. (vorläufige) Bedieneranleitung,
- die erforderliche Hardware-Umgebung,
- die erforderliche Betriebssystem-Umgebung,
- die erforderlichen Testwerkzeuge, wie z. B. einen **Testtreiber** oder eine **Trace-Utility** zum Loggen von Datenflüssen oder von Datei-Ein-/Ausgaben, und
- das für den Test erforderliche Testpersonal (Verfügbarkeit entsprechender Spezialisten).

Die Testumgebung muss die externen Schnittstellen des **Testobjekts** (**Testlings**) repräsentieren und deren Verhalten im Testablauf nachbilden. Der Testtreiber ruft das Testobjekt auf, stellt die Übergabeparameter bzw. die Input-Nachrichten/-Signale bereit und versorgt die globalen Daten mit Testdaten. Nach Ablauf des Testobjekts für einen Testdatensatz (Testfall) übernimmt der Treiber wieder die Kontrolle und protokolliert die Ergebnisdaten des Testobjekts.

Da Module als erste Produkte fertig werden, erfolgen die Tests oft als **Bottom-up-Tests**. Um die erstellten Module einzeln testen zu können, ist für jedes Modul ein **Testtreiber** (engl. **test driver**) erforderlich. Diese Tests nennt man Modultests oder auch "unit tests".

Es sind aber auch **Top-down-Tests** möglich. Dann muss man in der Regel viele Stubs schreiben. Hierbei ist ein **Stub** – Stub heißt übersetzt "Stummel" – ein Hilfsprogramm (Ersatzprogramm), das nicht die Funktion des eigentlichen Moduls beinhaltet, da dieser ja noch nicht fertig ist. Die Aufgabe des Stubs ist es nur, die Durchführung eines Aufrufs zu gewährleisten. Ein Stub ist ein Platzhalter. Mit einem Stub wird die Lauffähigkeit eines Programmes hergestellt. Die Stubs können dabei gültige Zustände oder Fehlerzustände zurückgeben. Dies hängt davon ab, welcher Pfad im Testobjekt durchlaufen werden soll.

Ein **Bottom-up-Test** hat die folgenden Vorteile:

- Man braucht keine Platzhalter (engl. stubs).
- Es ist leicht, Fehler zu lokalisieren.

Die folgenden Nachteile sind zu sehen:

- Erst nach dem letzten Test sind die Testergebnisse vorhanden.
- Testtreiber sind erforderlich.

Ein **Top-down-Test** hat die folgenden Vorteile:

- Man erkennt Entwurfsprobleme frühzeitig.
- Man erwirbt früh ein Verständnis der Hauptfunktionen.

Der folgende Nachteil ist zu sehen:

- Platzhalter (Stubs) sind notwendig.

Den Aufbau eines Modultestsystems zeigt das folgende Bild:

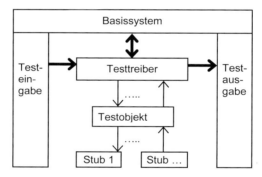

Bild 18-1 Aufbau eines Modultestsystems

Über die Testeingabe erfolgt die Übergabe der Testdaten an den Testtreiber. Die Ergebnisdaten des Testobjekts werden vom Testtreiber an die Testausgabe weitergeleitet. Die für den Test vorgeschlagenen Testtreiber orientieren sich dabei an der gewählten Testmethodik.

18.1.1.3 Testdurchführung

Die folgenden Anforderungen werden an die Durchführung eines Tests gerichtet:

- **Die Testdurchführung muss geplant erfolgen.**
  Gemeint ist hier, dass man sich im Vorfeld der Testausführung überlegt, was man testet, mit welchen Testmethoden und welchen Testdaten man testet, speziell was das Ergebnis eines Tests sein soll und wann der durchgeführte Test als erfolgreich gilt. Erst anschließend führt man den Test tatsächlich durch. Dies bedeutet im Umkehrschluss, dass man keine Tests durchführt, die nicht vorher überlegt und geplant wurden.
- **Das Testende-Kriterium muss festgelegt sein** – üblicherweise im **Testplan**.
  Um das Ende eines Tests objektiv festzulegen, braucht man ein Testende-Kriterium.

- **Die Testdurchführung sollte möglichst einfach sein.**
  Ein wichtiges Ziel bei der Entwicklungsarbeit und damit auch beim Testen ist die Wirtschaftlichkeit bzw. die Effizienz. Dieser Punkt zielt darauf ab, einen erwünschten Testzweck mit möglichst einfachen Mitteln und effizient zu erreichen.
- **Die Testdurchführung muss dokumentiert sein.**
  Ein Testfall, der durchgeführt, jedoch nicht dokumentiert wurde, gilt im Nachhinein als nicht erfolgt. Ist man später z. B. aufgrund äußerer Umstände dazu gezwungen, nachzuweisen, dass man nach dem Stand der Technik entwickelt hat, dann gehört sicherlich der Nachweis gewisser Testumfänge mit dazu. Wurden die durchgeführten Tests nicht dokumentiert, dann hat man hier offensichtlich ein Problem.
- **Die Testdurchführung muss nachvollziehbar sein.**
  Es soll im Nachhinein stets möglich sein, zu verstehen, wie ein bestimmter Testfall durchgeführt wurde und welches Ergebnis dabei zustande kam.
- **Die Testdurchführung muss reproduzierbar sein.**
  Ein Testfall, der mehrmals wiederholt wird, sollte stets dasselbe Ergebnis erbringen. Ist dies nicht der Fall, sollte man die Ursachen dafür suchen und analysieren.
- **Die Testdurchführung sollte automatisch ausführbar sein.**
  Aus wirtschaftlichen Gesichtspunkten und aus Gründen der Effizienz ist dies bei langlebigen Produkten ein wichtiger Punkt. Nur automatisierte Tests erlauben es langfristig, eine große Anzahl an Testfällen mit einem vertretbaren wirtschaftlichen Aufwand durchzuführen.
- **Die Testdurchführung sollte auf jeder Integrationsstufe für jedes Produkt erfolgen.**
  Dies ist in der Praxis nicht immer vollständig möglich und hängt auch davon ab, welche Integrationsstufen betrachtet werden. Prinzipiell sollte man versuchen, Fehler zuerst in Teilkomponenten aufzudecken, bevor diese zu einer Komponente zusammengebaut werden. Zuerst muss das Problem im Kleinen gelöst sein und dann erst im Großen. Es ist das Prinzip "Teile und herrsche" (siehe Kapitel 13.2.2.1) angewandt auf das Testen. Nur kleine Programmeinheiten sind in der Praxis testbar. Das Programm muss in möglichst viele unabhängige Teilprobleme zerlegt werden, die dann wiederum zu größeren Einheiten integriert werden. Die Teilprobleme sollen so klein sein, dass sie gründlich getestet werden können.

Nach der Testplanung werden in der darauf folgenden Testspezifikation die Testfälle und die Testumgebung für die zu testende Funktion erarbeitet, damit die Tests durchgeführt werden können. Sind die Testobjekte verfügbar, kann nach Aufbau der Testumgebung mit der Testdurchführung begonnen werden. Nach der Erprobung des Zusammenarbeitens von Testobjekt und Testumgebung werden die Testfälle durchgeführt. Die kritischsten Testfälle sollten zuerst durchgeführt werden.

Die Testdurchführung sollte bis auf den Test der Mensch-Maschine-Schnittstelle des Systems mit möglichst wenigen Bedienereingriffen maschinell durchgeführt werden. Auch für die Mensch-Maschine-Schnittstelle gibt es Werkzeuge, die diese automatisch und wiederholbar bedienen können.

Fehlerreports

Beim Testen sind alle aufgetretenen **Fehler** in Fehlerreports zu dokumentieren. Die Fehler sind in **Fehlerklassen** einzuteilen, damit ein prioritätsgerechtes Arbeiten ermöglicht wird. Die in den Fehlerreports dokumentierten Fehler sowie der nachfolgende Prozess der Fehlerbehebung sollten werkzeuggestützt verwaltet werden, so dass nach bestimmten Kriterien wie

- Fehlernummer,
- Priorität des Fehlers,
- fehlerhafte Komponente,
- Bearbeiter des Fehlers,
- Status des Fehlers (behoben/in Arbeit/noch offen)
- etc.

die Liste aller gemeldeten Fehler ausgewertet werden kann, um den Stand der Fehlerbeseitigung beurteilen zu können.

Fehler selbst werden differenziert nach "fault", "error" und "failure" (siehe Kapitel 4.1.4.2).

Testautomatisierung

Hier wird auf die Kosten der Testautomatisierung eingegangen. Eine falsche Annahme ist, dass sich die Testautomatisierung sofort lohnt. Das Gegenteil ist der Fall: Das Anlegen von Testfällen für die Automatisierung erhöht zunächst den Aufwand und ist eine Investition für die Zukunft. Cem Kaner (zitiert in [Schmi96]) rechnet bei einer grafischen Oberfläche mit einem 3 - 10 Mal höheren Aufwand zur Erzeugung der Tests, bei gewissen Elementen sogar bis zum 30-fachen. Bei der Erstellung von automatisierten Tests entstehen also zunächst höhere Kosten als für den manuellen Test. Erst im späteren Verlauf kann sich die Testautomatisierung wegen der höheren Effizienz bei der Testdurchführung, der geringeren Kosten für die Wartung der Testfälle und der Wiederverwendung von Testfällen auszahlen. Dies wird im folgenden Bild im Vergleich zu manuellen Tests gezeigt [Schmi96]:

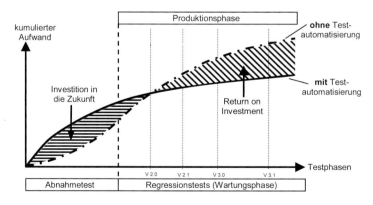

Bild 18-2 Vor- und Nachteile der Testautomatisierung

Die Testautomatisierung führt nicht automatisch dazu, dass mehr Fehler entdeckt werden. Erst wenn die bei der Testdurchführung gewonnene Zeit dazu genutzt wird, mehr Testfälle einzusetzen, kann sich die Testqualität erhöhen. Die Testerstellung und Testauswertung lassen sich dabei nur in Grenzen automatisieren.

18.1.1.4 Testprotokollierung

Die Testdurchführung sollte protokolliert werden. Hiermit wird belegt, dass entsprechend der vereinbarten Strategie getestet wurde. Ebenfalls wird dadurch der Stand des Testens dokumentiert. Aufgetretene Fehler werden in den Protokollen festgehalten. Ein Protokoll sollte enthalten:

- Name und Aufbewahrungsort des Testobjekts, Version und Datum der letzten Änderung,
- Datum der Testdurchführung,
- Name des Testers,
- Name und Aufbewahrungsort der Testfälle, Version und Datum,
- Testumfang, d. h. Testende-Kriterium,
- Testergebnisse und Teststatus (Test nicht bestanden/bestanden) und
- Bezeichnung der Testumgebung und Aufbewahrungsort, Version, Datum.

Die Protokolle sollten archiviert werden, da sie später bei einem Fehlverhalten der Software als Nachweis dienen. Existieren keine Protokolle, bedeutet dies im Zweifelsfall, dass keine Tests durchgeführt wurden.

Wegen der Durchführung weiterer Tests wie Regressionstests (siehe Kapitel 18.4.3.3) oder Tests weiterer Testobjekte müssen alle für die Durchführung von Tests erforderlichen Ressourcen ebenfalls archiviert werden. Hierzu gehören Testobjekte, Testfälle und Testumgebung.

18.1.1.5 Testauswertung

Die Testergebnisse werden gegen die erwarteten Solldaten geprüft. Es muss beurteilt werden, ob die bearbeiteten Testfälle ausreichen. Es ist zu analysieren, ob Abweichungen beim Soll-Ist-Vergleich vom Testobjekt oder aus anderen Gründen herrühren. Ursachen hierfür sind beispielsweise die Testumgebung wie etwa der Compiler, eine mangelhafte Testspezifikation oder fehlerhafte Testfälle. Eine Fehlerbeseitigung im Testobjekt sollte nach Prioritäten erfolgen. Fehler werden aus praktischen Gründen im Block an die Entwicklung gemeldet. Prinzipiell gehört die Fehlerbeseitigung nicht zu den Testaktivitäten, auch wenn sie oft eng verzahnt mit dem Testen durchgeführt werden muss. Die Beseitigung von Fehlern muss durch Testen überprüft werden. Dabei muss geprüft werden, ob nicht neue Fehler in das Testobjekt eingebracht wurden (siehe Regressionstest in Kapitel 18.4.3.3). Eventuell müssen hierzu neue Testfälle eingeführt werden.

18.1.1.6 Testende

Für das Ende des Testens wird in der Regel ein Kriterium vorgegeben (siehe Testplan in Kapitel 18.1.1.1).

Ein **Testende-Kriterium** dient dazu, einen Test zeitlich zu begrenzen und einen objektiv messbaren Testumfang sicherzustellen.

Ein solches Kriterium ist oft die gefundene Anzahl von Fehlern pro Zeiteinheit. Nach Unterschreiten dieser vorgegebenen Anzahl ist das Testen nicht mehr wirtschaftlich. Diese Grenze richtet sich z. B. nach der Art der Software, ob sie sicherheitsrelevant ist, und wie hoch die Kosten im Fehlerfall sind. Andere Kriterien können Testmetriken wie die Zweigüberdeckung (siehe Kapitel 18.4.3.1) sein. Im ungünstigsten Fall wird das Testende durch den Abgabetermin oder den Verbrauch der Finanzmittel bestimmt. Tritt dieser Fall ein, so ist es gut, wenn die kritischsten Testfälle zuerst getestet wurden. Letztendlich kann man aber nicht unendlich lange testen, so dass auch ein technisch lautendes Testende-Kriterium wirtschaftlich sinnvoll sein muss. Das Testende wird in der Praxis letztendlich durch geschäftliche Zwänge wie z. B. das Einhalten von Terminen bestimmt, auch wenn zunächst technische Gründe wie ein bestimmter Prozentsatz beim Überdeckungsgrad als Testende-Kriterium genannt werden.

Da vollständiges Testen in der Praxis nicht möglich ist, muss ein Test stets unter **Wirtschaftlichkeitsgesichtspunkten** betrachtet werden. Es muss eine Auswahl aus der großen Anzahl möglicher Kombinationen getroffen werden. Testen ist ein Stichprobenverfahren. Im **Testende-Kriterium** gibt man einen objektiv messbaren Testumfang vor.

18.1.2 Test von Zerlegungsprodukten

Ein System, das zerlegt wird, soll auf jeder Stufe der Zerlegung getestet werden können. Deshalb muss bei jeder Zerlegung sogleich spezifiziert werden, wie die Produkte der Zerlegung getestet und integriert (siehe Kapitel 18.5) werden sollen. Dabei kommt der Definition der Schnittstellen eine besondere Bedeutung zu. Bei der Zerlegung des Systems definiert man für jedes verwendete Zerlegungsprodukt eine geeignete Schnittstelle, die einem die benötigte Funktionalität für das Zerlegungsprodukt zur Verfügung stellt. Die Definition der Schnittstelle sagt dabei aus, welche Leistung das Zerlegungsprodukt erbringt[217]. Es wird nicht festgelegt, wie das Zerlegungsprodukt diese Leistung erbringt.

Anhand der definierten Schnittstelle können sofort Testfälle erstellt werden, um die erforderliche Funktionalität eines Systems oder Zerlegungsproduktes zu testen (Blackbox-Testfälle).

Die Testfälle sollten dabei so umfangreich sein, dass man beim Bestehen aller Testfälle dem Testobjekt eine Abnahme erteilen kann.

Bei dem Ansatz der Verwendung geeigneter Schnittstellen erfolgt die Definition der Tests der Zerlegungsprodukte sofort nach dem Entwurf, nämlich beim Aufstellen der Requirements für die Zerlegungsprodukte. Sind die Tests nicht einfach erstellbar, ist dies ein Indiz dafür, dass die Art der Zerlegung nicht sinnvoll gewählt wurde. Es sollte

---

[217] Der Test der Ablauffreihenfolge mit einem Protokollzustandsautomaten bzw. gemäß einer Interface-Kontrollspezifikation pro Partner soll hier der Einfachheit wegen nicht aufgeführt werden.

an eine andersartige Zerlegung gedacht werden. Dieses Prinzip ist aus Kapitel 13.2.1 bereits als das Prinzip "Design to Test" bekannt.

Die Fertigstellung der Zerlegungseinheiten erfolgt in umgekehrter Richtung wie der Systementwurf. Während der Entwurf vom Groben zum Feinen geht, erfolgt nach der Fertigstellung und dem Test der Programmeinheiten (Module) die Integration in der Richtung vom Feinen zum Groben. Eine **Testphase** umfasst – wie bereits erwähnt – die Tests, die auf den Testobjekten einer bestimmten Zerlegungsebene durchgeführt werden.

> Jede Testphase überprüft die Requirements an die Produkte der entsprechenden Zerlegungsebene.

In vielen Fällen werden erst in der jeweiligen Testphase die Fehler in den Produkten der zugehörigen Zerlegungsebene gefunden.

Entsprechend den Produkten des Software-Lebenszyklus gibt es die **Testphasen**:

- **Modultest/unit test**
  Verifikation der Leistungen der Module/units und ihrer Schnittstellen in einer isolierten Umgebung.
- **Komponenten-/Segmenttest**
  Verifikation der Leistungen der Komponenten/Segmente und ihrer Schnittstellen in einer isolierten Umgebung.
- **Subsystemtest**
  Verifikation der Leistungen der Subsysteme und ihrer Schnittstellen in einer isolierten Umgebung.
- **Systemtest**
  Verifikation im Entwicklungszentrum bzw. Validierung eines Systems beim Kunden (Verifikation = Überprüfung, ob das System den externen Anforderungen entspricht, Validierung = Überprüfung, ob man das richtige System gebaut hat, d. h., ob die Requirements für die reale Umgebung richtig waren, siehe Kapitel 18.2).
- **Abnahmetest**
  Validierung des Systems beim Kunden in der realen Umgebung.

Komponenten-/Segmenttests, Subsystemtests und Systemtests sind Integrationstests.

Die Modul- und Komponententests können von den Programmierern oder von Mitgliedern des Testteams durchgeführt werden. Die Segment-, Subsystem- und Systemtests müssen Mitglieder des Testteams ausführen. Bei der Erstellung des Testplans (siehe 18.1.1.1) muss berücksichtigt werden, dass in der Regel für den Test nicht die Zielkonfiguration bzw. die reale Betriebsumgebung zur Verfügung steht. So ist meist die HW-Konfiguration für den Test im Entwicklungszentrum aus Kostengründen nicht so umfangreich wie die eigentliche Betriebsumgebung. Das bedeutet, dass statt der zu teuren Hardware Simulationswerkzeuge im Entwicklungszentrum bereitgestellt werden müssen. Andererseits stehen für den Systemtest beim Kunden oftmals nicht alle Ressourcen und Tools des Entwicklungszentrums zur Verfügung.

Das folgende Bild zeigt die prinzipielle Symmetrie von Entwurf und Integration. Aus Gründen der Darstellbarkeit ist die Zahl der im Bild eingezeichneten Ebenen begrenzt.

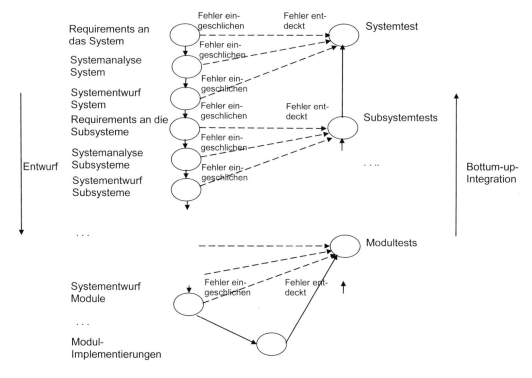

Bild 18-3 Symmetrie von Entwurf und Bottom-up-Integration

Der Abnahmetest und die Machbarkeitsanalyse wurden in Bild 18-3 nicht eingezeichnet.

Wie man in Bild 18-3 sieht, beginnt im Falle einer Bottom-up-Integration die Integration auf der letzten Ebene der Zerlegung, der terminalen Ebene. Die Bottom-up-Integration erfolgt stufenweise über verschiedene Ebenen und geht dabei vom Feinen zum Groben. Auf jeder Ebene muss nach Fehlern gesucht werden. Hierfür wird auf jeder Ebene gegen die jeweilige Spezifikation getestet und es werden Blackbox-Tests für die entsprechende Ebene mit den vorher bereits getesteten Komponenten dieser Ebene durchgeführt. Erst im Fehlerfalle muss man zur Fehlersuche die Bestandteile dieser Ebene und das Zusammenwirken der entsprechenden Komponenten "durchleuchten" (Whitebox-Tests).

Für jedes **Zerlegungsprodukt** und das **System selbst** sollte ein **Testplan** sowie eine **Testspezifikation** der betreffenden Funktion erstellt werden, wie es bereits in Kapitel 18.1.1.2 für ein einzelnes Produkt ausgeführt wurde.

Entscheidend für ein erfolgreiches Testen ist ein exzellent funktionierendes **Konfigurationsmanagement**. Insbesondere zeigt die Erfahrung, dass gerade in heißen Testphasen beim Kunden vor Ort Fehlerbeseitigungen vorgenommen werden, auch wenn dies eigentlich gar nicht vorokommen sollte. Auch mit solchen unerwünschten Situationen sollte man fertig werden. Wird hierbei die Software im Entwicklungszentrum nicht sofort gleich gezogen, ist Chaos die Folge. Dies bedeutet, dass alle

Änderungen einer Software einem strengen **Änderungsverfahren** (engl. **change control**) unterliegen müssen.

18.2 Validierung und Verifikation

Der Begriff "Verifizieren" bedeutet im Zusammenhang mit formalen Methoden, dass "die Korrektheit eines Systems mathematisch bewiesen" wird, und der Begriff "Validieren" charakterisiert hingegen eine "manuelle Überprüfung". Im klassischen Software Engineering kennzeichnet das "Verifizieren" das Testen eines Zerlegungsproduktes oder des Systems gegen die aufgeschriebenen Requirements und das "Validieren" stets das Testen eines Systems in seiner Einsatzumgebung, wobei geprüft wird, ob das System in der Praxis einen Nutzen bringt.

> Bei einer **Verifikation** eines Systems wird geprüft, ob sich das System wie spezifiziert verhält. Bei einer **Validierung** wird überprüft, ob das System eigentlich das ist, was der Nutzer wollte.

Das folgende Bild zeigt die Schritte der Validierung und Verifikation. Dabei wurde die Machbarkeitsanalyse aus zeichnerischen Gründen weggelassen.

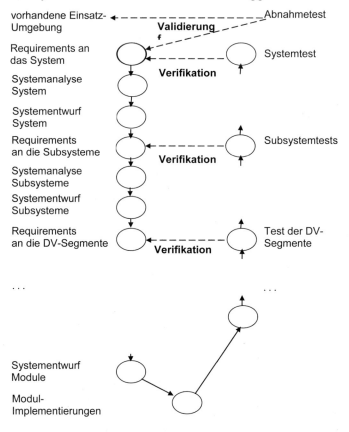

Bild 18-4 Validierung und Verifikation

Während die **Verifikation des Systems** das fertige System gegen die mit dem Kunden abgestimmten System-Requirements vergleicht, untersucht die **Verifikation der Zerlegungsprodukte und ihrer Wechselwirkungen** das Ergebnis einer Entwicklungsaktivität auf die Korrektheit aus reiner Entwicklersicht. Die Requirements für die Zerlegungsprodukte und ihre Wechselwirkungen können von den Requirements des Kunden im Fehlerfalle abweichen, da sie von den Entwicklern allein aufgestellt werden. An der Verifikation sind in der Regel nur die Entwickler beteiligt, bei der Validierung ist der Kunde der Prüfer oder ist zumindest mit dabei. Die **Validierung** prüft den Einsatz des Systems in der Realität der Nutzerorganisation auf seinen Einsatzzweck, d. h., ob das System den Erwartungen des Kunden entspricht. Vom Lieferanten falsch interpretierte, unvollständige oder widersprüchliche Requirements können entdeckt werden. Natürlich hat der Kunde für bereits abgenommene System-Requirements die Verantwortung.

Bei der **Verifikation** handelt es sich um einen **internen Qualitätsprozess**, bei der **Validierung** um einen **externen Qualitätsprozess**. Bei der Verifikation und Validierung von Systemen handelt es sich um die Requirements des Kunden, bei der Verifikation von Zerlegungsprodukten und ihren Wechselwirkungen geht es nur darum, ob die Entwickler ihre selbst aufgestellten Requirements eingehalten haben. Während die Verifikation mit gestellten Testfällen erfolgt, wird die Validierung mit echten Anwendungsszenarien, die Live-Daten enthalten, ausgeführt. Es wird geprüft, ob das Format der Daten dem Format der Spezifikation entspricht. Die Validierung prüft also Funktionen und Daten unter Live-Bedingungen. Da manchmal nur der Kunde die "wahren Anforderungen" kennt, diese aber fehlerhaft in den Requirements abgelegt sein können, kann unter Umständen eine Validierung mehr wert sein als nur die Überprüfung der Requirements. Durch den Einsatz des künftigen Nutzers können unvollständige bzw. widersprüchliche oder falsch interpretierte Validierungsdaten erkannt werden. Es lohnt sich auf jeden Fall, den zukünftigen Nutzer frühzeitig in ein Projekt mit einzubinden. Zusammenfassend wird der Vergleich zwischen Verifikation und Validierung im Folgenden dargestellt:

Verifikation	**Validierung**
Fragestellung [Boe84] "Did we build the product right?"	Fragestellung [Boe84] "Did we build the right product?"
Prüfen des Systems und von wichtigen Zerlegungsprodukten einschließlich ihren Wechselwirkungen während der Entwicklungszeit im Entwicklungszentrum. Geprüft wird gegen die System-Requirements bzw. die Requirements der Entwicklung an die Zerlegungsprodukte und ihre Wechselwirkungen, um sicherzustellen, dass sie korrekt und vollständig erfüllt sind.	Prüfen, ob am Ende des Projekts das finale Produkt des Entwicklungsprozesses, das System, • den vom Kunden verabschiedeten System-Requirements entspricht und die Funktionen durchführt, für die es geplant ist, und • die Ziele der Organisation und die Erfordernisse des Nutzers trifft.
Verwendet man die gestellten Daten auf die richtige Art und Weise?	Verwendet man die richtigen Live-Daten?
Interner Qualitätsprozess	**Externer Qualitätsprozess**

18.3 Testen von Dokumenten

Formal gehört dieses Thema zu den "Statischen Analysen" in Kapitel 18.4.2.1. Wegen seines besonderen Umfangs und seiner Bedeutung erhält es aber hier ein eigenes Kapitel.

Für **Dokumente**, die nicht in formalen Sprachen, sondern in Freitext-Form erstellt wurden, gibt es keine automatisierbaren Tests. Da Autoren sich mit dem selbst Geschriebenen identifizieren und nicht den erforderlichen Abstand zu ihren Dokumenten haben, ist eine Prüfung durch andere Personen sinnvoll [unihan]. Solche Dokumente müssen durch Reviews als Testmethode manuell geprüft werden.

Spezielle Ausprägungen von **Reviews** sind:

- **Inspektionen** (besonders formale Form von Review) und
- **Walkthroughs** (weniger formale Form von Review).

Inspektionen und Walkthroughs sind Spezialfälle von Reviews, die sich in der Formalität, ihrem Ablauf und den eingenommenen Rollen unterscheiden [unihan].

Ein **Review** ist eine formell organisierte Zusammenkunft von Personen zur inhaltlichen oder formellen Überprüfung eines Produktteils oder Produkts. Die Überprüfung erfolgt nach vorgegebenen Prüfkriterien und -listen.

Ein Review kann nur dann zu guten Ergebnissen führen, wenn die zu prüfenden Unterlagen rechtzeitig zur Verfügung stehen und wenn die beteiligten Personen die erforderliche Kompetenz besitzen. Eine Systematik wird erreicht, wenn für die Prüfung Checklisten zur Verfügung gestellt werden. Wichtig ist die anschließende Überwachung, dass alle gefundenen Mängel auch behoben werden.

Reviews mit ihren besonderen Ausprägungen der **Inspektionen** und **Walkthroughs** dienen aber nicht nur zum manuellen Prüfen von Dokumenten. Testergebnisse, die auch nicht formal sind, oder Quellcode können ebenfalls durch Reviews bzw. Inspektionen oder Walkthroughs überprüft werden. Quellcode kann dabei zusätzlich zu anderen Testarten überprüft werden. Die Inspektion von Programmen als spezielle Form der Reviews ist unter dem Namen **Code-Inspektion** bekannt.

Richtlinien für Reviews

Haupteinsatzgebiet von Reviews ist – wie im letzten Abschnitt genannt – die Überprüfung von **Dokumenten**. Beispiele für Dokumente sind:

- Systemdokumentationen
  - Anforderungs-Spezifikationen (Requirements)
  - Machbarkeitsanalyse
  - Beschreibung der Logik (Systemanalyse)
  - Entwurfsdokumente

- Programmbeschreibungen
  - Testentwürfe
- Bedienungsanleitungen
- Anleitungen für den Systemverwalter

Ein **Review** dient vor allem der Überprüfung von Dokumenten. Aber auch Quellcode und Testergebnisse werden durch Reviews überprüft.

Durch Reviews angestrebte Ziele sind:

- das Entdecken von Fehlern und damit die Vermeidung von Folgekosten,
- das Erkennen des Projektfortschritts,
- die Know-how-Verbreitung im Projektteam und
- die Konsenserzielung im Projektteam.

Lösungen werden nicht diskutiert.

Der **Projektleiter** bzw. die von ihm beauftragte Qualitätssicherung bereitet das Review **organisatorisch** vor und wählt das Testobjekt für das Review aus. Darüber hinaus gehört zu seinen Aufgaben:

1. Absprache des Termins und Festlegung der Review-Team-Mitglieder in Konsens mit den Autoren und Reservierung eines Raumes,
2. Bereitstellung der erforderlichen Anzahl Kopien der durch ein Review zu bewertenden Testobjekte,
3. Einholen der Prüfkriterien beim Moderator,
4. Versenden der Einladung zusammen mit Prüfkriterien und den zu prüfenden Testobjekten.

An der Review-Sitzung sollte das Management nicht teilnehmen, da sonst eine Bewertung der Qualifikation des Autors und der anderen Mitarbeiter durch das Management nicht auszuschließen ist und eine "freie" Diskussion unter dem Review-Team eingeschränkt ist.

Der Teilnehmerkreis setzt sich aus Personen mit den Rollen

- Moderator,
- Protokollführer,
- Autor(en) und
- Prüfer

zusammen.

Soll zusätzlich auch noch ein Wissensaustausch erfolgen, dann können auch Projektmitarbeiter teilnehmen, die geschult werden sollen.

Der **Moderator** wird im Konsens zwischen Autoren und Projektleiter ausgewählt, ebenso die Mitglieder des Review-Teams. Der **Protokollführer** sollte sich freiwillig bereit erklären. Der Moderator sollte dem Entwicklungs-Team **nicht** angehören, was aber nicht immer möglich ist.

Der **Moderator** bereitet das Review **fachlich** vor, leitet es und ist für den Review-Bericht verantwortlich. Er kann – muss aber nicht – gleichzeitig Protokollführer sein. Die fachliche Vorbereitung beinhaltet das Bereitstellen von Prüfkriterien, die besonders wichtig sind. Die Anzahl der Teilnehmer liegt in der Regel zwischen drei und sechs Personen. Kriterien für die Auswahl der Personen des Review-Teams sind zum einen **Kompetenz**, damit die Prüfung fachgerecht erfolgt, zum anderen der bereits erwähnte **Schulungsbedarf**.

Dies bedeutet, dass man sowohl Teammitglieder einlädt, die aufgrund ihrer Kompetenz vermutlich Verbesserungsvorschläge machen werden, als auch Teammitglieder, denen man durch das Review Informationen zukommen lassen möchte. Alle Teammitglieder müssen vorbereitet sein.

Die Anforderungen an die Kollegen des Autors sind nicht unerheblich. Sie müssen abstrakt denken können und Zusammenhänge erkennen. Sie brauchen ein solides Fachwissen.

Durchführung von Reviews

Die erforderlichen Unterlagen (zu reviewende Testobjekte, Prüfkriterien) müssen rechtzeitig – je nach Umfang eine oder zwei Wochen – vor dem Review-Termin verteilt werden. Ansonsten muss das Review verschoben werden. Jeder einzelne Teilnehmer des Review-Teams muss vorbereitet sein. Ist dies nicht der Fall, muss er sich von der Teilnahme abmelden. Wird dadurch die Teilnehmerzahl zu gering, muss das Review verschoben werden.

Den Mitgliedern des Review-Teams wird Zeit für die Vorbereitung zur Verfügung gestellt.

Stellt der Moderator fest, dass die Teilnehmer unvorbereitet sind, kann er das Review abbrechen bzw. verschieben. Der Moderator hat dafür zu sorgen, dass ein Review-Termin nicht länger als zwei bis drei Stunden dauert. Folgetermine sind möglich.

> Es ist nicht Sinn des Reviews, aufzuzeigen, was einwandfrei ist, sondern was mängelbehaftet ist. Diese notwendigerweise destruktive Behandlung eines Entwicklungsproduktes darf nicht zu persönlichen Angriffen führen.

Ein Review kann auch dazu dienen, den Konsens im Team zu finden. Es ist empfehlenswert, wenn nach dem Hauptteil des Reviews (Teil 1 des Reviews), welcher notwendigerweise einer destruktiven Beurteilung eines erstellten Produktes dient, ein Blick in die Zukunft erfolgt (Teil 2 des Reviews). Hierbei sollte besprochen werden, was man hätte anders machen können, und beschlossen werden, was man in Zukunft wie anpacken will. Lösungen bzw. Lösungsalternativen sollten beim Review nicht diskutiert werden.

Das Review-Team muss sich im 1. Teil des Reviews für eine der folgenden Alternativen entscheiden:

- Produkt in Ordnung,
- neues Review mit anderem Team erforderlich,
- neues komplettes Review notwendig,
- Produkt muss geringfügig verbessert werden (Nachbesserungen) und in einem partiellen Nachreview abgenommen werden oder
- Produkt muss neu entwickelt werden.

Review-Bericht

Der Review-Bericht sollte so rasch wie möglich erstellt werden. Am besten man schreibt den Bericht bereits während des Reviews. Alle Teilnehmer des Reviews sollen vor der Verteilung des Review-Berichts Einsicht zur Korrektur und zur Zustimmung/Ablehnung haben. Der Review-Bericht muss von allen Teilnehmern am Review gebilligt werden.

Erzielen einer Review-Tauglichkeit für Testobjekte

Nichts ist frustrierender, als in einem Review Zeit mit einem halbfertigen Produkt zu vergeuden.

Ein Testobjekt sollte erst dann einem Review unterzogen werden, wenn es von einem Kollegen aus dem Entwicklungsteam, den der Moderator sich wegen des Vertrauensverhältnisses selbst aussuchen muss, gelesen und geprüft wurde.

Erst wenn dieser Kollege sein "Go" gibt, sollte man in ein Review gehen. Ein dermaßen vorbereitetes Review kann ein Gewinn sein, auf jeden Fall kann durch eine solche Vorbereitung viel Frust vermieden werden.

18.3.1 Testen von Dokumenten durch Inspektionen

Meist wird eine Inspektion von mehreren Teammitgliedern durchgeführt, die sich vorher mit den zu prüfenden Unterlagen ausführlich beschäftigt haben. Gefundene Fehler werden schriftlich festgehalten. Die Beseitigung der Fehler wird überwacht (engl. bug tracking).

Inspektionen dienen dazu, Dokumente und Module des fertigen Quelltextes oder bestimmte Testergebnisse der Software zu überprüfen.

Die Prüfung umfasst:

- Prüfen der Funktionalität,
- Prüfen von Zeitanforderungen auf Relevanz (bei Echtzeitanwendungen) und
- Prüfen weiterer qualitativer Merkmale.

> **Inspektionen** laufen in einem formalisierten Prozess ab. Die Prüfer untersuchen individuell und systematisch ein Testobjekt. Die Ergebnisse werden festgehalten.

Inspektionen wurden 1976 zum ersten Mal von Michael Fagan bei IBM gestartet. Sie entwickelten sich seither zu einer anerkannten Review-Technik. Bei einer Inspektion bereiten sich die Prüfer getrennt auf das Meeting vor und erscheinen mit einer Mängelliste.

Der Ablauf einer Fagan-Inspektion hat sieben Schritte [unihan]. Diese Schritte umfassen das Folgende:

1. Planung

In der Planung übergibt das Management das Testobjekt an einen **Moderator**. Dieser ist für die Organisation der Inspektion verantwortlich.

2. Initialisierung

Der **Moderator** beruft die Prüfer, verteilt die erforderlichen Unterlagen und lädt zur Sitzung ein. Die Prüfer erhalten Checklisten mit Kriterien für die Beurteilung des Testobjekts.

3. Vorbereitung

Vor der Sitzung beurteilen die **Prüfer** das Testobjekt mit Hilfe der Checkliste. Die Prüfer bewerten das Testobjekt und schreiben ihre gefundenen Mängel auf.

4. Sitzung

In der Sitzung stellt **jeder Prüfer** die von ihm gefundenen Mängel vor. Die Sitzung soll maximal zwei Stunden dauern. Ein Abschlussbericht für das Management wird erstellt. Es kann jedoch ein neues Treffen, die sogenannte "dritte Stunde", einberufen werden, in der informell über weitere Kriterien und Lösungsansätze diskutiert wird.

5. Nacharbeit

Das Management fällt mit Hilfe eines Abschlussberichts die Entscheidung über die Fehlerbehebung und Freigabe.

6. Freigabe

Das Testobjekt kann freigegeben werden oder muss nochmals überarbeitet und erneut zu einer Inspektion vorgelegt werden und erhält deshalb keine sofortige Freigabe. Je nach Sachlage kann nochmals das gesamte Testobjekt oder können nur die verbesserten Teile überprüft werden.

7. Analyse

In der Analyse kann den Prüfern ein Feedback über die gefundenen Mängel gegeben werden. Es können Daten gesammelt und ausgewertet werden.

In Punkt 3 werden also die subjektiven Erkenntnisse der jeweiligen Prüfer festgehalten und in Punkt 7 stehen die gesamten erfassten Mängel in analysierter Form fest.

18.3.2 Testen von Dokumenten durch Walkthroughs

Ein Walkthrough ist weniger formal als eine Inspektion. Die Prüfer kommen fast unvorbereitet zum Treffen.

Im Meeting stellt der Autor sein Testobjekt der Gruppe vor. Die Prüfer diskutieren über die offenen Punkte. Der Autor beruft in der Regel selbst das Walkthrough ein [unihan].

> Ein **Walkthrough** ist ein Review, bei dem die Prüfer weitgehend unvorbereitet zum Review erscheinen. Der Autor beschreibt im Review das Testobjekt Schritt für Schritt. Die Gutachter haken ein, wo sie Mängel entdecken.

18.4 Testen von Programmen

Nach einem Überblick über die wichtigsten Testmethoden und insbesondere einer Einteilung nach Liggesmayer in [Lig05] in statische und dynamische Methoden (siehe Kapitel 18.4.1), werden in Kapitel 18.4.2 die statischen und in Kapitel 18.4.3 die dynamischen Methoden vorgestellt. Performancetests werden in Kapitel 18.4.4 erläutert. Kapitel 18.4.5 diskutiert Blackbox- und Whitebox-Tests. Whitebox-Tests können zu den statischen und zu den dynamischen Methoden gezählt werden. Viele der in diesem Kapitel verwendeten Begriffe und Definitionen stammen aus dem "Standard glossary of terms used in Software Testing" [Vee06].

18.4.1 Wichtige Methoden für das Testen von Programmcode

Der Begriff der Testmethode ist wie folgt definiert (siehe Spillner et al. in [Spi02]):

> Unter einer **Testmethode** versteht man ein planmäßiges, auf einem Regelwerk aufbauendes Vorgehen zum Finden von Testfällen.

Testmethoden lassen sich in Klassen einteilen und beschreiben den Typ des durchzuführenden Tests. Die wichtigsten Typen werden in diesem Kapitel noch beschrieben.

Zum Testen wählt man ein Testobjekt aus, das das gesamte konstruierte Produkt umfassen kann oder auch nur einen Teil davon. Anschließend führt man Testfälle auf dem gewählten Testobjekt aus, um zu untersuchen, ob es den Requirements genügt.

> Ein **Testobjekt** ist in der Regel das zu testende System oder das zu testende Zerlegungsprodukt.

Abläufe zwischen Systemen können auch getestet werden, worauf in diesem Kapitel aber nicht eingegangen wird.

In einem Projekt sollte angestrebt werden, dass möglichst von allen Entwicklern einheitliche Testmethoden eingesetzt werden, die zudem durch geeignete Werkzeuge unterstützt werden. Die Testmethoden können aber durchaus nach Einsatzgebiet, z. B. nach Sicherheitsstufen, variieren. Damit ist die Vorgehensweise im Team für ein gegebenes Einsatzgebiet einheitlich und allen Entwicklern – seien es Programmierer oder Mitglieder eines Testteams – verständlich. Zudem gestattet diese Einheitlichkeit, die ausgewählten Testmethoden durch Werkzeuge zu unterstützen. Dabei sollten auch verschiedenartige Testmethoden in Kombination eingesetzt werden, da jede Testmethode ihre Stärken hat.

> Man unterscheidet grundsätzlich zwischen **statischen** und **dynamischen Testmethoden**. Unter statischen Testmethoden versteht man alle Verfahren, bei denen der Programmcode nicht ausgeführt wird. Bei dynamischen Testmethoden wird das zu prüfende Programm ausgeführt.

Bei statischen Tests wird mehr analysiert als getestet.

Das Klassifikationsschema nach [Lig05] unterscheidet auf oberster Ebene zwischen statischen und dynamischen Testmethoden und fächert sich daher in zwei Teilbäume auf. Dieses Klassifikationsschema gliedert die verschiedenen **Software-Testmethoden** hierarchisch:

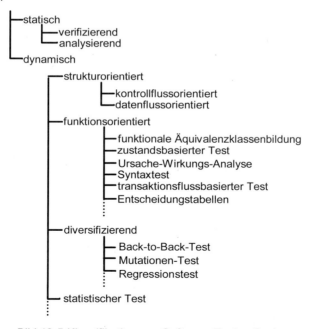

Bild 18-5 Klassifikation von Software-Testmethoden

Das ursprüngliche Klassifikationsschema enthält beispielsweise auch Assertions. Assertions sind Zusicherungen, d. h. boolesche Ausdrücke, die niemals falsch werden dürfen. Sie sind keine eigentliche Testmethode, da sie keine Methode bzw. Vorgehensweise zur Ermittlung von Testfällen darstellen. Sie dienen lediglich zur automatisierten Auswertung bzw. Bewertung von Variablen-Werten in einem Programmablauf. Der durchzuführende Testfall muss jedoch von anderswo kommen. Oft werden Assertions im Zusammenhang mit dynamisch funktionsorientierten Testfällen auf Modulebene verwendet.

18.4.2 Statische Testmethoden

Die statischen Testmethoden umfassen die Testaktivitäten, die ohne einen Programmablauf durchgeführt werden – der Quellcode braucht also nicht übersetzt zu werden. Nach Veenendahl in [Vee06] gilt folgende Definition für statisches Testen:

> **Statisches Testen** ist das Testen einer Komponente oder eines Systems auf Ebene der Spezifikation oder der Implementierung ohne Ausführung der Software, z. B. durch Reviews oder statische Codeanalyse.

Statische Testmethoden beinhalten nach [Lig05] die Statische Analyse (siehe Kapitel 18.4.2.1) und die Statische Verifikation (siehe Kapitel 18.4.2.2).

18.4.2.1 Statische Analyse

Zur Statischen Analyse gehören:

- **die Analyse der Kontrollstruktur**
  Hier werden von Werkzeugen oft formale Analysen im Quelltext durchgeführt, z. B. welche Wege möglich sind (Erzeugung eines Ablaufgraphen), Berechnung von Verschachtelungstiefen etc.
- **Datenflussanalyse**
  Die Datenflussanalyse stellt eine Erweiterung der Semantikprüfung eines Compilers dar. Hier wird z. B. geprüft, ob Variablen referenziert werden ohne vorherige Wertzuweisung, ob alle Eingabeparameter und alle definierten lokalen Variablen benutzt werden oder ob zweifache Wertzuweisungen erfolgen, ohne zwischenzeitlichen Gebrauch davon gemacht zu haben.
- **die Analyse der Komplexität** (**Codebeurteilung**)
  Hier wird z. B. die Zahl der Ein- und Ausgänge von Modulen, die Verschachtelungstiefe von Verzweigungen und Schleifen, die Anzahl der Sprünge, die Programmlänge (Lines of Code pro Funktion bzw. Methode) bestimmt und nach vordefinierten Regeln geprüft. Ein anderes Beispiel für Komplexitätsmaße ist die Anzahl Funktionen pro Modul bzw. Klasse. Diese Aufzählung ließe sich fortsetzen (siehe auch Kapitel 4.3).
- **die Analyse von Schnittstellen**
  Analyse der Aufrufhierarchien und der Beziehungen über gemeinsame Daten. Darstellung der Aufrufstruktur durch einen Graphen. Überprüfung von Schnittstellen auf Konsistenz etc. und damit Prüfung der Architektur.

- **die Analyse der Kommentare**
  Einhaltung von Richtlinien und Überprüfung auf Verständlichkeit.
- **Reviews**
  Manuelle Überprüfung beispielsweise von Dokumenten, Quelltexten oder Testergebnissen auf Korrektheit, Vollständigkeit, Widersprüchlichkeit und Verständlichkeit (siehe Kapitel 18.3).
- **Suche nach Code-Duplikaten**
  Code-Duplikate führen leicht zu Inkonsistenzen.
- **Suche nach Best Practices**
  Es wird gesucht, ob die Merkmale für gängige Praxis eingehalten werden.

Ist kein Werkzeug vorhanden, so hat die Analyse rein manuell mit Hilfe von Checklisten zu erfolgen. Dies ist jedoch sehr aufwendig und daher in der Regel unwirtschaftlich.

Ein weiteres Ergebnis einer maschinellen statischen Analyse ist die "**Instrumentierung**" des Testobjekts. Hier wird das Testobjekt mit zusätzlichen Anweisungen (Toolaufrufen) versehen, um Informationen über den internen Verlauf und über Datenzustände zu erhalten. Damit ist eine dynamische Ablaufverfolgung, z. B. ein C_1-Ablauftest, möglich (siehe Kapitel 18.4.3.1). Eine Instrumentierung kann manuell, halbautomatisch oder automatisch durchgeführt werden.

Die statisch analysierenden Methoden werden in [Lig02] beispielsweise unterschieden in Maße, Stilanalysen, Datenflussanomalieanalysen oder Inspektions- und Review-Techniken wie z. B. eine Fagan-Inspektion. In Beizer [Bei95] wird ein Software-Entwicklungsprozess ohne Inspektionen als "sehr fehlerhaft" erachtet. Durch die manuelle Prüfung von Dokumenten, Modellen und Quellcode in Reviews werden oft Fehler gefunden, die durch andere Test- und Verifikationsmethoden nicht entdeckt werden. Myers bezeichnet in [Mye91] Reviews als den Prozess des manuellen Testens und gibt die Empfehlung, Reviews in jedem Programmierprojekt einzusetzen.

Die Verwendung bestimmter **statisch analysierender Methoden** wird durch Standards in vielen Anwendungsbereichen gefordert. Im Anwendungsbereich der Automobilindustrie sind z. B. bei Verwendung der Programmiersprache C die MISRA-Code-Konventionen [MIS98] als Konstruktionsvorschrift für die Programme einzuhalten. Die Einhaltung dieser Konventionen wird wiederum durch statisch analysierende Prüfprogramme verifiziert. Die manuell ausgeführten, statisch analysierenden Methoden wie Inspektions- und Review-Techniken sind eine leistungsfähige Ergänzung der anderen Methoden und haben in der Praxis eine hohe Relevanz, insbesondere zur Prüfung von Dokumenten, Quelltexten oder Modul-Testergebnissen.

18.4.2.2 Statische Verifikation

Bei **statisch verifizierenden** Methoden unterscheidet man zwischen **formal verifizierenden** und **symbolisch verifizierenden** Techniken. Formal verifizierende Techniken setzen zwingend eine formale Spezifikation voraus. Mit ihrer Hilfe kann die Konsistenz zwischen Spezifikation und Quellcode formal bewiesen werden. Bei symbolisch verifizierenden Methoden wird der Quellcode in einer künstlichen Umgebung von einem Interpreter symbolisch ausgeführt.

Eine **formale Verifikation** (Beweis der Korrektheit) ist eine statische Testmethode und erfordert den Einsatz von formalen Sprachen bereits für die Formulierung von Requirements. Solche Verfahren sind anspruchsvoll. Sie werden wegen ihrer geringen Verständlichkeit und damit einhergehend einem sehr hohen Schulungsaufwand nur für Teilkomponenten mit besonders kritischer Sicherheitseinstufung eingesetzt. Die Technik der formalen Programm-Verifikation ist nicht stark verbreitet.

Eine **symbolische Ausführung** soll es erlauben, Programme durch interpretative Ausführung zu prüfen, wobei das Testobjekt mit symbolischen Daten und nicht mit speziellen Testwerten wie beim konventionellen Testen ausgeführt wird[218]. Für diese Methode gibt es Forschungsvorhaben, um Werkzeuge für eine symbolische Ausführung herzustellen.

Bei einer symbolischen Bedingung wird sowohl in den JA- als auch in den NEIN-Zweig verzweigt. Dadurch entsteht ein Ausführungsbaum. Jeder Anweisung im Programm wird ein Knoten, jedem Übergang zwischen zwei Anweisungen wird eine gerichtete Kante zugeordnet. Im Falle von Schleifen entsteht im Allgemeinen ein unendlicher Ausführungsbaum. Die Anzahl der Pfade muss dabei nach gewissen Verfahren begrenzt werden. Mit Hilfe eines solchen Werkzeugs ist es auch möglich, gezielt gewisse Pfade zu überprüfen. So kann der Nutzer dem Werkzeug den Pfad angeben, der rechnergestützt durchgetestet werden soll.

18.4.3 Dynamische Testmethoden

Das **dynamische Testen** (insbesondere das dynamisch funktionsorientierte Testen) ist die am weitesten verbreitete Methode zur Überprüfung eines Programms.

Dabei sollte man sich stets vor Augen halten, dass Testen in den allermeisten Fällen ein **Stichprobenverfahren** ist[219]. D. h., eine Aussage über die korrekte Funktion der Software ist nur für die gewählten Testdaten sicher möglich. Eine vollständig korrekte Funktion könnte nur mit einem vollständigen Test garantiert werden. Dies ist jedoch nicht praktikabel. Man versucht daher, die Testfälle so auszuwählen, dass man aus der korrekten Verarbeitung eines Testfalls auf die korrekte Verarbeitung weiterer nicht getesteter Fälle schließen kann. Das heißt, man überlegt sich, welche Testdaten sich semantisch analog verhalten. Es bleibt aber stets ein Restrisiko, da Software prinzipiell einen Quantencharakter hat und daher nicht extrapolierbar ist.

Nach dem Klassifikationsschema in Kapitel 18.4.1 umfassen die **dynamischen Testmethoden** insgesamt **strukturorientierte, funktionsorientierte, diversifizierende und statistische Testmethoden**. Diese sind in den Kapiteln 18.4.3.1 bis 18.4.3.4 dargestellt.

18.4.3.1 Strukturorientierte Testmethoden

Die strukturorientierten Testmethoden gehören zu den dynamischen Testmethoden, bei denen die Auswahl der Testfälle und die Bewertung des erreichten Grades an

---

[218] Dieses Verfahren gehört zu den statisch verifizierenden Testmethoden, da der Programmcode für die symbolische "Ausführung" nicht übersetzt werden muss.
[219] Ein vollständiger Test ist in der Praxis aufgrund der enormen Menge an Testfällen nicht möglich.

Testvollständigkeit anhand der Eigenschaften (Anweisungen, Zweige, Datenzugriffe) der vorliegenden Programmstruktur erfolgt.

Bei den strukturorientierten Testmethoden spielen vor allem die kontrollflussorientierten Methoden für die Praxis eine wichtige Rolle. In [Spi02] und [Spi05] wird die Zweigüberdeckung u. a. als Kriterium für die Beurteilung des erreichten Grades an Testvollständigkeit empfohlen. Die Erfassung der während der Ausführung überdeckten Kontrollstrukturelemente beim strukturorientierten Test erfordert in der Regel eine Instrumentierung des Quellcodes. Dabei ist zu beachten, dass sich durch die Instrumentierung das Laufzeitverhalten ändert. Strukturorientierte Testmethoden gehören zu den Whitebox-Verfahren.

> **Whitebox-Verfahren** sind Testmethoden, die zur Herleitung oder Auswahl der Testfälle Informationen über die innere Struktur des Testobjekts benötigen.

Datenflussorientierte und kontrollflussorientierte Methoden

Prinzipiell unterscheidet man zwischen datenflussorientierten und kontrollflussorientierten Testmethoden. Die datenflussorientierten Methoden nutzen den Datenfluss zur Beurteilung des Grades der Vollständigkeit der Testfälle. Gegenüber den kontrollflussorientierten Testmethoden spielen sie in der Praxis eine untergeordnete Rolle. Nach Liggesmeyer in [Lig02] ist die praktische Nutzbarkeit datenflussorientierter Testmethoden aufgrund kaum vorhandener Werkzeugunterstützung stark eingeschränkt. Bei den kontrollflussorientierten Testmethoden wird das Programm dynamisch mit definierten Testfällen ausgeführt. Die dabei erreichte Überdeckung der Kontrollstrukturelemente des Quellcodes dient als Maß für die erreichte Testvollständigkeit. Bei kontrollflussorientierten Testmethoden werden verschiedene **Überdeckungsgrade** zur Messung der erreichten Überdeckung herangezogen, u. a. der Anweisungsüberdeckungsgrad, der Zweigüberdeckungsgrad oder der Bedingungsüberdeckungsgrad.

Programmflussgraph

Der Kontrollfluss, also die Ablaufstruktur einer Programmeinheit (Modul, Funktion, Methode, etc.), kann mit Hilfe von Programmflussgraphen dargestellt werden. Ein Programmflussgraph ist ein gerichteter Graph. Zu seiner Darstellung werden Steuerungsknoten und Ablaufzweige als Kanten verwendet. Bei einem Programmflussgraph wird zugunsten der Übersichtlichkeit auf Details wie Einzelanweisungen verzichtet. Alle Anweisungen, die Bedingungen enthalten (Selektionen wie `if` oder `switch`, Iterationen wie `for` oder `while`) und damit den Programmfluss steuern, bilden die sogenannten **Steuerungsknoten**. Die dazwischenliegenden Anweisungen können zu einer einzigen Kante zusammengefasst werden. Eine Kante verbindet zwei Steuerungsknoten miteinander oder verbindet einen Steuerungsknoten mit dem Anfangsknoten oder mit dem Endknoten der Programmeinheit. Eine Kante repräsentiert einen **Ablaufzweig** im Programm. Nicht jeder mögliche Ablaufzweig in einem Programm enthält auch Anweisungen. Ein Beispiel dafür ist der fehlende `else`-Teil einer `if`-Anweisung. Auch für diese Fälle müssen Kanten (im Folgenden leere Zweige genannt) in den Programmflussgraphen aufgenommen werden.

Beispiel mit einer Schleife zur Berechnung der Fibonacci-Reihe:

```
public void fibonacci (int x)
{ //A
    if (x > 1)
    { //B
        int vorvorher = 1;
        int vorher = 1;
        System.out.print (vorvorher + " " + vorher + " ");
        for (;x > 1; x--)
        { //C
            int tmp = vorvorher + vorher;
            vorvorher = vorher;
            vorher = tmp;
            System.out.println (tmp + " ");
        }
        // D
    }
    // E
}
```

Die Struktur dieser Funktion kann durch den folgenden Programmflussgraphen (siehe Bild 18-6) dargestellt werden, wobei die Buchstaben aus den Kommentaren im Quelltext benutzt wurden, um die entsprechenden Kanten zu kennzeichnen.

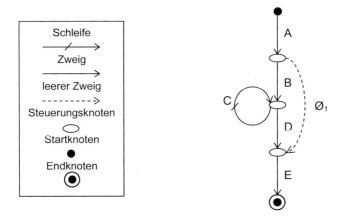

Bild 18-6 Programmflussgraph Fibonacci

Die in Bild 18-6 dargestellte Struktur enthält die Ablaufzweige A, B, C, D, E und $\emptyset_1$. Diese können nun zu Pfaden kombiniert werden. Ein **Pfad** enthält aufeinanderfolgende Ablaufzweige vom Anfangsknoten eines Moduls bis zu seinem Endknoten. (A, E) wäre somit kein valider Pfad, da es keinen Übergang von A nach E gibt. Der abgebildete Graph enthält also beispielsweise die Pfade (A, B, C, D, E), (A, B, D, E) oder (A, $\emptyset_1$, E).

Beispiel mit mehreren Bedingungen:

```
public void beispiel (int x, int y, int z)
{ // 1
    if ((x >= 2) || (y < 5)) {
        y = z - 2; // 2
    }
    if ((z == 3) && (x < 2)) {
        x = y + z; // 3
    }
    else {
        y = 3; // 4
    }
    // 5
}
```

Aus dem Code ergibt sich der Programmflussgraph in Bild 18-7, wobei eine Kante mit der Nummer beschriftet wurde, die im Kommentar im Quelltext bei den der Kante entsprechenden Anweisungen steht.

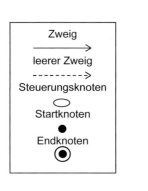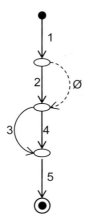

Bild 18-7 Programmflussgraph des Beispiels mit mehreren Bedingungen

Mögliche Pfade durch das Programm sind (1, 2, 3, 5), (1, 2, 4, 5), (1, Ø, 3, 5) oder (1, Ø, 4, 5).

Überdeckungstests

Programmflussgraphen können als Grundlage dienen für sogenannte **Überdeckungstests**. Das bedeutet, dass man die Testdaten so auswählt, dass gewisse Pfade im Programm ausgeführt, also "überdeckt" werden. Diese Vorgehensweise ist charakteristisch für kontrollflussorientierte Testmethoden. Die Ermittlung von Testdaten nach dieser Methode wird im Folgenden gezeigt, wobei der Fokus der Betrachtung aber auf einem anderen Aspekt der Überdeckung liegt, nämlich dass man den erreichten Überdeckungsgrad als ein Maß für die Qualität des Testens ansehen kann.

Überdeckungsgrad

Programmflussgraphen bilden auch die Grundlage für ein Qualitätsmaß, das insbesondere als Testende-Kriterium verwendet werden kann. Indem man analysiert, welche Pfade durch die durchgeführten Tests ausgeführt wurden, und die Anzahl der durchlaufenen Pfade mit der Zahl der möglichen Pfade vergleicht, erhält man eine prozentuale Aussage darüber, wie viele Pfade des zu testenden Programms relativ gesehen überdeckt wurden. Dies wird als **Überdeckungsgrad** bezeichnet. Ein Überdeckungsgrad ist also kein Test in dem Sinn, dass er ein Ergebnis über die Richtigkeit des zu testenden Programms liefert. Er ist vielmehr eine Prüfung, inwieweit die Tests den zu testenden Code "überdecken".

> Die Überdeckung liefert ein Qualitätsmaß, mit dem man die Vollständigkeit der Testfälle bewerten kann. Sie liefert aber keine Aussage über die Qualität der Tests selbst. Die Testfälle können den Code abdecken, ohne wirklich die Übereinstimmung mit der Spezifikation abzuprüfen.

Sind alle Aussagen der Spezifikation in Tests umgesetzt, so deutet eine niedrige Testabdeckung darauf hin, dass sich im Programm zusätzliche Zweige befinden, die keinen direkten Bezug zur Spezifikation haben und möglicherweise überflüssig sind. Wenn diese Zweige nicht überflüssig sind, kann man umgekehrt daraus schließen, dass die Spezifikation lückenhaft ist. Erreichen die Tests hingegen eine hohe Abdeckung, dann weiß man nur, dass man überall war, nicht aber, ob die Berechnung falsch war. Der Test selbst muss weiterhin auf einem Soll-Ist-Vergleich zwischen Spezifikation und Testergebnis basieren.

Die folgenden Abschnitte erläutern die wichtigsten standardisierten Überdeckungsgrade. Diese unterscheiden, ob leere Zweige berücksichtigt werden, wie Bedingungen, die aus mehreren Teilbedingungen zusammengesetzt sein können (was im Programmflussgraph nicht zu sehen ist), betrachtet werden und wie vollständig Schleifen getestet werden, da bei Schleifen in einem Programm die Anzahl der theoretisch möglichen Pfade unendlich sein kann.

Wichtige standardisierte Überdeckungsgrade

C_0-Test

Die C_0-Testabdeckung ist der prozentuale Anteil der ausgeführten Anweisungen eines Moduls. Eine 100%ige **Anweisungsüberdeckung** bedeutet, dass jede Anweisung mindestens einmal durchlaufen wurde.

$$C_0 = \frac{\text{Anzahl der durchlaufenen Anweisungen}}{\text{Gesamtzahl aller möglichen Anweisungen}}$$

Beispiel:

Um alle Anweisungen des Programms, das in Bild 18-7 dargestellt ist, zu durchlaufen, müssen zwei Testfälle erstellt werden:

Pfad (1, 2, 3, 5) wird für die Parameter x = 1, y = 3, z = 3 durchlaufen.
Pfad (1, 2, 4, 5) wird für die Parameter x = 3, y = 0, z = 3 durchlaufen.

Damit sind alle Anweisungen überdeckt. Die beiden Pfade (1, ∅, 3, 5) und (1, ∅, 4, 5) enthalten keine neuen Anweisungen und müssen daher für einen 100%igen C_0-Test nicht durchlaufen werden.

Vorteile:

- Nicht erreichbare Anweisungen im Code (sogenannter toter Code) und Systemabstürze werden erkannt.
- Bei einem hohen Überdeckungsgrad kann man mehr Fehler finden als mit einem niedrigen.

Nachteile:

- Jede Anweisung des Codes wird gleich gewertet wie eine andere.
- Leere Zweige werden nicht berücksichtigt.
- Die Datenabhängigkeit von Steuerstrukturen wie Schleifen oder Bedingungen wird nicht beachtet.

C_1-Test

Die C_1-Testabdeckung ist der prozentuale Anteil der ausgeführten Ablaufzweige, wobei auch Zweige, die keine Anweisungen enthalten, berücksichtigt werden (**Zweigüberdeckung**). Bei einer vollständigen Überdeckung aller Zweige ist auch eine vollständige Überdeckung aller Anweisungen erreicht. Ist eine Schleife vorhanden, so muss bei der Abbruchbedingung der Schleife mindestens einmal die Abzweigung zum Schleifenkörper genommen werden. Dadurch entsteht ein Schleifendurchlauf. Nach dem ersten Lauf durch den Schleifenkörper kann die Schleife verlassen werden. Bei einer abweisenden Schleife wie beispielsweise der `while`-Schleife wird somit der Schleifenkörper mindestens einmal durchlaufen. Bei einer annehmenden Schleife hingegen wird der Schleifenkörper mindestens zweimal durchlaufen, da die Abbruchbedingung am Ende der Schleife steht und ein Schleifendurchlauf schon vor dem Erreichen der Abbruchbedingung erfolgt.

Die Zweigüberdeckung errechnet sich aus der Anzahl der durchlaufenen Zweige und der Gesamtanzahl der Zweige.

$$C_1 = \frac{\text{Anzahl der durchlaufenen Zweige}}{\text{Gesamtzahl aller möglichen Zweige}}$$

Beispiel:

Im C_1-Test werden Testfälle erstellt, die gewährleisten, dass jeder Zweig des Programms mindestens einmal durchlaufen wird. Hierfür müssen in dem Beispiel von Bild 18-7 entweder die Pfade (1, 2, 3, 5) und (1, ∅, 4, 5) oder (1, 2, 4, 5) und (1, ∅, 3, 5) durchlaufen werden. Im Gegensatz zum C_0-Test muss also auch der Zweig ∅, der keine Anweisungen enthält, durchlaufen werden.

Pfad (1, 2, 4, 5) wird für die Parameter x = 3, y = 0, z = 2 durchlaufen.
Pfad (1, Ø, 3, 5) wird für die Parameter x = 1, y = 6, z = 3 durchlaufen.

Vorteile:

- Nicht erreichbare Zweige werden erkannt.
- Bei einem hohen Überdeckungsgrad kann man mehr Fehler finden als mit einem niedrigen.

Nachteile:

- Die Erzeugung von Testdaten für bestimmte Zweige kann mit hohem Aufwand verbunden sein.
- Schleifen werden nur unzureichend getestet.
- Zusammengesetzte Entscheidungsbedingungen und Kombinationen von Zweigen werden nicht getestet.

C_2-Test

Die C_2-Testabdeckung oder **einfache Bedingungsüberdeckung** wird berechnet durch die Anzahl der durchlaufenen atomaren Bedingungen[220] mit dem Wert `true` plus der Anzahl der durchlaufenen atomaren Bedingungen mit `false`, geteilt durch zwei Mal die Anzahl aller Bedingungen:

$$C_2 = \frac{\text{Anzahl atomare Bedingungen}_{true} + \text{Anzahl atomare Bedingungen}_{false}}{2 * \text{Gesamtzahl aller möglichen atomaren Bedingungen}}$$

Beispiel:

Um eine atomare Bedingung jeweils den Wert `true` und `false` annehmen zu lassen, benötigt man zwei Testfälle.

Für x = 3, y = 4, z = 3 nehmen die atomaren Bedingungen (x >= 2), (y < 5) und (z == 3) den Wert `true` an und (x < 2) `false`. Mit den Parametern x = 1, y = 6, z = 2 nehmen die Bedingungen (x >= 2), (y < 5), (z == 3) den Wert `false` an. (x < 2) wird `true`.

Damit haben alle Bedingungen jeweils einmal die Werte `true` und `false` angenommen. Somit ist C_2 = 1, es wird also eine C_2-Abdeckung zu 100 % erreicht.

Vorteile:

- Atomare Bedingungen werden mit den Werten `true` und `false` getestet.

---

[220] Eine atomare Bedingung/Teilbedingung enthält nur Relationssymbole wie z. B. "größer gleich" oder "kleiner gleich". Atomare Bedingungen können durch boolesche Operatoren wie AND (`&&`) oder OR (`||`) zu komplexen Bedingungen kombiniert werden.

Nachteile:

- Es ist ein schwächeres Testkriterium als die C_0- oder C_1-Überdeckung, abhängig davon wie in der Programmiersprache Entscheidungen ausgewertet werden (siehe [Lig02]).

C_3-Test

Die C_3-Testabdeckung oder **mehrfache Bedingungsüberdeckung** misst die relative Überdeckung aller Bedingungskombinationen. Es wird nicht nur die Überdeckung der atomaren Bedingungen betrachtet, sondern eine Überdeckung der Kombinationen der atomaren Bedingungen.

$$C_3 = \frac{\text{Anzahl der durchlaufenen Bedingungskombinationen}}{\text{Gesamtzahl aller möglichen Bedingungskombinationen}}$$

Beispiel:

Die mehrfache Bedingungsüberdeckung erfordert 2^n Testfälle, um eine aus n atomaren Bedingungen zusammengesetzte Bedingung komplett zu überprüfen.

Für die Bedingungskombination ((x >= 2) or (y < 5)) werden durch die zwei atomaren Bestandteile $2^2 = 4$ Testfälle benötigt. Die Kombinationen ohne Testfälle sind in der nachfolgenden Tabelle dargestellt:

(x >= 2)	(y < 5)	((x >= 2) or (y < 5))
false	false	false
false	true	true
true	false	true
true	true	true

Tabelle 18-1 Wahrheitstabelle ((x >= 2) or (y < 5))

Gleiches gilt für die Kombination ((z == 3) and (x < 2)):

(z == 3)	(x < 2)	((z == 3) and (x < 2))
false	false	false
false	true	false
true	false	false
true	true	true

Tabelle 18-2 Wahrheitstabelle ((z == 3) and (x < 2))

Minimale Mehrfachüberdeckung

Die minimale Mehrfachüberdeckung ist ein Mittelweg zwischen der C_2- und C_3-Überdeckung [Lig02]. Sie wird berechnet durch die Anzahl der Bedingungen mit dem Wert `true` plus der Anzahl der Bedingungen mit `false`, geteilt durch zweimal die Anzahl aller Bedingungen. Es wird dabei nicht nur die Überdeckung der atomaren

Bedingungen betrachtet, sondern auch eine gewisse Überdeckung der Kombinationen der atomaren Bedingungen, nämlich dass die zusammengesetzten Bedingungen die Werte `true` und `false` aufweisen. Die minimale Mehrfachüberdeckung enthält bereits die Zweigüberdeckung.

$$C_{MinMehrfach} = \frac{\text{Anzahl Bedingungen}_{true} + \text{Anzahl Bedingungen}_{false}}{2 * \text{Gesamtzahl aller möglichen Bedingungen}}$$

Vorteile:

- Es werden auch Kombinationen von Bedingungen berücksichtigt.
- Können für eine Teilbedingung keine vollständigen Testfälle erzeugt werden, ist sie überflüssig und die Bedingung kann so formuliert werden, dass sie diese Teilbedingung nicht mehr enthält.

Nachteile:

- Fehlerhafte logische Operatoren können nicht in jedem Fall erkannt werden.

C_4-Test

Der C_4-Test oder die **Pfadüberdeckung** misst die Anzahl der durchlaufenen Pfade geteilt durch die Anzahl aller möglichen Pfade:

$$C_4 = \frac{\text{Anzahl der durchlaufenen Pfade}}{\text{Gesamtzahl aller möglichen Pfade}}$$

Beispiel:

Beim Programm mit mehreren Bedingungen (Bild 18-7) müssen die Pfade (1, 2, 3, 5), (1, 2, 4, 5), (1, Ø, 3, 5) und (1, Ø, 4, 5) durchlaufen werden. Es werden also folgende vier Testfälle benötigt, um eine hundertprozentige Pfadüberdeckung zu erreichen:

Pfad (1, 2, 3, 5) wird durch die Parameter x = 3, y = 4, z = 3 durchlaufen.
Pfad (1, 2, 4, 5): x = 3, y = 0, z = 2.
Pfad (1, Ø, 3, 5): x = 1, y = 6, z = 3.
Pfad (1, Ø, 4, 5): x = 1, y = 6, z = 2.

Da Pfade aber auch Wiederholungen von Kanten enthalten können, berücksichtigt die Pfadüberdeckung Schleifen in größerem Maße als die bisher betrachteten Überdeckungsgrade. Enthält ein Programm Schleifen, dann existieren für den zugehörigen Programmflussgraphen allerdings unendlich viele Pfade. So gibt es im Bild 18-6 die Pfade (A, B, C, D, E), (A, B, C, C, D, E), (A, B, C, C, C, D, E) usw. Eine 100%ige Pfadüberdeckung ist also nicht zu erreichen. Daher werden zur Betrachtung von Schleifen praktikablere Ansätze herangezogen. So können beispielsweise Zählschleifen, die eine konstante Zahl von Wiederholungen haben, speziell behandelt werden.

Grenze-Inneres-Überdeckung

Eine wichtige Rolle in der Praxis spielt die **Grenze-Inneres-Überdeckung** (engl. boundary interior coverage). Dabei werden die möglichen Pfade in drei Klassen eingeteilt [Lig02]:

- Pfade, die die Schleife nicht ausführen,
- Pfade, die die Schleife betreten, aber nicht wiederholen und
- Pfade, die die Schleifenanweisungen mindestens zweimal ausführen.

Tests, die Pfade der zweiten Kategorie ausführen, werden als Grenztests (boundary tests) bezeichnet und Tests für Pfade der dritten Kategorie als innere Tests (interior tests). Daher kommt auch der Name der Überdeckung zustande.

Beispiel:

Für die Grenze-Inneres-Überdeckung wird das Beispiel zur Berechnung der Fibonnacci-Reihe betrachtet, siehe dazu auch Bild 18-6.

Testfall für einen Pfad, der die Schleife nicht ausführt (A, $\emptyset_1$, E): x = 1
Testfall für einen Pfad mit einmaliger Ausführung der Schleife (A, B, C, D, E): x = 2
Testfall für einen Pfad mit mehrmaliger Ausführung der Schleife (A, B, C, C, D, E): x = 3

Vorteile:

- Schleifen werden besser berücksichtigt.

Nachteile:

- Wenn die zu testenden Programme aus geschachtelten Kontrollstrukturen – insbesondere aus geschachtelten Schleifen – bestehen, wächst die Anzahl der Testfälle auch beim Grenze-Inneres-Kriterium ziemlich schnell (siehe [Lig02]).
- Gibt es in einer Schleife eine Verzweigung, die erst bei einer Wiederholungszahl > 2 eine Rolle spielt, wird diese nur ungenügend berücksichtigt.

Pragmatische Überdeckungsmaße

Neben den standardisierten Überdeckungsgraden, die sich auf den Programmfluss beziehen, gibt es auch pragmatische Maße, die ohne den Programmflussgraphen auskommen und sich nur auf den Quellcode beziehen. Die folgenden Überdeckungsmaße können daher auch von Werkzeugen sehr gut unterstützt werden:

- Zeilenüberdeckung (line coverage): Wird jede Quellzeile ausgeführt?
- Methodenüberdeckung (method coverage): Wird jede Methode aufgerufen?
- Ausgangsüberdeckung (exit coverage): Wird jede Methode über jeden möglichen Ausgang verlassen?

Die Maße wurden hier für objektorientierte Programme formuliert, können aber auch analog auf prozedurale Sprachen übertragen werden.

> Für jedes Überdeckungsmaß gilt: Solange der geplante Überdeckungsgrad noch nicht erreicht ist, müssen weitere Testfälle erstellt werden.

18.4.3.2 Funktionsorientierte Testmethoden

Funktionsorientierte Testmethoden gehören ebenfalls zu den dynamischen Testmethoden, bei denen das Testobjekt ausgeführt wird. Funktionsorientierte Testmethoden zählen zu den Blackbox-Verfahren (siehe Kapitel 18.4.5.1). Bei funktionsorientierten Testmethoden erfolgt die Auswahl der Testfälle eines Systems oder von Systemkomponenten anhand der funktionalen Spezifikation des Systems oder der Systemkomponenten.

> Bei einem **funktionsorientierten Test** basiert die Auswahl der Testfälle auf einer Analyse der funktionalen Spezifikation einer Komponente oder eines Systems.

Die Analyse umfasst Szenarien in der Form von Basisabläufen und Alternativabläufen der Anwendungsfälle.

Testfälle für den funktionsorientierten Test werden ermittelt durch:

- Bildung von Äquivalenzklassen,
- Grenzwertanalyse und
- intuitive Testfallermittlung.

Mit dem funktionsorientierten Test wird nur das Außenverhalten des Testobjekts untersucht, ob es auf bestimmte Eingaben mit korrekten Ausgaben reagiert. Es handelt sich also um einen Blackbox-Test.

Äquivalenzklassen

Unter einer Äquivalenzklasse versteht man einen **Wertebereich des Eingaberaums**, für den aufgrund der Spezifikation davon auszugehen ist, dass jeder Wert aus diesem Bereich semantisch äquivalent ist und daher vom Testobjekt funktional gleichartig bearbeitet wird. Es kann zwar jedes Element einer Äquivalenzklasse einen anderen Wert liefern, wichtig ist nur, dass das Verhalten des Testobjekts für alle Elemente der Klasse gleichartig ist.

Nach Veenendaal [Vee06]) gilt:

> Eine Äquivalenzklasse ist ein Teilbereich des Eingaberaums, für welchen das Verhalten einer Komponente oder eines Systems gemäß der Spezifikation als gleichartig angenommen werden kann.

Auf Grund der Spezifikation einer Funktion zerlegt man den Eingabedatenraum der zu testenden Funktion in die Äquivalenzklassen. Testfälle werden anschließend so definiert, dass aus jeder Äquivalenzklasse mindestens ein Repräsentant vorkommt. Auf Grund der Definition von Äquivalenzklassen kann davon ausgegangen werden, dass ein beliebiger Wert aus einer Äquivalenzklasse beim Testen diese Äquivalenzklasse vertreten kann.

Es werden also Bereiche mit derselben Semantik für eine Anwendung gesucht wie z. B. für die Eingabe gültige Werte und ungültige Werte. Die Bereiche mit jeweils derselben Semantik bilden die Äquivalenzklassen. Aus den gefundenen Klassen wird eine minimale Anzahl von Testfällen ausgewählt.

Sind die Werte einer Variablen diskret und mit verschiedener Bedeutung wie bei Aufzählungstypen, so müssen beim Testen alle diskreten Werte abgearbeitet werden, da jeder Wert einer Äquivalenzklasse entspricht. Sind die Werte diskret, aber viele davon semantisch äquivalent – wie z. B. bei ganzen Zahlen – oder sind die Werte quasi kontinuierlich wie bei `float`-Typen, so wird das Äquivalenzklassenprinzip angewandt, um den Testaufwand zu reduzieren.

Es ist wichtig, bei einer Anwendung die Semantik von Parametern zu erkennen, da beispielsweise verschiedene (gültige) Bereiche von ganzen Zahlen für eine Anwendungsfunktion unterschiedliche Abläufe bedeuten können. Innerhalb eines semantisch äquivalenten Bereichs wird dann ein exemplarischer Wert als Stellvertreter für diesen Bereich genommen.

Liegt als Testparameter eine zusammengesetzte Variable vor, so kann das Prinzip der Äquivalenzklassen wieder auf diejenigen Komponenten der zusammengesetzten Variable angewandt werden, deren Wertebereich sich aus semantisch äquivalenten Bereichen zusammensetzt.

Es scheint auf den ersten Blick einfach, Äquivalenzklassen zu finden. Bei komplexeren Funktionen mit mehreren Parametern ist es jedoch kein leichtes Unterfangen, da der Begriff der semantischen Gleichartigkeit in diesem Kontext schwierig zu interpretieren ist. Die Spezifikation der Äquivalenzklassen muss sehr sorgfältig durchgeführt werden, da dieser Schritt essenziell für die Effektivität und Effizienz des Testens insgesamt ist, da man anschließend davon ausgeht, dass ein einziger Repräsentant stellvertretend für die ganze Äquivalenzklasse steht und daher nur ein Testfall pro Äquivalenzklasse durchgeführt werden muss.

Grenzwertanalyse

Da erfahrungsgemäß an den Grenzen zwischen zwei Bereichen oft Fehler vorkommen, wird das Prinzip der Äquivalenzklassen noch ergänzt durch die Grenzwertanalyse.

Die **Grenzwertanalyse** umfasst dabei die Auswahl von Testfällen an den Rändern der Klassen bzw. der Parameterbereiche.

Ein Beispiel für einen Grenzwert des zulässigen Bereichs im Falle des Datums ist etwa der 29. Februar in Schaltjahren, in den anderen Jahren stellt der 29. Februar ein unzulässiges Datum dar und der Grenzwert des zulässigen Bereichs ist dann der 28. Februar.

Beispiel:

Eine Funktion mit einem Eingabeparameter `zaehler` sei wie folgt definiert:

Für `1 <= zaehler <= 999` werde etwas Bestimmtes berechnet (Normalverhalten). Für kleinere oder größere Werte werden entsprechende Fehlermeldungen ausgegeben.

Daraus können folgende drei Äquivalenzklassen abgeleitet werden:

eine Klasse, die zu keinem Fehler führt:	`1 <= zaehler <= 999`
eine Klasse, die zu einer Fehlermeldung1 führt:	`zaehler < 1`
eine Klasse, die zu einer Fehlermeldung2 führt:	`zaehler > 999`

Aus ihnen werden nach dem Prinzip der Äquivalenzklassen beliebige Stellvertreter wie beispielsweise `51` sowie `-815` und `4711` zum Testen ausgewählt. Die Grenzwertanalyse sagt nun, dass zusätzlich mit den Eingaben `0`, `1`, `999` und `1000` getestet werden soll. Es werden also von jeder Äquivalenzklasse jeweils die Randpunkte ihres Bereichs genommen.

Führt man diese Analyse konsequent weiter und beachtet, dass die Zahlenbereiche in einem Computer endlich sind, dann gehört zu den Grenzwerten auch noch `MIN_INT` und `MAX_INT`[221] hinzu. In der Kombination von Äquivalenzklassenbildung und Grenzwertanalyse ergeben sich Testfälle mit der folgenden Menge von Eingabedaten:

`{MIN_INT, -815, 0, 1, 51, 999, 1000, 4711, MAX_INT}`

Klassifikationsbaum-Methode

Die Klassifikationsbaum-Methode wurde bei Daimler von Grochtmann und Grimm [Gro93] entwickelt. Sie dient dazu, Testfälle für das funktionale Testen in effizienter Weise zu finden. Die grundlegende Idee ist die Zerlegung des Eingabedatenraums in Äquivalenzklassen. Unter Klassen werden in diesem Kontext stets Äquivalenzklassen verstanden.

Eine **Klassifikation** ist ein **Parameter** oder auch **Aspekt** genannt, der während des Tests variiert werden soll. Die Klassifikationsbaum-Methode zerlegt die Menge der Werte des Eingabedatenraums eines Testobjekts unter jeweils verschiedenen Aspekten in verschiedene Klassen (Äquivalenzklassen). Je nach Problem können Klassen wieder in weitere Klassen unterteilt werden. Klassifiziert man die **Äquivalenzklassen** weiter, so entsteht durch diese rekursive Vorgehensweise ein Baum. Dieser Baum wird auch als **Klassifikationsbaum** bezeichnet.

---

[221] Mit `MIN_INT` und `MAX_INT` sei die kleinste bzw. größte auf dem System darstellbare ganze Zahl bezeichnet.

Der Eingabedatenraum stellt die Wurzel des Baumes dar, Klassen und Klassifikationen sind die Knoten. Blätter können nur Äquivalenzklassen sein. Die Klassifikationen werden in dieser Methode durch ein Rechteck umrahmt. In der grafischen Darstellung der Klassifikationsbaum-Methode stellen die Blätter des Baums (Blatt-Klassen) den Kopf einer Kombinationstabelle dar. Aus der Kombination von relevanten Repräsentanten dieser Blatt-Klassen werden die Testfälle ermittelt. Jede Zeile dieser Tabelle entspricht einem Testfall. Die Blatt-Klassen, deren Werte an einem Testfall beteiligt sind, werden innerhalb dieser Zeile markiert.

Letztendlich geht es darum, alle Parameter der Eingabedaten und ihre Typen (diskret/quasi-kontinuierlich) zu erkennen. Sie sind für den Test einer Anwendung relevant, damit man den Zustandsraum der das Ergebnis beeinflussenden Größen vollständig aufspannt. Jeder Punkt in diesem Zustandsraum stellt prinzipiell einen Satz an Testdaten dar.

Hier ein **Beispiel** [michae]:

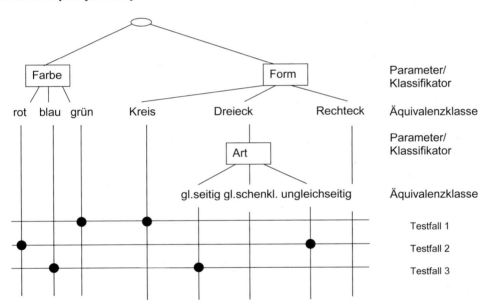

Bild 18-8 Exemplarischer Klassifikationsbaum mit Testfällen für ein Erkennungssystem

Der ebenfalls von Daimler entwickelte Classification Tree Editor (CTE) unterstützt das Zeichnen von Klassifikationsbäumen sowie die Spezifikation und Verwaltung von Testfällen in der sogenannten Kombinationstabelle [wegene]. Die Kombinationstabelle enthält die verschiedenen Testfälle. Die Blätter des Baumes ergeben den Kopf der Kombinationstabelle. Der CTE unterstützt den Anwender bei der Auswahl passender und syntaktisch richtiger Elemente.

Im Vergleich zu anderen Methoden bietet die Klassifikationsbaum-Methode eine intuitive grafische Darstellung als Baum. Außerdem gibt es eine Werkzeugunterstützung bei der Ermittlung der Testfälle.

Die Klassifikationsbaum-Methode ist im Schema von [Lig05] nicht enthalten. Sie wird jedoch in der Praxis häufig angewendet.

Weitere funktionale Testmethoden

In [Lig02] werden funktionsorientierte Testmethoden weiter unterteilt in den zustandsbasierten Test, den transaktionsflussbasierten Test, die Ursache-Wirkungsanalyse, den Syntaxtest und die Entscheidungstabellen. Diese werden hier nicht weiter betrachtet.

Bewertung der funktionsorientierten Testmethoden

Die funktionsorientierten Testmethoden sind in der Praxis unverzichtbar, da sie den Gesamtablauf einer Anwendungsfunktion testen. Die dynamische Ausführung von Testfällen hat den Vorteil, dass sie die Einflüsse der Betriebsumgebung mit berücksichtigt. Ein wesentlicher Vorteil der funktionsorientierten Tests ist, dass sie prinzipiell auf jeder Zerlegungsebene eingesetzt werden können. Der größte Nachteil dieser Methoden ist, dass man im Gegensatz zu den Überdeckungsgraden beim Whitebox-Test[222] für die hier ausgesuchten Testfälle nur schwer automatisiert Testdaten erzeugen kann, um anschließend zu erkennen, ob ein Fehler gerade auftritt oder nicht. Das Sollergebnis muss bei jedem Test bekannt sein, sonst ist es kein Test. Durch (maschinelles) Vergleichen der aktuellen Ergebnisdaten mit den Solldaten kann man die Fehler erkennen.

18.4.3.3 Diversifizierende Testmethoden

Den diversifizierenden Testmethoden ist gemeinsam, dass konkrete Testergebnisse unterschiedlicher Testobjekte miteinander verglichen werden. Daher ist bei diesen Testmethoden eine automatisierte Bewertung der Testergebnisse relativ einfach möglich. Zu den wichtigsten diversifizierenden Testmethoden zählen nach [Lig05] der **Back-to-Back-Test** und der **Regressionstest**. Der **Mutationen-Test** wird in dem Klassifikationsschema nach [Lig05] ebenfalls den diversifizierenden Testmethoden zugeordnet.

Back-to-Back-Test

> Beim **Back-to-Back-Test** werden zwei oder mehr Varianten einer Komponente oder eines Systems mit den gleichen Eingaben ausgeführt und deren Ergebnisse dann verglichen. Im Fall von Abweichungen wird die Ursache analysiert.

---

[222] Überdeckungsgrade bei Whitebox-Tests lassen sich einfach automatisieren. Man gibt dem Werkzeug den gewünschten Überdeckungsgrad an und das Werkzeug generiert so lange Testfälle, bis das Ziel erreicht ist.

Beim Back-to-Back-Test werden also verschiedene Software-Varianten mit denselben Testdaten ausgeführt. Anschließend werden die Reaktionen bzw. Ausgaben der verschiedenen Testobjekte miteinander verglichen. Ein Nachteil des Back-to-Back-Tests ist die Blindheit gegenüber gemeinsamen Fehlern in den betrachteten diversitären Software-Versionen. Ein Fehler wird durch einen Back-to-Back-Test nur dann erkannt, wenn er zu einem nicht identischen Verhalten zwischen den verschiedenen gewählten Varianten führt. Liegt ein Fehler in allen diversitären Software-Versionen identisch vor – z. B. aufgrund eines Fehlers in der Spezifikation – führt dies zu einem identischen, aber fehlerhaften Verhalten aller Varianten und wird daher mit dieser Testmethode nicht erkannt. Die Methode des Back-to-Back-Tests wird beispielsweise bei der Portierung einer Anwendung auf eine andere Rechnerplattform oder auf ein Embedded Device eingesetzt.

Regressionstest

Führt man eine Änderung durch, z. B. weil ein Fehler aufgetreten war, so muss man nach erfolgreicher Änderung prüfen, ob es keine Seiteneffekte der Änderung gibt. Mit anderen Worten, es müssen bereits getestete Programmteile erneut getestet werden. Ein **Regressionstest** dient zur Überprüfung, ob nach der Durchführung einer gewünschten Änderung sich das Systemverhalten bis auf die gewünschte Änderung nicht verändert hat. Geeignete Testwerkzeuge ermöglichen eine kostengünstige Wiederholung von Testfällen (**Regressionstests**), wenn die Software erneut geändert wurde.

> Ein **Regressionstest** ist ein erneuter Test eines bereits getesteten Programms nach dessen Modifikation mit dem Ziel, festzustellen, dass durch die vorgenommene Änderung keine Fehler hinzugekommen sind oder (bisher maskierte) Fehler in unveränderten Teilen der Software freigelegt wurden.

Regressionstests sind in der Praxis unverzichtbar und von zentraler Bedeutung, um Programmierfehler nach Modifikationen weitgehend auszuschließen. Sie werden in der Regel mit denselben Testmethoden und Testwerkzeugen wie der vorangegangene Test durchgeführt.

Regressionstests sind vom Prinzip her vergleichbar mit Back-to-Back-Tests, nur dass nicht verschiedene Varianten eines (Teil-) Systems betrachtet werden, sondern zeitlich nacheinander entwickelte Versionen.

Mutationentest

Der **Mutationentest** (siehe [Lig02]) arbeitet wie der Back-to-Back-Test mit diversitären Software-Versionen, die sowohl manuell als auch mit Hilfe spezieller Werkzeuge erstellt werden können. Durch kleine Modifikationen wird die Originalversion der Software verändert. Varianten werden gezielt manuell oder vom Werkzeug zufällig ausgewählt. Die so veränderten Software-Versionen nennt man "mutierte Versionen" oder "Mutanten". Nun können die Originalversion und die mutierten Versionen der Software mit Hilfe gängiger Testmethoden getestet werden.

> Der Mutationen-Test arbeitet mit verschiedenen, geringfügig abgeänderten (mutierten) Varianten einer Software, die mit gängigen Testmethoden getestet werden.

Dabei möchte man untersuchen, wie viele der in die Mutanten bewusst eingebauten Fehler durch die jeweilige Testmethode erkannt werden. Daraus kann man wiederum die Art der durch die Testmethode gefundenen Fehler und deren Leistungsfähigkeit beurteilen. Demnach ist der Mutationen-Test eher ein Instrument für den Vergleich der Leistungsfähigkeit von Testmethoden.

18.4.3.4 Statistischer Test

Beim **Zufallstest** oder **statistischen Test** wird aus der Menge der möglichen Testdaten per Zufallsgenerator ein gewünschter Satz von Testdaten ausgewählt. Dabei ist es jedoch erforderlich, zu den generierten Testdaten die zugehörigen erwarteten Sollwerte manuell zu definieren.

> Beim **Zufallstest** werden die Testdaten zufallsgesteuert generiert.

Bei der Testmethode des statistischen Tests hat man ein statistisches Modell für die Verteilung der Testdaten. Hierbei spielt das **operationelle Profil**, das angibt, welche Testdaten im echten Betrieb wie häufig auftreten, eine besondere Rolle. Testet man gemäß dem operationellen Profil, so kann man durch eine statistische Analyse der Ergebnisse Aussagen über Qualitätseigenschaften – wie z. B. die Zuverlässigkeit – erhalten [Lig02].

Die Leistungsfähigkeit des Zufallstests bzw. des statistischen Tests gegenüber den deterministischen Testmethoden wird in der Literatur unterschiedlich bewertet. In Myers [Mye91] wird der Zufallstest als wahrscheinlich schlechteste Methode für die Auswahl von Testdaten beschrieben. Andere Untersuchungen zeigen nach [Lig02], dass der Zufallstest in Bezug auf seine Leistungsfähigkeit nicht deutlich schlechter ist als die deterministischen Testmethoden. Der Zufallstest wird dort ergänzend zu funktions- und strukturorientierten Testmethoden empfohlen. Nachteilig ist jedoch, dass die Sollwerte manuell definiert werden müssen.

18.4.4   Performance- und Stresstest

Das Wort **Lasttest** ist gleichbedeutend mit dem Wort **Performancetest**. Beim Lasttest beobachtet man das Verhalten des Systems unter einer möglichen, sehr hohen Last. Man testet das System mit zunehmender Last bis zur Grenze der maximal zulässigen Last. Zur Generierung der Last können Simulationsprogramme eingesetzt werden. Ziel ist es, Fehler zu finden, die im funktionalen Test nicht gefunden werden, und das Verhalten nicht funktionaler Forderungen wie z. B. der Antwortzeiten zu überprüfen. Ebenfalls können durch Lasttests Fehler in Nebenläufigkeiten (Parallelisierung) – z. B. beim Zugriff auf gemeinsame Daten – aufgedeckt werden. Eine Lastsituation kann beispielsweise durch ein rasches Hintereinanderausführen einer Funktion wie z. B. das Senden einer Nachricht oder durch die Erhöhung der Zahl der parallelen Prozesse erzeugt werden. Eine Erhöhung der Anzahl der parallelen Prozesse kann beispielsweise helfen, Deadlock-Situationen zu entdecken.

Beim **Stresstest** testet man punktuell außerhalb der gültigen Werte, d. h. unter abnormalen Bedingungen. Man kann Aussagen darüber gewinnen, ob ein System beim Überschreiten der Lastgrenze noch arbeitet und wie es sich zeitlich verhält oder ob es abstürzt, ob die Daten beim Überschreiten der Lastgrenze konsistent bleiben und insbesondere, ob bei der Beseitigung der Überlastsituation das System wieder in den normalen Zustand zurückkehrt.

Stress- und Lasttests sind keine funktionalen Tests. Sie testen nicht das funktionale Verhalten, sondern die Leistungsfähigkeit der Software und des Systems, in dem die Software abläuft. Die Software muss also bereits lauffähig vorliegen. Sie gehören zu der Kategorie Systemtest.

18.4.5 Blackbox- und Whitebox-Test

Blackbox- und Whitebox-Test passen nicht in die Gliederung von 18.4.1. So kann ein Whitebox-Test statisch und dynamisch sein. Der Blackbox-Test ist ein dynamischer Test und kann zum Test funktionaler oder nicht funktionaler Spezifikationen dienen. Blackbox- und Whitebox-Tests sind aber eine gängige Einteilung von Tests. Sie werden im Folgenden vorgestellt.

18.4.5.1 Blackbox-Test

Ein **Blackbox-Test** testet dynamisch **funktionale** oder **nicht funktionale** Requirements, ohne Kenntnisse über das Innere des Testobjekts zu haben. Damit kann weder die Struktur noch das Verhalten des Testobjekts als bekannt vorausgesetzt werden, wohingegen das Soll-Verhalten bekannt sein muss.

> Blackbox-Verfahren als Testmethoden basieren auf einer Analyse der funktionalen bzw. nicht funktionalen Spezifikation einer Komponente oder eines Systems. Die innere Struktur des Testobjekts und sein Verhalten darf nicht bekannt sein. Beim Blackbox-Test wird das Außenverhalten geprüft

Wenn Spezifikationen einem Messprozess unterliegen sollen, braucht man grundsätzlich ein Messsignal und eine Antwort: Es interessiert nur, mit welcher Antwort das Testobjekt auf ein bestimmtes Messsignal reagiert. Wie das Testobjekt die Ausgabe aus der Eingabe generiert, ist irrelevant.

Das folgende Bild symbolisiert Messsignal und Antwort:

Bild 18-9 Reaktion eines Systems auf eine Eingabe

Als Beispiel werde das Testen der physikalischen Eigenschaft "Transparenz" (im Sinne von Durchsichtigkeit), einer Qualität, genannt. Diese Eigenschaft ist **nicht funktional** und soll mit einem Lichtstrahl ermittelt werden. Je nach dem Grad der Transparenz ist der transmittierte Lichtstrahl, die Antwort, mehr oder weniger intensiv. Das Messsignal ruft ein Testobjekt auf und stellt sozusagen die Vorbedingung für die Messung dar. Die Antwort ist die Nachbedingung der Messung.

Testet man ohne Kenntnisse der inneren Struktur und des inneren Verhaltens eines Testobjekts, so muss man sich auf die Spezifikation verlassen. Man testet also, ob das System die Spezifikation erfüllt. Ein Testfallersteller für einen Blackbox-Test sollte keine Kenntnisse über das Innere des Testobjekts haben, damit keine impliziten Annahmen auf Grund der Implementierung getroffen werden. Er sollte deshalb von fremdem Personal durchgeführt werden.

18.4.5.2 Whitebox-Test

Der Whitebox-Test hat die Aufgabe, zu überprüfen, ob die Art der Implementierung Fehler enthält, d. h., hier wird der Code auf Grundlage seiner Struktur geprüft. Da dem testenden Entwickler der Quellcode der Software und seine Funktionsweise bekannt ist, kann sichergestellt werden, dass der komplette Quellcode getestet wurde.

Der Whitebox-Test wird durchgeführt als

- statische Analyse (siehe Kapitel 18.4.2.1) oder
- dynamische Analyse (siehe Kapitel 18.4.3), beispielsweise als:
  - Zweigüberdeckung (Entscheidungsüberdeckung),
  - Bedingungsüberdeckung,
  - Pfadüberdeckung.

> Der Whitebox-Test soll die Art der Implementierung im Detail überprüfen. Die Ablaufstruktur eines Programmtextes kann hierbei **statisch** (d. h. ohne Ablauf des Programms) oder **dynamisch** (d. h. mit Aufruf des ablauffähigen Programms) überprüft werden. Dementsprechend spricht man von **statischer** und von **dynamischer Analyse**.

Wenn es möglich ist, alle Teile eines Systems auf der Ebene der Routinen einem Whitebox-Test zu unterziehen, kann das ganze System damit getestet werden. Allerdings erhält man nur technische Aussagen, dass einzelne Routinen mit einem bestimmten Überdeckungsgrad getestet wurden. Ob diese Routinen im Verbund mit hoher Wahrscheinlichkeit korrekt zusammenarbeiten, kann man nicht mit Whitebox-Tests allein bewerten. Dazu ist ein funktionaler Test erforderlich, der Leistungen des Systems, die im operationellen Betrieb abgerufen werden, überprüft.

18.4.5.3 Vergleich von Whitebox- und Blackbox-Tests

Beim Whitebox-Test ist das Innere eines Testobjekts bekannt. Daher ist ein Whitebox-Test das Antonym, d. h. der Gegensatz, zum Blackbox-Test. Whitebox- und Blackbox-Tests sind komplementär. Mit Blackbox-Tests werden Fehler gegen die Spezifikation gefunden. Fehler in bestimmten Komponenten eines Systems können nur mit Whitebox-Tests ermittelt werden. Nach außen hin können sich zwei Fehler in unterschiedlichen Komponenten in der Blackbox-Sicht sogar aufheben.

Blackbox-Tests in Reinkultur sind aufwendiger, da sie ein separates Team benötigen. Sie eignen sich aber besser zur Überprüfung eines Gesamtsystems als ein Whitebox-Test. Sie überprüfen die Spezifikation, der Whitebox-Test die Implementierung.

18.4.6 Auswahl von Testmethoden

In der Praxis können aus wirtschaftlichen Gesichtspunkten nicht in jedem Projekt alle bekannten Testmethoden vollständig angewendet werden. D. h., je nach Anwendungsbereich wird die Auswahl der verwendeten Testmethoden anders ausfallen. Grundsätzlich sind an eine Testmethode die folgenden Anforderungen zu stellen:

- Sie muss unkompliziert einsetzbar sein.
- Sie soll möglichst vollständige und verlässliche Ergebnisse liefern.
- Sie soll wirtschaftlich einsetzbar sein.
- Sie sollte flexibel skalierbar sein.
- Die benötigte Infrastruktur sollte verfügbar sein.
- Ihre Anwendung sollte nachvollziehbar sein.

Die Eigenschaften der verschiedenen Testmethoden bestimmen ihren Einsatz unter vorgegebenen Rahmenbedingungen. Die Prioritäten sind je nach Anwendungsbereich (z. B. ob sicherheitskritisch oder unkritisch) verschieden. Dynamische Tests sind einfach durchführbar, genauso wie die statisch analysierenden Testmethoden der Reviews, Inspektionen und Walkthroughs. Eine Spezifikation für formale Techniken ist aufwendig und deshalb oft nicht vorhanden. Auf der anderen Seite lässt sich nur mit formalen Techniken vollständig beweisen, ob aus der Gültigkeit der Vorbedingungen die Nachbedingungen folgen. Das Zeitverhalten lässt sich jedoch nicht mit Hilfe formaler Methoden ermitteln, denn einer Funktion sieht man nicht an, wie lange sie für ihre Ausführung braucht.

> Keine Testmethode allein liefert vollständig verlässliche Ergebnisse!

Man versucht deshalb, aus einer Kombination der verfügbaren Techniken einen für die Rahmenbedingungen der Anwendung geeigneten Kompromiss zu finden. Bei sicherheitskritischen Anwendungen kann sich der Initialaufwand für eine formale Spezifikation lohnen. Darüber hinaus wird man die formale Verifikation durch dynamische Tests ergänzen. Bei konventioneller Software sind dynamische Tests kombiniert mit statischen Analysen eher wirtschaftlich, da hierzu professionelle Werkzeuge einfach verfügbar sind und die Testtechniken flexibel an die verfügbaren Ressourcen angepasst werden können.

18.5 Integration

Integration bedeutet das Zusammenfügen von Modulen zu Teilsystemen bzw. von Teilsystemen zum fertigen System. Jede Integrationsstufe muss daher getestet werden. Ebenso muss das integrierte fertige System dann noch einem Systemtest unterzogen werden.

Die geläufigste Art der Integration ist die Bottom-up-Integration, da die Module als erste Zerlegungsprodukte beim Programmieren erstellt und getestet werden. Bei der Bottom-up-Integration werden alle Einheiten der untersten Ebene zu Entwurfseinheiten der nächsthöheren Ebene integriert usw.

Kapitel 18.5.1 beschreibt mögliche Strategien für die Integration. Danach wird in Kapitel 18.5.2 gezeigt, dass es effizienter ist, sich nicht zuerst mit dem vollen Umfang des Systems zu befassen, sondern dass zuerst architekturzentriert ein Kernsystem identifiziert werden sollte, das dann entwickelt und integriert wird und in das man dann Anwenderfunktionen und -daten auf Basis der bereits erprobten Mechanismen "einklinkt". Kapitel 18.5.3 beschreibt ein Beispiel einer klassischen Bottom-up-Integration.

18.5.1 Strategien für die Integration

Man kann die Integrationsstrategien nach

- einer nicht inkrementellen Strategie und
- einer inkrementellen Strategie

unterscheiden (siehe [Bal98]).

In der **nicht inkrementellen** Strategie werden alle oder sehr viele Systembestandteile auf einmal integriert. Dadurch verliert die Existenz von Testtreibern und Stubs an Bedeutung, da weder Stubs noch Treiber benötigt werden. Diese Strategie ist gegen das Prinzip "Teile und herrsche" (siehe Kapitel 13.2.2.1) gerichtet und kann nur bei kleinen Systemen aufgehen, da alle Bestandteile fertig sein müssen und die Fehlerdiagnose bei großen Systemen und das Ermitteln von Testfällen bei komplexen Systemen immer schwieriger werden. Beim "Big Bang" werden alle Systembestandteile gleichzeitig integriert.

Die **inkrementelle Strategie** integriert einzelne Bestandteile oder Gruppen von Bestandteilen aus ihren Elementen. Die Strategie ist überschaubar, aber man braucht **Testtreiber** bzw. **Stubs**. Bei komplexen Systemen ist eine inkrementelle Integration vorzuziehen.

Das folgende Bild zeigt verschiedene Ausprägungen der Integration nach der inkrementellen Strategie. Diese Ausprägungen kann man einteilen nach:

- Integration nach der Zerlegungsrichtung,
- Integration von funktionalen Betrachtungseinheiten,
- zufallsorientierte Integration und
- architekturzentrierte Integration.

Die relevanten Varianten dieser Kategorien werden zunächst in folgender Tabelle gezeigt und anschließend kurz beschrieben:

Integration von physikalischen Betrachtungseinheiten nach der Zerlegungsrichtung	Integration funktionaler Betrachtungseinheiten	zufallsorientierte Integration	architekturzentrierte Integration
bottom-up top-down middle-out middle-in	anwendungsfall-orientiert hardest first	nach der Verfügbarkeit	architektur-zentriert

Tabelle 18-3 Klassen und Verfahren bei der inkrementellen Integrationsstrategie

Die **Zerlegungsrichtung-orientierte Vorgehensweise** beruht auf der Architektur. Entweder fügt man das System **bottom-up** oder **top-down** zusammen oder versucht, von oben und von unten zur Mitte vorzustoßen (**middle-in**) bzw. beginnt in der Mitte der Hierarchie und bewegt sich nach oben und nach unten (**middle-out**). Bei top-down braucht man viele Stubs, bei bottom-up hingegen nur sehr wenige oder gar keine, aber es sind Testtreiber notwendig. Bei einer Top-down-Strategie wird mit dem Aufruf des Systems begonnen und dann das System bis zu den elementaren Modulen integriert. Bei einer Bottom-up-Strategie beginnt man mit den Modulen der untersten, terminalen Ebene, die keine anderen Module aufrufen können, und integriert dann Ebene um Ebene bis zum System. Prinzipiell braucht man Stubs und Testtreiber bei **middle-in** und bei **middle-out.**

Bei der **funktionalen Betrachtungseinheit-orientierten Vorgehensweise** integriert man diejenigen Systembestandteile, die für einen Anwendungsfall erforderlich sind, dann kommt der nächste Anwendungsfall und so weiter. Alternativ kümmert man sich zuerst um die schwierigsten Funktionen (hardest first), dann um die nächst leichteren usw.

Bei der **zufallsorientierten Vorgehensweise** werden nach Verfügbarkeit die Bestandteile integriert.

Bei der **architekturzentrierten Entwicklung und Integration** wird zuerst ein Kernsystem der Architektur gebaut, integriert und getestet, in das die fehlenden Module nach Vorliegen der Architektur eingebaut werden. Im folgenden Kapitel wird dieser Ansatz vorgestellt, der die Strategie nicht nach der Richtung der Integration, nicht vorrangig orientiert an den funktionalen Betrachtungseinheiten, nicht zufallsorientiert, sondern architekturzentriert wählt. Auch wenn das getestete Kernsystem, das alle erforderlichen DV-Mechanismen enthält, durch weitere Anwendungsfälle auf der Basis der erprobten DV-Mechanismen erweitert wird, so ist die Vorgehensweise dennoch nicht anwendungsfallbasiert. Die zentralen Bestandteile der Architektur müssen zuerst erkannt und als erste realisiert werden. Läuft die Architektur des beispielhaften

Kernsystems, so können Anwendungsfälle auf Basis der erprobten Mechanismen Stück um Stück in das System prioritätsgerecht "eingehängt" werden.

18.5.2 Architekturzentrierte Entwicklung und Integration

Bei der architekturzentrierten Entwicklung und Integration wird zuerst ein Kernsystem der Architektur gebaut und integriert, in das dann die fehlenden Module in der Regel anwendungsfallbasiert auf Basis der erprobten DV-Mechanismen eingebaut werden. Schwerwiegende Schnittstellenfehler bei der Zerlegung eines Systems in seine Komponenten kommen bei der klassischen Bottom-up-Strategie für die Integration erst dann zum Vorschein, wenn alle Komponenten realisiert sind. Erst dann kann geprüft werden, ob die Komponenten richtig zusammenspielen. Die Beseitigung solcher Fehler hat aber oft eine vollständige Überarbeitung der fehlerhaften Komponenten zur Folge, was die Projektkosten erhöhen und die Einhaltung vereinbarter Termine verhindern kann. Kein vernünftiger Chef-Designer wird es zulassen, dass die Kunst seiner Zerlegung erst dann überprüft werden kann, wenn schließlich gegen das Projektende hin der Systemtest ansteht. Er will, dass sein Konzept so rasch wie möglich auf den Prüfstand kommt. Das deckt sich mit der Intention des Projektleiters, das Projektrisiko zu minimieren.

Die Systemintegration braucht daher eine klare Strategie, die bereits beim Entwurf des Systems festgelegt werden muss. Eine Bottom-up-Integration durch Zusammenfügen aller Bausteine zu größeren Einheiten reicht nicht aus! Der Chef-Designer entwirft deshalb in der Regel ein sogenanntes **Kernsystem** oder einen **Systemkern** (einen **vertikalen Prototypen**), der alle wesentlichen DV-technischen Basismechanismen enthält. Die Idee ist, Klassen von Programmteilen zu finden, die in der Implementierung mehrfach, jedoch nur in verschiedener Ausprägung implementiert werden. So soll es nur noch eine Fleißaufgabe darstellen, vom Kernsystem zum Vollsystem zu kommen.

Das Kernsystem kann bottom-up oder aber auch nach einer anderen Strategie entwickelt und integriert werden. Oft wird es prototypisch entwickelt.

Das Kernsystem wird ein Muster für einen Dialog, ein Muster für einen Datenbankzugriff, ein Muster für jeden gewählten Interprozesskommunikationsmechanismus etc. enthalten. Erfüllt das System die gestellten Performance-Anforderungen, die Erwartungen an eine komfortable Benutzerschnittstelle etc., so ist die Dokumentation des Kernsystems als Muster bereitzustellen. Basierend auf diesem volldokumentierten Kernsystem wird nun beim Vollausbau gemäß den zu realisierenden Anwendungsfällen Komponente um Komponente spezifiziert und programmiert, Dialog um Dialog geschrieben, Datenbank-Tabelle/Datenbank-Funktion um Datenbank-Tabelle/Datenbank-Funktion entworfen und implementiert. Diese Strategie wird in diesem Buch als **architekturzentrierte Entwicklung und Integration** bezeichnet.

Läuft das Kernsystem nicht zufriedenstellend oder findet die Benutzerschnittstelle keine Akzeptanz, so ist ein Redesign erforderlich. Glücklich kann man sein, wenn nicht erst beim Systemtest bemerkt wird, dass das System hätte geschickter zerlegt werden können oder die Bedienschnittstelle hätte anders aufgebaut werden sollen. Solange die Mengenproduktion noch nicht angelaufen ist, sind die Verluste an Arbeitszeit noch leichter erträglich.

18.5.3 Bottom-up-Integration auf verschiedenen Zerlegungsebenen

Die Bottom-up-Integration beginnt nach Vorliegen von Modulen, die mit einem sogenannten Modultest getestet wurden. Diese Module werden zu gröberen Einheiten gruppiert, diese dann getestet und wieder zu gröberen Einheiten gruppiert usw., bis man zum System gelangt. Das integrierte System muss dann noch dem Systemtest unterzogen werden.

Im Folgenden werden Tests auf den verschiedenen Zerlegungsebenen des Systems und für das System selbst betrachtet:

- **Modultest**
  Ziel des Modultests ist es, zu prüfen, ob die realisierten Modul-Operationen mit dem Modul-Entwurf übereinstimmen. Dabei muss überprüft werden, ob die Implementierung mit den spezifizierten Funktionen (**Funktionstest**) übereinstimmt und wie das Testobjekt eingegebene Daten verarbeitet (**Datentest**).

  Der **Funktions- und Datentest** einzelner Programmeinheiten kann dadurch vorgenommen werden, indem ein Testtreiber geschrieben wird, welcher die Programmeinheit aufruft. Überprüft wird, ob die Programmeinheit ihre Funktion korrekt ausführt, z. B. eine richtige Ausgabe macht oder korrekte Parameter an den Testtreiber zurückgibt. Dies bedeutet, dass das Testobjekt als Blackbox getestet wird.

  Gleichzeitig mit dem Funktions- und Datentest findet ein **Ablauftest** des codierten Programms statt. Das bedeutet, dass die Ablaufstruktur des Testobjekts getestet wird. Allerdings findet der Ablauftest beim Blackbox-Test nicht systematisch und ohne einen Vollständigkeitsanspruch statt. Deshalb gibt es eine eigene Sorte Test, die sich systematisch mit der **Ablaufstruktur** befasst, den **Whitebox-Test** (siehe Kapitel 18.4.5.2).

  Zum Modul-Test gehören:
  - Review der Modul-Test-Spezifikation (erstellt beim Komponenten-Entwurf),
  - Modul-Test-Vorbereitung,
  - Modul-Test-Durchführung,
  - Test-Nachbereitung (Analyse der Testergebnisse, Vergleich mit erwartetem Ergebnis gemäß Testspezifikation, Testprotokoll).

  Analoge Schritte gehören zu den anderen im Folgenden genannten Testphasen.

- **Komponententest**
  Eine Komponente entsteht durch Integration von Modulen zu einer wohldefinierten Menge von vorher einzeln getesteten Modulen. Der Komponententest dient im Wesentlichen der Überprüfung der korrekten Funktionalität einer Komponente und dabei einer Überprüfung des korrekten Zusammenspiels der Module, d. h. der Schnittstellen der zu integrierenden Module.

- **Segmenttest**
  Ein Segment entsteht durch Integration von Komponenten zu einer wohldefinierten Menge von vorher einzeln getesteten Komponenten. Der Segmenttest dient im Wesentlichen der Überprüfung der korrekten Funktionalität eines Segments und damit einer Überprüfung des korrekten Zusammenspiels, d. h. der Schnittstellen der zu integrierenden Komponenten.
- **Subsystemtest**
  Ein Subsystem entsteht durch Integration von Segmenten zu einer wohldefinierten Menge von vorher einzeln getesteten Segmenten. Der Subsystemtest dient im Wesentlichen der Überprüfung der korrekten Funktionalität eines Subsystems und damit einer Überprüfung des korrekten Zusammenspiels, d. h. der Schnittstellen der zu integrierenden Segmente.
- **Systemtest**
  Unter Systemtest wird der vom Auftragnehmer durchgeführte Test des gesamten Systems verstanden. Die Testfälle werden in der Regel vom Auftragnehmer erstellt. Bei einem vereinbarten Factory-Acceptance-Test[223] wird der Auftraggeber die Testfälle vorgeben. Gegenstand des Systemtests ist es, die **externen Funktionen des Systems** wie z. B. die Mensch-Maschine-Schnittstelle und den Nachrichtenverkehr des Systems über die Kommunikations-Schnittstellen zu überprüfen und die **Leistungsanforderungen** wie z. B. Durchsatz oder Reaktionszeiten zu testen. Es wird das gesamte zu liefernde System bezüglich seines Funktionsumfangs verifiziert.
- **Abnahmetest**
  Der Abnahmetest wird nach der Auslieferung des Systems unter Regie des Auftraggebers durchgeführt. Der Test dient den gleichen Zielen wie der Systemtest. Jedoch werden hier die Testfälle grundsätzlich vom Auftraggeber bestimmt.

18.6 Zusammenfassung

Testen ist die jederzeit wiederholbare Überprüfung, ob festgelegte Anforderungen korrekt umgesetzt wurden. Testen hat mit Schwerpunkt das Ziel, Fehler zu finden und Vertrauen zu schaffen. Fehlerreports müssen zentral in einem Werkzeug geführt werden, um den Stand der Fehlerbeseitigung nach gewissen Kriterien wie z. B. der Fehler-Priorität oder der Anzahl gemeldeter Fehler einer Komponente pro Zeiteinheit beurteilen zu können.

Der Testprozess (siehe Kapitel 18.1.1) umfasst den Testplan, die Testspezifikation, die Testdurchführung, die Testprotokollierung, die Testauswertung und das Testende.

Tests müssen geplant werden. Zum Testplan (siehe Kapitel 18.1.1.1) gehören außer dem Zeitplan, der Festlegung der Werkzeuge und der Ressourcenplanung insbesondere die Teststrategie und Priorisierung. Die Teststrategie enthält dabei die Auswahl der Testmethoden und ihre Reihenfolge jeweils mit Werkzeugen und Testende-Kriterium. Die Testspezifikation (siehe Kapitel 18.1.1.2) soll die Testfälle/Testdaten und die Testumgebung umfassen.

---

[223] Beim Factory-Acceptance-Test findet die Abnahme eines Systems durch den Auftraggeber beim Auftragnehmer statt.

Wird ein System zerlegt, so muss auf jeder Zerlegungsebene im Rahmen der Integration getestet werden (Kapitel 18.1.2). Für jede Zerlegung des Systems sollten Testplan und Testspezifikation erarbeitet werden.

Kapitel 18.2 legt den Unterschied zwischen Validierung und Verifikation dar. Verifikation von Zerlegungsprodukten ist der Test gegen die vom Entwickler geschriebenen Requirements. Verifikation des Systems ist die Überprüfung gegen die Kunden-Requirements. Validierung des Systems ist der Test, ob der Kundennutzen gegeben ist.

Inspektionen und Walkthroughs sind Spezialformen von Reviews. Während Inspektionen (Kapitel 18.3.1) einen stärker formalisierten Prozess beinhalten, in dem systematisch ein Testobjekt untersucht und das Ergebnis festgehalten wird, ist ein Walkthrough (18.3.2) mit weniger Aufwand verbunden.

Nach der Vorstellung einer Klassifikation für Testmethoden von Liggesmayer in Kapitel 18.4.1 werden in Kapitel 18.4.2 statische Methoden (ohne Ausführung des Quellcode) und in Kapitel 18.4.3 dynamische Testmethoden (mit Ausführung des Quellcode) diskutiert. Der Performancetest (siehe Kapitel 18.4.4) wird verwendet, um die Leistungsfähigkeit der Software und des Systems, in dem die Software abläuft, zu testen. Man unterscheidet zwischen einem Lasttest, bei dem das System unter sehr hoher Last beobachtet wird, und dem Stresstest, bei dem punktuell außerhalb der gültigen Werte, also unter abnormalen Bedingungen, getestet wird.

Das Kapitel 18.4.5 fasst Whitebox- und Blackbox-Tests zusammen, die sich von der Einteilung her nicht den statischen bzw. dynamischen Tests zuordnen lassen, da ein Whitebox-Test sowohl ein statischer als auch ein dynamischer Test sein kann.

Kapitel 18.5 behandelt die Integration. Es gibt verschiedene Formen der Integration (siehe Kapitel 18.5.1). Man unterscheidet eine nicht inkrementelle und inkrementelle Strategie. Nicht inkrementell ist das nur für kleine Systeme geeignete Big Bang-Verfahren. In der inkrementellen Strategie werden die Zerlegungsrichtung-orientierte, funktionale Betrachtungseinheit-orientierte, zufallsorientierte und architekturzentrierte Integration betrachtet.

Kapitel 18.5.2 stellt die architekturzentrierte Entwicklung und Integration vor. Kapitel 18.5.3 diskutiert die Bottom-up-Integration auf verschiedenen Zerlegungsebenen.

18.7 Aufgaben

Aufgabe 18.1: Organisation des Testens

18.1.1 Was unterscheidet Testen von Debugging?
18.1.2 Welche Schritte umfasst ein Testprozess?
18.1.3 Was ist ein Testplan?
18.1.4 Was enthält eine Testspezifikation?
18.1.5 In welchem Zusammenhang stehen Teststrategie und Testspezifikation?
18.1.6 Was ist ein Testfall?
18.1.7 Was sind Stubs und was sind Treiber? Wozu werden sie benötigt?
18.1.8 Was ist ein Regressionstest?
18.1.9 Warum müssen Testergebnisse dokumentiert werden?
18.1.10 Warum sollte ein Autor nicht seine eigenen Produkte testen?

Aufgabe 18.2: Validierung und Verifikation

18.2.1 Was ist der Unterschied zwischen Verifikation und Validierung?

Aufgabe 18.3: Testen von Dokumenten

18.3.1 Was ist ein Review?
18.3.2 Was ist eine Inspektion?
18.3.3 Was ist ein Walkthrough?

Aufgabe 18.4: Testen von Programmen

18.4.1 Was ist eine Testmethode?
18.4.2 Was ist der Unterschied zwischen statischem und dynamischem Test?
18.4.3 Warum ist Testen in der Regel ein Stichproben-Verfahren?
18.4.4 Was versteht man unter einem C_1-Test?
18.4.5 Was ist eine Äquivalenzklasse?
18.4.6 Was versteht man unter einer Grenzwertanalyse?
18.4.7 Was ist ein Whitebox-Test? Was ist ein Blackbox-Test?
18.4.8 Welche beiden prinzipiellen Formen für einen Whitebox-Test kennen Sie?
18.4.9 Ist ein funktionaler Test ein Whitebox- oder ein Blackbox-Test?

Aufgabe 18.5: Integration und Test

18.5.1 Beschreiben Sie, wie bei einer Bottom-up-Integration vorgegangen wird und welche Nachteile es gibt.
18.5.2 Warum ist eine inkrementelle Integration sinnvoll?
18.5.3 Was ist unter einem vertikalen Prototyp zu verstehen?
18.5.4 Was wird beim funktionalen Test eines Subsystems geprüft? Inwiefern werden die Bestandteile des Subsystems dabei überprüft?

Literaturverzeichnis

Abkürzungen erhalten bei Büchern 5 Zeichen. Die ersten drei werden aus dem ersten Namen der Autoren gebildet, wobei das erste Zeichen groß geschrieben wird. Ist das Erscheinungsjahr bekannt, so sind die Zeichen 4 und 5 die letzten beiden Ziffern des Erscheinungsjahrs. Gibt es von einem Autor mehrere Veröffentlichungen im selben Jahr, so wird sein Name in der 3. Stelle eindeutig abgeändert.

Bei privater Mitteilung treten anstelle der beiden letzten Ziffern Buchstaben. Nationale oder internationale Standards mit einer Nummerierung werden mit der entsprechenden vollen Abkürzung genannt, auch wenn es Internetquellen sind. Der Name von Internetquellen, die keine Standards sind, ohne Jahreszahl besteht aus 6 klein geschriebenen Zeichen.

autosp	http://www.vda-qmc.de/fileadmin/redakteur/Publikationen/Download/VDA-Spice __-_deutsch.pdf. (Stand: 09.05.2012)
Bal98	Balzert, H.: "Lehrbuch der Software-Technik: Software-Management, Software-Qualitätssicherung, Unternehmensmodellierung". Spektrum, Akad. Verlag, Heidelberg, Berlin, 1998.
Bas94	Basili, V., Caldiera, G., Rombach, D.: "The Goal Question Metric Approach", Encyclopedia of Software Engineering. John Wiley & Sons, New York, 1994.
Bäu97	Bäumer, D., Riehle, D., Siberski, W., Wulf, M.: "The Role Object Pattern". Washington University Technical Report 97-34, 1997.
Bec89	Beck, K., Cunningham, W.: "A Laboratory for Teaching Object-Oriented Thinking". From the OOPSLA '89 Conference Proceedings October 1-6, ACM, NY, 1989.
Bec97	Beck, K.: "Make it Run, Make it Right: Design Through Refactoring. The Smalltalk Report". 6, S. 19-24, 1997.
Bec98	Beck, K.: in Buchreihe Lecture Notes in Computer Science, Buch "Fundamental Approaches to Software Engineering". Springer Berlin/ Heidelberg, Volume 1382, 1998.
Bec99	Beck, K.: "Extreme programming explained: Embrace change". Addison-Wesley Longman, Amsterdam, 1999.
Bei95	Beizer, B.: "Black-Box Testing: Techniques for Functional Testing of Software and Systems". John Wiley & Sons Inc., New York, 1995.

Boe74	Boehm, B. W.: "Some steps towards formal and automated aids to software requirements analysis and design". In Rosenfeld, J. (Hrsg.): Information Processing 74 (Proceedings of IFIB Congress, Stockholm, August 1974), North-Holland, Amsterdam, 1974.
Boe76	Boehm, B. W.: "Software Engineering". IEEE Transactions on Computers, C-25, 12, S.1226-1241, 1976.
Boe84	Boehm, B. W.: "Verifying and validating software requirements and design specifications". IEEE Software, Vol. 1, 1984.
Böh05	Böhm, O.: "Aspektorientierte Programmierung mit AspectJ 5: Einsteigen in AspectJ und AOP". dpunkt Verlag, Heidelberg, 2005.
Boo96	Booch, G.: "Objektorientierte Analyse und Design". Addison-Wesley, 2. korrigierter Nachdruck, Bonn, 1996.
Boo06	Booch, G., Rumbaugh, J. und Jacobson I.: "Das UML-Benutzerhandbuch. Aktuell zur Version 2.0". Addison-Wesley, München, 2006.
Bor04	Born, M., Holz, E., Kath, O.: "Softwareentwicklung mit UML 2. Die »neuen« Entwurfstechniken UML 2, MOF 2 und MDA". Addison-Wesley, 2004.
Bus05	Buss, M.: "Aspektorientierte Programmierung: Konzepte und Werkzeuge für die Softwareentwicklung mit Java". Seminararbeit, Universität Leipzig, 2005.
Bux70	Buxton, J. N. and Randell, B., eds: "Software Engineering Techniques". April 1970, S. 21, Report on a conference sponsored by the NATO Science Committee, Rome, Italy, 27–31 October 1969.
Che76	Chen, P.: "The Entity Relationship Model Toward a Unified View of Data". ACM Transactions on Database Systems, vol. 1 (1), 1976.
CoA91	Coad, P., Yourdon, E.: "Object-Oriented Analysis". Prentice Hall, Upper Saddle River, 1991.
Cod70	Codd, E. F. "A Relational Model of Data for Large Shared Data Banks". In Communications of the ACM, Vol. 13, No. 6, S. 377-387, 1970.
CoD91	Coad, P., Yourdon, E.: "Object-Oriented Design". Prentice Hall, Upper Saddle River, 1991.
Con79	Constantine, L. L. und Yourdon, E.: "Structured Design: Fundamentals of a Discipline of Computer Programme and Systems Design". Prentice Hall, Upper Saddle River, 1979.

Literaturverzeichnis

Dau11   Dausmann, M., Bröckl, U., Schoop, D. und Goll, J.: "C als erste Programmiersprache: Vom Einsteiger zum Fortgeschrittenen". 7. Auflage, Vieweg+Teubner, Wiesbaden, 2011.

Dor00   Dorfman, M.: in "Software Requirements Engineering". Second Edition, IEEE Computer Society Press, Los Alamitos, California, 2000.

ecaspj   Homepage des AspectJ Projekts, http://www.eclipse.org/aspectj. (Stand: 09.05.2012)

Elm02   Elmasri, R. A., Navathe, S. B.: "Grundlagen von Datenbanksystemen". Pearson Studium, München, 2002.

EN ISO 9000 Qualitätsmanagement DIN EN ISO 9000 ff.

EN ISO 9241 Ergonomische Gestaltung von Benutzungsschnittstellen DIN EN ISO 9241-110.

Frü02   Frühauf, K., Ludewig, J., Sandmayr, H.: "Software-Projektmanagement und -Qualitätssicherung". 4. Auflage, vdf Hochschulverlag an der ETH Zürich, 2002.

gefinf   Gesellschaft für Informatik, Fachgruppe Softwaretechnik, http://pi.Informatik.uni-siegen.de/gi/fg211/fg211_st_defs.html. (Stand: 09.05.2012)

Gol11   Goll, J.: "Methoden und Architekturen der Softwaretechnik". 1. Auflage, Vieweg+Teubner, Wiesbaden, 2011.

Gro93   Grochtmann, M., Grimm, K.: "Classification Trees For Partition testing", Software testing, Verification & Reliability. Volume 3, Number 2, pp. 63 – 82. Wiley, June 1993.

Hal77   Halstead, M.H.: "Elements of Software Science". North-Holland, New York, 1977.

Här01   Härder, T., Rahm, E.: "Datenbanksysteme: Konzepte und Techniken der Implementierung". 2. Auflage, Springer, 2001.

Har87   Harel, D.: Statecharts: "A Visual Formalism For Complex Systems". Science of Computer Programming 8, S. 231 - 274, Amsterdam, 1987.

Hat93   Hatley, D. J., Pirbhai, I. A.: "Strategien für die Echtzeit-Programmierung". Hanser, München, 1993.

Hei10   Heinisch, C., Müller-Hofmann, F., Goll, J.: "Java als erste Programmiersprache – Vom Einsteiger zum Profi". 6. Auflage, Teubner, Wiesbaden, 2010.

heinis	Heinisch, C.: "Zustandsbasierte Kollaborationsdiagramme". http://pi.informatik.uni-siegen.de/stt/23_1/03_Technische_Beitraege/swtrendsheinisch.pdf. (Stand: 09.05.2012)
herzwu	http://www.enzyklopaedie-der-wirtschaftsinformatik.de/wi-enzyklopaedie/lexikon/is-management/Systementwicklung/Management-der-Systementwicklung/Software-Qualitatsmanagement. (Stand: 09.05.2012)
Hit05	Hitz, M., Kappel, G., Kapsammer, E., Retschitzegger, W.: "UML@Work – Objektorientierte Modellierung mit UML 2". 3. Auflage, dpunkt.verlag, Heidelberg, 2005.
hohler	Hohler, B.: "Seminar Softwareentwicklung (Programmierstil)". http://www.iwi.uni-hannover.de/cms/images/stories/upload/lv/sosem07/Softwarequalitaet/swg.pdf. (Stand: 09.05.2012)
holzma	Holzmann, C.: "Software-Grundlagen". http://www.ssw.uni-linz.ac.at/Teaching/Lectures/Sem/2002/reports/Holzmann. (Stand: 09.05.2012)
Hru98	Hruschka, P.: "Ein pragmatisches Vorgehensmodell für die UML". OBJEKTspektrum 2/1998.
HruPr	Hruschka, P.: private Mitteilung.
ibmrat	http://www.ibm.com/developerworks/rational/library/content/03July/1000/1251/1251_bestpractices_TP026B.pdf. (Stand: 09.05.2012)
IEC 61508	"Funktionale Sicherheit sicherheitsbezogener elektrischer/elektronischer/programmierbarer elektronischer Systeme". 2000.
IEEE 1061	"Metrische Methodologie der Qualität der Software" (engl. "Software quality metrics methodology"). http://www.beuth.de/de/norm/ieee-1061/32113984. (Stand: 09.05.2012)
IEEE 1471	IEEE Std 1471-2000: "Recommended Practice for Architectural Description of Software-Intensive Systems". IEEE Computer Society, New York, 2000.
IEEE 610.12	IEEE Std 610.12-1990: "IEEE Standard Glossary of Software Engineering Terminology".
IEEE 829	IEEE Std 829-1998: "IEEE Standard for Software Test Documentation".

Inf11	OMG Unified Modeling LanguageTM (OMG UML), Infrastructure Version 2.4 OMG Document Number: ptc/2010-11-16 Standard document URL: http://www.omg.org/spec/UML/2.4/Infrastructure, 2011. (Stand: 09.05.2012)
ISO 15504	http://www.iso.org/iso/catalogue_detail.htm?csnumber=38934. (Stand: 09.05.2012)
ISO 25000	http://www.beuth.de/de/norm/iso-iec-25000/84224024. (Stand: 09.05.2012)
ISO 9126	http://www.iso.org/iso/iso_catalogue/catalogue_tc/catalogue_detail.htm?csnumber=22749. (Stand: 09.05.2012)
ISO/IEC 19501:2005	Information technology -- Open Distributed Processing -- Unified Modeling Language (UML) Version 1.4.2, http://www.iso.org/iso/iso_catalogue/catalogue_tc/catalogue_detail.htm?csnumber=32620. (Stand: 09.05.2012)
Jac92	Jacobson, I.: "Object-Oriented Software Engineering – A Use Case Driven Approach". Addison-Wesley, Amsterdam, 1992.
Kem09	Kemper, A., Eickler A.: "Datenbanksysteme - Eine Einführung". 7. Auflage, Oldenbourg Wissenschaftsverlag GmbH, München, 2009.
Kic97	Kiczales, G., Lamping, J., Mendhekar, A., Maeda, C., Videira Lopes, C., Loingtier, J.-M., and Irwin, J.: "Aspect-Oriented Programming". Proc. ECOOP, Springer, Jyvaskyla, 1997.
Kru98	Kruchten, P.: "Der Rational Unified Process". Addison-Wesley, München, 1998.
Lap91	Laprie, J. C. (Hrsg.): "Dependability: Basic Concepts and Terminology : In English, French, German, Italian and Japanese (Dependable Computing and Fault-Tolerant Systems)". Springer, Wien, 1991.
Lig02	Liggesmeyer, P.: "Software-Qualität: Testen, Analysieren und Verifizieren von Software". Spektrum Akademischer Verlag, Heidelberg, Berlin, 2002.
Lig05	Liggesmeyer, P. und Rombach, D.: "Software Engineering eingebetteter Systeme". Spektrum Akademischer Verlag, Heidelberg, Berlin, 2005.
Mar90	Martin, J: „Information Engineering". Prentice Hall, Upper Saddle River, 1990.

Mar99	Martin, J., Odell J. J.: "Objektorientierte Modellierung mit UML: Das Fundament". Prentice Hall, München, 1999.
McC76	McCabe T. J.: "A Complexity Measure". IEEE Transactions on Software Engineering, Vol. 2, No. 12, S. 308-320, 1976.
McC80	McCall, J. A., Matsumoto, E. T.: "Software Quality Metrics Enhancements (Vol. I) und Software Quality Measurement Manual (Vol. II) ". Report TR-80-109, Rome Air Development Center, 1980.
McM88	McMenamin, S. M., Palmer, J. F.: "Strukturierte Systemanalyse". Hanser Fachbuchverlag, München, 1988.
Mey97	Meyer, B.: "Object-oriented Software Construction". Prentice-Hall International, 2. Auflage, Englewood Cliffs, 1997.
michae	http://www2.informatik.hu-berlin.de/~hs/Lehre/2006-SS_SpezTest/09_Michaelis_Klassifikationsbaummethode_Ausarbeitung.pdf (Stand: 09.05.2012)
MIS98	MISRA Consortium: "Guidelines For The Use Of The C Language In Vehicle Based Software". The Motor Industry Research Association, Nuneaton Warwickshire UK, 1998.
MOF06	Meta Object Facility (MOF) Core Specification, OMG, Version 2.0, 2006.
Möl92	Möller, K.-H.: "Metrikeinsatz in der Softwareentwicklung". In HMD – Theorie und Praxis der WIN, 163, S. 17-30, 1992.
Mye79	Myers, G. J.: "Methodisches Testen von Programmen". Oldenbourg, München, 1979.
Mye91	Myers, G. J.: "Methodisches Testen von Programmen". R. Oldenbourg Verlag, Wien, 4. Edition, 1991.
Ocl10	"Object Constraint Language". Version 2.2, OMG Document Number: formal/2010-02-01, URL: http://www.omg.org/spec/OCL/2.2/, 2010. (Stand: 09.05.2012)
Pom96	Pomberger, G. und Blaschek, G.: "Software Engineering. Prototyping und objektorientierte Software-Entwicklung". Hanser Fachbuchverlag, München, 1996.
Raa93	Raasch, J.: "Systementwicklung mit Strukturierten Methoden". Ein Leitfaden für Praxis und Studium (Gebundene Ausgabe), Hanser-Verlag, München, 1993.

Rat01	Rational – the software development company: "Iterative/Inkrementelle Software-Entwicklung nach RUP". Firma Rational, Schulungsunterlagen, 2001.
Rau07	Rausch, M.: "FlexRay. Grundlagen, Funktionsweise, Anwendung". Hanser, München, 2007.
Red00	Reder, R., Brandtner, C., Bürgstein, M.: "Requirements Engineering" http://www.swe.uni-linz.ac.at/teaching/lva/ws99-00/seminar/RequirementsEngineering.pdf, 2000. (Stand: 09.05.2012)
Röd09	Röder, H., Franke, S., Müller, Ch., Przybylski, D.: "Ein Kriterienkatalog zur Bewertung von Anforderungsspezifikationen". Softwaretechniktrends, Bd. 29, Heft 4, S. 12, Gesellschaft für Informatik e.V., 2009.
Rob99	Robertson, S., Robertson, J.: "Mastering the requirements process". Addison-Wesley, 1999.
Roy70	Royce, W. W.: "Managing the Development of Large Software Systems". Proceedings of IEEE WESCON, S. 1-9, 1970.
Rum91	Rumbaugh, J., Blaha, M., Premerlani, W., Eddy, F., Lorensen, W.: "Object-Oriented Modelling and Design". Prentice-Hall, Englewood Cliffs, 1991.
Rum93	Rumbaugh, J., Blaha, M., Premerlani, W., Eddy, F., Lorensen, W.: "Objektorientiertes Modellieren und Entwerfen". Carl Hanser und Prentice-Hall International, München, 1993.
Rum04	Rumbaugh, J., Jacobson, I., Booch, G.: "The Unified Modeling Language Reference Manual, 2. Edition". Addison-Wesley, Boston, 2004.
Rup04	Rupp, Ch.: "Requirement Templates – The Blueprint of your Requirement". SOPHIST GROUP, 2004.
Rup07	Rupp, Ch., Queins, S., Zengler, B.: "UML 2 Glasklar. Praxiswissen für die UML-Modellierung". Hanser-Verlag, 2007.
Sch00	Schicker, E.: "Datenbanken und SQL". Teubner B.G. GmbH, Wiesbaden, 2000.
Schmi96	Schmitz, Alexander: Diplomarbeit "Automatisierung des Testens objektorientierter Frameworks". Universität Dortmund, Lehrstuhl Informatik X, http://ebus.informatik.uni-leipzig.de/www/media/lehre/diplomarbeiten/da-schmitz-pdf.pdf, 1996. (Stand: 09.05.2012)

scrgui	The Scrum Guide. http://www.scrum.org/scrumguides/ (Stand: 09.05.2012)
Sel94	Selic, B., Gullekson, G., Ward, P. T.: "Real-Time Object-Oriented Modeling". John Wiley & Sons, New York, 1994.
softqu	http://www.software-quality-lab.at. "QM-Umfrage 2008". (Stand: 09.05.2012)
Spi02	Spillner, A. und Linz, T.: "Basiswissen Softwaretest". dpunkt.verlag, Heidelberg, 2002.
Spi05	Spillner, A., Roßner, T., Winter, M. und Linz, T.: "Praxiswissen Softwaretest – Testmanagement". dpunkt.verlag, Heidelberg, 2005.
standi	http://www.standishgroup.com/newsroom/chaos_2009.php. (Stand: 09.05.2012)
Stü08	Stücka, R.: "Automatisierter Test in der Software-Entwicklung". http://www.sigs.de/publications/os/2008/testing/stuecka_OS_testing_08.pdf, 2008. (Stand: 09.05.2012)
Sup11	OMG Unified Modeling LanguageTM (OMG UML), Superstructure Version 2.4 OMG Document Number: ptc/2010-11-14 Standard document URL: http://www.omg.org/spec/UML/2.4/Superstructure, 2011. (Stand: 09.05.2012)
Tom90	Tomayko, J.: "Applications in Time and Space". UNIX Review, Vol. 8, No. 9, S. 23, 1990.
Tsi78	Tsichritzis, D. and Klug, A. C. (Hrsg.): "The ANSI/X3/SPARC DBMS Framework Report of the Study Group on Database Management Systems". Inf. Syst. 3(3), S. 173 - 191 (1978).
tumqu	Technische Universität München: http://sqmb.in.tum.de/~deissenb/talks/2006_deissenboeckf_perlenvortrag.pdf. (Stand: 09.05.2012)
unierl	Universität Erlangen, http://www12.informatik.uni-erlangen.de/edu/qmz/ss06/d ocs/visualisierung.pdf. (Stand: 09.05.2012)
unihan	von Delft, N., http://www.se.uni-hannover.de. (Stand: 09.05.2012)

unimün	Universität München, Institut für Informatik Skript Datenbanksysteme II. http://www.cip.ifi.lmu.de/~kreis/docs/dbs2/Einfuehrung.pdf. (Stand: 14.12.2010)
Vee06	Veenendaal, E. v.: "Standard glossary of terms used in Software Testing". Version 1.2, Produced by the 'Glossary Working Party', International Software Testing Qualification Board, 2006.
verhls	http://www.verifysoft.com/de_halstead_metrics.html. (Stand: 02.05.2012)
vermcc	http://www.verifysoft.de/de_mccabe_metrics.html. (Stand: 02.05.2012)
V-M92	"BMI, Planung und Durchführung von IT-Vorhaben in der Bundesverwaltung - Vorgehensmodell (V-Modell)". Schriftreihe der KBSt, ISSN 01 79 - 72 63, Band 27/1, Koordinierungs- und Beratungsstelle der Bundesregierung für Informationstechnik in der Bundesverwaltung KBSt, 1992.
V-M97	V-Modell, Download von http://v-modell.iabg.de, dann Menüpunkt Downloads für V-Modell 97 anklicken, 1997. (Stand: 02.05.2012)
V-M09	V-Modell XT, V 1.3, 2009, Download von http://www.v-modell.iabg.de, dann Menüpunkt Downloads für V-Modell XT anklicken, 2009. (Stand: 02.05.2012)
volere	http://www.volere.de. (Stand: 02.05.2012)
Voß12	Voß, M.: "Softwarearchitektur in agilen Projekten: von Kathedralen und IT-Systemen". OBJEKTspektrum, Heft 3, 2012, S. 10 – 14.
Wan09	http://www.kegon.de/fileadmin/pdf/2009_oop/Wanner_Do1-1b_Vortrag-oop-2009-10.pdf, 2009. (Stand: 02.05.2012)
War91	Ward, P. T., Mellor, S. J.: "Strukturierte Systementwicklung von Echtzeit-Systemen". Hanser Fachbuchverlag, 1991.
wegene	Wegener, J., Krämer, A., Lehmann E.: "Automatische Testfallgenerierung mit dem CTE XL". DaimlerChrysler AG, Forschung und Technologie, http://www.systematic-testing.com/documents/tav01.pdf.
weiche	https://www.uni-koblenz.de/FB4/Institutes/IST/AGEbert/Teaching/SS05/Seminar/AusarbeitungWeichert.pdf, 2005. (Stand: 02.05.2012)

Wir71	Wirth, N.: "Program development by stepwise refinement". Communications of the ACM, 14(4), 1971.
Wir93	Wirfs-Brock, R., Wilkerson, B., Wiener, L.: "Objektorientiertes Software-Design". Hanser-Verlag, München, 1993.
Wit94	Witt, B. I., Baker, F. T., Merritt, E. W.: "Software Architecture and Design – Principles, Models, and Methods". Van Nostrand Reinhold, New York, 1994.
wsbpel	http://docs.oasis-open.org/wsbpel/2.0/OS/wsbpel-v2.0-OS.html. (Stand: 02.05.2012)
You92	Yourdon, E.: "Moderne Strukturierte Analyse". Wolfram's Fachverlag, Attenkirchen, 1992.
Zim08	Zimmermann, W., Schmidgall, R.: "Bussysteme in der Fahrzeugtechnik: Protokolle und Standards". Vieweg+Teubner, Wiesbaden, 2008.

Anhang A: Kurzbeschreibung einiger elementarer Methoden

Methoden zur Durchführung von Entwicklungsschritten – wie z. B. die Definition der Logik in der Systemanalyse – benutzen oftmals mehrere elementare Methoden (Basismethoden) in definierter Weise. Manche dieser Basismethoden können jedoch auch für ganz andere Aktivitäten in nutzbringender Weise eingesetzt werden. Als Beispiel hierfür sei die elementare Methode der Entscheidungstabelle genannt. Bei der Methode SA/RT wird die Entscheidungstabelle für die Ereignis- und die Aktionslogik verwendet. Entscheidungstabellen werden beispielsweise auch mit Erfolg bei der Formulierung von Requirements oder in Prozessspezifikationen eingesetzt. Im nächsten Abschnitt wird zum besseren Verständnis der Aufbau von Entscheidungstabellen erläutert.

A1 Die Entscheidungstabellentechnik

Eine Entscheidungstabelle ist ein Hilfsmittel, um Entscheidungssituationen in eindeutiger und übersichtlicher Form darzustellen. In diesen Entscheidungssituationen sollen je nach zutreffenden Bedingungen gewisse Aktionen durchgeführt werden. Eine Entscheidungstabelle enthält also Regeln, die definieren, bei welchen Wahrheitswerten von Bedingungen welche Aktionen ausgeführt werden sollen. Somit muss eine Entscheidungstabelle die folgenden zwei Teile enthalten:

- Kombinationen der Wahrheitswerte aller Bedingungen und
- die für eine mögliche Kombination von Bedingungen durchzuführenden Aktionen.

Der grundsätzliche Aufbau einer Entscheidungstabelle ist in Tabelle A-1 gezeigt. B_1 bis B_m sind Bedingungen und A_1 bis A_k die Aktionen.

Name der Tabelle	Bedingungsteil				Aktionsteil			
	B_1	B_2	...	B_m	A_1	A_2	...	A_k
Regel 1								
Regel 2			Bedingungen				Aktionen	
Regel 3								
Regel 4								

Tabelle A-1 Grundsätzliche Struktur einer Entscheidungstabelle

Name der Tabelle	Bedingungsteil		Aktionsteil		
	Bedingung 1	Bedingung 2	Aktion 1	Aktion 2	Aktion 3
Regel 1	wahr	wahr	X		
Regel 2	wahr	falsch	X		X
Regel 3	falsch	wahr	1	2	3
Regel 4	falsch	falsch			X

Tabelle A-2 Beispiel für eine Entscheidungstabelle

Die Entscheidungstabelle in Tabelle A-2 ist folgendermaßen zu lesen:

- Regel 1: Wenn Bedingung 1 und Bedingung 2 erfüllt sind, dann wird die Aktion 1 ausgeführt.
- Regel 2: Wenn Bedingung 1 erfüllt ist und Bedingung 2 nicht erfüllt ist, dann werden Aktion 1 und Aktion 3 ausgeführt.
- Regel 3: Wenn Bedingung 1 nicht erfüllt ist, aber Bedingung 2, dann wird erst Aktion 1, dann Aktion 2 und zuletzt Aktion 3 ausgeführt.
- Regel 4: Wenn weder Bedingung 1 noch Bedingung 2 erfüllt ist, so wird Aktion 3 ausgeführt.

Ist es in einer Regel gleichgültig, ob eine Bedingung zutrifft oder nicht, so tritt an die Stelle von "wahr" bzw. "falsch" der Strich "–"[224]. Wird der Strich verwendet, so stellt die Regel eine Kurzform dar. Ausgeschrieben wären es zwei Regeln: einmal mit eingesetztem "wahr" und einmal mit eingesetztem "falsch" anstelle des Strichs. Enthält die Entscheidungstabelle n Bedingungen, so ergeben sich 2^n Regeln, da jede Bedingungskombination zu einer Regel führt.

Entscheidungstabellen können erweitert werden. Bedingungen, die nur zwei Werte annehmen können, nämlich "wahr" oder "falsch", können auch Variablen von einem Aufzählungstyp enthalten, der mehrere Werte annehmen kann. Die Anzahl der Regeln erhöht sich dann entsprechend auf m^n, wobei m hier für die Anzahl der möglichen Werte im Aufzählungstyp steht und n die Anzahl der Bedingungen angibt.

A2   Pseudocode und Strukturierte Sprache

Ein Pseudocode ist eine Sprache, mit deren Hilfe Anwendungen entworfen werden können, ohne dabei Quellcode einer speziellen Sprache formulieren zu müssen. Pseudocode kann frei oder formal verfasst werden.

---

[224] Dieser Strich wird auch als "don't care" bezeichnet.

Bild A-1 ordnet die Begriffe anhand des Grades der Formalisierung. Freier Pseudocode unterliegt den geringsten, formaler Pseudocode deutlich stärkeren Einschränkungen. Die Strukturierte Sprache ist hingegen dazwischen eingeordnet.

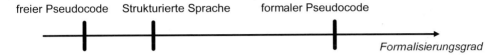

Bild A-1 Formalisierungsgrad

A2.1 Pseudocode

Freier oder formaler Pseudocode dient dem Feinentwurf von Programmeinheiten (Subroutinen, Hauptprogramme) und entspricht dort der Verwendung von Nassi-Shneiderman-Diagrammen.

In einem Nassi-Shneiderman-Diagramm beschränkt man sich auf die bildhafte Darstellungen der Kontrollflusskonstrukte Sequenz, Iteration und Selektion. Diese bildlich dargestellten Kontrollflüsse werden mit Blöcken versehen, die umgangssprachliche Verarbeitungsanweisungen enthalten und einem freien Pseudocode entsprechen. Im freien Pseudocode formuliert man beispielsweise in einer Sprache, die Pascal ähnlich ist, Schlüsselwörter für die Iteration und Selektion. In diesen Kontrollfluss fügt man Blöcke ein, die umgangssprachlich benannt werden.

Beim formalen Pseudocode hingegen werden anstelle umgangssprachlicher Verarbeitungsanweisungen Befehle in einer Programmiersprache in die Kontrollflussdiagramme eingefügt. Ein Nassi-Shneiderman-Diagramm mit Verarbeitungsanweisungen in einer Programmiersprache entspricht damit einem formalen Pseudocode. Dabei beschränken sich allerdings Nassi-Shneiderman-Diagramme auf die Darstellung des Anweisungsteils von Programmen. Pseudocode kann daneben auch Datendefinitionen enthalten und damit einen Vereinbarungsteil und einen Anweisungsteil wie in einer Programmiersprache darstellen (siehe Tabelle A-3).

Freier Pseudocode	Formaler Pseudocode
Kontrollflusskonstrukte der Strukturierten Programmierung (Sequenz, Iteration, Selektion)	Kontrollflusskonstrukte der Strukturierten Programmierung (Sequenz, Iteration, Selektion)
Umgangssprache für Operationen und Daten	Formale Sprache für Operationen und Daten

Tabelle A-3 Unterschiede zwischen freiem und formalem Pseudocode

Ein formaler Pseudocode, der nur Elemente einer Programmiersprache enthält, ermöglicht eine automatische Codegenerierung für diese Zielsprache. Freie Pseudocodes sind für eine grobe Spezifikation ausreichend.

Beispiel: Spezifikation der Berechnung einer Gasrechnung mit freiem Pseudocode

BEGIN Rechnung
  IF Neuer Zählerstand größer als oder gleich wie der alte Zählerstand **THEN**
    Die Anzahl der verbrauchten Einheiten ergibt sich aus der Differenz neuer Zählerstand und alter Zählerstand.
    Der Verbrauchspreis ergibt sich aus der Anzahl der verbrauchten Einheiten multipliziert mit dem Preis pro Einheit.
    Der Rechnungsbetrag ohne Mehrwertsteuer ergibt sich aus der Summe aus Grundpreis und Verbrauchspreis.
    Der zu bezahlende Rechnungsbetrag ergibt sich durch Multiplikation des Rechnungsbetrags ohne Mehrwertsteuer mit dem Faktor 1 + Mehrwertsteuersatz / 100.
  ELSE
    Gib Alarm "negativer Verbrauch!" aus.
  ENDIF
END Rechnung

Beispiel: Spezifikation der Berechnung einer Gasrechnung mit formalem Pseudocode

BEGIN Rechnung
  IF neuer_Zaehlerstand >= alter Zählerstand **THEN**
    Einheiten = neuer Zaehlerstand - alter Zaehlerstand;
    Verbrauchspreis = Einheiten * Preis pro Einheit;
    Rechnungsbetrag = Grundpreis + Verbrauchspreis;
    Rechnungsbetrag = Rechnungsbetrag * (1 + Mehrwertsteuersatz/100)
  ELSE
    ALARM ("negativer Verbrauch!");
  ENDIF
END Rechnung

A2.2 Strukturierte Sprache

Strukturierte Sprache wird in der Regel dazu verwendet, Prozesse der Strukturierten Analyse zu entwerfen. Sie ist zwischen freiem Pseudocode und formalem Pseudocode einzuordnen. Verwendet werden die üblichen Kontrollflusskonstrukte wie DO WHILE, ENDDO und REPEAT, UNTIL für abweisende und annehmende Schleifen, IF, ELSE, ENDIF für binäre Entscheidungen und CASE, OTHERWISE, ENDCASE für mehrwertige Entscheidungen. Darüber hinaus wird empfohlen, die Verben der Strukturierten Sprache aus einem kleinen Vokabular aktionsorientierter Verben zu wählen. Einige Beispiele hierfür sind: SETZE, ADDIERE, MULTIPLIZIERE, DIVIDIERE, LÖSCHE, SUBSTRAHIERE, BERECHNE, SORTIERE, FINDE, SUCHE und LOKALISIERE.

Das Problem der ungewollten Sequenz[225]

Ein Nachteil der Verwendung einer Strukturierten Sprache ist die Festlegung einer Sequenz der Abarbeitung durch die Reihenfolge der Anweisungen. Aufeinanderfolgende Anweisungen werden als Sequenz im Kontrollfluss interpretiert. Dadurch wird oftmals, ohne es zu merken, die Reihenfolge der Abarbeitung unnötig festgelegt. Nach McMenamin und Palmer [McM88] müsste man Sprachkonstrukte für nebenläufige Anweisungen einführen. Dies bedeutet, dass solche Anweisungen unabhängig voneinander in nichtdeterministischer Weise ausgeführt werden können.

Das Problem der ungewollten Sequenz bei der Formulierung von Prozessspezifikationen kann auf mehrere Arten vermieden werden:

- durch geeignete Formulierung in Freitext,
- durch die Verwendung von Entscheidungstabellen oder
- durch die Verwendung von Vor- und Nachbedingungen.

A2.3 Sequenztabellen

In Datenflussdiagrammen werden die Datenflüsse statisch dargestellt. Datenflüsse werden mit Nummern versehen, um die Ablaufreihenfolge festzulegen. Dies ist jedoch nicht immer übersichtlich. Eine alternative Darstellung bilden Sequenztabellen. Die Zeitachse ist vertikal. Horizontal sind die Funktionen, Dateien und Terminatoren angeordnet. Die Reihenfolge (Sequenz) der eingezeichneten Datenflüsse ergibt sich durch die Anordnung auf der Zeitachse.

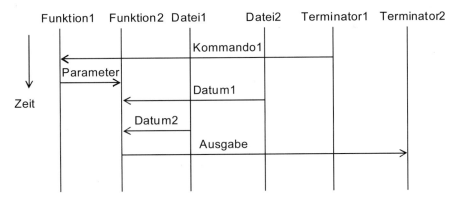

Bild A-2 Beispiel für eine Sequenztabelle

Sequenztabellen spielen als sogenannte Sequenzdiagramme auch eine große Rolle bei der objektorientierten Modellierung bzw. dem objektorientierten Entwurf. Von Rumbaugh [Rum93] wurden sie vor UML als Event Traces bezeichnet, von Jacobson [Jac92] als Interaktionsdiagramme.

---

[225] Dasselbe Problem existiert auch bei Pseudocode.

Anhang B: Requirements für das Flughafen-Informationssystem

Ein Beispiel für eine Requirement-Dokumentation ist hier zu sehen:

1 Requirements
  1.1 Zweck des Systems
  1.2 Funktionale Requirements
    1.2.1 Funktionales Top Level Requirement
    1.2.2 Requirements an die Anwendungsfälle
      1.2.2.1 Geforderte Anwendungsfälle
      1.2.2.2 Requirements an die einzelnen Anwendungsfälle
        1.2.2.2.1 Funktionale Requirements `Luftlage anzeigen`
        1.2.2.2.2 Funktionale Requirements `Bodenlage anzeigen`
        1.2.2.2.3 Funktionale Requirements `Zeitplan anfordern`
        1.2.2.2.4 Funktionale Requirements `Landung durchführen`
        1.2.2.2.5 Funktionale Requirements `Start durchführen`
        1.2.2.2.6 Funktionale Requirements `Flugzeug auf separates Parkfeld verlegen`
        1.2.2.2.7 Funktionale Requirements `Positionsdaten fusionieren`
        1.2.2.2.8 Funktionale Requirements `Rechnungen erstellen`
        1.2.2.2.9 Funktionale Requirements `bezahlte Rechnungen buchen`
        1.2.2.2.10 Funktionale Requirements `Gebühren ändern`
        1.2.2.2.11 Funktionale Requirements `Schichtplan erstellen`
    1.2.3 Requirements an die technischen Funktionen des Systems
      1.2.3.1 Funktionale Requirements an Start-up und Shut-down
      1.2.3.2 Funktionale Requirements an die Fehlererkennung und -behandlung sowie die Fehlerausgabe
      1.2.3.3 Funktionale Requirements an die Informations- und funktionale Sicherheit
        1.2.3.3.1 Funktionale Requirements an die funktionale Sicherheit
        1.2.3.3.2 Funktionale Requirements an die Informationssicherheit
      1.2.3.4 Funktionale Requirements an die Ein- und Ausgabe
      1.2.3.5 Funktionale Requirements an die Übertragung
      1.2.3.6 Funktionale Requirements an die Datenhaltung
  1.3 Nicht funktionale Requirements
    1.3.1 Forderungen an Qualitäten
      1.3.1.1 Forderungen an die Bedienbarkeit
      1.3.1.2 Forderungen an das Zeit- und Mengengerüst
    1.3.2 Forderungen an Einschränkungen des Lösungsraums
      1.3.2.1 Forderungen an die Standard-Software
      1.3.2.2 Forderungen an die Architektur

Hier die Einteilung der Requirement-Nummern:
Zweck des Systems: 1.000
Top Level Requirement: 10.000
Anwendungsfälle: 11.000 – 14.999
Technische Funktionen: 15.000 – 19.999
Nicht funktionale Requirements: 20.000 – 29.999

B1 Requirements

B1.1 Zweck des Systems

Requirement 1000:
Durch Rechnerunterstützung soll die Taktrate für Starts und Landungen von Flugzeugen erhöht werden, so dass pro Monat 18.000 Starts und 18.000 Landungen statt 12.000 Starts und 12.000 Landungen erfolgen können.

B1.2 Funktionale Requirements

B1.2.1 Funktionales Top Level Requirement

Requirement 10000:
Es soll ein **Flughafen-Informationssystem für Start und Landung** entwickelt werden, welches den **Fluglotsen** die Kontrolle der Flugzeuge bei Start und Landung erlaubt und auch die **Angestellten der Flughafenverwaltung** bei ihren Aufgaben unterstützt.

B1.2.2 Requirements an die Anwendungsfälle

B1.2.2.1 Geforderte Anwendungsfälle

Requirement 11000:
Das System soll die Nutzer bei den folgenden Aufgaben unterstützen:

- Positionsdaten von Flugzeugen in der Luft am Bildschirm kontrollieren
  (Anwendungsfall `Luftlage anzeigen`)
- Positionsdaten von Flugzeugen am Boden am Bildschirm kontrollieren
  (Anwendungsfall `Bodenlage anzeigen`)
- Zeitplan für Starts und Landungen anfordern
  (Anwendungsfall `Zeitplan anfordern`)
- Landung durchführen
  (Anwendungsfall `Landung durchführen`)
- Start durchführen
  (Anwendungsfall `Start durchführen`)
- Flugzeug auf separates Parkfeld verlegen
  (Anwendungsfall `Flugzeug auf separates Parkfeld verlegen`)

- Flugzeugposition aus Daten des Flugzeugpositionsgebers und des Radars ermitteln und Differenzen erkennen
  (Anwendungsfall Positionsdaten fusionieren)
- Erstellung der monatlichen Rechnungen für Start- und Landegebühren an die Fluggesellschaften
  (Anwendungsfall Rechnungen erstellen)
- Bezahlte Rechnungen auf das Konto der Fluggesellschaften buchen
  (Anwendungsfall bezahlte Rechnungen buchen)
- Preisliste der Start- und Landegebühren ändern
  (Anwendungsfall Gebühren ändern)
- Erstellen des Schichtplans
  (Anwendungsfall Schichtplan erstellen)

B1.2.2.2 Requirements an die einzelnen Anwendungsfälle

B1.2.2.2.1 Funktionale Requirements Luftlage anzeigen

Requirement 11100:
Es soll möglich sein, sich die Positionsdaten der Flugzeuge in der Luft im Umkreis des Flughafens am Bildschirm anzeigen lassen zu können.

Requirement 11110:
Der Radius für die Ansicht der Positionsdaten in der Luft soll umschaltbar sein zwischen:
- 5 km und
- 50 km.

Requirement 11120:
Die Positionsdaten in der Luft sollen in der Draufsicht, d. h. von oben, darstellbar sein. Das jeweilige Flugzeug soll mit seiner Höhe dargestellt werden. Die Bahnkurven in einem Höhenkorridor sollen dieselbe Farbe tragen.

Requirement 11130:
Die Positionsdaten in der Luft sollen im Längsschnitt, d. h. in vertikaler Richtung darstellbar sein. Das jeweilige Flugzeug soll entsprechend seiner Höhe in einer Bahnkurve dargestellt werden.

B1.2.2.2.2 Funktionale Requirements Bodenlage anzeigen

Requirement 11200:
Die Positionsdaten am Boden sollen in der Draufsicht, d. h. von oben, darstellbar sein. Das jeweilige Flugzeug soll mit seiner Bahnkurve am Boden dargestellt werden.

B1.2.2.2.3 Funktionale Requirements Zeitplan anfordern

Requirement 11300:
Der Lotse soll sich den aktuellen Zeitplan für Starts und Landungen ansehen können.

B1.2.2.2.4 Funktionale Requirements Landung durchführen

Requirement 11400:
Ein Lotse soll ein Flugzeug, dessen Landung grundsätzlich nicht verweigert wird, in das System aufnehmen können. Hierbei sollen Flugzeugtyp, Luftfahrtgesellschaft und der betreuende Lotse in das System eingetragen werden.

Requirement 11405:
Ist die Luftfahrtgesellschaft des im Landeanflug befindlichen Flugzeugs dem System noch nicht bekannt, so soll sie vom Lotsen mit Namen, Adresse und Konto in das System aufgenommen werden können.

Requirement 11410:
Der Lotse soll sich den Status aller Start-/Landebahnen (belegt/frei) mit Uhrzeit der Belegungen für Start und Landung anzeigen lassen können.

Requirement 11415:
Der Lotse soll sich eine Start-/Landebahn für die Landung reservieren können und soll die von ihm vergebene Landebahn und den Soll-Zeitpunkt der Landung in das System eintragen können.

Requirement 11420:
Der Lotse soll sich den Status aller Parkpositionen (belegt/frei) mit Uhrzeit der Belegungen anzeigen lassen können.

Requirement 11425:
Der Lotse soll sich eine Parkposition reservieren können und soll die von ihm vergebene Parkposition mit Dauer der Reservierung in das System eintragen können.

Requirement 11430:
Der Lotse soll in das System eintragen können, dass er für ein angemeldetes Flugzeug Warteschleifen angeordnet hat.

Requirement 11435:
Der Lotse soll in das System eintragen können, dass er für ein bereits zur Landung angemeldetes Flugzeug die Landung untersagt hat.

Requirement 11440:
Der Lotse soll den Ist-Zeitpunkt einer Landung in das System eintragen können, wenn ein Flugzeug erfolgreich gelandet ist.

Requirement 11445:
Der Lotse soll die Start-/Landebahn freigeben können, wenn das Flugzeug die Parkposition erreicht hat.

B1.2.2.2.5 Funktionale Requirements Start durchführen

Requirement 11500:
Der Lotse soll sich eine Start-/Landebahn für den Start reservieren können und soll die von ihm vergebene Start-/Landebahn, die Zeitdauer der Belegung und den Soll-Zeitpunkt des Starts in das System eintragen können.

Requirement 11510:
Der Lotse soll die Parkposition freigeben können, wenn das Flugzeug beim Starten die Start-/Landebahn erreicht.

Requirement 11520:
Der Lotse soll den Ist-Zeitpunkt eines Starts in das System eintragen können und anschließend die Start-/Landebahn wieder freigeben können.

Requirement 11530:
Mit der Freigabe der Start-/Landebahn bei einem Start soll eine automatische Buchung verbunden sein. Dabei soll aufgrund des Flugzeugtyps eine bestimmte Gebühr für Start und Landung gemäß der Gebührenliste dem Rechnungskonto der Fluggesellschaft zugeordnet werden.

B1.2.2.2.6 Funktionale Requirements Flugzeug auf separates Parkfeld verlegen

Requirement 11600:
Der Lotse soll gelandete Flugzeuge, die auf das separate Parkfeld oder auf die Werft gebracht werden, im System entsprechend kennzeichnen können.

Requirement 11610:
Es soll automatisch gemeldet werden, wenn ein Flugzeug die maximale Parkdauer überschreitet. Der Lotse soll dann das Flugzeug auf eine separate Parkfläche oder ggf. zur Werft abordnen können oder aber die Parkdauer verlängern können.

B1.2.2.2.7 Funktionale Requirements Positionsdaten fusionieren

Requirement 11700:
Aus den Daten des Positionsmelders eines Flugzeugs und den Positionsdaten des Radars soll die Position eines Flugzeugs ermittelt werden. Weichen die vom Radar und vom Positionsmelder des Flugzeugs gemeldeten Daten um mehr als eine vorgegebene Toleranz voneinander ab, so soll automatisch ein akustischer Alarm mit der Hupe generiert werden.

B1.2.2.2.8 Funktionale Requirements Rechnungen erstellen

Requirement 11800:
Die Angestellten sollen jeweils zum Monatsersten auf den gespeicherten Flugbewegungen basierende Rechnungen an die Fluggeschaften ausdrucken und sie manuell versenden.

B1.2.2.2.9 Funktionale Requirements bezahlte Rechnungen buchen

Requirement 11900:
Die Angestellten sollen die von den Fluggesellschaften bezahlte Rechnungen auf das Konto der jeweiligen Fluggesellschaft buchen können.

B1.2.2.2.10 Funktionale Requirements Gebühren ändern

Requirement 12000:
Die Angestellten der Verwaltung sollen die Preisliste der Start- und Landegebühren abändern können.

B1.2.2.2.11 Funktionale Requirements Schichtplan erstellen

Requirement 12100:
Die Anzahl der Lotsen während einer Schicht soll durch die Start- und Landefrequenz vorgegeben und vom System automatisch berechnet werden. Die Namen der diensthabenden Lotsen sollen von den Angestellten der Verwaltung nach Absprache ins System eingetragen werden können, wobei die Lotsen vom System automatisch aufgefordert werden sollen, die vereinbarten Termine im System zu bestätigen.

B1.2.3 Requirements an die technischen Funktionen des Systems

B1.2.3.1 Funktionale Requirements an Start-up und Shut-down

Requirement 15000:
Der Start-up bzw. der Shut-down soll von einem beliebigen Arbeitsplatz nur von der Rolle Administrator durchgeführt werden können.

B1.2.3.2 Funktionale Requirements an die Fehlererkennung und -behandlung sowie die Fehlerausgabe

Requirement 15100:
Fehler im System sollen erkannt und auf der Fehlerkonsole mit Ursache und Aufrufer-Hierarchie ausgegeben werden. Fehler sollen ein eindeutiges Fehlerkürzel und einen Fehlertext erhalten.

Requirement 15110:
Bei schweren Fehlern in der Software soll nach dem Verfahren der Graceful Degradation die Funktionalität zurückgestuft werden. Hierbei soll die Software für die Angestellten die Priorität 3, alle Vorgänge des Lotsen bis auf Start/Landung die Priorität 2 und der Start/die Landung die Priorität 1 haben. 1 soll die ist die höchste Priorität haben.

Requirements für das Flughafen-Informationssystem

B1.2.3.3 Funktionale Requirements an die Informations- und funktionale Sicherheit

B1.2.3.3.1 Funktionale Requirements an die funktionale Sicherheit

Requirement 15200:
Das System soll Fehler in der Software erkennen und an die Anwender melden, damit diese auf ein manuelles Back-up Verfahren umsteigen können.

B1.2.3.3.2 Funktionale Requirements an die Informationssicherheit

Requirement 15300:
Es soll rollenbezogene Accounts für die Rolle Flughafenlotse und für die Rolle Angestellter geben.

B1.2.3.4 Funktionale Requirements an die Ein- und Ausgabe

Requirement 15400:
Der Bildschirmaufbau des Lotsen soll aus vier nicht überlappenden Subfenstern bestehen. Er soll aus einem

- Identifikationsbereich mit Rollennamen und Datum einschließlich Schablonenname
- Arbeitsbereich
- einem Fehler-/Status-/Navigationsbereich und
- einem ständig aufgeschalteten Wetterbereich

bestehen:

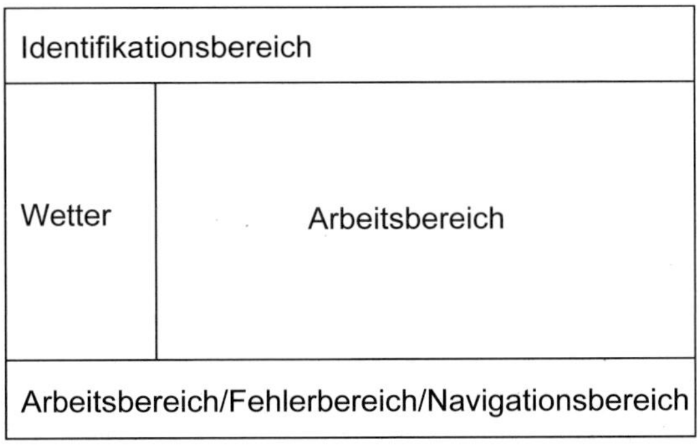

Identifikationsbereich	
Wetter	Arbeitsbereich
Arbeitsbereich/Fehlerbereich/Navigationsbereich	

Bild B-1 Bildschirmaufbau des Lotsen

Requirement 15410:
Der Bildschirmaufbau des Angestellten soll aus drei nicht überlappenden Subfenstern bestehen. Er soll aus einem

- Identifikationsbereich mit Rollennamen und Datum einschließlich Schablonenname,
- Arbeitsbereich und
- einem Fehler-/Status-/Navigationsbereich

bestehen:

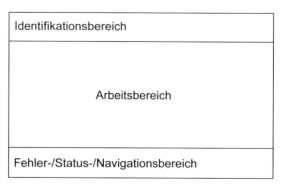

Bild B-2 Bildschirmaufbau des Angestellten

Requirement 15420:
Die Einlogschablone soll je ein Feld für die persönliche Kennung und das Passwort aufweisen. Je nachdem, ob die Person der Rolle Lotse, Angestellter oder Administrator zugeordnet ist, wird entsprechend verzweigt.

Requirement 15430:
Der Lotse soll einen Captive Account[226] für die Rolle Lotse haben. Ihm sollen nur die Dialoge des Lotsen zur Verfügung stehen. Der Angestellte soll einen Captive Account für die Rolle Angestellter haben. Ihm sollen nur die Dialoge des Angestellten zur Verfügung stehen. Der Administrator soll einen eigenen Captive Account erhalten, in dem er auf die volle Betriebssystemebene zugreifen kann, aber weder auf die Dialoge des Lotsen noch des Angestellten.

B1.2.3.5 Funktionale Requirements an die Übertragung

Requirement 15500:
Der Lotse, der Angestellte und der Systemverwalter soll in seinen Dialogen in der Arbeitsfläche über ein E-Mail-Programm mit anderen E-Mail-Teilnehmern kommunizieren können.

---

[226] Mit einem Captive Account kann sich der Nutzer nur in seinen Computer einloggen. Die vorgesehene Dialogführung kann nicht verlassen werden. Damit sind automatisch andere Programme gesperrt.

B1.2.3.6 Funktionale Requirements an die Datenhaltung

Requirement 15600:
Es soll jeder beliebige Start bzw. jede beliebige Landung durch Eingabe des Zeitfensters oder der Flugnummer mit Datum gefunden werden. Dabei soll für einen Start bzw. eine Landung ein eindeutiges Kennzeichen für den Flug zurückgegeben werden.

Requirement 15610:
Durch Angabe des Kennzeichens eines Flugs sollen alle über diesen Flug gespeicherten Informationen gefunden und dargestellt werden.

Requirement 15620:
Alle Daten des Flughafeninformationssystems sollen doppelt geschrieben werden.

B1.3 Nicht funktionale Requirements

B1.3.1 Forderungen an Qualitäten

B1.3.1.1 Forderungen an die Bedienbarkeit

Requirement 20000:
Die Oberfläche soll übersichtlich sein.

B1.3.1.2 Forderungen an das Zeit- und Mengengerüst

Requirement 20400:
Alle Einträge der Lotsen in das System für Start und Landung sollen für die Unfallforschung drei Jahre lang gespeichert bleiben.

Requirement 20410:
Alle Buchhaltungsvorgänge sollen für Zwecke des Finanzamtes zehn Jahre gespeichert bleiben.

B1.3.2 Forderungen an Einschränkungen des Lösungsraums

B1.3.2.1 Forderungen an die Standard-Software

Requirement 20100:
Es soll ein Betriebssystem verwendet werden, auf dem eine Java Virtual Machine läuft.

Requirement 20110:
Es soll JBoss als EJB-Server verwendet werden.

Requirement 20120:
Als Datenbank soll MySQL verwendet werden.

B1.3.2.2 Forderungen an die Architektur

Requirement 20300:
Das System soll über einen Swing-Client bedienbar sein.

Requirement 20310:
Das System soll eine Client/Server-Architektur aufweisen.

Requirement 20320:
Der Server soll in Komponententechnologie realisiert werden.

Requirement 20330:
Das System soll modular aufgebaut sein, damit es leicht änderbar ist.

Anhang C: Machbarkeitsanalyse

Die Machbarkeitsanalyse besteht aus analytischen und konstruktiven Anteilen. Die Analyse der Requirements stellt den **analytischen Anteil** dar. Das Auffinden von Systemalternativen, die die Forderungen erfüllen, sowie die Auswahl einer dieser Alternativen stellen den **konstruktiven Anteil** dar.

Wie bereits bekannt, folgt nach der Systemanalyse der Systementwurf. Beim Systementwurf könnte erkannt werden, dass keine Lösung zu annehmbaren Kosten existiert. In diesem Fall ist es zwecklos, die Systemanalyse komplett durchzuführen. Daher wird eine Machbarkeitsanalyse eingeschoben, um frühzeitig sicherzustellen, dass sich der spätere Aufwand lohnt. Dies geschieht oft, nachdem man durch die ersten Schritte der Systemanalyse genügend Kenntnisse über die Aufgabenstellung gewonnen hat (siehe Bild C-1).

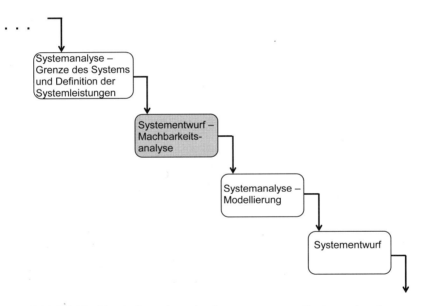

Bild C-1 Machbarkeitsanalyse durch vorgezogenen Systementwurf

Das Ziel einer **Machbarkeitsanalyse** ist nichts anderes als ein **vorgezogener Systementwurf**. Nach der Analyse der Kundenwünsche entwirft man Architekturen für das neue System, bewertet diese und sucht die beste Lösung aus. Dabei werden verschiedene Alternativen für ein DV-System untersucht und nach bestimmten Kriterien bewertet. Kriterien können

- der Grad der Nutzerunterstützung,
- die Ausbaufähigkeit,

- die Kosten und
- das Realisierungsrisiko

sein. Ziel ist es, durch Vergleich und Bewertung der Alternativen zu einem am besten geeigneten **Realisierungsvorschlag (Technisches Konzept)** zu kommen. Der Realisierungsvorschlag muss die **Architektur des Systems** enthalten.

Im schlimmsten Fall kann es auch sein, dass keine geeignete technische Lösung existiert. Dann wird das Projekt eingestellt. Da man noch nicht in die volle Tiefe des Problembereichs gegangen ist, halten sich hierfür die Kosten jedoch in Grenzen.

> Eine **Machbarkeitsanalyse** beinhaltet für die Kundenwünsche die Aufstellung von Lösungsalternativen, ihre Bewertung, die Auswahl einer Lösung und den vorgezogenen Entwurf für das System.

Bei der Durchführung der Machbarkeitsanalyse werden die Kundenforderungen auf den Lösungsbereich projiziert. Mit anderen Worten, man stellt einen Zusammenhang zwischen Problembereich und Lösungsbereich her. Dabei betrifft ein Requirement, das aus Sicht des Nutzers geschrieben ist, oftmals das ganze System und damit auch mehrere Komponenten.

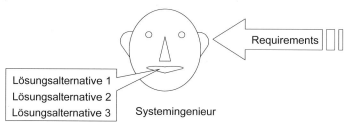

Bild C-2 Der Systemingenieur übersetzt Requirements in Lösungsvorschläge

Nach der Analyse der inhaltlichen Bedeutung der Requirements werden die Möglichkeiten einer technischen Realisierung geprüft, bewertet und das technische Lösungskonzept festgelegt. Die Architektur des Systems wird dabei im Rahmen des technischen Lösungskonzeptes festgelegt. Oftmals sind dazu Prototypen zur Untersuchung der Realisierbarkeit erforderlich.

Dies bedeutet, dass man bei der Machbarkeitsanalyse weit über eine reine Analyse hinausgeht. Es ist erlaubt, im Entwicklungsschritt der Machbarkeitsanalyse temporär in alle anderen Entwicklungsschritte hineinzuspringen. Wo es nötig ist, befasst man sich mit der Systemanalyse, um ein Verständnis zu gewinnen, und erarbeitet dann verschiedene Vorschläge für den Systementwurf. Anschließend wird der am besten geeignete Vorschlag ausgewählt. Wo man mit Kopfarbeit nicht weiterkommt, sucht man die Entscheidung durch Realisierbarkeits-Prototypen für die kritischen Stellen des Systems. Das heißt, es wird implementiert und getestet. Letztendlich geht es dabei bereits um das Durchführen des Systementwurfs! Um den Entwurf erstellen zu können, muss man sich mit der Logik der Anwendung befassen, damit ein Verständnis für die Anwendung da ist. Beim Entwurf werden verschiedene Alternativen diskutiert und gegeneinander abgewogen. Die Ergebnisse, die in den vorübergehend besuchten Entwicklungsschritten gewonnen werden, fließen in die Dokumentation der Machbarkeitsanalyse ein.

Bild C-3 zeigt die während der Machbarkeitsanalyse besuchten Entwicklungsschritte.

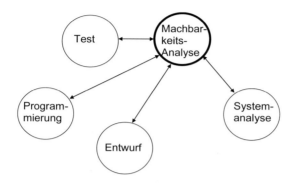

Bild C-3 Relevante Entwicklungsschritte

Die Machbarkeitsanalyse stellt die Weichen für das System. Dabei muss temporär in verschiedene andere Entwicklungsschritte gesprungen werden. In der Regel beeinflussen sich Realisierungsvorschlag und Kundenforderungen gegenseitig. So können z. B. besonders kostspielige Requirements vom Kunden wieder zurückgezogen werden.

> Erweisen sich bestimmte Requirements als nicht sinnvoll oder in der Umsetzung schlichtweg als zu teuer, so werden sie in Absprache mit dem Auftraggeber geändert.

C1   Schritte der Machbarkeitsanalyse

Es werden die folgenden vier Schritte durchlaufen:

- Schritt 1: Auszeichnung eines jeden Requirements mit Kategorien des Lösungsbereichs.
- Schritt 2: Sortieren der Requirements nach Kategorien des Lösungsbereichs und Analyse aller Requirements einer Kategorie in einer zusammenfassenden Abhandlung.
- Schritt 3: Basierend auf dem gewonnenen Verständnis, was für die einzelnen Kategorien gefordert wird, erfolgt die Ermittlung von Lösungsalternativen.
- Schritt 4: Bewertung der Alternativen und Auswahl einer Lösung. Die ausgewählte Lösung stellt das technische Konzept dar.

Schritt 1:   Aussage eines einzelnen Requirements für den Lösungsbereich ermitteln

Hier werden die Requirements auf Funktionen, Systemteile, System-Qualitäten und Einschränkungen des Lösungsraums projiziert. Dies bedeutet, dass man sich bei jedem Requirement überlegen muss, welche Aspekte des Systems es beispielsweise betrifft. In der Regel werden die Requirements aus Benutzersicht formuliert, die Realisierung ist bei der Erstellung der Requirements meist noch nicht bekannt. Eine Eins-zu-Eins-Beziehung zur Realisierung ist für die System-Requirements also nicht gegeben. Deshalb muss man jedes einzelne Requirement abwägen und reflektieren, welche Aspekte der Realisierung durch ein Requirement betroffen sind. Jedes einzelne Requirement wird im Hinblick darauf analysiert, welche Funktionen, Systemteile, System-Qualitäten und Einschränkungen des Lösungsraums durch dieses Requirement angesprochen sind. Die entsprechende Kategorie wird in einer bestimmten Notation an das Requirement angefügt. Damit ist die Voraussetzung geschaffen, dass ein Requirement durch Filtern in die Betrachtung des entsprechenden Aspekts bzw. der entsprechenden Kategorie einfließen kann.

Es ist ganz klar, dass eine Nutzerforderung verschiedene Kategorien betreffen kann. Ein Nutzer sagt im Allgemeinen nicht, wie das System gebaut werden soll, sondern vor allem, welche Anwendungsfunktion er haben möchte. Eine Nutzerforderung kann also verschiedene Aspekte des Systems (Kategorien) betreffen. Ebenso kann eine Entwurfseinheit oder Systemeigenschaft verschiedene Nutzerfunktionen betreffen.

Schritt 2: **Analyse der Requirements in geclusterter Form**

Nach der Detailarbeit, bei der jedes einzelne Requirement für sich allein auf seine Auswirkungen hin analysiert wurde, erfolgt eine Betrachtung auf höherer Ebene. Es soll die Summe aller Requirements in Hinblick auf bestimmte Aspekte bzw. Kategorien verstanden werden. In der Regel macht man eine Überschriftenstruktur gemäß den erforderlichen Kategorien und schreibt zu jedem dieser Gliederungspunkte in knapper Form das Wesentliche. Mögliche Kategorien bzw. Aspekte können sein:

- Architektur
- Verarbeitungsfunktionen
- MMI
- Datenhaltung
- Übertragung
- Betriebssicherheit
- Informationssicherheit
- System-Software
- etc.

Schritt 3: **Aufstellung von Lösungsalternativen**

Nach der Projektion der Requirements auf Kategorien und der Analyse der Requirements in geclusterter Form weiß man, was technisch verlangt wird. In Schritt 3 können jetzt Lösungsalternativen für den Systementwurf gefunden werden, die den Requirements genügen.

Die Architekturmodelle sollen die DV-Mechanismen darstellen. Sie dürfen keine Funktionsbeschreibungen sein. Architekturmodelle müssen immer knapp und präzise sein!

Schritt 4: Bewertung der Lösungsalternativen. Auswahl einer Lösung. Technisches Konzept

Die gefundenen Lösungsalternativen werden abgewogen und dargelegt, welcher Lösungsalternative aus welchem Grund der Vorzug gegeben wird. Es ist wichtig, die Begründung sauber darzulegen. Ändert sich zum Beispiel der Kostenrahmen des Projektes, so können die Requirements neu gewichtet werden und unter Umständen kann eine andere der Alternativen zum Zuge kommen.

Bild C-4 Abwägen der Alternativen

Die aufgestellten Modelle müssen auf der Basis weniger Kriterien auf ihre Tauglichkeit hin verglichen werden. Solche Kriterien können beispielsweise sein:

- Erfüllung der Realzeitbedingungen,
- Kosten,
- Ausbaufähigkeit,
- Realisierungsrisiko oder
- Nutzerakzeptanz (Grad der Nutzerunterstützung).

Eine verbale Abwägung muss zur Auswahl einer Lösung führen. Hierbei sind wiederum knappe präzise Aussagen erwünscht. Es ist oftmals durchaus möglich, eine Lösungsalternative auf wenigen Seiten Papier zu charakterisieren und die Bewertung und Auswahl ebenfalls nur auf einigen Seiten durchzuführen.

C2 Gründe für Prototypen zur Untersuchung der Realisierbarkeit

Oftmals wird das gesamte Projekt nicht am Stück realisiert. Stattdessen werden bestimmte Ausschnitte des Systems vor der Realisierung des Gesamtsystems ausprobiert. Besonders oft werden Prototypen zur Erprobung der Realisierbarkeit während der Machbarkeitsanalyse gebaut. Sie können aber auch während eines anderen frühen Entwicklungsschritts entstehen.

Anhang D: Theorie der Protokollzustandsautomaten

Protokollzustandsautomaten – oder kurz **Protokollautomaten** – (engl. **protocol state machines**) sind seit der UML Version 2.0 formaler Bestandteil der UML. Sie dienen der Spezifizierung der zulässigen Verhaltensmerkmale eines UML Classifiers und beschreiben, welche Aufrufe von Operationen in welcher Reihenfolge mit welchen Vor- und Nachbedingungen möglich sind und regeln somit den Lebenszyklus von Objekten. Verhaltensautomaten (siehe 11.7) können hingegen auch einzelnen Operationen zugewiesen werden.

Im Prinzip weisen Protokollzustandsautomaten große Ähnlichkeiten zu den **Verhaltenszustandsautomaten** (engl. **behavioral state machines**) – oder kurz **Verhaltensautomaten** –, den üblichen Zustandsautomaten, auf. Protokollzustandsautomaten stellen keine direkte Weiterentwicklung der Verhaltenszustandsautomaten dar, sondern existieren parallel. Zwischen Verhaltenszustandsautomaten und Protokollzustandsautomaten existieren grundlegende Unterschiede.

Beispiel:

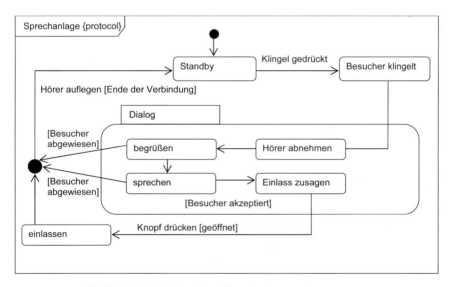

Bild D-1 Beispiel für einen Protokollzustandsautomaten

D1 Geschichte

Betrachtet man die Geschichte der Protokollzustandsautomaten, so lässt sich feststellen, dass deren Anfänge bei den endlichen Automaten liegen. Diese sind in der Theoretischen Informatik (Automatentheorie) schon seit den 1950er Jahren bekannt. Mitte der 80er gab es verschiedene Erweiterungen der Strukturierten Analyse (SA) für Echtzeitsysteme (SA/RT), bei welchen auch Zustandsübergangsdiagramme (engl. state transition diagram) verwendet wurden. Zu nennen sind hierbei insbesondere die

Erweiterungen von P. Ward und S. Mellor 1985 sowie von D. J. Hatley und I. A. Pirbhai 1987. Der englische Informatiker David Harel veröffentlichte 1987 sein Werk "Statecharts: A Visual Formalism for Complex Systems" ([Har87]), in dem er Zustandsdiagramme als Methode zur grafischen Darstellung von Verhaltenszustandsautomaten einsetzte. 1994 veröffentlichte Bran Selic, der maßgeblich an der Entwicklung der UML Superstructure 2.0 beteiligt war, ROOM (**R**eal-time **O**bject **O**riented **M**odeling Language) als Modellierungssprache für die objektorientierte Entwicklung von Echtzeitsystemen. ROOM stellt einen Versuch dar, Zustandsautomaten mit objektorientierten Methoden zu vereinen. Mit ROOM wurde eine Verfeinerung der Statecharts von Harel eingeführt, die sogenannten ROOMcharts. Mit den ersten Versionen von UML in den 1990ern kam dann eine neue, auf Objekten basierende Version der Statecharts von Harel auf. UML 2.0 spiegelt die Einflüsse von Selic deutlich wieder. So wurden beispielsweise außer Protokollzustandsautomaten auch Ports und Verbindungspunkte (engl. **connection points**, in ROOM: **transition points**) in UML 2.0 eingeführt. Die folgende Abbildung fasst die soeben beschriebene Entwicklung der Zustandsautomaten in Form einer schematischen Übersicht zusammen.

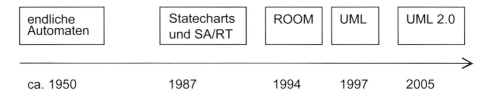

Bild D-2 *Zeitlicher Verlauf der Entwicklung der Zustandsautomaten*

D2 Grundzüge

Protokollzustandsautomaten dienen nicht der Beschreibung des Verhaltens eines Modellelements, sondern der Beschreibung der zulässigen Nutzung seiner Verhaltensmerkmale. Classifier stellen die Gruppe der Modellelemente dar, die durch Protokollzustandsautomaten beschrieben werden können. Mithilfe von Protokollzustandsautomaten können auch Classifier wie Schnittstellen oder Ports, die selbst kein Verhalten besitzen, beschrieben werden. Ein Classifier, der eine Schnittstelle realisiert, muss in diesem Fall auch die durch den Protokollzustandsautomaten gegebenen Anforderungen erfüllen. Protokollzustandsautomaten können zur Spezifizierung von Life-Cycles von Objekten verwendet werden. Durch die Festlegung der Reihenfolge, in der die Operationen des Classifiers ausgeführt werden dürfen, werden folglich auch die Zustände beschrieben, die eine Instanz des Classifiers während ihres Lebens durchlaufen darf.

Jedem Classifier können beliebig viele Protokollzustandsautomaten zugeordnet werden. Oft geschieht dies implizit durch Vererbungen oder Realisierungen. Mehrere Protokollzustandsautomaten, die dasselbe Modellelement beschreiben, können auch in einem Protokollzustandsautomaten mit mehreren Regionen zusammengefasst werden.

Protokollzustandsautomaten bestehen aus **Zuständen** (engl. **states**) und **Transitionen** (engl. **transitions**), auch Zustandsübergänge genannt. Durch die Definition der zulässigen Transitionen und deren Reihenfolge werden die Zustände festgelegt, in die das Element, in dessen Kontext der Protokollzustandsautomat steht, geraten darf. Somit ist sichergestellt, dass sich das System zu jedem Zeitpunkt in einem dieser Zustände oder im Übergang von einem Zustand zu einem anderen befindet und keinen undefinierten Zustand erreicht. Bei der Implementierung eines Protokollzustandsautomaten muss berücksichtigt werden, dass auch die Zustandsübergänge eine gewisse Zeit in Anspruch nehmen und nicht unendlich schnell vonstatten gehen. Es muss sichergestellt werden, dass diese Transitionen nicht ab- oder unterbrochen werden, da dies das System in einen unsicheren Zustand bringen könnte.

Protokollzustandsautomaten werden – wie auch Verhaltenszustandsautomaten – in UML mit Zustandsdiagrammen notiert.

D3 Zustände

Zustände in einem Protokollzustandsautomaten können folgende Ausprägungen haben:

- Ein **einfacher Zustand** enthält keine untergeordneten Protokollzustandsautomaten.
- Ein **zusammengesetzter Zustand** besteht aus einer einzigen Region oder aus mehreren orthogonalen Regionen mit Unterautomaten.
- Ein **Unterautomaten-Zustand** spezifiziert einen untergeordneten Protokollzustandsautomaten.

Bis auf die flachen und tiefen Historie-Zustände existieren bei einem Protokollzustandsautomaten die gleichen Pseudozustände wie bei einem Verhaltenszustandsautomaten.

Keiner der Pseudozustände, auch nicht der Startzustand, muss in einem Zustandsautomaten auftreten. Fehlt der Startzustand allerdings, gilt der Protokollzustandsautomat als schlecht definiert. Dies macht implizit doch die Spezifizierung eines Startzustands erforderlich.

Das folgende **Beispiel** soll anhand einer Datenübertragung bei einem Flash-Prozess sinnvolle Zustände zeigen:

Zustand 1: Datenübertragung hat noch nicht begonnen.
Zustand 2: Pakete werden übertragen.
Zustand 3: Flashware wurde komplett übertragen und bestätigt.

Ein Flash-Vorgang kann in eine Vorbereitungsphase, eine Datenübertragungsphase und in eine Abschlussphase unterteilt werden. Jede dieser Phasen kann als Zustand des Flash-Prozesses angesehen werden und jeder dieser Zustände kann wiederum Unterzustände enthalten und somit als Unterautomaten-Zustand modelliert werden. In der Datenübertragungsphase müssen zum Beispiel nicht nur die Daten übertragen werden, sondern zuvor müssen noch die Datenübertragung initialisiert und Metadaten der Flashware übertragen werden. In einem Fehlerfall, oder wenn aus bestimmten Gründen Unterzustände nicht aktiviert werden müssen, kann der gesamte Unterautomaten-Zustand verlassen werden.

D4 Transitionen

Transitionen (Übergänge) stellen in einem Zustandsautomaten eine Verbindung zwischen zwei Zuständen her. Transitionen gibt es bei Verhaltenszustandsautomaten und Protokollzustandsautomaten in einer jeweils anderen Ausprägung. Eine Protokolltransition spezifiziert einen legalen Übergang für eine Transition. Protokolltransitionen können die folgenden drei Bestandteile enthalten:

- eine **Vorbedingung** (engl. **precondition**), die erfüllt sein muss, damit der Zustandsübergang stattfinden darf,
- einen **Ereignistrigger** – also der Name der mit der Transition verknüpften Operation,
- eine **Nachbedingung** (engl. **postcondition**), die nach der Ausführung der Operation erfüllt sein muss. Sie tritt anstelle der Aktion bei Verhaltensautomaten.

Alle drei Bestandteile sind optional. Eine Protokolltransition ohne Ereignistrigger wird implizit ausgeführt, sobald der Startzustand sein Verhalten beendet hat.

Eine Transition eines Protokollzustandsautomaten wird, wie aus Bild D-3 ersichtlich ist, mit einer gerichteten Linie vom Quellzustand zum Zielzustand dargestellt.

Bild D-3 Protokolltransition mit Ereignistrigger, Vor- und Nachbedingung

In der unmittelbaren Nähe der Transition wird das Triggerereignis, gefolgt von einem Schrägstrich (/), notiert. Die Vorbedingung für den Übergang wird vor dem Triggerereignis und die Nachbedingung hinter dem Triggerereignis festgehalten. Die Vor- und die Nachbedingung müssen in eckigen Klammern geschrieben werden. Damit ist der Zustandsübergang folgendermaßen zu lesen:

Wenn das `Ereignis` im Protokollzustand `Zustand 1` unter der `Vorbedingung` aufgerufen wird, muss unter Einhaltung der `Nachbedingung` der Protokollzustand `Zustand 2` erreicht werden.

Während Verhaltensautomaten Ereignisse über die Aktionen in Effekte umsetzen, beschreiben Protokollzustandsautomaten lediglich die zugelassene Abfolge von Ereignissen ohne irgendwelche Effekte. Operationen, die nicht im Protokollzustandsautomat genannt werden, dürfen stets aufgerufen werden und verändern den jeweiligen aktiven Zustand nicht.

Transitionen stellen in einem Zustandsautomaten eine Verbindung zwischen zwei Zuständen her. Eine Transition darf nie zu einem Zustand in einer orthogonalen Region führen, da dies zum Ergebnis haben könnte, dass zwei oder mehrere Zustände in dieser Region gleichzeitig aktiv sind. In einer Region darf es aber immer nur einen

Theorie der Protokollzustandsautomaten

aktiven Zustand geben. Die aus einer "Gabelung" (engl. fork) ausgehenden Transitionen müssen daher auch immer in verschiedene Regionen führen, damit nicht in einer Region mehrere Zustände gleichzeitig aktiv sind ([Sup11, S.556]).

Protokolltransitionen zeigen, welche Operationen in welchem Zustand des modellierten Elements ausgeführt werden dürfen. Wird eine Operation, die mit einer vom aktiven Zustand wegführenden Transition verknüpft ist, ausgeführt, so wird diese Transition ausgelöst. Der vom Protokollzustandsautomaten beschriebene Classifier wechselt dabei in den Zielzustand der Transition. Es existieren abstrakte Operationen (beispielsweise bei Schnittstellen) oder konkrete Operationen (beispielsweise bei Klassen). Auch Ereignisse (engl. events) können Transitionen auslösen (triggern). Hierbei wird an Signale gedacht. In diesem Fall spezifiziert der Protokollzustandsautomat die Bedingungen, unter denen die externe Umgebung das Ereignis auslösen darf.

Wird eine Operation ausgeführt, die von keiner Transition referenziert wird, so bleibt der Protokollzustandsautomat im gerade aktiven Zustand.

D5 Unterschiede zu Verhaltenszustandsautomaten

Protokollzustandsautomaten weichen in folgenden Punkten von Verhaltensautomaten ab:

- **Verhaltensautomaten beschreiben das Verhalten eines Elements wie ein Objekt oder ein System und nicht sein Protokoll.**
  Verhaltenszustandsautomaten werden zur Beschreibung des Verhaltens eines Modellelementes der UML eingesetzt. Im Gegensatz zu den Protokollzustandsautomaten können sie jedoch nur mit individuellen Objekten, die ein Verhalten aufweisen, verknüpft werden. Meist werden sie zur Ergänzung eines Systems, einer Komponente, einer Klasse, oder auch eines Anwendungsfalls eingesetzt und beschreiben das Verhalten einer Instanz eines dieser Classifier. Sie können allerdings auch zur Beschreibung des Verhaltens anderer Modellelemente wie zum Beispiel von Methoden, also Implementierungen von Operationen, verwendet werden.

- **Eine Transition eines Protokollautomaten bewirkt Aufrufe von Operationen (null oder mehr).**
  Bei einer Transition eines Protokollautomats wird vor Aufruf einer Operation zuerst die Vorbedingung erfüllt. Ebenfalls ist die Nachbedingung vor Betreten des Zielzustands erfüllt.

- **Zustände dürfen nur bei Protokollzustandsautomaten Invarianten aufweisen.**
  Zustände in Verhaltenszustandsdiagrammen können keine Zustandsinvarianten besitzen.

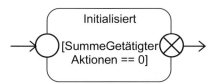

Bild D-4 Zustand mit Ein- und Austrittspunkten und Invariante

Invarianten werden unter dem Namen eines Zustands in eckigen Klammern dargestellt. In obigem Bild ist die Invariante eines Unterautomaten-Zustands angegeben, bei dem zur Vereinfachung der Darstellung die untergeordneten Zustände nicht eingezeichnet wurden.

- **Entry-, Exit-Aktionen, do-Aktivitäten und verzögerte Ereignisse dürfen bei Protokollzustandsautomaten nicht eingesetzt werden.**
  Bei Verhaltensautomaten sind `entry`-Aktionen bekanntermaßen Handlungen, die beim Eintritt in den Zustand ausgeführt werden. Die sogenannten `exit`-Aktionen werden hingegen beim Verlassen des Zustands ausgeführt. `do`-Aktivitäten sind Aktionen, die in der Zeit zwischen Abschluss der `entry`-Aktion und Start der `exit`-Aktion fortlaufend durchgeführt werden. Verzögerte Ereignisse werden nicht ausgeführt, sondern gespeichert, damit sie in einem anderen Zustand gestartet werden können.

- **Transitionen bei Protokollzustandsautomaten können Vor- und Nachbedingungen haben.**
  Transitionen bei Protokollzustandsautomaten haben anstelle einer Wächterbedingung eine Vorbedingung und anstelle einer Aktion eine Nachbedingung. Eine nicht erfüllte Nachbedingung sollte als fehlerhafte Implementierung des Protokollzustandsautomatens interpretiert werden [Sup11, S. 553].

  Der Unterschied bei den Transitionen liegt hauptsächlich darin, dass Transitionen in Verhaltenszustandsautomaten zusätzlich noch einen Effekt haben können, der beim Zustandsübergang ausgeführt wird. Ein Effekt ist ein Verhalten, wie beispielsweise ein Operationsaufruf, die Erstellung oder Zerstörung eines Objekts oder das Auslösen eines Ereignisses. Ein Effekt einer Transition kann nicht durch eine andere Transition unterbrochen werden.

  Nachbedingungen bei Transitionen sind eine Besonderheit der Protokollzustandsautomaten und dürfen in Verhaltenszustandsautomaten nicht existieren.

- **Keine Historie-Zustände bei Protokollautomaten.**
  Zur Darstellung der verschiedenen Pseudozustände existieren dieselben Symbole wie bei Verhaltensautomaten. Diese Pseudozustände umfassen:
  - Anfangszustand,
  - Endzustand,
  - Eintrittspunkt,
  - Austrittspunkt,
  - sequenzielle Verzweigung,
  - Nebenläufigkeitsbalken als Gabelung,
  - Nebenläufigkeitsbalken als Vereinigung,
  - Terminierungsknoten und
  - Verbindungsstelle.

  Zusätzlich zu diesen Pseudozuständen gibt es bei den Verhaltenszustandsautomaten noch die flache und tiefe Historie als Pseudozustände.

- **Protokollzustandsautomaten werden mit `{protocol}` gekennzeichnet.**
  Die Randbedingung `{protocol}` wird bei Protokollzustandsautomaten hinter den Namen des Zustandsautomaten gesetzt (siehe auch Bild D-1).

Anhang E: Beispiel für einen einfachen bottom-up Test- und Integrationsplan

E1 Beschreibung der Teststufen

Die Testdurchführung erfolgt in mehreren Teststufen. Die schrittweise Durchführung nutzt möglichst viele der zuvor geprüften Anteile, wodurch die Entwicklung von Testtreibern (Simulationsprogrammen) vereinfacht werden kann.

Als Beispiel sind in einem Projekt folgende Teststufen vorzusehen:

Teststufe 1, Teststufe 2, Teststufe 3 und Teststufe 4.

Es wird angenommen, dass das System verschiedene Betriebssystem-Prozesse enthält.

Beschreibung der Teststufe 1:

Die Teststufe 1 ist die unterste Teststufe und beinhaltet die Prüfung von Interrupt Service-Routinen und von Betriebssystem-Prozessen.

Die Tests setzen sich aus statischen und dynamischen Tests zusammen.

Statische Tests

Vor Beginn der Programmierung wird von einem **Team unter Leitung der Qualitätssicherung** zusammen mit dem **Integrations- und Test-Team** ein Design-Review durchgeführt, um die folgenden Punkte zu prüfen:

- die interne Logik des Programms auf Übereinstimmung mit den zugewiesenen Anforderungen gemäß Programmspezifikation,
- die Schnittstellen des Programms zu seiner Umgebung, d. h. zur Hardware und zu anderen Programmen.

Nach der Codierung wird für kritische Teile in einem Review unter Leitung der Qualitätssicherung festgestellt, ob:

- die Übereinstimmung der Eingaben, der Verarbeitung und der Ausgaben mit der Programmspezifikation gegeben ist,
- der Code mit den Programmierrichtlinien übereinstimmt und
- die geplanten Testfälle zutreffend und ausreichend sind.

Dynamische Tests

Für den Test von Interrupt Service-Routinen sind spezifische Testprogramme bereitzustellen. Betriebssystem-Prozesse sollen durch ein einheitliches Werkzeug getestet werden, das die Betriebssystem-Prozesse als Blackbox prüft und feststellt,

- ob für eine definierte Eingabe in einem Kanal an einen Prozess die erwartete Nachricht in einem Ausgabekanal des Prozesses bereitgestellt wird,
- ob der Prozess die globalen Daten wie spezifiziert verändert und
- ob der Prozess die erforderliche Ablaufperformance aufweist.

Nach abgeschlossenen Änderungen werden die Programme an das Konfigurationsmanagement-Werkzeug übergeben (die überarbeiteten Programme werden "eingecheckt").

Die **Qualitätssicherung und das Test- und Integrations-Team** sind auf der Teststufe 1 unterstützend und überwachend tätig. Die Testwerkzeuge werden von dem Test- und Integrationsteam bereitgestellt und stehen als Hilfsmittel zur Verfügung. Die Tests einschließlich Testauswertung werden vom Entwickler selbst durchgeführt. Die Testprotokolle werden von der Qualitätssicherung und dem Test- und Integrations-Team überprüft. Der Kunde kann auf Wunsch an der Entwicklung von Tests der Teststufe 1 mitwirken.

Beschreibung der Teststufe 2

Die Teststufe 2 beinhaltet den ersten Integrationstest auf der Basis der in der Stufe 1 geprüften Interrupt Service-Routinen und Betriebssystem-Prozesse. In der Teststufe 2 sind nachzuweisen:

- die korrekten Abläufe und Synchronisationen in allen Betriebsmodi und allen Zuständen,
- die korrekten Übergänge zwischen den Zuständen und
- das Einhalten der geforderten zeitlichen Randbedingungen.

Die **Qualitätssicherung und das Test- und Integrations-Team** sind verantwortlich für

- die Erstellung des detaillierten Testplans für die Teststufe 2,
- die Erstellung der Testspezifikation,
- das Bereitstellen der Testumgebung,
- die Testdurchführung und
- die Erstellung der Testdokumentation.

Die Tests der Teststufe 2 werden durch Inspektionen des Auftraggebers begleitet.

Beschreibung der Teststufe 3

Die Tests der Teststufe 3 stellen den Systemtest dar. Hier wird das Gesamtsystem gegen seine Requirements geprüft. Der Systemtest setzt sich dabei zusammen aus

- dem Nachweis der Generierfähigkeit der System-Software und der Anwendungssoftware,
- Funktionstests,

- Performancetests unter den Gesichtspunkten einer durchschnittlichen und maximalen Anforderung sowie
- Stresstests durch Dauerbetrieb und Fehlbedienungen.

Die **Qualitätssicherung und das Test- und Integrations-Team** sind verantwortlich für

- die Erstellung des detaillierten Testplans für die Teststufe 3,
- die Erstellung der Testspezifikation,
- das Bereitstellen der Testumgebung,
- die Testdurchführung und
- die Erstellung der Testdokumentation.

Die Testspezifikationen werden mit dem Auftraggeber abgestimmt. Die Durchführung der Tests der Teststufe 3 und die zugehörige Testdokumentation werden durch den Auftraggeber überprüft. Sie bilden die Grundlage für den Abnahmetest durch den Auftraggeber (Teststufe 4).

Beschreibung der Teststufe 4

Die Tests der Teststufe 4 stellen die Abnahme durch den **Auftraggeber** dar. Umfang und Inhalt der Testspezifikation sind hierfür durch den Auftraggeber vorzugeben.

E2   Vorgehensweise

Vorgehensweise Teststufe 1

Nach erfolgter Codierung und den vereinbarten Reviews sind die Tests der Stufe 1 für jedes Arbeitspaket einzeln durchzuführen.

Die Durchführung erfolgt etwa eine Woche nach Benachrichtigung der Qualitätssicherungsabteilung (QS-Abteilung) und des Test- und Integrations-Teams. Die Entwicklungsabteilung hält zur Durchführung eines Tests die folgenden Dokumente bereit:

- Programmspezifikationen,
- Sourcecode-Dateien,
- Build-Skripte,
- vorläufige Dokumentation,
- Problem-Reports sowie
- Testfälle und Testdaten.

Testziele, Testmethoden und Testumgebung wurden von der Qualitätssicherung und dem Test- und Integrationsteam erstellt und liegen als Konzept in der Regel spätestens drei Wochen vor Testbeginn bei der Entwicklungsabteilung vor.

Nach erfolgter Testdurchführung werden erkannte Probleme mit dem Problem-Report-Verfahren festgehalten und deren Behebung im Problem-Report-Verfahren nachgewiesen.

Die Konfigurationskontrolle setzt mit der Durchführung der Tests der Stufe 1 ein und umfasst:

- Programmspezifikationen,
- Sourcecode-Dateien,
- Build-Skripte,
- Programm- und Testdokumentation,
- Problem-Reports sowie
- Testfälle und Testdaten.

Vorgehensweise Teststufe 2

Nach Abschluss der Tests der Stufe 1 erfolgen die Tests der Stufe 2 getrennt nach den Betriebsmodi und Zuständen.

Die von dem Test- und Integrationsteam durchgeführte Integration ist der QS-Abteilung zu melden, die wiederum einen endgültigen Termin für die Inspektionen durch den Auftraggeber nach einer Abstimmung festlegt.

Zur Durchführung der Tests sind vom Test- und Integrationsteam vorzulegen:

- Programmspezifikationen,
- Sourcecode-Dateien,
- Build-Skripte,
- vorläufige Dokumentation (Bedienungshandbuch, Systemdokumentation einschließlich Testdokumentation),
- Problem-Reports sowie
- Integrationsverfahren mit Testmethoden, Testfällen und Testdaten.

Aufgetretene Probleme werden wieder nach dem Problem-Report-Verfahren festgehalten und bearbeitet. Voraussetzung für die Durchführung von Teststufe 2 ist, dass alle in Teststufe 1 aufgetretenen hochprioren Fehler beseitigt wurden.

Vorgehensweise Teststufe 3

Nach Abschluss der Tests der Stufe 2 erfolgen die Tests der Stufe 3 getrennt nach:

- dem Nachweis der Generierfähigkeit der System-Software und der Anwendungssoftware,
- Funktionstests,
- Performancetests unter den Gesichtspunkten einer durchschnittlichen und maximalen Anforderung und
- Stresstests durch Dauerbetrieb und Fehlbedienungen.

Der Stufe-3-Test ist gekennzeichnet durch weitgehende Simulation und Erprobung realistischer Situationen. Hierfür ist von der QS-Abteilung in Absprache mit dem

Auftraggeber ein Szenario für einen realistischen Test zu erstellen. Die QS-Abteilung legt den Termin für die Tests der Stufe 3 nach Abstimmung mit dem Auftraggeber fest.

Zur Durchführung der Tests sind vom Test- und Integrationsteam dieselben Dokumente wie in Teststufe 2 vorzulegen, wobei in Stufe 3 jedoch die endgültige Version dieser Dokumente vorzulegen ist. Voraussetzung für die Durchführung von Teststufe 3 ist, dass alle in Teststufe 2 aufgetretenen hochprioren Fehler beseitigt wurden.

Vorgehensweise Teststufe 4

Der Abnahmetest (Teststufe 4) findet auf der Basis der in der Teststufe 3 durchgeführten Prüfungen statt. Umfang und Inhalt der Testspezifikation sind hierfür durch den Auftraggeber vorzugeben. Voraussetzung für die Durchführung von Teststufe 4 ist, dass alle in Teststufe 3 aufgetretenen hochprioren Fehler beseitigt sind.

Index

{

{abstract} 306, 375
{bag} 323
{complete} 313
{concurrent} 306
{guarded} 306
{incomplete} 313
{leaf} 306, 377
{ordered set} 323
{ordered} 323
{query} 306
{sequence} 323
{sequential} 306
{set} 323

«

«access» 471
«Create» 351, 356
«dataType» 311
«deploy» 460, 462
«deployment spec» 461
«Destroy» 351
«device» 459
«Document» 463
«Entity» 353
«enumeration» 311
«Executable» 463
«executionEnvironment» 459
«extend» 388
«File» 463
«import» 470
«include» 390
«Instantiate» 355
«iterative» 417
«Library» 463
«manifest» 460, 462
«merge» 472
«parallel» 417
«primitive» 311
«Script» 463
«Send» 442
«Source» 463
«streaming» 417
«Subsystem» 444
«use»-Beziehung 328

A

Abbildung
   horizontale ~ 626
   objekt-relationale ~ 622
   vertikale ~ 627
Abfrage
   geschachtelte ~ 604
abgestufte Leistungsverminderung .. 651
Abhängigkeit 311, 325, 326
   transitive ~ 598
Abhängigkeitsbeziehung 499
Ablaufende 410
Ablaufendknoten 420
Ableitung .... Siehe Vererbung
Abnahme 19
Abschlussknoten 410
Abschnitt 299
abstrakte Klasse/Schnittstelle 337
Abstraktion 256, 259, 268, 270, 546
Abstraktionsebenen 39
ACID 579
Adaption
   Scrum 87
Advice 671
Aggregatfunktion 606
Aggregation 257, 270, 273
   in relationale DB 623
agile
   ~ Methoden 83
   ~ Werte 83
Akteur 384, 392
Aktion 203, 408, 411, 424
   Vor- und Nachbedingungen 414
Aktionsknoten 410
Aktionslogik 214, 215
Aktivierung und Deaktivierung von
   Prozessen 194
Aktivität 55, 56, 65, 228
   Ein- und Ausgaben 415
   Vor- und Nachbedingungen 415

Index

Aktivität/Phase 33
Aktivitätsdiagramm 408
Aktivitätsende 410
Aktivitätsknoten 410
Aliasname
    Tabelle 603
Allocation .... Siehe Zuordnung
alternativer Ablauf 387
Alterungsprozess
    Software 108
Analysefähigkeit 635
Änderbarkeit 544
Änderungsereignis 438, 440
Änderungsmanagement
    RUP 71
Änderungsverfahren 695
Anfangszustand 428, 429
Anforderung .... Siehe Requirement
Anforderungsmanagement
    RUP 70
Anforderungs-Spezifikation 135, 140
Anschluss 451, 452
ANSI/SPARC-Modell 576
Antwortzeit
    ~spezifikation 221
    ~verhalten 221
Antwortzeitspezifikation
    SA/RT 193
Anweisung
    ALTER-~ 617
    COMMIT-~ 618
    CREATE INDEX-~ 616
    CREATE TABLE-~ 615
    CREATE VIEW-~ 616
    CREATE-~ 615
    DELETE-~ 614
    DROP-~ 617
    FROM-~ 603
    FULL OUTER JOIN-~ 609
    GRANT-~ 619
    GROUP BY-~ 606
    HAVING-~ 607
    INNER JOIN-~ 608
    INSERT-~ 612
    JOIN~ 608
    LEFT OUTER -~ 609
    ORDER BY-~ 607
    OUTER JOIN~ 608
    REVOKE-~ 619
    RIGHT OUTER JOIN-~ 609
    ROLLBACK-~ 618
    SELECT-~ 603
    UPDATE-~ 613
    WHERE-~ 604
Anweisungsüberdeckung 710
Anwendungsfall . 19, 144, 324, 386, 488
    ~-Kurzbeschreibung 492
    ~-Langbeschreibung 498
    ~-Priorisierung 490
    abstrakter ~ 391
    ereignisorientierter ~ 385, 491
    extend 388
    fortlaufend aktiver ~ 386, 491
    include 390
    Vererbung 391
    zeitgesteuerter ~ 386, 491
Anwendungsfall/Geschäftsprozess . 490, 491
Anwendungsfallbasiertes Ermitteln von
    Klassen 492, 498, 515
Anwendungsfalldiagramm 384, 491
Anwendungsfunktion 19, 144
AOP 662
Äquivalenzklasse 716
Arbeitspaket 32
Architektur 41, 77
    ~einfache 544
    komponentenbasierte ~ 448
    komponentenbasierte ~ RUP 71
    nicht komponentenbasierte ~ RUP. 71
Architekturdiagramm 477
Architekturmuster 42, 43
architekturzentriert 72
architekturzentrierte Entwicklung und
    Integration 542, 728
Artefakt 449, 460
Artefaktdiagramm 370, 463
Aspekt 663, 667
aspektorientierte Programmierung ... 662
Aspekt-Weber 669
Assertion 285
Assoziation 311, 314, 625
    Abbildung in relationale DB 625
    Aggregation 318
    Endname 317
    Komposition 318
    Multiplizität 317
    Name 316
    Navigation 320
    Qualifikation 321
    Randbedingung 323
    reflexive ~ 314

Rolle ...... Siehe Assoziation Endname
Sichtbarkeit 320
Zusatz 315
Assoziationsattribut 323, 493
Assoziationsklasse 322, 493
atomarer Wert
    Attribut Datenbank 584
Atomicity .... Siehe Atomizität
Atomizität 579
Attribut 232, 257, 263, 298, 299
    abgeleitetes ~ 300, 303
    Anfangswert 302
    Auslassungssymbol 307
    Beziehungsdarstellung 302
    Datenbank 583, 584
    Eigenschaften 300
    Eigenschaftsstring 302
    Entitätstyp 237
    ERM 241
    Gruppierung 300, 307
    Gültigkeitsbereich 301
    Klasse 298
    Link-~ 589
    Multiplizität 302
    Name 300
    Sichtbarkeit 301
    Syntax 299, 300
    Typ 302
    Verdecken eines ~ 270
Aufgabenangemessenheit
    EN ISO 9241 116
Aufruf 438, 440
    geschachtelter ~ 404
    sequenzieller ~ 404
    Structure Chart 557, 560
Aufrufhierarchie 252, 553
Aufrufschnittstelle 556
    abgeleitete Klasse 267
    Basisklasse 267
    Objekt 263
Aufstellen der Requirements 15
Aufzählungstyp 309
Ausdehnungsgrad 584
Ausfall 111
Ausführung
    ~ in einer Schleife 407
    bedingte ~ 407
    direkte ~ 403
    indirekte ~ 403
    optionale ~ 407

parallele ~ 407
Ausführungsspezifikation 403
    überlappende ~ 404
Ausführungsumgebung 459
Ausgangs-Collection 416
Ausgangseffekt 425
Ausgleichen 172
Ausnahmebehandlung 370
Austrittspunkt 428, 429
    Unterautomat 430
Authentizität 652
Automat
    hybrider ~ 224, 227
automatische Codegenerierung
    UML 294

B

Badewannenkurve 109
Balancing 172, 212
Baseline Management-Modell 50, 53
Basisablauf 387
Basisklasse 265, 266, 267
Bedienerfreundlichkeit
    EN ISO 9241 115
Bedingungsüberdeckung
    einfache ~ 712
    mehrfache ~ 713
Bedrohung 653
Belange
    querschnittliche ~ 664
    übergreifende ~ 664
Benutzbarkeit
    ISO 9216 115
Bereichsintegrität 575, 583, 587
Best Practice
    RUP 69
Betrachtungseinheit
    logische ~ 35, 144
    physikalische ~ 35, 144
Betriebssicherheit 22, 635
Betriebssystem-Prozess . 309, 552, 562, 564, 645
Beziehung
    1:1-~
        ERM 233
    1:n-~
        ERM 233
    dynamische~ 312
    ERM 233, 241
    n:m-~

ERM 233
Realisierungs-~ 349
reflexive ~ 236
statische~ 311
Verfeinerungs-~ 349
Verwendungs-~ 473
Beziehungsdarstellung 299
Beziehungsspezifikation 332
Beziehungstyp
ERM 241, 242
Bibliothek-Baustein 387
Bibliotheksfunktion 251
Bibliotheksmodul
Structure Chart 557
Bindung 275
~ zur Kompilierzeit ..... Siehe Bindung, frühe
~ zur Laufzeit .... Siehe Bindung, späte
dynamische ~ ... Siehe Bindung, späte
frühe ~ 275
späte ~ 275
statische ~ .... Siehe Bindung, frühe
Blackbox-Test 723
Blattelement 377
Botschaft .... Siehe Nachricht
bottom-up 171
bubble
SA 176
Business Process Execution Language
 490

C

Call 350
Capability Maturity Model 125
Capability Maturity Model Integration
 128
CASE-Tool 39
CFD 210
Chef-Designer 58
Classifier 344
Anwendungsfall 345
Assoziation 345
DataType 345
Knoten 345
Kollaboration 345
Komponente 345
Schnittstelle 345
Signal 345
strukturierter ~ 346
Subsystem 345

Class-Responsibility-Collaboration .. 497
Client/Server-Objektdiagramm . 499, 640
Client-Fabrik 646
Cluster-Modell 81
Code Sharing 84
Codegenerierung
automatische ~ aus UML 294
Code-Inspektion 697
Code-Review 83
Code-Streuung 667
Code-Vermischung 667
cohesion
strong .... Siehe starke Kohäsion
tight .... Siehe starke Kohäsion
Cohesion
high .... Siehe starke Kohäsion
compartment .... Siehe Abschnitt
Compile-Time Declaration 672
Concept of Operations 145
Concurrency-Attribut 417
concurrent
Nebenläufigkeitseigenschaft 306
Concurrent Engineering 81
connection points
Unterautomat 430
ConOps ... Siehe Concept of Operations
Consistency .... Siehe Konsistenz
Constraint ..... Siehe Randbedingung bei nicht funktionalen Requirements
Datenbank 619
Continous Integration 84
Core Level Concern 665
Core Process Workflows
RUP 74
Core Supporting Workflows
RUP 74
couple
Structure Chart 557
coupling .... Siehe Kopplung
loose ~ .... Siehe lose Kopplung
low ~ .... Siehe lose Kopplung
CRC 497
~-Karte 497
CRC-Methode 492
Crosscutting Concerns 665
CSPEC 205, 210, 212, 213

D

Daily Scrum 93
Data Control Language 601, 617

Data Definition Language 601, 614
Data Dictionary 168, 178
Data Manipulation Language 601
data-only module
   Structure Chart 557
DataType 309
Datenaufbereitung 643
Datenaufbereitungsschicht 643
Datenbank 61, 574
   objektorientierte ~ 622
   relationale ~ 574
Datenbankentwurf
   relationaler ~ 584
Datenbankkonzept 578
Datenbankmanagementsystem 574
Datenbank-Schema 372
Datenbanktabelle
   ~ relationales DBMS 588
Datenbankverwaltungssystem ..... Siehe
   Datenbankmanagementsystem
Datenbedingung 198, 439, 687
Datenbeschreibung
   Data Dictionary 168
Datenebene 340
Datenelement
   Structure Chart 559
Datenfluss 170, 176, 196, 408, 564
   ~diagramm 167, 169, 204
Datenhaltung 21, 635, 656
Datenkontextdiagramm 204
Datenmodul
   Structure Chart 557
Datensatz 583
Datenspeicher 169, 177
Datentyp
   abstrakter ~ 260
   Klasse als ~ 255
   selbstdefinierter ~ 255
Datenunabhängigkeit
   logische ~ 577
   physische ~ 576
Dauerhaftigkeit 579
Dauerläufer 185
DBMS .... Siehe
   Datenbankmanagementsystem
DCL .... Siehe Data Control Language
DDL ...... Siehe Data Definition Language
Debuggen 680
Decomposition .... Siehe Zerlegung
deferred event 428

Delegationsprinzip 272
Deployment .... Siehe Verteilung
Design
   ~ to Cost 542
   ~ to Schedule 543
   ~ to Test 543
Design by Contract 280
Development Cycle
   RUP 70
DFD 210
Dialogfluss 180
Dialogmanager 656
direkte Implementierung 444
diversifizierende Testmethode
   Back-to-Back-Test 720
   Mutationentest 721
   Regressionstest 721
   Zufallstest 722
divide and conquer .... Siehe Teile und
   herrsche
DML Siehe Data Manipulation Language
do-Aktivität 425, 427
Domäne 232, 241, 583, 585
Done
   Scrum 87
Durability .... Siehe Dauerhaftigkeit
DV-Segment 61
dynamische Testmethode 706
   diversifizierend 720
   funktionsorientiert 716, 720
   strukturorientiert 706
dynamische Verhaltensweisen
   UML 297

E

Ebene
   externe ~ 576
   interne ~ 576
   logische ~ 576
Echtzeitsystem 192
Echtzeit-Verhalten 194
Effekt
   Transition 436
Effizienz
   ISO 9216 115
Eigenschaft 298
Eigenschaftswert 356
Ein- / Ausgabeantwortzeitverhalten . 222
Eingangs-Collection 416
Einschränkung ... Siehe Randbedingung

Eintrittseffekt 425
Eintrittspunkt 428, 429
  Unterautomat 430
elicitation 144
Empfangsereignisspezifikation 402
Endeereignis 403
Endeereignisspezifikation 403
Endknoten 420
endliche Zustandsmaschine
  kombinatorische ~ 200
Endname 315
Endzustand 428, 429
Entität 232, 241
  ~ der realen Welt 256
  Datenbank 583
Entitätsintegrität 575, 587
Entitätstyp 232, 241
  ERM 242
Entitätstyp ERM
  schwach 239
  stark 239
Entity
  ~-Klasse 373, 484, 492
  ~-Objekt 484, 493
    CRC 497
Entity-Relationship-Diagramm 168, 232,
  242, 244
Entity-Relationship-Modell 584
Entry-Aktion 227
entry-Effekt 427
Entscheidungsknoten 421
Entscheidungstabelle
  Aktionslogik 215
Entwicklung
  agile ~ 48, 82
  evolutionäre ~ 53
  iterative ~ 76
  iterative ~ RUP 72
  prototyporientierte ~ 48, 78
  spezifikationsorientierte ~ 48, 49
Entwicklungsschritt 10, 11, 50
Entwicklungsteam
  Scrum 89
Entwurf 154
  RUP 72, 74
  Zusammenhang mit Requirements 26
Entwurf durch Verträge 280
Entwurfseinheit 19
Entwurfsmuster 43
Entwurfsprinzip 542
Entwurfssicht 373

Ereignis 197, 439
  verzögertes ~ 428
Ereignisablauf
  ~ eines Anwendungsfalls 393
Ereignislogik 214
ereignisorientiert 489
Ereignistabelle 198
Ereignistrigger 435, 768
error 111
Erwartungskonformität
  EN ISO 9241 117
Erweiterbarkeit 545
Erweiterungsbereich 416
Erweiterungsbeziehung 387
Erzeugnisstruktur 61
  V-Modell 59
Essenz 166, 185
Evolution Cycle
  RUP 70
Exception 285, 441
Exit-Aktion 227
exit-Effekt 427
Export 470
Extreme Programming 83

F

Fabrik 646
Fähigkeitsstufe
  CMMI 128
fail soft 651
failure 111
fault 111
Fehler
  ~beseitigungsphase 110
  ~entstehungsphase 110
  Programm 105
  systematischer ~ 650
  zufälliger ~ 650
Fehlerart 111
Fehlerausgabe 22, 635, 648
Fehlerbaumanalyse 638
Fehlerbehandlung 22, 635, 648
Fehlerbeseitigung 109
Fehlererkennung 22, 635, 648
Fehlerklasse 689
  Projekt 103
Fehlerkosten 109
Fehlerlatenzzeit 651
Fehlerreports 689
Fehlertoleranz 106, 649

Index

EN ISO 9241 117
Fehlerursache 111
Fehlervermeidung 649
Fehlerzahl
   Programm 106
Fehlzustand 111
Feinentwurf 562
Filtered Mapping 627
Filtern 159
finale Sicht der Systemanalyse 373
Flowdown .... Siehe Verfeinerung
Flussdiagramm 211, 408
Flussende 410, 420
FMEA 638
formale Beschreibung
   ~ einer Klasse 308
fortlaufend aktiv 489
Fremdschlüssel 587
functional Safety .... Siehe funktionale Sicherheit
Funktion 251
funktionale Sicherheit 22, 635, 649
Funktionalität
   ISO 9216 114
Funktionsklasse 23
funktionsorientiert
   prozessorientiert 14
   steuerungsorientiert 14
   strukturiert 14

G

Gabelung 410, 422
Geheimnisprinzip .... Siehe Information Hiding
Generalisierung 268, 269, 311, 312
Generische Praktik
   SPICE 127
Generisches Arbeitsprodukt
   SPICE 127
Gerät 459
Geschäftsprozess 145, 166, 186, 488
   ereignisorientiert 489
   fortlaufend aktiv 489
   zeitgesteuert 489
Geschäftsprozess/Anwendungsfall .. 490
Geschäftsprozessmodellierung 75
Geschichte
   UML 295
globale Daten 252, 253
Goal Question Metric-Ansatz 113

graceful degradation 754
Grenze des Systems 490
Grenzwertanalyse 717
Grobentwurf 562
Grundfunktion
   ~ der Informationstechnik 20
Gruppendatenfluss 173, 180
Gruppenfilter 607
guarded
   Nebenläufigkeitseigenschaft 306
Gültigkeitsbereich 376

H

Halstead-Metriken 121
Handhabbarkeit
   ~ des Systems 542, 543
Hauptprogramm 251
Heuristik 493
Hierarchie
   Aufruf~ 252
hierarchische Zerlegung 167, 171
hierarchisches Datenbankmodell 580
Hilfsmittelklasse 377
Historie
   flache ~ 428, 435
   tiefe ~ 428, 435
Historie-Zustand 434
Horizontale Abbildung 626
HWKE 61

I

Identität 257
impedance mismatch
   object-relational ~ 622
Impediment Backlog
   Scrum 92
Implementierungsbeziehung 324
Import 470
indirekte Implementierung 444
Individualisierbarkeit
   EN ISO 9241 117
Information Hiding 259, 546
Information Modeling 168
Informationssicherheit 22, 635, 649
Infrastructure 340
Inhaltsstruktur
   V-Modell 56
Initialisierung 410
Initialwert .... Siehe Attribut Anfangswert
Inklusionsbeziehung 387

Inspektion 697, 700
  Scrum 87
Instanz 260
  anonyme ~ 380
  prototypische ~ Interaktionsdiagramm
    396
Instanz/Objekt 380
Instanzdiagramm .... Siehe
  Objektdiagramm
Instanzmethode 261, 265
Instanzvariable 263, 264
Instrumentierung 705
Integrated Development Environment 39
Integration 726
  inkrementelle ~ 726
  nicht inkrementelle ~ 726
Integrität 652
  Bereichs ~ .... siehe Bereichsintegrität
  Entitäts ~ .... siehe Entitätsintegrität
  konzeptionelle ~ 544
Integritätsbedingungen
  ~ Datenbank 577
  ~ relationale 619
Integritätsregeln
  relationale ~ 587
Interaktionsdiagramm
  konkrete Objekte 396
  Rolle 396
Interaktionsübersichtsdiagramm 370, 474
Interface 332
  ~-Klasse 485
  ~-Objekt 484, 485
Interne Transition 425, 427
Interprozesskommunikation 23, 635, 636
Interrupt 565
Interrupt Service-Routine 552, 562
Introductions
  AOP 672
Invariante 280, 281
invocation
  Structure Chart 557, 560
ISO 15504 126
ISO 9000 124
Isolation .... Siehe Isoliertheit
Isoliertheit 579
Iteration 399
Iterative Entwicklung
  RUP 70, 72
iterativer Erweiterungsbereich 417

J
Join Point 668

K
Kanal
  Interprozesskommunikation 645
Kandidatenschlüssel 586
Kante
  Aktivitätsdiagramm 410
Kanten
  UML 297
Kapselung 255, 259
Kardinalität 588
Kernsystem 542, 728
Kiviat-Diagramm
  Metrik 122
Klasse 255, 298, 371
  abgeleitete ~ 266, 267
  abstrakte ~ 336, 377
  aktive ~ 309
  Attribut 260
  geschachtelte ~ 309, 346
  Namen 260
  Operation/Methode 260
  Root~ 266
  strukturierte ~ 309, 319, 346, 446
  Vertrag einer ~ 280, 281
  Wurzel~ 266
Klassendiagramm 371
  UML 232
Klasseninvariante 280
Klassenmethode 265
Klassenname 374
  UML 299
Klassenoperation 305
Klassenspezifikation 331
Klassenvariable 263, 264
Klassifikation
  Objektorientierung 260
Klassifikationsbaum-Methode 718
Knoten 459
  UML 297
Knoten und Kanten
  UML 297
Kollaboration 324, 347, 393
  Struktur 348
  Verhalten 348
  Vertrag Anwendungsfall 335
Kollaborationsdiagramm .... Siehe
  Kommunikationsdiagramm

Index

Kommentar 298
Kommunikation 21, 635, 656
Kommunikationsdiagramm 370, 394, 498
   ~ im Schichtenmodell 639
   zustandsbasiert 499
Kompilierzeit 275
Komponente 61, 444
   Architektur-~ 41
   Aufbau einer ~ 451
   logische ~ 449
   parallele 225
   physische ~ 449
   Struktur einer ~ 454
Komponentendiagramm 444
Komposition 257, 270, 273
Kompositionsstrukturdiagramm 370, 475
   strukturell-dynamisches 477
   strukturell-statisches 477
Konfigurationsmanagement 57, 694
Konfigurationsmanager 58
Konsistenz 579
Konstruktion 11, 635
   RUP 72, 74
Kontextdiagramm 171, 173, 490, 502
Kontrollelement
   Structure Chart 559
Kontrollfluss 408
   ~diagramm 204, 555
   Structure Chart 561
Kontroll-Klasse 374, 485
Kontrollknoten 410, 411, 420
Kontrollobjekt 484, 485
Kontrollspezifikation 205
Konzeption
   RUP 72, 74
konzeptionelle Sicht 373
Koordination
   zustandsbasierte ~ 486
Kopplung 545
Krähenfuß-Notation 554

L

Lastenheft 138
Lasttest .... Siehe Performancetest
Lebensdauer
   Aggregation 270
   Komposition 270
Lebenslinie 394, 401
Lernförderlichkeit

EN ISO 9241 117
Lesepfeil 316
Leserichtung 316
leveling 172
library module
   Structure Chart 557
Library-Funktion .... Siehe Bibliotheksfunktion
Link 315
Link-Attribut 236
   ERM 241
Link-Objekt 323
liskovsches Substitutionsprinzip 277, 279
   Substituierbarkeit 273
Listbox-Pin-Notation 416
LOC-Metrik 119
logische Sicht Objekt 267
Lollipop
   ~-Darstellung 335
loosely coupled 466
lose Kopplung 546
Lösungsbereich ... 10, 36, 253, 259, 635
low coupling 327, 552

M

Machbarkeitsanalyse 17, 759
makroskopischer Zustand 258, 382
Manifestierungsbeziehung 462
Mapping
   Table Per Concrete Class ~ 626
   Table Per Subclass ~ 627
Martin-Notation 553
Maschine
   kombinatorische ~ 199
   sequenzielle ~ 199
McCabe-Zahl
   Metrik 120
Mealy-Automat 200, 223
Mehrfachvererbung 272, 273
Meilenstein 48
Mengenoperatoren 608
Merge-Fluss 180
Messen 105
Messvorschrift .... Siehe Metrik
Metadaten 178
Metaebene 340
Meta-Metaebene 340
Metamodell 371, 379
Meta-Object Facility 340

Metasprache 294
Methode 35, 254, 262
   Instanz~ 261, 265
   Klassen~ 265
   Überschreiben einer ~ 270
Metrik 104, 113, 117
   Aggregationshierarchie 118
   Datenstrukturmetrik 118
   dynamische ~ 119
   Klasse 118
   konventionell 118
   logische Strukturmetrik 118
   Methode 118
   objektorientiert 118
   statische ~ 118
   Stilmetrik 118
   Umfangsmetrik 118
   Vererbungshierarchie 118
middle-out 171
Middleware 23
mikroskopischer Zustand 257
MMI 21, 635, 656
Modell 36
   ~element 298
   relationales ~ 241
Modellebene 340
Modellierung des Systems 17
Modul 61
   Structure Chart 556
Moore-Automat 200, 224
Multiplizität
   Anschluss 453
   Assoziation .... Siehe Assoziation
   Attribut 377
   ERM 233, 241, 242
   Klasse 377
Mutationentest 721
Mutual Exclusion 417

N

Nachbedingung 280, 281, 768
Nachricht 259, 262, 395
   asynchrone ~ 350, 352
   Aufbau 349
   Rückgabe-~ 350
   synchrone ~ 350, 352
   Syntax 349, 397
Nachrichtentyp 350
"nackte" Maschine 565
Name

einfacher ~ 333, 374
qualifizierter ~ 333, 374
Namensraum 274
   Klasse 299
   Paket 469
Nassi-Shneiderman-Diagramm 563
Navigation 312, 580
Navigationsrichtung 316
Nebenläufigkeitsbalken
   ~ als Gabelung 428
   ~ als Vereinigung 428
Nebenläufigkeitseigenschaft
   {concurrent} 306
   {guarded} 306
   {sequential} 306
Netzdiagramm .. Siehe Kiviat Diagramm
netzwerkartiges Datenbanksystem .. 581
Netzwerkdatenbanksystem .... siehe
   netzwerkartiges Datenbanksystem
No Gold Plating 84
Normalform 595
   dritte ~ 598
   erste ~ 596
   zweite ~ 597
Normalisierung 594
Notiz 328

O

Oberklasse .... Siehe Basisklasse
Oberzustand 224
Object Constraint Language 344, 357
Objekt 254
   ~fluss 412
   ~flusskante 411
   anonymes ~ 380
   benanntes ~ 380
   Datenstruktur 257
   in relationale DB 623
   Monitor 306
   Verhalten 257
   Zustand 257
Objektdiagramm 379
Objektknoten 410, 411
Objektorientierter Systementwurf 634
Objektprivilegien
   SQL 619
Operation 299, 583
   abstrakte ~ 377
   Auslassungssymbol 307
   Eigenschaften 305

Index

Gruppierung 304, 307
Gültigkeitsbereich 305
Klasse 298
Name 305
Nebenläufigkeitseigenschaft 306
Randbedingung 306
Rückgabetyp 304
Sichtbarkeit 305
Syntax 299, 304
Übergabeparameter 304
Operation/Methode .. 257, 261, 298, 303
Optimierer 612
Organigramm 567
orthogonale Unterzustände 438

P

Pair Programming 84
Paket 298
 anonymes ~ 466
Paketdiagramm 466
Paketverschmelzung 472
Paradigma 12
 aspektorientiertes ~ 12, 13, 25
 datenorientiertes ~ 12, 13, 25
 funktionsorientiertes ~ 12, 13, 25, 251
 objektorientiertes ~ 12, 13, 25, 254
parallele Einheiten 644
Parallelität 23, 635, 636
Parameter
 Structure Chart 557
Parameterknoten 415
Part .... Siehe Teil
passiver Akteur 385
Performancetest 722
Persistenz 487
Petri-Netz 408
Pfadüberdeckung 714
Pflichtenheft 138
Phase
 RUP 72
Phase/Aktivität 33
Phasenergebnis 51
Pin 412
Planbarkeit
 ~ des Projektverlaufs 542
Platzhalter 605
Pointcut 669
Polymorphie 257, 273
 in relationale DB 628
 von Objekten 275

von Operationen 274, 377
Port .... Siehe Anschluss
Postcondition ...... Siehe Nachbedingung
Precondition .... Siehe Vorbedingung
preemptive scheduling 193
primärer Akteur 385
Primärschlüssel 587
primitiver Typ 310
Privilegien
 relationale Datenbanken 619
Problembereich 10, 36, 253, 258, 634
Process Area
 CMMI 128
Product Backlog
 Scrum 90
Product Increment
 Scrum 92
Product Owner
 Scrum 89
Product Vision
 Scrum 90
Produkt 33, 55, 56, 65
 ~zustand 56, 65
Produktübergabe
 RUP 72, 74
Profil
 UML-~ 353
Programmeinheit 251
Programmierung 18
Programmierung in Paaren 83
Projekt
 ~phase 51
 ~rolle 57, 68
 ~schablone 57
Projektmanagement 57, 58
property 298
Protokollzustandsautomat ... 424, 765
Prototyp 78, 763
 Durchstich durch das System 80
 inkrementeller ~ 79, 80
 MMI-~ 80
 paralleler~ 81
 Realisierbarkeitsprototyp~ ... 763
 vertikaler~ 728
Proxy 643
Prozedur 251
prozedurbasierter Steuerungsfluss .. 402
Prozess 169, 309
 datengetriebener ~ 184
 essenzieller ~ 187

fortlaufend aktiver ~ 184
leichtgewichtiger ~ .... Siehe Thread
SA 176
schwergewichtiger ~ .... Siehe
    Betriebssystem-Prozess
zeitgesteuerter ~ 184
Prozessaktivierungstabelle 195
Prozessattribut
    SPICE 126
Prozesskonzept 645
Prozessmodell 212
Prozesssicht
    statische ~ 372
Prozessspezifikation 167, 177, 205
    Entscheidungstabelle 178
    Freitext 178
    strukturierte Sprache 178
    Vor- und Nachbedingungen 178
Prozessstruktur
    RUP 73
Pseudozustand 428
Pulsdiagramm 223

Q

Qualität
    nicht funktionale Requirements 156
    Softwaresysteme ...... Siehe Software-
        Qualität
Qualitätskontrolle 129
Qualitätsmanagement 129
Qualitätsmerkmal 104, 112
Qualitätsmodell 112
Qualitätsprozess
    extern 696
    intern 696
Qualitätssicherung57, 58, 104, 124, 129
Qualitätssicherungsmaßnahme
    analytische ~ 104
    konstruktive ~ 104
    Testen 680
Qualitätssicherungssystem 124
Qualitätsziel 113
Quellzustand
    Zustandsänderung 435
Query 602

R

Radar-Diagramm .... Siehe Kiviat
    Diagramm
Rahmen 367

Randbedingung 156, 329, 357, 375
Rational Unified Process 67
Raute
    ausgefüllt 319
    nicht ausgefüllt 318
RDBMS .... Siehe relationales
    Datenbankmanagementsystem
Realisierung 311, 324
    ~ der modularen Struktur des
        Systems 542
    expandierte Darstellungsform 336
    kanonische Form 336
    verkürzte Form 336
Realisierungsbeziehung 324
Realzeiterweiterung
    SA 168
Realzeitsystem 192
Record .... Siehe Datensatz
Redesign 16
Redundanz 575, 650
Refactoring 83, 84, 85
Referenzarchitektur 42
referenzielle Integrität 575, 583, 588
Regel
    Datenbank 583
Region 437
    orthogonale ~ 437
    versteckte ~ 426
Registry 646
Regressionstest 721
Reifegrad
    CMM 125
    SPICE 126
rekursive Zerlegung 14
Relation 583
    Datenbank 583
relationale Algebra 600, 611
relationales
    Datenbankmanagementsystem 588
relationales Datenmodell 580, 583
Release Burndown Chart
    Scrum 91
Requirement 134
    ~ Engineering 134
    ~-Definition 154
    ~-Spezifikation 135
    ~-Technik 137, 153
    ~-Verwaltung 153
    ~-Zusammenstellung 135
    funktional, Anwendungsfall 158
    funktional, technische Funktion 158

Index 789

funktionales ~ 155, 723
nicht funktionales ~ 155, 159, 723
Top Level Requirement 158
Überprüfung 500
Zweck des Systems 158
Requirements
~ in geclusterter Form 762
Neudefinition von ~ 491
Zusammenhang mit Entwurf 26
Return 350
Review 697
Risiko 653
RMI-Registry 647
Rolle 236, 315, 337
   RUP 68
   Scrum 88
   statische ~ 337
   V-Modell 68
Rootklasse 266
Rückgabewert 251
   Structure Chart 559

S

SA/RT 168, 192
Sammeldatenfluss .... Siehe
   Gruppendatenfluss
Satz
   Tabelle 577
Schaltnetz 200
Schaltwerk 201
Schema
   externes ~ 577
   internes ~ 577
   konzeptionelles ~ 577
   logisches ~ 577
   Relationen-~ 584
Schichtenmodell 636
Schichtung 172
Schleife 370
Schlüssel 583, 586
   Fremd-~ 583
   Kandidaten-~ 583
   Primär-~ 583
Schlüsselkandidat .... Siehe
   Kandidatenschlüssel
Schlüsselwort 355
Schnittstelle 146, 324, 332, 334
   abstrakte Klasse 337
   bereitgestellte ~ 333, 450
   erforderliche ~ 333, 450

Export-~ 336, 450
Import-~ 336, 450
interne Satz~ 579
Lollipop-~ 335
mengenorientierte DB-~ 579
satzorientierte DB-~ 579
Socket-~ 335
Schnittstelle/abstrakte Klasse .... Siehe
   abstrakte Klasse/Schnittstelle
Schnittstellen-Klasse 374
Schnittstellen-Kontrollspezifikation .. 146
Schnittstellenmethode 259, 260
schrittweise Verfeinerung 59, 544
   SA 169
Schwachstelle Informationssicherheit
   relevante ~ 653
Schwarzes Loch 182
Schwimmbahn 418
Scrum 85
Scrum Master 89
security ..... Siehe Informationssicherheit
sekundärer Akteur 385
Selbstbeschreibungsfähigkeit
   EN ISO 9241 116
Selektion 370, 399
send 350
Sendeereignisspezifikation 402
separation of concerns Siehe Trennung
   der Belange
sequential
   Nebenläufigkeitseigenschaft 306
Sequenzdiagramm 401
Sequenzierung 398
Sequenznummer 396
Sequenztabelle 563
Server Stub 647
Server-Fabrik 646
SFW-Block 602
Shut-down 22, 635, 646
Sicherheitsbasisfunktion 654
   Authentisierung 654
   Beweissicherung 654
   Fehlerüberbrückung 654
   Rechteprüfung 654
   Rechteverwaltung 654
   Übertragungssicherung 655
   Überwachung 654
   Wiederaufbereitung 654
Sicherheitspolitik 653
Sicht

Anwendungsfall~ 77
Entwurfs~ 78, 637
finale ~ der Systemanalyse 637
Implementierungs~ 77, 78
Interaktions~ 78
konzeptionelle ~ 492, 637
logische ~ 77
Prozess~ 77
statische ~ 371
Verarbeitungs~ 637
Verteilungs~ 77, 78
Sichtbarkeit 375
Attribut 301
Operation 305
Sichtbarkeit Attribut
package 301, 376
private 301, 376
protected 301, 376
public 301, 376
Sichtbarkeit Operation
package 305, 376
private 305, 376
protected 305, 376
public 305, 376
Signal 350, 438, 440, 442
~hierarchie 441
~rezeptor 440
Signatur 270
Single Source-Prinzip 142, 159, 169, 545
Single System View 22
Singleton 377
Slot 302
Socket
~-Darstellung 335
Software Engineering 106
Softwareentwicklung
agile ~ 82
Software-Entwicklungsumgebung 39
Software-Erstellung 57
Software-Lebenszyklus 48
Softwaremodellierung
visuelle ~ RUP 71
Software-Qualität 102
RUP 71
Software-Requirements 143
Spalte .... Siehe Attribut Datenbank
Speicherabbild 379
Speicherung
logische ~ 577
Spezialisierung 268, 269, 313

SPICE 126
Automotive ~ 128
Spinnen-Diagramm .... Siehe Kiviat Diagramm
Spiralmodell 94
Split-Fluss 180
Spontanerzeuger 185
Sprint
Scrum 87
Sprint Backlog
Scrum 91
Sprint Burndown Chart
Scrum 91
Sprint Planning Meeting
Scrum 93
Sprint Retrospektive
Scrum 94
Sprint Review Meeting
Scrum 94
Sprungmarke 412
SQL .Siehe Structured Query Language
Stakeholder 139
starke Kohäsion 546
starke Kopplung 394
Start 410
Startereignis 403
Startereignisspezifikation 403
Startknoten 420
Start-up 22, 635, 646
statechart 223, 424
Statische Analyse 704
Best Practices 705
Code-Duplikate 705
Datenflussanalyse 704
Kommentare 705
Komplexität 704
Kontrollstruktur 704
Reviews 705
Schnittstellen 704
statische Beziehungen
UML 297
statische Prozesssicht 372
Statische Testmethode 704
Statische Analyse 704
Statische Verifikation 705
Statische Verifikation 705
formale Verifikation 706
symbolische Verifikation 706
Statistischer Test .... Siehe Zufallstest
Stellvertreter .... Siehe Proxy
Interaktionsdiagramm 396

Index

Stellvertreter-Objekt 647
Stereotyp 353, 355
   Kategorie 307
   Standard-~ 355
   vordefinierter ~ 355
Sterndiagramm . Siehe Kiviat Diagramm
Steuerbarkeit
   EN ISO 9241 116
Steuerfluss 196
Steuer-Klasse 486
Steuerkontextdiagramm 204, 209
Steuermodell 212
Steuerungsoperator 406
Steuerungszustand 382
Stichprobenverfahren 682, 706
Story-Card 83
Stresstest 722
strong cohesion 466, 552
Structure Chart
   Constantine/Yourdon 560
Structure Chart 556
   ~-Diagramm 252, 556
   ~-Methode 556
Structured Analysis/Real Time 192
Structured Design 552
Structured Query Language 600
Struktur
   modulare ~ 545
Strukturelement
   UML 297
Strukturierte Analyse 166, 232, 244, 564
   Ebene Betriebssystem-Prozesse . 563
Strukturierte Analyse/Echtzeit 192
Strukturierter Entwurf
   Ebene Betriebssystem-Prozess ... 563
Strukturmodellierung 38
strukturorientierte Testmethode
   datenflussorientiert 707
   kontrollflussorientiert 707
Stub 687, 726
Sub-Entität
   ERM 240
Subjekt 384
Subklasse ...... Siehe abgeleitete Klasse
Subroutine 251
Subsystem 61
Subsystemdiagramm 370
Subsystem-zu-Subsystem-Schnittstelle
  146
Super-Entität

ERM 240
Superklasse .... Siehe Basisklasse
Superstructure 341
Superzustand 226
Surrogatschlüssel 587
SW
   ~-Cluster 544
   ~-Team 544
SW-Erstellung 58
SWKE 61
Synchronisation 636
Synchronisierungsbalken .... Siehe
   Synchronisierungsknoten
Synchronisierungsknoten 422
System 61
Systemanalyse 16
   objektorientierte ~ 484
Systemdiagramm 176
Systementwurf 18
   datenorientierter ~ 574
   funktionsorientierter~ 552
   objektorientierter~ 634
Systemgrenze 17
Systemkern .... siehe Kernsystem
System-Requirements 142, 143, 145
Systemstruktur
   statische ~ 639
Szenario 386

T

Tabelle 583
   virtuelle ~ 616
Table Per Class Hierarchy Mapping 627
tagged value .... Siehe Eigenschaftswert
Tailoring 54
Technische Funktionen 637
Technisches Konzept 759, 763
Teil 346, 454
Teile und herrsche 543
Terminator 170, 177
Terminierungsknoten 428, 429, 431
Test
   Bottom-up 687
   C0-~ 710
   C1-~ 711
   C2-~ 712
   C3-~ 713
   C4-~ 714
   Dokumente 697
   Top-down 687

Zerlegungsprodukt 692
Test & Integration 19, 680
Testauswertung 691
Testautomatisierung 690
Testdaten 686
Testdurchführung 688
Testen
   Definition 681
   Fehlersuche 680
   Fehlerwahrscheinlichkeit 680
   Fertigstellungsgrad 680
   Organisation 683
   Programme 702
   Validierung 680
   Verifikation 680
Testende 685, 691
   ~-Kriterien 684
   Komponententest 685
   Modultest 685
   Segmenttest 685
   Systemtest 685
Testfall 681, 686
Testgetriebene Entwicklung 83
Testling 687
Testmethode 702
   Auswahl 725
   Black- und Whitebox-Test 723
   diversifizierende ~ 720
   dynamische ~ 703, 706
   Performance-Test 722
   statische ~ 703, 704
Testobjekt 681, 687, 702
Testphase 693
Testplan 694, 771
Testplanung 684
Testprotokollierung 691
Testprozess 683
Tests First 84
Testspezifikation 685, 694
Testtreiber 687, 726
Testumgebung 687
Thread 309, 645
Throughout-Aktivität 227
Titel 367
Token 408
Token-Konzept 410
Top Level Design 153
top-down 171
Traceability .... Siehe Verfolgbarkeit
Transaktion 578
Transaktionsverarbeitung 618

Transformation 577
Transition .... Siehe Zustandsübergang
Transparenz
   Scrum 86
Trennung der Belange 663
Trigger 621
   ~-Funktion 441
Tupel .... Siehe Datensatz
Typ
   Aufzählungs~ 310
   primitiver ~ 310

U

Überdeckung
   Metrik 120
Überdeckungsgrad 710
Überdeckungstest 709
Übergabeparameter 252
   Structure Chart 559
Übergreifende Belange 664
Überschreiben 270, 278
Übertragbarkeit
   ISO 9216 115
UML 292
   ~-Diagramm 293, 297
   Erweiterungsmöglichkeiten ~ 353
   M0 340
   M1 340
   M2 340
   M3 340
   Verwendungsarten 294
Unified Modeling Language . Siehe UML
Unterautomaten-Zustand 438, 767
Unterbrechbarer Aktivitätsbereich 415
Unterbrechungsbereich 415
Unterklasse .... Siehe abgeleitete Klasse
Unterprogramm 251
Unterstreichmethode 492, 506
Unterzustand 428, 437
Use Case .... Siehe Anwendungsfall

V

Validierung 153, 695
Variable
   Instanz~ 263, 264
   Klassen~ 263, 264
Verantwortlichkeit 497
   ~ einer Klasse 307
Verarbeitung 21, 656
Verarbeitungssicht 373, 499

Index

Verbinder 396, 455
Verbindlichkeit 652
Verbindung
    Delegations-~ 456
Verbindungsstelle 428, 432
Verdecken..270
Vereinigung.............................410, 422
    parallele ~..................................433
Vereinigungsungsknoten 421
Vererbung...............................256, 265
    einfache ~...................................313
    ERM 240
    in relationaler DB........................626
    mehrfache ~ 313
Vererbungsbeziehung.....................387
    ERM 239
Vererbungshierarchie......................268
Verfeinerung 148
    Kontrollflussdiagramm................209
Verfolgbarkeit.........................150, 159
    Requirement...............................543
Verfolgungspfad..............................152
Verfügbarkeit 652
Verhalten
    dynamisches ~...........................639
    System 298
Verhaltensautomat..........................765
Verhaltensmodellierung 38
Verhaltenszustandsautomat 424
Verhaltenszustandsdiagramm 424
Verifikation 153, 695
Verknüpfung 315, 380, 396, 455
    flüchtige ~...................................455
Verknüpfung von Tabellen 608
Verknüpfungs-Objekt 323
Verständlichkeit 543
Verteilbarkeit...................................544
    Betriebssystem-Prozess.............544
Verteilung..21
Verteilungsdiagramm......................458
Vertikale Abbildung.........................627
Vertrag..335
    einer Klasse 281
    überschreibende Methode..........283
Vertrag einer Klasse 280
Vertraulichkeit.................................652
Vervollständigung 411
Vervollständigungstransition 436
Verwendungsabhängigkeit......311, 327

Verwendungsbeziehung .311, 327, 328,
    455, 499
verzögertes Ereignis.......................425
Verzweigung...................................410
    parallele ~ 432
    sequenzielle ~ 428, 432
    statische ~..................................432
Vielgestaltigkeit........Siehe Polymorphie
Vier-Schichten-Modell.....................340
View..616
V-Modell 33, 54
Vokabular eines Systems 298
Volere 155
Vorbedingung 280, 281, 768
Vorgehensmodell.......................32, 48
    agiles ~...82
    prototyporientiertes ~ 78
    spezifikationsorientiertes ~............49
Vorwärts- und Rückwärtsverfolgung 152

W

Wächterbedingung...................432, 435
Walkthrough.............................697, 702
Wartbarkeit 544
    ISO 9216 115
Wasserfallmodell 49, 50
    mit Rückkehr in frühere Phasen 52
    sequenzielles~..............................50
Weaving..674
Welt
    ideale ~ 11
    reale ~ 11
Werkzeug 39
Wertebereich ....Siehe Domäne
    Attribut Datenbank 583
Whitebox-Test.................................724
Wiederholungsrate..................221, 222
Wiederverwendbarkeit 254, 256, 275
Wiederverwendung.........................270
Wurzelklasse 266

X

XMI ...Siehe XML Metadata Interchange
XML Metadata Interchange 292, 344

Z

Zeile.............................Siehe Datensatz
Zeitdiagramm..........................370, 478
Zeitereignis 438, 439
zeitgesteuert 489

Zerlegung 59, 145, 187
  ereignisorientierte ~ 187
  rekursive ~ 14, 34, 142
Zerlegungsebene 34
Zerlegungshierarchie 63, 270
Zerlegungsprodukt 142, 692
Zielzustand
  Zustandsänderung 436
Zugriffsmodifikator 268
Zugriffsrechte
  ~ Datenbank 577
  relationale Datenbanken 619
Zuordnung 147
Zurechenbarkeit ... Siehe Verbindlichkeit
Zusammenarbeit 497
Zusatz
  UML 328
Zusatzbereich 329, 451
Zusicherung 280
  Invariante 280, 281
  Nachbedingung 280, 281
  Vorbedingung 280, 281
Zustand 202, 424
  ~ mit Gedächtnis 226
  einfacher ~ 437, 767

geschachtelter ~ 224
Historie-~ 434
makroskopischer ~ 258
mikroskopischer ~ 257
nebenläufiger ~ 225
Unterautomaten-~ 438
zusammengesetzter ~ 437, 767
Zustände
  ~ von Objekten 382
Zustandsautomat 424
  Harel 223
  Protokoll-~ 338, 424
  Verhaltens~ 424
Zustandsdiagramm 424
Zustandsmaschine
  sequenzielle ~ 201
Zustandsübergang .. 202, 424, 427, 435, 768
  bewachter ~ 226
  Produkt 65
Zustandsübergangsdiagramm 168, 201, 214, 424
Zuverlässigkeit 109
  ISO 9216 114
Zweigüberdeckung 711